"续资治通鉴长编"法律史料辑录

胡兴东 刘婷婷 ◎ 辑整

中国社会科学出版社

图书在版编目(CIP)数据

《续资治通鉴长编》法律史料辑录 / 胡兴东,刘婷婷辑整.—北京:中国社会科学出版社,2020.8
ISBN 978-7-5203-6111-8

Ⅰ.①续… Ⅱ.①胡…②刘… Ⅲ.①法制史—史料—中国—北宋 Ⅳ.①D929.441

中国版本图书馆 CIP 数据核字(2020)第 040799 号

出 版 人	赵剑英	
责任编辑	任　明	
责任校对	沈丁晨	
责任印制	郝美娜	

出　　版	中国社会科学出版社	
社　　址	北京鼓楼西大街甲 158 号	
邮　　编	100720	
网　　址	http://www.csspw.cn	
发 行 部	010-84083685	
门 市 部	010-84029450	
经　　销	新华书店及其他书店	
印刷装订	北京君升印刷有限公司	
版　　次	2020 年 8 月第 1 版	
印　　次	2020 年 8 月第 1 次印刷	
开　　本	710×1000　1/16	
印　　张	56.5	
插　　页	2	
字　　数	1013 千字	
定　　价	298.00 元	

凡购买中国社会科学出版社图书,如有质量问题请与本社营销中心联系调换
电话:010-84083683
版权所有　侵权必究

凡　　例

一、本书辑录的法律史料包括三个方面：立法史料、司法史料、君臣讨论法律言论。在司法史料中不收录纯属于政治原因引起的法律问题，如因政治斗争而产生的司法行为。

二、本书对所辑录法律史料的年月日能够确定的都补齐，但用【】标出，以区别原文中已经有的年月日。

三、本书所辑法律史料最后两个数字分别是在点校本上的史料系号及所在页码。

四、本书对所辑录的法律史料根据内容结构进行了适当的分类，即原书中属于同一条史料，但在内容上属于独立的，进行了重新分类。

五、本书对全部史料采用标准简体字，除非原有的繁体字、异体字具有特别含义，才保留原字。

六、本书体例采用原文的编排体例，即采用编年体例。

七、对原点校本上存在明显的不符合现在通行点校规范的进行直接修改，如史料中引用到特定法律条文，原文没有书名标点的，此次用书名号标出。如"仪制令"引用原文，对"仪制令"采用《仪制令》。

八、本书辑录文本以2004年中华书局点校本第2版作为底本。

序　言

本书辑录《续资治通鉴长编》中与法律有关的史料。《续资治通鉴长编》是记载北宋太祖朝至哲宗朝之间最详细的史料，共有520卷。但该书数量巨大，对其阅读很耗时。通过初步整理，笔者共辑录出史料4235条，共75万多字。笔者最后对辑录出的史料进行全面选辑，选出其中最能体现法律问题的史料，共70万字，4210条。

《续资治通鉴长编》对北宋法律问题的记载，与《宋会要辑稿》相比，具有鲜明的特点，它以记载相关法律修撰起因、具体个案、事件为中心，而对法律内容本身没有像《宋会要辑稿》那样翔实。但对很多立法的过程，却往往较《宋会要辑稿》记载详细。此外，就是对北宋时期的大量法律适用个案进行记载，虽然往往只记载结果，并没有记载判决过程和判决书等，但个案记载较《宋会要辑稿》多。从笔者阅读看，宋朝时修撰的各种史书中，记载法律史料最多的就是《续资治通鉴长编》，其他的，如《建炎以来系年要录》《宋史全文》等，对法律史料记载是较少的。所以，该书的选辑对法律史，特别是研究北宋法律史将有很大的好处。

《续资治通鉴长编》在版本上一直有较好版本，加之作者李焘在撰写时十分严谨，所以是书在内容上一直较为可靠。从笔者与《宋会要辑稿》对比看后，两者记载是可以大量互证的。在现在通行的版本中，最重要的是由上海师范大学古籍整理研究所、华东师范大学古籍研究所点校，中华书局1992年第1版，2004年第2版的版本。该书第2版共有20册，在文本问题上已经做得十分精良。本辑录在文本上以2004年第2版为底本。对文本问题，我们基本接受2004年点校本，只是对异体字、繁体字等进行简化处理。当然我们在辑录整理过程中也发现，2004年点校本在标点上仍然与现行标点规范的法律用语、文件名称的标点有不一致的地方。为了让本辑录能够很好地作为法律史研究的史料，笔者对涉及的法律名称、法律原文引用的地方进行相应的标点。同时，对一些涉及宋朝特有法律术语、用语的地方进行了注释，以让本辑录能够使读者较好地阅读和使用。从笔者对2004年点校版阅读看，其中很多涉及法律问题的标点还是存在不足，如"某某令"在宋朝是十分特指的，《元丰令》是指元丰年间修撰的令典，属于法典，应用"《》"标注。还有"律"在很多时候是指《律典》，即一般说的《唐律》，这是需要用"《》"标点。也许这也是宋朝法律术语、法律体系、法律形式等法律知识较为专业的原因，导致仅从一般文献学意义上理解会存在不足。所以本次对所辑录的史料进行了适当的改进和完善。

可以说，这次我们用近6年时间对《宋会要辑稿》《续资治通鉴长编》的法律史料辑选后进行相应的整理工作，让宋朝法律史研究中一手资料有了系统成果，减少了对宋朝这两部大部头著作阅读上的困难。当然，一个严谨的研究者，是需要对这些基本史料进行详细通读的。近年，笔者在中国法律史料研究中感受到，很多人虽然主张全面了解中国传统法律，但在史料阅读上往往存在并不全面、深入的问题，有时只是阅读其中某些特定的法律史料，就以此评价某个时代和王朝法律的现象。如在宋朝法律史研究中往往是基于《名公书判清明集》这些具有政治文化倾向的史籍而非反映整个宋朝时期的法律史料来评价宋朝的法律问题。但愿本书的出版能改变这种情况。

目　录

续资治通鉴长编卷一　宋太祖建隆元年（庚申，960）……………（1）
续资治通鉴长编卷二　宋太祖建隆二年（辛酉，961）……………（1）
续资治通鉴长编卷三　宋太祖建隆三年（壬戌，962）……………（5）
续资治通鉴长编卷四　宋太祖乾德元年（癸亥，963）……………（10）
续资治通鉴长编卷五　起太祖乾德二年宋太祖乾德
　二年（甲子，964）………………………………………………（13）
续资治通鉴长编卷六　宋太祖乾德三年（乙丑，965）……………（17）
续资治通鉴长编卷七　宋太祖乾德四年（丙寅，966）……………（19）
续资治通鉴长编卷八　宋太祖乾德五年（丁卯，967）……………（22）
续资治通鉴长编卷九　宋太祖开宝元年（戊辰，968）……………（25）
续资治通鉴长编卷十　宋太祖开宝二年（己巳，969）……………（26）
续资治通鉴长编卷十一　宋太祖开宝三年（庚午，970）…………（28）
续资治通鉴长编卷十二　宋太祖开宝四年（辛未，971）…………（29）
续资治通鉴长编卷十三　宋太祖开宝五年（壬申，972）…………（33）
续资治通鉴长编卷十四　宋太祖开宝六年（癸酉，973）…………（35）
续资治通鉴长编卷十五　宋太祖开宝七年（甲戌，974）…………（39）
续资治通鉴长编卷十六　宋太祖开宝八年（乙亥，975）…………（40）
续资治通鉴长编卷十七　宋太祖开宝九年（丙子，976）…………（43）
续资治通鉴长编卷十八　宋太宗太平兴国二年（丁丑，977）……（45）
续资治通鉴长编卷十九　宋太宗太平兴国三年（戊寅，978）……（51）
续资治通鉴长编卷二十　宋太宗太平兴国四年（己卯，979）……（54）
续资治通鉴长编卷二十一　宋太宗太平兴国五年
　（庚辰，980）……………………………………………………（56）
续资治通鉴长编卷二十二　宋太宗太平兴国六年
　（辛巳，981）……………………………………………………（58）

续资治通鉴长编卷二十三　宋太宗太平兴国七年
　　（壬午，982）………………………………………（62）
续资治通鉴长编卷二十四　宋太宗太平兴国八年
　　（癸未，983）………………………………………（68）
续资治通鉴长编卷二十五　宋太宗雍熙元年（甲申，984）……（71）
续资治通鉴长编卷二十六　宋太宗雍熙二年（乙酉，985）……（73）
续资治通鉴长编卷二十七　宋太宗雍熙三年（丙戌，986）……（74）
续资治通鉴长编卷二十八　宋太宗雍熙四年（丁亥，987）……（75）
续资治通鉴长编卷二十九　宋太宗端拱元年（戊子，988）……（76）
续资治通鉴长编卷三十　宋太宗端拱二年（己丑，989）………（77）
续资治通鉴长编卷三十一　宋太宗淳化元年（庚寅，990）……（77）
续资治通鉴长编卷三十二　宋太宗淳化二年（辛卯，991）……（79）
续资治通鉴长编卷三十三　宋太宗淳化三年（壬辰，992）……（80）
续资治通鉴长编卷三十四　宋太宗淳化四年（癸巳，993）……（82）
续资治通鉴长编卷三十五　宋太宗淳化五年（甲午，994）……（84）
续资治通鉴长编卷三十六　宋太宗淳化五年（甲午，994）……（85）
续资治通鉴长编卷三十七　宋太宗至道元年（乙未，995）……（86）
续资治通鉴长编卷三十八　宋太宗至道元年（乙未，995）……（87）
续资治通鉴长编卷三十九　宋太宗至道二年（丙申，996）……（88）
续资治通鉴长编卷四十　宋太宗至道二年（丙申，996）………（89）
续资治通鉴长编卷四十一　宋太宗至道三年（丁酉，997）……（91）
续资治通鉴长编卷四十二　宋太宗至道三年（丁酉，997）……（92）
续资治通鉴长编卷四十三　宋真宗咸平元年（戊戌，998）……（93）
续资治通鉴长编卷四十四　宋真宗咸平二年（己亥，999）……（96）
续资治通鉴长编卷四十五　宋真宗咸平二年（己亥，999）……（97）
续资治通鉴长编卷四十六　宋真宗咸平三年（庚子，1000）……（99）
续资治通鉴长编卷四十七　宋真宗咸平三年（庚子，1000）……（100）
续资治通鉴长编卷四十八　宋真宗咸平四年（辛丑，1001）……（103）
续资治通鉴长编卷四十九　宋真宗咸平四年（辛丑，1001）……（108）
续资治通鉴长编卷五十　宋真宗咸平四年（辛丑，1001）………（109）
续资治通鉴长编卷五十一　宋真宗咸平五年（壬寅，1002）……（109）
续资治通鉴长编卷五十二　宋真宗咸平五年（壬寅，1002）……（112）
续资治通鉴长编卷五十三　宋真宗咸平五年（壬寅，1002）……（114）
续资治通鉴长编卷五十四　宋真宗咸平六年（癸卯，1003）……（117）

续资治通鉴长编卷五十五　宋真宗咸平六年（癸卯，1003）……（120）
续资治通鉴长编卷五十六　宋真宗景德元年（甲辰，1004）……（122）
续资治通鉴长编卷五十七　宋真宗景德元年（甲辰，1004）……（124）
续资治通鉴长编卷五十八　宋真宗景德元年（甲辰，1004）……（126）
续资治通鉴长编卷五十九　宋真宗景德二年（乙巳，1005）……（127）
续资治通鉴长编卷六十　宋真宗景德二年（乙巳，1005）……（129）
续资治通鉴长编卷六十一　宋真宗景德二年（乙巳，1005）……（132）
续资治通鉴长编卷六十二　宋真宗景德三年（丙午，1006）……（136）
续资治通鉴长编卷六十三　宋真宗景德三年（丙午，1006）……（138）
续资治通鉴长编卷六十四　宋真宗景德三年（丙午，1006）……（140）
续资治通鉴长编卷六十五　宋真宗景德四年（丁未，1007）……（142）
续资治通鉴长编卷六十六　宋真宗景德四年（丁未，1007）……（145）
续资治通鉴长编卷六十七　宋真宗景德四年（丁未，1007）……（149）
续资治通鉴长编卷六十八　宋真宗大中祥符元年
　（戊申，1008）……（152）
续资治通鉴长编卷六十九　宋真宗大中祥符元年
　（戊申，1008）……（154）
续资治通鉴长编卷七十　宋真宗大中祥符元年
　（戊申，1008）……（155）
续资治通鉴长编卷七十一　宋真宗大中祥符二年
　（己酉，1009）……（158）
续资治通鉴长编卷七十二　宋真宗大中祥符二年
　（己酉，1009）……（162）
续资治通鉴长编卷七十三　宋真宗大中祥符三年
　（庚戌，1010）……（166）
续资治通鉴长编卷七十四　宋真宗大中祥符三年
　（庚戌，1010）……（171）
续资治通鉴长编卷七十五　宋真宗大中祥符四年
　（辛亥，1011）……（172）
续资治通鉴长编卷七十六　宋真宗大中祥符四年
　（辛亥，1011）……（174）
续资治通鉴长编卷七十七　宋真宗大中祥符五年
　（壬子，1012）……（176）
续资治通鉴长编卷七十八　宋真宗大中祥符五年

（壬子，1012） ……………………………………………（179）
　续资治通鉴长编卷七十九　宋真宗大中祥符五年
　　（壬子，1012） ……………………………………………（182）
　续资治通鉴长编卷八十　宋真宗大中祥符六年
　　（癸丑，1013） ……………………………………………（184）
　续资治通鉴长编卷八十一　大中祥符六年
　　（癸丑，1013） ……………………………………………（188）
　续资治通鉴长编卷八十二　宋真宗大中祥符七年
　　（甲寅，1014） ……………………………………………（191）
　续资治通鉴长编卷八十三　宋真宗大中祥符七年
　　（甲寅，1014） ……………………………………………（194）
　续资治通鉴长编卷八十四　宋真宗大中祥符八年
　　（乙卯，1015） ……………………………………………（197）
　续资治通鉴长编卷八十五　宋真宗大中祥符八年
　　（乙卯，1015） ……………………………………………（199）
　续资治通鉴长编卷八十六　宋真宗大中祥符九年
　　（丙辰，1016） ……………………………………………（202）
　续资治通鉴长编卷八十七　宋真宗大中祥符九年
　　（丙辰，1016） ……………………………………………（205）
　续资治通鉴长编卷八十八　宋真宗大中祥符九年
　　（丙辰，1016） ……………………………………………（207）
　续资治通鉴长编卷八十九　宋真宗天禧元年（丁巳，1017）……（209）
　续资治通鉴长编卷九十　宋真宗天禧元年（丁巳，1017）………（212）
　续资治通鉴长编卷九十一　宋真宗天禧二年（戊午，1018）……（215）
　续资治通鉴长编卷九十二　宋真宗天禧二年（戊午，1018）……（219）
　续资治通鉴长编卷九十三　宋真宗天禧三年（己未，1019）……（221）
　续资治通鉴长编卷九十四　宋真宗天禧三年（己未，1019）……（224）
　续资治通鉴长编卷九十五　宋真宗天禧四年（庚申，1020）……（225）
　续资治通鉴长编卷九十六　宋真宗天禧四年（庚申，1020）……（230）
　续资治通鉴长编卷九十七　宋真宗天禧五年（辛酉，1021）……（234）
　续资治通鉴长编卷九十八　宋真宗乾兴元年（壬戌，1022）……（236）
　续资治通鉴长编卷九十九　宋真宗乾兴元年（壬戌，1022）……（237）
　续资治通鉴长编卷一百　宋仁宗天圣元年（癸亥，1023）………（239）
　续资治通鉴长编卷一百一　宋仁宗天圣元年（癸亥，1023）……（242）

续资治通鉴长编卷一百二　宋仁宗天圣二年（甲子，1024）……（245）
续资治通鉴长编卷一百三　宋仁宗天圣三年（乙丑，1025）……（248）
续资治通鉴长编卷一百四　宋仁宗天圣四年（丙寅，1026）……（250）
续资治通鉴长编卷一百五　宋仁宗天圣五年（丁卯，1027）……（253）
续资治通鉴长编卷一百六　宋仁宗天圣六年（戊辰，1028）……（255）
续资治通鉴长编卷一百七　宋仁宗天圣七年（己巳，1029）……（258）
续资治通鉴长编卷一百八　宋仁宗天圣七年（己巳，1029）……（262）
续资治通鉴长编卷一百九　宋仁宗天圣八年（庚午，1030）……（265）
续资治通鉴长编卷一百十　宋仁宗天圣九年（辛未，1031）……（266）
续资治通鉴长编卷一百十一　宋仁宗明道元年（壬申，1032）……………………………………………………………（269）
续资治通鉴长编卷一百十二　宋仁宗明道二年（癸酉，1033）……………………………………………………………（272）
续资治通鉴长编卷一百十三　宋仁宗明道二年（癸酉，1033）……………………………………………………………（273）
续资治通鉴长编卷一百十四　宋仁宗景祐元年（甲戌，1034）……………………………………………………………（275）
续资治通鉴长编卷一百十五　宋仁宗景祐元年（甲戌，1034）……………………………………………………………（277）
续资治通鉴长编卷一百十六　宋仁宗景祐二年（乙亥，1035）……………………………………………………………（278）
续资治通鉴长编卷一百十七　宋仁宗景祐二年（乙亥，1035）……………………………………………………………（280）
续资治通鉴长编卷一百十八　宋仁宗景祐三年（丙子，1036）……………………………………………………………（284）
续资治通鉴长编卷一百十九　宋仁宗景祐三年（丙子，1036）……………………………………………………………（287）
续资治通鉴长编卷一百二十　宋仁宗景祐四年（丁丑，1037）……………………………………………………………（288）
续资治通鉴长编卷一百二十一　宋仁宗宝元元年（戊寅，1038）……………………………………………………………（292）
续资治通鉴长编卷一百二十二　宋仁宗宝元元年（戊寅，1038）……………………………………………………………（293）
续资治通鉴长编卷一百二十三　宋仁宗宝元二年（己卯，

1039）…………………………………………………………（295）
续资治通鉴长编卷一百二十四　宋仁宗宝元二年（己卯，1039）…………………………………………………………（296）
续资治通鉴长编卷一百二十五　宋仁宗宝元二年（己卯，1039）…………………………………………………………（297）
续资治通鉴长编卷一百二十六　宋仁宗康定元年（庚辰，1040）…………………………………………………………（298）
续资治通鉴长编卷一百二十七　宋仁宗康定元年（庚辰，1040）…………………………………………………………（299）
续资治通鉴长编卷一百二十八　宋仁宗康定元年（庚辰，1040）…………………………………………………………（301）
续资治通鉴长编卷一百二十九　宋仁宗康定元年（庚辰，1040）…………………………………………………………（302）
续资治通鉴长编卷一百三十　宋仁宗庆历元年（辛巳，1041）…………………………………………………………（303）
续资治通鉴长编卷一百三十一　宋仁宗庆历元年（辛巳，1041）…………………………………………………………（304）
续资治通鉴长编卷一百三十二　宋仁宗庆历元年（辛巳，1041）…………………………………………………………（304）
续资治通鉴长编卷一百三十三　宋仁宗庆历元年（辛巳，1041）…………………………………………………………（305）
续资治通鉴长编卷一百三十四　宋仁宗庆历元年（辛巳，1041）…………………………………………………………（306）
续资治通鉴长编卷一百三十五　宋仁宗庆历二年（壬午，1042）…………………………………………………………（307）
续资治通鉴长编卷一百三十六　宋仁宗庆历二年（壬午，1042）…………………………………………………………（308）
续资治通鉴长编卷一百三十七　宋仁宗庆历二年（壬午，1042）…………………………………………………………（308）
续资治通鉴长编卷一百三十八　宋仁宗庆历二年（壬午，1042）…………………………………………………………（308）
续资治通鉴长编卷一百三十九　宋仁宗庆历三年（癸未，1043）…………………………………………………………（309）
续资治通鉴长编卷一百四十　宋仁宗庆历三年（癸未，

续资治通鉴长编卷一百四十一　宋仁宗庆历三年（癸未，1043） ……………………………………………… （309）
续资治通鉴长编卷一百四十二　宋仁宗庆历三年（癸未，1043） ……………………………………………… （311）
续资治通鉴长编卷一百四十三　宋仁宗庆历三年（癸未，1043） ……………………………………………… （311）
续资治通鉴长编卷一百四十四　宋仁宗庆历三年（癸未，1043） ……………………………………………… （315）
续资治通鉴长编卷一百四十五　宋仁宗庆历三年（癸未，1043） ……………………………………………… （315）
续资治通鉴长编卷一百四十六　宋仁宗庆历四年（甲申，1044） ……………………………………………… （316）
续资治通鉴长编卷一百四十七　宋仁宗庆历四年（甲申，1044） ……………………………………………… （318）
续资治通鉴长编卷一百四十八　宋仁宗庆历四年（甲申，1044） ……………………………………………… （319）
续资治通鉴长编卷一百四十九　宋仁宗庆历四年（甲申，1044） ……………………………………………… （320）
续资治通鉴长编卷一百五十　宋仁宗庆历四年（甲申，1044） ……………………………………………… （320）
续资治通鉴长编卷一百五十一　宋仁宗庆历四年（甲申，1044） ……………………………………………… （320）
续资治通鉴长编卷一百五十二　宋仁宗庆历四年（甲申，1044） ……………………………………………… （323）
续资治通鉴长编卷一百五十三　宋仁宗庆历四年（甲申，1044） ……………………………………………… （323）
续资治通鉴长编卷一百五十四　宋仁宗庆历五年（乙酉，1045） ……………………………………………… （325）
续资治通鉴长编卷一百五十五　宋仁宗庆历五年（乙酉，1045） ……………………………………………… （325）
续资治通鉴长编卷一百五十六　宋仁宗庆历五年（乙酉，1045） ……………………………………………… （326）
续资治通鉴长编卷一百五十七　宋仁宗庆历五年（乙酉，

续资治通鉴长编卷一百五十八　宋仁宗庆历六年（丙申，1046）……（328）

续资治通鉴长编卷一百五十九　宋仁宗庆历六年（丙申，1046）……（330）

续资治通鉴长编卷一百六十　宋仁宗庆历七年（丁亥，1047）……（331）

续资治通鉴长编卷一百六十一　宋仁宗庆历七年（丁亥，1047）……（331）

续资治通鉴长编卷一百六十二　宋仁宗庆历八年（戊子，1048）……（333）

续资治通鉴长编卷一百六十三　宋仁宗庆历八年（戊子，1048）……（334）

续资治通鉴长编卷一百六十四　宋仁宗庆历八年（戊子，1048）……（335）

续资治通鉴长编卷一百六十五　宋仁宗庆历八年（戊子，1048）……（336）

续资治通鉴长编卷一百六十六　宋仁宗皇祐元年（己丑，1049）……（337）

续资治通鉴长编卷一百六十七　宋仁宗皇祐元年（己丑，1049）……（338）

续资治通鉴长编卷一百六十八　宋仁宗皇祐二年（庚寅，1050）……（341）

续资治通鉴长编卷一百六十九　宋仁宗皇祐二年（庚寅，1050）……（341）

续资治通鉴长编卷一百七十　宋仁宗皇祐三年（辛卯，1051）……（342）

续资治通鉴长编卷一百七十一　宋仁宗皇祐三年（辛卯，1051）……（345）

续资治通鉴长编卷一百七十二　宋仁宗皇祐四年（壬辰，1052）……（346）

续资治通鉴长编卷一百七十三　宋仁宗皇祐四年（壬辰，1052）……（347）

续资治通鉴长编卷一百七十四　宋仁宗皇祐五年（癸巳，

1053）……………………………………………………………（349）
　续资治通鉴长编卷一百七十五　宋仁宗皇祐五年（癸巳，
　　1053）……………………………………………………………（351）
　续资治通鉴长编卷一百七十六　宋仁宗至和元年（甲午，
　　1054）……………………………………………………………（353）
　续资治通鉴长编卷一百七十七　宋仁宗至和元年（甲午，
　　1054）……………………………………………………………（355）
　续资治通鉴长编卷一百七十八　宋仁宗至和二年（乙未，
　　1055）……………………………………………………………（357）
　续资治通鉴长编卷一百七十九　宋仁宗至和二年（乙未，
　　1055）……………………………………………………………（360）
　续资治通鉴长编卷一百八十　宋仁宗至和二年（乙未，
　　1055）……………………………………………………………（362）
　续资治通鉴长编卷一百八十一　宋仁宗至和二年（乙未，
　　1055）……………………………………………………………（363）
　续资治通鉴长编卷一百八十二　宋仁宗嘉祐元年（丙申，
　　1056）……………………………………………………………（364）
　续资治通鉴长编卷一百八十三　宋仁宗嘉祐元年（丙申，
　　1056）……………………………………………………………（365）
　续资治通鉴长编卷一百八十四　宋仁宗嘉祐元年（丙申，
　　1056）……………………………………………………………（365）
　续资治通鉴长编卷一百八十五　宋仁宗嘉祐二年（丁酉，
　　1057）……………………………………………………………（366）
　续资治通鉴长编卷一百八十六　宋仁宗嘉祐二年（丁酉，
　　1057）……………………………………………………………（367）
　续资治通鉴长编卷一百八十七　宋仁宗嘉祐三年（戊戌，
　　1058）……………………………………………………………（368）
　续资治通鉴长编卷一百八十八　宋仁宗嘉祐三年（戊戌，
　　1058）……………………………………………………………（371）
　续资治通鉴长编卷一百八十九　宋仁宗嘉祐四年（己亥，
　　1059）……………………………………………………………（373）
　续资治通鉴长编卷一百九十　宋仁宗嘉祐四年（己亥，
　　1059）……………………………………………………………（374）
　续资治通鉴长编卷一百九十一　宋仁宗嘉祐五年（庚子，

续资治通鉴长编卷一百九十二　宋仁宗嘉祐五年（庚子，1060） ………………………………………………………（379）

续资治通鉴长编卷一百九十三　宋仁宗嘉祐六年（辛丑，1061） ………………………………………………………（380）

续资治通鉴长编卷一百九十四　宋仁宗嘉祐六年（辛丑，1061） ………………………………………………………（381）

续资治通鉴长编卷一百九十五　宋仁宗嘉祐六年（辛丑，1061） ………………………………………………………（381）

续资治通鉴长编卷一百九十六　宋仁宗嘉祐七年（壬寅，1062） ………………………………………………………（383）

续资治通鉴长编卷一百九十七　宋仁宗嘉祐七年（壬寅，1062） ………………………………………………………（384）

续资治通鉴长编卷一百九十八　宋仁宗嘉祐八年（癸卯，1063） ………………………………………………………（385）

续资治通鉴长编卷一百九十九　宋仁宗嘉祐八年（癸卯，1063） ………………………………………………………（385）

续资治通鉴长编卷二百一　宋英宗治平元年（甲辰，1064） ………………………………………………………（385）

续资治通鉴长编卷二百二　宋英宗治平元年（甲辰，1064） ………………………………………………………（386）

续资治通鉴长编卷二百三　宋英宗治平元年（甲辰，1064） ………………………………………………………（386）

续资治通鉴长编卷二百五　宋英宗治平二年（乙巳，1065） ………………………………………………………（386）

续资治通鉴长编卷二百六　宋英宗治平二年（乙巳，1065） ………………………………………………………（387）

续资治通鉴长编卷二百七　宋英宗治平三年（丙午，1066） ………………………………………………………（387）

续资治通鉴长编卷二百八　宋英宗治平三年（丙午，1066） ………………………………………………………（389）

续资治通鉴长编卷二百九　宋英宗治平四年（丁未，1067） ………………………………………………………（391）

续资治通鉴长编卷二百十　宋神宗熙宁三年（庚戌，

1070)………………………………………………………………(391)
　续资治通鉴长编卷二百十一　宋神宗熙宁三年（庚戌，
　　1070)………………………………………………………………(392)
　续资治通鉴长编卷二百十二　宋神宗熙宁三年（庚戌，
　　1070)………………………………………………………………(393)
　续资治通鉴长编卷二百十三　宋神宗熙宁三年（庚戌，
　　1070)………………………………………………………………(394)
　续资治通鉴长编卷二百十四　宋神宗熙宁三年（庚戌，
　　1070)………………………………………………………………(398)
　续资治通鉴长编卷二百十五　宋神宗熙宁三年（庚戌，
　　1070)………………………………………………………………(402)
　续资治通鉴长编卷二百十六　宋神宗熙宁三年（庚戌，
　　1070)………………………………………………………………(402)
　续资治通鉴长编卷二百十七　宋神宗熙宁三年（庚戌，
　　1070)………………………………………………………………(403)
　续资治通鉴长编卷二百十八　宋神宗熙宁三年（庚戌，
　　1070)………………………………………………………………(405)
　续资治通鉴长编卷二百十九　宋神宗熙宁四年（辛亥，
　　1071)………………………………………………………………(408)
　续资治通鉴长编卷二百二十　宋神宗熙宁四年（辛亥，
　　1071)………………………………………………………………(409)
　续资治通鉴长编卷二百二十一　宋神宗熙宁四年（辛亥，
　　1071)………………………………………………………………(411)
　续资治通鉴长编卷二百二十二　宋神宗熙宁四年（辛亥，
　　1071)………………………………………………………………(412)
　续资治通鉴长编卷二百二十三　宋神宗熙宁四年（辛亥，
　　1071)………………………………………………………………(414)
　续资治通鉴长编卷二百二十四　宋神宗熙宁四年（辛亥，
　　1071)………………………………………………………………(414)
　续资治通鉴长编卷二百二十五　宋神宗熙宁四年（辛亥，
　　1071)………………………………………………………………(415)
　续资治通鉴长编卷二百二十六　宋神宗熙宁四年（辛亥，
　　1071)………………………………………………………………(418)
　续资治通鉴长编卷二百二十七　宋神宗熙宁四年（辛亥，

续资治通鉴长编卷二百二十八　宋神宗熙宁四年（辛亥，1071）……（420）

续资治通鉴长编卷二百二十九　宋神宗熙宁五年（壬子，1072）……（421）

续资治通鉴长编卷二百三十　宋神宗熙宁五年（壬子，1072）……（422）

续资治通鉴长编卷二百三十一　宋神宗熙宁五年（壬子，1072）……（425）

续资治通鉴长编卷二百三十二　宋神宗熙宁五年（壬子，1072）……（428）

续资治通鉴长编卷二百三十三　宋神宗熙宁五年（壬子，1072）……（429）

续资治通鉴长编卷二百三十四　宋神宗熙宁五年（壬子，1072）……（432）

续资治通鉴长编卷二百三十五　宋神宗熙宁五年（壬子，1072）……（433）

续资治通鉴长编卷二百三十六　宋神宗熙宁五年（壬子，1072）……（434）

续资治通鉴长编卷二百三十七　宋神宗熙宁五年（壬子，1072）……（435）

续资治通鉴长编卷二百三十八　宋神宗熙宁五年（壬子，1072）……（437）

续资治通鉴长编卷二百三十九　宋神宗熙宁五年（壬子，1072）……（438）

续资治通鉴长编卷二百四十　宋神宗熙宁五年（壬子，1072）……（439）

续资治通鉴长编卷二百四十一　宋神宗熙宁五年（壬子，1072）……（440）

续资治通鉴长编卷二百四十二　宋神宗熙宁六年（癸丑，1073）……（441）

续资治通鉴长编卷二百四十三　宋神宗熙宁六年（癸丑，1073）……（441）

续资治通鉴长编卷二百四十四　宋神宗熙宁六年（癸丑，

1073） ……………………………………………………………（442）
续资治通鉴长编卷二百四十五　宋神宗熙宁六年（癸丑，
1073） ……………………………………………………………（443）
续资治通鉴长编卷二百四十六　宋神宗熙宁六年（癸丑，
1073） ……………………………………………………………（444）
续资治通鉴长编卷二百四十七　宋神宗熙宁六年（癸丑，
1073） ……………………………………………………………（448）
续资治通鉴长编卷二百四十八　宋神宗熙宁六年（癸丑，
1073） ……………………………………………………………（449）
续资治通鉴长编卷二百四十九　宋神宗熙宁七年（甲寅，
1074） ……………………………………………………………（450）
续资治通鉴长编卷二百五十　宋神宗熙宁七年（甲寅，
1074） ……………………………………………………………（450）
续资治通鉴长编卷二百五十一　宋神宗熙宁七年（甲寅，
1074） ……………………………………………………………（452）
续资治通鉴长编卷二百五十二　宋神宗熙宁七年（甲寅，
1074） ……………………………………………………………（455）
续资治通鉴长编卷二百五十三　宋神宗熙宁七年（甲寅，
1074） ……………………………………………………………（457）
续资治通鉴长编卷二百五十四　宋神宗熙宁七年（甲寅，
1074） ……………………………………………………………（459）
续资治通鉴长编卷二百五十五　宋神宗熙宁七年（甲寅，
1074） ……………………………………………………………（462）
续资治通鉴长编卷二百五十六　宋神宗熙宁七年（甲寅，
1074） ……………………………………………………………（463）
续资治通鉴长编卷二百五十七　宋神宗熙宁七年（甲寅，
1074） ……………………………………………………………（466）
续资治通鉴长编卷二百五十八　宋神宗熙宁七年（甲寅，
1074） ……………………………………………………………（467）
续资治通鉴长编卷二百五十九　宋神宗熙宁八年（乙卯，
1075） ……………………………………………………………（469）
续资治通鉴长编卷二百六十　宋神宗熙宁八年（乙卯，
1075） ……………………………………………………………（470）
续资治通鉴长编卷二百六十一　宋神宗熙宁八年（乙卯，

续资治通鉴长编卷二百六十二　宋神宗熙宁八年（乙卯，1075）……………………………………（473）

续资治通鉴长编卷二百六十三　宋神宗熙宁八年（乙卯，1075）……………………………………（474）

续资治通鉴长编卷二百六十四　宋神宗熙宁八年（乙卯，1075）……………………………………（476）

续资治通鉴长编卷二百六十五　宋神宗熙宁八年（乙卯，1075）……………………………………（477）

续资治通鉴长编卷二百六十六　宋神宗熙宁八年（乙卯，1075）……………………………………（478）

续资治通鉴长编卷二百六十七　宋神宗熙宁八年（乙卯，1075）……………………………………（479）

续资治通鉴长编卷二百六十八　宋神宗熙宁八年（乙卯，1075）……………………………………（480）

续资治通鉴长编卷二百六十九　宋神宗熙宁八年（乙卯，1075）……………………………………（484）

续资治通鉴长编卷二百七十　宋神宗熙宁八年（乙卯，1075）……………………………………（486）

续资治通鉴长编卷二百七十一　宋神宗熙宁八年（乙卯，1075）……………………………………（487）

续资治通鉴长编卷二百七十二　宋神宗熙宁九年（丙辰，1076）……………………………………（488）

续资治通鉴长编卷二百七十三　宋神宗熙宁九年（丙辰，1076）……………………………………（488）

续资治通鉴长编卷二百七十四　宋神宗熙宁九年（丙辰，1076）……………………………………（489）

续资治通鉴长编卷二百七十五　宋神宗熙宁九年（丙辰，1076）……………………………………（489）

续资治通鉴长编卷二百七十六　宋神宗熙宁九年（丙辰，1076）……………………………………（492）

续资治通鉴长编卷二百七十七　宋神宗熙宁九年（丙辰，1076）……………………………………（492）

续资治通鉴长编卷二百七十九　宋神宗熙宁九年（丙辰，

续资治通鉴长编卷二百八十　宋神宗熙宁十年（丁巳，1076） ································ （494）
续资治通鉴长编卷二百八十　宋神宗熙宁十年（丁巳，1077） ································ （495）
续资治通鉴长编卷二百八十一　宋神宗熙宁十年（丁巳，1077） ································ （498）
续资治通鉴长编卷二百八十二　宋神宗熙宁十年（丁巳，1077） ································ （499）
续资治通鉴长编卷二百八十三　宋神宗熙宁十年（丁巳，1077） ································ （500）
续资治通鉴长编卷二百八十四　宋神宗熙宁十年（丁巳，1077） ································ （500）
续资治通鉴长编卷二百八十五　宋神宗熙宁十年（丁巳，1077） ································ （501）
续资治通鉴长编卷二百八十六　宋神宗熙宁十年（丁巳，1077） ································ （502）
续资治通鉴长编卷二百八十七　宋神宗元丰元年（戊午，1078） ································ （503）
续资治通鉴长编卷二百八十八　宋神宗元丰元年（戊午，1078） ································ （506）
续资治通鉴长编卷二百八十九　宋神宗元丰元年（戊午，1078） ································ （508）
续资治通鉴长编卷二百九十　宋神宗元丰元年（戊午，1078） ································ （511）
续资治通鉴长编卷二百九十一　宋神宗元丰元年（戊午，1078） ································ （514）
续资治通鉴长编卷二百九十二　宋神宗元丰元年（戊午，1078） ································ （517）
续资治通鉴长编卷二百九十三　宋神宗元丰元年（戊午，1078） ································ （518）
续资治通鉴长编卷二百九十四　宋神宗元丰元年（戊午，1078） ································ （520）
续资治通鉴长编卷二百九十五　宋神宗元丰元年（戊午，1078） ································ （522）
续资治通鉴长编卷二百九十六　宋神宗元丰二年（己未，

1079) …………………………………………………… (524)
续资治通鉴长编卷二百九十七　宋神宗元丰二年（己未，
1079) …………………………………………………… (527)
续资治通鉴长编卷二百九十八　宋神宗元丰二年（己未，
1079) …………………………………………………… (530)
续资治通鉴长编卷二百九十九　宋神宗元丰二年（己未，
1079) …………………………………………………… (533)
续资治通鉴长编卷三百　宋神宗元丰二年（己未，
1079) …………………………………………………… (534)
续资治通鉴长编卷三百一　宋神宗元丰二年（己未，
1079) …………………………………………………… (537)
续资治通鉴长编卷三百二　宋神宗元丰三年（庚申，
1080) …………………………………………………… (539)
续资治通鉴长编卷三百三　宋神宗元丰三年（庚申，
1080) …………………………………………………… (541)
续资治通鉴长编卷三百四　宋神宗元丰三年（庚申，
1080) …………………………………………………… (543)
续资治通鉴长编卷三百五　宋神宗元丰三年（庚申，
1080) …………………………………………………… (545)
续资治通鉴长编卷三百六　宋神宗元丰三年（庚申，
1080) …………………………………………………… (546)
续资治通鉴长编卷三百七　宋神宗元丰三年（庚申，
1080) …………………………………………………… (547)
续资治通鉴长编卷三百八　宋神宗元丰三年（庚申，
1080) …………………………………………………… (548)
续资治通鉴长编卷三百九　宋神宗元丰三年（庚申，
1080) …………………………………………………… (549)
续资治通鉴长编卷三百十　宋神宗元丰三年（庚申，
1080) …………………………………………………… (550)
续资治通鉴长编卷三百十一　宋神宗元丰四年（辛酉，
1081) …………………………………………………… (551)
续资治通鉴长编卷三百十二　宋神宗元丰四年（辛酉，
1081) …………………………………………………… (552)
续资治通鉴长编卷三百十三　宋神宗元丰四年（辛酉，

续资治通鉴长编卷三百十四　宋神宗元丰四年（辛酉，1081）……………………………………………（553）
续资治通鉴长编卷三百十五　宋神宗元丰四年（辛酉，1081）……………………………………………（554）
续资治通鉴长编卷三百十六　宋神宗元丰四年（辛酉，1081）……………………………………………（555）
续资治通鉴长编卷三百十七　宋神宗元丰四年（辛酉，1081）……………………………………………（556）
续资治通鉴长编卷三百十八　宋神宗元丰四年（辛酉，1081）……………………………………………（557）
续资治通鉴长编卷三百十九　宋神宗元丰四年（辛酉，1081）……………………………………………（558）
续资治通鉴长编卷三百二十　宋神宗元丰四年（辛酉，1081）……………………………………………（559）
续资治通鉴长编卷三百二十一　宋神宗元丰四年（辛酉，1081）……………………………………………（559）
续资治通鉴长编卷三百二十二　宋神宗元丰五年（壬戌，1082）……………………………………………（560）
续资治通鉴长编卷三百二十三　宋神宗元丰五年（壬戌，1082）……………………………………………（561）
续资治通鉴长编卷三百二十四　宋神宗元丰五年（壬戌，1082）……………………………………………（562）
续资治通鉴长编卷三百二十五　宋神宗元丰五年（壬戌，1082）……………………………………………（564）
续资治通鉴长编卷三百二十六　宋神宗元丰五年（壬戌，1082）……………………………………………（568）
续资治通鉴长编卷三百二十七　宋神宗元丰五年（壬戌，1082）……………………………………………（569）
续资治通鉴长编卷三百二十八　宋神宗元丰五年（壬戌，1082）……………………………………………（570）
续资治通鉴长编卷三百二十九　宋神宗元丰五年（壬戌，1082）……………………………………………（571）
续资治通鉴长编卷三百三十　宋神宗元丰五年（壬戌，

续资治通鉴长编卷三百三十　　宋神宗元丰五年（壬戌，1082）…………………………………………………（574）
续资治通鉴长编卷三百三十一　　宋神宗元丰五年（壬戌，1082）…………………………………………………（575）
续资治通鉴长编卷三百三十二　　宋神宗元丰六年（癸亥，1083）…………………………………………………（577）
续资治通鉴长编卷三百三十三　　宋神宗元丰六年（癸亥，1083）…………………………………………………（578）
续资治通鉴长编卷三百三十四　　宋神宗元丰六年（癸亥，1083）…………………………………………………（580）
续资治通鉴长编卷三百三十五　　宋神宗元丰六年（癸亥，1083）…………………………………………………（584）
续资治通鉴长编卷三百三十六　　宋神宗元丰六年（癸亥，1083）…………………………………………………（587）
续资治通鉴长编卷三百三十七　　宋神宗元丰六年（癸亥，1083）…………………………………………………（588）
续资治通鉴长编卷三百三十八　　宋神宗元丰六年（癸亥，1083）…………………………………………………（589）
续资治通鉴长编卷三百三十九　　宋神宗元丰六年（癸亥，1083）…………………………………………………（590）
续资治通鉴长编卷三百四十　　宋神宗元丰六年（癸亥，1083）…………………………………………………（591）
续资治通鉴长编卷三百四十一　　宋神宗元丰六年（癸亥，1083）…………………………………………………（593）
续资治通鉴长编卷三百四十二　　宋神宗元丰七年（甲子，1084）…………………………………………………（594）
续资治通鉴长编卷三百四十三　　宋神宗元丰七年（甲子，1084）…………………………………………………（595）
续资治通鉴长编卷三百四十四　　宋神宗元丰七年（甲子，1084）…………………………………………………（597）
续资治通鉴长编卷三百四十五　　宋神宗元丰七年（甲子，1084）…………………………………………………（599）
续资治通鉴长编卷三百四十六　　宋神宗元丰七年（甲子，1084）…………………………………………………（601）
续资治通鉴长编卷三百四十七　　宋神宗元丰七年（甲子，

续资治通鉴长编卷三百四十八　宋神宗元丰七年（甲子，1084）……（603）

续资治通鉴长编卷三百四十八　宋神宗元丰七年（甲子，1084）……（607）

续资治通鉴长编卷三百四十九　宋神宗元丰七年（甲子，1084）……（609）

续资治通鉴长编卷三百五十　宋神宗元丰七年（甲子，1084）……（610）

续资治通鉴长编卷三百五十一　宋神宗元丰八年（乙丑，1085）……（612）

续资治通鉴长编卷三百五十三　宋神宗元丰八年（乙丑，1085）……（612）

续资治通鉴长编卷三百五十四　宋神宗元丰八年（乙丑，1085）……（613）

续资治通鉴长编卷三百五十五　宋神宗元丰八年（乙丑，1085）……（614）

续资治通鉴长编卷三百五十六　宋神宗元丰八年（乙丑，1085）……（615）

续资治通鉴长编卷三百五十七　宋神宗元丰八年（乙丑，1085）……（616）

续资治通鉴长编卷三百五十八　宋神宗元丰八年（乙丑，1085）……（616）

续资治通鉴长编卷三百五十九　宋神宗元丰八年（乙丑，1085）……（618）

续资治通鉴长编卷三百六十　宋神宗元丰八年（乙丑，1085）……（620）

续资治通鉴长编卷三百六十一　宋神宗元丰八年（乙丑，1085）……（623）

续资治通鉴长编卷三百六十二　宋神宗元丰八年（乙丑，1085）……（624）

续资治通鉴长编卷三百六十三　宋神宗元丰八年（乙丑，1085）……（624）

续资治通鉴长编卷三百六十四　宋哲宗元祐元年（丙寅，1086）……（625）

续资治通鉴长编卷三百六十五　宋哲宗元祐元年（丙寅，

续资治通鉴长编卷三百六十五　宋哲宗元祐元年（丙寅，1086）……………………………………………………（630）
续资治通鉴长编卷三百六十六　宋哲宗元祐元年（丙寅，1086）……………………………………………………（631）
续资治通鉴长编卷三百六十七　宋哲宗元祐元年（丙寅，1086）……………………………………………………（631）
续资治通鉴长编卷三百六十八　宋哲宗元祐元年（丙寅，1086）……………………………………………………（636）
续资治通鉴长编卷三百六十九　宋哲宗元祐元年（丙寅，1086）……………………………………………………（639）
续资治通鉴长编卷三百七十　宋哲宗元祐元年（丙寅，1086）……………………………………………………（641）
续资治通鉴长编卷三百七十一　宋哲宗元祐元年（丙寅，1086）……………………………………………………（642）
续资治通鉴长编卷三百七十二　宋哲宗元祐元年（丙寅，1086）……………………………………………………（643）
续资治通鉴长编卷三百七十三　宋哲宗元祐元年（丙寅，1086）……………………………………………………（643）
续资治通鉴长编卷三百七十四　宋哲宗元祐元年（丙寅，1086）……………………………………………………（646）
续资治通鉴长编卷三百七十五　宋哲宗元祐元年（丙寅，1086）……………………………………………………（650）
续资治通鉴长编卷三百七十六　宋哲宗元祐元年（丙寅，1086）……………………………………………………（652）
续资治通鉴长编卷三百七十七　宋哲宗元祐元年（丙寅，1086）……………………………………………………（654）
续资治通鉴长编卷三百七十八　宋哲宗元祐元年（丙寅，1086）……………………………………………………（655）
续资治通鉴长编卷三百七十九　宋哲宗元祐元年（丙寅，1086）……………………………………………………（657）
续资治通鉴长编卷三百八十　宋哲宗元祐元年（丙寅，1086）……………………………………………………（658）
续资治通鉴长编卷三百八十一　宋哲宗元祐元年（丙寅，1086）……………………………………………………（659）
续资治通鉴长编卷三百八十二　宋哲宗元祐元年（丙寅，

续资治通鉴长编卷三百八十三　宋哲宗元祐元年（丙寅，1086）……（659）

续资治通鉴长编卷三百八十三　宋哲宗元祐元年（丙寅，1086）……（660）

续资治通鉴长编卷三百八十四　宋哲宗元祐元年（丙寅，1086）……（664）

续资治通鉴长编卷三百八十五　宋哲宗元祐元年（丙寅，1086）……（667）

续资治通鉴长编卷三百八十六　宋哲宗元祐元年（丙寅，1086）……（669）

续资治通鉴长编卷三百八十七　宋哲宗元祐元年（丙寅，1086）……（671）

续资治通鉴长编卷三百八十八　宋哲宗元祐元年（丙寅，1086）……（672）

续资治通鉴长编卷三百八十九　宋哲宗元祐元年（丙寅，1086）……（673）

续资治通鉴长编卷三百九十　宋哲宗元祐元年（丙寅，1086）……（675）

续资治通鉴长编卷三百九十一　宋哲宗元祐元年（丙寅，1086）……（676）

续资治通鉴长编卷三百九十二　宋哲宗元祐元年（丙寅，1086）……（678）

续资治通鉴长编卷三百九十三　宋哲宗元祐元年（丙寅，1086）……（679）

续资治通鉴长编卷三百九十四　宋哲宗元祐二年（丁卯，1087）……（683）

续资治通鉴长编卷三百九十五　宋哲宗元祐二年（丁卯，1087）……（684）

续资治通鉴长编卷三百九十六　宋哲宗元祐二年（丁卯，1087）……（685）

续资治通鉴长编卷三百九十七　宋哲宗元祐二年（丁卯，1087）……（688）

续资治通鉴长编卷三百九十八　宋哲宗元祐二年（丁卯，1087）……（690）

续资治通鉴长编卷三百九十九　宋哲宗元祐二年（丁卯，

1087）···（692）

续资治通鉴长编卷四百一　宋哲宗元祐二年（丁卯，1087）···（693）

续资治通鉴长编卷四百二　宋哲宗元祐二年（丁卯，1087）···（694）

续资治通鉴长编卷四百三　宋哲宗元祐二年（丁卯，1087）···（695）

续资治通鉴长编卷四百四　宋哲宗元祐二年（丁卯，1087）···（695）

续资治通鉴长编卷四百五　宋哲宗元祐二年（丁卯，1087）···（696）

续资治通鉴长编卷四百六　宋哲宗元祐二年（丁卯，1087）···（697）

续资治通鉴长编卷四百七　宋哲宗元祐二年（丁卯，1087）···（698）

续资治通鉴长编卷四百八　宋哲宗元祐三年（戊辰，1088）···（702）

续资治通鉴长编卷四百九　宋哲宗元祐三年（戊辰，1088）···（703）

续资治通鉴长编卷四百十　宋哲宗元祐三年（戊辰，1088）···（704）

续资治通鉴长编卷四百十一　宋哲宗元祐三年（戊辰，1088）···（706）

续资治通鉴长编卷四百十二　宋哲宗元祐三年（戊辰，1088）···（707）

续资治通鉴长编卷四百十三　宋哲宗元祐三年（戊辰，1088）···（708）

续资治通鉴长编卷四百十四　宋哲宗元祐三年（戊辰，1088）···（709）

续资治通鉴长编卷四百十五　宋哲宗元祐三年（戊辰，1088）···（710）

续资治通鉴长编卷四百十七　宋哲宗元祐三年（戊辰，1088）···（710）

续资治通鉴长编卷四百十八　宋哲宗元祐三年（戊辰，

1088）………………………………………………………………（710）

续资治通鉴长编卷四百十九　宋哲宗元祐三年（戊辰，1088）………………………………………………………………（711）

续资治通鉴长编卷四百二十　宋哲宗元祐三年（戊辰，1088）………………………………………………………………（711）

续资治通鉴长编卷四百二十二　宋哲宗元祐四年（己巳，1089）………………………………………………………………（711）

续资治通鉴长编卷四百二十三　宋哲宗元祐四年（己巳，1089）………………………………………………………………（712）

续资治通鉴长编卷四百二十四　宋哲宗元祐四年（己巳，1089）………………………………………………………………（712）

续资治通鉴长编卷四百二十五　宋哲宗元祐四年（己巳，1089）………………………………………………………………（713）

续资治通鉴长编卷四百二十六　宋哲宗元祐四年（己巳，1089）………………………………………………………………（714）

续资治通鉴长编卷四百二十七　宋哲宗元祐四年（己巳，1089）………………………………………………………………（716）

续资治通鉴长编卷四百二十八　宋哲宗元祐四年（己巳，1089）………………………………………………………………（716）

续资治通鉴长编卷四百二十九　宋哲宗元祐四年（己巳，1089）………………………………………………………………（716）

续资治通鉴长编卷四百三十　宋哲宗元祐四年（己巳，1089）………………………………………………………………（717）

续资治通鉴长编卷四百三十一　宋哲宗元祐四年（己巳，1089）………………………………………………………………（718）

续资治通鉴长编卷四百三十二　宋哲宗元祐四年（己巳，1089）………………………………………………………………（720）

续资治通鉴长编卷四百三十三　宋哲宗元祐四年（己巳，1089）………………………………………………………………（722）

续资治通鉴长编卷四百三十四　宋哲宗元祐四年（己巳，1089）………………………………………………………………（723）

续资治通鉴长编卷四百三十五　宋哲宗元祐四年（己巳，1089）………………………………………………………………（724）

续资治通鉴长编卷四百三十六　宋哲宗元祐四年（己巳，

续资治通鉴长编卷四百三十七　宋哲宗元祐五年（庚午，1089） ……………………………………………………………（727）

续资治通鉴长编卷四百三十七　宋哲宗元祐五年（庚午，1090） ……………………………………………………………（728）

续资治通鉴长编卷四百三十八　宋哲宗元祐五年（庚午，1090） ……………………………………………………………（728）

续资治通鉴长编卷四百三十九　宋哲宗元祐五年（庚午，1090） ……………………………………………………………（730）

续资治通鉴长编卷四百四十　宋哲宗元祐五年（庚午，1090） ……………………………………………………………（731）

续资治通鉴长编卷四百四十一　宋哲宗元祐五年（庚午，1090） ……………………………………………………………（735）

续资治通鉴长编卷四百四十二　宋哲宗元祐五年（庚午，1090） ……………………………………………………………（735）

续资治通鉴长编卷四百四十三　宋哲宗元祐五年（庚午，1090） ……………………………………………………………（735）

续资治通鉴长编卷四百四十四　宋哲宗元祐五年（庚午，1090） ……………………………………………………………（736）

续资治通鉴长编卷四百四十五　宋哲宗元祐五年（庚午，1090） ……………………………………………………………（738）

续资治通鉴长编卷四百四十六　宋哲宗元祐五年（庚午，1090） ……………………………………………………………（739）

续资治通鉴长编卷四百四十七　宋哲宗元祐五年（庚午，1090） ……………………………………………………………（740）

续资治通鉴长编卷四百四十八　宋哲宗元祐五年（庚午，1090） ……………………………………………………………（741）

续资治通鉴长编卷四百四十九　宋哲宗元祐五年（庚午，1090） ……………………………………………………………（742）

续资治通鉴长编卷四百五十　宋哲宗元祐五年（庚午，1090） ……………………………………………………………（743）

续资治通鉴长编卷四百五十一　宋哲宗元祐五年（庚午，1090） ……………………………………………………………（746）

续资治通鉴长编卷四百五十二　宋哲宗元祐五年（庚午，1090） ……………………………………………………………（746）

续资治通鉴长编卷四百五十三　宋哲宗元祐五年（庚午，

续资治通鉴长编卷四百五十三　宋哲宗元祐五年（庚午，1090）………………………………………………（746）
续资治通鉴长编卷四百五十四　宋哲宗元祐六年（辛未，1091）………………………………………………（749）
续资治通鉴长编卷四百五十五　宋哲宗元祐六年（辛未，1091）………………………………………………（753）
续资治通鉴长编卷四百五十六　宋哲宗元祐六年（辛未，1091）………………………………………………（754）
续资治通鉴长编卷四百五十七　宋哲宗元祐六年（辛未，1091）………………………………………………（754）
续资治通鉴长编卷四百五十八　宋哲宗元祐六年（辛未，1091）………………………………………………（755）
续资治通鉴长编卷四百五十九　宋哲宗元祐六年（辛未，1091）………………………………………………（757）
续资治通鉴长编卷四百六十　宋哲宗元祐六年（辛未，1091）………………………………………………（763）
续资治通鉴长编卷四百六十一　宋哲宗元祐六年（辛未，1091）………………………………………………（767）
续资治通鉴长编卷四百六十二　宋哲宗元祐六年（辛未，1091）………………………………………………（769）
续资治通鉴长编卷四百六十三　宋哲宗元祐六年（辛未，1091）………………………………………………（770）
续资治通鉴长编卷四百六十五　宋哲宗元祐六年（辛未，1091）………………………………………………（774）
续资治通鉴长编卷四百六十六　宋哲宗元祐六年（辛未，1091）………………………………………………（778）
续资治通鉴长编卷四百六十七　宋哲宗元祐六年（辛未，1091）………………………………………………（779）
续资治通鉴长编卷四百六十八　宋哲宗元祐六年（辛未，1091）………………………………………………（781）
续资治通鉴长编卷四百六十九　宋哲宗元祐七年（壬申，1092）………………………………………………（783）
续资治通鉴长编卷四百七十　宋哲宗元祐七年（壬申，1092）………………………………………………（784）
续资治通鉴长编卷四百七十一　宋哲宗元祐七年（壬申，

续资治通鉴长编卷四百七十二　宋哲宗元祐七年（壬申，1092）……（785）
续资治通鉴长编卷四百七十三　宋哲宗元祐七年（壬申，1092）……（786）
续资治通鉴长编卷四百七十四　宋哲宗元祐七年（壬申，1092）……（786）
续资治通鉴长编卷四百七十五　宋哲宗元祐七年（壬申，1092）……（787）
续资治通鉴长编卷四百七十六　宋哲宗元祐七年（壬申，1092）……（792）
续资治通鉴长编卷四百七十七　宋哲宗元祐七年（壬申，1092）……（793）
续资治通鉴长编卷四百七十八　宋哲宗元祐七年（壬申，1092）……（797）
续资治通鉴长编卷四百七十九　宋哲宗元祐七年（壬申，1092）……（798）
续资治通鉴长编卷四百八十　宋哲宗元祐八年（癸酉，1093）……（799）
续资治通鉴长编卷四百八十一　宋哲宗元祐八年（癸酉，1093）……（801）
续资治通鉴长编卷四百八十二　宋哲宗元祐八年（癸酉，1093）……（804）
续资治通鉴长编卷四百八十三　宋哲宗元祐八年（癸酉，1093）……（804）
续资治通鉴长编卷四百八十四　宋哲宗元祐八年（癸酉，1093）……（806）
续资治通鉴长编卷四百八十五　宋哲宗绍圣四年（丁丑，1097）……（807）
续资治通鉴长编卷四百八十七　宋哲宗绍圣四年（丁丑，1097）……（808）
续资治通鉴长编卷四百八十八　宋哲宗绍圣四年（丁丑，1097）……（809）
续资治通鉴长编卷四百八十九　宋哲宗绍圣四年（丁丑，

续资治通鉴长编卷四百九十　宋哲宗绍圣四年（丁丑，1097）……（811）

续资治通鉴长编卷四百九十一　宋哲宗绍圣四年（丁丑，1097）……（812）

续资治通鉴长编卷四百九十二　宋哲宗绍圣四年（丁丑，1097）……（814）

续资治通鉴长编卷四百九十三　宋哲宗绍圣四年（丁丑，1097）……（815）

续资治通鉴长编卷四百九十四　宋哲宗元符元年（戊寅，1098）……（820）

续资治通鉴长编卷四百九十五　宋哲宗元符元年（戊寅，1098）……（824）

续资治通鉴长编卷四百九十六　宋哲宗元符元年（戊寅，1098）……（826）

续资治通鉴长编卷四百九十七　宋哲宗元符元年（戊寅，1098）……（827）

续资治通鉴长编卷四百九十八　宋哲宗元符元年（戊寅，1098）……（829）

续资治通鉴长编卷四百九十九　宋哲宗元符元年（戊寅，1098）……（831）

续资治通鉴长编卷五百　宋哲宗元符元年（戊寅，1908）……（834）

续资治通鉴长编卷五百一　宋哲宗元符元年（戊寅，1098）……（836）

续资治通鉴长编卷五百二　宋哲宗元符元年（戊寅，1098）……（838）

续资治通鉴长编卷五百三　宋哲宗元符元年（戊寅，1098）……（840）

续资治通鉴长编卷五百四　宋哲宗元符元年（戊寅，1098）……（842）

续资治通鉴长编卷五百五　宋哲宗元符二年（己卯，1099）……（845）

续资治通鉴长编卷五百六　宋哲宗元符二年（己卯，

续资治通鉴长编卷五百七　宋哲宗元符二年（己卯，1099） ………………………………………………………（847）

续资治通鉴长编卷五百八　宋哲宗元符二年（己卯，1099） ………………………………………………………（851）

续资治通鉴长编卷五百九　宋哲宗元符二年（己卯，1099） ………………………………………………………（852）

续资治通鉴长编卷五百十　宋哲宗元符二年（己卯，1099） ………………………………………………………（852）

续资治通鉴长编卷五百十一　宋哲宗元符二年（己卯，1099） ………………………………………………………（854）

续资治通鉴长编卷五百十二　宋哲宗元符二年（己卯，1099） ………………………………………………………（858）

续资治通鉴长编卷五百十三　宋哲宗元符二年（己卯，1099） ………………………………………………………（859）

续资治通鉴长编卷五百十四　宋哲宗元符二年（己卯，1099） ………………………………………………………（861）

续资治通鉴长编卷五百十五　宋哲宗元符二年（己卯，1099） ………………………………………………………（863）

续资治通鉴长编卷五百十六　宋哲宗元符二年（己卯，1099） ………………………………………………………（863）

续资治通鉴长编卷五百十七　宋哲宗元符二年（己卯，1099） ………………………………………………………（866）

续资治通鉴长编卷五百十八　宋哲宗元符二年（己卯，1099） ………………………………………………………（866）

续资治通鉴长编卷五百十九　宋哲宗元符二年（己卯，1099） ………………………………………………………（867）

续资治通鉴长编卷五百二十　宋哲宗元符三年（庚辰，1100） ………………………………………………………（868）

后记 ……………………………………………………………（869）

续资治通鉴长编卷一　宋太祖建隆元年（庚申，960）

【宋太祖建隆元年（960）春正月】上之入也，闾巷奸民往往乘便攘夺，于是索得数辈斩于市，被掠者官偿其货。6，页6

【宋太祖建隆元年（960）二月】前乡贡《三传》孙兰治《左氏春秋》，聚徒教授，其门人有被黜退者，兰乘醉突入贡部，喧哗不已，下吏案之。壬辰，兰决杖配商州。7，页9

【宋太祖建隆元年（960）六月】辛卯，德音①："降死罪囚，流以下原之。潞州近城三十里内勿收今年田租。诸路州府寺院，经显德二年停废者勿复置，当废未毁者存之。"6，页17

【宋太祖建隆元年（960）十一月】庚戌，诏重进家属、部曲并释罪，逃亡者听自首，尸骸暴露者收瘗之，役夫死城下者，人赐绢三匹，复其家三年。5，页28

续资治通鉴长编卷二　宋太祖建隆二年（辛酉，961）

【宋太祖建隆二年（961）春正月】周显德末，分命常参官诣诸州度民田，多为民所诉，坐谴黜。上将循世宗之制，欲先事戒敕之，因谓侍臣曰："比遣使度田，盖欲勤恤下民也，而民弊愈甚，得非使臣图功幸进，致其然哉？今当精择其人，以副朕意。"遣官度田，据《食货志》云皇朝受命，颇循周制，而常准、崔逊黜责皆系之二年正月，则元年盖尝遣官矣。《本纪》、《实录》乃无其二事。二年正月壬子，《实录》始载今当精择其人之言。正月丁巳，《本纪》始书分遣常参官诣诸州度田。据《实录》、《本纪》，则《食货志》误矣。崔逊由伊阳令为太子洗马，元年四月丁亥也。常准削两任官，二年四月甲午也。而《食货志》并二事合言之，疑作者便文，不考其日月先后，故失其实。然则实未尝遣官，太祖所言当精选其人，盖谓前朝所遣或不得其人，如崔逊

---

① 宋朝"德音"是指国家针对特定对象和事件颁布的赦宥行为，与"大赦"或"赦书"构成了宋朝国家立法中的两种重要来源。宋朝在立法时会对德音和赦书中的相关法律进行整理，构成国家立法的重要成果和形式。

等也。《实录》又云崔逊责伊阳，未满岁除洗马，云未满岁，则其责当在显德末矣，若在建隆初，则才逾三月耳，不当云未满岁也。按《王仁镐传》称：显德中，国子博士上官瓒括田河中，将大增赋调，比户愁怨，仁镐奏罢之。盖当是时，坐度田非实贬黜者，不但崔逊一人也。今皆削去姓名，泛云多为民所诉，坐谴黜，庶无所抵牾云。9，页38

【宋太祖建隆二年（961）春正月】丁巳，分遣常参官诣诸州度民田。此从《本纪》也，新、旧《录》尽无之。10，页38

【宋太祖建隆二年（961）二月】己卯，旧制，窃盗赃满绢三匹者，弃市。己丑，改为钱三千，其陌八十。9，页40

【宋太祖建隆二年（961）二月】令民二月至九月无得采捕虫鱼，弹射飞鸟，有司岁申明①之。10，页40

【宋太祖建隆二年（961）三月】丙申，内酒坊火。坊与三司接，火作之夕，工徒突入省署。上登楼见之，以酒坊使左承规、副使田处岩纵其下为盗，并弃市。酒工五十人，命斩于诸门。宰臣极谏，上怒微解，遽追释之，获免者十二人而已。《宋朝大事记》：建隆二年三月，林德颂曰："在《易》之乾，君象也。其德，君德也。天以刚为德，君德而非刚健，何以君天下？我太祖之开国也，以千百年破碎不可为之天下，一举而削平之。强者服，（很）[狠]者顺，俯首听命，惟恐或后。处藩镇以环卫，而藩镇无异辞，授守臣以倅贰，而守臣无异意，是果何道而得此哉？英武自天，雄断如神。"开宝六年，差利州知州李铸通判成都府，川班妄诉，全班尽废，雄武肆掠，戮及百人，役夫突入省部，其主将亦置极法，吏黩货贿者斩，官辞浊务者黜。威令之不可测如此，其谁敢忤人主之意哉。2，页40—41

【宋太祖建隆二年（961）闰三月】庚午，诏开封府集众杖杀皇建院僧辉文，僧录琼隐等十七人各决杖配流。先是，上还自扬州，左右街僧道出迎，辉文等携妇人酣饮传舍，为其党所告，逮捕按验得实，故有是命。4，页42

【宋太祖建隆二年（961）闰三月】是春，诏申明周显德三年之令，课民种植，每县定民籍为五等。第一种杂木百，每等减二十为差，桑枣半

---

① "申明"在宋朝初期是指中央机构向下级颁发的某种法律文件和法律文书的行为，并不是一种法律形式。

之。男女十七以上，人种韭一畦，阔一步，长十步。乏井者，邻伍为凿之。令佐以春秋巡视其数，秩满赴调，有司第其课而为之殿最。此据本志在二月，不得其日，今附见闰月后。又诏自今民有逃亡者，本州具户籍顷亩以闻，即检视之，勿使亲邻代输其租。此据本志附见，不得其月日也，当考。9，页43

【宋太祖建隆二年（961）夏四月】甲午，给事中常准夺两官，授兵部郎中免。先是，大名馆陶民郭赘诣阙诉括田不均，诏令他县官按视，所隐顷亩皆实。上怒，本县令程迪，决杖流海岛。准实为括田使，故责之。常准，未见。2，页43

【宋太祖建隆二年（961）夏四月】壬寅，诏："先代帝王陵寝，令所属州府遣近户守视。前贤冢墓有隳毁者，即加修葺。"4，页43

【宋太祖建隆二年（961）夏四月】沧州无棣县民赵遇诈称皇弟，付有司鞫实，斩于东市。5，页43

【宋太祖建隆二年（961）夏四月】己未，杖杀商河县令李瑶，左赞善大夫申文纬除籍为民。文纬奉诏按田，瑶受赃，文纬不之察，为部民所诉故也。6，页44

【宋太祖建隆二年（961）夏四月】右神武将军李怀节出典坊州，受代归阙，行次华州，忿其从者王，乘醉手斩之，为其党所讼，下吏按劾。7，页44

【宋太祖建隆二年（961）夏四月】汉初，犯私曲者并弃市，周祖始令至五斤死。上以周法尚峻，壬戌，诏民犯私曲十五斤，以私酒入城至三斗者，始处极典，其余论罪有差；私市酒曲，减造者之半。8，页44

【宋太祖建隆二年（961）夏四月】上又以前朝盐法太峻，是日，定令①："官盐阑入禁地贸易至十斤，煮碱至三斤者，乃坐死。民所受蚕盐

---

① 此处"令"是指诏令，而非法律形式上的"令典"之"令"类法律，在当时又称为"敕"。

以入城市，三十斤以上者，奏裁。①" 8，页 44

【宋太祖建隆二年（961）五月】德音降死罪囚，流以下释之。时皇太后寝疾，上忧惧，乃曲赦天下，以祈冥祐焉。2，页 44

【宋太祖建隆二年（961）五月】初，周世宗命国子司业、兼太常博士洛阳聂崇义详定郊庙器玉，崇义因取《三礼》旧图，考正同异，别为《新图》二十卷。丙寅来上，诏加褒赏，仍命太子詹事汝阴尹拙集儒臣参议。拙多所驳难，崇义复引经解释，乃悉以下工部尚书窦仪，裁处至当，然后颁行。4，页 44—45

【宋太祖建隆二年（961）五月】五代以来，典刑弛废，州郡掌狱吏不明习律令，守牧多武人，率恣意用法。金州民马从叱子汉惠无赖，尝害其从弟，又好为敛攘，闾里患之。从叱与妻及次子共杀汉惠，防御使仇超、判官左扶，悉按诛从叱妻及次子。上怒超等故入死罪，令有司劾之，并除名，杖流海岛。自是，人知奉法矣。此事新、旧《录》皆不载，今从《本纪》载于此月，其日则缺之。11，页 46

【宋太祖建隆二年（961）六月】丁巳，吏部郎中阎式式，未见。夺两任官。式监纳河阳夏税仓，上得式所收一斛有五升之羡，故黜之。其后右卫率府率薛勋、著作佐郎徐雄亦坐监纳民租概量失平，为侦者所告，皆免官。勋、雄，皆未见。4，页 48

【宋太祖建隆二年（961）秋七月】罢诸道屯田务归本州县。先是，唐主用尚书员外郎李德明议，兴复旷土，为屯田以广兵食，水部员外郎贾彬嗣成之。所使典掌者皆非其人，侵扰州县，豪夺民利，大为时患。及用兵淮南，罢其尤剧者，尚处处有之。至是，悉罢使职，委所属县令佐与常赋俱征，随所租入，十分赐一以为禄廪，民稍休息焉。李德明，以尚书员外郎初见乾祐二年七月，无爵里，仕至工部侍郎、文理院学士，诛死在显德三年二月。辟旷土为屯田在广顺二年。罢屯田害民尤甚者，在显德三年。1，页 48—49

【宋太祖建隆二年（961）秋七月】命内客省使王赞权知扬州军府事。

---

① 此条与前一条在原文中合为一条，现据内容分为两条。

赞乘舟以往，溺于闸桥。上嗟悼，谓左右曰："是杀吾枢密使也。"赞尝为河北诸州计度使，五代姑息藩镇，有司不敢绳以法。赞振举纲维，所至发摘奸伏无所忌。上知赞可付以事，因使完葺扬州，盖将大用之，而赞遽死。赞，观城人也。6，页51

【宋太祖建隆二年（961）八月】义武节度使、同平章事孙行友行友，初见开运三年五月。《宋史》及薛应旂《续通鉴》，皆作易定节度使、同平章事孙行友。在镇逾八年，而狼山妖尼深意党益盛。深意，亦见开运三年五月。上初即位，行友不自安，累表乞解官归山，上不许。行友惧，乃缮治甲兵，将弃其孥，还据山寨以叛。兵马都监药继能密表其事，继能，未见。上遣阁门副使武怀节怀节，未见。驰骑会镇、赵之兵，伪称巡边，直入定州。行友不之觉，既而出诏示之，令举族归朝，行友仓（黄）[皇]听命。既至，命侍御史李维岳维岳，未见。即讯得实，己酉，制削夺行友官爵，禁锢私第，取尼深意尸，焚之都城西北隅。行友弟易州刺史方进、侄保塞军使全晖，皆诣阙待罪，诏释之。2，页52

【宋太祖建隆二年（961）八月】永济县主簿郭颛坐赃一百二十万，弃市。诏缘边诸寨，有犯大辟者，送所属州军鞫之，无得辄断。5，页52

【宋太祖建隆二年（961）八月】丁巳，诏刑部，应诸道州府有犯盐、曲人合配役者，只令本州充役，示宽典也。7，页53

【宋太祖建隆二年（961）九月】戊子，遣鞍辔库使梁义如江南吊祭。上召见，面赐约束。因谓左右曰："朕每遣使四方，常谕以谨饬，颇闻鲜克由礼，远人何观焉。"左右请齐之以刑，上曰："齐之以刑，岂若其自然耶？要当审择其人耳。"梁义，未见。5，页54

【宋太祖建隆二年（961）冬十月】初，五代募民盗戎人马，官给其直，籍数以补战骑之缺。上欲敦信保境，戊戌，敕沿边诸州禁民无得出塞侵盗，前所盗马，尽令还之。由是，边方畏慕，不敢内侮。4，页54

续资治通鉴长编卷三　宋太祖建隆三年（壬戌，962）

【宋太祖建隆三年（962）春正月】禁诸州铁镴钱及江南所铸"唐国

通宝"钱。民间有者悉送官，所在设棘围以受之，敢有藏隐，许人陈告，重置之法。6，页61

【宋太祖建隆三年（962）二月】癸巳，令诸道州、府依法断狱，毋得避事妄奏取裁，违者量罪停罚。量罪停罚，乃乾德二年正月丁未诏，今并列于此，不复重出于彼。2，页61—62

【宋太祖建隆三年（962）二月】甲午，诏："自今每五日内殿起居，百官以次转对，并须指陈时政得失，朝廷急务，或刑狱冤滥，百姓疾苦，咸采访以闻，仍须直书其事，不在广有牵引。事关急切者，许非时诣合上章，不得须候次对。"3，页62

【宋太祖建隆三年（962）二月】己亥，诏窃盗赃满五千足陌者乃处死。5，页62

【宋太祖建隆三年（962）二月】丁未，诏："自今宰相，枢密使带平章事、兼侍中、中书令、节度使者，依故事纳礼钱，宰相、枢密使三百千，藩镇五百千，充中书门下公用。仍于中书刻石记授上年月。已经纳者，后虽转官不在更纳。旧相复入者，纳如其数。"时中书门下言唐制，凡视事于中书者，纳礼钱三千缗，近颇隳废，乞举行之故也。8，页62—63

【宋太祖建隆三年（962）】三月戊午朔，控鹤右厢都指挥使尹勋，削夺官爵，配隶许州为教练使。先是，勋督丁夫浚五丈河，陈留丁夫夜溃，勋擅斩其队长十余人，追获亡者七十余人，皆刵其左耳。有诣阙称冤者，兵部尚书李涛以病卧家，闻其事，力疾草奏，乞斩勋以谢百姓。涛家人曰："公久病，宜自爱养。朝廷事，姑置之。"涛愤然曰："死者人之常，吾岂能免。但我为兵部尚书，知军校无辜杀人，岂得不论。"上览其奏，嘉之；然念勋素忠勇，止薄责焉。勋，浚仪人也。1，页63

【宋太祖建隆三年（962）三月】上谓宰臣曰："五代诸侯跋扈，多枉法杀人，朝廷置而不问，刑部之职几废，且人命至重，姑息藩镇，当如此耶！"乃令诸州自今决大辟讫，录案闻奏，委刑部详覆之。6，页63

【宋太祖建隆三年（962）三月】河南府判官卢文翼除名，法曹参军

桑植夺两任官。有尼法迁者，私用本师财物，准法不死，文翼以盗论，置于极典，故责之①。6，页63

【宋太祖建隆三年（962）三月】禁民以火葬。王称《东都事略》：诏曰"王者设棺椁之品，建封树之制，所以厚人伦而一风化也。近代以来，率多火葬，甚愆典礼，自今宜禁之"。17，页65

【宋太祖建隆三年（962）三月】是月，诏增官盐阑入至三十斤，煮碱至十斤，坐死。蚕盐入城市百斤以上，奏裁。又修酒曲之禁。凡私造，差定其罪，城郭二十斤，乡闾三十斤，弃市。民敢持私酒入京城五十里，西京及诸州城二十里至五斗，死。所定里数外，有官署沽酒，而私酒入其地一石，弃市。此据本志。18，页65

【宋太祖建隆三年（962）夏四月】御史中丞洛阳刘温叟上疏言："伏见两京百司，渐乏旧人，多隳故事，虽检阅具存于往册，而举行须在于攸司。盖因年限得官，归司者例与减选，冬集赴调，授任者寻又出京。兼有才满初官，不还旧局，但称前资，用图免役。又有尝因停任，窃欲归司，而元敕不该，无由复职。遂使在司者失于教习，历事者难于追还。伏望自今诸司职掌，除官勒留及归司者，如理减外欠三选已下，仍须在司执行公事，及三十月即许赴集。如理减外欠三选已上，及在官不成资考者，即准元敕处分。若在任停官及在司停职，有经恩后于刑部出给雪牒，却勒归司，如无缺员，即令守缺，余依敕格处分。"从之。温叟，初见开运元年六月，岳之子也。2，页66

【宋太祖建隆三年（962）六月】右补阙袁凤，坐检田不实，责授曲阜县令。凤，未见。5，页69

【宋太祖建隆三年（962）六月】己亥，德音减京畿及河北诸州死罪以下囚，旱故也。6，页69

【宋太祖建隆三年（962）六月】丁未，命吴廷祚赍诏赴秦州，赦尚波于等罪，所系戎俘并释遣之，赐以锦袍银带，遂罢采造务。8，页69

---

① 此条与前条原文共为一条，现据内容分为两条。

8 《续资治通鉴长编》所见法律史料辑录

【宋太祖建隆三年（962）秋七月】乙亥，斩文思使常岑子勋于东市。勋少亡赖，尝诈称供奉官，至泗州，为长吏所觉，捕送阙下，故戮之。6，页70

【宋太祖建隆三年（962）秋七月】先是，云捷军士有伪刻侍卫司印者，捕得，斩之。上曰："诸军比加简练，尚如此不逞耶！"庚辰，命搜索，悉配海岛。于是奸猾敛迹。7，页70

【宋太祖建隆三年（962）秋七月】右卫率府率薛勋掌常盈仓，受民租，概量重，诏免勋官，配隶沂州，仓吏弃市。《旧录》以为二年事，今从《新录》。11，页70

【宋太祖建隆三年（962）八月】癸巳，诏开封府捕蔡河务纲官王训等四人，磔于市。以训等用糠核土屑杂恶军粮，为张仪等所告故也。赏仪等锦袍银带。3，页71

【宋太祖建隆三年（962）八月】乙未，左拾遗、知制诰虞乡高锡上言："近廷臣承诏各举所知，或有因行赂获荐者。请自今许近亲、奴婢、邻里告诉，加以重赏。"又请注授法官及职官，各宜问书法十条以代试判，上皆施行之。5，页71

【宋太祖建隆三年（962）九月】癸未，复置书判拔萃科。《国史》于八月乙未，即书复置此科。今从《实录》，盖乙未始令有司条具，其施行实在癸未也。9，页72

【宋太祖建隆三年（962）九月】甲申，同州观察判官徐光乘坐断狱失实免官。10，页72

【宋太祖建隆三年（962）九月】武安节度使、兼中书令周行逢病革，召其将吏，以其子保权属之曰："吾起垅亩为团兵，同时十人，皆以诛死，惟衡州刺史张文表独存，常怏怏不得行军司马。吾死，文表必叛，当以杨师璠讨之。如不能，则婴城勿战，自归朝廷可也。"师璠与行逢乡里姻戚，事行逢为亲军指挥使，数有功，行逢委信之。行逢卒，保权领留务。行逢崇信释氏，广度僧尼，斋忏不辍，每见僧，无老少，辄拜之，捧匜执帨，亲为煎洗。因谓左右曰："吾杀人多矣，不假佛力，何以解其冤乎。"据《九国志》，保权以九月袭父位，而《实录》于十月乙未乃书行逢卒，盖因奏到之日耳。今从《九国志》，移附九月末。《十国纪年》亦系之九月。11，页72

【宋太祖建隆三年（962）冬十月】癸巳，有司上新删定《循资格》《长定格》《编敕格》① 各一卷。诏选人三十以下依旧不得入令录，余皆可。4，页73

【宋太祖建隆三年（962）冬十月】广济县令李守中坐赃，决杖配海门岛。6，页73

【宋太祖建隆三年（962）十一月】癸亥，诏群臣使诸道，无得私有请托，违者当议其罪。王称《东都事略》：癸亥，诏曰："古称使于四方，不辱君命，可谓士矣。自今使诸道，敢有求托者，置其罪"。3，页74

【宋太祖建隆三年（962）十一月】先是，案《令》② 文，州县官抚育有方，户口增益者，各准见户每十分加一分，刺史、县令各进考一等。其州户不满五千，县户不满五百，各准五千、五百户法以为分。若抚养乖方，户口减耗，各准增户法亦减一分，降考一等。主司因循，例不进考，唯按视缺失，不以轻重，便书下考。至是，有司上言："自今请以减损户口一分，科纳系欠一分已上，并降考一等。如以公事旷遗，有制殿罚者，亦降一等。"6，页74—75

【宋太祖建隆三年（962）十二月】旧制，强盗赃满十匹者绞。庚寅，诏改为钱三千足陌者处死。景祐二年八月又改。4，页76

【宋太祖建隆三年（962）十二月】癸巳，诏中书门下："每县复置县尉一员，在主簿之下，俸禄与主簿同。凡盗贼斗讼，先委镇将者，诏县令及尉复领其事。自万户至千户，各置弓手有差。"5，页76

---

① 这里前面两法皆是职官选拔法，《编敕格》是一般的编敕。这里的"格"应是法律之义，非"格"类法律中的"格"。

② 这里的《令》是《唐令》，而非诏令，具体是《开元令》中的具体条文。

【宋太祖建隆三年（962）十二月】庚子，有司上《捕贼条》①，诏颁行之。"给以三限，限各二十日。第一限内获者，令尉各减一选，获逾半者，减两选。第二限内获者，各超一资，逾半，超两资。第三限内获者，令尉各加一阶，逾半，加两阶。过三限不获，尉罚一月俸，令半之。尉三罚，令四罚，皆殿一选；三殿，停官。令尉与贼斗而尽获者，并赐绯，尉除令，仍超两资，令别加升擢"。7，页76

【宋太祖建隆三年（962）十二月】南汉许彦真既杀钟允章，益恣横，恶龚澄枢等居己上，颇侵其权，澄枢怒。会有告彦真与先主丽妃私通者，澄枢发其事。彦真惧，与其子谋杀澄枢。澄枢遣西班将军王仁遇告彦真父子谋反，下狱，族诛之。钟允章，见乾元年。许彦真，见显德六年。14，页78

续资治通鉴长编卷四　宋太祖乾德元年（癸亥，963）

【宋太祖乾德元年（963）】三月，张从富等出军于澧州南，与王师遇，未及交锋，贼军望风而溃。李处耘逐北至敖山寨，贼弃寨走，俘获甚众。处耘择所俘体肥者数十人，令左右分食之，少健者悉黥其面，令先入朗州。会暮，宿寨中。迟明，慕容延钊继至。所黥之俘得入城，悉言被擒者为王师所啖食。贼众大惧，纵火焚州城，驱略居民，奔窜山谷。壬戌，王师入朗州，擒张从富于西山下，枭其首。贼将汪端劫周保权并家属亡匿江南岸僧舍。李处耘遣麾下将田守奇往捕之。端弃保权走，守奇获保权以归。于是尽复湖南旧地，凡得州十四，监一，县六十六，户九万七千三百八十八。1，页86—87

【宋太祖乾德元年（963）三月】癸酉，吏部尚书张昭等上言："准诏徒、流、笞、杖刑名应合该除免当赎上请外，据法书轻重等第用常刑杖施行，令臣等详定可否闻奏者。伏以五刑之制，百代所遵，虽沿革之不同，贵重轻之无挠，仰承睿旨，别定明文，俾官吏之依凭，绝刑名之出入，请宣付有司颁行。凡流刑四：加役流，杖二十，配役三年；流三千里，杖二十，配役一年；二千五百里，杖十八，配役一年；二千里，杖十七，配役一年。徒刑五：徒三年，杖二十；二年半，杖十八；二年，杖十七；一年

---

① 此处应是《捕贼条法》，宋朝在法律名称上有时简称为"条"。

半,杖十五;一年,杖十三。杖刑五:杖一百,为杖二十;九十,为十八;八十,为十七;七十,为十五;六十,为十三。笞刑五:笞五十,为笞十;四十、三十,为八;二十、一十,为七。旧据《狱官令》用杖,至是定《折杖格》,常行官杖长三尺五寸,大头阔不过二寸,厚及小头径不过九分。小杖不过四尺五寸,大头径六分,小头径五分。徒、流、笞、杖,通用常行杖。流罪决讫,役一年;加役流决讫,役三年。徒罪决而不役。徒流皆背受,笞、杖皆臀受,讯杖如旧制。"4,页87—88

【宋太祖乾德元年(963)夏四月】德音减荆南、潭朗州死罪囚,流以下释之,配役人放还;蠲三年以前逋税及场院课利;管内文武官吏并依旧,仍加恩,立功者优其秩;行营诸军厚赐之,略获生口,各还其主。2,页88

【宋太祖乾德元年(963)夏四月】丙申,兵部郎中、监秦州税曹匪躬弃市,海陵、盐城两监屯田副使张蔼除籍为民,并坐令人赍轻货往江南、两浙贩易,为人所发故也。10,页89

【宋太祖乾德元年(963)夏四月】庚子,以华州团练使大城张晖为凤州团练使、兼西面行营巡检壕寨使。晖前在华州,治有善状。上既诛李筠,将事河东,召晖入觐,问以计策。晖曰:"泽、潞疮痍未瘳,军务浩兴,恐不堪命。不若戢兵育民,俟富庶而后图之。"上慰劳遣还。于是始谋伐蜀,乃徙晖凤州。晖尽得其山川险易,因密疏进取之计。上览之,甚悦。12,页89

【宋太祖乾德元年(963)秋七月】唐、邓之俗,家有病者,虽父母亦弃去弗省视,故病者辄死。武胜节度使张永德请严刑禁之,又请以节度推官代牙将领马步都虞候事。上喜其意,己未,降诏褒答。《旧录》以为观察使张永锡奏请,盖误也。8,页98

【宋太祖乾德元年(963)秋七月】初,永德母马氏被出,适安邑人刘祚。永德之治邓也,祚已卒,迎归奉养,及于州廨,特建二堂,左则继母刘氏居之,右则马氏居之。永德每晨起诣二堂问安。祚子再思,即永德同母弟也,署子城使,于南阳城中起大第,聚刘氏之族,仍市田给之。及

刘氏卒，马氏得入谒禁中，时年八十余矣。太宗亲劳问之，封莒国太夫人。[①] 8，页98

【宋太祖乾德元年（963）秋七月】己卯，判大理寺事窦仪等上《重定刑统》三十卷，《编敕》四卷，诏刊板模印颁天下。先是，颇有上书言《刑统》条目之不便者，仪因建议请别商榷，即命仪及权少卿武功苏晓、正奚屿、丞张希逊与刑部大理法直官陈光乂、冯叔向等同撰集之。仪等参酌轻重，时称详允。希逊、光乂、叔向，未见。20，页99

【宋太祖乾德元年（963）八月】壬辰，诏礼部贡院，所试九经举人落第，宜依诸科举人例，许令再试。10，页103

【宋太祖乾德元年（963）九月】丁卯，宣徽南院使、兼枢密副使李处耘，责授淄州刺史。荆湖之役，处耘以近臣护军，临事专断，不顾群议。初至襄阳，衢肆鬻饼饵者率减少，倍取军士之直，处耘捕得尤甚者二人，送慕容延钊，延钊怒不受，往复三四，处耘遂命斩于市以徇。延钊所部小校司义，舍于荆州客将王氏，使酒凶恣，王氏愬于处耘，召义诃责。义又谮处耘于延钊。至白湖，处耘望见军士入民舍，良久，舍中人大呼求救，遣捕之，则延钊圉人也，乃鞭其背，延钊怒斩之。由是，大不协，更相论奏。上以延钊宿将，赦其过，止罪处耘，处耘亦恐惧不敢自明。7，页105

【宋太祖乾德元年（963）九月】丙子，诏礼部贡举人，自今朝臣不得更发公荐，违者重置其罪。故事，每岁知举官将赴贡院，台阁近臣得保荐抱文艺者，号曰"公荐"，然去取不能无所私，至是禁止。10，页105

【宋太祖乾德元年（963）九月】慕容延钊言获汪端，磔于朗州市。端初攻州城，不克，与其党聚山泽为盗。监军使疑城中僧千余人谋应端，悉捕系，欲诛之。薛居正以计缓其事，因督众蒐灭群盗，生擒端而诘之，僧无与谋者，皆得全活。11，页105

【宋太祖乾德元年（963）冬十月】庚辰，诏诸州版簿、户帖、户钞，

[①] 此条与前条原文中共为一条，现据内容分为两条。

委本州判官、录事掌之，旧无者创造。始令诸州岁所奏户帐，其丁口男夫二十为丁，六十为老，女口不须通勘。据本志，丁口事当在此年，不得其月日，今附见。2，页106—107

【宋太祖乾德元年（963）冬十月】癸未，亳州蒙城县令朱英夺两任官。先是，英自通事舍人出为县令，上言愿与同列王信等校其能，既而宣赞不及信等，故黜之。3，页107

【宋太祖乾德元年（963）冬十月】令襄州尽索湖南行营诸军所掠生口，遣吏分送其家；放潭、邵州乡兵数千人归农；减江陵府民旧租之半。4，页107

【宋太祖乾德元年（963）冬十月】翰林学士、中书舍人扈蒙，以仆夫扈继远为从子，属之同年生淮南转运使仇华，使厘务。继远盗官盐，事发，戊申，蒙坐夺金紫，黜为左赞善大夫。9，页107

【宋太祖乾德元年（963）十一月】甲子，合祭天地于南郊，以宣祖配。还，御明德门。大赦，改元。抵法人及没配所者，许归葬。蠲建隆三年以前逋欠官物。开国以来将校死事者，录其子孙。群臣奉册，上尊号于崇政殿。4，页108

【宋太祖乾德元年（963）】十二月庚辰，殿前散祗候李璘杀员寮陈友于市。璘自言复父仇，有司鞫实。开运末，友乘敌侵边杀璘父及其家四人，上壮而释之。1，页110

【宋太祖乾德元年（963）十二月】甲申，皇后王氏崩。后初寝疾，翰林医官王守愚进药不精审，疾遽加剧，守愚坐减死流海岛。4，页110—111

续资治通鉴长编卷五　起太祖乾德二年宋太祖乾德二年（甲子，964）

【宋太祖乾德二年（964）春正月】上以选人贪冒者众，诏吏部流内铨听四时参选，仍命翰林学士承旨陶谷等与本司官重详定《循资格》及

《四时参选条》。4，页117

【宋太祖乾德二年（964）春正月】前开封户曹参军桑俟挝登闻鼓，诉吏部条格前后矛盾，己当为望县令，乃注中县。诏集三署官议于尚书省，以俟所诉为是，擢殿中丞。俟，维翰之子也。8，页118

【宋太祖乾德二年（964）春正月】宰相范质、王溥、魏仁浦等再表求退，戊子，以质为太子太傅，溥为太子太保，仁浦为左仆射，皆罢政事。先是，宰相见天子必命坐，有大政事则面议之，常从容赐茶而退。自余号令除拜，刑赏废置，但入熟状，画可降出即行之。唐及五代，皆不改其制，犹有坐而论道之遗意焉。质等自以前朝旧臣，稍存形迹，且惮上英武，每事辄具札子进呈，退即批所得圣旨，而同列署字以志之。尝言于上曰："如此，则尽禀承之方，免妄误之失矣。"上从之。由是，奏御浸多，或至旰昃，赐茶之礼寻废，固弗暇于坐论矣。后遂为定式，盖自质等始也。然质在相位，所下制敕，未尝破律。命刺史、县令，必以户口版籍为急。使者按民田及狱讼，皆召见，为述天子忧勤之意，乃遣之。时号贤相。9，页118—119

【宋太祖乾德二年（964）春正月】庚子，改清源军为平海军，命陈洪进为节度使，其子文显为副使，文颢为南州刺史。洪进每岁贡奉，多厚敛于民，又籍民赀百万以上者，令入钱补协律、奉礼郎，而蠲其丁役。子弟亲戚，交通贿赂，二州之民甚苦之。案薛应旂《续通鉴》作一州之民甚苦之。15，页120

【宋太祖乾德二年（964）春正月】壬寅，敕赵普监修国史。先是宰相兼职，皆内降制处分，今止用敕，非旧典也。国朝因唐及五代之故，命相分领三馆，首相为昭文馆大学士，其次为监修国史，其次为集贤院大学士。16，页120

【宋太祖乾德二年（964）春正月】甲辰，诏曰："廷尉断狱，秋曹详刑，斯旧典也。唐长兴初，始立大中小事之限，而周广顺之制，不许中书专决，品式具在，固可遵行。比年以来，有司废职，具狱来上，烦于亲览。自今诸道奏案，并下大理寺检断，刑部详覆，如旧制焉。其两司官属善于其职者，满岁增秩，稽违差失者，重置其罪。"17，页120

【宋太祖乾德二年（964）春正月】乙巳，禁民越诉。18，页120

【宋太祖乾德二年（964）春正月】丁未，诏州县官有昏耄笃疾不任从政者，令判官、录事纠举，与长吏同署，列状以闻。判官、录事之能否，则委长吏察焉。21，页121

【宋太祖乾德二年（964）春正月】先是，诏诸县令尉，非公事无得辄入乡村，及追领人户，节级衙参。于是，又申明之，判官、录事察其违者劾罪以闻。先诏乃建隆四年五月十七日，然《实录》、新旧《会要》并不载也。22，页121

【宋太祖乾德二年（964）】二月戊申朔，翰林学士窦仪等，上《新定四时参选条件①》："诸州印发春季选人文解，自千里至五千里外，分定日限为五等，各发离本处，及京百司文解，并以正月十五日前到省，余季准此。若州府违限及解状内少欠事件，不依程序，本判官罚直，录事参军、本曹官殿选。诸州员阙，并仰申阙解条样，以木夹重封题号，逐季入递送格式，其百司技术官阙解，亦准此。季内不至及有漏误，诸州本判官以下罚直、殿选，京百司本官奏裁。诸司归司官合格日，四时奏年满，俟敕下，准格取本司文解赴集，流内铨据状申奏，依四时取解参选。"从之。1，页121—122

【宋太祖乾德二年（964）二月】丁卯，诏曰："周广顺中敕②：'应出选门州县官，内有历六考，叙朝散大夫阶，次赤令，并历任曾升朝，及两使判官、诸府少尹，罢任后及一周年；曾任两蕃营田判官、书记、支使、防御团练判官，罢任后及二周年：并与除官。诸色选人过三选以上，及未成资考丁忧，课绩官无选可减者，令于南曹投状，准格敕考较无违碍，并与除官。自恐亏损年限资序，愿归选门者亦听。如曾任推、巡、军事判官并诸色出选门官，并据见任官选数叙理，先次叙官。其昭雪官依例刑部检勘送铨'。准元敕资叙注拟。"9，页123

【宋太祖乾德二年（964）三月】吏部尚书张昭与翰林学士承旨陶谷

---

① 此处"条件"应是"法律"的意思。
② 此处原文是"周广顺中，敕"，现改为"周广顺中敕"。

同掌选，谷诬奏左谏议大夫崔颂以所亲属给事中李昉求东畿令，引昭为证。上召昭面质其事，昭知其不直，于上前免冠，抗声言谷罔上。上不悦。三月丁丑朔，昉坐责为彰武行军司马，颂为保大行军司马。昭遂三上章请老，乙酉，以本官致仕。昭为吏部尚书领选事，凡京官七品以下犹属铨，及昭致仕，始用它官权判，颇更旧制，京官以上无选，并中书门下特除，使府不许召署，幕职悉由铨授矣。此据《会要》，然建隆初薛居正已权判流内铨矣。当考。1，页123

【宋太祖乾德二年（964）三月】诏文武臣寮奉使出外及受代归阙，所经州县无得辄借官军部送，并津置行李，违者重置其罪。6，页124

【宋太祖乾德二年（964）夏四月】永州言诸县民畜蛊者三百二十六家，诏本州徙穷僻处，无以充役，乡里勿与婚姻。10，页126

【宋太祖乾德二年（964）五月】辛巳，宗正少卿赵砺坐赃，决杖除籍为民。案《宋史》及薛应旂《续通鉴》皆作宗正卿赵砺。3，页127

【宋太祖乾德二年（964）六月】乙卯，以刑部侍郎、权知凤翔府刘熙古权知秦州。州接戎境，多被寇害，熙古至，谕以朝廷恩信，取其酋豪子弟为质，戎人不敢犯法。4，页128

【宋太祖乾德二年（964）七月】庚寅，中书门下上重详定翰林学士承旨陶谷所议《少尹幕职官参选条件》："应拔萃判超及进士、九经判中者，并入初等职事，判下者依常选。初入防御团练军事推官、军事判官者，并授将仕郎，试校书郎。满三周年得资，即入留守两府节度推官、军事判官，并授承奉郎，试大理评事。又三周年得资，即入掌书记、防御团练判官，并授宣德郎，试大理评事兼监察御史。满二年得资，即入留守、两府、节度、观察判官，并授朝散大夫，试大理司直兼监察御史。满一周年，入同类职事、诸府少尹。又一周年，送名中书门下，仍各依官阶分四等。已至两使判官以上，次任即入同类职事者，加检校官，或转宪衔。观察判官着绯十五年者，赐紫。每任以三周年为限，闰月不在其内。每一周年，校成一考。其常考，并依令录例，书'中'、'上'，如经殿罚，即降考一等，若校成殊考，南曹上其功绩，请行酬奖。或考满未代，更一周年与成第四考，随府罢者不在赴集。其奏授职事，书校考第，出给解由，并准新条，以备他年参选。若两任以上不成资，但通计月日及二周年，许折一任成资，及敕替省员，则取本任解由赴上，不得即给以公凭，并非时赴集。其自以事故不得资，停罢及违程不请告身，一任者二周年赴集，并两任加一周年，并三任者不在赴集限。若今任有下考者，殿一年入同类官，如经恩得雪者免殿。如罢任后出给解由，每违一季殿一年，违两季以上者殿二年。丁忧服阕及非考满去任者，并同罢任。如无解由或省校考牒，并殿一年。或失坠文书而给得格式公验者，免殿降。准格停及使阙人三周年赴集。其特敕停任及削官人曾经徒、流不以官当者，并经恩后本职年限赴集，仍于刑部请雪牒。如无员阙愿入州县官者，将一周年月俸比校，如有不同，即上下不过十贯者，听与注拟。至防、团判官以上入州县官，罢任后止理本职事年限赴集。其诸府少尹考第，亦以三周年为限。"从之。自是铨选渐有伦矣。3，页129—130

【宋太祖乾德二年（964）八月】辛酉，初令京师、建安、汉阳、蕲口并置场榷茶。自唐武宗始禁民私卖茶，自十斤至三百斤，定纳钱决杖之法。于是令民茶折税外悉官买，民敢藏匿而不送官及私贩鬻者，没入之。计其直百钱以上者，杖七十，八贯加役流。主吏以官茶贸易者，计其直五百钱，流二千里，一贯五百及持仗贩易私茶为官司擒捕者，皆死。自唐武宗以下至皆死，并据本志，当在此年，今附见榷茶后。4，页131

【宋太祖乾德二年（964）九月】癸未，权知贡举卢多逊言诸州所荐士数益多，乃约周显德之制，定《发解条例》及《殿罚之式》①，以惩滥进，诏颁行之。显德二年诏书，旧史有之，《通鉴》弗著。2，页132

【宋太祖乾德二年（964）十一月】甲申，文思使常岑决杖黥面，配沙门岛，副使宋延思决杖，配隶陈州，坐监主自盗，为部曲所告也。4，页135

续资治通鉴长编卷六　宋太祖乾德三年（乙丑，965）

【宋太祖乾德三年（965）春正月】丁酉，赦蜀管内。蠲乾德二年逋

---

① 此处"式"是律令格式四种法律形式中的"式"类法律。

租，赐今年夏税之半。凡无名科役及增益赋调，令诸州条析以闻，当除之。成都民食盐斤为钱百六十，减六十，诸州盐减三之一。民乏食者赈之。掳获生口还其主。伪文武官将校奉孟昶来降者，并委王全斌奏其名。亡命群盗，许一月内陈首。有怀才挺操，耻仕伪庭者，所在搜访。先贤邱垄并禁樵采，前代祠庙咸加营葺。10，页146

【宋太祖乾德三年（965）三月】自唐天宝以来，方镇屯重兵，多以赋入自赡，名曰留使、留州，其上供殊鲜。五代方镇益强，率令部曲主场院，厚敛以自利。其属三司者，补大吏临之，输额之外辄入己，或私纳货赂，名曰贡奉，用冀恩赏。上始即位，犹循常制，牧守来朝，皆有贡奉。及赵普为相，劝上革去其弊。是月，申命诸州，度支经费外，凡金帛以助军实，悉送都下，无得占留。时方镇缺守帅，稍命文臣权知，所在场院，间遣京朝官廷臣监临，又置转运使通判，为之条禁，文簿渐为精密，由是利归公上而外权削矣。9，页152

【宋太祖乾德三年（965）】五月辛未朔，诏诸道州、府先发遣前资幕职、令录等到阙，已经引对者各放还，去京二千里者减一选，已上者减两选，无选可减者免取文解，便令赴集。1，页153

【宋太祖乾德三年（965）五月】戊子，赦天下死罪，降徒流，流以下释之，配役者免居作。5，页154

【宋太祖乾德三年（965）秋七月】是月，始令诸州录参与司法掾同断狱，从宗正丞赵合之请也。邰，未见。6，页156

【宋太祖乾德三年（965）秋七月】上闻西川行营有大校割民妻乳而杀之者，亟召至阙，斩于都市。初，近臣营救颇切，上因流涕曰："兴师吊伐，妇人何罪，而残忍至此。当速置法以偿其冤。"二事并从《国史志》，未见它书。《会要》亦有同断狱事。7，页156

【宋太祖乾德三年（965）八月】殿直成德钧部送伪蜀军校，在路受赇，为人所告，戊申，斩德钧于宽仁门外。5，页156

【宋太祖乾德三年（965）九月】庚寅，侍御史苏善隣除名，流沙门

岛，坐知陈州日不法也。8，页158

【宋太祖乾德三年（965）冬十月】己未，太子中舍王沼弃市，坐权知西县受赃枉杀人也。3，页159

【宋太祖乾德三年（965）】十一月庚午，斩雄武卒百余人。先是，上谓权侍卫步军司事、保宁留后王继勋曰："此军新募，或无妻，当有愿与为婚者，不须备聘财，但酒炙可耳。"继勋不能喻上旨，纵令部下掠人子女，里巷为之纷扰。上闻大惊，即命捕得，人情始安。小黄门阎承翰见而不奏，亦杖数十。独以孝明皇后故，释继勋罪。因诏左右衔使，案《宋史·职官志》有左右街使，此作"衔使"疑误。京师衢肆，事有非常者，即以闻。承翰，真定人也。1，页159

【宋太祖乾德三年（965）十二月】秘书监判大理寺汝阴尹拙等言："后唐刘岳书仪，称妇为舅姑服三年，与礼律不同。然亦准敕行用，请别裁定之。"诏百官集议。尚书省左仆射魏仁浦等二十一人奏议曰："谨按《礼》内则云：'妇事舅姑，如事父母。'即舅姑与父母一也。古礼有期年之说，虽于义可稽，《书仪》著三年之文，实在理为当。盖五服制度，前代增益已多。只如嫂叔无服，唐太宗令服小功；曾祖父母旧服三月，增为五月；嫡子妇大功，增为期；众子妇小功，增为大功。父在为母服周，高宗增为三年。妇人为夫之姨舅无服，明皇令从夫而服，又增姨舅同服缌麻及堂姨舅服袒免。迄今遵行，遂为典制。何况三年之内，几筵尚存，岂可夫衣衰粗，妇袭纨绮？夫妇齐体，哀乐不同，求之人情，实伤至治。况妇人为夫有三年之服，于舅姑而止服周，是尊夫而卑舅姑也。且昭宪皇太后丧，孝明皇后亲行三年之服，可以为万代法矣。"十二月丁酉，始令妇为舅姑三年齐斩，一从其夫。1，页160—161

续资治通鉴长编卷七　宋太祖乾德四年（丙寅，966）

【宋太祖乾德四年（966）春正月】丙戌，诏："三司盐铁、度支、户部判官，除各行本司公事外，自今应有改移制置、支拨折科、增减条流、转输供亿，凡干起请，并系商量，切在从长，务令允当。若或事未谙详，理须询访，即宜关牒以问别司。别司才受公文，便须尽理回报，具明可否，方得施行，苟涉稽违，当行黜责。若或因而更改，颇协便宜，仍具奏闻，并充课绩。若在省曾遍咨谋，事犹未决，即许牒逐路转运使问其利害。其转运司承受公文，亦准此应报，或当军期，不在此例。应三司使或有行遣未当，本判官并须执咨。如事理显明，不肯依据，即许面取进止。或事有已经敷扬，称奉旨施行者，若未通便，亦许指陈。或本司判官避事不言，仍许别部判官及逐路转运使直具利害闻奏。赏罚之典，断在必行，应逐司判官各置历批书课绩，与判使通署，每至年终，当议考较黜陟，或明知利害，而循默不言，便当举行，不须岁终。应三司各置推官一员，令总断逐司公案，兼专掌勾司公事，仍别给印。应三司使如点检得判官等起请行遣不当公事，亦置历批书。诸道转运使如见三司行下公事有不便于民者，许直具事状以闻，不得隐避。其所行公事及申奏起请改正条件，亦仰置历批上，逐季进呈，以凭校定考第，明行黜陟。"4，页165—166

【宋太祖乾德四年（966）夏四月】河南府进士李霭，案《宋史》及薛应旂《续通鉴》，皆作李蔼。决杖，配沙门岛。霭不信释氏，尝著书数千言，号灭邪集，又辑佛书缀为衾裯，为僧所诉，河南尹表其事，故流窜焉。7，页169

【宋太祖乾德四年（966）】五月乙丑朔，诏："川、峡诸州，伪蜀政令有烦苛刻削害及民者，累诏禁止蠲除之，吏或不能遵守奉行，未忍悉置于罪。自今其勿复令部曲主掌事务，及于部内贸易，与民争利，违者论如律。"1，页170

【宋太祖乾德四年（966）五月】甲戌，光禄少卿郭玘弃市。玘知卫州以赃闻，诏左拾遗袁仁凤鞫其事，罪不至死，又遣左拾遗张纯覆实，乃置于法。5，页170

【宋太祖乾德四年（966）六月】保宁留后、虎捷左右厢都虞候、权知侍卫步军司事王继勋恃恩骄恣，为部曲所讼，付中书鞫实。六月己亥，夺其军职，命左金吾卫大将军杜审琼代之。以继勋为彰国留后。1，页172

【宋太祖乾德四年（966）六月】左拾遗、权知潍州徐雄坐隐官物除名，流沙门岛。2，页172

【宋太祖乾德四年（966）秋七月】戊寅，禁淮南道私铸钱。8，页174

【宋太祖乾德四年（966）秋七月】庚辰，诏罢剑南道米面之征。9，页174

【宋太祖乾德四年（966）八月】壬寅，诏以宪府绳奸，天官选吏，秋曹谳狱，俱谓难才，理宜优异。应御史台、吏部铨南曹、刑部、大理寺，自知杂侍御史、郎中、少卿以下，本司莅事满三岁者迁其秩。御史中丞、尚书、侍郎、大理卿，别议旌赏。其奏补归司勒留官令史、府史，各减一选。3，页175

【宋太祖乾德四年（966）八月】先是，上与赵普言："枢密直学士、右谏议大夫冯瓒材力，当世罕有，真奇士也。"尝欲大用之。普心忌瓒，因蜀平，遂出瓒为梓州，潜遣亲信为瓒私奴，伺察其过。间一岁，奴遂亡归，击登闻鼓，诉瓒及监军绫锦副使李美、通判殿中侍御史李楫等为奸利事。美、楫，未见。上急召瓒等赴阙，面诘之，下御史鞫实，而奴辞多诬。普复遣人至潼关阅瓒等囊装，得金带及他珍玩之物，皆封题以赂刘鏊，鏊时在皇弟开封尹光义幕府。鏊，未见。瓒等乃皆伏辜。狱具，普白上，言瓒等法当死。上欲贷之，普执不可，上不获已，庚戌，诏并削名籍，瓒流沙门岛，美海门岛，鏊免所居官。李楫者，尝与王德裔佐王饶幕府，德裔，未见。上以孝明皇后故，识之。德裔轻率而璙谨厚，上薄德裔而厚璙。至是，楫特免配流。未几，复御史。刘鏊，附见《贾炎传》，云尝事太宗藩府，至户部郎中，天禧中录其孙从简为三班奉职。不知当此时为开封府何官也。《真宗实录》天禧四年四月，载鏊母张表言笺尝为太宗府佐，沦没至今三十年，子孙绝无禄食者。上悯之，故命从简以官。然亦不记鏊官为何等也。建隆三年九月丁丑，以开封府判官、刑部员外郎刘鏊为工部郎中充职，然则鏊在藩府实为判官也。《新录》又称刘鏊等已从别敕处分，恐瓒金带等，不独赂鏊一人也。大抵新、旧《录》载此事亦若有所避忌，故不甚详，当细考之。4，页175

【宋太祖乾德四年（966）闰八月】丙寅，诏吏民先陷蜀逾十五年者，除坟茔外，其田宅不得理诉。5，页177

【宋太祖乾德四年（966）闰八月】庚午，索殿前诸军亡赖者得十数人，敕黥配义丰监。7，页177

【宋太祖乾德四年（966）闰八月】草泽庐谊谊，未见。言，西川官已不拘选限注授，有怀敕不赴，饶幸近地员缺者，请罚之。诏复与一月限，违者削官。赐谊同学究出身。16，页178

【宋太祖乾德四年（966）九月】丙午，诏吴越王俶复会稽县五户奉禹冢，禁樵采，春秋祠以太牢。5，页179

【宋太祖乾德四年（966）冬十月】癸亥，诏历代帝王陵庙皆给守户致祭，禁樵采，诸州长吏、县令佐常检之。2，页180

【宋太祖乾德四年（966）十一月】彰国留后王继勋自罢兵柄，常怏怏，专以脔割奴婢为乐，前后被害者甚众。一日天雨，墙坏，群奴突出，守国门诉冤。上大骇，命中使就诘之，尽得继勋所为不法事。丁酉，诏削官爵，勒归私第，仍令甲士守之。俄又配流登州，未至，改右监门卫率府副率。3，页181—182

【宋太祖乾德四年（966）十一月】诏重宽盐曲法，官盐阑入至百斤，煮碱至五十斤；主吏贩易及阑入百斤以上，乃死。蚕盐入城市及商人阑入至三百斤以上，加役、流、杖、徒之等，亦从厘减。私造酒曲至城郭五十斤以上，乡闾一百斤以上；私酒入禁地二石三石以上，至有官署处四石五石以上者，乃死。法益轻，而犯者鲜矣。6，页182

续资治通鉴长编卷八　宋太祖乾德五年（丁卯，967）

【宋太祖乾德五年（967）春正月】甲午，供奉官王汉英决杖，配隶蔡州牙前，坐为新津监押日擅用官米也。3，页186

【宋太祖乾德五年（967）春正月】初，吕余庆至成都，王全斌但典军旅，尝谓所亲曰："我闻古将帅多不能保全功名，即欲称病东归，庶免悔咎。"或曰："今寇盗充斥，非有诏旨不可轻去。"全斌乃止。既而伪蜀臣民往往诣阙，讼全斌及王仁赡、崔彦进等破蜀时豪夺子女玉帛，及擅发府库、隐没货财诸不法事。使者每自蜀至，上问之，尽得其状。于是与诸将同时召还，仁赡先入见，上诘之，仁赡历诋诸将过失，冀自解免，上曰："纳李廷珪妓女，开丰德库取金贝，此岂诸将所为耶？"仁赡皇恐不能对。上以全斌等新有功，不欲付之狱吏，令中书门下逮仁赡及全斌、彦进与讼者质证。凡所取受、隐没，共为钱六十四万四千八百余贯，而蜀宫珍宝及外府他藏不著籍者，又不与焉。并按以擅克削兵士装钱、杀降致寇之由，全斌、仁赡、彦进皆具伏。8，页187

【宋太祖乾德五年（967）春正月】壬子，令御史台集百官于朝堂，议全斌等罪。8，页187

【宋太祖乾德五年（967）春正月】癸丑，百官表言全斌、仁赡、彦进法当死，上特赦之。8，页187

【宋太祖乾德五年（967）二月】己巳，诏巡检、监押捕得贼盗及犯盐曲人，并送本属论如律，毋得率意擅断。4，页189

【宋太祖乾德五年（967）二月】癸酉，御史台上言："伏见大理寺断徒罪人，非官当赎铜之外，送将作监役者，其将作监旧兼充内作使，又有左校、右校、中校署，比来工役，并在此司，今虽有其名，无复役使。或遇祠祭供水火，则有本司供官。欲望令大理寺依格式断遣徒罪人后，并送付作坊应役。"从之。自后命官犯罪当配隶者，多于外州编管，或隶牙校。其坐死特贷者，多决杖黥面，配远州牢城，经恩量移，即免军籍。大凡命官犯罪，多有特旨，或勒停，或令厘务，赃私罪重，即有配隶；或处以散秩，自远移近者，经恩三四，或放任便，所以儆贪滥而肃流品也。6，页189—190

【宋太祖乾德五年（967）三月】深州刺史陈达怒判官王皓，收系狱。因自疑惧，私蓄兵器，欲走契丹。皓家人上变，诏御史台鞫实，法当死，上特贷之。三月庚寅朔，达除名流海岛。王皓，未见。1，页190

【宋太祖乾德五年（967）三月】戊戌，以前安国节度使张美为横海节度使。初，县官市木关中，诸郡岁出缗钱数千万以假民，长吏十取一，谓之率分钱，岁至数百万，美在同州，独不取。既而他郡民有诣阙诉长吏受率分钱者，皆命追偿。美至沧州，久之，民有上书告美强取其女为妾，又略民钱四千余缗者，上召告者谕之曰："汝沧州，昔张美未来时，民间安否？"对曰："不安。""既来，则何如？"对曰："既来，无复兵寇。"上曰："然则张美存汝沧州百姓之命，其赐大矣。虽取汝女，汝安得怨！今汝欲贬黜此人，吾何爱焉？但爱汝沧州百姓耳。吾今诫敕美，美宜不复敢。汝女直钱几何？"对曰："直钱五百缗。"上即命官给其直，遣之。乃诏美母诘以美所为，母叩头谢罪曰："妾在阙下，不知也。"复赐其母钱万缗，令遗美，使还所略民家。谓之曰："语汝儿，乏钱欲钱，当从我求，无为取于民也。"美遂皇恐，折节为廉谨。未几，以政绩闻。镇沧州凡十年，故世谓之沧州张氏。欧阳修《归田录》载夺民女乃李汉超事。按汉超在关南，民为立碑颂德，当不如是，今从《记闻》。2，页190—191

【宋太祖 乾德五年（967）三月】导江县令源铣、主簿郭彻坐赃污抵极刑。诏诸路转运使以其事布告属吏，咸使知戒。9，页192

【宋太祖乾德五年（967）夏四月】有司言："朝廷自削平川、峡，即颁《刑统》、《编敕》① 于管内诸州，具载建隆三年三月丁卯诏书及结状条样。而州吏弛怠，靡或遵守，所决重罪，只作单状，至季末来上。状内但言为某事处斩或徒、流讫，皆不录罪款及夫所用之条，其犯者亦不分首从，非恶逆以上而用斩刑。此盖兵兴以来，因寇盗之未静，率从权制，以警无良。今既谧宁，岂可弗革？望严敕川、峡诸州，遵奉公宪，敢弗从者，令有司纠举。"从之。4，页193

【宋太祖乾德五年（967）夏四月】丙戌，诏："比者强盗持仗，虽不伤人者皆弃市。自今虽有杆棒，但不伤人者，止计赃以论其罪。"5，页193—194

【宋太祖乾德五年（967）夏四月】禁民赛神，为竞渡戏及作祭青天白衣会，吏谨捕之。7，页194

【宋太祖乾德五年（967）】九月己丑，渭州刺史范仁裕坐藏匿罪人，责为耀州团练使。仁裕，未见。1，页195

【宋太祖乾德五年（967）冬十月】癸酉，度支判官侯陟言："三司凡

---

① 这里的"编敕"是指特定的法律，所以用书名号。

二十四案，盐铁主其六，户部主其四，余皆度支主之。自荆湖、西蜀之平，事务益众，欲令三司均主其八。"诏三司推官张纯分判度支案事。此据《旧录》。2，页196

【宋太祖乾德五年（967）】十一月乙酉朔，工部侍郎毌守素免，坐居父昭裔丧纳妾。其兄子岳州司法参军正己告之，正己仍夺一任官。1，页196—197

【宋太祖乾德五年（967）十一月】供奉官武仁海前为嘉州监押，枉杀人，坐弃市。3，页197

【宋太祖乾德五年（967）】十二月丙辰，诏诸州轻小恶钱及铁镴钱等，限一月悉送官，限满不送者罪之有差，敢私铸者弃市。时开封府言民间新小钱每十钱才重五钱半，其极小薄者重二钱半，侵紊法制，莫甚于此故也。1，页197

【宋太祖乾德五年（967）十二月】又禁民不得辄以纻束布帛鬻于市及涂粉入药，吏谨捕之，重置其罪。2，页197

续资治通鉴长编卷九　宋太祖开宝元年（戊辰，968）

【宋太祖开宝元年（968）五月】甲午，诏诸道州府追属县租，以籍付孔目官，擅自督摄逋赋，因缘欺诈，破扰吾民，自今令录事参军躬按文簿，本判官振举之。1，页202

【宋太祖开宝元年（968）六月】西川及山南诸州百姓祖父母、父母在者，子孙多别籍异财。癸亥，诏长吏申戒之，违者论如律。王称《东都事略》：诏曰："人伦以孝慈为先，家道以敦睦为美。矧犬马而有养，岂父子之异居？伤败风化，莫此为甚。应百姓祖父母、父母在者，子孙无得别籍异财，长吏其申戒之"。2，页203

【宋太祖开宝元年（968）】九月壬午，诏曰："旧禁铜钱无出化外，乃闻沿边纵弛，不复检察。自今五贯以下者，抵罪有差；五贯以上，其罪死。"1，页207

【宋太祖开宝元年（968）九月】癸未，监察御史杨士达弃市，坐通判蕲州日鞫狱滥杀人也。2，页207

【宋太祖开宝元年（968）冬十月】甲戌，屯田员外郎雷德骧责授商州司户参军。德骧判大理寺，其官属与堂吏附会宰相，擅增减刑名，德骧愤惋求见，欲面白其事，未及引对，即直诣讲武殿奏之，辞气俱厉，并言赵普强市人第宅，聚敛财贿。上怒，叱之曰："鼎铛犹有耳，汝不闻赵普吾之社稷臣乎！"引柱斧击折其上齿二齿，命左右曳出，诏宰相处以极刑。既而怒解，止用阑入之罪黜焉。德骧，同州人也。《记闻》载德骧为御史中丞。《国老闲谈》载拾齿、结带事，皆误。今依本传，稍取《谈苑》及《记闻》删修之。3，页210

续资治通鉴长编卷十　宋太祖开宝二年（己巳，969）

【宋太祖开宝二年（969）五月】是月，上以暑气方盛，深念缧绁之苦。乃诏西京诸州，令长吏督掌狱掾五日一检视，洒扫狱户，洗涤杻械，贫困不能自存者给饮食，病者给药，轻系小罪实时决遣，无得淹滞。自是每岁仲夏，必申明是诏，以戒官吏焉。此诏以戊子日降，今移见于后。11，页223

【宋太祖开宝二年（969）六月】曲赦京城系囚。11，页227

【宋太祖开宝二年（969）秋七月】诏自今祀天地用太牢，余当用牛者代以羊豕。5，页230

【宋太祖开宝二年（969）】八月己卯，诏开封、河南府，自今奴婢非理致死者，即时检视，听速自收瘗，病死者不用检视，吏辄以扰人者罪之。1，页230

【宋太祖开宝二年（969）八月】又诏："如闻两京士庶之家，婚姻丧葬，台府吏率伶人多诣门、遮道徼求财物，自今禁止之，违者重置其罪。"2，页230

【宋太祖开宝二年（969）八月】丁亥，令川、陕诸州，察民有父母

在而别籍异财者，其罪死。5，页231

【宋太祖开宝二年（969）八月】西京留守向拱在河南十余年，专修饰园林、第舍，好声妓，日纵酒，恣所欲。政府坏废，群盗白日劫人于市，吏不能捕。上闻之怒，庚子，徙拱为安远节度使。8，页231

【宋太祖开宝二年（969）九月】庚戌，令窃盗至死者奏裁。《刑法志》云部送阙下，乃明年事，今从《实录》。3，页231

【宋太祖开宝二年（969）十一月】是月，唐主校猎于青龙山，还至大理寺，亲录囚系，多所原宥。中书侍郎韩熙载劾奏："狱必由有司，囹圄之中非车驾所宜至，请省司罚内帑钱三百万充军储。"6，页236

【宋太祖开宝二年（969）十二月】辛巳，户部判官、右补阙李令珣免官，坐判随军三司遗失官物故也。2，页236

【宋太祖开宝二年（969）十二月】乙酉，以房州防御使王彦升为原州防御使。彦升有膂力，善击剑，军中目曰"王剑儿"。性残忍，在原州凡五年，戎人有犯汉法者，彦升不加刑，召僚属饮宴，引所犯戎人于前，手捽其耳嚼之，下以卮酒。戎人流血被体，股栗不敢动。前后啖其耳者数百，戎人畏惧，不敢犯塞。至天圣中，西戎犹有无耳者，盖彦升所啖也。4，页236

【宋太祖开宝二年（969）十二月】丁德裕又奏西川转运使、礼部郎中李铉亦尝醉酒，言涉指斥，上驿召铉下御史狱鞫之。铉因言德裕在蜀日屡以事请求，多拒之，皆有状。御史以闻，上悟，止坐铉酒失。己亥，责铉为左赞善大夫。《成都记》载李铉坐与张延通写金字经，故责官。与本传不同，今从《国史》。李铉，未见。案《宋史》，作右赞善大夫。6，页236—237

【宋太祖开宝二年（969）十二月】夺右赞善大夫王昭文两任，配隶汝州，坐监大盈仓，其子与仓吏为奸赃故也。7，页237

【宋太祖开宝二年（969）十二月】凤翔节度使符彦卿被病，肩舆赴镇，至西京，上言疾亟，诏许就医洛阳。假满百日，受俸如故，为御史所

纠，请下留台鞫问。上以彦卿姻旧，特释之，但罢其节度。罢节度，《会要》在十一月。8，页237

续资治通鉴长编卷十一　宋太祖开宝三年（庚午，970）

【宋太祖开宝三年（970）春正月】辛酉，诏诸州官吏次第审察民有孝弟彰闻、德业纯茂者，案宋有德行纯茂科。《宋史》及《宋史记》、薛应旂《续通鉴》皆作德行纯茂，此作德业纯茂，"业"字误。满五千户听举一人，或有奇材异行，不限此数，所举得其实状，等级加赏，不如诏者罪之。王称《东都事略》：诏："诸道州府，察民有孝弟彰闻，德行纯茂，擅乡曲之誉，为士庶推服者以闻"。2，页240

【宋太祖开宝三年（970）春正月】诏河防官吏毋得掊敛丁夫缗钱，广调材植以给私用，违者弃市。4，页241

【宋太祖开宝三年（970）二月】先是，禁商人私贩幽州矾，犯者没入之。其后定令，私贩河东及幽州矾一两以上，私煮矾三斤及盗官矾至十斤者，弃市。甲申，始命增私贩至十斤，私煮及盗满五十斤者死。余论罪有差。4，页242

【宋太祖开宝三年（970）二月】丁酉，宴广政殿，太子太师王溥、太子太傅武行德、左金吾卫上将军王彦超皆醉酒失仪，为御史劾奏，诏释之。7，页242

【宋太祖开宝三年（970）】三月壬寅朔，诏礼部贡院阅进士、诸科十五举以上曾经终场者以名闻。甲辰，得司马浦等六十三人，庚戌，复取十五举未经终场者四十三人，并赐出身，仍诏自今勿得为例。《新录》、本志及《会要》书此特恩，并两事为一事，人数参差，今依《新录》删修。1，页243

【宋太祖开宝三年（970）三月】辛亥，以处士王昭素为国子博士致仕。昭素，酸枣人，少笃学，有志行。市物随所索价偿其直，或以实非本价辞，则曰："汝亟受之，不然，将为妄语人矣。"由是人不敢欺，且相告曰："王先生市物，不可虚索其价也。"方治所居室，积木墙壁间。有穿窬者为木所碍，不得入，昭素觉之，尽室所有掷于外，谓盗曰："汝速

去，恐捕者至。"盗惭，委物而遁。由是邑中无盗。著《易论》三十三篇，学者多从之游。6，页243—244

【宋太祖开宝三年（970）三月】庚申，流右监门卫率府副率王继勋于登州，辛酉，改命分司西京。继勋再犯法，上犹以孝明后故，薄其责云。9，页244

【宋太祖开宝三年（970）三月】乙丑，都官员外郎高冕责授左赞善大夫。冕尝举监察御史符翮，翮有罪削官，冕连坐故也。冕，未见10，页244

【宋太祖开宝三年（970）夏四月】戊寅，诏："诸道州府发遣合格选人赴京，除程，与两月限，限满不至者罚之。或有未欲为官者，所属具以闻，仍殿五选。"3，页245

【宋太祖开宝三年（970）夏四月】己卯，诏三司，诸路两税折科物，非土地所宜者，勿得抑配。又诏诸州，凡比绢、绸绢、麻布、香药、毛翎、箭笴、皮革、筋角等，所在约支二年之用，勿得广有科市，以致烦民。此诏据本志在此月，今附见。志又云三司官属，不务协济，引例避事，始条约之。按条约三司官属，乃乾德四年正月事。今削去。4，页245

【宋太祖开宝三年（970）】秋七月壬寅，诏民诉水旱灾伤者，夏不得过四月，秋不得过七月。《食货志》便于此载荆湖、淮南、两浙、川陕、广南月限，盖误也。时浙、广皆未归朝，今从《新录》。1，页247

【宋太祖开宝三年（970）秋七月】丙辰，诏西川窃盗至死合奏裁者，并部送赴阙。3，页247

【宋太祖开宝三年（970）十一月】癸丑，右领军卫将军石延祚弃市，坐监广积仓与吏为奸也。3，页252

续资治通鉴长编卷十二　宋太祖开宝四年（辛未，971）

【宋太祖开宝四年（971）春正月】丁未，右千牛卫大将军桑进兴弃

市，坐监陈州仓受赇故也。3，页258

【宋太祖开宝四年（971）春正月】辛亥，禁诸场院以课利放债，州县勿为追理。4，页258

【宋太祖开宝四年（971）春正月】通判阆州、殿中侍御史平棘路冲言："本州职役户负恃形势，输租违期，已别立版簿于通判厅，依限督责。欲望颁为条制。"诏诸州府并置形势版簿，令通判专掌其租税。5，页258

【宋太祖开宝四年（971）春正月】禁河东诸州民徙内郡者私蓄兵器。6，页258

【宋太祖开宝四年（971）春正月】开封府捕获京城诸坊无赖恶少及亡命军人为盗并尝停止三百六十七人。诏以其尤恶二十一人弃市，余决杖配流。9，页259

【宋太祖开宝四年（971）二月】辛卯，赦广南管内州县常赦所不原者。伪署官并仍旧。无名赋敛，咸蠲除之。除开宝三年以前逋租。亡命山林者释罪招诱。吏民僧道被驱率者，官给牒听自便。民饥者发廪赈之。诸军俘获，悉还其主。纵遣刘鋹父祖守坟宫人。俊士奇才，所在询访。修辞挺节，耻仕伪邦者，长吏以名闻。祠宇邱垅，悉加营护。《大定录》称，平广南用周渭策，然略不见于史，当考。2，页261

【宋太祖开宝四年（971）二月】上以令、尉捕贼，先定日限，其已被批罚者，或遂绝意追捕，乃诏："自今虽限外获贼者，令有司备书于籍，以除其罚，但不得叙为勤绩。其累经殿降，法当停免者，不用此制。"此据本志。新、旧《录》无之，不得其日。5，页261

【宋太祖开宝四年（971）】三月庚子，禁岭南民买良人黥面为奴婢庸雇取直。1，页262

【宋太祖开宝四年（971）三月】诏岭南诸州长吏察伪政有害于民者以闻，当悉除去。王称《东都事略》：开宝四年三月乙巳，诏曰："百越之人，久沦虐政，

其令岭南诸州长吏察伪政有害于民者以闻，当悉除之。"6，页262

【宋太祖开宝四年（971）夏四月】前右监门卫将军，案《宋史》及薛应旂《续通鉴》皆作左监门卫将军。赵玭既勒归私第，不胜忿恚，一日，伺赵普入朝，马前斥普短。上闻之，召玭及普于便殿面质其事，玭大言诋普贩木规利。先是，官禁私贩秦、陇大木，普尝遣亲吏往市屋材，联巨筏至京师治第，吏因之窃于都下贸易，故玭以为言。上怒，促阁门集百官，将下制逐普。诏问太子太师王溥等普当得何罪，溥附阁门使奏云："玭诬罔大臣。"上意顿解，反诘责玭，命武士挝之。御史鞫于殿庭，普力营救，上乃特宽其罚，扶出之。夏四月丙寅朔，责为汝州牙校。案《宋史》及薛应旂《续通鉴》皆作汝州安置。1，页262—263

【宋太祖开宝四年（971）夏四月】己巳，诏岭南商税及盐法并依荆湖例，酒曲仍勿禁。3，页263

【宋太祖开宝四年（971）夏四月】壬辰，监察御史闾邱舜卿弃市，坐通判兴元府盗用官钱九十万故也。10，页263

【宋太祖开宝四年（971）六月】初，上征晋阳，命密州防御使马仁瑀率众巡边，至上谷、渔阳，敌素闻其名，不敢出，因纵兵大掠，生口、牛羊数万计。已而车驾还京，令仁瑀归治所。明年，群盗起衮州，贼首周彦尤凶悍，自号"长脚龙"，监军率兵讨之，为所败。诏仁瑀掩击，仁瑀领帐下十余人入泰山，擒彦，尽获其党，鲁郊以宁。庚辰，徙仁瑀为瀛州防御使。仁瑀兄子因醉误杀平民，系狱当死，民家自言："非有憾也，但过误耳，愿以过失伤论。"仁瑀曰："我为长吏而兄子杀人，此乃恃势恣横，非过失也，岂敢以己之亲而乱国法哉！"遂论如律。给民家布帛为棺敛具。6，页266

【宋太祖开宝四年（971）秋七月】己酉，令河南府及京东、河北四十七军州，各委本州判官互往别部同令佐点阅丁口，具列于籍，以备明年河堤之役。如敢隐落，许民以实告，坐官吏罪。先是，诏京畿十六县重括丁籍，独开封所上增倍旧额，它悉不如诏。上疑官吏失职，使豪猾蒙幸，贫弱重困，故申警之。7，页269

【宋太祖开宝四年（971）秋七月】内侍养子多争财起讼。诏自今年满三十无养父者，始听养子，仍以其名上宣徽院，违者准前诏抵死。9，页269

【宋太祖开宝四年（971）九月】禁伪造黄白金，募告者，赏钱十万。2，页270

【宋太祖开宝四年（971）冬十月】开封府捕得伪造黄白金王玄义等十二人，案问具伏。己巳，并决杖，流海岛。因诏自今民敢复造伪金者弃市。2，页270

【宋太祖开宝四年（971）冬十月】庚午，太子洗马王元吉弃市，坐知英州受赃不法也。本志及《祖宗故事》云：元吉知英州月余，受赃七十万，上以岭表初定，惩奸吏掊克，特诏弃市。按受赃弃市者多矣，不但元吉也，又不缘岭表初定，乃有特诏。今不取。3，页270

【宋太祖开宝四年（971）冬十月】甲申，诏："两京诸道，自十月后犯强窃盗，不得预郊祀赦。所在长吏，当告谕下民，无令冒法。"自后将郊祀，必申明此诏。《宝训》载：王旦言："太宗时，每议郊祀，皆前下诏。又虑强盗恃恩犯法，乃诏不以赦原。而史馆日历并言窃盗，窃盗情轻，不可与强盗同科。今立《刑法志》，宜在酌中。而史官执称不改日历旧文。"真宗曰："当如何书？"旦曰："止可言强盗。"上曰："理虽若此，然不可轻改，当从史官议，庶几传信。"今《刑法志》所书，实用真宗圣语云。7，页271

【宋太祖开宝四年（971）冬十月】右补阙梁周翰上疏言："陛下再郊上帝，必覃赦宥。臣以天下至大，其间有庆泽所未及，节文所未该者，宜推而广之。方今赋入至多，加以可科变之物，名品非一，调发供输，不无重困。且西蜀、淮南、荆、潭、桂、广之地，皆已为王土，陛下诚能以三方所得之利，减诸道租赋之入，则庶乎德泽均而民力宽矣。"上嘉纳其言。周翰因郊祀上此疏，不知的在何日。今附见申戒强盗恃恩犯法之后。8，页271—272

【宋太祖开宝四年（971）冬十月】周翰尝监绫锦院，杖锦工过差，为所诉。上怒甚，召而责之曰："尔岂不知人之肤血与己无异，而忍肆其酷毒！"将亦杖之，周翰自言："臣负天下才名，不当如是。"上乃止。上初识周翰父彦温于军中，以周翰有文辞，欲用为知制诰。天平节度使石守信亦与彦温善，守信入朝，上因语及之。守信微露上意，周翰遽上表谢，上不喜，其命遂寝。二事必不俱在此年，无可系着，并书之郊祀推恩疏之后。9，页272

【宋太祖开宝四年（971）冬十月】丙戌，诏岭南诸州刘铁日烦苛赋敛并除之，平民为兵者释其籍，流亡者招诱复业。10，页272

【宋太祖开宝四年（971）十一月】河决澶州，东汇于郓、濮，坏民田。上怒官吏不时上言，遣使按鞫。是日，通判、司封郎中姚恕坐弃市，知州、左骁卫大将军杜审肇免归私第。5，页273

【宋太祖开宝四年（971）十一月】初，上择伪蜀亲兵习弓马者百余辈，为川班内殿直，廪赐优给与御马直等。于是，郊礼毕，行赏。上以御马直扈从，特命增给钱，人五千。而川班内殿直不得如例，乃相率击登闻鼓陈乞，上怒，遣中使谓之曰："朕之所与，即为恩泽，又安有例哉！"命斩其妄诉者四十余人，余悉配隶许州骁捷军，其都校皆决杖降职，遂废其班。10，页274

【宋太祖开宝四年（971）十一月】禁军民男女结义社。11，页275

续资治通鉴长编卷十三　宋太祖开宝五年（壬申，972）

【宋太祖开宝五年（972）春正月】丁酉，禁民铸铁为佛像、浮屠及人物之无用者，上虑愚民多毁农器以徼福，故禁之。2，页278

【宋太祖开宝五年（972）春正月】己亥，诏自今沿黄、汴、清、御等河州县，除准旧制种蓺桑枣外，委长吏课民别种榆柳及土地所宜之木，仍按户籍上下定为五等，第一等岁种五十本，第二等以下递减十本。民欲广种蓺者听逾本数，有孤寡穷独者免之。3，页278

【宋太祖开宝五年（972）二月】初，职方郎中边珝掌建安榷货务，奏徙务于扬州。有富民诉广陵尉谢图杀其父，本部收尉因之，官吏相继推劾，凡三百日，狱未具，州以状闻。命珝按鞫，尽得其实，乃富民畜私憾

诬告，即反坐之。甲申，以珝知扬州，仍兼权务。珝，华州人也。8，页280

【宋太祖开宝五年（972）二月】戊子，禁黄河私渡，民素具舟济行人者，籍其数毁之。9，页280

【宋太祖开宝五年（972）闰二月】戊午，禁道士寄褐及私度人为道士。9，页281

【宋太祖开宝五年（972）三月】岭南民有逋赋者，县吏或为代输，或于兼并之家假贷，则皆纳其妻女以为质。知容州毌守素表其事，甲申，诏所在严禁之。5，页282

【宋太祖 开宝五年（972）三月】乙酉，殿中侍御史张穆弃市，坐通判定州犯赃钱百万，为部曲鸿遇所告，按得实，故置于法。赐遇锦袍、银带、绢三百匹。6，页282

【宋太祖 开宝五年（972）三月】诏："中国每租二十石，输牛革一，准千钱。西川尚循伪制，牛驴死者，革尽输官，蠲去之，每租二十石输牛革一，准钱五百者。"此据《食货志》在此年三月，今附见，更俟详考。7，页282

【宋太祖开宝五年972）夏四月】岭南诸州略卖生口。6，页283

【宋太祖开宝五年（972）五月】丙寅，诏废岭南道媚川都，选其少壮者为静江军，老弱者听自便，仍禁民不得以采珠为业。4，页283

【宋太祖开宝五年（972）五月】陕州言，民范义超周显德中以私怨杀同里常古真家十二人，古真年少脱走，得免，至是长大，擒义超诉于官，有司引赦当原。上曰："岂有杀一家十二人而可以赦论乎？"命斩之。8，页284

【宋太祖开宝五年（972）】秋七月己未，右拾遗、通判夔州张恂坐赃弃市。1，页285

【宋太祖开宝五年（972）秋七月】戊辰，前保大节度使袁彦卒。彦数领藩翰，然发迹戎行，不通政术，在曹南时为吏民所讼，上念勋旧，隐而不行。于是遣中使护其丧事。3，页286

【宋太祖开宝五年（972）秋七月】诏曰："颇闻诸州州司马步院置狱，外置子城，司狱诸司亦辄禁系人，甚无谓也。自今并严禁之，违者重议其罪，募告者赏钱十万。"7，页286—287

【宋太祖开宝五年（972）八月】先是，大理正内黄李符知归州，转运司制置不合理者，符即上言，上嘉之。秩满归阙，上以京西诸州钱币不登，八月癸巳，命符知京西南面转运事，书"李符到处，似朕亲行"八字赐之，令揭于大旗，常以自随。符前后条奏便宜，凡百余条，其四十八事皆施行著于令。1，页288

【宋太祖开宝五年（972）九月】禁西川民敛钱结社及竞渡。3，页289

【宋太祖开宝五年（972）九月】禁玄象器物、天文、图谶、七曜历、太一雷公、六壬遁甲等不得藏于私家，有者并送官。7，页290

【宋太祖开宝五年（972）十一月】癸亥，禁释道私习天文、地理。3，页291

【宋太祖开宝五年（972）十二月】杖杀内班董延谔，坐监车营务盗刍粟，累赃数十万，鞫之得实故也。4，页292

续资治通鉴长编卷十四　宋太祖开宝六年（癸酉，973）

【宋太祖开宝六年（973）春正月】丙寅，韶州言静江军士百余人，鼓噪城中以应外贼，悉捕斩于市。2，页296

【宋太祖开宝六年（973）二月】殿直傅廷翰为棣州兵马监押，欲谋叛北走契丹。知州、右赞善大夫周渭擒之以闻，遣使械系送御史狱，鞫之得实。二月丙戌，斩廷翰于西市。1，页297

【宋太祖开宝六年（973）三月】禁铜钱不得入蕃界及越江海至化外。8，页298

【宋太祖开宝六年（973）夏四月】乙酉，诏："诸州考试官，令长吏精选僚属有才学公正者充。知贡举与考试官同看详义卷，定其通否，否即驳放，不得优假，虚至终场。申禁私荐属举人，募告者，其赏有差。举人勒还本贯重役，永不得入科场。2，页299

【宋太祖开宝六年（973）夏四月】丁酉，禁灌顶水陆道场。5，页299

【宋太祖开宝六年（973）夏四月】辛丑，翰林学士卢多逊等上所修《开宝通礼》二百卷，《义纂》一百卷，并付有司施行。诏改乡贡《开元礼》为乡贡《通礼》，本科并以新书试问。6，页299

【宋太祖开宝六年（973）】五月丙辰，以前武德县尉姜宣义为眉州别驾，充堂后官。寻又得新成州录事参军任能、前郫县令夏德崇、前三原县尉孔崇照，皆授诸州上佐用之。上知堂吏擅中书权，多为奸赃，欲更用士人，而有司所选终不及数，遂召旧任者刘重华等四人，面加戒励令复故，岁满无过，与上县令，稍有愆咎，重置其罚。1，页300

【宋太祖开宝六年（973）五月】供备库使李守信，受诏市木秦、陇间，盗官钱钜万，及代归，为部下所告。守信至中牟县，闻其事，自到于传舍。上命司勋郎中、监在京商税务苏晓按之，逮捕甚众。右拾遗、通判秦州马适妻，守信女也。守信尝用木为筏以遗适，晓获其私书以进。上将赦之，晓固请置适于法，适坐弃市，仍籍其家，余所连及者，多至破产，尽得所盗官钱。上悦，癸亥，以晓为右谏议大夫、判大理寺事，寻迁左谏议大夫，复监在京商税务。晓无子，有一女，甚爱之，亦先晓卒，人以为深刻所致云。3，页300—301

【宋太祖开宝六年（973）五月】甲戌，以殿中侍御史巨野冯炳为侍御史知杂，判御史台事。上留意听断，专事钦恤，御史、大理官属尤加选择。尝召炳谓曰："朕每读《汉书》，见张释之、于定国治狱，天下无冤民，此所望于汝也。"赐金紫以勉之。8，页301—302

【宋太祖开宝六年（973）六月】初，蜀民所输两税，皆以匹帛充折，其后市价愈高，而官所收止依旧例。上虑其伤民，壬寅，诏西川诸州，凡以匹帛折税，并准市价。6，页302

【宋太祖开宝六年（973）六月】时又有诏，应摄官三任解由全者，许投牒有司，即得引试录用。有邻素与前摄上蔡主簿刘伟交游，知伟虽经三摄，而一任失其解由。伟兄前进士侁，为伟造伪印得送铨。遂上章告其事，并言宗正丞赵孚，乾德中授西川官，称疾不之任，皆宰相庇之。上怒，悉下御史狱鞫实，上始有疑普意矣。壬寅，诏参知政事吕余庆、薛居正升都堂，与宰相同议政事。7，页303

【宋太祖开宝六年（973）六月】癸卯，伟坐弃市，孚及洞、侁、赞、可度并决杖除名，赞、可度仍籍没其家财。以有邻为秘书省正字，厚赐之。有邻自是累上疏告人阴事，俄被病，白昼见伟入室，以杖捶其背，有邻号呼，声闻于外，数日而死。洞除名，《实录》在七月乙亥，今并书之。7，页303

【宋太祖开宝六年（973）六月】禁岭南诸州民捕象，籍其器仗送官。8，页304

【宋太祖开宝六年（973）秋七月】先是，诸道州府任牙校为马步都虞候及判官断狱，多失其中。秋七月壬子朔，诏罢之，改马步院为司寇院，以新及第进士、九经五经及选人资序相当者为司寇参军。1，页305

【宋太祖开宝六年（973）秋七月】中书拟左补阙辛仲甫为淮南转运使，上不许，乙亥，选授三司户部判官，赐钱百万。有榷酤主吏武希琏等三十余辈，逋岁课三十余万缗，连年械系，竭资产不能偿，馁死者数人，榜督不已，仲甫奏除之，又请百官折俸令估实直。5，页305

【宋太祖开宝六年（973）秋七月】通事舍人宋惟忠，决杖除籍为民，坐知濠州日不法，为人所诉，鞫得其实故也。6，页305

【宋太祖开宝六年（973）八月】泗州军事推官侯济决杖除名。济尝应拔萃科，当试判时，假手于人，至是为人所发故也。5，页306

【宋太祖开宝六年（973）八月】普独相凡十年，沈毅果断，以天下事为己任，上倚信之，故普得成其功。尝欲除某人为某官，不合上意，不用。明日，普复奏之，又不用。明日，又奏之，上怒，裂其奏投诸地，普颜色自若，徐拾奏归补缀。明日，复进之。上悟，乃可其奏。后果以称职闻。又有立功者当迁官，上素嫌其人，不与，普力请与之，上怒曰："朕故不与迁官，将奈何？"普曰："刑以惩恶，赏以酬功，古今之通道也。且刑赏者，天下之刑赏，非陛下之刑赏也，岂得以喜怒专之。"上弗听，起，普随之。上入宫，普立于宫门，良久不去，上卒从其请。6，页306

【宋太祖开宝六年（973）八月】太子中舍、权判国子监陈鄂免官，四门博士解损除籍为民，皆为监生徐让能所讼故也。9，页307

【宋太祖开宝六年（973）九月】岭南群盗未息。九月壬子，以唐州刺史曹光实为诸州都巡检使。光实既至，捕斩之，海隅悉平。1，页307

【宋太祖开宝六年（973）九月】丁丑，命诸州不得占流民，募告者户赏钱五千。6，页308

【宋太祖开宝六年（973）冬十月】甲辰，特赦中书、枢密院、三司及诸司吏自前隐欺未觉等罪，使之自新。4，页310

【宋太祖开宝六年（973）十一月】丁卯，诏诸州长吏及监当官等无或隐庇得替人，事觉，当重置其罪。3，页311

【宋太祖开宝六年（973）十二月】是岁，命参知政事卢多逊、知制诰扈蒙张澹以见行长定、循资格及泛降制书，考正违异，削去重复，补其阙漏，参校详议，取悠久可用之文，为《长定格》三卷。有旨限选数集人取解出身科目，铨司检勘注拟加选减选之状，南曹检勘用缺年满伎术考课春闱杂处分。涂注乙凡二十条，总二百八十七事，《循资格》一卷，《制敕》一卷，《起请条》一卷。书成，上之，颁为永式。自是铨综益有伦矣。重定《循资格》，《实录》在七月己未，今从本志系之岁末。3，页311

续资治通鉴长编卷十五　宋太祖开宝七年（甲戌，974）

【宋太祖开宝七年（974）二月】时德州刺史郭贵权知邢州，国子监丞梁梦升知德州。贵之族人、亲吏，在德州颇为奸利，梦升以法绳之。贵素与珪善，遣亲信至都，以其事告珪，图去梦升。珪悉记于纸，将伺便言之。甲申，上从容言：“迩来中外所任，皆得其人。”珪遽曰：“今之文臣，亦不必皆善。”乃探怀中所记以进，曰：“只如梁梦升权知德州，欺蔑刺史郭贵，几至于死。”上曰：“此必刺史所为不法，梦升真清强吏也。”取所记纸，召一黄门令赍付中书，曰：“即以梦升为赞善大夫。”既行，又召还，曰：“与左赞善大夫，仍知德州。”珪乃不敢言。梁梦升，未见。2，页317

【宋太祖开宝七年（974）二月】先是，知博州吕鹄、知蕲州秦亶皆坐盗盐曲额外钱，决杖除名。庚子，令诸州知州、通判、判官、兵马都监、县令所掌盐曲及市征、地课等，并亲临之，月具籍供三司，秩满校其殿最，欺隐者当置于法，募告者赏钱三十万。5，页318

【宋太祖开宝七年（974）二月】乙巳，太子中舍胡德冲弃市，坐通判延州隐没官钱一百八十万，为录事参军段从革所发故也。从革寻改左赞善大夫、权知海州。从革，未见。8，页318

【宋太祖开宝七年（974）四月】癸卯，殿中侍御史刘光辅坐知楚州日受赂，除籍为民。4，页318

【宋太祖开宝七年（974）五月】李从善之入贡也，度支判官、殿中侍御史李莹实为接伴，莹私受从善之赂，人或告之。五月戊申朔，莹坐责为右赞善大夫，分其赂赐盐铁判官刘兼、户部判官辛仲甫各十万钱。兼，未见。1，页319

【宋太祖开宝七年（974）五月】甲寅，以密州所举贞廉德行忠孝人齐得一为章邱县主簿。得一初以五经教授乡里，弟子自远而至。晋末遭乱，其家为州将所屠，得一脱身免，诉诸朝廷，州将坐黜。得一乃还家，布衣

疏食，不复仕进。于是应诏来京师，策试中选，故有是命。2，页319

【宋太祖开宝七年（974）五月】监察御史渤海刘蟠受诏于庐、舒等州巡茶。蟠乘羸，伪称商人，抵民家求市，民家不疑，出茶与之，即擒置于法。壬戌，命蟠同知淮南诸州转运事。3，页319

【宋太祖开宝七年（974）五月】京师民有市官物或不当价者，马军都军头史珪密遣人伺之，告其诬罔，往往坐诛，列肆为之昼闭。上既闻其事，乙丑，降诏曰："古人以狱市为寄者，盖知小民惟利是从，不可尽绳以法也。且先甲之令，未始申严，苟陷人于刑辟，深非理道，将禁其二价，宜示以明文。自今应市易官物有妄增损价直、欺罔官钱者，案鞫得实，并以枉法论。其犯在诏前者，一切不问。"自是，珪所言上愈不用矣。4，页319

【宋太祖开宝七年（974）秋七月】太子中允李仁友坐知兴元府私收渡钱数十万并强置女口，庚午，弃市。7，页322

【宋太祖开宝七年（974）】冬十月，开封府言京城诸官司狱皆空，无系囚。1，页324

【宋太祖开宝七年（974）十二月】是岁，始诏除授京官，差遣、勾当、黜陟令中书依朝官例降敕，御史台修写班簿，每十日一上中书。此事据《会要》闰十月事，今附此，当考以前何独不降敕进班簿。10，页330

续资治通鉴长编卷十六　宋太祖开宝八年（乙亥，975）

【宋太祖开宝八年（975）二月】戊辰，嗣宗，汾州人也。初授秦州司寇参军，时侍御史路冲知州事，为政苛急，盗贼群起，嗣宗乘间极言其失。冲大怒，絷嗣宗于狱，又教民之无赖而尝被罪者，讼嗣宗治狱枉滥。朝廷遣使者按劾，具得讼者诬罔之状以闻，嗣宗始获免。9，页336

【宋太祖开宝八年（975）三月】上性宽仁多恕，尚食供膳，有虮缘食器旁，谓左右曰："勿令掌膳者知。"尝读《尧典》，叹曰："尧、舜之世，四凶之罪，止从投窜，何近代宪网之密耶？"盖有意于刑措也。故自开宝以来，犯大辟非情理深害者，多贷其死。己丑，有司言自二年至今，诏所贷死罪凡四千一百八人。5，页337

【宋太祖开宝八年（975）三月】乙未，太子中舍郭粲除名，坐监莱芜监受冶官景节私赂也。8，页337

【宋太祖开宝八年（975）三月】诏："比者民输租，其绸绢不成匹者，率三户至五户合成匹以送官，颇为烦扰。自今绸不满半匹，绢不满一匹者，计丈尺输其直。"12，页338

【宋太祖开宝八年（975）夏四月】广州言："窃盗赃满五贯至死者，准诏当奏裁。岭表遐远，覆按稽滞，请不候报决之。"上恻然曰："海隅之俗，习性贪冒，穿窬攘窃，乃其常也。"庚午，诏广南民犯窃盗赃满五贯者，止决杖、黥面配役，十贯者弃市。8，页338—339

【宋太祖开宝八年（975）五月】初，兵部郎中董枢知桂阳监罢，右赞善大夫孔璘代之，璘罢，太子洗马赵瑜代之，称疾去，以著作郎张侃代之。侃至未几，奏璘在官累月，得羡银数十斤，虽送官而不具数，计枢与璘所隐没多矣。诏御史府鞫之。狱具，有司言法皆当死。上曰："赵瑜非自盗，但不能发摘耳。"璘与枢并弃市，瑜决杖流海岛，以侃为屯田员外郎。张侃，未见。2，页339

【宋太祖开宝八年（975）五月】己亥，开封府言京城诸官司狱空，无系囚。11，页340

【宋太祖开宝八年（975）六月】丁未，宋州观察判官崔约、录事参军马休弃市，并坐受赇不法也。2，页342

【宋太祖开宝八年（975）秋七月】先募民告官吏隐欺额外课利者赏以钱，而告者或恐喝求财，或因报私怨，诉讼纷然，益为烦扰。癸酉，诏罢之。2，页342

【宋太祖开宝八年（975）秋七月】丙子，开封府又言京城诸官司狱

皆空，无系囚。3，页342

【宋太祖开宝八年（975）秋七月】诏："诸州所上案牍，令大理寺、刑部共裁断以闻。诸道巡检捕盗使臣，凡获寇盗，不得先行考讯，即送所属州府。"4，页342

【宋太祖开宝八年（975）九月】乙酉，除名人宋惟忠弃市，坐私习天文，妖言利害，为其弟惟吉所告故也。3，页346

【宋太祖开宝八年（975）九月】丁酉，以相州录事参军河南钱文敏为右赞善大夫、权知泸州。先是，藩镇多以笔牍私取官库钱，韩重赟领昭德时，颇仍旧弊，文敏不与。重赟怒，召文敏廷责之，文敏词不屈。重赟既死，上始闻其事，嘉文敏有守，故擢用焉，且召见便殿，谓文敏曰："泸州近蛮，尤宜抚绥，知州郭重迁掊敛不法，恃其僻远，谓朝廷不知尔，至即为朕鞫之，苟有一毫侵民，朕必不赦。"因厚赐遣行，重迁竟坐弃市。文敏在州有政绩，夷人诣阙借留，诏改殿中丞，听再任。5，页346

【宋太祖开宝八年（975）十一月】先是，武胜节度使张永德贡马贺润州平，马皆老病，有司劾奏，永德上表待罪，庚午，诏释不问。永德闻王师南伐，出家财作战船数十艘，运粮数万斛，自顺阳缘汉水而下。州豪高进者，举族凶暴，前后莫能禁，永德发其奸，置于法。进潜诣阙，诬永德据险固置十余砦，将图不轨。上遣使察之，使者诘进置砦之所，进辞穷，乃曰："张侍中诛吾宗党殆尽，欲中伤之以报私怨尔，实未尝置砦也。"使者还，白上，上曰："吾固知张道人非反者也。"即以进授永德，永德遽解其缚，就市笞而释之。时称其长者。永德旧喜与方士游，家赀为之罄乏，上故以"道人"目焉。《永德传》云：遣枢密都承旨曹翰领骑兵察置砦之所，无有，翰即以告者付永德。按传载此事，与王师讨金陵相连属，曹翰时实将先锋，安得至唐、邓间也？且方察其砦之有无，安用便领骑兵，不亦张皇生事乎？且不应即以告者付永德，恐传必误。今辄删改之，更须考详。2，页350

【宋太祖开宝八年（975）十一月】戊寅，初置三司推勘院，以将作监丞张邈知院事，寻罢之。5，页351

【宋太祖开宝八年（975）十二月】令诸州凡逮捕罪人，必以白长吏，

所由司不得直牒追摄。14，页355

【宋太祖开宝八年（975）十二月】诏有司重详定《推状条样》，颁于天下，凡三十三条。御史台、开封府、诸路转运司或命官鞫狱，即录一本付之。州府军监长吏及州院、司寇院悉大字揭于板，置听事之壁。《本纪》云二事皆在八月，今并系之岁末。15，页355—356

续资治通鉴长编卷十七　宋太祖开宝九年（丙子，976）

【宋太祖开宝九年（976）春正月】壬申，德音降死罪囚，流以下释之，男子妇人配役者听自便。3，页362

【宋太祖开宝九年（976）春正月】癸未，命翰林学士李昉，知制诰扈蒙、李穆等，于礼部贡院同阅诸道所解孝弟力田及有文武材干者凡四百七十八人。及试，问所习之业，皆无可采。而濮州以孝弟荐名者二百七十人，上骇其多，召问于讲武殿，率不如诏。犹自言能习武，复试以骑射，则皆陨越颠沛，上顾曰："止可隶兵籍耳。"众皆号泣求免。乃悉令退去，劾本州官司滥举之罪。11，页363

【宋太祖开宝九年（976）二月】凡以检校官兼中书令、侍中、同平章事者，并谓之使相。唐制皆署敕。五代以来，不预政事。朝会，亲王则分班，余官则缀本官，正衙见谢则押班。凡定制除授者，敕尾存其衔而不署，侧注"使"字。3，页364—365

【宋太祖开宝九年（976）秋七月】先是，令诸州卖盐，斤六十钱者减为五十，四十者为三十。至是，颗盐减至四十四。乙酉，令复减四钱。5，页374

【宋太祖开宝九年（976）八月】旧制，天下刑狱大理寺详断，刑部详覆。去年秋，尝有诏令两司参议同奏。时右赞善大夫张佖判刑部，比部员外郎李符判大理。符性刚强，颇轻重其法，佖多驳正之，屡至忿竞，案牍转复稽滞。佖上疏请复旧制，不报，因求外任。八月戊戌，以佖权知荣州。初，伪朝官出领外任者，入辞，必戒饬再三。及佖辞，上谓曰："惟汝不必朕言，方擢用汝。"佖在州，果有善政。两司共断文案，据佖疏乃去年七月诏旨，而《实录》《本纪》不著，今因佖出，附见。1，页374

【宋太祖开宝九年（976）八月】晋州获北汉谍者赵训，械送阙下，上释不诛，给装服遣之。6，页375

【宋太祖开宝九年（976）九月】乙丑，开封府言京城诸官司狱皆空，无系囚。2，页375

【宋太祖开宝九年（976）冬十月】初，泾州官岁市马，彰义节度使张铎厚增其直，而私取之，累积至十六万贯，及擅借公帑钱万余缗，侵用官曲六千四百余饼。事发，召归京师，本州械系其子保常及亲吏宋习。上以铎宿旧，诏释不问，但罢其旄钺而已，其所侵盗，皆蠲除之。保常洎习亦得免。庚戌，以铎为左屯卫上将军。铎，河朔人也。7，页377

【宋太祖开宝九年（976）冬十月】乙卯，大赦天下，常赦所不原者咸除之。令缘边禁戢戍卒，毋得侵挠外境。群臣有所论列，并许实封表疏以闻，必须面奏者，阁门使即时引对。风化之本，孝弟为先，或不顺父兄，异居别籍者，御史台及所在纠察之。先皇帝创业垂二十年，事为之防，曲为之制，纪律已定，物有其常，谨当遵承，不敢逾越，咨尔臣庶，宜体朕心。11，页382

【宋太祖开宝九年（976）十一月】又诏中外官除拜出入，自今并于正衙辞谢，违者有司议其罚。始复旧制也。3，页384

【宋太祖开宝九年（976）十一月】令诸州大索明知天文术数者传送阙下，敢藏匿者弃市，募告者赏钱三十万。9，页385

【宋太祖开宝九年（976）十一月】诏诸色选人，有曾经引对，特奉诏降资、不许授官者，有司案验，如别无遗缺，并与依资注拟。16，页386

【宋太祖开宝九年（976）十二月】甲寅，上御乾元殿受朝，悬而不乐。大赦，改元。文班常参官衣绯绿及二十年者，有司上其名，京官见厘务职满者，仍给俸料。群臣上寿大明殿，上以亲政逾月，特与天下更始，

非故事也。5，页387

【宋太祖开宝九年（976）十二月】先是，川、峡分路置转运使，峡盐悉趋荆南，西川民乏食，太祖遣使劾两路转运使罪，及上即位，皆释之。于是命西川转运使申文纬遥兼峡路，峡路转运副使韩可玭兼西川路，使盐（筴）[策]流通也。文纬，见建隆三年，恐非此。可玭，未见。8，页387

【宋太祖开宝九年（976）十二月】己未，幸讲武池，遂幸玉津园。秘书丞安璘杖脊，除籍为民。坐知道州日受赇枉法故也。9，页387

续资治通鉴长编卷十八　宋太宗太平兴国二年（丁丑，977）

【宋太宗太平兴国二年（977）春正月】齐贤通判衡州，时州鞫劫盗十余，皆论死，齐贤始至，为辩理，存活者五人。狱官及知州事，恐惧谴责，齐贤曰："齐贤初成一名，岂欲委罪众人，而自为功乎？第令改正而已。"自江陵至桂州，有水递铺夫凡数千户，皆渔樵细民，衣食不给。湘江多巨潭险石，而程限与陆铺等，或阻风涛阴雨，率被笞捶。齐贤言其事，诏每铺夫各减半。4，页394

【宋太宗太平兴国二年（977）春正月】五代以来，诸方割据，罪人率配隶西北边，然多亡投塞外，诱羌戎为寇。己丑，诏自今当徙者皆配广南，勿复隶秦州、灵州、通远军及沿边诸州。13，页395

【宋太宗太平兴国二年（977）春正月】初江南诸州官市茶十分之八，余二分复税其什一，然后给符，听其货鬻，商人旁缘为奸，逾江涉淮，颇紊国法。转运使樊若冰请禁之，仍增所市之直以便民。17，页396

【宋太宗太平兴国二年（977）二月】李煜旧用铁钱，于民不便。二月壬辰朔，若冰请置监于升、鄂、饶等州，大铸铜钱，凡山之出铜者，悉禁民采，并取以给官铸。诸州官所贮铜钱数，尽发以市金帛轻货上供及博籴麦。铜钱既不渡江，益以新钱，民间钱愈多，铁钱自当不用，悉铸为农器，以给江北流民之归附者，且除铜钱渡江之禁。诏从其请，民甚便之。铸铁钱为农器，别本《实录》见七月丁亥，今并书之。然煜用兵际，权宜调敛，若冰悉奏以为常赋，民颇怨怼。若冰少贫贱，尝为豫章富人洪氏所辱，心恨之。既而洪氏掌本郡榷酤，负煜时岁课铁钱数百万，若冰悉收铜钱，洪氏几至破产。案樊若冰，《宋史》作樊若水，屡见前第十五卷及第十六卷。1，页396

【宋太宗太平兴国二年（977）二月】初，比部郎中张全操慷慨敢言外事，太祖甚宠遇之，命知灵州，委以边事。全操部送岁市官马，赂所过蕃族物粗恶，戎人恚怒不受。全操捕得十八人杀之，没入其兵仗、羊马，戎人大扰。朝廷遣使赍金帛抚赐其族，与之盟，始定。上怒，召全操下狱，鞠之。丁酉，决杖流海岛。全操，江东人也。全操，当是乾德四年知光化军进羡利者。7，页397

【宋太宗太平兴国二年（977）二月】有司言："江南诸州榷茶，准敕于缘江置榷货诸务。百姓有藏茶于私家者，差定其法，著于甲令，匿而不闻者，许邻里告之，赏以金帛，咸有差品。仍于要害处县法以示之。"诏从其请。凡出茶州县，民辄留及卖鬻计直千贯以上，黥面送阙下，妇人配为铁工。民间私茶减本犯人罪之半。榷务主吏盗官茶贩鬻，钱五百以下，徒三年；三贯以上，黥面送阙下。茶园户辄毁败其丛株者，案"丛株"，《文献通考》作"丛树"。计所出茶，论如法。18，页398

【宋太宗太平兴国二年（977）二月】有司又言："煮盐之利，以佐用度，非申明禁法，则豪民专之，山泽之出，不能尽征于王府矣。应江南诸州先通商处悉禁之，凡鬲土卤水民并不得私煮盐，差定其罪，著于甲令。其诸处池监，监临主者盗官盐贩鬻以规利，亦如盗煮盐之法。其通商禁法等处及西路青白盐各相伺察，不得令私盐侵夺公利，犯者自一两至二百斤论罪有差。于是比乾德之禁，增阑入至二百斤以上，煮碱及主吏盗贩至百斤以上，蚕盐入城市五百斤以上，并杖背黥面送阙下。《宋朝要录》："其民间食盐，州县吏量口赋之，蚕盐以版籍度而授之，诏并从其请。先是，以官盐贷于民，蚕事既毕，即以丝绢偿官，谓之蚕盐。其食盐，令民随夏秋赋租纳其直"。19，页398—399

【宋太宗太平兴国二年（977）二月】初，右监门卫率府副率王继勋分司西京，残暴愈甚，强市民家子女以备给使，小不如意，即杀而食之，以槥椟贮其骨，出弃野外。女侩及鬻棺者出入其门不绝，民甚苦之，而不敢告。上在藩邸，颇闻其事。及即位，会有诉者，亟命户部员外郎、知杂雷德骧乘传往鞠之。继勋具伏，自开宝六年四月至今，手所杀婢百余人。

乙卯，斩继勋于洛阳市，并斩女伶八人、洛阳民三辈，皆为继勋强市子女者。长寿寺僧惠广尝与继勋同食人肉，上令先折其胫，然后斩之。民皆称快。20，页 399

【宋太宗太平兴国二年（977）二月】新拟窦州录事参军孟蛮避远宦不之任，诣匦自陈，上怒，命决杖流海岛。《祖宗故事》有"引事惑觽，诬罔切害"八字，疑修书官润色，今从《实录》。26，页 400

【宋太宗太平兴国二年（977）三月】乙丑，始颁铜禁于江南诸州。4，页 400

【宋太宗太平兴国二年（977）三月】侍御史任惟吉，前通判陕州，为下所告，按得其赃，丙寅，诏削夺官爵，配隶汝州。镇国行军司马王祜，惟吉姻也，祜知制诰，尝引荐惟吉，诏夺祜两季俸。5，页 401

【宋太宗太平兴国二年（977）三月】右千牛卫将军董继业前知辰州，私贩盐赋于民，斤为布一匹，盐止十二两，而布必度以四十尺，民甚苦之。有诣阙诉其事者，下御史狱鞠实，于是责继业为本部中郎将。8，页 401

【宋太宗太平兴国二年（977）夏四月】殿中丞刘翊勒停，仍永不录用，坐知剑州有盗官物者，翊募人告获，上言乞赏告者。朝廷以翊不用心捕贼，擅立赏募人，故有是命。此据别本。6，页 403

【宋太宗太平兴国二年（977）夏四月】太祖晏驾，诏翰林学士、户部侍郎李昉兼判太常寺。昉归，语其子宗谔等曰："堂吏不知典故，岂有为丞郎而判寺乎？若言判寺，自丞以下至簿，皆可判也，何暇别命官乎？唐朝丞郎兼判他局者甚多，或官高则言判某官事，或官卑则言知某官事，或未即真则言权知某官事，或言检校某官事。唯太常卿尤为重任，未闻可总而判之。必朝廷不以吾不才，当言权知太常卿事，可矣。然近者窦仪判大理寺，崔颂判国子监，此盖失之久矣。"宗谔因问："凡制敕所出，必自宰相。今言堂吏不知典故，何也？"昉曰："命官判寺，宰相必不经心，惟堂吏举近例使押字耳。"昉又言："自太祖临御以来，百司吏艰于选补，后进者多不习故事，由是台省旧规，渐成废坠云。"10，页 403

【宋太宗太平兴国二年（977）夏四月】降诏恤刑。自是每岁夏首常举行之。14，页404

【宋太宗太平兴国二年（977）五月】丙寅，泾州言安定民妻怒其夫前妻之子妇，断其喉而杀之。上谓左右曰："法当原情。此必由继嫡之际爱憎殊别，固当以凡人论也。"乃诏："自今继母杀伤夫前妻之子及其妇，并以杀伤凡人论。尝为人继母而夫死改嫁者，不得占夫家财物，当尽付夫之子孙，幼者官为检校，俟其长然后给之，违者以盗论。"6，页404

【宋太宗太平兴国二年（977）五月】蔡州团练使张延范前知广州，火焚公廨香药、珠贝、犀象殆尽，延范奏不以实，又纵私奴三辈于部下受赇。御史府案得其状，上先命斩其奴于广州市，癸酉，责延范为护国行军司马。9，页405

【宋太宗太平兴国二年（977）五月】初，曹翰屠江州，民无噍类，其田宅悉为江北贾人所占有。诏州长吏访寻其民之乡里疏远亲属给还之。知州张霁受贾人赂，为隐蔽，不尽与民，民诉其事。戊寅，霁决杖流海岛。10，页405—406

【宋太宗太平兴国二年（977）五月】常州言民讹言官取良人女充后宫，民间相惊，不俟媒妁而嫁者甚众。诏捕作讹言者，得徐铨等数人，悉抵法。11，页406

【宋太宗太平兴国二年（977）六月】癸卯，知秦州张炳言："先受诏以仓粟粜与贫民，使者刘文保复赍诏诏臣罢之，民饥益甚，转死沟壑者愈众。臣与文保矫诏开仓，救百姓倒垂之急，愿以属吏。"诏释其罪。2，页406

【宋太宗太平兴国二年（977）秋七月】壬戌，斩宦者周延峭，坐赍诏至宋州视官籴，擅离籴所出城饮酒，遗失诏书故也。2，页407

【宋太宗太平兴国二年（977）秋七月】诸州吏护送官物上供，守藏者率硾钩为奸，故外州吏负官物，或至破产不能偿。上闻之，曰："此岂为天下守财之道耶！"庚午，令左藏库及诸库所受诸州上供均输金、银、丝、绵及他物，监临官谨视主秤，无令欺而多取，犯者，主秤及守藏吏皆斩，监临官亦重置其罪。《实录》及《食货志》载诏语与乾德四年张光操论刍粟余羡诏语略同，盖史笔润色，今不复重见，止著其事。6，页407

【宋太宗太平兴国二年（977）秋七月】自江南平，岁漕米数百万石给京师，增广仓舍，命常参官掌其出纳，内侍副之。上犹恐吏概量不平，遣皇城卒变服觇逻，于是廉得永丰仓持量者张遇等凡八辈受赇为奸，庚辰，悉斩之。监仓右监门卫将军范从简等四人免官，同监内侍决杖。10，页408

【宋太宗太平兴国二年（977）秋七月】辛巳，金坛县尉周楚坐赃弃市。11，页408

【宋太宗太平兴国二年（977）闰七月】殿直吴舜卿受诏募兵沂、衮间，至泗水驿，被酒，手杀平民八人，衮州以闻，上命械系送阙下。辛丑，先折其两足，然后斩之。4，页409

【宋太宗太平兴国二年（977）八月】知资州成肃言："准开宝六年诏，川、陕诸州犯窃盗计铜铁钱满万，强盗满六千者，并弃市。川、陕铁钱四直铜钱一，愿均定其法。"事下有司，请以银一两为强。窃盗赃铜钱一千、杂绢一匹论罪，从之。6，页411

【宋太宗太平兴国二年（977）】九月辛卯，内品王守忠弃市，坐监法酒库，盗官酒三百瓶，为其匠王景能所发故也。赐景能紫衣、银带、帛五束。1，页411

【宋太宗太平兴国二年（977）九月】唐天祐中，兵乱窘乏，始令以八十五钱为百，后唐天成中又减五钱，汉乾祐初复减三钱。国初因汉制，其输官亦用八十或八十五，然诸州私用犹各随俗，至有以四十八钱为百者。丁酉，诏所在悉用七十七为百，每千钱必及四斤半以上。禁江南新小钱，民先有藏蓄者，悉令送官，官据铜给其直。5，页412

【宋太宗太平兴国二年（977）九月】初，废岭南媚川都，禁民采珠。未几，官复自采。容州海渚亦产珠，仍置官掌之。于是容州始贡珠百斤，

赐负担者银带衣服。6，页412

【宋太宗太平兴国二年（977）九月】国子监主簿郭恕先决杖配隶登州禁锢。恕先，即忠恕也。初责乾州司户参军，秩满去官，遂不复仕。纵放岐、雍、陕、洛之间，或逾月不食，盛夏暴日中无汗，大寒凿冰而浴，人皆异之，尤善画，得其画者藏以为宝。上雅闻恕先名，既即位，召为国子监主簿，赐赉甚厚，令于太学刊定历代字书。内侍押班窦神兴尝馆之。恕先美须髯，一日忽尽拔去，神兴惊问其故，恕先曰："聊以效颦耳。"神兴大怒，白上以恕先无检局，放纵败度，上稍疏焉。恕先益纵酒，肆言时政，颇有谤讟语闻，且擅鬻官物取其直。上怒，故及于祸。恕先行至临邑，谓部送吏曰："我逝矣。"因掊地为穴，度可容面，俯窥焉而卒，稿葬道左。后将改葬，但得其衣衾，盖尸解云。12，页413

【宋太宗太平兴国二年（977）十一月】下蔡县主簿张利用，冒称其亡兄秉官，求进用，丙午，诏决杖配隶商州禁锢。6，页416

【宋太宗太平兴国二年（977）十一月】户部郎中侯陟知吏部选事，会选人有冒妄，事发，陟当连坐，知杂事雷德骧将劾奏之，陟遂造便殿自首服，上特赦其罪。癸丑，以陟为河北转运使。7，页416

【宋太宗太平兴国二年（977）十二月】诸道所送知天文、相术等人，凡三百五十有一。十二月丁巳朔，诏以六十有八隶司天台，余悉黥面流海岛。1，页416

【宋太宗太平兴国二年（977）十二月】有司言矾官岁鬻矾不充旧贯，请严其禁。癸酉，诏："私贩化外矾至三斤，私煮及盗至十斤者，并弃市，余悉决杖配流。已论决而再犯，虽所犯不如律，亦决杖配流；还，复犯者死。"4，页416

【宋太宗太平兴国二年（977）十二月】初，江南未平，私渡江者及舟人并弃市。戊寅，始除其禁。5，页416

【宋太宗太平兴国二年（977）十二月】甲申，诏："先募民断买场、务，或有羡利，即收入己。属已差监临之官，其主吏犯者，法司处以监主自盗，或至弃市，殊非中典，良用恻然。自今准盗论，罪止流。"又诏："持刃穿窬，法当强盗。近者多云弃刃于外，空手入室，既难覆验，实启奸心，自今以强盗论。"并从权大理少卿赵齐之请也。齐，未见。9，页417

续资治通鉴长编卷十九　宋太宗太平兴国三年（戊寅，978）

【宋太宗太平兴国三年（978）春正月】庚寅，郓州言殿直霍琼称诏至所部募兵，而与所募兵劫部民刘凝家财。上令槛车送至阙，按得实，皆腰斩于都市。2，页420

【宋太宗太平兴国三年（978）春正月】庚戌，赵州刺史韦韬为右千牛卫将军，坐巡边不谨也。韦韬巡边不谨，当考。11，页421，

【宋太宗太平兴国三年（978）春正月】秦州内属三族戎人等数寇边，癸丑，诏悉赦其罪，自今敢复肆侵掠者，吏捕之置于法，不须以闻。13，页421

【宋太宗太平兴国三年（978）春正月】令川、陕诸州犯罪当赎者，每铜一斤输铁钱四百八十。14，页422

【宋太宗太平兴国三年（978）二月】丁巳，诏："州县官批书南曹所给历子，敢漏一事者殿一选，三事者降一资。虽所部无其事，令式所合书者亦着其无，以相参验。"从判吏部南曹董淳之请也。淳，附《文苑传》，无邑里。3，页422

【宋太宗太平兴国三年（978）二月】丙寅，泗州录事参军徐壁弃市，坐掌本州仓户民租，与牙校高贵为奸赃，取民贿而免其租入，以虚券给之。事发，壁及贵并抵法，支党皆杖脊配隶远恶处。6，页423

【宋太宗太平兴国三年（978）二月】甲申，诏："西北边内属戎人，多赍货帛，于秦、阶州易换铜钱，出塞销铸为器，自今严禁之。吏民敢阑出铜钱百以上，论罪有差。"10，页423

【宋太宗太平兴国三年（978）三月】中书令史习元吉盗印，矫发近臣书，于两浙邸院取绢彩百七十匹。丙申，杖杀之。3，页424

【宋太宗太平兴国三年（978）三月】殿直武裕统兵戍海门，于所部恣为奸赃，诏容州鞫实，岭南转运使周渭杖杀之。5，页424

【宋太宗太平兴国三年（978）夏四月】丙辰，令民二月至九月无得采捕虫鱼、弹射飞鸟，违者重置其罪。与建隆二年二月诏书略同，犯者有刑，为不同耳。2，页426

【宋太宗太平兴国三年（978）夏四月】辛巳，斩侍御史赵承嗣，坐监郑州市征，与吏为奸，隐没官钱巨万计。人有告者，诏鞫之，得其实，有司言法当绞，上特命斩之，并吏七人皆斩于市。仍诏诸道转运使布告州县以儆群吏，揭于所居官舍之壁。12，页427

【宋太宗太平兴国三年（978）】五月乙酉朔，御乾元殿受朝。德音赦漳、泉管内，给复一年。1，页427

【宋太宗太平兴国三年（978）五月】旻初自淮南归朝，上谓曰："江、淮之间，辇运相继，实我仓廪，卿之功也。"旻曰："唐贞元中，淮南岁输米才十万石，今每岁辇运倍于贞元。"上曰："知尔劝绩。"将用为翰林学士，卢多逊言杭州初复，非旻不可治。上乃谓旻曰："卿且为朕行，即当召卿矣。"钱氏据两浙逾八十年，外厚贡献，内事奢僭，地狭民众，赋敛苛暴，鸡鱼卵菜，纤悉收取，斗升之逋，罪至鞭背。每笞一人，则诸案吏人各持其簿列于庭，先唱一簿，以所负多少量为笞数，笞已，次吏复唱而笞之，尽诸簿乃止，少者犹笞数十，多者至五百余。讫于国除，民苦其政。旻既至，悉条奏，请蠲除之，诏从其请。4，页428

【宋太宗太平兴国三年（978）五月】飞雄初矫称制，自言上南府时亲吏，会刘文裕哀告飞雄曰："我亦尝事晋邸，使者忍不营救之乎？"飞雄屏左右谓文裕曰："汝能与我同富贵否？"文裕觉其诈，伪许之，飞雄乃释其缚。文裕策马前，附耳语仁朗，仁朗即佯坠马若殒绝状，飞雄与从卒共视之，又释其缚，仁朗奋起搏飞雄，与文裕等共擒之，飞雄尚呼云："田仁朗等谋反，杀使者。"既而系秦州狱，劾之，具得其状。有诏夷其三族，并捕先与飞雄善者何大举等数辈，悉诛之，及姚承遂等皆腰斩于秦州市，先授飞雄马厩置卒，亦夷其族。文裕，保塞人也。《马知节传》云："知节先辨飞雄之诈"。因语文裕，与《文裕传》不同，当考。11，页430—431

【宋太宗太平兴国三年（978）五月】是月戊申，以飞雄事布告天下，令中外臣庶家子弟或怀凶险，有乖检率，屡加教戒，曾不悛改，许其尊长闻于州县，锢送阙下，当配隶远恶处。容隐不以闻者，期功以上亲坐之。11，页431

【宋太宗太平兴国三年（978）六月】上注意治本，深惩赃吏。己巳，诏自太平兴国元年十月乙卯以后，京朝、幕职、州县官犯赃除名配诸州者，纵逢恩赦，所在不得放还，已放还者，有司不得叙用。2，页431

【宋太宗太平兴国三年（978）秋七月】先是，李飞雄败，逮捕李氏亲党。右赞善大夫李若拙，与飞雄父若愚以同宗款昵，又连名，上疑其昆弟，及鞠之，乃故与若愚通家，非其亲，且不知谋，得免于戮，丁酉，削籍流沙门岛。若拙，万年人也。5，页432

【宋太宗太平兴国三年（978）秋七月】中书令史李知古受赇，擅改刑部所定法，出罪人，为所诉，鞠得实，壬子，杖杀之。刑房吏孙甫坐免官。9，页433

【宋太宗太平兴国三年（978）八月】丙辰，诏诸道转运司指挥所属州府，自八月一日后，吏民所犯并论如法，不在恩赦之限。2，页433

【宋太宗太平兴国三年（978）八月】丁卯，著作佐郎卢佩弃市。佩监升州酒，转运使樊若冰劾其奸赃，诏鞠之，具伏，前后所授赃钱一百九十贯，遂抵于法。4，页433

【宋太宗太平兴国三年（978）八月】癸酉，杖杀詹事府丞徐迁，坐督漕濮州军储，受赇不法，为馆驿吏所诉，鞠之得实故也。7，页434

【宋太宗太平兴国三年（978）冬十月】司农寺丞孔宜知星子县回，献所为文，上召见，问以孔氏世嗣，擢右赞善大夫，袭封文宣公。辛酉，诏免袭封文宣公家租税。先是，历代以圣人之后不预庸调，周显德中，遣使均田，遂抑为编户。至是，孔氏诉于州，州以闻，上特命免之。宜袭封，据《会要》在三年十月免租税前，今附见。4，页435

【宋太宗太平兴国三年（978）冬十月】澧州民有诉为贼所劫夺财物而不实者，刺史赵彦韬手杀之，探取其心肝，民家诣阙诉其事。癸酉，彦韬坐杖脊，配隶淮西禁锢。7，页435

【宋太宗太平兴国三年（978）冬十月】乙亥，斩骁捷卒徐素等三人，坐诬告指挥使戎希萼私习天文灾异不实故也。诏赐希萼紫袍、银带、金帛以慰之。9，页435

【宋太宗太平兴国三年（978）十二月】盐铁、户部、度支三司所掌凡二十四案，吏千余人。上虑使、副、判官督察有所不及，而商税、青、曲、末盐四案最为繁剧。十二月丙辰，各置推官，命左赞善大夫张仲容等四人分领之，诸案寻亦皆置推官，或置巡官，悉以京朝官充。1，页437

续资治通鉴长编卷二十　宋太宗太平兴国四年（己卯，979）

【宋太宗兴国四年（979）春正月】诏以同判刑部司门员外郎江直木、大理正路承绪谳狱之勤，赐钱各二十万。12，页444

【宋太宗兴国四年（979）夏四月】沂州防御使张万友决所部军校郭赟致死。命鞫之，万友具伏。上方宠任武将，戊辰，诏释其罪。12，页449

【宋太宗兴国四年（979）五月】乙酉，赦河东管内，常赦所不原者并释之。诸州县伪署职官等，并令仍旧。人户两税，特与给复二年，王师所不及处，给复一年，从前所逋租调并与除放，常赋外有无名配率，诸州条析以闻。7，页452

【宋太宗兴国四年（979）五月】分命常参官八人知忻、代等州。右赞善大夫臧丙知辽州，秘书丞马汝士知石州。其后汝士与监军不协，一夕刲刃于腹而死。丙上疏言汝士之死非自杀,愿按其状。上览奏惊骇,遽遣使鞫之,召丙赴阙问状。丙曰:"汝士在牧守之任,不闻有大罪,何至自杀?若冤死不明,宿直者又不加谴责,则自今书生不复能治边郡矣。"上善其言。丙,大名人,汝士同年生也。8,页452

【宋太宗兴国四年(979)秋七月】初,议伐北汉,宰相卢多逊言:"西蜀远险多虞,若车驾亲征,当先以腹心重臣镇抚之,则无后忧。"给事中程羽,藩邸旧僚,尝知新都县及兴州、兴元府,有能名,上即命知益州。及上驻太原,郫县获群盗送府,狱已具,会有朝旨:"强盗未再犯,免死送阙下。"盖用武之际,急于壮勇之士也。法吏援敕以请,羽曰:"人之恶,惮于始为,奸凶闻是令,皆将轻犯,乱不可制矣。"判曰:"銮辂省巡,江山遐僻,不除凶恶,曷静方隅?"并付本县处死,磔于市,即论奏其事。于是迄羽去,无盗贼。羽之在新都,州遣牙校至,见羽礼慢,不数岁,羽领州任,人为校惧,羽至则擢校统戍守寨,盖其才可任也。此据程珦所作《程羽祠堂记》,羽知益州在二年五月,今附见车驾还自范阳后。19,页458—459

【宋太宗兴国四年(979)八月】辛未,辰州言民宋再均等六辈诱致生口,阑出边关,卖与溪州蛮,取其直。诏令伏脊黥面,槛车送阙下;自今敢违者,并令本处杖杀,所在督疆吏谨捕之。7,页460

【宋太宗兴国四年(979)九月】丙申,诏曰:"先是,禁铜钱不得入剑南界,宜除之。自今两川民许杂用铜铁钱,即不得出他境。缘边戒吏谨视之,犯者论如法。"9,页462

【宋太宗兴国四年(979)九月】先是,江南、两浙诸州以绢计赃,绢价二匹当江北之一,诏自今宜以千钱为绢一匹论罪。15,页462

【宋太宗兴国四年(979)十二月】开宝中,禁民卖假茶,一斤杖一百,二十斤以上弃市。己未,诏自今准律以行,滥,论罪。4,页465

【宋太宗兴国四年(979)十二月】诏改司寇参军为司理参军,以司寇院为司理院,令于选部中选历任清白,能折狱辨讼者为之,秩满免选赴集。又置判官一员,委诸州于牙校中择有干局、晓法律、高赀者为之。给以月俸，如旧马步判官之例。秩满，上其殿最以定黜陟，有逾滥者，坐长吏而下。司理判官连坐，别本《实录》在六年十月庚午，今从本志并书之。寻又诏诸州察司理参军有不明推鞫，致刑狱淹滞，具名以闻，蔽匿不举者罪之。雍熙二年八月庚辰诏或即此也，更详之。7，页466

【宋太宗兴国四年（979）十二月】是岁，命有司取国初以来敕条纂为《太平兴国编敕》十五卷，行于世。8，页466

续资治通鉴长编卷二十一　宋太宗太平兴国五年（庚辰，980）

【宋太宗太平兴国五年（980）春正月】上初即位，阅诸军战骑多缺，将北征，乃诏诸道市所部吏民马，有敢藏匿者死。坊州刺史胡公霸尝有阴事为孔目吏所持，颇衔之。会吏有善马，公霸绐令匿之。吏如其旨，土窖藏马其中，既而具言状，公霸伪喜，谓吏曰："我为汝画计，汝当谨其事，无使人知，并累我矣。"一日阅官所市，即大言曰吏某有善马藏某处，令卒数辈取之，捕吏系狱，按验未具，公霸亟斩之。吏家人以告，征公霸赴阙，亲诘于便殿，公霸抗言以诏书从事，非专杀。上怒，壬午，授公霸右监门卫率府率。4，页470—471

【宋太宗太平兴国五年（980）二月】温州捕送养猫鬼咒诅杀人贼邓翁并其亲属至阙下。邓翁腰斩，亲属悉配隶远恶处。3，页472

【宋太宗太平兴国五年（980）二月】诸州马多死，殿直李谔坐监牧许州，盗官菽二百五十石，马死者千五百匹，械系送阙下。甲子，并内侍梁守忠及主吏三人悉斩于市。4，页472

【宋太宗太平兴国五年（980）二月】戊辰，徐州送妖贼李绪等四十五人，斩为首者七人，余配远恶处。6，页472

【宋太宗太平兴国五年（980）闰三月】丁卯，令荆湖、岭南等处以绢计赃，如江、浙之制。2，页473

【宋太宗太平兴国五年（980）闰三月】己巳，诏品官公罪，徒以上去官，事发，所在鞫之以闻。3，页473

【宋太宗太平兴国五年（980）闰三月】斩宦官冯彦琛，坐部修军垒擅没入官瓦木，市取其直故也。5，页474

【宋太宗太平兴国五年（980）夏四月】戊子，襄州言襄阳县民张巨源五世同居，内无异爨，诏旌表门闾。巨源尝习刑名书，特赐明法及第。4，页474

【宋太宗太平兴国五年（980）五月】己未，雄州团练使孙全兴责授兰州团练使，坐总戎扞边，畏懦不称职也。其事不详。2，页475

【宋太宗太平兴国五年（980）五月】乙丑，内弓箭库使顺州刺史李福荣责授右内率府副率，坐护边兵失律也。其事不详。3，页475

【宋太宗太平兴国五年（980）秋七月】己酉，诏："西川诸州民，比者但犯盐禁，皆部送京师。自今不满十斤，委所在州府依法区分；十斤以上，并依旧部送赴阙。"从转运使聂泳所奏也。2，页477

【宋太宗太平兴国五年（980）秋七月】八作使段仁海部修天驷监，筑垣墙，侵景阳门街，上怒，令毁之，仁海决杖，责授崇仪副使。6，页477

【宋太宗太平兴国五年（980）秋七月】吏部郎中边珝自广南转运使代归，庚午，以珝为右谏议大夫，领吏部选事。珝任广南，始至桂州，会知州张颂卒。颂，潍州人。旧制，不许以族行，州人藁葬城外，仆妾利其财，悉分匿之。珝召官吏谓曰："张使君没远宦，身后之计，吾侪安可不为致力！"乃委官追治其财，并其丧部送归潍州，人以此义之。属郡守与护军有怨隙者，但令易地，未尝置之于法。7，页477

【宋太宗太平兴国五年（980）九月】丁未，京西转运使、起居舍人程能责授右赞善大夫，判官、右赞善大夫时载责授将作监丞。坐纵程德玄等于部下私贩竹木，不以告也。2，页479

【宋太宗太平兴国五年（980）冬十月】丁亥，杖杀阳武县令张希永。坐与主榷酤吏赵赞前后盗取羡余官钱二百三十四贯入己，鞫之得实，及赞皆抵法。3，页480

【宋太宗太平兴国五年（980）冬十月】甲午，左拾遗韦务升责授右赞善大夫，坐为陕西北路转运使日，纵程德玄等地部下私贩竹木，不举劾故也。5，页480

【宋太宗太平兴国五年（980）十二月】甲戌，畋近郊，因以阅武，赐禁军校及卫士襦袴。时禁盗猎，有卫士获獐，违令当死。上曰："我若杀之，后世必谓我重兽而轻人。"释其罪。2，页482

【宋太宗太平兴国五年（980）十二月】国初以来，犯死罪获贷者，多配隶登州沙门岛、通州海门岛，皆有屯兵使者领护。而通州岛中凡两处，豪强难制者隶崇明镇，懦弱者隶东北洲，两处悉官煮盐。是岁，始令配役者分隶盐亭役使之，而沙门如故。11，页485

续资治通鉴长编卷二十二　宋太宗太平兴国六年（辛巳，981）

【宋太宗太平兴国六年（981）三月】癸丑，诏曰："峡路转运使言，知渝州路宪、知开州郏士尧、知达州张元等弛慢不治，并已冲替。宜令诸路转运使察部下官吏，有罢软不胜任、怠惰不亲事及黩货扰民者，条其事状以闻，当遣使按鞫。其清白自守、干局不苟，亦以名闻，必加殊奖。"3，页490

【宋太宗太平兴国六年（981）三月】诏："诸州大狱，长吏不亲决，胥吏旁缘为奸，逮捕证左，滋蔓逾年而狱未具。自今长吏每五日一虑囚，情得者即决之。"上不欲天下有滞狱，乃建三限之制，大事四十日，中事二十日，小事十日，不须追捕而易决者无过三日。三限，别本《实录》系之五月丙辰，今从本志。

又诏："囚当讯掠，则集官属同问，勿委胥吏榜决。"别本《实录》在四月丁丑，今从本志附三限后。9，页491—492

【宋太宗太平兴国六年（981）夏四月】上躬亲听断，京城诸司狱有疑者，多临决之。是岁，自春涉夏不雨，上意狱讼有冤滥。会归德军节度推官李承信市葱有烂者，笞园户，病创数日死。己卯，承信坐弃市。3，页492

【宋太宗太平兴国六年（981）夏四月】禁东、西川诸州白衣巫师。5，页492

【宋太宗太平兴国六年（981）五月】己未，德音降死罪囚，流以下释之，祷而雨故也。4，页492

【宋太宗太平兴国六年（981）五月】太子中允潘昭纬知天长军，擅增价鬻官茶，为商人所诉。乙丑，昭纬坐除籍为民。5，页492

【宋太宗太平兴国六年（981）八月】诏州县官坐事配流诸州者，改隶京百京。按此条疑有脱误。5，页494

【宋太宗 太平兴国六年（981）九月】旧制，赐敕葬者，皆内诸司供帐。或言其不便，戊戌，始令所在州府，以官钱赁僦。2，页494

【宋太宗太平兴国六年（981）九月】每于衢路，颇见羁锢之囚，荷以铁枷，不觉自骇。案《狱官令》，枷杻有长短，钳锁有轻重，尺寸斤两，并载刑书，未有以铁为枷者也。昔唐太宗观《明堂图》，见人之五脏，皆丽于背，遂减徒刑。况隆平之时，将措刑不用，于法所无，去之可矣，此大体之四也。即赐诏书曰："省所上书，陈古讽今，有犯无隐，居献替之地，扬謇谔之风，寻绎久之，深所嘉尚。然邦国之事，抑有由焉。朕以交趾称藩，代修职贡，昨闻贼臣篡夺，害其主帅之家，聊举师徒，用申赴救，非贪土地，寻罢干戈。京西闲田，势本洼下，不可树蓺，止为污潴，因而凿池，用停水潦，戈船习战，可威外夷，调役军卒，不烦农民。髡钳之刑，前王所用，比之劓刖，盖有等差，朕以诛死之囚，贷其断颈之戮，遂设此法，以全其生，实免铁锧之诛，且非炮烙之酷。其余申明经制，皆是旧章，方属承平，渐期振举。览兹献纳，嘉乃忠勤，自今有所见闻，无辞献替。断之在独，出自朕躬，勉于尽规，以副虚伫。"因赐钱五十万。4，页497—498

【宋太宗太平兴国六年（981）九月】绵州妖贼王禧等十人以妖法惑众，图为不轨，斩于市。12，页503

【宋太宗太平兴国六年（981）】十一月丁酉，监察御史张白弃市。白前知蔡州，假贷官钱，居籴粟麦以射利故也。膳部郎中、知杂事滕中正尝荐白，责授本曹员外郎。1，页504

【宋太宗太平兴国六年（981）十一月】辛亥，合祭天地于圜丘，大赦，御乾元殿受册尊号。先是，有秦再思者，上书愿勿再赦，且引诸葛亮佐蜀数十年不赦事。上颇疑之，以问赵普，普曰："国家开创以来，具存彝制，三岁一赦，所谓其仁如天，尧、舜之道。刘备区区一方，用心何足师法。"上然其对，赦宥之文遂定。5，页505

【宋太宗太平兴国六年（981）十一月】癸丑，诏诸州长吏察部内民有轻薄无赖、怠于孝义、货鬻田业、追随蒱博者，深加劝诫之；或闻义不服，为恶务滋者，条其姓名以闻，当置于法。8，页505

【宋太宗太平兴国六年（981）十二月】淮海王俶等贺郊祀，贡马皆驽，为厩吏所发。辛未，诏释其罪。2，页506

【宋太宗太平兴国六年（981）十二月】甲申，诏强盗放火，准律不至死者，勿复并妻子部送阙下。5，页506

【宋太宗太平兴国六年（981）十二月】辛卯，禁民私市戎人马。7，页507

【宋太宗太平兴国六年（981）十二月】壬辰，诏中外官不得以告身及南曹历子质钱，违者官为取还，不给元钱。朝廷患官文书落规利之家，故禁绝之。8，页507

【宋太宗太平兴国六年（981）十二月】先是，诸州罪人皆锢送阙下，道路非理而死者十常六七，所坐或夤缘细微，情可悯恻。江南西路转运副使、左拾遗张齐贤上言："罪人至京，请择清强官虑问，若显负沈屈，则量罚本州官吏。自今令只遣正身，家属别俟朝旨。干系人非正犯者，具报转运使详酌情理免锢送。"虔州尝送三囚，坐市牛肉，并家属十二人悉诣阙，而杀牛贼不获，齐贤悉纵遣其妻子。自是江南送罪人，岁减大半。

齐贤又言："刑狱繁简，乃治道弛张之本。于公阴德，子孙即有兴者，况六合之广，能使狱无冤人，岂不福流万世！州县胥吏，皆欲多禁系人，或以根穷为名，恣行追扰，租税逋欠至少，而禁系累日，遂至破家。请自今外县罪人，令五日一具禁放数白州，州狱别置历，委长吏检察，三五日一引问疏理，每月具奏，下刑部阅视。有禁人多者，即奏遣朝官驰往决遣。若事涉冤诬，故为淹滞，则降黜其本州官吏。或终岁狱无冤滞，则刑部给牒，得替日，较其课旌赏之。"

齐贤又言："巡内州军县镇官地棚房钱轻重不等，盖伪命日，有军营人众且用铁钱易得。自收复后，诸军皆送阙下，又改纳铜钱。市井萧条，民益困乏，禁锢科责，没其赀产，犹不能偿，至有雇妻卖子者。昨降德音，死罪皆免，独贫民逋负依前禁留。虽漕运之职在于聚敛，然民乃邦本，岂可坐令困穷？乞委诸州，据地基屋室重定僦直，使久远得济，其旧欠负人特与蠲放。又吉州缘江有勾栏地钱，地已漂没入江，或官占为船场，而所输钱如故；民旧于江中编木为筏以居者，量丈尺输税，名水场钱，今禁民筏居而水场钱犹在，亦请并与蠲放。"诏悉从之。10，页507—508

【宋太宗　太平兴国六年（981）十二月】赞善大夫韦务升、殿头高品王文寿建议："李氏取民税钱三千以上及丁口多者，抽点义师，户一人，黥面为字，令自备器甲输官库，出军即给之。有马军，每军出，人支口粮日二升。自收复之后，皆放归农。然久行伍，不乐耕作，多为追胥干力之类，雇倩充役，或放鹰走狗，有作贼者，颇扰民。望遣使选择堪充军旅者，并家属部送赴阙。"乃诏三班二人至江南与转运使商度，条上其利害。

齐贤奏："伪命义师，排门具有，例皆税户，本是农夫。江南要务虚声，且张军数，而百姓遭其配黥，无所逃避，粗应抽点，谅非训习。克复之后，便放归农，久被皇风，并皆乐业，或迁移别县，或商贩外州，若或逐户搜求，排门追勘，忽滋惊扰，交骇物情，敛怨速尤，事实非细。纵令本城系籍，亦未便宜。法贵有常，政尚清静，江外久从安定，不宜遽有惊扰，前敕久放营农，不若且仍旧贯。"齐贤勤究民弊，务行宽大，行部遇投诉者，或召至传舍榻前与语，多得其情伪，江南人久益称之。11，页508—509

【宋太宗太平兴国六年（981）十二月】相州民有张姓者杀一家六人，诣县自陈，县以上州。知州张洎诘之，曰："某家之姻贫困，常取息，少有所负，被其诟辱。我熟见而心不平，思为姻家报仇，幸毕其志，然所恨七口而遗其一，使有噍类。私仇已报，愿就公法。"洎曰："杀人一家，宁无党乎？"对曰："某既出身就死，肯复连及同谋。"又曰："汝何不亡命？"对曰："姻家即某邻，苟不获盗，岂得安堵？"又曰："汝不即死，何就缧绁？"曰："我若灭口，谁当辨吾姻之不与谋？又孰与暴其事于天下？等死，死义，可乎！"洎曰："吾将言闻上，免汝之死。"曰："杀人一家而苟活，且先王以杀止杀，若杀人不诛，是杀人终无已。岂愿以一身乱天下法哉，速死为幸。"洎嗟叹数四，卒案诛之。河朔间多传其事云。12，页509

续资治通鉴长编卷二十三　宋太宗太平兴国七年（壬午，982）

【宋太宗太平兴国七年（982）春正月】壬寅，诏翰林学士承旨李昉等详定士庶车服丧葬制度，付有司颁行，违者论其罪。1，页512

【宋太宗太平兴国七年（982）春正月】宣徽北院使、判三司王仁赡掌邦计几十年，恣下吏为奸，怙恩固宠，莫敢发者。又起范旻等狱，坐贬黜者十余人，皆上南府时勋旧戚里用事吏，故中外益畏其口。会左拾遗南昌陈恕与兵部郎中宋琪同判勾院，其僚数人率以噉察不畏强御自任，因议本司事，有不协者，互持短长。及造朝，恕独出班具奏，上诘之，恕词辨蜂起，仁赡屈伏，上怒甚。4，页513

【宋太宗太平兴国七年（982）春正月】杖杀长道县尉张俊，坐部下受赇，犯赃钱五百七十贯故也。8，页514

【宋太宗太平兴国七年（982）夏四月】乙丑，左卫将军、枢密承旨陈从信罢为左卫将军，皇城使刘知信为右卫将军，弓箭库使惠延真为商州长史，禁军列校蓨人皇甫继明责为汝州马步军都指挥使，枣强范廷召责为唐州马步军都指挥使，定人王荣责为濮州教练使，皆坐交通秦王廷美及受其私犒故也。荣未行，或又告荣尝与廷美亲吏狂言："我不久当得节帅。"

遂削籍流海岛。《实录》坐廷美事左降又有刘令威等数人，其名姓后皆不显，今略之。4，页516

【宋太宗太平兴国七年（982）夏四月】多逊自言累遣赵白以中书机事密告廷美，去年九月中，又令赵白言于廷美云："愿宫车早晏驾，尽心事大王。"廷美又遣樊德明报多逊云："承旨言正会我意，我亦愿宫车早晏驾。"私遗多逊弓箭等，多逊受之。阎密初给事廷美左右，上即位，补殿直，仍隶秦王府，恣横不法，言多指斥。王继勋，廷美尤亲信之，尝使求访声妓，继勋怙势取货，赃污狼藉。樊德明素与赵白游处，多逊因之以结廷美。廷美又累遣赵怀禄私召同母弟军器库副使赵廷俊与语。阎怀忠尝为廷美所遣，诣淮海王俶求犀玉带、金酒器，怀忠受俶私遗白金百两、扣器、绢扇等，廷美又尝遣怀忠赉银碗、锦彩、羊酒诣其妻父御前忠佐马军都军头开封潘璘营燕军校。至是，皆伏罪。

丙子，诏文武常参官集议朝堂。太子太师王溥等七十四人奏多逊及廷美顾望咒诅，大逆不道，宜行诛灭，以正刑章，赵白等请处斩。丁丑，诏削夺多逊官爵，并家属流崖州；廷美勒归私第；赵白、阎密、王继勋、樊德明、赵怀禄、阎怀忠皆斩于都门之外，籍入其家财。斩白等在丙戌，今并书之。6，页516—517

【宋太宗太平兴国七年（982）夏四月】著作佐郎刘锡知粮料院，擅以米数千斛借秦王廷美。丁亥，上召锡诘之，锡顿首称死罪，上怒，命左右持梃者挞锡数十，委顿而止。12，页518—519

【宋太宗太平兴国七年（982）夏四月】己丑，著作佐郎赵和、光禄寺丞赵知微与亲属配隶沙门岛禁锢，皆赵白之兄也。13，页519

【宋太宗太平兴国七年（982）夏四月】诏："江南民私铸铅锡及轻小钱，颇乱禁法。自今公私所用，每千钱须及四斤，先蓄者悉送官。"14，页519

【宋太宗太平兴国七年（982）五月】甲辰，西窑务役夫夏遇醉殴队长杨彦进，召至便殿，上亲问，彦进具伏与主将牛鹗素嫉夏遇，巧诬之。上怒，斩彦进，配鹗海岛，擢遇为十将，赐束帛、银带以抚之。先是，园吏高进诬告役夫朱希，上召问状，乃高进尝求赂，而希不与，故诬之。上

杖高进，流海岛，免朱希役。至是，宰相赵普等以上亲决庶狱，察见微隐，相率称贺。3，页519

【宋太宗太平兴国七年（982）五月】癸丑，诏诸州县长吏："今宿麦将登，宜及时储蓄。其告谕乡民，常岁所入，不得以食犬彘及多为酒醪，嫁娶丧葬之具，并从简俭。少年无赖辈相聚蒱博饮酒者，羁里共捕送官。"6，页520

【宋太宗太平兴国七年（982）五月】庚申，诏禁投匿名书告人罪，及作妖言诽谤惑众者，严捕之置于法，其书所在焚之，有告者赏以缗钱。9，页521

【宋太宗太平兴国七年（982）五月】诏："京朝官出使，所给印纸，委本属以实状书，不得增减功过，阿私罔上。其关涉书考之官，悉署姓名，违者论其罪。"12，页521

【宋太宗太平兴国七年（982）六月】诏文武常参官，自今所保举人犯死罪，无轻重减二等论定，著于令。4，页522

【宋太宗太平兴国七年（982）六月】乙亥，齐州言逮捕临济县尉王坦等六人系狱，狱未具，一夕大风雨坏狱户，王坦等六人皆压死。5，页522

【宋太宗太平兴国七年（982）六月】丙子，令富民出息钱不得过倍称，违者没入之。6，页522

【宋太宗太平兴国七年（982）八月】涪陵县公廷美既出居房州，赵普恐李符漏其言，乃坐符府中用刑不当，癸亥，责符为宁国军司马。3，页525

【宋太宗太平兴国七年（982）八月】仪鸾副使江守钧决杖，为降高品，坐擅借河阳节度使崔彦进、威远节度使曹翰金，鞠得实状故也。6，页525

【宋太宗太平兴国七年（982）八月】乙亥，诏刑部、大理寺官，并优其常俸。7，页525

【宋太宗太平兴国七年（982）八月】伪蜀广政中，始铸铁钱。每铁钱一千兼以铜钱四百，凡银一两直钱千七百，绢一匹直钱千二百，而铸工精好殆与铜钱等。益买金银装发，颇失裁制，物价增长。寻又禁铜钱入川界，铁钱十乃直铜钱一。太平兴国四年，始开其禁，令民输租及榷利，每铁钱十纳铜钱一。时铜钱已竭，民甚苦之，商贾争以铜钱入川界，与民互市。每铜钱一，得铁钱十又四。其明年，转运副使、右赞善大夫张谔言："旧市夷人铜，斤给铁钱二百，望增为千钱，可以大获，因复铸铜钱，民租当输钱者，许且令输银及绢，俟铜钱多，即渐令输之。"诏许市夷人铜，斤止给钱五百。然卒难得铜，而转运副使右补阙聂咏、同转运判官秘书丞范祥皆言："民乐输铜钱，请每岁递增一分，后十岁即全取铜钱。"诏从其请。咏、祥因以月俸所得铜钱市与民，厚取其直，于是增及三分。民萧然，益苦之，或剜剔佛像，毁器用，盗发古冢，才得铜钱四五，坐罪者甚众。知益州、工部郎中辛仲甫具言其弊，乃诏使臣吴承勋驰传至成都府审度利害。仲甫集诸县令佐问之，或潜持两端，莫敢正言。仲甫责之曰："君等御前及第，天子门生，何得不为长久计，反为聂补阙、范秘丞乎？"乃皆言其不便。9，页525

【宋太宗太平兴国七年（982）八月】先是，诸州官榷酒酤，官物不足以充用，多赋于民，益为烦扰，仲甫并请罢之，仍许民自酿。承勋复命。己卯，诏："剑南东西、峡路诸州，民输租及榷利，勿复征铜钱。罢官酤酒，仍造曲与民，前所增曲钱三十万并除之。禁诸州不得擅增物价。"召聂咏、范祥及东川转运使宋覃、同转运卜伦皆下御史狱。咏、覃杖脊，配役将作监；祥、伦免为庶人。覃、伦亦以月俸铜钱市与民，厚取其直故也。此事《国史》《实录》皆不详，参取《成都记》修润。据《实录》此年及《会要》咸平三年，并称宋覃杖脊配役，覃时官右补阙。又《实录》，景德三年六月己卯录故供备库使、荆南都监宋覃子太庙斋郎维为太常寺奉礼郎。覃，太平兴国初进士，累官至右补阙、直史馆、东川转运副使，太宗厚之，为权臣所摈抑，换诸司使、掌典宿、桂、升三州，至是卒，故录其子授京秩。据此，则宋覃未尝真决也，所称权臣亦不知谓谁。又按《太宗实录》，雍熙四年己未，以保信节度判官宋覃为崇仪副使，其五月，郑宣等数人俱换内职。覃为权臣所抑，宣复坐何事耶？则所称权臣盖未可信也。覃自东川失官，而《景德实录》遂没不言，疑必有故，当考。覃及聂咏杖脊，范祥、卜伦除名，《实录》在十二月壬子，今并书。9，页526—527

【宋太宗太平兴国七年（982）八月】又诏川、陕诸州市买院、织造院，除供军布帛外，其余锦绮、鹿胎、透背、六铢、欹正、龟壳等匹段，自今不须买织，民间有织卖者勿禁。于是废东川转运使并属西川。其后西川转运使刘度请官以铁钱四百易铜钱一百。既从之，盐铁使王明曰："若此重铜钱而轻铁钱，则物价弥贵矣。望罢之。"诏可。10，页527

【宋太宗太平兴国七年（982）八月】两浙转运司言，部内诸州系囚满狱，长吏隐落，妄言狱空，盖惧朝廷诘其淹滞也。诏自今诸州有妄奏狱空及隐落囚数者，必加深谴，募告者赏之。11，页527

【宋太宗太平兴国七年（982）】九月己丑朔，诏曰："朕方隆教法，用福邦家。眷言求度之人，颇限有司之制，俾申素愿，式表殊恩。应先系籍童行长发，并特许剃度，自今勿以为例。"1，页527

【宋太宗太平兴国七年（982）九月】深州陆泽县民邢超逋官租，里胥督租，与超斗，超殴里胥死。超子神留年十六，诣吏求代父，州以闻，戊申，诏特减死，赐里胥家万钱为棺敛具。2，页527

【宋太宗太平兴国七年（982）九月】上以诸道进士猥杂，或挟书假手，侥幸得官，所至多触宪章，欲惩革之。甲寅，诏所在贡举等州，自今长吏择官考试，合格许荐送。仍令礼部，自今解贡举人，依吏部选人例，每十人为保，有行止逾违，为佗人所告者，同保并当连坐，不得赴举。5，页527—528

【宋太宗太平兴国七年（982）冬十月】上初以契丹渝盟来援太原，遂亲征范阳，欲收中国旧地。既而兵连不解，议者多请息民。癸亥，诏缘边诸州军县镇等，各务守境力田，无得阑出边关，侵扰帐族及夺略畜产，所在严加侦逻，违者重论其罪，获羊马、生口并送于塞外。上尝谓近臣曰："朕每读《老子》至'佳兵者，不祥之器，圣人不得已而用之'，未尝不三复以为规戒。王者虽以武功克定，终须用文德致治。朕每退朝，不废观书，意欲酌前代成败而行之，以尽损益也。"契丹主明记死，不得其时，今附岁末，更当考之。2，页528

【宋太宗　太平兴国七年（982）十一月】禁民居丧作乐及为酒令者，

以不孝论。2，页530

【宋太宗太平兴国七年（982）十二月】诏御史台："应见任文武官悉具乡贯、历职、年纪，著籍以闻，或贡举之日解荐于别州，即须兼叙本坐乡贯，或不实者，许令纠告，当置其罪。自今入官者皆如之，委有司阅视。内有西蜀、岭表、荆湖、江、浙之人，不得为本道知州、通判、转运使及诸事任。"7，页531

【宋太宗太平兴国七年（982）闰十二月】新建县令朱靖因怒决部民致死，甲午，靖杖脊，配沙门岛禁锢。3，页532

【宋太宗太平兴国七年（982）闰十二月】丁酉，诏诸州犯徒、流罪人等并配所在牢城，勿复转送阙下，仍不得辄以案牍闻奏，稽留刑狱，违者论其罪。5，页532

【宋太宗太平兴国七年（982）闰十二月】先是，知桐庐县、太常寺太祝刁衎上疏言："淫刑酷法，非律文所载者，望诏天下悉禁止之。巡检使臣捕得盗贼、亡卒，并送本部法官讯鞫，无得擅加酷虐。古者投奸人于四裔，今乃远方囚人，尽归象阙，配于务役，最非其宜。神皋胜地，天子所居，岂可使流囚于此聚役。自今外处罪人，望勿许解送上京，亦不留于诸务充役。又《礼》曰：'刑人于市，与众弃之。'则知黄屋紫宸之中，乃非行法用刑之所。望自今御前不行决罚之刑，殿前引见司钳黥法具，并付御史、廷尉之狱，敕杖不以大小，皆以付御史、廷尉。京府或出中使，或命法官，具礼监科，以重圣皇明刑慎法之意。或有犯劫盗亡命，罪重者刖足钉身，国门布令。此乃愚民昧于刑宪，逼于衣食，偶然为恶，义不及他，被其惨毒，实伤风化，亦望减除此法。如此，则人情不骇，各固其生，和气无伤，必臻其瑞矣。"上览疏甚悦，降诏褒答焉。6，页532

【宋太宗太平兴国七年（982）闰十二月】庚戌，诏："两京诸州，择郡民有练土地之宜、明种树之法者，补为农师，县一人。令相视田亩沃瘠及五种所宜，指言某处土田宜植某物，某家有种，某户有丁男，某人有耕牛。即令乡三老、里胥与农师同劝民分于旷土种莳，俟岁熟共取其利。为农师者，蠲租外，免其他役。民家有嗜酒蒱博怠于农务者，俾农师谨察之，白于州县论其罪，以警游惰。所垦田即为永业，官不取其租。"7，

页 533

【宋太宗太平兴国七年（982）闰十二月】辛亥，曲赦银、夏等州管内。8，页533

续资治通鉴长编卷二十四　宋太宗太平兴国八年（癸未，983）

【宋太宗太平兴国八年（983）春正月】承恭又言："《仪制令》有云：'贱避贵，少避长，轻避重，去避来。'望令两京、诸道，各于要害处设木刻其字，违者论如律，庶可兴礼让而厚风俗。"甲申，诏行其言。王称《东都事略》：诏曰，"《传》云：'能以礼让为国乎，何有？'宜令开封府及诸州于冲要榜刻《仪制令》，论如律"。承恭，河南人。太祖时，献宫词，托意求进用，太祖怒其引论非宜，免归田里。上即位，以赦复授故官，又尝劝上于征战地修佛寺，普度僧尼，以冀冥福，人多笑其迂阔云。8，页538

【宋太宗太平兴国八年（983）二月】丁酉，禁内属戎人私市女口，吏谨捕之，违者弃市。2，页539

【宋太宗太平兴国八年（983）二月】丙午，有司言："先禁江南诸州民家不得私蓄弓剑、甲铠，违者按其罪。按《律疏》：[①]'禁民私有兵器，谓甲、弩、稍、具装等，若弓箭、刀楯、短矛并听私蓄'，望厘改之。"诏从其请。3，页539

【宋太宗太平兴国八年（983）】三月丁巳朔，有司言："京诸司流外人选满并授官。勒留及有归司者，准《律》[②]：'品官任流外及杂任于本司，杖罪以下依决罚例，徒罪以上依当赎法'。今诸司使副、三班使臣犯罪，比同品官具决罚、当赎取裁，而诸司职掌即依例当赎，非便。望自今流内品官任流外职事，准《律》文处分；诸司授勒留官及归司人，犯徒、

---

① 此处《律疏》是指唐朝《开元律疏》，此处引了《开元律疏》的原文解释。
② 此处"律"是指《唐律》，非一般意义上的法律之思，具体是指适用于宋朝的《二十五年开元律》。

流等罪，公罪许当赎，私罪以决罚论。"从之。1，页539

【宋太宗太平兴国八年（983）三月】诏免监察御史孙日新，仍削籍三任，坐为荆湖同转运日职事不治，擅侵官地为解舍故也。2，页539

【宋太宗太平兴国八年（983）三月】殿中丞陆范前知濠州钟离县，民有妇杀其夫者，范鞫不得实，民家诉于上，诏劾之，妇弃市，范坐免官。3，页539

【宋太宗太平兴国八年（983）三月】甲申，除福建诸州盐禁，官卖之，斤为钱二十五。又以民乏铜钱，令于建州铸大铁钱，与铜钱并行，寻罢之。11，页541

【宋太宗太平兴国八年（983）三月】乙酉，斩孟州进士张两。两试吏部不合格，纵酒大骂于街衢中，言涉指斥，游徼吏捕以闻。上怒，故于抵法。同保九辈永不得赴举，州长吏罚一季俸。12，页541

【宋太宗太平兴国八年（983）三月】孚又言："庄宅多有争诉，皆由衷私妄写文契，说界至则全无丈尺，昧邻里则不使闻知，欺罔肆行，狱讼增益。请下两京及诸道州府商税院，集庄宅行人众定割移典卖文契各一本，立为榜样，违者论如法。"诏从之。赵孚，未见。14，页542

【宋太宗太平兴国八年（983）五月】威塞节度使、判颍州曹翰在州岁久，专务苛酷掊敛，政事不治。上虽知之，以其有功，故优焉。会汝阴令孙崇望诣阙击登闻鼓，讼翰部内为奸赃，私市弓弩、枪剑、长矛、铠马、具装；又发民筑烽台，诸县有寇盗，令举烽以应城中；又擅部署牙吏，官卖盐所得钱银、民岁输租粟及丝绵、绢，翰悉取其余羡；又擅赋敛民以入己，侵官地为蔬圃果园；判官山元羽掌官曲，翰又取其常额外钱五百万、绢百匹。诏遣知杂御史滕中正乘传往鞫之，狱具，法当弃市。百官集议，翰林学士承旨李昉等议，如有司所定。壬申，诏特削夺在身官爵，御史台遣吏护送登州禁锢，其盗用官物及侵擅赋敛并征之。7，页546

【宋太宗太平兴国八年（983）五月】令诸州掌物务官吏亏岁课当罚者，长吏以下悉分等连坐。9，页546

【宋太宗太平兴国八年（983）八月】壬辰，德音释死罪以下，大水故也。《宋朝要录》：制曰：尧、舜之功格天，不能逃阴阳之数；禹、汤之言罪己，所以致邦国之兴。2，页549

【宋太宗太平兴国八年（983）八月】癸巳，诏："桂州管内，先配民岁市沙糖，及茶园久荒，吏岁征其课；先以官牛给与民，岁取租，牛死而吏犹督其直；关市征常额外，增钱百八十贯，并除之。"3，页549

【宋太宗太平兴国八年（983）九月】甲子，诏："临淮、寿春浮梁，先禁马高五尺以上，不得渡淮。今江、浙既平，吏犹守旧法，宜除之。"4，页552

【宋太宗太平兴国八年（983）九月】乙丑，上谓宰相曰："朕视万民如赤子，念其耕稼之勤，春秋赋租，军国用度所出，恨未能去之。比令两税三限外特加一月，而官吏不体朝旨，自求课最，恣行捶挞，督令办集。此一事尤伤和气，宜下诏申儆之。"乃诏："诸州长吏，察访属县，有以催科用刑残忍者，论其罪。凡政治善恶既书于吏部南曹历子，仍别以其状闻，当申黜陟。"又谓宰相曰："民诉水旱，即使检覆，立遣上道，犹恐后时。颇闻使者或逗留不发，州县虑赋敛违期，日行鞭棰，民亦俟检覆改种。若此稽缓，岂朕勤恤之意乎？自今遣使检覆灾旱，量其地之远近、事之大小，立限以遣之。"5，页553

【宋太宗太平兴国八年（983）十一月】癸丑，诏川、峡民祖父母、父母在，别籍异财者，前诏并弃市，自今除之，论如律。2，页556

【宋太宗太平兴国八年（983）十二月】上谓宰相曰："迩来场屋混淆，颇闻有僧道还俗赴举者。此辈不能专一科教，可验操履，他日在官，必非廉洁之士。进士先须通经，遵周、孔之教，或止习浮浅文章，殊非务本之道，当下诏切戒之。"甲辰，令诸州禁还俗僧道赴举。进士免贴经，只试墨义二十道，皆以经中正文大义为问题。又增进士及诸科各试法书墨义十道。进士增试律义，据本志增入，《实录》《会要》并缺之。雍熙二年又复贴经，罢试律。5，页560

【宋太宗太平兴国八年（983）十二月】己酉，诏："戎人鬻马，官取良而禁弩，又禁民私市，往来道死者甚众，戎人少利，由是岁入之数不充。自今委长吏谨视马之良弩者，印以识，许民私市。"10，页562

【宋太宗太平兴国八年（983）十二月】福州言本州兼用铁钱，铜钱三直铁钱一，计赃为重轻，请自今悉以铜钱定罪，从之。11，页562

【宋太宗太平兴国八年（983）十二月】是冬，军士有夜劫民家者，上厚立赏捕之，既获，悉戮于市。因谕诸军遍索曾经罪罚凶猾无赖者，得百余人，上不忍杀，以铁钳钳其首，羁于本州，明年二月乃释之，仍各赐钱三千。14，页562—563

续资治通鉴长编卷二十五　宋太宗雍熙元年（甲申，984）

【宋太宗雍熙元年（984）春正月】甲子，有司上窃盗赃至大辟，诏特贷其死，因谓宰相曰："朕常重惜人命，如此类者往往贷其极刑，但时取其甚者警众多尔，不欲小人知宽贷之意，恐其犯法者众也。"2，页571

【宋太宗雍熙元年（984）春正月】澶州言民诉水旱二十亩以下求蠲税者，所需孔多，请勿受其诉。上曰："若此，贫民田少者，恩常不及矣。灾沴蠲税，政为穷困，岂以多少为限耶？"犹虑诸道不晓此意，辛未，诏自今民诉水旱，勿择田之多少，悉与检视。5，页572

【宋太宗雍熙元年（984）二月】尝按部至泗州，虑狱，法掾误断囚至死，维岳诘之，法掾俯伏且泣曰："有母八十余，今获罪，则母不能活矣。"维岳闵之，因谓曰："他日朝制按问，第云转运使令处兹罪。"法掾如其言，获免，维岳坐赎金百二十斤，罢使职。2，页574

【宋太宗雍熙元年（984）五月】盐铁使王明请开江南盐禁，计岁卖盐五十三万五千余贯，给盐与民，随税收其钱，二十四万余贯听商人贩易，收其算，从之。7，页580

【宋太宗雍熙元年（984）五月】壬辰，诏："天下幕职、州县官，或知民俗利害、政令否臧，并许于本州附传置以闻。所言可采，必行旌赏，

若无所取，亦不加罪。"先是，转运使及知州、通判皆得上书言事，而州县官属则否。上虑下情壅塞，故降是诏。9，页581

【宋太宗雍熙元年（984）五月】庚子，始令诸州十日一虑囚。11，页581

【宋太宗雍熙元年（984）秋七月】上曰："御史台，阁门之前，四方纲准之地。颇闻台中鞫狱，御史多不躬亲，垂帘雍容，以自尊大，鞫按之柄，委在胥吏。求民之不冤，法之不滥，岂可得也？"乃诏自今鞫狱，御史必须躬亲，毋得专任胥吏。3，页582

【宋太宗雍熙元年（984）】八月戊寅朔，上谓宰相曰："每阅大理奏案，或节目小有未备，移文案覆，封疆悠远，动涉数千里外，禁系淹久，甚可怜也。自今卿等详酌，如非人命所系，即与量罪区分，勿须再鞫。"始令诸州笞、杖罪不须证逮者，长吏即决之，勿复付所司。群臣受诏鞫狱，狱既具，骑置来上，有司断讫，复骑置下之。诸州所上疑狱，有司详覆而无可疑之状，官吏并同违制之坐。其当奏疑案，亦骑置以闻。1，页582

【宋太宗雍熙元年（984）八月】右补阙、知睦州田锡上疏曰：
伏念臣才谋不逮于古人，职次忝居于谏列，敢不常思补报，用答休明。六年九月十三日诣合上书，昧死言事，陛下于是下御札俾人直谏，降敕书奖臣敢言。七年十二月十四日又再上奏疏入递，而不知达与不达，直言虽求用，而不知行与不行。今日陛下有所因方渴闻至言，有所为方切待直谏，引咎自诫，修德弥新。臣谓责在近臣而不在圣躬，罪在臣辈而不在陛下。日近陛下有朝令夕改之事，由制敕所行时有未当，而无人封驳者，给事中之过也。给事中若任得其人，制敕若许之封驳，则所下之敕无不当，所行之事无不精。事无不精则垂为典彝，敕无不当则编为格式，岂有朝令夕改之弊，岂有不精不当之虞也？臣所以谓责在近臣而不在圣躬也。3，页583

【宋太宗雍熙元年（984）八月】臣所谓陛下有朝令夕改者，试举其一二以明之，置而寻废者农师，禁而不严者车服也。臣所谓陛下有舍近谋远者，试举其一二以明之，宰相不得用人，而委员郎差遣，近臣不专受责,而求令录封章也。自此章奏必多,听用必广,听用既广则条制必繁,条制既繁则依从者少,既依从者少,则是法令不行,法令不行,由规画未当。有如前年敕下,令邻近州府互差司理判官;至今年敕下,却令本州仍旧差置。又如前年敕下,应征科官吏,限前得了,即与超升,限外未了,即当降黜,即不以县有大小之分,税有难易之征,土田沃瘠之不同,岁时丰稔之不等,风俗勤惰之各异,官吏能否之各殊,而一概以程限所拘,一例以升降为定。自后,未闻限外欠者降一官,限前了者升一人。此无乃垂之空言,示之寡信!乞今后凡有所奏,或有所陈,幸陛下察而审之,令大臣议而行之。盖臣下言之,则谓之封章,陛下行之,则出为法令。法令可简而不可使繁,制度可永而不可屡变。变易不定,是彰思虑之不精,繁多难依,是令手足之无措也。3,页584—585

【宋太宗雍熙元年(984)冬十月】壬辰,禁布帛不中度者,有违诏复织,募告者,三分畀其一。3,页588

【宋太宗雍熙元年(984)十二月】丁亥,废岭南诸州采珠场。自是,唯商船互市及受海外之贡。2,页590

续资治通鉴长编卷二十六　宋太宗雍熙二年(乙酉,985)

【宋太宗雍熙二年(985)】春正月癸亥,翰林学士贾黄中等九人权知贡举。上谓宰相曰:"夫设科取士之门,最为捷要。然而近年籍满万余人,得无滥进者乎?"己巳,诏:"自今诸科并令量定人数,相参引试,分科隔坐,命官巡察监门,谨视出入。有以文字往复与吏为奸者,置之于法;私以经义相教者,斥出科场;伍保预知,亦连坐。进士倍加研覆,贡举人勿以曾经御试,不考而荐。"始令试官亲戚别试者凡九十八人。又罢进士试律,复贴经。1,页594

【宋太宗雍熙二年(985)】秋七月,上谓宰相曰:"国家以百姓为本,百姓以食为命,故知储蓄最为急务。昨江南灾旱甚,亟遣使振贷,果无流亡盗贼之患,若非积聚,何以救之?"庚申,诏:"诸路转运使及诸州长吏,专切督察知仓官吏等依时省视仓粟,勿致毁败。其有计度支用外,设法变易,或出粜借贷与民及转输京师,如不省视而致损官粟者,虽

去官犹论如律。"1，页596

【宋太宗雍熙二年（985）】冬十月辛丑朔，上录京城诸司系囚，多所原减，决事遂至日旰。近臣或谏以劳苦过甚，上曰："不然，傥惠及无告，使狱讼平允，不致枉挠，朕意深以为适，何劳之有！"因谓宰相曰："中外臣僚，若皆留心政务，天下安有不治者。古人宰一邑，守一郡，使飞蝗避境，猛虎渡江。况人君能惠养黎庶，申理冤滞，岂不感召和气乎！朕每自勤不息，此志必无改易。或云百司细故，帝王不当亲决，朕意则异乎此。若以尊极自居，则下情不得上达矣。"1，页600

续资治通鉴长编卷二十七　宋太宗雍熙三年（丙戌，986）

【宋太宗雍熙三年（986）春正月】诏三司钱谷公事，自今并须计定合行与否，俱状闻奏，不得复持两端取旨，如依奏施行后，无益于民，不利于国，皆当劾罪。有大事非本司能决者，乃许本使面奏。3，页608

【宋太宗雍熙三年（986）五月】臣又思陛下非次兴兵，必因偏听，小人倾侧，但解欺君，事成则获利于身，不成则贻忧于国。昨来议取幽蓟，未审孰为主谋？虚说诳言，总应彰露，愿推首恶，早正刑章。所贵诈伪革心，忠良尽力，共畏三千之法，同坚八百之基。臣欲露肺肝，先寒毛发，迟疑数日，未敢措辞。又念往哲临终，尚能尸谏，微臣未死，宁忍面谀。固知逆耳之言，不是安身之计，但以恩由卵翼，命直鸿毛，将酬国士之知，岂比众人之报。投荒弃市，甘从此日之诛，窃禄偷安，不造来生之业。惟祈明圣，特赐察量。

又以札子言："邓州五县，其四在山，三分居民，二皆客户。昨来差配，约共出十万贯钱，乃可运二万硕彻至莫州。典桑卖牛，十闻六七，亦有鬻男女弃性命者。力加善诱，偶赴严期，滞留至今，所费益广。如或再行徭役，决定广致逃移，假令收下幽州，转虑干戈未息。"3，页615—616

【宋太宗雍熙三年（986）九月】判刑部张佖上言："望自今应断奏失入死刑者，不得以官减赎，检法官削一任，长吏并停见任。"从之。张佖上言，本志在五月后，今移见于此。尝有犯大辟者，诏特减，上谓佖曰："朕以小人冒法，原其情非巨蠹，故贷死流窜，亦足以惩艾之也。"

佖对曰："先王立法，盖为小人，君子固不犯矣。"上以语宰相，且叹赏佖，以为知言。2，页623

续资治通鉴长编卷二十八　宋太宗雍熙四年（丁亥，987）

【宋太宗雍熙四年（987）春正月】丙戌，降德音。2，页631

【宋太宗雍熙四年（987）三月】庚辰，诏："天下知州、通判，先给御前印纸，令书课绩。自今并条其事迹，凡决大狱几何，凡政有不便于时，改而更张，人获其利者几何，及公事不治曾经殿罚，皆具书其状，令同僚共署，无得隐漏。罢官日，上中书考较。"1，页632

【宋太宗雍熙四年（987）五月】初，秦州长道县酒场官李益，家饶于财，僮仆常数百，关通朝贵，持吏短长，郡守以下皆畏之。民负益息钱者数百家，官为征督，急于租调，独观察推官冯伉不为屈。伉一日骑出，益遣奴捽下，毁辱之。伉两上章论其事，皆为邸吏所匿，不得通，后因市马译者附表以诉。上大怒，诏捕之。诏未至，权贵已先报益，使亡去。上愈怒，命物色捕益愈急，数月，得于河内富人郝氏家，械送御史台，鞫之，益具伏。丁丑，斩益，籍其家。益子士衡先举进士，任光禄寺丞，诏除其籍，终身不齿。州民闻益死，皆醵钱饮酒以相庆。2，页637—638

【宋太宗雍熙四年（987）九月】先是，有言饶州多滞讼，选正辞知州事，至则宿系皆决遣之，胥吏坐淹狱停职者六十三人。会诏令料州兵送京师，有王兴者怀土惮行，以刃故伤其足，正辞斩之。兴妻诣登闻上诉，召正辞廷辨其事。正辞曰："东南诸州，饶实繁盛，人心易动。兴敢扇摇，苟失控御，则臣无待罪之地矣。"上壮其果断，故擢用之。又迁膳部员外郎，赐钱五十万。

饶州民甘绍者，积财巨万，为群盗所掠。州捕系十四人，狱具，将死。正辞行部，引问之，囚皆泣下。正辞察其非实，命徙他所询鞫。既而民有告群盗所在者，正辞潜召监军王愿。未至，盗觉，遁去。正辞即单骑出郭三十里追之。贼控弦持稍来逼，正辞大呼，以鞭击之，中贼双目，仆之，贼自刃不死。余贼渡江散走，追之不获。其被伤者有余息，傍得所弃赃，正辞即载归，令医傅药，创既愈，究其奸状，伏法，而前十四人皆

得释。正辞，齐州人也。2，页 639—640

续资治通鉴长编卷二十九　宋太宗端拱元年（戊子，988）

【宋太宗端拱元年（988）二月】先是，有翟马周者击登闻鼓，讼中书侍郎、兼工部尚书、平章事李昉身任元宰，属北戎入寇，不忧边思职，但赋诗饮酒并置女乐等事。上以方讲籍田，稍容忍之。于是，召翰林学士贾黄中草制，授昉右仆射罢政，且令黄中切责之。黄中言："仆射师长百僚，旧宰相之任，今自工部尚书拜，乃殊迁，非黜责之义也。若以文昌务简均逸为辞，庶几得体。"上然之。庚子，昉罢为右仆射。2，页 647

【宋太宗端拱元年（988）三月】太平兴国初，侯莫陈利用卖药京城，多变幻之术，眩惑闾里。枢密承旨陈从信得之，亟闻于上，即日召见，试其术颇验，即授殿直，骤加恩遇，累迁至郑州团练使。前后赐与，宠泽莫二，遂恣横，无复畏惮，至于居处服玩，皆僭乘舆宫殿之制。依附者颇获荐用，士君子畏其党而不敢言。于是赵普使人廉得其专杀人及它不法事，力于上前发之，乃遣近臣就案，利用具伏。乙亥，诏除名，流商州，仍籍其家，俄诏还之。普恐其再用。有殿中丞窦谭者，仪子也，尝监郑州榷酤，于是与班列言："利用每独南向坐以接京使，犀玉带用红黄罗袋。澶州黄河清，郑州将用为诗题试解举人，利用判试官状，言甚不逊。"普闻之，召至中书，诘得其实，复令上疏告之。又京西转运使宋沆，初籍利用家，获书数纸，言皆指斥切害，悉以闻。普因劝上曰："利用罪大责轻，未塞天下望，存之何益！"上曰："岂有万乘之主不能庇一人乎？"普曰："此巨蠹犯死罪十数。陛下不诛，则乱天下法。法可惜，此一竖子，何足惜哉。"上不得已，命赐死于商州。既而悔之，遽使驰传贷其死，使者至新安，马旋泞而踣，掀于淖而出，换它马。及至，磔于市矣。闻者快之。沆，湜之从弟也。普强直疾恶类此。或云普于中书接见群官，必语次寻绎有言人短长者。既退，即命吏追录之。事发，引以为证。由是群官悚息，无敢言者，中书事益壅蔽。<small>中书事益壅蔽，此据附传。然普三入相，所谓命吏追录人长短，殆皆窦谭事也，普必当不如此。而附传则以为普素所蓄积皆如此，则恐过矣。故因窦谭事著此语，且以或云略见普未必常如此之意。</small>3，页 651—652

【宋太宗端拱元年（988）闰五月】先是，开封府发解，如诸州之制，

皆府官专其事。是秋，以府事繁剧，始别敕朝臣主之，定名讫，送府发解如式，遂为永制。程宿，衢州人，此据登科记。4，页654

【宋太宗端拱元年（988）闰五月】御史中丞尝劾奏开封尹许王元僖，元僖不平，诉于上曰："臣天子儿，以犯中丞故被鞫，愿赐宽宥。"上曰："此朝廷仪制，孰敢违之！朕若有过，臣下尚加纠擿，汝为开封府尹，可不奉法耶？"论罚如式。《百官表》载此事于端拱元年，不记中丞姓名及许王所坐何事，今附见李巨源贬后。6，页655

续资治通鉴长编卷三十　宋太宗端拱二年（己丑，989）

【宋太宗端拱二年（989）夏四月】自三月不雨，至于五月。戊戌，上亲录京城诸司系狱囚，多所原减。即命起居舍人须城宋惟干等四十二人分诣诸道，按决刑狱。是夕，大雨。上因谓近臣曰："为君当如此勤政，即能感召和气。如后唐庄宗不恤国事，惟务畋游，动经浃旬，大伤苗稼，及还，乃降敕蠲放租赋，此甚不君也。"枢密副使张宏奏曰："庄宗不独如此，尤惑于音乐，纵酒自恣，乐籍之中获典郡者数人。"上曰："凡人君节俭为宗，仁恕为念。朕在南府时，于音律粗亦经心，今非朝会，未尝张乐。晨夕下药，常以盐汤代酒，常服浣濯之衣。而鹰犬之娱，素所不好，且多亲飞走，真诰所不许，朕常以为戒也。"2，页680

【宋太宗端拱二年（989）九月】诏京朝官有明于律令格式者，许上书自陈，当加试问，以补刑部、大理寺官属，三岁迁其秩。2，页687

续资治通鉴长编卷三十一　宋太宗淳化元年（庚寅，990）

【宋太宗淳化元年（990）】春正月戊寅朔，御朝元殿受册尊号，曲赦京城系囚，改元。1，页697

【宋太宗淳化元年（990）春正月】初，殿中丞清丰晁迥通判鄂州，坐失入囚死罪，削三任，有司以殿中丞、右赞善大夫并上柱国通计之。丙申，诏自今免官者，并以职事官，不得以勋、散、试官之类。旧制，勋官自上柱国至武骑尉凡十二等，五代以来，初叙勋即授柱国。于是诏京官、幕职、州县官始武骑尉，朝官始骑都尉，历级而升。又诏："古之勋爵，悉有职奉，以之荫赎，宜矣。今之所授，与散官等，不得用以荫赎。"6，页699

【宋太宗淳化元年（990）五月】辛卯，令刑部置详覆官六员，专阅天下所上案牍，勿复遣鞫狱。置御史台推勘官二十人，并以京朝官充，若诸州有大狱，则乘传就鞫。辞日，上必临遣，谕旨曰："无滋蔓，无留滞。"咸赐以装钱。还必召见，问以所推事状，著为彝制。凡满三岁，考其殿最而黜陟之。1，页701

【宋太宗淳化元年（990）九月】崇仪副使郭载言："臣前任使剑南，见川、峡富人多招赘婿，与所生子齿，富人死，即分其财，故贫人多舍亲而出赘，甚伤风化而益争讼，望禁之。"诏从其请。2，页705

【宋太宗淳化元年（990）冬十月】乙巳，以同州观察推官钱若水为秘书丞、直史馆。若水，文敏之子也。初佐同州，知州性褊急，数以胸臆决事不当，若水固争不能得，辄曰："当赔俸赎铜耳。"已而奏案果为朝廷及上司所驳，州官皆以赎论，知州愧谢，然终不改，前后如此数矣。

有富民家小女奴逃亡，不知所之，女奴父母讼于州，命录事参军鞫之。录事尝贷钱于富民不获，乃劾富民父子数人共杀女奴，弃尸水中，遂失其尸，或为首谋，或从而加害，罪皆应死。富民不胜拷掠，自诬服。具狱上州官审覆，无反异，皆以为得实。若水独疑之，留其狱，数日不决。录事诣若水厅事，诟之曰："若受富民钱，欲出其死罪耶？"若水笑谢曰："今数人当死，岂可不少留，孰观其狱词耶？"留之且旬日，知州屡促之，不能得，上下皆怪之。若水一旦诣知州，屏人言曰："若水所以留其狱者，密使访求女奴，今得之矣。"知州惊曰："安在？"若水因密送女奴于知州，乃垂帘引女奴父母问曰："汝今见女，识之乎？"对曰："安有不识也！"即从帘中推出示之，父母泣曰："是也。"乃引富民父子悉破械纵之，其人号泣不肯去，曰："微使君赐，则某族灭矣。"知州曰："推官之赐，非我也。"其人趋谢若水，若水闭门拒之，曰："知州自求得之，我何与焉。"其人不得入，绕垣而哭，倾家赀以饭僧，为若水祈福。知州以若水雪冤死者数人，欲为之论奏其功。若水固辞曰："若水求狱事正，人不冤死，其论功非本心也。且朝廷若以此为若水功，当置录事何地耶？"

知州叹服曰:"如此,尤不可及矣。"录事诣若水叩头愧谢,若水曰:"狱情难知,偶有过失,何谢也。"于是远近翕然称之,上亦闻其名。会枢密直学士寇准荐若水文学高第,召试学士院,面命以此官。1,页705—706

【宋太宗淳化元年(990)十二月】大理寺丞王济为刑部详覆官,屡上封事。会遣使提总诸道茶、盐、酒税,且察访民间利病及吏治能否,上顾问左右:"刑部有好言事者为谁?"左右以济对,上即授之。既逾月,改命通判镇州。牧守多勋旧武臣,倨贵陵下,济未尝挠屈。戍卒颇恣暴不法,夜或焚民舍为盗,一夕报有火,济部壮士数十潜往觇伺,果得数辈并所盗物,即斩之,驰奏其事,上大喜。都校孙进使酒无赖,殴折人齿,济不俟奏,杖决送阙下,军府畏肃。连三诏褒奖焉。2,页708

续资治通鉴长编卷三十二　宋太宗淳化二年(辛卯,991)

【宋太宗淳化二年(991)闰二月】己丑,诏:"京城无赖辈相聚蒱博,开柜坊,屠牛马驴狗以食,销铸铜钱为器用杂物,令开封府戒坊市,谨捕之,犯者斩,匿不以闻及居人邸舍僦与恶少为柜坊者同罪。"4,页713

【宋太宗淳化二年(991)三月】先是,上召近臣问时政得失,枢密直学士寇准对曰:"《洪范》天人之际,其应若影响。大旱之证,盖刑有所不平。顷者祖吉、王淮皆侮法受赇,赃数万计。吉既伏诛,家且籍没,而淮以参知政事沔之母弟,止杖于私室,仍领定远主簿。用法轻重如是,亢旱之咎,殆不虚发也。"上大悟,明日见沔,切责之。1,页713—714

【宋太宗淳化二年(991)三月】是月,翰林学士宋白等上新定《淳化编敕》三十卷。2,页714

【宋太宗淳化二年(991)六月】都官员外郎、知杂事范阳张郁上言:"正衙之设,谓之外朝。群臣辞见及谢,皆先诣正衙,见讫,御史台具官位姓名以报,阁门方许入对,此国家旧制也。自乾德以后,始诏先赴中谢,后诣正衙,至今有司遵行。而文武官中谢、辞见之后,多不即诣正衙,致朝纲之隳废。欲望自今内外官中谢后,次日并赴正衙。内诸司遥领刺史者，及阁门通事舍人已上新授者，皆同百官例，并赴正衙辞、谢。出使急速，免衙辞者，亦须具状报台，违者罚一月俸。"4，页717

【宋太宗淳化二年（991）八月】上钦恤庶狱，虑大理、刑部吏舞文巧诋，己卯，置审刑院于禁中，以枢密直学士李昌龄知院事，兼置详议官六员。凡狱具上奏者，先由审刑院印讫，以付大理寺、刑部断覆以闻，乃下审刑院详议，中覆裁决讫，以付中书，当者即下之，其未允者，宰相复以闻，始命论决。盖重谨之至也。《会要》称：法官议覆居道安狱，依违卤莽，皆坐迁谪，因置审刑院。今《实录》八月己卯初置审刑院，己卯，十二日也。九月戊戌，王禹偁等始免官，戊戌，初二日也。先后或失其序，岂禹偁等系狱二十余日乃论决耶？不然，《会要》误也。今但依《实录》所书，更须考之。司马光《记闻》称赵普出镇，太宗患中书权太重，且事繁，宰相不能悉领理，向敏中时为谏官，上言请分中书刑房置审刑院。按《实录》、向敏中虽以左司谏知制诰，初不闻有此议，国史及他书亦弗载，不知光何所据也。且置审刑院，其意不过钦恤庶狱耳，岂能分中书权，省其事耶？疑此说或误，更须考之。杨亿《谈苑》但云"审刑院本中书刑房，宰相所领之职，于是析出"，亦不云中书权太重故也。2，页718—719

【宋太宗淳化二年（991）九月】初，温仲舒与蒙正同年登第，情契笃密。仲舒前知汾州，坐私监军家婢，除籍为民，穷栖京师者屡年，蒙正在中书，极力援引，遂复籍。及骤被任遇，反攻蒙正，蒙正以之罢相，时论丑之。2，页720

【宋太宗淳化二年（991）九月】其三惩贪吏，曰："夫贪吏临民，其损甚大，或则屈法，或则滥刑，或因公以逼私，或缘事以行虐，使民受弊甚于蠹焉。蠹盛则木空，吏贪则民弊。若乃不求人听，不以法绳，则夷、齐不能守正廉之规，颜、闵不能持德行之操。盖中人以降，其性如水，器方则方，器圆则圆，固无定质，悉由拘制也。望令诸路转运使副兼采访之名，令觉察部内州、府、军、监长吏。候澄清一部，见其实效，到阙日，待以殊常不次之命，置以殿廷侍从之名。所贵顾问知四方之事，抑亦劝外官之求治也。"5，页722

续资治通鉴长编卷三十三　宋太宗淳化三年（壬辰，992）

【宋太宗淳化三年（992）春正月】戊午，诏诸道转运使自今厘革庶务、平反狱讼、漕运金谷，成绩居最，及有建置之事果利于民者，所在州

府军监，每岁终件析以闻，非殊异者不得条奏。5，页733—734

【宋太宗淳化三年（992）二月】盐铁使魏羽等，言诸州茶盐主吏，多负官课，请行决罚。上曰："当案问其实。若水旱灾沴，致官课亏失者，非可加刑也。帝王者，为天下主财尔。卿等司计，当以公正为心，无事割削，勿令害民而伤和气焉。"2，页734

【宋太宗淳化三年（992）三月】诏有司详定《秤法》，别为新式颁行之。先是，守藏吏受天下岁输金帛，而太府寺权衡旧式，轻重失准，吏因为奸，上计者坐逋负破产者甚众。又守藏吏更代，校计争讼，动涉数载。及是，监内藏库刘承珪等推究本末，改造法制，中外咸以为便。承珪宦者，山阳人也。3，页735

【宋太宗淳化三年（992）五月】令诸州所上案牍，勿得通封；转运使案部，所至州县，先录问刑禁。2，页736

【宋太宗淳化三年（992）五月】壬寅，诏御史台鞠徒以上罪，狱具，令尚书丞郎、两省给舍以上一人亲往虑问。4，页736

【宋太宗淳化三年（992）五月】己酉，上以久愆时雨，忧形于色，谓宰臣曰："亢阳滋甚，朕恳祷精至，并走群望，而未获嘉应者，岂非四方刑狱有冤滥，郡县吏不称职，朝廷政治有所缺乎？"因遣常参官十七人分诣诸路按决刑狱。是夕，雨。庚戌，宰臣相率称贺，上曰："朕孜孜求理，视民如伤，内省于心，无所负矣。而久愆时雨，盖阴阳之数，非朕所忧。忧在狱吏舞文巧诋，计臣聚敛掊克，牧守不能宣布诏条，卿士莫肯修举职业尔。"李昉、张齐贤及贾黄中、李沆惭惧拜伏，退，上表待罪。上曰："朕之中心，苟有所怀，即欲与卿等言之。既言之，即无事矣。然中书庶务，卿等尤宜尽心也。"昉等复上表称谢焉。《实录》《别本昉传》有昉等所上表及太宗答诏，正传皆无之，今亦不载。5，页736

【宋太宗淳化三年（992）冬十月】戊寅，诏："诸道知州、通判、厘务京朝官、令录、判司、簿尉等，有治行尤异，吏民畏服，居官廉恪，莅事明敏，斗讼衰息，仓廪盈羡，寇盗剪灭，部内肃清者，委本道转运使以名闻，并驿置赴阙亲问，朕其旌赏之。反此者亦具奏，当行贬斥。"2，

页 740

续资治通鉴长编卷三十四　宋太宗淳化四年（癸巳，993）

【宋太宗淳化四年（993）】二月，上以江、淮、两浙、陕西比岁旱灾，民多转徙，颇恣攘夺，抵冒禁法。己卯，遣工部郎中、直昭文馆韩授，考功员外郎、直秘阁潘慎修等八人分路巡抚。所至之处，宣达朝旨，询求物情，召集流亡，俾安其所，导扬壅遏，使得上闻，案决庶狱，率从轻典。有可以惠民者，悉许便宜从事。官吏有罢软不胜任、苛刻不抚下者，上之。诏令有所未便，亦许条奏。1，页745—746

【宋太宗淳化四年（993）】三月辛亥，诏诸道知州、通判，限一月具如何均平税赋、招辑流亡、惠恤孤穷、窒塞奸幸及民间未便等事，共为一状，附疾置以闻。他有所见听，别上疏论，别委中书舍人详定可否，若可采取，当议旌酬，苟务因循，必申惩责。1，页746—747

【宋太宗淳化四年（993）三月】诏大理寺所详决案牍，即以送审刑院，勿复经刑部详覆。5，页748

【宋太宗淳化四年（993）】九月乙巳，以给事中封驳隶通进、银台司，应诏敕并令枢密直学士向敏中、张咏详酌可否，然后行下。时，泰宁节度使张永德为并代都部署，有小校犯法，永德笞之至死，诏按其罪，咏封还诏书，且言："永德方任边寄，若以一小校故，摧辱主帅，臣恐下有轻上之心。"不从。未几，果有营兵胁讼军候者，咏复引前事为言，上改容劳之。1，页752—753

【宋太宗淳化四年（993）冬十月】自端拱以来，诸州司理参军皆上躬自选择，民有诣阙称冤者，立遣台使乘传案鞫，数年之间，刑罚清省矣。诸路提点刑狱司未尝有所平反，上以为徒增烦扰，罔助哀矜，诏悉罢之，归其事于转运司。3，页754

【宋太宗淳化四年（993）冬十月】京畿民牟晖击登闻鼓，诉家奴失豭豚一，诏令赐千钱偿其直，因语宰相曰："似此细事悉诉于朕，亦为听决，大可笑也。然推此心以临天下，可以无冤民矣。"王得臣《麈史》误以此事为太祖朝，今从《国史志》。按别本《实录》系之九月朔。13，页757

【宋太宗淳化四年（993）】闰十月己亥，上谓辅臣曰："朕尝闻孟昶在蜀日，亦躬亲国政。然于刑狱之事，优游不断，错用其心。每有大辟，罪人临刑之时，必令人侦伺其言，苟一言称屈者，即移司覆勘，至有三五年间迟留不决者，以为夏禹泣罪，窃欲效之，而不明古圣之旨。朕历览前书，必深味其理，盖大禹止能行王道，自悲不及尧、舜，致人死法，所以下车而泣。犯罪之人，苟情理难恕者，朕固不容尔。"参知政事苏易简、赵昌言对曰："臣等俱曾于江南效官，闻李煜有国之日亦如此。每夏则与罪人张纱橱以御蚊蚋，冬则给与衾被恣其晏眠，遂至滋蔓淹延，以为矜恤。如犯大辟者，仍令术士然灯以卜之，苟数日间灯不灭者，必移司勘劾，恐其冤枉。至有冬月罪人恋其温燠，而不愿疏放者。"上笑曰："庸暗如此，不亡何待！"1，页757

【宋太宗淳化四年（993）】十二月壬辰，上谓宰相曰："周太祖为人多任权诈，以胥吏之行，图帝王之位，安能享国长久。如史肇出于行伍，专事杀害，复更稔之为非。将赴大名，乃谓肇曰：'兄处于内，余处于外，则朝廷安如泰山矣。'朝廷密议，肇一一录报，以此窥伺汉室，可谓奸雄。"吕蒙正曰："昔陈平佐汉之功虽高，然以多用阴谋，自亦悔之。隋文帝阴以贿遗人，寻发其罪，则知居心阴忍，不保其后。故平则嗣绝，隋亦祚促。"上然之。1，页759—760

【宋太宗淳化四年（993）十二月】初，殿中丞华阳梁鼎知吉州，民有萧甲者，豪猾为民患，鼎暴其凶状，杖脊黥面徙远郡。上赏其强干，代还，赐绯鱼。旧例，赏给银宝瓶带，上特以犀带赐之，且记其名于御屏。于是，为三司右计判官，上疏曰："'三载考绩，三考黜陟幽明'，此尧、舜所以得贤人而化天下也。三代而下，典章尚存，两汉以还，沿革可见。至于唐室，此道尤精，有考功之司，明考课之令，下自簿尉，上至宰臣，皆岁计功过，较定优劣。故得人思励激，绩效着闻，化及烝黎，和平自治。五代以兵革相继，礼法陵夷，顾惟考课之文，只拘州县之辈，黜陟既息，名存实亡。且夫今之知州，古之刺史，虽有审官之例，绝无考绩之条。强明者无以自言，庸懦者得以为隐。治状显著，朝廷不知，方略蔑闻，任用如故。既失惩劝之理，浸成苟且之风。致水旱荐臻，讼狱盈溢，望天下之承平，岂可得耶？伏维陛下特诏有司，申明旧典，或条目未备，即随事增修，庶几官得其人，民受其赐。"上嘉纳之。《鼎传》云淳化中上此疏，然今年二月始改磨勘院曰审官，鼎疏言及审官，则必不在二月以前，既无可考，附见年末。鼎为右计判官，实今年十月甲戌。2，页760

续资治通鉴长编卷三十五　　宋太宗淳化五年（甲午，994）

【宋太宗淳化五年（994）春正月】上始闻李顺攻劫剑南诸州，命昭宣使、河州团练使王继恩为西川招安使，率兵讨之。军事委继恩制置，不从中覆。诸州系囚，非十恶、正赃，悉得以便宜决遣。《实录》及《会要》并于此下即书以张咏知成都。按《成都记》及它书，咏至成都乃今年九月。继恩出师，知成都当郭载死，雷有终代之，咏又代有终者。《实录》《会要》皆误矣。《实录》既于此下即书咏知成都，四月辛丑又书张咏知封驳司，按此，则其误明甚，然咏知封驳亦在前矣，此岂申命耶？按宋祁所作墓铭、韩琦所作碑，乃是春除，既而留不行，及秋乃令赴任。6，页767

【宋太宗淳化五年（994）三月】以大理评事陈舜封为殿直。舜封父善奏声，隶教坊为伶官，坐事黥面流海岛。舜封举进士及第，任望江主簿，转运使言其通法律，宰相以补廷尉属。因奏事，言辞颇捷给，举止类倡优，上问谁之子，舜封自言其父，上曰："此真杂类，岂得任清望官！盖宰相不为国家澄汰流品之所致也。"遂命改秩。2，页774—775

【宋太宗淳化五年（994）三月】诏："两京、诸道州府军监管内县，自今每岁以人丁物力定差，第一等户充里正，第二等户充户长，不得冒名应役。民所纳夏税余租，随其数各异己名以输，不得异户合钞，其有匹帛零丈尺者，止依时估上等价，折纳缗钱。"《食货志》云里正、户长迄今循其制，盖指天圣末年也，当考。5，页775

【宋太宗淳化五年（994）三月】初，环州民与吐蕃相贸易，多欺夺之，或至斗讼，官又弗直，故蕃情常怨。及崇仪使柳开知州事，乃命一其物价，平其权量，擒民之欺夺者置于法，部族翕然向化。是春，徙知邠州。时调民送军储环州，岁已再运，民皆荡析产业，而转运司复督运。民数千人入州署号诉，且曰："力所不逮，愿就死矣。"开即移书转运使曰："开近离环州，知其刍粟，计不增大兵，可支四年。今蚕农方作，再运已劳，老幼疲弊，畜乘困竭，奈何又苦之！如不罢，开即驰诣阙下，白于上前矣。"卒罢之。据《张景行状》，开移邠州乃淳化五年春，故附见于此。7，页776

【宋太宗淳化五年（994）夏四月】先是，陈滑蔡颍郢邓金房州、信阳军，皆不禁酒，太平兴国初，京西转运使程能请榷之。自能建榷酤之议，所在置官吏局署，取民租米麦给酝酿，以官钱市樵薪及官吏、工人、役夫俸料，岁计所获利无几，而主吏规其盈羡。又酝齐不良洁，酒多醨坏不可饮。至课民婚葬，量户大小令酤，民被其害，州县苦之。岁或小俭，物贵，殆不偿其费。上知其弊，戊申，下诏募民自酤，输官钱减常课十之二，使其易办。民有应募者，检视其资产，长吏及其大姓共保之，后课不登者，均偿之。是岁，又取诸州岁课钱少者四百七十二处，募民自酤，或官卖曲收其值。后民应募者寡，犹多官酿。罢四百七十二处榷酤，在今年九月己未，依本志并书之。11，页780

续资治通鉴长编卷三十六　宋太宗淳化五年（甲午，994）

【宋太宗淳化五年（994）五月】先是，岁用蒿数十万围，供甄官及尚染坊；造作弓弩，必用牛筋。癸亥，诏自今染作以木柿给之；造弓弩，其纵理用牛筋，它悉以羊马筋代之。上孜孜政理，虑物有横费，恐吏督责急，而民或屠耕牛以供官，故下此诏。自是，岁省牛筋千万。3，页785

【宋太宗淳化五年（994）五月】丙寅，赵保忠至自夏州，白衫纱帽，待罪崇政殿庭。上诘责数四，保忠不能对，但顿首称死罪。诏释之，赐冠带、器币，令还第听命，仍劳赐其母。丁卯，以保忠为右千牛卫上将军，封宥罪侯。4，页785

【宋太宗淳化五年（994）五月】戊寅，上署一幅，曰："公务刑政，惠爱临民，奉法除奸，方可书为劳绩，本官月俸并给实钱。"又别书三十余幅，赐大理正尹玘等，人一通，皆京朝官之选也。召知审官院钱若水等谓曰："中有奉法除奸之语，恐不晓者因而生事。可语之曰：'除奸之要，在乎奉法，故有是言也'。"若水出，召尹玘等一一谕之。9，页787

【宋太宗淳化五年（994）秋七月】丙寅，诏两浙诸州民先负钱俶日

官物，计钱十一万七千五百缗，并除之。2，页790

【宋太宗淳化五年（994）八月】左谏议大夫、知审刑院许骧等上重删定《淳化编敕》三十卷，诏颁行之。8，页792

【宋太宗淳化五年（994）九月】先是，京兆剧贼焦四、焦八等，常啸聚数百人，攻劫居民，为三辅之害，上令悬赏招募，待以不死。至是，请罪自归。秦民处处相聚，供佛饭僧，喜免侵暴之患。上引对焦四等，各赐锦袍、银带、衣服、缗钱，并擢为龙猛军使。3，页795—796

【宋太宗淳化五年（994）九月】继恩尝送贼三十余辈请咏治之，咏悉令归业。继恩怒，咏曰："前日李顺胁民为贼，今日咏与公化贼为民，何有不可哉！"继恩有帐下卒颇恃势掠民财，或诉于咏，卒缒城夜遁，咏遣吏追之，且不欲与继恩失欢，密戒吏曰："得即缚置井中，勿以来也。"吏如其戒，继恩不恨，而其党亦自敛戢云。

继恩既分兵四出，咏计军食可支二岁，乃奏罢陕西运粮。上喜曰："乡者益州日以乏粮为请，咏至未久，遂有二岁之备，此人何事不能了，朕无虑矣。"韩琦作《咏神道碑》云："王继恩纵军士剽夺民财，咏召继恩用事吏，面数其过，将斩之，吏股栗求活，咏赦之，因令劝继恩分屯兵，继恩即自分兵屯嶲州，当还京师者遣之"。此事固善，但恐不然，咏诛继恩帐下卒，犹不欲与继恩失欢，若果如此，则嫌隙显矣。且见琦载咏在蜀事，或先后失其序，今不取之。11，页798—799

续资治通鉴长编卷三十七 宋太宗至道元年（乙未，995）

【宋太宗至道元年（995）正月】初，赵赞自京兆罢归，才数月，上复令赞专勾校三司簿领。会改创三司官属，以赞为西京作坊副使、度支都监。有郑昌嗣者，亦起三司走吏，与赞亲比，互相表里，累迁至西上阁门副使、盐铁都监。二人既得联职，由是益横恣，所为皆不法。丁卯，诏削夺赞官爵，并一家配隶房州，昌嗣责授唐州团练副使。既行数日，并于所在赐死，中外莫不称快。上因谓近臣曰："君子小人，如芝兰荆棘，不能绝其类，在人甄别尔。苟尽君子，则何用刑罚焉。"参知政事寇准对曰："帝尧之时，四凶在廷，则三代以上，世质民淳，已有小人矣。今之衣儒服、居清列者，亦颇朋附小人，为自安之计，如昌嗣辈，奔走贱吏，不足

言也。"7，页 808

【宋太宗至道元年（995）正月】诸州奏案频有官典盗用库物者。上谓近臣曰："夫人之善恶，在乎原情。假如官典私窃库物，虽至巨万，止一盗尔，亦何害于民政哉。若党庇憸人，稔成奸恶，以兹蠹政，其为盗大矣。"8，页 808—809

【宋太宗至道元年（995）正月】诏诸处长吏无得擅断，徒、杖刑以下，听与通判官等量罪区分。9，页 809

【宋太宗至道元年（995）二月】初，将作少监索湘为河北转运使，有讼其擅用库缣者，坐责膳部员外郎、知相州。时有群盗聚西山下，谋断澶州河桥入攻磁、相，白昼辄援旗伐鼓，钞劫闾里。邻郡发兵千人捕逐，无敢近。湘择州军之劲锐者得三百人，侦其入境，即掩击，尽擒而戮之。河北转运使王嗣宗以其状闻，诏复前官，为河东转运使。2，页 809

【宋太宗至道元年（995）夏四月】专纠察违诏者，重置其罪。5，页 812

【宋太宗至道元年（995）夏四月】辛丑，上谓宰相曰："自春不雨至今，并走群望而未获嘉应，岂狱犴之中颇有冤系乎？"即日命侍御史元妃等十四人，乘传分往诸道案察刑狱。除十恶、劫杀、故杀、斗杀、官典犯赃及损败官物外，其劫杀止除为首者，余悉减死配本城，流以下递减一等。翌日御崇政殿，亲决京城诸司系囚，获宥原者数百人，因谓宰相曰："刑罚者，不得已而用之，能不失有罪而得中道者，斯为难矣。东汉刘宽止用蒲鞭，人知耻格，所谓威而不猛，足以辅成德化也。"后三日，大雷雨，街中水深数尺。7，页 812—813

续资治通鉴长编卷三十八　宋太宗至道元年（乙未，995）

【宋太宗至道元年（995）八月】壬辰，制以开封尹寿王元侃为皇太子，改名恒。大赦天下。文武常参官子为父后，见任官赐勋一转。诏皇太子兼判开封府。自唐天祐以来，中国多故，不遑立储贰，斯礼之废，将及

百年，上始举而行之，中外胥悦。2，页818

【宋太宗至道元年（995）十二月】戊戌，斩马步军都军头、澄州刺史孙赟，坐护石堡戍兵擅率兵入敌境失利故也。上因谓宰相曰："军旅情状，朕尽识之，但信赏必罚，人自知劝。赟近请往河西效用，及与蕃贼接战，违主帅号令，陷却百余人，朕已遣使臣就斩之。似兹将领稍失律不与宽贷，则偏裨行伍，安敢更不用命也！"5，页825

续资治通鉴长编卷三十九　宋太宗至道二年（丙申，996）

【宋太宗至道二年（996）二月】祠部员外郎、主判都省郎官事王炳上言曰："尚书省，国家藏载籍、兴治教之府，所以周知天下地里广袤、风土所宜、民俗利害之事。当成周之世，治定制礼，首建六官，即其源也。汉、唐因之，轨范斯着，简策所载，焕然可观。盖自唐末以来，乱离相继，急于经营，不遑治教。故金谷之政，主于三司，尚书六曹，名虽存而其实亡矣。谨按六曹，凡二十四司，所掌事物，各有图书，具载名数，藏于本曹，谓之载籍。所以周知天下之事，由中制外，教导官吏，兴利除害，如指诸掌。臣故曰藏载籍、兴治教之府也。今职司久废，载籍散亡，惟吏部四司官曹小具，祠部有诸州僧道文账，职方有诸司闰年图，刑部有详覆诸州已决大辟案牍及旬禁奏状，此外无旧式。欲望令诸州每年造户口租税实行簿账，写以长卷者，别写一本送尚书省，藏于户部。以此推之，其余天下官吏、民口、废置、祠庙、甲兵、徒隶、百工、疆畔、封洫之类，亦可籍其名数，送尚书省分配诸司，俾之缄掌。俟期岁之后，可以振举官守，兴崇治教。望选大僚数人博通治体者，参取古今典礼令式，与三司所受金谷、器械、簿账之类，仍详定诸州供送二十四司载籍之式。如此，则尚书省备藏天下事物名数之籍，如秘阁藏图书，国学藏经典，三馆藏史传，皆其职也。"上览奏嘉之，诏令尚书丞郎及两省五品以上集议其事。2，页829—830

【宋太宗至道二年（996）】五月辛丑，令开封府判官杨徽之等三人按行管内诸州民田，旱甚者蠲其租。及徽之等上所蠲租数，参知政事寇准曰："东畿夏苗，岁收三十万斛，令蠲免五分以上，其间贫下及新归业者，理当蠲免，内形势户虑成侥幸。"上曰："自秦变阡陌，井田之制不复，故豪猾并兼，租税减耗，遂致弃本逐末。朕常念生人衣食之源，贫富不均，讼端四起。俟三五年，岁时丰稔，民庶康乐，必择强干有执守之人，先自两京立法，止取地土顷亩，不以见垦及荒田，繁重者减省，侥幸者增益之。严其法制，务在必行，庶使百姓皆足，讼端永息也。"此事据《宝训》，寇准既有此言，御史因请遣使覆按，故王钦若始受知于真宗。《实录》《正史》皆略焉，亦可惜也。别本《实录》于明年六月丁酉载此事，与《宝训》不同，今从《宝训》。1，页832—833

【宋太宗至道二年（996）五月】己未，诏西京作坊使、叙州刺史、带御器械石普下御史府案问，坐为西川巡检擅离本部入奏事故也。上谓宰相曰："石普恃在朕左右，不畏王法，径赴阙廷，朕已令系治，使知有刑狱艰苦。昔萧何、周勃、韩安国皆将相大臣，犹不免于缧绁，况此小臣乎。"既而召见，赦其罪，复遣之任。时贼党王鸬鹚复聚集剽略，伪称卬南王。普因言："蜀之乱，由赋敛迫急，农民失业，不能自存，遂入于贼。望一切蠲其租赋，使知为生，则不讨自平矣。"上许之。普既还，揭榜告谕，蜀民无不感悦，部内以安。普，太原人也。6，页838

续资治通鉴长编卷四十　宋太宗至道二年（丙申，996）

【宋太宗至道二年（996）秋七月】先王之欲厚生民而丰其食者，莫大于积谷而务农也。臣早任司计判官，每获进对，伏闻圣训，以为稼穑农耕政之本，苟能劝课田亩，康济黎元，则盐铁榷酤，斯为末矣。谨审天下土田，除江淮、浙右、陇蜀、河东等处，其余地里夐远，虽加劝督，亦未能遽获其利。况古者强干弱枝之法，必先富实于内。今京畿周环二三州，幅员数千里，地之垦者十才二三，税之入者又十无五六，复有匿里舍而称逃亡，弃耕农而事游惰。逃亡既众，则赋额日减，而国用不充，敛收科率无所不行矣；游惰既众，则地利岁削，而民食不足，寇盗杀伤无所不至矣，又安能致人康俗阜，地平天成乎！望择大臣一人有深识远略者，兼领大司农事，典领于中；又于郎吏中选才智通明、能抚民役众者为副，执事于外。自京东、西择其膏腴未耕之处，申以劝课。1，页844

【宋太宗至道二年（996）秋七月】靖又言："逃民复业及浮客请田者，委农官勘验，以给授田土，收附版籍，州县未得议其差役。其乏种粮、耕牛者，令司农以官钱给借。民输税外，有荒田愿附司农之籍者；民有牛，岁责以租课，愿隶籍受田者：并听。其田制为三品：以膏沃而无水旱之患者为上品，虽沃壤而有水旱之灾、塉瘠而无水旱之虑者为中品，既硗瘠复患于水旱者为下品。上田人授百亩，中田百五十亩，下田二百亩，并五年后收其租，亦只计百亩，十收其三。一家有三丁者请加授田，如丁数以给，五丁从三丁之制，七丁者给五丁，十丁者给七丁；至二十丁、三十丁者，以十丁为限。若宽乡田多，即委农官裁度以赋之。其室庐、蔬韭及桑枣、榆柳种蓺之地，每户及十丁者给百五十亩，七丁者百亩，五丁七十亩，三丁五十亩。除桑功五年后计其租，余悉蠲其课。令常参官于幕职、州县中各举所知一人堪任司农丞者，分授诸州通判，即领农田之务。又虑司农官属分下诸州，民顽已久，未能信服，更或张皇纷扰，其事难成。望许臣领三五官吏，于近甸宽乡设法招携，俟规画既定，四方游民必尽麇至，乃可推而行之。"1，页 845—846

【宋太宗至道二年（996）九月】乙未，诏建州岁贡龙凤茶。先是，研茶丁夫悉剃去须发，自今但幅巾，先涤手爪，给新净衣。吏敢违者论其罪。5，页 853

【宋太宗至道二年（996）冬十月】亮，合肥人也。始通判常州，吏民有因缘亡失官钱，籍其赀犹不足偿，妻子连逮者至数百人。亮纵去，缓与之期，不逾月，尽输所负。罗处约使江东，以亮治行闻，擢知濮州。其后苏易简荐其才任繁剧，自福州召还，同提点三司都勾院、磨勘凭由司。久之，出知饶州。州豪白氏持吏短长，尝杀人，以赦免，愈骜横，为里闾患，亮发其奸，诛之，部中慑服。马亮常州、福州事，皆不得其时，因铸钱附见。1，页 853

【宋太宗至道二年（996）冬十月】甲子，并三司勾院为一，工部员外郎刘式专领之。上面命式曰："以汝一人当三人之职，宜勉尽力，副朕所望。"式久居计司，深究簿领之弊，江、淮间旧有横赋，积逋租至多，奏免之，人以为便。然多所条奏，检校过峻，卒为下吏所讼，免官。按《刘式家传》云：李惟清为盐铁使，其女婿盗用官钱数十万，吏畏惟清不敢劾。式发举其事，惟清坐绌，惟清由是怨；而三司贪猾吏以欺诳为生，疾式禁其业，亦皆怨，常狙伺，欲共陷之。太宗察其情，每坐朝，辄对众称其才，故毁不得入。太宗崩，真宗谅暗，吏告之，验皆虚，反坐，惟清愈怒。式既辨，即出视事如它日，惟清乃讽吏劾以不俟诏入朝，免官。家传与本传不同，发

举惟清女婿事，疑不然，既辨之矣，免官事当考。2，页854

【宋太宗至道二年（996）十一月】先是，淮南十八州军，其九禁盐，余则不。商人由海上贩盐，官倍数取之；至禁地，则上下其直。民利商盐之贱，故贩者益众，至有持兵器往来为盗者。发运使杨允恭以为行法宜一，即奏请悉禁之，而官遣吏主其事。事下三司，三司言其不可。允恭固以请，甲午，诏从之。允恭又请令商人先入金帛京师及扬州折博务者，悉偿以茶。自是，鬻盐得实钱，茶无滞货，岁课增五十万八千余贯。3，页855

【宋太宗至道二年（996）十二月】戊午，诏："自今州县官部内流民及亡失租调什之一者，并书下考。令民间所织缣帛，非鬻于市者，勿出算。"3，页855—856

续资治通鉴长编卷四十一　宋太宗至道三年（丁酉，997）

【宋太宗至道三年（997）二月】是月，供奉官、两浙转运使承受公事刘文质入奏，察举部内官高辅之、李易直、艾仲孺、梅询、高贶庆、未见姜屿、未见戚纶等八人有治迹，并降玺书褒谕，上曰："文质善于采听。"特迁文质西京作坊副使。文质，保州人，简穆皇后从孙。父审琦，为武牢关使，尝从太祖讨李重进，战死。辅之，保寅子。仲孺，颖之孙。询，宣城人。纶，楚邱人也，初为淅川主簿，按版籍，得逋户、脱口、漏租者甚众。徙知太和县，民险悍，喜斗讼，纶作谕民诗五十篇，因时俗耳目之事，以申规诲，老幼多传诵之。每岁时必与狱囚约，遣归祀其先，皆如期而复。2，页861—862

【宋太宗至道三年（997）】夏四月乙未朔，尊皇后为皇太后。大赦天下，常赦所不原者咸除之。制曰："先朝庶政，尽有成规，务在遵行，不敢失坠。然而缵图伊始，惧德弗明，所宜拔茂异之才，开谏诤之路，抚绥鳏寡，惠复疲羸。庶几延宗社之鸿休，召天地之和气。"京朝官衣绯、绿及二十年，并与改服色。官未升朝亦听叙赐绯、紫自此始。1，页863

【宋太宗至道三年（997）夏四月】李应机者，尝知咸平县。上以寿王尹开封，遣散从以帖下县，有所追捕，散从恃王势，欢呼于县庭，应机怒曰："汝所事者王也，我所事者王之父也，父之人可以笞子之人，汝乃敢如此。"杖之二十。散从走归，具道其语，泣诉于王，王不答而默记其名，嘉其谅直。及即位，擢应机通判益州事，召之登殿，谓曰："朕方以西蜀为忧，故除卿此官，此未足为大任也，卿第行，勉之。有便宜事，密疏以闻。"7，页864

续资治通鉴长编卷四十二　宋太宗至道三年（丁酉，997）

【宋太宗至道三年（997）九月】监察御史王济上疏陈十事。又曰："今民政之缺者，田税未均，榷酤未宽，土木未停，督敛未平，牧宰未良。田税不均，则兼并之家私土多而公田少，剥上损下，在于此矣。榷酤未宽，则民多犯禁而为盗，且山海酒曲之利，皆民所共，今尽夺之，是与民争利，反害之也；或少宽之，国用未必乏，而民且不犯矣。土木未停，则民困于力役而国用多费。且广兴寺观，意将祈福，曾不知求福在乎修政，又何土木之为！夫督敛不平，则民受刻削而刑禁滥施。盖簿书舛谬，遂至偿纳，或父祖所负延及子孙，或本非主守而均于干系，或不自侵欺而类于失陷。弥年累岁，棰楚日加，无益于官，徒伤于众。夫牧宰不良，则民受弊而政不行。盖贪猥者货贿公行，残暴者刑罚不节，执滞者通变莫适，怯懦者狡吏肆毒。"5，页884

【宋太宗至道三年（997）】冬十月陈、宋州并言先贷民钱千万令市牛，价纳外所负尚多，许随来岁夏秋税输送。诏悉除之。1，页886

【宋太宗至道三年（997）十一月】丙寅，德音降两京死罪以下囚，缘山陵役民，赐租有差。3，页887

【宋太宗至道三年（997）十二月】凡租税有谷、帛、金铁、物产四类。谷之品七：一曰粟，二曰稻，三曰麦，四曰黍，五曰稷，六曰菽，七曰杂子。布帛丝绵之品十：一曰罗，二曰绫，三曰绢，四曰纱，五曰绝，六曰绸，七曰杂折，八曰丝线，九曰绵，十曰布。金铁之品四：一曰金，二曰银，三曰锡镴，四曰铜铁。物产之品六：一曰畜，二曰齿、革、翎、毛，三曰茶、盐，四曰竹、木、麻、草，五曰果、药、油、纸、薪、炭、漆、蜡，六曰杂物。至道末，岁收谷二千一百七十一万七千余硕，钱四百六十五万余贯，绢一百六十二万余匹，䌷、绝二十七万三千余匹，丝线一百四十一万余两，绵五百一十七万余两，茶四十九万余斤，刍茭三千万围，蒿二百六十八万围，薪二十八万束，炭五十万秤，鹅翎、杂翎六十一万余茎，箭干八十七万只，黄蜡三十余万斤，此皆逾十万数者，他不复纪。11，页 901—902

续资治通鉴长编卷四十三　宋真宗咸平元年（戊戌，998）

【宋真宗咸平元年（998）二月】乙未，虑系囚。诏诸州长吏平决狱讼，申理冤滥。4，页 909

【宋真宗咸平元年（998）】夏四月己丑朔，诏诸州长吏洁除牢狱，疏理淹系，有疾病及贫乏者疗治资给之。1，页 912

【宋真宗咸平元年（998）夏四月】上谓宰相曰："诸路逋欠，先朝每有赦宥，皆令蠲放。而有司不认朝旨，尚令理纳，颇闻细民愁叹，此甚亡谓也。"己酉，遣使乘传与诸路转运使、州军长吏按百姓逋欠文籍，悉除之。始用王钦若之言也。除逋欠凡一千余万，释系囚三千余人。上由是眷钦若益厚。3，页 912

【宋真宗咸平元年（998）】六月庚寅，密州发解官鞠傅坐荐送非其人，当赎金，特诏停任，仍令告谕诸道，以警官吏。上谓辅臣曰："凡所举官，多闻谬滥，宜先择举主，以类求人。今外官要切惟转运使，卿等可先择人，令举之。"1，页 912

【宋真宗咸平元年（998）六月】乙未，诏诸路知州军、通判，自今举管内京朝、幕职、州县官，各具勤绩实状，如经擢任有违犯，并连坐之。3，页 913

【宋真宗咸平元年（998）】秋七月壬戌，诏京朝官非公事不得辄入制敕院，犯者论如法。凡中书堂后官以下所处吏舍，总名曰制敕院。中书吏舍总名制敕院，此据三朝及两朝《正史·职官志》增入。1，页 913

【宋真宗咸平元年（998）秋七月】先是，有诏诸路课民种桑枣，广西转运使陈尧叟上言曰："臣所部诸州，土风本异，田多山石，地少桑蚕，昔云'八蚕之绵'，谅非五岭之俗，度其所产，恐在安南。今其民除耕水田外，财利之博者，惟麻苎耳。麻苎所种，与桑柘不殊，既成宿根，旋擢新干，俟枝叶栽茂，则刈获是闻，周岁之间，三收其苎，复因其本，十年不衰。始离田畴，即可纺绩。然布出之市，每端止售百钱，盖织者众而市者少，故地有遗利而民艰资金。臣以国家军须所急，布帛为先，因劝谕部民广植麻苎，以钱盐折变收市之，未及二年，已得三十七万余匹。自朝廷克平交、广，布帛之供，岁止及万，较今所得，何止十倍其多。今树蓺之民，相率竞劝，杼轴之功，日以滋广。欲望自今许以所种麻苎顷亩，折桑枣之数，诸县令佐依例书历为课，民以布赴官卖者，免其算税。如此，则布帛上供，泉货下流，公私交济，其利甚博。"诏从之。2，页913

【宋真宗咸平元年（998）】八月丁亥，朔，诏三司经度茶、盐、酒税以充岁用，勿得增加赋敛，重困黎元，诸色费用并宜节约，并条析未尽事件以闻。1，页914

【宋真宗咸平元年（998）冬十月】诏县尉司无得置狱。6，页918

【宋真宗咸平元年（998）冬十月】先是，朝议以淳化后尽至道末续降宣敕颇为繁密。张齐贤时为户部尚书，诏齐贤专知删定，监察御史王济等同知删定。旧条，持仗行劫，不计有赃无赃，悉抵死。齐贤议贷不得财者，济曰："刑期于无刑，以死惧之尚不畏，可缓其死乎？"因与齐贤廷诤数四。济词气甚厉，手疏言齐贤腐儒，不知适时之要。齐贤复表陈济当同议定，而复有异论。上问辅臣："孰可从者？"吕端对曰："立法尚宽，忌于严急。《周官》'刑平国，用中典'，此经制也。然利不百，不变法。当改革者，宜从众议。"乃诏尚书省集百官议之，并劾济。未几，齐贤入相。丁酉，齐贤奏："臣今在中书，不欲与庶寮争较曲直，愿收前诏。"上欣然嘉其容物，遂罢集议，济得免劾，而刑名卒如齐贤之请。自是，犯盗者岁亦不增。先是，三班不免杖罚，齐贤请以赎论，遂为定制，论者称其平允。8，页918

【宋真宗咸平元年（998）冬十月】时戚里有争分财不均者，更相诉讼，又因入宫自理于上前，更十余断不服。齐贤曰："是非台府所能决也，臣请自治之。"上许焉。齐贤坐相府，召讼者问曰："汝非以彼所分财多，汝所分财少乎？"皆曰："然。"乃命各署状结实，即遣两吏送甲入乙家，乙入甲家，赀财皆按堵如故，分书则交易之，讼者遂止。明日以闻，上大悦曰："朕固知非卿莫能定者。"8，页919

【宋真宗咸平元年（998）冬十月】故事，京府解十人已上谓之等甲，非文业优赡有名称者不取。时以高辅尧为首，钱易次之。易颇为流辈所推许，辄不平，遂上书指陈发解官所试朽索驭六马赋及诗、论、策题，意涉讥讪。又进士数百辈诣府讼荐送不当，辅尧亦投牒逊避，请以易为首。开封府以闻，故有是命，仍令两制议所讼题。10，页920

【宋真宗咸平元年（998）】十二月，先是，诏给事中柴成务等重详定《新编敕》。丙午，成务等上言曰："自唐开元至周显德，咸有格敕，并著简编。国初复位《刑统》，止行《编敕》四卷。洎方隅平定，文轨大同，太宗临朝，声教弥远，遂增后敕为《太平编敕》十五卷，淳化中又增后敕为《淳化编敕》三十卷。编辑之始，先帝亲戒有司，务存体要。当时臣下，不能申明圣意，以去繁文。今景运重熙，孝心善继。自淳化以后，宣敕至多。命有司别加删定，取刑部、大理寺、京百司、诸路转运使所受《淳化编敕》及续降宣敕万八千五百五十五道，遍共披阅。凡敕文与《刑统》令式旧条重出者，及一时机宜非永制者，并删去之；其条贯禁法当与三司参酌者，委本部编次之，凡取八百五十六道，为《新删定编敕》。其有止为一事前后累敕者，合而为一；本是一敕，条理数事者，各以类分取。其条目相因，不以年代为次，其闲文繁意局者，量经制事理增损之；情轻法重者，取约束刑名削去之。凡成二百八十六道，准《律》分十二门，并《目录》为十一卷。又以仪制、车服等十六道别为一卷，附《仪制令》，违者如违令法，本条自有刑名者依本条。又以续降赦书、德音九道别为一卷，附《淳化赦书》合为一卷。其厘革一州、一县、一司、一务者，各还本司，令敕称依法及行朝典勘断，不定刑名者，并准律、令、格、式；无本条者，准违制敕，分故失及不躬亲被受条区分。臣等重加详定，众议无殊，伏请镂板颁下，与律、令、格、式、《刑统》①同行。"优诏褒答之。1，页922—923

---

① 这里说明宋真宗时国家法律渊源以律、令、格、式、《宋刑统》及编敕典为中心。这里的律、令、格、式是唐朝开元二十五年前后制定的《开元律》《开元令》《开元格》《开元式》。

【宋真宗咸平元年（998）十二月】是岁，以如京使柳开知代州，开上疏言：臣又以宰相、枢密、朝廷大臣，委之必无疑，用之必至当，铨总僚属，评品职官，内则主掌百司，外则分治四海。今京朝官则别置审官，供奉、殿直则别立三班，刑部不令详断，别立审刑，宣徽一司全同散地。大臣不获亲信，小臣乃谓至公。至如银台一司，旧属枢密，近年改制，职掌甚多，加倍置人，事则依旧，别无利害，虚有变更。臣欲望停审官、三班，复委中书、枢密、宣徽院，银台司复归枢密院，审刑院复归刑部，去其繁细，省其头目。3，页923—924

续资治通鉴长编卷四十四　宋真宗咸平二年（己亥，999）

【宋真宗咸平二年（999）】春正月甲子，诏尚书丞郎、给舍举升朝官可守大州者各一人，限一月以名闻，俟更三任有政绩，当议奖其善举，有赃私罪亦连坐之。1，页929

【宋真宗咸平二年（999）二月】辛丑，太常丞、判三司催欠司王钦若，表述上登位以来，放天下逋欠钱物千余万，释系囚三千余人，《实录》、《本纪》及《食货志》并云系囚三十余万，恐数太多，今从《钦若本传》。请付史馆，上谓近臣曰："兹事先帝方欲行之，朕奉成先志耳。"因命学士院召试钦若。及览所试文，谓辅臣曰："钦若非独敏于吏事，兼富于文词，今西掖阙官，可特任之。"即拜右正言、知制诰。3，页930

【宋真宗咸平二年（999）夏四月】御史中丞张咏为工部侍郎，知杭州。咏既至，属岁歉，民多私鬻盐以自给，捕犯者数百人，咏悉宽其罚而遣之。官属请曰："不痛绳之，恐无以禁。"咏曰："钱塘十万家，饥者八九，苟不以盐自活，一旦蜂起为盗，则其患深矣。俟秋成，当仍旧法。"有民家子与姊婿讼家财，婿言妻父临终，此子才三岁，故见命掌赀产，且有遗书，令异日以十之三与子，七与婿。咏览之，以酒酹地曰："汝妻父，智人也。以子幼甚，故托汝，傥遽以家财十之七与子，则子死于汝手矣。"亟命以七分给其子，余三给婿，皆服咏明断，拜泣而去。5，页941

续资治通鉴长编卷四十五　宋真宗咸平二年（己亥，999）

【宋真宗咸平二年（999）八月】癸丑，右正言、知制诰、判大理寺王钦若上言："本寺公案，常有五十至七十道，近者三十日内绝无。昔汉文帝决狱四百，唐太宗放罪三百九十人，然犹书之史册，号为刑措。当今四海之广，万类之多，而刑奏止息，逮乎逾月，足彰耻格之化，式渐太和之风。请付史馆，用昭圣治。"从之。2，页959

【宋真宗咸平二年（999）八月】防尝受诏括磁、相州逃户，得隐赋十余万，因请均定田税。又言："县有逃户破五十者，令佐降下考，若百户殿三选，二百户停所居官，其能招携者赏之。"又言："凡逃田，宜即召人承佃，使人不敢轻去而官赋常在。"于是，建言天下多冤狱，请与判官间三五日入府司军巡院狱，有未明者得以讯之。寻出为峡路转运副使。先是，沿江水递八十九铺，岁役民丁甚众，颇废农作。防悉用本城卒代之，民以为便。5，页959

【宋真宗咸平二年（999）八月】癸亥，判大理寺王钦若上言："本寺案牍简少，请罢详断官四员，止留八员。"从之。国初，大理正、丞、评事，皆有定员，分断狱讼。其后择他官之明法令者，若常参则兼正，未常参则兼丞，谓之详断官，凡六人，渐加至十二人，寻去兼丞、正之名。于是，始以八员为定。7，页960

【宋真宗咸平二年（999）九月】上谓辅臣曰："赏罚二柄，乃驭民之衔勒，赏功而误，犹或可耳，行罚不当，人将何告，宜谨重之。"4，页962

【宋真宗咸平二年（999）冬十月】辛亥，诏诸路转运司，自今辖下官吏慢公不理，并须明具指实，画一闻奏，如朝廷差官勘鞫断遣后，本人却有陈诉，再行覆勘，显有虚妄，其转运使、副，必加深罪。时上封者言转运司劾奏部内官吏，多涉爱憎，故条约之。此据《会要》。2，页965

【宋真宗咸平二年（999）冬十月】诏澧州勿收蛮界归业民租。5，

页 966

【宋真宗咸平二年（999）冬十月】甲寅，诏："如闻小民知有恩赦，故为劫盗，自今不在原免之限。"6，页 966

【宋真宗咸平二年（999）冬十月】令诸路转运使，自今管内增益户口，及不因灾伤逃移者，并书于历，委三司考较，报审官院，以为殿最。7，页 966

【宋真宗咸平二年（999）冬十月】丙寅，令诸路转运司申淳化惠民之制，岁丰熟则增价以籴，饥歉则减直而粜之。11，页 966

【宋真宗咸平二年（999）冬十月】户部使、右谏议大夫索湘受诏详定《三司编敕》，与河北转运使、刑部员外郎王扶交相请托，擅易版籍。甲戌，湘坐责为将作少监，扶为监丞。15，967

【宋真宗咸平二年（999）十一月】壬午，以太常丞刘综为河北转运副使，综尝上言："州县、幕职官以昏耄放罢者，其间有本实廉谨之士，或幼累无托，或邱园无归，止藉禄养，以济朝夕，一旦停废，则罹饥寒，当在圣朝，似伤和气，望自今并除致仕官。"又言："法官断狱，皆引律令之文，以定轻重之罪。及其奏御，复云'虑未得中，别取进止'，殊非一成不变之道，且复烦于听断。望示约束，不得复然。河北承兵寇之后，民户凋敝，吏部铨所除幕职、州县官，皆四方之人，不习其风俗，且有怀归之思，以是政事多因循不举。请自今并以河北人充，冀其安土乐居，勤于职业。"2，页 968

【宋真宗咸平二年（999）十一月】丙申，内园使曹珝坐闺门不肃，责授均州团练副使。珝，彬子，秦王女婿也。10，页 969

【宋真宗咸平二年（999）十二月】是日，斩捧日知粮军典宽荣等三人于市，坐盗减军粮故也。10，页 970

续资治通鉴长编卷四十六　宋真宗咸平三年（庚子，1000）

【宋真宗咸平三年（1000）正月】先是，上驻大名既逾旬，边捷未至，且闻骁将杨延朗、杨嗣、石普辈屡请益兵，潜不之与，有战胜者，潜又抑之不以闻，繇是大怒，命枢密都承旨王继英召潜与北面行营先锋都部署石保吉等，各以所部兵赴贝冀路行营。潜至冀州，乃遣高琼单骑即军中代之，令潜等诣行在，至则下狱，命工部侍郎钱若水、御史中丞魏庠、知杂御史冯拯按鞫之，一夕而狱具，罪当斩。百官议论如律，上封者请正刑典。诏特贷其死。中外公议无不愤惋。10，页986—987

【宋真宗咸平三年（1000）正月】辛卯，赦河北诸州军及淄、齐州罪人，非持杖劫盗、故杀、枉法赃至死者并释之，将吏死事者录其子孙，民被焚掠者复其租，罢缘边二十三州榷酤。诸州举才武乃五月一日德音，《本纪》误载于此。今除去。16，页988

【宋真宗咸平三年（1000）二月】初，继昌所部诸校闻城中格斗声，力请引去，继昌曰："吾位最下，当俟主帅命。"是夕，有终驰报，乃行。益州城中民皆迸走村间，贼皆遣骑追杀，或囚絷入城，支解族诛以恐众。均又胁士民、僧道之少壮者为兵，先刺手背，次髡首，次黥面，给军装令乘城，与旧贼党相间。有终乃揭榜招胁从者，至则于其衣袂署字释之，日数百计。故城守之外，悉无剽盗。杨怀忠虑贼众复南出，引所部屯于合水尾、浣花等处，树机石设笓篱以拒之。15，页994

【宋真宗咸平三年（1000）二月】戊辰，以京畿旱，御崇政殿，亲决系囚，多所原宥。16，页995

【宋真宗咸平三年（1000）三月】于是，选官判大理寺，上曰："法寺宜择当官不回者，苟非其人，或有冤滥，即感伤和气。王济近数言事，似有特操，可试之。"甲申，以济权判大理寺。4，页997

续资治通鉴长编卷四十七　宋真宗咸平三年（庚子，1000）

【宋真宗咸平三年（1000）夏四月】丙辰，禁黄河私渡船，从转运使刘综之请也。8，页1011

【宋真宗咸平三年（1000）夏四月】戊辰，诏："自今两京、诸路所解举人，宜先察访行实。或艺文可采而操履有亏，投书匿名，饰词讪上之类，并严加惩断，勒归乡县课役，永不得就举。如辄敢解送，所由官吏，必当论罪，仍令御史台纠之。"19，页1013

【宋真宗咸平三年（1000）夏四月】己巳，以鲁山县令李旦为大理寺丞，赐绯。时县民刘用聚徒造符谶，谋作乱，旦知之，尽擒其党，部送至阙下，御史台鞫问得实，故旌赏焉。用等并磔于京城诸门，连逮者杖脊配流远恶处，其亲戚交旧不问。21，页1013

【宋真宗咸平三年（1000）夏四月】张思钧恃平贼功，颇骄恣。巴西尉傅翱有善马，思钧求之，翱不与，思钧怒，托以馈运稽期，辄斩之。翱家诣阙诉冤，乃命供备库副使开封张煦为绵、汉等州都巡检，召思钧付御史台鞫治，罪当斩，特贷死，削籍，流封州。思钧削籍，《实录》在十月壬子，今并书之。思钧召归下狱，则无其时，据《续耆旧传》及《国史》，皆系于四月，今因雷孝先奏捷，附见其事。24，页1014

【宋真宗咸平三年（1000）夏四月】右谏议大夫、知益州牛冕削籍，流儋州。西川转运使、祠部郎中、直集贤院张适削籍，授连州参军。初，冕、适奔东川，东川人弗纳，诏令赴阙，至长安，就令制勘，法官议冕当死，诏特贷焉。其通判以下，并就加贬黜。初，张咏自蜀还，闻冕代己，咏曰："冕非抚众才，其能绥辑乎！"既而果然。26，页1014

【宋真宗咸平三年（1000）夏四月】癸酉，鲁山贼刘用等七人，与龙卫军使张能，坐共占星变，说谶纬，欲结众为乱，并磔于京城诸门，缘坐如律，同谋者二人亦斩，连逮者杖脊，配流远恶。27，页1014—1015

【宋真宗咸平三年（1000）】五月丁丑朔，德音："降天下死罪囚，流以下释之，十恶至死、劫杀、故杀、谋杀、犯枉法赃，论如律。淮南、江、浙、荆湖等路及近京诸州民，曾经调发及新归业者，并除其去年逋税。天下逃田，乡县失于开破，均税在村保者，即与放免。河北及淄、青、齐州举人，经蕃寇蹂践处，免取解。天下吏民，有武艺及材力过人者，令长吏荐送赴阙。益州乱军，除王均及其同谋人不赦外，应胁从军民，如能归顺，并当释之。"1，页1015

【宋真宗咸平三年（1000）五月】辛卯，诏曰："去岁天下举人，数逾万人，考核之际，缪滥居多。盖其荐送之时，辄容侥幸。合申典宪，以儆官司。又自前贡院举奏诸州不合格举人，朝廷每虑停殿人多，或与宽宥。将惩前弊，再示明文。自今滥有解荐及遗落孤寒实艺之士，并从覆试，有不当者，悉论如律。"7，页1016

【宋真宗咸平三年（1000）五月】己亥，诏御史台狱流、死罪，令给、谏以上录问，开封府死罪，选朝官录问。初，宋覃、聂泳等坐私以铜钱易铁钱，下御史狱，并决杖配役。已而太宗知其冤，诏问覃，覃泣称："台司不容辩说，必令如所讯招罪。"太宗悯之，乃诏自今御史台每奏狱具，差官诣台录问，其后废不举，至是复行焉。覃杖脊，在太平兴国七年，《实录》景德三年独为覃隐，按此可见也。14，页1017

【宋真宗咸平三年（1000）五月】福津尉刘莹携酒肴集僧舍，屠狗聚饮，杖一伶官，日三顿，因死。权判大理寺王济论以大辟，经德音从流。知审刑院王钦若素与济不相得，又以济尝忤宰相张齐贤持法尚宽，钦若乃奏莹不当以德音原释。齐贤乘其事，断如钦若所启，济坐故入，停官。此事不得其时，五月癸未王钦若始知审刑，因附见五月末。20，页1018

【宋真宗咸平三年（1000）六月】辛亥，诏河北诸州军凡有科率，长吏当亲阅文簿均配，不得专委厢镇，违者罪之。6，页1019

【宋真宗咸平三年（1000）六月】壬戌，诏缘边百姓，自今无得辄入北界劫掠，违者所在捕系具狱以闻。9，页1019

【宋真宗咸平三年（1000）六月】户部判官、右司谏、直史馆孙何，出为京东转运副使。何上疏曰：……又法官之任，人命所悬，太宗尝降诏书，诸州司理、司法，峻其秩，益其俸。今吏部拟授之际，但问资历相当，精律令者或令捕盗，懵章程者或使详刑，动至纷拏，即议停替，小则民黎负屈，大则旱暵延灾。欲望自今司理、司法，并择明法出身者授之，不足，即于见任司户、簿、尉内选充，又不足则选娴书判、练格法者考满无私过，越资拟授。庶臻治古之化，用阐太平之基。13，页1020—1021

【宋真宗咸平三年（1000）八月】癸丑，翰林学士承旨宋白等上重定内外官称呼，请下御史台、宣徽院、阁门、诸路转运使严行告谕，俾其遵守，违者论如违律，从之。先是，内外官称多过其资品，知杂御史范正辞请行条约，故有是命。4，页1023

【宋真宗咸平三年（1000）冬十月】邠宁环庆清远副都部署、滨州防御使王荣帅兵援送灵武刍粮，荣素无术略，又不严斥堠，至积石，夜为蕃贼所抄，荣部大乱。泾原环庆都部署、博州防御使徐兴，邠宁环庆钤辖、六宅使、封州刺史李重诲与战，兴等所将皆步兵，战败，荣不能救，死者甚众，亡失殆尽，法当诛，上特贷之。己未，荣削籍，流均州。兴、重诲寻并削籍，兴流郓州，重诲流光州。兴，青州人也。王荣援粮，疑即与李守恩等同一事，俱史载不详耳，当考。兴、重诲事在十一月朔，今并书。9，页1029

【宋真宗咸平三年（1000）冬十月】丙寅，命翰林学士王钦若、知制诰梁颢分为西川及峡路安抚使，国子博士袁及甫、秘书丞李易直副之，阁门祗候李承象同句当安抚事，所至录问系囚，自死罪以下得第降之。上谕钦若等曰："朕以观省风俗，尤难其人，数日思之，无易卿等，各宜宣布德泽，使远方知朕勤恤之意。"《张士逊传》载士逊为射洪令，知梓州张雍对安抚使以士逊吏能第一。按王钦若安抚西川时，张雍已入为度支使矣，今不取。12，页1030

【宋真宗咸平三年（1000）十一月】诏诸州、府、军、监旬奏禁状，自今并送审刑院看详，有滞责者以闻。3，页1031

【宋真宗咸平三年（1000）十一月】戊寅，诏曰："租赋之制，故有常典。如闻均定以来，多历年所，版图更易，田税转移。眷我王畿，是为政本，将从土俗，当立定规。宜令刑部员外郎、直史馆陈靖为京畿均田使，令自择京朝官分下诸县，据元额定税，不得增收剩数。其逃户别立帐

籍，令本府招诱归业。其桑功更不均检，谕民广令种植。"陈靖领使，《实录》在癸未，今从本志并书之。5，页1031

【宋真宗咸平三年（1000）十一月】益州之乱，议者恐贼缘江下峡，乃集施、黔及高州溪蛮子弟为扞御计，群蛮既熟汉路，因时出寇掠。转运使丁谓始至，召高州刺史田彦伊谕以祸福，且言有诏赦不杀。彦伊感泣，悉归汉口，愿世供奉不敢慢，乃作誓刻石立蛮境上。戊子，彦伊遣其子来贡方物，且输兵器，自言不敢犯边。11，页1032

【宋真宗咸平三年（1000）十一月】庚寅，供备库使贾继勋除名流汝州，洛苑副使钱守信、左侍禁杨继并削两任，配隶许、滑州，坐天雄军修城不谨，战棚圮故也。12，页1032

【宋真宗咸平三年（1000）十二月】开封府言狱空，赐诏奖之。9，页1035

【宋真宗咸平三年（1000）十二月】诏缘边吏民，斩敌首一级赏钱五千，禽生者倍之，获马者给帛二十匹，不堪带甲者还之。按诏缘边吏民，系丁卯，今并书，疑有脱误。10，页1036

续资治通鉴长编卷四十八　宋真宗咸平四年（辛丑，1001）

【宋真宗咸平四年（1001）】春正月甲戌，德音降天下死罪以下囚，杖罪释之。1，页1043

【宋真宗咸平四年（1001）春正月】甲申，以右正言、知制诰赵安仁知审刑院。时有将校笞所部卒死，议致大辟，安仁以军中之令，非严不整，遂获免死。3，页1043

【宋真宗咸平四年（1001）春正月】诏："应益州军民，因贼乱杀伤劫盗，除官吏外，皆释不问。"时诉讼连结，颇难阅实，故悉许其自新也。4，页1043

【宋真宗咸平四年（1001）春正月】己亥，秘书丞查道上言曰："朝廷命转运使、副，不惟商度钱谷，盖亦廉察郡县，庶臻治平，以召和气。今观所至，或未尽公，盖无惩劝之科，致有因循之弊。望自今每使回日，先令具任内曾荐举才识者若干，奏黜贪猥者若干，朝廷议其否臧，以为赏罚。"从之。10，页1044

【宋真宗咸平四年（1001）春正月】以棣州防御使石保兴知澶州。保兴在澶州，每捶人，辄令缓其杖，移晷方讫。上闻之，谓左右曰："如此用刑，无乃太酷乎？"亟戒谕之。11，页1044

【宋真宗咸平四年（1001）二月】上召西川转运使、兵部员外郎马亮入朝，问以蜀事。蜀自雷有终既平贼，诛杀不已，亮所全活逾千人。城中米斗千钱，亮出廪米裁其价，人赖以济。及至京师，会械送为贼所诖误者八十九人，知枢密院事周莹欲尽诛之，亮言："愚民胁从者众，此特百分一二尔，余皆窜伏山林，若不贷此，反侧之人闻风疑惧，一唱再起，是灭一均生一均也。"上悟，悉宥之。二月，加直史馆，复遣还部。时诸州盐井岁久泉涸，而官督所负课，系捕者州数百人，亮尽释之，而废其井。又除属部旧逋官物二百余万。1，页1045

【宋真宗咸平四年（1001）二月】屯田郎中杨覃上言："春初方盛，时雨稍愆，萑毂之下系囚，望诏有司，未得论决死罪，俟降雨乃复常典。"又请凡决重囚日，减膳撤乐，以应古义，且彰至仁之德焉。此事不知其月日，今附见虑囚之前6，页1045

【宋真宗咸平四年（1001）二月】癸丑，上御崇政殿亲虑系囚，死罪再详覆之，余悉从轻。因召宰相李沆等对于殿之西合，至午而罢。又遣库部员外郎程渥等乘驿分诣诸路，疏理系囚，杖以下皆释之。程渥，未见7，页1045

【宋真宗咸平四年（1001）二月】秘书丞、知金州陈彭年上疏曰：夫事有虽小而可以建大功，理有虽近而可以为远计者，臣请言之，其事有五：一曰置谏官，二曰择法吏，三曰简格令，四曰省官员，五曰行公举，此五者实经世之要道，致治之坦涂也。夫置谏诤之官，开献替之路，尧、舜、汤、武所共然也，何者？以正直之臣，忠信之士，参立左右，专奉箴规，有事必言，有缺必谏，足以达四方之壅蔽，资圣主之聪明。今虽有谏官，且无言责，或出居外任，或兼领余司，常钳口以自安，少危言而替否，是同虚器，何补圣猷？臣请依六典员数，置谏议大夫、司谏、正言，并选孤立无党，忠直不欺，言行相符，名实相称者为之，俱以才授，不以叙迁。使其常立朝廷，专居谏署，入观朝政，出听舆词。或作事失中，或出令未当，或迁举无状，或狱讼有冤，小则上章，大则廷诤。然后陛下察其所言，可者从之，否者罢之。岁终，以言事之多少，为课最之高卑，忠谠尽规者甄升，依阿固位者惩责。自然人皆竭节，政必无邪，臣下不敢偷安，朝廷得以震肃矣。

又人命所系，在于法官，官或非才，人必无告。古者按大狱，议大刑，虽本于法律，亦辅以经义。故释之、定国之为廷尉，则无冤人，张汤、赵禹之列九卿，乃名酷吏。今国家重文学之选，轻刑法之司，故其属僚未得尽善。用忠恕之道，则为旷官，徇深刻之文，乃名奉法，唯格律而是守，岂经义之能详？若是，则囹圄何由空虚，铁锁何由偃息。臣请今后廷尉官属，咸委所司慎加铨择，不拘资叙，唯擢才能，使其理一成之刑，务于平允，用三宥之法，志在哀矜，无以爱憎舞文，无以高下希旨，自然民知耻格，时洽和平。

又法令者，国家之权衡，生民之衔辔，贵于简易，恶乎滋章，久用则民知适从，数变则人无所措。近者陛下知制敕之频降，惧条科之太繁，旋奉圣谟，特令删定。既经历之者皆是名臣，则措置之闲固皆合理。而诏书颁下，方及逾年，后敕施行，又将累百，或删去者重为条贯，或已有者更示申明，无益宪章，徒繁简牍。且理遵画一，则吏无以欺民，令或频更，则人得以弄法，损益之际，岂不明哉。古人有言："利不十，不变法。"诚为此也。况先朝求理之心，陛下继明之志，诏令一出，夷夏同欢，纵少有于阙文，亦无妨于大体，岂烦改作，以致多门。臣请今后有上封言事请变格法者，非有大益，无改旧章，庶使号令愈明，刑辟渐措。

又理世之端，审官为本，审官之道，用贤为先，不在具员，但期得俊。故曰："官不必备，惟其人。"又曰："省事不如省官。"今国家州郡至广，官员太多，无益公方，空蠹国用，使有才者莫尽其力，不肖者得容其奸。请以臣所亲经，证其利害。臣前任苏州通判日，知州乔维岳疾病，独臣与判官崔端共事；次任寿州通判日，知州乔维岳丧亡，支使甘鸿渐差出，独臣与推官陆文伟同官。此时区分狱讼，行遣文书，皆得及期，亦无缺事。即今苏州知州、通判外，有职事官三员，寿州知州、通判外，有职事官四员。官既众，事益烦，增将吏之衙参，添簿书之拥滞。又臣本州洵阳县计主户一千一百，有官三员，汉阴县计主户六百，有官二员，率皆人户凋疏，路歧荒僻，词讼绝少，租赋甚微，徒使安闲，固无勤绩。臣每见支郡推官，军监判官，并名初等职事。然有名虽支郡，而事倍藩方，额是军监，而务多州府，或当要路，或在边陲，其闲支郡则有推官而缺判官，军监则有判官而无通判。监当钱谷，详断刑名，凡所责成，莫非繁剧，然其请受少于判司，劳逸不均，贤愚共见。臣请特选明干朝臣，与诸路转运使相度管内州县，有公事简少，官属过多处，并量减省，以所减之俸，依司理、司法参军例，添给初等职事。则冗长之处既已减员，要用之官又各加俸，自然官无虚设，人皆竭诚，创此新规，益光至理。

又为邦之道，莫切于求贤，求贤之方，莫先于公举。然堤防不峻，则滥进之路兴，宪纲稍严，则明扬之典废，期臻多士，在振宏纲。臣请依唐朝故事，新授常参官朝谢日，并进状举官自代，各随所长，具言其状。或以文学，或以吏能，或以强明，或以清白，务在摭实，不许饰词。倪所谙知，无避亲党，既经御览，即付宰司，俟至年终，具名条奏。在外者委诸路转运，在京者委本司官长，更审其能，以验所举。如荐扬既数，采听非虚，即与量才，各加进用。其后或不修操行，故黩彝章，则举主依法科刑，以惩缪举。或政绩殊异，课最有加，则举主随事旌酬，以褒进善。赏罚既信，清浊自明。盖采群议则人无以私，有常规则众皆知劝，清原正本，其在于兹。

臣又伏见唐太宗常召公卿咨询理体，群臣多拘近俗，莫有远谋，独魏玄成请行王道，文皇既从其议，果致太平。中华则外户不扃，四夷则重译来贡，艰难屡作，而缔构益新，岂非盛德在人，余庆及后所致欤？以陛下之德，跨越古先，诚宜鄙晋、魏而不谈，小高、光而独出，行清净神明之化，恢仁义慈俭之风，然后舞干戚以为甲兵，画衣冠以为刑辟，建明堂而朝万国，登岱宗而礼百神，则天下之民无声而应，海外之俗不召而来矣。13，页1046—1050

【宋真宗咸平四年（1001）二月】禁民间造银鞍瓦及金钱，又禁盘蹙金线。18，页1051

【宋真宗咸平四年（1001）三月】御史中丞赵昌言奏："近例，台司多遣人吏巡察，请依故事，令左右巡使各领其职，逾越法制者，具名以闻。"从之。22，页1055

【宋真宗咸平四年（1001）夏四月】戊申，诏诸路幕职、州县官罢职待迁，食贫可悯，自今至年终，替者宜并放选，依例拟官。4，页1056

【宋真宗咸平四年（1001）】五月壬申朔，御乾元殿受朝，德音降京畿流罪以下囚，杖罪释之。1，页1058

【宋真宗咸平四年（1001）五月】甲戌，诏定州都部署王显兼河北诸州都转运使，应供军金帛刍粮并同经度，其余刑狱公事，止令转运使、副施行。先是，转运使耿望行部至定州，显与宴，数劝望酒，望数有风裁，且不能多饮，固拒之。显不悦，徐曰："它日望都自当饮耳。"望都，契丹兵冲也。凡元帅出军，转运使随军给馈饷，疾徐惟元帅之命，转运使往往得罪，故显语及之。望它日入奏，从容具白其事，上默然良久，曰："卿第去，勿忧，朕自有处分。"于是，命显兼都转运使之职，显遂不能委罪于望云。此据祖宗独断，然独断乃以此事为太宗所处，盖年月差误耳，今改之。按耿望以二年四月丙子为京西漕，是年五月甲午为河北漕，后甲戌盖二十日。先是固未尝行北边也，恐独断误。又六月庚辰，再命王显领都漕，王超副之，不知甲戌已命显，六月庚辰又命显，何故？或止一命，而《实录》误，故两出之，当考。耿望事姑载初命显时。3，页1059

【宋真宗咸平四年（1001）五月】甲申，上览囚簿，自正月至三月，天下断死罪八百人，怵然动容，谓宰相曰："杂犯死罪，条目至多，官吏傥不尽心，岂无枉滥！故事，死罪狱具，三覆奏，盖其重慎也，自何代罢之？"遂命检讨沿革，终虑淹系，亦不果行。5，页1060

【宋真宗咸平四年（1001）五月】丙戌，御史台言："曹州民苏庄出兵器，匿亡命，剽民财产，小不如意，必焚其庐舍，积赃计四十万，请籍其家。"上曰："暴横之民，国有常法，籍之斯过矣，可论如律。"7，页1060

【宋真宗咸平四年（1001）五月】上封者言："三司官吏积习依违，天下文牒，有经五七岁不为裁决者，案牍凝滞，吏民抑塞，水旱灾诊，多由此致。自今请委逐部判官呈覆向来诸路州军所申请及本司所积滞事，疾速与夺，然后诣判使会议，别白施行。如更有稽滞，即许诸路转运使及本州军闻奏，命官推鞫，以警弛慢。"乃诏同知枢密院事冯拯、陈尧叟举常参官干敏者，与三司使议减冗事，及参决滞务，拯等请以秘书丞、直史

馆、判度支勾院孙冕同领其事。12，页1061

续资治通鉴长编卷四十九　宋真宗咸平四年（辛丑，1001）

【宋真宗咸平四年（1001）六月】甲寅，诏诸路转运使、副，自今荐举官属，当历任无赃私罪，及条其绩效以闻，异时擢用，不如举状者连坐之。8，页1064

【宋真宗咸平四年（1001）秋七月】乙酉，申命诸州禁竞渡。7，页1067

【宋真宗咸平四年（1001）秋七月】戊戌，斩三司军将赵永昌。永昌素凶狠无行，督运江南，所为多不法，知饶州韩昌龄廉得其赃状及违禁事，移于转运使冯亮，坐决杖停职。遂挝登闻鼓讼昌龄与亮讪谤朝政，仍伪刻印作亮等求解之状。诏下御史台鞫问，上察其诈，引于便殿临讯之，仍召前饶州录事参军杨杰证其事，永昌屈服，遂戮之。释亮不问，而昌龄以他过贬郓州团练副使。中外之人仰上明断，罔不相贺。韩昌龄、杨杰，未见。11，页1067

【宋真宗咸平四年（1001）秋七月】先是，江、浙、荆湖、广南远地，应强盗及持杖不死者，并部其属至京师，多殒于道路，是月，诏自今止决杖黥面，配所在五百里外本城。14，页1068

【宋真宗咸平四年（1001）八月】甲寅，御史中丞赵昌言奏："近者审刑院、大理寺断事乖当，其主判既已罢黜，详断官亦宜别加慎择。自今复然者，请严示惩罚，授以远官。又天下大辟，断讫，皆录款闻奏，付刑部详覆，用刑乖当者并加按劾。惟开封府未尝奏案，或断狱有失，止罪原勘官吏，而知府、判官、推官、检法官皆不及责，则何以辨明枉滥，表则方夏。望自今如外州例施行。"从之。昌言又请凡有罪被问不即引伏者，许令追摄。诏先以闻。9，页1070

【宋真宗咸平四年（1001）八月】三司置拘收司，以判磨勘司官兼领之。15，页1071

【宋真宗咸平四年（1001）九月】江南转运使冯亮言："旧敕犯铜禁者，七斤而上并处极法，奏取敕裁，多蒙减断。然待报逾时，颇成淹缓，请别定刑名，以为永制。"诏自今满五十斤以上奏裁，余递减之。12，页1073

【宋真宗咸平四年（1001）冬十月】利州言戍兵三十三人谋叛伏诛。10，页1078

续资治通鉴长编卷五十　宋真宗咸平四年（辛丑，1001）

【宋真宗咸平四年（1001）】十二月丁未，诏益、利、彭州戍兵谋乱，既伏诛，除亡命徒党见行追捕外，其余一切不问。1，页1089

【宋真宗咸平四年（1001）十二月】又诏西川诸州长吏严察细民，敢有讹言动众，情理切害者，斩讫以闻。2，页1089

【宋真宗咸平四年（1001）十二月】蓬州部送劫贼王洪雅赴阙途中，守者皆亡，洪雅独诣阙自诉，上曰："此畏法者也。"庚申，特命释之。7，页1090

【宋真宗咸平四年（1001）闰十二月】杨琼等狱具，罪当死。诏五品以上集议，兵部尚书张齐贤等请如律，上特赦之。丁丑，并除名，琼流崖州，潘璘康州，李让、冯守规琼州，张继能儋州，刘文质雷州，王怀普贺州，仍籍其田宅。2，页1101

续资治通鉴长编卷五十一　宋真宗咸平五年（壬寅，1002）

【宋真宗咸平五年（1002）春正月】甲子，陕西转运使刘综言："访闻迁贼蕃部于赤沙、橐驼路各置会贸易，深虑诱熟户叛涣，请令本路部置潜军讨之。"上曰："边界市易往来，若不戒而杀，是暴也。宜先谕民以条约，如有违者，即严谴之。"20，页1112

【宋真宗咸平五年（1002）二月】会凶人刘煜、僧澄雅讼执政与许州民阴构西戎为叛者，诏温仲舒、谢泌鞫问，德权监之。既而按验无状，翌日对便殿，且奏其妄。泌对曰："追摄大臣，狱状乃具。"德权叱之曰："必欲陷大臣耶！若使大臣无罪而受辱，则人君何以使臣，臣下何以事君？"仲舒进曰："德权所奏甚善。"上乃可之。不知大臣谓谁，今姑从本传。温仲舒时为礼书，知开封。谢泌去年十二月以主客郎中知登闻院，今年春同知贡举，四月知银台司。仲舒及泌鞫狱，乃令德权监之，未详。3，页1114

【宋真宗咸平五年（1002）二月】代州民李绪有罪，亡入敌境，州捕其家属赴阙。上曰："闻绪本边民，颇有赀蓄，傥行籍没之法，则绪无由归，况其罪亦未合缘坐。"亟遣还本州。10，页1116

【宋真宗咸平五年（1002）二月】甲午，审刑院上《秦州私贩马条例》："自今一匹杖一百，十匹徒一年，二十匹加一等，三十匹奏裁，其马纳官，以半价给告事人。"从之。先是，侍御史知杂事范正辞尝请于西北边市马，枢密院言冒禁不可许，诏特以厩马赐焉。16，页1117

【宋真宗咸平五年（1002）三月】癸卯，以右谏议大夫宋太初权管勾御史台事，时中丞赵昌言、知杂御史范正辞坐事被劾故也。先是，案劾有罪，必预请朝旨。太初以为失风宪体，狱成，然后闻上，时论韪之。3，页1117

【宋真宗咸平五年（1002）三月】庚戌，比部员外郎、直史馆洪湛削籍，流儋州。工部尚书兼御史中丞赵昌言、膳部郎中兼侍御史知杂事范正辞并削一任，昌言责授安远行军司马，正辞滁州团练副使。推直官殿中丞高鼎、主簿王化并削两任，鼎责授蕲州别驾，化黄州参军。9，页1118—1119

【宋真宗咸平五年（1002）三月】先是，有河阴民常德方者，讼临津尉任懿纳贿登第，下御史台鞫，得懿款云："咸平三年补太学生，寓僧仁雅舍，仁雅问懿就举有知识否，懿曰无。仁雅曰：我院内有长老僧惠秦者，多识朝贵，当为道达。懿署纸许银七铤。仁雅、惠秦私隐其二，易为五铤。惠秦素识王钦若，钦若时已在贡院，乃因钦若馆客宁文德、仆夫徐兴纳署纸钦若妻李氏。李氏密召家仆祁睿，书懿名于睿左臂，并口传许赂之数，入省告钦若。及懿过五场，睿复持汤饮至省。钦若遣睿语李氏，令取所许物。懿未即与，而懿预奏名登科，授官未行，丁内艰还乡里。仁雅为文德、惠秦辈所迫，驰书河阴，形于诅詈。"德方者，卖卜县市，获仁雅书以告。昌言具得其事，白请逮钦若属吏。

先是，钦若为亳州判官，睿即其厅干，及代归，以睿从行，虽久事钦若而未除州之役籍。贡举事毕，会州人张续还乡里持服，钦若托为睿解去名籍。至是，钦若自诉，云睿休役之后，始佣于家，而惠秦未尝及门。钦若方被宠顾，上谓昌言曰："朕待钦若至厚，钦若欲银，当就朕求之，何苦受举人赂耶？且钦若才登政府，岂可遽令下狱乎？"昌言争，不能得。乃诏翰林侍读学士邢昺、内侍副都知阎承翰，并驿召知曹州工部郎中边肃、知许州虞部员外郎冊宾古就太常寺别鞫，得懿款云：有妻兄张驾举进士，识湛，懿亦与驾同造湛门，尝以石榴二百枚、木炭百斤馈之。懿之输银也，但凭二僧达一主司，实不知谁何。至是，昺等缘懿识湛，以为湛纳其银。湛适使陕西，中途召还。时张驾已死，宁文德、徐兴悉遁去。钦若近参机务，门下仆使多新募置，不识惠秦，故无与为证。又钦若固执知举时未有祁睿，而懿款已具，遂以湛受银为实，议法当死，特贷之。懿杖脊，配隶忠靖军。惠秦坐受简及隐银未入己，以年七十余，当赎铜八斤，特杖一百，黥面配商州坑冶。仁雅坐诅詈懿，杖脊，配隶郓州牢城。是狱也，仁雅虽坐诅詈懿索银，而不穷用银之端。

初，王旦与钦若知举，出为同知枢密院事，以湛代之。湛之入贡院，懿已试第三场毕。及官收湛赃，家实无物。湛素与梁颢善，假颢白金器，乃取颢所假者输官。昌言等皆坐故入并及于责。此段《实录》所书，专为王钦若讳。今用司马光《记闻》及《钦若新传》修入。10，页1119—1120

【宋真宗咸平五年（1002）三月】辛酉，诏以环州蕃部都虞候王延顺为本州马步军都指挥使。延顺颇知蕃落间事，或有讼诉，辄先诣其居，官吏多询之，然后裁决。至是，石普等上言请授供奉官兼蕃落监押。上曰："延顺本部民，一旦擢为廷臣，使与本州抗礼，恐难制也。"故命以都校。13，页1121

【宋真宗咸平五年（1002）夏四月】上封者言："御史台推直、推勘官，大理寺详断官，皆本司长官奏荐，纠按谳狱之任，当防朋比。"丙子，诏两司官属有缺，令两省五品以上保举以闻。10，页1125

【宋真宗咸平五年（1002）夏四月】壬午，诏："三司自今收掌簿书，无使亡失。其天下钱谷大数，每年比较，于次年条奏。"先是，诏取天下民籍，户部不知其数，及考其盈虚，又称亡失簿书，故申警之。仍令取天下户口见数置籍校定以闻。13，页1125

【宋真宗咸平五年（1002）夏四月】诏："近日审刑院、刑部、大理寺每连署奏议，不能执正，多所依违。且法宪之司，选才而授，委之参谳，当事详明。自今并须结奏。"22，页1127

续资治通鉴长编卷五十二　宋真宗咸平五年（壬寅，1002）

【宋真宗咸平五年（1002）五月】壬寅，国子博士、知荣州褚德臻坐与判官郑蒙共盗官银，德臻杖死，蒙决杖配流。

先是，本州勾押官赵文海、勾有忠知德臻等事，因讽王典曰："官帑之物，辄以入己，一旦败露，必累吾辈。"德臻等闻之，即与之银一铤以灭口。至是，事发议罪。判大理寺朱搏言文海等恐喝赃满合处死。审刑院以为蒙盗官银，尚从流配，文海等只因扬言，安可极法！乃下其状尚书都省集议。既而翰林学士承旨宋白等议请如审刑院所定，从之。朱搏，未见。5，页1131

【宋真宗咸平五年（1002）五月】甲辰，诏："旧制，内臣许养一子，因循浸久，颇闻逾法。其令宣徽院置籍申明之。"时明台等州巡检、内品徐志通取百姓李劝等男四人为假子，凡十一日，惧罪还之；又纵卒掠民家小儿，致其母抱儿投海死，坐决杖配埽洒班。因降是诏。9，页1131—1132

【宋真宗咸平五年（1002）五月】庚戌，皇城司言亲从第二指挥使马翰称在京有群贼，愿自缉逐收捕。上谓辅臣曰："朕尹京日，闻翰以缉贼为名，乃有三害：都市豪民惧其纠察，常厚赂之，一也；每获贼赃，量以当死之数送官，余悉入己，且戒军巡吏不令穷究，二也；常畜无赖十余辈，俾之侦察，其扰人不下于翰，三也。顾其事未彰败，不欲去之。自今捕贼，止委开封府，勿使翰复预其事。"17，页1133

【宋真宗咸平五年（1002）五月】先是，开封府有进士诣贡院观榜，其妻留舍，或报其父母自远至某所者，妻急僦驴往省，路逢醉人殴击，径诣府讼。僦驴者惧证左滞留，潜遁去。府以醉人亦有指爪痕，俱杖而遣之。归舍号哭，其夫寻自外落第归，亦泣。两不相知。妻徐告以被杖，复诣有司诉冤，不听。夫妻俱赴水死。既而上闻其事，大怒，由知府已下悉遭谴罚。时仲舒实在开封也。寇准以此月丁未权知开封府，今联书之。开封府官被谴责，此据江休复《杂志》，史无有也。仲舒力辞府尹，必由此耳。熊克《九朝通略》：吴育云："小刑责，不可不谨也"。20，页1133

【宋真宗咸平五年（1002）六月】中书以朱搏议赵文海罪不当，请用兵部郎中查陶代之。陶，道从兄也。上曰："闻陶亦深文，何可用？"宰臣言："当今习熟法令，未有如陶者。"乃许之。己巳，命陶为秘书少监、判大理寺。其后杨亿知审刑院，陶屡攻其失，又命代亿焉。陶持法深刻，用刑多失中，前后坐罚金百余斤，皆以失入，无误出者。亿知审刑院在六年六月，九月罢，今并书之。3，页1135—1136

【宋真宗咸平五年（1002）秋七月】兵部员外郎、直史馆马亮，自西川转运使代还，奏事称旨，赐金紫，命知潭州。属县有亡命卒剽劫为乡人患，乡人共谋杀之，在法当死者四人。亮谓其僚属曰："夫能为民除害而乃坐以死，此岂法意耶？"即批其案悉贷之。10，页1141

【宋真宗咸平五年（1002）秋七月】乙巳，诏近京诸州经水处或艰食为盗，每两州置使臣一人，量给兵杖警巡。18，页1143

【宋真宗咸平五年（1002）八月】壬申，上谓宰相曰："臣僚出使复命，言官吏能否，或多不实。朕洞见情伪，俟密察显状，当黜以为戒。又言内侍使陕西教阅者还，奏仪州军士生梗，已科惩本都将校。此使但令教阅，岂得擅行绌罚？寄班使臣奉命出外，多作威势，朕每署状戒约。且边事动息，又须要闻知，若遣三班使臣，即畏避不敢公言。早岁灵州巡检王承序境上磔人，承受使臣都不具奏，遂决杖降职，自是无敢隐蔽。今当申警之。"9，页1146—1147

【宋真宗咸平五年（1002）八月】乙酉，诏："医师疗疾，当按方论。若辄用邪法，伤人肤体者，以故杀伤论。"时泾州民毛密以禁术疗民妻，绳缚手足，桃杖击之，自初夕至二鼓死。陕西转运使刘综言其事，故条约

之。15，页 1148

【宋真宗咸平五年（1002）八月】初，运卒有犯，击四排岸狱，无亲属者率饥病不聊生。庚寅，诏自今量给薪米，使之全济。22，页 1149

【宋真宗咸平五年（1002）八月】先是，契丹降人无所依，于京城南置院处之。是月，幽州民赵祚与妻苏来归。既而赵州民苏翰诣登闻院诉苏即其女，请并赵祚还其家。赐衣物缯帛遣之。23，页 1149

【宋真宗咸平五年（1002）九月】癸卯，大理寺请厢禁军自都指挥使至副都头及请班差权管指挥使员僚如犯法，并委有禄之官定断，从之。8，页 1151

续资治通鉴长编卷五十三　宋真宗咸平五年（壬寅，1002）

【宋真宗咸平五年（1002）冬十月】乙亥，参知政事王钦若言："司封员外郎高如晦，顷知蔡州，逃主户二千五百九家，失国赋五万三千余贯。荐士有十否之缪，在官无三异之称。罔知省循，冒进词状，且曰'陛下止见臣面，不见臣心，不能恤臣，故令摈斥'，狂躁之甚，乃敢若兹。臣请以审官院考课文籍并如晦所进状付有司施行。"诏下御史狱案其罪，如晦坐削两任，贬沂州别驾。高如晦事当考。6，页 1155—1156

【宋真宗咸平五年（1002）冬十月】丙子，诏诸州亡命卒捕获决讫者，经二十日乃命赴投。7，页 1156

【宋真宗咸平五年（1002）冬十月】遂州观察支使陆文伟言，诸州大辟案上，委本判官录问，或有初官未详法理，虑其枉滥，非朝廷重惜民命之意也。乃诏自今并须长吏、通判、幕职官同录问详断。10，页 1156

【宋真宗咸平五年（1002）冬十月】初，左领军卫将军薛惟吉不能齐其家，妻柴氏无子，惟吉有子安上安民，素与柴氏不叶。柴既寡，尽蓄其祖父金帛，计直三万缗，并书籍纶告，以谋改适。右仆射张齐贤定娶之，自京兆遣牙吏约车来迎，行有日矣。安上诣开封府诉其事，府以闻。上不欲置于理，命有司即讯柴氏。柴置对与安上状缪异，上不得已，下其事于御史狱。柴因击登闻鼓，讼兵部侍郎、平章事向敏中贱贸惟吉故第，又尝求娶已不许，以是教安上诬告母，且阴庇之。上以问向敏中，向敏中言实以钱五百万贸安上居第，近丧妻，不复议姻，未尝求婚于柴也。上亦不复问。柴又伐鼓，讼益急，遂并其状下御史狱鞫之，乃齐贤子太子中舍宗诲教柴为词，遂验问柴之臧获，发取瘗藏，得金贝仅二万计。安上兄弟素不肖，先是尝争竞财货，遂有诏不许其贸易父祖赀产，而向敏中乃违诏贸其居第，令安上日出息钱二千。御史狱索要契验，向敏中所署字非一体。盐铁使王嗣宗素忌向敏中，因对，言向敏中议娶故驸马都尉王承衍女弟，密约已定而未纳采。上询于王氏，得其实，因面责向敏中以不直。丁亥，向敏中罢为户部侍郎。张齐贤责授太常卿，分司西京。宗诲削一任，贬海州别驾。柴用荫赎铜八斤。安上坐违诏贸居第，笞之，以所得瘗藏金贝赎还其居第，仍令台府常纠察焉。既而上谓吕蒙正等曰："向敏中所负如此，腾于清议，不可不加黜免。朝廷进退宰辅，亦非细事，卿等更思持正守道，以辅朕躬。"先是，翰林院学士宋白尝就向敏中假白金十铤，向敏中靳不与。于是，白草向敏中制书，极力诋之，有云"对朕食言，为臣自昧"，向敏中读制泣下。14，页1157—1158

【宋真宗咸平五年（1002）冬十月】诏天下有窃买祠部牒冒为僧者，限一月于所在陈首，释其罪；违者论如律，少壮者隶军籍。15，页1158

【宋真宗咸平五年（1002）冬十月】侍御史知杂事田锡言：……臣又闻有劳绩稍殊，未与区别，有刑禁久滞，未与辩明。今略举一二言之：有如都官郎中李韶差在广济河，令催辇运。访闻自前界分，每年般得八万余石。今来李韶界分，一年般得四十五万石，未见酬奖，却归东京。又闻屯卫上将军王汉忠颇知儒书，甚知方略，轻财重义，临事有谋。未尝交结中官，亦不曲奉同列。昨赴京阙，似失圣恩，遽令归班，又差典郡。闻于舆论，疑其被谗。今已云亡，孰不嗟惜？臣今闻奏，贵陛下细知，虑侯伯之中，有素秉忠良，不事权贵，介然公直，因致谗言。况临事有谋者求之实难，轻财重义者尤不可得。良将之体，汉忠得之，未谕此时，弃而不用。今若有似王汉忠辈，望陛下选择用之，注意求之，推诚待之，必有英杰，可副指呼。又闻齐州制勘公事，颇甚淹延。著作佐郎张检、国子博士张瑾，并是制勘使臣，欲望宣令对扬，问其事意。或法寺受人请嘱，固称奏

案未圆，或上司有人主张，使令诣阙披诉。张检等必一一闻奏，望陛下亦一一审详。18，页1158—1160

【宋真宗咸平五年（1002）十一月】壬寅，合祭天地于圜丘。大赦。诸路欠咸平四年已前残税、河北河东欠五年贷粮并天下逋负，升州广德军率分钱、洪筠州临江军酒曲脚钱、婺州竹园虚收孳生竹四十亿六千一百五十一万，悉除之。申严销金衣物之禁。7，页1162

【宋真宗咸平五年（1002）十一月】壬子，诏陕西振武军士，逃亡捕获，曾为盗及情理蠹害罪至徒者，所在处斩讫奏，杖罪部送阙下首身如旧法。振武兵皆取自乡民，俸钱惟五百，而他物给半。及其逃亡，则依禁军罪至死。上以其禄廪颇殊，而条禁太重，故有是命。16，页1164

【宋真宗咸平五年（1002）十一月】庚申，河阳节度判官清池张知白上疏曰：臣闻创王业期于无穷者，必政事为基。是以王业盛者，其政事必经久可取，远大可法，然后速见治平之运。窃以古之言事者，鲜不以防边为急务，故多举西北二隅攻守之事，以献方略，由是奇兵之谋，纷然竞兴。夫五行之中，金为兵，以五事配之，则金为义，兵之为用，实不可去也。乃知言弭兵者，罪莫大焉；穷兵者，亦罪莫大焉。夫史籍所载，京师为阳，而诸夏为阴，盖取诸内外之义也。夫阳主生物，阴主杀物，故知四夷扰边，不足异也，在制之有道尔。又和乐为阳，愁苦为阴，王者必先内和人心，而后制四夷，此崇阳抑阴之义也。臣伏见去春大雪，今夏暴雨，稽洪范之书，则系乎咎恶之文。伏惟陛下自即大位，日谨一日，而复温厚恭肃，祗畏勤俭，讨论方册，思广治道。圣德无缺，则咎恶何从而起，岂非政令之间有不便于天时者乎？今夫春者，发生之月也，可生而不可杀也。国家每岁春夏将交之时，禁止采捕，是仁及鸟兽，而不闻禁决死罪。夫人者，万物之灵，岂不重于鸟兽？今建寅之月，三元之始，孟夏乃是正阳之月，于卦为乾。况正律所载，有"秋分已前不决死罪"之制，《月令》当春，则曰"无肆掠"，谓不可以阴政犯阳，又曰"宜行仁而不可以举义事"，及夏则曰"挺重囚，出轻系"，并无决死刑之文。唐朝悉依此制。若罪在十恶，尤为巨蠹者，则决不待时。

自唐氏失驭，政事多隳。今《刑统》内惟存"晋天福七年敕：'立春、立夏两日不决死罪'。"盖以天福之间，方为战国，天下生灵，犯罪戾、抵淫刑者，不可胜纪，杀戮之刑，仅无虚日，故不可全避春夏盛德之月，止取其两日以代两季。今天下每岁所决，大辟至鲜。一岁之中，凡有二十四气，各主十五日。臣以为天下列郡，每岁所决死罪，虽不可禁，春夏两季，亦可于立春立夏气至之时，各禁十五日，以应一孟之节，全发生之阳气。若罪在十恶，决不待时者，亦可改斩为绞，以免流血之刑。自余杂犯死罪，若有已断具狱，可取半月外行决。其边防屯兵之地，以军法从事者，不在此限。

臣又闻《周礼》六官，其一曰秋官，主刑。又月令孟秋中气之后，则命有司缮囹圄，具桎梏，断薄刑，决小罪，秋分则申严百刑，斩杀必当，无留有罪，无或枉挠。此并顺上天，行肃杀之令也。命使决狱，多不拘于此时，或在三春，或当九夏，虽勤恤庶狱，虑有滞留，其如未顺四时之令也。欲望自今除盛夏仍旧降诏恤刑外，每岁自孟秋中气后、秋分前，遴选周行，分道决狱。如此，则顺天行刑，万务必义。而又四方之风谣，因之得以知，列郡之纲条，因之得以振。且一岁之中，必顺令决狱，与其行之于别季，不若行之于此辰。臣又闻先王垂训，重德教而轻刑罚，所以见王道之盛也。今法令之文，大为时所推尚，自中及外，由刑法而进者甚众，虽有循良之吏，亦改节而务刑名也。然则刑法者治世之具，而不可独任，必参之以德教，然后可以言善治矣。夫德教之大，莫若孝悌，若舍此而欲使民从化，是犹释利楫而求济于无涯之津也。故宜旌劝孝悌，以厚风俗。20，页1164—1167

【宋真宗咸平五年（1002）十二月】开封府言诸司狱空无系囚，诏奖之。6，页1170

【宋真宗咸平五年（1002）十二月】丙戌，令审官院考校京朝官，令任及五年已上、无赃私罪者以名闻，当迁其秩。诸路转运使、副，令中书进拟。14，页1171

续资治通鉴长编卷五十四　宋真宗咸平六年（癸卯，1003）

【宋真宗咸平六年（1003）春正月】鼎上又言："解盐自准诏放行，任商旅兴贩，减落元价，务在利民。如闻近日缘边全少商人货卖，颇令远郡难得食盐，渐致边民私贩青盐，干犯条禁；兼于永兴等八州军元禁地分，取便货鬻，不惟乱法，抑亦陷人，为患既深，必须禁止。其解盐货，请勿更通商，官自出卖。其禁榷条件，臣当别具经画。"

诏以鼎状下辅臣议，陈尧叟言盐禁所利甚博，吕蒙正等言鼎忧职徇公，所言可助边费，请从之。覃、贺皆鼎所荐，而承睿亦言解盐事与鼎同，故并命焉。4，页1177

【宋真宗咸平六年（1003）春正月】壬子，知益州马知节言："李顺、王均之乱，属民有为贼黥面及伪署者，王师至，悉弃贼来归，官释其罪，给公凭遣之，其类颇众，今欲各令赍诣州别给新本，因得籍数，以防奸伪。"上曰："胁从之民，屡经赦宥，宜谕知节但镇静而抚育之。"9，页1179

【宋真宗咸平六年（1003）春正月】戊午，禁江、浙造短狭缣帛。11，页1179

【宋真宗咸平六年（1003）二月】左屯卫上将军王汉忠既殁，其子内殿崇班、阁门祗候从吉诣阁门上书，言汉忠自节度使罢居散秩，乞暴其罪状以示中外。又言群邪恶直丑正，诳惑天听，致臣父冤死，愿推其人斩于市，因历诋群臣有行赂树党以致声名，及边防屯戍艰苦蒙蔽不以闻之事。

上谓王继英等曰："朕览其书，虽无实状，然亦虞朝廷有所未察，可召至枢密院，俾其申诉。"及继英等询之，从吉但诵书中语，它无所对。上曰："从吉颇引史传，必假手于人，不若以属吏。朕念汉忠未葬，虑无人主其丧。"或言汉忠有弟及它子数人皆成立，即以从吉付御史狱。从吉具伏，乃进士杨逢为之辞，有司当从吉大辟。上不忍置于法，甲子，从吉除名，配随州。逢决杖，配春州。2，页1179—1180

【宋真宗咸平六年（1003）二月】己卯，以京东、淮南水灾，遣使赈恤贫民，疏决狱讼。7，页1180

【宋真宗咸平六年（1003）二月】庚寅，屯田员外郎盛梁削籍黥面，流崖州。梁前知普州，受赇枉法，给部民韩从曦所纳田产，下御史按劾，罪当大辟，而父年八十，子年十四，法当上请，又事在五年郊祀赦前，故免死焉。14，页1181—1182

【宋真宗咸平六年（1003）二月】诏内藏库专副以下，不得将库管钱

帛数供报及于外传说，犯者处斩。15，页1182

【宋真宗咸平六年（1003）】夏四月壬戌，禁蛮人市牛入溪洞。1，页1187

【宋真宗咸平六年（1003）夏四月】丙寅，诏民祠岳者自今无得造舆辇、黄缨伞、茜鞍帕及纠社众执兵，违者论如律。6，页1188

【宋真宗咸平六年（1003）夏四月】知节在成都，有讼龙骑卒谋变者，支引千数，知节密捕其党，按实，止诛为魁者七人，余悉不问。自乾德平蜀，每岁上供纨绮，动逾万计，籍里民补牙校，部舟运，由嘉陵抵荆渚，沈覆殆半，破产以偿者甚众，州民患之。知节请择廷臣省吏二十人，凡舟十二艘为一纲，以二人主之，三岁一代而较其课，自是鲜有败者。承寇乱之后，戢兵抚俗，甚着威惠。然嫉恶太过，兵民有犯，多徙配它境，人颇怨惧。朝议务安远俗，恐知节不叶蜀人之情，以其素有武干，故移守西边，仍手诏谕以委属之意。7，页1188—1189

【宋真宗咸平六年（1003）夏四月】旧制，士庶家僮仆有犯，或私黥其面。上以今之僮使本佣雇良民，癸酉，诏有盗主财者，五贯以上，杖脊、黥面、配牢城，十贯以上奏裁，而勿得私黥涅之。禁私涅面，《实录》在后月。今从本志。9，页1189

【宋真宗咸平六年（1003）夏四月】乙亥，参知政事王钦若上言："桂州通判、太常博士王祐之，近丁母忧，才逾月，连进五状，请除广南西路商税分配河北补填，没纳私下罗锦，权罢上供金银，述荆南课额逋亏，言陕西递铺请受。凡兹陈露，皆匪机宜，殊忘哀戚之容，苟怀进动之意。陛下方施孝治，以厚民风，望加黜责，以勖有位。"诏削祐之三任，配隶郴州，仍令御史台榜朝堂告谕。12，页1189—1190

【宋真宗咸平六年（1003）五月】刑部侍郎魏庠，坐罚知河南州断狱失入，责授卫尉卿。14，页1193

【宋真宗咸平六年（1003）五月】癸丑，霸州防御使、镇州副部署李福坐削籍流封州，拱圣都指挥使王升，决杖配隶琼州。因降诏戒励诸路将

帅。19，页1194

续资治通鉴长编卷五十五　宋真宗咸平六年（癸卯，1003）

【宋真宗咸平六年（1003）六月】诏所在官吏，有规避事任，交斗不协，故为旷失，以幸替移，自今察知，并当劾问遣黜，以戒浇浮。《选举志》在十一月，今从《实录》，与去年九月壬子诏相类。2，页1201

【宋真宗咸平六年（1003）六月】丙寅，诏陕西诸州疏理系囚。7，页1202

【宋真宗咸平六年（1003）六月】先是，儋州流人洪湛卒于此州调马驿。湛一子偕行，甚幼，州以闻。湛之被罪也，参知政事王钦若亦内自愧，于是白于上。诏给钱二万，官为护丧还本贯。丁卯，因诏命官流窜没于岭南者，给缗钱，听归葬，其亲属州遣吏部送之。9，页1202

【宋真宗咸平六年（1003）六月】威虏军魏能上言："军士亡入贼境者，即请没其妻子为奴婢。"上虑其无以自新，乃诏先监其家属，限百日招诱，限满不获，实入贼境者，其妻子论如法。17，页1204

【宋真宗咸平六年（1003）六月】癸未，诏："律令具有明文，法官不能详处，多以狱情轻重列奏取裁，或再令审定，即复更改。一成之制，岂若是耶？自今无得以情理取旨。"20，页1204

【宋真宗咸平六年（1003）】秋七月庚寅，诏："京朝官任河北路诸州通判、盐场务及幕职州县官，其令选乡贯在本路、历任无赃罪者充；其当入川峡、广南者，即授以边州。"1，页1205—1206

【宋真宗咸平六年（1003）秋七月】壬寅，诏北面诸军，有因事弃铠甲兵仗而劫夺他人所有以偿之者，委队长觉察告官，当行严断，不告者连坐。4，页1206

【宋真宗咸平六年（1003）秋七月】丙午，诏军士因将校科责，挟恨诉讼，推勘虚妄者并禁锢奏裁。先是，上谓近臣曰："累有人言，军士不畏将校。盖不逞之徒，自为过恶，及被惩罚，即掎摭诉讼，请行极断，使不复然。朕熟思之，如此处分，恐亦未当。盖近者继有诉讼，验问，皆将校不法。若遽加严刑，不复省报，它时或遂结成祸逆，因莫敢告发，则所系非轻矣。"故有是命。7，页1206

【宋真宗咸平六年（1003）秋七月】上又曰："近复有告将校敛军士缗钱，赂枢密院吏，请求出军及屯戍等事，洎令鞫实，皆小人托名规财耳，致军士枉有费用，遂成贫乏，因逾越以陷罪戾。虽累行禁止，犹未断绝。可再诏谕诸军，朝廷所发师旅，皆先进入兵籍，朕躬自点定。所去之处，非可请求，贵其禀信，不犯刑辟也。"7，页1206

【宋真宗咸平六年（1003）秋七月】知通进银台司兼门下封驳事王嗣宗言："京朝官受差遣者，其中有苛刻逾违犯法虐民之人，倘朝廷未能审察，臣等复不能举驳，深非沮劝之道。乞今后风闻滥状，许臣于审官院取索家状，案其由历，如得事实，特许上言。"从之。11，页1208

【宋真宗咸平六年（1003）九月】诏自今品官犯罪，当夺官者，其阶勋如故。7，页1212

【宋真宗咸平六年（1003）十一月】癸巳，以万安太后寝疾，御崇政殿亲决系囚，徒以上递减一等，杖以下释之。5，页1216

【宋真宗咸平六年（1003）十二月】戊寅，德音赦天下，死罪降一等，流以下并释之；除五年逋租。万安太后服药故也。11，页1221

【宋真宗咸平六年（1003）十二月】癸未，上亲阅逋负名籍，释系囚四千六百六人，蠲物八万三千。于是将肆赦改元，或谓蠲放逋债，减除率敛，其数颇多，三司必以恩泽太滥，亏损国计为言。上曰："非理害民之事，朝廷决不可行。各于出纳，固有司职也，要当使斯人实受上赐。"12，页1221

【宋真宗咸平六年（1003）十二月】甲申，日加午，雷暴震。司天言，占主国家发号布德，未及黎庶。上谓辅臣曰："岂所议赦书，小惠未遍,上天以雷警朕耶?今河北、关西,戍兵未息,民甚劳苦,而三司、转运使赋敛益繁。卿等宜悉取民弊,著为条目,大者随事减省,小者即为蠲免。又诸道罪人,为恶情重,顷令并其家属赴阙,委弃资产,流离道路,斯可怜悯,自今止送正身。臣僚负私过情轻,终身为累者,委刑部特与洗涤。其它,卿等皆尽心讲求之。"13,页1221

续资治通鉴长编卷五十六　宋真宗景德元年（甲辰,1004）

【宋真宗景德元年（1004）】春正月丙戌朔,御乾元殿受朝。大赦,改元。1,页1124

【宋真宗景德元年（1004）春正月】辛丑,诏:"图纬、推步之书,旧章所禁,私习尚多,其申严之。自今民间应有天象器物、谶候禁书,并令首纳,所在焚毁,匿而不言者论以死,募告者赏钱十万,星算伎术人并送阙下。"18,页1226—1227

【宋真宗景德元年（1004）春正月】壬寅,诏司天监、翰林天文院职官学士诸色人,自今毋得出入臣庶家,占课休咎,传写文书,违者罪之。19,页1227

【宋真宗景德元年（1004）春正月】庚戌,平虏城火,焚庐舍甚众。诏阁门祗候谢德权乘传至宁边军会孙全照同按其状,军民剽掠财物者并论以军法,不知情者杖配它州。29,页1228

【宋真宗景德元年（1004）二月】度支副使、工部员外郎查道儒雅迂缓,治剧非所长,与盐铁副使卞衮同候对,将升殿,衮遽出奏牍,遣道同署,及上询问,则事本度支,道素未省视,错愕不能对。己卯,罢职,道卒不自辨,亦无愠色。道为吏务行宽恕,胥吏有过,未尝笞责,民讼逋负者,或出己钱还之,以故颇不治。尝为转运使出行部,路侧有佳枣,从者摘以献。道即计直挂钱于树而去。收养孤遗,笃于僚旧,禄赐所得,散施随尽,搢绅①服其履行云。13,页1230

---

① 通"缙绅"。

【宋真宗景德元年（1004）夏四月】癸亥，诏御史台、刑部、大理寺、推直、详断官未满岁，诸司不得奏举。9，页1234

【宋真宗景德元年（1004）夏四月】令诸军厢主至员僚，自今各作一职次，一阶一级，归伏事之仪，违者处斩；其御前忠佐军头见排阵使、部署亦如之。高阳关周莹言忠佐军头多新补，未知条制，乞申明告示之。上曰："用兵之际，忽又举行前诏，诸军必致惊疑。俟有违犯乃举行，因具莹所言可也。"仍令军头司，自今新补军校，并加晓谕。25，页1235—1236

【宋真宗景德元年（1004）五月】戊子，禁中国人随外蕃进奉使出境，边吏严加伺察，违者论如律，仍传送阙下。先是，襄州人聂廷宪等数辈有谋，窃入蛮界为判官，至巫山，津吏捕得以闻，因著条约。3，页1236

【宋真宗景德元年（1004）五月】癸丑，诏："诸路州府军监，见禁罪人，宜令长吏以下躬亲详勘，限三日内断遣了毕，不得妄有枝蔓淹延。若是重罪照证不具、断遣未得者，亦须催促了毕。每三日一遣官按视，埽洒狱房，涤洗枷械。如缺什器，即时收市。"上不欲遣使，恐其烦扰，但严敕长吏疏决而已。本志载此诏于七月，按《实录》七月无此事，疑即五月癸丑也。当考。14，页1238

【宋真宗景德元年（1004）五月】给事中柴成务判尚书刑部，本司小吏倨慢，成务怒而笞之，吏击登闻鼓诉冤，有诏问状，成务叹曰："吾为长官，挟一胥吏而被劾，何面目据堂决事耶？"遂求解职，诏不许，成务寻病卒。15，页1238

【宋真宗景德元年（1004）】六月丙辰，诏："诸州民诣阙举留官吏，多涉徇私，或非素愿，因而率敛，重有烦劳。自今百姓僧道，更不得辄诣阙庭，及经邻部举留官吏，如实有善政，候转运使到州即得举陈，仍委本使察访能否以闻。如敢违越，其为首者论如律。"1，页1238

【宋真宗景德元年（1004）秋七月】如京使何士宁言："准诏，禁军各依等级并行伏事之礼，违者按军法。其厢军未立条制，欲望约前诏减一等定令。"上曰："禁卫军士无他役使，唯习戎艺耳，且廪给优厚，欲其整肃，有所禀畏，故设此条制。若厢军，又约此施行，必恐滋彰，难以经

久，但依律文可也。"何士宁，未见。31，页1248

续资治通鉴长编卷五十七　宋真宗景德元年（甲辰，1004）

【宋真宗景德元年（1004）八月】庚申，知寿州陈尧佐上言："饥民劫窖藏粟麦者，凡七十余人，以强盗计赃法当死。"诏并决杖黥面配牢城，为首者隶五百里外，余隶本州。尧佐在州，自出米为糜以食饿者，而吏民皆争出米，共活数万人。尧佐曰："吾非行私惠，盖以令率人，不若身先而使其从之乐也。"7，页1252

【宋真宗景德元年（1004）八月】先是，朝廷每以敕书约束边事，或有"当行极断"等语，官吏不详深意，即处大辟，洛苑使李继和言其事，辛酉，诏诸州军自今有云"重断、极断、处斩、决配"之类，悉须具狱以闻。9，页1252

【宋真宗景德元年（1004）八月】己巳，定审刑院详断案牍之限，大事十日，中事七日，小事五日。11，页1253

【宋真宗景德元年（1004）八月】诏京朝官、使臣犯罪论决讫，有司具罪名报审官、三班院，其官吏犯赃私罪被推者，勘事官具有无举主以闻。12，页1253

【宋真宗景德元年（1004）八月】庚辰，遣太常博士直史馆何亮、侍禁阁门祗候康宗元乘传往广南东、西路疏理系囚。22，页1254

【宋真宗景德元年（1004）八月】诏："西面缘边州军所管熟户蕃部，或有斗讼，官吏不能遵守条制，依理平决，或旁缘骚扰，致生边隙。自今转运副使常切按察，其不能绥边勤职者，具名以闻。"23，页1254

【宋真宗景德元年（1004）九月】上以三司吏人能否杂混，命宫苑使刘承珪等与本司使副同加试验，裁定合留人数。三部并诸司定留八百九十人，其书计非精或尝负罪犯者列名以闻。上念其祗役岁久，量其事状，并补三班及镇职焉。13，页1256

【宋真宗景德元年（1004）九月】己亥，诏曰："先朝谨重刑章，肇置官局，俾当审克之任，列于局禁之间，盖欲犴狱不冤，议谳必当。然皆亲奉成案，伏奏禁坐，既有旨命，方封中书。而宰司以经奏之事即尔行下，其间情状不一，或从比附，不加参酌，殊非谨审之旨也。盖念仕进之伍，偶经刑名之书，虽务从轻，亦难自辨。自今审刑院进案，一依旧例，批所得旨送中书看详，如刑名允当，即以敕文处分，勿言审刑院得旨；如其未当，则复以闻，务在平允，称朕哀矜之意焉。"18，页1257

【宋真宗景德元年（1004）九月】庚子，诏陕西诸州今年秋税折纳刍千一百二万束，宜特免四百万，邠、宁等十九州军秋税每斗加官槖，计六十五万余石，宜特免十之三，乾、宁、华等十三州税刍欲支于环、庆州纳钱，官市者悉罢之。22，页1258

【宋真宗景德元年（1004）九月】丙午，鲁国公主言，遣人于华州市木，乞免征算。上曰："先朝深戒戚里不得于西路市木，盖虑因缘贩易，侵坏法制。鲁国公主所请，今且从之。"仍召驸马都尉柴宗庆戒谕，自今无得复尔。28，页1259

【宋真宗景德元年（1004）九月】庚戌，诏谕馆阁、台省官，有简札请属举人，即密以闻，隐匿不告者论其罪。30，页1259

【宋真宗景德元年（1004）九月】诏内外群官所保举人，亦有中道迁变，傥或不令上言，必恐负累滋多，宜令自今此类并许陈首，当惩责其人，特免连坐。33，页1259—1260

【宋真宗景德元年（1004）闰九月】初，开封尉张易捕盗八人，送左军巡，狱成坐流，既决，乃获真盗。御史台劾问得实，前知府梁颢已卒，判官、屯田员外郎、直史馆盛玄责监洪州税，推官、赞善大夫李湘责监永丰税。李湘，未见。7，页1261

【宋真宗景德元年（1004）闰九月】己未，甘州回鹘遣使来贡方物。时有诏禁蕃部私买系禁香药，回鹘有违禁者，三司请即论决。上曰："绝域远来，未知国法，骤加刑辟，恐失绥远之道。"乃令先具罪状以闻。9，页1261

【宋真宗景德元年（1004）闰九月】癸亥，令天雄军以北及滨、棣、德、博等州警察部内，有因敌骑入寇，警劫民户资财，情理切害者，不限有赃无赃，首从并处斩讫奏，自余禁系取裁。11，页1261

【宋真宗景德元年（1004）闰九月】诏户部判官工部员外郎李防、右正言直史馆张知白等，分诣江南东、西路理系囚，访民疾苦，祠境内山川，旱故也。16，页1262

续资治通鉴长编卷五十八　宋真宗景德元年（甲辰，1004）

【宋真宗景德元年（1004）冬十月】诏历代圣贤陵墓摧毁者官为修葺，申严樵采之禁。3，页1273

【宋真宗景德元年（1004）冬十月】己亥，夺给事中吕祐之半月俸，监察御史朱搏赎铜四十斤，太仆卿直秘阁钱惟演、右骁卫将军钱惟济各赎铜三十斤。明德皇后发引前夕，百官赴临，祐之班定方至，搏临毕而至，惟演等不至，为御史所纠劾故也。30，页1277

【宋真宗景德元年（1004）冬十月】壬寅，诏："川峡四路兵甲贼盗事，'内益、利两路，令西川钤辖司提举；夔、梓两路，令峡路钤辖司提举；其逐州都监，但主本州兵甲盗贼事'"。33，页1277—1278

【宋真宗景德元年（1004）十一月】诏澶州逃亡军士，限两月首身释罪，仍旧隶籍。3，页1280

【宋真宗景德元年（1004）十一月】乙丑，诏留守官司，如车驾离京后，有无赖不逞，骚动人民，情理难恕者，并斩讫以闻。18，页1282

【宋真宗景德元年（1004）十一月】丁卯，诏今日以前逃亡军士，并许首身释罪，仍隶军籍，在外者加赐装钱。23，页1282

【宋真宗景德元年（1004）十二月】滑州言契丹引众攻通利军，知军王固弃城宵遁，契丹掠城中民众而东。诏劾固罪以闻。固至河阳，为赵昌

言所缚，送阙下，付御史狱治。会赦，责监贺州银锡场。13，页1290

【宋真宗景德元年（1004）十二月】壬辰，赦河北诸州死罪以下，民经戎寇蹂践者给复二年，死事官吏追录子孙。35，页1295

【宋真宗景德元年（1004）十二月】东京有劫盗，系右军巡狱，疑状未具，继获余党，既至，见其徒械击，因共击狱卒以谋奔窜，狱吏不能禁，驰白留守雍王元份，遽遣搜捕送府，主吏恐其复亡，殴折其足。元份始闻狱辞，怖甚，又不忍其酷法，遂惊悸，暴得疾。诏参知政事王旦权东京留守事，即日乘传先还。时两河之民颇有陷敌者，旦上言："国家揽四海之富，不急之费动至亿万，愿出金帛数十万赎其人。"或有沮议者，遂止。陈贯亦有此议，具明年。39，页1295

续资治通鉴长编卷五十九　宋真宗景德二年（乙巳，1005）

【宋真宗景德二年（1005）】春正月庚戌朔，大赦。1，页1307

【宋真宗景德二年（1005）春正月】知节先在镇州，方敌犯塞，民相携入城，知节与之约，有盗一钱者斩。俄有窃童儿钱二百者，即戮之，自是无敢犯者。每中使赍诏谕边郡，知节虑为敌所掠，因留之，募捷足闲道而行，以达诏旨。会发澶、魏、邢、洺等六州军储赴定州，水陆并进，时兵交境上，知节曰："是资敌也。"因告谕郡县，凡公家输辇之物，所在纳之，敌欲剽劫，皆无及。车驾幸澶渊，大将王超拥兵数十万屯定州，逗遛不进，知节屡讽之，超不为动。复移书诮让，超出兵，犹辞以中渡无桥，徒涉为患。知节先已命工度材，一夕而具。上闻之，手诏褒美。7，页1308

【宋真宗景德二年（1005）春正月】定州部署言："昨遣散员指挥使赵信帅所部袭寇，至水谷寨，误掠民牛畜，鞫得实，事在赦前。"上曰："信等皆土人，乃素有仇怨而剽劫耳，虽已经赦，宜部送阙下，配隶他所。"17，页1310

【宋真宗景德二年（1005）春正月】除河北诸州奸人因巡幸辄谋摇动

所在斩决之条。19，页1310

【宋真宗景德二年（1005）春正月】右正言、直史馆张知白言江南诸州，惟袁州有盗二人未获，余郡皆狱空。23，页1311

【宋真宗景德二年（1005）春正月】诏缘边诸州所市战马，旧自三岁至十七岁者官悉取之，自今止市四岁至十三岁者，余勿禁。47，页1314

【宋真宗景德二年（1005）二月】先是，益、邛、嘉、眉等州岁铸钱五十余万贯，自李顺作乱，遂罢铸，民间钱益少，私以交子为市，奸弊百出，狱讼滋多。乃诏知益州张咏与转运使黄观同议，于嘉、邛二州铸景德大铁钱，如福州之制，每贯用铁三十斤，取二十五斤八两成，每钱直铜钱一，小铁钱十，相兼行用，民甚便之。2，页1315

【宋真宗景德二年（1005）二月】甲申，高品王怀信部送通利军强盗三人赴阙，请行磔市之戮，其犯乃在赦前，上曰："赦令所以示信于天下也，况此等未尝杀人。"悉宥之，以隶军籍。9，页1316

【宋真宗景德二年（1005）二月】甲午，诏缘边得契丹马牛者，移牒还之，没蕃汉口归业者，均给资粮，纵其所乘马勿留，违者论其罪。21，页1318

【宋真宗景德二年（1005）二月】上闻边民乏农器，诏弛铁禁。22，页1318

【宋真宗景德二年（1005）三月】初，安阳人陈贯喜言兵，咸平中，大将杨琼、王荣丧师，贯上书言："前日不斩傅潜、张昭允，使琼辈畏死不畏法，今不严其制，后当益弛。请立法，凡合战而奔者，主校皆斩。大将战死，裨校无伤而还，与奔军同。军匄城围，别部力足救而不至者，以逗遛论。如此，罚明而士卒厉矣。"上嘉纳之，将召试学士院，执政谓琼等已即罪，议遂格。6，页1322

【宋真宗景德二年（1005）三月】庚申，禁边民入敌界掠夺赀畜，犯者捕系，罪至死者论如法，流以下部送赴阙。11，页1324

【宋真宗景德二年（1005）三月】诏缘边诸州军，应北界移牒事，理无疑者即报之，关机要者疾置以闻，待报而答，亦勿令知之。时安肃军奏北界移牒寻捕所失牛畜，本军报已具闻奏，上以小事不必尔，又虑事有非顺，难于施行者，不欲出自朝议，故有是诏。15，页1325

【宋真宗景德二年（1005）三月】诏自今所举大理寺详断官、刑部详覆官上试断案五道，差官与二司互考。20，页1326

【宋真宗景德二年（1005）夏四月】丙戌，斩布衣申宗古于西市，坐诣登闻院诬告宰臣寇准与安王元杰谋反故也。4，页1327

【宋真宗景德二年（1005）夏四月】先是，诸路部送罪人至阙下者，军头司引对便坐，皆即决遣，或刑名疑互，无所详准。庚子，诏自今委本司召法官一人审定以闻。《会要》云：本司言开封府狱囚当引见不坐格律，请再送司录定断。上虑其久系，故有是诏。16，页1329

【宋真宗景德二年（1005）夏四月】乙巳，环州言戎人入寇，出兵御之，杀获甚众，生擒贼将庆叅，部送阙下，请斩于藁街，以警蕃部。上曰："驱率而来，此亦何罪？"止令配隶淮南。21，页1330

【宋真宗景德二年（1005）夏四月】阁门祗候郭盛言，洪州、南康军民李士衡等愿输米赈饥民，请诏与官。上曰："若其人曾犯刑宪，不可授以官秩，听本家次第亲属代之。"24，页1331

续资治通鉴长编卷六十　宋真宗景德二年（乙巳，1005）

【宋真宗景德二年（1005）五月】仪州言，前制胜关寨主郄勋贸易侵渔蕃部，强市诸军给赐物，有军士与部民争斗，决讫，令荷校示众者二百七十余日，至是，为部民所讼。上曰："人固不易知。勋往时多奏臣僚不法事，以是或称其尽公，稍加任用，敢尔贪暴，转运使亦不能按举，何也？宜以兹事遍诸路，劾勋罪以闻。"11，页1337

【宋真宗景德二年（1005）五月】寿春县主上言："其夫兄掌刍藁之

职,以废职为有司所举,请宥之。"上不许,使正其罪。主,楚王元佐女也。31,页1341

【宋真宗景德二年(1005)五月】己巳,诏自今诸州官吏雪活得人命者,并理为劳绩。先是,著作佐郎曹定言,官吏雪活,乃其职分,不当论课最。于是,太子詹事、判刑部慎从吉言,误失用刑,率皆受责,雪活冤狱,曾不沾恩,惩劝之间,恐未协理,望颁新制,以勖尽心,从之。33,页1341

【宋真宗景德二年(1005)五月】诏幕职、州县官例当免选者,有赃罪及行止逾滥,并俟选满日注官,内缘酒食计赃者,不在此限。36,页1342

【宋真宗景德二年(1005)六月】申禁行滥物。2,页1344

【宋真宗景德二年(1005)六月】己卯,刑部、大理寺、三司法直官,令吏部铨选流内官一任三考以上、谨干无过、工书判者,具名引对,试断案五道,中格者授之。三司大理寺一年、刑部三年无私罪者,授京官。先是,悉自令史迁补,端拱中,寇准判铨,奏用士人,至是,复举前诏。4,页1344

【宋真宗景德二年(1005)六月】曹州民赵谏与其弟谔,皆凶狡无赖,恐喝取财,交结权右,长吏多与抗礼,率干预郡政。太常博士郑人李及受诏通判州事,谏适来京师,投刺请见,及拒之,谏大怒,谩骂而去。因帖榜言及非毁朝政,及得之,以匿名事,未敢发。会大理寺丞任中行本谏同乡里,尽知其奸慝,密表言之。上即遣中使就访,京东转运使施护、知曹州谢涛并及,皆条疏谏兄弟丑迹,乃逮系御史狱。又诏开封府、曹州吏民,先为谏、谔恐喝者,得自首露释罪。命搜其家,得朝士、内职、中贵所与书尺甚众,计赃巨万。己丑,并斩于西市,党与决杖流岭外,与之游熟者并坐降黜。因诏:"自今讼不干己事,即决杖荷校示众十日,情理蠹害,屡诉人者,具名以闻,仍配隶远处。"上初欲穷治与谏交游者,内出姓名七十余人付狱,中丞吕文仲请对,言逮捕者众,或在外郡,苟悉索之,虑动人听。上曰:"卿执宪,当嫉恶如仇,岂公行党庇耶?"文仲顿首曰:"中司之职,非徒绳纠愆违,亦当顾国家大体。今纵七十余人悉得奸状,以陛下之慈仁,必不尽戮,不过废弃而已。但籍其名,更察其为

人，置于冗散，或举选对扬之日摈斥之，未为晚也。"上从其言。施护，未见。14，页1345—1346

【宋真宗景德二年（1005）六月】诏自今僮仆盗主财五贯，配本州牢城，十贯配五百里外，二十贯以上奏裁。改咸平六年之制，虑其淹系也。27，页1348

【宋真宗景德二年（1005）六月】殿前、侍卫司上言："开封府追取禁兵证事，皆直诣营所，事颇非便。"上曰："朕察比意，盖止欲就本司决遣耳。有唐之弊，方册可视。自今除逮捕证佐悉如旧制，军人自犯杖罪以下，本司决遣，至徒者奏裁。"上尝戒军校曰："犯法者须以军法治之，然悯恻之意不可不存其间。"29，页1348—1349

【宋真宗景德二年（1005）秋七月】辛亥，上封者言："刑部举驳外州官吏失入死罪，准断狱律，从流失入死罪者，减三等，徒二年半。公罪分四等，定断官减外徒三年，为长者追官，余三等徒罪止罚铜。伏以法之至重者死，人之所保者生，傥官司不能尽心，则刑辟乃有失入，伤和平之气，违钦恤之仁。盖幕职、州县官初历宦途，未谙吏事，长吏明知从罪不至追官，但务因循，不自详究。又雍熙三年七月敕，权判刑部张佖起请失入死罪，不许以官当赎，知州、通判并勒停。咸平二年编敕之时，辄从删去，致长吏渐无畏惧，轻用条章。臣以为若以格法旧条，似亏惩劝，或准张佖起请，又未酌中。欲望自今失入死罪不致追官者，断冲替，候放选日注僻远小处官，联署幕职、州县官注小处官，京朝官任知州、通判知令录，幕职受远处监当，其官高及武臣、内职，奏取进止。"诏可。3，页1349

【宋真宗景德二年（1005）秋七月】己未，诏诣阙诉事人，须因州县理断不当，曾经转运使诉理月日，鼓司、登闻院乃得受。7，页1350

【宋真宗景德二年（1005）秋七月】安国军节度推官李宏上言："诸路每置院鞫囚，或值夏月，望令十日一涤杻械，如州狱之制。"从之。李宏，未见。10，页1350

【宋真宗景德二年（1005）秋七月】己巳，诏八月一日已后，持仗强

盗，遇南郊恩赦，不在原免之限。12，页1351

【宋真宗景德二年（1005）秋七月】庚午，大理寺言："郊礼在近，诸州奏案多不精详，冀于覆驳延留，以俟宽宥。请自今有侵损赃私，事状明白，公然抗拒，当驳退者，即具情由定断，以绝侥幸。"诏可。又诏诸谋杀人不至伤杀，而情理凶恶，不可留本处者，具狱以闻。13，页1351

续资治通鉴长编卷六十一　宋真宗景德二年（乙巳，1005）

【宋真宗景德二年（1005）八月】辛巳，诏："诸州县案帐、要切文书、钞榜等，委官吏上籍收锁，无得货鬻毁弃。仍命转运使察举，违者重置其罪。"时魏州判官王象坐鬻案籍文钞，除名为民，配隶唐州，因著条约。4，页1357

【宋真宗景德二年（1005）八月】丙戌，西川转运使黄观言，益州将吏民庶举留知州张咏，诏褒之。始，车驾北征，四方摇心，咏虑远夷乘隙为变，欲出奇以胜之，因取盗贼之尤无状者，磔死于市，众皆慑服，遂底嘉靖。每讯牒便文，久不得判，咏率尔署决，莫不允当。蜀中喜事者论次其词，总为诫民集，镂板传布。上尝遣使巡抚西川，因令谕旨曰："得卿在彼，朕无西顾之忧也。"7，页1357

【宋真宗景德二年（1005）八月】诏以刘承珪新定权衡法附编敕。《实录》《会要》皆云诏以承珪新定权衡法附编敕，而不颁下。案承珪新式，自淳化三年已行用矣，不知此所谓不颁下者果何法也。《会要》云景德中承珪重加参定，其法益为精备。所谓不颁下者岂此法耶？其实与淳化所用不殊，当是已行用，故不复颁下，而承珪新式及是始附编敕耳。当考。8，页1357

【宋真宗景德二年（1005）八月】戊子，诏《咸平编敕》后续降宣敕，所在编录二本，一长吏主之，一法司行用，转运使检察，无漏落。10，页1358

【宋真宗景德二年（1005）八月】庚寅，令益、梓、利、夔诸州营内镇将，不得捕乡村盗贼、受词讼。13，页1358

【宋真宗景德二年（1005）八月】初，郓王元份娶崇仪使李汉赟之女，性悍妒惨酷，宫中女使小不如意，必加鞭挞，或有死者。上每有恩赐，诏令均给本宫，而李尽取之，罕所沾及。元份既卧疾，上亲临问，见左右无人侍，因辍宫人为主汤剂。女使为笞搒所发，一日因谋燔爇，众救之而止。始太宗上仙，戚里皆赴宫中朝晡临，惟李多称疾不至，上不欲遂成其恶，特令殿隅别设幄帟，屡召始入。又元份生日，李以衣服器用为寿，皆饰以龙凤。元份薨，李无戚容，而有谤上之语。上既尽知其所为，以元份故，为优容之。及是，复不欲显究其罪状，乙未，命削国封，置之别所。18，页1359

【宋真宗景德二年（1005）八月】先是，大理寺断禁军逃亡，在赦限内捉获者斩，赦限外即准律减等。上曰："此刑名殊非允，当令赦限内不首者重，去赦远不首者轻。"乃诏详议。己亥，诏："亡命军士及劫盗，赦限内捕得，罪至死者，奏裁；限外劫盗，准法。亡命军士罪至死者，杖脊黥面，流沙门岛，情理重者奏裁，罪不至死者，不以赦限内外，并依常法。"20，页1359

【宋真宗景德二年（1005）八月】庚子，诏应贼盗赃物，自今委长吏、通判官亲付本主，虑为下吏所罔，致断狱失实也。21，页1360

【宋真宗景德二年（1005）九月】诏州县官在任廉干，许州佐职官保奏，其幕府官亦许知州、通判奏举，皆令本路转运使考察连坐上闻，异时不如状，一等置罪，在任不法，亦如之。4，页1363

【宋真宗景德二年（1005）九月】庚戌，以淮南旱歉，诏转运司疏理管内系囚。8，页1364

【宋真宗景德二年（1005）九月】辛亥，诏诸司入流官选满堂除，资叙超异，多违旧式，自今并从铨曹投牒注拟，准敕格施行。9，页1364

【宋真宗景德二年（1005）九月】诏举放息钱，以利为本，伪立借贷文约者，从不应为重科罪。15，页1365

【宋真宗景德二年（1005）九月】易尝通判蕲州，奏疏言："尧放四罪而不言杀，彼四者之凶尚恶言杀，非尧仁之至乎？盖国之所谨，莫先乎刑，刑不可不本于法，不本于法则刑黩而政暴，刑黩而政暴，则下无所措手足矣。古之肉刑者，劓、椓、黥、刖，皆非死刑，尚以为虐而绝之。近代以来，非法之刑，断截手足，钩背烙身，见白骨而口眼犹动，四体分落而呻痛未息。以此示人，故四方长吏益残暴不已。又婺州先断贼手足，然后斩之以闻。寿州巡检使以贼磔于阛阓之中，其旁犹有盗物者。使严刑可戒于众，则秦天下无一黔首之乱矣。臣以谓非法之刑，非所以助治也，惟陛下除之。"上嘉纳其言。18，页1365—1366

【宋真宗景德二年（1005）九月】禁福建诸州军寺院童行依僧尼真影出家者。19，页1366

【宋真宗景德二年（1005）九月】判刑部慎从吉言："自今遇有赦文颁下，请差三司、馆阁、官告院吏笔札精熟者书写，每本著其姓名，集审刑详议、大理详断官校读，错误者罪之，仍请令中使监莅。"诏可。国家三年一修郊礼，必有肆赦，寇莱公尝议模印以颁四方，为众所沮，乃止。其后，外郡覆奏赦书字误，沂公始举寇相之议，令刑部锁宿雕字人模印颁行。因之，日官乞每年颁历日亦雕板印行。旧每岁募书写人，所费三百千，今模印则三十千。仍有沮议，曰："一本误则千百本误。"沂公语之曰："不令一字有误可矣。"自尔遵行不改。此据王曮《百一编》，当附王曾当国时。20，页1366

【宋真宗景德二年（1005）九月】癸亥，权三司使丁谓等上《三司新编敕》十五卷，诏雕印颁行之。23，页1367

【宋真宗景德二年（1005）九月】丙寅，诏许河中府民赍铁器过河，于近郡货鬻，其缘边仍旧禁断。25，页1367

【宋真宗景德二年（1005）九月】己巳，以户部判官李含章监朗州酒税。含章徇公洁己，而临事褊执，群吏以簿书稽滞为讼，推劾得实，群吏决杖，而含章亦赎金，仍厘务焉。29，页1368

【宋真宗景德二年（1005）九月】上阅开封府囚帐，日系二百余人，悯其苛留。命给事中董俨、直昭文馆韩国华与知府张雍虑问，情轻者即决之，事须证佐者促成之。31，页1368

《续资治通鉴长编》所见法律史料辑录　135

【宋真宗景德二年（1005）九月】己亥，诏广南西路州军有纵火焚人庐舍，情理凶蠹者，依法决讫，刺配五百里外牢城。从太子中允卢干之请也。卢干，未见。36，页1369

【宋真宗景德二年（1005）十月】驸马都尉石保吉不时请对，言仆人张居简掌私财，有所侵盗，愿赐重责。上曰："自有常典，岂可以卿故法外加刑。"保吉又请于私第决罚，亦不许。保吉好治生财利，尤吝啬，居常命仆人买针缕、脂泽、栉沐猥细杂物，置肆第中，家人有所须，则令就市之，冀缗钱不出于外。其鄙近如此。8，页1370

【宋真宗景德二年（1005）十月】诏岳渎庙宇，自今所属知州、通判，每季一往案行，有隳损者，即时修葺。10，页1371

【宋真宗景德二年（1005）十月】知审刑院查道、权判大理寺尹玘、权大理少卿傅珏、审刑院详议官梁象等四人，赎金有差，大理寺详断官仇象先等六人，并削官一任，坐议狱不当，为外郡覆奏抵罪也。傅珏、梁象、仇象先，未见。12，页1371

【宋真宗景德二年（1005）十月】丙申，诏自今盗贼黥面配牢城者，并于千里之外。从大理评事林陶所请也。17，页1372

【宋真宗景德二年（1005）十一月】诏河北州军，百姓粜谷入官，所给价钱，出城门者勿禁。5，页1373

【宋真宗景德二年（1005）十一月】辛酉，诏郊祀事有缺误不恭者，无得以赦原罪。11，页1373

【宋真宗景德二年（1005）十二月】初，有司将以南郊仪仗给郓王出殡，王钦若陈其不可。癸卯，钦若又言："夫名与器不可假人，位既不同，礼亦异数。故太牢以祭，匹士为攘，繁缨以朝，圣人所惜。况法驾卤簿，本奉至尊，郊祝庙享，俱为大事，安可以群臣凶礼，参用吉仪？既黩尊卑，实违典法。请令有司依《唐六典》令式，别置王公以下车辂及鼓吹仪仗，以备拜官职、朝会、婚葬之用。"诏从其请。21，页1380

续资治通鉴长编卷六十二　宋真宗景德三年（丙午，1006）

【宋真宗景德三年（1006）正月】初，仇象先等之削夺也，开封府法官实定其罪，于是，象先等诣登闻诉理，诏工部尚书王化基、枢密直学士李浚、御史中丞吕文仲、给事中董俨、知杂御史王济覆视之。皆言象先等事虽有失，而法不至追官。戊辰，诏各复旧职，而罪开封府官属焉。12，页1384

【宋真宗景德三年（1006）二月】诏中书及诸司人吏犯赃，叙理在诸司者，永不与外官。7，页1386

【宋真宗景德三年（1006）二月】诏贡举人因事殿举及永不得入科场，非被杖者，并许复应举。10，页1386

【宋真宗景德三年（1006）二月】癸未，武昌县民闻人若拙遣其甥韩宁伐登闻鼓，告永兴民李琬结党三十余人，谋杀官吏据城叛。诏度支判官李应机、阁门祗候侍其旭乘传按问，并其党皆伏诛。琬辞连己所不快者数十人，一切不问。旭先领东西排岸司，与谢德权提点在京仓草场，尝于仓隙地牧牛羊，为德权所讼，上问德权曰："牛羊食仓粟邪？"旭闻而自劾，上勉谕之。他日诏问旭："汝才孰与德权优？"对曰："德权畏法谨事，臣乃敢于官仓牧牛羊，是不及也。"人多称之。旭，左监门卫上将军稹之子，不记邑里。13，页1387

【宋真宗景德三年（1006）二月】诏幕职、州县官有曾任京朝官，准赦当叙迁及奏举当磨勘者，流内铨不得就移。23，页1389

【宋真宗景德三年（1006）三月】丁未，以枢密直学士李浚权知开封府，刘综同勾当三班院。浚吏干勤敏，能检察隐微，京师称之。综建议："三院御史员数至少，每奉朝请，劾制狱，多以他官承乏，甚紊彝制，望诏两制已上各举材堪御史者充。三院共置十员。若出使按狱，所经州郡官吏能否，生民利病，刑狱枉滥，悉得察举。"3，页1391

【宋真宗景德三年（1006）三月】令诸路州军不得差都监、监押录囚。时环州都监田浚言，地居极边，甫近蕃境，而推勘院牒请覆刑狱，虑缓急有警，本职妨阙，故条约之。9，页1393

【宋真宗景德三年（1006）三月】己巳，太常寺言："神州坛壝中有阬堑及车马之迹，又两壝步数迫隘，不合礼文。望令改择坛位，及依令式封标，诸坛外壝，禁人耕垦樵牧。"奏可，即坛于方邱之西焉。11，页1393

【宋真宗景德三年（1006）三月】是月，始命朝臣提点开封府界诸县镇公事，其后，又增置一员，以阁门祗候充。初置府界提点，《会要》在景德三年，增置在四年十二月，而《实录》并无之，本志亦甚略，今且附见，更俟详考。《实录》二年十二月，尝记命高继忠等提点府界刑狱、钱帛，疑此即置官事始也，当考。12，页1393

【宋真宗景德三年（1006）夏四月】丙子，幸崇文院观四库图籍及所修君臣事迹，遍阅门类，询其次序，王钦若、杨亿悉以条对，有伦理未当者，立命改之。谓侍臣曰："朕此书盖欲著历代事实，为将来典法，使开卷者动有资益也。"赐编修官金帛有差。3，页1394

【宋真宗景德三年（1006）夏四月】端拱中，定州民刘知友为从弟志元所杀。知友二子，曰斌，曰四哥，年皆幼，随母改适人。母常谓曰："尔长必报父仇。"后志元遇赦复还，时斌母已死，兄弟挟刃刺志元于道，不殊，即诣吏自陈。州具狱上请，丁丑，诏志元黥面配隶汝州，释斌等罪。《实录》云：刘斌免黥面，配本州牢城，四哥释之。今从《国史·刘斌传》。4，页1394—1395

【宋真宗景德三年（1006）夏四月】遣枢密直学士刘综、西上阁门使李允则诣三司，工部侍郎董俨、龙图阁待制戚纶、宫苑使刘承珪诣开封府，知制诰朱巽、龙图阁待制陈彭年、东上阁门使曹利用诣御史台、殿前侍卫司，编叙系囚。翌日，上御崇政殿临决，杀人者论如律，杂犯死、流、徒降一等，杖以下释之。日旰既罢，复令军头引见司官奏所决刑名，审视讫，乃施行。是后，每岁暑月，上必亲临虑问，率以为常。御史台引都官员外郎窦谔者，前知长安县，颇恣苛虐，诏劾其罪。上曰："亲民之官，不循道理，酷用刑罚，宜摈弃也。"遂令分司西京。9，页1394

【宋真宗景德三年（1006）夏四月】壬辰，命使六人，巡抚益、利、梓、夔、福建等路，所至存问犒设官吏、将校、父老，疏决系囚，除杂犯至死、官典犯赃依法外，流已下递减之。仍案察官吏能否，民闲利害，以闻。时屯田员外郎谢涛使益、利路，及还，举所部官三十余人，宰相以为多，涛乃历陈其治状，且愿连坐。奉使举吏连坐，自涛始。《涛本传》云：火星见西南，故命涛出使。当时所遣使并及福建、江、浙，恐不缘火星见西南也，今不取。11，页1395

【宋真宗景德三年（1006）夏四月】申严私藏天文、兵法之禁，星算术数人，所在悉部送赴阙。15，页1396

续资治通鉴长编卷六十三　宋真宗景德三年（丙午，1006）

【宋真宗景德三年（1006）五月】虎翼军使李绪屯青州，御下素严。所部卒庞德自以多过，惮其痛绳，乃诣阙诬绪令小校缮兵器，访山川道路，谋为寇盗。上疑其诈，遣阁门祗候侍其旭械德至青州，与通判魏升鞫之，且戒旭事如不实，即斩德以闻。至则具伏矫妄，且言本谓朝廷不复穷诘。绪亦云部下所告罪名至重，非圣上明察，使得详辨，则绪岂全要领，感慨雨泣。旭具以闻，上谓左右曰："大凡狱讼，无小大须为明辨，免及无辜也。"又以绪治军严整，即擢为本军都虞候。知青州张齐贤奏旭擅戮人，上曰："不尔，无以安被告者。"12，页1401

【宋真宗景德三年（1006）五月】壬戌，诏从行为盗，非元谋造意巨蠹者，并奏裁。26，页1403

【宋真宗景德三年（1006）】六月辛未朔，诏川峡民为盗配军者，再犯至徒及情理难恕，并部送出界，配诸州牢城。1，页1404

【宋真宗景德三年（1006）六月】壬申，诏诸路部署司禁兵逃亡，捕获及首身，所在州军不得裁遣，并送本司。2，页1405

【宋真宗景德三年（1006）六月】丙子，夔州路转运使薛颜上新徙夔州图，且言居民占射官地，请令岁输地课钱二万三千贯；又言城中创造官舍或侵民田。诏地课钱特免一万贯，所侵民田具顷亩以闻，当除租给直。

3，页1405

【宋真宗景德三年（1006）六月】禁诸路转运使副、诸州长吏与部内官属结亲，违者重置其罪。4，页1405

【宋真宗景德三年（1006）六月】癸未，诏："通犀金玉带除官品合服及恩赐外，余人不得服用。内诸司使以下，出入内庭不得服皂衣，违者论其罪。"12，页1406

【宋真宗景德三年（1006）六月】戊子，知制诰朱巽上言："朝廷命令，不可屡改。自今有陈述利害，更张法制者，请先付有司议其可否，如经久可行者行之，不可者止之。苟罔辨是非，一切颁布，恐失重谨之道。"上谓宰相曰："此甚识治体，卿等志之。且事有可否，执政者所宜尽言，无有隐也。"13，页1406

【宋真宗景德三年（1006）六月】诏三班院考较使臣以七年为限，尝有徒以上罪者，自赦后理年考课。14，页1406

【宋真宗景德三年（1006）秋七月】上封者言："盗贼多缘私憾，妄引无辜，官司因而追扰。又重禁者挚其手，令小儿哺其食，多受饥渴；不问所犯小大，同系一牢。"上悯之。秋七月辛丑朔，诏诸路州府应鞫盗贼，无令妄引徒伴，以时饮食，有疾者医疗之，仍分轻重系别房。1，页1409

【宋真宗景德三年（1006）秋七月】癸卯，上谓宰臣："京府浩穰，吏民狡猾，当官者倍须防闲。朕尹京日，有醉犯夜者，问之，乃豪家佣力之人。朕以所犯盖豪民常态，非佣力者所为，虽已引伏，潜遣人察之，移司别鞫，犯者果其主也。又承前当直司止分左右厢，未尝更代，朕始令每季一替，盖不欲其久于事而生奸耳。"4，页1410

【宋真宗景德三年（1006）秋七月】枢密院言诸路部送罪人赴阙者，军头司引对，颇为烦碎，望止令本司依例降配。上曰："朕虑其间或有冤滥及情理可矜者，宜令银台司自今取审状送枢密院进拟，付司施行，其涉屈抑者，即令引见。"17，页1412

【宋真宗景德三年（1006）八月】契丹移文北平寨捕为盗者，寨遣人与俱往，或言其不便。甲戌，诏边臣自今当自擒逐畀付，勿使外境人同诣乡村。5，页1416

【宋真宗景德三年（1006）八月】丁丑，上谓王旦等曰："凡裁处机务，要当知其本末。朕每与群臣议事，但务从长，虽言不尽理，亦优容之，所冀尽其情也。若果决行事，岂足为难。周世宗固英主，然用刑峻急，诛杀过当，享祚不永，岂不由此乎！"9，页1416—1417

【宋真宗景德三年（1006）八月】诏缘边州军，自今强窃盗入北界，如赃属北界，但追见存者，已费用者勿追。11，页1417

【宋真宗景德三年（1006）八月】禁缘边河南州军民于界河捕鱼。时契丹民有渔于界河者，契丹即按其罪，移牒安抚司，因命条约。15，页1418

【宋真宗景德三年（1006）八月】丁酉，上谓王钦若等曰："累有人言，西路缘边州军有能枭取为恶蕃族首级者，赏给素有条约，然恐因此害及平人。朕思之，逐处虽有次第部署之人，岂得容此枉滥！然言者既多，亦宜过为防检。"乃诏自今斩获蕃族首级，须辨问的实，当行杀戮者，许依前诏给赏，如其非理，即以军法论。27，页1420—1421

【宋真宗景德三年（1006）八月】是月，诏开封府今后内降及中书、枢密院送下公事，罪至徒以上者并须闻奏。先是，御史台言："开封府前勘天清寺僧契如及故左丞吕余庆孙男归政，止节略札子闻奏，致不绝词讼。乞自今应干分割田宅及僧人还俗事，并令结案录问，方得闻奏。"上曰："岂止僧归俗与私家分财邪？"因有是诏。29，页1421

续资治通鉴长编卷六十四　宋真宗景德三年（丙午，1006）

【宋真宗景德三年（1006）】九月庚子朔，斩殿直、泗州巡检王文用。文用捕获劫贼，受贼父赂，遂以其父为反告，上于本州。既而虑其事败，乃破胁所部将校，谋为剽劫。鞫之得实，罪当绞，特斩焉。又黜其父右领军卫大将军、会州刺史谦为忠正节度副使,不署州事。上视款,见文用才二十岁,未尝更事,因诏三班院,自今使臣年及三十累经勾当者,乃得选充监押、巡检。1,页1424

【宋真宗景德三年(1006)九月】大理寺言定禁军逃亡条,其下等禁军,月给酱菜钱满二百,随军壕寨而亡命者,请如禁军例决遣,自余悉准厢军。上曰:"俸少而法重,是深文也。"令自今下等禁军差为壕寨者,并增俸及三百,有犯论如法,余从所奏。3,页1424

【宋真宗景德三年(1006)九月】壬子,诏:"民以书籍赴缘边榷场博易者,自非九经书疏,悉禁之。违者案罪,其书没官。"10,页1425

【宋真宗景德三年(1006)九月】乙丑,诏释西南纳质戎人。先是,诸蕃有抄劫为恶尝经科断者,恐异时复叛,故收其子弟为质,乃有禁锢终身者,上悯而纵之,族党感恩,皆稽颡自誓不为边患。19,页1426

【宋真宗景德三年(1006)九月】诏北界盗贼亡命至缘边州、军者,所在即捕送之。时有盗贼亡入北界,彼即擒付边将故也。22,页1427

【宋真宗景德三年(1006)九月】知秦州杨怀忠言,野儿和尚族蕃落尤大,能禀朝命,凡诸族为寇盗者,辄遏绝之,请加旌别。诏补三寨都首领。24,页1428

【宋真宗景德三年(1006)冬十月】乙亥,以太常博士王曙为契丹国主生辰使,内殿崇班、闾门祗候高维忠副之。户部员外郎、直集贤院李维为国母正旦使,崇仪使、雅州刺史张利涉副之。太常博士段晔为国主正旦使,如京副使孙正辞副之。维等使还,言契丹主见汉使强服衣冠,事已,即幅巾杂蕃骑出射猎矣。官属随帐,皆自办器械糗粮。始,孙仅使时,所过官属路左献酒,及维至则已变改,然而遇汉使益厚。又言蕃法极严,罪死者必屠割惨毒,其主尝云契丹乃禽兽,非同汉人可以文法治也。孙正辞,未见。4,页1428—1429

【宋真宗景德三年(1006)冬十月】初,右谏议大夫、知杭州薛映临决锋锐,州无留事。时起居舍人、直史馆姚铉为转运使,亦隽爽尚气,檄属州当直司毋得辄断徒以上罪。映即奏："徒流杖笞，自有科条，苟情状明白，何须系狱，以累和气？请诏天下，凡徒流罪人，于长吏前对辨无异，听遣决之。"朝廷既施用其言，铉与映滋不协。映遂发铉纳部内女口，鬻铉器多取其直，广市绫罗不输税，占留州胥，在司擅增修廨宇。上遣御史台推勘官储拱劾铉得实，法寺议罪当夺一官，特诏除名，为连州文学。拱亦奏映尝召人取告铉状，坐赎铜九斤，特释之。因下诏以戒诸路转运使。储拱，未见。17，页1431

【宋真宗景德三年（1006）十一月】丁未，诏应以历代帝王画像列街衢以聚人者，并禁止之。9，页1433

【宋真宗景德三年（1006）十一月】壬子，枢密院言："诸州所买蕃马，给价渐多，盖缘边臣各冀增数以为课绩。方今戎事已息，监牧渐蕃，亦宜常为节制。欲遣使劾其增置之罪以闻。"从之。14，页1434

【宋真宗景德三年（1006）十一月】诏："每宣敕下诸路相度会问公事，多是稽留，不即结绝，致烦催促。况稽留制书，律有明禁，当谕转运使告示，自今凡受宣敕，并须当日内施，限律限内结绝。若别须会问的实，限内未了者，亦须于限满日具事由奏裁。如敢依前稽缓，官吏并当勘劾，依律科罪。仍委中书门下、枢密院置簿提举。"20，页1435

续资治通鉴长编卷六十五　宋真宗景德四年（丁未，1007）

【宋真宗景德四年（1007）】春正月己亥朔，御乾元殿受朝，德音降京畿流罪以下囚。1，页1442

【宋真宗景德四年（1007）春正月】庚申，次中牟县，除逋负，释系囚，赐父老衣币，所过如之。10，页1443

【宋真宗景德四年（1007）春正月】德音降西京及诸路，赦流罪以下囚，释逋欠，赐畿县民租税有差。官吏应奉者有司考上课绩。建永安镇为县，改永熙陵副使、守当都监为三陵副使、都监。度两京及孟、郑州僧道，籍有名者每五人放一人，不及者每院与一人。14，页1444

【宋真宗景德四年（1007）二月】陈尧叟言狱空，诏奖之。尧叟居守，虽大辟罪亦止面问状，亟决遣之，未尝留狱。上曰："尧叟素有裁断，然重事宜付有司案鞫详察。"因密加诏谕焉。2，页1444

【宋真宗景德四年（1007）二月】增封唐大历中孝子潘良玉及其子季通墓，仍禁樵采。21，页1446

【宋真宗景德四年（1007）三月】辛亥，斩散指挥卒张杰、散员卒王政于本班院。杰等以博戏相殴重伤，特命戮之，以肃禁卫。10，页1448

【宋真宗景德四年（1007）】夏四月戊辰，诏："闻鄜州率民马棚大木，而常纳者复多选退，遣使罢其事，仍劾官吏擅赋之罪。"1，页1450

【宋真宗景德四年（1007）五月】甲辰，诏天下系囚，除近降德音不赦依日限奏断外，自余令审刑院、大理寺约法，以时闻奏。案数至百余，上虑其淹缓，故有是诏，谓左右曰："比见奏案断某州榷务亏额，定知州为私罪，乃云即合日至榷务。且长吏区处州事，榷务止当提辖耳，一加私罪，累及终身。乃知法官当简择平允通明者，若但能诵文习法，尤泥于事，不足尚也。"11，页1456

【宋真宗景德四年（1007）五月】戊申，诏以鼓司为登闻鼓院，登闻院为登闻检院。命右正言知制诰周起、太常丞直史馆路振同判鼓院，枢密直学士、吏部侍郎张咏判检院，检院亦置鼓。先有内臣勾当鼓司，自此悉罢。诸人诉事，先诣鼓院，如不受，诣检院，又不受，即判状付之，许邀车驾，如不给判状，听诣御史台自陈。先是，上谓王旦曰："开广言路，理国所先，而近日尤多烦紊。车驾每出，词状纷纭，洎至披详，无可行者。"故有此更置焉。起，邹平人也。

上尝谓近臣曰："登闻院每进疏，有言机密而狂妄者，皆付京府鞫罪。前日一僧即处徒坐，昨日一僧乃以疾为解。当谕有司常加察举，无令骈日之内同罪异罚，以疑于众。"此事据《宝训》在四年，今且附见。12，页1456

【宋真宗景德四年（1007）五月】乙丑，诏曰："朕精求政治，延访臣工，咸欲尽规，所宜无隐。乃有上封而论事，辄乞留中而匿名，多涉巧诬，颇彰欺诋，既亏公议，当革弊风。自今文武群臣表疏，不得更乞留中，事涉机要，许上殿自陈。如或举奏官吏能否，亦须明上封章，当行覆验。中书、枢密院总该众职，宜尽公询访，可奖可黜，以属在廷。诸路转运使、诸州长吏辨察官属有不法者，事发不言，当加谴责；有治状者，亦勿隐蔽。谏官、御史务遵职业，无或懈慢，令尚书都省纠举之。"先是，上谓王旦曰："臣僚升殿奏事札子，有不列己名请留中者，皆攻人之短，发人之私。苟偏听之，即不可信，若显行之，又重违其意。比令杜镐、陈彭年检上封密谏故事，可著条约，并警有位，令各举其职。"乃降是诏。《五朝会要》以此事系之咸平四年，误也，今不取。19，页1457—1458

【宋真宗景德四年（1007）五月】禁诸路承受使臣贩鬻规利，及役使工匠，豪富公人往来，违者重置其罪。州郡臣僚有干求恩泽奏状，毋得收接。21，页1458

【宋真宗景德四年（1007）闰五月】诏京城内外诸庙，比差军巡逻监察，总敫攘之辈，如闻以觇事为名，取求财物，宜令开封府侦捕严断，仍委殿前、侍卫司常加约束。3，页1459

【宋真宗景德四年（1007）闰五月】甲申，上阅开封府囚簿，有囚累月械系，案下法寺而未报者数人，指示王旦等曰："此何故？"旦对曰："法官于刑名间有所诘难故也。然臣尝领审刑，见案牍稽滞或逾百日，盖法官考限将满，则妄生诘难，延日俟替，以避断奏。"上曰："但处法平允，何须顾避？"乃诏主判官常加约束，无使复然。8，页1460

【宋真宗景德四年（1007）闰五月】遣使诣御史台、三司、开封府、殿前侍卫司编类系囚，壬辰，上御崇政殿虑问，多所原减。12，页1461

【宋真宗景德四年（1007）闰五月】癸巳，诏："先是中书，枢密院、三司奏事得旨，即日覆奏。惟开封府得旨，或即付外施行。刑名决遣，虑未详审，自今如三司例。"14，页1461

【宋真宗景德四年（1007）六月】戊申，上谓辅臣曰："近诏谏官、御史各令举职言事，昨右正言陈彭年请条制贡部复宏词科，采经术士，侍御史贾翔使还，奏宿州买绫扰民。此皆可采，中书宜置籍记之，自彭年、翔为始。仍具案覆可行及不可行者，岁终以闻，若有改转，即不俟岁终录

奏。"贾翔,未见。7,页1462

【宋真宗景德四年（1007）六月】是月,徙敏中知河南府、兼西京留守司事。尝有僧暮过村民家求寄止,主人不许,僧求寝于门外车箱中,许之。夜有盗入其家,自墙上扶一妇人并一囊衣而出。僧适不寐,见之。自念不为主人所纳而强求宿,宿而主人亡其妇人及财,明日必执我诣县矣。遂亡去,不敢循故道,走茅草间,忽坠眢井,则妇人已为人所杀,先在其中矣。明日,主人搜访亡僧并子妇尸,得之井中,执以诣县,掠治,僧自诬云与子妇奸,诱与俱亡,恐为人所得,因杀之投井中,暮夜失足亦坠井中,赃在井旁亡失,不知何人所取。狱成上府,府皆不以为疑,独敏中以赃不获,疑之。引僧诘问数四,僧服罪,但言某前生当负此人死,无可言者。敏中固问之,僧乃以实对。敏中因密使吏访其贼,吏食于村店,店妪闻其自府来,不知其吏也,问之曰："僧某者其狱如何？"吏绐之曰："昨日已笞死于市矣。"妪难曰："今若获贼,则何如？"吏曰："府已误决此狱矣,虽获贼,亦不敢问也。"妪曰："然则言之无伤矣。彼妇人者,乃此村少年某甲所杀也。"吏曰："其人安在？"妪指示其舍,吏就舍中掩捕,获之,案问具服,并得其赃。一府咸以为神。25,页1465—1466

续资治通鉴长编卷六十六　宋真宗景德四年（丁未，1007）

【宋真宗景德四年（1007）秋七月】时虎翼军有率钱修公用什物者,上以法禁甚严,而此类赃非入己,情理可悯。丙寅,诏自今一事以上,并从官给。2,页1469

【宋真宗景德四年（1007）秋七月】诏妇人犯罪,杖以下非故为者,量轻重笞罚,或赎铜释之。5,页1469

【宋真宗景德四年（1007）秋七月】戊辰,审刑院言："诸路脱漏丁口輂运金帛储粮,止缘失误,其命官、使臣无私赃罪案,望止付三司奏断讫报法寺。又,法寺与勘命官,内检断不当、公事失错或保任无状,止是公坐不至追官者,并止委转运司差官鞫问,如无情弊,即依法罚讫以闻。"并从之。6,页1469

【宋真宗景德四年（1007）秋七月】诏自今官吏犯赃，及情理惨酷有害于民、刑名疑误者，审刑院依旧升殿奏裁，自余拟定用刑封进付中书、门下施行。《会要》云：诏审刑院凡有法寺奏断公案，皆具详议奏覆。今后宜令本院除官吏赃私渝滥、为事惨酷及有刑名疑误者，依旧奏覆，其余刑名已得允当，即具封进，仍以黄贴子拟云"刑名委得允当，乞付中书、门下施行"。时王济等上章乞废审刑院，帝因令宰相更为约束。王济欲废审刑院，当考。7，页1470

【宋真宗景德四年（1007）秋七月】己巳，上谓辅臣曰："王济上刑名敕五道，烦简不等。朕尝览显德中敕语，甚为烦碎，当是世宗严急，出于一时，既已行下，无敢谏者。"又言魏仁浦尝作敕草，云"不得有违"。堂吏白"敕命一出，违则有刑，何假此言也"？仁浦是之。王旦曰："诏敕理宜简当，近代亦伤于烦。"冯拯曰："开宝中差诸州通判，敕'刑狱钱谷一一指挥'，又有'不得慢易'之语，方今已简略也。"上曰："大凡联官，苟协和商议，事皆中理。若一人异同，虽不得慢易等字，去之亦难。自今事理有关，轻重不侔者，当先访有司，具陈可否，然后降敕。"10，页1470

【宋真宗景德四年（1007）秋七月】诏："群臣举官，例皆连坐，宜有区别。自今朝官、使臣、幕职、州县官，须显有边功，及自立规画、特着劳绩者，仍以名闻。如考覆之际，与元奏不同，当行朝典。或改官后犯赃，举主更不连坐。如循常课绩历任奏举者，改官犯罪，并依条连坐。其止举差遣，本人在所举任中犯赃，即用连坐之制。其改官他任，纵犯赃罪，亦不须问。"11，页1471

【宋真宗景德四年（1007）秋七月】壬申，诏："开封府判官、推官，各增置一员，以狱讼刑法为生事，户口租赋为熟事，分掌之，仍加俸给。如事有枉抑，未尽公理，非吏人受赇者，自今并以推判官为首。"先是，上之为开封尹，置判官二员、推官三员，及即位，止各置一员。于是，出笔记六事与王旦等议之，其二条以府事繁剧，欲增置推判官。既有是诏，仍令旦等择人而任之。其后，推判官止分掌左右军厢，无生熟事之别也。无生熟事之别，在天禧四年，今且并书之。15，页1471

【宋真宗景德四年（1007）秋七月】审刑院言神勇军校岳荣戍延州，弋射矢伤人至死，法止赎铜。上曰："军校非阅习而伤人，若处常法，何

以为诫？"特诏罚俸钱五十千付被伤家。24，页1474

【宋真宗景德四年（1007）秋七月】壬午，诏广州幕职、州县官、军校及配流人，委曹利用等所过延问，询求利便，可采者疾置以闻。先是，被罪失职者多谪岭外，时宜贼方扰，上虑因缘叛集，议徙近北州军，故因令察访之。29，页1475

【宋真宗景德四年（1007）秋七月】知制诰周起言："诸司定夺公事，望令明具格敕、律令、条例闻奏。或事理不明，无条可援者，须件析具事宜从长酌中之道取旨，不得自持两端，逗遛行遣。如挟情者，望许人论告，重行朝典；或止是畏避，亦量加责罚。"从之。31，页1476

【宋真宗景德四年（1007）秋七月】乙酉，舒贲言："是月朔，陈进及卢成均等悉众来攻柳城县，殿直韩明、许贵、郝惟和率所部兵千余御之，明、贵战死，惟和仅以身免。成均乃奔宜州，即遣使诣臣求赦罪，臣察知其伪。是夕，进复陷柳城，官军不敌，退保象州，望亟发兵讨击。"上曰："此诚诈也，然进等既以此请，宜传诏谕贼中，如能解甲归降，尽赦其罪，仍加转补。"33，页1476

【宋真宗景德四年（1007）秋七月】癸巳，复置诸路提点刑狱官。先是，上出笔记六事，指其一谓王旦曰："勤恤民隐，遴拣庶官，朕无日不念也。所虑四方刑狱官吏，未尽得人，一夫受冤，即召灾沴。今军民事务，虽有转运使，且地远无由知。先帝尝选朝臣为诸路提点刑狱，今可复置，仍以使臣副之，先命中书、枢密院择官具名进内。"上曰："河北、陕西，地控边要，尤须得人，取性度和平有执守者。"故亲选授太常博士陈纲、李权、李及，自余拟名以闻，咸引对于长春殿遣之。所至专察视囚禁，审详案牍。州郡不得迎送聚会。所部每旬具囚系犯由，讯鞫次第申报，常检举催督。在系久者，即驰往案问。出入人罪者移牒覆勘，劾官吏以闻。诸色词诉，逐州断遣不当，已经转运使批断未允者，并收接施行。官吏贪浊弛慢者，具名以闻，敢有庇匿，并当加罪。仍借绯紫，以三年为任，增给缗钱，如转运使之数。内出御前印纸为历，书其绩效，中书、枢密院籍其名，代还考课，议功行赏。如刑狱枉滥，不能摘举，官吏旷弛，不能弹奏，务从畏避者，置以深罪。39，页1477

【宋真宗景德四年（1007）八月】上谓近臣曰："前命诸路提点刑狱官察所部官吏逾违不治，而廉干之士未令称举，远方闻之，或谓朝廷但求人过，又恐不识治体者因而生事。"乃降诏："若有能吏，亦许荐论。"13，页1480

【宋真宗景德四年（1007）八月】兵部员外郎邵晔尝保荐光禄寺丞李随迁著作佐郎，坐赃除名为民，大理寺以晔连坐当夺一官，审刑院驳之云："当用正月德音减降。"大理寺以随事发虽在德音前，而官典受赇不在恩宥之限。审刑院言："是春刑部员外郎郑文宝坐举张舜举当徙大理，引德音降从杖，晔当如其例。"诏刑部尚书温仲舒等议其事，具言晔洎文宝皆不当减。知审刑院朱巽屡于上前自诉，上以语辅臣王旦等，且曰："晔因随得罪，随不该减削，晔亦不在原降之例。今朝廷举官者甚众，若遇赦悉免，则是永无连坐之法矣。"上以晔近自岭表还，故从轻典，止诏停任，法官皆坐罚。25，页1482—1483

【宋真宗景德四年（1007）九月】诏镇戎军有侵耕田土隐落常租者，悉蠲之。初，诏以荒土均给备边弓箭手，仍免地征。至是，民有讼其所占逾限及隐没租赋者，乃降是诏。2，页1487

【宋真宗景德四年（1007）九月】甲戌，诏审刑院详议、刑部详覆、大理寺详断官，自今任满，如书罚四次以上，未得考课引对，其同签联署者件析以闻，当酌其轻重差降；任使内供职无遗旷者，岁满优与升奖。6，页1487

【宋真宗景德四年（1007）九月】丙子，诏广南路提点刑狱官许乘传按部，若炎瘴之地，盛夏许移牒点检，至秋乃出巡。及大中祥符末，转运使、副亦听准例。转运使、副用此例，在祥符七年五月。8，页1488

【宋真宗景德四年（1007）九月】上闻京城居民多弃掷米麦食物，诏开封府严行禁止，重置其罪。13，页1488

【宋真宗景德四年（1007）九月】乙酉，知琼州李文著上言："配隶人谋杀官吏为乱，已与兵马监押马怀玉尽擒戮之。"诏审官、三班院俟文著、怀玉到阙日引对。李文著、马怀玉，未见。18，页1490

【宋真宗景德四年（1007）九月】丙戌，张崇贵言赵德明将葬其母。诏遣殿直、阁门祇候袁玚致祭，玚至夏州，遗忘抚问辞，且发言轻易。及还，坐落职，赎金十斤。袁玚，未见。19，页1490

【宋真宗景德四年（1007）九月】戊子，诏官吏因公事受赇，许为曲法，及决遣之际，复用常科规避枉法之罪，自今证佐明白者以枉法论，至死者加役流。从知审刑院朱巽之请也。22，页1490

【宋真宗景德四年（1007）九月】福建巡抚、比部员外郎张令图言："福建路诸寨棚巡兵捕得私鬻茶盐人，多分其财物，纵初犯人逃逸。请自今许途中反告，重置其罪，仍以所分财之半没官，余给告人。"从之。26，页1491

续资治通鉴长编卷六十七　宋真宗景德四年（丁未，1007）

【宋真宗景德四年（1007）冬十月】浔州言贼党周道诚挈其族自首。诏曹利用量罪处置，其家属释之。19，页1499

【宋真宗景德四年（1007）冬十月】枢密院上新置殿前、侍卫司将校具员。诏自今转补收落，令主事即时录其年月，有舛误白知院改正，敢漏落移易者劾罪以闻。20，页1499

【宋真宗景德四年（1007）冬十月】甲寅，德音赦宜、柳、象州、怀远军死罪以下囚，广南东、西路杂犯死罪以下递降一等，胁从受署者勿理。蠲宜柳象州、怀远军丁钱及夏秋租，桂、昭州秋租。免桂、昭秋租，《实录》在明年，今从《本纪》。24，页1499—1500

【宋真宗景德四年（1007）冬十月】先是，中书进拟曲赦条目，有云："溃散贼徒，听其首露释罪，军卒仍付所管。"上曰："比令曹利用相度裁处，此与前敕不相应会。"马知节曰："军卒婴城叛命，若许释罪，恐似太轻。"上曰："既已溃散，须有所归，倘擒之不尽，岂无后患？"陈尧叟请元谋同恶者不赦。知节又曰："军中合势，迫害长吏，聚党避罪，恣扰乡间，今获赦宥，恐为恶者不悛。"上曰："顷年西川谋害韩景祐者，所部皆禁旅，亦止诛首恶，其徒自首者移隶诸军。今澄海，州兵耳，苟元情重，徙置远郡可也。"知节执议如前。王旦请改云："溃散贼徒，限一月首露释罪，所在收录奏裁。"上可之。24，页1500

【宋真宗景德四年（1007）冬十月】黄梅县尉潘义方坐获劫盗，云尝以赃物寄卖酒朱凝家，即逮凝至，遣狱卒以牛革巾湿而蒙其首，燥则愈急，凝不胜楚痛，即自诬受赃，法寺当赎金九斤，诏特勒停。仍申儆中外，应有非法讯囚之具，一切毁弃，提点刑狱司察之。《东都事略》：诏曰，"拷掠之法，素著科条，非理擅行，兹谓惨酷。诸道官司应有非法讯囚之具，一切毁弃"。26，页1500

【宋真宗景德四年（1007）冬十月】曹利用等言："溃散群贼，并招抚逐处禁系。其情理难恕者，欲所在处斩，妻子配役。"从之。37，页1503

【宋真宗景德四年（1007）十一月】壬申，诏三司亏陷官钱，许经历司分觉举释其罪，仍免均纳。先是，三司凭由司检见上供案，有亏失官钱者，有司欲悉令均偿，主吏上诉，命刑部尚书温仲舒、御史中丞王嗣宗详定以闻，而有是诏。7，页1503—1504

【宋真宗景德四年（1007）十一月】象州民有以饮食馈贼者，利用请逮捕痛绳之。上曰："远方愚民，为贼所迫，供置食物，乃是常理。惩罚太峻，不可行也。"令本州量事决责以闻。11，页1504

【宋真宗景德四年（1007）十一月】诏申太仓给军食概量刻少之禁。先是，军士所得，斛才八九斗，颇以为言。上问三司使丁谓，谓曰："前诏条制太仓纳诸州运粮无得增受，诸军月给无得减刻，违者至死。今此减刻，诚合严诛。但运粮米当有耗，舟卒盗食其中，若太仓输纳稍难，则恐纲运不继。"上曰："然月廪不可亏少。"故复约束之。12，页1504

【宋真宗景德四年（1007）十一月】癸未，殿前司骁骑小校张信弃市。信诉指挥使盖赞御下严急，鞭挞过当。陈尧叟曰："都虞候李继和言士伍不禀所部，合从军令。"上曰："如罪在士伍，可以严断；若捶挞过当，安可不尽其理耶？"马知节曰："太祖朝每命将校，必取刚方有断，士伍畏威者。"上曰："此盖彼时所宜尔。"即下吏案劾，信款云："赞乘醉教习，决责部下。信遂以弓弰拥卒四十余，厉声曰：'我辈终为指挥使乘醉所鞭杀。'即径诣马军司陈告。"赞云："虽日饮酒，而所鞭卒，皆有过者。"继和请斩告者十余人，余配沙门岛，罚指挥使、都虞候。诏诛信，余决杖配隶外州，轻者复隶本州，赞决杖配许州，其都虞候不能觉察、副指挥使不能裨赞，并下本司决罚。21，页1507

【宋真宗景德四年（1007）十一月】甲申，命审官院择京朝官有材干、举进士者通判保州，以其密迩边境，武臣充守，所答北界书牒，词理多谬故也。22，页1508—1509

【宋真宗景德四年（1007）十二月】犍为县民因伐木开道，与南蛮相杀伤。知益州任中正奏此县岩险，当云南要路，请置戍兵三百，命廷臣为驻泊监押。上以蜀都久安，不欲生事，乃诏谕中正禁缘边居民伐木开道，与蛮交争。2，页1510

【宋真宗景德四年（1007）十二月】泾原钤辖秦翰言："镇戎军纳质院先有奸猾蕃部以族属为质者，准诏并释之。有伊特古者，族望最大，凶狠多谋，纵之非便，今部送赴阙，兼令亲属同行，俾无疑虑，请配隶远处军籍。"诏赐装钱二万，以隶温州，仍给月廪。其亲属许还镇戎，受田与粮，不令同往。上以设法诱置，非示信之道故也。4，页1510

【宋真宗景德四年（1007）十二月】丁酉，诏应大祠及大忌前一日，虽不奏刑杀文字，若轻罪不可稽留者，审刑院上之。5，页1510

【宋真宗景德四年（1007）十二月】初，青神县民史光宝家为盗所劫，耆保言是夕雷、延赋、延谊不宿本舍，县尉即捕而讯之。县吏王嗣等恣行拷掠，因而至死。有顷，州得劫光宝贼七人，乃明赋、谊之冤。益州任中正具奏，戊戌，诏蠲赋、谊二户三年田租，免其徭役。7，页1511

【宋真宗景德四年（1007）十二月】京城河南草场遗火，城外都巡检、步军副都指挥使王隐命殿前虎翼都虞候高鸾以近便营兵救扑之。殿前司言鸾等非本属，当俟诏旨，请劾之。上以救焚之急，隐得便宜从事，因命释鸾等罪，仍戒自今各遵往制。8，页1511

【宋真宗景德四年（1007）十二月】己未，诏厢军及诸州本城犯，所部决杖讫，并移隶他军，内情理重及缘边随军者奏裁。先是，法寺上言请与禁军同等。上以军秩既有差降，故犯者亦从末减。26，页1515

【宋真宗景德四年（1007）十二月】辛酉，河北提点刑狱司陈纲上言："杖罪械系者，其枷未有定制，望令特置，以十五斤为准。"从之。28，页1515

续资治通鉴长编卷六十八　宋真宗大中祥符元年（戊申，1008）

【宋真宗大中祥符元年（1008）春正月】庚午，诏京朝官闲习法令无赃滥者，许诣阁门献状自陈，当议较试任之。4，页1520

【宋真宗大中祥符元年（1008）春正月】群牧制置使言："京城坊、监马病，即送养马务，素无赏罚之格，以故废惰多死，愈者百无三四。自今请勒本坊、监养疗，岁终籍数，以为殿最。"又请刻印医马诸方并牧法，颁示坊、监及诸军。从之。12，页1521

【宋真宗大中祥符元年（1008）春正月】诏军头引见司，自今诸处部送罪人至司，先上其数，如近休假，即日以闻。23，页1523

【宋真宗大中祥符元年（1008）春正月】先是，更置登闻鼓院及检院，禁民越诉。有司以国家既受瑞行庆，会上元车驾出游，诉事希恩甚众，有司以违制论，悉从徒坐。上悯愚民不晓科禁，辛卯，诏自今邀车驾越诉者，令有司告谕而宽其罚。26，页1524

【宋真宗大中祥符元年（1008）二月】辛丑，并北面缘边骑捷六指挥为四，徙泊高阳关。先是，缘界河常有无赖辈往来为盗，因募置此军，至是，兵籍差少，又不欲长留边陲，故南徙焉。6，页1525

【宋真宗大中祥符元年（1008）二月】壬寅，三班借职王逊以父母继殁，请终丧制。有司言内职居丧百日，即追出就列。上曰："人子念其亲

而愿终制，不必夺也。"7，页1526

【宋真宗大中祥符元年（1008）二月】癸卯，泸州言江安县蛮人杀伤戎州内属户。同巡检、殿直任赛领兵追捕，为所害。8，页1526

【宋真宗大中祥符元年（1008）二月】上语辅臣曰："京师士庶，迩来渐事奢侈，衣服器玩，多镕金为饰，虽累加条约，终未禁止。工人炼金为箔，其徒日繁，计所费岁不下十万两，既坏不可复，浸以成风，良可戒也。"乃诏三司使丁谓申明旧制，募告者赏之；自今乘舆服御涂金绣金之类，亦不须用。10，页1526

【宋真宗大中祥符元年（1008）二月】翰林书艺杨昭度、御书待诏盛量等言："为当直入院稍迟，监院中使赵履信便去巾帻，欲行答责。忝受命服，专具披雪。"诏送宣徽院，劾履信不奏擅行之罪以闻。18，页1527

【宋真宗大中祥符元年（1008）三月】审刑院言，准端拱二年诏，军事判官、节度推巡并依七品例，犯罪减等；正言、监察，皆台省清资，而品第八，律不该减，望自今同杂五品例。从之。16，页1530

【宋真宗大中祥符元年（1008）三月】癸未，诏自今文武官所书历，无得虚录劳课，隐漏过犯，违者重置其罪。18，页1530

【宋真宗大中祥符元年（1008）夏四月】禁于泰山樵采者。山下工役，无得调发丁夫，止用衮、郓州兵充。行宫除前后殿，余悉张幄幕。金帛、刍粮委三司规度收市，或转输供用。他所须物，悉自京辇致，无得辄有科率。发陕西上供木，由黄河浮筏郓州，给置顿之费。5，页1531

【宋真宗大中祥符元年（1008）夏四月】辛丑，令东京诸州军刑狱务从宽恕，无得非法决罚。11，页1532

【宋真宗大中祥符元年（1008）夏四月】辛亥，诏自京至衮州，敢有妄指民舍林木，言建营行宫、开修道路，及托官司须索配市、假借人夫车乘乞取财物者，所在护送赴阙。21，页1535

【宋真宗大中祥符元年（1008）夏四月】京城宣化门外，有军人死，焚其骨成佛像，愚民竞趋视施财，诏开封府禁止之。22，页1535

【宋真宗大中祥符元年（1008）夏四月】晋城县令王琰其、章县主簿苗文思皆坐枉法受赇抵死。癸丑，诏刑部以其事告谕天下。23，页1535

【宋真宗大中祥符元年（1008）夏四月】卢琰上京东管内刍粮之数，请收市转送岳下。上曰："以兵籍料之，所乏不多。琰此乃过为经度耳。若果行之，必扰于下。第令增价收市，余悉罢之。"35，页1537

续资治通鉴长编卷六十九　宋真宗大中祥符元年（戊申，1008）

【宋真宗大中祥符元年（1008）五月】壬戌，令官吏犯赃遇赦者奏裁，或有希望恩宥，故干科条，所在禁锢，以俟进止。2，页1542

【宋真宗大中祥符元年（1008）五月】丁丑，给复州经寇盗户三年。16，页1544

【宋真宗大中祥符元年（1008）五月】丙戌，上御崇政殿，亲虑御史台、三司、开封府、殿前侍卫司系囚，流已下递减一等，笞杖释之。30，页1547

【宋真宗大中祥符元年（1008）六月】乙未，诏军校老疾当隶外州者，听从其便。10，页1548

【宋真宗大中祥符元年（1008）六月】殿中侍御史赵湘言："汉章帝以月令冬至之后，有顺阳助生之文，而无鞫狱断刑之政，遂定毋以十一月、十二月报囚。今季冬诞圣之月，而决大辟不废，愿诏有司自仲冬留大辟弗决，俟孟春临轩阅视，情可矜察者贷之，他论如法。"上曰："此固善矣。然虑系囚益淹久，吏或旁缘为奸尔。"12，页1549

【宋真宗大中祥符元年（1008）六月】甲辰，诏衮州大辟囚送邻州处

断。18，页1550

【宋真宗大中祥符元年（1008）六月】庚戌，曲赦衮州系囚流罪以下。19，页1550

【宋真宗大中祥符元年（1008）八月】庚寅，诏东封路军马无得下道蹂践禾稼，违者罪其将领。5，页1553

【宋真宗大中祥符元年（1008）八月】诏京城寺院，禁道俗袒裼踞肆，僧尼谨洁修焚。14，页1554

【宋真宗大中祥符元年（1008）八月】丙申，以三司户部判官、殿中侍御史王好古监润州商税，工部员外郎、直集贤院刘鹗监涟水军商税，太常丞、判三司催欠凭由司王曙监庐州盐务，著作郎、直史馆、通判衮州李迪监海州商税。先是，好古等解送国子监秋试举人，有初场十不者，准法当停官，会赦，故薄责之。自是，诸州率以为例。王好古、刘鹗，未见。15，页1555

【宋真宗大中祥符元年（1008）八月】辛丑，诏审刑院、开封府自九月一日后勿奏大辟案，止令中书拟定施行。22，页1556

【宋真宗大中祥符元年（1008）八月】高州言占、腊商贾三人，为交州所逐，迷道至州境，欲配隶本州。上曰："远方之民，穷而来归，可给时服、缗钱，遣人伴送至境，放还本国。"23，页1556

【宋真宗大中祥符元年（1008）八月】乙巳，令天下禁屠宰一月，自十月始。26，页1556

续资治通鉴长编卷七十　宋真宗大中祥符元年（戊申，1008）

【宋真宗大中祥符元年（1008）九月】诏军头司引见罪人，悉具犯由奏闻，送开封府决遣，自东封回日如旧。3，页1560

【宋真宗大中祥符元年（1008）九月】御史中丞王嗣宗立班失仪，因自首。上曰："宪官当守礼法。"然以其性素粗，略不之责。12，页1562

【宋真宗大中祥符元年（1008）九月】先是，西鄙戍卒叛入蕃族者，许本族擒献而厚赏之，亦有妄擒堡壁军士以邀赏者，官司不为详究，枉置于法，上闻而悯焉。于是，诏边吏审察之。16，页1562

【宋真宗大中祥符元年（1008）九月】庚午，权判尚书刑部慎从吉，言与省寺众官覆视刑部尚书温仲舒等所试举充审刑详议官彭愈等，刑名通粗多有差互。诏问仲舒等，仲舒等引礼部侍郎魏庠前试大理寺详断官裴常、慎锴等所定通粗为比。诏尚书省集百官议定，吏部尚书张齐贤等言常、锴所试，亦不中程。先是，锴以武昌节度推官授著作佐郎，充详断官，至是厘正，夺其官。彭愈亦罢兵部员外郎。直史馆张复时知礼部，避事不草议状，殿中丞邱雍辄代为之，诏罚复金。锴，从吉子也。彭愈、裴常、邱雍，未见。18，页1562—1563

【宋真宗大中祥符元年（1008）九月】考功员外郎、知晋州齐化基削籍，黥面流崖州，纵逢恩赦，不在放还之限。其子淄州司理参军溥、同学究出身渎并削籍，与少子涤、侄涣分配安、邓、汝、蔡州。化基所至，以贪暴闻，性凶很，人皆避之，在晋州尤为苛刻，而诸子受赇五百余匹，又蓄铜器，衣涂金袍袴。事发，遣官案鞫，化基狡狯惧罪，款不实，凡三易制使，又令御史艾仲孺拷讯之，乃引伏。朝议惩其积恶，故令族窜之，仍诏谕晋州，官吏民庶，莫不欣快。元推官、监察御史欧阳载等三人悉坐停官。欧阳载，修之叔父，集有墓志，述载得御史，因依冯洁己。御史台记已辩其不然，今不取。21，页1563

【宋真宗大中祥符元年（1008）九月】甲戌，命诸司副使一员视岳下诸坛牲牢、祭器，有不恭其事者，遇赦不原。25，页1564

【宋真宗大中祥符元年（1008）九月】诏给事中张秉、左正言知制诰王曾管勾所经州县，父老诣行在者，送阁门引对，赐以酒食；州县见禁囚，具所犯以闻。29，页1564

【宋真宗大中祥符元年（1008）冬十月】诏行在诸色人有犯罪并赴行

宫都部署马知节，诸军即送殿前副都指挥使刘谦量罪区断，情理重者以军法从事，不须奏闻；所在州县犯罪人送军头司，未得引见，令枢密院详度指挥。上虔心祀事，不欲决罚，且虞小民轻冒禁法，故预戒之。自降诏至讫事，未尝戮一人，惟二人犯徒流者。9，页1568

【宋真宗大中祥符元年（1008）冬十月】甲辰，诏扈从人宿顿之所，无坏民舍、什器、树木，犯者重置其罪。23，页1570

【宋真宗大中祥符元年（1008）冬十月】癸丑，有司设仗卫、宫悬于朝觐坛下，坛在奉高宫之南，方九丈六尺，高九尺，四出陛，其南两陛。上服衮冕，御坛上之寿昌殿受朝贺，中书门下文武百官、皇亲、诸军校、四方朝贺使、贡举人、蕃客、父老、僧道皆在列。大赦天下，常赦所不原者咸赦除之。内外诸军将士，比南郊例特与加给。文武官并进秩，赐致仕官本品全俸一季，京朝官衣绯、绿十五年者，改赐服色。兖、郓州免来年夏秋税及屋税，仍免二年支移税赋工役。所过州县免来年夏屋税十之五，河北、京东军州供应东封者免十之四，两京、河北免十之三，诸路免十之二，屋税并永免折科。德清，通利军例外更给复一年。令开封府及车驾所过州军考送服勤词学经明行修举人，其怀材抱器沦于下位及高年不仕德行可称者，所在以闻。三班使臣经五年者与考课。两浙钱氏泉州陈氏近亲、伪蜀孟氏江南李氏湖南马氏荆南高氏广南河东刘氏子孙未食禄者听用。赐天下酺三日。改乾封县为奉符县。泰山下七里内禁樵采。大宴穆清殿，又宴近臣及泰山父老于殿门，赐父老时服、茶帛。

始议肆赦，上谓宰相曰："此赦与常赦不同，但常赦所不能行者，卿等并录出条目共议之，务令实惠及民也。"上斋于行宫，晁迥进所草赦书。故事，召对学士，天子着帽，而学士止系鞋。迥以方行大礼，乃秉笏请对，上入，改服见之。36，页1572—1573

【宋真宗大中祥符元年（1008）十一月】诏以正月三日天书降日为天庆节，休假五日。京师于上清宫建道场七日，宰相迭宿。罢日，文武官、内职皆集，赐会锡庆院。是夕，京师张灯。五日内无得用刑，仍禁屠宰。诸州建道场三日，群臣亦赐会。丁谓请以天书降后祥瑞编次谶赞，绘画于昭应宫。诏谓与龙图阁待制戚纶、陈彭年同编次，其赞令中书、门下、枢密、两制、尚书、丞郎、给谏、待制、馆阁官分撰。36，页1578

158　《续资治通鉴长编》所见法律史料辑录

【宋真宗大中祥符元年（1008）十二月】复州防御使、驸马都尉柴宗庆遇恩，自康州移复州，不告谢，为有司所举，以违制论，当赎铜三十斤，有诏末减，罚两月俸。28，页1582

【宋真宗大中祥符元年（1008）十二月】诏进奏院不得非时供报朝廷事，宜令进奏官五人为保，犯者科违制之罪。此据《会要》，不得其月。36，页1583

续资治通鉴长编卷七十一　宋真宗大中祥符二年（己酉，1009）

【宋真宗大中祥符二年（1009）春正月】戊辰，诏："自今开封府、殿前、侍卫司奏断大辟案，经裁决后，百姓即付中书，军人付枢密院，更参酌审定进入，俟画出，乃赴本司。其虽已批断，情尚可恕者，亦须覆奏。其逐处录问罪人，并当别差人吏，不得令元推典祗应。"

又诏："自今有诱人子弟，不问尊长，求析家产，或潜举息钱，辄坏坟域者，令所在擒捕，议从流配。"8，页1588

【宋真宗大中祥符二年（1009）春正月】上闻京师有壮年为盗被黥者，多纵不逞，令开封府具名捉搦，配隶外州。23，页1591

【宋真宗大中祥符二年（1009）二月】先是，有汀州人王捷者，咸平初贾贩至南康军，于逆旅遇道人，自言姓赵氏。是冬再见于茅山，命捷市铅汞炼之，少顷成金。捷即随至和州诸山，得其术，又授以小镮神剑，密缄之，戒曰："非遇人主，切勿轻言。"捷诣阙求见不得，乃谋以罪名自达。至信州，佯狂大呼，遂坐配隶岭南。未几，逃至京师，官司捕系，阁门祗候谢德权尝为岭南巡检，知捷有异术，为奏请得释，乃解军籍。刘承珪闻其事，为改名中正，得对龙图阁，且陈灵应，特授许州参军，留止皇城廨舍，时出游廛市。常有道人偶语云："即授中正法者，司命真君也。"承珪遂筑新堂，乃以景德四年五月十三日降堂之纱幬中，戴冠佩剑，服皆青色，自是屡降。中正常达其言，既得天书，遂东封，加号司命天尊，是为圣祖。凡瑞异，中正必先以告。辛卯，授中正左武卫将军致仕，给全俸，赐第通济坊，恩遇甚厚。司命加号，当考。7，页1593—1594

【宋真宗大中祥符二年（1009）二月】壬辰，禁诸州马监牧卒扰村民。10，页1594

【宋真宗大中祥符二年（1009）二月】禁缘峡、江诸州津铺邀留客旅舟船以丐钱，令本州察之。26，页1596

【宋真宗大中祥符二年（1009）二月】辛亥，诏审刑院、大理寺，应御史台、开封府案牍，速即奏断，以方春虑狱系淹久也。32，页1597

【宋真宗大中祥符二年（1009）二月】癸丑，太常博士、知温州李邈言："准诏，禁金银箔线装饰服用之物。伏见两浙僧求丐金银、珠玉，错末和泥以塑塔像，有高袤丈者。毁碎珍宝，寝以成俗。望严行禁绝，违者重论其罪。"从之。李邈，未见。33，页1597

【宋真宗大中祥符二年（1009）三月】丙寅，诏："诸路官吏迎送使命，止许一两员出城，不得过三五里。如违，重置其罪，仍不在陈首之状。"5，页1598

【宋真宗大中祥符二年（1009）】夏四月丙戌朔，遣使分诣升、洪、桂州，集诸州军监杂犯配军人，与长吏、监军同料简之，徙配淮南路。其少壮堪擐带者，部送赴阙，分隶上军。如不愿量移及赴阙者，亦听之。1，页1599

【宋真宗大中祥符二年（1009）夏四月】戊子，遣内殿崇班、阁门祗候侍其旭乘传诣戎、泸州招抚夷人。自任赛遇害之后，夷人不自安，遂集众为乱。虽屡示招诱，而侵扰不已。故令旭与转运使滕涉、本州长吏谕以祸福，如尚敢拒命，即就集酋首以兵威警之，苟能悛心，咸释其罪；傥执迷不改，须至加兵，即与钤辖等经度以闻。又令枢密院召前梓州路转运使李士龙询其便宜，士龙言："泸州江安县最当要冲，望徙富顺监监押宋贵和知县兼本县监押，仍给精兵三百人。"从之。士龙，平阴人。贵和，未见。4，页1599—1600

【宋真宗大中祥符二年（1009）夏四月】诏诸蕃贡物，咸令估价酬之；如闻左藏库减抑所直，目曰润官，自今宜禁之。12，页1601

【宋真宗大中祥符二年（1009）夏四月】诏诸路州军虽封部简静，而狱空及季者，自今亦赐诏奖之。18，页1602

【宋真宗大中祥符二年（1009）夏四月】壬寅，诏诸州长吏举察狱讼，无致枉滥。24，页1603

【宋真宗大中祥符二年（1009）夏四月】又诏内外群臣非休暇无得群饮废职。时都官员外郎、知湖州苏为率官属涉溪载乐诣道场山祈雨，会饮。暮归，舟重而侧，判官刘继能及乐妓二人溺死，余人仅免，为被谴厘务，遂下诏申警焉。25，页1603

【宋真宗大中祥符二年（1009）夏四月】民间多镕钱点药以为鍮石，销毁货币，滋长奸滥。命有司议定科禁，请以犯铜法论，上特宽之，犯二两者科铜一两之罪，至死者奏裁。及京师营宫观，器饰有当用铜而涂金者，皆以鍮石代之，置务点造。于陕西采卢甘石供用，亦禁民贩鬻。26，页1603—1604

【宋真宗大中祥符二年（1009）夏四月】癸卯，诏自今公私文字中有言及玉皇者，并须平阙。27，页1604

【宋真宗大中祥符二年（1009）夏四月】诏自今诸路转运使副、提点刑狱所举官，如进改后五年无过有劳干者，并举主特加酬奖。上谓宰臣曰："举官犯赃则连坐，而举得其人者，赏亦弗及，非所以劝也。"故有是诏。28，页1604

【宋真宗大中祥符二年（1009）夏四月】己酉，诏天下名山洞府并禁樵采。32，页1604

【宋真宗大中祥符二年（1009）五月】三班借职、监汾州灵石县矾务边守信坐赴本县令饮席，大理定杖一百私罪，上以其情轻可悯，特改为公罪。因诏自今如此类者，具罪款刑名奏裁。13，页1606—1607

【宋真宗大中祥符二年（1009）五月】镇定部署司言军士赌博，其民家停留及知情者，望悉决配。上曰："部署司第当约束军伍。民家停留，

乃府县之职也。"不许。17，页1607

【宋真宗大中祥符二年（1009）五月】陕西旱歉，壬申，遣盐铁判官、太常博士杨可驰驿往，疏决系囚，减流罪以下一等，死罪情可悯者上请。22，页1608

【宋真宗大中祥符二年（1009）五月】乙亥，林特、刘承珪、李溥上编成《茶法条贯》二十三册。23，页1608

【宋真宗大中祥符二年（1009）五月】戊寅，上御便殿虑囚，多所原减。民有户绝而妻鬻产适他族者，至是事发，而估钱已费用。有司议，准法产业当没官。上令以产业给见主，纳估钱支与存者。27，页1609

【宋真宗大中祥符二年（1009）五月】诏："诸州奏狱空，须州司、司理院、倚郭县俱无囚系，方为狱空。每奏到，刑部将旬奏禁状一处点对，如应得元敕，特降诏奖谕。"31，页1609

【宋真宗大中祥符二年（1009）六月】诏诸路提点刑狱无得擅修廨舍。2，页1609

【宋真宗大中祥符二年（1009）六月】环庆路钤辖司言捕得蕃部谍者卢搜，法当处死。诏械送夏州，令赵德明裁遣。12，页1611

【宋真宗大中祥符二年（1009）六月】乙未，诏如闻京城多有无赖辈妄称禀命侦察，诸司宜令三班捕而惩之。14，页1611

【宋真宗大中祥符二年（1009）六月】禁皇亲募工造侈靡服物。21，页1615

【宋真宗大中祥符二年（1009）六月】增给诸州采木驾筏军士装钱、口粮，并赐衣服。商贾入官木在路税算，悉蠲免之；官收市者，即赐给直，无得抑配。违者令发运司纠举以闻。37，页1617

【宋真宗大中祥符二年（1009）六月】诏："广南、福建路诸州军禁军军使已下犯罪，徒以下禁系奏裁；杖已下具犯由申本路提点刑狱司，委详所犯，准法决罪。虽杖罪而情重者，亦具款以闻。"先是，刑部郎中杨覃言军校戍外州犯罪不至死者，望令所在断遣。法寺议如所请，上曰："戍兵颇有上军，若诸校获罪而州郡裁之，非便也。"故差定此制焉。38，页1617

续资治通鉴长编卷七十二　宋真宗大中祥符二年（己酉，1009）

【宋真宗大中祥符二年（1009）秋七月】先是，开封府劾进士廖符，械系庭中，曝裂其背，讯之无状。上以炎暑之月，罪未见情，横罹虐罚，良可嗟恻。丁巳，特置纠察在京刑狱司，命金部员外郎知制诰周起、侍御史赵湘领之。应御史台、开封府及在京凡有刑禁处，徒以上罪，即时具收禁移报，内未尽理及淹延者，取款词驳奏。若旷于举职，致有枉滥，因事彰露，则重罚之。3，页1622

【宋真宗大中祥符二年（1009）秋七月】侍其旭至泸州，夷人即来首罪，杀牲为誓。旭案行盐井，夷复拒之。旭率部兵百余，生擒其首领三人，斩数十级，而部下被伤者几二十人。旭遂趋黎州，以其事闻。时黎州夷人斗婆行亦数出为寇。上以旭轻敌致侮，己未，降诏谕旭，令笃恩信，设方略制御，无尚讨伐，以滋惊扰。《实录》云旭按行盐井，部下被伤，遂还黎州。按旭受诏招抚戎、泸夷人，初不及黎州，不知何以遂来黎州，而《实录》且称还也。黎州与戎、泸夷人固相通，然道里亦稍远矣。其后遣将出兵，又以黎、雅巡检为名，其所讨伐则多戎、泸边界，不知何也？据旭本传云夷人斗婆行出寇黎州，诏旭领兵讨之。乃不云治江安、杀任赛事，与《实录》《会要》及《正史》俱不合，疑泸州及黎州皆有夷人作过，而《正史》《实录》《会要》载，首尾疏略也。今略依旭传删修，更须详考之。5，页1623

【宋真宗大中祥符二年（1009）秋七月】阁门祗候卢鉴言，前知仪州，有军士亡命入蕃，自首者皆从减等，至有再亡命者，盖罚轻之弊，望自今并从斩决。上曰："首而戮之，是使人无自新之路也。"遂诏缘边诸州军士亡命入蕃自首者，并械送赴阙。其后法寺定制，卒请斩之，妻子免缘坐，情重者论如律。6，页1623

【宋真宗大中祥符二年（1009）秋七月】诏群牧司在京及外坊监，自今息及五分，死失不及分者，使臣、军校第赐器币，挚育不及数而死失逾分者，节级科罪。从制置使之请也。10，页1624

【宋真宗大中祥符二年（1009）秋七月】庚午，诏开封府界提点县镇官察举诸县刑狱。13，页1624

【宋真宗大中祥符二年（1009）秋七月】上以宫禁有罪者，古有掖庭狱处之，今不欲置于内，遂以通远门内官宅为之。17，页1625

【宋真宗大中祥符二年（1009）秋七月】审刑院、大理寺上折杖赎金条，承前犯加役流而下一罪，先发已经论罚，余罪后发，又计前杖科决。上以细民肤革荐伤，殊非哀矜之意，诏申定制，止赎金以满余数，若情理凶恶者，即复决杖。22，页1625

【宋真宗大中祥符二年（1009）秋七月】光化军民曹兴为盗，将刑称冤，军遣县尉覆按。刑部言尉本捕盗，复令鞫案，虑其避收逮平民之罪，或致枉滥。乃诏："自今大辟案具，临刑称冤者，并委不干碍官覆推之。如阙官，即白转运、提点刑狱使者，就邻州遣官按之。"25，页1626

【宋真宗大中祥符二年（1009）八月】乙酉，纠察刑狱周起等言："所阅案牍，止是节状，虑事涉暧昧，无由辨其枉滥，如实有冤抑及官典非理考掠，望听已决囚诣司自陈，如未经科察陈诉，无得辄诣鼓院。"从之。3，页1627

【宋真宗大中祥符二年（1009）八月】庚寅，审刑院奏议法寺所断，夏县尉安起，捕百姓三人以为盗，面令公人拷掠百数，加非理刑，破其踝骨，而本县令不知；其人既伤，所由司伪作本人状，言其踝损皆父兄殴击致然，非官司也，法寺断令、尉公罪，仍以本司及公人为首。上令知院事刘国忠读其案节，上曰："面行拷掠，岂专由公人邪？"国忠始言合作私罪，当免二官，于是再拜待罪，诏释之。

上尝议择官知审刑院，谓宰相曰："当须详悉法令之人。"王旦曰："今法官奏断案牍，则大理寺有法直、详断，审刑又置详议官分主其事，知院者但能晓达事理，详究物情，不必熟法令者。"上然之。9，页

【宋真宗大中祥符二年（1009）八月】上之后宫杜氏入道在洞真宫，欲与诸公主同例。杜氏，昭宁皇后侄女也。上禁销金甚严，还自东封，杜氏乃服以迎车驾，上见之，怒，遂令出家为道士。由是天下无敢犯禁者。
杜氏入道事迹，《国史》不载，今据江休复《杂志》编入。江云太和宫，误也。14，页1629

【宋真宗大中祥符二年（1009）九月】审刑院、大理寺言："准诏，定违制及不躬亲被受等条。今请应宣敕内有称依法科罪及朝典勘断不定刑名者，并合准律令格式；无本条者，准违制，分故失及躬亲被受与不躬亲被受条区断，内情重者奏裁。仍令自今群官到任，应承前宣、敕并交付遵守，其有违犯，不得以未知条贯为辞。"从之。17，页1634

【宋真宗大中祥符二年（1009）冬十月】斩濠州民齐睿，坐恶逆逃亡，会东封首露，州用赦原之。知定远县王仲微，言通判、度支员外郎、直史馆赵况，受睿钱三百千，不以上闻，请重置其罪。诏特斩睿，论况枉法，除名为民。况，范阳人，右丞上交子也。上交，见天福十二年。2，页1636

【宋真宗大中祥符二年（1009）冬十月】辛亥，中使史崇信言，侍其旭等以衣服绸布诱降夷人斗婆行，将按诛其罪。上以旭召而杀之，是违招安之实，乃降诏谕旭等，有来赴招安者勿杀，如敢抗拒，即进兵讨伐。
《国史·西南蕃传》以斗婆行降与上赐侍其旭诏，令务恩信勿生事系之元年，此误甚，今不取。17，页1638

【宋真宗大中祥符二年（1009）冬十月】知制诰王曾，有从妹适孔冕家，而闺门不睦。曾从东封，因至冕家，啜茗中毒，得良药，乃解。事已暴露，曾密疏，言方行大礼，愿罢推究。宰相亦以冕先师之裔，将有褒擢，遂隐其事。而嗣宗独谓曾诬陷冕，惧反坐乃求寝息。会愆雨，嗣宗请对，言："孔冕为王曾所讼，傥朝旨鞫问，加之锻炼，则冕终负冤枉。又侯德昭援赦叙绯，年考未满，以欺诈得之，非吏部令史陈首，亦无由知。沿堂行首李永锡坐赃除名，复引充旧职，寻送铨授令录。"上亟召王旦等诘其事，旦曰："孔冕之罪，朝议特为容隐，不令按问，诚非冤枉也。德昭据吏部奏验，乃行制命，及其首露，即已追夺。永锡先为本部节度使市羊，不输算除名，沿堂缺人，李沆以其资质魁梧，因选拟官讫，复用为副行首，祗事四年，陈牒乞班行叙用，因复送铨。"上曰："止此乃致旱邪？"嗣宗理屈，复以他辞侵旦，旦等不之抗，乃已。

是月，嗣宗请对，言："去岁八月至今年十月不雨，宿麦不登。及秋，衮、郓苦雨，河溢害稼。盖刑政有失，致成灾诊。"因复言："孔冕冤枉，播在人口，而王曾尚居近班。愿示黜退，以正朝典，臣请露章以闻。"上谓王旦等曰："曾实无罪，若嗣宗上章，亦须裁处。"旦曰："孔冕不善之迹甚众，但以宣圣之后，不欲穷究。谓其冤枉，感伤和气，恐未近理。"赵安仁曰："今若再行按问，冕何能免罪？"王钦若曰："臣请审问嗣宗，或再鞫冕，不能自隐，则如何区处？"翌日，嗣宗复对，且谢前言之失，上优容之。其狂妄多如此类。19，页1638—1639

【宋真宗大中祥符二年（1009）冬十月】诏纠察刑狱官如有公事上殿，即赴内殿起居，仍免常朝。20，页1639

【宋真宗大中祥符二年（1009）十一月】卫尉卿、权判刑部慎从吉言："准淳化三年敕，诸州所奏狱空，须是司理院、州司、倚郭县俱无系囚；又准后敕，诸路自今狱空，更不降诏奖谕，奏至，委刑部以逐处旬奏状点勘，不谬即具以闻。伏见提点刑狱司所奏狱空，本司比对，多不应旧敕，外州妄觊奖饰，沽市虚名。近邠、沧二州勘鞫大辟囚，干连数人，裁一夕即行斩决。伏见前代京师决狱，尚五覆奏，盖欲谨重大辟，岂宜一日之内，便决死刑。朝廷比务审详，恐有冤滥，非有求于急速，其间州府不体朝旨，邀为己功，但务狱空，必无所益。欲望依准前诏，不行奖谕。其诸州、府、军、监，以公事多少分为三等、第一等公事多处五日，其次十日，其次二十日，并须州司、司理院、倚郭县全无禁囚，及责保寄店之类，方为狱空，委提点刑狱司据等第日数勘验诣实，书为印历。"从之。2，页1640

【宋真宗大中祥符二年（1009）十一月】戊午，琼、崖等州同巡检王钊言："黎母山蛮递相仇劫，臣即移牒，委首领捕送为恶者，悉还剽夺赀货及偿命之物，饮血为誓，放归溪洞，皆已平静。"上曰："朕常戒边臣无得侵扰外夷，若自相杀伤，但用本土之法。苟以国法绳之，则必致生事。羁縻之道，正在此尔。"7，页1641

【宋真宗大中祥符二年（1009）十一月】甲子，诏诸路官吏有蠹政害民，辨鞫得实，本路转运使、提点刑狱官不能举察者论其罪。先是，知晋州齐化基、知鄜州何士宗皆坐赃抵法，监司初不以闻，故申敕之。何士宗鄜州事当考，至道二年正月，自河东漕责华州。

上尝谓宰相曰："为国之要，在乎赏当其功，罚当其罪。不任情于其间，则赏罚必当，惩劝必行，万方必理，和气必生，自然天地降祥，四方无事。以此思之，可不戒乎？"又言："闻陇州推官陈渐，不能谨洁，转运使以尧叟诸侄，不即按举，昨因违越被劾，尧叟特为请令罢任。自今傥如此，必正其罪，不复贷矣。"此二事据《宝训》，前属元年，后属二年，今并附此。与监司不能举察官吏事，或相类尔，当考。14，页1642

【宋真宗大中祥符二年（1009）十一月】广州蕃商凑集，遣内侍赵敦信驰驿抚问犒设之。即诏知州马亮等定蕃商犯罪决罚条，亮等请应大舶主及因进奉曾受朝命者有罪责保奏裁，自余悉论如律，从之。15，页1642

【宋真宗大中祥符二年（1009）十二月】河北缘黄河先禁采鱼小舟，上闻细民颇赖以资给，诏弛其禁。15，页1646

续资治通鉴长编卷七十三　宋真宗大中祥符三年（庚戌，1010）

【宋真宗大中祥符三年（1010）春正月】己未，两浙提点刑狱、太常博士皇甫选罚金三十斤，徙江南路。选以部内系囚悉寓禁他所，妄奏狱空，为知杭州王济所发，故有是责。刘筠作选墓志，云："职思其忧，席不暇暖。躬款圜土，每振滞系，评定拟法，覆视协中。罪有抵死，情实可矜，得以轻比而全活者三十余人。凡部下十三郡之治，迭奏圄空，积一千五百余日。系公是赖，咸被诏奖。"独不载罚金事，盖讳之也。4，页1650

【宋真宗大中祥符三年（1010）春正月】壬申，权判吏部铨王嗣宗等言："吉水县尉范世昌在任，户长彭昉告县典王雅受赃，世昌连杖昉三次致死，显庇下吏，不容论诉，吉州止坐公罪，赎铜九斤。望自今幕职、州县官非理决人致死，并具案奏裁，仍令本路转运、提点刑狱司察举，责惩残暴之吏。"诏可，世昌仍不得与官。11，页1651—1652

【宋真宗大中祥符三年（1010）二月】三司使丁谓请承天节禁刑罚、屠宰，从之。9，页1654

【宋真宗大中祥符三年（1010）二月】己亥，诏每岁春夏，令所在长吏申禁民间弹射、罝网猎捕之具。15，页1655

【宋真宗大中祥符三年（1010）二月】甲辰，诏："闻两京、诸路隶忠靖徒役人，刺配者即给衣粮，不刺配者止给囚人日食，各有家属，或至匮乏，宜令自今依例给之。"19，页1656

【宋真宗大中祥符三年（1010）二月】乙巳，禁荆南界杀人祭梭腾邪神。21，页1656

【宋真宗大中祥符三年（1010）闰二月】丙辰，诏："如闻诸处捕获逃亡兵士，或以铁烙其腕及碎胫骨，方始斩决。西北缘边，军兴以来，军民有罪，情重者断支体而戮，其罪不至死，亦鞭之过数。自今无得法外行刑。"4，页1657

【宋真宗大中祥符三年（1010）闰二月】僧尼、道士、女官犯公罪者听赎。6，页1657

【宋真宗大中祥符三年（1010）闰二月】己未，河北转运使李士衡言："本路诸军，岁给帛七十万。当春时，民多匮乏，常假贷于豪右，方纳税租，又偿逋负，以故工机之利愈薄。请官预给帛钱，俾及期输送，民既获利，官亦足用。"诏从之，仍令优与其直。其后，遂推其法于天下。咸平二年五月丁酉，马元方事与此相关，已在彼详注。8，页1657—1658

【宋真宗大中祥符三年（1010）闰二月】戊辰，德音降东京畿内死罪以下囚，将吏逮事太宗藩府者并赐物，赤县父老令本府宴犒，年九十者授摄官，赐粟帛终身，八十者爵一级。10，页1658

【宋真宗大中祥符三年（1010）闰二月】学士院旧例，赦书、德音不锁院。及是，宰相召晁迥等问之，迥等言："除南郊赦书，缘车驾在外，

并合预先进入，降付中书，难以锁院外，自余赦书、德音，请自今依降麻例锁院。"从之。12，页1658

【宋真宗大中祥符三年（1010）三月】太康县民有起妖祠以聚众者，令开封府禁之。9，页1659

【宋真宗大中祥符三年（1010）三月】己亥，上谓宰相曰："刑狱之官，尤须遴择。朕常念四方狱讼，若官非其人，宁无枉滥！且单弱之人，不能披诉，朝廷无由知之。顷岁有县胥醉酒，与驿递铺卒相殴，夜归，胥踣于路。或以告卒言夜寒，恐僵死。卒亟往视之，则已死。有司遽执此卒，遂以殴杀人谕。母诉于州，州不能察，杖之。母归，其妇曰：'何忍子之屈死！'母即诣阙伐鼓，诏使案覆，又不能原其情。母坐上言失实，杖脊放归，其妇已罄赀而去，私适他族。此不由刑官非人，以致孤弱受弊乎？"12，页1659—1660

【宋真宗大中祥符三年（1010）三月】纠察刑狱司言："伏睹犯罪经赦后事发，准律有虽之正之之文，今法虽正之外，仍科本罪，用法似深。"帝曰："比行赦宥，事发不免其罪，理合商量，但此事行之已久。"宰臣王旦曰："经赦不自陈首，非有发露，无由虽之正之，所以律文有赦后不首之罪。且事有幽隐，而经赦既不自首，发则亦获其罪，于理非便。"遂令法寺参议以闻。21，页1662

【宋真宗大中祥符三年（1010）夏四月】左屯卫将军允言非理捶其女仆，兄允升诲焉，允言出语不逊。上廉知之，命管句南宫、北宅事赵湘按其罪。夏四月辛亥，责授允言太子左卫率府副率，绝其朝谒。1，页1662

【宋真宗大中祥符三年（1010）夏四月】知施州、侍禁孙诩坐擅赋敛入己，私役所监临，计绢二十四，削籍为民。4，页1663

【宋真宗大中祥符三年（1010）夏四月】丙辰，诏诸州司法参军，有检法不当，出入徒流已上罪者，具案以闻，经三次误错者，替日，令守选，及委长吏察举。从两浙转运使陈尧佐之请也。因谓辅臣曰："详明平允，由性识耳。如穷经之士，讽读虽久，有不能通其义者。法官能晓律意，犹学者之能达经旨，纵与时事不同，但依之亦可尚也。"7，页

【宋真宗大中祥符三年（1010）夏四月】戊午，诏曰：
朕以六合之大，庶官惟艰，虽遴简为宜，而纲条未举，广荐扬则或滋奔竞，绝任保则虑失俊髦，爰议酌中，垂为经久，用防过听，庶协金谋。自今每年终，翰林学士已下常参官，并同罪举外任京朝官、三班使臣、幕职、州县官各一人，明言治行堪何任使，或自己谙委，或众共推称。至时，令阁门、御史台计会催促。如年终无举官状，即具奏闻，当行责罚。如十二月内差出，亦须举官后方得入辞。诸司使至内殿崇班，曾任河北、河东、陕西及川、广钤辖亲民者，亦同此例。诸路转运使副、提点刑狱官、知州军、通判，结罪举奏部内官属，不限人数，明言在任劳绩。如无可举及显有逾滥者，亦须指述，不得顾避。以次年二月二十五日已前到京，如有违限，委都进奏院具名以闻，当依不申考帐例科罪。三司使副，即结罪举奏在京掌事京朝官、使臣，仍并令中书置籍，先列被举人名衔，次列历任功过及举主姓名、荐举度数，一本留中书，一本常以五月一日进内。次年籍内仍计向来功过及荐举度数。使臣即枢密院置籍。

　　两省、尚书、御史台官，凡出使回，并须采访所至及经历邻近群臣治迹善恶以闻。转运使副、提点刑狱官、知州、通判到阙，各具前任部内官治迹能否，如邻近及经由州县访闻群官善恶，亦许同奏，先于阁门投进后方得入见。或朝廷要人任使及有不治州县、难了公事，并于上件籍内选过犯少，举任及课绩数多，并资历相当者差委，仍于宣敕内尽列举主姓名，或能一任干集，即特与迁转，苟不集事，本犯虽不去官，亦移闲慢僻远处。内外群臣并举及三人干事者，仰中书、枢密院具名取旨，当与酬奖；如并举三人不集事，坐罪不至去官，亦仰奏裁，当行责降；或得失相参，亦与折当。

　　诸路转运司、诸州军管内，有未中伦理及繁难事务须朝廷选官临莅者，三司、审刑院有累经会问举驳未了钱谷刑狱公事，委是州县不能结绝，须自朝命遣官者，亦于籍内选差。幕职、州县官三任七考以上，使臣在班十年已上，历任无私罪，实有课绩，无人奏举者，亦许经所由司自叙，即令主判官验问材地可否，选人试刑名、时务各三道，使臣愿试边事及刑名、时务者亦听。如实有可取，即送中书、枢密院再加考核取裁。如流内铨、三班院体量得选人、使臣，别无殿累，显有劳绩，书判材识，实堪任使者，亦许先送中书、枢密参详，别与引见。每年各不过十人，不得将势家子弟充数。近臣除郊祀、承天节及委寄差使旧有恩例外，更不得非

次为亲戚陈乞恩泽。10，页 1664—1666

【宋真宗大中祥符三年（1010）夏四月】虞部员外郎、权判大理寺王秉式言："本寺官属，多避繁重。自今望令权详断官，未替不得别求任使；如实不明法律，委本寺众官体量闻奏，方许外任。正详断及检法官年满亦俟替人，方得出寺。"诏从之，其权详断官以半年为限。11，页 1666

【宋真宗大中祥符三年（1010）夏四月】戊辰，诏："应内外官犯罪被鞫，事理昭然，不即引伏，观望滞留者，并权格俸给，仍不得领务，常从亦罢去之。"先是，虞部员外郎、知通州李泰清以不察盐场官为盗，累遣官按劾，不承，为御史台所举，故有是诏。19，页 1667

【宋真宗大中祥符三年（1010）夏四月】戊寅，诏："访闻关右民每岁夏首于凤翔府岐山县法门寺为社会，游惰之辈，昼夜行乐，至有奸诈伤杀人者。宜令有司量定聚会日数，禁其夜集，官吏严加警察。"24，页 1668

【宋真宗大中祥符三年（1010）五月】甲申，京西提点刑狱官、知河阳高绅修黄河岸，以弃石累之，计省工巨万，而又坚固，赐诏奖绅。5，页 1670

【宋真宗大中祥符三年（1010）五月】丁亥，度支判官曹谷言："内外群臣上封者众，尤烦省决。自今望令言钱谷者先检会三司前后编敕，议刑名者引律、令、格、式、《刑统》、诏条，论户税者须按《农田敕》文，定制度者并依典礼故事，各于章疏具言前后诏敕。如已有条贯者，即明言虽有某年月日诏敕，今来未合便宜，乞行更改，方许承接。"从之。曹谷，未见。是年有河中通判曹谷，又别一人。7，页 1671

【宋真宗大中祥符三年（1010）五月】乙未，御崇政殿，虑囚，死罪以下递降一等。11，页 1672

【宋真宗大中祥符三年（1010）六月】辛酉，定持仗劫盗本无强意伤人者罪，上以旧条未适，申令法官参议而差减之。11，页 1674

【宋真宗大中祥符三年（1010）六月】庚午，诏诸州大辟罪及五人以上狱具，请邻州通判、幕职官一人再录问讫决之。15，页1675

续资治通鉴长编卷七十四　宋真宗大中祥符三年（庚戌，1010）

【宋真宗大中祥符三年（1010）八月】江南旱，诏转运、提点刑狱官疏理所部系囚。11，页1683

【宋真宗大中祥符三年（1010）八月】丁巳，诏宝鼎县不得笞棰人，有罪并送府驱遣。15，页1684

【宋真宗大中祥符三年（1010）八月】淮南饥。诏罢诸州和籴，减直籴廪米及赈贷贫民，所在系囚递减一等，盗谷食者量行论决。22，页1685

【宋真宗大中祥符三年（1010）八月】洋州豪民李甲者兄死，迫嫂使嫁，因诬其子为他姓而占其赀，嫂屡诉官，甲辄赂吏掠服之，积十余年，诉不已。亿视旧牍，未尝引乳医为证，乃召甲，出乳医示之，甲无以对，冤遂辨。亿，雍邱人也。亿迁殿中丞，缘祀汾阴恩。其进文及改一官知洋州，当是四年以后事，今且附此。23，页1685

【宋真宗大中祥符三年（1010）八月】先是，皇城司遣亲事卒四十人于京城伺察，月给缗钱，每季代之，凡所察事悉上本司，本司皆录奏。上虑其恐喝骚扰，于是令枢密院条约之：自今非奸盗及民俗异事所由司不即擒捕者，勿得以闻。32，页1687

【宋真宗大中祥符三年（1010）九月】诏督诸州捕贼，其希恩故犯者，虽遇赦系狱奏裁。12，页1689

【宋真宗大中祥符三年（1010）九月】癸巳，杖杀入内高品江守恩。时守恩部军士挽载石车驻郑州祖村寨，因违制市青苗，私役军士六百人，取民田麦穗，及不奉诏擅董丁夫，非理笞棰亡逸者二百人，令役夫蔡文义市驴不获，杖之致死。上怒甚，诏监察御史王迎按劾，亲戒谕遣之。狱成抵法，知州、太常博士俞献卿封敕不下，抗章论救，坐削一任。京西路转运使、提点刑狱官、本州通判以不察举，并入金赎罪。仍令进奏院移告天下。上曰："迎推劾此狱，颇尽公方，有足嘉者。"寻授开封府推官，赐绯。守恩虽近侍，上不贷以法，论者以谓朝廷至治，行罚不私，中外莫不悚庆。俞献卿，歙州人然本传不载其曾知郑州，当考。王迎，未见。19，页1689—1690

【宋真宗大中祥符三年（1010）十一月】禁扈从诸色人燔爇道路草木。18，页1698

续资治通鉴长编卷七十五　宋真宗大中祥符四年（辛亥，1011）[①]

【宋真宗大中祥符四年（1011）春正月】庚辰，诏北缘边州军官属，自今不得以迎送为名，出城寨驰猎，犯者以违制论。4，页1706

【宋真宗大中祥符四年（1011）春正月】诏应汾阴行事官及职掌人，敢有懈惰者，勿以赦原。7，页1707

【宋真宗大中祥符四年（1011）春正月】甲申，赵德明奉表诉明爱等侵耕其绥州界，乞遣使按视。诏张崇贵详度，令明爱等还内地。10，页1707

【宋真宗大中祥符四年（1011）】二月乙巳朔，次渑池县，杖太仆寺府吏霍鼎。先是，仪仗中悉以军士给役，而鼎擅集贫民挽辂。上知之，令礼仪使劾罪科责，其判寺官及编排仪仗忠佐，特赦不问。1，页1709

【宋真宗大中祥符四年（1011）二月】禁诸邑人以进奉为名，私染御服缯帛及制乘舆服用之物，饰以龙凤。从编排进奉周起之请也。2，页1709

【宋真宗大中祥符四年（1011）二月】诏行在部署司，凡亡命卒及贫民小窃者，不须收捕，再犯者准法。4，页1710

---

① 此年为"辛亥"年，查原书有误，今据改。

《续资治通鉴长编》所见法律史料辑录　173

【宋真宗大中祥符四年（1011）二月】诏奖权东京留守向敏中等，以狱空故也。8，页1710

【宋真宗大中祥符四年（1011）二月】诏缘路病马悉赴同州沙苑监养疗，令群牧司立殿最之法以赏罚之。10，页1710

【宋真宗大中祥符四年（1011）三月】令京兆府禁民樵采种放庄园。8，页1715

【宋真宗大中祥符四年（1011）三月】内侍杨守珍捕贼京东，移文应天府造木驴丁架。府以闻，上以非法，乃诏遣使出外，无得造惨虐杀贼之具。守珍于八年九月又见。20，页1717

【宋真宗大中祥符四年（1011）三月】己亥，次郑州。诏三陵所管兵士有罪者止得科罚，其当杖者送永安县。27，页1717

【宋真宗大中祥符四年（1011）夏四月】峡路钤辖慕容德琛部送为恶蛮人王群体等至阙下，上曰："蛮夷不识教义，向之为乱，亦守臣失于绥抚耳。"并免死，配隶江、浙远地。德琛，延钊子也。8，页1719

【宋真宗大中祥符四年（1011）夏四月】录王继勋子惟德为汝州军事推官。惟德子用和先隶军，特令落籍归侍。继勋坐多杀不辜被诛，其家穷窭，上以孝明皇后故，特恤其嗣。16，页1720

【宋真宗大中祥符四年（1011）五月】丁酉，御崇政殿虑囚，死罪以下递降一等。14，页1723

【宋真宗大中祥符四年（1011）五月】己亥，以主客郎中李巽为度支郎中、两浙转运副使，司勋郎中王矩为工部郎中、京西转运副使。初，遣官提点刑狱，至是代还，命资政殿大学士向敏中等较其殿最，以尝活冤狱者为第二等，皆迁秩，朝臣为转运使，使臣知州。余为第三等，授近地知州、监、军。巽、矩并入第二等故也。李巽，已见景德二年四月，当考。15，页1723

续资治通鉴长编卷七十六　宋真宗大中祥符四年（辛亥，1011）

【宋真宗大中祥符四年（1011）六月】知洪州李玄病，上与宰相历选朝士，将徙知扬州凌策代之。上曰："南昌水潦艰殆，长吏当便宜从事，不必禀于外计也。"王旦言策莅事和平，若委以方面，望即授江南转运使。诏可，仍遣使谕以遴简之意。饶州产金，前诏禁商贾贩鬻，或有论告，逮系满狱，策请纵民贩市，官责其算，人甚便之。《实录》于明年闰十月末乃书饶州事，今依本传并书之。策除漕，乙丑日也。10，页1727

【宋真宗大中祥符四年（1011）秋七月】癸酉，历代帝王陵寝申禁樵采，犯者，所在官司并论其罪。2，页1728

【宋真宗大中祥符四年（1011）秋七月】丙子，诏自今应差文武臣僚充安抚使副、巡检、都监及提点刑狱之类，但系同差带职名者，并令一班辞见，合重行异位，即依常例。3，页1728

【宋真宗大中祥符四年（1011）秋七月】群牧副使阎承翰与勾当估马司赵守伦虽素为姻家，又联职任，然不相得，遂各讼诉，并付御史台鞫问。承翰坐擅用公钱，当赎金三十斤；守伦坐违制移估马司，当免所居官，典吏当杖脊。乙酉，诏宽其罚，承翰赎金十斤，守伦赎二十斤，典吏亦降从杖。群牧都监张继能、判官陈越而下并释罪，制置使陈尧叟特免按问。所用公钱悉蠲之。11，页1729

【宋真宗大中祥符四年（1011）八月】上谓宰相曰："朝廷宜守经制，傥务更张，则攀援者众，乃知命令之出，不可不谨。今言某事有利，轻为厘革，始则皆以为当，久乃翻成有害，洎加裁正，是朝令夕改也。又莅官之人，不可过为宽恕，以致弛慢，或探求罪恶，不顾烦扰，抑又甚矣。"王旦曰："古人有言，法出而弊作，令下而奸生。宽则民慢，陷法者多；猛则民残，无所措手足。正为此也。"3，页1731

【宋真宗大中祥符四年（1011）九月】癸酉，诏："诸路州、军、县、镇文武官见居远任，家属寓止者，如其子孙弟侄无赖不干家业，即严行约束。苟不悛革，则并其交游之辈劾罪以闻。"从枢密直学士刘综之请也。明年五月综始知开封，本传以此事为综在开封时所请，恐误也。2，页1734

【宋真宗大中祥符四年（1011）九月】庚辰，诏自今诉讼，民年七十已上及废疾者，不得投牒，并令以次家长代之，若己自犯罪及孤独者，论如律。7，页1734

【宋真宗大中祥符四年（1011）九月】丁亥，诏殿前侍卫司、宣徽院、三司军头司，自今以请托为名而率敛军士缗钱，其同谋及受赃并处斩，军校知情者连坐，不知情者决配。13，页1735

【宋真宗大中祥符四年（1011）冬十月】癸卯，诏自今诸路州院、司理院系囚死者，并遣他司官吏检视，防其枉抑也。3，页1736

【宋真宗大中祥符四年（1011）冬十月】军头引见司言："诸色人邀车驾进封事，悉无异见奇策，又非枉抑，但欲徼望恩泽。请示条禁，违者论其罪。"从之。4，页1737

【宋真宗大中祥符四年（1011）冬十月】辛亥，太常丞李经言，州县多冒夜秉烛杖罪人，至有雇人受杖者，望严行禁止，从之。7，页1737

【宋真宗大中祥符四年（1011）冬十月】甲寅，诏自今决杖令众者，旧十日减为三日，半月以上者，勿过五日，暑月免之。9，页1737

【宋真宗大中祥符四年（1011）十一月】癸未，诏诸路转运、提点刑狱、安抚等司，自今不得牒监场务京朝官、使臣，令体量州县官吏，以其统摄之下，言多不实故也。9，页1741—1742

【宋真宗大中祥符四年（1011）十一月】壬辰，诏华州管内灵迹并禁樵采。11，页1742

【宋真宗大中祥符四年（1011）十一月】法官言准赦详律令制书，有失于重者四条，请减定，从之。15，页1743

【宋真宗大中祥符四年（1011）十二月】上封者言京城杀禽鸟、水族以供食馔，其数甚广，有伤生理，望赐条约。上曰："如闻内庭及皇亲诸县市此物者尤众，可令入内内侍省、内东门司严加约束，庶乎自内形外，使民知禁也。"10，页1744

续资治通鉴长编卷七十七　宋真宗大中祥符五年（壬子，1012）

【宋真宗大中祥符五年（1012）春正月】京东都大巡检胡守节言，部民王吉知群盗匿所，密以告官，请俟擒获，以其赃给之。上曰："如此，则被盗之家无乃重伤乎？宜赐官钱三万，赃悉归其主。"胡守节，未见。8，页1750

【宋真宗大中祥符五年（1012）春正月】河北转运使言镇定都部署周莹旷弛不任职，壬午，徙莹知澶州，令步军副都指挥使王能代之。莹在澶州，州廨之侧屡有寇盗，宰相以莹位居将帅，不能以威望镇静，请复徙他郡，上曰："处之闲僻，益便其自奉耳。"乃下诏督责，令其擒捕。时发卒修河防，而军中所给糗粮多腐败不可食，又役使不均，莹弗能恤，以故亡命者甚众。9，页1750

【宋真宗大中祥符五年（1012）春正月】诏："如闻保州遣兵袭贼，私越北境。疆场之事，尤务宁谧，其令本州按罪痛绳之。"10，页1750

【宋真宗大中祥符五年（1012）春正月】上封者言贡院锁宿后，即有晁迥、李维家僮旦夕至省前诇求财货，望令开封府捕逐。上遣中使谕迥等止绝之。使还，具言迥、维忧畏状，甲午，赐迥、维手诏慰抚焉。23，页1752

【宋真宗大中祥符五年（1012）春正月】环庆路巡辖马递铺使臣言蕃部酒醉，强夺马缨，寻送本界监押和断遣之。上曰："熟户蕃人敢干使命，令本路部署究其状，重行鞫罚。"28，页1752

【宋真宗大中祥符五年（1012）春正月】丁酉，瀛州言北境商人私以物至州贸鬻，为州民恐吓，即潜行厚赂而免。诏缘边安抚使追取所赂，悉还北境，仍令遍谕彼民，有互市即赴榷场，无得潜至边郡。29，页1752

【宋真宗大中祥符五年（1012）二月】甲辰，两浙转运使陈尧佐言："部内诸州民以饮博频犯法者，有司籍其名，每有争讼，不计曲直，即重行决罚，使民无由改过。自今望令诸州察其易行自新者，依理区分，犯三次以上，情重奏裁。"从之。3，页1755

【宋真宗大中祥符五年（1012）二月】诏贡举人但曾预南省试者，公罪听赎。12，页1756

【宋真宗大中祥符五年（1012）二月】军头司散员皆准赦收叙，命枢密参酌原罪，分隶外州；军校有习知水事者，并补缘河诸州。自今经差使无过犯者，具籍以闻，当议迁署。14，页1756

【宋真宗大中祥符五年（1012）二月】诏开封府，诸县军民相殴讼者，令知县、都监同议断。以上封者言县与本军各庇所部，多致枉抑故也。16，页1756

【宋真宗大中祥符五年（1012）二月】诏开封府所遣胥役巡渠，多因缘扰人，宜著为条制，犯者惩之。23，页1757

【宋真宗大中祥符五年（1012）二月】甲子，以侍御史赵稹为兵部员外郎、益州路转运使。上谕稹曰："蜀去朝廷远，民间事有可更置者，悉条上之。"稹至部，事无大小，悉心究访，至有一日章数上者。蒲江县捕劫盗不得，而官司反系平民十数人，楚掠强服之，又合其辞若无疑者。稹适行部，意其有冤，乃驰入县狱，因尽得其冤状，释出之。28，页1757—1758

【宋真宗大中祥符五年（1012）】三月戊辰朔，诏："自今审刑院、大理寺奏案，情状已正，条目未备，不致妨阁者，并即许断。若事节未备，即直指其事，委元推官照会提点刑狱司，得法寺疏驳便复推，宜详酌，可以结绝，无别致追扰。其元推官，如事情不变未周备者，亦不须问罪。务绝滋蔓，以称钦恤之意焉。"1，页1758

【宋真宗大中祥符五年（1012）三月】辛巳，诏大理寺，自今诸处奏案有失出入徒半年罪者，其元勘录问检断官等，不须问罪。4，页1759

【宋真宗大中祥符五年（1012）三月】癸巳，诏天庆节禁刑七日，天贶节一日，著于令。12，页1760

【宋真宗大中祥符五年（1012）三月】甲午，诏金明池、琼林苑先许士庶行乐，或小有纷竞，不至殴伤者，官司勿得擒捕。14，页1760

【宋真宗大中祥符五年（1012）三月】丁酉，上封者言进士萧立之，本名琉，尝因赌博抵杖刑，今易名赴举登第。诏有司召立之诘问，立之引伏。命夺其敕，赎铜四十斤，遣之。15，页1760

【宋真宗大中祥符五年（1012）】夏四月己亥，诏遣官制鞫公事，所差推典，如经七次无法司驳难者，递迁一级。1，页1760

【宋真宗大中祥符五年（1012）夏四月】三司请民有贩茶违法者，许家人告论。上曰："此犯教义，非朝廷所当言也。"不许。《本纪》云以利而坏风俗，非国体也，不许。今从《实录》。8，页1762

【宋真宗大中祥符五年（1012）夏四月】诏江、淮南诸州不刺面役人咸释之，从安抚使李迪等奏也。10，页1762

【宋真宗大中祥符五年（1012）夏四月】雄州言边民越入北界赌博者，准法决讫，徒隶河南军籍。从之。11，页1762

【宋真宗大中祥符五年（1012）夏四月】辛酉，诏饶、信州买铜场壤税钱，海州榷货务请茶开裹功钱，并除之。又饶州往例，集民为甲，令就官场买茶，自今听从便收市。22，页1763

【宋真宗大中祥符五年（1012）夏四月】诏："比来因公事勘断人，经年遇赦，多过阙诉枉。自今宜令制勘官，每狱具则请官录问，得手状伏辨，乃议条决罚。如事有枉滥，许诣录问官陈诉，即选官覆按。如勘官偏曲，即劾罪同奏；如录问官不为申举，许诣转运、提点刑狱司，即无得诣

阙赴诉。"23，页 1763

【宋真宗大中祥符五年（1012）夏四月】同州观察使王嗣宗知镇州，与枢密直学士、给事中边肃为代。二人素不相能，肃尝以公钱贸易规利，又遣部吏强市民羊及买妾，嗣宗讽通判东方庆等列状诉之。嗣宗以闻，有司请逮系，上曰："肃在近职，朕不欲使之属吏。"又念其顷守邢州有固御之劳，乃命枢密直学士刘综、任中正以嗣宗奏示之，肃尽引伏。乙丑，肃坐夺三任，授岳州团练副使，不署州事。嗣宗尝自言，徙种放、掘邵狐及案肃为去三害。25，页 1763—1764

【宋真宗大中祥符五年（1012）五月】八作司请于京城东纽筏维舟以易汴桥。诏开封府规度，且言经久之利，其献计兵匠，迁一资。桥成未半岁，覆舟者数十，命毁之，仍劾献计者罪，造桥如旧制。8，页 1765

【宋真宗大中祥符五年（1012）五月】庚辰，上御崇政殿虑囚，死罪情理可悯者，悉贷之。12，页 1765

【宋真宗大中祥符五年（1012）五月】己丑，诏诸路部署司，科断军人大辟者，承前皆不上奏，止录案申刑部，自今具犯名上枢密院，覆奏以闻。20，页 1766

续资治通鉴长编卷七十八　宋真宗大中祥符五年（壬子，1012）

【宋真宗大中祥符五年（1012）六月】驸马都尉柴宗庆言，自陕西市木至京，望蠲免税算。上曰："朕记太宗朝，王承衍市木贩易规利，当时兴讼不已。向已谕宗庆无得复然，今乃尚有此奏。"即令枢密院召宗庆戒饬之。既而河东提点刑狱言宗庆私使人市马不输税，请劾其罪。诏释不问。9，页 1770

【宋真宗大中祥符五年（1012）六月】癸亥，诏诸州转卖金箔人并减元犯人罪一等决讫，令众半月。时杭州民周承裕私炼金为箔，有郑仁泽者，尝市得千枚转鬻于人，事败，全家徙配。及是，本路转运使陈尧佐上

言："情异罚同，咸徙远郡，恐伤钦恤之意。"故有是诏。24，页1772

【宋真宗大中祥符五年（1012）六月】乙丑，诏："诸军故断手足以避征役及图徙便郡者，自今决讫，并隶本军下名，罪重者从重断，伤残甚者决配本乡五百里外牢城。"从知升州张咏之请也。26，页1773

【宋真宗大中祥符五年（1012）六月】审刑院言："断知绵州李说坐报上不以实，罚铜十斤。私罪而漏通举主及勘官，并请按问。"上谓宰臣曰："说止杖罪，举主及勘官，罪当笞耳。徒有劳烦，而不足以惩劝，自今宜并取旨。"八月丁酉，可考。《会要》五年六月事。28，页1773

【宋真宗大中祥符五年（1012）秋七月】壬申，上封者言："诸州军司法参军多不得其人，致刑法差枉，望令吏部铨谨择明法出身者授之。"上以示辅臣，王旦言："明法虽习律文，亦须有才识。顷法官缺，多取属县簿、尉习刑名者代之，今请令铨司参酌施行。"从之。5，页1774—1775

【宋真宗大中祥符五年（1012）秋七月】诏河北商人与北境私相贸鬻，有所逋负，致被移牒辩理者，宜令缘边安抚司趣使偿之，自今仍禁其市易。6，页1775

【宋真宗大中祥符五年（1012）秋七月】边臣言北境移牒，"商旅违大朝禁法，买卢甘石至涿州，已依法行遣"。10，页1775

【宋真宗大中祥符五年（1012）秋七月】先是，诏禁命官取息钱，犯者勿偿。大理寺丞、知考城县皮子良贷京师民钱十七万，到官即自首。上恶子良无行，宪司鞫问，法当赎铜，命停官。16，页1776

【宋真宗大中祥符五年（1012）八月】诏："自今文武官在任同事，并须从长裁遣，如任情偏执，不循理道及用私忿不和者，转运、提点刑狱司察举以闻，当遣官辨其枉直而重责之；如不察举，并罚之。"时绵、耀、保州继言同官不和，命使劾问，而知嘉州袁成务请行戒约，故有是诏。成务，逢吉子也。5，页1777

【宋真宗大中祥符五年（1012）八月】庚戌，淮南路滁、和、扬、

楚、泗五州旱，诏发运使减运河水以灌民田，仍宽其租限。州县不能存恤致民流者，罪之。25，页1780

【宋真宗大中祥符五年（1012）八月】丙辰，知制诰王曾判大理寺。判寺，旧用郎官，上欲重其任，故特命曾。对便殿，谕之曰："天下之命系于狱，今以屈卿。"曾顿首谢，仍赐钱三十万，因请辟奏僚属，遂著为令。29，页1781

【宋真宗大中祥符五年（1012）八月】辛酉，诏应保举官有误犯私罪非故违者，自今勿连坐举主。六月末李说事可考。32，页1781

【宋真宗大中祥符五年（1012）八月】癸亥，诏："自今诸卫将军、诸司使副、三班使臣知州府军监处贡举人，委通判、幕职、录事参军及所试官依格式解发。其武臣更不管勾，止同署解状，所解不当，亦不同罪。"34，页1781

【宋真宗大中祥符五年（1012）八月】诏应制狱无临时处分者，并依推勘条式决遣，流罪及命官则具案以闻。先是，审刑院详议官查拱之，言诸州奏案，多以所降宣命止言制勘，干系官吏情罪，具案以闻，乃悉拘禁以伺断敕，颇成留滞，故条约之。拱之，道子也。36，页1782

【宋真宗大中祥符五年（1012）】九月丁卯，诏大理寺断案差互者，本断官并行勘劾。申明咸平二年四月之诏也。又诏断敕取其简要，不必叙款辞，所断罪不得以取旨为文。上曰："一成之法，朕与天下共守。如情轻法重、情重法轻之类，皆当以理裁断，具狱以闻。"1，页1782

【宋真宗大中祥符五年（1012）九月】诏："军民有私置刀兵器甲，限五十日送官，违者论如法。罪至流者并其家属部送赴阙，至徒者决配本处牢城，冶铸者如之。其缘边诸处曾被旨许留者，听如旧。"5，页1784

【宋真宗大中祥符五年（1012）九月】壬申，杖高班朱咸则，配西京内品。坐私与富民饮食故也。7，页1784

【宋真宗大中祥符五年（1012）九月】禁庶官及技术之流以金银为方

圆带。京城除宗室外，无得用青伞，宰相、枢密使亦禁之。明年，乃许复用。明年六月甲子。11，页1785

【宋真宗大中祥符五年（1012）九月】癸未，开封府勘粮专勾司吏因诸军批请纳赂，罪当徒。上曰："此但纸笔之费，累而为赃，第决杖释之。"13，页1785

【宋真宗大中祥符五年（1012）九月】诏两浙诸州，三大户自今令正身勾当，其挟名替者，先科欺罔之罪，复追正身断决。从转运使陈尧佐之请也。14，页1785

【宋真宗大中祥符五年（1012）九月】壬辰，殿前司言诸军诉本军校长敛钱饰营舍、什物，数少者望令鼓司勿受。上曰："军民诉事，有琐细非切害者，朕常寝而不行。若明谕有司，则下情壅塞，人有冤滞矣。"不许。26，页1788

续资治通鉴长编卷七十九　宋真宗大中祥符五年（壬子，1012）

【宋真宗大中祥符五年（1012）冬十月】陕西转运使薛颜言："诸州司理参军，朝廷谓其刑狱重难，与免选限，或任非其人，多致枉滥。请自今误入徒以上罪，令书历守选，冀有所惩沮，自求平允。"诏三次误失者如所请。2，页1792

【宋真宗大中祥符五年（1012）冬十月】庚子，遣使驰驿分诣广南、荆湖、福建、江南、京西诸路，与转运、提点刑狱司、知州、通判、钤辖、都监，简选杂犯配军人，徙隶近地本城。老病不堪医治者，放从便。少壮者，部送赴阙，当置上军；如不愿量移赴阙，亦听。5，页1793

【宋真宗大中祥符五年（1012）冬十月】诏诸路自今除常例合调民夫外，如别有工役须至差拨者，并取实役名数，调讫具事以闻，违者案其罪。先是，提点开封府界段惟几调中牟县夫二百人修淳泽监仓，群牧制置使以厩卒代之，因有是诏。15，页1797

【宋真宗大中祥符五年（1012）冬十月】癸丑，诏京西市籴军粮，转运使止当劝诱，无得迫促。时转运使于西京市籴，条约过当，民不如约则杖之，故特示禁戒。16，页1797

【宋真宗大中祥符五年（1012）冬十月】己未，札示中外，大赦天下，常赦所不原者咸除之。两京来年夏税放十之二，诸路十之一。赐致仕官全俸一年，幕职、州县官先经省者权增五百员，任满即停。《宋朝要录》，内外诸军将士，并与特支。18，页1798

【宋真宗大中祥符五年（1012）】闰十月乙丑朔，诏京城盗贼当决杖配隶者，自今免其令众，内情重者奏裁。1，页1799

【宋真宗大中祥符五年（1012）闰十月】壬申，上谓宰相曰："顷闻郑国长公主肩舆出行，民有犯其前导者，即捕笞之。朕在东宫日，有犯者，第委之府县，未尝辄自棰掠也。宜令开封府，自今有此类未得决罚，具名以闻。仍严戒约诸宅勾当使臣。"10，页1800

【宋真宗大中祥符五年（1012）闰十月】诏："圣祖名，上曰玄、下曰朗，不得斥犯。以七月一日为先天节，十月二十四日为降圣节，并休假五日。两京、诸州，前七日建道场设醮，假内禁屠、辍刑，听士民宴乐，京城张灯一夕。"11，页1801

【宋真宗大中祥符五年（1012）十一月】内侍杨怀恩妄言家婢兴讼，父母意规异居。上曰："中官皆养子，此弊宜深察。"特诏决杖配隶唐州。5，页1804

【宋真宗大中祥符五年（1012）十一月】癸卯，诏入内内侍省遣亲事卒伺察仓廪，因缘乞取财物者，令开封府捕劾痛惩之。6，页1804

【宋真宗大中祥符五年（1012）十二月】辛未，诏："文武群臣趋朝立班及崇政殿引对官员、使臣，自今有怠惰不如仪者，阁门、御史台劾奏之。失不劾奏，并案其罪。"上封者言近年朝仪颇不端肃，有司顾望，莫肯举职故也。6，页1807—1808

【宋真宗大中祥符五年（1012）十二月】丙子，诏勾管勾国信内臣阎承翰、张继能等，坐契丹使在驿辄归，第供亿有缺。案奏特原其罪，自余第惩罚之。12，页1809

【宋真宗大中祥符五年（1012）十二月】知天雄军寇准言狱空，诏奖之。15，页1809

【宋真宗大中祥符五年（1012）十二月】丙戌，诏："天庆、天贶、先天、降圣、承天节，权止行刑。如闻所在冤系颇众，自今笞杖，情轻者释之；情重及须证佐者，责保于外。"20，页1810

【宋真宗大中祥符五年（1012）十二月】庚寅，诏诸路大辟罪，或有情款疑互，承前皆俟旬终报转运、提点刑狱司，以致审察淹缓。自今即日报之，从河东路提点刑狱张怀宝之请也。24，页1810

续资治通鉴长编卷八十　宋真宗大中祥符六年（癸丑，1013）

【宋真宗大中祥符六年（1013）春正月】庚子，诏自今凡更定刑名、边防军旅、茶盐酒税等事，并令中书、枢密院参详施行，以上封者言二府命令互出，或有差异故也。3，页1814

【宋真宗大中祥符六年（1013）春正月】令审刑院、大理寺、三司详定配隶法。既而取犯茶、盐、矾、曲，私铸钱，造军器，市外蕃香药，挟铜钱，诱汉口出界，主吏盗货官物，夜聚为妖等十二条，悉减从轻焉。4，页1814

【宋真宗大中祥符六年（1013）春正月】丙午，诏："使臣犯入己赃徒已上罪，叙用已至本职降两资者止；犯入己赃杖罪及元断徒以上，该恩特停官者，叙用至元职降一等止。纵逢赦命，不得叙进。"又诏："援赦叙理选人，如曾犯赃及酷刑害命者，令流内铨责其再犯当永不叙用知委状。"先是，太宗时贬黜再用人，皆责改过状，以示儆戒，于是申明之。11，页1815

【宋真宗大中祥符六年（1013）春正月】丁未，中书言："命官犯罪配诸州衙前者，承前经赦止放从便。昨赦恩内许令叙理。今请以赃重及情理蠹害者授诸州参军，余授判司，京朝官、幕职、令录簿尉，等第甄叙。"从之。12，页1815

【宋真宗大中祥符六年（1013）春正月】戊申，诏内臣将命于外，干预州县公事，及所在官吏不即以闻，并置于罪。凡内臣出使，皆责知委状，敢妄奏他事者当伏军令，祖宗旧制也。见江休复《杂志》，令附此。又诏："如闻入内内侍省遣亲事卒于京城采察公事，因缘骚扰，并止绝之。"13，页1815

【宋真宗大中祥符六年（1013）春正月】丁巳，以监察御史唐肃为梓州路提点刑狱。先是，肃为泰州司理参军。有商人夜宿逆旅，而同宿者杀人亡去，旦起视之，血污其衣，为吏所执，不能明，遂自诬服。肃为白其冤，而知州事马知节趣令具狱，肃固持不可。后数日，果得真杀人者。于是，群牧判官缺，或请以肃为之。上曰："朕方别有所委。"俄授此任。肃，钱塘人也。21，页1816

【宋真宗大中祥符六年（1013）春正月】诏两浙诸州军寺观及民家藏铜像，限两月内陈首，委本处依铜钟磬例勒知州、通判名衔，给令依旧供养。先是，知衢州宋为善言所部民有铜像者，依法区断，其铜像准犯铜例没官。虑伤崇奉之道，而陷刑者众，故条约之。宋为善，未见。23，页1816—1817

【宋真宗大中祥符六年（1013）】二月癸亥朔，诏广南、福建、川峡路军民凶恶为患者，并依法断讫，并家属械送赴阙。1，页1818

【宋真宗大中祥符六年（1013）二月】甲子，诏自今犯罪已叙用未复资人遇赦，情轻者便与叙用。6，页1818

【宋真宗大中祥符六年（1013）二月】甲戌，诏文武官犯私罪，该赦叙理者，刑部磨勘讫，中书、枢密院具所犯轻重取旨。10，页1818

【宋真宗大中祥符六年（1013）二月】诏奖知河南府冯拯等，狱空故

也。11，页1818

【宋真宗大中祥符六年（1013）二月】前泉州观察推官公孙简监茶场代还，引对便殿，上阅其所试判辞荒谬，止命加阶。简自陈有劳，乞改京秩。上令以判辞示之，左右挥使退，简声色愈厉。诏付御史鞫问，责授房州文学。12，页1818—1819

【宋真宗大中祥符六年（1013）二月】乙酉，诏："自今诸寺院童行，令所在官吏试经业，责主首僧保明行止，乃得剃度。如百属试验不公，及主首保明失实者，并置重罪。"先是，岁放童行剃度，皆游惰不逞之民，靡习经戒，至有为寇盗，犯刑者甚众。故条约之。14，页1819

【宋真宗大中祥符六年（1013）三月】丁未，诏沙门岛罪人，除该赦遣赴阙外，自余量其所犯轻者，徙置近地。7，页1820

【宋真宗大中祥符六年（1013）三月】戊申，以主客员外郎、直史馆、判三司都磨勘司杨崈监汝州稻田务。崈以重法按本司吏，吏讼崈尝私役使公人，法当夺官，上特宽宥，讼者决杖停职。9，页1820

【宋真宗大中祥符六年（1013）三月】权知开封府刘综，言贵要有交结富民，为之请求，或假托亲属，奏授爵秩，缘此谒见官司，烦紊公政，请加抑止。庚戌，下诏风厉，各令自新，继今复然者，重置其罪。10，页1820

【宋真宗大中祥符六年（1013）三月】辛亥，诏京师每冬正寒节假，止许民庶赌博，而禁卒有犯，官司亦例释之，甚无谓也，自今不得复然。12，页1820

【宋真宗大中祥符六年（1013）三月】甲寅，江南路提点银铜铅锡胡则，言信州铅山县开放坑港，兵卒死伤甚众。诏遣使劾转运司规画乖当及提点刑狱司不即闻奏之罪，其役徒休息之。则尝为铸钱监，得吏所匿铜数万斤，吏惧且死，则曰："马伏波哀重囚而纵亡之，吾岂重货而轻数人之命乎！"籍为羡余，释弗诛。15，页1821

【宋真宗大中祥符六年（1013）三月】戊午，诏："比来诸州大辟五人以上，委转运、提点刑狱司录问讫，乃得决，以故颇有留滞。自今听本处不干碍官若三班使臣录问。"17，页1821

【宋真宗大中祥符六年（1013）夏四月】丙戌，诏诸州死罪情理可悯及刑名可疑者，报提点刑狱司详察以闻，当付大理寺详覆，无得顾避举驳，致有幽枉。12，页1824

【宋真宗大中祥符六年（1013）夏四月】是月，诏诸厢镇无得擅置刑禁。至道初，禁镇将、厢校妄理词诉搥掠人者。至是，颍州厢校张珪强以鬻牛者为盗，搥掠致死，刑部请申前制。15，页1824

【宋真宗大中祥符六年（1013）】五月辛卯朔，上御崇政殿亲录系囚，流罪以下递降一等。1，页1824

【宋真宗大中祥符六年（1013）五月】癸巳，权知开封府刘综言："本府鞫罪，刑名有疑者，旧例遣法曹参军诣大理寺质问，参酌施行。近日止移牒，往复多致稽缓，请循旧例。"许之。4，页1825

【宋真宗大中祥符六年（1013）五月】诏："诸州路走马承受使臣，多有逾越及受财贿，事发被劾，皆称面曾闻奏，因缘生奸。自今合奏公事，并须明具札子进纳，不得辄凭口述。"五月末事。17，页1827

【宋真宗大中祥符六年（1013）六月】是月，诏："自今应京朝、幕职、州县官乞试断案者，委考试官等就库密拣公案，亲自封记，候试时于中更选合要道数，依元敕精加考试，不得仍前令库胥检签，致有漏泄。其所试断案，须是引用格敕分明，方始定断合得何罪，勿使卤莽。如违，其所试官并重置之法。其大理寺应系新旧草检宣敕等库，自后并差官封锁，无使人吏擅有开闭。"初，中书以试律人名进呈，宰臣王旦言："从来已有差遣或已授远官，虽是法寺要人，恐涉规避，已不施行。其间预试而中选者，亦甚侥幸。缘选人未经六考，无两人同罪荐举，则无阶升陟。此辈虽云详练格法，或考试不精，则侥幸者多矣。或擢于审刑院，则例改章服，岁满又加等差使，以此尤须得人尽公程试。"帝曰："如卿所言诚有之，所试断案往往先知，洎至定刑，则但曰合入徒罪、合入杖罪，即不指

陈犯何条格，致得某罪。自今选官精加考试，仍申条约。"故有是诏。23，页1832

续资治通鉴长编卷八十一　大中祥符六年（癸丑，1013）

【宋真宗大中祥符六年（1013）秋七月】先是，晏州多刚县夷人斗望行牌率众劫淯井监，杀驻泊借职平言，大掠孳畜。知泸州江安县奉职文信领兵趋之，遇害。民皆惊扰，走保戎州。转运使寇瑊即令诸州巡检会江安县，集公私船百余艘，载粮甲，张旗帜，击铜锣鼓吹，自蜀江下抵清浮坝，树营栅，招安近界夷族，谕以大兵将至，勿与望等同恶。未几，纳溪蓝、顺州刺史史个松，生南八姓诸团，乌蛮狙广王子，界南广溪移、悦等十一州刺史李绍安，山后高、巩六州及江安界娑婆村首领，并来乞盟。用夷法，立竹为誓门，横竹系猫犬鸡各一于其上，老蛮人执刀剑，谓之打誓。誓曰"誓与汉家同心讨贼。"即刺猫犬鸡血，和酒而饮。瑊给以盐及酒食、针梳、衣服，署大榜付之，约大军至日，揭以别逆顺，不杀汝老幼，不烧汝栏棚。蛮人大喜。于是，峡路钤辖王昭逊言淯井事状，上遣内殿崇班王怀信乘传与瑊等议攻讨招辑之宜。瑊奏："斗望等尝以二年春烧淯井监，杀吏民，更赦贷其罪，而复来寇边，声言朝廷且招安，得饮食衣服矣。若不讨除，则戎、泸、资、荣、富顺监诸夷竞起为边害，今请发嘉、眉兵捕剿以震惧之。"本传以此事为五年，盖误也。《实录》又不详，今从《会要》。乃诏怀信为嘉、眉、戎、泸等州水陆都巡检使，阁门祗候康训、符承训为同都巡检使。乃发陕西虎翼、神虎等兵三千余人，令怀信与瑊商度进讨。上因谓枢密使陈尧叟曰："往时孙正辞讨蛮，有虎翼小校率众冒险者三人，朕志其姓名，今以配怀信。正辞尝料简乡丁，号白芳子弟，以其识山川险要，遂为乡道，今亦令怀信召募。又益州有忠勇军士二百，前讨王均有功，可给怀信为先锋。又使臣宋贲屡规画溪峒事，中适机会，可迁其秩，使知江安县，令怀信等每与同议。"《实录》不载命怀信等出军，但有上谓陈尧叟等语，今取《会要》及《正史》增入。然《会要》及《正史》并以出军为九月事，今因上语陈尧叟等并载之于此。符承训，彦卿孙，昭愿子。6，页1838—1839

【宋真宗大中祥符六年（1013）秋七月】壬子，诏："自今文武官特奉诏旨，专有处分，即为躬亲被受，犯者以违制论。自余例受诏敕海行条约①，非有指定刑名者，各论如律。无本条者，从违制失断。"先是违制之法，无故失率坐徒二年，翰林学士、知审刑院王曾建议，乃降是诏。21，页1842

【宋真宗大中祥符六年（1013）秋七月】甲寅，申禁内外群臣市官田宅。既称申禁，则前已禁矣。当考。23，页1843

【宋真宗大中祥符六年（1013）八月】丙寅，禁太清宫五里内樵采。亳州罪人至死者，送邻州裁断。5，页1844

【宋真宗大中祥符六年（1013）八月】己巳，以起居舍人、知制诰陈尧咨为工部郎中、龙图阁直学士、知永兴军府。长安多仕族，子弟恃荫纵横，二千石鲜能治之。有李大监者，尧咨旧交，其子尤为强暴。一日，以事自至府庭。尧咨问其父兄宦游何方，得安信否，语甚勤至。既而让之曰："汝不肖，亡赖如是，汝家不能与汝言，官法又不能及汝，终无耻矣。我与尔父兄善，犹骨肉，当代汝父兄训之。"乃引于便坐，手自杖之。由是，子弟亡赖者皆惕息。然其用刑过酷，有博戏者，杖讫桎梏列于市，置死马其旁，腐臭气中疮辄死。后来者系于先死者之足。其残忍如此。6，页1844

【宋真宗大中祥符六年（1013）九月】癸卯，知荆南府朱巽罚铜二十斤，荆湖北路转运使梅询，削一任，通判襄州。坐擅发驿马与知广州邵晔子，令省亲疾而马死故也。先是，巽以知制诰兼群牧使，出守藩郡，兼领如故，于是始解使职。自是，不复有外任兼领者矣。11，页1847

【宋真宗大中祥符六年（1013）九月】辛亥，上谓辅臣曰："掌法之官，宜务求中道，勿用深文者。如闻亲民之官，有酷刑以邀誉，此甚无谓也。卿等宜询察而迁徙之。"15，页1848

---

① 宋朝法律效力根据适用范围分为海行、一司一务、一路一州一县三种，分别是适用于全国、中央某个部门、地方某路州县。若适用两个以上部门和地区的，称为"通行"。"条约"是宋朝对法律的一种称谓。

【宋真宗大中祥符六年（1013）九月】有言迥与辽人劝酬戏谑，道醉而乘车，皆可罪。上曰："此虽无害，然使乎绝域，远人观望，一不中度，要为失体。"王旦曰："大抵远使贵在谨重，至于饮酒，不当过量。"上然之。此据《宝训》。17，页1848—1849

【宋真宗大中祥符六年（1013）冬十月】诏："如闻诸路先天、降圣、承天、等节宴会，先一月召集乐工，按习于司理院，颇妨推劾。自今止令前七日按习，违者置其罪"6，页1849—1850

【宋真宗大中祥符六年（1013）冬十月】权判吏部流内铨慎从吉言："格式司用十道图较郡县上、下、紧、望，以定俸给，法官亦用定刑，而户岁有登耗，未尝刊修，颇误程品。请差官取格式司、大理寺、刑部十道图及馆阁天下图经校定新本，付逐司行用。"诏秘阁校理慎镛，邵焕，集贤校理晏殊校定，翰林学士王曾总领之。天禧三年，书成，凡三卷，诏付有司。19，页1851

【宋真宗大中祥符六年（1013）十一月】都官员外郎、知成州刘晟，推官时群，录事参军孙汝弼，并勒停。初，同谷县民句知友妻张缢杀其夫，其子妇杜因省亲言于其父，父以闻州。州鞫张伏辨，晟等论杜告其夫父母，罪流三千里，仍离之，张同自首，原其罪。转运司移邻州检断，张准律处斩，杜无罪。诏劾晟等，法寺言当赎金。上曰："牧民之官，用刑乖当，一至于此。"特命停官，仍暴其事状戒饬诸道。4，页1852

【宋真宗大中祥符六年（1013）十二月】庚辰，御史台上言，常参官失仪条内，语笑喧哗，入正衙门执笏不端，至班行立不正，赴宴言语交错、举动不肃，并请坐私罪，从之。又请祠祭官致斋日早赴斋所，遇大祀，行事及陪位官，并午前集朝堂宿斋，违者坐之，诏可。8，页1854

【宋真宗大中祥符六年（1013）十二月】知天雄军府周起言："五台山僧镂木饰金为冠，上设释迦等象，诳民求钱。自今此类，请行禁止。"从之。10，页1854—1855

【宋真宗大中祥符六年（1013）十二月】大理寺言："旧制，审刑详议官，大理少卿、详断官，三年满，无遗阙，考课改官。景德中诏岁满四经书罚者，审官院以闻，量其轻重殿降差遣，如详刑允当，优与升奖。向来审刑详议官，年满虽有责罚，亦优获差遣。而本寺详断官，偶有责罚不及四次者，止授知县。则是详断官资序与监临场务无异。况京朝官充刑部详覆官、开封府诸曹参军，任满日，并通判诸州。今本寺日有检断，鲜能无累，欲望岁满书罚不及四次者，授通判诸州，以励官属。"诏自今两经书罚情轻者，奏取进止。本志载此事于去年十月，又云诏两经书罚情轻者与小州通判。今从《实录》。12，页1856

续资治通鉴长编卷八十二　宋真宗大中祥符七年（甲寅，1014）

【宋真宗大中祥符七年（1014）】春正月壬辰，诏不逞之民娶妻给取其财而亡，妻不能自给者，自今即许改适。时京城民既娶，浃旬，持其赀产亡去。而律有夫亡六年改嫁之制，其妻迫于饥寒，诣登闻上诉，乃特降是诏。1，页1861

【宋真宗大中祥符七年（1014）春正月】先是，鼎州判官孙啙坐赃，转运使牒郓州追其妻证验，三子皆幼，上悯之。己亥，诏诸州勘劾公事，干连女口当为证左者，千里外勿追摄，牒所在区断。5，页1862

【宋真宗大中祥符七年（1014）春正月】辛丑，上御崇政殿，亲决系囚，多所原减，以车驾将行故也。7，页1862

【宋真宗大中祥符七年（1014）春正月】壬寅，车驾奉天书发京师，禁天下屠宰十日。8，页1862

【宋真宗大中祥符七年（1014）春正月】肆赦，亳州及车驾所经，流以下罪并释之，死罪奏裁；给复一年半，永减岁赋十之二。升亳州为集庆军，改真源县曰卫真县，给复二年，奉元宫曰明道宫。赐道士女官紫服、师名，披度者八十人。12，页1863

【宋真宗大中祥符七年（1014）春正月】丙辰，升应天府为南京，正殿榜以归德，仍赦境内及东畿车驾所过县流以下罪。追赠太祖幕府元勋僚

旧，及录常参官逮事者并进秩，欲授子孙者亦听。除民乾食盐钱。御重熙颁庆楼观酺，凡三日。改圣祖殿为鸿庆殿。21，页1864

【宋真宗大中祥符七年（1014）二月】壬申，恭谢天地于东郊。还，御乾元门，大赦，内外文武官悉加恩，诸路蠲放租赋有差。举人因事殿举，及永不得入科场不经刑责者，许将来依例取解。自后大赦率下此制。11，页1865

【宋真宗大中祥符七年（1014）三月】殿中侍御史曹定，言诸州长吏有罪，恐为人所诉，即投牒自首，虽情状至重，亦以例免，请行条约。诏自今知州、通判、幕职官、使臣等首罪，如实未彰露，则以状报转运司，虽格当原，亦书于律。曹定，未见。9，页1868

【宋真宗大中祥符七年（1014）三月】诏："在京授差遣及外州移任文武官，除驿程外，在道属疾者，所至遣官验视，给公据，俟达本任，委长吏验问，如设诈妄满百日者，不得放上，具名以闻，并用违制论。当任远官托故不赴者，从本法。监军、巡检、监当使臣，自今除程限一月办装，其事缘急速驰驿者不在此限。代还者准上条罪减二等。"从编敕所之请也。15，页1869

【宋真宗大中祥符七年（1014）夏四月】上谓宰相曰："闻永兴陈尧咨用刑峻酷。关中近方丰稔，郡县尤藉绥抚，不宜严急。有窦随者，提点本路刑狱，颇复伺察人过以激怒，欲使内外畏惮，成其威望，此不可不责也。"辛酉，徙随京西路。后数月，尧咨言导龙首渠入城以给民用，有诏嘉奖，因曰："决渠济之，不若省刑以安之，乃副朕意也。"8，页1870—1871

【宋真宗大中祥符七年（1014）夏四月】癸亥，诏自今阁门祗候因公罪追降者，许理为一任。9，页1871

【宋真宗大中祥符七年（1014）夏四月】诏大理寺断狱宜依条处罪，其情轻法重者，具状实封以闻。时上封者言法官以临时取旨为文，归怨于上故也。13，页1871

【宋真宗大中祥符七年（1014）夏四月】丙寅，编敕所言："婺州、台州断持杖强盗宋德、叶逸，并坐强盗杀人，绞斩各异。准唐建中敕，恶逆已上四等罪，准律用刑，其余应当绞斩，并决重杖处死，以代极法。又景德元年诏处斩讫奏者即斩之。今二州同罪异罚，望申明旧制。"从之。14，页1871—1872

【宋真宗大中祥符七年（1014）五月】戊子，知益州凌策言眉州民孙延世强夺孙朴田，积三十年，六经制勘，官吏受赇枉法，殿中丞、知华阳县黄梦松鞫之，尽得其状。诏待梦松还引对，其推典第加进补。明年，擢梦松为监察御史。梦松，未详，邑里。3，页1874

【宋真宗大中祥符七年（1014）五月】庚子，太常博士邓余庆坐受誓戒不及，在法，私罪当劾举主，诏释之。上因谓宰相曰："连坐举官，诚亦不易，如此公坐，犹或可矜。其有本不谙知，勉徇请托，及乎旷败，何以逃责。"王旦曰："荐才实难，士人操行，往往中变。"上曰："然拔十得五，纵使徇私，朝廷由此得人，盖不少矣。"旦曰："求人之际，但信其言而用之，有所旷败，亦如其言而坐之。太祖朝，有自员外郎与所犯州县官同除名者。太平兴国初，程能为转运使，举官至滥，人多鄙之。"上曰："朝廷急于得人，苟不令荐举，则才俊在下，无由自达。求人之要，固无出于此也。"11，页1875—1876

【宋真宗大中祥符七年（1014）五月】辛亥，上御崇政殿亲决系囚，死罪至徒递降，杖已下释之。18，页1877

【宋真宗大中祥符七年（1014）五月】知宿州李防言，引见司科罚罪人于崇政殿门外，切近帝所，有亏严肃，欲望自今送开封府或皇城司决遣。上曰："外人不知，近年每月不过一二次，决罚人皆杖笞以下，此事已久，不欲遽改。"《会要》五月事。22，页1878

【宋真宗大中祥符七年（1014）六月】丙辰，诏曰："眉州通判黄莹、知长安县王文龟，或酗酒滥刑，或受贿鬻狱，并投荒裔，犹屈刑章，凡百搢绅，所宜申戒。"

初，孙延世伪作祖父手疏，夺孙朴田，计直三百万。提点刑狱司命莹辨之，眉山县尉高用纳延世钱七万，易其丁簿以为证佐，莹又取黄金三十两，狱成，夹江令李干审覆之，又取金四两。因逐朴，悉以产付延世。朴诣阙讼冤，诏劾得实，莹等当死，用五年十月戊午赦，特除名配本城军，莹隶白州，干漳州，用韶州。

文龟在长安，醉出，回顾市民有踞坐者，即其所杖之三十，诘朝而卒。法寺准罪当加役流，特命除名，配隶海州。因布告天下。初，有司以敕草上，第言市民踞坐，上曰："文龟款中有'回顾'二字，此最非理，不可不载。"视之果然，遂益之。2，页1878—1879

【宋真宗大中祥符七年（1014）六月】戊午，禁诸州决罪暗加杖数，令提点刑狱、转运司察举之。4，页1879

【宋真宗大中祥符七年（1014）六月】己未，诏两京、诸路，系囚死罪委长吏躬亲详鞫，徒、流降等决遣，杖以下释之。时属炎暑故也。5，页1879

【宋真宗大中祥符七年（1014）六月】知秦州张佶言，新置水寨二于大洛门，以不俟朝旨待罪。诏释之，令佶绘图来上。6，页1879

【宋真宗大中祥符七年（1014）六月】编敕所请自今刑部举驳诸州误入人死罪劾断官吏讫，具事布告天下，俾其晓悟，从之。10，页1879

续资治通鉴长编卷八十三　宋真宗大中祥符七年（甲寅，1014）

【宋真宗大中祥符七年（1014）秋七月】壬寅，前三班奉职王袭先厘务饶州，以非法縶州民棰之，倒挂枋上，坐停官。及是叙赦恩，上恶其虐民，命补开封府散教练使。15，页1889

【宋真宗大中祥符七年（1014）秋七月】辛亥，诏江南、广南伪命日民田并以见佃人为主，讼者官勿受理，克复后即论如法。19，页1890

【宋真宗大中祥符七年（1014）八月】丙辰，徙泾原路钤辖张继能为鄜延路钤辖。先是，内属户杀汉口者，止罚孳畜，继能则丽于常法，由是戎人畏而不敢犯。赵德明虽受朝命，而蕃部不绝寇境，继能日课卒截竹为签，署字其上，且言以备将士记杀贼功状。贼闻之，益惧焉。3，页1890

【宋真宗大中祥符七年（1014）八月】永宁寨监押杨光习除名，配隶邓州。坐擅领兵出寨与颇忠族斗，又诬军中谋杀司马张从吉故也。秦州有永宁寨，府州有永宁堡，此当属秦州。4，页1890

【宋真宗大中祥符七年（1014）八月】壬申，诏自今勘鞫官宜尽理推究本犯，不得以元奏事状抑令招伏，致有枉曲。15，页1892

【宋真宗大中祥符七年（1014）八月】诏京城斗竞愿送开封府者并听，本厢巡检不得断决。外州巡检亦准此各送所属。16，页1892

【宋真宗大中祥符七年（1014）八月】阁门言："崇政殿引对三班使臣，有祈恩唐突者，宣徽院承例劾其罪，而诸司未著条约。自今诸司引对唐突者，请令所属官司举奏，不举奏听阁门、军头司纠之。"诏可。24，页1893

【宋真宗大中祥符七年（1014）九月】句当三班院李维等言："本院使臣，请自今非句当急速公事，限七日朝参，即赴院差使。其非时缺人，即据新城门所申姓名定差。违者送宣徽院劾罪。"从之。6，页1894

【宋真宗大中祥符七年（1014）九月】癸巳，忻州民诣登闻检院钉手诉田，有司以妄自伤残，当先决杖。上闻之，谓宰相曰："朕忆有蕲州女子诣阙为父诉田，遂致被杖，其实千里而来，不为田而为父也。此事或有枉挠，则伤和气矣。"即诏送本州。8，页1895

【宋真宗大中祥符七年（1014）九月】乙未，权知开封府王曙洎判官、推官等，坐断狱误，罚金。初，法寺准诏，长吏为部民所讼，罚讫代之。上以京府事繁，与外郡异，止命增罚金十斤，而复其任。10，页1895

【宋真宗大中祥符七年（1014）九月】禁军士私蓄手刀、器械，其戍边者不禁。19，页1896

【宋真宗大中祥符七年（1014）九月】初，开封府解服勤辞学进士二十五人，为下第者刘溉所讼，其十三人以寓贯，皆奔窜潜匿，有司追捕。王旦奏曰："陛下比降恩诏，搜罗才俊，今乃变为囚系，恐伤风教。且科举之设，本待贤德，此辈操行如此，望特出宸断，以惩薄俗。"上曰："此盖当时官司不曾晓谕，致此过误，其寓贯者当并释罪，溉付外州羁管。"既而御史高弁上言："溉讼事得实，被责太过。"上以问旦，旦曰："溉讼本非公心，据款乃俟其得解则讼，此缙绅之蟊贼。朝廷黜其无行，谏官所宜乐闻，弁妄形奏对。由是观之，向非圣断明哲，辨举子误犯，则须连坐府县。御史抨弹，甚无取也。"上然之。弁，雷泽人，寻以谏修玉清昭应宫，降知广济军。弁降广济，据本传附见，当考。22，页1897

【宋真宗大中祥符七年（1014）冬十月】殿中丞童静专削籍，长流郴州，不得叙用。静专知容州，坐赃，法当徒。又其叔居明，先没王事，赐一子出身。居明子幼，静专冒荫得官。及是事发，故重责之。仍令福州访居明之子以闻，而居明子颖，明年亦登进士第。6，页1898—1899

【宋真宗大中祥符七年（1014）冬十月】诏自今军士亡命及三年已上，虽自首，悉具所犯赴阙论决之，从知亳州李迪之请也。10，页1899

【宋真宗大中祥符七年（1014）冬十月】御史台鞫杀人贼，狱具，知杂王随请脔割之。上曰："五刑自有常制，何必为此。"王旦曰："随司风宪，抨弹自有故事，此非其所宜言。况此贼本情可见，一死亦已极矣。"12，页1899

【宋真宗大中祥符七年（1014）冬十月】河北提点刑狱司言博州狱空百三十九日。宰相言天下奏狱空者无虚月，唯此奏日数稍多，上特令降诏奖之。20，页1900

【宋真宗大中祥符七年（1014）十一月】乙酉，群臣诣崇德殿贺玉清昭应宫成。赐宫使以下鞍勒马、器币。德音减诸路系囚流以下一等，死罪可悯者奏裁。采伐木石州县，差赐民租。5，页1901

【宋真宗大中祥符七年（1014）十二月】诏："自今诸州部送罪人赴阙及往他州者，并所在为券给以粮，仍令依程而行，不得非理縶扑，倍道进发。病者，牒所至州县遣医疗治；死者，检视无他故，即以公验付部送吏，违者所在官司劾罪以闻。"先是，淄州部送系囚赴阙，道多死者，上悯之，特命条约。3，页1905

【宋真宗大中祥符七年（1014）十二月】戊午，诏川峡广南福建转运使、提点刑狱官察部内僚吏，有贪墨不法、惨刻用刑者以闻，以道路辽夐，民无所诉故也。6，页1905

续资治通鉴长编卷八十四　宋真宗大中祥符八年（乙卯，1015）

【宋真宗大中祥符八年（1015）】春正月壬午朔，备銮驾，诣玉清昭应宫太初殿，奉表奏告尊上玉皇大天帝圣号。陈设如大祀，惟三进酒、饮福并用金盏。群臣朝服陪列，诸方客使、贡举人、蕃夷酋长、道释、耆寿、坊市民庶悉集宫门外。旧仪，皇帝殿上再拜，群臣不拜。以躬率臣庶，有司定上再拜，内外皆拜。令诸州皆建道场，设醮奏表，臣庶家悉置香台，上香望拜，官司检察之。是日，遂奉安刻玉天书于宝符阁，塑御像冠服立侍。上升阁，备登歌，酌献。还，御崇德殿受贺。大赦天下，非十恶、枉法赃及已杀人者，咸除之。内外文武官满三年者，有司即考课以闻。缘河、江、淮，两浙民田经水灾者，悉蠲其税。1，页1911

【宋真宗大中祥符八年（1015）春正月】上封者言，自今文武官授川峡任，其家属有所依而辄携赴者，请不许首罪，从之。15，页1914

【宋真宗大中祥符八年（1015）春正月】诏："如闻诸军亡卒，每擒获，多妄引同辈尝共赌博。逮捕既众，岂无滥刑？自今有司勿更穷究，止用本罪论决。"17，页1915

【宋真宗大中祥符八年（1015）二月】宗正寺火，有司奉玉牒属籍置他舍得免，判寺官并坐责黜。令盐铁副使段晔择地营宗正寺，自今判寺官不得携家属居之。因诏诸司库务益严火禁。3，页1916

【宋真宗大中祥符八年（1015）二月】戊辰，诏申禁诸司奏事取进止而疑似两取指挥者。先是，吏部铨引选人，中书以累有论荐，勘事未行，坐误入人死罪，准敕原放，命与小处官，铨曹奏取进止。上曰："此自当从敕处分。"因申明旧敕禁约之。三月十七日事此据《会要》，当考。16，页1918

【宋真宗大中祥符八年（1015）】五月辛巳朔，刑部员外郎、兼侍御史知杂事王随言："准诏劾荣王元俨宫遗火事，本元俨侍婢韩盗卖金器，恐事发，遂纵火。其知情干连人悉具以闻。"诏韩氏断手足，令众三日，凌迟处死，知情人处斩，余并等第决配。先是，当死者甚众，王旦独请对，言曰："始失火时，陛下以罪己诏天下，而臣等皆上章待罪。今乃过为杀戮，恐失前诏意也。且火虽有迹，宁知非天谴邪！"上欣然纳之，由是减死者几百辈。当失火时，固已知自荣王宫矣。命官勘劾，事理当然，非因大臣建议也。旦所以谏，盖虑缘坐者众，或及无辜尔。若云不宜罪人，则恐失实。欧阳修《神道碑》乃由旦子素《遗行录》略加删润耳，今取参考，稍易其辞。1，页1928

【宋真宗大中祥符八年（1015）五月】诏西来回纥赍硇砂，系禁物，并释其罪，以蕃部未知条约故也。4，页1928

【宋真宗大中祥符八年（1015）五月】癸巳，上御崇政殿亲虑系囚，死罪情轻者贷之。14，页1929

【宋真宗大中祥符八年（1015）五月】诏自宫禁迨臣庶之家，一切服玩皆不得以金为饰，严其科禁。自是遂绝。王称《东都事略》：诏，"宗室、皇亲及外廷臣庶之家，不得以销金、戗金、金线之类为衣服器用"。16，页1929

【宋真宗大中祥符八年（1015）五月】己亥，诏："近禁销金，虑北境人至榷场，未知条式，或卖违禁物，与近边商旅贸易。宜令知雄州李允则以意谕北境，仍录所降诏付之。"20，页1930

【宋真宗大中祥符八年（1015）五月】甲辰，妖人谷隐黥面配琼州牢城，遇赦不还；靳重荣汀州；靳有方沙门岛。仍以诏谕解州民庶，自今无得传习隐术。隐先坐罪编管解州，因用妖术惑众，重荣师事之，有方尝给取隐资财甚众，至是，付御史鞫劾而谪焉。23，页1930

【宋真宗大中祥符八年（1015）六月】诏自今吏部选人有罪犯者，铨司未得定入官资叙，并具考第及所犯取旨。先是，铨司请今后曾经追停人再理考限及格乃得入令录。上曰："如是，则沈滞者众矣。朕近见一选人，淳化中及第，二十余年无公私事故，至今未及十考。由是而言，不宜更加考数。"因条约之。《会要》六月一日事。2，页1931

续资治通鉴长编卷八十五　宋真宗大中祥符八年（乙卯，1015）

【宋真宗大中祥符八年（1015）】闰六月己卯，大赦天下，非己杀人及枉法赃致杀人、十恶至死者，悉原之。赐修内兵匠物有差。自今诸州有大辟情可悯者，具狱以闻。敕法律内重刑未称矜恤者，委法官与编敕官条奏。先是，上谓宰相曰："朕以盛暑之月，属念囚系，欲肆恩宥，何以为名？"王旦曰："今边鄙宁谧，黎庶阜安，风雨以时，疵疠不作，叶此景贶，特覃大庆，固其宜也。"翌日，以条目进呈。上曰："前后赦文，未尝不以谨罚为首。今当别白条告，使四方晓解。"旦乃以二事为请，故特著之。1，页1935

【宋真宗大中祥符八年（1015）闰六月】诏："诸司库务，如中使宣取金帛钱物，但依往例，画时应副，不得以见管都数供报。如违，主典处死，监官除名决配。"旧制，库务都数，虽三司使不得知之。丁谓充使日，自陈度支经费，宜知常数，上勉从其请，仍令副使已下不得预闻。而主藏攸司，不详条禁，每内臣有所宣索，必尽数报之，或具列名物之籍以供。故特申警焉。4，页1936

【宋真宗大中祥符八年（1015）闰六月】诏广南路，自今不逞之民五犯法者，依法决杖，刺配岭北州军牢城，内未满五次而情理切害者，亦准此。6，页1936

【宋真宗大中祥符八年（1015）闰六月】癸巳，编敕所言："监临主守自盗及盗所监临财物者，旧自五匹徒二年，递加至二十五匹流二千五百里，三十匹即入绞刑。缘法律凡加重刑，皆须循次，今独此条顿至大辟，望改三十匹为流三千里，三十五匹绞。"从之。10，页1938

【宋真宗大中祥符八年（1015）闰六月】上谓宰相曰："数有人言官吏犯赃者多，盖朝廷缓于惩戒。"王旦曰："今品官犯赃，情理乖当，但千钱已上皆配隶衙前，遇赦，得逐便，再遇赦，得参军、文学，终身不齿善良。其有犯法轻赃，遇大庆不过得一判司，每赴选调，必首载其赃滥，为辱极矣。然万一有当极典者，朝廷但委之攸司，死者无由得免。盖太宗谨重刑罚，行三宥之恩，此等多蒙减死。陛下即位以来，赃吏若比前代，则犯者亦似差少。"11，页1938

【宋真宗大中祥符八年（1015）秋七月】乙丑，禁河北河东陕西缘边部署、钤辖、都监、知州等私买军衣绢染彩，博市府州蕃马。11，页1941

【宋真宗大中祥符八年（1015）秋七月】壬申，诏如闻河北、陕西及宜州犯罪远配人，各有田产安居，自今经赦不在量移之限。17，页1942

【宋真宗大中祥符八年（1015）秋七月】是月，诏三班院，自今诸河催纲巡检，并选曾经监押、巡检殿直干事者充。初，三班定侍禁李世隆为蔡河拨发巡检捉贼。上曰："世隆年方二十五，未经历任。"上封者屡言催纲、捉贼多差权势子弟，故条约之。21，页1942

【宋真宗大中祥符八年（1015）秋七月】冯拯、王曾等受诏同详定博易新法，皆以谨重敦信为言，而上封者犹竞陈改法之毙，内臣蓝继宗等亦屡陈其不便，上以问辅臣，丁谓对："臣夙知利害，愿得与之辨。"寻召继宗等询其始末，悉不能对，谓亟以闻。22，页1942—1943

【宋真宗大中祥符八年（1015）八月】开封民崔白，家京城，素无赖，凌胁群小，取财以致富。先有满子路者，强狠任侠，名闻都下，赵谏以豪横伏法。白尝谓人曰："满子路，吾之流辈也。赵谏，吾门人耳。余不足算也。"白与梁文尉邻居，欲强买其舍，文尉未之许，屡加诟辱。会文尉死，妻张与二子皆幼。白日遣人多掷瓦石以骇之，张不得已徙去，即以其舍求质钱百三十万，白因以九十万市之。张诉于府，白遂增钱三十万，因潜减赁课，以已仆为证，诣府讼张，且厚赂胥吏。白素与殿中丞、权大理少卿阎允恭善，遂祈允恭达其事于开封府判官、国子博士韩允，允坐张妄增屋课，杖之。白因大言，自炫于廛市。皇城司兼知以闻，诏捕白付御史台，鞠问得实。己卯，允除名，授岳州文学；允恭除名，授复州文

《续资治通鉴长编》所见法律史料辑录　201

学；白决杖，配崖州牢城；白子端决杖，配江州本城，仍下诏戒谕都人。2，页1943

【宋真宗大中祥符八年（1015）八月】癸未，以河中府、陕同虢州岁歉民流，命侍御史李行简乘传安抚，仍与转运使议发仓廪出粜及振贷之。行简，冯翊人，尝官于蜀，陵州富民陈子美父死，继母诈为父书逐出之，累诉不得直，转运使檄行简劾正其事。及代还，子美遗以黄金五百两，行简怒不纳，感泣而去。其为监察御史王嗣宗所荐也，王旦数称其才，上亦雅知之，再迁侍御史。行简为御史，乃祥符二年十二月，今附此。4，页1944

【宋真宗大中祥符八年（1015）八月】甲申，知密州孙奭上言："本州屡有强盗结案遇赦或赦后捕获，准诏配本城者并配牢城。臣愚窃谓朝廷盖以本城、牢城分为轻重，今若一概取断，虑失诏意，请下法官参议。"诏自今诸州军准诏刺配本城者，止配本城有军额指挥，不得例配牢城。7，页1944

【宋真宗大中祥符八年（1015）八月】甲午，知永兴军李迪言："长安故都，举人及衣冠子弟甚众，多恃荫无赖，恣为凶狠。自今所犯情重者，望许部送赴阙。"诏可。有郑文坦者，府之豪族，其家坐徒者已三四人。文坦贷贫民息钱，使倍偿之。至是，数逾三四而匿其要契，索取不已。迪遂械送阙下，决杖黥面，配郴州牢城，遇赦不还。13，页1945—1946

【宋真宗大中祥符八年（1015）九月】入内供奉官杨守珍使陕西督贼，请因擒获强劫盗至死者，望以付臣凌迟，用戒凶恶。上曰："法有常科，岂于安平之时，而行惨毒之事！"乃诏守珍等捕捉盗贼送所属，依法论决，情理切害者奏裁。守珍事与四年三月在东京时略同。6，页1950

【宋真宗大中祥符八年（1015）冬十月】丙戌，以右谏议大夫慎从吉为给事中、权知开封府。上召戒从吉曰："京府浩穰，凡事太速则误，缓则滞，惟须酌中耳。有请属，一切拒之。"又曰："府吏多与豪右协谋造弊，事体日新。朕记作尹时，有殴小民者，吏纳赂移于仆夫，仆夫伏辨，将断，朕疑其非本情也，再令鞠问，乃得实。如此等事，所宜深察。"及从吉领府事，谤者甚多。上以问辅臣，丁谓曰："从吉好言人过，故积众

怨耳。"上曰："当官宜守常道，或强为善以取名，则毁誉必随至矣。"6，页1953

续资治通鉴长编卷八十六　宋真宗大中祥符九年（丙辰，1016）

【宋真宗大中祥符九年（1016）春正月】度支员外郎、知河中府勾克俭妻悍戾，与豪家往还，因缘纳贿，克俭不能禁。辛未，降克俭知宁州。12，页1968

【宋真宗大中祥符九年（1016）春正月】乙亥，诏京朝、幕职、州县官求致仕者，令审官院、吏部铨检勘历任具有无赃私以闻。16，页1970

【宋真宗大中祥符九年（1016）春正月】是月，诏："三司多于远年帐案内，搜寻名件，直行指挥，下诸州府根逐磨勘，年月深远，案籍不全，勾追照验，颇成烦扰。自今不得复然，违者仰逐州府将所下文字实封进纳，如州府自敢辄便行遣，即委转运、提点刑狱司觉察闻奏。"17，页1970

【宋真宗大中祥符九年（1016）二月】诏在京勾当库务臣僚，有以公事上殿取旨者，并与同官参议平允，具体例以闻，违者坐之。初，监官上殿，多以独见奏禀进止，而所陈非当，故命条约。《会要》二月一日事。2，页1970

【宋真宗大中祥符九年（1016）二月】初，本寺言陵庙行礼缺官，准《令》文："宗正卿一员，少卿、丞各二员，主簿一员"，时止赵安仁兼卿，世长知寺事。上因谓王旦等曰："安仁尝参宰府，与世长列衔非便。"旦曰："请自今命京官兼主簿，郎中已下兼少卿，丞郎已上兼卿，以为永式。然世长知寺数年，忽降兼丞，亦似无谓。王嗣宗尝言世长父用成坐赃弃市，不当使之司宗正，望授外郡，别择官以备宗职。"上从之，仍诏月给宗正寺公用钱五十千。3，页1971

【宋真宗大中祥符九年（1016）二月】丙戌，知秦州曹玮言："州民多讼田者，及追取契要，皆云亡失。若召集邻保，颇为烦扰。盖买地之初，未尝税契改户，以是牒诉繁委。臣即移告属县，旧无契者，限两月诣官首露，输税印券。凡得新户一千六百二，税钱四千二百三十贯，讼诉顿息。虑诸路亦多此类，望遍行条约。"从之。9，页1972

【宋真宗大中祥符九年（1016）三月】初，咸平县民张赟妻卢诉侄质被酒诟悖。张，豪族也，质本养子，而证左明白。质纳贿胥吏。从吉子大理寺丞锐，时督运石塘河，往来咸平，为请求县宰，本县断复质刘姓，而第令与卢同居。质暨卢迭为讼，县闻于府。会从吉权知府事，命户曹参军吕楷就县推问。卢之从叔虢略尉昭一纳白金三百两于楷，楷久而不决，且以俟追刘族为名即还府。卢兄太子中舍文质又因进士吴及纳钱七十万于从吉长子大理寺丞钧，以其事白父，而隐其受贿之状。卢又诣府列诉，即下其事右军巡院。昭一兄澄尝以手书达惟演，云寄语从吉，事逮钧、锐，请缓之。时及已亡命，军巡请搜捕，且曰："未得及，则狱不具。"从吉亟召军巡判官祝坦至厅事后询之，毁所请状，又令锐密问坦狱情何若，颇自疑惧，因密作奏，请付御史台，未报。纠察刑狱王曾、赵稹诣便殿以闻，且言事涉从吉，虑军巡顾避。稹方知杂，请不以付台。乃命殿中侍御史王奇，户部判官、著作郎、直史馆梁固鞫治，仍遣中使谭元吉监之，逮捕者百余人。狱成，夺楷、钧二官，配隶衡州、郓州；锐、坦、文质皆夺一官，坦贬濠州参军。卢澄者，陈留县大豪也，尝入粟，得曹州助教，殖货射利，侵牟细民，颇结贵要，以是益横。刘综知府日，尝犯法。综愤其豪横，绳之，夺官，配郓州，仍请后有过不以赎论。诏可其奏。至是，与昭一并决杖，澄配隶江州，昭一特除名。从吉、惟演并坐责，自余决罚有差，情重者配隶外州。枢密直学士、右谏议大夫、知益州王曙，前知开封，尝举楷，于是坐降为左司郎中，职任如故。王曙降官在七月庚戌。王奇，台记有传，无州里。8，页1976—1977

【宋真宗大中祥符九年（1016）三月】癸丑，诏官吏犯赃被劾，有故延岁月以俟赦宥者，自今法寺勿以赦原。9，页1977

【宋真宗大中祥符九年（1016）三月】壬戌，诏："自今文武群臣举官犯赃，举主同罪，不至追官及经恩原降者，仰审刑院具情理奏裁，当议量贬官秩，或降差遣。如前所举官间有贪浊，亦许陈首。自今必择廉能，乃形公举，更不在陈首之限。"16，页1979—1980

【宋真宗大中祥符九年（1016）三月】乙丑，著作郎高清杖脊、黥面，配沙门岛。清知泰康，县民有诣府诉家产者，清纳其贿。时已罢任，即逃避他所。知府慎从吉请对，言其子锐先假清白金七十两，望传诏捕系，仍置狱。遂命驾部员外郎刘宗言、监察御史江仲甫推勘。清匿于进士丁禹家，白官擒得之，且搜其家，获财货甚众，衣服有侈靡违禁者，因揭榜许民告首，并得他赃状。狱具，法寺以所受赃不分枉直，改命屯田员外郎丁谨修覆按，清枉法当死，上特贷之。

清，库部郎中士宏之子，景德中进士，宰相寇准以弟之女妻之。寇卒，李沆家复取为婿。历官以贿闻，颇恃姻援以欺蠹小民，务自骄纵，被服如公侯家。初，锐就清假贷，清以多纳赂事将败，遂诺之，求其为助。时方鞫卢氏狱，王曾为纠察，力庇清。从吉发此事，欲以自解。锐素狡狯，始假清银，欲为庇护，及闻有讼，即以还之。前以卢氏事已夺一任，至是，又坐请求，削卫尉寺丞。从吉坐首露在已发后，又奏报不实，用官减当罚金。诏以从吉累犯宪章，合当黜窜，特追右谏议大夫，免其安置。锐配单州。自余决罚配隶者数十人。宗言、仲甫以鞫狱失实，并黜监物务。府界提点虞部员外郎姚润之、内殿崇班阁门祗候王承谨坐不能察举，复保任清，并免所居官。18，页1980—1981

【宋真宗大中祥符九年（1016）夏四月】乙未，诏三京、诸路大辟罪，狱既具而非理致死者，委纠察提点刑狱官察之。10，页1982

【宋真宗大中祥符九年（1016）夏四月】辛丑，知永兴军寇准言："所部豪民，多贷钱贫民，重取其息，岁偿不逮，即平入田产。望降诏旨，许人纠告，严加科责。"上曰："秦雍去冬物价翔踊，此诏若下，必诉讼纷起。且贫民饥乏，孰肯贷假乎！其谕准俟丰岁行之。"16，页1983

【宋真宗大中祥符九年（1016）夏四月】是月，诏："三京及诸路转运司，除川峡州军外，并据所管县分弓手，每人借弩一枝，其令箭枪剑令各自置办，以簿拘管，递相交割，委令尉常切教阅。"先是，止降诏河北转运司，太常博士张希颜言复州有弓手置弓刀以捕寇者，本州引私置衣甲、器械律坐其罪，皆杖脊配隶本城，上因令遍下诸道。19，页1984

续资治通鉴长编卷八十七　宋真宗大中祥符九年（丙辰，1016）

【宋真宗大中祥符九年（1016）五月】丙辰，以景灵宫、会灵观及袞州景灵宫、太极观成，群臣称贺。德音降天下死罪囚，流以下释之；开封、仙源、奉符、衡山、华阴、曲阳、登封诸县免今年夏税十之三，东畿他县及五州府余县免十之二。13，页1990

【宋真宗大中祥符九年（1016）五月】戊辰，上谓辅臣曰："法官每定群臣封奏，多引往年诏敕，云非有大益，无改旧章，所奏请不行。"王旦曰："起请频仍，则诏令有碍，是以法官重于更改。"丁谓曰："近李溥请私鬻盐茶，随赃仗全给与人充赏者，多称假借，却给元主，颇容情弊，望并纳官。法寺详定，已从溥奏。"上曰："特从溥奏者，正是惮其不伏尔。下位有所见，当详究利害而行之。"28，页1993

【宋真宗大中祥符九年（1016）】六月甲戌朔，诏自今吏部选人有罪犯者，铨司未得定入官资叙，并具考第及所犯取进止。1，页1994

【宋真宗大中祥符九年（1016）六月】丙子，诏年丰物贱，宜申谕民间，无得轻弃粒食，违者论罪。2，页1994

【宋真宗大中祥符九年（1016）六月】辛巳，比部员外郎、知齐州范航坐受财枉法，免死，杖脊黥面，配沙门岛。

航为吏，所在贪狠，持人长短，众多惮之。上之尹京也，航宰东明，民有讼其鬻虚钞纳物者，事状明白，按劾已就，府佐皆曰："此凶人，虑有反复，须结正坚固，乃可上闻。"洎付台覆按，事果中变，航止罚金而已。后任河东提点刑狱，表求知博州聊城县，虽云便于举葬，实以是邑富饶，利于掊敛。在齐州尤狡蠹不法，笞棰无度，强取财物。其子昭为太常博士、直集贤院，闻其丑声，走仆赍书谏勉。航怒，重挞其仆。至是，提点刑狱滕涉、常希古发其奸赃，又揭榜令民首露，得罪状数十条。遣御史李铼就鞫得实而奏之。昭时任江南东路提点刑狱，及受代还，至南京，上言愿身为边卒，赎父移善地。宰臣言父子罪虽不相及，然亦当降其职任，遂令厘务，从之。昭责降在九月己未，今并书之。4，页1994—1995

【宋真宗大中祥符九年（1016）秋七月】己酉，殿直、新钦州咄步寨主王素配隶荆南。是寨久缺官，俞献可言当溪洞冲会，求择人补之。三班以素充选，仍令驰驿赴任。素以地多瘴毒，不欲行，托疾，在道二百余日，至襄州，又称病甚求免，故黜之。4，页1998

【宋真宗大中祥符九年（1016）秋七月】辛酉，诏强劫贼人，罪当死以赦降从流者，决讫，仍隶本城。21，页2001

【宋真宗大中祥符九年（1016）八月】翰林学士陈彭年等言："先准诏看详新旧编敕，及取已删去并林特所编三司文卷续降宣敕，尽大中祥符七年，总六千二百道，《会要》云二千七百九十一道，今从本志。千三百七十四条，分为三十卷。其仪制、敕书、德音别为十卷，与《刑统》《景德农田敕》同行。其止是在京及三司本司所行宣敕，别具编录。若《三司例册》，《贡举、国信条制》，仍旧遵用。"上谓宰相曰："彭年等删去繁文，甚为简便。然有本因起请，更相难诘，冲改前后，特留一敕者，今既删去，恐异日或须证验，即无从得之。宜令录所删敕一本，别付馆阁，以备检详。"《实录》《本纪》并称同玉清昭应宫副使林特上之，然其后陈彭年等加恩，特不与焉。今但从本志及《会要》，不著特名。《宝训》又称别留删敕，缘刘综起请，今亦不取。《实录》存删去敕在六年六月戊子，今依本志附此。12，页2004

【宋真宗大中祥符九年（1016）八月】枢密使王钦若言："宜州蛮人五月初既招安，不旬日复叛扰，夷性无厌，习知朝廷多释其罪，故急则求归，缓则叛去。望诏俞献可、曹克明等，或得蛮人要领，即以所掳人口、资财付被劫家，歃血重誓，乃释其罪。"从之。14，页2005

【宋真宗大中祥符九年（1016）八月】诏自今屠耕牛及盗杀牛，罪不至死者，并系狱以闻，当从重断。时中使郑志诚使洛回，言道见鬻牛者甚众，虑不逞辈因缘屠杀，故戒之。16，页2005

【宋真宗大中祥符九年（1016）八月】秘书丞韩庶言："诸州鞫狱，多以勘官所部僚属录问，虑有冤滥，不能明辩。望于邻州选官。"从之。21，页2006

【宋真宗大中祥符九年（1016）八月】癸巳，诏诸路转运使晓谕州府

军监长吏等，凡有狱讼，必须尽公审察，务于平允；其大辟罪如情轻可悯及理有所疑者，并许奏裁，以副钦恤。26，页2006

【宋真宗大中祥符九年（1016）八月】丙申，江南提点刑狱王长吉等言："南安军上犹县僧法端忿渔人索卖渔直，遂令僧守肱杀其院狗，即白官诬渔人盗去。县遣里胥捕渔者并父，系送院中，守肱殴杀之。又赂县典集耆保，掩捕渔者二弟，并杀之。又以刃伤渔者母。因以杀获劫贼闻于县尉汲济，济受吏请求，验尸之际，令主者隐縻缚之迹，并其家老幼荷校送军。县令孙凝覆视，又以老眊为吏所罔。因本军劾得实，法端，守肱坐死，自余咸以德音原免。今体量渔者本家兄弟三人，以捕渔为业，余皆乳抱，今四人遭杀，三人被伤，察其事状，最为巨蠹。欲望特降诏旨，并从重罚，不以恩例末减。"诏杖济脊，配隶道州，凝贬文学，余黥面配广南远恶州凡十五人，以守肱私田五十九亩给被伤家。28，页2007

【宋真宗大中祥符九年（1016）八月】庚子，以刑部郎中、直史馆高绅为史馆修撰、同判吏部流内铨。绅与枢密使王钦若亲厚，故引用之，但令判铨，实不掌修撰。自是领修撰者须两省五品以上乃掌修撰，遂为例。及明年绅求外任，故事，修撰不带出，复授直昭文馆、知越州。复授直馆乃明年三月癸亥，今并书之。33，页2008

续资治通鉴长编卷八十八　宋真宗大中祥符九年（丙辰，1016）

【宋真宗大中祥符九年（1016）九月】克明等知其穷蹙，乃晓谕恩信，许以改过，于是酋帅蒙承贵等面缚诣军自首。克明厚加犒宴，且数责之，皆俯伏谢罪。及闻诏旨赦令勿杀，莫不泣下，北望称万岁，悉还所掠汉口、资蓄，乃歃猫血立誓，自言奴山摧倒，龙江西流，不敢复叛，勒铭奴山。后二日，遇文庆及玉于如门寨，遂还军。宜州蛮人纳器甲凡五千数，愿迁汉地者七百余口，诏分置广西及荆湖州军，赋以官田。31，页2018

【宋真宗大中祥符九年（1016）九月】戊午，申禁诸路贡瑞物。时辽州献白兔，荆门军献绿龟故也。32，页2018

【宋真宗大中祥符九年（1016）九月】己未，诏诸州县七月已后诉灾伤者，准格例不许，今岁蝗旱，特听受其牒诉。33，页2018

【宋真宗大中祥符九年（1016）九月】博州蝗旱，民有诉而州县抑输常赋，运司不为之理。庚申，诏遣官按视，即蠲之。35，页2019

【宋真宗大中祥符九年（1016）冬十月】大名府民伐登闻鼓诉秋旱，且言本部吏不纳其辞。诏遣官按视，蠲其赋。2，页2021

【宋真宗大中祥符九年（1016）冬十月】诏："京东西、河北、河东、陕西、淮南巡检、使臣、县尉，自今获贼如赃伏灵验、事实显白，而拒抗不即承引及隐蔽徒伴者，许量行拷讯，数勿过二十。无得因缘伤平民及容贼妄指仇隙，重成烦扰。"5，页2021—2022

【宋真宗大中祥符九年（1016）冬十月】初，祠部员外郎吕夷简提点两浙路刑狱，时京师大建宫观，伐林木于南方，有司责期会峻急，工徒至有死者，则以亡命收系其妻子。夷简疏请缓役，又言盛冬挽运艰难，宜须河流渐通，以兵卒番送。及代归，上谓曰："观卿所奏，有为国爱民之心矣。"乃擢刑部员外郎、侍御史知杂事，赐绯。岁蝗旱，夷简请责躬修政，严饬辅相，思所以共顺天意，及奏弹李溥专利罔上。寇准判永兴，黥有罪者徙湖南，道由京师，上准事变，夷简曰："准治下急，是欲中伤准尔，宜勿问，益徙之远方。"上从之。夷简数事，必不同时也，今附见，当考。17，页2024—2025

【宋真宗大中祥符九年（1016）十一月】先是，上方崇符瑞，而普请罢天下醮设，岁可省缗钱七十余万，以赡国用，遂忤上意。于是上益怪普言逾分，而枢密使王钦若因言普欲以边事动朝廷。上怒，欲遣使就劾，宰相王旦请先召还，命知杂御史吕夷简于京城南置院推鞫，入内押班周怀政监之。狱具，集官参验，九月下旬日不食。普坐私藏天文，罪应死而官当议，乃下百官。尚书右丞赵安仁等议处死，诏除名，配贺州，遣使絷送流所。上谓辅臣曰："普出微贱，性轻躁，干求不已，既慑文艺，而假手撰述，以揣摩时事。朕以先朝故，每容忍之，而普言益肆，录其微效，俾贷极典。闻普在流所思幼子辄泣下，流人有例携家否？"王旦等曰："律无禁止之文。"诏许挈族以行。才至贺州，授太子左清道率府副率，房州安

置，增房州屯兵百人守护之。熊克《九朝通略》：移杭州安置。6，页 2027

续资治通鉴长编卷八十九　宋真宗天禧元年（丁巳，1017）

【宋真宗天禧元年（1017）】春正月辛丑朔，奉天书升太初殿，行荐献之礼，奉上册宝、衮服。又诣二圣殿奉上绛纱袍，奉币进酒。诸路分设罗天大醮。先建道场，前七日，致斋，禁屠宰、刑罚，止凶秽，坊市三日不得饮酒食肉。军校、牙将、道释、耆寿悉集寺观，军营、民舍，就门庭设香烛望拜。官吏服非齐、斩悉预，余不得惨服。诸路令转运使察之。是日，上斋于景灵宫，壬寅，奉上册宝、仙衣于天兴殿。礼毕，车驾还内，群臣入贺于崇德殿。1，页 2036

【宋真宗天禧元年（1017）春正月】辛亥，奉天书合祭天地，以太祖、太宗并配。还，御正阳门，大赦天下，常赦所不原者咸除之，赏赐如东封例。免灾伤州军见欠田租及和籴，减荆湖南路盐价。蠲天下逋欠，虽盗用经三十年者亦蠲之。令有司速定茶盐条贯，惟务便民，勿拘岁课。合入令录人历任无过者，吏部铨考课以闻。江、淮上供米，特权罢今年春运一次。

先是，著作郎、集贤校理张师德判三司都理欠、凭由司，建言有逋负官物而被系，本非侵盗，若茕独贫病无以自偿，愿因虑囚蠲免之。上纳其言，于是遍及诸路。5，页 2036—2037

【宋真宗天禧元年（1017）二月】婺州民黄衮伐登闻鼓，讼州民袁象家藏禁书，课视星纬，妖妄惑众。诏殿中侍御史王奇，侍禁、阁门祗候李仲乘驿鞫治。象款承与州民童拱、进士吴昌言私课星历，讹言切害，又以术授徐赞、仲严，录事张亶、司理曹允恭尝令课命。诏象、拱、昌言处死，赞、严流海岛，亶、允恭除名，配隶恩、梧州，以衮补三班奉职。27，页 2045

【宋真宗天禧元年（1017）二月】尝有日者上书言宫禁事，坐诛，籍其家，得朝士所与往还占问吉凶简尺，上怒，欲尽付御史按罪。王旦具请以归，翌日白上："此人之常情，且语不及朝廷，不足究治。"因自取旧所占问者进曰："臣幼贱时，不免为此。必以为罪，愿并臣下狱。"上曰："此事已发，何可免？"且曰："臣为宰相，执国法，岂可自为之幸于不发，而以罪他人？"上意解。且至中书，悉焚所得书。既而大臣有欲因是以挤己所不快者力请究治，上令就旦取书，旦曰："臣已焚之。"由是获免者众。此事据《遗事录》及墓碑，附见。28，页2045

【宋真宗天禧元年（1017）三月】诏自今游峨眉山不得停止川峡。时有逾年不还，因而为盗，故条约焉。11，页2049

【宋真宗天禧元年（1017）三月】江南提点刑狱、太常博士范应辰上言："伏睹辛亥制书，常赦不原者咸除之。臣谨按《吕刑》云：'两造具备，师听五辞，五辞简孚，正于五刑，五刑不简，正于五罚，五罚不服，正于五过。'由是，赦宥之文可得而详矣，故曰：'五刑之疑有赦，五罚之疑有赦。'臣今看详所部州军正月中旬已后所申，犯由过误而被宥者虽多，切害而蒙释者亦众。盖以奸凶之辈，密料赦期，百计罔有不为，万途得以残酷。或发其夙憾，恣彼忿心，怯弱者因此受辜，强梁者由是得便。或举家而殒命，或罄室而掠财，或持刀杀人，肝脑涂地，或纵火焚舍，蕴蓄荡空。有纠合轻生之徒，恣为强剽之盗，公行残害，以夺资储。巡警之官，上逼下逐。或设谋而缉捕，或冒险以斗敌。科校耆伍，书罚令尉，方谐败获，合正典刑。逢此霈恩，亦除其罪，悉又配为卒伍，皆给衣粮。今力耕之夫，遍饥原野，而此辈季支以服，月赐以粟，又何异赏人为盗者耶？与夫疑则赦之，谅有殊矣。望自今应有知赦在近而固为罪戾，若赦后彰显，情理切害者，死罪以下，递减一等断之。有赦前杀人剽财，赦后虽不复为，若因事捕获，并请决配远恶州军。其有诸州曾系杀人放火，劫掠财货，已依赦配本城者，望止令本处重役，如更犯逃亡、饮博等罪，并依禁军例科断。其已该赦免，重罪而情理切害者，令逐处长吏取索赦到日所犯罪人，内元犯谋杀、斗杀之类，籍其姓名，若再渎宪网，不以罪名大小，并收禁奏裁。其州县官吏昨因差检灾伤，侮刑受赂，或案已结正及未发觉者，望准赦原免其罪而除削其官，以伸警戒。"上曰："先帝因郊礼，方议肆赦，致斋之夕，有朝士秦再思上书，愿勿赦，且引诸葛亮佐刘备数十年不赦事，先帝颇疑之。时赵普为相，因入对，言曰：'圣朝开创已来，具存彝制，每三年郊祀，即覃肆眚，所谓其仁如天，尧、舜之道也。至若刘备偏据一方，区区用心，臣窃为陛下不取。'先帝善其对，赦宥之文遂定。应辰所奏，颇见尽心，然或全无赦宥，亦恐难行。"张知白曰：

"古人所谓数则不可，无之实难，斯为确论也。"24，页 2050—2052

【宋真宗天禧元年（1017）夏四月】诏诸处所奏公案，收坐得替离任京朝官、使臣，幕职、州县官在任公罪，合该去官原免，须候断敕，颇成淹滞，自今许大理寺即时移报审官、三班、吏部铨曹，从本寺之请也。2，页 2052

【宋真宗天禧元年（1017）夏四月】庚辰，徙封州刺史、知绛州钱惟济知潞州。初，惟济自请试郡，授绛州，民有条桑者，盗夺桑不能得，乃自创其臂，诬桑主欲杀之，久系不能辨。惟济取盗而给食，视之，而盗以左手举匕箸。惟济曰："以右手创他人者上重下轻，今汝创特下重，正用左手伤右臂尔，非尔自为之耶？"盗遂沮伏。上闻之，谓宰相向敏中曰："惟济试守郡辄明辨，后必为能吏矣。"

于是移潞州。民相惊有外寇，奔城而仆者相枕籍，惟济从容以出，从骑甚省，因密捕惑众者送狱，有顷自定。白骨山僧自言死日，远近趋之，争施金帛。惟济遣人护察，及期不死，乃杖配之。惟济兄惟演在禁林，尝奏曰："惟济久在外，愿得一至京师，以慰兄弟之思。"上嘉其友爱，即日召之。13，页 2054—2055

【宋真宗天禧元年（1017）夏四月】乙酉，著作郎刘烨为右正言。时准别诏置谏官，烨首预其选。上曰："谏官、御史之任，实难其人。当须识朝廷大体，达政刑要道，言必诣理，乃为称职耳。"烨，温叟之子也。尝知龙门县，群盗杀人，烨捕得之，将械送府，恐道亡，皆斩之，众伏其果。

通判益州，召还。时王曙治蜀，或言其政苛暴，因对，上问曙治状与凌策孰愈，烨曰："策在蜀，岁丰事简，故得以宽假民。比岁少歉，盗贼间发，非诛杀不能禁，然曙所行，亦未尝出陛下法外也。"上善之。曙峻法以绳盗，贼赃无轻重一切戮之，众股栗。居数月，盗贼屏窜，蜀外户不闭。尝有卒夜告其军谋乱者，曙立辨其伪，斩之。民安其政，以比张咏，号"前张后王"。20，页 2056

【宋真宗天禧元年（1017）夏四月】诏自今命官、使臣犯赃私罪，不以轻重，并劾举主，自余杖以下罪更不收坐，从判大理寺李虚己之请也。《会要》天禧二年四月事。33，页 2057—2058

【宋真宗天禧元年（1017）五月】庚戌，上御崇政殿录京城系囚，死罪情轻者流海岛，徒流递降一等，杖已下释之。15，页2060

【宋真宗天禧元年（1017）五月】壬戌，刑部员外郎、兼侍御史知杂事吕夷简请自今止令转运使副、提点刑狱官、知州、通判举本部官属，其监当物务、知县京朝官及在京常参官勿使奏举。诏因罪犯监当人不得举官，其朝官知县者不得举本州军幕职、曹官，余并如旧，所举但历任及四考者，并许施行。28，页2062

续资治通鉴长编卷九十　宋真宗天禧元年（丁巳，1017）

【宋真宗天禧元年（1017）六月】壬申，德音："西京死罪囚流以下释之，父老年八十者赐茶帛，除其课役"。3，页2068

【宋真宗天禧元年（1017）六月】甲戌，有司上《条贯在京及三司编敕》，共十二卷。5，页2068

【宋真宗天禧元年（1017）六月】盗发汉高祖陵，捕获之，论如律，并劾其官吏。遣内侍王克让与河南府别造衣冠、明器安葬，知制诰刘筠诣陵祭告，仍以所盗计直修设斋醮。因诏州县申陵寝樵采之禁。13，2070

【宋真宗天禧元年（1017）六月】初，眉州大姓孙延世伪为券，夺族人田，久不能辨，转运使使殿中丞、知九陇县章频按治之。频视券，墨浮朱上，曰："是必先盗印，然后书。"既引伏，狱未上而其家人复诉于转运使，更命知华阳县黄梦松覆案无异，梦松用此入为监察御史，频坐不时具狱，降监庆州酒税，徙知长洲县。辛巳，召频对于承明殿，翌日授监察御史。频，浦城人也。14，页2070

【宋真宗天禧元年（1017）八月】诏诸路民为盗而质状小弱当配本城者，自今悉配牢城，从知潞州钱惟济之请也。5，页2075

【宋真宗天禧元年（1017）八月】丁丑，诏自今两省给舍、南宫北宅将军已上许乘狨毛暖坐，余悉禁止，仍绝其采捕。13，页2076

【宋真宗天禧元年（1017）八月】纠察在京刑狱司言："自今开封府断罪人，有微疾者望令斟酌决遣。两军巡院合要证佐之人，并非本府或三司，无得专擅追摄。"14，页2076

【宋真宗天禧元年（1017）八月】庚辰，右正言鲁宗道言："皇城司每遣人伺察公事，民间细务，一例以闻，颇亦非便。请行条约。"上曰："丛脞之事，多寝而不行，有司之职，亦不可不严也。"16，页2076

【宋真宗天禧元年（1017）八月】丙戌，以都官员外郎、判三司都磨勘司黄震为江、淮、两浙、荆湖制置发运使，赐金紫。先是，李溥出三司小吏，为发运使十余年，奸赃狼藉，丁谓党之，无敢言者。震将行，上书自陈，辞颇愤激。上知其意在溥也，谕之曰："卿当与人和。"震对曰："廉正公忠，无负陛下任使者，臣敢不与之和。"既至，发溥奸赃数十事。诏遣御史、閤门祗候各一人按劾之。震，浦城人也。尝通判遂州，会有诏，特给两川军士缗钱。诏至西川，而东川独不及，军士谋为变。震白守曰："朝廷岂忘东川，殆诏书稽留尔。"即开帑给钱如西川，众乃定。明日而诏至。震发溥罪乃十月壬午，今并书之。18，页2076—2077

【宋真宗天禧元年（1017）八月】诏技术人虽任京朝官，审官院不在磨勘之例。20，页2077

【宋真宗天禧元年（1017）八月】己丑，以祠部员外郎、直集贤院钱易判三司都磨勘司。易建议："官物在籍而三司移文厘正，或其数细微，辄历年不得报，徒扰州县。自今官钱百、谷斗、帛二尺以下，非欺绐者，请除去之。"21，页2077

【宋真宗天禧元年（1017）】九月戊戌，诏自今令尉躬自斗敌杀劫盗十人已上，虽不全火，及全火七人已上、不及七人而强恶者，并奏裁。1，页2077—2078

【宋真宗天禧元年（1017）九月】寿州言城西镇将李文谅，与勇捷军校孙兴结徒十二人，贼杀缘淮巡检、殿直王骥，权都监、右班殿直王日用捕杀之。擢日用为左班殿直、閤门祗候、本州兵马都监，仍赐器帛。录骥子仁为三班借职。7，页2079

【宋真宗天禧元年（1017）九月】甲辰，三司言："江、淮、两浙、荆湖路入钱粟买盐者，望依解州颗盐例，预给交引付榷货务。俟有商旅算射，即填姓名，州军给付。"从之。8，页2079

【宋真宗天禧元年（1017）九月】丁未，秦州言宗哥唃厮啰贡马，乞和断。诏释其罪，仍给马直。9，页2079

【宋真宗天禧元年（1017）九月】辛亥，环庆路驻泊都监岑保正、韩令琮，环州驻泊都监李用和各罚铜三十斤。巡检、奉职李继明责授借职。指使、殿侍何庆决杖停任。以擅领兵与蕃部格斗，致伤忠佐使臣也。12，页2081

【宋真宗天禧元年（1017）冬十月】庚午，尚书右丞、兼宗正卿赵安仁言："方今中夏宅心，殊方内面，四民乐业，百职交修，其为治定功成，时雍道洽，固已超越于前代矣。而陛下益精庶政，尚劳圣躬，前殿视朝，移晷忘倦，便坐决事，旰食为常。虽天意曲成，无遗于一物，而人君大体，宜属于攸司。愿立通规，庶为永式。望自今前殿依旧奏事外，崇政、承明殿及再坐，诸司常务显有条例者，令本司施行讫奏事，其审官、三班院、吏部铨亦令分日引对。"诏阁门自今后殿引见公事，日不过两司。8，页2083

【宋真宗天禧元年（1017）冬十月】壬申，内殿崇班、阁门祇候罗元俌言："伏见诸路苗稼才茂，即奏丰稔，或多失实。自今请俟登熟，乃许以闻。"诏从之，其已奏丰稔而非时灾沴者即须言上，违者重置其罪。罗元俌，未见。9，页2083

【宋真宗天禧元年（1017）冬十月】丙子，诏："如闻诸班直、诸军坊监场务官健，饮博无赖，或部分稍峻，即捃摭兴讼。自今后所诉事并须干己，证左明白，官司乃得受理，违者坐之。或情理巨蠹，即具案以闻。"11，页2083

【宋真宗天禧元年（1017）十一月】右正言、直集贤院祖士衡言："伏睹将相及远方使辞见，并于内殿特开曲宴，比至罢会，日已逾午。百司例各还第，而乘舆复御便坐决事，殆非君逸臣劳之旨。欲望自今曲宴特

辍视事，著为令。"从之。士衡，上蔡人也。5，页2085

【宋真宗天禧元年（1017）十一月】壬寅，诏："淮南、江、浙、荆湖旧放生池，废者悉兴之；元无池处，缘江、淮州军近城上下各五里，并禁采捕。"10，页2085

【宋真宗天禧元年（1017）十一月】礼仪院言："诸节所禁刑罚，今请以前后诏旨类例颁下。应大辟罪，遇天庆、先天、降圣、承天节，前七日后三日；天贶、天祥节一日，并权住决断。徒、流已下，犯在节前四日内，署建道场，则权移他所遣官判决，前三日内犯者，并过节次日施行。节日，杖已下情轻释之。"诏可。11，页2086

【宋真宗天禧元年（1017）十一月】癸卯，广州民李延志，黥面配安州本城。初，咸平中，王均作乱，延志寓益州，常事均裨将崔麻胡，贼平还家。至是，与本州怀勇卒许秀等饮，共道均及王小波逆状。秀疑延志即贼首李顺，因以闻州，又引营卒证其事。知州李应机械送赴阙，下御史狱，劾问得实，故以延志隶军，秀等杖脊而遣之。先是，枢密院以真获李顺称贺，及台劾非是，贺者欲遂以为顺，趣具狱，知杂事吕夷简曰："是可欺朝廷乎？"卒以实奏，由是忤大臣意。12，页2086

【宋真宗天禧元年（1017）十二月】知制诰盛度等言奉诏蠲放逋欠凡九百四十三万，所释万五千五百人。7，页2089

【宋真宗天禧元年（1017）十二月】乙酉，皇城亲从官魏美、何斌夜宿长春门，袖刃穿壁，盗天书法物珠金。断手示众三日，斩之。其本部将校并降黜，皇城司官罚铜释之。13，页2089

续资治通鉴长编卷九十一　宋真宗天禧二年（戊午，1018）

【宋真宗天禧二年（1018）春正月】癸卯，龙图阁待制、判大理寺李虚己言："凡断命官、使臣犯赃私罪，并检勘举主。窃详条制，盖以因保任而改官，犯赃私则连坐，其保举一任，于所任犯罪亦如之。其中有初任州县官、使臣、内品、伎术官等，显无举奏，而例询举主，俟其报牒，方断文案，匪独符移冗长，实且吏曹留滞。欲望自今应累犯经改转者，即问举主，自余悉罢。"从之。8，页2096—2097

【宋真宗天禧二年（1018）二月】开封府言："准诏，禁镕金衣物，违者奏裁，并徒三年决遣。伏缘令行之初，严于约束，今犯者殊尠，乞止用本条科断。"从之。3，页2099

【宋真宗天禧二年（1018）二月】是夜，北宅蔡州团练使德雍院火，延焚数百间。诏遣御史张廓鞫劾。火起德雍子供奉官承亮舍，因婢陈所遗烬。诏免死，杖脊，配窑务卒为妻，承亮停官。德雍奉表待罪，诏释之。6，页2099

【宋真宗天禧二年（1018）二月】大理寺言："准大中祥符七年九月敕，判寺盛度奏：'本寺详断官八员，检法官二员，尤多不精习法律，望依咸平二年三月敕，令审刑、大理、刑部众官举奏。'时诏依其请，令所举须经二任六考。今臣等参详，准天禧元年五月敕，举奏京官俱历任及四考以上施行。本寺欲比类前敕，但历任五考以上，并许保荐，仍于法官将满前一月具名闻奏，所冀精详法律，得遂公平。"从之。仍令自今所举官先送审刑院试律义五道，具通否以闻。19，页2101

【宋真宗天禧二年（1018）二月】诏："应准诏举到京朝官，候得替，令审官院勘会，知县与通判差遣，通判与知州并合入知州、通判者，更升藩镇差遣。所有县令，候得替，令铨司磨勘奏裁。"《会要》二月二十三日事。25，页2102

【宋真宗天禧二年（1018）三月】乙未，诏自今京城遗火，并论如法，内延燔多、情理重者奏裁。前岁春旱，京城频火，因诏犯者悉处极典。至是，开封府援引旧诏，上以权宜之禁，非可久行，故改之。2，页2103

【宋真宗天禧二年（1018）三月】丁酉，荆湖南路转运使邱雍言："邵州密迩蛮界，民多掠人口出境卖之。望准开宝五年敕处死。"诏犯者免死，决杖黥面配牢城。3，页2103

【宋真宗天禧二年（1018）三月】庚戌，诏诸班直、诸军妻坐奸者，决讫即放，不须隶作坊针工，其见役者百五十七人皆释之。9，页2104

【宋真宗天禧二年（1018）三月】甲寅，右正言鲁宗道言，大辟罪如婺州讹言者，望自今精加按覆。内出其状示辅臣，向敏中等曰："向来四方大辟奏牍，陛下未尝不召臣等审议，然后宽贷决罚。好生之德，盖超越于前古矣。"上曰："自今当详议者，更加审细，贵无滥也。"宗道风闻，多所论列，上意颇厌其数。宗道因对，自讼曰："陛下所以任臣者，岂欲徒事纳谏之虚名耶？臣窃愧尸禄，请得罢斥。"上慰谕良久，他日念之，因题殿壁曰"鲁直"。11，页2104

【宋真宗天禧二年（1018）三月】乙卯，上封者言："伏以信赏以劝善，明罚以惩恶，古人用此，坚如金石，信如四时，无私如天地。今断天下之狱，皆是大理，详天下之法，总在审刑。二者，海内之准绳也。且今之律令则具有明文，制敕则常有更改。凡定罪之要，言敕则多指故失，言罪则皆坐公私。四者定刑，重轻殊邈。酌情轻而用法重，则近侮文，按状重而处条轻，则为失实。此之审克，尤在尽心。入私则犯徒追官，为公则赎金记过，称故则不得末减，称失则例有降差。承前断公私故失之名，止是法官临时裁处，既无着定，深虑差殊。欲望令应经历刑法司同定公私罪名，参详画一，其违制称失者亦须审详，失错情轻者明件条奏，使不能因缘为奸，轻重其法，杜其萌渐，实在于斯。"诏审刑院、大理寺、刑部、开封府同议定以闻。

既而法官参详："自今捕盗、掌狱官不禀长吏而捶囚，不甚伤而得情者，止以违制失公坐；过差而不得情，挟私拷决有所规求者，以违制私坐。又捕盗官承前有捕捉稽时不闻州者，咸以违制论。准至道元年敕，小可盗失，令村耆了绝，今例以违制科罪，似涉太重。望令犯者以违制失论。又律分公私罪，云私谓不缘公事，私自犯者。虽缘公事，不吐实情，心挟隐欺，亦同私罪。公谓缘公事致罪而无私者。虽私曲相须，公事得正，违法犹以公坐。望令断狱并以上文审定。又律有被制书有所施行而违者徒二年，失错者杖一百。今请法官断罪，除海行条贯元敕指定违制外，自余情轻失错者止从违制失论，其公私相半而私情重者奏裁。"从之。12，页2104—2105

【宋真宗天禧二年（1018）夏四月】己巳，诏两浙灾伤州军场务亏课

者，主典并免科罚。5，页2107

【宋真宗天禧二年（1018）夏四月】诏自今命官犯赃，不以轻重，并劾举主，私罪杖以下勿论，从判大理寺李虚己之请也。13，页2108

【宋真宗天禧二年（1018）夏四月】己卯，曹玮言蕃僧鱼角蝉，先于故渭州吹麻城聚众立文法，今悉已破散；又河州诸族亦破宗哥族所立文法来归，望令充熟户，依旧出入。诏奖玮，仍从其请。16，页2108

【宋真宗天禧二年（1018）夏四月】庚辰，上谓大臣曰："始闻河北荐饥，贫民倩豪家息钱，未偿纳者，即印券契取其桑土，宜禁止之。"17，页2108

【宋真宗天禧二年（1018）夏四月】上以灾沴顿息，流庸皆复，庚寅，降天下死罪一等，流以下释之。灾伤地分，去年夏秋税及借粮种悉与除放，今年夏税免十之三，大名府、登、莱、潍、密、青、渭州免十之四，不得折变、支移。欠负物色未得依限科校，候丰熟日渐次催纳。诸处造上供物，追集百姓工匠，有妨农业，并令权罢，如系供军切要者，候次年裁奏。25，页2109

【宋真宗天禧二年（1018）夏四月】先是，上封者言诸处不系名额寺院多聚奸盗，骚扰乡间。诏悉毁之，有私造及一间已上，募告者论如法。于是诏寺院虽不系名额，而屋宇已及三十间，见有佛像，僧人住持，或名山胜境高尚庵岩不及三十间者，并许存留，自今无得创建。26，页2109—2110

【宋真宗天禧二年（1018）闰四月】戊申，宫苑使、奖州团练使李溥坐贪猥，责为忠正节度副使。初，黄震发溥奸赃，遣御史鞫治，得溥私役兵健为姻家吏部侍郎林特起宅，又附官船贩鬻材木，规取利息，凡十数事。未论决，会赦，有司以特故，将不穷治。大理寺详断官刘随请再劾之，卒抵溥罪。随，考城人也，尝为永康军判官，军无城堞，伐木为栅，坏辄易之，颇困民力。随令环植柳数十万株，因相联属，以限内外，民得不扰。属县令受赃鬻狱，随劾之，益州李士衡阴为令请，随不答。士衡怒，奏随苛刻，罢归，不得调。初，西南夷市马入官，苦吏诛求，随为绳按之。既罢，夷人数百诉于转运使曰："吾父何在？"事闻，乃得调。李士衡以祥符四年五月知益州，六年四月改河北漕，未尝为西川转运使。正传盖因宋祁墓志，今改之。或士衡尝权领漕事也。6，页2111

【宋真宗天禧二年（1018）闰四月】辛亥，诏："诸州经四月庚戌赦书，死罪降徒、流。强劫盗贼内伤人者，黥面配沙门岛，其广南路配琼、崖、儋、万等州，益梓路配商、虢、均、金、襄、邓等州，利夔路配荆湖南路州军，并隶牢城；不伤人者黥面配千里外牢城。不至流者配本城。"初，赦书言不杀人者奏裁，滨、棣州巡检赵继昌言此等若释其罪，配本州充军，虑不悛革，复为过咎，故条约之。8，页2111

【宋真宗天禧二年（1018）闰四月】乙卯，右正言刘烨言刑法曹掾之官，近日多因世家陈乞而授，自今望令铨司精择寒素，无得以权势亲属充选，从之。10，页2112

续资治通鉴长编卷九十二　宋真宗天禧二年（戊午，1018）

【宋真宗天禧二年（1018）五月】丙戌，河阳三城节度使张旻言："近闻西京讹言，有物如帽盖，夜飞入人家，又变为大狼状，微能伤人。民颇惊恐，每夕皆重闭深处，以至持兵器捕逐。"诏使体量，又命侍御史吕言驰往按本府长吏洎转运、提点刑狱司不即上闻之故。仍设祭醮禳祷。吕言，造父，夏卿祖。15，页2117

【宋真宗天禧二年（1018）六月】是夕，京师民讹言帽妖至自西京，入民家食人，相传恐骇，聚族环坐，达旦叫噪，军营中尤甚。上虑因缘为奸，诏立赏格，募人告为妖者。既而得僧天赏、术士耿概张岗等，令起居舍人吕夷简、入内押班周怀政鞫之，坐尝为邪法，并弃市，其连坐配流者数人。然讹言实无其状。时自京师以南，皆重闭深处，知应天府王曾令夜开里门，敢倡言者即捕之，妖亦不兴。9，页2118—2119

【宋真宗天禧二年（1018）秋七月】壬申，以星文示变，赦天下流以下罪，死罪减一等。十恶致死，故杀、劫杀、谋杀人、官典枉法赃至死，造妖惑众者，论如律。在降官羁管十年以上者，放还。京朝官丁忧移任七

年未改秩者，以闻。3，页2119—2120

【宋真宗天禧二年（1018）秋七月】诏："自今锁厅应举人，所在长吏先考艺业，合格，即听取解。如至礼部不及格，当停见任，其前后考试官、举送长吏，并重置其罪。"4，页2120

【宋真宗天禧二年（1018）秋七月】癸未，右正言刘烨言："近者诏捕妖人，许陈告酬赏。亦虑所告之人，妄觊重赏，诬执平民。按问之际，愿令详审。"上曰："比令纠告造妖者，及吕夷简推劾，屡戒其审察，无使枉滥，果多不实。"即诏今日已前犯者，更不问罪。8，页2120

【宋真宗天禧二年（1018）八月】辛丑，诏流内铨，选人有累犯罪因冲替而献文求试者，不得进内。7，页2122

【宋真宗天禧二年（1018）八月】壬寅，新城内权都巡周仁美言："地分巡检军士捕亡卒、盗贼，不获皆有罚，而获者无赏。今请获亡卒一人，赏钱二百；贼一人，钱五百。"从之。仁美，深州人。8，页2122

【宋真宗天禧二年（1018）八月】甲辰，立升王受益为皇太子，改名祯。大赦天下，惟十恶、劫杀、谋杀、故杀、斗杀、盗官物、伪造符印、官典犯赃，论如律。宗室并加恩。文武常参官子为父后见任官者，赐勋一转。11，页2122

【宋真宗天禧二年（1018）八月】先是，继能主往来国信，有国信司吏陈诚者，颇巧黠，继能欲援置群牧司，而诚先隶群牧，坐事停职。至是，群牧吏左宗抉其宿负，白制置使曹利用，故诚不遂所求。继能怒宗之沮己，密遣亲事卒侦宗。会宗弟元丧妻，宗尝为假教骏军校马送葬，及还，元抵饮肆与酒保相殴，系府中，而假马事未发。诚即白继能，请属府并劾之。黄目时知府，受继能属，狱未具，为群牧副使杨崇勋所发，故黄目等并坐责。继能自陈不愿外任，得掌瑞圣园。23，页2124

【宋真宗天禧二年（1018）十一月】秘书丞朱正臣上言："前通判广州，窃见蕃商多往交州贸市，赍到黎字及砂蜡钱至州，颇紊中国之法。望自今犯者决配牢城，随行货尽没入官。"诏广南转运使诣广州覆议。既而上言："本州海路与交州、占城相接，蕃商乘舟多为海风所漂，因至外国，本非故往货易。欲望自今赍到黎字、砂蜡等物，并没入官，其余博易所得布帛，取三分之一，余悉还之。所犯人以违制失论。"诏可。11，页2129—2130

续资治通鉴长编卷九十三　宋真宗天禧三年（己未，1019）

【宋真宗天禧三年（1019）春正月】京西转运使胡则，言滑州进士杨世质等诉本州黜落，即取元试卷付许州通判崔立看详，立以为世质等所试不至纰缪，已牒滑州依例解发。诏转运司具析不先奏裁、直令解发缘由以闻，其试卷仰本州缴进。世质等仍未得解发。及取到试卷，诏贡院定夺。乃言词理低次，不合充荐。诏落世质等，而劾转运使及崔立之罪。立，鄢陵人也，初为果州团练推官，役兵辇官物他州，道险，率众钱佣舟载归，知州姜从革论如率敛法，三人当斩。立曰："此非以私己，罪止杖尔。"从革初不听，论奏，诏如立议。上记其名，代还，特转大理寺丞。大中祥符间，天子既封禅，士大夫争奏符瑞，献赞颂，立独言："水发徐、兖，旱连江、淮，无为烈风，金陵大火，是天所以戒骄矜，而中外多上云露、草木、禽虫诸物之瑞，此何足为治道言哉！愿敕有司，草木之异，虽大不录，水旱之变，虽小必闻。"前后凡上四十余事云。或将后段附祥符二年正月张知白、俞献可所言后。5，页2130—2135

【宋真宗天禧三年（1019）春正月】己卯，诏自今罪人当令众在冬月者，免之。6，页2136

【宋真宗天禧三年（1019）春正月】是月，三司言："使臣传宣取物，承前止是口传诏旨，别无凭由，致因缘盗取钱物。今请下入内内侍省置传宣合同司，专差内臣一员主之。如有所须索，即以合同凭由一本，给付逐库务给讫，缴申三司。三司置御宝凭由司，择人吏专主除破，所贵绝于欺弊。"从之。此据《会要》。又王皞《百一编》，置御宝凭由司缘王钦若，注在祥符元年二月，当考详。8，页2136

【宋真宗天禧三年（1019）春正月】禁川峡走马承受使臣自今往来兴

贩物色。9，页2137

【宋真宗天禧三年（1019）】二月甲午，诏："沙门寨监押不得挟私怨害流人，委提点五岛使臣常察举之。违者具事以闻，重置其罪。"先是，著作佐郎高清、襄州文学焦邕皆以罪配隶，监押董遇因事杀之。至是，清子伐登闻鼓，上言遇责赂不足，诬以谋叛。诏诘遇，而清既死，无以证辨，故有是命。1，页2137

【宋真宗天禧三年（1019）二月】乙未，禁采捕山鹧。2，页2137

【宋真宗天禧三年（1019）二月】壬寅，知越州、刑部郎中、直昭文馆高绅上言："臣访闻当州僧尼，既受戒还家，即受父母拜礼。臣责问僧司，具言有实。伏以为臣为子，忠孝之道居先，在家出家，怙恃之情匪异。苟乘斯道，是曰乱伦。且子于父母，恩报皆一，在儒书则曰'昊天罔极'，在释教则曰'恩重莫报'，安可用小加大，使卑逾尊。盖由瓯越之民，僧俗相半，溺于信奉，忘序尊卑。窃见太宗贞观五年，尝禁僧尼受父母拜礼。方今鸿化风行，革除浇弊，望降敕命，特行戒止。"诏尚书祠部严加禁绝，违者重决罚之。5，页2137

【宋真宗天禧三年（1019）三月】诏礼宾院自今不得以外国人充通事。时有开封府民讼通事辛荣本夏州子弟，投礼宾院充小蕃通事，虚称在京人。府移礼宾院，称无条约。诏以荣累经赦宥，免杖，黥面，配海州本城，因有是诏。此诏附见。《会要》乃此月事，不得其日也。10，页2139

【宋真宗天禧三年（1019）三月】癸未，翰林学士钱惟演、枢密直学士王曙、工部侍郎杨亿、知制诰李咨、直史馆陈从易，并降一官。进士陈损、黄异等五人，并决杖配隶诸州，其连状人并殿一举。初，损、异等率众伐登闻鼓，诉惟演等考校不公。命龙图阁直学士陈尧咨、左谏议大夫朱巽、起居舍人吕夷简于尚书省召损、异等，令具析所陈事，及阅视试卷以闻。尧咨等言惟演等贡院所送进士内五人文理稍次，从易别头所送进士内三人文理荒缪，自余合格，而损、异等所讼有虚妄，故并责焉。15，页2141

【宋真宗天禧三年（1019）夏四月】审刑院请令开封府自今有未明条

格，止移牒问大理，勿遣法曹参军入寺如故事。诏可。"复遣入寺"，《会要》在四年九月，今并书。10，页2144

【宋真宗天禧三年（1019）夏四月】戊申，禁金、商等州祀邪神，所犯头首及强豪者，并处死。15，页2145

【宋真宗天禧三年（1019）五月】壬戌，诏自今管军将校、缘边部署钤辖，犯赃私罪当禁锢者，即以本司事付长吏讫禁勘。时鄜延钤辖高继勋免官后，始以本司事付知州，因降是诏。4，页2145

【宋真宗天禧三年（1019）五月】辛未，上亲录系囚，多所原减。7，页2147

【宋真宗天禧三年（1019）六月】城北旧有瓮城，允则欲合于大城为一，先建东岳祠，出黄金百两为供器，导以鼓吹，居人争献金银。久之，密自撤去，声言盗自北至，遂下令捕盗，三移文北界。乃兴板筑，扬言以护祠，而卒就关城浚壕，起月堤。自此瓮城之人，悉内城中。8，页2150

【宋真宗天禧三年（1019）六月】一日，民有诉为辽人殴伤而遁者，允则不治，与伤者钱二千，众以为怯。逾月，幽州以其事来诘，答以无有。盖他谍欲以殴人为质验，比得报以为妄，乃杀谍。云翼卒亡入辽中，允则移文督还，契丹报以不知所在。允则曰："在某所。"契丹骇，不敢隐，即归卒，乃斩以徇，后无敢亡者。

允则不事威仪，间或步出，遇民可与语者，延坐与语，以是洞知人情。讼至，无大小，面讯立断。善抚士，皆得其用。盗发辄获，人亦莫知其繇。身无兼衣，食无重羞，不畜赀货。当时边臣，鲜能及之者。边臣无及允则者，比据司马光《记闻》，今附见。正传所云"身无兼衣，食无重羞，不畜赀货"下允则事，当散入诸年，然月日多不可考，今并书之。或有与诸年所书相犯者，当更检详也。8，页2152

【宋真宗天禧三年（1019）六月】辛丑，诏："自今略卖人口入契丹界者，首领并处死；诱致者，同罪；未过界者，决配淮南州军牢城。"10，页2152—2153

续资治通鉴长编卷九十四　宋真宗天禧三年（己未，1019）

【宋真宗天禧三年（1019）秋七月】诏河北州军民有赴北界市粮及不系禁物，为北界所捕送者，并决杖一百释之。4，页2159

【宋真宗天禧三年（1019）秋七月】丁卯，诏福建州军伪命已前部民子孙别籍异财，今祖父母已亡，诣官诉均分不平者，不限有无契要，并以见佃为主，官司勿为受理。寻诏江南诸州军亦如之。11，页2160

【宋真宗天禧三年（1019）秋七月】戊寅，赐歙州婺源县民汪正爵公士，蠲本户差役，以捕获强盗故也。17，页2162

【宋真宗天禧三年（1019）八月】释开封府系囚杖以下罪。12，页2165

【宋真宗天禧三年（1019）八月】壬寅，诏："谋杀、故杀、劫罪至死，因丁亥赦原者，诸州并依强劫贼例刺配本城。情重不可宥者，部送京师。自今著为定式。"13，页2165

【宋真宗天禧三年（1019）八月】诏仓草场，令司天监依先降指挥差人监门，以替使臣，仍自今有犯赃罪者，永不得差。16，页2165—2166

【宋真宗天禧三年（1019）九月】诏自今应犯赃注广南、川峡幕职、州县官，委逐路转运使常加纠察，再犯赃罪者，永不录用。时司勋员外郎梁象言："川峡幕职、州县官，曾坐赃左降者，多复恣贪，逾以扰远民。请自今犯赃者，不注川峡官，并除广南远恶州军。"上以广南亦吾民也，且非自新之道，故特有是诏。11，页2167

【宋真宗天禧三年（1019）九月】壬午，徐州张旻言："伏睹辛亥制书，罪无轻重，咸赦除之。又睹近诏，官典犯赃者奏裁。伏以涣汗之恩，出则不复，丝纶之命，审乃惟行，弛而复张，民不为信。愿守一成之法，免烦三尺之科。"诏从之。15，页2168

【宋真宗天禧三年（1019）冬十月】丁亥，诏："益、梓、利、夔州路缘边夷人铜器，许于夷界用之，州县勿责其违禁。其内地百姓赍入夷界鬻者，即论如法。"先是，富顺监言，始姑镇夷人家有铜鼓，子孙传秘，号为右族，而朝法所禁。故有是诏。3，页2168

【宋真宗天禧三年（1019）冬十月】丙申，禁兴、剑、利等州、三泉县白衣师邪法。9，页2169

【宋真宗天禧三年（1019）冬十月】己亥，禁京师民卖杀鸟兽药。10，页2169

【宋真宗天禧三年（1019）冬十月】己酉，知审刑院盛度，言在京及诸路止有断案三道，值降圣节不奏，自余绝无刑牍，请宣付史馆。寇准曰："汉文帝、唐明皇时，皆几乎刑措。盖当时诸侯专杀，有闻于朝廷者，有便宜而行者。今幅员万里，徒流以上合闻达者，皆奏牍。以此较之，则圣朝刑讼清净，过古昔矣。此陛下以德化民，精意钦恤所致，臣等不胜大庆。"再拜称贺。诏奖度等。13，页2169

【宋真宗天禧三年（1019）冬十月】诏纠察刑狱司自今免鞫劾公事，如有定夺即仍旧。先是，纠察官吕夷简言："本司累奉诏旨，勘鞫定夺公事，或止将公案详阅，亦无妨碍。若勘鞫公事即动须追逮罪人，辨证词理，显是兼置刑狱，不便。"故令止之。17，页2169—2170

【宋真宗天禧三年（1019）】十一月乙卯，诏自今犯酒曲、铜讯等有死刑者去之。中书参详，请令所在杖脊、黥面配五百里外牢城，诏可。1，页2170

【宋真宗天禧三年（1019）十一月】辛未，合祭天地于南郊，大赦天下。非劫杀、斗杀已杀人，十恶至死，伪造符印，放火，盗官物、官典入己赃，咸除之。斗杀可闵者，奏裁。10，页2171

续资治通鉴长编卷九十五　宋真宗天禧四年（庚申，1020）

【宋真宗天禧四年（1020）春正月】丙子，改诸路提点刑狱为劝农使，副使兼提点刑狱公事。仍诏所至取民籍，视其差等，有不如式者惩革之。劝恤农民以时耕垦，招集逃散，检括陷税，凡农田一事已上悉领之。仍各赐《农田敕》一部。9，页2179

【宋真宗天禧四年（1020）】春正月庚辰，诏："三京诸州取进士、诸科三举已上，曾经御试无罪犯者，量试艺业，拣材质书札解送赴阙，当议于班行录用。如经御试者数少，许即选五举以上，南省终场下第人充。"11，页2179

【宋真宗天禧四年（1020）】二月癸未朔，以淮南、江、浙谷贵民饥，命都官员外郎韩亿、阁门祗候王若讷乘传安抚，发常平仓粟减直出粜以赈之。民有以粮储济众者，第加恩奖。其乏食持杖盗粮者，并减等论罪。1，页2179—2180

【宋真宗天禧四年（1020）二月】丁亥，户部员外郎、兼太子右谕德鲁宗道言："伏见代州寨主吴太初以捕获私盐决讫撤去殿直，田梦泽于公廨课子弟种麦半亩，咸以赃罪不许叙用。窃惟天下群官，如此类甚众。虑涉秋荼之繁，仰玷春台之化，欲望委刑部自今群臣除故枉法受赃外，其因事计赃，情可悯者并奏裁。"从之。宗道又言："臣往任歙州判官日，坐预借俸钱，赎铜六斤。赴调日，刑部定为公罪，大理定为私罪。及再详议，刑部翻为私罪，大理翻为公罪。两司更互，仅同儿戏，徒使选人淹延费用。望自今选人有罪，令铨曹于刑部、大理寺两司中，止问一处，庶免稽留。"诏铨曹自今刑部、大理寺定选人罪名不一，即送审刑院速详定以闻。定罪名在五月辛酉，今并书。3，页2180

【宋真宗天禧四年（1020）二月】甲午，密州莒县马耆山九经杨光辅为国子四门助教，加赐束帛，诏长吏常存问之。光辅聚徒讲授三十余年，知州王博文为言，故命以官。负海有盐场，岁饥，民多盐鬻者，吏捕逐则群起悍斗，皆坐法当死，博文请弛盐禁，俟岁丰乃复。从之。弛盐禁，不得月日，今附见。10，页2182

【宋真宗天禧四年（1020）二月】壬寅，诏："应缘滑州役卒亡命者，限两月首罪，优给口粮，送隶本军。其因罪为部署司所移配者，亦送还本籍。所在揭榜告谕之。"16，页2183

【宋真宗天禧四年（1020）三月】先是，诏以近年开封府举人稍多，屡致词讼，令翰林学士承旨晁迥等议定条约。于是迥等上言："诸州举人多以身有服制，本贯难于取解，遂奔凑京毂，寓籍充赋，人数既众，混而为一。有司但考其才艺，解送之际，本府土著登名甚少，交起喧竞，亦由于此。欲请自今有期周卑幼以下服者，听取文解，寄应举人实无户籍者，许召官保任，于本府户籍人数外，别立分数荐送。"诏从之，仍取大中祥符七年寄贯人数中进士解十之三，诸科十之五。癸酉，诏川陕、广南诸州自今依先定条制解合格举人外，更有艺业可取者，悉取荐送。10，页2185

【宋真宗天禧四年（1020）三月】乙亥，以益、梓州路物价翔踊，命知制诰吕夷简、引进副使曹仪乘传赈恤之。夷简等请所至劳问官吏将校，仍取系囚与长吏等原情从轻决遣，民愿出谷救饥民者，元诏第加酬奖，望给空名告敕付臣赍往，从之。11，页2185—2186

【宋真宗天禧四年（1020）三月】丙子，诏自今县尉获斗杀全火贼，资考当入令录者，授节察推官。12，页2186

【宋真宗天禧四年（1020）夏四月】审刑院、刑部、大理寺奏："自今所举幕职、州县官充详断、法直官，请试律五道，取三道以上，仍断案三二十道，稍合格例，则保明闻奏。"从之。2，页2187

【宋真宗天禧四年（1020）夏四月】诏："自今奏举选人，令有司候参选日考较。有私罪及非时替者，别听进止。余即报中书门下遣官同判铨官考试引见。"8，页2188

【宋真宗天禧四年（1020）夏四月】壬辰，诏茶场、榷务，自今令三司副使、判官、转运使副、制置茶盐司举历任无赃私罪者，监榷务以京朝官、殿直以上使臣充，茶场以幕职、令录充。11，页2188

【宋真宗天禧四年（1020）夏四月】丙申，杖杀前定陶县尉麻士瑶于青州。其兄大理评事致仕士安削籍配隶汀州，侄右正言直史馆温舒、太常丞直集贤院温其并削职，温舒改太常博士、监升州粮料，温其监光州酒税。家僮范辛等及州院司理院典级、冒名买场务人借词进士王圭等并黥面，决配广南、福建远恶州军牢城，家僮五十人分隶诸军。以临淄宅一区给其家，邸店资财取十之三均给其族，自余悉籍之。其田庄本因平债吞并典质者，许元主收赎。本路劝农使副，青州知州、通判，悉降等差遣。

初，士瑶祖希梦事刘铢为府掾，专以掊克聚敛为己任，兼并恣横，用致巨富。至士瑶累世益豪纵，郡境畏之，过于官府。士瑶素帷簿不修，又私蓄天文禁书、兵器。侄温裕先有憾，常欲讼之，士瑶惧，乃縶之密室，命范辛等三仆更守，绝其饮食，数日死，即焚之。又尝怒镇将张珪，遣家僮张正等率民夫伺珪于途中殴杀，弃其尸。顷之，珪复苏，讼于州，典级辈悉受士瑶赂，出其罪。承前牧宰而下，多与亢礼，未尝敢违忤。及镇海节度推官孙昌知临淄，愤其凶恶，有犯必讯理之。士瑶常声言遣人刺昌，昌乃送其族寓于他郡，每夕宿县廨，列人严更为备。士瑶复与王圭诬告昌不公事，又借同邑人姓名买场务。

先是，侍御史姜遵风闻士瑶幽杀其侄事，奏遣监察御史章频、推直官江钩往鞫之，姜遵劾麻氏不法，《实录》在二月丙戌，今附此。于是并得他罪，故悉加诛罚焉。仍诏刑部遍牒三京、诸路，揭榜谕民。擢遵为工部郎中，孙昌为大理寺丞，依前知临淄县，赏其发摘奸伏也。《国史》载麻希梦事，盖因王皞《百一编》也。司马光《记闻》：景德初，契丹寇澶州，游兵至临淄，麻氏率庄人千余据堡自守，乡里赖之，全济者甚众。至今基迹尚存，谓之麻氏寨。兵退，麻氏敛器械尽输官，留什二三以卫其家，乡里赖麻氏以全济。此事当考，或可增修。然光载姜遵为转运使，欲因此以立威名，则误矣。遵在仁宗时乃将漕京东，今不取。

浮梁县民臧有金者，素豪横，不肯输租。畜犬数十头，里正近其门，辄噬之。绕垣密植橘柚，人不可入。每岁，里正常代之输租。及临泾胡顺之为县令，里正白其事，顺之怒曰："汝辈嫉其富，欲使顺之与为仇耳，安有王民不肯输租者耶？第往督之。"里正白不能。顺之使手力继之，又白不能，使押司录事继之，又白不能。顺之怅然曰："然则此租必使令自督耶。"乃命里正取藁，自抵其居，以藁塞门而焚之。臧氏皆迸逸，顺之悉令掩捕，驱至县，其家男子年十六以上，尽痛杖之。乃召谓曰："胡顺之无道，既焚尔宅，又痛杖汝父子兄弟，尔可速诣府自讼矣。"臧氏皆慑服，无敢诣府者。自是臧氏租常为一县先。府尝遣教练使诣县，顺之闻之，曰："是固欲来烦扰我也。"乃微使人随之，阴记其入驿舍，及受驿吏供给之物。既至，入谒，色甚倨，顺之延与坐，徐谓曰："教练何官也？"曰："本州职员尔。"曰："应入驿乎？"教练使踧踖曰："道中无邸店，暂止驿中。"又曰："应受驿吏供给乎？"曰："道中无刍粮，故受之。"又曰："应与命官坐乎？"教练使趋下，谢罪，顺之即械系狱，置暗室中，以粪十瓮环其侧，教练不胜其苦，因顺之过狱，呼曰："令何不问我罪？"顺之笑谢曰："教练幸勿讶也。今方多事，未暇问也。"系十日，然后杖之二十。教练不服，曰："我职员也，有罪，当受杖于州。"顺之笑曰："教练久为职员，殊不知法，杖罪不送州耶？"卒杖之。自是府吏无敢扰县者，州虽恶之，然不能罪也。于是为青州幕僚，发麻氏罪，破其家，皆顺之之力云。13，页2188—2190

【宋真宗天禧四年（1020）夏四月】乙巳，诏访闻忻、代州民秋后结朋角抵，谓之野场，有杀伤者，自今悉禁绝之。20，页2191

【宋真宗天禧四年（1020）五月】壬戌，广南东路转运、劝农司言："准诏，计度徙春州于古城。请依例于土人内注无赃罪幕职、州县官充通判兼知州，量与恩赐，支录事参军俸给。满日，依漳州龙岩等县例优奖。"从之。据本志，景德元年移治阳春界明石津古城，大中祥符九年又并入新州，天禧四年复置。9，页2193

【宋真宗天禧四年（1020）五月】丙寅，诏："自今天下犯十恶、劫杀、谋杀、故杀、斗杀、放火、强劫贼、官典正枉法赃、伪造符印、厌魅咒诅、造妖言、传妖术、合造毒药、禁军诸军逃亡为盗罪至死者，每至十二月权住区断，过天庆节决之；余犯至死者，十二月内及春夏未得断遣，禁锢奏裁。"又诏大辟有先准诏即行处斩者，自今除恶逆四等准律用刑，自余斩刑遇春夏止决重杖处死，俟秋分如故。以上封者言皇帝诞月及春夏长育之时，宜贷严科故也。张知白、赵湘奏议可考。知白见咸平五年十一月，湘见景德四年九月。11，页2193—2194

【宋真宗天禧四年（1020）五月】己卯，诏应缘河州军，自今每岁令长吏等与巡河及本地使臣躬亲检视堤岸，当浚筑者，联署以闻，勿复减省功料，以图恩奖，违者重置其罪。15，页2194—2196

【宋真宗天禧四年（1020）六月】己丑，上御崇政殿亲虑庶狱，徒流递减，杖以下原之。3，页2195

【宋真宗天禧四年（1020）六月】审刑院言："详刑之官，虽各勤尽，然阅实之际，不无谬误。一有差舛，即行勘劾，颇塞自新之路，虑增巧诋之文。请自今每大理寺封草检至院，有以杖从徒，以徒从杖，以流入死，以死入流之类，即札还本寺。如断官显知误失，自首改正，则更不奏劾。如其不然，致再下诘问，显章错误，则具名奏劾。"从之。5，页2195

【宋真宗天禧四年（1020）六月】殿中侍御史王博文言："密州民有经大中祥符九年后累岁灾沴饥乏，亲属散在民间，为人所收养及充奴婢、妻口，本无契券离书者，望令画时放还。如有诉认，官司不为理者，并论违制罪。"从之。6，页2196

【宋真宗天禧四年（1020）六月】癸巳，三班院言："自今内地驻泊捉贼使臣，请以合任远地监押、巡检殿直以下习戎事者充，仍支监押例添给，代还日复任远地。"从之。7，页2196

【宋真宗天禧四年（1020）六月】监察御史章频尝受诏，鞫邛州牙校讼盐井事，刘美依倚后家受赇，使人市其狱。频请捕系，上以后故不问，出频知宣州。频事因寇准请治刘氏附见，不得其时也。钱惟演《日记》：五月二日，寇公将制院文字上，事连刘马军，寇请赴台勘，上怒曰："管军自前岂有此例，卿要送台，但送下。"寇惶恐而退。曹、丁并奏："天旱不宜更起冤狱，中伤平人，乞罢之。"上云："便罢，便罢！"寇又上殿，上甚不悦。其日，寇沮丧甚。惟演所言虽未可尽信，章频出知宣州必在此时，今附见，当考。11，页2198

【宋真宗天禧四年（1020）六月】吕夷简言："淳化末，蜀民或从草寇，刺面为应运雄军。今请择其情罪重者，分配潼关已东州府牢城。"从之。12，页2198

续资治通鉴长编卷九十六　宋真宗天禧四年（庚申，1020）

【宋真宗天禧四年（1020）秋七月】丁卯，禁两川诸县弓手雇人代役，犯者许邻保纠告，重绳之。14，页2207

【宋真宗天禧四年（1020）秋七月】戊辰，判杭州王钦若酒榷增羡、狱空，诏奖之。16，页2207

【宋真宗天禧四年（1020）秋七月】前是一夕，崇勋、怀吉夕诣谓第告变,谓中夜微服乘妇人车,过曹利用计之,及明,利用入奏于崇政殿。怀政时在殿东庑,即令卫士执之。《怀政本传》云:上姑务含容,不忍斥其过,然渐疏远之。怀政忧惧,时使小黄门自禁中出,诈称宣召,入内东门坐别室,久之而出,以欺同辈。《实录》亦云然。收怀政时,实在崇政殿东庑,则其出入禁中,固自如也。但丁谓等多为之防,使怀政罕得见上尔,盖未有疏远怀政意也。《本传》又云上怒甚,而《实录》无此,疑《本传》饰说,今不取。诏宣徽北院使曹玮与崇勋就御药院鞫讯,不数刻,具引伏。上坐承明殿临问,怀政但祈哀而已。命载以车,赴城西普安佛寺斩之。谓等并发朱能所献天书妖妄事,亟遣入内供奉官卢守明、邓文庆驰驿诣永兴军,捕能及其党乾祐观主王先、道士张用和、殿直刘益、借职李贵、康玉、殿侍唐信、徐原,并免死,黥面,配儋、梅、高、崖、雷、琼、万安、循州。怀政父内殿承制绍忠及怀信,并决杖,配复、岳州,子侄勒停,资产没官。怀政之未败也,绍忠尝诟之曰:"斫头竖子,终累及我。"怀信又尝谓怀政曰:"兄天书事必败,当早诣上首露,庶获轻典。"及谋作乱,又号泣伏拜而止之,皆不听,故皆得免死焉。右街僧禄澄预闻妖妄,黥面,配郴州。朱能父左武卫将军致仕谔、母周氏,赎铜百斤,并其子守昱、守吉分配邵、蔡、道州,赀产没官。与谔往来结社人悉决杖,配诸州。自余亲事卒、怀政仆使,决杖,分配海岛远州。部下使臣第降秩。《记闻》载怀政以二月二日怀小刀,对上自割,上因是疾复作,皇后命收怀政下狱,并于宫中得莱公奏言传位事,乃命杨崇勋告变,诛怀政,贬莱公。按怀政诛在七月,莱公罢在六月,若怀政于仲春于此,则莱公必不待夏末始罢,怀政至秋初乃诛也。然《真宗实录》以仲春疾益甚,不知缘何事尔。《记闻》必误,今不取。22,页2209—2210

【宋真宗天禧四年(1020)八月】入内供奉官谭元吉、高品王德信决杖,配唐州。高班胡允则、黄门杨允文决杖,配西京,坐尝受命至乾祐县与周怀政协同妖妄故也。元吉寻黥面,配宾州。2,页2211

【宋真宗天禧四年(1020)八月】刑部请自今犯赃滥配隶,经恩从便者,俟一年后遇赦宥方理。7,页2211

【宋真宗天禧四年(1020)八月】诏诸路劝农提点刑狱官,自今奏事,缘户赋农田,则署劝农司;刑狱格法,则署提点刑狱所。11,页2212

【宋真宗天禧四年(1020)八月】丙午,入内供奉官石承庆削两任,配隶宿州。先是,周怀政尝遣人召承庆,欲有所议,夜二鼓,不下皇城门钥以待之。上遣黄门黄守志开大宁、祥符、东华门传诏许王宫,至则门不闭，见承庆将入，守志讯知其故，戒令勿入，于是门司不复纳承庆。守志畏怀政，不敢言，至是以闻，鞫承庆而责之。20，页2214

【宋真宗天禧四年（1020）八月】是月，诏："自今逐年两税版籍，并仰令佐躬自勾凿点检，勘新收旧管之数。民有典卖析户者，验定旧税，明出户帖。劝农使按部所至，索视账目。其县官能用心者，批历为劳绩，当议升奖。"时上封者言诸州版籍止委吏人，失于勘验，移易税赋，多不均等，故有是命。寻又诏："前敕诸路劝农使，所至究民间疾苦，检视账籍，虑其因缘取索，受越诉以扰民，宜令使副常切钤束，不得妄有行遣呼集。其籍账不整，止移牒索视，论诉公事，并依旧次第陈状。如已经州县、转运司不行者，并即时尽公处理，所置曹典勿得过提点刑狱司数。"此据《会要》，或削去。21，页2214

【宋真宗天禧四年（1020）九月】诏刘益、康玉、徐原等十一人并活钉示众三日讫，断手足，具五刑处死。王光、李贵并断手足处斩。唐信八人并处斩。文思院画匠、军士、百姓十五人并免死，杖脊、黥面，配沙门岛及广南牢城。朱能仆使及道士、军士十二人并杖脊；配江湖福建牢城。能弟文显免杖，黥面，配邓州本城。初，能将擐甲扞制使，文显潜以告知府朱巽等，故至是获用轻典。能妻高、母李、弟妇陈、洎女仆、家僮十二人并决杖，分配湖南、京东西州军。能子伴哥以幼不胜杖，黥面，配澧州牢城，听随母之配所。时命殿中侍御史王博文与内臣岑守素等乘传诣永兴按劾，具狱以闻，而降是诏。初遣博文，人谓连逮者必众。博文惟治首恶，胁从者皆为请，得以减论。本传云：博文惟治首恶，胁从者七人皆为请，得以减论。所称七人，与《实录》不合，今削去。7，页2216

【宋真宗天禧四年（1020）九月】壬戌，知永兴军府、给事中、集贤院学士朱巽，陕西转运使、工部郎中、直集贤院梅询，并削一任。巽为护国节度副使，询为怀州团练副使，并不署州事。转运使、度支员外郎刘楚降授祠部员外郎，监叶县盐税。劝农使、职方员外郎皇甫载，时丁忧，候服阕，与通判，副使、阁门祗候程绍忠为阳武县都监。本军通判、幕职官并赎铜，释其罪。巽等尝荐举朱能，及不察奸妄，致害制使，故责之。知凤翔府、侍御史臧奎赎铜二十斤，通判宁州，寻换都官员外郎，坐与能交结也。永兴军都署李福者，尝任防御使，将兵失律，流岭外，起为环卫。在永兴，善事寇准，后因郊祀，骤复祁州防御使，能叛，不即擒捕。悯其衰耄，授左屯卫将军致仕。都监、阁门祇候康文德削职，监陕州盐税。殿直、阁门祇候穆介与能善，能及周怀政尝连状荐之，杖脊、黥面，配韶州牢城。军士封进、凤翔府孔目官朱日昌等八人，皆能等常从，预为矫妄者，并决杖，分配海岛远郡牢城。乾祐知县，蒲城、长安、万年、乾祐簿尉，并坐绌削。11，页2217

【宋真宗天禧四年（1020）九月】丁卯，赦天下系囚，除十恶、已杀人、官典犯赃、盗官物、持杖放火、伪造符印外，咸除之。天禧三年已前所逋夏秋税、贷粮种子见欠倚阁者，并与蠲除。周怀政、朱能干连党类，除已行勘断外，自余咸许自新，一切不问。12，页2218

【宋真宗天禧四年（1020）冬十月】三班奉职王贵配隶汀州，坐尝赍朱能、周怀政音问往复也。6，页2219

【宋真宗天禧四年（1020）冬十月】左巡使、殿中侍御史王耿言："诸州军负罪散参军安置人，多在处卜居，虽遇量移，亦不迁徙。盖缘失官之后，恣营生计，不革贪心，侵扰贫民，规求货利。又或持州郡公事，长吏稍懦，则不能制之，深为民患。请自今委本处常切觉察，如侵扰官事，抑欺百姓，即奏移别所，仍令州县长吏非时不得接见。"从之。7，页2220

【宋真宗天禧四年（1020）冬十月】开封府狱空，诏奖吕夷简等。13，页2220

【宋真宗天禧四年（1020）冬十月】权判吏部流内铨陈尧咨言："近准敕放选，投状选人并多，其间有司士、文学诸色出身，流外人入官资序已定，向来承例引对，虚烦圣听。请自今比类未入令录者，更不引对，依格注拟。"从之。14，页2220—2221

【宋真宗天禧四年（1020）十一月】乙卯，令劝农使兼提点刑狱官，自今以提点刑狱劝农使、副为称。4，页2221

【宋真宗天禧四年（1020）十一月】甲子，宰臣李迪等上删定《一司一务编敕》三十卷。10，页2222

【宋真宗天禧四年（1020）十二月】太常礼院言："准御史台状，向来京朝官承制并丁父母忧，持服五十四月。今详定历代典礼，父母并亡，或相继而殁，有重轻兼服之制，遇虞祔练祥之祭，各服齐斩之服，则是随先后而除之，无五十四月之制。自今文武官并丁父母忧者，请令依礼随先后除服。"诏可。8，页2229

【宋真宗天禧四年（1020）十二月】开封府言："准近诏，大辟罪遇十月权住断遣，过天庆节依旧行刑，杂犯死罪并春夏并禁系闻奏。窃缘本府日有重囚，在狱淹久，欲望自今依旧逐日区断，诸州军亦准此。"从之。9，页2229

【宋真宗天禧四年（1020）十二月】丁卯，命龙图阁学士陈尧咨为鄜延、邠宁环庆、泾原仪渭、秦州路巡抚使，皇城使刘永宗副之，所至犒设官吏、将校，访民间利害，官吏能否、功过以闻。或有陈诉屈枉，经转运、提点司区断不当，即按鞫诣实，杖已下亟决遣之，徒已上飞驿以闻。仍取系囚，躬亲录问，催促论决。8，页2232

【宋真宗天禧四年（1020）十二月】辛未，开封民董德昌并其子利用杖脊、黥面，配沙门岛，遇赦不还。其女决杖，配相州。亲事卒游斌、朱进等决杖，配潭、泉、澧、鼎州。百姓崔德升、相国寺僧廷郁等决杖，配随、安、福州。德昌、利用素无赖，结皇城司巡察亲事卒，伺人阴事，诈欺取财，京城民庶重足畏服，至有"小虫""大虫"之号，并其党类责之。12，页2232

续资治通鉴长编卷九十七　宋真宗天禧五年（辛酉，1021）

【宋真宗天禧五年（1021）春正月】癸巳，以上疾稍平，德音降天下死罪囚，十恶至死、官典犯入己赃、劫盗放火、伪造符印论如律，四年秋税残欠并除之，权罢滑州修河。8，页2240

【宋真宗天禧五年（1021）二月】知杂御史刘烨上言："伏以三年之丧，天下之经制；百行之孝，人子之大伦。苟执礼以无闻，在服行而有缺。伏见内外京朝官丁父母忧者，不即时奔丧持服，伤坏风教，典章无取，欲望禁止。自今官司不得妄有占留，奏求追出。其例当起复者，即依旧制。"诏益、梓、夔、利四路长吏依旧奏裁，余官丁忧，辄有封奏求免持服者，并论其罪。11，页2242

【宋真宗天禧五年（1021）二月】江南西路提点刑狱劝农使，言知抚州王彬有政绩，诏奖之。抚民李甲、饶英，富于财，武断乡曲，州县莫能制。会甲从子詈县令，又人告甲语斥乘舆。彬按治之，索其家，获所藏兵械，又得服器有龙凤饰，甲弃市。并按英尝强取人孥，配隶岭南，州里肃清。寻擢彬提点荆湖南路刑狱。彬，固始人也。淳化中，为雍邱尉。皇城司阴遣人下畿县刺事，多动民，令佐至与为宾主。彬至，捕鞫之，悉得所赂，致之法。自是，诏亲事卒无得出都城。禁亲事卒出都城，不得其年月，今附此。彬初及第，已见。14，页2243

【宋真宗天禧五年（1021）三月】初，磁州民张熙载诈称黄河都部署，籍并河州郡刍粮，数至贝州，知州、内园使雷孝先觉其奸，捕系狱。然孝先狡狯，反欲因此为奇功，以动朝廷，迫司理参军纪瑛教熙载伪契丹谍者，号景州刺史、兼侍中、司空、太灵宫使，部送京师。枢密院按得孝先所教状，丙戌，责孝先为潭州都监，熙载决配海州，瑛未得与官。2，页2243—2244

【宋真宗天禧五年（1021）夏四月】丁巳，事材场火。军士杨胜等三人杖脊、黥面，配沙门岛；当宿监官内殿承制石惟清削两任，赎铜二十斤，勒停；不当宿监官内殿崇班、阁门祗候王承瑾，供奉官、阁门祗候张惟一并削一任，勒停；自余主典军校皆决杖、降职有差。胜等洎惟清当处死，特贷焉。张惟一，旻子。7，页2245

【宋真宗天禧五年（1021）】五月乙亥朔，上御崇政殿，亲录京城系囚，死罪已下并减一等。遂诏诸路州军亦如之，惟十恶及官典犯赃、伪造符印、放火劫盗不赦。1，页2246

【宋真宗天禧五年（1021）五月】戊寅，判河南府王钦若言："渑池县民为盗，亡走。禁其妻，昼则令众，几三百日，迫于饥寒，臣已令本县疏放知在。望告示诸路，有禁留令众，一季不获正贼者，责保知在。或朝廷悯其淹延，止责地分巡检、县尉、耆保依限缉捕。"从之。3，页2246

【宋真宗天禧五年（1021）六月】诏："广南路民讼命官不公者，须本官在任，及得替未发，事实干己，及条诏许诉者，乃得受理。如已离任在路，除犯赃及私罪徒以上，即委转运提刑司体量证佐，明白非诬陷者，乃得追摄。自余咸飞驿以闻。"时侍御史燕肃言："岭南最处遐远，摄官校吏多务阿私，命官辈顺之以情则息奸，纠之以法则聚怨。其无良者，或遭刑责，或违请求，伺其得替，将到阙庭，因犯微衅，兴起讼词。官司不详事理大小，即行追对，往来万里烟瘴之乡，或惧迢递，便即款伏，以此负谴，亦可悯伤。又有惧致此患，务于因循者。望行条约。"故有是诏。肃，益都人也。尝知临邛县，民苦吏追扰，肃削木为梜，民讼有连逮者，书其姓名，使自召之，皆如期而至。7，页2248

【宋真宗天禧五年（1021）】八月甲辰朔，屯田员外郎、知汾州李歆坐部内为僧敛钱修寺、遣伶人于官仓主纳，法当夺三官三任，会德音原免，诏特削一任勒停。李歆，未见。1，页2251

【宋真宗天禧五年（1021）八月】甲寅，洺州团练使、驸马都尉王贻贞言："诸州捕盗限内不获，其三大户、弓手、典吏并行决罚。伏缘典吏止行遣文书，与弓手、三大户情或不等，望自今三限不获，从杖八十区断。"诏可。6，页2252

【宋真宗天禧五年（1021）十一月】诏僧尼、道士、女冠、文武七品以上者，有罪许减赎。当还俗者自从本法。4，页2257

续资治通鉴长编卷九十八　宋真宗乾兴元年（壬戌，1022）

【宋真宗乾兴元年（1022）】二月庚子朔，上御正阳门，大赦天下，恩赏悉依南郊例。水灾州军，悉除其民逋租，流民复业者例外更免其科纳、差役，仍贷以粮种。三司吏掌事及三十年无过者，许出授三班职名，三部各取一人，诸司共取一人。河东边民因越北界市物刺配向南州军者，放停递还本贯。《九朝纪事本末》：乾兴元年，上封事者言，"圣朝开国以来，天下承平六十余载，然民间无蓄，稍或饥馑，立致流移，盖差役赋税之未均，形势豪强所侵扰也。又有诸般侥幸，影占户门，其户田下土稍多，便作佃户名字，若不禁止，则天下田畴半为形势所占。"诏三司委众官定夺奏闻，三司参议，欲应臣僚不以见任、罢任所置庄田定三十顷，衙前、将吏合免户

役者定十五项为额。1，页 2269—2270

【宋真宗乾兴元年（1022）二月】己未，大赦，除常赦所不原者。百官进官一等，优赏诸军，山陵诸费无以赋民。京朝官服绯、绿及十五年者，并与改赐服色。改赐服色以十五年为限。登极用东封、西祀例，自此始。9，页 2272

【宋真宗乾兴元年（1022）五月】乙亥，御崇政殿录系囚，杂犯死罪以下递降一等，杖以下释之，仍命枢密使覆视乃行。2，页 2280

【宋真宗乾兴元年（1022）五月】乙未，诏："如闻三班院胥吏，颇邀滞使臣，丐取财贿。每会课迁改，即阴匿簿书，缘为奸弊。自今犯者，重置于法。"7，页 2281

【宋真宗乾兴元年（1022）六月】允恭坐擅移皇堂，并盗库金三千一百一十两、银四千六百三十两、锦帛一千八百匹、珠四万三千六百颗、玉五十六两及当进皇堂犀带一、药金七十两，又坐尝令取玉带赐辅臣而窃取其三，于是杖死于巩县，籍其家，弟侍禁、寄班祗候允中决配郴州编管。邢中和贷命，决配沙门岛。坐决配者又七十人。《仁宗实录·允恭附传》云：允恭日益骄横，太后恶而疏之，故遣修陵城涧道。按《龙川别志》，乃允恭力请行，太后始命之。又按太祖、太宗山陵，除五使及按行使副，修奉都监、部署外，即未尝别同管勾一行事，今特以命张景宗及允恭，盖宠之也，决非疏恶。意《别志》当得其实，但误以管勾一行事为都监耳。都监乃卢守勤，与按行使副相继受命，则旬日前矣。《两朝志·丁谓传》亦以允恭为都监，皆误也。《别志》又云王曾独对，太后乃知其事，亟命官按劾，亦恐失实。盖事发当自毛昌达始。曾既覆视还，因言谓包藏祸心，故容允恭擅易皇堂。太后入其言，谓果得罪，谓得罪，实由曾发之。发擅易皇堂事，则非曾也。7，页 2284—2285

续资治通鉴长编卷九十九　宋真宗乾兴元年（壬戌，1022）

【宋真宗乾兴元年（1022）七月】甲戌，召前都官员外郎黄震赴阙。震前为淮南、江浙、荆湖制置发运使，与李溥共事，尝发其私。及为溥所诉，免官，中外皆称其枉。后屡更赦宥，以溥丁谓之党，不敢自直。谓既贬，大臣为言，乃召之，复官，知饶州。6，页 2292

【宋真宗乾兴元年（1022）七月】先是，女道士刘德妙者，尝以巫师出入丁谓家，谓败逮系。德妙款伏谓尝教言："乃所为不过巫事，不若托老君言祸福，足以动人。"于是即谓家设神像，夜醮于园中，雷允恭数至请祷。及真宗崩，引入禁中。及因穿地得龟蛇，令德妙持入内，绐言出其家山洞中。乃复教云："上即问若，所事何知为老君，第云相公非凡人，当知之。"谓又作二颂，题曰"混元皇帝赐德妙"，语涉妖诞。辛卯，再贬谓崖州司户参军，诸子并勒停。珷又坐与德妙奸，除名，配隶复州。籍其家，得四方赂遗，不可胜纪。其弟诵、说、谏悉降黜。仍以罪状布告中外。

始，谓命宋绶草寇准责词，绶请其故，谓曰："春秋无将，汉法不道，皆证事也。"绶虽从谓指，然卒改易谓本语，不纯用。及谓贬，绶犹当制，即草词曰："无将之戒，旧典甚明；不道之辜，常刑罔赦。"朝论快焉。12，页2293—2294

【宋真宗乾兴元年（1022）七月】诏国忌日听决杖罪，从知泗州杨居简之请也。15，页2294

【宋真宗乾兴元年（1022）七月】先是，诸州军长吏往往擅刺配罪人，丙申，下诏禁之，若情涉巨蠹者，须奏待报。18，页2295

【宋真宗乾兴元年（1022）七月】又诏诸路按察官取乾兴赦前配隶兵籍者，列所坐罪状以闻。自是，每下赦书辄及之。后诏乃八月甲寅，今依本志，联书之。19，页2295—2296

【宋真宗乾兴元年（1022）冬十月】辛酉，德音降东、西京囚罪一等，杖以下释之，蠲山陵役户及灵驾所过民赋租。6，页2299

【宋真宗乾兴元年（1022）十一月】乙亥，以皇太后生日为长宁节。中书言："前一月，百官就大相国寺建道场。罢日，赐会于锡庆院。禁刑及屠宰七日。前三日，命妇进香合，至日，诣内庭上寿。三京度僧道，比乾元节三分之一，而罢奏紫衣、师号。"诏进奉上寿，候真宗丧制毕，余从之。初，辅臣及礼官请一如乾元节例，而太后多所裁损，故中书更为此奏。9，页2302

【宋真宗乾兴元年（1022）十一月】戊寅，诏纠察在京刑狱并诸路转运使副、提点刑狱及州县长吏，凡勘断公事，并须躬亲阅实，无令枉滥淹延。11，页2303

【宋真宗乾兴元年（1022）十一月】诏："诸处奏到见禁文状并断讫公案，自来承进银台司先送中书，后送刑部看详，虚滞日数。宜令承进银台司自今更不送中书，直送刑部。"18，页2304

【宋真宗乾兴元年（1022）十一月】诏："近降举官约束，或虑选人因小可私过，致有滞淹。应合该举官臣僚等，自今所举选人，历中有私罪止是杖以下，许转运或提点刑狱二人同罪保举，即依旧施行。如转运或提点刑狱一员，即更候朝臣二人同罪保举。如无转运、提点刑狱，即许朝臣七人同罪保举闻奏，方与磨勘。"19，页2304

【宋真宗乾兴元年（1022）十二月】庚申，诏三司、开封府、殿前马步军司，自今岁旦、四立、二分、至及庚戌、己巳，毋得断极刑。《会要》乾兴元年十二月二十五日，诏开封府及三司、殿前马步军司，自今每遇国忌及庚戌、己巳、岁旦、天庆等五节，四立、二分、二至日，不得断极刑。《实录》不载国忌及天庆等五节，不知何故，当考。两朝史《刑法志》云：国忌日，旧亦禁刑。天圣初，听决放罪。其后，又诏真宗忌如天庆节，释杖笞情轻者。久之亦罢。11，页2306

续资治通鉴长编卷一百　宋仁宗天圣元年（癸亥，1023）

【宋仁宗天圣元年（1023）春正月】国朝惟川陕、广南茶听民自买卖，禁其出境，余悉榷，犯者有刑。在淮南则蕲、黄、庐、舒、寿、光六州，官自为场，置吏总之，谓之山场者十三，六州采茶之民皆隶焉，谓之园户，岁课作茶、输其租，余官悉市之。其售于官，皆先受钱而后入茶，谓之本钱。又有百姓岁输税者，亦折为茶，谓之折税茶。总为岁课八百六十五万余斤，其出鬻皆就本场。在江南则宣、歙、江、池、饶、信、洪、抚、筠、袁十州，广德、兴国、临江、建昌、南康五军，两浙则杭、苏、明、越、婺、处、温、台、湖、常、衢、睦十二州，荆湖则荆、潭、澧、鼎、鄂、岳、归、峡八州，荆门军，福建则建、剑二州，岁如山场输租折税，余则官悉市而敛之。总为岁课，江南千二十七万余斤，两浙百二十七万九千余斤，荆湖二百四十七万余斤，福建三十九万三千余斤，皆转输要会之地，曰江陵府，曰真州，曰海州，曰汉阳军，曰无为军，曰蕲州蕲口，为六榷货务。凡民鬻茶者皆售于官，其以给日用者，谓之食茶，出境则给券。商贾之欲贸易者，入钱若金帛京师榷货务，以射六务、十三场茶，给券，随所射与之，谓之交引。愿就东南入钱若金帛者听，入金帛者计直予茶如京师。凡茶入官以轻估，其出以重估，县官之利甚溥，而商贾转卖于西北以至散于夷狄，其利又特厚焉。县官鬻茶，岁课缗钱，虽赢缩不常，景德中至三百六十万余，此其最厚者也。

然自西北宿兵既多，馈饷不足，因募商人入中刍粟，度地里远近，增其虚估，给券，以茶偿之。后又益以东南缗钱、香药、象齿，谓之三税。而塞下急于兵食，欲广储峙，不受虚估，入中者以虚钱得实利，人竞趋焉。及其法既弊，则虚估日益高，茶日益贱，入实钱、金帛日益寡，而入中者非尽行商，多其土人，既不知茶利厚薄，且急于售钱，得券则转鬻于茶商或京师坐贾号交引铺者，获利无几。茶商及交引铺，或以券取茶，或收蓄贸易，以射厚利，由是虚估之利皆入豪商巨贾，券之滞积，虽二三年茶不足以偿，而入中者以利薄不趋，边备日蹙，茶法大坏。景德中，丁谓为三司使，尝计其得失，以为边籴才及五十万，而东南三百六十余万茶利尽归商贾，当时以为至论。厥后虽屡变以救之，然不能无弊。已上据本志。

计置司首考茶法利害，奏言："十三场茶，岁课缗钱五十万，天禧五年才及缗钱二十三万。每券直钱十万，鬻之，售钱五万五千，总为缗钱实十三万，除九万缗为本钱，岁才得息钱三万余缗，而官吏廪给不与焉。是则虚数虽多，实用殊寡。"因请罢三税，行贴射之法。其法以十三场茶买卖本息并计其数，罢官给本钱，使商人与园户自相交易，一切定为中估，而官收其息。如鬻舒州罗源场茶，斤售钱五十有六，其本二十有五，官不复给，但使商人输息钱三十有一而已。《实录》三月辛卯，《会要》同。然必辇茶入官，随商人所指而予之，给券为验，以防私售，故有贴射之名。若岁课贴射不尽，则官市之如旧。园户过期而输不足者，计所负数如商人入息。《会要》。旧输茶百斤，益以二十斤至三十五斤，谓之耗茶，亦皆罢之。《实录》二月。其入钱以射六务茶者，如旧制。

先是，天禧中，诏京师入钱八万给海州、荆南茶，入钱七万四千有奇给真州、无为、蕲口、汉阳，并十三场茶，皆直十万，所以饶裕商人；而海州、荆南茶善而易售，商人愿得之，故入钱之数厚于他州。其入钱者，听输金帛十之六。至是，既更十三场法，又募入钱六务，而海州、荆南增为八万六千，真州、无为、蕲口、汉阳增为八万。《会要》三年五月。商人入刍粟塞下者，随所在实估，度地里远近增其直。以钱一万为率，远者增至七百，近者三百，给券，至京师，一切以缗钱偿之，谓之见钱法；愿得金帛若他州钱，或茶盐、香药之类者听。《实录》五月甲子。大率使茶与边籴，各以实钱出纳，不得相为轻重，以绝虚估之弊。朝廷皆用其说。李咨等新立见钱法，《实录》分载数处，今悉从本志，就正月癸未初命官日并书之。朝廷用其说，乃三月辛卯，今亦并书。《实录》分载，有详有略，今参以《会要》，则本志所去取盖得之，不可不从也。7，页2312—2315

【宋仁宗天圣元年（1023）三月】丙子，降西京囚罪一等，徒以下释之。城内民八十以上，免其家徭役，赐茶人三斤，帛一匹。3，页2318

【宋仁宗天圣元年（1023）三月】判大理寺张师德言："详断官误引刑名而改正者，自来更不坐罪。请自今凡失出入徒以上罪，虽改正，亦奏劾听裁。"又言："本寺定夺公事，多致稽留。请如断大中小事公案立限。"又言："选人试律断案，其元断刑名皆为府吏预知。请自今下御史台考试。"并从之。诏试法官日，仍令知审刑院或判寺官与断狱官同诣御史台。10，页2319

【宋仁宗天圣元年（1023）五月】诏官名及州县名与皇太后父名相犯者，悉改易之。3，页2322

【宋仁宗天圣元年（1023）五月】辛未，御崇政殿录系囚，杂犯以下递降一等，杖以下释之。4，页2322

【宋仁宗天圣元年（1023）五月】诏吏部流内铨人自今出官者，并依《长定格》令归司。初，殿中侍御史大名李孝若言，百司吏频经庆恩，多减放选限，出官甚速，请加条约。因令翰林学士晏殊等与流内铨南曹同详定，而降是诏。四年三月，王臻又有此奏请，不知何故，当考。9，页2323

【宋仁宗天圣元年（1023）五月】贷拱圣卒王美死，杖配海州本城。美逃走，法当斩，上以其新隶军籍，未尝请月给，思母而逃，特贷之。11，页2323

【宋仁宗天圣元年（1023）五月】上封事者言中人奉使江、淮，多乘

官船载私物营利,州县不敢检察。戊子,诏自今内臣出外,止给驿马,仍无得过三匹。13,页2323

【宋仁宗天圣元年(1023)六月】乙卯,禁毁钱铸钟。4,页2324

【宋仁宗天圣元年(1023)六月】郑州防御使、环庆路副都部署田敏在边多不法,上以其尝有战功,不欲重致于理。戊午,降为左屯卫大将军、昭州防御使。5,页2324

【宋仁宗天圣元年(1023)】秋七月戊辰,置陕、虢、解、同州巡检使。时解州盗贼啸聚,枢密院言河中府、同解鄜延丹坊州并西京、陕、虢、河阳旧为两路巡检,地远难以分捕,故于三州特置巡检使一员。1,页2325

【宋仁宗天圣元年(1023)秋七月】诏礼部贡院举人有期亲卑幼及大功以下服者,并听应举。2,页2325

【宋仁宗天圣元年(1023)秋七月】癸酉,免戎、泸州虚估税钱。先是,商旅乘船过州,合纳税外,复估虚价而重输钱,故禁止之。6,页2325

【宋仁宗天圣元年(1023)秋七月】己卯,以崇仪副使任吉复知施州。先是,吉坐蛮寇剽劫暗利寨,罢知州,命未至而入溪峒讨捕有功,故复命之,仍降敕奖谕。9,页2326

【宋仁宗天圣元年(1023)秋七月】壬午,命知制诰张师德、侍御史知杂事蔡齐详定三司蠲纳司应在名物及放天下欠负。应在者名物,虽著于籍而实未尝入官也。时上封事者言真宗初尝遣使江、浙蠲放逋欠,因以即位赦恩而命师德等。自是更赦命官除欠负,遂为例。10,页2326

续资治通鉴长编卷一百一 宋仁宗天圣元年(癸亥,1023)

【宋仁宗天圣元年(1023)八月】丙申,德音降天下囚罪一等,杖以下释之。3,页2330

【宋仁宗天圣元年（1023）八月】诏补荫京朝官监当六年无赃私罪者与亲民，尝坐赃私者听旨。14，页2333

【宋仁宗天圣元年（1023）九月】己巳，诏臣僚准诏所举朝臣武臣为边上知州，并令赴阙磨勘取旨，其有私罪会降差遣及资遣者罢之。2，页2333

【宋仁宗天圣元年（1023）九月】辛巳，诏所举官未改转而坐赃者，举主免劾。5，页2334

【宋仁宗天圣元年（1023）九月】丁亥，诏诸路籴场以滥恶高估入官，许人陈告，百石者全给，百石以上予半，余皆没官。9，页2334

【宋仁宗天圣元年（1023）九月】是月，流内铨言："判司、簿尉有缺七年以上者，令录有缺三年以上者，幕职有缺一年以上者，盖入官各有路分，或非情愿，致久缺未填。今欲以半年缺员处排年月作簿，该今日以前，特放选人充；其积久缺次，以违碍并冲替选人充。如愿就远地，亦只填新簿员缺。无本资缺愿折资者，许支前任或今任合入资叙俸料。合入江、浙、荆湖近地判司、簿尉，不限放选与常选人，并以历任无赃私罪者填江南万户簿尉、司理、司法四十一员缺；合入江、浙、荆湖远地及西川、漳、泉判司簿尉，例注西川见缺。"诏："幕职如无本资愿折资者，听支前任俸。合入江、浙、荆湖近地判司、簿尉，一任或两任及三考无赃私罪或三次公罪杖以下，许选填江南万户簿尉、司理、司法参军四十一员。余有过犯及选叙合入江、浙、荆湖、河北、河东等远近者，自依旧规入江、浙、荆湖远地，乞注西川见阙宜不行。"《会要》九月事，今附月末，当删取其要。12，页2335

【宋仁宗天圣元年（1023）闰九月】甲午，诏："裁造院所招女工及军士妻配隶南北作坊者，并放从便。自今当配妇人，以妻窑务或军营致远务卒之无家者。"2，页2336

【宋仁宗天圣元年（1023）闰九月】丁未，禁彭州九陇县采金。6，页2337

【宋仁宗天圣元年（1023）闰九月】丁巳，诏技术官干请皇族要官论荐希求恩泽者，并以违制论。15，页2339

【宋仁宗天圣元年（1023）冬十月】又诏荫补京朝官监当有私罪者及八年与亲民，尝坐赃听裁。3，页2339

【宋仁宗天圣元年（1023）冬十月】左班殿直刘舜卿为西京、陕府界巡检，捕获盗贼八百余人，壬申，特授阁门祗候。刘舜卿，未见。4，页2339

【宋仁宗天圣元年（1023）冬十月】癸未，诏"诸州典狱者，不先白长吏而榜平民，论如违制律；榜有罪者以失论。捕盗官获盗而未问者，榜毋过二十；非盗而辄榜之，亦以违制论。挟私非理虐害平民至死者，论如故杀律。"10，页2339—2340

【宋仁宗天圣元年（1023）】十一月丁酉，诏："如闻诸州军多专行配递罪人，使妻子流离道路，鲜有生还。自今罪当配者，并录案坐条，具所配地里，上刑部详覆。"1，页2340

【宋仁宗天圣元年（1023）十一月】戊戌，诏江南东西、荆湖南北、广南东西、两浙、福建路转运司："自今师巫以邪神为名，屏去病人衣食、汤药、断绝亲识，意涉陷害者，并共谋之人，并比类咒诅律条坐之。非憎嫉者，以违制失论。其诱良男女传教妖法为弟子者，以违制论。和同受诱之人，减等科之。情理巨蠹者，即具案取裁。"

先是，知洪州夏竦言：左道乱俗，妖言惑众，在昔之法，皆杀无赦。盖以奸臣逆节，狂贼没规，多假鬼神，动摇耳目。汉、晋张角孙恩，偶失防闲，遂至屯聚。国家宜有严禁，以肃多方。2，页2340

【宋仁宗天圣元年（1023）十一月】都官员外郎、知涟水军邓余庆受枉法赃；阁门祗候、三阳寨主荆信监仓，自籴粟入中；殿直、监兴平县酒税何承勋，监进贤镇盐酒税易着明，并自盗官物：各贷死，杖脊，配广南牢城。壬寅，诏以余庆等罪状申警群吏。4，页2342

【宋仁宗天圣元年（1023）十一月】初，蜀民以铁钱重，私为券，谓之交子，以便贸易，富民十六户主之。其后，富者赀稍衰，不能偿所负，争讼数起。大中祥符末，薛田为转运使，请官置交子务以榷其出入，久不报。寇瑊守蜀，遂乞废交子不复用。会瑊去而田代之，诏田与转运使张若谷度其利害。田、若谷议废交子不复用，则贸易非便，但请官为置务，禁民私造。又诏梓州路提点刑狱官与田、若谷共议，田等议如前。戊午，诏从其请，始置益州交子务。《实录》《食货志》皆云寇瑊请官置交子务。按《薛田附传》，则置交子务乃田为转运使时所请建，瑊守蜀，始用田议。然《成都记》载此事特详，瑊议盖欲官私俱不用交子，而田议始终皆欲集私造，官为主之。今置务，实从田议，瑊无与也。《实录》、附传、正传、《食货志》俱误矣。8，页2342—2343

【宋仁宗天圣元年（1023）十二月】是月，诏："御史台主簿多是资序合入大理寺丞、著作佐郎，除授之时，并理光禄寺丞。及至三年无遗缺，却于本资止依敕转入朝官，有此升降不等。自今更不理光禄寺丞资叙，只守本官，仍支与前任请受。候三年满无遗缺，依元入官资叙与京朝官。如有遗缺，公罪两度以下，奏取指挥；公罪三度以上及私罪不以度数，并送铨，依旧幕职、州县官资叙注官。"10，页2344—2345

续资治通鉴长编卷一百二　宋仁宗天圣二年（甲子，1024）

【宋仁宗天圣二年（1024）】春正月甲午，诏："礼部贡院、开封府、国子监及别头各增置点检试卷、封弥、巡铺、监门官有差。开封府举人无户籍者，召有出身京朝官保二人，无出身曾历任者保一人；外州召命官、使臣为保，不得过一人。所保不实，以违制论。举人两处取解及犯徒而尝以荫赎者，永不得入科场。同保人殿五举，其殿三举者实殿一举，五举殿二举。进士不得以押韵入试，罢诸科旧人别院试者，听至复场入试。其被黜而毁谤主司及投匿名文字，令所在收捕之。即主司不公，许单名以告，不得期集连状。广南东西、益、梓、利、夔等路，旧制，于额外有合格者，亦听举送，如闻比来冒籍者多，自今毋得额外发解。"时承平岁久，天下贡士益众，间起争讼，故条约之。1，页2348

【宋仁宗天圣二年（1024）春正月】是月，诏："诸路州军，自今常留县令管勾簿书，催督税赋，及理婚田词讼，不得差出勾当小可公事及于县镇道店场务比较课利。其令佐年满，虽准铨牒放罢，若一县全然缺人，未得出给解由，须本县不至缺人，即许离任。"时诸州军累言属县令佐，因年满放罢及转运司差往他处比较课利，有一县全缺官者，故条约之。《会要》天圣二年正月事。8，页2349—2350

【宋仁宗天圣二年（1024）春正月】吏部南曹言："选人磨勘，例问刑部有无过犯，定夺公私罪名。又恐其间曾有过犯，或奏案在大理寺，未经奏断，即刑部无由得知。自今更乞问大理寺。"从之。9，页2350

【宋仁宗天圣二年（1024）二月】乙酉，工部侍郎、知徐州李应机坐前知兖州贪暴不法，降授将作监，分司南京。上问王钦若曰："应机贪墨如此，何以官至丞郎？"钦若对曰："应机素无廉称，然监司未尝按举，故得累资至此也。"上曰："外台耳目所寄，当职靡言，咎将谁执？"丙戌，诏转运使刘明恕、李允元、提点刑狱尚霖、郭位特免勘，各赎铜二十斤。13，页2351—2352

【宋仁宗天圣二年（1024）三月】刑部奏举新知侯官县韩中正为详覆官，上曰："中正尝失入人罪，比引对，不与改秩，奈何举充法吏？"壬辰，判刑部石宗道罚金八斤，详覆官梁如圭罚铜十斤。5，页2353

【宋仁宗天圣二年（1024）夏四月】禁惠民、京、索河施罾网。2，页2354

【宋仁宗天圣二年（1024）五月】御崇政殿录系囚，杂犯死罪以下递降一等，杖罪释之。5，页2356

【宋仁宗天圣二年（1024）六月】戊寅，监察御史李纮言："近年臣僚举奏幕职、州县官，例及五人以上及所举之人四考以上者，并得磨勘引见。其间有在任止一两人奏举，替后迁延，告属外任官论荐，或请托初得外处差遣臣僚发章奏举。欲望自今转运、制置发运、提点刑狱劝农使副使，知州军，通判，钤辖、都监崇班以上，并令奏举本部内幕职、州县官。在京大两省以上，并许举官。其常参官及馆阁曾任知州、通判升朝官，许依条奏举；余升朝官未经知州军、通判已上差遣者，不在举官之限。所举官须见在任者，举主但有转运、制置发运、提点刑狱劝农使副使两人，便与依例施行；若一名举到，别无本处知州军、通判，即更候常参官二人保举，并乞与磨勘。仍自今有犯罪至徒者，唯赃私逾滥、挟情故违不得奏举外，余因公致私，事理不重，亦许奏举。"从之。13，页2359

【宋仁宗天圣二年（1024）八月】诏举官已施用而犯法，听举者以状闻，闻而不以实者坐之。本志乃云不以实者亦免坐。今止从《实录》及《本纪》。2，页2364

【宋仁宗天圣二年（1024）八月】丁巳，废无为军煎矾，听民自煎，官收市之。3，页2364

【宋仁宗天圣二年（1024）八月】吏部流内铨引对选人，凡有私罪者皆未得改官。上问辅臣曰："私罪有几？"王钦若对曰："私罪固多，然其间轻重不侔，若趁衙谢弗及，或坠笏失仪，事虽至轻，以不缘公事，皆为私罪。"上曰："有司当察情，不可以小累终废。"甲戌，诏自今此等勿碍改官。7，页2365

【宋仁宗天圣二年（1024）冬十月】天庆五节，旧制，前后各五日不奏大辟案。诏自今止禁前后各一日，余案惟正节日禁之。3，页2368

【宋仁宗天圣二年（1024）冬十月】流内铨磨勘到选人王揆等八人历任功过，引见，上曰："内有逐任出入人罪者，自今勿差充刑狱官。"9，页2369

【宋仁宗天圣二年（1024）】十二月戊午，兵部员外郎、直史馆、知蕲州李夷庚分司西京。旧制，蕲州盐曲钱折纳木炭，以供铸钱，夷庚擅令纳绢，而民贫不能以给。转运使奏至，上因问其素所为，王钦若对曰："夷庚前守数郡，多不法，在蕲益甚。"故责之。1，页2369

【宋仁宗天圣二年（1024）十二月】丙寅，权判都省马亮言："天下僧以数十万计，间或为盗，民颇苦之。请除岁合度人外，非时更不度人，仍自今毋得收曾犯真刑及文身者系帐。"诏可。3，页2370

【宋仁宗天圣二年（1024）十二月】庚午，令开封府每岁正旦、冬至禁刑三日，端午一日，其施之。4，页2370

248 《续资治通鉴长编》所见法律史料辑录

续资治通鉴长编卷一百三　宋仁宗天圣三年（乙丑，1025）

【宋仁宗天圣三年（1025）二月】太常博士临河陈炎知夏津县，河北转运使卢士伦，曹利用女婿也，怙势，听狱不以直，讼者以付炎评决，炎直之。御史知杂事韩亿闻其事，奏为监察御史。炎与朱谏并命，谏事不详，今但记炎，他仿之。2，页2376

【宋仁宗天圣三年（1025）二月】己巳，诏真宗忌，禁乐、断屠宰，不视事，前后各三日。11，页2378

【宋仁宗天圣三年（1025）三月】戊寅，诏陕西灾伤州军，持杖劫人仓廪，非伤主者减死，刺配邻州牢城，非首谋者又减一等，仍令长吏密以诏书从事。自是，诸路灾伤，即降下有司赦，而民饥盗取谷食，多蒙矜减，赖以全活者甚众。2，页2378

【宋仁宗天圣三年（1025）】夏四月壬子，朔，降诏恤刑。先是，中书请以例降诏，上曰："比虽屡下约束，州县吏其能体朝廷钦恤之意乎？"王钦若曰："州县不能尽得人，然狱事至重，诸路使者职在按察，其稽违者自当劾奏。"上曰："如卿言，甚善，宜更以此意丁宁申戒之。"1，页2379

【宋仁宗天圣三年（1025）夏四月】甲寅，平羌县尉郑宗谔决杖配安州牢城。宗谔受枉法赃，抵罪，会赦，当追官勒停，上问辅臣曰："县尉月俸几何？岂禄薄不足以自养耶？"王钦若曰："俸虽不厚，然廉士固亦自守也。"故重惩之。2，页2379

【宋仁宗天圣三年（1025）五月】庚寅，御崇政殿录系囚。3，页2381

【宋仁宗天圣三年（1025）五月】己酉，诏："臣僚奏荐子弟，并须言服纪亲疏，即不得奏无服之亲。其冒奏者，虽遇赦降，不原。"初，谏议大夫赵湘以孙为子，奏授京官，已而自陈。殿中侍御史李纮言湘若不自陈，则朝廷莫究其弊，请条约之，而降是诏。赵湘以孙为子事，当考详。8，

页 2381

【宋仁宗天圣三年（1025）秋七月】初，植为新繁尉，王钦若安抚西川，尝荐举之。于是，植被疾惧废，乃附谞黄金二十两，令纳诸钦若，求外徙。谞未至，植又遣吏抵钦若第问讯，语颇喧，钦若知不可掩，即捕送开封府，既又请付御史台，选中使监劾。植初自言未尝纳金，反诬吏误以问谞语达钦若。侍御史知杂事韩亿穷治，乃得其实，然金尚在谞处也。斌以追植赴狱，辄受赇，不即行，故皆及于贬。有诏抚慰钦若，而亿并案钦若缪举之罪，诏释不问。2，页 2384

【宋仁宗天圣三年（1025）秋七月】审官院言得益州路提点刑狱张逸状，先授太常博士，改监察御史，通及三年。诏依例磨勘。12，页 2386

【宋仁宗天圣三年（1025）八月】东上阁门使、会州刺史王遵度领皇城司，遣卒刺事。有沈吉者，告贾人张化等为契丹间谍，即捕系本司狱，所连逮甚众。命殿中侍御史李纮覆讯，纮悉得其诬，抵沈吉罪。辛酉，降遵度为曹州都监。时有奸人伪为皇城司刺事卒，恐民以取赇者，权知开封府王臻募得其主名，黥窜三十余人，都下肃然。4，页 2387—2388

【宋仁宗天圣三年（1025）八月】乙亥，贬泾原路都钤辖、左骐骥使、惠州团练使、入内副都知周文质为右率府率，衡州安置，泾原路部署王谦、钤辖史崇信并免劾差替；知渭州马洵美罚铜三十斤，徙别州。先是，遣太常博士张仲宣、右侍禁阁门祗候丁保衡就陕州鞫文质等，狱具，有司断文质当徒二年半，公罪当减赎铜四十斤，特命窜责之。10，页 2387

【宋仁宗天圣三年（1025）九月】范雍等还自陕西，言："蕃部因罪罚羊者，旧皆输钱五百，比责使出羊，而蕃部苦之。自今请复令输钱，其罪轻者，约以汉法赎铜。"从之。3，页 2388

【宋仁宗天圣三年（1025）九月】辛巳，降知石州、洛苑使高继升为洛苑副使。先是，延州菱村族军主李都啰等诉菱村巡检李威明叶所为不法，继升非所统，辄受而行之。有司议法当追一官，勒停，上特宽之，仍令知石州如故。继升，文玘子也。4，页 2389

【宋仁宗天圣三年（1025）九月】诏自今但系提点刑狱勾当，不以官资，并许举官。13，页2390

【宋仁宗天圣三年（1025）十一月】辛巳，诏凡配隶罪人，自今并令长史以下集厅事录问，仍具案及所配地里远近以闻。其后以奏牍烦，罢录案，止令以单状上承进司，既而又罢集问焉。罢集问，乃四年五月事，今依本志附此。4，页2392

续资治通鉴长编卷一百四　宋仁宗天圣四年（丙寅，1026）

【宋仁宗天圣四年（1026）春正月】知益州薛田言两川犯罪人配隶他州，虽老疾得释者，悉留不遣，自今请无放停。上曰："远民无知犯法，而终身不得还乡里，岂朕意乎！察其情有可矜者，听遣还。"4，页2400

【宋仁宗天圣四年（1026）二月】甲寅，诏官吏犯赃至流，而按察官不举者，并劾之。3，页2401

【宋仁宗天圣四年（1026）三月】御史台自薛奎后，中丞缺久不补，侍御史知杂事韩亿独掌台务逾年。壬午，始命权知开封府王臻权御史中丞。臻建言："三司、开封府诸曹参军及赤县丞、尉率用贵游子弟，骄惰不习事。请易以孤寒登第、更仕宦书考无过者为之。"又言京百司吏人入官，请如长定格，归司三年。皆可其奏。依《长定格》，元年五月，李孝若已有此奏请，不知臻何故复言之，当考。4，页2403

【宋仁宗天圣四年（1026）三月】先是，入内押班江德明传宣下御史台鞫三司孔目官王举、勾覆官勾献等，天圣元年五月从三司改法，许商人河北、陕西缘边入中粮草，给以颗盐、白矾等，不指定慈州、晋州矾分数，致商人多请慈州矾，而浸以亏官。又天圣二年令具计置缘边粮草数，举等乃以逐路夏秋税赋并两川物帛所博粮草，通作三司计置防边所增；及未改茶法时不折计虚实钱，而妄称卖茶课增一百四万余贯，以觊恩赏。朝廷以为然，遂赐举等各银五十两、绢三十匹。至狱具，决配献沙门岛，而举已前坐事配宿州。7，页2404

【宋仁宗天圣四年（1026）夏四月】壬子，诏京西、河北、淮南诸路，谷价翔贵，而富家多蓄藏以邀厚利，宜令所在平其价，以济贫民。又诏外官代还，以公租、余俸市物者听之，即市物亏价及公为商贩者，论如法。3，页2405

【宋仁宗天圣四年（1026）夏四月】江州言太平兴国真君观有盗神像金冠者，请下文思院更制。上曰："观僻在山谷间，而以金为冠，是诲人为盗，使陷重辟，宜代以铜而金涂之。"王曾退言："虑民抵罪而易金以铜，可谓仁矣。"4，页2405

【宋仁宗天圣四年（1026）夏四月】戊午，以光禄卿、知汝州王曙为给事中、知潞州。上党民王氏诬伏杀继母，狱已具，僚吏皆以为无足疑者，曙独曰："此可疑也。"既而提点刑狱杜衍至，更讯之，果得真杀人者，曙因作《辨狱记》以戒狱官。8，页2405

【宋仁宗天圣四年（1026）夏四月】辛未，诏罪人当令众者，自五月尽七月免之。10，页2406

【宋仁宗天圣四年（1026）五月】判刑部燕肃上奏曰："唐大理卿胡演进月囚帐，太宗曰：'其间有可矜者，岂宜一以律断。'因诏，凡大辟罪，令尚书、九卿谳之。又诏，凡决死刑，京师五覆奏，诸州三覆奏。自是，全活甚众。贞观四年断死罪二十九，开元二十五年才五十八。今天下生齿未加于唐，而天圣三年断大辟二千四百三十六，视唐几至百倍。京师大辟虽一覆奏，而州郡之狱有疑及情可悯者，至上请，而法寺多所举驳，官吏率得不应奏之罪。故皆增饰事状，移情就法，大失朝廷钦恤之意。望准唐故事，天下死罪皆得一覆奏。议者必曰待报淹延。臣则以为汉律皆以季秋论囚，又唐自立春至秋分不决死罪，未闻淹延以害汉、唐之治也。"下其章中书，王曾以谓天下皆一覆奏，则必死之人，徒充满犴狴而久不得决，请狱疑若情可矜者听上请。壬午，诏曰："朕念生齿之繁，抵冒者众，法有高下，情有轻重，而有司巧避微文，一切致之重辟，岂称朕好生之志哉！其令天下死罪情理可矜及刑名疑虑者，具案以闻，有司毋得举驳。"王称《东都事略》，诏曰："国家勤恤黎庶，必期无讼，而生齿之繁，犯者颇众，朕其悯焉。"3，页2406—2407

【宋仁宗天圣四年（1026）五月】戊子，御崇政殿录系囚。5，页2407

【宋仁宗天圣四年（1026）五月】诏增西川、广南东西路诸州军进士解额有差。又诏命官锁厅应举，自今更不先试所业，下第者免责罚，仍听再举，其历任有赃私罪及停废、责降、冲替未经叙用人，即不许应举。旧制，锁厅应举者，先于所属选官考试所业，方听取解，至礼部程文纰缪者，勒停，其不及格者犹赎铜，永不得应举。至是，上欲开诱进士之路，下近臣参议，而降是诏。下第免责，景祐元年四月又有诏，盖此专指下第者，又被及不得解者。9，页2410

【宋仁宗天圣四年（1026）六月】丙戌，福建路提点刑狱司言，建州、南剑州、邵武军大水，坏官私庐舍七千九百余区，溺死者百五十余人。诏赐被溺家米二斛，贫不能收敛者，官为瘗埋之。6，页2410

【宋仁宗天圣四年（1026）六月】丁酉，德音："降天下囚罪一等，徒以下释之。畿内、京东西、淮南、河北民田被水者，蠲其租。流徙者，所在抚存之。"14，页2411

【宋仁宗天圣四年（1026）秋七月】诏两川弓手自今不得雇人代役，犯者许邻保纠告，重行科罚。时吕夷简自益州安抚回，言川中豪民多雇人以代役，多得惰农，每执兵仗，悉不堪用，故示约束。14，页2414

【宋仁宗天圣四年（1026）八月】辛巳，前权石州军事判官冯元吉循一资，仍赐五品服，以其尝辨冤狱，活二人死故也。4，页2415

【宋仁宗天圣四年（1026）九月】修古尝偕三院御史十二人晨朝，将至朝堂，遇黄门二人行马不避，呵者止之，反为所詈。修古奏："前代称御史台尊则天子尊。故事，三院同行与知杂事同。今黄门侮慢若此，请付所司劾治。"上立命笞二黄门。笞黄门附此，恐别有时月。9，页2422

【宋仁宗天圣四年（1026）九月】壬申，命翰林学士夏竦、蔡齐、知制诰程琳等重删定编敕。时有司言编敕自大中祥符七年至今复增及六千七百八十三条，请加删定。帝问辅臣曰："或谓先朝诏令不可轻改，信然乎？"王曾曰："此憸人惑上之言也。咸平中，删太宗诏令，十存一二。

盖去繁密之文以便于民，何为不可。今有司但详具本末，又须臣等审究利害，一一奏禀，然后施行也。"上然之。12，页2423

【宋仁宗天圣四年（1026）冬十月】寿州属县多盗，至白昼掠民市中，上闻之，谓辅臣曰："不即掩捕，此长吏之责也。"诏劾知州、司封员外郎孟穆，罢之。议所以代穆者。或言知楚州度支员外郎梅询有吏干，尝坐事废黜，今可用也。乃徙询知寿州，加兵部员外郎，仍赐御札，训以趋事涤过之意。13，页2425

【宋仁宗天圣四年（1026）冬十月】己亥，户部副使王博文言："陕西缘边蕃部捕送逃军，多因樵采或远探伏路，而被蕃人所执，亦有脱身得归，复为掠去者，有司皆准法处置，情实可矜。自今请决配远恶州军。"诏止配外州牢城，情轻者仍奏听裁。十二月甲戌，王随下教，与此略同，当考。博文事又见明道元年七月甲戌。15，页2425

【宋仁宗天圣四年（1026）】十一月甲辰，诏见行编敕及续降宣敕，其未便者听中外具利害以闻。1，页2425

【宋仁宗天圣四年（1026）十二月】甲戌，知秦州王随言："蕃部捕送逃军，多利厚赏，而枉致其罪。今既减定刑名，其赏物亦请罢给钱彩，止与腰带、袄子。"从之。先是，军士负罪逃入蕃部者，戎人奴畜之，小不如意，执以求赏，坐法多死。随下教能自归者当免死，听复隶军，由是全活者多。十月己亥，王博文奏请，与此差异，当考。4，页2426—2427

续资治通鉴长编卷一百五　宋仁宗天圣五年（丁卯，1027）

【宋仁宗天圣五年（1027）春正月】戊辰，翰林学士、兼侍读学士、龙图阁直学士夏竦为右谏议大夫、枢密副使。初，武臣赏罚无法，吏得高下为奸，竦为集前比著为定例，事皆按比而行。6，页2435

【宋仁宗天圣五年（1027）三月】王蒙正为荆南驻泊都监，挟太后姻横肆，知府李若谷绳以法，议事多异同。转运使王硕具奏，颇右蒙正。戊申，徙若谷知潭州。荆南士族元甲，恃荫屡犯法，若谷杖之，曰："吾代父兄训子弟尔。"洞庭有宿贼，数邀贾船，杀人投湖水。每捕获，以所杀尸漂没无可验，辄贷死，隶他州，既而逃归，复攻劫。若谷以术擒致，磔于市，自是湖中少寇。2，页2437—2438

【宋仁宗天圣五年（1027）夏四月】丙申，殿中丞、集贤校理刘立礼落职，同判崇州。立礼，冯拯女婿也，尝令其妻入禁中，求知开封县，故黜之。7，页2440

【宋仁宗天圣五年（1027）五月】辛亥，录系囚。5，页2440

【宋仁宗天圣五年（1027）六月】丙子，诏开封府诸县决系囚无或淹滞。以近州皆雨，而畿内独无雨故也。3，页2441

【宋仁宗天圣五年（1027）秋七月】壬寅，诏自今大礼前已降约束，而犯劫盗及官典受赃，并论如律，仍毋得禁奏听裁。先是，知亳州马亮言："按律，知有恩赦而故犯者，不得以赦原。朝廷每于赦前下约束，盖欲申警贪盗之人，令犯者禁奏听裁。及案下大理寺，而法官复不详律意，乃言终是会赦，因而多所宽贷，颇为惠奸。"故降是诏。2，页2442—2443

【宋仁宗天圣五年（1027）秋七月】丁未，禁停废命官使臣过河西市牛马。7，页2443

【宋仁宗天圣五年（1027）八月】禁民间结社祠岳渎神、私置刀盾旗幡之属。6，页2445

【宋仁宗天圣五年（1027）九月】太常礼院言："奉诏详定辅臣摄事宗庙而有私丧者。按唐贞元六年，御史监察以开元礼'凡有缌麻以上丧，不得飨庙'。因移文吏部，奏曰：'礼，诸侯绝周，大夫绝缌麻，所以杀旁亲，不敢废大宗之祭事。绝不祭者，谓同宫未葬，欲吉凶之不相黩也。魏、晋以降，变而从权，内衣缞服，谓之丧服，假满即吉，谓之公除，则事当复常。江左虞潭、商仲堪亦谓既葬公除，不可以废祭，故其时公除者则行公祭，盖大夫不敢以家事废王事也。'今私家之祭无废者，而公家之祭乃犹禁之，请申明旧令。'遂诏，凡有惨服，既葬公除及闻丧假满者，并许吉服赴宗庙之祭，其同宫未葬，虽公除者，毋得与祭。请如故事施

行。"从之。14，页2449

【宋仁宗天圣五年（1027）冬十月】汝旁诸县多盗，怿自请补耆长，得往来察奸。因召里中恶少年戒曰："盗不可为，吾不汝容也。"有顷，里父子死未敛，盗夜脱其衣去，父不敢告官，怿疑少年王姓者为之，夜入其家，得其衣，而王未之知也。明日见而问之曰："尔许我不为盗，今里中盗衣者非尔耶？"少年色动，即推仆地缚之，诘共盗者姓名，尽送县，皆伏辜。尝之郏城，遇尉出捕盗，招怿饮酒，与俱行，至贼所藏处，尉怯甚，阳为不知者，将去，怿曰："贼在此，何之乎？"乃下马格杀数人，因尽缚之。又闻襄城有盗十许人，独提剑以往，杀数人，尽缚其余。汝旁县为之无盗。京西转运使奏其事，特擢之。10，页2451—2542

【宋仁宗天圣五年（1027）冬十月】翰林侍讲学士孙奭言："见行丧服，外祖卑于舅姨，大功加于嫂叔，其礼颠倒。今录《开宝正礼·五服年月》一卷，请下两制、礼院详定。"学士承旨刘筠等言："奭所上五服制度，皆应礼，然其义简奥，世俗不能尽通，今解之以就平易。言两相为服，无所降杀，旧皆言报者，具载所为服之人。其言周者，本避唐讳，今复为期。又节取《假宁令》附《五服敕》后，以便有司。而丧服亲疏隆杀之纪，始有定制。"己丑，诏国子监摹印颁天下。19，页2453—2454

续资治通鉴长编卷一百六　宋仁宗天圣六年（戊辰，1028）

【宋仁宗天圣六年（1028）春正月】甲寅，司天秋官正杨可言荧惑行近天街，当犯而不犯，请付史馆，从之。然议者谓："五星凌犯，见于占测，非算数所知。今日官言当犯而不犯，非也。"6，页2462

【宋仁宗天圣六年（1028）春正月】诏："天下应在官物，令诸路转运使选所部同判或幕职官期三年内悉除之。百万以上岁中除十之八者升陟，不及百万而岁中悉除者录其劳，过期者劾罪以闻。"10，页2463

【宋仁宗天圣六年（1028）】二月辛未，以知扬州、祠部员外郎杜衍为刑部员外郎。先是，衍提点河东路刑狱，宁化军守将鞫人死罪不以实，衍复正之。守将不伏，诉于朝，诏为置狱，果不当死。于是有司言法当赏

衍，特迁之。1，页2463

【宋仁宗天圣六年（1028）二月】宰臣王曾等言："真宗忌，自大祥后，禁刑、不视事前后各三日，禁乐各五日。然岁月渐远，礼有可杀之文。"诏自今禁刑、不视事各两日，禁乐各三日。2，页2463

【宋仁宗天圣六年（1028）二月】降内园副使王世融为内殿承制、监虢州税。初，世融女嫁东头供奉官承诩，不相能。世融托妻病，奏诏承诩过其家，被酒，乃与二子殴之。法寺议世融上书诈不实，当追官勒停。上特宽其罪，亦勒承诩朝参。承诩，德钧子；世融，承衍子也。6，页2464—2465

【宋仁宗天圣六年（1028）二月】开封富民陈氏杀佣作者，而诬以自经死，事觉，辄逃匿不获。判官、侍御史李应言指其豪横结权要，请严捕之。壬辰，出应言知河阳，而事遂缓。应言寻徙寿州。庆历三年七月，李应言有附传，但无邑里。16，页2466

【宋仁宗天圣六年（1028）二月】诏乾元、长宁节禁决大辟前后各二日，余罪惟正节日权停。19，页2467

【宋仁宗天圣六年（1028）二月】甲午，雄州言："民妻张氏户绝，田产于法当给三分之一与其出嫁女，其二分虽有同居外甥，然其估为缗钱万余，当奏听裁。"上曰："此皆编户朝夕自营者，毋利其没入，悉令均给之。"宰相王曾、参知政事吕夷简、鲁宗道咸赞曰："非至仁，何以得此也！"20，页2467

【宋仁宗天圣六年（1028）三月】丁巳，诏诸河押运殿侍犯杖罪，令转运、发运司依三军大将例勘决施行。11，页2468

【宋仁宗天圣六年（1028）夏四月】庚寅，德音，以星变，斋居不视事五日，降畿内囚死罪，流以下释之，罢诸土木功，赈河北流民过京师者。16，页2472

【宋仁宗天圣六年（1028）】五月丙午，盩厔县尉孙周翰杖脊刺配广

南牢城，坐因市物决人至死也。1，页2472

【宋仁宗天圣六年（1028）秋七月】沿上言："本朝制兵刑，未几于古。自北人通好三十年，二边常屯重兵，坐耗国用，而未知所以处之。请教河北强壮，以代就粮禁卒之缺，罢招厢军，以其冗者隶作屯田，行之数年，渐成销减，而强壮悉为精兵矣。古者'刑平国，用中典'，而比者以敕处罪，多重于律。律以绢直代之，律坐髡钳而役者，敕黥窜以为卒。比诸州上言，谪卒太多，衣食不足，愿勿复谪者七十余州。以律言之，皆不至是，是以繁文罔之而置于理也。诚愿削深文而用正律，以钱定罪者悉从绢估，黥窜为卒者止从髡钳，此所谓胜残去杀，无待百年者也。"此疏附见，不必在初除漕时，当考。3，页2476

【宋仁宗天圣六年（1028）秋七月】开封府言："有民冯怀信，尝放火，其妻力劝止之。他日，又令盗摘邻家果，不从，而胁以刃，妻惧，告夫。准《律》，告夫死罪当流，而怀信乃同日全免。"上曰："此岂人情耶？"乃诏怀信杖脊刺配广南牢城，其妻特释之。13，页2477—2478

【宋仁宗天圣六年（1028）冬十月】癸未，贬知郓州、考功郎中杜尧臣为济州团练使。尧臣性残酷，其下被棰朴死者甚众，市物郡内亏价，假富民车、牛犇、瓦木以营私第，故贬之。7，页2483

【宋仁宗天圣六年（1028）十一月】庚子，诏陕西部署司缘边蕃部使臣、首领等因罪罚羊，并令躬自送纳，毋得却于族下科敛入官，犯者重断之。2，页2484

【宋仁宗天圣六年（1028）十一月】壬寅，三司言巡捉私矾，其赏罚请如私茶盐法，从之。3，页2484

【宋仁宗天圣六年（1028）十一月】甲辰，诏审官院，荫补京朝官监当及八年而无私罪者，不以课利增亏与亲民。7，页2485

【宋仁宗天圣六年（1028）十一月】癸丑，太常博士、集贤校理聂冠卿言："天下奏状，虽杖笞并申覆，而徒流非系狱者，乃不以闻。非所以矜恤刑罚之意。请自今罢覆杖笞罪，自徒以上虽不系狱亦附奏。"从之。

9，页2485

【宋仁宗天圣六年（1028）十二月】己巳，诏审刑院，自今举常参官曾历在京刑法司者为详议官；大理详断官、刑部详覆官、法直官，举幕职、州县官看法令者为之。5，页2486

【宋仁宗天圣六年（1028）十二月】是月，诏："所差诸路走马使臣，多不得人。宜令三班院自今选曾有臣僚同罪奏举，及曾经兵马监押或巡检、寨主、知县不曾犯赃私罪者充。"14，页2487

续资治通鉴长编卷一百七　宋仁宗天圣七年(己巳，1029)

【宋仁宗天圣七年（1029）春正月】丙辰，贬利用为左千牛卫上将军，知随州，仍令供奉官陈崇吉、御史台驱使官赵崇谅乘驿伴送。法寺议汭当斩，王旻等亦抵死，汭之母妻皆缘坐徒三年。诏杖杀汭，妻论如法，决其母杖十五；王旻杖脊配沙门岛，遇赦不还；王元亨以丧明编管旁州；余悉配广南、荆湖牢城。知赵州及同判并谪监当，本路转运使、提点刑狱特释之。给赵德崇田五顷、钱二百千。4，页2492

【宋仁宗天圣七年（1029）春正月】诏罪人配隶他州而妻子不愿从者，听之。6，页2494

【宋仁宗天圣七年（1029）二月】乙丑，诏诸路当职官吏，或以职田俸粟及草滥估中官易致败腐，自今犯者以违制论，所入并没官，募告者赏之。4，页2495

【宋仁宗天圣七年（1029）二月】初，曹利用领景灵宫使，令枢密主事苏藏用、令使赵兼素、中书堂后官孟昱主宫中公使钱，而利用尝私贷钱未还。法寺定利用为首，当除名；藏用等为从，应徒二年半。诏藏用、兼素、昱并勒停，利用同时坐数罪，而贷官钱法尤重。癸酉，再贬利用为崇信节度副使，房州安置。仍命内侍杨怀敏护送之，别选官知房州及监押、巡检。

利用四子各夺两官，没所赐第，籍其家赀。利用弟左侍禁阁门祇候利涉前为赵州都监，强市邸店，役军士治第。利涉时在京师，亦诏劾于开封府，法当夺三官，勒停，诏特除名编管。既而赵州又言利涉尝盗官物，遂决杖二十。利用舅太子中舍致仕韩君素居棣州，颇恃势，放息钱侵民，又私酿酒其家，特除名，配沂州编管。殿直田务成为利用主家事，尝因事受赇，崇仪副使田承说又以书抵务成，妄言钱惟演有章营解利用。务成坐赃追两官，勒停，仍编管；承说亦赎铜七斤。

有司籍利用家赀，得水晶杯盘十副，贾人不能言其直，曰："此非人间所常有也。"有老贾人识之，曰："噫！此物官有旧价矣，又何估焉。"吏诘之，曰："此丁侍中故物也。侍中败官，籍其家赀，吾盖尝估之。"吏阅视旧牍，果如所言。11，页2496—2497

【宋仁宗天圣七年（1029）闰二月】癸丑，置理检使，以御史中丞为之。其登闻检院瓯函改为检匣，如指陈军国大事、时政得失，并投检匣，令画时进入，常事五日一进。其称冤滥枉屈而检院、鼓院不为进者，并许诣理检使审问以闻。时上封者言，自至道三年废理检院，而朝廷得失、天下冤枉浸不能自达。会上读唐史，见瓯函故事，与近臣言之，夏竦因请复置使领，上从其议。乙卯，始命御史中丞王曙兼理检使。淳化三年五月，置理检院，至道三年十一月乙酉废。12，页2501

【宋仁宗天圣七年（1029）闰二月】大理寺言比部员外郎夏侯彧等一十一人，并尝保荐曹利涉，而利涉所入差遣，每缘利用陈乞，难坐荐者之罪。上曰："所荐如此，其人亦可知矣，当薄惩之。"乃诏各罚铜三十斤。13，页2501

【宋仁宗天圣七年（1029）闰二月】诏中书门下，凡左右近臣有子弟族姻仕于诸道州府者，令转运使副及长吏等谨察其臧否，无得曲庇之。《会要》闰二月诏，《实录》无之。14，页2501

【宋仁宗天圣七年（1029）三月】癸亥，诏："如闻京城诸仓所纳军粮，多概量过数，以故纲吏积欠，或破产不能偿官。纲吏亦有与诸仓为弊，概量不足，乃减刻军食以补之。其令提点仓场官与点检斗面使臣躬亲阅视，自今界中有羡数，监官更不理为劳绩。"先是，诸仓所支多从减刻，计所收羡数，以图恩赏，故条约之。又诸仓纳粮纲概量不实，操舟者坐亡失所载，或杖脊徒重役。殿中侍御史陈琰始奏选官监视，谓之定斗

面，至今行之。定斗面，据《陈琰新传》附见。至今行之，盖指元丰间也。3，页2502

【宋仁宗天圣七年（1029）三月】三司使寇瑊绳下急，漕数不足，纲吏率论以自盗。勾当东排岸司符惟忠争曰："在法，欠不满四百石者不坐。若以自盗论，则计直八百即当坐徒矣。"瑊怒曰：敢抗三司使耶！"惟忠曰："职有当辨，非抗也。"瑊益怒，惟忠争愈力，如所争乃已。惟忠，彦卿曾孙也。此事附见。4，页2502

【宋仁宗天圣七年（1029）三月】乙丑，诏吏受赇，自今毋用荫。时三司吏毌士安坐受赇，法应徒，而用祖县令荫以赎论，特决杖勒停，而降是诏。5，页2502

【宋仁宗天圣七年（1029）三月】屯田郎中李璹言："渝州当二江之险，纲船至者，比为风涛所溺，其失官物三二分者，法当备偿；全纲失者反不坐。以故舟人不敢救，而船岁溺者不可胜数。请自今若失全纲，舟人皆杖一百，主吏递降一等；其官物判为三分，须偿一分。如救及分而无侵欺者，释其罪。"从之。9，页2503

【宋仁宗天圣七年（1029）三月】祠部员外郎、秘阁校理陈诂知祥符县，治严急，吏欲动朝廷使罪诂，乃空一县逃去，太后果怒。而诂妻，宰相吕夷简妹也，执政以嫌不敢辨。事下枢密院，副使陈尧佐独曰："罪诂则奸吏得计，后谁敢复绳吏者。"诂由是获免，徙知开封县。诂辞，乃命权判吏部南曹。12，页2503

【宋仁宗天圣七年（1029）三月】癸未，诏百官转对，极言时政缺失如旧仪，在外者实封以闻。既而上谓辅臣曰："所下诏，宜增朋党之戒。"景德三年四月，诏群臣转对，不知何时罢，今又复之。王称《东都事略》诏曰："国家设制策之科，将博询于鲠议，有能规朕躬之过失，陈宰相之缺遗，纠中外之奸回，斥左右之明比，述未明之机事，贡无隐之密谋，以至台省之官，阿私而罔上，郡国之吏，专恣以滥刑；或通受货财，潜行请托；或恃凭权势，敢事贪残；并许极言，朕当亲览。其令百官遇起居日转对，在外臣僚，亦许具实封以闻。"

群牧判官庞籍因转对，言："旧制，不以国马假臣下，重武备也。枢密院以带甲马二借内侍杨怀敏，群牧覆奏，乃赐一马。三日而复借之，数日而复罢。枢密掌机命，反复如此！平时百官奏事上前，不自批章，止得送中书、枢密院，盖防偏请，以启幸门。近岁传宣内降，浸多于旧，臣恐法度自是隳也。往者王世融以公主子殴府吏，法当赎金，特停任。近作坊料物库主吏，宫掖之亲，盗三物，辄自逃，三司捕未获，遽罢追究。今日圣断乃异于昔，臣窃惑焉。又祥符令检吏稍严，胥吏相率空县而去，令坐罢免。若是则姑息者获安，而清强者沮矣。"籍，成武人也。初，群牧判官缺，以内降求之者凡十数人，执政患之，相与谋曰："得孤寒中有声望、才节可服人者与之，则中旨可塞矣。"乃以籍姓名进，诏遂用籍。18，页2504—2505

【宋仁宗天圣七年（1029）三月】甲申，上封者言天下茶盐课亏，请更议其法。帝以问三司使寇瑊，瑊曰："议者未知其要尔。河北入中兵食，皆仰给于商旅，若官尽其利，则商旅不行，而边民困于馈运矣。法岂可数更？"帝然之，因谓辅臣曰："茶盐民所食，而强设法以禁之，致犯法者众。但缘经费尚广，未能弛之，又安可数更其法也。"
泰州盐课亏缗钱数十万，事连十一州，诏殿中丞张奎往按之。还，奏三司发钞稽缓，非诸州罪。因言："盐法所以足军费，非仁政所宜行。若不得已，令商人转贸流通，独关市收其征，则上下皆利，孰与设重禁壅阏之为民病。"有诏悉除所负。奎，临濮人，全义七世孙也。奎事不得其时，附茶盐课亏后，当考。19，页2505—2506

【宋仁宗天圣七年（1029）三月】丙戌，遣官祈晴。上因谓辅臣曰："昨令视四郊，而麦已损腐，民何望焉！此必政事未当天心也。古者大辟，外州三覆奏，京师五覆奏，盖重人命如此。其戒有司，审狱议罪，毋或枉滥。"又曰："赦不欲数，然舍是无以召和气。"22，页2506

【宋仁宗天圣七年（1029）】夏四月庚寅，赦天下，免河北被水民赋租。京师自三月朔雨不止，前赦一夕而霁。1，页2506

【宋仁宗天圣七年（1029）夏四月】辛卯，遣官谢晴。殿中侍御史张逸言："庚寅赦书，十恶与四杀连文，并为已杀人者不赦。然则十恶非杀人者，亦得赦矣，恐非诏意，请明示有司。"遂诏十恶罪，无轻重皆不赦。2，页2506

续资治通鉴长编卷一百八　宋仁宗天圣七年（己巳，1029）

【宋仁宗天圣七年（1029）五月】己巳，诏以《新令》及《附令》颁天下。始，命官删定编敕，议者以《唐令》① 有与本朝事异者，亦命官修定，成三十卷，有司又取《咸平仪制令》及制度约束之。在敕，其罪名轻者五百余条，悉附令后，号曰《附令敕》。3，页2512

【宋仁宗天圣七年（1029）五月】诏广南民自今祖父母、父母在而别籍者论如律，已分居者勿论。先是，同判桂州王告言："刘氏时，应祖父母、父母在，孙子既娶，即令析产，其后富者数至千金，而贫者或不能自给。及朝廷平岭南，乃知法不得以异居。争讼至今不息，请条约之。"故降是诏。4，页2513

【宋仁宗天圣七年（1029）五月】乙亥，知制诰李仲容、石中立并坐失保任，落史馆修撰，罚铜十斤。11，页2514

【宋仁宗天圣七年（1029）五月】辛巳，诏："诸知州军、同判、部署、钤辖、都监、监押、巡检、寨主，不俟诏而辄去官者，从监临擅离场务敕加二等；计日重者，从在官无故亡律。余官减敕条二等，即有规避及致废事，加一等。辄受牌印者，减罪人一等。"13，页2514

【宋仁宗天圣七年（1029）】秋七月戊午朔，命户部副使、刑部郎中钟离瑾为河北安抚使，作坊使范宗古副之。仍诏瑾等所至发官廪以赈贫乏，其被溺之家存三口者给钱二千，不及者一千，溺死而不能收敛者官为瘗埋，已检放税外听就近输官，权停州县配率。其经水仓库营壁，亟修完之，库下者徙高阜处。水坏官物，先为给遣。坊监亡失官马者，不加罪，第根究送所部。官吏贪暴者奏劾之。囚系狱者委长吏从轻决遣。其边防事机、民间疾苦，悉具经画以闻。1，页2518

【宋仁宗天圣七年（1029）秋七月】乙丑，翰林学士、兼侍读学士、

---

① 此条中"新令""附令""唐令"都是令的法律名称，应是《新令》《附令》《唐令》。

中书舍人、同修国史宋绶落学士。绶领玉清昭应宫判官，而宫灾，故责之。内侍为都监、承受者停降赎铜有差。道士杖脊者四人，决杖者五人。知宫李知损仍编管陈州，御史台鞫火起，得知损尝与其徒茹荤聚饮宫中故也。

初，太后怒守卫者不谨，悉下御史狱，欲诛之，中丞王曙上言："昔鲁桓、僖宫灾，孔子以为桓、僖亲尽当毁者也。辽东高庙及高园便殿灾，董仲舒以为高庙不当居辽东、殿不当居陵旁，故灾。魏崇华殿灾，高堂隆以台榭宫室为戒，宜罢之勿治，文帝不听，明年复灾。今所建宫，非应经义，灾变之来，若有警者，愿除其地，罢诸祷祠，以应天变。"而右司谏范讽亦言此实天灾，不当置狱穷治。监察御史张锡言，若反以罪人，恐重贻天怒。言者既众，上及太后皆感悟，遂薄守卫者罪。6，页2519

【宋仁宗天圣七年（1029）秋七月】禁淮南、两浙、荆湖诸县镇买扑酒户，因民有吉凶事，辄出引目，抑配沽酒，违者听民告，募人代之。7，页2520

【宋仁宗天圣七年（1029）八月】诏曰："先帝患吏廪不给，而廉洁者亡以劝，故并赐之公田。岁月浸深，侵牟滋长，狱讼数起，反以害人，重失先帝之意。其罢天下职田，官收其入，以所直均给之。仍委三司别为条约。"先是，上封者言职田有无不均，吏或不良，往往多取以残细民，请罢之。诏资政殿学士晏殊与三司、审官、三班院、吏部流内铨参议，皆以为然，乃降是诏。2，页2520

【宋仁宗天圣七年（1029）八月】自定折杖之制，长短广狭，皆有尺度，而轻重无准，官吏或得任情。至是，有司以为请，乃诏凡所用杖，重无过十五两，施印其上，责所部常验视之。8，页2521

【宋仁宗天圣七年（1029）八月】己亥，诏命官犯正入己赃者，自今毋使亲民。9，页2521

【宋仁宗天圣七年（1029）八月】壬子，诏："戎州夷人犯罪，委知州和断之。若汉人，即正其法。及三年不生事者，特迁一资。"14，页2522

【宋仁宗天圣七年（1029）九月】甲戌，司封员外郎赵廓言："前判大理寺，每集定急案，唯本案官系书，而他法官不与，恐不能尽心。请自今悉令签书，若议刑有失，则并坐之。"从之。7，页2523

【宋仁宗天圣七年（1029）九月】编敕既成，合《农田敕》为一书，视《祥符敕》损百有余条。其丽于法者，大辟之属十有七，流之属三十有四，徒之属百有六，杖之属二百五十有八，笞之属七十有六，又配隶之属六十有三，大辟而下奏听旨七十有一，凡此皆在律令外者也。于是，诏下诸路阅视，听言其未便者。寻又诏尽一年无改易，然后镂版颁行。9，页2523

【宋仁宗天圣七年（1029）冬十月】诏："知州军、文武升朝官岁举见任判官、主簿、尉，有罪非赃私、有出身三考、无出身四考堪县令者各一人，转运使副不限以数。举者及二人，移注近县令。任满无赃罪，公私罪情轻，用刑无枉滥，捉贼无追扰，本部上治状，升幕职。再知县又无过谴，或有罪而公私情轻、职业愈修者，替还，引对，特迁京官。仍逐任与免选、纳粟及流外入令，皆增考举数。"先是，流内铨引选人朝辞，有老耄者授县令，上谓宰臣曰："县令之职，有民有社，一邑刑政重轻，皆得自专，若非其人，为害不细，虽远方僻郡，尤当择人宣朝廷德意。此辈皆昏耄，使之临民，必有贪墨疲懦之弊。"会有上言乞奏举以充县令，乃降是诏。上云云，据张唐英《政要》，当考。6，页2525

【宋仁宗天圣七年（1029）冬十月】丁未，诏淮南、江、浙、荆湖制置发运使奏计京师，毋以土物馈要近官。先是，钟离瑾因奏计多载奇花怪石纳禁中，且赂权贵。殿中侍御史鞠咏、右司谏刘随皆劾瑾，咏请付御史台治，帝面谕瑾亟还所部，于是又条约之。7，页2525

【宋仁宗天圣七年（1029）冬十月】枢密院言御马直于荣鹭自制紫衫，而开封府以军号法物定罪，请下法官议。而审刑院言紫衫荣所自制，非官给，难以从军号法物定罪。乃诏自今诸军班典买官所给军号法物者，以违制论，自余以不应为从重科之。8，页2525

【宋仁宗天圣七年（1029）十一月】上封者言，今岁开封府举进士者至千九百余人，多妄冒户籍，请条约之。癸酉，诏："举人有开封府户籍七年以上不居他处者，听取解。虽无户籍，亦不曾占名他州者，先经所属投牒察访行实，召京朝官二人保之，违犯则保官以违制论。其外州寄应者，悉令还本贯，与理旧举场第。若行赂而妄冒乡贯三代者，以违制失论，不以荫赎。"6，页2527

【宋仁宗天圣七年（1029）十二月】先是，有越黄河者十数人系郓州狱，吏白罪当徒，道辅皆释之，因曰："异时河决南燕，至于郓，故有禁。今河水复故道，为干河，何禁也。"此据附传，正传削去。7，页2529

【宋仁宗天圣七年（1029）十二月】诏："自今中书转补录事以上职名，更不依名次，并择廉谨有行止、明晓公事者充填。仍召近上职名二人委保，如犯正枉法赃罪，并当连坐。"9，页2529

续资治通鉴长编卷一百九　宋仁宗天圣八年（庚午，1030）

【宋仁宗天圣八年（1030）春正月】壬申，诏尝举人为京官而止改幕职及循资后或犯罪，举主并减同罪一等。5，页2533

【宋仁宗天圣八年（1030）春正月】渭州有告戍卒叛入夏国者，玮方对客弈棋，遽曰："吾使之行也。"夏人闻之，即斩叛者，投其首境上。羌杀边民，入羊马赎其死，玮下令曰："羌自相犯，从其俗。犯边民者，论如律。"自是无敢犯。7，页2534

【宋仁宗天圣八年（1030）二月】乙巳，诏："文武官当磨勘而隐落公罪者，以违制失论，赃私罪以违制论。公罪徒以上情重者，仍听奏裁。"先是，右班殿直张从恩当磨勘而隐落公罪，杖，坐徒二年，追两官勒停。上以所坐太重，特免追官，而更著此条。5，页2536—2537

【宋仁宗天圣八年（1030）五月】辛酉，御崇政殿录系囚。6，页2539

【宋仁宗天圣八年（1030）六月】初，真宗以京师刑狱多滞冤，置纠察司，而御史台诏狱亦移报之。于是，御史言其非体，乃诏御史台狱自今勿复关纠察司。3，页2540

【宋仁宗天圣八年（1030）八月】戊子，诏流人道死，其妻子愿还乡里者，所在给食送之，其不当还者勿遣。3，页2542

【宋仁宗天圣八年（1030）八月】庚子，中书言："近制知县入通判，通判入知州，不以有无过犯，并三任，其有五人保举者减一任。然则三任而无过，乃与有过者无异，徒长奔竞之风。请自今更不用举主，皆两任而升改之；其有私罪及三犯公罪若徒以上，仍旧三任。"从之。6，页2542

【宋仁宗天圣八年（1030）九月】癸丑，复置诸路提点刑狱官，仍令所至毋得送迎，其吏人约旧数裁减之。不十日，又废不行。2，页2543

【宋仁宗天圣八年（1030）冬十月】丙申，诏曰："池盐之利，民食所资，申命近臣，详立宽制，特弛烦禁，以惠黎元。其罢三京、二十八州军榷法，听商贾入钱若金银京师榷货务，受盐两池。"此据本志。或云上书者王景也。景尝言："池盐之利，唐代以来，几半天下之赋。太宗时，法令严峻，民不敢私煮炼，官盐大售。真宗务缓刑罚，宽聚敛，私盐益多，官课日亏"。2，页2545—2546

【宋仁宗天圣八年（1030）】十一月乙卯，西上阁门副使、勾当翰林司郭承祐除名，配岳州衙前编管；父比部员外郎世隆特勒停。承祐，从义曾孙，娶舒王元偁女，坐盗御酒及用上方金器，法当死，特贷之。世隆亦尝受所盗物也。1，页2547

【宋仁宗天圣八年（1030）十一月】戊辰，合祀天地于圜丘，大赦。贺皇太后于会庆殿。戚里有殴妻致死更赦事发者，太后怒曰："夫妇齐体，奈何殴致死耶？"权知开封府寇瑊对曰："伤居限外，事在赦前，有司不敢乱天下法。"卒免死。5，页2548

续资治通鉴长编卷一百十　宋仁宗天圣九年（辛未，1031）

【宋仁宗天圣九年（1031）二月】大理寺言："自今举详断官，须有出身，入令录、幕职官人，曾历录事参军见任二年以上，有监司一人若常参官二人同罪保举者；其尝乞试律者，须及五考已上，乃听举之。凡试律义三道，疏二道，以三同为合格，二同亦留。别试中小案三道，每道约刑名三条，其断重罪一同若二粗，与除京官；其一粗或书札稍堪引用可取者，送寺试断案三二十道，保明以闻。法直官试律义外，以旧案三道，计刑名十分为率，以六分为合格，用法不及六分、约律不及二同者罢之。仍令审刑详议官二员、判大理寺或少卿同试于御史台。"从之。寻诏刑部举官准此。刑部举官，乃三月末事，今附见。2，页2553—2554

【宋仁宗天圣九年（1031）二月】壬辰，诏亡命军士妻子拘本营者，经赦，听从便。3，页2554

【宋仁宗天圣九年（1031）二月】癸巳，诏曰："职田所以惠廉吏，而贪者并缘为私，侵渔细民，滋益为害。比诏有司罢职田，如闻勤事之吏，禄薄不足以自赡，朕甚闵焉。其复给职田，即多占佃夫若无田而令出租者，以枉法论。"先是，下三司裒职田岁入之数，计直而均给之，未能即行。上因阅天下所上狱，多以贿败者，遂降是诏。4，页2554

【宋仁宗天圣九年（1031）二月】诏真宗忌前后各禁刑二日，宜如天庆节，杖以下情理轻者释之。5，页2554

【宋仁宗天圣九年（1031）二月】己亥，禁民间造朱红器。6，页2554

【宋仁宗天圣九年（1031）】夏四月戊寅，贬屯田员外郎、同判陇州孙济为雷州参军；军事判官李谨言、推官李廓、司理参军严九龄、陇安县尉董元亨并除名，配广州衙前。先是，陇安县民庞仁义诬马文千、高文密等五人为劫盗，元亨即逮系文千等，仁义且教其妻妾认所盗赃。既而文密掠死狱中，余遂诬服。文千父诉于州，济权领州事，而不为理。文千等既抵死，而秦州乃捕得真为盗者。济等会赦当原，上怒，特远贬之，司理院狱吏仍杖脊配沙门岛，县吏刺配广南牢城，文千等五家皆赐钱米，复其役三年。因下诏曰："陇州论平民五人为劫盗抵死，主者虽更赦，已悉致于理。自今亲民掌狱官，其务审狱情，苟或枉滥，必罚无赦。"1，页2556

【宋仁宗天圣九年（1031）五月】祖宗时重盗剥桑柘之禁，枯者以尺计，积四十二尺为一功，三功已上抵死。殿中丞于大成请得以减死论，下

法官议，谓宜如旧，帝特欲宽之。五月丁未，朔，诏至死者奏裁。1，页2557—2558

【宋仁宗天圣九年（1031）五月】壬子，诏："如闻荆湖杀人以祭鬼，自今首谋若加功者，凌迟斩之。募告者，悉畀以罪人家赀。官吏捕获者，其赏与获全伙劫盗同。"2，页2558

【宋仁宗天圣九年（1031）五月】知府州折惟忠言，本州俗杂蕃汉，旧以牙校掌刑狱，近诏以本州司法王定为司理参军，不能谙晓蕃情，请且如旧制，从之。5，页2558

【宋仁宗天圣九年（1031）六月】每其主立，聚所剽人户马牛金帛及其下所献生口或犯罪没入者，别为行宫领之。建州县，置官属。既死，则设大穹庐，铸金为像。朔望节辰忌日，辄致祭。筑台高逾丈，以盆焚食，谓之烧饭。2，页2561

【宋仁宗天圣九年（1031）六月】禁建、信二州用新钱。初，上封者言二州接壤，而置场市铜，复行新钱，民间缘此盗铸者多，故禁之。5，页2562

【宋仁宗天圣九年（1031）八月】壬午，诏单州民刘玉特贷死，决杖，济州编管。初，玉父为民王德殴死，而德更赦免，玉卒杀德以报父仇，法当论死，特贷之。3，页2565

【宋仁宗天圣九年（1031）八月】辛丑，诏秦州自今蕃户犯罪已断而不悛者，即掩杀之，勿复奏禀。10，页2566

【宋仁宗天圣九年（1031）九月】己巳，枢密直学士、右谏议大夫程琳为给事中、权知开封府。寇瑊卒，命琳代之。王蒙正子齐雄捶老卒死，妻与子以病告，乞毋验尸，琳察其辞色异，令有司验劾，得捶死状。蒙正连姻太后家，太后因琳对，曰："齐雄非杀人者，乃其奴尝捶之耳。"琳曰："奴无自专理，且使令与己犯同。"太后默然，遂论如法。外戚吴氏离其夫李咸熙而挈其女侄归，咸熙诉府，琳命还女，吴氏曰："已纳宫中矣。"琳即请于帝，且曰："臣不言，恐诤臣有以议陛下者。"帝亟命出

之。二事附见。3，页2566

续资治通鉴长编卷一百十一　宋仁宗明道元年（壬申，1032）

【宋仁宗明道元年（1032）春正月】己丑，降前益州路转运使、兵部员外郎高觌同判杭州。觌在益州时，有宦者挟富人请置场采金于彭州广碛、丽水二峡，觌以聚众山谷间，又逼蛮部，非远方所宜，且得不偿失，奏罢之。王蒙正恃太后亲，多占田嘉州，诏勿收赋，觌又极论其不可。既而知嘉州张约受赇，法当死，特杖脊配连州，觌坐失察举，故贬官。天圣八年二月庚辰，可参考。4，页2575

【宋仁宗明道元年（1032）春正月】癸巳，诏按举官奏劾所部官吏而反为所讼者，自今毋得受理。5，页2576

【宋仁宗明道元年（1032）二月】诏选人求试律断案者，须历任三考以上。12，页2578

【宋仁宗明道元年（1032）三月】上封者言在京百司岁补正名者三十余人，又选满出官者无定数，望自今罢逐年试补及出官，惟遇南郊许试补五十人，其出官之数亦如之。诏可。寻复诏每岁试补以二十人为额，仍毋得陈乞优试。旧制，百司人问律文并疏义，既所对合格，复令口诵之，盖防怀挟传授之弊。其自叙劳绩，或臣僚为之陈乞，特免口诵，谓之优试者率中选。故条约之。后诏乃四月己酉，今联书之。12，页2579

【宋仁宗明道元年（1032）三月】戊戌，诏曰："江、淮之间，仍岁旱暵，民之失职，朕甚闵焉。比遣使安抚，其与长吏虑系囚，流以下降一等，杖笞释之。"14，页2580

【宋仁宗明道元年（1032）五月】庚辰，诏："大理寺所断，旧皆纳中书刑房，而岁久残蠹。自今令月用堂印封送刑部别库藏之，仍令旧详覆官一员季一检举。"2，页2581

【宋仁宗明道元年（1032）五月】开封府言编敕禁军粮钱三百犯阶级者斩，刑名太重。壬辰，诏增至五百。6，页2582

【宋仁宗明道元年（1032）七月】录故延州肤施县令张归正子思齐为郊社斋郎，以归正顷陷契丹及为县尝辨冤狱未及赏而卒，特录之。2，页2583

【宋仁宗明道元年（1032）七月】益利路钤辖司言，自今两川配隶军籍之人，其元犯凶恶者，不得还乡里，从之。5，页2583

【宋仁宗明道元年（1032）七月】甲戌，以龙图阁直学士、知永兴军王博文为枢密直学士，知秦州。前二岁，博文知秦州，走马承受贾德昌入朝毁博文，诏徙凤翔府，又徙永兴军。于是，德昌坐赃败，乃命加职，复知秦州。初，缘边军民之逃者为熟户畜牧，又或以遗远蕃易羊马，故常没者数百人。其擒生蕃部则以锦袍、银带、茶绢赏之。间虽有自归，而中道为蕃所得，亦不能辨，坐法皆斩。博文乃遣习知蕃事者，密持信纸往招，至则悉贷其罪，由是岁减殊死甚众。朝廷下其法旁路。又言河西回鹘多缘互市家秦、陇间，请悉遣出境，戒守臣使稽察之。天圣四年十月己亥，已载蕃部执送逃军事，但不详耳。6，页2584

【宋仁宗明道元年（1032）七月】乙亥，上封者言："外任官有贪污不公，而监司不即按劾，乃奏见体量者。其后事败，因免从坐之责，而贪污者或得善代以去。请自今但曾经监司体量，替日，并降差遣。"从之。9，页2584

【宋仁宗明道元年（1032）八月】丁卯，大赦。诏营造殿宇，宜约祖宗旧制，更从减省。时宦者置狱治火事，得缝人火斗，已诬伏，下开封府使具狱。权知府事程琳辨其不然，乃命工图火所经处，且言："后宫人多，所居隘，其锅灶近板壁，岁久燥而焚，此殆天灾，不可以罪人。"监察御史蒋堂亦言："火起无迹，安知非天意。陛下宜修德应变，今乃欲归咎宫人，且宫人付狱，何求不可，而遂赐之死，是重天谴也。"帝为宽其狱，卒无坐死者。20，页2588

【宋仁宗明道元年（1032）八月】是月，殿中丞滕宗谅、秘书丞刘越准诏上封事。宗谅言："夫攻玉必以石，濯锦必以鱼。物有至贱能成至贵者，人亦有之。故颖考叔舍肉以启庄公之孝，少孺子挟弹而罢吴王之兵。臣之区区，窃慕于此。伏见掖庭遗烬，延炽宫闱，虽缘人事，实系天时。诏书亟下，引咎涤瑕，中外莫不感动。然而诏狱未释，鞫讯尚严，恐违上天垂戒之意，深累两宫好生之德，且妇人柔弱，棰楚之下，何求不可！万一怀冤，足累和气。祥符中，宫掖火，先皇帝尽索其类，属之有司，明置以法，欲申戒于后人。若患可防而刑可止，岂复有今日之虞哉？况变警之来，近在禁掖，诚愿修政以御之，思患以防之。凡逮系者，特从原免。庶几咎灾可消，而福祥来格也。"又言："国家以火德王天下，火失其性，由政失其本。"因请太后还政。而越请太后还政，言尤鲠直，皆不报。宗谅，河南人；越，大名人也。21，页2588

【宋仁宗明道元年（1032）十一月】兵部员外郎、知信州梁颀坐受赇及盗官碌矾，法当死，以更赦，特除名。本路转运使萧贯失察举，降知饶州。

有抚州司法参军孙齐者，初以明法得官，留其妻杜氏里中，而绐娶周氏入蜀，后周欲诉于官，齐断发誓出杜氏。久之，又纳倡陈氏，挈周所生子之抚州。未逾月，周氏至，齐捽置庑下，出伪券曰："若佣婢也，敢尔邪！"乃杀其所生子。周诉于州及转运使，皆不受。人或告之曰："得如饶州萧使君者诉之，事当白矣。"周氏以衣书姓名，乞食道上，驰告贯。抚非所部，而贯特为治之。更赦，犹编管齐濠州。7，页2592—2593

【宋仁宗明道元年（1032）十一月】诏："舒州吴塘堰，自今令本县令佐一员岁检功料，以上户为陂头，部众修筑之。仍禁民近塘置水碓硙及于陂腹种莳。其盗决者，论如律。"初，淮南安抚使王鬷，言舒州民多近塘置碓硙，以夺水利。事下淮南转运司，而转运使舒式言吴塘聚竹落石为堰，其长百丈，折水而南，历五门北至竹子陂，凡十七堰，溉田千顷，非官为修治，则浸以隳废。故条约之。9，页2593

【宋仁宗明道元年（1032）十二月】职方员外郎陆参为崇文院检讨。参少好学，淳谨，独与母居。邻家失火，母急呼，参不应，蹴之堕床下，良久，束带执烛而至，曰："大人向者呼参，参未束带，故不敢应。"及长，举进士及第。尝为县令，有劫盗被缚甚急，参愍之，呼谓曰："汝迫于饥寒为是耳，非性不善也。"命缓其缚。一夕逸去，吏亟以白，参命捕之，叹曰："我以仁恻缓汝，汝乃忍负参如此。脱复捕得，胡颜见参！"又有讼田者，判其状尾而授之曰："汝不见虞、芮之事乎？"讼者赍以示所司，皆不能解，复以见参，又判其后曰："嗟乎，一县之人，曾无深于诗者！"人皆传以为笑。蔡齐以为有淳古风，荐之朝，授以馆职。参未详邑里，其本末据司马光《记闻》及江休复《杂志》9，页2596—2597

【宋仁宗明道元年（1032）十二月】丙辰，以给事中李若谷知寿州。安丰芍陂皆美田，多豪右分占，盛夏雨溢坏田，辄盗决。若谷擿冒占者逐之，每决，辄调濒陂诸豪使塞堤，其后盗决乃止。10，页2597

【宋仁宗明道元年（1032）十二月】戊午，诏获劫盗而情涉巨害者，毋得擅行陵迟，须奏听裁。初，庐、寿、光等州都巡检使梁绍熙，言获累行劫盗者六人，陵迟处死，故条约之。11，页2597

【宋仁宗明道元年（1032）十二月】己未，上封者言："比诏淮南民饥，有以男女雇人者，官为赎还之。今民间不敢雇佣人，而贫者或无以自存，望听其便。"从之。12，页2597

续资治通鉴长编卷一百十二　宋仁宗明道二年（癸酉，1033）

【宋仁宗明道二年（1033）三月】庚寅，以皇太后不豫，大赦，除常赦所不原者。募天下善医，驰传赴京师。僧道童行系帐京畿三年、西京南京五年、诸道七年，并与剃度披带。乾兴以来贬死者复其官，谪者皆内徙，丁谓特许致仕。《宋朝要录》云：寇准、曹利用、周怀政、曹允恭、周文质并追复旧官，丁谓特许致仕，徙居近地州军。8，页2609

【宋仁宗明道二年（1033）五月】阁门言命妇奏状，乞于登闻鼓院投下，乞令本官勾当使臣看详，无违条贯，具印状缴进于阁门呈进，从之。景祐四年十月十六日张逸奏，可考。12，页2618

【宋仁宗明道二年（1033）五月】戊寅，御崇政殿录系囚。13，页2618

【宋仁宗明道二年（1033）五月】己丑，诏曰："敕令者，治世之经，而数动摇，则众听滋惑，何以训迪天下？天圣所修敕令，既已颁宣，自今有司毋得辄请删改。有未便者，中书、枢密院具奏听裁。"19，页2618

【宋仁宗明道二年（1033）六月】戊戌，诏罪人令众者，自五月尽七月，十一月尽正月，特免之。3，页2619

【宋仁宗明道二年（1033）六月】先是，配隶罪人皆奏待报。既而系狱淹久，奏请烦数，壬寅，诏有司参酌轻重，著为令。5，页2619

【宋仁宗明道二年（1033）秋七月】辛巳，供备库副使杨安节、东染院使张怀德并除名，配隶广南。技术人张永信杖脊配沙门岛，娄文恭配儋州。又降内侍高品陈思忠为西京高品，上清宫道士韩文成配广南。初，庄献临朝，永信、文恭挟妖妄，因安节、怀德伪为祷祠，以规取金帛。文成亦因刘美家婢及思忠请托禁中。至是，有司发其奸状，故皆坐之。9，页2622

续资治通鉴长编卷一百十三　宋仁宗明道二年（癸酉，1033）

【宋仁宗明道二年（1033）八月】始庄献不豫，赦常所不原者，而有司屡以惠奸为言。戊戌，诏杀人者虽会庚寅赦，并刺配千里外牢城。4，页2632

【宋仁宗明道二年（1033）八月】癸卯，诏凡除转运使及藩镇、边郡守臣，自今并许上殿奏事。此时未复提刑，诏乃有之，恐后人所增，今削去"提刑"字。10，页2632

【宋仁宗明道二年（1033）八月】戊申，殿中侍御史张奎言京师斗讼尤繁，请置内外左右厢受事判官各一员。乃诏近臣举官，而士人多耻为之，寻复罢。14，页2633

【宋仁宗明道二年（1033）九月】甲申，再贬濠州防御使冯季良为左屯卫将军，滁州安置，御史中丞范讽言季良侥幸得官，当行追夺故也。开封府又劾奏季良冒立券，庇占富民刘守谦免户役，诏许季良自陈，以地给还之。10，页2636

【宋仁宗明道二年（1033）冬十月】命翰林学士承旨盛度等详定裁减天下岁所度僧道人数。初，晏殊出知亳州，言僧圆定者尝奉诏西天取大集论，还，赐紫衣，乃与其徒为劫盗里中；且比岁普度僧道，皆游惰之人，宜别为条约。故委官裁减之。13，页2638

【宋仁宗明道二年（1033）冬十月】癸丑，德音降东、西京囚罪一等，徒以下释之；缘山陵园陵应奉民户，免租赋科役有差。20，页2639

【宋仁宗明道二年（1033）十一月】庚辰，诏诸州都同巡检，如所部劫盗三火以上不获者，并降监当。18，页2645

【宋仁宗明道二年（1033）十一月】辛卯，都官员外郎、判刑部李逊言："刑部旧分四案，大辟居其一，月覆大辟不下二百数，而详覆官才一人。请令四案分覆大辟，有能驳正死罪五人以上，岁满与改京官。又请令法直官与详覆官分详天下句奏，及二年，亦与改京官。"并从之。21，页2645

【宋仁宗明道二年（1033）十二月】始，天圣六年，罢诸路提点刑狱官。八年复置，又权停。于是，上谓辅臣曰："诸路刑狱既罢提点官，转运司不能一一躬往谳问，恐浸至冤滥。宜选贤明廉干不生事者委任之，则民受其赐矣。"乃复置诸路提点刑狱官，仍参用武臣。此据《政要》。枢密直学士王鬷尝建此议，上采用之。此据《王鬷传》。6，页2646

【宋仁宗明道二年（1033）十二月】丁未，出侍御史张沔知信州、殿中侍御史韩渎知岳州。先是，宰相李迪除二人为台官，言者谓台官必由中旨，乃祖宗法也。既数月，吕夷简复入，因议其事于上前，上曰："祖宗法不可坏也。宰相自用台官，则宰相过失无敢言者矣。"迪等皆惶恐。遂出沔、渎，仍诏自今台官有缺，非中丞、知杂保荐者，毋得除授。沔，浦城人也。此段参取江氏《杂志》及张氏《政要》。然《政要》谓除二人为司谏、正言，则误也。11，页2647

续资治通鉴长编卷一百十四　宋仁宗景祐元年（甲戌，1034）

【宋仁宗景祐元年（1034）春正月】甲戌，诏曰："天下承平久矣，四夷和附，兵革不试。而边未撤警，屯戍尚繁，吾民氓从军籍者多，而服农功者寡，富庶弗臻，其殆以此。执政大臣其议更制，兵农可以利天下为后世法者，条列以闻。"8，页2660

【宋仁宗景祐元年（1034）二月】己亥，诏："诸司副使，自今特迁正使，于本额下五资迁之，为定例。明道二年九月甲子，更参详。磨勘转授，即依旧条。"14，页2668

【宋仁宗景祐元年（1034）二月】先是，召知凤翔府、兵部员外郎司马池知谏院，池上表恳辞。上谓宰相曰："人皆嗜进，池独嗜退，亦难能也。"加直史馆，复知凤翔。尝有疑狱上谳，大理辄复下，椽属惶恐引咎。池曰："长吏者，政事所由，非诸君过。"乃独承其罪，有诏勿劾。16，页2668

【宋仁宗景祐元年（1034）二月】甲寅，诏河东路募人入粟。因下诸州，自今入粟授官人听预州郡公会，其摄助教，若犯私罪情杖轻者听赎，三犯者奏裁。25，页2669

【宋仁宗景祐元年（1034）】三月辛酉朔，追复内殿承制郑志诚为入内押班，仍赠和州防御使。志诚，天禧中尝坐与朱能通书，搜其家，得请太子亲政表，削官流房州而卒，特恤之。1，页2670

【宋仁宗景祐元年（1034）三月】济人黎德润者，性刚介廉直尝知卫真县，州吏受赇，德润告之，坐决勒者十余人，吏因共诬德润以罪，收系狱，自缢死。彭城颜太初赋诗发其冤，范仲淹前使江、淮，请加追恤，于是诏赐德润家钱三万。太初，颜子四十七世孙也。3，页2670—2671

【宋仁宗景祐元年（1034）三月】癸酉，诏审官院，京朝官知县入通判、通判入知州尝坐罪至徒者，自今须大两省以上二人或带职朝臣三人保

举，始听关升；其尝被体量罢懦及昏昧者，毋得举。5，页2671

【宋仁宗景祐元年（1034）夏四月】壬辰，诏锁厅举人所试不合格者，除其罪。始，天禧二年，宰相王钦若请锁厅举人试不合格者并坐私罪，至是始除之。天圣四年闰五月，辛未，已有诏锁厅应举者下第，免责罚，今复有是诏，当是前诏止为下第，今诏并指取解故也。3，页2672

【宋仁宗景祐元年（1034）五月】丁卯，禁民间织锦背、绣背及徧地密花透背，西川岁织上供者亦罢。6，页2676

【宋仁宗景祐元年（1034）五月】又诏：如闻戚里之家，多与朝士相接，或漏禁中语，其令有司察举之。9，页2676

【宋仁宗景祐元年（1034）五月】壬午，御崇政殿，录系囚。17，页2677

【宋仁宗景祐元年（1034）五月】乙酉，诏："举人被囚，而狱吏苛酷非疾致死者，提点刑狱官按察之。募告者赏钱十万，公人迁一资；同犯而能自告者，除其罪，给赏如之。"寻又诏州县官非理科决罪人致死，虽系公罪者，本处未得批罚，奏听裁。诏乃六月乙卯，今并书之。19，页2677

【宋仁宗景祐元年（1034）六月】左屯卫将军马季良安置滁州，遣人击登闻鼓，得致仕。侍御史知杂事杨偕，言致仕所以优贤，季良既贬斥，不当得。有诏劾鼓司，御史中丞韩亿以为事之行不行在执政，有司何罪，乃纳敕中书。上以亿当具奏取旨，不当擅纳敕书，特释之，仍劾鼓司官吏。法寺言官吏当赎金，亦释之。据《会要》，乃六月十七日乙巳事。13，页2679

【宋仁宗景祐元年（1034）六月】己酉，策试贤良方正能直言极谏太常博士苏绅、才识兼茂明于体用太理寺丞吴育、茂才异等张方平及武举人于崇政殿。育所对策不及三千字，特擢之，以育为著作佐郎、直集贤院，通判湖州。绅为祠部员外郎，通判洪州。方平为校书郎，知昆山县。方平，宋城人；绅，晋江人；育，建安人也。自秦悼王葬汝，其后子孙从葬，皆宦官典护。又岁时上冢者不绝，往来呼索，扰州县。育前知襄城县，乃建言："凡官所须，必着实数，毋容使者妄索。若羊豕之类，愿悉出大官。"由是民省供费十七八。宦官过者衔之，或中夜扣县门，索牛驾车，方平拒不应。异时宗子所过，纵鹰犬暴民田，入襄城，辄相戒约，毋敢纵者。初，吴越归国，郡邑地旷，民占田无纪，岁久多侵越，讼数十年不能决，方平召问所输租税几何，大约百一二，方平悉收其余以赋贫民，自是无讼。16，页2679—2680

【宋仁宗景祐元年（1034）六月】癸丑，诏："尚书省官尝历知州而无赃私罪者，今后并除左曹。凡吏部、户部、礼部为左名曹，司封、司勋、考功、度支、金部、仓部、祠部、主客、膳部为左曹，兵部、刑部、工部为右名曹，职方、驾部、库部、都官、比部、司门、屯田、虞部、水部为右曹。"天禧三年十月可参考。18，页2680

【宋仁宗景祐元年（1034）】闰六月戊午朔，诏天下有能告杀人者，赏钱五万。1，页2681

【宋仁宗景祐元年（1034）闰六月】己巳，诏审官院，自今川、广知县毋得差有赃罪人。9，页2682

续资治通鉴长编卷一百十五　宋仁宗景祐元年（甲戌，1034）

【宋仁宗景祐元年（1034）秋七月】庚寅，诏淮南灾伤州军，为盗而非杀人者，限两月自陈，除其罪，少壮者刺隶本城，若有武勇，即部送京师，与隶近上禁军。2，页2688

【宋仁宗景祐元年（1034）秋七月】己亥，诏诸路监司案所部官吏不法者须密切体访，毋得出榜召人首告。此诏（徧）[遍]下诸州，令在处法司有之。《实录》所书比元诏稍异，今参取修入，与熙宁四年七月二十六日指挥相关。
又诏州县刑狱须证逮者速决遣之，虑久系妨农事也。9，页2689—2690

【宋仁宗景祐元年（1034）秋七月】辛丑，诏诸路提点刑狱朝臣使臣自今毋得互相荐论。13，页2690

【宋仁宗景祐元年（1034）九月】降司农少卿王贻庆在京监当。初，贻庆子涣知巨野县，坐纳赂，贬汝州长史。贻庆侄女为宗室从湜妇，贻庆尝私使请于禁中。下开封府劾其罪，既责贻庆，益徙涣虢州。7，页2699

【宋仁宗景祐元年（1034）九月】丁未，枢密副使李咨言："天圣初，行新定《茶法》，而议者沮毁之。吏人王举等皆坐黥配。今三司言岁课益亏，请复用天圣初所定法。举等显为非辜，乞与优叙之。"诏举等先依三司出职例，各迁一资。

咨顷在三司，陕西缘边数言军食不给，度支都内钱不足支月俸，太后忧之，命辅臣与咨经度其事。咨以谓旧法商人入粟边郡，算茶与犀象缗钱为虚实三估，至用十四钱易官钱百，坐困三司，乃请变法，以实钱入粟，实钱售茶，二者不得相为轻重。既行，而商人果失利，怨谤蜂起。咨寻以病请外，相继坐变法谴黜，逾六年，乃再入三司，遂登西府。时三司税法蠹耗日甚，议者皆言咨前枉被谴黜，将复用见钱法，故咨先有是请。16，页2701—2702

【宋仁宗景祐元年（1034）冬十月】己巳，颁诸州军土牛经。前诏日官取旧文删校重复为四篇，知制诰丁度撰序刊印，其牛色及策人衣，并以岁日支干纳音相配云。9，页2704

【宋仁宗景祐元年（1034）冬十月】诏天下狱有重系，狱官不得辄预游宴、送迎。11，页2705

续资治通鉴长编卷一百十六　宋仁宗景祐二年（乙亥，1035）

【宋仁宗景祐二年（1035）】春正月甲午，殿中侍御史里行高若讷言："甲戌赦书，选人满十二考并磨勘引见。今猥进者多，请以历任无赃私及非昏耄者，乃听改官，仍具与监当一任，诏须尝有人奏举者，方得施行。"从之。2，页2717

【宋仁宗景祐二年（1035）三月】己丑，以御史中丞杜衍权判吏部流内铨。先是选补科格繁长，主判不能悉阅，吏多受赇，出缩为奸。衍既视事，即敕吏取铨法，问曰："尽乎？"曰："尽矣。"乃阅视，具得本末曲折。明日，晓诸吏无得升堂，各坐曹听行文书，铨事悉自予夺，由是吏不能为奸利。居月余，声动京师。后改知审官院，其裁制如判铨法。审官，在八月，今并书。2，页2724

【宋仁宗景祐二年（1035）三月】又诏开封府，自今旧城内民舍复有侵官街者，令左右军巡街司觉察，仍许人告之。11，页2725

【宋仁宗景祐二年（1035）夏四月】辛酉，诏诸路提点刑狱司，事有冤滥而系人命者，虽未经转运司，亦听受施行。7，页2727

【宋仁宗景祐二年（1035）夏四月】戊辰，命宰臣吕夷简、王曾都大管勾铸造大乐编钟，参知政事宋绶、蔡齐、盛度同都大管勾，集贤校理李照、勾当御药院邓保信专监铸造，仍以入内都知阎文应提举。始，照既铸成编钟一虡以奉御，遂建请改制大乐，取京县秬黍累尺成律，铸钟审之，其声犹高，更用大府布帛尺为法。乃下太常制四律。照自为律管之法，以九十黍之量为四百二十星，率一星占九秒，一黍之量得四星六秒，九十黍得四百二十星，以为十二管定法。9，页2727—2728

【宋仁宗景祐二年（1035）夏四月】癸酉，诏天下官司毋得擅发马递，若机密事当入马递者，许实封送所属州军发之，违者，付受皆论罪。初，定州龙泉镇监酒、右班殿直折惟宁奏章擅付马递，既坐罪冲替，因条约之。14，页2728

【宋仁宗景祐二年（1035）夏四月】辛巳，审刑院、大理寺言："奉诏详定《冲入禁卫条》。按禁卫凡五重：亲从官为一重，宽衣天武官为一重，御龙弓箭直、弩直为一重，御龙骨朵子直为一重，御龙直为一重，今比附律令，请以冲入从外第一重徒一年，每重加一等，罪止徒二年，误者减二等。"从之。20，页2729

【宋仁宗景祐二年（1035）五月】判大理寺司徒昌运言："本寺详断大事二十日，小事十日，审刑详议各减半，而不以案内有无系囚。恐炎暍之际，待报淹久，请自四月至六月，案有系囚者，减日之半。两川、广南、福建、湖南，如急案例断奏。"从之。9，页2731

【宋仁宗景祐二年（1035）五月】丙申，御崇政殿录系囚。13，页2732

【宋仁宗景祐二年（1035）五月】戊申，以大暑，降天下囚罪一等，杖以下释之。诸路令转运使、提点刑狱，开封府界遣殿中侍御史里行高若讷、萧定基疏决之。定基，庐陵人也。16，页2735

【宋仁宗景祐二年（1035）六月】广西转运司言，儋州获妖獠百余人，其余党方会兵掩捕之。乃诏贼中有能斩首来降者除其罪。仍遣内侍史志聪、张德明分赐讨贼军士、土丁缗钱。7，页2738

【宋仁宗景祐二年（1035）六月】乙亥，章德象等上所修《一司一务及在京编敕》四十四卷，并赐阶、勋及器币有差。13，页2739

【宋仁宗景祐二年（1035）六月】广西转运司言，蛮贼莫陵本与边人覃敌争田，互相仇杀，其众才百余人，而宜、融、柳州同巡检麦仲舒妄言七百人，今既请降，已勒誓状，放还镇宁州。诏莫陵等尝杀害官吏，而转运使擅释之，并仲舒妄增贼数，并劾罪以闻。17，页2739

【宋仁宗景祐二年（1035）六月】度支判官、刑部员外郎、直集贤院段少连为两浙转运副使。旧使者所至郡县，索簿书，不暇弹阅，往往委之吏胥，持以为货。少连命郡县上簿书，悉缄识，遇事间指取一二自阅，摘其非是者按之，余不及阅，全缄识以还，由是吏不能为奸，而州县簿书莫敢不治。部吏有过，召诘曰："闻子所为若此，有之乎？有当告我，我容汝自新。苟以为无，吾不使善人被谤，即为汝辨明矣。"吏不敢欺，皆以实对。少连每得其情，谆谆戒饬使去，后有能自改过者，犹保任之。秀州狱死无罪人，时少连在杭，吏畏恐聚谋，伪为死者服罪款，未及缀，属少连已掣舟入城，讯狱，吏具服请罪，以为神明。是时，龙图阁直学士郑向守杭，无治才。讼者不服，往往自州出，径趋少连。少连一言处决，莫不尽其理。向，陈留人也。19，页2740

续资治通鉴长编卷一百十七　宋仁宗景祐二年（乙亥，1035）

【宋仁宗景祐二年（1035）秋七月】壬寅，诏："如闻河北、河东有不逞之民，阴相朋结，号为'棍子社'，亦曰'没命社'。自今捕获者决配它州牢城，为首者奏裁，能自首者除其罪。"13，页2746

【宋仁宗景祐二年（1035）】八月壬子朔，诏改《强盗法》，不持杖，不得财，徒二年；得财为钱万及伤人者，死。持杖而不得财，流三千里；得财为钱五千者，死；伤人者，殊死。不持杖得财为钱六千，若持杖罪不至死者，仍刺配千里外牢城。既而有司言："窃盗不用威力，得财为钱五千，即刺为兵，反重于强盗，请窃盗罪亦第减之，至十千刺为兵。"诏可。寻又诏京城持杖窃盗，得财为钱四千，亦刺为兵。自是，盗法惟京城加重，余视旧益宽矣。后诏，《实录》在此月壬申，今并书之。又诏，依本志附此。1，页2749

【宋仁宗景祐二年（1035）八月】丙辰，诏天下配役人，在今年五月戊申诏书前者，并释之。又诏有能告群盗劫杀人者，十人以上赏钱十万，不及十人，计数给之。4，页2749

【宋仁宗景祐二年（1035）八月】同知太常礼院宋祁言："前祠部员外郎、集贤校理郭稹幼孤，母边更适士人王涣，生四子。稹无伯叔兄弟，独承郭氏之祭。今边不幸，而稹解官行服。按《五服制度敕》齐衰杖期降服之条曰：'父卒母嫁及出妻之子为母。'其左方注：'谓不为父后者。若为父后者，则为嫁母无服。'"下礼院、御史台详定，侍御史刘夔曰：按天圣六年敕，《开元五服制度》《开宝正礼》并载齐衰降服条例，虽与祁所言不异，然《假宁令》："诸丧，斩、齐三年并解官；齐衰杖期及为人后者为其父母，若庶子为后为其母，亦解官，申心丧；母出及嫁，为父后者虽不服，亦申心丧。"注云："皆为生己者。"《律疏》云："心丧者，谓妾子及出妻之子合降其服，二十五月内为心丧。"再详格令："子为嫁母，虽为父后者不服，亦当申心丧。"又称："居心丧者，释服从吉及忘丧作乐、冒哀求仕者，并同父母正服。"今龙图阁学士王博文、御史中丞杜衍并尝为出嫁母解官行丧。若使生为母子，没同路人，则必亏损名教，上玷孝治。

且杖期降服之制，本出《开元礼》文，逮乎天宝，已降别敕，俾终三年，然则当时已悟失礼。晋袁准谓："为人后，服嫁母。据外祖异族，犹废祭行服，知父后应服嫁母。"刘智释义云："虽为父后，犹为出嫁母齐衰。"昔孔鲤之妻为子思之母，鲤卒而嫁于卫，故檀弓曰："子思之母死，柳若谓子思曰：'子，圣人之后也，四方于子乎观礼，子盍谨之。'子思曰：'吾何谨哉！'"石苞问淳于睿曰："为父后者，不为出母服。嫁母犹出母也，或者以为嫁与出不异，不达礼意。虽执从重之义，而以废祭见讥。君为详正。"睿引子思之义为答，且言："圣人之后服嫁母，明矣。"积之行服，是不为过。

诏两制、御史台、礼院再定，议曰："按《仪礼》：'父卒继母嫁，为之服期。'谓非生己者，故父卒改嫁，降不为己母。唐上元元年敕，父在为母尚许服三年。今母嫁既是父终，当得申本服。唐绍议云，'为父后者为嫁母杖周，不为父后者请不降服。'至天宝六载，敕五服之纪，所宜企及，三年之数，以报免怀。其嫁母亡，宜终三年，又唐八座议吉凶加减礼云，'凡父卒，亲母嫁，齐衰杖期，为父后者亦不服，不以私亲废祭祀，惟素服居垩室，心丧三年，免役解官。母亦心服之，母子无绝道也。'按《通礼·五服制度》：'父卒母嫁，及出妻之子为母，及为祖之后，祖在为祖母，虽周除，仍心丧三年'。"

侍讲学士冯元言："《仪礼》《礼记正义》，古之正礼；《开宝通礼》《五服年月敕》，国朝见行典制，为父后者，为出母无服。惟《通礼义纂》引唐天宝六载制，'出母、嫁母并终服三年。'又引刘智释义，'虽为父后，犹为出母、嫁母齐衰，卒哭乃除。'或疑二者之相违。窃详天宝之制，言诸子为出母、嫁母，故云'并终服三年'。刘智言为父后者为出母、嫁母，故云'犹为齐衰，卒哭乃除'。各有所谓，固无疑也。况《天圣五服年月敕》，'父卒母嫁及出妻之子为母降杖期。'则天宝出母、嫁母并终服三年之制不可行用。又但言母出及嫁，为父后者虽不服，亦申心丧，即不言解官。若专用礼经，则是全无服式，施之今世，理有未安。若俯从诸子杖期，又于条制更相违戾。既求礼意，当近人情，凡子为父后，无人可奉祭祀者，依《通礼义纂》，刘智释义，服齐衰，卒哭乃除，逾月乃祭，仍申心丧，则与《仪礼》《礼记正义》《通典》《通礼》《五服年月敕》'为父后者，为出母、嫁母无服'之言不相远也。如诸子非为父后者，为出母、嫁母，依《五服年月敕》，降服齐衰杖期，亦解官申心丧，则与《通礼·五服制度》言'虽周除，仍心丧三年'，及《刑统》言'出妻之子合降其服，皆二十五月内为心丧'，其义一也。以此论之，则国朝见行典制，尽与古之正礼相合，余书有偏见之说，不合礼经者，皆不可引用。郭积若无伯叔及兄可奉父祖祭祀，应得子为父后之条，又缘解官行服已过期年，难于追改，后当依此施行。"诏自今并听解官，以申心丧。刘夔议在此月己卯，两制、御史台、礼院再定及冯元议，并在明年九月戊寅，今并从本志

联书之，略其月日。6，页2749—2752

【宋仁宗景祐二年（1035）九月】甲辰，诏比劾广西转运使擅货蛮贼及宜州巡检妄增贼数，并特释之。15，页2757

【宋仁宗景祐二年（1035）九月】参知政事宋绶上所编修《中书总例》四百一十九册，降诏褒谕，堂后官以下赐器币有差。先是吕夷简奏令绶为此，既而谓人曰："自吾有此例，使一庸夫执之，皆可为宰相矣。"皇祐五年十二月续编。19，页2758

【宋仁宗景祐二年（1035）冬十月】丙辰，诏东西班殿侍，自今有逃亡，带甲五班，比禁军条听旨，不带甲七班，比厢军条，决讫，不刺面；其受命以出者，在官以无故亡律论，权管军籍者，从军分将校定罪，主管官物者，比三司大将条。7，页2759

【宋仁宗景祐二年（1035）冬十月】癸酉，诏河北有塘泊处知州军并兼管勾屯田堤道事。景祐初，刘平去真定，杨怀敏领屯田司如故。塘泊日益广，至吞没民田、荡溺邱墓，百姓始告病，乃有盗决以去水患者。怀敏奏立法依盗决堤防律，于是知雄州葛怀敏请立木为水则，以限盈缩，从之。葛怀敏请立水则，《实录》在此年，刘平以景祐元年二月去真定，此皆据本志附见。20，页2761

【宋仁宗景祐二年（1035）十一月】乙未，祀天地于圜丘，以太祖、太宗、真宗并配。大赦天下。录唐、梁、后唐、晋、汉、周及诸伪国后。建隆以来臣僚、将校没于战阵，无子孙食禄者，于所属自言，宗室并与转官，仍自诸司使以下至殿直，皆换西班官。8，页2762

【宋仁宗景祐二年（1035）十一月】令审刑院、大理寺别减定配隶刑名，为敕五卷。《会要》五年十月四日上《减定敕》五卷，今附此。9，页2762

【宋仁宗景祐二年（1035）十二月】诏广南东、西路民家不得私置博刀，犯者并锻人并以私有禁兵律论。初，转运使言，民为盗者多持博刀，捕获止科杖罪，法轻不能禁，故更此条。11，页2766

【宋仁宗景祐二年（1035）十二月】禁益、梓、夔利路民夜聚晓散，传习妖教，徒中能自纠摘，及他人告者，皆赏钱三万。12，页2767

续资治通鉴长编卷一百十八　宋仁宗景祐三年（丙子，1036）

【宋仁宗景祐三年（1036）】春正月丙戌，诏刑部，自今臣僚雪罪经它司覆视而不当者，其元奏断及检书官毋得以赦原。1，页2773

【宋仁宗景祐三年（1036）春正月】戊子，命知枢密院事李咨、参知政事蔡齐、三司使程琳、御史中丞杜衍、知制诰丁度同议茶法。咨以前坐变法得罪，固辞，不许。时三司吏孙居中等言，自天圣三年变法，而河北入中虚估之弊，复类乾兴以前，蠹耗县官，请复行见钱法。度支副使杨偕亦陈三说法十二害，见钱法十二利，以谓止用三说所支一分缗钱，足以赡一岁边计。故命咨等更议，仍令召商人至三司访以利害。杨偕以此月壬寅始自度支副使除河北都漕，今未也，本志即称都漕，盖误矣。2，页2773

【宋仁宗景祐三年（1036）春正月】丙午，四方馆使、荣州刺史夏元亨言，阁门仪制，自大中祥符中陈彭年详定后，续降诏敕，或有重复，请复编次之。命学士承旨章得象、知制诰李淑同详定。康定元年四月，修成《阁门仪制》十二卷，《客省条例》七卷，《四方馆条例》一卷。9，页2775

【宋仁宗景祐三年（1036）春正月】纠察刑狱胥偃言，权知开封府范仲淹判异，阿朱刑名不当，乞下法寺详定。诏仲淹自今似此情轻者，毋得改断，并奏裁。初，偃爱欧阳修有文名，置门下，妻以女。及偃数纠仲淹立异不循法，修乃善仲淹，因与偃有隙。偃纠仲淹，史不得其时，《会要》在此月十三日，今附见。史称数纠，此但其一尔。12，页2775

【宋仁宗景祐三年（1036）二月】先是，上以三司胥吏猥多，或老疾不知书计，诏御史中丞杜衍、入内押班岑守素与本司差择之。事在去年九月己酉，今并书此。已而，三司后行朱正、周贵、李逢吉等数百人，辄相率诣宰相吕夷简第喧诉，夷简拒不见。又诣王曾第，曾以美言谕之，因使列状自陈。既又诣衍第投瓦砾，且言因衍上言，致朝廷议欲拣汰，又各持料钱历，欲自毁裂，肆丑言乃去。明日，衍对，请下有司推究，而曾具得其姓名。乙卯，正、贵杖脊，配沙门岛，逢吉等二十二人决配远恶州军牢城，其为从者皆勒停。连去年九月及今年三月事并书。6，页2776

【宋仁宗景祐三年（1036）二月】太常少卿、直昭文馆开封扈偁言："京师，天下之本。而士民僭侈无法，室居服玩，竞为华靡，珠玑金翠，照耀路衢，一袭衣其直不翅千万，请条约之。"壬戌，诏两制与礼院同详定制度以闻。10，页2777

【宋仁宗景祐三年（1036）二月】甲子，命崇政殿说书贾昌朝、王宗道同编次太宗尹京日押字。时范仲淹权知开封府，上太宗所判案牍，故令昌朝等编次。四年十一月，昌朝编次成书，凡七百一十卷。① 13，页2777

【宋仁宗景祐三年（1036）】三月丙戌，三司拣试所上所定诸案吏功过。诏能知钱谷利害者以次迁补之，再犯赃者并勒停。1，页2778

【宋仁宗景祐三年（1036）三月】甲辰，浚河北城濠，禁植蒲莲，犯者计所入以赃论。11，页2779

【宋仁宗景祐三年（1036）三月】审官院言，诸路提点刑狱得替磨勘，缘前来并差官置司。诏只令审官院依例磨勘。16，页2779

【宋仁宗景祐三年（1036）三月】权判户部勾院叶清臣请弛茶禁，以岁所课均赋城郭、乡村人户。其疏曰：

山泽有产，天资惠民。自兵食不充，财臣兼利，草芽木叶，私不得专，封园置吏，随处立管。一切官禁，人犯则刑，既夺其赀，又加之罪，黥流日报，逾冒不悛。诚有厚利，无费赀，能济国用，圣仁恤隐，矜赦无辜，犹将弛禁缓刑，为民除害。度支费用甚大，榷易所收甚薄，刳剥园户，资奉商人，使朝廷有聚敛之名，官曹滋滥虐之罚，虚张名数，刻蠹黎元。

建国以来，法弊辄改，载详改法之由，非有为国之实，皆商人协计，

---

① 从此可知，在仁宗景祐三年开始，至景祐四年间应修成一个判例集，只是没有其他史料有相应记载。

倒持利权，幸在更张，倍求奇羡。富人豪族，坐以贾赢，薄贩下估，日皆朘削，官私之际，俱非远策。臣窃尝校计茶利岁入，以景祐元年为率，除本钱外，实收息钱五十九万余缗。又天下所售食茶，并本息岁课，亦只及三十四万缗，而茶商见通行六十五州军，所收税钱已及五十七万缗。若令天下通商，只收税钱，自及数倍，即榷务、山场及食茶之利，尽可笼取。又况不费度支之本，不置榷易之官，不兴辇运之劳，不滥徒黥之辟。

臣意生民之弊，有时而穷，盛德之事，俟圣不惑。议者谓榷卖有定率，征税无规准，通商之后，必亏岁计。臣案管氏盐铁法，计口受赋，茶为人用，与盐铁均，必令天下通行，以口定赋，民获善利，又去严刑，口出数钱，人不厌取。景祐元年，天下户千二十九万六千五百六十五，丁二千六百二十万五千四百四十一，三分其一为产茶州军，内外郭乡又居五分之一，丁赋钱三十，村乡丁赋二十；不产茶州军郭乡、村乡如前计之，又第损十钱，岁计已及缗钱四十余万。榷茶之利，凡止五十余万缗，通商收税，且以三倍旧税为率，可以得百七十余万缗，更加口赋之人，乃有二百一十余万缗，或更于收税则例微加增益，即所增至鲜，所聚愈厚，比于官自榷易，驱民就刑，利病相须，炳然可察。

诏三司与详定所相度以闻，皆以为不可行，及嘉祐四年卒行之。17，页2779—2781

【宋仁宗景祐三年（1036）夏四月】乙卯，诏命官因罪辄逃去者，自今毋得以赦原，仍永不录用。3，页2782

【宋仁宗景祐三年（1036）五月】丙申，御崇政殿录系囚，帝又广其恩，流已下罪皆得释。因诏有司自今罪觉被逮，逮未至者，同见系原减之；逃亡军士免刺面。17，页2786

【宋仁宗景祐三年（1036）五月】诏："比刑部定诸县令、尉捕获强盗，非因躬亲者，皆不应格，甚非所以激劝之道。自今有能设方略遣人捕杀全伙七人、不全伙十人及凶恶者三人以上，宜比类酬赏之。"19，页2787

【宋仁宗景祐三年（1036）六月】甲寅，流内铨言，选人试律断案，如律义已合格，更须断案，一道通或二道粗，方与注优便官，从之。8，页2790

【宋仁宗景祐三年（1036）六月】戊辰，诏臣僚多占职田，或剩取租者，计赃坐之；元无田而率配人户者，以枉法论。14，页2791

续资治通鉴长编卷一百十九　宋仁宗景祐三年（丙子，1036）

【宋仁宗景祐三年（1036）秋七月】罪人贷死者，旧多配沙门岛，岛在登州海中，至者多死。辛巳，诏当配沙门岛者，第配广南远恶地牢城。广南罪人乃配岭北，其后亦有配沙门岛者。4，页2796

【宋仁宗景祐三年（1036）秋七月】禁民间私写编敕刑书及毋得镂版。7，页2796

【宋仁宗景祐三年（1036）秋七月】辛丑，遣官疏决三京及畿内系囚杂犯，死罪以上递降一等，徒以下释之。其因太平兴国寺火被系者特放。朝廷始议修复火所焚处，崇政殿说书贾昌朝言："《易》震卦之象曰：'洊雷震，君子以恐惧修省。'凡六爻之旨，皆以能自戒惧，乃免咎眚。《春秋传》曰：'人火曰火，天火曰灾。'窃维近年寺观屡灾，此殆天示谴告，独可勿缮治，以示畏天戒爱人力之意。"从之。16，页2797

【宋仁宗景祐三年（1036）八月】己酉，诏："天下士庶之家，屋宇非邸店、楼阁临街市，毋得为四铺作及斗八。非品官毋得起门屋。非宫室、寺观毋得彩绘栋宇及闲朱黑漆梁柱窗牖，雕镂柱础。凡器用，毋得表里用朱漆金漆，下毋得衬朱。非三品以上官及宗室、戚里之家，毋得用金扣器具；用银扣者毋得涂金。非宫禁毋得用玳瑁酒食器；若纯金器，尝受上赐者，听用之。命妇许以金为首饰，及为钗、簪、钏、缠、珥、镮，仍毋得为牙鱼、飞鱼，奇巧飞动若龙形者；其用银毋得涂金。非命妇之家，毋得衣珠玉。凡帷幔、帟幕、帘旌、床褥毋得纯用锦绣。宗室、戚里茶担、食盒毋得覆以绯红。贵族所乘车毋得用朱漆及五采绘，许用黑漆，而闲以五彩。民家毋得乘肩舆及以银挝导从，肩舆毋得过二人。非四品以上官毋得服金带，尝受赐者听服。非五品以上毋得乘闹装银鞍；其乘金涂银装绦子促结鞍辔者，自文武升朝官及内职禁军指挥使、诸班押班、厢军都虞候、防团副使以上听之，亦毋得以蓝为绦、白皮为鞯鞯。民庶用毡皮绝绸鞯，京官任通判以上者许权依升朝官例。违者物主、工匠论违制，工匠黥隶他州，募告者赏钱五万。其过百日而不变毁者坐之。宣徽院、御史台、阁门、左右金吾街司、开封府举察上闻。"寻又诏官司所用铜器及鍮石为饰者，毋得涂金。4，页2798—2799

【宋仁宗景祐三年（1036）八月】初，知蕲州、虞部员外郎王蒙正故入知蕲水县、太常博士林宗言死罪，诏殿中侍御史萧定基往按之。定基谕所随吏蔡颛等曰："蒙正必赂汝，汝第受之，亟告我。"蒙正果赂颛等直三百万，定基因以正其狱。庚申，贬蒙正为洪州别驾，本路转运使蒋堂坐失察举，降知越州，副使吴遵路知洪州，提点刑狱徐越知庐州，同提点刑狱赵日宣为杭州都监。上欲官定基一子，定基以让颛等，于是颛等四人并补三班借职、殿侍、差使。12，页2800

【宋仁宗景祐三年（1036）冬十月】癸亥，诏京东听民采金，官为收市之。14，页2810

【宋仁宗景祐三年（1036）十一月】丙子，诏审刑详议官缺，自今以大理详断官补之。如在寺岁未满，而举外任尝历详断，详覆官者，亦听。4，页2810

【宋仁宗景祐三年（1036）十一月】戊戌，舒州团练使杨景宗为成州防御使。景宗，太后从父弟也，少蒲博无赖，客京师，坐罪，黥隶致远务。后入宫为美人，物色得景宗，奏脱兵籍，授以官。景宗性粗率，于是入临皇仪殿，被酒欢哗，右司谏韩琦请治其罪。上以太后故，不欲重贬，但出景宗为兖州部署。10，页2811—2812

【宋仁宗景祐三年（1036）十二月】辛酉，禁宗室卖酒，募告者赏之。4，页2812

续资治通鉴长编卷一百二十　宋仁宗景祐四年（丁丑，1037）

【宋仁宗景祐四年（1037）春正月】壬午，命侍御史知杂事姚仲孙

同详定《茶法》。详定茶法所请自今商人对买茶、全买茶，每一百贯六十贯见钱，四十贯许金银折纳，从之。2，页2819

【宋仁宗景祐四年（1037）春正月】丙戌，诏：天下狱有大辟，长吏以下并聚厅虑问。有翻异或其家诉冤者，听本处移司；又不服，即申转运司，或提点刑狱司，差官别讯之。6，页2819

【宋仁宗景祐四年（1037）春正月】乙未，诏应祖父母、父母服阕后，不以同居、异居，非因祖父母财及因官自置财产，不在论分之限。又诏士庶之家，应祖父母、父母未葬者，不得析居。若期尚远，即听以所费钱送官，候葬日给之。此法自今为律令，故录之。9，页2820

【宋仁宗景祐四年（1037）二月】壬子，洪州别驾王蒙正除名，配广南编管，永不录用。初，其父婢霍挝登闻鼓，诉蒙正诬其所生为异姓，以规取财产。及置狱益州，鞫之，并得蒙正尝与霍私通事，故再贬之。其女嫁刘从德，诏自今不得入内，及它子孙不得与皇族为婚姻。初，刘美为嘉州都监，蒙正欲嫁女与其子从德，蒙正父有才智，独不肯，蒙正固请之。一日，以婚书告家庙，父大恸曰："吾世为民，未尝有通婚戚里者，今而后必破吾家矣。"此据范蜀公记事，又称蒙正家有讼蒙正入狱，竟死于狱中，当考。《高若讷传》云：若讷为知杂御史，王蒙正知蔡州。若讷言："蒙正起裨贩，因缘戚里得官，向徙郴州，物论称不平。今予之大州，可乎？"诏寝其命。按若讷为知杂日，宝元元年十二月，此时蒙正已编管，不知蔡州除命在何时也，必前此则可。若然，则若讷有言，亦必不在为知杂后也。从德妻即遂国夫人也。《别志》所书富弼缴词头事，更当考详。4，页2820—2821

【宋仁宗景祐四年（1037）二月】庚申，德音降东、西京及灵驾所过州县囚罪一等，徒以下释之。8，页2821

【宋仁宗景祐四年（1037）二月】诏自今内品有犯，并勘罪检刑名杖数闻奏，降所属断遣。时高品陈崇祐抵罪赎金，令未得与差遣，因有是诏。9，页2821

【宋仁宗景祐四年（1037）二月】丙寅，诏侍御史知杂事姚仲孙司诸路提点刑狱考课之法。先是，诸路复置提点刑狱，还朝多擢为府官，仲孙请第其课为三等升黜之，故即以命仲孙。12，页2822

【宋仁宗景祐四年（1037）三月】同知礼院吴育言："旧藏礼文故事，类例不一。请择儒臣与本院官，约古今制度参定，为一代之法。"从之。庆历四年正月，书始成。10，页2825

【宋仁宗景祐四年（1037）夏四月】丙午，禁广西路民庸雇溪洞妇女，犯者以违制论。3，页2825

【宋仁宗景祐四年（1037）夏四月】诏福建路有以野葛毒人者，徙其家岭北编管，永不放还。14，页2828

【宋仁宗景祐四年（1037）闰四月】赐故将作监丞张唐卿家钱五万、帛五十匹、米麦各五十斛。唐卿，进士第一人及第，通判陕州，其于吏事如素习。民有母再适人而死，及葬其父，恨母不得祔，乃盗母之丧同葬之。有司请论如法，唐卿时摄州事，乃曰："是知有孝，而不知有法耳！"奏释之。未几，丁父忧，毁瘠，呕血而卒。5，页2828—2829

【宋仁宗景祐四年（1037）闰四月】己亥，武宁节度使夏守恩除名，配连州编管。守恩为真定府、定州路都部署，恃宠骄恣不法，而其子元吉通赇遗，市物多不予直。转运使杨偕、张存欲按其事，定州通判李参因发其受枉法赃。诏侍御史赵及与大名府通判李钺鞫问得实，法当死，特贷之。守恩弟殿前都指挥使、定国节度使守赟罢军职，改镇海节度使，赴本镇。守赟子四方馆使、荣州刺史元亨亦出知卫州。守恩卒于贬所。参，须城人；及，良乡人也。内侍岑守中与堂吏受赇挠法，及皆劾正其罪。参寻擢知荆门军。12，页2830

【宋仁宗景祐四年（1037）五月】戊申，命权三司使王博文同详定《茶法》。3，页2831

【宋仁宗景祐四年（1037）五月】庚戌，美人俞氏生皇子，上以谕辅臣，王随等皆再拜称贺。遂御崇政殿录系囚，杂犯死罪降徒流，流以下释之。4，页2831

【宋仁宗景祐四年（1037）五月】乙卯，以旱遣使决三京系囚。5，页2831

【宋仁宗景祐四年（1037）五月】丁卯，以枢密院礼房副承旨木令遵为礼宾副使。时延州蕃官金明县都监李士彬杀义男及堂侄女三人，法当死，令遵与士彬家连昏姻，议者恐令遵漏泄机事，故出之。寻有诏以士彬世官金明，特贷死。9，页2832

【宋仁宗景祐四年（1037）五月】澧州逃卒匿民家，佣以自给。一日，诬告民家事摩驼神，岁杀人十二以祭。州逮其族三百人系狱，久不决。诏遣御史台推直官方偕就劾，偕令卒疏所杀主名，按验皆亡状，事遂辨。侍御史知杂事庞籍荐之，戊辰，为殿中侍御史里行。偕，莆田人也。10，页2832

【宋仁宗景祐四年（1037）秋七月】己未，诏命官犯私罪情轻，欲锁厅应举者，听之。6，页2835

【宋仁宗景祐四年（1037）秋七月】知越州蒋堂言："太子中舍致仕齐执象，有子廓为荆湖南路提点刑狱，唐为吉州司理参军。执象与其妻皆年高，居里中，而唐仍累任不归。请除唐邻近一官，以便侍养。"诏唐使归，置廓不问。廓，会稽人。在湖南，能任其职。潭州鞫系囚七人为强盗，当论死。廓讯得其状非强，付州使劾正，乃悉免死，不取以为功。平阳县自马氏时税民丁身钱，岁输银二万八千两，民生子，至壮不敢束发，廓奏悉蠲除焉。唐既坐责，虽置廓不问，然士论薄之。8，页2835

【宋仁宗景祐四年（1037）八月】戊子，太常博士曾易占除名，配广南衙前编管，坐前知玉山县受赇事发，监察御史里行张宗谊按其罪，法当死，特贷之。易占，致尧子也。王安石作《易占墓志》，言易占坐知信州钱仙芝所诬，故失官。6，页2836

【宋仁宗景祐四年（1037）秋七月】丙申，诏关中旧俗豪纵，凡衣冠子弟，自今一犯罪而情涉凶悖者，并系狱听裁。9，页2836

【宋仁宗景祐四年（1037）九月】密州大姓王澥私酿酒，邻人往捕之，澥绐奴曰："此盗也。"使尽杀其父子四人，州论奴以法，而澥独不死。大理寺详断官郑人蒋偕当澥及奴皆大辟，宰相陈尧佐右澥，知审刑院宋郊力争，卒抵澥死，尧佐不悦。6，页2837

【宋仁宗景祐四年（1037）冬十月】甲戌，御迩英阁读正说谨罚篇，述后汉光武罢梁统从重之奏，帝曰："深文峻法，诚非善政。"宋绶对曰："王者峻法则易，宽刑则难。夫以人主得专生杀，一言之怒则如雷如霆，是峻易而宽难也。"2，页2837

【宋仁宗景祐四年（1037）冬十月】乙亥，礼院言，庄惠皇太后请如孝惠皇后例，不立忌。诏从之，仍于其日特不视事，禁屠宰。3，页2837

【宋仁宗景祐四年（1037）冬十月】又诏三班差使、殿侍犯公罪者，听以赎论。7，页2838

【宋仁宗景祐四年（1037）十二月】庚寅，龙图阁学士张逸为枢密直学士、知益州。逸凡四至蜀，谙其民风。华阳县驵长杀人，诬道旁行者，县吏受赇，狱既具，乃使杀人者守囚。逸曰："囚色冤，守者气不直，岂守者杀人乎？"囚始敢言，而守者果服，立诛之，蜀人以为神。会岁旱，逸使作堰壅江水，溉民田，自出公租减价以赈民。初，民饥，多杀耕牛食之，犯者皆配关中，逸奏："民杀牛以活将死之命，与盗杀者异，若不禁之，又将废稼事。今岁小稔，请一切放还，复其业。"报可。11，页2843

续资治通鉴长编卷一百二十一　宋仁宗宝元元年（戊寅，1038）

【宋仁宗宝元元年（1038）春正月】丙辰，诏曰："比者善气弗效，阴沴屡见，地大震动，雷发不时。推原天谴之所由，岂吏为贪弛苛虐，使狴牢淹系，而赋调繁急欤？或受赇鬻直，下情壅蔽，以亏和致戾欤？转运使、提点刑狱，其案所部吏以闻。"7，页2854

【宋仁宗宝元元年（1038）春正月】丁卯，比部员外郎师仲说致仕。故事，当有一子官。上以仲说尝知金州，失入死罪，特罢之。12，页2857

续资治通鉴长编卷一百二十二　宋仁宗宝元元年（戊寅，1038）

【宋仁宗宝元元年（1038）夏四月】癸酉，给事中、同知枢密院事王博文卒。始，博文为三司使，言于上曰："臣且死，不得复望两府之门。"因泣下，上怜之，后数日，与陈执中并命，位枢密凡三十六日死。时乘舆宴金明池，既归，而奏讣至，趣驾临奠，赠吏部侍郎。博文以吏事进，多任剧繁，为政务平恕，尝语诸子曰："吾平生决罪至流刑，未尝不阴择善水土处。汝曹志之。"然治曹汭狱，议者多谓博文希庄献旨，纵罗崇勋傅致其罪云。2，页2871

【宋仁宗宝元元年（1038）夏四月】初，度支员外郎、集贤校理张温之提点淮南路刑狱，知亳州杨崇勋恃恩为不法，械蒙城知县王申送狱，温之往问，得冤状，破械出申，遂黥配奸吏十数人。甲戌，授温之广南东路转运使。广州有急水濠通海，奸人乘潮汐出入为盗，温之为作水栅。夷人有犯，其酋长得自治，而多惨酷，因请一以汉法从事。温之，佖子也。3，页2871—2872

【宋仁宗宝元元年（1038）夏四月】辛卯，命翰林学士晁宗悫、内侍押班史崇信同议茶法。10，页2872

【宋仁宗宝元元年（1038）五月】乙巳，御崇政殿，录系囚，杂犯死罪降从流，情罪重者刺配五百里外牢城，流以下递降一等，杖以下释之。三京畿内特遣官，诸路令转运使副、提点刑狱疏决之。2，页2872—2873

【宋仁宗宝元元年（1038）五月】甲寅，右司谏韩琦言："大中祥符八年敕，犯销金者斩。比下诏申警，其捕获者固宜准敕从事。而审刑院创意定罪止徒三年，恐坏先朝之法，启奢僭之渐，请复用祥符旧敕。"诏御史台、刑部与审刑院、大理寺详定以闻。6，页2873

【宋仁宗宝元元年（1038）六月】丙子，三司检法官孙抗请三司刑名之有疑者，如开封府例，许至大理寺商议，从之。抗，黟人也。3，页2874

【宋仁宗宝元元年（1038）】秋七月丁酉，详定茶法所张观等请入钱京师，以售真州等四务十三场茶。直十万者，又视景祐三年数损之，为钱六万七千。入中河北愿售茶者又损一千，而诏又第损二千。于是入钱京师止为钱六万五千，入中河北为钱六万四千而已。1，页2874—2875

【宋仁宗宝元元年（1038）八月】癸酉，同提点京东路刑狱王继祖，请自今诸路提点刑狱巡所部内，民有诉冤枉者，许受理之。诏听受词状，送转运司施行。3，页2877

【宋仁宗宝元元年（1038）九月】戊申，诏应缘祀事已受誓戒而不虔恭者，毋得以赦原。5，页2879

【宋仁宗宝元元年（1038）九月】又诏强盗执缚人投水中，偶得不死者，并同已伤法。6，页2879

【宋仁宗宝元元年（1038）冬十月】右司谏韩琦，请赦前一月，约束京师犯盗罪至徒若伤人者勿赦，从之。7，页2883

【宋仁宗宝元元年（1038）冬十月】丙戌，审官院言，京朝官授差遣，有亲戚，法当避而不言，到任方乞就移者，并注远小处，从之。8，页2883

【宋仁宗宝元元年（1038）十二月】初，忻州地震，翰林学士、权知开封府胥偃言："地震，阴之盛。今朝廷政令，不专上出，而后宫外戚，恩泽日蕃，此阳不胜阴之效也。加之边寇内侮，宜选将练师，以防侵轶。"及祀南郊，赵元昊朝贡不至，将议讨之。偃曰："遽讨之，太暴。宜遣使问其不臣状，待其辞屈而后加兵，则其不直在彼，而王师之出有名矣。"又奏戍兵代还，宜如祖宗制，阅其艺后殿次进之。会有卫卒赂库吏求拣冬衣，坐系者三十余人。时八月，霜雪暴至，偃推《洪范》"急，常寒若"之咎，请从末减。诏可。士卒戍西边，妻子留京师者，犯法当死，帝不忍使就刑，或欲以毒置饮食中，令得善死。偃极言其不可，帝亦悔而止。宦者程智诚与三班使臣冯文显八人抵罪，帝使赦智诚三人，而文显五人坐如法。偃曰："恤近遗远，非政也，况同罪异罚乎。"诏并释之。尝受诏试中书吏，而大臣有以简属偃者，偃不敢发视，亟焚之，且曰："发而言之，不亦伤刻薄乎！"八月霜雪暴至，不见于《五行志》及《本纪》，不知是何年？本传附偃权知开封府后，疑与戍卒妻子犯罪及程智诚等坐法，皆偃纠察刑狱时事，不必在开封，当考。18，页2888—2889

续资治通鉴长编卷一百二十三　宋仁宗宝元二年（己卯，1039）

【宋仁宗宝元二年（1039）三月】甲寅，诏："如闻广州界盗贼群行，至三百余人，而钤辖不能巡察。其选使臣为海上巡检，益发舟师捕击之。"11，页2899

【宋仁宗宝元二年（1039）夏四月】知河南府宋绶言："府界民间讹言有寇兵大至，老幼皆奔走入城郭。又乡民多为白衣会以惑众。请立赏募告者。"从之。又诏告官吏不即捕系，当重置其罪。7，页2902

【宋仁宗宝元二年（1039）】五月辛卯朔，诏："如闻诸州军命官犯罪，而长吏所不说者，或傅之深文。自今狱具，更申转运、提点刑狱司，差官理问以闻。"1，页2903—2904

【宋仁宗宝元二年（1039）五月】己亥，诏皇族之家及诸命妇、女冠尼等，非乾元节、南郊进奉并每岁孟冬朔，毋得入内，其亲王夫人、长主即勿拘。先是，外戚疏远，多缘岁时，入禁中有所干谒，言者请一切禁绝之，故降是诏。6，页2904

【宋仁宗宝元二年（1039）五月】己酉，御崇政殿，录系囚，杂犯死罪以下递降二等，杖以下释之。12，页2907

【宋仁宗宝元二年（1039）六月】戊辰，诏朝官尝犯赃而乞致仕者，自今止与转官，更不推恩子孙。5，页2909

【宋仁宗宝元二年（1039）六月】庚午，上封者言："审官院缺有限，而奏举选人日益多，或至四考五考改京官者。请自今复六考以上，方许磨勘。尝犯私罪者，加一考。"从之。7，页2909

续资治通鉴长编卷一百二十四　宋仁宗宝元二年（己卯，1039）

【宋仁宗宝元二年（1039）八月】丙寅，诏转运使副、提点刑狱至所部百日，知州、通判一月，而部吏犯赃者，始坐失按举之罪。先是，监司、守倅亲事未浃日，而部吏犯赃者并连坐，故更著此条。5，页2920

【宋仁宗宝元二年（1039）八月】先是，盗杀其党，不自言而获者，旧止坐杖六十。时知庐州王质辄论杀之。大理寺援旧比，驳以为非是。质曰："盗杀其徒，自首者原之。所以疑坏其党，且许之自新，此法意也。今杀人取赏，而捕获。贷之，岂法意乎？"数上疏，不报。判大理寺杜曾言："群盗自相屠害，初因并取其财，或以强凌弱，而罪止杖六十。故为盗者肆行剽劫，第杀其党一人，则虽就执，皆可以自免。惠养奸恶，恐非法意，请付有司议。"朝廷以方劾庐州官吏，曾不当因事请改法，降曾知密州。质寻亦罢庐州，监灵仙观。质监灵仙在十二月辛未。然论者以曾、质所言为得。

曾，雷泽人，尧臣子也。为吏，号知法，尝言："国朝因唐大中制：'故杀，人虽已伤未死、已死更生，皆论如已杀'。夫杀人者死，伤人者刑，先王不易之典。律惟谋杀已伤则绞，盖甚其处心积虑，阴致贼害尔。至于故杀，初无杀意，须其已死，乃有杀名。苟无杀名，而用杀法，则与谋杀孰辨？自大中之制行，不知杀几何人矣。请格勿用。"又言："近世赦令，杀人已伤未死者，皆得原减，非律意。请伤者从律保辜法，死限内者论如已杀，勿赦。"皆著为令。10，页2921—2922

【宋仁宗宝元二年（1039）八月】辛未，府州都孔目官、勾当府谷县折谏为三班借职。州境皆党项部落。故事，但以孔目官主县事，教练使为狱官。时知州折继宣所为多不法，谏又倚以为奸，转运司奏其事，朝廷不欲推罪，而补之以官。12，页2922

【宋仁宗宝元二年（1039）八月】丙子，德音降三京囚罪一等，徒以下释之，赐诸军缗钱。14，页2922

【宋仁宗宝元二年（1039）九月】诏益、梓、利、夔路募人入粟补三

班借职及斋郎者,与免本户色役,其摄助教、长史、司马犯私罪杖,情轻者仍听赎。5,页2924

【宋仁宗宝元二年(1039)九月】诏两川饥馑,百姓艰食,其盗贼劫廪谷非伤杀人者,并刺配五百里外牢城,为首及累犯盗者,配出川界,俟岁丰如旧。9,页2925

续资治通鉴长编卷一百二十五　宋仁宗宝元二年(己卯,1039)

【宋仁宗宝元二年(1039)十一月】先是,权知开封府郑戬按使院行首冯士元奸赃及私藏禁书事。而士元尝为度强取其邻所赁官舍。故枢密副使张逊第在武城坊,其曾孙偕才七岁,宗室女所生也,贫不自给,乳媪擅出券鬻之。琳阴使士元谕以偕幼,宜得御宝许鬻乃售。其乳媪以宗室女故入宫见庄惠太后,既得御宝,琳即市取之,及令弟琰同士元市材木。籍与公绰、公弼皆尝令士元雇女口。温其坐托士元赊买盐,虚作还钱月日,而纯与备亦坐托士元引致亲戚为军巡、推司及府贴司,畤、讽并尝以简阘士元理逋负。士元既杖脊,配沙门岛,而宗简辄私发公案欲营救之,开封府推官王逵具以白戬,遂奏移鞫御史台,狱具,诏翰林学士柳植录问。是日旬休,上特御延和殿,召宰臣等议决之。初,张士逊素恶琳而疾道辅不附己,将并逐二人,察帝有不悦琳意,即谓道辅:"上顾程公厚,今为小人所诬,宜见上为辨之。"道辅入对,言琳罪薄,不足深治。帝果怒,以道辅朋党大臣,又事初下台,止隔戬、籍入朝,而不隔度及琳,故特贬焉。宗简,沆子。畤,博文子。讽,度子。逵,濮阳人也。

戬强敏善听决,喜出不意,独假贷细民,即豪宗大姓,绳治愈急。府白直陶信杖棰能轻重,为民间所惮,戬按其罪,窜流之。治士元狱,朝议畏其瞰核。公绰等既被罚,言者又奏父夷简失义方之训,夷简时判天雄军,上恐伤夷简意,赐诏慰抚。公绰、公弼时丁母忧,王畤父博文去年四月卒,故皆称前官。戬传以为辞连宰吕夷简者,误也。夷简时为镇安节度使、同平章事、判天雄军,即不任中书。6,页2939—2940

【宋仁宗宝元二年(1039)十一月】癸卯,诏曰:"左右辅臣,人所视效。中执法,朕之耳目。而度乘高势以侵占民居,琳尝尹京邑,以巧谲

市第，道辅又阴为之地，奏请宽贷，咸已正治厥罪。其申告中外，使知状焉。"16，页2941

【宋仁宗宝元二年（1039）】十二月庚申，诏审刑院、大理寺、刑部，自今毋得通宾客，犯者以违制论；若请求曲法之事，则听人陈告之。1，页2945

【宋仁宗宝元二年（1039）闰十二月】甲辰，诏："自今转运使副、提点刑狱，若部内知州军、通判、知县、兵马部署都监监押、幕职官一员，余官二员；知州军、通判，若部内官一员，犯赃至流而失于按察，以至朝廷采访，民吏诉论，或御史台弹劾者，方听旨施行。"时以按察官所部广，而吏有一事觉，多坐累降黜，故稍宽之。3，页2949

续资治通鉴长编卷一百二十六　宋仁宗康定元年（庚辰，1040）

【宋仁宗康定元年（1040）春正月】骁骑左第一都指挥使郭能杖脊除名，配许州员僚剩员直。案此五字疑有脱误。能戍鄜延路而临阵退走，法当死，特贷之。7，页2968—2969

【宋仁宗康定元年（1040）二月】禁僧道往河东及度潼关以西。7，页2973

【宋仁宗康定元年（1040）二月】诏京畿、京东西、淮南、陕西路括市战马，马自四尺六寸至四尺一寸，其直自五十千至二十千，凡五等，敢辄隐者，重置之法。宰臣、枢密使听畜马七，参知政事、枢密副使五，尚书、学士至知杂，阁门使以上三，升朝官阁门祗候以上二，余命官至诸司职员、寺观主首皆一。节度使至刺史，殿前、马步军都指挥使至军头司散员副兵马使皆勿括。出内库珠偿民马直。又禁边臣私市，缺者官给。出内库珠还民马直，乃月末事，今从本志并书，本志云并边七州军免括马，盖此后事，今削之。16，页2974

【宋仁宗康定元年（1040）二月】丙午，德音："赦延州、保安军流以下罪，背叛奸细人不赦。见屯将士，并与特支，其非中伤而溃散者不在此例。贼所劫掠，第蠲其夏租。军民及内属蕃部为贼所害者，量赐其家缗钱，若诸军更与一季请受。"35，页2978

【宋仁宗康定元年（1040）二月】丁未，诏陕西安抚使韩琦与转运司量民力蠲所科刍粮，调民修筑城池，悉具数以闻，当加优恤。官吏因军兴受赇者，听人告比。令诸州军点集丁壮，止欲防护城池，亦不刺手面，除教习外，无得他役。若奸人妄有扇摇，委所在擒捕之。37，页2978

【宋仁宗康定元年（1040）三月】辛巳，德音："降天下囚罪一等，徒以下释之。赐京师、河北、陕西、河东诸军缗钱。蠲陕西夏税十之二，减河东所科粟。"32，页2992

续资治通鉴长编卷一百二十七　宋仁宗康定元年（庚辰，1040）

【宋仁宗康定元年（1040）夏四月】适初为审刑详议官，梓州妖人白彦欢者，依鬼神以诅杀人，狱具，以不伤谳。适曰："杀人以刃或可拒，而诅不可拒，是甚于刃也。"卒以死论。有鸟似鹤集端门及廷中，或以为瑞。适言："野鸟来处宫廷，此何瑞也！"尝与知院事燕肃同上殿奏使臣何次公案，上曰："次公似是汉时人字。"肃曰："臣年老不能记，梁适必知之。"上顾问，适对曰："盖宽饶、黄霸皆字次公。"上说，因留肃问适家世，擢提点京东刑狱。既对，谓宰相曰："梁适可留，候谏官有缺命之。"适因进居安谨治箴，改开封府推官，不半岁，卒践谏职。2，页3003

【宋仁宗康定元年（1040）夏四月】丙午，腰斩东染院副使、鄜延路都监黄德和于河中府，仍枭首延州城下。王信者，亦杖杀之，坐诬告其主也。29，页3007

【宋仁宗康定元年（1040）夏四月】壬子，拣诸路牢城及强盗、恶贼配军，年未四十壮健者，隶禁军。37，页3009

【宋仁宗康定元年（1040）夏四月】李淑等上新修《阁门仪制》十二卷、《客省条例》七卷、《四方馆条例》一卷。景祐二年正月丙午，初修。39，页3009

【宋仁宗康定元年（1040）五月】先是，诏御辇院拣下都辇官年四十以下为禁军，辇官千余人，携妻子遮宰相、枢密使喧诉，门下侍郎兼兵部尚书、平章事张士逊方朝，马惊坠地。李埴《十朝纲要》：诏斩二人，流二十余人。己未，御史中丞柳植等奏其事，请付有司治，诏枢密院推鞫以闻。5，页3010

【宋仁宗康定元年（1040）五月】甲子，诏以近降德音，更不疏决。此据朔历，更检故事详著之。12，页3011

【宋仁宗康定元年（1040）五月】壬午，斩辇官曹荣、陈吉于都市，倡率其徒遮宰相喧诉者也。从者二十四人，配远恶州军牢城，不能部辖者又二十人，配外州军牢城，卒拣辇官为禁军如初诏。30，页3015

【宋仁宗康定元年（1040）六月】其鬻爵之法，凡入粟五百斛为上爵，许以珠金为妇女服饰，得与本部七品官接坐，犯笞罪及违误听赎；入粟百斛为下爵，许畜女使，以银为饮食器。非等第户减入粟之半。司封出空名爵牒下诸州军给之，愿移卖者勿禁。乡贡举人、牙前、职员、京百司补正名以上准下爵，士族勿拘此制。凡无爵僭有爵、下爵僭上爵，论如违制律，告者赏钱十万，告畜女使或银器者赏钱三万，告服珠、金者赏钱十五万，女使听自便，银器、珠、金没入官，妇人无子若夫，男子年十五以下不许告。如此行之，不益赋于农亩，不重敛于富人，所取至轻，所致甚众。鬻爵之地，除陕西、河东、河北、川峡、广南外，计所入不减五百万斛。每斛定输钱三百，计一百五十万缗。2，页3016

【宋仁宗康定元年（1040）六月】甲午，遣官疏决三京系囚，杂犯死罪降从流，流降从杖，徒以下释之。7，页3018

【宋仁宗康定元年（1040）六月】泾原部署司言："诸堡寨有寨主、监押二员，请月遣一人行边。若斥候不明者，劾其罪。"从之。18，页3019

【宋仁宗康定元年（1040）六月】戊申，诏："元昊刺事人自今获一人者，赏钱百万，补班行；其容匿者，家长斩，妻子配流；所在失觉者，重劾其罪。"24，页3020

续资治通鉴长编卷一百二十八　宋仁宗康定元年（庚辰，1040）

【宋仁宗康定元年（1040）八月】丁亥，诏："诸路罪人多，犯徒、情理重，选少壮者刺配永兴军牢城。候及三百人，选置军校，团为威捷指挥，教阅武艺，分隶逐路部署司，以备前锋。有能效命者，加拔擢之。"5，页3032

【宋仁宗康定元年（1040）八月】庚子，禁陕西缘边主兵官与属羌交易，犯者以违制论。13，页3034

【宋仁宗康定元年（1040）九月】初，三驾皆以待礼事，而车驾近出止用常从以行，议者以为近于阔略。于是，参知政事宋庠言："车驾行幸，非郊庙大礼具陈卤簿外，其常日导从，唯前有驾头，后拥伞扇而已，殊无前典所载公卿奉引之盛。其侍从及百司官属，下至厮役，皆杂行道中。步辇之后，但以亲事官百许人梃以殿，谓之禁卫。诸班劲骑，颇与乘舆相远，而士庶观者，率随扈从之人，夹道驰走，喧呼不禁。所过旗亭市楼，皆垂帘外蔽，士民凭高下瞰，而逻司、街使曾不呵止，威令弛废，习以为常。且黄帝以神功盛德，犹假师兵为营卫，盖所以防微御变也。汉、魏以降，有大驾、法驾、小驾之仪。至唐，又分殿中诸卫、黄麾等仗，名数次序，各有施设。国朝承五代荒残之弊，事从简略，鸣銮游豫，仅同藩镇，而尽去戈戟旌旗之制，非所谓旄头先驱、清道后行之谨也。此皆制度放失，惮于改作之咎。谓宜委一二博学近臣，检寻前代仪注及《卤簿令》①，于三驾诸仗内参定，以今乘舆常时出入之仪，比之三驾诸仗，酌取其中，稍增仪物，具严法禁，上以尊宸极，下以防未然，革去因循，其在今日。"诏太常礼院与两制详定，遂合奏诸班直禁兵步骑为禁卫，仍旧数，复增清道马百，佩弓矢为五重骑，而执罕毕者一骑，而执牙

---

①　《卤簿令》是唐朝令典中的重要组成部分，属于令典中的一章。

门旗前后四骑，而执绯绣凤氅二十四、雉扇十有二，皆分左右。天武兵徒行者执柯舒。亲从兵增其数为三百，殿前指挥使增为二百，并骑，左右相对。开二门，门闲二丈，以拟周礼之人门，凡前牙门旗后，后牙门旗前，为禁卫，辄入者论以法。禁乘高下瞰、垂帘外蔽、夹道喧呼驰走者。颇著于令，其后浸弛云。"柯舒"字当考，江休复《杂志》驾头乃初即位御坐，其详具嘉祐六年七月。7，页3038—3039

【宋仁宗康定元年（1040）九月】乙亥，判吏部铨吴育言："选人非监临，而受酒食、药物、果茹，计赃不满匹，及卖买剩利非强市，杖六十以下罪，经两任无私罪，有举主十人；及因燕饮用妓乐犯逾滥者，十年无私罪，并许磨勘引见。"从之。28，页3045

续资治通鉴长编卷一百二十九　宋仁宗康定元年（庚辰，1040）

【宋仁宗康定元年（1040）冬十月】乙酉，诏诸处盗贼以名捕者，其令流内铨、三班院募选人使臣，有能设方略或亲禽获者，当议超擢之。2，页3050

【宋仁宗康定元年（1040）冬十月】戊戌，诏："如闻诸路盗贼剽劫，而官司匿不以闻，其令转运使、提点刑狱司督巡检、县尉以便宜使方略捕逐，敢有匿者以违制论；其懦不任事，选所部官代之。"12，页3053

【宋仁宗康定元年（1040）十一月】戊午，诏判郑州、武成节度使、同平章事柴宗庆还朝，岁减公用钱四百万，部使者言宗庆贪刻，且纵其下扰民也。宗庆坐法当徒一年，特贷其罪。寻命判济州，仍令京东转运使选通判一员以佐之，宗庆称疾不肯行，御史台劾奏，诏悉停公用钱，听留京师养疾，疾愈复除外任。判济州，明年三月事，今附见。御史劾奏，据朔历孙沔两奏劾宗庆。8，页3055

【宋仁宗康定元年（1040）十二月】流内铨言："选人试律断案，多是苟避选限，乞自今止许试一次。"从之。4，页3059

【宋仁宗康定元年（1040）十二月】戊申，屯田员外郎、通判河中府皮仲容知商州、兼提点采铜铸铁钱事。仲容尝建议铸大钱，一当十，既下两制及三司议其事，谓可权行以助边费，故有是命。初，韩琦安抚陕西，尝言陕西产铁甚广，可铸钱兼用。此据琦家传。于是，叶清臣从仲容议铸当十钱。翰林学士承旨丁度奏曰："汉之五铢，唐之开元及国朝钱法，轻重大小，最为折中。历代改更，法虽精密，不能期年，即复改铸。议者欲绳以峻法，革其盗铸。昔汉变钱币，盗铸死者数十万；唐铸乾元及重轮乾元钱，钱轻币重，严刑不能禁止。今禁旅戍边，月给百钱，得大钱裁十，不可畸用。旧钱不出，新钱愈轻，则粮刍增价。臣尝知湖州，民有抵茶禁者，受千钱，立契代鞭背。在京西，有强盗杀人，取其敝衣，直不过数百钱。盗铸之利，不啻数倍。复有湖山绝处，凶魁啸聚，炉冶日滋，居则铸钱，急则为盗。民间铜铅之器，悉为大钱，何以禁止乎！"本志云：军兴，陕西移用不足，始用知商州皮仲容议，采洛南县红崖山、虢州青水冶青铜，置阜民、朱阳二监以铸钱。按《实录》，乃铸铁钱，与本志不同，当考。孙沔奏乞罢铸大钱，当删附。23，页3071—3072

【宋仁宗康定元年（1040）十二月】权三司使叶清臣言新茶法未适中，请择明习财利之大臣，别议课校。上以号令数更，民听眩惑，乃诏即三司裁定，务优贩者，然亦卒无所变也。25，页3072

【宋仁宗康定元年（1040）十二月】会河北谷贱，三司因请内地诸州行三税法，募人入中，且以东南盐代京师实钱，诏籴至二十万石止。此据《食货志》第三卷。其第四卷加数，与东南盐下又云："河北用三税法，亦以盐代京师所给缗钱"，即第三卷所书也。第三卷所书稍详，今用之。27，页3072

续资治通鉴长编卷一百三十　宋仁宗庆历元年（辛巳，1041）

【宋仁宗庆历元年（1041）春正月】康定元年，初用宋庠等议，复京师、南京及京东州军、淮南宿亳州池盐榷法，而京师榷法寻弛。于是，又诏三司议通淮南盐给南京、衮、郓、曹、济、濮、单、广济八州军利害以闻，其后衮、郓及宿、亳遂皆食淮南盐矣。此据本志附见。榷法复弛，已见宝元二年六月，仍复附此。衮、郓食淮盐，在十一月赦后。5，页3083

【宋仁宗庆历元年（1041）春正月】诏乾元及天庆、天祺、天贶、先天、降圣节，自今惟正节日禁刑外，乾元节仍前后各一日停断大辟罪。10，页3084

续资治通鉴长编卷一百三十一　宋仁宗庆历元年（辛巳，1041）

【宋仁宗庆历元年（1041）二月】中书言："京畿及京西民闲，妄传朝廷招选女口入宫，其扇摇者须听人陈告，配隶远处牢城。"从之。9，页3100

【宋仁宗庆历元年（1041）二月】戊戌，诏学士以下至知杂御史、诸路转运使、提点刑狱，各举殿直以下有材武或晓知钱谷无赃罪者以闻。11，页3103

【宋仁宗庆历元年（1041）三月】戊午，诏："如闻江南民闲，妄言各户二丁以上，皆徙耕陕西远方，贫民或已逃避山谷闲，亦有举息于人，买田自占者。故兼并之家，择户下瘠土移于贫民。宜许人陈告，给赏钱五十千，犯者奏裁。"8，页3112

【宋仁宗庆历元年（1041）夏四月】乙巳，德音降陕西囚死罪一等，流以下释之。诸军及弓箭手，并与特支。仍出内库钱三十万缗以赐边民被寇钞者，其亲属孤寡，官为赈抚，赋役可省者省之。官吏有务苛刻诛求者，当行严典。本路进士再举、诸科三举及曾经御试者免解，诸州解额不及十人者增五人，十人以上增三人。9，页3116

续资治通鉴长编卷一百三十二　宋仁宗庆历元年（辛巳，1041）

【宋仁宗庆历元年（1041）五月】乙卯，诏："以铜钱出外界，一贯以上，为首者处死；其为从，若不及一贯，河东、河北、京西、陕西人决配广南远恶州军本城，广南、两浙、福建人配陕西。其居停资给者，与同罪，如捕到蕃人，亦决配荆湖、江南编管。仍许诸色人告捉，给以所告之物。其经地分不觉察，官吏减二等坐之。"初，权三司使公事叶清臣，言朝廷务怀来四夷，通缘边互市，而边吏习于久安，约束宽弛，致中国宝货钱币，日流于外界。比年县官用度既广，而民间货易不通，方羌戎为叛，指日待诛，奸人出入边关，荡然无禁，故于旧条第加其罪。3，页3122

【宋仁宗庆历元年（1041）五月】丁巳，御崇政殿，录系囚，杂犯死罪以下递降一等，杖以下释之。4，页3123

【宋仁宗庆历元年（1041）五月】己未，代州言："阳武寨有北界人侵耕禁地，盖由前寨主弥文宝等失巡防所致。请自今缘边诸寨有失巡防致北界侵耕者，准透漏贼盗条论罪。"从之。6，页3123

【宋仁宗庆历元年（1041）秋七月】又诏陕西自兵兴以来，多法外从事，自今情理与本法不类，杖以下罪听之，其自入徒流或加刺配者，须奏听裁。34，页3153—3154

续资治通鉴长编卷一百三十三　宋仁宗庆历元年（辛巳，1041）

【宋仁宗庆历元年（1041）八月】己亥，诏缘边弓箭手于近里州军别置产业以避役者，决配近南州军本城。35，页3169

【宋仁宗庆历元年（1041）九月】戊午，杖杀中书守当官周卞于都市，坐于内降度僧敕内伪益童行三十四人也。事既觉，开封府止按余人而不问堂吏。知制诰富弼，时纠察刑狱，白执政，请以吏付开封，执政指其坐曰："公即居此，无为近名。"弼正色不受其言，曰："必得吏乃止。"执政滋不悦。

初，刘从德之妻遂国夫人者，王蒙正女也。尝出入内庭，或云得幸于上，后获谴夺封，罢朝谒，久之，出入如故。谏官张方平再以疏论列，皆留中。既而有诏复封遂国，弼缴还词头，封命遂寝。唐制，惟给事中得封还诏书，中书舍人缴还词头，盖自弼始也。《实录·附传》云周日宣，今从《实录》，或曰宣即卞也。弼缴还词头，罢遂国之封，此据《别志》，不得其时。按弼青州谢中使赐茶药札子，云知制诰两曾缴还词头，及纠察刑狱，举堂吏诈作戒谍。然则缴还词头当在纠察刑狱以前也。日月既不可考，今附诛堂吏后。两曾缴还词头，此一事，不知其一又何事也。按刘从德之妻，王蒙正女也。景祐四年，蒙正坐私其父婢，除名流广南，即诏从德妻自今不得入内，其获谴夺封事，《实录》不载，别志所云必有据，今从之。然则志称宝元中，恐年名差误，当是景祐间耳。10，页3174

续资治通鉴长编卷一百三十四　宋仁宗庆历元年（辛巳，1041）

【宋仁宗庆历元年（1041）】冬十月丁丑朔，陕西转运使卞咸，请自今本司差官赴军期而辄敢稽违及本处留不遣者，并以违制论，从之。1，页3187

【宋仁宗庆历元年（1041）十一月】甲寅，诏："如闻淄、齐等州民间置教头，习兵仗，聚为社。自今为首处斩，余决配远恶军州牢城。仍令人告捕之，获一人者赏钱三十千。"9，页3196—3197

【宋仁宗庆历元年（1041）十一月】开封府进士，缘外州举人冒贯乡户，致本府人解送全少，其进士两举者，令召命官三人并本县官吏委保，听直赴省试。外州解额，令有司勘会，特与增添。昨言边事试中，授司士参军、文学、长史，年六十以下者，并许赴铨投状，以所试判分三等注权陕西缘边次边近地主簿、尉，如一任无赃私及公罪至徒，除本路正官，或犯公私罪至徒以上，次任依旧。21，页3199

【宋仁宗庆历元年（1041）十一月】京东密、登二州皆煮海为盐，密州场一，登州场四，南京及衮、郓、曹、濮、济、单、广济七州军食池盐，余皆食二州盐，官自为市，禁民私贩。及淄潍、淮阳等八州军皆弛禁，遂罢密、登岁课，第令户输租钱。其后衮、郓皆以壤地相接，请罢食池盐，得通海盐，收算如淄潍等州，许之。自是诸州官不贮盐，而岁应授百姓蚕盐罢给。此据本志附见，正月己未所书可考。又《张观传》：观以今年十一月庚寅，自澶州徙郓州。旧法，京东通安邑盐，而濒海之地禁私煮。观上言："利之所在，百姓趋之，虽日杀于市，恐不能止，请弛禁以便民。"岁免黥配者不可胜计。然则衮、郓得通海盐，必由观请也，但不得其时尔。22，页3199

【宋仁宗庆历元年（1041）十二月】禁缘边臣僚私市马，缺马者官为给之。15，页3206

【宋仁宗庆历元年（1041）十二月】复祠部员外郎赵概为直集贤院、知滁州。概前坐失保任落职监当，至是以赦复之，所保任张诰也。诰坐赃，流海上。概责亦累年，而怜诰终不衰，人谓概长者。31，页3209

续资治通鉴长编卷一百三十五　宋仁宗庆历二年（壬午，1042）

【宋仁宗庆历二年（1042）春正月】始，诏复京师榷法。宗杰请："凡商人以虚估受券，及已受盐未鬻者，皆计直输亏官钱。内地州军民间盐，悉收市入官，为置场增价而出之。复禁永兴、同、华、耀、河中、陕、虢、解、晋、绛、庆成十一州商贾，官自辇运，以衙前主之。又禁商盐私入蜀，置折博务于永兴、凤翔，听人入钱若蜀货易盐，趋蜀中以售。"诏皆用其说。10，页3215

【宋仁宗庆历二年（1042）春正月】癸亥，诏磨勘院："自今提点刑狱朝臣代还，列功过三等以闻。上等除省府判官、转运使副，中等除大藩一任，然后升陟之，下等降知州。"16，页3218

【宋仁宗庆历二年（1042）二月】乙酉，诏陕西缘边经略招讨司，战兵身无它伤，而被馘劓耳鼻、或遗失器甲、剥去衣服者斩。14，页3223

【宋仁宗庆历二年（1042）三月】丁巳，命枢密使杜衍为河东宣抚使，翰林学士承旨丁度副之，诸州军刑狱罪疑可悯者，并从轻决，无令淹系。本路诸军各赐缗钱，其屯兵多处加燕犒之。《王益柔传》：杜衍宣抚河东，益柔寓书言河外兵饷无法，非易帅臣与转运使，则边鄙不宁。因条其可任者，与衍意合。此事当考。庆历四年五月，益柔始除集校。7，页3227—3228

【宋仁宗庆历二年（1042）夏四月】又诏河北教阅义勇指挥，令番休于家，其惰游不业农者，听其家长告官，重行科责。17，页3237

续资治通鉴长编卷一百三十六　宋仁宗庆历二年（壬午，1042）

【宋仁宗庆历二年（1042）五月】辛亥，御崇政殿，录系囚。9，页3248

【宋仁宗庆历二年（1042）五月】诏开封府界盗贼未捕获者六百九十余人，其非伤杀事主及元谋之人，听百日归业，除其罪。32，页3267

续资治通鉴长编卷一百三十七　宋仁宗庆历二年（壬午，1042）

【宋仁宗庆历二年（1042）八月】刑部检法官杨中正言，在京命官、使臣、本司吏人犯杖罪已下，听决罚，从之。9，页3288

【宋仁宗庆历二年（1042）八月】权御史中丞贾昌朝言："臣僚起居失仪，请依唐例参列为八节，分十六事。"从之。14，页3289

【宋仁宗庆历二年（1042）】九月辛丑朔，太常博士孙甫为秘阁校理，枢密副使杜衍所荐也。甫，阳翟人，衍守京兆，辟知府司录事，吏职纤末皆倚办。甫曰："待我如此，可以去矣。"衍闻之，不复以小事属甫。衍与语，必引经以对，言天下贤俊，历评其才性所长。衍曰："吾辟属官，得益友。"尝监益州交子务，转运使以伪造交子多犯法，废不用。甫曰："交子可以伪造，铁钱可以私铸，有犯私铸，钱可废乎？但严治之，不当以小害废大利。"交子卒不废。甫与秘书丞杨孜并为校理，孜事无所见，今不书。1，页3289—3290

续资治通鉴长编卷一百三十八　宋仁宗庆历二年（壬午，1042）

【宋仁宗庆历二年（1042）十一月】戊戌，诏凡有劫盗入州县城，

其长吏、都监、巡检、令长并劾罪以闻。25，页3327

续资治通鉴长编卷一百三十九　宋仁宗庆历三年（癸未，1043）

【宋仁宗庆历三年（1043）春正月】枢密直学士杨偕言："窃见新定行军约束，贪财物资畜而不赴杀贼者斩，又合战而争他人所获首级者斩。是知临战之际，恐其错乱行伍，故争财物与争首级者斩。然又有斩首级受赏之条，使其众必争之。古者虽有斩首几千级，盖是槩众斩获之数，非赏所获首级以诱士卒之乱也。自刘平、石元孙之败，多因争首级之故，请自今杀贼之后，计所获首级，本队论赏。"从之。9，页3342

【宋仁宗庆历三年（1043）二月】癸卯，知并州明镐，请自今并代路制置军马事连契丹界者，委经略使便宜处分，从之。2，页3347

续资治通鉴长编卷一百四十　宋仁宗庆历三年（癸未，1043）

【宋仁宗庆历三年（1043）】三月戊辰朔，诏刑部、大理寺，以前后所断狱及定夺公事编为例。《王子融传》：判大理寺，建言，"法寺谳疑狱，前此猥多，艰于讨阅，乃取轻重可为准者，类次为断例。"当即是此事也。子融前月已除待制、知荆南，更考之。1，页3358

【宋仁宗庆历三年（1043）夏四月】诏天庆等五节，自今流以下罪听决之。5，页3363

续资治通鉴长编卷一百四十一　宋仁宗庆历三年（癸未，1043）

【宋仁宗庆历三年（1043）五月】初，崇勋判成德军，而部民行赂于其亲吏任昭敏、李咸新，使告其子内殿承制宗诲，求免所犯罪。事觉，宗诲等皆编管诸州，崇勋并坐罪。崇勋初犹为宗诲营奏，既逮捕宗诲，崇勋又篡取之。监察御史赵祐言："阙庭至近，崇勋恣横如此。臣闻制使李宗易有奏报，继遣种世材就问，崇勋但卧合延制使入，云'不合卤莽'。臣请选使臣以禁兵送崇勋就对。或以其尝官枢密，务存大体，亦望与一散秩，许令致仕。"上深然之。祐，滏阳人也。此据晁补之所作墓志，六月壬寅，祐出知州，避贾昌朝执政之嫌也，仍不废言事。当考。2，页3372

【宋仁宗庆历三年（1043）五月】庚午，御崇政殿录系囚，命侍御史沈邈等分诣京畿及三京，其诸路即委转运使、提点刑狱官亲行疏决，杂犯死罪以下递降一等，杖以下释之。5，页3373

【宋仁宗庆历三年（1043）五月】诏宗室女从夫任外官者，毋得私至京师。右侍禁王世卞娶宗女晋安郡君，为郑州兵马监押，既从至官，而辄私自归，为有司所劾，故条约之。9，页3373

【宋仁宗庆历三年（1043）五月】又诏诸路配役在疏决以前者并释之。13，页3374

【宋仁宗庆历三年（1043）六月】甲辰，诏曰："议者多言天下茶、盐、矾、铁、铜、银坑冶之有遗利，朕惧开掊刻之政，常抑而不宣。然尚虑有过取而伤民者，转运司其谕所部官吏条上利害以闻。"初议欲弛茶盐之禁及减商税，既而范仲淹以为："茶盐、商税之入，但分减商贾之利尔，于商贾未甚有害也。今国用未省，岁入不可缺，既不取之于山泽及商贾，必取之于农。与其害农，孰若取之商贾。今为计莫若先省国用，国用有余，当先宽赋役，然后及商贾，弛禁非所当先也。"其议遂寝。范仲淹不欲先弛茶盐之禁及减商税，此据沈括《笔谈》，今附见令官吏条上利害后。此虽有条上利害之诏，讫无所更张，或因仲淹言，故寝也。3，页3387—3388

【宋仁宗庆历三年（1043）六月】甲子，右正言余靖言："朝廷所以威制天下者，执赏罚之柄也。今天下至大而官吏弛事，细民聚而为盗贼，不能禁止者，盖赏罚不行也。若非大设堤防以矫前弊，则臣忧国家之患不在夷狄，而起于封域之内矣。南京者，天子之别都也，贼入城斩关而出。解州、池州之贼不过十人，公然入城虏掠人户。邓州之贼不满二十人，而数年不能获。又清平军贼入城作变，主者泣告，而军使反闭门不肯出。所闻如此，而官吏皆未尝重有责罚，欲望贼盗衰息，何由而得？今京东贼大者五七十人，小者三二十人，桂阳监贼仅二百人，建昌军贼四百余人，处处蜂起，而巡检、县尉未知处以何罪，当职大臣尚规规守常，不立法禁，深可为国家忧。且以常情言之，若与贼斗，动有死亡之忧，避不击贼，止于罚铜及罚俸。谁惜数斤之铜，数月之俸，以冒死伤之患哉？乞朝廷严为督责捕贼赏罚，及立被贼劫质、亡失器甲除名追官之法。"从之。10，页3389—3390

续资治通鉴长编卷一百四十二　宋仁宗庆历三年（癸未，1043）

【宋仁宗庆历三年（1043）秋七月】辛巳，诏诸路犯罪人，自今不得配隶河北缘边州军。18，页3402

【宋仁宗庆历三年（1043）秋七月】庚寅，诏广南转运使，诸配军有累犯情涉凶恶，许便宜处斩，以事闻。24，页3405

【宋仁宗庆历三年（1043）八月】《天圣编敕》既施行，自景祐二年至今，所增又四千七百余条，丁酉，复命官删定。翰林学士吴育、侍御史知杂事鱼周询、权判大理寺杜曾、知谏院王素、欧阳修并为详定官，宰臣晏殊、参知政事贾昌朝提举。既而修言曾尝盗父妾生子，遂出知曹州，皇恐暴卒。据《实录》，曾以十月丙辰出知邓州，不载欧阳修有言，今从本传。3，页3415

【宋仁宗庆历三年（1043）八月】诏阁门祗候曾任知州军、提点刑狱公事者，依七品例赎铜。20，页3423

续资治通鉴长编卷一百四十三　宋仁宗庆历三年（癸未，1043）

【宋仁宗庆历三年（1043）九月】十曰重命令。臣闻《书》曰"慎乃出令，令出惟行"。准《律》文："诸被制书有所施行而违者，徒二年；失错者，杖一百"；又"监临主司受财而枉法者，十五匹，绞"。盖先王重其法令，使无敢动摇，将以行天下之政也。今睹国家每降宣敕条贯，烦而无信，轻而弗禀。上失其威，下受其弊。盖由朝廷采百官起请，率尔颁行，既昧经常，即时更改，此烦而无信之验矣。又海行条贯，虽是故违，皆从失坐，全乖律意，致坏大法，此轻而弗禀之甚矣。臣请特降诏书，今后百官起请条贯，令中书、枢密院看详、会议，必可经久，方得施行。如事干刑名者，更于审刑、大理寺，勾明会法律官员参详起请之词，删去繁冗，裁为制敕，然后颁行天下，必期遵守。其冲改条贯并令缴纳，免致错乱、误有施行。仍望别降敕命，今后逐处当职官吏，亲被制书及到职后所受条贯，敢故违者，不以海行，并从违制，徒二年。未到职已前所降条贯，失于检用，情非故违者，并从本条失错科断，杖一百。余人犯海行条贯，不指定违制刑名者，并从失坐。若条贯差失，于事有害，逐处长吏别见机会，须至便宜而行者，并须具缘由闻奏，委中书、枢密院详察。如合理道，即与放罪。仍便相度，别从更改。《仲淹正传》删取十事太略，又改覃恩信为第八，重命令为第九，减徭役为第十，今悉依仲淹《奏议》详著之。5，页3443—3444

【宋仁宗庆历三年（1043）九月】先是，枢密副使富弼言："臣历观自古帝王理天下，未有不以法制为首务。法制立，然后万事有经，而治道可必。宋有天下九十余年，太祖始革五代之弊，创立法度，太宗克绍前烈，纪纲益明，真宗承两朝太平之基，谨守成宪。近年纪纲甚紊，随事变更，两府执守，便为成例。施于天下，咸以为非，而朝廷安然奉行，不思划革。至使民力殚竭，国用乏匮，吏员冗而率未得人，政道缺而将及于乱。赏罚无准，邪正未分。西北交侵，寇盗充斥。师出无律，而战必败，令下无信，而民不从。如此百端，不可悉数。其所以然者，盖法制不立，而沦胥至此也。臣今欲选官置局，将三朝典故及讨寻久来诸司所行可用文字，分门类聚，编成一书，置在两府，俾为模范。庶几颓纲稍振，弊法渐除，此守基图救祸乱之本也。"上纳其言，故命靖等编修，弼总领之。明年九月书成，分别事类，凡九十六门，二十卷。其间典法深大，今世不能遵守者，于逐事之后各释其意。意相类者，止释一事，事理明白者更不复释。25，页3455—3456

【宋仁宗庆历三年（1043）九月】丁亥，徙知庆州滕宗谅权知凤翔府。时郑戬发宗谅前在泾州枉费公用钱十六万缗，而监察御史梁坚亦劾奏之。诏太常博士燕度往邠州鞫其事。宗谅坐是徒。26，页3456

【宋仁宗庆历三年（1043）九月】壬辰，翰林学士、端明殿学士兼翰林院侍读学士、中书舍人李淑罢翰林学士,为给事中,出知郑州。权知开封府吴育言淑前在府多袭近吏人故也。育领府事才数日,发大奸吏一人流岭外。又得巨盗,积赃万九千缗。狱具而辄再变,众疑其冤,帝遣他吏按之,卒伏法,由是京师肃然。30,页3459

【宋仁宗庆历三年（1043）九月】诏诸路提点刑狱司专管勾巡检盗贼公事。31,页3459

【宋仁宗庆历三年（1043）九月】先是,参知政事范仲淹言:"臣窃见陕西、河东边计不足,遂铸铁钱以助军费。而民多盗铸,日犯极典,为法之弊,久将不堪。臣睹《舜典》曰'金作赎刑',又《吕刑》曰'五刑不简,正于五罚'。是虞舜、周公皆用赎法。孔子删书,垂于后世,明其可行之法。历代尝行,今久不用,人或疑之。臣欲乞且于陕西、河东缘边次州军行之,候戎事稍息,官不缺用,则别从朝旨。一,徒以上罪不赎。一,杖以下罪依下项。一,侵损于人,皆不赎。侵谓侵财物,损谓伤折于人。一,兵士、公人不赎,内公人不因公事,私自失误者,亦听赎。一,为盗并造作诈伪及诬告论不干己事者,皆不赎。一,捕捉贼盗公人违限等罪不赎。一,兴贩私茶盐、酤卖私酒并赌博人并不赎。一,所犯罪新条该赎,至第三犯者不赎。一,众人共犯一事合赎,富贵不均者不赎,内有物力愿与众人纳罚钱者,即皆听赎,造意人不以贫富不赎。一,军人、百姓同犯一事者,皆不赎。一,应有荫并老小疾患之类,但旧条合赎者,并依旧法,每斤纳钱一百二十文足。一,旧条不该赎而今得赎者,并取情愿之人,其铜每斤纳钱一贯二百文足,亦许以粟帛依时价折纳其钱,无物赎纳者,自依常法区别。一,逐县仰典押保举有行止、会书札曹司一名,赴本州法司习学法律,委本州长吏以下聚厅试验,稍通刑名义理,即放归本县充法司。候三周年检断无失者,与转一资,有失误无赃私者,五年与转一资。一,所断赎刑失错者,官吏各准其罪,不以失减。官典受赃者,并以枉法赃论。"32,页3459—3460

【宋仁宗庆历三年（1043）九月】癸巳,诏:"先王用法简约,使人知禁而易从。后代设茶盐酒税之禁,夺民厚利,刑用滋章。今之编敕,皆出律外,又数改更,官吏且不能晓,百姓安得闻之而不一陷于理。身体发肤,以之毁伤。父母妻子,以之离散。情虽可哀,法不可赎。岂礼乐之化未行,而专用刑罚之弊欤？孔子曰:'礼乐不兴,则刑罚不中,刑罚不中，则民无所措手足。'汉文帝使天下入粟于边，以受爵、免罪，而几乎刑措。其后京师之钱，累百巨万，太仓之粟，陈陈相因。其议科条，有非著于律者，或细民难知，或人情不免，或冒利犯禁，或奢侈违令，或过误可悯之类，别为赎法，乡民以谷麦，市人以钱帛。使民重谷帛，免刑罚，则农桑自劝，富寿可期矣。"34，页3461—3462

【宋仁宗庆历三年（1043）九月】欧阳修言：

臣自军贼王伦败后，屡曾极言论列，恐相次盗贼渐多，伏乞朝廷早为备御。凡为国家忧盗贼者，非独臣一人，前后献言者甚众，皆为大臣忽弃，都不施行。而为大臣者，又无擘画，果致近日诸处盗贼纵横。自淮南新遭王伦之后，今京以西州县又遭张海、郭邈山等劫掠焚烧。桂阳监昨奏蛮贼数百人，夔、峡、荆、湖各奏蛮贼皆数百人，解州又奏见有未获贼十余伙，滑州又闻强贼三十余人烧劫沙弥镇，许州又闻有贼三四十人劫椹涧镇，此臣所闻目下盗起之处如此纵横也。此外，京东今岁自秋不雨，至今麦种未得，江淮伦贼之后，继以饥蝗；陕西灾旱，道路流亡，日夜不绝。似此等处，将来盗贼必起，是见在者未灭，续来者更多。而乾象变差、谴告不一，于古占法多云"天下大兵并起"。今兵端已动于下，天象又告于上，而朝廷安恬舒缓，无异常时，此臣前状所谓古之智者能虑未形之机，今之谋臣不识已形之祸者也。

臣闻两汉之法，凡盗贼并起、人民流亡、天文灾异，如此等事，皆责三公，或被诛戮，或行黜放。今幸朝廷仁圣宽慈，大臣偶免重责，而犹忽忽祸患，偷习因循，此臣所谓大臣不肯峻国法以绳官吏，盖由陛下不以威刑责其大臣者也。

今见在贼已如此，后来贼必更多，若不早图，恐难后悔。臣计方今御盗者不过四事：一曰州郡置兵为备；二曰选捕盗之官；三曰明赏罚之法；四曰去冗官、用良吏，以抚疲民，使不起为盗。此四者，大臣所忽，以为常谈者也。然臣视朝廷于此四者，未必有一事合宜。伏望圣慈严敕两府大臣，问其舍此四事，别有何术可为，苟无他术，则此四事宜可施行。臣窃闻州郡置兵，富弼已有条奏，其余三事，前后言事者论议甚多，伏乞合聚群议，择其善者而行之。35，页3462—3464

续资治通鉴长编卷一百四十四　宋仁宗庆历三年（癸未，1043）

【宋仁宗庆历三年（1043）冬十月】又诏有盗杀掠人，其捕盗官吏并当日具所杀掠人数申本属州军，逐州军亦限当日上奏，如敢隐落，若辄稽违者，并以违制论。20，页3483

【宋仁宗庆历三年（1043）冬十月】壬戌，诏曰："唐、虞稽古，建官惟百，能哲而惠，克明峻德。然犹三载考绩，三考黜陟幽明。周制，太宰之职，岁受官府之会，以诏王废置，三载则大计群吏之治而诛赏之。故考课之法旧矣。祥符之际，治致升平，凡下诏条，主于宽大，考最则有限年之制，入官则有循资之格。及比年事边，因缘多故，数披官簿，审阅朝行，思得应务之才，知亏素养之道。然非褒沮善恶，则不激砺，非甄别流品，则不愤发。特颁程式，以懋官成。自今两地臣僚，非有勋德善状，不得非时进秩；非次罢免者，毋以转官带职为例。两省以上，旧法四年一迁官，今具履历听旨。京朝官磨勘年限，有私罪及历任尝有赃罪，先以情重轻及勤绩与举者数奏听旨；若磨勘三年，赃私罪杖以下经取旨，徒以上再经取旨，其能自新无私犯而着最课及有举者，皆第迁之。自请厘物务于京师，五年一磨勘，因举及选差勿拘。凡有善政异绩，或劝农桑获美利，鞠刑狱雪冤枉，典物务能革大弊，省钱谷数多，准事大小迁官升任，选人视此。若朝官迁员外郎，须三年无私罪，而有监司若清望官五人为保引，乃磨勘。迁郎中、少卿监亦如之。举者数不足，增二年。迁大卿监、谏议大夫，弗为常例，悉听旨。又定制，监物务入亲民，次升通判，通判升知州，皆用举者。举数不足，毋辄关升。"此仲淹等所上十事，其一曰明黜陟也，已具九月丁卯。31，页3485—3486

续资治通鉴长编卷一百四十五　宋仁宗庆历三年（癸未，1043）

【宋仁宗庆历三年（1043）十一月】拯，合肥人，事父母以孝闻。尝知天长县，有诉盗割牛舌者，拯使归屠其牛鬻之。既而又有告杀牛者，拯曰："何为割某家牛舌而又告之？"盗者惊伏。徙知端州，州岁贡砚，

前守缘贡率取十倍以遗权贵人。拯命制者才足贡数,岁满,不持一砚归。5,页3496

【宋仁宗庆历三年（1043）十一月】又诏武臣乞致仕而尝坐赃者,降一等除官。8,页3496

【宋仁宗庆历三年（1043）十一月】丁亥,诏曰:"周大司乐掌学政,以六艺教国子,则官材盖本于世胄。而今之荫法,推恩太广,以致疏宗蒙泽,稚齿授官。未知立身之道,从政之方,而并阶仕进,非所以审政重民也。其著为令,使夫冢嗣先录,以笃为后之体;支子限年,以明入官之重。设考课之格,立保任之条。古不云乎,爵禄者,天下之砥石,人君所以砺世而磨钝。咨尔庶位,体兹意焉。"14,页3503

【宋仁宗庆历三年（1043）十一月】京朝官年二十五以上,岁首赴试于国子监,考法如选人,中格者调官。两任无私罪,有监司、知州、通判保举官三人,入亲民;经三试,朝臣保举者三人,与下等厘物务;两任无私犯,监司或知州、通判保举者五人,人亲民,愿易武弁者听。14,页3504

续资治通鉴长编卷一百四十六　宋仁宗庆历四年（甲申,1044）

【宋仁宗庆历四年（1044）春正月】权判吏部流内铨王质言:"伏见先朝审官、三班院、流内铨引见磨勘差遣人,并临时取旨。自天圣垂帘之后,皆前一日进入文字,内中批定指挥,其间虽有功过,有司不敢复有所陈。今请如先朝故事,更不豫进文字,并于引见日,面与处分。"诏审官、三班院、流内铨,如批降指挥后,有合奏情事,令主判官别取旨。4,页3530

【宋仁宗庆历四年（1044）春正月】丙戌,诏:"自今臣僚毋得以奏荐恩泽及所授命,为亲属乞赐科名及转官、升陟入通判以上差遣,其亲属尝降官、降差遣,亦毋得乞以恩泽牵复;若因累而为别更名奏荫者,重坐之。"11,页3533

【宋仁宗庆历四年（1044）春正月】辛卯，太常礼院上新修《太常新礼》四十卷、《庆历祀仪》六十二卷；赐提举，参知政事贾昌朝编修，龙图阁直学士孙祖德、知制诰李宥张方平，同编修，直集贤院吕公绰、天章阁侍讲曾公亮王洙、崇文院检讨孙瑜、集贤校理余靖刁约，器币有差。景祐四年三月吴育建请。15，页3533

【宋仁宗庆历四年（1044）】二月乙未，命知汝州、太常博士范祥，驰传与陕西都转运使程戡同议解盐法，从三司请也。庆历二年，既用范宗杰说，复京师榷法。久之，东南盐池悉复榷，量民资厚薄，役令辇车转致诸郡。道路靡耗，役人竭产不能偿，往往弃圳亩、舍妻子亡匿。东盐凡通商州军，在京西者为南盐，若禁盐地则为东盐。总州府军二十八，已见天圣八年。则盛置卒徒，车运抵河而舟，寒暑往来，未尝暂息，关内骚然。所得盐利，不足以佐县官之急。并边务诱人入中刍粟，皆为虚估，腾踊至数倍，岁费京师钱币，不可胜数，帑藏益虚。祥本关中人，熟其利害，尝以谓两池之利甚博，而不能少助边计者，公私侵渔之害也；倘一变法，可岁省度支缗钱数百万。乃画策以献。是时韩琦为枢密副使，与知制诰田况皆请用祥策，故有是命。本志云，会祥以表去。按祥明年三月壬午，乃自知华州提举坑冶铸钱，其以表去，实在此后，行状亦云，本志误也。八年十月，乃复用祥，当是祥与戡议不合，故以祥知华州，明年三月，除提举坑冶铸钱，始遭父丧去耳。1，页3533—3534

【宋仁宗庆历四年（1044）二月】始，梁坚劾宗谅枉费公用十六万缗。及遣中使检视，乃宗谅始至泾州日，以故事犒赉诸部属羌；又间以馈遗游士故人。宗谅恐连逮者众，因悉焚其籍，以灭姓名。然宗谅所费，才三千缗，坚并诸军月给言之，故云十六万。参知政事范仲淹力辨之。会坚死，台官执坚奏劾宗谅不已，故宗谅再黜，然终赖仲淹之力，不夺职也。19，页3542

【宋仁宗庆历四年（1044）二月】范仲淹言："臣窃见审官、三班院并铨曹，自祖宗以来，条贯极多，逐旋冲改，久不删定。主判臣僚，卒难详悉，官员使臣，莫知涯涘，故司属高下，颇害至公。欲乞特降指挥，选差臣僚，就审官、三班院并铨曹，取索前后条例，与主判官员，同共看详，重行删定，画一闻奏。付中书、枢密院，参酌进呈。别降敕命，各令编成例策施行。"诏天章阁侍讲曾公亮删定审官、三班院、流内铨条贯。

又至和二年十一月。27，页3550

续资治通鉴长编卷一百四十七　宋仁宗庆历四年（甲申，1044）

【宋仁宗庆历四年（1044）三月】诏尝经战殁及为盗所杀，其子孙补班行而年幼者，并给以俸。5，页3556

【宋仁宗庆历四年（1044）三月】癸酉，祠部郎中、集贤校理钱仙芝贷命决配沙门岛，坐知秀州受枉法赃罪当死，特贷之；前两浙转运使王琪降知婺州，两浙转运使邵饰降知洪州，并坐按发仙芝在谏官奏劾之后也。琪、饰降官在五月庚午，今并书。8，页3556

【宋仁宗庆历四年（1044）三月】乙亥，诏曰：儒者通天地人之理，明古今治乱之源，可谓博矣。然学者不得骋其说，而有司务先声病章句以拘牵之，则夫英俊奇伟之士，何以奋焉？士有纯明朴茂之美，而无教学养成之法，其饬身励节者，使与不肖之人杂而并进，则夫懿德敏行之贤，何以见焉？此取士之甚弊，而学者自以为患，议者屡以为言。比令详酌，仍诏政事府参定。皆谓本学校以教之，然后可求其行实；先策论，则辨理者得尽其说；简程式，则闳博者可见其才。至于经术之家，稍增新制，兼行旧式，以勉中人。烦法细文，一皆罢去。明其赏罚，俾各劝焉。如此，则待才之意周，取人之道广。夫遇人以薄者，不可责其厚也。今朕建学兴善，以尊子大夫之行；而更制革弊，以尽学者之才。教育之方，勤亦至矣。有司其务严训导，精察举，以称朕意。学者其进德修业，无失其时。凡所科条，可为永式。

其《令》曰：州若县皆立学，本道使者选属部官为教授，三年而代；选于吏员不足，取于乡里宿学有道业者，三年无私谴，以名闻。士须在学习业三百日，乃听预秋赋；旧尝充赋者，百日而止。亲老无兼侍，取保任，听学于家，而令试于州者相保任。所禁有七：曰隐忧匿服；曰尝犯刑责；曰行亏孝弟，有状可指；曰明触宪法，两经赎罚，或不经赎罚，而为害乡党；曰籍非本土，假户冒名；曰父祖干十恶四等以上罪；曰工商杂类，或尝为僧道。皆不得预。11，页3563—3565

【宋仁宗庆历四年（1044）三月】诏开封府吏受贿，虽会疏决，毋以例原。13，页3565

续资治通鉴长编卷一百四十八　宋仁宗庆历四年（甲申，1044）

【宋仁宗庆历四年（1044）】夏四月癸巳，诏广南东西、荆湖北路转运提点刑狱，比者群盗结集，未尽捕灭，其体量逐路配军编管人内，有凶恶不可存者，徙配近里州军。1，页3574

【宋仁宗庆历四年（1044）夏四月】审刑院、大理寺上陈留县移桥狱。权三司使王尧臣罚铜七斤，权户部副使郭难，知陈留县、太子右赞善大夫杜衍，开封县主簿杨文仲，陈留等县催纲、右侍禁李舜举，并罚铜六斤，皆以公罪坐之。户部判官、国子博士慎钺罚铜七斤，提点在京仓草场、殿中丞陈荣古罚铜十斤，都官员外郎王溟追一官，卫尉寺丞卢士伦追一官，仍罚铜十斤，并以私罪坐之。

先是，舜举建言，请移陈留南镇土桥于近西旧施桥处，以免倾覆舟船之患。开封府差文仲与衍相度，而衍等请如舜举之奏。士伦，县之大姓，有邸舍在桥下，徙则邸舍尽废。溟前监县税，尝减直僦舍居之。溟与尧臣为同年，因白尧臣，且谓徙桥于官无利害，又桥柱未尝坏舟船，安用更张为？翼日，尧臣谓钺曰："自移陈留桥，仅三十年，今忽议徙故处，动费官钱不赀。"时开封府已毁桥，而三司帖下县不得毁，因奏遣荣古往相度，而请于旧桥西展木岸五十步，擘水入大洪，而罢移桥。权知开封府吴育固争之。又命监察御史王砺再定夺，砺言徙桥故处便，且言三司称桥下有官私屋，今据其处惟有士伦邸舍而无官屋，切恐私有请求。于是内降下开封府录司，命工部郎中吕觉就鞠之。钺坐尝遣人诣砺刺其事，为砺所得，荣古不言庆历二年有船触桥柱破，故以私罪论。及狱上，特诏免溟追官，罚铜二十斤，荣古暨钺仍改从公罪。17，页3583—3584

【宋仁宗庆历四年（1044）夏四月】癸丑，诏诸路招禁军而人才小弱者，官吏并勘罪以闻。时上封者言招军有常格，而所至务张其事，多得怯弱不及等之人，比有复自禁军降厢军者，故条约之。22，页3590

【宋仁宗庆历四年（1044）夏四月】甲寅，诏诸路罪人权住配广南东西、荆湖南北路。23，页3590

续资治通鉴长编卷一百四十九　宋仁宗庆历四年（甲申，1044）

【宋仁宗庆历四年（1044）五月】庚午，御崇政殿录系囚。8，页3609

【宋仁宗庆历四年（1044）五月】癸酉，司勋员外郎吕绍宁请以见行编敕年月后续降宣敕，令大理寺检法官，依《律》门分十二编，以颁天下，庶便于检阅而无误出入刑名。从之。11，页3609

续资治通鉴长编卷一百五十　宋仁宗庆历四年（甲申，1044）

【宋仁宗庆历四年（1044）】六月辛卯朔，辅臣列奏，答手诏所问，曰：
臣等各蒙奖用，待罪二府，不能燮理弥缝，致化天下，过烦圣虑，特降德音，上以宗庙为忧，下以生灵为念，臣等不任惭恐战汗，死罪！1，页3622

【宋仁宗庆历四年（1044）六月】壬子，诏疏决天下系囚，流徒罪降一等，杖笞释之，杂犯至死情可悯者奏裁，旱故也。18，页3635

续资治通鉴长编卷一百五十一　宋仁宗庆历四年（甲申，1044）

【宋仁宗庆历四年（1044）秋七月】丙寅，降知石州、洛苑副使刘舜臣为礼宾副使，坐盗用公使酒醋，法当死，上以边臣特宽之。3，页3665

【宋仁宗庆历四年（1044）秋七月】丙戌，诏诸路转运使副、提点刑狱察所部知州军、知县、县令有治状者以名闻，议旌擢之，或不如所举，令御史台劾奏，并坐上书不实之罪。从范仲淹奏请也。19，页3670

【宋仁宗庆历四年（1044）秋七月】先是，范仲淹言：
……

一，天下官吏，明贤者绝少，愚暗者至多，民讼不能辨，吏奸不能防，听断十事，差失五六。转运使、提点刑狱，但采其虚声，岂能遍阅其实，故刑罚不中，日有枉滥。其奏按于朝廷者，千百事中一二事尔，其奏到案牍，下审刑、大理寺，又只据案文，不察情实，惟务尽法，岂恤非辜。或无正条，则引谬例，一断之后，虽冤莫伸，或能理雪，百无一二。其间死生荣辱，伤人之情，实损和气者多矣。古者一刑不当而三年大旱，著于史册，以戒来代，非虚言也。况天下枉滥之法，宁不召灾沴之应耶？臣请诏天下按察官，专切体量州县长吏及刑狱法官，有用法枉曲侵害良善者，具事状奏闻，候到朝廷，详其情理，别行降黜。其审刑、大理寺，乞选辅臣一员兼领，以慎重天下之法，令检寻自来断案及旧例，削其谬误，可存留者著为例册。

一，今诸道常平仓，司农寺管辖，官小权轻，主张不逮，逐处提点刑狱多不举职，尽被州府借出常平仓钱本使用，致不能及时聚敛，每有灾沴及遣使安抚，虽民委沟壑，而仓廪空虚，无所赈发，徒有安抚之名，且无救恤之实。又国家养民之政，本在务农，因民之利而利之，则朝廷不劳心而民自养。臣请选辅臣一员兼领司农寺，力主天下常平仓，使时聚敛，以防灾沴。并诏诸路提点刑狱，今后得替上殿，并先进呈本路常平仓斛斗数目，方得别奏公事。移任者亦须依此发奏后，方得起离。仰司农寺常切纠举，及委辅臣等速定劝农赏罚条约，颁行天下。

一，天下茶盐出于山海，是天地之利以养万民也。近古以来，官禁其源，人多犯法。今又绝商旅之路，官自行贩，困于运置。其民庶私贩者徒流，兵稍盗取者绞配，岁有千万人罹此刑祸。是有司与民争利，作为此制，皆非先王之法也。及以官贩之利，较其商旅，则增息非多，而固护其弊未能革者，俟陛下之睿断尔。臣请诏天下茶盐之法，尽使行商，以去苛刻之刑，以息运置之劳，以取长久之利，此亦助陛下修德省刑之万一也。

仲淹四事，因监司择守令附见。其二其三，请大臣兼领刑法、司农，八月辛卯奏可。考茶盐通商，讫未施行。三年六月甲辰，已有诏议茶盐利害。19，页3670—3673

【宋仁宗庆历四年（1044）八月】初，仲淹建议："周制，三公分兼六官之职，汉以三公分部六卿，唐以宰相分判六曹。今中书，古天官冢宰也；枢密院，古夏官司马也。四官散于群有司，无三公兼领之重，而二府惟进擢差除循资级，议赏罚检用条例而已。上不专三公论道之任，下不专六卿佐王之职，非法治也。臣请仿前代，以三司、司农、审官、流内铨、三班院、国子监、太常、刑部、审刑、大理、群牧、殿前马步军司，各委辅臣兼判其事。凡创置新规，更改前弊，官吏黜陟、刑法轻重、事有利害者，并从辅臣予夺。其事体大者，二府佥议奏裁。臣愿自领兵赋之职，如其无辅，请先黜降。"章得象等皆以为不可，久之乃降是命，然卒不果行。八月庚寅朔。1，页3673

【宋仁宗庆历四年（1044）八月】丙申，诏在京犯罪配隶外州军者，不得因差役上京，在京诸司亦不得指名抽差。时内东门吏犯赃配黄州，其亲戚多内臣，求驾纲上京，而作坊射为甲匠。权度支判官李参奏恐无以惩奸，故禁之。7，页3678

【宋仁宗庆历四年（1044）八月】司勋郎中张可久责授保信节度副使。坐前为淮南转运使，贩私盐万余斤在部中也。监察御史包拯乞不以见获斤两定罪，特于法外重行远地编置，以警赃吏，故有是命。30，页3687

【宋仁宗庆历四年（1044）八月】甲寅，诏宗室大功以上亲之妇不许改嫁，自余夫亡而无子者，服除听还其家。34，页3688

【宋仁宗庆历四年（1044）八月】包拯言："诸道转运使自兼按察及置判官以来，并提点刑狱等，体量部下官吏，颇伤烦碎。兼审刑院、大理寺奏案倍于往年，况无大段罪名，并是掎摭微累，不辨虚实，一例论奏。此盖苟图振举之名，以希进用之速尔，遂使天下官吏各怀危惧。其廉谨自守者，则以为不才，酷虐非法者，则以为干事。人人相效，惟恐不逮，民罹此患，无所诉告。非陛下委任之本意也。其被体量之事，或智虑所不及，或人情偶不免，若非切害，亦可矜闵，虽欲洁己改过，其路亡繇，岂不痛惜哉。"

又言："天下茶盐酒税，逐处长吏曲徇转运使之意，以求课额羡溢，编民则例遭配买，商族则倍行诛剥，为国敛怨，无甚于此。且朝廷设按察、提刑之职，盖欲去贪残之吏，抚疲瘵之俗，今乃惟务苛细，人不聊生，窃恐未为国家之福也。比幸属郊禋盛礼，大霈庆泽，欲乞于赦书内特行约束，凡官吏先被体量者，情非故犯，咸许自新，不悛必置于法。庶使悔过之人，免资终身之累。其诸处茶盐税，亦乞除元额外，不得擅增课利，搔挠人户。应系自来诸般调率，且乞权罢，以安海内生灵之心。伏望圣慈，少赐省察。" 37，页 3689—3690

续资治通鉴长编卷一百五十二　宋仁宗庆历四年（甲申，1044）

【宋仁宗庆历四年（1044）九月】降权保州都监、西头供奉官韦贵为右侍禁、监岳州茶盐酒税，监保州仓草场、权保州兵马监押、左班殿直侍其臻为右班殿直、监曹州仓。徙监保州屯田务、右侍禁贾世永监郓州仓，保州、广信军管界巡检、右侍禁史克顺为泽州管界巡检。保州指挥使、三班奉职张溇，决脊杖二十，刺配沙门岛。

贵本刘从德家奴也，从德卒，恩补班行，累迁西头供奉官，权保州、广信军、安肃军缘边巡检。至是，权保州都监。会兵叛，贵虽不能死节，然屡发奏城中，又日趣乱军降，及城门开，居民赖贵不甚被杀害。臻父知安肃军，领兵会城下，城中疑为内应，屡欲斩之，求哀得免。世永廨舍在南关城里，偶入城，遇乱，遂被留，及田况以敕榜招谕，世永为乱卒遣出城见况，欲得走马宋有言入城，乃开门，有言既不去，尝令世永复入城谕乱军。克顺廨舍在东关门。是日，领兵与乱军格斗，矢中其胸。溇，府谷人，应进士举，因府州防城免解，授长史，试方略，得三班奉职，未仕时尝犯徒刑。韦贵既劝谕乱军，溇乃言我尝读法书，此非可赦之罪也。御史包拯言韦贵罪大责轻，如未欲便行严断，即乞于远恶处编管，不从。13，页 3699—3700

续资治通鉴长编卷一百五十三　宋仁宗庆历四年（甲申，1044）

【宋仁宗庆历四年（1044）十一月】判国子监余靖言："臣伏见先降敕命并贡举条制，国子监生徒，听学满五百日方许取应，每十人之中与解三人。其诸路州、府、军、监并各立学及置县学，本贯人并以入学听习三百日，旧得解人百日以上方许取应。后来虽有敕命，曾到省举人与免听读，内新人显有事故给假，并与勘会除破，其如令非画一，难以久行。窃以国家兴建学校，所以奖育俊秀而训导之。由是广学宫，颁学田，使其专心道义，以思入官之术。伏缘朝廷所赐庄园、房钱等赡之有限，而来者无穷，若遍加廪给，则支费不充，若自营口腹，则贫窭者众，日有定数，不敢不来，非其本心，同于驱役。古之劝学，初不如此。臣以为广黉舍，所以待有志之士，去日限，所以宽食贫之人，国家有厉贤之风，寒士得带经之便。欲乞应国子监太学生徒，如有情愿听读，满五百日，即依先降敕命，将来取解，十人之中与解三人，其不满五百日者，并依旧额取解应举。所有开封府及天下州、军建立州学处，亦取情愿听读，更不限以日数。所贵寒士营生务学，不失其所。"乃诏罢天下学生员听读日限。2，页3714—3715

【宋仁宗庆历四年（1044）十一月】乙丑，降广南东路刑狱、都官员外郎徐仲谋知邵武军，坐部吏取京债事发，而诈为月日发体量状也。张师正《倦游录》载仲谋献秋霖赋，忤贾昌朝、陈执中，故坐责，且云皇祐中事，误也。今不取。6，页3717

【宋仁宗庆历四年（1044）十二月】乙巳，降知楚州职方员外郎胡楷通判秦州，提点淮南刑狱、秘书丞祖无择知黄州。初，王素自淮南徙渭州，移文楷摄转运按察使事，无择既不平，因与楷互讼，事虽会赦，犹降之。11，页3726

【宋仁宗庆历四年（1044）十二月】监察御史刘元瑜劾奏："大理寺丞、集贤校理陆经，前责监汝州酒，转运司差磨勘西京物，杖死争田寡妇李氏，并贷民钱，又数与僚友燕聚，语言多轻肆。监司缪荐其才，权要主张，遂复馆职。请重置于法，勿以赦论。"诏遣太常博士王翼往按其罪，并以经前与进奏院祠神会坐之，责授袁州别驾。河东转运使、司封员外郎夏安期罚铜十斤，太子中允、直集贤院、修起居注李绚知润州，并坐前为京西转运使奏举经复馆职不当也。宰相杜衍多拔知名士置台省，恶衍者指绚为其党，而知河阳任布又言绚在京西苛察，故遽令出守。12，页3726

【宋仁宗庆历四年（1044）十二月】太常博士王翼西京治狱还，赐五品服。知谏院余靖言："治狱而赐服，外人知，必以谓翼深文重法，能希陛下意，以取此宠，所损非细事也。尝有工部郎中吕宽以治狱赐对，祈易章绶，陛下谕之曰：'朕不欲因鞫囚与人恩泽。'宽退以告臣，臣尝书之起居注。陛下前日谕宽是，则今日赐翼非，与夺之间，贵乎一体。小人望风希进，无所不至。幸陛下每于事端，抑其奔竞。请自今臣僚入对，有辄求恩泽者，令有司劾其罪。"从之。18，页 3727

续资治通鉴长编卷一百五十四　宋仁宗庆历五年（乙酉，1045）

【宋仁宗庆历五年（1045）二月】癸卯，诏天久不雨，其令州县毋得淹系刑狱。17，页 3747

【宋仁宗庆历五年（1045）二月】安静节度使允迪居父丧，命妓女日为优戏宫中，妻昭国夫人钱氏告之。诏入内副都知岑守素即本宫案问。甲辰，降授右监门卫大将军，绝朝谒，钱氏亦度为洞真宫道士。允迪，元俨第三子也。18，页 3747

【宋仁宗庆历五年（1045）二月】右正言钱明逸言："《阁门仪制》：'每日上殿不得过三班'，① 缘三司、开封府日有公事上殿外，只有审刑院或大两省班次，即其余并皆隔下。且谏臣职在谏争，大抵言朝政得失，诏令赏罚，稍稽顷刻，则事涉已行，随而更张，国体非便。欲乞今后谏臣有本职事求对，虽已有三班外，亦听上殿敷奏。"从之。20，页 3748

续资治通鉴长编卷一百五十五　宋仁宗庆历五年（乙酉，1045）

【宋仁宗庆历五年（1045）三月】甲申，诏曰："朕以元元之故，已赦曩霄罪，许复为藩臣，纳誓寝兵，与之更始。朕念师兴以来，陕西士暴露良苦，民疲转饷。其降系囚罪一等，杖笞释之；边兵赐缗钱；民去年逋负皆勿责，蠲其租税之半。麟、府州尝为羌所寇掠，除逋负视此。进士一举、诸科两举，并与免今年取解。"22，页 3763

---

① 《阁门仪制》是宋朝时期"阁门"省的一司法律。有时又称为《仪制令》。

【宋仁宗庆历五年（1045）三月】乙酉，诏枢密院，凡言边防利害，更改兵器、军阵、乡军、牧马事，并付详定编敕所，酌其经久可行者具为令。24，页3763

【宋仁宗庆历五年（1045）夏四月】戊子，左龙武军大将军、温州团练使从谠坐射杀亲事官，削除官爵，仍锁于别宅。从谠，惟正子也。2，页3767

续资治通鉴长编卷一百五十六　宋仁宗庆历五年（乙酉，1045）

【宋仁宗庆历五年（1045）闰五月】先是，承平久，将帅多因循，军士纵弛。昭亮虽缘恩泽进，本将家子，习军中事，既统宿卫，一切尚严，多所建请。万胜、龙猛军蒲博争胜，撤屋椽相击，市人惶骇，昭亮捕斩之，杖其军主连州刺史宋绪，诸军股栗。及上祀南郊，有骑卒亡所挟弓，会赦，当释去，昭亮以为宿卫不谨，不可贷，卒配隶下军，禁兵自是颇肃。昭亮乞比类特给大例请俸，诏昭亮任留后日，料钱已给四百千，特依大例定支，余人不许援例。大例定支，《会要》在十二月十五日，今附此。2，页3777—3778

【宋仁宗庆历五年（1045）闰五月】丁酉，刑部郎中、天章阁待制王素知江州，前河东转运使、司勋员外郎刘京罚铜十斤，与知军差遣，坐市木扰民故也。事虽在赦前，特贬之。4，页3778

【宋仁宗庆历五年（1045）闰五月】己亥，殿中侍御史梅挚等言，广西转运使杜杞诱杀降蛮五百余人，失朝廷所以推信远人之意，宜劾其罪。上置不问，赐诏戒谕之。礼宾副使陈琪等四十三人并行赏有差，录平蛮之功也。5，页3778

【宋仁宗庆历五年（1045）六月】三班院言："旧制，臣僚同罪奏举使臣，差遣虽不行，而他时或别预选擢，其举状却复用。请于所授宣敕，具载举主姓名，后或得罪，亦当连坐。"从之。11，页3785

【宋仁宗庆历五年（1045）六月】戊寅，诏诸军将士如经战斗敢伪入箭头在身，欲希功赏者，以违制论，军中失觉察者坐之。18，页3786

【宋仁宗庆历五年（1045）秋七月】辛丑，贬起居舍人、直龙图阁、知潞州尹洙为崇信节度副使。

洙前在渭州，有部将孙用者，由军校补边，自京师贷息钱到官，亡以偿。洙惜其才可用，恐以犯法罢去，尝假公使钱为偿之。又以公使钱不足，假军资钱回易充用。及董士廉诣阙，讼洙欺隐官钱，诏洙公析，而监察御史李京又言韩琦因处置边机不当，罢枢密副使，琦过实自洙始，请并责洙。洙复奏章与京辨，执政不悦，遣殿中侍御史刘湜往渭州鞫之，洙竟坐贷公使钱与孙用及私自贷，该甲申德音，当追两官勒停。特有是命。湜颇傅致重法，盖希执政意也。6，页3788

【宋仁宗庆历五年（1045）秋七月】诏自今罪殊死，若祖父母年八十以上及笃疾无期亲者，以其所犯闻。10，页3792

续资治通鉴长编卷一百五十七　宋仁宗庆历五年（乙酉，1045）

【宋仁宗庆历五年（1045）八月】修既上疏论韩琦等不当罢，为党论者益忌之。初，修有妹适张龟正，卒而无子；有女，实前妻所生，甫四岁，以无所归，其母携养于外氏，及笄，修以嫁族兄之子晟。会张氏在晟所与奴奸，事下开封府。权知府事杨日严前守益州，修尝论其贪恣，因使狱吏附致其言以及修。谏官钱明逸遂劾修私于张氏，且欺其财。诏安世及昭明杂治，卒无状，乃坐用张氏奁中物买田立欧阳氏券，安世等坐直牒三司取录问吏人而不先以闻，故皆及于责。安世，开封人也。狱事起，诸怨恶修者，必欲倾修，而安世独明其诬，虽忤执政意，与昭明俱得罪，然君子多之。修论奏日严，据何郯章疏。钱明逸劾修，据修与蒋之奇辩第六札，《杂录》第三有修八札。10，页3798

【宋仁宗庆历五年（1045）八月】腰斩永宁军云翼军士王宗、齐阑等十一人。初，宗与阑等谋劫库兵为乱，其从刘金因他罪自陈，宗等既诛，

金亦当坐死，特贷之。永宁军即永定军，天圣七年改名。15，页3799

【宋仁宗庆历五年（1045）九月】庚寅，诏文武官已致仕而所举官犯罪当连坐者除之，从翰林学士张方平之请也。方平言："坐缪举而许首免，盖责其当察所举者之不法也。致仕官既谢事，不当与在职者同责。"遂著为令。3，页3800

【宋仁宗庆历五年（1045）九月】戊戌，诏河东、陕西缘边州军，有以堪造军器物鬻于化外者，以私相交易律坐之，仍编管近里州军。10，页3801

【宋仁宗庆历五年（1045）】冬十月甲寅，遣入内供奉官康德用为河东经略司走马承受。河东旧无内臣承受，判并州夏竦特请之。竦又言，欲遣人赍土物招携藏才诸蕃部。诏前不系西北所属，及于誓诏毋碍乃可。竦在并州，尝以私仆侵盗产财，杖杀之。侍御史吴鼎臣言竦为天子大臣，而贪暴不法如此，愿下有司正其罪，不报。鼎臣，延州人也。吴鼎臣劾夏竦附见。1，页3802

【宋仁宗庆历五年（1045）十一月】乙巳，诏河北安抚司，如闻自保州兵叛，多务姑息，恐军情益骄，其密谕主兵臣僚，常加抚御，如敢辄犯军律者，亦听法外施行。18，页3809

续资治通鉴长编卷一百五十八　宋仁宗庆历六年（丙申，1046）

【宋仁宗庆历六年（1046）春正月】乙巳，龙图阁学士、给事中、权知开封府杨日严罢开封事，判官、祠部员外郎田京知蔡州，推官、太常博士、秘阁校理杨孜知濮州，并坐系囚送狱而道死也。12，页3819

【宋仁宗庆历六年（1046）】三月辛巳朔，日有食之。御崇政殿，录系囚，杂犯死罪以下递降一等，杖以下释之。1，页3822

【宋仁宗庆历六年（1046）夏四月】降新河东转运使、刑部郎中、集贤院校理李昭遘知泽州，坐奉使契丹，其从者尝盗敌中银杯也。昭遘从者既杖死，诏以银杯送敌中。议者谓盗已正法，送银杯于体有损，判大名夏竦亦奏乞罢送，不听。知雄州王仁旭直纳军资库，人称其得体。此据江休复《杂志》。3，页3825

【宋仁宗庆历六年（1046）五月】丙戌，御崇政殿，录系囚，杂犯死罪以下递降一等，杖以下释之。3，页3827

【宋仁宗庆历六年（1046）五月】减卭州盐井岁额缗钱一百万。川峡四路盐课，县官之所仰给，然井源或发或微，而责课如旧，任事者多务增课以为功，往往贻患于后人。朝廷切于除民疾苦，尤以远人为意，有司上言，辄为蠲减，前后不可悉数，至下赦书亦每及之。初，盐课听以五分折银、绸、绢，盐一斤计钱二十至三十，银一两、绸绢一匹，折钱九百至一千二百。后尝诏以课利折金帛者从时估，于是梓州路转运司请增银、绸、绢之直。下三司议，以为银、绸、绢直视旧虽增至三千以上，然盐直亦非旧比，鬻于市，斤为钱百四十，则于民未尝见其害，不可听。后卭州亦以为言，三司亦以此折之，于是卭州听减银、绸、绢一分，论者为岁损县官钱二万余缗。6，页3827

【宋仁宗庆历六年（1046）六月】又诏三司、开封府、御史台，凡大辟囚将决，而狱吏敢饮以毒药及诸非理豫致死者，听人告论之，赏钱十万。7，页3831

【宋仁宗庆历六年（1046）六月】丁卯，东染院使向绶削官除名，编管潭州。初，绶知永静军，为不法，疑通判江中立发其阴事于监司，因造狱以危法中之，中立遂自经。绶，故相敏中孙，贾昌朝阴右之，知审刑院高君讷希昌朝意，欲从轻坐，吴育争曰："不杀绶，示天下无法。"卒减死一等流南方。12，页3831—3832

【宋仁宗庆历六年（1046）六月】乙亥，诏自今皇族之丧，皆官为制服。初，谏官李京言，皇叔德文卒，而在宫缌麻以上亲并不给服，盖因近岁减省致此，甚非厚亲饰哀之道。下太常礼院议而复给之。17，页3832

续资治通鉴长编卷一百五十九　宋仁宗庆历六年（丙申，1046）

【宋仁宗庆历六年（1046）】秋七月壬午，监察御史唐询言："近者京师雨雹、地震，此阴盛阳微、夷狄侵侮中国之象。今朝廷以西北讲和，浸弛二边之备，臣常默以为忧。愿下圣诏，申饬守边之臣，其于兵防敢有慢隳者，以军法论。"从之。1，页3839

【宋仁宗庆历六年（1046）秋七月】诏："如闻百姓抵轻罪，而长吏擅刺隶它州，朕甚闵焉。自今非得于法外从事者，毋辄刺隶罪人。"6，页3840

【宋仁宗庆历六年（1046）八月】诏臣僚子孙恃荫无赖，尝被真刑者，如再犯私罪，更毋得以赎论。时邵武军言故秘书监致仕龚曙之孙，屡犯屠牛法，当以荫免。上特命加真刑，而更著此条。3，页3843

【宋仁宗庆历六年（1046）八月】又诏河东、陕西经略司，应在边兵官及指挥使、使臣累有战功者，具出身及逐次因劳迁官，历任有无赃私罪，送枢密院以备选使。4，页3843

【宋仁宗庆历六年（1046）八月】庚午，诏自今翰林医官院犯事，并依七品例以赎论。8，页3844

【宋仁宗庆历六年（1046）冬十月】潭州刘夔，清素士也，恐非应务之才，邕、桂长吏，尤宜推择才略，宣毅冗兵，渐谋消汰之术。民之先在强壮籍者，其干法冒禁，谓须别立峻防。颇闻民间犹多当时教阅兵仗，亦合严降约束，收纳入官。村落神堂，令所在毁拆，密加察捕民之习妖者。此亦思患预防之大略，伏冀采纳施行。9，页3850

【宋仁宗庆历六年（1046）冬十月】诏磨勘选人历任内曾失入死罪未决者，候再任举主应格听引见，其已决者，三次乃计之。若失入二人以上者，虽得旨改官，仍与次等京官。《会要》六年十月事。10，页3850

【宋仁宗庆历六年（1046）十一月】壬午，责鄜延蕃官洛苑副使刘化基为太子右内率府副率、京西监当。初，化基掠蕃部嵬通等妇女羊马，又以官钞易马与蕃部，收息钱二百九十九千，法当死，为其尝有战功，特贷之。3，页3850—3851

续资治通鉴长编卷一百六十　宋仁宗庆历七年（丁亥，1047）

【宋仁宗庆历七年（1047）春正月】己亥，《庆历编敕》成，凡十二卷，别为《总例》一卷。视《天圣敕》增五百条，大辟增八，流增五十有六，徒减十有六，杖减三十有八，笞减十有一；又配隶减三，大辟而下奏听旨者减二十有一。详定官张方平、宋祁、曾公亮并加勋及赐器币有差。13，页3861

【宋仁宗庆历七年（1047）】三月壬午，御崇政殿录系囚，天下杂犯死罪以下递降一等，杖以下释之。1，页3864

【宋仁宗庆历七年（1047）三月】知庆州、户部郎中、天章阁待制施昌言，所为不法，语彻朝廷。昌言疑通判陈湜言之，追发湜罪，坐废。辛卯，亦降昌言知华州。9，页3865

【宋仁宗庆历七年（1047）三月】诏天下毋得擅毁诸祠庙，其载祀典者，官司以时兴葺之。19，页3868

【宋仁宗庆历七年（1047）六月】乙巳，诏畜猛兽而害人者，以违制论。1，页3876

续资治通鉴长编卷一百六十一　宋仁宗庆历七年（丁亥，1047）

【宋仁宗庆历七年（1047）秋七月】甲申，德音：降南京畿内囚罪一等，徒以下释之；减夏税之半，除灾伤倚阁税及欠折官物非侵盗者；赐

在京诸军将校特支钱。6，页3881

【宋仁宗庆历七年（1047）八月】戊申，知谏院王贽言，自今臣僚上殿，如亲闻德音，事干教化及礼乐刑政之类，为世典法者，并仰备录，关修起居注官，从之。4，页3884

【宋仁宗庆历七年（1047）九月】丁丑，判刑部金部员外郎、崇文馆检讨孙瑜，太常博士、秘阁校理晁仲衍，并冲替；都官员外郎高赋，特罚铜三十斤。初，赋为定州监当，尝以二月十九日，同州官令军士作砌台之戏，既坐罪十余年，始求雪于刑部，瑜等因为奏辨之。上以其日乃真宗大忌，怒而特责之。仲衍，宗悫子。赋，中山人。5，页3886

【宋仁宗庆历七年（1047）十一月】会党人潘方净怀刃以书谒北京留守贾昌朝，事觉被执，不待期亟叛。时知州张得一方与官属谒天庆观，则率其徒劫库兵，得一走保骁捷营。贼焚门，执得一，囚之。兵马都监田斌以从卒巷斗，不胜而出。城扉合，提点刑狱田京、任黄裳持印弃其家缒城出，保南关。贼从通判董元亨取军资库钥，元亨拒之，杀元亨。又出狱囚，囚有憾司理参军王奖者，遂杀奖。既而节度判官李浩、清河令齐开、主簿王湙皆被害。11，页3890

【宋仁宗庆历七年（1047）十二月】壬子，诏："访闻贝州来投军民，多致杀戮，以邀功赏。其令贾昌朝、王信等严切约束，违者以军法从事。"9，页3892

【宋仁宗庆历七年（1047）十二月】景祐南郊，礼仪使言："《天圣五年敕》①，礼仪院奏，宰臣、参知政事摄事宗庙，如有服制，即奏改差别官，多致妨阙。礼院检讨，按《律》称如有缌麻以上丧，遣充职事者，笞五十，陪从者，笞三十。皆唐初所定。贞元六年，吏部起请，凡有惨服既葬公除，及闻哀假告满，许吉服赴宗庙之祭。同宫未葬，虽公除，依前禁之。奉诏百官有私丧公除者，听赴宗庙之祭。后王泾著郊祀录称一时之事，非旧典也。又别无诏敕改更，是以历代施行。至大中祥符中，详定所乞依郊祀录，缌麻以上丧，不预宗庙之祭，当时诏可。自后有缌麻以上服

---

① 此特指天圣五年制定的《天圣五年敕》，是关于"五服"时间的界定法律。

者，虽是公除，不差预祭宗庙，参详唐吏部起请，证据甚明。王泾所说，别无典故，乞准贞元诏书预备祠官。"19，页3893

续资治通鉴长编卷一百六十二　宋仁宗庆历八年（戊子，1048）

【宋仁宗庆历八年（1048）春正月】辛巳，诏士庶之家所藏兵器，非编敕所许者，限一月送官，如故匿，听人告捕之。7，页3903

【宋仁宗庆历八年（1048）闰正月】王则之以贝州反，深州卒庞旦，与其徒谋以元日杀军校，劫库兵应之。前一日，有告者，知州王鼎夜出檄遣军校摄事外邑，而阴为之备。翼日，会僚吏，置酒如常，叛党愕不敢动。鼎刺得实，徐捕首谋十八人送狱，狱具，俟转运使至审决。未至，军中恟恟，谋劫囚，鼎谓僚吏曰："吾不以累诸君。"独命取囚桀骜者数人斩于市，众恐失色，一郡帖然。转运使至，囚未决者尚半，讯之，皆伏诛。2，页3906

【宋仁宗庆历八年（1048）闰正月】辛酉，降河北转运使、兵部郎中皇甫泌监青州税，提点刑狱，祠部员外郎田京监郓州税。前知恩州、四方馆使、昭州刺史裴德舆追三官，为池州团练副使。前恩州钤辖、皇城使李昭度追三官，为濠州团练副使。恩州都监、内殿承制冯文吉除名，长流梅州，监押、右侍禁赵惟一杖脊，配沙门岛。泌、京坐贼发所部，德舆、昭度并以妖党结集，久而不察也。文吉、惟一皆懦怯弃城，而文吉后颇宣力，得以减死论。10，页3908

【宋仁宗庆历八年（1048）闰正月】丙寅，磔王则于都市。15，页3912

【宋仁宗庆历八年（1048）闰正月】丁卯，诛张得一，其弟兄悉坐降官，妻子论如律。得一以西上閤门使、知恩州，视事八日而乱作。贼置得一州廨之西，日具食饮。初，贼取州印，语曰："用讫却见还。"每见贼，必呼曰"大王"，先揖而坐，坐必东向。又为贼讲僭拟仪式。贼平，得一付御史台劾治。狱具，朝廷议贷死，中丞高若讷谓守臣不死自当诛，况为贼屈乎！得一坐弃市。得一既诛，其第当没官，翰林学士张方平言得一父耆，真皇宠臣也，此第本恩赐，今得一妻子免缘坐，耆在，且子众，辄没其第，于法不类，诏还之。此据方平附传，然与《实录》不合，当考。17，页3912—3913

续资治通鉴长编卷一百六十三　宋仁宗庆历八年（戊子，1048）

【宋仁宗庆历八年（1048）二月】丁丑，降龙图阁直学士、给事中张存为左谏议大夫、知池州，工部郎中、直史馆张沔为都官员外郎、监宣州税，并落职。工部郎中张昷之为祠部员外郎、监鄂州税；济州防御使李端懿为单州团练使、知均州；殿中侍御史韩贽为太常博士、监江州税；监察御史梁蒨为秘书丞、监衡州税。又降习妖术人李教父屯田郎中昙为昭州别驾，兄周卿韶州编管，母曹州编管；赵仲父母妻并郓州编管。初，昙居冀州武邑，有告其子教在真定师仲传妖术者，蒨时通判德州，转运司檄蒨鞫之，昙匿教不出，及移文捕逐甚急，教遂自缢。仲既论死，转运司奏释仲父母妻子。及王则反，武邑吏魏化诣贾昌朝言教尚在贼中，下御史台治其事，教实自缢。复有告昙以赇免缘坐，事连存及昷之，按验皆无实。存竟坐前知真定府，又以女嫁昙子败。昷之、沔前为转运使，端懿前知冀州，贽为通判，皆失觉察，蒨为勘官，而狱状失详，故皆责及之。贽，长山人也。据张存墓志及附传，存先坐失觉察降汀州，又坐与李昙为婚落职夺官知池州，《实录》乃不书汀州之降，且并与昙为婚事联书之，不知何也。存及昷之又尝以昙免缘坐对狱，《实录》亦不书，今附益之。6，页3918

【宋仁宗庆历八年（1048）三月】时京师有告妖人千数聚蔡州之确山县，诏遣中使召捕者十人，至则请以巡检兵往索之，知州吴育谓曰："使者欲得妖人还报邪？"曰："然。"曰："育在此虽不敏，聚千人境内，无容不知。此特乡民用浮屠法相聚以利钱财尔，一弓手召之可致也。今以兵往，人必惊疑，请留无往。"中使听之。未几，召十人者果至，械送阙下，皆无罪，而告者伏辜。1，页3920—3921

【宋仁宗庆历八年（1048）三月】诏患州县暴虐，法令更张者。祖宗积德，陛下好生，失出者不为深罪，失入者终身负责，宜长人之吏，上体宽仁，爱育黎庶。而或有暴虐者，盖公家急于赋敛，以严集事，贪吏因缘生奸，以威动众，使之然也。夫法令者，治世之衔勒，宜守而勿失。若祖宗法令可以经久者，不宜无名更易。近枢密院改内省条令，似与曩者负罪之人，预易复进之地。中外喧然，以为不可。况内省者，左右之近密；朝廷者，四方之根本。倘不能坚守法令，则天下何以取信乎？愿遴选刺史、县令，谕以爱民之意，则州县无暴虐之患矣。裁抑权贵，无使轻易条宪，则法令无更张之失矣。密院改内省条令，不见于《实录》，当考。6，页3934—3935

【宋仁宗庆历八年（1048）三月】壬戌，御崇政殿录系囚，杂犯死罪以下递降一等，杖以下释之。11，页3935

【宋仁宗庆历八年（1048）三月】癸亥，御迎阳门，召知制诰、待制、谏官、御史等诏之曰："朕欲闻朝政得失，兵农要务，边防备御，将帅能否，财赋利害，钱法是非，与夫诐人害政，奸盗乱俗，及所以防微杜渐之策，悉对于篇。"是日，知制诰曾公亮以母病在告，亦遣内侍赐诏令上对。12，页3935

续资治通鉴长编卷一百六十四　宋仁宗庆历八年（戊子，1048）

【宋仁宗庆历八年（1048）五月】诏诸道非鞫狱而差知县、县令出者，以违制坐之，其被差官据在外月日仍不得理为考。时权三司使叶清臣自永兴召还，言所部知县，有沿牒他州而经数时不归者，恐假领之官，不能尽心职事，故条约之。七年六月辛酉，可考。6，页3952

【宋仁宗庆历八年（1048）六月】庚辰，诏转运提点刑狱司自今体量所部官吏，并须明指事状以闻。先是，选人刘世隆因引对，自言前为监司挟情奏冲替。已而御史言，在外贪暴之吏，监司不欲尽发其罪，止奏乞冲替，致还铨得以为言。故条约之。6，页3953

【宋仁宗庆历八年（1048）六月】壬午，太子太师致仕徐国公张耆卒，赠太师、兼侍中，谥荣僖。耆为人重密有智数，安佚富盛，逾四十年。家居为曲栏，积百货其中，与群婢相贸易，有病者亲为诊切，以药卖之，欲钱不出也。所历藩镇，人苦其扰。子二十四人，御之极严，早见，

即令出就外舍。得一既坐降贼诛，可一后与群婢贼杀其妻，亦弃市。7，页 3953

续资治通鉴长编卷一百六十五　宋仁宗庆历八年（戊子，1048）

【宋仁宗庆历八年（1048）八月】又诏诸路州军迎送安抚、转运、提点刑狱及诸使人，须至馆方许过诣，仍不许于道路排顿，违者以违制论，其受亦如之。12，页 3966

【宋仁宗庆历八年（1048）冬十月】后合侍女有与黄衣卒乱者，事觉当诛，求哀于帝左右，帝欲赦之，后具衣冠见帝，固请诛之。帝曰："痛杖之足以惩矣。"后不可，曰："如此无以肃清禁庭。"帝命后坐，后立请几移两辰，帝乃许之，遂诛于东园。2，页 3970

【宋仁宗庆历八年（1048）冬十月】丁亥，屯田员外郎范祥提点陕西路刑狱，兼制置解盐。祥先请变两池盐法，诏祥乘传陕西与都转运使共议，时庆历四年春也。已而议不合，祥寻亦遭丧去。及是，祥复申前议，故有是命，使自推行之。

其法，旧禁盐地一切通商，盐入蜀者亦恣不问。罢并边九州军入中刍粟，第令入实钱，以盐偿之，视入钱州军远近及所指东、南盐，按《宋史·食货志》作东西南盐。第优其估；东、南盐又听入钱永兴、凤翔、河中，岁课入钱总为盐三十七万五千大席，授以要券，即池验券，按数而出，尽弛兵民輓运之役。又以延、环、庆、渭、原、保安、镇戎、德顺地近乌、白池，奸人私以青白盐入塞，侵利乱法，乃募人入中池盐，予券，优其直，还以池盐偿之，以所入盐，官自出鬻，禁人私售。峻青白盐之禁，并边旧令入中铁、炭、瓦、木之类，皆重为法以绝之。其先以虚估受券，及已受盐未鬻者，悉计直使输亏官钱。又令三京及河中、河阳、陕、虢、解、晋、绛、濮、庆成、广济，官仍鬻盐，须商贾流通乃止，以所入缗钱市并边九州岛军刍粟，悉留榷货务钱币以实中都。行之数年，猾商贪贾无所侥幸，关内之民，得安其业，公私以为便云。已上并据《食货志》。3，页 3970—3971

【宋仁宗庆历八年（1048）十一月】己未，命翰林学士钱明逸、翰林侍读学士张锡同详定《一州一县编敕》。11，页3975

【宋仁宗庆历八年（1048）】十二月乙丑朔，德音改明年元，降天下囚罪一等，徒以下释之。出内藏钱帛赐三司贸粟以赈河北，流民所过，官为舍止之，所赍物毋收算。1，页3975

【宋仁宗庆历八年（1048）十二月】丙子，诏三司，河北沿边州军客人入中粮草，改行四税之法。每以一百贯为率，在京支钱三十贯，香药、象牙十五贯；在外支盐十贯，茶四十贯。案总四项不足一百贯之数，疑有脱字。4，页3976

【宋仁宗庆历八年（戊子，1048）十二月】诏河北、京东西路安抚、转运、提点刑狱司籍诸州军所申盗贼数，严督官吏捕逐之，每半月据所获入，马递以闻。7，页3978

续资治通鉴长编卷一百六十六　宋仁宗皇祐元年（己丑，1049）

【宋仁宗皇祐元年（1049）春正月】乙卯，两浙转运司请自今杭州专管勾一路兵马钤辖司事，如本路军人犯法，许钤辖司量轻重指挥，从之。宋选为两浙宪，奏请置杭州钤辖司比益州，得便宜从事。传在神录七十九，必与转运司所请相关，但此都不及宪司。当考。10，页3982

【宋仁宗皇祐元年（1049）春正月】丁巳，诏凡边警盗发递角者斩。11，页3982

【宋仁宗皇祐元年（1049）二月】辛巳，诏见任臣僚如敢于边郡入中刍粮者，以除名之罪坐之，其以公使钱入中者，以违制论，若告者，三百贯以下全给之，监官知而容者与同罪。15，页3988

【宋仁宗皇祐元年（己丑，1049）三月】己亥，邢州观察使李端愿夺一官，坐私其父婢，并尝杀驴以享客，为人所告也。4，页3991

【宋仁宗皇祐元年（1049）三月】契丹聚亡卒勇伉者号"投来南军"。边法，卒亡自归者死。昌朝奏除其法，归者贷罪，稍迁补。于是归者众，因以刺知契丹事。契丹遂拒亡卒，黜南军不用。边人以地外质契丹，敌稍侵边界。昌朝为立法，质地而主不时赎，人得赎而有之，岁余，地悉复。8，页3995—3996

【宋仁宗皇祐元年（1049）三月】丁巳，御崇政殿录系囚，杂犯死罪以下递降一等，杖以下释之。17，页3997

【宋仁宗皇祐元年（1049）五月】乙酉，起居舍人同知谏院李兑、礼部员外郎侍御史知杂事何郯、监察御史陈旭等言："比岁臣僚有缴奏交亲往还简尺者，朝廷必推究其事而行之，遂使圣时成告讦之俗。自今非情涉不顺，毋得缴简尺以闻，其于官司请求非法，自论如律。"从之。23，页4002

续资治通鉴长编卷一百六十七　宋仁宗皇祐元年（己丑，1049）

【宋仁宗皇祐元年（1049）八月】奎，北海人，常为广信军判官，杨怀敏增广北边屯田，至夺民谷地，无敢与抗者。奎上书论其不便，知保州王果亦屡争之。怀敏使人讼果他事，诏置狱推劾，奎为果力辨得免。卫士夜盗入禁中，怀敏当番直，而得罪轻。奎时监京东排岸司，上疏曰："自行春令以来，连阴不解，此《洪范传》所谓'皇之不极，时则下人有伐上'者。今卫士之变，起于肘腋，赖宗庙神灵，陛下仁圣，实时禽获。然流传四方，惊骇群听，不祥之甚也。《传》称'主忧臣辱'，陛下比日可谓忧矣，未知任其辱者，果何人邪？臣闻勾当皇城司六人，其五已被谪，独怀敏尚留，外人咸谓陛下私近幸而屈公法，臣窃为陛下痛惜之。况中外传闻，获贼之际，陛下宣令勿杀，而左右辄杀之，裂其支体，此必有同谋者恐事泄露，而杀之以灭口。不然，何以不奉诏也？"不报。9，页4011—4012

【宋仁宗皇祐元年（1049）九月】己酉，诏河北两地供输民毋得市马出城，犯者以违制论。

先是，河北安抚司言雄州容城、归信县民，多市马出入边城中，为契丹籍送幽州。故条约之。5，页4015

【宋仁宗皇祐元年（1049）冬十月】壬戌，遣户部副使、工部员外郎包拯与陕西转运司议盐法。

始，范祥议改盐法，论者争言其不便，朝廷独以为可用，委祥推行之。于是，侍御史知杂事何郯言："风闻改法以来，商旅为官盐长价，获利既薄，少有算请，陕西一路即自已亏损课利百余万贯，其余诸路比旧来亦皆顿减卖盐见钱，甚妨支用。兼陕西民间官盐价高，多以卖私盐事败，刑禁颇繁，官私俱不为利，经久何以施行？缘事有百利，始可议变，变不如前，即宜仍旧。况陕西调用，多仰两池岁课，今如此亏损，向去必甚匮乏，未免干朝廷乞支金帛。今改更日月未久，为害犹浅，速宜讲求，以救其弊。欲望朝廷指挥，选择明干臣僚一员往陕西，令与本路转运使并范祥面议利害，如新法必不可行，即乞一切俱令复旧，免致匮乏调用，浸久为害。"

拯既受命，即言：

臣前任陕西转运使，备知盐法自庆历二年范宗杰建请禁榷之后，差役兵士、车牛及衙前等，般运往诸州，官自置场出卖，以致兵士逃亡死损，公人破荡家业，比比皆是。嗟怨之声，盈于道路。前后臣僚累言不便，乞复旧法通商，以救关中凋敝，有司执奏，议终不行。昨因范祥再有启请，兼叶清臣曾知永兴军，见其为患之甚，遂乞依祥擘画，复用通商旧法。令客人于沿边入纳见钱，收籴军储，免虚抬贵价入中斛斗，于榷货务大支官钱，兼宽得诸般差扰劳役。此乃于国有利，于民无害，理甚灼然。但以变法之初，豪商猾吏悉所不乐，而议者因其岁入课利稍亏于前，横有沮议，乞复旧法。旧法诚善，复之无疑，但恐为害浸深尔。

且法有先利而后害者，有先害而后利者，旧日禁榷之法，虽暴得数万缗，而民力日困矣，久而不胜其弊，不免随而更张，是先有小利而终为大害也。若计其通商，虽一二年间课利少亏，渐而行之，必复其旧，又免民力日困，则久而不胜其利，是有小害而终成大利也。且国家富有天下，当以恤民为本，今虽财用微窘，亦当持经久之计，岂忍争岁入数十万缗，不能更延一二年，以责成效？信取横议，不惟命令数有改易，无信于下，而又欲复从前弊法，俾关中生灵何以措其手足？

臣细详范祥前后所奏，事理颇甚明白，但于转运司微有所损，以致异同尔。臣固非惮往来劳费，妄有臆说，所贵亦为国家惜其事体，不欲徇一时之小利而致将来之大患也。当是时，魏瓘为陕西都漕，李参为漕。

及拯至陕西，益主祥所变法，但请商人入钱及延、环等八州军鬻盐，皆量损其直。即入盐八州军者，增直以售。又言三京及河中等处官仍鬻盐，自今请禁止。而三司以谓京师商贾罕至，则盐直踊贵，请得公私并贸，余则禁止。皆听之。

拯还自陕西，又言："今天下财用所以窘乏，盖自西事以来，三路并仰给三司逐路岁入粮草，支榷货务见钱、银绢、香茶等，约数千万贯。是所入有限而出无限，安得不窘乏也。方今边防无事，亦当以国家大计为先，若不锐意而远图之，臣恐日削月朘，为害不浅。万一小有警急，何以取济。臣固谓致朝廷窘乏如是者，三路使之然也。但令三路各自足用，则帑廪何患不实哉？只如陕西自有解盐之利，若尽以付与，令计置粮草，一二年后，可全减榷货务每岁见钱银绢等五七百万贯。其河北、河东虽无解盐，缘出产罚蚕米麦最多，兼诸般课利不少，河北只以连值灾伤，朝省权且以一切应副。若将来丰稔，逐路稍减冗官，或移那军马近南就食，令转运司多方擘画，计置粮草，渐减入中见钱，以宽县官经费，不逾三五年，则东南财货尽聚京师，帑廪必有丰盈之望。若乃轻信横议，不究本末，图目前之小利，忽经久之大计，窃恐难以善其后也。惟陛下留神省察。"沈括《笔谈》云，陕西颗盐，旧法，官自般运，置务拘卖。兵部员外郎范祥始为钞法，令商人就边郡入钱四贯八百，售一钞，至解池请盐二百勒，任其私卖，得钱以实塞下，省数十郡般运之劳。异日辇车牛驴以盐役死者，岁以万计，冒禁抵罪者不可胜数，自此悉免。行之既久，盐价时有低昂，又于京师置都盐院，陕西转运司自遣官主之。京师食盐，斤不足三十五钱，则敛而不发，以长盐价。过四十，则大发库盐，以压商利。使盐价有常，而钞法有定数。行之数十年，至今以为利。2，页4016—4019

【宋仁宗皇祐元年（1049）冬十月】丁丑，诏妇人所服冠，高无得过四寸，广无得逾一尺，梳长无得逾四寸，仍无得以角为之，犯者重致于法，仍听人告。

先是，宫中尚白角冠梳，人争效之，谓之内样。其冠名曰垂肩，至有长三尺者。梳长亦逾尺。御史刘元瑜以为服妖，故请禁止之，妇人多被罪者。《御史记》云刘元瑜乞禁止，重赏告讦者，妇人多被刑责。大为识者所嗤，都下作歌辞以嘲之。4，页4019

【宋仁宗皇祐元年（1049）十一月】辛丑，诏民有冤，贫不能诣阙者，听诉于监司，以其状闻。5，页4022

【宋仁宗皇祐元年（1049）十二月】是岁，大理评事石祖仁奏，叔从简为祖父中立服后四十日亡，乞下礼院定承祖父重服。礼官范镇议经无接服，祖仁宜以本服主丧，服除而止；母在，则练服主祭。宋敏求引《通典》司马操驳徐邈议，当承重。曰："自《开元礼》已前，嫡孙为祖，虽祖之众子在，亦服斩衰三年。且前代嫡孙卒，则次孙承重，况从简为中子已卒，而祖仁为嫡孙？古者重嫡孙，正贵所传，其为后者皆服三年，以主虞、练、祥、禫之祭。且三年之丧，必以日月之久而服之有变也。今中立未及葬，未卒哭，从简以卒，是日月未久，而服未经变也。或谓已服期，今不当改服斩，而为重制。按《仪礼》：'子嫁，反在父之室，为父三年'。郑康成注：'谓遭丧而出者，始服齐衰期，出而虞，则受以三年之丧'。杜祐号通儒，引其义，附前问答之次。况徐邈范宣之说，操已驳之，是明服可再制。又举葬必有服，祖仁宜解官，因其葬而制斩衰服三年。后有如其类而已葬者，用再丧制服，请著为定式。"从之。9，页4025—4026

续资治通鉴长编卷一百六十八　宋仁宗皇祐二年（庚寅，1050）

【宋仁宗皇祐二年（1050）六月】癸未，御崇政殿录系囚，杂犯死罪以下第降一等，杖以下释之。12，页4048

续资治通鉴长编卷一百六十九　宋仁宗皇祐二年（庚寅，1050）

【宋仁宗皇祐二年（1050）九月】辛亥，大飨天地于明堂，以太祖、太宗、真宗配，从祀如圜丘。大赦，文武职官及分司、致仕官，并特与转官。内臣入仕及十年，亦与迁改，即不为永例。11，页4060

【宋仁宗皇祐二年（1050）九月】诏内降指挥，百司执奏毋辄行，敢因缘干请者，谏官、御史察举之。初议肆赦，帝谓辅臣曰："卿等广询民间利病，著为条目，务从宽大，以称朕勤恤之意。"又曰："比有贵戚近习，夤缘请托，以图内降。虽颇抑绝，然未免时有侵挠。可于赦文中严切禁止，庶澄清宿弊，示信天下。"辅臣对曰："陛下躬行大祀，以新庶政，辟至公之路，杜私谒之蹊，实天下幸甚。然载之赦条，恐未尽圣意。"乃别为手诏，与赦同降。《陈旭传》称执奏内降，由旭建请。当考。12，页4060

【宋仁宗皇祐二年（1050）十二月】己丑，诏知制诰曾公亮、李绚，看详诸州军编配罪人元犯情理轻重以闻。3，页4072

【宋仁宗皇祐二年（1050）十二月】初，戎州人向吉等操兵贾贩，恃其众，所过不输物税，州县捕逐，皆散走。成都钤辖司奏请不以南郊赦除其罪。从之。逮捕亲属系狱，至更两赦。有诣阙诉者，刑部详覆官以为特敕遇赦不原者，虽数赦犹论如法。同判刑部孙锡独奏释之，凡释百二十三人。旧制，判刑部者多持事往决于中书，锡独不往，视法何如耳。锡，真州人也。孙锡事，据王安石《墓志》，附见。锡先见庆历八年。4，页4072—4073

续资治通鉴长编卷一百七十　宋仁宗皇祐三年（辛卯，1051）

【宋仁宗皇祐三年（1051）二月】己亥，诏三司，河北入中粮草复行见钱法。

初，四税法止行于并边诸州，而内地诸州，有司盖未尝请，即以康定元年诏书从事。自是三税、四税二法并行于河北。未几，茶法复坏，刍粟之入，大约虚估居十之八。米斗七百，甚者千钱。券至京师，为南商所抑，茶每直十万，止售钱三千，富人乘时收畜，转取厚利。三司患之，请行贴买之法，每券直十万，比市售三千，倍为六千。又入钱四万四千，贴为五万，给茶直十万，诏又损钱一万，然亦不足以平其直。久之，券比售钱三千者，才得二千，往往不售，北商无利，入中者寡，公私大弊。知定州韩琦及河北都转运司皆以为言，下三司议，三司奏："自改法至今，凡得谷二百八十八万余石，刍五十六万余围，而费缗钱一百五十五万有奇，茶、盐、香、药又为缗钱一千二百九十五万有奇。茶、盐、香、药，民用有限，榷货务岁课不过五百万缗，今散于民间者既多，所在积而不售，故券直亦从而贱。茶直十万，旧售钱六万五千，今止二千。至香一斤，旧售钱三千八百，今止五百，公私两失其利，请复见钱法。"可之，仍一用景祐三年约束。又惧好事者之横议也，庚子，下诏曰："朕惟古之善为国者，使变通不倦而公私相足。比者食货法坏，刍粟价益倍，县官之费日长，商贾不行，豪富之家，乘时牟利，本末相横，吏缘为奸，故诏近臣考决大议令利害晓白。尚虑轻肆之人，仍舞空言，幸摇其端。夫利百而法乃变，令下而议不起，然后民听不眩而宪度行焉。自今有依前事而议者，并须究知厥理，审可施用。若其事已上而验问无状者，置之重罚。"此并据《食货志》第三卷，与《实录》、《会要》小异，今但从志。大抵《食货志》第三卷叙茶法，第四卷叙盐法，两法或不相关，往往重出。茶法贴买，即盐法对贴也。盐法对贴已具皇祐二年正月，嘉祐元年闰三月辛丑，又下诏戒妄陈济边之策，词意与此不异，不知何也？自庆历八年十二月初用董沔言，行四税法，至是复行见钱法，盖不满三年。志云不十年间，恐误，今改云"未几"。

初，用盐铁判官董沔议，河北便籴，沿边行三税法，内郡行四税法，国子博士、监榷货务薛向言："祖宗之法，塞下入粟，三司出茶、盐、香药、象牙、杂物称其直，号三税法。内郡则转运司以常赋充。今改用四税，是岁常倍出中都钱，而茶、盐、香药、象牙之物出多而用有极，则价贱而不售，官私两失其利。"寻下其议，而议者共主沔议。向又作编年书，述祖宗以来河北三税及见钱利害。书奏，不报。不三岁，榷货务积交引钱七百万贯，未有以偿，而山场榷务茶、江淮盐、中都香药等物，富商争以财算，而三边之籴不行。朝廷始命王尧臣等详定，向为检阅文字。乃黜沔补外郡，而复见钱法。且委向置场，支榷货务积交引钱以救其弊。诏擢向大藩。此据范育所为《薛向行状》及吕大防墓铭并向附传。王尧臣等详定，见皇祐二年正月。薛向用见钱和籴，在嘉祐元年十月。7，页4079—4081

【宋仁宗皇祐三年（1051）二月】张彦方者，贵妃母越国夫人曹氏客也。受富民金，为伪告敕。事败，系开封府狱。人传以为语连越国夫人，知开封府刘沆论彦方死，不敢及曹氏。执政以妃故，亦不复诘。狱具，中书遣比部员外郎杜枢虑问，枢扬言将驳正，亟改用谏官陈旭，权幸切齿于枢。先是，御史中丞王举正留百官班，论张尧佐除宣徽使不当，枢独出班问曰："枢欲先问中丞所言何事，而后敢留班。"举正告之故，枢曰："用此留枢可也。"至是盖累月，执政白以为罪，黜监衡州税。枢，杞之弟也。杜枢事不得其时，附见宋祁出知亳州后。《龙川别志》云枢虑问驳正，特旨不录问。今按本传，则枢未及驳正也，盖先言之尔。《别志》又误以王举正为包拯，又谓宋庠奏枢越次妄言，故坐责。而正史但云执政，不出庠名。今并从正史。9，页4082

【宋仁宗皇祐三年（1051）三月】管勾国信所言："自今通事殿侍与契丹私相贸易及漏泄机密事者，请以军法论。在驿诸色人犯者，配流海岛。若博饮斗争、欺陵及损坏官物、书门壁者，亦行配隶。"从之。3，

页 4083

【宋仁宗皇祐三年（1051）三月】诏："天下知县、县令，若差推勘刑狱及应副军期或权知繁剧者，具奏闻。其闲慢处辄差者，不奏者以违制故失论。被差之官亦行责罚，差出日月仍不理为资考。"庆历七年六月、八年五月，可考证。4，页4083

【宋仁宗皇祐三年（1051）三月】己未，诏："比年山场榷货务岁额浸亏，其公私未便事，令三司与详定所更为条约。及江淮发运司专事掊克，使民被其患者，亦令三司检举之。"5，页4083

【宋仁宗皇祐三年（1051）五月】丁丑，御崇政殿录系囚，杂犯死罪以下递降一等，杖以下释之。9，页4092

【宋仁宗皇祐三年（1051）六月】丁亥，无为军献芝草三百五十本，上曰："朕以丰年为瑞，贤臣为宝，至于草木虫鱼之异，焉足尚哉！"知军茹孝标特免罪，仍戒天下自今毋得以闻。2，页4093

【宋仁宗皇祐三年（1051）六月】乙未，给事中、权知开封府魏瓘知越州。初，内东门索命妇车，得掖庭遗物，付开封验治，狱未上，内降释之。知谏院吴奎言："陛下前因祀明堂下诏，凡求恩泽若免罪内降指挥者，所承官司毋得施行。瓘敢废格诏书，请论如法。"瓘坐是出。5，页4093

【宋仁宗皇祐三年（1051）秋七月】丁卯，免天平军节度推官沈起擅去官私罪。初，起因父疾请假，不待报而归。法官论以私罪，上曰："若此，何以厚风俗，其除之。"起，鄞县人也。10，页4097

【宋仁宗皇祐三年（1051）秋七月】庚午，宿州言："百姓董奉者，屡尝获强盗，近又与盗斗死，其子海复获所斗盗三人，请加甄赏。"上曰："海非独除去民害，兼能复其父仇，宜优赏之。"遂以为三班奉职，赐袍笏银带，就差本州巡捉盗贼。12，页4097

【宋仁宗皇祐三年（1051）秋七月】医官使齐士明等援例乞同管勾本

院公事。上曰："士明等辄敢违条妄陈，以供奉药饵有功效，特免劾罪。令提举所严加戒励。" 19，页 4098—4099

续资治通鉴长编卷一百七十一　宋仁宗皇祐三年（辛卯，1051）

【宋仁宗皇祐三年（1051）八月】癸未，知定州韩琦，加观文殿学士再任。初，明镐引诸州兵平恩州，独定兵邀赏赉，出怨语，几欲噪城下。琦素闻其事，以为定兵不治将为乱。及至，即用兵律裁之，察其横军中尤不可教者，捽首斩军门外。士死攻围，赒赏其家，抚其孤儿，使继衣廪。恩威既信，则仿古兵法，作方、圆、锐三阵，指授偏将，日月教习之。由是定兵精劲齐一，号为可用，冠河朔。京师发龙猛卒戍保州，在道窃取人衣屦，或饭讫不与人直。至定，即留不遣，曰："保州极塞，尝有叛者，岂可杂以骄兵戍之！"易素教者数百人以往。而所留卒未逾月亦皆就律，不敢复犯法。岁大歉，为赈之，活饥人数百万。诏书褒美。邻城旁路，刺取其政以为法，视中山隐然为雄镇，声动外藩。自再任以下，并据《李清臣行状》附见，当考。6，页 4104

【宋仁宗皇祐三年（1051）九月】竦以文学起家，有名一时，朝廷大典策屡以属之，又多识古文奇字。其为郡有治绩，喜作条教，于闾里立保伍之法，至盗贼不敢发，人苦烦扰。治军尤严，敢诛杀；即疾病死丧，抚循甚至。尝有龙骑卒戍边，群剽，州郡莫能止，或密以告竦。竦时在关中，俟其至，召诘之，诛斩殆尽，军中大震。其威略多类此。然性贪，数商贩部中，在并州，使其仆贸易，为所侵盗，至杖杀之。积财累巨万，自奉尤侈，畜声伎甚众。所在阴间僚属，使相猜阻，以钩致其事；遇家人亦然。6，页 4108

【宋仁宗皇祐三年（1051）冬十月】甲申，大理寺言信州民有劫米而伤主者，法当死。上谓辅臣曰："饥而劫米则可哀，盗而伤主则难恕，然细民无知，终缘于饥尔。"遂贷之。又曰："用刑宽则民慢，猛则民残，为政者常得宽猛之中，使上下无怨，则水旱不作矣。卿等宜戒之。" 4，页 4111

【宋仁宗皇祐三年（1051）十一月】定州路安抚使司言，雄州、广信安肃军榷场北客市易，多私以铜钱出境，自今巡防人等，凡三告捕得所犯人者，并迁一资。从之。3，页4117

【宋仁宗皇祐三年（1051）十一月】丙寅，诏翰林医官院，自今选年四十以上无过犯者，以三十二人为额，仍分三番入宿院中。寻又诏无得员外置医官。因谓辅臣曰："医官愈人之疾，乃其职尔，而治后宫及宗室疾愈，辄侥幸以求迁，故条约之。"6，页4117

【宋仁宗皇祐三年（1051）十二月】戊子，中书言："诸房人吏稽违案牒者，自来量行罚典，终未革心。欲籍其名氏，以轻重为差，其罚数多及情重者，取旨黜逐。"从之。堂吏上簿或始此。4，页4119

【宋仁宗皇祐三年（1051）十二月】辛丑，诏四方馆，自今减臣僚所进谢恩马价之半。又诏尚书刑部凡伪造公文，若印文已成而行用者，虽仿官司签押未圆，并依已成法罪之。11，页4121

续资治通鉴长编卷一百七十二　宋仁宗皇祐四年（壬辰，1052）

【宋仁宗皇祐四年（1052）二月】诏开封府："比闻浮薄之徒，作无名诗，玩侮大臣，毁骂朝士，及注释臣僚诗句，以为戏笑。其严行捕察，有告者优与恩赏。"4，页4131

【宋仁宗皇祐四年（1052）二月】入内内侍省言，近来诸处多将无例事件乞本省差使臣传宣，切恐援例请陈，紊乱诏条，乞自今并送所辖去处，令检会条例施行，本省更不差使臣传宣。从之。此据《会要》二月事，今附月末。14，页4133

【宋仁宗皇祐四年（1052）三月】禁鄜延路汉户以田产与蕃官卖买者。9，页4139

【宋仁宗皇祐四年（1052）三月】己未，诏大理寺："旧制大事限三十日，中事限二十日，小事限十日，审刑院递减半。今炎暍之际，恐待报淹久，起四月尽六月，案内有禁囚者减限之半。其益、梓、利、夔、广南东西、福建、荆湖等州军，即依急案例断奏。" 11，页4139

【宋仁宗皇祐四年（1052）三月】辛酉，御崇政殿录系囚。12，页4139

【宋仁宗皇祐四年（1052）三月】辛未，诏杂买务，自今凡宫禁所市物，皆给实直，其非所缺者，毋得市。初，上谓辅臣曰："国朝监唐世宫市之患，特置此务，以京朝官、内侍参主之，且防扰人。近岁物非所急者一切收市，其扰人亦甚矣。"故降是诏。19，页4140

【宋仁宗皇祐四年（1052）六月】庚子，知宿州、司门员外郎朱寿隆提点广南西路刑狱。朝廷惩岭表无备，命完城，贵州守者虐用其人，人不堪命。寿隆驰至州，械守送狱，奏黜之，州人为立生祠。寿隆，台符子也。23，页4154—4155

续资治通鉴长编卷一百七十三　宋仁宗皇祐四年（壬辰，1052）

【宋仁宗皇祐四年（1052）秋七月】枢密院言，蛮贼徒党无虑二万人，日食米五百石，非有资其粮食者，则势不可留，须法外禁之。辛酉，诏犯者其首处斩，从者配岭北牢城，舟车没官。8，页4163

【宋仁宗皇祐四年（1052）八月】甲戌，三司言，左监门卫大将军、循州刺史世清，以病笃私易官马，计赃绢十六匹，其罪合听裁。上曰："虽宗室，可废国法乎。"罚铜四十斤。世清，守巽子也。3，页4165

【宋仁宗皇祐四年（1052）八月】杨畋既趋广南，又奏请删康定行军约束及赏罚格颁下，并置检法官。己卯，诏谕畋曰："智高乘飙锐窃发，二广之民曰徯官军至，故委卿节制，以殄贼为期。临机趋变，安用中覆？今甲兵大集，不能度形势一举扑灭，乃奏请颁格令，置检法官，此岂应速计耶？贼或顺风下海，掠琼管及海壖诸州，厚戍则兵不足，无备则寇乘之。如能断海道，则不以日月淹速计也。" 6，页4166

348　《续资治通鉴长编》所见法律史料辑录

【宋仁宗皇祐四年（1052）八月】育初乞尽落学士之职，只守本官，权领留台。上曰："闻育以力学损心得疾，且育文行可为人师表，方欲召归讲席顾问，而亟有此请，宜特从之。"又曰："若止守本官，则俸入差减，可特授集贤院学士，以就全俸。"宰臣等对曰："陛下知育之深，待育之厚，足以励孤陋浇薄之辈，天下闻者孰不竞劝。"留台旧不领民事，时张尧佐判河阳，民讼久不决者，多诣育，育为辨曲直，判书状尾，尧佐畏恐奉行。尧佐时判河阳，今从《尧佐传》。《育传》云河南，误也。11，页4167

【宋仁宗皇祐四年（1052）八月】鄜州兵广锐、振武二指挥戍延州，闻其家被水灾，诣副部署王兴求还，不能得，乃相率逃归，至则家人无在者，于是聚谋为盗，州人震恐。知州薛向遣亲吏谕之曰："冒法以救父母妻子，乃人之常情；而不听汝归，独武帅不知变之过尔。汝听吾言，亟归收亲属之尸，贷汝擅还之罪；不听吾言，汝无噍纵类矣。"众径入拜庭下泣谢，境内以安。经略、转运司言其状，上嘉叹之。上嘉叹之，此据向本传，盖因吕大防《墓志》也。《实录》于九月甲辰载上谕中书云云，与本传殊不同，当考。13，页4167—4168

【宋仁宗皇祐四年（1052）九月】诏文武官磨勘，私罪杖以下增一年，徒以上二年，虽犯杖而情重者奏听裁赃罪杖以下增二年，徒以上三年。4，页4171

【宋仁宗皇祐四年（1052）九月】己未，赠岭南诸州死事者官有差：知封州曹觐为太常少卿，知康州赵师旦为光禄少卿。觐妻刘，避贼死于林峒，追封彭城郡君，加赐冠帔，官其子四人，追赠觐父修古工部侍郎，修古妻陈颍川郡君。师旦母长安县君，王赐冠帔，录其子弟并从子三人。妻王生女才数日，遇贼弃草中，后三日取之，犹存。始，师旦尝知江山县，断治出己，当于民心，而吏不能得民一钱，弃物道上，无敢取。及是，丧过江山，江山之人迎哭祭于路，络绎数百里不绝，康州人立庙祭之。及田瑜安抚广南，亦为觐立庙封州。16，页4173

【宋仁宗皇祐四年（1052）九月】绛前使江南，所宽减财力、赈救全活十数事；创为五则，以均衙前役；斥陂湖利，夺其锢者予贫民；罢信州民运盐，趣发运司以时输送；宣州守奸贿不法，收以付狱，州人欢贺。使还称旨，故有此命。八月已差绛使北，今又有此除，当考。18，页4174

【宋仁宗皇祐四年（1052）冬十月】辛巳，内降手诏付狄青："应避贼在山林者，速招令复业。其乘贼势为盗，但非杀人，及贼所胁从能逃归者，并释其罪。已尝刺面，令取字，给公凭自便。若为人所杀，而冒称贼首级，令识验，给钱米赒之。其被焚劫者，权免户下差役；见役，仍宽与假，使营葺室居。凡城壁尝经焚毁，若初无城及虽有城而不固，并加完筑。器甲朽敝不可用者，缮治之。"7，页4175

【宋仁宗皇祐四年（1052）冬十月】辛卯，诏三司："凡岁下诸路科调，若不先期而暴率之，则恐物价翔贵而重伤民。其约民力所堪，预令输辨。若府库有备，则勿复收市。"15，页4176

【宋仁宗皇祐四年（1052）冬十月】甲午，诏比有军卒邀车驾进状而卫士失呵止者，其贷之。上初幸景灵宫，既登辇，因令戒卫士："今岁天下举人皆集京师，如有投诉者，勿呵止之。"及军卒进状，卫士亦不之禁，有司欲论罪，上具以其事语辅臣而贷之。18，页4177

【宋仁宗皇祐四年（1052）十一月】丙午，诏开封府皇城金吾司毋得以匿名文书上闻，其辄送官者论如律。4，页4179

【宋仁宗皇祐四年（1052）十一月】甲寅，诏江淮发运司："自今非急务，毋得出差官。若当差者，即毋得辄假以官舟。违者，本省、本司及被差人皆以违制论。"10，页4180

【宋仁宗皇祐四年（1052）十二月】乙酉，诏诸州衙前在沿边应役者，止令主管官物，毋得管勾公用厨及茶酒帐设司，违者以违制坐之。5，页4182

续资治通鉴长编卷一百七十四　宋仁宗皇祐五年（癸巳，1053）

【宋仁宗皇祐五年（1053）春正月】又诏西川去朝廷远，州县官吏如有贪滥苛刻、庸懦疾病，以害民妨务者，其令转运、提点刑狱司体量以闻。5，页4191

【宋仁宗皇祐五年（1053）春正月】丁巳，会灵观火。道士饮酒殿庐，既醉而火发。居宇神像悉被焚，独三圣御容得存，乃诏权奉安于景灵宫。谏官贾黯言天意所欲废，当罢营缮，赦守卫者罪，以示儆惧修省之意。9，页4192

【宋仁宗皇祐五年（1053）二月】丁亥，德音降江西、湖南系囚罪一等，徒以下释之；丁壮馈运广南军需者，减夏税之半，免科徭一年。赐狄青敦教坊第一区。12，页4200

【宋仁宗皇祐五年（1053）二月】贷知邕州、礼宾使宋克隆死，除名，杖脊刺配沙门岛。溪峒都巡检、东头供奉官、同修城刘庄，除名，杖脊刺配福建牢城。宾州推官、权通判王方、灵山县主簿、权推官杨德言，并除名，免杖刺配湖南本城，永不录用。坐侬贼再至弃城也。断敕既下，其日大雨雹，上急遣中使追敕，已不及，人亦颇悯之。16，页4201

【宋仁宗皇祐五年（1053）三月】癸卯，诏郢、随、唐、均、金、房等州射生户，非救应盗贼，毋得辄役使及防送往来，违者论如役弓手条。2，页4202

【宋仁宗皇祐五年（1053）五月】庚戌，诏审刑院、大理寺，广南西路城邑完、兵力可以固守而官吏避贼者正其罪；其无城邑若兵力不敌者奏裁。9，页4209—4210

【宋仁宗皇祐五年（1053）五月】壬子，御崇政殿录系囚，杂犯死罪以下递降一等，徒以下释之。10，页4210

【宋仁宗皇祐五年（1053）六月】又诏朝臣入皇城门行马失序者减律，朝会应集告而不至，罪一等，仍理为过犯。中书札子言："比来百官入朝多失次序，有迫近两地臣僚行马者，大理寺断遣违仪式，笞四十公坐，况入朝过时，已涉违慢，又迫近二府行马，止与失仪同科行罚，未允。下御史台、审刑院、大理寺详定，而台、寺检详律文，'若朝会侍卫违失仪式者笞四十，应集告而不至者笞五十。又景祐元年中书札子，应文武臣僚京官使臣失仪者依议责罚，不理为过犯。'今请朝臣入皇城门行马须依次序，违者减律，朝会应集告而不至者罪一等。"殿中侍御史里行俞希孟又言，台寺所定刑名虽当，然不当引景祐元年札子不理为过犯，故降是诏。俞希孟坐此议，不得为御史，在至和元年十月。2，页4212

【宋仁宗皇祐五年（1053）六月】丁丑，诏比闻臣僚坐事未断，而方镇奏辟，或父兄为陈请，规为去官者，宜禁止之。6，页4213

【宋仁宗皇祐五年（1053）六月】壬辰，诏诸路转运使上供斛斗，依时估收市之，毋得抑配人户，仍停考课赏罚之制。先是，三司与发运司谋聚敛，奏诸路转运使上供不足者皆行责降，有余则加升擢，由是贪进者竞为诛剥，民不堪命。上闻之，特降是诏，天下称庆。天下称庆，此据《会要》。景德二年十二月诏，可考。15，页4214

续资治通鉴长编卷一百七十五　宋仁宗皇祐五年（癸巳，1053）

【宋仁宗皇祐五年（1053）闰七月】初，齐州学究皇甫渊获贼，法当得赏钱，渊上书愿易一官。道士赵清贶者，籍甥也，绐为渊白籍，而与堂吏共受渊赂。渊数诣待漏院自言，籍乃勒渊归齐州。有小吏告清贶等受赂事，籍即捕送开封府。清贶及堂吏皆坐赃刺配岭外，行至许州，死。谏官韩绛言籍阴讽府杖杀清贶以灭口，又言事当付枢密院，不当中书自行，故罢之。然谓籍阴讽开封，覆之无实。6，页4223

【宋仁宗皇祐五年（1053）闰七月】寻，项城人，以明习法律称。其在襄州，会岁饥，或群入富家掠困粟，狱吏鞫以强盗，寻曰："此迫于饥尔，其情与强盗异。"奏得减死论，遂著为例。寻事附见，或自有月日。9，页4223—4224

【宋仁宗皇祐五年（1053）闰七月】丁丑，诏司农寺，广南西路常平仓钱谷被贼焚劫者，并除之。13，页4224

【宋仁宗皇祐五年（1053）闰七月】初，谏官、御史言公绰前知开封府受庞籍旨，决赵清贶杖近脊下，故清贶不至配所死。公绰遂得罪，而锡坐前为推官，砺为判官，秘亦独不弹奏，故皆责之。既而，公绰上章自

辨，乃诏知开封府杨察按其事，具言杖清贶实在判官厅，非公绰所临。然其命已行，但令札示公绰而已。20，页4226—4227

【宋仁宗皇祐五年（1053）八月】师民性极慈恕，州民有以盐铁抵禁者，一切不问，尝太息谓其子彦若曰："此贾谊所谓'善人怵而为奸邪，愿民陷而之刑戮'者也，安得不宽之？"3，页4228

【宋仁宗皇祐五年（1053）八月】前知常州、祠部员外郎、集贤校理邵必落职监邵武军酒，坐在任日误断犯事盐人高庆徒刑。知江阴县、殿中丞陈合重勘误断公事，复收高庆，供析不实，再决杖刑，合勒停。前提点刑狱、度支员外郎苏舜元，同提点刑狱、内殿崇班、阁门祇候常鼎，提点刑狱、屯田郎中苗振免勘，各罚铜十斤。高庆，常州特支十千。此据《会要》，乃皇祐五年八月二十九日事，《实录》无之。其后，范镇、赵抃皆有列论，今追附此。23，页4231

【宋仁宗皇祐五年（1053）冬十月】戊戌，徐州录事参军路盛，追一官勒停。盛马毙，怒厮人刍秣失时，杖之，令抱巨石立五昼夜，又杖之。大理寺断杖八十私罪。上以盛所为苛暴，贵畜而贱人，特贬之。3，页4236

【宋仁宗皇祐五年（1053）冬十月】判大宗正司允让言宗室养子，须五岁然后赐名受官，毋得依长子例不限年，从之。宝元二年七月丁巳日见，更详之。6，页4237

【宋仁宗皇祐五年（1053）冬十月】壬子，诏三司自今京师百万仓、左藏库、都商税务、榷货务、东西八作司、文思院、事材场、南北作坊、店宅、曲院、内香药库、裁造院、作坊料物库、西染院，陕西折博务、解州盐池、缘边便籴粮草、诸茶场、榷货务、转般仓、米仓、银铜坑冶场、盐井监，仍旧举官监当，其余场务课利不及七万贯者悉罢之，令有司选差人。从宰臣陈执中所奏也。8，页4237

【宋仁宗皇祐五年（1053）十一月】先是，端明殿学士、兼龙图阁学士张方平言王畿赋敛之重，于是诏开封府诸县两税，于原额上减三分，永为定式。4，页4238

【宋仁宗皇祐五年（1053）十一月】镇东留后李端愿先受命知越州，未赴，其从者殴人死，御史俞希孟劾之，丁亥，改知襄州。7，页4239

【宋仁宗皇祐五年（1053）十一月】己丑，翰林学士钱明逸、龙图阁直学士张揆，看详编配罪人。10，页4239

【宋仁宗皇祐五年（1053）十二月】戊申，诏军士逃亡，捕获未断再逃亡，止一次科罪，已断未决而再逃亡者累科之。4，页4240

【宋仁宗皇祐五年（1053）十二月】庚戌，诏诸路转运使副、提点刑狱，毋得淹系罪人。5，页4240

【宋仁宗皇祐五年（1053）十二月】癸丑，诏入内内侍省都知、押班，非年五十以上，历任无赃私罪者弗除。7，页4240

【宋仁宗皇祐五年（1053）十二月】丙辰，诏川峡人刺配为内地军兵者，遇拣停，自今毋得放归，其令关津常讥察之。8，页4240

【宋仁宗皇祐五年（1053）十二月】己未，参知政事刘沆提举中书五房续编例册。《前编》当是宋绶，既云《续编》，必有《初编》，《会要》亦止此。绶事在景祐二年九月。11，页4241

续资治通鉴长编卷一百七十六　宋仁宗至和元年（甲午，1054）

【宋仁宗至和元年（1054）春正月】辛卯，御崇政殿录系囚，并下三京辅郡杂犯死罪第降二等，徒以下释之。9，页4251

【宋仁宗至和元年（1054）二月】辛丑，诏禁军逃至缘边，经一宿捕获者斩。初，河北缘边安抚副使宋守约言比岁河北军士数逃入契丹，良由捕逃军法轻，请复天圣旧制，去三日内捕获贷死之法。故更著此条。4，页4253

【宋仁宗至和元年（1054）二月】枢密副使、给事中孙沔，数言追册温成于礼不可，且曰："皆由佞臣赞兹过举。"宰相陈执中等甚衔之。沔不自安，力求解职。壬戌，授资政殿学士、知杭州。浙俗贵僧，或纵妇女与交，沔严察之，杖配者甚众。10，页4254

【宋仁宗至和元年（1054）三月】庚辰，德音改元，降天下死罪一等，流以下释之。13，页4256

【宋仁宗至和元年（1054）三月】丁亥，命知制诰吕溱同看详编配罪人。16，页4256

【宋仁宗至和元年（1054）夏四月】丁酉，诏诸路转运、提点刑狱司，贼盗发而不以闻者，其州县长官并以违制论。2，页4256

【宋仁宗至和元年（1054）夏四月】文州蕃部每入寇，酋豪常氏辄御却之。知州吴贲阴与诸族约，诬常氏欲为变，械系狱，将灭其家以幸赏。转运使解宾王驰往出之，而奏逐贲。宾王，蓬莱人也。8，页4257

【宋仁宗至和元年（1054）夏四月】河北缘边安抚司言："比降德音，军士遁入化外者，限百日首身放罪。今契丹诱过河北军士前后数千人，乞与展一年。"从之。14，页4259

【宋仁宗至和元年（1054）五月】茂实之母微，既生茂实，入宫乳悼献太子。茂实方襁褓，真宗以付内侍张景宗，曰："此儿貌厚，汝养视之。"景宗遂以为子。于是开封民繁用扣茂实马首，言茂实乃真宗子，茂实执以闻。事下开封府，用盖病狂易。事既明，言者以嫌请罢茂实兵柄。上察其无他，故擢节度使出守。用坐编管歙州。既而言者不已，复诏光禄少卿许宗寿鞫之，配用窦州牢城。《实录》云，茂实乃乳母朱氏子，其生常在禁中，故用缘而妄言。与《茂实正传》不同，今从正传。用配窦州，乃七月辛未，今并书。司马光《记闻》云：初，周王将生，诏选孕妇朱氏以备乳母。已而生男，真宗取视之，曰："此儿丰盈，亦有福相，留宫中娱视皇子。"皇子七岁薨，真宗以其儿赐内侍省都知张景宗为养子，名曰茂实。及长，累历军职，至马军副都指挥使。繁用其父尝为张氏仆，自幼闻父言茂实生于宫中，或言先帝之子，于上属为兄。用冀幸恩赏，即为表具言其事，于中衢邀茂实，以表呈之。茂实惧，以用属开封府。府以用妄言，杖之，配外州下军。然事遂流布，众庶哗然，于是言事者请召用还考实。诏以嘉庆院为制狱。按之者言，用素病心，一时妄言，茂实不上闻，擅流配之，请案其罪。

诏繁用配广南牢城，辞所连及者释之。又云：狱成，知谏院张择行录问，驳用非心病，诏更验定。盖初止编管，更验定，乃配广南也。2，页4261

【宋仁宗至和元年（1054）八月】甲午，知制诰贾黯权判吏部流内铨。承平日久，百官职业皆有常宪，鸷乐于因循，而铨衡徒文书备具而已，黯始欲以风义整救其弊。益州推官桑泽，在蜀三年，不知其父死。后代还，举者甚众，应格当迁。方投牒自陈，人皆知其尝丧父，莫肯为作文书，泽知不可，乃去，发丧制服，以不得家问为解。泽既除丧，求磨勘。黯以谓泽三年不与其父通问，亦有人于之爱于其亲乎！使泽虽非匿丧，犹为不孝也。言之于朝，泽坐废归田里，不齿终身。晋州推官李亢，故尝入钱得官，已而有私罪，默自引去，匿所得官，以白衣应举及第，积十岁当磨勘，乃自首言其初事。黯以为此律所谓罔冒也，奏罢之，夺其劳考。5，页4270

【宋仁宗至和元年（1054）八月】丁酉，诏前代帝王后，尝仕本朝为八品以下官，其祖父母、父母、妻子犯流以下罪听赎，未仕而尝受朝廷赐者，身所犯非凶恶亦听以赎论。7，页4271

【宋仁宗至和元年（1054）八月】初，欧阳修罢判流内铨，吴充、冯京罢判南曹。知谏院范镇言："铨曹承禁中批旨，疑则奏禀，此有司之常也。今谗人以为挠权，窃恐上下更相畏，谁敢复论是非。请出言者主名，正其罪，复修等职任。"凡再言之，帝意解，而宰臣刘沆亦请留修。帝谓沆曰："卿召修谕之。"沆曰："修明日陛辞，若面留之，则恩出陛下矣。"戊申，命修刊修《唐书》。16，页4272

续资治通鉴长编卷一百七十七 宋仁宗至和元年（甲午，1054）

【宋仁宗至和元年（1054）九月】乙丑，诏："比闻差官缮修京师官舍，其初多广计工料，既而指羡盈以邀赏，故所修不得完久。自今须实计工料，申三司。如七年内隳损者，其监修官吏及工匠，并劾罪以闻。"6，页4279

【宋仁宗至和元年（1054）九月】枢密副使王尧臣务裁抑侥幸，于是有镂匿名书布京城以摇军情者，帝不信。丁卯，诏开封府揭榜募告者赏钱二千缗；愿入官与大理寺评事或侍禁；已有官及系军籍者优与迁转；徒中自告特免罪，亦与酬奖；僧道褐衣者与紫衣，紫衣者与师号，已赐师号者与僧官，如愿赐院额及欲度童行者亦听。8，页4280

【宋仁宗至和元年（1054）九月】己巳，迩英阁讲《周礼》"大荒大札，则薄征缓刑"，杨安国曰："所谓缓刑者，乃过误之民耳，当岁歉则赦之，悯其穷也。今众持兵仗，劫粮廪，一切宽之，恐不足以禁奸。"帝曰："不然，天下皆吾赤子也。一遇饥馑，州县不能存恤，饿莩所迫，遂至为盗，又捕而杀之，不亦甚乎！"11，页4280

【宋仁宗至和元年（1054）九月】丁丑，诏开封府，自今凡决大辟囚，并覆奏之。初，开封府言得枢密院札子，军人犯大辟无可疑者，更不以闻，其百姓则未有明文。上重人命，至是军人亦令覆奏。16，页4281

【宋仁宗至和元年（1054）十二月】太常博士、审刑院详议官吴及上疏，推言奄寺以及继嗣，曰："臣闻官师相规，工执艺事以谏。臣幸得待罪法吏，辄原刑法之本，以效愚忠。窃惟前世肉刑之设，断支体，刻肌肤，使终身不息。汉文感缇萦之言，易之鞭棰，然已死而笞未止，外有轻刑之意，其实杀人。祖宗鉴既往之弊，损除烦苛，始用折杖之法，新天下耳目，兹盖旷世圣贤恩所未至。陛下深恻民隐，亲览庶狱。历世用刑，无如本朝之平恕，宜乎天降之祥，而方当隆盛之际，未享继嗣之庆，臣窃惑焉。意者宦官太多，而陛下未悟也。何则？肉刑之五，一曰宫，古人除之，重绝人之世。今则宦官之家，竞求他子，剿绝人理，希求爵命。童幼何罪，陷于刀锯，因而夭死，未易可数。夫有疾而夭，治世所羞，况无疾乎？有罪而宫，前王不忍，况无罪乎？臣闻汉永平之际，中常侍四员，小黄门十人尔。唐太宗定制，无得逾百员。且以祖宗近事较之，祖宗时宦官凡几何人，今凡几何人？臣愚以为胎卵伤而凤凰不至，宦官多而继嗣未育也。伏望顺阳春生育之令，浚发德音，详为条禁。进献宦官，一切权罢，擅宫童幼，置以重法。若然，则天心感应，圣嗣必广，召福祥、安宗庙之策，无先于此。"书奏，帝异其言，欲用为谏官，而及以父忧去。及，静海人也。按此疏恐以皇祐五年上。是年闰七月戊申朔，诏内侍省，自今内侍禁供奉官至黄门以百八十人为额。或缘及疏也，当考。及除谏官，在嘉祐三年二月。21，页4299—4300

续资治通鉴长编卷一百七十八　宋仁宗至和二年（乙未①，1055）

【宋仁宗至和二年（1055）春正月】德音降畿内、辅郡囚罪一等，徒以下释之；赐诸军缗钱。2，页4304

【宋仁宗至和二年（1055）二月】广州司理参军陈仲约误入人死罪，有司当仲约公罪应赎。帝谓知审刑院张揆曰："死者不可复生，而狱吏虽暂废，他日复得叙官，可不重其罚耶！"癸巳，诏仲约特勒停，会赦未许叙用。3，页4307

【宋仁宗至和二年（1055）二月】给事中崔峄，受诏按治陈执中纵嬖妾杀婢事。峄以为执中自以婢不恪，笞之死，非嬖妾杀之，颇左右执中。甲午，授龙图阁待制、知庆州，代何中立也。知谏院范镇言："陕西四路安抚使，并以三年为满。今中立才二年，遽使峄代之，恐诸路攀缘，浸成侥幸。乞追寝峄成命，令中立满三年。"不报。4，页4307—4308

【宋仁宗至和二年（1055）二月】先是，知谏院范镇言："去年十二月，荧惑犯房上相，未几，陈执中家决杀婢使，议者以为天变应此，臣窃谓为不然。执中再入相，未及二年，变祖宗大乐，隳朝廷典故，缘葬事除宰相，除翰林学士，除观察使，其余僭赏，不可悉纪。陛下罢内降，五六年来，政事清明。近日稍复奉行，至有侍从臣僚之子，亦求内降，内臣无名，超资改转，月须数人。又今天下民困，正为兵多，而益兵不已，执中身为首相，义当论执，而因循苟简，曾不建言。天变之发，实为此事。陛下释此不问，御史又专治其私，舍大责细，臣恐虽退执中，未当天变。乞以臣章宣示执中，宣示御史，然后降付学士草诏，使天下之人，知陛下退大臣，不以其家事，而以其职事，后来执政，不敢恤其家事，而尽心于陛下职事。"

于是，镇又言："臣窃闻御史以谏院不论奏陈执中家事，乞加罪谏官者。今张择行疾病在第，臣已奉使还京，臣为谏官，不可不辨。臣去年十一月八日韦城奏吴充、鞫真卿事，十二月九日衡水奏石全彬事。二十四日

---

① 原书中是"甲午"年，实应是"乙未"年，今据改。

到京，二十五日上殿，陛下谕臣路中文字尽收得，又加劳臣，臣奏：'使天下之人议陛下，此是执政大臣之过。'又问陈执中家事，臣奏：'臣新从外来，未知（子）[仔]细。'陛下言台谏官不识体，好言人家私事。臣奏：'人命至重，台谏官不可不言，然不可用此进退大臣。进退大臣，当责以职业，所贵有所劝励。吴充、石全彬等事是也。'自是臣复送伴河北，至今月九日还京，又闻御史中丞已下，皆言执中乞置诏狱，却不遣干连人赴制院，此诚执中之罪也。又闻执中状奏，女使有过，指挥决打，因风致死。而外议谓阿张决死，臣再三思惟，就使阿张下狱，自承非执中指挥，是阿张自决打致死，有司亦未可结案，须执中证辨乃可。是为一婢子令国相下狱，于国之体，亦似未便，所以不敢雷同上言。然臣有不言之罪二，而御史不知。初，朝廷为礼直官逐礼官，而臣再奏论列，以正上下之分，及为一婢子困辱宰相，而臣反无一言，臣之罪一也。臣不及众议未定时，辩理执中，至执中去势已决，始入文字，臣之罪二也。臣虽有不雷同以存国体一事，不足以赎二事。乞以臣章下御史台，榜于朝堂，使士大夫知臣之罪；颁于天下，使天下人知臣之罪；付于史官，使后世人知臣之罪。臣虽就死，无所憾也。若欲论执中才否及所行政事，则臣去年八月一日札子、十月九日论兵民疏及温成葬事、吴充鞫真卿石全彬等状已具之矣。"

镇又言："伏见陛下进退大臣，不以职事而以私事，故言事官大率急人私事而缓其职事，设有急其职事，必观大臣进退之势而后言之，今御史言陈执中无学术，不知典故等事是也。执中一为参知政事，再为宰相，无学术、不知典故有素矣，至为决一婢死而后及之，此臣谓御史观大臣进退之势而言事也。御史既知执中素恶邵必，方执中之婢未死时，不言邵必以非辜被重罚，而臣尝言之。今陛下已许执中罢去，而臣为执中辩理，是臣不顾大臣进退之势而言事也。臣又闻御史言臣奉使河北，中路奏理执中，是报执中之恩，然则御史居常自待如此，故亦以此待臣，此不足以责御史也。臣之才否，与臣立朝之本末，与出入执中门下，与不出入执中门下，御史知之矣，而御史言此者，近于诬臣，非独近于诬臣，亦近于自诬。若臣中路奏理执中，有无文字，则陛下知之，臣不复言也。准律，诸主殴部曲至死者，徒一年，故杀者加一等，其有愆犯决罚致死及过失杀者，各勿论。昔之造律之人，非不知爱人命而造此律，直以上下之分不可废也。今执中之婢正得有愆犯决罚致死，无罪当勿论，而御史之绳之如此。又言臣报执中之恩以疑陛下，以中伤臣，此无他，直恐臣使不言尔。臣为谏官，为御史所恐而遂不言，非所谓为谏官也。就使造律者出于执中婢死之后，即御史亦须谓之报执中恩也,此律为诸人设尔,况国相乎!贾谊曰:'人主之尊譬如堂,群臣如陛,众庶如地。'盖明等级而尊天子也。今为一婢子辱宰相,陛下之堂无乃易凌乎,陛无乃太卑而近地乎,非特太卑而近地也,其势反在地中!何者?诸人决婢死得勿论,而宰相反受困辱,此臣所以愤闷而太息也。臣无贾谊之才,而持贾谊之论,为不知量也。直以方今事势,正与贾谊之论同,故不得隐默。乞以臣章宣示中书、枢密大臣,降付御史台,并臣前状,依臣所奏,一处施行。"

镇又言:"臣两奏乞与御史辨陈执中事,仍乞榜朝堂。及今十余日,未见行下。臣窃以赏罚当否在于辨是非,是非不辨,则赏罚随而废矣。陛下向谕臣,枢密院本欲留陈执中,畏御史之言,遂不敢留。枢密院以御史之言是而畏之邪,将以为非而畏之也?以为是而畏之则可,以为非而畏之,殆非陛下所以任之之意也。今陛下不以是非自专,而以责中书、枢密大臣,中书、枢密大臣又不敢主是非,主是非者御史尔,而御史是非谬戾如此,御史中丞、知杂御史又左右之。夫所谓谬戾者,弃法律而牵于浮议也,任私情而不顾公道也,务己胜而专于逆诈也。陛下何不敕大臣以法律处之,以古所行之事折中之,则是非辨而赏罚当矣。汉宣帝时,魏相为丞相,其侍婢有过自死。于是,赵广汉为京兆尹,疑丞相夫人妒杀之,即上书告丞相罪。魏相亦上书自陈妻实不杀婢,相自以过谴笞出至外第死。而司直萧望之亦劾奏广汉摧辱大臣,伤化不道。广汉并坐贼杀不辜等数罪,腰斩于市;吏民守阙号泣者数万人,亦愿有代广汉死者,皆不听。宣帝明主也,广汉能臣也,吏民守阙数万人,非特御史中丞、知杂御史一二人为助也。然而卒斩广汉者,以为严上下之分,戒险薄之俗,不得不然也。臣言此者,非欲陛下斩御史如广汉比也,直欲陛下知古人严上下之分,戒险薄之俗如此其决也。乞以臣章并御史所奏宣示中书、枢密大臣,详正是非。如以臣章非是,则乞免臣所职,终身不齿;以御史所奏为非,亦乞依公施行。"范镇累奏不得其时,今附见赵抃劾章后。11,页4312—4316

【宋仁宗至和二年(1055)二月】宰臣刘沆言:"面奉德音,'凡传宣内降,其当行者自依法律赏罚外,余令二府与所属官司执奏。'盖欲杜请托侥幸之路也。"因陈三弊曰:"近臣保荐辟请,动逾数十,皆浮薄权豪之人,交相荐举,有司以之贸易,遂使省府、台阁华资要职,路分、监司边防寄任,授非公选,多出私门。又职掌吏人迁补有常,而或减选出官,超资换职,堂除家便,先次差遣之类,乃是近臣保荐官吏之弊一也。审官、吏部铨、三班当入川、广则求近地,入近地则求在京,并堂除升陟省府、馆职、检讨之类，乃是近臣陈乞亲属之弊二也。其叙钱谷管库之劳，捕贼雪活之赏，有司虽存常格，已经裁定，尚复有侥幸之请。以法则轻，以例则厚，执政者不能守法，多以例与之。如此之类，乃是叙劳干进之弊三也。愿诏中书、枢密，凡三事毋得用例，余听如旧。"事既施行，而众颇不悦，未几复故。《实录》既于二月丙午书刘沆面奉德音云云，又于三月丙子书沆所言三弊。按三弊即面奉德音所禁者，不应重出，今删削附此。复故，在五月辛酉。15，页4318

续资治通鉴长编卷一百七十九　宋仁宗至和二年（乙未，1055）

【宋仁宗至和二年（1055）三月】己卯，迩英阁讲《周礼·大蠹》，王洙曰："祠天地之器，以质信为本。"帝曰："曹操不事质信而多诈忌，何以事上帝乎？"洙曰："天地之德，非至诚之道，至质之器，何以动之？"张揆读《后汉书》应劭议刑，揆曰："当汉献帝乱世，有司犹能守法，今天下奏狱，或违法出罪，负冤不伸。水旱之灾，未必不由此也。"帝曰："祖宗以来，多用中典，奏谳者往往贷之，岂欲刑罚之滥乎！"10，页4324

【宋仁宗至和二年（1055）三月】丁亥，知审刑院张揆言，知虢州周日宣妄言涧水冲注城郭，当坐不实之罪。上曰："州郡多奏祥瑞，至水旱之灾，或抑而不闻。今守臣自陈垫坏官私庐舍，意亦在民，当恕罪也。"17，页4327

【宋仁宗至和二年（1055）夏四月】丙申，上封者言，有荫子孙犯杖以上私罪情理重者，令州县批所犯于用荫官诰之后，若三犯奏听裁，从之。4，页4329

【宋仁宗至和二年（1055）夏四月】抃又言："拱辰比吴奎罪恶为大，两府恶奎，即逐之，乃阴庇拱辰，不顾邦典。顷年韩综坐私劝契丹主酒，落职知许州。去年契丹遣泛使，欲援综例上寿，赖接伴杨察以朝廷曾黜综以告之，敌使乃止。拱辰既辄当契丹主弹琴送酒之礼，今若不责拱辰，异时敌使妄欲援拱辰例，则朝廷将何辞拒之？"诏拱辰罚金二十斤，放。此据

赵抃《奏稿》追书。宋选责宿倅，选传有之，《实录》及略去。14，页4334

【宋仁宗至和二年（1055）五月】己未，御崇政殿录系囚，死罪以下递降一等，流以下释之。2，页4334

【宋仁宗至和二年（1055）五月】御史中丞孙抃与其属言："臣等近以宰臣陈执中家杖杀女使事，有诏置狱勘，不尽情理，亏朝廷之法，各曾具状弹奏，乞正执中之罪。至今道路腾沸，未蒙施行。窃闻多有大臣及近侍臣僚曲为党扇，上惑宸听。伏缘党扇之人，尽是交结朋附，树恩坏法。伏望陛下特从圣断，早赐指挥，正执中之罪，以塞中外公议。"据孙抃奏稿，此系第四章。

又言："执中诬罔朝端，轻废诏狱，缘嬖昵之私爱，屈公平之大议，内则灭家法，外则隳国纲。又其作为，全是虚诡。当居官之日，则务扬声，言乞引退。及待罪之时，则多设事意，密图召还。罔上欺心，忠实何在！陛下姑全大体，不念远谋，尚传天音，留任宰。人人相目，愤愤不平。况执中少不读书，壮不稽古，及其浸老，遂暗而荒，事之十端，颠倒七八，物议以为必不可更当大任。臣等屡曾论列，总是人言所隔，致兹圣意未回。纪纲一差，纷不可整。且朝廷之法是陛下之法，陛下之法即祖宗之法。祖宗之法，乃一天下、平元元之大本，臣等可戮，此法不可屈。其陈执中，伏乞特行责降，以正本朝典章。"不报。11，页4338—4339

【宋仁宗至和二年（1055）五月】御史中丞孙抃、侍御史知杂事郭申锡入对，言："臣等昨以宰臣陈执中杖杀女使事，外议皆谓嬖人阿张打杀，致开封府检验推穷。其执中既自奏乞差官勘劾，朝廷遂起诏狱，洎至勾追干证奴隶之人，却又拒抗不遣。寻又入札子乞不枝蔓，其制院从而希旨，卤莽结绝，枢密院亦是无所建明，所以制狱之兴，由执中而兴，制狱之废，亦由执中而废。家声丑秽，物议喧腾，不恤中外之言，复坏朝廷之法，欺公罔上，愧心厚颜，岂宜更居台司，使辅国政！其措置无状，职事不修，臣等前后累曾弹奏，伏乞陛下特赐宸断，正执中虐杀幼弱、违拒制狱、欺公罔上之罪，使朝廷之法不坏，则宗庙社稷之幸。"据孙抃《奏稿》，此系中丞知杂上殿第六章。

抃又言："前日诏狱，言事官屡有弹奏，未闻陛下特降指挥，臣僚中亦有解救者，伏虑陛下因而疑惑。臣愚窃以弹奏之言，为朝廷、为法、为纪纲；解救之语，为宰相、为身、为利禄。二途事意，黑白可验。昔唐宪宗时，五坊使杨朝汶擅拘平人以蠲财物，御史中丞萧俛及谏官上疏论列，裴度、崔群因延英对，极言之。宪宗曰：'且欲与卿等商量东军，此小事我自处置。'度奏曰：'用兵，小事也。五坊追捕平人，大事也。兵事不治，止忧山东，五坊使暴横，恐乱辇谷。'宪宗悟，遂置于法。况今相臣轻侮朝柄，诏狱废置，议皆自我，顾其所为，何止暴横！陛下纵全君臣之分，免其责罚，亦当罢去，以惩不法之罪。奈何优游迁延，固执不下？臣恐而今而后，宰相得欺朝廷，大臣得罔君上，居近列者得报私恩而毁公议，为狱官者得舍实状而结虚案，纷纷逸冤，望风而起，陛下何以止之？方今憸言得行，正道差塞，事若浸弛，人将不安。愿陛下圣治之闲，一讲祖宗遗范，公赏公罚，再清朝路，俾共成大业，永永无穷。臣不胜恳悃之至。"据孙抃《奏稿》，系第八章，不得其时，故附此。14，页 4340—4341

续资治通鉴长编卷一百八十　宋仁宗至和二年（乙未，1055）

【宋仁宗至和二年（1055）六月】始，御史因执中杀婢事欲击去之，上未听，而谏官初无论列者，御史并以为言。而赵抃攻范镇尤力，台官皆助之。镇累奏乞与御史辨，不报。及御史入对，又言执中私其女子，伤化不道。执中既罢，上以谕镇，镇复言："朝廷置御史以防谖慝，非使其为谖慝也。审如御史言，则执中可诛，如其不然，亦当诛御史。"吴缴前五奏，乞宣示执政，相与庭辨之。卒不报。镇由是与赵抃有隙。12，页 4353—4354

【宋仁宗至和二年（1055）秋七月】己未，降龙图阁直学士、刑部员外郎任颛为天章阁待制，仍知渭州。先是，颛知潭州，会广州大商道死，籍其财，得真珠八十两，以无引漏税没入官，颛与本路转运判官李章及其僚佐贱市之。其后死商之子讼于三司，遂置狱湖南。案未上，三司使王拱辰悉以进内。御史赵抃弹奏拱辰，以章为宰相陈执中婿，阴有附结，请并劾拱辰，以戒中外。至是，夺颛职，徙章监当，余悉坐追停。3，页 4356

【宋仁宗至和二年（1055）秋七月】丙子，诏蕃部犯青白盐坐法当死者，自今并配沙门岛，若群党为民害，奏听裁。自范祥议禁八州军商盐，重青白盐之禁，而官盐估贵，青白盐估贱，土人及蕃部贩青白盐者益重，往往犯法抵死而莫肯止，虽屡摧官估，不能平其直。朝廷知其弊，故有是诏。此据本志，又云《嘉祐赦书》，[①] 稍迁配徙者于近。是青白盐禁法稍宽，当因后来经制青白盐。并附此。15，页4359

【宋仁宗至和二年（1055）秋七月】丙戌，权同判流内铨刘敞言："审官、三班院、流内铨注拟，或兄弟、伯叔、子侄自相为代。若前人政恶，后人循之，则害政而损于义，如覆举之，则伤恩而戾于教，二者俱不可。即令前人有吏民之怨，因以去位，后人怀亲戚之耻，乘之报怨，为害必多。请自今五服内许相容隐，皆不得相为代，违者以私罪论。"从之。20，页4362

【宋仁宗至和二年（1055）】八月戊子，降畿内、辅郡囚罪一等，徒以下释之。1，页4363

【宋仁宗至和二年（1055）八月】癸巳，知谏院范镇言："比者京师及辅郡岁一赦，去岁再赦，今岁三赦。又在京诸军岁再赐缗钱。姑息之政，无甚于此。夫岁一赦者，细民谓之热恩，以其必在五月、六月间也。猾胥奸盗，倚为过恶，指以待免，况再赦至三赦乎！岂知其民不狃为奸且盗者无几矣。今防秋备塞之人，无虑五六十万，使闻京师端坐而受赐者，能不动心哉。然陛下德音已下，赐钱已出，知不可救者也。请自今罢所谓一赦以摧奸猾，而使善良得以立也；罢兵士之特赐钱以均内外，而使民得以宽也。"6，页4364

续资治通鉴长编卷一百八十一　宋仁宗至和二年（乙未，1055）

【宋仁宗至和二年（1055）九月】丁丑，诏审官院，京朝官曾犯赃私罪若公坐至徒者，毋得差监在京仓、场、库务。11，页4374

【宋仁宗至和二年（1055）九月】壬午，三司言诸州军回易解盐为公

[①] 宋朝时各种赦特别频繁，而且往往在赦时有特定法律规定，为此宋朝在修撰法律时，会把特定时期的赦进行编撰，形成相应的法典。

用，颇侵商人，请行禁止，从之。本志范祥盐数，可考皇祐五年四月。13，页4376—4377

【宋仁宗至和二年（1055）十月】乙巳，礼部贡院上删定《贡举条制》十二卷。10，页4380

【宋仁宗至和二年（1055）十月】壬子，迩英阁讲《周礼》"祭祀割羊牲，登其首"，王洙曰："祭阳以其首，首主阳；祭阴以其血，血主阴也。神明不测，故以类而求之。"帝曰："然天地简易，非己诚，其能应乎！"又讲《左氏传》"郑人铸刑书"，洙曰："子产以郑国之法，铸之于鼎，故使民知犯某罪，有某罚也。"帝曰："使民知法，为乱可止，不若不知而自化也。"15，页4382

【宋仁宗至和二年（1055）十一月】壬戌，诏流内铨、南曹，自今举官，文臣知杂御史、少卿监，武臣阁门使以上，并江淮发运使、诸路转运副使、提点刑狱朝臣使臣，开封府推判官、府界提点，更不限赃私罪。其余犯私罪杖已上，不理为举主，若私罪笞者听之。5，页4383

【宋仁宗至和二年（1055）十一月】诏审官院编修皇祐三年以后冲改条贯。庆历四年二月。12，页4384

【宋仁宗至和二年（1055）十二月】庆历初，淄、潍、青、齐、沂、密、徐、淮阳八州军既弛盐禁，衮、郓亦相继许通海盐。自是诸州官不贮盐，而岁应授百姓蚕盐皆罢给，然百姓输蚕盐钱如故。是岁，始诏百姓输蚕盐钱以十分为率，听减三分云。此据《食货志》但云至和中，不得其时。《实录》《会要》俱无之。今改"至和中"作"是岁"，附至和二年末，盖至和三年九月方改元嘉祐也。16，页4389—4390

续资治通鉴长编卷一百八十二　宋仁宗嘉祐元年（丙申，1056）

【宋仁宗嘉祐元年（1056）春正月】甲子，大赦，蠲被灾田租及倚阁税。8，页4396

【宋仁宗嘉祐元年（1056）二月】辛亥，吏部流内铨请入令录选人，举主不犯赃滥及非致仕分司者听用之，奏可。5，页4397

【宋仁宗嘉祐元年（1056）三月】戊午，吏部郎中、天章阁待制张择行为户部郎中、集贤殿修撰，提举仙源县景灵宫太极观。始，择行知谏院，言陈执中命妾笞婢，于律不当坐，御史固迫之，择行因中风不能语，于是左迁。4，页4398

【宋仁宗嘉祐元年（1056）夏四月】甲戌，御崇政殿录系囚，杂犯死罪降一等，徒以下释之。9，页4405

【宋仁宗嘉祐元年（1056）六月】右监门卫将军仲轲等九人各罚一月俸。初，仲轲等父宗说坐乱其子妇，贷死除名，废居别第，仲轲弟遮宰相哀诉，而大宗正司请惩戒之。宗说，奉化侯允言子，已见庆历四年七月，皇祐中坐法贷死除名，与治平元年三月事相关。2，页4409

续资治通鉴长编卷一百八十三　宋仁宗嘉祐元年（丙申，1056）

【宋仁宗嘉祐元年（1056）秋七月】壬午，降同提点广南东路刑狱公事、左藏库副使冯文俊为广南西路都监。初，审刑院断文俊前知镇戎军失入死罪二人，引去官勿论，上以人命至重，特降之。2，页4423

【宋仁宗嘉祐元年（1056）八月】乙亥，朝谒景灵宫，降京城系囚徒罪一等，杖笞释之。22，页4439

续资治通鉴长编卷一百八十四　宋仁宗嘉祐元年（丙申，1056）

【宋仁宗嘉祐元年（1056）九月】辛卯，恭谢天地于大庆殿，大赦，改元。3，页4447

【宋仁宗嘉祐元年（1056）九月】 甲辰，诏三司置司编禄令，以知制诰吴奎、右司谏马遵、殿中侍御史吕景初为编定官。初，枢密使韩琦言："内外文武官俸入添支，并将校请受，虽有品式，每遇迁徙，须申有司检勘中覆，至有待报岁时不下者，故请命近臣，就三司编定之。"11，页4448

【宋仁宗嘉祐元年（1056）十一月】 丙申，诏："伎术官合奏荫者止授以伎术官，仍一次而止。其封赠，初以副率，次正率，次小将军，毋得隔资而授。司天监官听赠至大卿、监止。"初，知制诰王珪言："近岁伎术官，因缘进拔者甚众，其合奏荫者，又参用士人之条而无定数，杂污仕涂，莫斯为甚。请自今各以其类推恩，若医官使奏医学，教坊使奏色长之类，仍只许奏一人，不惟使世专其艺，诚足以革入官之滥。"下两制并以伎术官封赠详定，而翰林学士承旨孙抃等以谓伎术官，法毋得任子及封赠，今若以类推恩，亦近汉畴人子弟之法，故著此条。12，页4455—4456

【宋仁宗嘉祐元年（1056）十二月】 拯立朝刚严，闻者皆惮之，至于间里童稚妇女亦知其名，贵戚、宦官为之敛手。旧制，凡讼诉，不得径造庭下，府吏坐门，先收状牒，谓之牌司。拯开正门，径使至庭自言曲直，吏民不敢欺。京师大水，因言中官、势族筑园榭多跨惠民河，故河塞不通，乃悉毁去。或持地券自言，有伪增步数者，皆审验劾奏之。3，页4460

续资治通鉴长编卷一百八十五　宋仁宗嘉祐二年（丁酉，1057）

【宋仁宗嘉祐二年（1057）二月】 庚戌，御崇政殿录系囚，降死罪一等，徒以下释之，三京及辅郡遣官疏决。3，页4468

【宋仁宗嘉祐二年（1057）夏四月】 癸丑，贷随州参军李抃父阮死罪。初，阮殴佃客死，而其子抃愿纳所受敕告，以赎父罪。上矜而许之，仍免决，送湖南编管。3，页4474

【宋仁宗嘉祐二年（1057）夏四月】 甲戌，太常博士、集贤校理陆诜提举开封府界诸县镇公事。咸平龙骑军本群盗迁隶，因廪给不时，共殴监给官。既还营不自安，本军校柴元扇之将作乱。诜承诏往谕元以不死，使

自取为乱者贷罪，军以无事。诜，余杭人也。10，页4475

【宋仁宗嘉祐二年（1057）五月】癸未，命枢密副使田况提举修《殿前、马、步军司编敕》。知制诰刘敞言：此时敞在扬州。三年十月，乃自郓州召还。"臣伏闻朝廷选官删定殿前、马、步军等司编敕条贯，诚为要务。臣以谓科律虽详，执而用之者吏也，若不审，则狱容有滥。今殿前等司所以统诸军，刑罚不少，而鞫讯论决一委胥吏，曾无掾曹士大夫参其闲，即有猾吏因事侮文，其势不难。狱者重事，人命所系，自古以来，未尝独任小吏，不关搢绅者也。又汉、唐大将军营卫幕府，或设军政议郎、录事、兵曹，分职联事，其员甚众。今诚制度太简略，欲尽如古难矣。且每司置狱官一员，专典鞫狱，令流内铨选补，如左右军巡判官例。如此，狱可使不冤，刑可使不误，庶几上副朝廷钦恤之意，愈于专修编敕而已。"四年七月置检法官，或由此。更详之。7，页4478—4479

【宋仁宗嘉祐二年（1057）五月】庚寅，诏吏部流内铨磨勘选人，其历任已经除落过犯者，无得更用贴黄声述。10，页4479

【宋仁宗嘉祐二年（1057）五月】又诏凡举官已施行者，后虽有改节，不许自首，及被举之人无得纳举主。寻诏在部内守官而改节者，许发摘同自首法。15，页4480

续资治通鉴长编卷一百八十六　宋仁宗嘉祐二年（丁酉，1057）

【宋仁宗嘉祐二年（1057）八月】丁未，韩琦又言："天下见行编敕，自庆历四年以后，距今十五年，续降四千三百余件，前后多抵牾，请加删定。"乃诏宰臣参知政事曾公亮同提点详定编敕。3，页4487

【宋仁宗嘉祐二年（1057）八月】庚申，御崇政殿录系囚，杂犯死罪递降一等，徒以下释之。8，页4487

【宋仁宗嘉祐二年（1057）冬十月】甲辰朔，三司使张方平等上新编《禄令》十卷，名曰《嘉祐禄令》，遂颁行之。1，页4492

【宋仁宗嘉祐二年（1057）冬十月】甲寅，以内园使、阁门通事舍人夏诠为西上阁门副使。仍诏自今阁门通事舍人经十年无赃私罪者，与除阁门副使，即毋得陈乞。3，页4492

【宋仁宗嘉祐二年（1057）冬十月】己巳，诏昨因侬智高入寇，坐弃城罪编配人知龚州张序等十四人听自便。7，页4493

【宋仁宗嘉祐二年（1057）冬十月】庚午，镇海留后李璋罚铜二十斤。璋求内降除节度使，知谏院陈旭引近诏劾奏之也。8，页4493

【宋仁宗嘉祐二年（1057）十二月】辛亥，诏学士院承内降处分，自今并以关白中书、枢密院施行。先是，澶州言河流损坏浮桥，后数日而修完之。遂下本院降敕奖谕。中书言官吏护视不谨，法当劾罪。既令免勘，而诏亦追罢之。4，页4497

续资治通鉴长编卷一百八十七　宋仁宗嘉祐三年（戊戌，1058）

【宋仁宗嘉祐三年（1058）春正月】壬辰，降提点利州路刑狱、都官郎中冯浩知商州，坐前知华州，失入劫囚吴义等十六人死罪也。5，页4502

【宋仁宗嘉祐三年（1058）二月】丙午，太常博士韩缜修《三班院编敕》。缜，亿子，从孙抃奏请也。从抃请，据《御史台记》，为缜攻抃张本。3，页4503

【宋仁宗嘉祐三年（1058）二月】辛亥，太常博士程初责授邵州团练副使、监衡州酒税。皇祐初，尝鞫叛囚失实，贬官。至是，上章自诉，其词语皆属以声韵，颇为侮慢，复贬之。5，页4503

【宋仁宗嘉祐三年（1058）二月】癸丑，御崇政殿，录系囚，杂犯死罪以下递降一等，徒以下释之。6，页4503

【宋仁宗嘉祐三年（1058）二月】壬戌，降虞部员外郎刘印为小处通判。印前知昌州，举监税、右侍禁王璪，而璪本以进纳得官，后坐赃败，故责之。8，页4504

【宋仁宗嘉祐三年（1058）二月】丁卯，录故司农卿林洙、孙诜为试将作监主簿。洙知寿州，临事苛急，鼓角将夜入州廨，拔堂槛铁钩击杀之。11，页4504

【宋仁宗嘉祐三年（1058）三月】癸酉，勾当御厨、驾部员外郎李象中、供备库副使张茂之、内殿承制韩从礼，并贷命配江南、京西等处衙前编管，入内供奉官卢待问追两官勒停，皆坐自盗御食也。象中等未败以前，日宰二百八十羊，以后日宰四十羊尔。此据江休复《杂志》。《杂志》云御厨自李象中得罪后，日宰四十羊，已前日宰二百八十羊。又云雷简夫判设案日，御厨日支面一万斤，后点检得乃日剩支六千斤。3，页4506

【宋仁宗嘉祐三年（1058）三月】辛巳，礼部贡院言："奉诏再详定《科举条制》，应天下进士、诸科解额各减半。明经别试而系诸科解名，无诸科处许解一人。开封府进士二百一十人，诸科一百六十人；国子监进士一百人，诸科十五人；明经各一十人，并为定额。礼部奏名进士二百人，诸科、明经不得过进士之数。别头试每路百人解一十五人，五人以上解一人，不及五人送邻路试。凡户贯及七年者，若无田舍而有祖、父坟者，并听。"从之。6，页4506—4507

【宋仁宗嘉祐三年（1058）三月】辛卯，刑部郎中、直龙图阁、知衮州王逵追一任官，勒停；都官员外郎、通判衮州马预罚铜二十斤，徙小处通判。

初，逵以公用蜡烛及墨遗京师要官，又课人收枯骨而葬之，以故冢墓多被发者；及离细民夫妇，而自主其家昏嫁。马预讼其事。预亦以鬻所得酒于部中，故皆坐之。9，页4507

【宋仁宗嘉祐三年（1058）三月】癸巳，诏三司，禁中所降物帛送杂卖场，其令判官一员监勒平估之，毋得抑配人户。10，页4507

【宋仁宗嘉祐三年（1058）三月】丙申，诏三司编天下驿券则例，从

枢密使韩琦之请也。四年正月张方平上其书。11，页4507

【宋仁宗嘉祐三年（1058）夏四月】丙寅，案丙寅《宋史》作丙辰，合前后干支考之，当从丙寅，《宋史》误。诏曰："朕惟分治州县，付之守令；案督守令，付之转运使、提点刑狱。而比年以来，吏或贪恣害物，耄昏不事事，以弛为宽，以苛为察。赋敛有常，或增重之以为劳；刑罚有经，或出入之以为能。而使者莫之举，岂朕所以寄任之意欤！其各思率职，毋挠权幸，毋纵有罪，惠绥吾民，以称朕意。"8，页4508—4509

【宋仁宗嘉祐三年（1058）夏四月】丁卯，诏臣僚赴任益、梓、利、夔路，其远接人陆路止于京师，水路止于荆南；若路不由京师，即计其地里，不得过六十程，若旧例不及者止如例。初，三司使张方平言两川迎送之役，有经涉水路，来往万里之远，至有饿乏病死者不可胜数。故著此条。9，页4509

【宋仁宗嘉祐三年（1058）夏四月】戊辰，诏居州县驿舍亭馆者毋得过一月，违者所属吏以违制论。仍令转运、提点刑狱司每半年一举行。10，页4509

【宋仁宗嘉祐三年（1058）六月】壬子，上谓三司使张方平曰："监御厨内臣窦昭齐等，宴日擅杀羊羔，且羊羔乃物之未成者，而枉其生理。尝戒使勿杀，今复杀之，不可不惩也。"特冲替。5，页4514

【宋仁宗嘉祐三年（1058）秋七月】己丑，降前知雄州、舒州团练使马怀德为四方馆使、英州刺史，前高阳关路钤辖、北作坊使、廉州团练使阎士良为崇仪使，御史吕景初言怀德在雄州，因士良入奏事，而尝以牛黄、麝脐赂之故也。7，页4517

【宋仁宗嘉祐三年（1058）八月】是月，诏立定横行员数。客省、引进、四方馆各置使一员；东、西上阁门使共二员；阁门、引进、客省副使共六员；阁门通事舍人共八员。内阁门副使转引进副使，引进副使转客省副使，客省副使即依诸司副使磨勘条例施行。遇阁门使有缺，则以次迁补，不拘磨勘年限。内有历阁门职事，后别无近上臣僚同罪奏举，及曾犯赃及私罪杖以上情理重者，若迁补名次到日，并与别除他官。内有任东、西上阁门使或四方馆使及七年无私罪，未有员缺迁补者，与加遥郡。其改正任者，须授引进使及四年转充团练使；客省使四年转充防御使。其战功并殊常绩效非次拔擢者，勿拘。8，页4520—4521

续资治通鉴长编卷一百八十八　宋仁宗嘉祐三年（戊戌，1058）

【宋仁宗嘉祐三年（1058）九月】初，官既榷茶，民私蓄贩皆有禁，腊茶之禁，尤严于他茶，犯者其罚倍，凡告捕私茶皆有赏。然约束愈密，而冒禁愈蕃，岁报刑辟，不可胜数。园户困于征取，官司旁缘侵扰，因而陷于罪戾，以至破产逃匿者，岁比有之。又茶法屡变，岁课日削，至和中，岁市茶淮南才四百二十二万余斤，江南三百七十五万余斤，两浙二十三万余斤，荆湖二百六万余斤，惟福建天圣末增至五十万斤，诏特损五万，至是增至七十九万余斤，岁售钱并本息计之，才百六十七万二千余缗。官茶所在陈积，县官获利无几，论者皆谓宜弛禁便。

先是，天圣中，有上书者言茶盐课亏，帝谓执政曰："茶盐民所食，而强设法以禁之，致犯者众；顾赡养兵师经费尚广，未能弛禁尔。"景祐中叶清臣尝上疏乞弛禁，清臣疏已见景祐三年三月。下三司议，皆以为不可行。至是，著作佐郎何鬲、三班奉职王嘉麟又皆上书请罢给茶本钱，纵园户贸易，而官收税租钱与所在征算归榷货务，以偿边籴之费，可以疏利源而宽民力。嘉麟为登平致诵书十卷、隆衍视成策二卷上之。淮南转运副使沈立亦集茶法利害为十卷，陈通商之利。宰相富弼、韩琦、曾公亮等决意向之，力言于帝。癸酉，命绛、旭及知杂御史吕景初，即三司置局议之。4，页4526—4527

【宋仁宗嘉祐三年（1058）冬十月】己未，降内侍副都知、昭宣使、果州防御使武继隆为单州都监，寻改海州都监，坐故出内侍省吏阑入御在所死罪，及私役兵匠计庸至百二十二匹，及受洪福寺僧馈遗事，为谏官所奏。此据《英宗实录》八年七月继隆复嘉防日所书。《仁宗实录》但云私役兵葺园亭，然《英录》乃云责单州都监，与《仁录》不同。盖先责单州，寻改海州，《百官表》并《陈旭传》可考。《陈旭传》云：继隆擅役官兵匠治圃舍，内侍省吏人阑入，罪当死，杖而纵之，旭劾奏，继隆坐追官为单州都监。当追一官勒停，特免之。6，页4530—4531

【宋仁宗嘉祐三年（1058）冬十月】翰林学士、兼侍读学士赵槩同继隆提举诸司库务，继隆既被劾，槩亦为御史所弹。庚申，槩罚铜三十斤。时槩已罢翰林学士出知郓州，未行也。7，页4531

【宋仁宗嘉祐三年（1058）】十一月辛未，太常博士、秘阁校理、知滨州王起，著作佐郎、签书判官厅事宋定国，各追一官勒停。初，本州牙前刘玉经转运使李参讼私船侵夺官渡课利。而起等常以私船回易官盐益公用，故主私船户而不直玉。及转运使劾其事，辄上奏论辨。至是，遣职方员外郎李真卿就州置狱，皆以上书诈不实罪坐之。1，页4533

【宋仁宗嘉祐三年（1058）十一月】壬申，知谏院陈旭言有司断狱而事连权幸者，多缘中旨得释，自今乞劾其干请之罪，以违制论，从之。2，页4533

【宋仁宗嘉祐三年（1058）】十二月壬寅，京东转运使王举元言："登州沙门岛每年约收罪人二三百人，并无衣粮，只在岛户八十余家佣作，若不逐旋去除，即岛户难为赡养。兼是诸州军不体认条法，将罪人一例刺面配海岛，内亦有情不深重者，如计每年配到三百人，十年约有三千人，内除一分死亡，合有二千人见管，今只及一百八十人，足见其弊。盖无衣粮，须至逐旋去除，有足伤悯。望严戒诸路州军，除依编敕合配海岛外，余罪不得配往，登州年终具收配到沙门岛罪人元犯因依，开项申奏，委刑部检点，如不系编敕合该刺配往彼者，具事由以闻。"从之。此据《会要》增入，五年三月二十五日可考，治平四年六月二十五日李庆奏，可并考。1，页4535

【宋仁宗嘉祐三年（1058）十二月】己酉，诏吏部流内铨，自今选人磨勘，毋得叙劳绩求先次截甲引见，若劳绩重于改京官，朝廷自赏擢之。时铨格繁密，吏所以为奸，其绪尤多，案牍及书课历疑误仅若毛发，比辄行下，推原数四犹不释，以邀赇请。故磨勘者类皆待次外州，或至吏部二三岁乃得改官，多因缘薄劳求截甲引见，故降是诏。4，页4536—4537

【宋仁宗嘉祐三年（1058）十二月】翰林学士韩绛言："中书门下，宰相所职，而以他官判省，名不相称，请更定其制。百司常务，多白二府，请详其轻重，移付于下，使大臣不为细故撄虑，得以专讲政事。又章服所以别尊卑，今走吏与公卿不殊，请依唐制以品数为等。其因年考及阶品合服者，须未尝犯徒罪乃听。又台阁省寺，典章所由出也，今独存敕条文案而已。本朝故事，名臣遗范，无所传录，请依《周礼》、《唐六典》著为一书。"诏翰林学士胡宿、知制诰刘敞详定以闻。王安石《日录》可考。6，页4536

【宋仁宗嘉祐三年（1058）十二月】辛酉，诏年七十而居官犯事，或以不治为所属体量若冲替而未致仕者，更不推恩子孙。13，页4539

【宋仁宗嘉祐三年（1058）闰十二月】壬午，御崇政殿录系囚，杂犯死罪已下递降一等，徒以下释之，仍遣使疏决三京。7，页4541

【宋仁宗嘉祐三年（1058）闰十二月】己丑，诏中书五房编《总例》，从韩琦所请也。行状所叙或可别载，不然，待书成日附之。11，页4541

【宋仁宗嘉祐三年（1058）闰十二月】应天府失入平民死罪，未决，通判孙世宁辨正之，吏当坐法，知府刘沆纵弗治。提点刑狱韩宗彦往按举，沆复沮止之，宗彦疏于朝，卒抵吏罪。宗彦，纲子也。15，页4542

续资治通鉴长编卷一百八十九　宋仁宗嘉祐四年（己亥，1059）

【宋仁宗嘉祐四年（1059）春正月】三司使张方平上所编《驿券则例》，赐名曰《嘉祐驿令》。初，内外文武官，下至吏卒，所给券皆未定，又或多少不同。遂下枢密院，取旧例下三司掌券司，会萃多少而纂集之，并取宣敕、令文专为驿券立文者，附益删改凡七十四条，上中下三卷，以颁行天下。三年三月始编。7，页4548

【宋仁宗嘉祐四年（1059）二月】己巳，诏曰："古者山泽之利，与民共之，故民足于下，而君裕于上，国家无事，刑法以清。自唐建中时始有茶禁，上下规利，垂二百年。如闻比来为患益甚，民被诛求之困，日惟咨嗟；官受滥恶之入，岁以陈积。私藏盗贩，犯者实繁，严刑重诛，情所不忍。是于江湖之间幅员数千里为陷阱以害吾民也。朕心恻然，念此久矣。间遣使者往就问之，而皆欢然愿弛其禁，岁入之课，以时上官。一二近臣，件析其状，朕犹若慊然，又于岁输裁减其课，使得饶阜，以相为生，铲去禁条，俾通商利。历世之弊，一旦以除，著为经常，弗复更制，损上益下，以休吾民。尚虑喜于立异之人，缘而为奸之党，妄陈奏议，以惑官司，必置明刑，无或有贷。"初，所遣官既议弛禁，因以三司岁课均赋茶户，凡为缗钱六十八万有奇，使岁输县官。比输茶时，其出几倍。朝廷难之，为损其半，岁输缗钱三十三万八千有奇，谓之租钱，与诸路本钱悉储以待边籴。自是唯腊茶禁如旧，余茶肆行天下矣。五年三月末，欧阳修、刘敞云。3，页4549—4550

【宋仁宗嘉祐四年（1059）夏四月】辛卯，诏曰："居室、器用、冠服、妾媵盖有常制，所以别贵贱，杜奢僭也。比者流风荡靡，无复等威，犯干有司，鲜闻用法。自今中外臣庶有违者，其察举之，必罚毋贷！"从监察御史里行沈起所言也。王称《东都事略》：其令中外各遵守前后诏条，违者，御史台及开封府纠察以闻，诸路即委转运使、提点刑狱及长吏如诏施行。11，页4563—4564

【宋仁宗嘉祐四年（1059）五月】辛亥，诏："诸路同提点刑狱及府界同提点刑狱，并选历任无赃私及不曾出入人罪，有举主五人，并转大使臣后经三任亲者为之。其知军州，历路都监一任以上毋得差，其当差者，仍先与小处知军。"8，页4565—4566

续资治通鉴长编卷一百九十　宋仁宗嘉祐四年（己亥，1059）

【宋仁宗嘉祐四年（1059）秋七月】甲辰，贬观文殿学士、礼部侍郎、知寿州孙沔为检校工部尚书、宁国军节度副使。初，台谏交论沔淫纵不法事，诏按其实。而使者奏："沔在处州时，于游人中见女子白牡丹者，诱与奸，后数召会郡舍，至或逾城往来。及在杭州，尝从萧山民郑旻市纱，旻高其直，沔以为恨。会旻贸纱有隐而不税者，事觉，沔取其家簿记，积计不税者几万端，配隶旻他州。州人许明有大珠百，妻弟边珣以钱三万三千强市之。沔爱明所藏郭虔晖画鹰图，明不以献。初，明父祷水仙大王庙生明，故幼名大王儿。沔即捕案明僭称王，取其画鹰，刺配之。及沔罢去，明诣提点刑狱，断一臂自讼，乃得释。悦州人金氏女白昼使卒舆致，乱之。有赵氏女许嫁莘旦，沔见西湖上，令吏戒莘姥绝昏，弗许。又使官妓戒赵姥，赵姥以莘姥为解。沔闻有僧与莘氏私者，得从晓，并莘母鞫为奸，置之法。遂取赵女至州宅，与饮食卧起。所刺配以百数，及罢，盗其案去，后有诉冤者多以无案，不能自解。在并州，私役使吏卒，往来青州、麟州市买纱、绢、纸、药物。官庭列大梃，或以暴怒击诉事者，常剔取盗足后筋断之。"奏至，故贬。又降知忻州、四方馆使李中吉为东上阁门使、汝州钤辖。中吉先自忻州载家妓至并州，与孙沔狎饮，又以妓遗沔，沔受之。并为言者所劾，中吉坐是贬。3，页4577—4578

【宋仁宗嘉祐四年（1059）秋七月】杖杀骁骑张玉。时河北都转运使李参简退诸军老羸者万余人，军士颇出怨言。玉素凶险，疑三司使包拯以裕享甫近，爱惜赏给，风参为此，因突入三司诉拯。拯使医诊验，谓有心疾，第送殿前司。皇城逻者具以闻，诏下开封案其事，玉实无心疾。台谏乃言玉骄悖，敢凌辱大臣，不可不诛。法官奏比附诸军犯阶级，罪当死，遂诛之。司马光七年五月奏疏云，军人骂三司使，而法官以为非犯阶级，疑于用法，朝廷虽诛其人，而已停之卒，复收养之。此事《实录》不详，当考。4，页4578—4579

【宋仁宗嘉祐四年（1059）秋七月】初，泾卒以折支不给，出恶言慢通判，相纠欲为乱。其后斩二人，黥三人，乱意乃息。诏提举在京诸司库务胡宿，置狱劾三司吏不明计度。三司使包拯护吏不遣，宿言："泾卒悖慢，诚当罪。然折支军情所系，积八十五日而不与，则三司岂得无罪？陛下以包拯近臣，不欲与吏一体置对，可谓曲法申慈。而拯不知省惧，公拒制命如此，则主威不行，纲纪益废矣！"拯皇恐遣吏就狱。此据胡宗愈所作《胡宿行状》。附见。5，页4579

【宋仁宗嘉祐四年（1059）秋七月】丙午，出后宫彭城县君刘氏于洞真宫为法正虚妙大师，赐名道一。刘氏自民间入宫为司饰，又尝掌供御膳，偶得进幸，恃上恩，多凌慢。一夕，遂在延福宫揭屏风纸自作奏，凡数百字，几感动上意，然卒逐之。后又坐罪，削发为妙法院尼。6，页4579

【宋仁宗嘉祐四年（1059）秋七月】丁未，又放宫人二百三十六人。初，刘氏在掖廷，通请谒为奸，御史中丞韩绛密以闻，上曰："非卿言，朕不知此，当审验之。"后数日出刘氏及他不谨者，且诏中书召韩绛谕意。刘氏及黄氏，在十阁中尤骄恣者也，于是并黄氏皆出之。7，页4579

【宋仁宗嘉祐四年（1059）秋七月】己酉，诏殿前马步军司皆置检法官一人。先是，有禁卒妻男皆为人所杀，殿前副都指挥使许怀德以其夫为不能防闲，谪配下军。侍御史知杂事吴中复言："三衙用刑多不中理，请置检法官。"既从之，寻有言其非便者，复罢之。司马《记闻》云：朝士鲁有立上言非便，故罢之。当考。二年五月癸未，编敕刘敞云云，并可参照。8，页4579—4580

【宋仁宗嘉祐四年（1059）秋七月】有御营卒桑达数十人，酗酒斗呼，指斥乘舆，有司不之觉。皇城使以旨捕送开封府推鞫，案成，弃达市。

纠察刑狱刘敞移府问所以不经审讯之由，府报曰："近例，凡圣旨、中书门下、枢密院所鞫狱，皆不虑问。"敞曰："此岂可行耶？"遂奏请自今一准定格。枢密使以开封府有例，不复论可否进呈，报敞不行。敞争之曰："先帝仁圣钦恤，以京师刑狱最繁，故建纠察一司，澄审真伪。自尔以来，每有大辟，倍加精审。此则先帝不敢兼于庶狱庶慎，惟有司之任。今乃曲忤圣旨，中书门下、枢密院所鞫公事，不复审察，未见所以尊朝廷，审刑罚，而适足启府县弛慢，狱吏侵侮，罪人衔冤不得告诉之弊。又朝廷旧法，不许用例破条，今顾于刑狱极谨、人命至重之际，而废条用例，此臣所不喻也。"上乃以敞章下开封府，著为令。此据《敞行状》，又《奏议状》以七月二十四日上，八月七月报可，今附七月末。11，页4580—4581

【宋仁宗嘉祐四年（1059）九月】癸丑，翰林侍读学士、礼部郎中、知和州吕溱，落职分司南京。溱既夺两官，降知和州，李参等犹穷治溱在真定事，收捕指使张宗惠自杀。参等因言溱与宗惠共为奸利，前贬太轻。权御史中丞韩绛及知谏院唐介等又交论不已。翰林学士欧阳修等言，溱所犯法重情轻，宜在末减。绛曰："两制有罪，两制营救，则天下之法屈于贵者矣！"台谏遂并劾修等。执政怜溱以忤监司意抵峻法，卒从轻坐。知制诰刘敞草溱谪辞，有"简直好节，推诚不疑"等语，台谏又引胡旦、李昌龄故事，乞加敞罪，不报。10，页4593

【宋仁宗嘉祐四年（1059）冬十月】癸酉，祫于太庙，大赦。男子百岁以上者特推恩命；民父母年八十以上复其一丁；士人有节行、学术为乡里所推者，委转运使、提点刑狱同加搜访，每路各三两人，仍与本处长吏具事实，连书结状以闻。委中书门下再行询察，特加试用；诸路解发有就试人多解额少处，今既并归土著，今礼部量添解额。本文有"今既并归土著"

六字,《实录》删去,恐失事实,仍增之。《本纪》书云,诏诸路监司察士有学行,为乡里所推者,同长吏以闻。民父母年八十已上,复其一丁。4,页4595

【宋仁宗嘉祐四年（1059）冬十月】始,中书进拟赦书,条目极多,专务惠泽及民,既宣赦毕,咸称前后赦恩未尝如此也。8,页4596

【宋仁宗嘉祐四年（1059）】十一月甲午,知制诰刘敞、范镇同看详诸州编配罪人。1,页4597

续资治通鉴长编卷一百九十一　宋仁宗嘉祐五年（庚子,1060）

【宋仁宗嘉祐五年（1060）春正月】己亥,度支员外郎、集贤校理、知登州胡俛特勒停,兵部郎中、秘阁校理、知潍州解宾王落职知建昌军。始,宾王以营葬求知登州。及俛代宾王,乃言营葬者不得请乡郡,又因事杖其妻党。宾王衔之,遂讼俛尝擅役军匠,伐州廨桐木作私器。俛既坐自盗,而知谏院范师道言："宾王与俛并在馆阁,事缘乡里,嚣然作讼,颇亏士风。"故并黜之。俛,共城人也。二人乡里不同,与师道所言异,当考。宾王知潍州,据江氏《杂志》。宾王,蓬莱人,已见至和元年。2,页4610

【宋仁宗嘉祐五年（1060）二月】壬戌,御崇政殿,录系囚,杂犯死罪以下递降一等,徒以下释之。2,页4612

【宋仁宗嘉祐五年（1060）二月】亲事官夜入延福宫为盗,有司用疏决以常盗论。陶言："宫掖之严,而以民间会降为比,非所以尊天子也。"于是配海岛,皇城司皆论罪。上自服药以来,寡于语言,群臣奏事,领之而已。陶言："王者之言,群臣所禀受以施于天下者也。今政事无大小,皆决于中书、枢密,陛下一无所可否,岂为人主之道哉！"又言："皇嗣未立,宜择宗子昭穆同者育之。"6,页4612—4613

【宋仁宗嘉祐五年（1060）二月】癸酉,诏陕西经略安抚使,如闻西人多驱牛马于沿边博籴民谷,其令所在禁绝之。9,页4613

【宋仁宗嘉祐五年（1060）二月】庚辰，诏入内省内臣曾犯赃私罪勒停，虽经赦，毋得复隶入内省。13，页4614

【宋仁宗嘉祐五年（1060）三月】甲寅，诏登州改配沙门寨罪人三十二人于诸州牢城。三年十二月六日王举元奏，可考。15，页4616

【宋仁宗嘉祐五年（1060）夏四月】庚申，权同判尚书刑部李绶言："天下上刑部一岁之中死刑，亡虑二千五百六十。其杀父母、叔伯、兄弟之妻，杀夫、杀妻、杀妻之父母，凡百四十；故、谋、斗杀千有三百；劫盗九百七十；奸、亡命百有一十。夫风俗之薄，无甚于骨肉相残；衣食之穷，莫急于盗贼。今犯法者众，岂刑罚不足以止奸，而教化未能导其为善欤？欲令刑部依刑名分门列天下所断大辟罪，岁上朝廷，以助观省。"从之。1，页4620

【宋仁宗嘉祐五年（1060）】夏四月，初谏官陈旭建议裁节班行补授之法，下两制、台谏官集议已定，及、起乃擅改议草，令买扑兴国军磁湖铁冶，仍旧与班行。主磁湖铁冶者，大姓程叔良也。翰林学士胡宿等劾及等职在台谏，而为程氏经营，占锢恩泽，乞诏问其状。及等引伏，故并黜之。7，页4621

【宋仁宗嘉祐五年（1060）五月】乙卯，御崇政殿，录系囚，杂犯死罪以下递减一等，徒以下释之。18，页4626

【宋仁宗嘉祐五年（1060）】六月乙丑，诏戒上封告讦人罪或言赦前事，及言事官弹劾小过或不关政体者。时殿中侍御史吕诲言："故事，台谏官许风闻言事者，盖欲广其采纳，以辅朝廷之缺失。比来中外臣僚多上章告讦人罪，既非职分，实亦侵官。甚者诋斥平素之缺，暴扬暧昧之事，刻薄之态，浸以成风，请惩革之。"故下是诏。王偁《东都事略》：诏曰："朕闻前代之称治者，君臣同心，上下辑睦，人知礼义之节，俗无激讦之风，何其德之盛也！朕虽弗敏，窃尝慕焉。自今臣僚如有辄上封章告人罪及以赦前事言者，并当讯劾之。言事之臣虽许风闻，宜务大体，如事关朝政，无惮极论，自余细故，勿须察举。"1，页4627

【宋仁宗嘉祐五年（1060）六月】辛巳，详定编敕所言，"皇亲宫院有违禁衣服、首饰、器用之类，及虽系所赐或父祖所置者，听百日中改

造。如违令，本宫使臣觉察，申大宗正司施行。"从之。8，页4628

续资治通鉴长编卷一百九十二　宋仁宗嘉祐五年（庚子，1060）

【宋仁宗嘉祐五年（1060）秋七月】庚寅，诏河北两地供输人辄过黄河南者，以违制论。初，边臣言，两地供输人，旧条私出本州界，并坐徒，后乃更从杖，恐渐入近南州军刺事，难以辨奸诈。故复著此条。2，页4634

【宋仁宗嘉祐五年（1060）秋七月】丙申，诏："文臣待制以上及台谏官，武臣刺史以上，各举诸司使至三班使臣堪将领及行阵战斗者三人。后虽有他过，不连坐，而临敌不如举状者，坐之。"6，页4635

【宋仁宗嘉祐五年（1060）秋七月】丁酉，知晋州、都官员外郎吴京追三官，寿州编管；前提点河东刑狱、祠部郎中庞汝弼特勒停；同提点刑狱、西京左藏库副使寇利一，前同提点刑狱、礼宾副使段隐各冲替。先是，京犯自盗赃，而汝弼尝多取寄州厨生饩；又，利一数与京聚会，亦尝受公用银纱罗，故并坐之。京，育弟也。7，页4635

【宋仁宗嘉祐五年（1060）八月】乙丑，吏部流内铨言："诸州幕职官常缺八九十员，无合入资序人。请下知杂御史、三司副使，待制已上，各举令、录、判、司、主簿、尉二人，有出身四考，无出身五考，无赃私罪、有京官举主三人者为之。"诏可。治平三年四月，遂著为令。4，页4640

【宋仁宗嘉祐五年（1060）八月】癸酉，降知洪州、光禄少卿刘纬知鄞州。以转运使冯浩等言纬家仆因事受财，又纵其子贸易于民也。张唐英以为台官上言，今从《实录》。7，页4640

【宋仁宗嘉祐五年（1060）九月】庚戌，降驸马都尉、安州观察使李玮为和州防御使，仍与外任。玮与公主不协，而玮所生母又忤公主意，公主夜开皇城门入诉禁中，玮惶恐自劾，故有是命。明日，免降官，止罚铜三十斤，留京师。《吴及传》云："及为谏官，论入内都知任守忠铃驸马都尉李玮及干求

内"。当考陵轹事增入。8，页 4646

【宋仁宗嘉祐五年（1060）】冬十月丙辰朔，诏："自今因恩奏举改官及升差遣，其所举人各犯枉法自盗而会赦不原者，举主亦毋得以赦论。"1，页 4646

【宋仁宗嘉祐五年（1060）十二月】初，赵抃为成都转运使，尝言："所部诸州，每年有游惰不逞之民，以祭赛鬼神为名，敛求钱物。一坊巷至聚三二百人，作将军、曹吏、牙直之号，执枪刀、旗旙、队仗，及以女人为男子衣，或男子衣妇人衣，导以音乐百戏，三四夜往来不绝。虽已揭榜禁约，然远方风俗相沿，恐难骤止，请具为条制。"诏所犯首领以违制论，仍徒出川界，本路监司半岁一举行。6，页 4653

【宋仁宗嘉祐五年（1060）十二月】戊寅，枢密直学士、右谏议大夫吕公弼为龙图阁学士、知成都府。公弼初至，人疑其少威断。会营卒犯法当杖，不肯受，曰："宁请剑，不能受杖。"公弼再三谕之，不从，乃曰："杖，国法，不可不受；剑，汝所请，亦不汝违也。"命杖而复斩之。军中肃然。8，页 4654

续资治通鉴长编卷一百九十三　宋仁宗嘉祐六年（辛丑，1061）

【宋仁宗嘉祐六年（1061）】春正月辛卯，判大宗正事允弼请以潭王宫教授周孟阳等编修本司所降宣敕、札子。从之。孟阳，海陵人也。1，页 4661

【宋仁宗嘉祐六年（1061）春正月】癸丑，诏开封府："自今有摹刻御书字而鬻卖者，重坐之。"9，页 4662

【宋仁宗嘉祐六年（1061）二月】乙丑，诏："如闻良民子弟或为人诱隶军籍，父母泣诉而不得还者，朕甚闵之。自今有司审其所从来，隶籍百日内父母诉官者，还之。"按：百日，《宋史》作两月，与此小异。4，页 4663

【宋仁宗嘉祐六年（1061）二月】丙寅，御崇政殿录系囚，杂犯死罪以下递降一等。5，页4663

【宋仁宗嘉祐六年（1061）三月】庚戌，诏大理寺：命官有不当书罪而捃拾文致者，其本处官吏并鞫罪以闻。从殿中侍御史里行陈洙所奏也。《政要》详之，不须具载。11，页4664

【宋仁宗嘉祐六年（1061）五月】庚戌，御崇政殿录系囚，杂犯死罪以下递降一等，徒以下释之。又遣官疏决三京。8，页4670

【宋仁宗嘉祐六年（1061）五月】诏："凡府号、官称犯父祖名而非嫌名及二名者，不以官品高下，并听回避"。9，页4670

续资治通鉴长编卷一百九十四　宋仁宗嘉祐六年（辛丑，1061）

【宋仁宗嘉祐六年（1061）】秋七月壬午朔，光禄寺丞、知长洲县夏噩，坐私贷民钱，特勒停。噩中制科，本路提点刑狱王道古恶其轻傲，捃其事而废之。1，页4687

【宋仁宗嘉祐六年（1061）八月】己卯，诏审刑院、大理寺："天下岁所上狱，淹系者多。自今月终具所断案月日，朱书大中小事之限，于次月五日前类聚以闻。"
又诏："自今详议详断官缺，委审刑院、大理寺与学士舍人院、御史台轮举之。"19，页4713

续资治通鉴长编卷一百九十五　宋仁宗嘉祐六年（辛丑，1061）

【宋仁宗嘉祐六年（1061）冬十月】自祖宗以来，内臣未尝磨勘转官，唯有功乃迁。至景祐二年九月，诏内臣入仕三十年，累有功勤，经十年未尝迁者，奏听旨。盖犹未有磨勘定格。庆历以后，其制渐隳，黄门有劳至减十五年，而入仕才五七年，有迁至高品以上者。两省因著十年磨勘之制，而减年复在其中。至是，患其幸进者不已，故厘革之。知谏院杨畋独言："文臣七迁而内臣始得一磨勘，其法不均。宜如文武官例，增其岁考。"乃诏："入内高班以上，仍旧理十年磨勘；其无劳绩有赃私罪，若公罪徒已上者，倍之。"畋为言事官，顾以士人比阉寺，议者讥其失职。景祐二年九月指挥，《实录》无之，《会要》具有畋言，乃十一月乙丑，今并书。

初，沙苑缺马，秦州置场，以券市之。内侍李继和领其职，不数月得马千数，梁适荐之，诏减磨勘三年。旧制，内侍入仕至二十年始得磨勘；自是有以劳进官者，皆引继和为例。继和事附见，梁适以至和元年八月知秦州，嘉祐二年八月徙永兴。其荐继和，当在至和、嘉祐间也。3，页4726

【宋仁宗嘉祐六年（1061）冬十月】诏太常礼院修《谥法》。初，本院言："今所用谥法，乃雍熙年中所定，其间字数，比贺琛、沈约、王彦威所录多舛误，请别编修。"从之。4，页4726

【宋仁宗嘉祐六年（1061）冬十月】乙未，枢密院言："勘会两省使臣磨勘条例，欲除景祐二年九月诏并入内省自来黄门转高班例依旧外，并依今年十月三日指挥，其余条例，更不施行。"诏："合该改转高班已上，内元因劳绩者及无劳绩有公罪杖已下者，并理十年磨勘；无劳绩有赃私及公罪徒已上者，并理二十年磨勘；内私罪情理轻者取旨。余并从之。"9，页4728—4729

【宋仁宗嘉祐六年（1061）冬十月】丁酉，诏："磨勘选人历任曾失入死罪未决者，俟再任举主应格，听引见；其已决者，三次乃许之；若失入二人以上者，虽得旨改官，仍与次等京官。"12，页4729

【宋仁宗嘉祐六年（1061）十一月】志聪市后苑枯木，私役亲从官，木仆，折足而死。殿中侍御史韩缜言："亲从布列宿卫，所以奉至尊，戒不虞也。使主者为私役，则禁卫之严弛矣。"事下开封府。故事，府有狱，司录参军必白知府，乃敢鞫治，于是，多为志聪地者。司录参军吕璹独穷竟之，志聪坐此黜。璹，南安人也。3，页4730

【宋仁宗嘉祐六年（1061）十一月】诏："如闻诸处逃军藏匿民间，或在山谷，寒饿转死者甚多。其令开封府及转运司出榜晓示，限两月首

身，除其罪。"8，页4731

【宋仁宗嘉祐六年（1061）十二月】丙戌，诏："新复丰州，其择武臣为知州，置兵马都监及监押二人，徒以上罪送府州，杖以下听决之。"1，页4732

续资治通鉴长编卷一百九十六　宋仁宗嘉祐七年（壬寅，1062）

【宋仁宗嘉祐七年（1062）春正月】御史中丞王畴等言："闻纠察在京刑狱司尝奏，'府司及两军巡皆省府所属，其录大辟之翻异者，请下御史台。'窃惟府县之政，各存官司，台局所领，自有故事。若每因一囚翻异，即用御史推劾，是风宪之职，下与府司、军巡共治京狱也，恐不可遽行。"从之。刘敞尝建言，乞别差官劾两军巡大辟翻异者。王畴所争或由此。敞奏已附四年七月末。3，页4737

【宋仁宗嘉祐七年（1062）春正月】"玮貌陋性朴，公主常佣奴视之，韩氏复相离间。公主尝与怀吉饮，杨氏窥之，公主怒，殴杨氏，夜开禁门，诉于帝所。言者皆咎公主。怀吉等既坐责，公主恚恚，欲自尽，或纵火欲焚第，以邀上必召怀吉等还。上不得已，亦为召之。谏官杨畋、司马光、龚鼎臣等皆力谏，上弗听。光又言："太宗时，姚坦为衮王翊善，有过必谏。左右教王诈疾，逾月，太宗召王乳母入，问起居状，乳母曰：'王无疾，以姚坦故，郁郁成疾尔。'太宗怒曰：'王年少，不知为此，汝辈教之。'杖乳母数十，召坦慰勉之。齐国献穆大长公主，太宗之子，真宗之妹，陛下之姑，而谦恭率礼，天下称其贤。愿陛下教子以太宗为法，公主事夫以献穆为法。"然公主意终恶玮，不肯复入中合，状若狂易，欲自尽者数矣。苗贤妃与俞充仪谋，使内臣王务滋管勾驸马宅，以伺玮过。玮素谨，务滋不得其过，乃告苗、俞曰："但得上旨，务滋请以卮酒了之。"苗、俞白上，上不答。顷之，上与皇后同坐，俞又白之，皇后曰："陛下念章懿皇后，故玮得尚主。今奈何欲为此！"都知任守忠在旁曰："皇后言是也。"务滋谋讫不行，寻有是命。此据司马氏《记闻》及《奏议》。怀吉先配西京洒扫班，在五年十月庚申。其复召不得时月。3，页4741—4742

【宋仁宗嘉祐七年（1062）二月】初，江、湖漕盐既杂恶，又官估高，故百姓利食私盐，而并海民以鱼盐为业，用工省而得利厚，由是盗贩者众。又贩者皆不逞无赖，捕之急则起为盗贼。而江、淮间虽衣冠士人，狃于厚利，或以贩盐为事。江西则虔州地连广南，而福建之汀州亦与虔接，盐既弗善，汀故不产盐，二州民多盗贩广南盐以射利。每岁秋冬，田事既毕，往往数十百为群，持甲兵、旗鼓，往来虔、汀、漳、潮、循、梅、惠、广八州之地。所至劫人谷帛，掠人妇女，与巡捕吏卒斗格，至杀伤吏卒，则起为盗，依阻险要，捕不能得，或赦其罪招之。岁月浸淫滋多。而虔州官粜盐，岁才及百万斤，朝廷以为患。2，页4739

【宋仁宗嘉祐七年（1062）】夏四月，按：四月下脱去干支，查《宋史》，颁编敕系壬午日。宰相韩琦等上所修《嘉祐编敕》，起庆历四年，尽嘉祐三年，凡十二卷。其元降敕但行约束而不立刑名者，又析为《续附》，合帙凡五卷。视《庆历敕》，大辟增六，流减五十，徒增六十有一，杖增七十三，笞增三十有八，配隶增三十，大辟而下奏裁听旨增四十五云。1，页4745

续资治通鉴长编卷一百九十七　宋仁宗嘉祐七年（壬寅，1062）

【宋仁宗嘉祐七年（1062）九月】辛亥，大飨明堂，大赦。文武升朝官父母妻并与官封；转朝官在今年冬至已前者，父母亦特推恩；臣僚合该奏荐，赦后奏至，旧例即不行，自今特展限一月。5，页4778

【宋仁宗嘉祐七年（1062）冬十月】己丑，禁天下衣墨紫。初，皇亲与内臣所衣紫，皆再入为黝色。后士庶浸相效，而言者以为奇衺之服，故禁之。4，页4782

【宋仁宗嘉祐七年（1062）冬十月】先是，安石纠察在京刑狱。有少年得斗鹑，其同侪借观之，因就乞之，鹑主不许。借者恃与之狎昵，遂携去，鹑主追及之，踢其胁下，立死。开封府按其人罪当偿死，安石驳之曰："按律，公取、窃取皆为盗，此不与而彼乃强携以去，乃盗也。此追而殴之，乃捕盗也。虽死，当勿论。府司失入平人为死罪。"府官不伏，事下审刑、大理详定，以府断为是。有诏安石放罪。旧制，放罪者皆诣殿门谢。安石自言"我无罪",不谢,御史台及阁门累移牒趣之,终不肯谢。台司因劾奏之,执政以其名重,释不问,但徙安石他官。5,页4783

【宋仁宗嘉祐七年(1062)十二月】是岁,冬无冰。天下断大辟一千六百八十三人。4,页4785

续资治通鉴长编卷一百九十八　宋仁宗嘉祐八年(癸卯,1063)

【宋仁宗嘉祐八年(1063)二月】甲申,德音降天下囚罪一等,徒以下释之。2,页4790

【宋仁宗嘉祐八年(1063)夏四月】癸酉,大赦。除常赦所不原者,百官进官一等,服绯紫及十五年者,与改服色。优赏诸军如乾兴故事,所费无虑一千一百万贯、匹、两,在京费四百万。2,页4794

【宋仁宗嘉祐八年(1063)六月】太素常为大理详断官、审刑详议官、权大理少卿,又判大理寺,任刑法二十余年,朝廷有大疑狱则必召与议。太素推原人情,以傅法意,众皆释然,自以为不及。虽号明习法令,然所论建亦或有不中。每临案牍,至忘寝食,大寒暑不变。子弟或止之,答曰:"囹圄之苦,岂不甚于我也!"在大理以耳疾,数求罢,案:耳疾原本作身疾,今据《宋史》改。执政以为任职,弗许。久之,乃出守。太素常谓:"有司议法,当据文直断,不可求曲当。求曲当,法所以乱也。"7,页4813

续资治通鉴长编卷一百九十九　宋仁宗嘉祐八年(癸卯,1063)

【宋仁宗嘉祐八年(1063)十二月】断大辟千六十六人。8,页4841

续资治通鉴长编卷二百一　宋英宗治平元年(甲辰,1064)

【宋英宗治平元年(1064)五月】学士院奏详定改律、敕、官文书

与御名同者凡二十字，余令依此以音义改避。从之。9，页4872

续资治通鉴长编卷二百二　宋英宗治平元年（甲辰，1064）

【宋英宗治平元年（1064）夏六月】绛州团练使、岚石隰州沿边都巡检使杨遂乞比总管、钤辖举所部使臣。诏许岁举二人，自今著为例。18，页4895

续资治通鉴长编卷二百三　宋英宗治平元年（甲辰，1064）

【宋英宗治平元年（1064）十二月】癸丑，吏部员外郎、天章阁待制、河北都转运使赵抃为龙图阁直学士、知成都府。抃前使蜀时，言蜀人好袄祀，聚众为不法，请以其首处死，余皆黥流。抃至，会有犯者系狱，蜀人大恐。抃谓囚曰："汝辈能复业，吾释汝罪。"皆叩头乞自新，止坐为首者，余释不问，蜀人欢服。他日，上谓转运使荣湮曰："赵抃为成都，中和之政也。"7，页4927—4928

续资治通鉴长编卷二百五　宋英宗治平二年（乙巳，1065）

【宋英宗治平二年（1065）六月】壬寅，提举在京诸司库务王珪等奏：都官郎中许遵编修《提举司并三司类例》一百三十册。诏行之，以《在京诸司库务条式》为名。遵，泗州人也。6，页4968

【宋英宗治平二年（1065）秋七月】绛在成都凡再岁。始，张咏以券给贫民，令春籴米、秋籴盐。岁久，券皆转入富室。绛削除旧籍，召贫民别予券，且令三岁视贫富辄易之，豪右不得逞。蜀与夷接，边人伐木境上，数侵争，因下令禁伐木；又以兵守蚕崖关，绝蕃部往来，就威、茂交易。异时内侍使蜀，给酒场吏主贸卖，听使倍取以资费，绛奏请加禁约。

上敕内侍省著为令，每行必申戒焉。及使三司，又请以川峡四路田谷输常平仓，而随其事任道里差次给直，以平物价。上叹曰："众方姑息，卿独能不徇时耶？"诏行之。内诸司吏有干恩泽者，绛执不可，上曰："朕初不知，当为卿改。"而干者不已，绛执益坚，因为上言："即有飞语，愿得究治。"上曰："朕在藩邸，颇闻有司以国事为人情，卿所守固善，其毋惮谗。"宫中所用财费，悉以合同凭由取之，绛请有例者悉付有司，于是，三司始得会计。12，页4979—4980

【宋英宗治平二年（1065）秋七月】知制诰沈遘为龙图阁直学士、权知开封府。遘为人轻俊明敏，通达世务，前知杭州，令行禁止。人有贫不能葬者及女子孤无以嫁者，以公使钱葬嫁数百人。倡优养良家女为己子者，夺归其父母。接遇士大夫，多得其欢心。部吏憸险之徒、尤乐倾心，尽为之耳目，刺闻巷间事，纤悉即知，故事至立断，众莫不骇伏。小民有犯，情稍不善，不问法轻重，断讫，强刺为卒，刺者数百人，屏息不敢犯。鞫真卿提点刑狱，欲案其事，方移州诘问，遘恐，悉弛所刺卒，给以公据，复为民。会遘召还，真卿亦罢去，事遂寝。议者以其严比孙沔，然沔虽苛暴，锐于惩恶，至遘，善人亦惧焉。案史称遘为人疏隽博达，明于吏治，而沔则以淫纵无检为言官所纠，与此所载似异。其治开封如治杭，晨起视事，及午事毕，出与宾旧往还，从容谈笑，以示有余。士大夫交称其能，以为且大用矣。逾月，加龙图阁学士，逾年，迁翰林学士。寻以母丧去位，遽卒。遘迁翰林学士，在三年九月，卒在四年九月，今并书。13，页4980—4981

续资治通鉴长编卷二百六　宋英宗治平二年（乙巳，1065）

【宋英宗治平二年（1065）九月】辛巳，命主客郎中、权发遣开封府判官王靖复提举捉杀开封府界及曹、濮、澶、滑州未获盗贼。靖既受命，所捕获十八九，因言盗贼不戢，由大姓为囊橐，请以重法坐匿者。著为令。9，页5002

续资治通鉴长编卷二百七　宋英宗治平三年（丙午，1066）

【宋英宗治平三年（1066）春正月】上于制诰多亲阅，有不中理，必使改之。尝谓执政曰："此人君谟训，岂可褒贬失实也？"先是，知制诰韩维奏事便殿，尝言："人君好恶，当明见赏刑，以示天下，使人知所避就，则风俗可移。"又言："圣贤思虑，不能全无过差，假如陛下误有处分，改之则足以彰纳善从谏之美。"及镇补外，维言："镇诚有罪，自可明正典刑，若其所失止在文字，当函容以全近臣体貌。陛下前黜钱公辅，中外以为太重，今又出镇，而众莫知其所谓。臣恐自此各怀疑惧，莫敢为陛下尽忠者矣！" 1，页5021

【宋英宗治平三年（1066）春正月】壬午，罢三司推勘官。初，诏三司举京朝官一人专领推勘事，至是三司奏以为不便，罢之。然议者不以罢之为便也。嘉祐五年置。8，页5023

【宋英宗治平三年（1066）春正月】丙子，中书奏事垂拱殿，时韩琦以祠祭致斋，上特遣中使召与共议。既退，外间言濮王已议定称皇，欧阳修手为诏草二通，一纳上前。日中，太后果遣中使赍实封文书至中书，执政相视而笑。诲等闻之即奏：

臣等自去秋以来，相继论列中书不合建议加濮王非礼之号，不蒙开纳。又于近日三次弹劾欧阳修首启邪议，导谀人君，及韩琦、曾公亮、赵槩等依违傅会，不早辨正，乞下有司议罪，亦未蒙付外施行。盖由臣等才识浅陋，不能开悟圣心，早正典礼。又不能击去奸恶，肃清朝纲。遂至大议久而不决，中外之人谤论汹汹。若安然尸禄，不自引罪，则上成陛下之失德，下隳臣等之职业。因缴纳御史告敕，居家待罪，乞早赐黜责。12，页5029—5030

【宋英宗治平三年（1066）春正月】是日，阁门两以诏谕诲等赴台供职，诲等又奏："臣等近弹奏辅臣，乞正大议，以雪君父之谤，欲清左右之奸。愚衷愤懑，陷于僭越，乃至缴还纶告，擅离官次，情虽爱君，罪实违法。伏蒙陛下贷其所犯，谕令就职，臣等徒荷陛下全度之恩，未见朝廷法制之正。今濮王典礼，虽去殊号，而首启邪议之臣，未蒙显责，中外犹以为惑，臣等何敢自止？伏乞检会前奏，加罪首恶，以慰公论。如臣等擅纳告去职，亦望施行，甘与罪人同诛，耻与奸臣并进。" 14，页5033

【宋英宗治平三年（1066）春正月】庚辰，又奏："臣等本以欧阳修首起邪说，讹误圣心，韩琦等依违附会，不早辨正，累具弹奏，乞行朝典。近睹皇太后手书，追崇之典，兼用哀、桓衰世故事，乃与政府元议相符。中外之论，皆以为韩琦密与中官苏利涉、高居简往来交结，上惑母后，有此指挥。盖欲归过至尊，自掩其恶。卖弄之迹，欲盖弥彰，欺君负国，乃敢如此。陛下知其不可，急降手诏，虽去殊号，然而尚许称亲。建议之罪，未正典刑。陛下纵以辅臣同议，势难全责，而修为首恶，岂宜曲贷？凡人臣得罪君上，犹或可赦，修乃得罪祖宗，故无可赦之理。自来大臣有过，为宪司所劾，例皆阖门忧畏，拜章引咎，盖权势之臣，理当如是。今修气貌扬扬，出入如故，又复巧作奸状，荧惑中外。陛下圣鉴清明，观修为人，稍失控御，何所不至？伏望特出圣断，将修黜责。臣等亦有不合纳诰去职之罪，亦乞一时施行，臣等虽死之日，犹生之年。臣等与修，理不两立，修苟不黜，臣终无就职之理。"16，页5034—5035

【宋英宗治平三年（1066）二月】庚寅，从知开封府沈遘之请，增置判官一员，以祠部员外郎、秘阁校理孙坦为之，专管勾使院诸案公事。开封府推、判官各二人，日力所给，两军狱讼而已。诸案多留滞为奸，及增置，人皆便焉。坦因条画纲目凡四十九事为后法。坦，开封人也。3，页5039

续资治通鉴长编卷二百八　宋英宗治平三年（丙午，1066）

【宋英宗治平三年（1066）夏四月】密州观察使宗旦同知大宗正司事。宗旦居所生母丧，以孝闻，始请别择地以葬，岁时奠祀，后著为法。宗室别择地葬所生母，当自有日月，今附见。3，页5048—5049

【宋英宗治平三年（1066）夏四月】壬子，诏流内铨："磨勘选人愿入职官者，与循资注官，令任还无赃私罪，及私罪杖已下情轻者，有旧举主三人或新举主二人，与磨勘引见。岁举选人充京官者，自今以三分之一举令、录、判、司、簿、尉充职官；举主满三人，历任无赃私罪或私罪杖以下情轻者，判、司、簿、尉有出身三考，无出身四考，与注合入职官；充县令须到任一考乃得举。"所以分减举者数，省京官也。此本志语。嘉祐五年八月，有京官举主三人者为职司，自此遂著令。16，页5051—5052

【宋英宗治平三年（1066）五月】吏部流内铨进编修《铨曹格敕》十四卷，诏行之。6，页5053

【宋英宗治平三年（1066）】六月乙酉，吏部郎中、知磁州李田监淄州盐酒税务。嘉祐六年，始置考课法，至是考课院言田再考在劣等，故有是命。坐考劣降等自田始。1，页5054

【宋英宗治平三年（1066）六月】己酉，御崇政殿，疏决在京系囚。7，页5056

【宋英宗治平三年（1066）九月】癸亥，诏曰："朕惟制治之本，必始于官，设官之方，其亦有择。国家承累圣之祚，跻时丕平，既假省寺之官出厘庶务，复许以三祀俾之一迁。岁月既深，吏员猥积。虽海宇至广，工师实繁，以官率人，倍者数矣。肆我台阁，数陈其故，兹用博议，审求臧谋。而封章亟来，请从更制。朕嘉与卿士图惟厥中，庶几流弊由此其息。自今待制已上，自迁官后六岁无过，则复迁之；有过亦展年，至谏议大夫止。"待制以上六年一迁官，至谏议大夫止，不知何年却改此法，当考。京朝官四岁磨勘，至前行郎中止。少卿监仍以七十员为定员，有缺即检勘前行郎中迁官及四岁以上、校月日之久者，以次补之。少卿监以上迁官听旨。如别有劳绩，或因要重任使，特旨推恩者，即不在此例。"此据《会要》及当时颁降条贯册，今《实录》《正史》止载诏书，余并削去，要似可惜，故复存之。初献言者，当考其姓名。张舜民《浮休小史》云：京朝官四年磨勘，原无著令，熙宁中审官院率行之，至今为常格。按此诏书及臣僚申请甚备，安得谓无著令，岂舜民未详考乎？5，页5060—5061

【宋英宗治平三年（1066）九月】太常博士、监察御史里行马默守本官通判怀州。初，默弹奏济州防御使李珣犯销金，并匠人送开封府，官吏不能正其罪；又言宗惠女使当如法录问，且请自今外人罪连宗室，大辟皆录问然后斩；又言国子监直讲刘攽轻薄无行，多结交富贵举人，不可为开封试官；又言万及等所坏仓米十八万石，当治米所以湿恶，并劾提点仓场李希逸以不觉察。而及等实由希逸举发。默除御史时，攽有戏言，默用此怒，故妄弹奏攽。默又屡言濮王不宜称亲，上以为疏缪，故黜之。御史刘庠奏乞留默，弗听。《默本传》云，上疏以劾欧阳修、郭逵，不言乞留御史，今从《实录》。7，页5061—5062

【宋英宗治平三年（1066）十二月】癸卯，大赦，赐文武官子为父后者勋一转。4，页5069

续资治通鉴长编卷二百九　宋英宗治平四年（丁未，1067）

【宋英宗治平四年（1067）春正月】戊午，大赦，除常赦所不原者。案《宋史》作："赦天下常赦所不原者。"百官进官一等，优赏诸军，悉如嘉祐故事。惟百官拜赦不舞蹈，舞蹈者，嘉祐之失也。5，页5073—5074

续资治通鉴长编卷二百十　宋神宗熙宁三年（庚戌，1070）

【宋神宗熙宁三年（1070）夏四月】乙丑，命知制诰宋敏求，看详减省银台司文字、都官员外郎王庭筠，太常博士、集贤校理刘瑾，殿中丞宋温其，著作佐郎钱长卿、曾布，前河西县令杜纯，并为编敕删定官。庭筠尝奏疏称颂王安石所定谋杀刑名，而温其素为王安石检法，赞成其事者也。此据司马光《日记》。温其，介休人。布，巩弟。纯，甄城人。庭筠、长卿未详，曾布八月二十三日编《中书例》。2，页5094

【宋神宗熙宁三年（1070）夏四月】诏："累戒河东、陕西诸路经略司，禁止边民与西贼交市，颇闻禁令不行。自今有违者，经略司并干官吏劾罪重断；能告捕者厚赏之。委转运司觉察。"27，页5108

【宋神宗熙宁三年（1070）夏四月】诏诸路州军遇正、至、寒食、端午、重阳节序，无得以酒相馈。初，知渭州蔡挺言陕西有公使钱许造酒处，每五节以酒交遗，以行经二十驿者挈负去来，道路烦苦，请禁止。许之。至是，都官郎中沈衡复言知莫州柴贻范送别州酒至九百余瓶，所差兵夫至二百余人，其违法劳人可知。故并诸路禁止焉。33，页5114

【宋神宗熙宁三年（1070）夏四月】戊子，中书言："宗室令晏等状，祖免以下亲当出官及外居，奏荐并接宾客，并已有法。其文移表奏欲乞亦如外官例。"上批:"令晏虽系袒免,止是法许外居,非换官出官人数,不可一用外官例。可再详度,令诸事相称,毋使亲疏轻重不等。"于是中书再定:"袒免将军以下愿出官,委尊属同教授保明,宗正司审察以闻。见任外官奏子孙,依外官法。若祖宗袒免以下已有官,而父祖俱亡,不愿出官,愿出外居者,许置田宅产业;愿出官者,置田宅如外官法。"从之。42,页5115—5116

续资治通鉴长编卷二百十一 宋神宗熙宁三年(庚戌,1070)

【宋神宗熙宁三年(1070)五月】条例司言:权陕西转运副使陈绎不依条案治部内违法抑配青苗钱官吏,乃擅止环、庆等六州给散青苗钱,且欲留常平仓物,准备缓急支用,坏常平久行之法。诏绎特放罪。11,页5121

【宋神宗熙宁三年(1070)五月】戊戌,上批:"中书所修条例,宜令简约有理,长久可施行遵守;仍先令次第编排,方可删定取舍。今中书编条例,闻已千余册,遇事如何省阅,虽吏人亦恐不能悉究。可令先分出合为中书每行一司条例为三等,仍别见行、已革、重复者,例或分明,与条无异,止录其已施行者;或自有正条违之以为例者;或不必著例自可为条者;或条不能该,必须例为比者,使各自为处,然后中书日以三五件参定存去修创之。朕所见大概当如此,卿等宜更审度,恐尚有不尽事理。近见阁门编《仪制》,取索文字费力,盖吏人不喜条例分明,亦须量立赏罚,以防漏落。"12,页5121—5122

【宋神宗熙宁三年(1070)五月】壬寅,诏:百官转对章奏,分委馆职看详,所陈当否,送司马光详定,令中书取旨。上既命孙洙、蒲宗孟看详,至是又付三馆,令已有法者即明具条贯,欲以见馆职材能,因以考知转对官知法理与否也。自又付三馆以下,新本并削去,盖朱本缘王安石意增人。安石议建三馆祗候,见二年十二月丙寅,至四年六月罢。《新纪》书诏百官转对封事,三馆条其当否,令司马光详定,《旧纪》不书。20,页5123

【宋神宗熙宁三年(1070)五月】诏以禁军分五部法检治厢军。《会

要》三年五月十四日事，今用《兵志》所修增入。24，页5128

【宋神宗熙宁三年（1070）五月】诏以京朝官曾历通判、知县者四人，分治开封府新旧城左右厢。凡斗讼，杖六十已下情轻者得专决；及逋欠、婚姻两主面语对定，亦委理断。其先所差使臣并罢之。从权知开封府韩维请也。38，页5135

【宋神宗熙宁三年（1070）五月】制置条例司言："诸路科买上供羊，民间供备几倍。而河北榷场博买契丹羊岁数万，路远抵京则皆瘦恶耗死，屡更法不能止，公私岁费钱四十余万缗。近委著作佐郎程博文访利害，博文募屠户，以产业抵当，召人保任，官豫给钱，以时日限口数斤重供羊，人多乐从，得以充足岁计。除供御膳及祠祭羊依旧别圈养栈外，仍更栈养羊常满三千为额，以备非常支用。"从之。博文所裁省冗费凡十之四，人甚以为便。先是进呈条例，上批曰："屠户情愿本家宰杀亦听一节可删去。"恐以死肉充故也。羊事条目极多，而上一阅遂见此，人莫不称叹。盖上于天下所奏报利害，摘其精要类如此。朱本用《日录》删改旧本，新本并从朱本，今亦从之。40，页5136

【宋神宗熙宁三年（1070）五月】群牧判官王诲上《群牧司编敕》十二卷，行之。诲，举正子也。41，页5137

【宋神宗熙宁三年（1070）五月】知郁林州赵奎言："本州岛岁役车丁运盐，输容州北流县给容、邕等州出卖，初官给钱买牛造车，其后牛死车败，皆车丁自办，遇运盐月，人给钱二百、米一石，仍禁以牛车乘载私物，车丁不堪其苦。欲乞自今车丁不给钱米之月，听以牛车顾载私物。"从之。51，页5139

续资治通鉴长编卷二百十二　宋神宗熙宁三年（庚戌，1070）

【宋神宗熙宁三年（1070）六月】提举京西路常平等事陈知俭言奉诏案唐州近年招诱民户开荒田增赋事，前赵尚宽任内，兄弟父子重复诡名者四百余户，及签判张恂伪加水田顷亩，并开修黄、王池二陂不实事状。诏转运判官李南公具尚宽、恂不实事，及元保明官以闻。其后南公言尚宽等亦有不实事，及具保明官。朝廷以累经赦，及该去官，并释之。16，页5148

【宋神宗熙宁三年（1070）六月】大宗正司言："并省管勾睦亲、广亲并提举郡县主宅所，并令本司管勾，今有约束及废置八事，请著为令。"诏除应诸色人并姨嬭杖罪以下，乞从本司勘决不许外，余并从之。《新纪》于癸酉日，又书有五色云，已见二年七月甲申，今从《旧纪》削去。案：《本纪》于二年七月甲申、三年六月癸酉，俱书有五色云，或系《宋史》之误。18，页5149

【宋神宗熙宁三年（1070）六月】诏大理寺详断官李达、胡泽充替，权少卿蔡冠卿降小处差遣，权判事许遵、审刑院详议官朱大简、韩晋卿、赵文昌、冯安之并移差遣，坐失入秦州民曹政死罪未决也。曾公亮引银砂案失入例会赦，王安石曰："银砂已是失引，定例宜有特旨。"故有是诏。晋卿，安邱人也。27，页5154

【宋神宗熙宁三年（1070）六月】司勋员外郎、权河北监牧使崔台符权判大理寺。初，王安石定按问欲举法，台符闻之，举手加额曰："数百年来误用刑名，今乃得。"王安石嘉其附己，故有此授。34，页5157

【宋神宗熙宁三年（1070）六月】乙酉，诏诸路提点刑狱司，具逐州军经略、安抚、钤辖司特刺配人元犯以闻。43，页5159

【宋神宗熙宁三年（1070）六月】天章阁待制孙永兼看详编配罪人元犯。永三年四月降待制，知和州，未几召还，提举详定编敕，兼知东审官院。但当记其复召，此看详不必记。46，页5160

【宋神宗熙宁三年（1070）六月】判刑部刘瑾举权柳州军事判官宋谔试刑名，中书言谔尝试律，赇吏人，窃断案，欲不许。上批："缘试法虽实通律，亦恐不免如此。谔令就试无害，苟不中格，自当退黜。"47，页5160

续资治通鉴长编卷二百十三　宋神宗熙宁三年（庚戌，1070）

【宋神宗熙宁三年（1070）秋七月】诏："自今疏决或及开封府界、

三京，令于初得旨日取旨，仍与在京同日降指挥。限指挥到，停案决听旨。四京诸县更不差官。应犯杖罪并降从杖以下，止委本县，依次日朝旨施行。"20，页5175

【宋神宗熙宁三年（1070）秋七月】上批："昨闻四月中，广信军不觉盗斩水窗入城劫民财，已令体量。今又闻安肃军是月亦有劫盗夜入城，得财而去，不举发。又六月中，盗穴南关城不遂，又一夕，有盗穴三家，而广信军有盗数人尝夜登城，与撼铃人格斗，不胜，縋城而去，皆不捕获。边城如此，不可不虑。宜令转运或提点刑狱司体量有实，即系劾官吏。缘边安抚司不案治，亦当鞫之。"后两军及安抚司降官冲替，罚金有差。25，页5175—5176

【宋神宗熙宁三年（1070）秋七月】初，若愚等至秦，问韶所欲耕地安在，韶不能对，但言众共沮我，我已奏乞归田。窦舜卿使人检量，仅得地一顷六十亩。案：《宋史》作得地一顷。既而地主自讼，复以归之。若愚等奏韶欺罔，又言古渭寨置市易司为不便。又言韶以官钱假亲旧，使之他方贩易，放散甚多。王安石恐韶获罪，乃言："若愚在广西素与师中善，所奏不能实。"时已除沈起为都转运使，乃令起往别行体究，韩绛及安石皆言起可使故也。若愚等以为古渭寨不可置市易司，聚三十万货物必启戎心，又妨秦州小马、大马家私交易，且私交易多赊贷，今官市易乃不然，兼市易就古渭，则秦州酒税课利必亏。曾公亮、文彦博、冯京皆以若愚等所言为是。韩绛亦以市易不在秦州为非。王安石曰："若西人能得古渭，则非特三十万贯钱之利也。若不敢置三十万贯钱于古渭，恐西人争夺，则尚何须议招致洮、河、武胜生羌？西人敢与我争致此羌，则其为利岂特三十万贯钱而已。以此言之，则若愚以为聚贷起戎心非是也。又言'官市易不许赊贷，百姓不便'。今官市亦非禁民间私相赊贷也，于百姓有何不便？则若愚言于百姓不便非是也。又言'亏秦州酒税'。今秦州尚运致钱物就古渭，若秦州酒税减，即古渭增收，钱在古渭在秦州一也，则若愚以谓亏秦州酒税为不便非是也。"韩绛曰："韩琦曾令增古渭地税，恐秦州人往古渭居。"安石曰："以此验之，尤见人情以就古渭交易为便。不然，何须增税以困就居之人？今王韶欲就古渭置市易利害，臣所不敢断，然若愚所奏，即臣未见有害。"上乃令转运司详度。26，页5176—5177

【宋神宗熙宁三年（1070）秋七月】诏："江南西路岁运淮南盐十二

纲赴虔州，提点刑狱官与虔州知州依嘉祐七年二月四日指挥，同提举出卖。运船三岁一易。盐有羡十分，以五分价钱与梢工充赏，部押人三年迁押官，并依治平四年四月二十三日指挥及编敕施行。合破纲船兵、夫分数，即且依见行条贯。"

先是，权提点江西刑狱张颉言："虔州地接岭南，官盐卤湿杂恶，轻不及斤，而价至四十七钱。岭南盗贩入虔，以斤半当一斤，纯白不杂，而卖钱二十，以故虔人尽食岭南盐。庆历中，官卖岁止百万余斤，冒禁之人，本轻利厚，挟刃鸣鼓，千百为群，劫掠村疃，官不能制，余二十年，朝廷患之。尝遣职方员外郎黄炳同转运使冯浩及广南转运使参议，浩等请禁岭南盐至虔州，稍减虔盐价，而更择壮舟团为十纲，差使臣部押运通、泰盐，乘春水涨时至，凡民有税钱百则岁与二斤，官收其直，诏从其请。后提点刑狱蔡挺更议，以盐支杂恶，皆舟人盗劫之弊，然虔州经涉赣江三百余里，故令盐船三岁一易，增入二分，舟人运盐无欠负而有羡及百斤者支半价，三运毕，部押人转为押官，若使臣即得减磨勘二年。故盐不杂恶，有羡，岁卖至三百六十一万斤，增二十倍。食者既众，不复以税钱均配，盗贩衰息。自挺去，船七岁始易，人因稍减，赏亦渐薄，挺之法十废五六，无赖抵冒之民稍集，而官卖益亏。愿尽复挺规画以杜奸盗。"上批："蔡挺昨在东南处置盐事，最有显效，绩状可验。不惟课利增盈，实得盗贼屏息。今无故改革，致于如此不便，或使无赖啸聚，极非细事，可详颉奏，速令一切如旧。"故有是诏。蔡挺事具嘉祐七年正月，与张颉所言微有不同，今两存之。朱签贴云契勘旧岁卖盐百余万斤，止是两倍，别细算，改二十倍为数倍，今附此。29，页5178—5179

【宋神宗熙宁三年（1070）秋七月】诏提举诸司库务司勾当公事官，不得擅诣诸司库务点检及取索文字，追呼公人。违者，提举司劾奏。以上批"近李肃之请提举司置勾当公事官二人，诸事一禀提举官处分，闻极不守职任，滋大事体而擅行公牒，越蓦申报，紊乱职守，有失等威，可与条约"故也。31，页5179

【宋神宗熙宁三年（1070）秋七月】丙午，诏中书考察内外官司，置簿记功过，俟岁终及因非次除擢，检录比较进呈，择其尤甚者进黜之。《旧纪》书诏中书籍记内外官功过，《新纪》削去。它日，上取记功过簿，读至被旨体量不实，曰："非被旨者如何？"王安石曰："奏论事不实，足以包之。"又曰："学士院有何事？"安石曰："身所论奏，非关主判处及告命差失之类。"上曰："此中不言告命差失，何也？"安石曰："该说不尽，比类抄上是也。"又问："附宿直处抄上，何也？"安石曰："如待制、直学士，元无官司，止寄宿于三馆。"上称所定以为善。内一节"随事将上取旨"，安石请除"将上"字，上曰："'取旨'亦可除，但令至岁终具功过呈，如周礼冢宰岁终'诏王废置'。"此据《宝训》法令篇增入。32，页5179—5180

【宋神宗熙宁三年（1070）秋七月】诏编修敕所，见编续降宣敕、删定《嘉祐编敕》，仰候修成一卷日，于逐条上铺贴增损之意，先赴中书门下看详，俟书成日同进呈。此据《会要》三年七月二十一日所书增入。初议置局在二年五月十七日。35，页5180

【宋神宗熙宁三年（1070）秋七月】下其奏中书，中书言："越王德昭无嫡子、嫡孙，无嫡子同母弟，无庶子，宜以庶长孙宗立嗣。世程、宗惠不应封。余如六月诏书。"于是，元议官判太常寺陈荐、李及之、章衡、周孟阳，知礼院文同、张公裕各降一官。陈睦、韩忠彦各罚铜三十斤，而忠彦与苏颂皆以去官免。再议官王珪、范镇、司马光、韩维、吴充、王益柔、蔡延庆、吕大防各罚铜三十斤。荐时亦已去官，审刑院当勿论，上批："法虽去官，荐实议首，不可原。"故及之。39，页5185

【宋神宗熙宁三年（1070）秋七月】龙图阁学士、右谏议大夫祖无择责授检校工部尚书、忠正军节度副使，不签书本州岛公事。丁忧人屯田郎中任造追一任官，勒停，经恩未得叙用。国子博士致仕钱羔羊追三任官，衢州编管。殿中丞致仕王景追一任官，勒停。泗州参军张应岩追参军，明州编管。监杭州军资库、司法参军孙辅特冲替。无择坐知杭州日贷官钱及借公使酒，并乘船过制，与部民接坐，及听造、景、羔羊、应岩等曲法请求。辅坐主公使阿徇无择。法寺奏已会去年十一月德音，内无择、羔羊、应岩，皆特断，余如法寺所奏。40，页5186

【宋神宗熙宁三年（1070）秋七月】诏内殿崇班盘知谅凌迟处死，余党五人斩，一人杖死，五人配诸路牢城，知谅妻女等配军士无家者。知谅本桂阳监民，庆历初，为蛮所虏，后数出盗边。招降之，补三班奉职，累迁内殿崇班。罢泉州监税，家于抚州。一日，尝与其子会群偷乘舟诈为吴新等就娶，因劫取吉州龙泉县民郭远家财二千四百缗，走桂阳监，为和州东关镇监税、三班奉职吴植捕获，特于法外论之。仍进植一官，而抚、吉

二州捕盗官坐失察捕盗，论罪有差。43，页5187

【宋神宗熙宁三年（1070）秋七月】乙卯，诏中书堂后官、兼五方提点魏孝先罚铜三十斤，堂后官刘应机、主事时士良并降一官监当，以上批"左武卫大将军、郢州防御使世清昨以罪降，近止许令朝请。今敕告中乃复旧官，未知因依"。而中书奏由孝先等勘会差失故也。先是，上以孝先等为过误，王安石曰："堂吏所掌，专检勘，此不可轻贷。"乃有是命。于是上曰："堂吏人数似少。"安石曰："人非少，但欲省中书事，修选补吏法而已。"44，页5187

续资治通鉴长编卷二百十四　宋神宗熙宁三年（庚戌，1070）

【宋神宗熙宁三年（1070）八月】辛酉，光禄卿苗振责授复州团练副使，前明州司理参军辛肃特勒停，国子博士裴士尧依冲替人例。振坐前知明州不法及故入士尧罪，而肃以阿随故也。初，士尧知奉化县，振所为不法事下县，士尧皆格不行，振怒，械系士尧于狱，且文置其赃罪，案上，士尧勒停，经恩未得叙用。已而士尧击登闻鼓自诉。至是，重罪皆得雪，独有带沽耗酒私罪徒一年，贷所监临坐赃论答二十。会赦，故有是命。于是，尝签书士尧狱事者，虽去官，皆罚铜二十斤。通判丁谞降远小处差遣。又明州胥吏十人，挟振恣横，号"十大卿"者，内七人特编管。初，上欲止降丁谞，曰："通判与知州体敌，不能救正，所以当深责。"王安石曰："方今官小者，大抵莫肯任责以救正其长。若示不足责，则愈不知惧。"乃并罚之。10，页5199

【宋神宗熙宁三年（1070）八月】丙寅，以久旱御崇政殿，疏决系囚，杂犯死罪以下第降一等，杖笞释之。20，页5202

【宋神宗熙宁三年（1070）八月】大理寺言："梧州羁縻州巡检、供奉官苗承祐不觉獠贼入界劫掠汉民，会德音，当罚铜六斤。"上批："职为捕盗，致贼肆行劫略，不即擒捕，又奉朝旨，犹敢怠惰不出讨贼，可特勒停。"22，页5202

【宋神宗熙宁三年（1070）八月】诏差沿界河寨铺卒转送公用及私物者，以违制私罪论。从知雄州张利一请也。32，页5209

【宋神宗熙宁三年（1070）八月】乙亥，诏殿前、马步军司，大辟囚并如开封府法送纠察司录问。34，页5210

【宋神宗熙宁三年（1070）八月】中书上刑名未安者五条：
其一曰，岁断死刑几二千人，比前代殊多。自古杀人者死，以杀止杀也，不当曲减定法，以启凶人侥幸之心。自来奏请贷死之例，颇有未尽理者，致失天下之平。至如强劫盗，并有死法，其间情状轻重有绝相远者，使一例抵死，良亦可哀。若据为从情轻之人，特议贷命，别立刑等，如前代斩右趾之比，足以止恶而除害。自余凶盗，杀之无赦。禁军非在边防屯戍而逃者，亦可更宽首限，以活壮夫之命，收其勇力之效。

二，徒、流折杖之法，禁网加密。良民偶有抵冒，便致杖脊，众所丑弃，为终身之辱；愚顽之民虽坐此刑，其创不过累旬而平，则已忘其痛楚，又且无愧耻之心，是不足以惩其恶也。若令徒、流罪情理非巨蠹者，复古居作之法，如遇赦降，止可第减月日，使良民则免毁伤肌肤，但苦使之，岁满得为全人，则可以回心自新；顽民则囚之徒官，经历年岁，不能侵扰善良。如此则俗有耻格之期，官有给使之利。

三，刺配之法，大抵二百余件，愚民罕能知畏。使其骨肉离散，而道路死亡者甚多，防送之卒劳费尤苦。其间情理轻者，亦可复古徒流之坐移乡之法，俟其再犯，然后决刺充军。诸配军并减就本处，或与近地。凶顽之徒，自从旧法。编管之人亦迭送他所，量立役作时限，不得髡钳。

四，令州县考察士民，有能孝悌力田为众所知者，委乡里耆老与令佐保明，州给付身帖，如遇有过犯杖已下情轻可恕者，特议赎罚，如再犯，复行科决。

五，奏听敕裁，条目繁多，致淹留刑禁，亦合删定。诏付编敕所，详议立法。41，页5211—5213

【宋神宗熙宁三年（1070）八月】初，删定编敕官曾布上肉刑议，曰：
臣闻先王之制刑罚，未尝不本于仁。然而有断支体、刻肌肤以至杀戮，非得已也。盖人之有罪，金赎不足以惩者，故不得已而加之墨；墨之所不可惩，故至于为劓、为剕、为宫，乃至乎为大辟。犹以为未尽也，则有被之鞭朴为已轻，宥之五刑为已重，于是乎有流宥之法，此先王所以制刑之叙也。

自唐、虞、三代，历数百千年，其治乱盛衰而世重世轻则有之矣，然而未之有改也。战国及秦，务为惨核，然后有参夷之诛，烹凿之酷。汉兴，与民休息，约法三章，而伤人诸刑犹莫之废；至文帝，遂除肉刑而定笞棰之令，外有轻刑之名，而死者盖愈多矣。后世因之，定为律令，大辟之次遂处以流刑，以代墨、劓、剕、宫之法，此不惟非先王流宥之意，而又失重轻之差。盖律之所谓流，方古之五流，益已轻矣。

古者井天下之地，夫授之田亩、宫室，宗族、坟墓、乡田同井，守望相助，疾病相扶持，故人人有安土重迁之意。及流之远方，则不授之田亩，不给之赒饩，徒隶困辱，以至终身，其距于死无几也。近世之民，离乡轻家，东西南北转徙而之四方，固不以为患，而居作一年，即听附籍，乃欲以惩创罪邻于死之人，盖已疏矣。况今又行折杖之法，则流、徒、杖、笞等之为古鞭朴之刑耳。夫死刑重，生刑轻，故犯法者多而鞭朴之不能禁止者，不幸皆置之于死，以刑为不忍而不免于杀之，是欲轻之而反重也。《扬子》曰："肉刑之刑，刑也。"惟相时之宜而增损之，则轻重有伦，而不失古之所以制刑之意矣。盖治世刑重，乱世刑轻，故五刑之属三千，而周官大辟之罚五百，至穆王度时作刑，而大辟之属二百而已。今大辟之目至多，稍取其闲情实可贷者，处之以宫、劓之刑，则人之获生者甚众。若军人逃亡应斩，贼盗赃满应绞，刖其足；犯良人于法应死，而情轻者处宫刑之类。至于劓、墨，则刺配之法稍已近之。降此而后，处以流、徒、杖、笞之罪，则制刑之等略备矣。

夫死刑之次，莫重于宫，今刑无罪之童幼以备阉寺之职，惟是习熟闻见，故天下莫以为非。诚取于法，应死之人刑而生之，苟以为不可，甚矣其惑且妄也。世之议者，必以谓肉刑之废，其由来久矣，今教化未行，风俗未成，而欲复古之刑，仁者之所不为也。此殆不然。夫刑期于无刑，辟以止辟，古之所以制世者无以易此。又况乎推先王之法，顺当时之变，明刑罚之叙，而以生易死，以重即轻，其为仁也孰甚焉！至乎教化行，风俗成，而人犹有犯礼义、奸文网者，则刑之将不止于此矣。臣以谓宜于死刑下增劓、宫二刑，以代死罪之情轻者；裁定刺配之法，以仿古人劓、墨；其次乃处流罪，于理为当。于是，上问执政曰："布所言肉刑，可即行否？"安石曰："理诚如此，即行亦无害，但务斟酌。所当施肉刑者，如禁军逃走未曾结构为非，又非在征战处，诸合斩者，刖足可矣。"冯京以为坏军法，安石曰："前代军法但行于战伐时，若罢兵，即解约束。律在军所与平时法自不同也。"上曰："如盗贼可用肉刑更无疑，斩趾亦是近世法。"京言唐太宗亦终不用，安石曰："太宗虽用加役流代斩趾，然流终亦不可独行，故唐已有决杖配流之法。盖当时自有别敕施行，不专用律。若专用律，则死罪外即用流法，无以禁奸，决不可行也。"检正中书户房公事曾布言："近言《刑统》刑名、义理多所未安，乞加刊定。朝旨令臣看详。今条析《刑统》疏义，繁长鄙俚，及今所不行可以删除外，所驳疏义乖谬舛错凡百事，为三卷上之。"诏布看详《刑统》，如有未便，续具条析以闻。《元祐实录》四年五月二日庚申有此，朱史削去。王安石《日录》四年二月五日乃有上问曾布所论肉刑可行否，朱史却附见三年八月二十一日戊寅，不知孰是，当考。今姑从朱史，并布肉刑论就此书之，仍附驳律错谬事。

布始为编敕删定官，即言："立法必本于律，律所未安，不加刊正，而独欲整齐一时号令，是舍其本而治其末也。"因乞先刊正律文。诏布条析具上。布言《律疏》义繁长鄙俚，及今所不行可删除外，凡驳其舛错乖谬百事，为三卷上之。诏布如有未便，续条析以闻。司马光云布素为王安石所厚，使之改定律文。不知究竟才上何，当考。41，页5213—5216

【宋神宗熙宁三年（1070）八月】著作佐郎、删定编敕曾布编修《中书条例》。四月五日编敕，九月六日中允、说书，十四日集校，二十五日户检。49，页5219—5220

【宋神宗熙宁三年（1070）八月】癸未，上批："闻在京诸班直并诸军所请月粮，例皆斗数不足，内出军家口亏减尤多。请领之际，仓界斗级、守门人等过有乞取侵克，甚非朕所以爱养将士之意，宜自今每石实支十斗。其仓界破耗及支散日限、斗级人等禄赐、告捕关防、乞取条令，三司速详定以闻。"先是，诸仓吏卒给军食，欺盗爻劫子取十常三四。上知其然，故下诏，且命三司条具。于是，三司言："主典役人，岁增禄为钱一万四千余缗。丐取一钱以上，以违制论，仍以钱五十千赏告者，会赦不原。"中书谓："乞取有少多，致罪当有轻重。今一钱以上，论以一法，恐未善。又增禄不厚，不可责其廉谨，宜岁增至一万八千九百缗。在京应千仓界人如因仓事取受粮纲及请人钱物，并诸司公人取受应千仓界并粮纲钱物并计赃钱不满一百徒一年，每一百钱加一等；一千流二千里，每一千加一等，罪止流三千里。其过致并与者，减首罪二等。徒罪皆配五百里外牢城，流罪皆配千里外，满十千即受赃为首者配沙门岛。若许赃未受，其取与过致人，各减本罪一等。为首者依上条内合配沙门岛者，配广南牢城。仍许人陈告，犯人该徒给赏钱百千，流二百千，配沙门岛三百千。若系公人，给赏外更转一资。已上人，仍亦许陈首免罪、给赏。"从之。《会要》：提举三司帐司曾布云熙宁三年九月二十五日《河仓条贯》，按此乃是八月二十七日立《仓法》。《旧纪》书："癸未，诏：诸仓给受概量者，临时多寡，并缘为奸，刻军食十常三四。其增诸仓役人禄，立勾取重法。由是骞减运粮卒坐法者五百余人，奸盗以故得不纵。后推以及内外吏，吏始重仍法。"《新纪》削去。削去其谀辞可也，如立《仓法》安可不书？57，页5222—5223

续资治通鉴长编卷二百十五　宋神宗熙宁三年（庚戌，1070）

【宋神宗熙宁三年（1070）九月】大理寺言，麟、府、丰州及堡寨官吏不申举修葺城橹、器甲及简选兵马等，当违制失公罪。诏知州、皇城使、嘉州防御使王庆民等管勾军马司，通判、寨主、监押凡四十人降官罚金有差。已而枢密副使冯京言："臣昨为本路经略使，事无不总，而因循苟简，不能提振，以至上烦圣虑。望蚤降黜，使诸路帅臣明知朝廷重边事，虽一时无事罢去，后冒取名位者犹必行法，以厉偷堕不职之臣。"优诏释其罪。48，页5247

【宋神宗熙宁三年（1070）九月】诏环庆路，近有阵亡义勇，如本户尚有余丁当刺者，悉免之，其缺数取他户有丁者刺填。初，陕西刺义勇，户每三丁简一丁，六丁简二丁，九丁简三丁，虽多，至三丁止。至是，恤战死者，故特免焉。51，页5248

续资治通鉴长编卷二百十六　宋神宗熙宁三年（庚戌，1070）

【宋神宗熙宁三年（1070）冬十月】详定编敕所言："嘉祐删定编敕官以二年为任，五年为两任。乞自今应删定官每月各修敕十条送详定官。如二年内了当，不计月日，并理两任。如有拖滞，虽过二年，亦理一任。"从之。此据《会要》三年十月十九日所书增入，二年五月十七日、三年七月二十二日可考。33，页5260—5261

【宋神宗熙宁三年（1070）冬十月】枢密院言，诸路有功将士，多不

依元降赏格，速定夺闻奏，虑淹迟启幸。诏陕西宣抚司，指挥逐路经略司，并依行军赏格施行。45，页5266

【宋神宗熙宁三年（1070）冬十月】甲申，诏工部郎中、直舍人院李寿朋展磨勘二年。坐前知沧州令诸县截留赃罚赏钱，预均配百姓小麦、黄米入公使，及回易取利，置陈设器物，兼与通判刘叔宝互论举；而寿朋又妄申中书，自以为不当坐罪。虽经赦降，而贩易、公使法不该免，故有是责。46，页5266—5267

续资治通鉴长编卷二百十七　宋神宗熙宁三年（庚戌，1070）

【宋神宗熙宁三年（1070）十一月】诏审刑院、大理寺同看详重赃并满轻赃法意，定归一议。审刑院言："犯色目各别之赃，不待罪等而累并，不惟引用入重，显于律义难通。乞且依久来条例而定。"大理寺言："《律》称，以赃致罪，频犯者并累科。若罪法不等者，即以重赃并满轻赃各倍论。累并不加重者，止从重。看详律意，盖为频犯赃罪者，不可用二罪之法以重者论，故令积数以科罪；为非一犯，故令二赤得一赤之罪，此从宽之一也。虽令倍论，然有六色赃名，轻重不等。若两色以上者，不可累轻以从重，故令并重以满轻，特将重赃改从轻赃之法，此从宽之二也。若以重并轻后止从加重，则止从一重，盖为进则改从轻法，退亦不至容奸，义理昭然，殊无可惑。缘审刑院为据疏议内假设之法，皆是逐件罪等，故令须得罪等方许累论。本寺以谓《疏义》所设，止是一时命文如此，非谓须得罪等者。若据罪等者尽数累并，不等者止科一赃，则恐知法者足以为奸，不知者但系临时幸与不幸。原情立禁，恐本不然，以此异同，不可定归一议。"上是大理寺议，从之。15，页5274

【宋神宗熙宁三年（1070）十一月】甲午，以明法王衮为编敕所看检供应诸房条贯文字，从详定编敕所请也。17，页5274

【宋神宗熙宁三年（1070）十一月】乙未，中书编修条例所言："京朝官以上丁忧服阕，旧给敕告，今请见任两府官如旧制外，文武官大两省、待制、正任刺史以下，有司检举闻奏，止降诏书或札子；余所属移牒，令赴阙参见，更不别给敕告。臣僚陈乞亲属差遣，付有司依法注拟。三司年例合科买物色，其可减省，止令在京买之；或岁计物须至下外州军科买者，著为定式；如式外不时而科买者，须奏定旨。刑部定夺酬奖，其非转官、循资、堂除差遣、减年磨勘者，直牒审官等处施行讫以闻。其使臣公案，并归枢密院断放；内有文臣、使臣共一案者，即于中书断讫，委大理寺节略，具使臣所犯及刑名，申枢密院照会；使臣奏举差遣，并送枢密院施行。臣僚上殿供状，不得侥求，及申阁门状并寝罢。命官及军员、职员，每遇郊礼得加恩。旧除迁人久，例于授官日一就加阶外，并系中书出给告敕。欲自今请除宗室及文武官大两省、大卿监、正刺史以上如旧制。其余文官少卿监、横行升朝官京官并契勘该恩次数，因转官迁职，合给敕告，一就加恩。其该封赠者，止申官告院。未出官京朝官、分司、致仕人，更不加恩。内外职员人吏，自来遇赦加恩，带银青光禄大夫阶及检校官、宪衔，并罢。中书堂后官合加朝散大夫，主事及沿堂五院行首合加游击将军，录事以下应在京吏人及司天监丞、钟鼓院节级、翰林待诏医官等，合加将仕郎，并于授逐色差遣敕内带行；内不系敕补者，候遇赦加阶一次；及自来职名遇赦当转上佐及勒留、同正等官依旧外，其余加勋及检校兼官，并更不加阶、勋及检校、兼官；其上佐、勒留及同正将军更不带阶。应祀祭分献官，例止令审官东院一面差官。应祝文及功德疏、佛文、斋文之类，分差有文学官撰定，付所司编录，遇祀祭检用。京朝官等寻医侍养，依致仕条，止令逐州军勘会无规避、具保明放离任讫，申所属；通判以上差遣听旨；非省副、知杂以上官，罢举官自代。"并从之。19，页5275—5276

【宋神宗熙宁三年（1070）十一月】癸卯，命同知谏院邓绾同详定编敕。初差直舍人院李寿朋，辞以兼职多，故改命绾。20，页5277

【宋神宗熙宁三年（1070）十一月】诏诸路提点刑狱司选官与当职官看详编管人元犯刑名，委是州郡法外编管，即放逐便；内情理重害者，听旨。其已经详定编配罪人所奏请朝廷指挥量移者，亦准此。22，页5277

【宋神宗熙宁三年（1070）十一月】宣抚司言："近废陕西路湖城县为镇，缘人户繁多处，若止令使臣等管勾，恐不晓民事。乞勘会更有似此镇分，并依京东路条例，委监司举亲民京朝官管勾，许断城内杖以下公事。"从之，仍令诸路勘会合差京朝官监镇处以闻。24，页5277—5278

【宋神宗熙宁三年（1070）十一月】编修中书条例曾布等言："奉诏定中书吏保引、补试、赏罚事：中书守当官缺，旧差两省官考试，近岁不用试法，而堂后官以恩陈乞保引，以故滥进者众。今定堂后官一经南郊，主事再，录事、主书、守当官三，听引亲属一人为私名，习学二年听就试，三试不中勒出守缺。守当官缺，旧虽有试法，而但取笔札人材，今既习以公事，则当以所习公事试之。各籍其功过，有功者随轻重升名，降亦如之，功过听相折除。主事以上至提点五房公事，皆取其能，不以次补。提点五房三年罢，堂除知州军，堂后官堂除通判，十年，亦除知州军，其除余名以次第，永为定制，凡三十九条。旧条例悉罢。"上批："依所定。"于是中书守当官时忱等坐陈新定条不当，乞出外官，忱为首，勒停；余第降资。《旧纪》书：立《中书吏试补及功过升降法》。26，页5278—5279

【宋神宗熙宁三年（1070）十一月】枢密使文彦博言："臣闻刑平国用中典。自唐末至周，五代乱离，刑用重典，以救一时，故法律之外，轻罪或加至于重，徒流或加至于死。权宜行之以定国乱，可也，然非律之本意，不可以为平世常法。国家承平百年，当用中典，然因循用法，犹有重于旧律者。若伪造官文书，即《律》止于流二千里，今断从绞；又其甚者，因近年臣僚一时起请，凡伪造印记再犯皆不至死者，亦从绞刑，是不应死而死也。若以其累犯，责其不悛，即持仗强盗、赃满五匹者死，若止四匹，虽五七犯不至于绞，况持仗强盗，本法重于造印，今之用法甚异律文。陛下仁覆万邦，惟刑是恤，方诏法官讲议刑典，欲乞检详自五代以来，于朝廷见用刑名，重于旧律，如伪造印之比者，以敕律参详，裁用其当。"诏送编敕所。35，页5280

【宋神宗熙宁三年（1070）十一月】诏给纳常平钱谷官司公人受赇，虽已降依敛掠、乞取差点人夫钱物条约，虑未知惧，自今杖罪编管邻州，徒以上刺配本州岛牢城。许人告，杖罪赏钱五十千，徒罪百千。43，页5282

【宋神宗熙宁三年（1070）十一月】诏定《内外官避亲法》。48，页5282

续资治通鉴长编卷二百十八　宋神宗熙宁三年（庚戌，1070）

【宋神宗熙宁三年（1070）十二月】陕西宣抚使韩绛言："延州百姓

马志诚造作妖言，谋为不顺，语连将官。禁勘多日，取到案款，委转运使孙坦躬亲录问，别无翻异。已详酌逐人情罪等第断遣，及与免所断之人亲属缘坐去讫。"从之。此据《中书时政记》，三年十二月四日庚申事。马志诚再见四年三月十九日甲辰。司马光《日记》云：折继世以绥州功除左骐骥使、果州团练使，赏赐无算。去岁病风，以御药使医傅守视。继世迎妖人马志诚，欲奉之发兵据青涧城，指挥使拓跋忠谏使止之，首下狱案验，久不决。子华至延州，斩志诚等二十余人，以继世有功，不问。13，页5294

【宋神宗熙宁三年（1070）十二月】侍御史知杂事谢景温言："近除乔叙湖南路转运判官，闻叙知濮州雷泽县，赃污狼籍，一岁之间，敛乡民之罚万两，不知所归。"诏京东同提点刑狱孔宗翰、知濮州郑焘密体量以闻。其后，下曹州制勘，叙除买罚无罪外，但坐尝卖马于所监临，有剩利赃，杖八十，特勒停。22，页5296

【宋神宗熙宁三年（1070）十二月】中书言，司农寺定《畿县保甲条制》①：

凡十家为一保，选主户有材干、心力者一人为保长；五十家为一大保，选主户最有心力及物产最高者一人为大保长；十大保为一都保，仍选主户有行止、材勇为众所伏者二人为都、副保正。

凡选一家两丁以上，通主客为之，谓之保丁，但推以上皆充。单丁、老幼、疾患、女户等，并令就近附保；两丁以上，更有余人身力少壮者，亦令附保，内材勇为众所伏，及物产最高者，充逐保保丁。除禁兵器外，其余弓箭等许从便自置，习学武艺。

每一大保逐夜轮差五人，于保分内往来巡警，遇有贼盗，画时声鼓，报大保长以下，同保人户实时救应追捕；如贼入别保，递相击鼓，应接袭逐。每获贼，除编敕赏格外，如告获窃盗，徒以上每名赏钱三千，杖以上一千。

同保内有犯强窃盗、杀人、谋杀、放火、强奸、略人、传习妖教、造畜蛊毒，知而不告，论如伍保律。其余事不干己，除敕律许人陈告外，皆毋得论告。知情、不知情，并与免罪。其编敕内邻保合坐者，并依旧条。及居停强盗三人以上，经三日，同保内邻人虽不知情，亦科不觉察之罪。

保内如有人户逃移死绝，并令申县。如同保不及五户，听并入别保。其有外来人户入保居住者，亦申县收入保甲。本保内户数足，且令附保，

---

① "条制""条贯"等用语在宋朝就是"法""法律"的意思。

候及十户，即别为一保。若本保内有外来行止不明之人，并须觉察，收捕送官。逐保各置牌，拘管人户及保丁姓名。如有申报本县文字，并令保长轮差保丁赍送。仍乞选官行于开封、祥符两县，团成保甲，候成次绪，以渐及他县。从之。26，页5297—5298

【宋神宗熙宁三年（1070）十二月】先是，同管勾开封府界常平等事赵子几言："昨任开封府曹官，往来畿县乡村，察问民间疾苦，皆以近岁以来，寇盗充斥，劫掠公行。虽有地分耆壮邻里，大率势力怯弱，与贼不敌；纵能告捕赴官，其余徒党辄行绚报，极肆惨毒，不可胜言。诘其所以稔盗之由，皆言：'自来乡户，各以远近团为保甲，务觉察奸伪，止绝寇盗。岁月浸久，此法废弛。兼初置保甲，所在苟简，别无经久约束，是致凶恶亡命容于其间，聚徒乘间，公为民患。'今欲因旧保甲重行擘括，将逐县见户口都数，除疾病、老幼、单丁、女户别为附保系籍外，其余主、客户两丁以上，自近及远，结为大小诸保，各立首领，使相部辖。如此，则富者逸居而不虞寇劫，恃贫者相保以为存；贫者土著而有所周给，恃富者相保以为生。使贫富交相亲以乐业者，谓无如使之相保之法也。所有置保及捕贼赏格、保内巡逻，更相约束次第条例。愿陛下赦臣狂愚，假以诘盗之权，使因职事遍行畿县，得奏差选人一两员及得选委主簿、尉，与当职官吏参校旧籍置法。于编户之民，不独生聚宁居，使桴鼓不鸣；若遂行之，绵以岁时，不为常情狃习所废，规模施设推及天下，将为万世常安之术。"乃下司农寺详定。至是，增损行之。二年九月十二日、十月五日、十二月十三日，三年三月十七日，四年三月九日朱本于此下云：上始欲更立法度，即毅然以措置民兵为急务，然甚重其事，其与执政反覆相论难义勇、弓社、民兵等事者数矣。至是，始集其意，更创《保甲法》，命行之。既而保甲之法备，故义勇等条约亦率会归于一焉。新本并削去，今从新本。朱本又取《日录》七八项事总载于此，今并掇出，各附见本日，新、旧《纪》于乙丑并书立《保甲法》。26，页5297—5299

【宋神宗熙宁三年（1070）十二月】编修中书条例所言："内外职员人吏遇大礼加恩，并加勋、阶、检校官、宪衔；及军员、诸班、殿直、殿侍，自来加恩，或加功臣、食邑，盖袭唐末弊法，紊乱名分，并乞寝罢。其将校带遥郡以上系中书给敕告者，即因迁官改职任就与加恩。"从之。仍诏将校未经加恩者，遇大礼与加。十一月乙未，条例所初建请，今行之。42，页5303

【宋神宗熙宁三年（1070）十二月】又诏："审官东西院、三班院、流内铨主簿看详本司条制，有未便事，如何裁定，删去繁复，务令明白，可以经久施行。其簿书如何增损，具画一条上。"61，页5307

【宋神宗熙宁三年（1070）十二月】庚辰，命王安石提举编修三司令式并敕及诸司库务岁计条例。翰林学士元绛、权三司使李肃之、权发遣盐铁副使傅尧俞、权户部副使张景宪、度支副使王靖、同修起居注李寿朋、集贤校理陈绎，并同详定。太子右赞善大夫吕嘉问、光禄寺丞杨蟠、崇文院校书唐坰、权许州观察推官王觌、三司推勘公事乔执中、检法官李深、勾当公事张端、著作佐郎赵蕴周直孺、均州军事判官孙亶，并为删定官。觌，秦州人也。孙亶、周直孺、赵蕴、张端已见。李深、乔执中已见。王觌，秦州人。唐坰已见。吕嘉问已见。李寿朋已见。傅尧俞已见。王靖，旦孙，已见。张景宪，师德子，已见。68，页5308—5309

【宋神宗熙宁三年（1070）十二月】枢密都丞旨李评等上本院吏收补校试赏罚之法，诏依所定。69，页5309

【宋神宗熙宁三年（1070）十二月】是岁，宗室子赐名授官者四十五人，断大辟三千五百二十三人。新、旧《纪》并书：是岁，河北、陕西旱饥，诏赈恤之。交趾入贡，广源、下溪州蛮内附。下溪见十二月二十七日，余各见本月日，此不别书。81，页5316

续资治通鉴长编卷二百十九　宋神宗熙宁四年（辛亥，1071）

【宋神宗熙宁四年（1071）春正月】检正中书刑房公事李承之言："天下所断大辟，委提点刑狱司勾考，刑部详覆，恐多疏略，容有冤滥。又奏至不以时谳，故久系狱囚。乞自今令刑部月具已覆过大辟案，逐道申中书委检正官覆详，大限十日，小限七日，如有不当或无故稽留者，取旨责罚。"从之。10，页5323

【宋神宗熙宁四年（1071）春正月】辛亥，刑部详覆官、殿中丞朱温其为国子监博士，温其驳正大辟案，活五人，特迁之。38，页5329

续资治通鉴长编卷二百二十　宋神宗熙宁四年（辛亥，1071）

【宋神宗熙宁四年（1071）二月】司农寺言："相度京西差役条目内，酒税等诸般坊店场务之类，候今界满拘收入官，于半年前依自来私卖价例要闹处出榜，召人承买，限两月日，并令实封投状，置历拘管。限满，据所投状开验，着价最高者方得承买，如着价同，并与先下状人，其钱听作三限，每年作一限送纳。"从之。此用《编录册》五年二月十三日刑部帖备坐四年二月十一日中书札子增入，实封扑买或自此始。三年十一月十七日、十二月九日，四年三月十四日当并考。遍卖天下酒场则在五年二月二十二日。3，页5336—5337

【宋神宗熙宁四年（1071）二月】枢密院言："逐房所行差官宣卷，其闲职同而约束异，详略失中，前后参错，欲送承旨司，集逐房副承旨同参详条目删定，各为画一进呈，遇差官即颁降遵守。其差官宣命直坐所差职事，略去繁文，以保制诏之体。"从之。14，页5342

【宋神宗熙宁四年（1071）二月】赏平渝州巴县夷贼功，以兵马使杜安行为右侍禁，王泰为三班奉职，余各等第推恩。僧居一赐紫衣，度其童行二人。初五日辛酉，检正中书户房公事曾布奏：近言《刑统》刑名、义理多所未安，乞加刊定。准朝旨令臣看详，今逐一条析。《刑统》疏义繁长鄙俚，及其闲条约今所不行可以删除外，所驳义乖谬舛错凡百余事，厘为三卷上进。诏曾布更切看详，《刑统》内如有未便事理，续具条析以闻。《实录》有此，《中书时政记》亦有之。《实录》盖因《时政记》也。已附见三年八月二十一日戊寅，乃附注于此，要合削此。① 15，页5342

【宋神宗熙宁四年（1071）二月】司农寺言："陵州籍县民愿请青苗钱，常平仓无现钱，本州岛以盐并课兑支。转运司辄劾擅支之罪。乞释官吏，而劾转运等司罪以闻。"从之。究竟如何。20，页5346

【宋神宗熙宁四年（1071）二月】甲子，太子中允、集贤校理、直舍人院、检正中书户房公事曾布检正五房公事。布每事白王安石即行之。或谓布当白两参政，指冯京及王珪也。布曰："丞相已议定，何问彼为！俟

---

① 从此可知，神宗熙宁四年有过修订《宋刑统》的活动。

敕出令押字耳！"布三年九月十五日为户房检正，五月三日详定编敕，其直舍人院在此月五日。21，页5346

【宋神宗熙宁四年（1071）二月】上谓辅臣曰："昨定州路安抚使捕安肃军北客坐收杂户妇人生子系狱，其弟邀国信使李立之等自诉，因此惊起北客三十余人。此事行遣，自有旧例，何至如此纷纷？皆边臣不体朝廷意，妄有生事。虽已施行，更宜戒谕诸路将官。"40，页5351

【宋神宗熙宁四年（1071）二月】先是，御史范育言："河东民夫送材木至麟州，留月余不使之纳。"上曰："河东两转运使恐须早责降，因其措置乖方，一路为之劳扰，人不能堪，至自贼杀者甚众。若论法，不过不应为。"王安石曰："此在陛下特断，岂系法官。兼自来断命官罪，皆以特旨，非以法，虽赦亦有所不用。陛下前谓失入一人死罪，得罪不轻，今此坏一路，岂有轻赦之理。"上曰："据理，虽使人偿死可也。"安石曰："已令穷核其事，候见实事，固当深责之。朝廷既欲重行，尤宜详审。"47，页5354

【宋神宗熙宁四年（1071）二月】诏自今州县如有荒地、逃田召人请射或归业，有连状分请全户地者，并须相保，如起纳税人逃亡，同保人认纳。初，太常少卿、知唐州赵丙言"州县招诱人户佃荒地，起二税，其间颇有隐昧，虽有起税之名，而无纳税之实，侥幸之人以为劳绩，乞约束"故也。48，页5354

【宋神宗熙宁四年（1071）二月】甲戌，召监单州酒税、太常丞、集贤校理赵彦若归馆，管勾画天下州、府、军、监、县、镇地图。先是，中书差图画院待诏绘画，上批：恐须差有记问朝臣一人稽考图籍，庶不失真。故命彦若领之。彦若前通判淄州，狱有失火、伪印者，法当死。彦若曰："在律杂犯死罪，亲年九十无兼养，应上请。"与知州解宾王议异，遂独（剡）[弹]奏，二人皆得贷死。宾王慊之，因讼彦若不过厅，故坐谪。张舜民志彦若墓，云宾王寻有旨勒停事。49，页5354—5355

【宋神宗熙宁四年（1071）二月】诏编敕所："应删定官众议有不同，即各具所见，令详定官参详。如尚未安，申中书裁下。"二年五月十七日，三年七月二十一日，十月十九日可考。50，页5355

【宋神宗熙宁四年（1071）二月】诏司天监印卖历日，民闲毋得私印，以息均给本监官属。后自判监已下凡六十八员皆增食钱，判监月七千五，官正三千，见卖历日官增食钱外，更支茶汤钱三千。时，初罢司天监官监在京库务及仓草场门，而中书议增其俸，故有是诏。司马光《日记》云：王安石为政，欲理财富国，人言财利者辄火赏之。旧制，太府寺造斗升，用火印，颁于天下诸州卖。禁民私造斗升，其法甚严。熙宁四年诏：自今官司止卖印板，令民自造斗升以省钉镥之费，于是量法坏矣。又民侯氏世于司天监请历本印卖，民闲或更印小历，每本直一二钱，至是尽禁小历，官自印卖大历，每本直钱数百，以收其利。又京东提刑王居卿上言：天下官酒务皆令作连灶以省薪苏，朝廷从之，画图颁于天下。又有班行上言：天下马铺，每匹令日收粪钱一文，亦行之。其营利如此。而城绥州，筑啰兀城，散青苗钱，所用官钱动以数十百亿计。卖斗秤印板等当考月日。王居卿为京东提刑在四年二月十一日，不入《长编》。67，页5360—5361

续资治通鉴长编卷二百二十一　宋神宗熙宁四年（辛亥，1071）

【宋神宗熙宁四年（1071）三月】诏辽州官吏免劾罪，仍赐知州、司农少卿李宏敕书奖谕。以河东路体量范育言"昨本路举兵出界，惟辽州约民力所胜，而馈不失期，转运使犹以科调不如数而劾官吏，乞从矜贷"故也。22，页5374

【宋神宗熙宁四年（1071）三月】司农寺言："京东常平仓司奏请卖酒场约束，乞下本路依开封府界条贯施行。"从之。此项用《编录册》四年三月十四日中书札子指挥修入，开封府条贯在三年十二月九日，遍卖坊场则在五年二月二十二日。42，页5381

【宋神宗熙宁四年（1071）三月】又诏："庆州叛兵亲属缘坐者，令环庆路经略司检勘服纪、年甲。应元谋反手杀都监、县尉，捕杀获者，其亲属当绞者论如法；没官为奴婢者，其老、疾、幼及妇女配京东、西，许人请为奴婢，余配江南、两浙、福建为奴；流者决配荆湖路牢城。非元谋而尝与官军斗敌，捕杀获者，父子并刺配京东、西牢城；老、疾者配本路为奴。诸为奴婢者，男刺左手，女右手；余亲属皆释之。"叛军家属皆诛者，凡九指挥。李清臣谓韩绛："军士谋叛，初不告妻子，宜用恩州故事，配隶为奴婢。"绛奏从其言，故有是诏。此据清臣诏旨内附传。49，页5383

【宋神宗熙宁四年（1071）三月】都官员外郎施邈特勒停，坐与故左藏库副使高允元妻林氏私通简札约为婚，而林氏夫服未满，为夫弟高允怀所告。又御史林旦言其素行不修，会降法不当停，特行之。50，页5383

【宋神宗熙宁四年（1071）三月】癸卯，德音降陕西、河东，死罪囚，徒以下释之。两路禁军并因军事役使厢军急脚、马递铺兵，并与特支。因尝入贼界攻讨接战，并尝捕杀庆州叛兵者，虽已经宣抚司支赐，更与特支。两路民因军事被科役者，其议量轻重蠲减将来税赋及科配。其已前欠税倚阁者，并除之。州县不急公事及供申磨勘帐历文字不免追扰者权住，候边事宁息，依旧施行。缘边熟户及弓箭手见欠贷粮皆放，其缺食者安抚司量与赈贷。其德音曰："朕德不明，听任失当，外勤师旅，内耗黎元。秦、晋之郊，并罹困扰。使人至此，咎在朕躬。其推恤隐之恩，以昭悔过之义。"又曰："劳民构患，非朝廷之本谋，克己施行，冀方隅之少息。"当考草制者姓名增人。时元绛、杨绘、韩维实为学士，朱本云：初进入德音本，上批攻战军士宜与运粮诸军异等，及改定数事皆极当于理，执政皆以为非所与也。《新录》并削去，今从《新录》。54，页5384—5385

续资治通鉴长编卷二百二十二　宋神宗熙宁四年（辛亥，1071）

【宋神宗熙宁四年（1071）】夏四月丙辰朔，降诏恤刑。1，页5398

【宋神宗熙宁四年（1071）夏四月】内侍省入内殿头王化基不合直批圣旨于内酒坊取吏人。枢密院札子，奉旨令本省依理施行。上以诸司取吏，非待执政禀旨，乃诏自今须是送朝廷出文字，不得直批圣旨及依奏，余依例。上谕枢密院曰："内臣宫中干事须称圣旨，若一一关申中书、枢密院，则伤繁碎或稽缓不及事，可令本省具久例开析以闻。"其后具到例三十七件，皆一时须索，非出令者，尽得如例施行。6，页5399

【宋神宗熙宁四年（1071）夏四月】广南西路钤辖陈箴言："钦、廉等濒海州蜑户如自造船入海采珠，即从其便，贫者听土人收养，更不科罪，所贵海户无饥穷流徙之人。"从之。15，页5402

【宋神宗熙宁四年（1071）夏四月】诏罢陕西见行交子法。先是，陕西军兴，转运司患钱不足，沈起请限以半岁令民尽纳铜铁钱于官，而易以交子，候三五岁边事既息，复还民钱。宣抚司奏行之。知邠州张靖数言其不便。会李评、张景宪出使延州，因令访利害，评等奏如靖言。景宪谓交子之法可行于蜀，不可行于陕西，将使细民流离失业，无以为生，故罢之。正月庚戌、三月戊子可考。16，页5402

【宋神宗熙宁四年（1071）夏四月】上批：昨简诸路配军为陕西强猛指挥，访闻陕西军州不依元降指挥选补，不给衣粮，而使依厢军例推车作役，致无以自给，尤非便。乃诏强猛为禁军，粮赐视壮勇在其上，令步军司统辖，逐路都总管司差拨。17，页5402

【宋神宗熙宁四年（1071）夏四月】上批：王文谅虽已令陕西转运司劾奏，缘文谅事多欺罔，沮辱边威，启侮戎丑，恐须朝廷推治及许令前后随行出军之人告首所见罪状，庶令缘边将校不敢诞妄以希功赏。乃诏陕西选官鞫于邠州，仍令王广渊勘会，除吴逵案所通事外。更有明白罪状，悉关送制勘院施行。18，页5402

【宋神宗熙宁四年（1071）夏四月】丙寅，环庆路经略使王广渊言："昨庆州兵变，臣以权宜榜谕，应缘坐家属皆特免罪。今准朝旨，具人数、军分、姓名，窃虑别有处置，欲望少假臣阃外之权。"诏："柔远寨作过军士缘坐骨肉，依广渊所奏。其庆州叛军已就戮，同居骨肉配充奴婢，及年二十已上刺配京西者令勘会，内有服纪于法不当缘坐即释之，充军者给公据，已隶军而配湖北者更不改配。"20，页5403—5404

【宋神宗熙宁四年（1071）夏四月】丁卯，侍御史知杂事邓绾言："知亳州富弼责蒙城官吏散常平钱谷，妄追县吏重笞之；又遣人持小札下诸县，令未得依提举司牒施行。本州岛签判、管勾官徐公笃以书谕诸县，使勿奉行诏令。乞尽理根治。"诏送亳州推勘院，其富弼止令案后收坐以闻。绾又言："乞下诸路提举官，凡行移青苗文字，止以贷助粮种、钱谷为名。"不行。朱史以不施行删去，新本谓绾乞改青苗文字，是自知此法为非，复存之，今从新本。21，页5404

【宋神宗熙宁四年（1071）夏四月】庚辰，命王安石提举修编敕，罢虞部郎中阎绶知济州，以都官员外郎、权发遣盐铁副使马默代之，仍令京东转运、提点刑狱具析所见新知济州罗希古庸懦，不可临郡事状以闻。御史知杂事邓绾言"希古初未到官，监司素不识面，而违制擅举绶以代希古，乞推劾"故也。《日录》云：绶与提点刑狱孔宗翰尝为交代，故宗翰自提点改知蕲州，改知蕲州，疑坐此，当考。41，页5411

【宋神宗熙宁四年（1071）夏四月】壬午，诏：闻陕西多劫盗未获，令五路经略安抚司重立购赏，严责官吏早令静尽，及令知太原府吕公弼体量本路提点刑狱以庆州军变尝发诸州义勇守城事以闻。后公弼言已下逐州不得擅发，如已调发，悉令放罢。47，页5412

续资治通鉴长编卷二百二十三　宋神宗熙宁四年（辛亥，1071）

【宋神宗熙宁四年（1071）五月】丁亥，太子中允、集贤校理、直舍人院、编修中书条例、检正五房公事曾布兼详定编敕。四月八日都检正。5，页5417

【宋神宗熙宁四年（1071）五月】庚子，司农寺及开封府界提举常平司奏："有畿内百姓，未知新法之意，见逐乡大户言等第出助役钱多，愿依旧充役。"诏司农寺令诸县晓谕，如有不愿纳钱之人，除从来不当役年月，令依条认本等役，候年月至则赴官充役，更不令纳役钱。又奏："乞差府界提点司官分诣诸县，同造五等簿，升降民户。如敢将四等以下户升于三等，致人披诉，其当职官吏并从违制论，不以赦降原免。"从之。四月二日，免四等户役。又五年八月二十五日，又七年正月十三日。24，页5426

续资治通鉴长编卷二百二十四　宋神宗熙宁四年（辛亥，1071）

【宋神宗熙宁四年（1071）六月】丁巳，诏："河北灾伤州军，已遣官体量赈济。其劫盗罪至死者，并减死刺配广南牢城，候丰熟日如旧。"5，页5440

【宋神宗熙宁四年（1071）六月】详定编修三司令式所删定官周直孺言："在京曲院，自来酒户沽卖不常，难及初额，累经更张，未究利害，推究其原，在于曲数过多，酒数亦因而多，多则价贱，贱则人户折其利。为今之法，宜减其数，增其价，使酒有限而必售，则人无耗折之苦，而官额不亏矣。请以一百八十万斤为足额，遇闰年则添额踏十五万斤。旧价每斤一百六十八文，请增作二百文。省旧法，以八十五为陌，请并纽计省钱，便于出入。旧额二百二十二万斤约计钱三十七万贯，今额一百八十万斤计钱三十六万贯，三年一闰十五万斤计三万贯，又减小麦万余石及人功，并不亏元额钱数；况免赊曲酒户纳小官钱，借赁契书及公私费用不过每斤添支十文，令用曲无余，官物无积；况国初曲价二百文，八十五陌，太平兴国六年始减五十，并具到酒户情愿事件。"从之。十一月乙酉，赏直孺章服。8，页5440—5441

【宋神宗熙宁四年（1071）六月】中书刑房言："刑部详覆官如疏驳得诸处断遣不当，大辟罪每一人与减一年磨勘；如失覆上件公事，每一人即展磨勘一年，累及四人即冲替。"从之。17，页5449

续资治通鉴长编卷二百二十五　宋神宗熙宁四年（辛亥，1071）

【宋神宗熙宁四年（1071）秋七月】兵部郎中、天章阁待制、知秦州韩缜落职，分司西京。初，指使、三班奉职傅勍夜被酒，误随缜入宅，缜令军校以铁裹头杖杖勍脊百余，致死。勍妻持血衣挝登闻鼓上诉，诏劾之。大理寺当缜罪加役流，该德音降徒三年，公罪应追官勒停，故有是责。赐勍家绢百匹。御史知杂邓绾言："缜凶恣专杀，逞其残暴，而监司不觉举，走马不即闻，乞并责之。"于是，走马承受、西头供奉官刘用宾坐匿勍妻诉牒降一官，内臣刘希奭坐不以实奏赎铜十斤。刘挚言王韶为缜声冤，或删取附此。缜十月甲子判铨，林希云云，今附注此。《旧纪》书韩缜杖部吏死，落天章阁待制，分司西京。《新纪》不书。3，页5468—5469

【宋神宗熙宁四年（1071）秋七月】提举司昨以诸县等第不实，故首立品量升降之法，方司农、开封集议之时，盖不知已尝增减旧数，然编敕三年一造簿书，所以升降等第，今之品量增减亦未为过。又况方晓示人户,事有未便,皆与改正,则今之增减亦未施行。言者则以谓品量立等者,盖欲多敛雇钱,升补上等以足配钱之数。至于祥符等县,以上等人户数多减充下等,乃独掩而不言,此臣所未喻也。7,页5471—5472

【宋神宗熙宁四年（1071）秋七月】贾蕃为县令,固当奉行条诏,差役之事有未便于民,法许其自陈,乃不肯受,使趋京师喧哗词诉,其意必有谓也,诚令无所用心,亦可谓不职矣。蕃之不职不法,其状甚众。如团定保甲,昨差官体量,一县之中,所行皆不如当时之法。又有笃疾贫民,应对无礼,既违法使之赎铜,又非理拷掠枷锢其子,四日而死。至于借贷官钱,沽买村酒,残民犯法,谁敢尔者！提点司见其有显过,因往治之,而又库钱数少,酒课额亏,钩考其由,皆得其状,乃编敕所谓因事彰露,或虽已去官,法所当劾者。言者则或以谓二府所选必非不才,或以谓蕃虽有赃私,乞一切不问,此臣尤所未喻也。7,页5473

【宋神宗熙宁四年（1071）秋七月】知开封府刘庠乞罢勾当右厢公事官,不许。初,韩维奏著作佐郎蔡确为勾当右厢公事。及庠代维,以故事责确庭参。确谓藩镇辟召掾属,乃有庭参礼,今辇毂下比肩事主,虽故事不可用。庠不能屈,因奏："京师多豪右,厢官体轻人不畏,或缘而宽纵有罪,且政出多门,非所以肃清浩穰之术。昔赵广汉尝患三辅难治,欲兼之,况厢事之末乎？请罢确等。"确方主王安石,故上意不直庠,寻改确为三班院主簿,庠相继补外。确,晋江人,尝为邠州司理参军,转运使始至,按其赃罪,及见确姿状秀伟,召与语,奇之,更加延誉。韩绛宣抚陕西,确为人造乐语,绛喜其文,又荐于朝。维所以辟确,亦由绛荐也。御史中丞杨绘尝言："臣伏见开封自来大小斗辨公事,只委知府一面断决,如事合勾追或理须证对者,则推判官以下同劾其罪。自置都厢后来,杖六十以下并委断罪,臣细详访之,皆不便也。何者？政出于一,则静而肃,政分而三,则纷而不齐,有罪一般而两厢断放各异者。加之都厢之官,权虽欲重而望犹轻,人不厌伏。又欲抗势于府庭,至有解府胥而欲为都厢胥者,辞府公吏而求为都厢公吏者,又且一面勾追理索,旁午闾里矣。风闻颇有重罪而启幸胥吏只从杖六十已下断放者,都厢官员只据其自通之罪,亦不觉察。昔赵广汉有愿得并治之言,信有之矣。伏乞特赐指挥,应系京城公事,并须送府；其都厢官,止令点检厢中寄禁并到处检验,并诣地头定夺公事或检校财产。"绘言不得其时,按蔡确事则绘言盖不报也。12,页5476—5477

【宋神宗熙宁四年（1071）秋七月】夫陈绎、王益柔皆累任转运使，陈襄历知杂御史、修起居注，资则深矣。勘会曾布熙宁二年九月二十一日自海州怀仁县令转著作佐郎，闰十一月十六日差看详衙司条例；熙宁三年四月五日差编敕删定官，八月二十四日差编修中书条例，九月六日授太子中允、崇政殿说书，九月八日差权同判司农寺，九月十四日授集贤校理，九月二十三日差检正中书户房公事，十月四日差看详编修中书条例；熙宁四年二月五日差直舍人院，二月八日检正中书五房公事，五月三日差详定编敕，七月十三日试知制诰。从选人至知制诰，止一年十个月。旧官太子中允班在尚药奉御之下，新官知制诰班在观察使、待制之上，可谓不次矣。夫贤能不待次而举，王者之善政也。臣窃见曾布之贤能未显著于天下，天下之人止知其缘王安石姻家而进。昔崔祐甫多用亲故而称允当，今亲故则用矣，而允当之论犹未该浃也。以臣愚而观之，曾布专管助役文字，前者以臣所言利害事，加之以邪诐欺罔，一切拒之，斯乃自用自专之人也，安有贤者而好自用哉？安有能者而好自专哉？17，页5480—5481

【宋神宗熙宁四年（1071）秋七月】己亥，看详编修中书条例所状："今先看详到合减省改更事件。如审刑院进呈公事，已得圣旨，若无合覆奏事，令更不入熟状，止进草，降敕下合属去处。诸路转运使副，或差两员者并不带同字，提点刑狱亦如之。应差臣僚权管勾闲慢司局及寺监，欲止降札子。京朝官乞假迁葬，除通判已上差遣仍旧外，其余并依选人申转运司，如无规避即给假讫奏，不须听候朝旨。常参官如因疾患请假两日已上，令御史台直牒内侍省医官院差内臣、医官看验。诸州军差管内僧道正自今勿复以闻，候及七年合赐紫衣、师号，即具保明申奏。其御史台逐季缴连本台五十三处供申职掌人数，进奏院月奏具有无出闭罪人状，并寝罢。"从之。朱本云：上以朝廷所省阅多有司之细故，而大臣不得讲明政事之大者，以为事可归有司者归之，而中书责其当否，则有司尽力而事治，故命条例司讨论，去其繁冗。自是事归有司者浸多，而中书之务清矣。新本并看详条例所状皆削去，恐失事实，依《时政记》所书复存之。19，页5488—5489

【宋神宗熙宁四年（1071）秋七月】辛丑，诏案察之司，采访所部官属罪犯不得出榜召人告论，其犯私罪杖以下离任，无得案发。景祐四年七月十二日，有不得出榜指挥，当考。21，页5489

【宋神宗熙宁四年（1071）秋七月】丁未，天章阁待制孙固提举在京诸司库务，检正中书户房公事章惇与固兼详定编修《三司令式》及《诸司库务岁计条例》。王安石言薛向不乐修令式，上曰："向先进呈明堂赏给，云恐诸军以修令式疑有裁减，所以先进呈，欲宣布令诸军知。"安石曰："此意可见其不乐也。"上曰："向所为亦不免姑息。"29，页5491

续资治通鉴长编卷二百二十六　宋神宗熙宁四年（辛亥，1071）

【宋神宗熙宁四年（1071）八月】甲寅，诏："自今保甲与贼斗死者，给其家钱五十千；有户税者，仍免三年科配。因致废疾者，给钱三十千。折伤者，二十千。被伤者，五千。"以开封府界提点司言，新籍畿县民为保甲有奋不顾身捕盗者，愿优恤之，故有是诏。去年十二月乙丑，初立《保甲法》。又九月二十四日。2，页5500

【宋神宗熙宁四年（1071）八月】乙丑，右谏议大夫、天章阁待制齐恢卒。司马光《日记》云恢温厚长者，而不偏倚。先知审刑，议谋杀人许首事，恢以为不可，守之甚坚，时人称之。9，页5504

【宋神宗熙宁四年（1071）八月】判大名府韩琦言："大河泛溢，全魏居冲，非通判而下所预。臣乞独当重责。"诏："琦所待罪，释之。其河防当职官吏，令河北提点刑狱司劾奏。"11，页5504—5505

【宋神宗熙宁四年（1071）八月】司封员外郎晏成裕勒停，经恩未得叙用。成裕，殊子，行检不饬，尝易朝服，纵游里巷，为御史所言，故黜之。林希《野史》云：晏承裕者，富弼之妻弟也，久流落，失官居京，素无廉隅，尝微服游娼家。会弼方以青苗得罪，邓绾以劾奏承裕游娼家，弼当国时，承裕凭借声势事以悦朝廷。事下府尹绛，即日捕追娼陈氏，收禁搒掠，得三岁前承裕逾违状，坐其初供以姊为母不实，亲杖之于廷，怒伍百不痛，杖释而笞之，备极惨酷，以悦言者。士有避持服，遂不顾其母，且擢在要显。娼以姊为母，于名教何伤，遂当死笞耶？23，页5507

【宋神宗熙宁四年（1071）八月】右侍禁、阁门祗候王文谅贷死，杖脊，刺配沙门岛。文谅既激成庆卒之乱，诏都官员外郎、通判乾州廖子孟鞫之。又得文谅尝以宣抚司檄巡视河外荒堆三泉版筑，西贼奄至，曹偓与战不利，文谅在军恐见害，脱身趣帐中。隰州清边承局王信从而呼曰："舍人勿走！战死，职也。"文谅怒，因信中箭，俯而拔之，遂手剑斫信，闷绝乃去。文谅具伏前后凶狡罪状，遂诛之。坐黜罚者十余人。以信为下班殿侍、三班差使，赐帛五十匹。廖子孟，安州人。赵瞻志墓，余无可录者。26，页5510

【宋神宗熙宁四年（1071）八月】辛卯，大飨明堂，以英宗配。御宣德门大赦天下，本朝尝任中书、枢密院官及节度使、勋臣之家，后嗣无人食禄者，量材录用；无子孙者，录有服弟侄。10，页5512

【宋神宗熙宁四年（1071）八月】太子中允、检正中书刑房公事李承之为太常丞。以驳正法寺大辟四人及刑部失覆大辟一人，特迁之。19，页5513

【宋神宗熙宁四年（1071）八月】乙巳，诏开封府界提点司，畿县保甲，保置旗鼓，以备教阅武艺。去年十二月乙丑，初立《保甲法》。今年八月二日，又此月二十四日。《兵志》第二卷；四年，始诏畿内保甲肄习武事，骞农隙，所隶官期日于要便乡村都试骑步射，并以射中亲疏远近为等。骑射校其用马，有余艺而愿试者，听之。第一等保明以闻，引见于廷，天子亲阅试之，命以官使。第二等免当年春夫一月、马藁四十、役钱二千；本户无可免，或所免不及，听移免他户而受其直。第三等、第四等视此有差。即艺未精愿来阅试者，听。或附甲单丁愿就阅试者，亦听。都副保正武艺虽不及等，而能整齐保户无扰，劝诱丁壮习艺及等，捕盗比他保最多，或盗息比他保最少，所隶官以闻，其恩视第一等焉。都副保正有缺，选大保长充。即以都副保正虽劝诱丁壮习艺，而辄强率妨务，皆禁之。吏因保甲事受财、敛掠，加乞取监临三等，杖、徒、编管、配隶。告者次第赏之。命官犯者除名。时虽使之习武技而未番上也；五年五月十日始议番上。33，页5516

续资治通鉴长编卷二百二十七　宋神宗熙宁四年（辛亥，1071）

【宋神宗熙宁四年（1071）冬十月】枢密副使吴充言："窃见在京及诸路州军断配军民，其中多为寒馁所迫，冒犯刑辟，窜伏他所，或遇冬寒上道，被创露肌肤，得活者十无一二。国家缘情立法，重轻具有常科，苟元犯止于配流，而必置之死地，殆非圣朝好生、钦恤庶狱之意。欲乞自今杂犯配军所坐不至巨蠹者，每遇十一月后断刺讫，且留本处工役，至二月即递送所配州军。其已配未发，遇恩降，并依元断。如愿便之配所者，亦听。首获逃军，当递还本所者，准此。"从之。《旧纪》书诏罪人遇冬流配者，至中春乃遣。《新纪》因之。27，页5533

【宋神宗熙宁四年（1071）冬十月】丁丑，提举诸司库务勾当公事、右赞善大夫吕嘉问权发遣户部判官，编修删定《南郊式》，详定库务利害。28，页5533—5534

【宋神宗熙宁四年（1071）冬十月】庚辰，诏："自今吏民犯杖以下，情可矜者，听赎钱以充助役。不当赎而赎者，监司纠正之。"31，页5534

续资治通鉴长编卷二百二十八　宋神宗熙宁四年（辛亥，1071）

【宋神宗熙宁四年（1071）十一月】诏：应朝廷擢用才能、赏功罚罪，事可惩劝者，中书、枢密院各专令检正、检详官一员月以事状送进奏院，遍下诸路。《旧纪》书诏以赏功罚罪事可惩劝者，颁告天下，《新纪》因之。2，页5539

【宋神宗熙宁四年（1071）十一月】枢密院言："在京兵不足，岁常取于诸路。诸路兵失其土性，远行趋役，疾患者多。而江淮兵士尤不可赖，及放冻归，道毙相属。至于起发增给口食，费亦不少。今略计三年，用外军岁不过七千人，而东西八作司壮役指挥最为得力，又廪给稍优。欲于在京及开封府界、京东西、河北招少壮军士及召募厢军本城、牢城愿投换者，并配缺额壮役指挥。仍令在京诸司配杂犯罪人情理不至深重者，以次填杂役指挥。"从之，仍令权判将作监范子奇专提举招换。《兵志》所载与《实录》同，但稍略耳。8，页5541

【宋神宗熙宁四年（1071）十一月】乙酉，赐太子中允、权发遣夔州路转运判官周直孺绯章服。三司言直孺尝议更在京酒户买曲法也。更定《买曲法》，在六月四日丁巳。12，页5542

【宋神宗熙宁四年（1071）十一月】诏职田占佃户过数及影庇差役，

并科违制之罪。18，页5543

【宋神宗熙宁四年（1071）十一月】庚寅，枢密院检详吏房文字刘奉世言："检会旧条，进奏院每五日令进奏官一名于阁门钞札报状，申枢密院呈定，依本写录，供报逐处。缘四方切欲闻朝廷除改及新行诏令，而进奏官亦仰给本州，不免冒法，以致矫为家书发放，监官无由禁止，日虞罪戾。而枢密院所定报状递到外州，往往更不开省，徒为烦费。欲乞自今罢枢密院五日定本报状，许诸道进奏官且依例供发。应朝廷已差除指挥事及中外常程申奏事，并许节写，通封眷报。其实封文字及事涉边机，并臣僚章疏等，不得传录漏泄。犯者，其事虽实，亦从违制科罪，赦降不原。若增加虚妄，仍编管。如敢承虚撰造，致传报者，并行严断。事理重者，以违制论。"从之。21，页5543—5544

【宋神宗熙宁四年（1071）十二月】邓绾言："编敕删定将毕。诸路一州一县敕自庆历中删修，行用已久，请加讨论，接续删定。又请陕西、河东缘边城寨稍大者，置主簿一员。"并从之。13，页5554

续资治通鉴长编卷二百二十九　宋神宗熙宁五年（壬子，1072）

【宋神宗熙宁五年（1072）春正月】侍御史知杂事邓绾言："内侍押班李若愚以劳绩求官其子，违祖宗旧制，且内臣侥求乱法，不可长。"从之。若愚寻言于枢密院，乞解押班。文彦博云："若愚恐有人欲倾夺其位者，故求罢。"王安石白上："前密院与若愚子转官，臣不见条贯，不许，故进呈札与密院。密院若已删去此条，即合札与中书云：'本院已删去此条。'即中书亦不管密院所删当否，更但须理会，却云：'特依皇城司条贯，所有不许回授恩泽条贯令今后遵守施行。'若愚既非勾当皇城司，如何用皇城司条贯？既是已删条贯，如何却令今后遵守施行？缘事有违法，非但臣所不敢遵行，虽检正官亦皆以为不允。臣苟不言，是违法，阿近习，义所不能为，非于若愚有利害与夺，不知若愚辞差遣何意？"上曰："若愚言，为废前省奏人，故乞罢。"安石曰："前省不奏人，干若愚何事？闻密院说恐有倾夺其位者。"上曰："若愚为与程昉不相得。"安石曰："此非臣所知也。"9，页5569—5570

422　《续资治通鉴长编》所见法律史料辑录

【宋神宗熙宁五年（1072）春正月】上欲得诋毁军士主名，枢密院谓责殿前、马、步三帅，安石请委皇城司。上曰："不如付之开封府。"乃令安石召元绛至安石第谕意。不知究竟如何，当考。林希《野史》云：初，司马光贻书王安石，阙下争传之。安石患之，凡传其书者，往往阴中以祸。民间又伪为光一书，诋安石尤甚，而其辞鄙俚。上闻之，谓左右曰："此决非光所为。"安石盛怒曰："此由光好传私书以买名，故致流俗亦效之，使新法沮格，异论纷然，皆光倡之。"即付狱穷治其所从得者，乃皇城使沈惟恭客孙杞所为。惟恭居常告杞时事，又语常涉乘舆，戏令杞为此书以资笑谑。狱具，法官坐惟恭等指斥乘舆流海岛，杞弃市，以深禁民间私议己者。其后，探伺者分布都下。又明年，曾孝宽以修起居注侍上，因言民间往往有怨语，不可不禁。安石乃使皇城司遣人密伺于道，有语言戏笑及时事者，皆付之狱。上度其本非邪谋，多宽释之。保甲民有为匿名书揭于木杪，言今不聊生，当速求自全之计，期诉于朝。安石大怒，乃出钱五百千，以捕为书者。既而村民有偶语者曰："农事方兴，而驱我阅武，非斩王相公辈不能休息。"逻者得之付狱，安石以为匿名书者必此人也，使锻链成狱。民不胜榜掠，而终不服。法官以诟骂大臣，坐徒三年。上笑曰："村民无知。"止令臀杖十七而已。开封推官叶温叟在府不及一荐，凡治窃议时事及诟骂安石者三十余狱。林希所云，须细考之。七月己亥，闰七月癸酉，皆有匿名事，当并考。又四年三月己酉，孝宽乞立赏捕扇惑保甲人，与此相关。31，页5580—5581

【宋神宗熙宁五年（1072）春正月】是月，命皇城司卒七千余人巡察京城，谤议时政者收罪之。此据司马光《日记》系五年正月末事，今附见此，更详考之。十月戊辰，冯京云云，盖指此也。38，页5583

续资治通鉴长编卷二百三十　宋神宗熙宁五年（壬子，1072）

【宋神宗熙宁五年（1072）】二月辛亥朔，御史知杂事邓绾言："近朝廷以大宗正丞李德刍罪恶彰明，差王陟臣背公向私，掩覆其事，乞别命官根治。"诏送御史台劾问。绾又言："元因本台官弹奏，显属妨碍。"乃差权判刑部沈衡置司推鞫。其后狱成，法寺当德刍赃罪笞。诏赎铜四斤，冲替。王安石为上言："德刍于职事殊不苟，但好陵人，故宗室怨之。"上曰："德刍兄弟皆骄，好陵人，亦其天性也。"1，页5585

【宋神宗熙宁五年（1072）二月】江南西路转运副使、职方郎中徐亿夺一官，吉、筠、袁三州官吏论罪有差，坐违朝旨以税米折见钱故也。4，页5586

【宋神宗熙宁五年（1072）二月】甲寅，中书言："伏见太皇太后与亲妹侄之子恩泽，枢密院奉圣旨，以碍条令本殿使臣别具合与人姓名。检会中书元奏请条，太皇太后大功、小功、缌麻女夫各有恩例，仍云'其余该说不尽，比类推恩'。臣等看详，若以夫妻母子论之，则夫妻母子之属同而母子又无绝道；若以姑姊妹侄之与姑姊妹侄之子论之，则子或有服而夫皆无服，是姑姊妹侄之子其亲有过于姑姊妹侄之夫而无不及也。况以大、小功女之子比类缌麻女之夫，其合推恩，事尤明白。窃惟两宫恩泽，陛下所宜审处，而元立条出于中书，以此须合保明申乞以臣等所奏付枢密院详议。"从之。八月十一日可考。13，页5588—5589

【宋神宗熙宁五年（1072）二月】大宗正司上编修条例六卷。先是，嘉祐六年正月，诏魏王宫教授李田编次本司先降宣敕，成六卷，以田辄删改元旨，仍改命大宗正丞张稚圭李德刍、馆阁校勘朱初平陈侗林希同编修，至是上之。① 15，页5589

【宋神宗熙宁五年（1072）二月】乙卯，度支副使沈起同看详编配罪人情理轻重。权同提点开封府界诸县镇公事赵子几言："考城知县郑民瞻擅置义仓，令诸乡保甲数千户等第出斛斗，意在沽誉赈给，始则头会箕敛，终则责以备偿，本末皆为烦扰，非百姓所心欲。"诏郑民瞻先冲替。上谓王安石曰："举官多苟且不用心，宜严立法制。"安石曰："举官法制，今已略备，不知更欲如何？"上又曰："如举监场务官，增剩则举者当预其赏，亏欠则当预其罚。"安石曰："场务增亏，或不系监官才否，若以赏罚举主，恐不免僭滥也。"上又言三司判官当督察，安石曰："三司判官才否亦可见，不待督察。如吕嘉问最为称职，余亦多备员而已。"上令更考察，安石曰："中书于诸司非不考察，陛下既详阅吏文，臣亦性于簿书期会事不欲卤莽。然天下事须自陛下倡率，若陛下于忠邪情伪勤怠之际，每示含容，但令如臣者督察，缘臣道不可过君，过君则于理分有害。且刑名法制非治之本，是为吏事，非主道也。国有六职，坐而论道谓之三公。所谓主道者，非吏事而已。盖精神之运，心术之化，使人自然迁善远罪者，主道也。今于群臣忠邪情伪勤怠，未能明示好恶使知所劝惧，而每事专仰法制，固有所不及也。今日朝廷所谓，臣愚以为可以仅存而已。若欲调一天下，兼制夷狄，臣愚以为非明于帝王大略，使为欺者不敢

---

① 此次修的是《大宗正司敕令格式》，又称为《大宗正司条例》。

放肆，为忠者无所顾忌，风俗丕变，人有自竭之志，则区区法制未足恃以收功。陛下于群臣非有适莫，用赏刑非有私意于其间，所以缓急先后之施或未足以变移群臣心志者，臣愚以谓当更讲论帝王之道术而已；若不务此而但欲多立法制以驭群臣，臣恐不济事。"17，页5590—5591

【宋神宗熙宁五年（1072）二月】丙辰，三司言："福建茶，乞在京、京东、京西、淮南、陕西、河东、河北依旧禁榷外，其余路并通商贩。"从之。此以元祐元年二月二日盐法增入，元祐元年二月二日可考。18，页5591

【宋神宗熙宁五年（1072）二月】丁卯，光禄寺丞杜纯为枢密院宣敕库检用条例官。先是，诏可专差官一员检用条例，其逐房所呈判检文字，并先送宣敕库贴写条例呈覆，故用纯为之。四月丙子，纯罢。33，页5602

【宋神宗熙宁五年（1072）二月】戊辰，检正中书吏房公事、殿中丞卢秉权发遣两浙提点刑狱，仍专提举盐事。秉前与著作佐郎曾点行淮南、两浙，询究利害。异时灶户煎盐，与官为市，盐场不时偿其直，灶户益困。秉先请储发运司钱及杂钱百万缗以待卖盐者。而盐场皆定盐灶火灰盘数，以绝私煎之弊，自三灶至十灶为一甲，而煎盐地什伍其民，以相讥察；及募酒坊户愿占课额，取盐于官卖之，月以钱输官，毋得越所沾地；而又严捕盗贩者，此据《食货志》增入。凡私煎、盗贩及私置煎器罪不至配者，虽杖罪皆同妻子迁五百里，擅还者编隶。此据《刑法志》增入。本志云：四年，遣大理寺丞卢秉、著作佐郎曾点行淮南、两浙云云，至益兵千人，皆联书之。按：益兵千人，在六年十月十八日，非四年事，今但掇取措置盐事附秉初除宪时。《秉本传》云：奉使淮、浙措置盐法，秉又与发运使薛向钩索利病，预备本钱，优给煮海之民，俾无私贩，遂著为令。方勺《泊宅编》云：元丰初，卢秉提点两浙刑狱，会朝廷议盐法，秉请自钱塘县杨村场上接睦、歙等州与越州钱清场等，水势稍淡，以六分为额；杨村下接仁和县汤村，为七分；盐官场为八分；并海而东，为越州余姚县石堰场、明州慈溪县鸣鹤场，皆九分；至岱山、昌国，又东南为温州双穗、南天富、北天富场十分；著为定数。盖自岱山及二天富皆取海水炼盐，所谓熬波者也。自鸣鹤西南及汤村则刮灶以淋卤，以分计之，十得六七而已。盐官、汤村用铁盘，故盐色青白，而盐官盐色或失墨，由土塊丽灰故也。杨村及钱清场织竹为盘，涂以石灰，故色少黄，竹势不及铁，则黄色为嫩，青白为上，色墨即多卤，或有泥石，不宜久停。石堰以东，虽用竹盘，而盐色尤白，以近海水咸故耳。后来法虽少变，公私所便，大抵不易卢法。且水性润下为咸，其势不少折，则终不可成盐。安邑池盐以浊河曲折故，因终南山南风以成。若明、越、温、杭、秀、泰、沧等州，为海水隈奥曲折，故可成盐，其数亦不等，惟隈奥多处则盐多，故二浙产盐尤盛他路。自温州界东南止闽、广，盐升五钱，比浙贱数倍，盖以东南最逼海，润下之势既如此，故可以为盐，不必曲折也。秉七年五月十九日改淮东宪，六月十五日转官升任，八年五月二十六日又转官

升任。36，页5602—5603

续资治通鉴长编卷二百三十一　宋神宗熙宁五年（壬子，1072）

【宋神宗熙宁五年（1072）三月】命太常寺少卿、同纠察在京刑狱祝咨直院劾李定、陈大顺等所言张诜事。始，定实与沈迈同闻大顺言，对枢密院辄讳匿之。张琥既坐责，章惇雅善琥，欲明琥非妄奏，乃教定引迈为证，且谓迈必不敢讳匿。迈与定俱赴御史狱，皆以误听为辞，谓大顺初无此言。及案上，定当坐罪报不以实，王安石不悦，指其案不圆处乞别推。吴充曰："狱官姑欲从宽耳。"安石曰："今务得实，安可从宽？"上曰："本疑造此者欲倾害张诜，今既无此，姑已可也。"安石曰："若奏报果不以实，岂容但已？"乃下其案法寺，法寺亦疏其不圆，命沈衡并鞫之，衡辞以亲嫌，故改命咨。二月癸丑，琥责；四月丙寅，罚铜。8，页5611

【宋神宗熙宁五年（1072）三月】诏司农寺，开封府免役剩钱令诸县依常平法给散收息，添赐吏人食钱，诸路候行役法仿此，仍详具条约以闻。17，页5614

【宋神宗熙宁五年（1072）三月】中书言："礼房修换官法。自今秘书监换防御使。大卿、监换团练使。秘书少监，太常、光禄少卿换刺史。卫尉以下少卿、监换皇城使、遥郡刺史。前行郎中换宫苑使，中行郎中换内藏库使，后行郎中换庄宅使，并带遥郡刺史。前行员外郎换洛苑使，中行员外郎换西作坊使，后行员外郎换供备库使。已上如正郎带职，即换阁门使，仍带遥郡刺史，员外郎带职即换遥郡刺史。太常博士换内藏库副使，国子博士换左藏库副使。已上如带职换阁门副使。太常丞换庄宅副使。秘书丞换六宅副使。殿中丞、著作郎换文思副使。太子中允换礼宾副使。赞善大夫、太子中舍换供备库副使。秘书郎、著作佐郎换内殿承制。大理寺丞换内殿崇班。诸寺监丞，节、察判官，并换东头供奉官。大理评事，支使，掌书记，并换西头供奉官。太祝、奉礼并换左侍禁。正字，秘校，监、簿，两使职官，防、团判官，令、录，并换右侍禁。初等职官，知令、录，并换左班殿直。初等职官，知令、录未及三考，换右班殿直。判、司、主簿、尉成三考已上换三班奉职，未及三考并试衔斋郎各换三班借职。内如带职，各升一资。起居郎、起居舍人、左右司谏、正言、侍御史、殿中侍御史、监察御史已上，各比类官序，依带职人例。如籍人材或曾有过犯，并临时取旨，特与升降官资。其右职换文资并依此。内奉职已下并换堂除主簿、尉。三班差使、殿侍换郊社斋郎。"从之。20，页5616—5617

【宋神宗熙宁五年（1072）三月】枢密院奏："详定编敕所言近降朝旨，三宫亲属恩泽：本服大功以上亲，与右侍禁、奉礼郎；小功，左班殿直、初等职官；缌麻，右班殿直、试秘书丞、校书郎。异姓依此。有服女之夫若子，子谓所生，本服大功以上女，与右班殿直；小功女，奉职；缌麻女，借职。其内该说不尽者，比类推恩，令众官参详。旧条立法之意，盖谓内外亲属难以遍举，故条所不该者听以服属亲疏较量，比类推恩。文虽不备，而意之所包者广，则遵行之际无所疑碍。元条文意已备，难别生文。今若增'若子'及'子谓所生'六字，既包举未尽，不免又存比类推恩之语，不惟无益，而又于理有害。盖言'若子'者，但比类之中一事耳，而又言'子谓所生'，则子有虽非所生而有服者，如亲姑姊妹、夫之前妻之子，虽非所生而亲母不死于室，或其夫之庶子，皆三宫有服之亲，异姓有服之亲，虽许奏荐，然既非所生之子，即有碍'子谓所生'之文。又如亲侄女、夫之前妻之子若庶子，虽非所生而于母党亦有服者，既非异姓有服之亲，又非周亲女所生女之子，若用前所增之文则是不可推恩也，如依旧条比类，则周亲女有服之子岂不重于缌麻女之子？大功女之孙岂不重于缌麻之夫？以此较之，宜止云比类推恩，可删去'若子'及'子谓所生'字，仍用旧文。臣等窃谓，凡须比类者，皆理有所难尽，言有所难该。至于亲疏之杀所推恩则不然，既断之以五服，则缘五服而推恩者，于人情盖宜有止。若存比类之科，展转无已。三宫旧推恩止及五服女之夫，既比类及其子矣，则又引期女之孙当隆于缌麻女之子；既及孙矣，则凡称孙者曾、玄同；既及期女之曾、玄孙，则大功女之孙不应疏于期女之玄孙。又反复皆当比类，此岂非展转无已者欤？所以昨定宗室推恩条，其所及者更宜博远，亦无比类之文。盖圣人制礼，以义断恩，而皇家、后族，宜有隆杀。且推恩其子，盖言其缘后族所自出，若非其所自生或夫之前妻子，则其情已疏。其有服者自从异姓有服条，盖不相碍，如欲详说，则宜云虽非所生而于太皇太后、皇太后、皇后有服纪者，从异姓推恩，则尽之矣。所以自来宗室女所生子，推恩与庶子不同。若依编敕所定夺，则后族隆于皇家，恐非朝廷为法示万世，别嫌防微正名分之意。"

先是，上以宗室或减入官恩例，令定后族推恩条，勿令过宗室，于是中书立三宫缌麻以上亲女夫，遇三宫生日及圣节等第与推恩，该说不尽，比类施行。既而太皇太后大功女之子令与官，密院以为于中书条所不该得。王安石谓吴充曰："于条令比类缌麻女夫推恩，何以为不该也？"及吴充再进呈，复不与，于是中书论奏申明，而密院乃更立法：缌麻以上女夫若子，子谓所生。安石曰："若缌麻女子，即可言'子谓所生'，以其非所生，即其恩不过于夫，不可比类夫故也。若小功以上女之子，虽非所生，若比缌麻女之夫，即其恩有过而无不及。如周亲女之子，虽非所生，乃有与太皇太后有服纪者，岂可不及缌麻女夫反得推恩耶？"文彦博、吴充皆以为展转推恩无已，恐过于皇亲。安石曰："皇亲女至袒免犹与夫官，今两宫止于缌麻即已降一等，有重于缌麻女夫者乃当推恩，则不至展转无已。"上曰："'若子'、'子谓所生'，止是比类中一事耳。"又曰："夫虽服重，孙虽服轻，以缌麻女夫对周亲女孙，周亲女孙未为轻于缌麻女夫也。譬如考试举人，第一等下须胜第四等上也。"

初，冯京与中书同奏议申明，至是乃附密院而争以为中书所论非是，密院固争必欲留"夫若子"、"子谓所生"之文，又存比类推恩指挥，安石请送编敕所详定。至是，详定如安石所言，而密院论奏犹以为不然，乞下两制礼官、经筵定议。已而中书详着周亲至缌麻令比类服属，与密院详议，皆以为可，乃进呈。至上前，密院又争言缌麻女所生子乃推恩，缌麻男之子反无例推恩非是，安石曰："缌麻女所以推恩其子，以其女故也，女不可以与其官，故官其子，此正与缌麻男女为对。若夫得与官，所生子反不得官，即所生不轻于夫，于轻重亦未为允也。"上曰："宗室推恩至何服纪？"安石曰："宗室至袒免女。"充曰："袒免女之子即不推恩矣。"安石曰："宗室至袒免女，后族至缌麻女，乃是降一等。然宗室不拘人数，夫并与官，后族须因圣节、生日方推恩。今若宗室袒免女之子并与官，即人数无限，不可施行，而比后族圣节、生日推恩事体不类矣。"上曰："从来无节限，但太后所欲与即与之。今立法止为不可过宗室，已是降一等，其比类推恩又须取太后旨方与，于事体止宜如此也。"上又曰："纵比类推恩亦止如此。"充曰："降一等，若无等可降如何？"安石曰："从来无等可降即不降，条例非一也。"上曰："太皇太后、皇太后已有定数，自与宗室不同，不须限服属如何。"安石曰："欲云别奉太皇太后特旨，即不用此条。"上疑特旨，安石曰："如向者太后用此恩例与本殿使臣转官，即是特旨，言特旨则所该者备矣。"从之。旧本：欲送重详定，上曰："两宫奏荐，骞有定数，如何以服纪？恐太皇太后心有不足。"王安石等曰："请以后如有特旨，即不用此条。"今从朱本，朱本虽据《日录》，辞有抑扬，然却可见此段曲折也。八月十二日丁亥，修成条贯。23，页5618—5621

【宋神宗熙宁五年（1072）三月】丙午，诏曰："天下商旅物货至京，多为兼并之家所困，往往折阅失业。至于行铺、裨贩，亦为取利，致多穷窘。宜出内藏库钱帛，选官于京师置市易务，其条约委三司本司详定以闻。"26，页5622

续资治通鉴长编卷二百三十二　宋神宗熙宁五年（壬子，1072）

【宋神宗熙宁五年（1072）夏四月】诏著作佐郎、新陕西转运勾当公事陈大顺罚铜六斤，冲替，坐被鞫报上不实遇降故也。祝咨再劾大顺等，具得其语言曲折。李定亦坐报上不实罚铜五斤，放罪。王安石力为定辨，数谓定初对枢密院时，固云证佐具在，而枢密诬之，定不当坐，乃诏免定罚。又诏御史台前勘官姚原古治狱卤莽，虽去官，下淮南转运司劾罪以闻。原古又见十月癸未。20，页5632—5633

【宋神宗熙宁五年（1072）夏四月】秘书丞、秘阁校理章惇押伴西人，不赴驿宿，特罚铜八斤，放罪。此据《密记》。24，页5633

【宋神宗熙宁五年（1072）夏四月】壬申，诏："班行换选人，并依奏补出官人试法。选人换班行，须年四十以下，亲书家状，马射六斗，步射八斗，弩张二石五斗，各十箭中两箭已上，除流外。进纳人及曾犯赃罪并私罪重不许换外，余并听之。"31，页5638

【宋神宗熙宁五年（1072）夏四月】罢枢密院检用官杜纯归编敕所。先是，诸房条例即检详官检用，及都承旨李评建议，始别置检用官专主之，而每用例则亦取之诸房，徒使移报往复，益为迂滞，故罢之。三月十七日，纯初除枢密院检用条例官。《御集》：五年五月六日，又差审官西院主薄胡宗师权检用官。当考详。40，页5640

【宋神宗熙宁五年（1072）夏四月】先是，三司起请市易十三条，其一云"兼并之家，较固取利，有害新法，令市易务觉察申三司，按置以法"。御批："减去此条，余悉可之。"御史刘孝孙言："于此见陛下宽仁爱民之至。"因言宜约束市易务。王安石曰："孝孙称颂此事，以为圣政。臣愚窃谓此乃是圣政之缺。天付陛下九州岛四海，固将使陛下抑豪强、伸贫弱，使贫富均受其利，非当有所畏忌不敢也。较固法，是有律已来行用，今但申明所以为均，均无贫，盖孔子之言，于圣政有何害？陛下不欲行此，此兼并有以窥见陛下于权制豪强有所不敢，故内连近习，外惑言事官，使之腾口也。"上笑曰："已有律，自可施行，故不须立条。"安石曰："虽有律未尝行，又未尝委官司振举，须先申明，使兼并知所避。"上曰："若但设法倾之，即兼并自不能为害。"安石曰："若不敢明立法令，但设法相倾，即是纸铺孙家所为。孙乃百姓，制百姓不得，止当如此，岂有天下主亦为孙家所为也？"上又言："新法行，故油贵。"安石曰："以理论之，必无此。当是市人未喻耳。"安石退，取市估及油店户私簿阅视。明日，亟白上曰："油未尝增价也。"又言："茶笼行人状称新法便民。牙人有诱人经三司陈诉尝试官司如何者，不可不斥逐。茶笼行人乃晓此，朝廷岂不可喻此事？"陈瓘论曰：吕嘉问请于律外别立市易较固一条，神考圣训以为已有律，不须立条。其时刘孝孙称颂圣训，曰："此仁厚爱民之意也。"安石奏曰："孝孙之言非也，此事正是圣政之缺也。陛下不欲行此，此兼并所以窥陛下于权制豪强有所不敢，故内连近习，外惑言事官，使之腾口也。"臣窃谓神考不欲于律外立较固之条，可谓仁厚爱民之意，刘孝孙将顺圣美不为过也。《日录》之内，但为显扬嘉问，故以立御批为是，不以孝孙为然。于是，造神考之言曰："若设法倾之，则兼并不能为害。"又撰对上之词曰："若不能明立法令，但设法相倾，即是纸铺孙家所为。纸铺孙家为是百姓，制百姓不得，故止如此，岂有为天下主乃止如纸铺孙家所为？何以谓之人主！"呜呼，设法相倾之语，谓之不诬可乎？纸铺孙家之语，谓之不诋可乎？神考爱民守法而指为缺政，力主嘉问，遂至于侮薄君父，不亦悖乎？43，页5640—5642

续资治通鉴长编卷二百三十三　宋神宗熙宁五年（壬子，1072）

【宋神宗熙宁五年（1072）五月】又诏增中书审官东、西、三班院，吏部流内铨、南曹，开封府吏禄，其受赇者以仓法论。上曰："中书吏俸已厚，恐堂后官已不受赇矣。"王安石曰："中书下等吏人亦多是近上吏人子弟，恐未免受赇也。今欲清诸司，即宜自中书始。今所添钱，除用坊场税钱外，合支三司钱二万六千缗，然坊场钱方增未已，亦恐所支不尽三司此数。若行此法，即自中书至诸司皆不受赇，亦足观示四方圣政之美也。前人称孔子为政，亦以宾至不求有司为善。"上曰："然。"朱史移此段附三年八月癸未，盖失先后之序，今移。《日录》仍见本日。12，页5648

【宋神宗熙宁五年（1072）五月】纠察在京刑狱祝咨言："百姓犯罪，御史台差文臣就本司同录问取伏状方奏断，盖钦重刑狱，以防出入之弊。其殿前、马、步军司军人犯死罪，乃止牒审官西院，差大使臣录问，缘大使臣少通法意，乞依开封府例，牒御史台差官就逐司录问。"又言："三司检法官及开封府法曹、功曹参军遇有缺，乞于新试中法官人内差填。"并从之。30，页5657

【宋神宗熙宁五年（1072）五月】东上阁门使、枢密都承旨李评喜论事，往往施行。然天资刻薄，在阁门及枢密院招权不忌，多布尔目，采听外事自效以为忠，侥幸大用，中外侧目。又尝极言助役法以为不可，王安石尤恶之。极言助役不可，此据四年六月二十三日《日录》，今附此，不别出。初，紫宸上寿，旧仪但言枢密、宣徽、三司副使不坐，而故事亲王、皇亲并坐，惟集英大宴乃有亲王、驸马都尉不坐之仪。时评定新仪，初无改易，而遽劾阁门吏不当令亲王、皇亲、驸马于紫宸预坐，以为不遵新制，贾祐、马仲良皆坐免官。王安石具奏评所定自不明，而辄妄加他人以非罪。上亦言仪制错乱不可用，诏评论列不当，与阁门官吏俱放罪。已而评诉上前，自谓所论列非不当，上批付中书，令再进呈放罪指挥。安石执奏："阁门官吏无罪，评所论列诚不当，贾祐、马仲良差遣不应罢。又王昭序与祐、仲良俱被劾，及罢祐、仲良，乃遣昭序代两人者，陛下未尝作好恶，岂可令评作好恶？凡作威作福，固陛下之任，然臣职任辅导陛下以义，如此与夺，不可谓义。一人横行于天下，武王以为耻，近在殿陛左右，使横被摧迫，有内怀不平之人，何以为天下主作民父母？陛下若自作好恶，虽有过当。尚令人畏；陛下若令他人作好恶，即恐威福为人所窃。臣岂与评争校枉直，但义当如此。"上终以评所定仪制于旧仪制固未尝增损，非新仪制不明。阁门吏既见相传坐图与仪制坐图差互不同，自合申请，乃一面用相传坐图贴定，评劾之不为不当。诏阁门吏特放罪。安石又执前奏，上曰："若新仪制果不明，亦非独评罪。"安石曰："中书但言新仪制不明，固未尝专罪李评。所定仪制既如此不明，乃妄劾阁门官吏，此则评之罪也。"上曰："评固有罪，然亦未可姑罪评也。"此段据《御集》并《日录》删修。上批付中书："昨为李评论列阁门误用同天节上寿仪不当，特与放罪。今召问评（子）[仔]细，评所论列乃无不当，可再进呈取旨"。中书奏："已奉旨新定上寿仪制不明，阁门官吏并不陈请，特放罪"。又批："新定上寿仪制与旧仪制元不曾更改，即非新定仪制不明，所有阁门官吏不合既见相坐图与仪制坐图差互不同，不申明取旨，便一面用相传坐图贴定，特与放罪，速改正行下"。又批付枢密院："评以改易文字令取诫励，适延和奏事，因问得（子）[仔]细，乃人吏不曾明言已经枢密院副使更定，辄用己意改易数十字，然评自谓实有卤莽之罪，察其用心，盖亦无他，止缘于职事不敢苟且，在理固宜矜假，可特与免罪"。林希载评事尤详。今附注评出知保州时。希云评误排军员坐，必希所闻不审也。评出知保州在七月戊戌。33，页5658—5659

【宋神宗熙宁五年（1072）五月】辛丑，命崇文院校书王安礼专一编修《三路义勇条贯》。此据《御集》。五月七日丙戌，六月七日乙卯，七月十三日庚寅，十九日丙申，闰七月十四日辛酉，十五日壬戌。45，页5664

【宋神宗熙宁五年（1072）五月】大理寺言："旧制详断官八员，欲增二员，选新试刑法改官人，仍二人连书。"从之。47，页5665

【宋神宗熙宁五年（1072）五月】发运司奏杭、越、湖三州不肯行新法捕盐，课利更亏，乞根勘。上从之。王安石曰："议者皆谓捕盐即陷刑者众，今淮南捕盐急，遂无陷刑者，如杭、越、湖不依新法捕盐，即犯禁者不绝。"上曰："王者之法如江河，使人易避难犯。如仓法行，去年止断纲稍二百人，比以前已减五百人矣；且米又尽不杂，军人不须行赇，此实良法也。"安石曰："今新法关防犹未尽，故虽无夹杂，尚有少欠。若他日关防不令少欠，即此所断人数，尚可更减也。"安石又曰："仓人尤无赖，所以不免时有犯法，然随辄被告。至于铨、审等处，即更无复敢受赇。"上曰："不知开封何如，恐未能遽绝耳。"安石曰："闻开封府吏自言向时遇事，且思如何可以取钱，又思如何可以欺罔官员，实无心推究人枉直。自今诚恐有暇及此。然经久天下吏禄恐须当尽增，令优足。"上曰："如此岂不善，但患缺钱耳。"安石曰："此极多不过费百万缗，然吏禄足则政事举，政事举则所收放散之利亦必不少，且今人吏衣食固亦出于齐民，但不令以法赋之而已。昨虽十万余缗，然九万缗出于酒坊税钱，若将来诸路收酒坊税钱，必然可足吏禄有余也。"见五年五月二十六日。上又曰："吏受赇亦不免出于官钱耳。"安石曰："如纲运于库务行钱，复以酒坊偿之是也。今公赋禄与之，即不为余人侵牟，而又不至枉法害事以取赂矣。"安石论仓法，因捕盐及之，朱史乃附见三年八月二十七日癸未，于断纲稍事尤失次，今仍见本日。52，页5666—5667

续资治通鉴长编卷二百三十四　宋神宗熙宁五年（壬子，1072）

【宋神宗熙宁五年（1072）六月】丙辰，诏诸路以新法募役，民不愿而辄抑勒者，官吏并以违制论，虽去官遇赦不原。12，页5675

【宋神宗熙宁五年（1072）六月】诏内殿承制苏浚永不与亲民差遣，以浚先任戎、泸、资、荣、富顺监同巡检使，私役战卒故也。上以主兵官例多私役，而法制不严，不足以惩艾，故重责之，仍令自今私役教阅兵，犯徒以上者依此。19，页5679

【宋神宗熙宁五年（1072）六月】初，枢密院修武举条令，不能答策者止答兵书墨义。王安石曰："今三路武艺入等、义勇第三等以上，皆已有旨录用。陛下又欲推府界保甲法于三路，即须每岁解发合试人赴阙录用，如此则录用武力之人已多，又广开武举一路，恐入官太冗。兼近方以学究但知诵书，反更愚鲁不晓事，废之；今又置武举墨义一科，其所习墨义又少于学究，所取武艺又不难及，则向时为学究者乃更应武举，若收得如此人作武官，亦何补于事？先王收国之勇力之士皆令属于车右者，盖亦不使此辈委弃于民伍，且以备御侮之用也。既所取在于勇力御侮而已，则令诵书答墨义复何为也？"上曰："朕亦语密院以墨义不可用。"至是，再进呈武举条制，乃悉从中书所定。闰七月五日当并此。安石因言："四方有逸材之人，朝廷当留意收拾。"上曰："止军校中甚有部辖胜总管、钤辖者，此辈止是官大耳，亦何尝有智？"安石曰："臣在外州军，见每处军校必有三两人得力者，今一切以阶级迁转，更无分别。宜如选人，于军校中荐举有才略者，则不惟拔出可使之材，亦足劝将校竞修职业也。"上曰："如此诚好。止是今将帅兵官不过取有利口及能为干私事者荐之，此所以难行也。"上谓王安石曰："早欲了西事，别措置边事。"安石曰："西事了与未了，何妨措置边事？自古人君兴造功业，皆以有事之时，惟有事乃可兴功造业。昨者西事自是陛下失在不详虑熟计也，若陛下详虑熟计，即无可悔之事，仍有因事措置之功。"陈瓘论曰：臣伏见熙宁四年三月十七日，内降德音曰："朕德不明，听任失当，外勤师旅，内耗黎元。秦、晋之郊，重罹困扰，使人至此，咎在朕躬。其推恻隐之恩，以昭悔过之义。"臣每读此诏，未尝不流涕也。韩绛边事，罪在安石，神考推恩悔过，未尝责安石也。安石着书欲掩前罪，乃铺陈诬伪之语于韩绛败事之前，然后于韩绛败事之后归过神考，其所铺陈，凡有四语，其一曰臣非怯而惮事，以谓陛下且当柔远而修中国之政；其二曰岂宜不以生事为忧；其三曰今灾异众，关中旱，正是欲静边鄙之时；其四曰关中骚然，岂宜更有可悔之事。夫造作边事，本由安石所为，何尝畏灾异而忧生事哉！四语诬伪可谓甚矣。《日录》载韩绛之言曰："王安石忠于陛下，所以尽言。"又曰："安石所言皆是，陛下但听之，三四年后便见效。"又曰："安石所陈非一，皆至当之言可用，陛下宜省察。"及韩绛求去，安石则曰："韩绛不宜如此，如此则遂无一人同正论。"以此观之，绛与安石可谓合矣。神考以昭文馆大学士超命韩绛而位之于安石之上者，以与安石无嫌故也，至于许其便宜节制诸路，皆安石所肯，然后施行。及韩绛败事，安石则曰："臣自接侍清光以来，陛下固未尝许韩绛以智略，一旦陛下举一方之事属之，则边事自宜如此。"四年五月二十六日。又曰："陛下失在不详虑熟计。"五年六月二十七日。又曰："陛下于一切小事劳心，于大事独误。今日国事亦犹前日边事也。"四年六月十二日。夫计虑不熟以误大事，直是安石之罪。归过宗庙，乃以为西事之初，不敢先事极争。五年正月初九。安石议事，果是不争之人否？又谓庆州兵变，不当归咎于保甲、淤田，四年五月二十。保甲、淤田尚不可，况归咎于宗庙乎？44，页5690—5692

续资治通鉴长编卷二百三十五　宋神宗熙宁五年（壬子，1072）

【宋神宗熙宁五年（1072）秋七月】诏开封府日推判官一员监勘公事，以御史蔡确言："府中每有诉讼，官吏止略取问，而所不能决者即付司狱，谓之入纱子。鞭笞束缚，既得以自专，往往颠倒曲直，使无罪诬服，一有翻异，复加锻链，益甚于前。陛下仁爱元元，去其疾苦，欲使穷陬遐服，政平讼理，而近在京师，咫尺观阙，民冤吏横如此，安可不加整治？"故有是诏。5，页5697

【宋神宗熙宁五年（1072）秋七月】诏自今宗室过失，犯杖以下委宗正司劾奏。10，页5700

【宋神宗熙宁五年（1072）秋七月】审院、刑部、大理寺言："乞详议、详断法官，直检法官，如新法试中人任满酬奖，乞依旧法人例推恩。自选人改官充职，不成资，丁忧服阕与近地；合入远与次远，愿再任通六年，断官通五年，与家便通判。已转京朝官后不因负犯者替罢，并当亲民一任，内议官五年当两任，仍毋得连并三任。"从之。24，页5708

【宋神宗熙宁五年（1072）秋七月】己亥，知大宗正事宗旦等言："宗室所投文字或违例碍条，退即生诬怨，或情有可怜而例无其事，或事

涉违冒而理或可容。乞自今有疑难事，许上殿敷奏，或许同见执政禀议。"从之。32，页5715

续资治通鉴长编卷二百三十六　宋神宗熙宁五年（壬子，1072）

【宋神宗熙宁五年（1072）闰七月】监秀州海盐监、大理寺丞李守蒙贷死，免真决，仍刺面配潮州牢城，坐受赇枉法、剩出官盐也。十二月二十一日，李章等责。8，页5728

【宋神宗熙宁五年（1072）闰七月】辛亥，中书言："保甲之法，所以检察奸盗，使良民得安其生。至于保丁习学武艺，皆听自便，又有赏格，使人人劝趋，官司不得抑勒。其编排之初，未尝追集。昨行于开封府界，法稍成就，盗贼比之昔时，十减七八。今虽已推行于辅郡，又虑人情未通晓，欲且令所差官计会当职官吏，详所降条约，亲谕人户，各令知朝廷措置之意，乃降指挥排定，其保丁止编排两丁以上主户，其余并客户并令附甲。"从之。9，页5728

【宋神宗熙宁五年（1072）闰七月】诏："入内供奉官以下，已有养子，更养次子为私身内侍者，当行处斩，不在自首之限。"新、旧《纪》，并如此。22，页5732

【宋神宗熙宁五年（1072）闰七月】御史张商英言："判刑部王庭筠立法，应蝗蝻为害，须捕尽乃得闻奏。今大名府，祁、保、邢、莫州，顺安、保定军所奏凡四十九状，而三十九状除捕未尽，进奏院以不应法不敢通奏。且蝗蝻几遍河朔，而邸吏拘文封还奏牍，若俟其扑除尽净方许以闻，则陛下欲于此时恐惧修省，以上答天戒而下恤民隐，亦晚矣，惟陛下裁省。"御批："近亦据瀛州安抚司奏：'本司近据辖下诸州县申到飞蝗蝻虫，遂具奏，并准进奏院递回，称近制安抚司不得奏灾伤。'必是缘此条约之故，可速除去。仍令进奏院遍指挥诸路安抚、转运司并辖下州府军监县，今后应有灾伤，并仰所在实时闻奏，以称朝廷寅畏天威、遇灾恐惧之意。"中书检会应蝗蝻生本州岛及转运司施行乞奏又一法：耆申县，县申州，州申转运、提点刑狱司，集人夫捕尽，奏是蝗蝻生与捕尽俱奏。二法相为终始，乃进奏院误会条贯，诏申明行下。王安石曰："条贯已令本州岛、提点刑狱、转运司申奏，安抚司自不须奏。"上曰："安抚司奏何害？"王安石曰："朝廷令本州岛及转运司奏，已是两处奏，亦足矣，更令提点刑狱司奏，诚太多。又恐逐司或有弛慢，故新法约束，若逐司不职，更觉察闻奏，不知何用更令安抚司吏人枉费纸笔，递铺虚负脚力？又一处有蝗虫，陛下阅六七纸奏状，如此劳敝精神躜故纸，何益？何如惜取日力，深思熟讲御天下大略？只如经略、安抚司有何限合经制事，却须要管勾奏灾伤状作甚？"上笑。陈瑾论曰：神考当旱暵之时，遇灾而惧，天下蝗虫之奏，皆欲览焉。四方奏状已至京师，而奏邸却之不得通奏，以新立不得奏蝗之法故也。创立新法，疑误奏邸，壅天下之情，启蒙蔽之患，此宰相之过举而台谏之所当言也。神考用台谏之言，改不得奏蝗之法，所以恤民隐而防壅蔽也。而安石乃奏曰："不知何用更令安抚司吏人枉费纸笔，递铺虚费脚力？又一处有蝗虫，陛下阅六七纸奏状，如此劳敝精神躜故纸，何益？何如惜取日力，深思熟讲御天下大略？"呜呼，是何言欤，是何言欤！汉宣帝时，郡国不上灾变，则丞相魏相辄奏言之，故天下无蒙蔽之患。神考曰："汉之文、宣，孔子所谓吾无闲然者。"何安石之对，异于魏相之所奏言乎？夫听谏改法，以正纪纲，御天下之略，正在于此，而安石乃以为劳敝精神，虚费日力，甚哉，其言之乖悖也！《旧纪》书：诏诸路被灾有蝗者亟以闻，《新纪》因之。23，页5732—5733

【宋神宗熙宁五年（1072）闰七月】戊辰，诏沙门岛罪人赵能等四十四人量移过海，再详情理轻重，分配诸路；姚素等依旧。初，知登州李师中言："岛之流罪人多而戍兵少，恐生变，请减徙之。"乃命知审刑院崔台符详定。能等九十三人皆熙宁以前所配，原情理轻重分两等，轻者徙之。34，页5751

续资治通鉴长编卷二百三十七　宋神宗熙宁五年（壬子，1072）

【宋神宗熙宁五年（1072）八月】丁亥，中书门下言："太皇太后自今南郊、圣节、生辰，逐次并录亲属四人恩泽，皇后二人，本服期亲并奉礼郎，大功守监簿，小功初等幕职官，缌麻知令录，异姓准此。内幕职官、知令录并与监当。有服女之夫，本服大功以上女夫与知令录，小功判、司、主簿或尉，缌麻试监簿，周亲之女子与知令录，孙及大功女之子判、司、主簿或尉，曾孙及大功女之孙、小功女之子并试监簿，应非所生子，非所生子之子孙各降一等推恩。缌麻女之所生子试监簿，年小初等职官、知令录并除试大理评事，判、司、主簿、尉试监簿，年及二十五依所得恩例与堂除，余依此。诸妃、大长公主、长公主、公主每遇南郊，许奏有服亲及有服亲之夫二人，妃期亲寺监簿，余判、司、主簿或尉，异姓试监簿；大长公主及公主奏夫之期亲判、司、主簿或尉，余试监簿。婉容以上，每遇南郊许奏有服亲一人，才人以上奏小功已上亲一人，并试监簿。已上愿就右职，依新定换官法，幕职官左班殿直，知令录右班殿直，判、司、主簿、尉奉职，试监簿借职，如已有官亲属，文臣中行郎中已下，武臣宫苑使已下，并转一官，选人循一资。本条恩例高者自依本条，即以转官恩泽，换外任者听，仍不许以两人恩泽合并奏一人。内诸妃已下即依熙宁四年九月文武臣僚奏有官亲属条贯，熙宁四年九月，文武臣僚奏有官亲属条贯，今不见于《实录》，当考。或是元年九月，更详之。十一月二十七日戊申，所附中书言宰臣有官亲属迁升等，或即是。遇奏荐仍并令逐位使臣审问，依条贯保明。太皇太后、皇太后亲虽不该推恩而奉特旨者，不用此条。"诏："除公主、亲王外孙等条别具详定外，余并从之。" 21，页5765—5766

【宋神宗熙宁五年（1072）八月】先是，中书、枢密院争议太皇太后以服纪比类推恩事，上令用特旨者不用条，至是乃并条前所立条制上之。上令用特旨，在今年三月辛丑，当考。《选举志》第二卷八月，中书门下言云云，有奉特旨者，不用此法。始上欲裁荫补恩幸，安石谓自贵始，于是太皇太后、皇太后推恩稍为限数。枢密院投隙以间，安石率属争之，安石曰："此常数也，至奉特旨则不在此，固无伤于恩也。"上卒用安石议。至是乃并修所立上之。本志所书大率多为安石建议，附见，当考。21，页5766—5767

【宋神宗熙宁五年（1072）八月】中书门下奏："近降指挥，令保丁更番在巡检下教习武艺，许分番带出入巡警。上番日，保正长、保丁殴骂所辖巡检，依本属刺史、县令法；保丁殴骂保长、保正，加凡斗二等；保长犯保正，依此。随巡检追捕盗贼，退避，依弓手法；但随巡检追捕，非上番，惟于本地分犯盗，加凡盗二等。私为人代名上番，杖六十；受赃重者，从重。保正、保长知而不举，笞四十。私逃亡，杖六十，计逃日补填。酉点不到，不赴教阅，许小杖科决，不得过七十。余送本县施行。监临官私役保正等，计庸准盗论。"从之。32，页5769—5770

【宋神宗熙宁五年（1072）八月】辛丑，诏："文臣京朝官至幕职州县官，武臣诸司使副以下至三班使臣，朝辞日，并罢赐诫励敕并七条、摄生论，其赐儒行篇亦罢之，内摄生论并药方惟广南州军各赐一本，与圣惠

方同颁之。"52，页5776

【宋神宗熙宁五年（1072）八月】诏司农寺以方田均税条约并式颁天下。

方田之法，以东西南北各千步，当四十一顷六十六亩一百六十步为一方。岁以九月，县委令、佐分地计量，据其方庄帐籍验地土色号，别其陂原、平泽、赤淤、黑垆之类凡几色。方量毕，计其肥瘠，定其色号，分为五等，以地之等均定税数。至明年三月毕，揭以示民，仍再期一季以尽其词，乃书户帖，连庄帐付之，以为地符。地符，见七年四月四日，合去彼存此。

均税法，以县租额税数，毋以旧收蠲零数均摊，于元额外辄增数者，禁之。若罚挠绸绢之类，不以桑柘有无，止以田亩为定。仍豫以示民，毋胥动以浮言，辄有斩伐。荒地以见佃为主，勿究冒佃之因。若瘠卤不毛听占佃，众得樵采不为家业之数，众户殖利山林、陂塘、道路、沟河、坟墓荒地皆不许税，诡名挟佃，皆合并改正。凡田方之角有埒植以野之所宜木。有方帐，有庄帐，有甲帖，有户帖，其分烟析生、典卖割移，官给契，县置簿，皆以今所方之田为正。令既具，乃以济州巨野尉王曼为指教官，先自京东路行之，诸路仿焉。此据《食货志》，又据《中书备对》：熙宁五年重修定《方田法》，自京东为始推行、冲改三司方田均税条，夏税并作三色，绢、小麦、杂钱，秋税并作两色，白米、杂钱，其蚕盐之类，已请官本者不追，造酒糯糯米、马食草仍旧，逃田、职田、官占等税亦依旧倚阁，屋税比附均定，墓地免均，如税额重处，许减逃、阁税数。今以本志及备对就八月末追书。《实录》既不书方田事始，《旧纪》于七年三月二十三日乃书立方田法，《新纪》又因之。按邓润甫察访京东，申明方田官考任，即非事始，两《纪》诬甚，今不取。《食货志》第二卷租税篇云：天下之税，割移逃徙，多或不均。熙宁五年，蔡天申言："请委提举司均税，而颁于司农，先行于河北、陕西、河东、京东。"诏用其议，于是司农寺始立方田、均税法，颁之天下，先自年丰及平土州县行之。《通略》云：天申，挺子也。65，页5783—5784

续资治通鉴长编卷二百三十八　宋神宗熙宁五年（壬子，1072）

【宋神宗熙宁五年（1072）九月】又诏陕西缘边蕃部地土许典卖租赁。六年五月二十九日，汉户听典卖夷人田。11，页5793

【宋神宗熙宁五年（1072）九月】上令讨论修《弓箭社法》。安石曰：

"弓箭社部分不如府界保法，当如今府界保法修定。"京曰："义勇已有指挥使，指挥使即是乡豪，如又作保甲，令何人为大保长？"安石曰："古者民居则为比，比有比长，及用兵即五人为伍，伍有伍司马，二十五家为闾，闾有闾胥，二十五人为两，两有两司马，两司马即是闾胥，伍司马即是比长，但随事异名而已。今令二丁即为义勇，与两丁之家同籍为保甲，居则为大小保长，征戍则为义勇节级、指挥使，此乃三代六卿六军之遗法。此法见于书，自夏以来至于周不改。秦虽决裂阡陌，然什伍之法尚如古，此所以兵众而强也。近代惟府兵为近之，唐亦以府兵兼制夷狄，安强中国，监于先王成宪，其永无愆。今舍已然之成宪，而守五代乱亡之遗法，其不足以致安强无疑。然人皆恬然不以因循为可忧者，所见浅近故也。为天下决非所见浅近之人能致安强也。"上以为然。《兵志》云上随欲变三路义勇如府畿保甲。冯京云云据《日录》，乃是讨论《弓箭社法》，今从《日录》。16，页5796

续资治通鉴长编卷二百三十九　宋神宗熙宁五年（壬子，1072）

【宋神宗熙宁五年（1072）冬十月】详定编敕所、开封府奏："定夺沂州军贼李则，依条合斩刑，上从按问，欲举自首减二等。奉旨，依其沂州官吏失入李则死罪，审刑院、大理寺、御史台定夺不当官，并取勘闻奏。"此据《密院时政记》十月五日事。十一月二十二日丁卯，张商英责官，当考。6，页5807

【宋神宗熙宁五年（1072）冬十月】癸未，检正中书五房公事曾布等言："近奉诏详定恩例，今具条上。公主子与殿中丞、孙光禄寺丞，婿太常寺太祝，外孙试衔知县；亲王婿大理评事，外孙初等职官监当，女之子婿试监簿；应宗室缌麻以上女婿试衔知县，袒免判、司、主簿或尉。"从之。本志初等职官下无监当字。8，页5808

【宋神宗熙宁五年（1072）冬十月】丙戌，上批："枢密院言，'四方贼盗，朝廷近多不知。'问进奏院，乃称'中书条约须十人已上，又须强恶者，乃许申提点刑狱司录奏，故非十人及州县奏者并退回。昨有德州通封奏状，本院却收接进呈。'与枢密院所言不同，何故？"王安石曰："旧例，贼五人以上即取旨降札收捉。中书乞自今奏到十人以上，或虽不及十人，情理凶恶，乃降札收捉。其余依条合奏外，仍付提点刑狱司类聚，半年一奏，中书点检最多路分，取旨施行。"上曰："如此，则法更密于旧。进奏院如此，必作奸。"冯京曰："当是误认新条。"上曰："密院又言，为行役法后，所以多盗贼，故中书不令奏，言京东多贼盗，然京东元未行役法。"安石曰："适会丰年，故少贼盗。若贼盗多，臣亦未敢任责。不知陛下推行得如何政事，便要百姓皆不为盗贼也！"13，页5809—5810

【宋神宗熙宁五年（1072）冬十月】先是，议诸路经略、钤辖不得便宜斩、配百姓，赵抃时在中书，乃言当独许成都四路，王安石执不可，曰："成都与诸路远处何异？"会安石斋祠，中书、枢密院同立法，许之。其后，谢景初奏："成都从来妄以便宜从事，所释诛多不当，乃至有年十五已下、犯法至轻，皆先刺配，候其长之配所。"于是，中书复删定敕文，惟军人犯罪及边防并机速许特断。已而知太原府刘庠言："弓箭手在极边守望，有犯乃不敢特断，奏乞改法。"安石曰："极边即是边防明甚，庠不应妄奏。"及抃移成都，又请重立法。编敕官曾布言："止当申明云，事合从权为机，事出仓卒为速。"于是，孝孙奏继至。安石曰："孝孙既称蜀人柔良，则以常法治之足矣，何故反欲弹压？又言事在仓卒，仓卒即是速，何用改法为也！"34，页5820—5821

【宋神宗熙宁五年（1072）冬十月】诏："淮南、两浙、江南、荆湖、成都府、梓州路如有谙晓耕种稻田农民犯罪该刺配者，除强盗情理凶恶及合配本州岛、邻州、沙门岛人外，并刺配熙州，候及三百人止。"王韶言"近洮可为稻田，欲得善种稻者"故也。43，页5822

续资治通鉴长编卷二百四十　宋神宗熙宁五年（壬子，1072）

【宋神宗熙宁五年（1072）十一月】丁卯，贬太子中允、权监察御史里行张商英为光禄寺丞、监荆南税。先是，商英言："博州官吏失入赃不满军贼二人死罪，枢密院检详官刘奉世党庇亲戚，令法官引用赃满五贯绞刑断例，称博州官吏不见断例，失奏裁，止从杖罪取勘。又院吏任远恣横私徇凡十二事，而枢密院党庇不案治，外人莫不闻知。"于是枢密使副文彦博、吴充、蔡挺因此不入院，遣吏送印于中书，中书不受。上问之，遣使促彦博等入院，彦博等言："台官言臣等党庇吏人，与之相知，漏泄上语，乞以其章付有司明辨黑白，然后正臣等违命之罪。"商英又言："乞以臣所言博州失入刑名下有司定夺，并以任远事送开封府根治。若臣言不当，甘伏斧钺。"于是王安石曰："博州事，官吏本无罪，密院尚不合令科应奏不奏之罪。"上曰："博州事分晓，任远事如何？"安石曰："若言取受甚多，令有司如何推究？又恐新法已前，于法不得受理。"上曰："此在新法前。"安石曰："如此，则无可推究者。"上曰："商英当如何行遣？"安石曰："密院方治御史李则事，商英乃随攻博州事以报之。李则事，御史所治诚不当，不自咎，更挟忿攻人，岂所谓怀忠良以事君者？"故有是命。26，页5834—5835

【宋神宗熙宁五年（1072）十一月】辛未，诏："自今诸司使、副磨勘，历任中尝以战功改官者转七资，余五资。其阁门通事舍人、带御器械、两省都知押班、勾当御药院使臣等转七资条例，并除之。"旧制，诸司使、副有战功者磨勘改官，率用常制转五资。上谓无以褒劝，而阁门、两省职事皆左右近习，非勋劳不可超躐，故有是命。33，页5867

续资治通鉴长编卷二百四十一　宋神宗熙宁五年（壬子，1072）

【宋神宗熙宁五年（1072）十二月】丙子，诏曰："荆湖溪洞中亡命之人，今日以前，罪无轻重皆释之。如愿居本处，或欲归本乡，各从其便；如能自效，显有劳绩，令章惇等保明等第酬奖；若敢创造事端，扇摇人户，即捕斩以闻。"先是，知辰州石鉴言："昨被旨同章惇措置两江蛮事，尝遣侍禁李资等多方以朝廷威德镌谕诸蛮。今资等言，南江蛮人虽各有归化之意，而溪洞多有向时亡命之人，阻隔蛮情，虽以晓谕许与放罪，尚虑怀疑扇惑，别致中变。"故有是诏。李资事具六年正月。魏泰《东轩录》云：越州僧愿成客京师，能为符箓禁咒，时王雱幼子夜啼，用成咒而止。雱虽鄙之，然性靳啬，会章惇察访荆湖南、北二路，朝廷有意经略溪洞，或云蛮人行南法，畏符箓，雱即荐成于章。章至辰州，先遣张裕、李资入夷中，及成等入南江受降款。裕等至洞，而秽乱蛮妇，蛮酋田元猛等不胜其愤；尽缚来使，剁斫于柱。次至成，搏颡求哀，元猛素事佛，乃不杀，裸而遣之。愿成不以为耻；乃更乘大马拥斧以自从，称"察访大师"，犹以入洞之劳，得紫衣师号。此可考李资事。3，页5874—5875

【宋神宗熙宁五年（1072）十二月】庚辰，右谏议大夫沈立等上新修《审官西院敕》十卷，诏赐银绢有差。12，页5877

【宋神宗熙宁五年（1072）十二月】诏："诸路屯驻驻泊军回引见，如有理诉，许以军头司自陈，如辄唐突，决讫降配，虚妄者论如法。即乞呈试武艺者准此。"先是，军士引对，唐突喧哗，上每优容之，面谕管军原其罪，仍令卫士勿击。至是，始条约之。41，页5888

续资治通鉴长编卷二百四十二　宋神宗熙宁六年（癸丑，1073）

【宋神宗熙宁六年（1073）二月】右千牛卫将军叔媭言："姊适侍禁王益广，赴官吉州，益广道病失心，刺杀婢，系真州狱。以姊无依，遣人迎之，而贫不能自归。"诏真州赐钱三万津遣，仍给驿券。2，页5897

【宋神宗熙宁六年（1073）二月】诏两浙路提举盐事司未得劾诸州军亏失盐课，且以课利增亏及违法重轻分三等以闻。32，页5907

续资治通鉴长编卷二百四十三　宋神宗熙宁六年（癸丑，1073）

【宋神宗熙宁六年（1073）三月】司天监言，四月朔，日当食九分。诏："自十四日，易服，避正殿，减常膳。仍内出德音，降天下死罪囚，流以下释之。"先是，三日，上批："时雨应祈，稼穑是赖，获此嘉应，非朕敢任，其赦天下，与民均福。"王安石曰："民每欲雨，陛下辄一祈未尝不辄应，此陛下至诚感天之效。然今岁日食正阳之月，恐宜以此降德音。"上从之。18，页5918

【宋神宗熙宁六年（1073）三月】枢密都承旨曾孝宽等言，定武臣叙法，诏依所定施行。先是，武臣犯赃，经赦叙复旧官后，更立年考升迁。上曰："若此，何以戒贪吏？"故命改法。至是，孝宽等议定，大略仿中书文臣叙法，而少有增损，比枢密院旧叙例为宽。"比叙例为宽"，朱史削去。不

知改法初欲戒贪吏后乃从宽何故，当考。19，页5918

【宋神宗熙宁六年（1073）三月】诏："自今进士、诸科同出身及授试监簿人，并令试律令、大义或断案，与注官。如累试不中或不能就试，候二年注官。曾应明法举人，遇科场，愿试断案、大义者听，如中格，排于本科本等人之上。"四月二十六日可考。35，页5923

【宋神宗熙宁六年（1073）三月】己巳，诏："试中刑法莫君陈迁一官，为刑法官；次四人送法寺试断案，或充提刑司检法官；次五百人各循二资，十一人各循一资；余各不依名次路分指射差遣一次；次止免试注官。京朝官比类酬奖。仍自今试法官断案刑名约七件以上，十件以下。"41，页5925—5926

续资治通鉴长编卷二百四十四　宋神宗熙宁六年（癸丑，1073）

【宋神宗熙宁六年（1073）夏四月】以朝集院为律学，赐钱万五千缗，于开封府界检校库出息，以助给养生员。置教授四员，请给、人从视国子监直讲。命官、举人并许入学，试中，官给食。每月公试一，私试三。公试：习律令生员义三道；习断案生员案一道，刑名五事至七事。私试：义三道，案一道，刑名三事至五事。据墨本，熙宁六年八月癸酉，国子监丞杨完言：近诏给钱万缗送检校库，召人抵保收息给律学。今生员滋多，乞增赐本钱五千缗，从之。朱本削去，云已见六十卷内。盖墨本误以五千缗并入初给时故也。8，页5931—5932

【宋神宗熙宁六年（1073）夏四月】诏步军副都指挥使宋守约罚铜三十斤，追罢其子球除阁门祗候指挥。守约坐以待卫司杂役兵给球使令，当私罪流，该德音特有是命。23，页5936

【宋神宗熙宁六年（1073）夏四月】诏："自今刑法官不及两考者，并许就试。如试中刑法，在寺供职及两考，与推恩。"53，页5942

【宋神宗熙宁六年（1073）夏四月】诏："比许应明法举人，止愿依法官条试断案、大义者听，如合格，仍编排在本等人之上，令定所赐场第及考校样行之，仍改先降指挥明法为诸科。如敢冒应诸科人名试法，许人陈告，赏钱百千，同保人永停取应。"三月二十四日可并此。64，页5945

续资治通鉴长编卷二百四十五　宋神宗熙宁六年（癸丑，1073）

【宋神宗熙宁六年（1073）五月】诏创水硙、碾、碓有妨灌溉民田者，以违制论，不以去官赦降原减，官司容纵亦如之。10，页5950

【宋神宗熙宁六年（1073）五月】检正中书刑房公事、太子中允沈括详定《三司令敕》。21，页5952

【宋神宗熙宁六年（1073）五月】乙卯，斩两地供输人、北界探事百姓王千，家属送潭州编管。千坐放火燔日沟驿庙，诬北人以求赏也。25，页5952

【宋神宗熙宁六年（1073）五月】诏降敕榜付察访熊本晓谕夷界，除元谋作过首领及手杀命官将校不赦外，余人如能自首归，并免罪。28，页5953

【宋神宗熙宁六年（1073）五月】详定行户利害条贯所奏："应开封府委官监分财产，当官议定，或令探分，毋得辄差行人。官司下行买物，如时估所无，不得创立行户。今众行愿出免行钱，乞从本所酌中裁定，均为逐处吏禄。"从之。新、旧《纪》诏："官市于民，吏辄抑而不受，求取百出，民以重困，其令民输免行钱，官自市"。熙宁六年五月二十六日中书札子，详定行户利害条贯所奏，准中书札子节文：奉圣旨，详定到行户利害，先次闻奏。今先详定到下项节文数内一项，据行人徐中正等状，屠户中下户二十六户，每年共出免行钱六百贯文赴官，更不供逐处肉。今据众行人状，定到下项中户一十三户，共出钱四百贯文，一年十二月分，乞逐月送纳，每户纳钱二贯七十文；下户一十三户，共出钱二百贯文，一年十二月分，乞逐月送纳，每户纳钱一贯二百九十文。右奉圣旨：宜令详定行户利害条贯所计会三司同共相度闻奏。札付详定行户利害条贯所。准此，于当年九月初三日中书省札子，奉圣旨：依奉。此据《编录册》宣和七年九月二十一日讲议司札子内所载，今附注此。当时指挥盖据此也。绍圣元年十二月二十三日可考。52，页5962

【宋神宗熙宁六年（1073）六月】审刑院言："登州沙门岛罪人，以二百人为额，有余即移配过海，恐非禁奸之意。乞配沙门岛罪人并配琼、崖、儋、万四州牢城，其见在人依例随赦量移。"诏自今以三百人为额。七月十八日，又治平四年六月二十五日李庆事可考。5，页5964

【宋神宗熙宁六年（1073）六月】上批："洮西见管泾原弓箭手已节次放散还家歇泊，宜指挥王广渊候到仰所管城寨不得妄有占留，仍令经略司常切觉察，违者劾罪以闻。"28，页5969

【宋神宗熙宁六年（1073）六月】壬辰，司农寺言："开封酸枣、阳武、封邱县民千余人赴寺诉免保甲教阅，已榜谕无令越诉。盖畿县令、佐或非时追集，以故致讼。昨城一县，未命教阅而诉，并下提点司按察。"上批："今正当农时，非次追集，于百姓实为不便。令提点司劾违法官吏以闻，自今仍毋得禁民越诉。"33，页5970

【宋神宗熙宁六年（1073）六月】甲午，翰林学士陈绎等言，奉旨编修《道场斋醮式》二十八卷，乞赐颁行，及下僧道录司，以本教科参酌逐等道场名目、位号，立法遵守，从之。39，页5971

续资治通鉴长编卷二百四十六 宋神宗熙宁六年（癸丑，1073）

【宋神宗熙宁六年（1073）秋七月】诏诸路配人罪，除凶恶盗及应配本州岛、邻州若沙门岛外，少壮者配河州；内应配广南及去河州千里者，决如法，余并免决配，及五百人止。13，页5978

【宋神宗熙宁六年（1073）秋七月】甲寅，录在京系囚，杂犯死罪降徒、流，流以下第降一等，杖以下释之。18，页5980

【宋神宗熙宁六年（1073）秋七月】丁巳诏："杀熟户以邀赏者，斩讫奏，仍许人告，每名迁一资、赏钱百千，无资可迁，加五十千。如因军人告而事干本营者，送别指挥。"先是，卒多杀熟户，以其首级冒赏，而吏或不能察，故有是诏。25，页5982

【宋神宗熙宁六年（1073）秋七月】知登州李师中言，近累乞移沙门岛罪人，而来者未已，不惟事烦防虞，兼以无地存泊。诏除朝廷指挥刺配外，诸路因德音续配到人，且于登州收禁，驿奏犯由，仍增兵防守。初，上患沙门岛罪人众，令立法，且曰："案问欲举法宽，故致多如此。"王安石曰："案问欲举法宽，乃所以疑坏贼党，虽宽一贼，必得数贼就法。恐须如此，乃无配沙门岛者。"师中又言："今乞本州岛月具沙门岛罪人姓名、乡贯及其所坐罪，申枢密院注籍量移，免下本州岛取索额外人数，以致稽缓。"从之。六月三日，又治平四年六月二十五日李庆事可考。29，页5982—5983

【宋神宗熙宁六年（1073）秋七月】甲子，检正中书五房公事吕惠卿乞："自今实封文字及干机密者，进奏官并诸司吏传报者以违制论；承虚造事誊报，交斗谤讪、扇惑人心者准此。仍许人告，赏钱三百千，情重者奏裁，命官除名，余人决配。其知情及同撰人首告，并免罪，仍支赏钱。进奏官告获，不候年满，优与授官出职；副知告获，与进奏官；书写人告获，与副知上名，如止愿赏钱者亦听。"从之。34，页5983—5984

【宋神宗熙宁六年（1073）秋七月】戊辰，审刑院、大理寺言，夔州权管威棹指挥都头、北班殿侍杜信减克军粮，盗官营材，当杖脊降配，诏以信昭宪皇后兄之曾孙，特赎铜勒停，编管汝州。42，页5984—5985

【宋神宗熙宁六年（1073）秋七月】诏："安肃广信顺安军、保州人户地内，令自植桑榆或所宜之木，官为立劝课之法：每三株青活，破官米一升，计每户岁输官之物，以实估准折，不尽之数，以待次年。如遇灾伤，放税及五分以上，即以准折未尽米数等第济接。仍据逐户内合栽之数，每岁二月终以前点检及一分青活，至十年周遍。如不及一分，即量罪罚赎，勒令补种。令佐得替，转运司差不干碍官点检，以一任合栽之数，纽为十分，如及十分者有赏，不及七分者有罚。其所栽植之木，令人户为主，非时毋得遣人下乡，以点检为名，以致骚扰。委转运司施行，应昨所差管勾提举官并罢。"初，以赵子几及曾孝宽所言下程昉相度，枢密院欲罢昉，以孔嗣宗代之，王安石不可，乃更立此法。元丰八年十二月，罢栽桑法。49，页5987

【宋神宗熙宁六年（1073）八月】广南东路驻泊都监杨从先言："本

路枪手万四千，今排保甲，若两丁取一，得丁二十五万八千，若三丁取一，得丁十三万四千。自少计之，犹十倍于枪手。愿委路分都监二员，分提举教阅。"诏司农寺详定条约以闻。其后，户自第四等以上，有丁三者以一为之，每百人为一都，五都为一指挥。自十一月至次年二月，每月轮一番阅习，每三日一比试，事艺高者先次放归。本志同此。4，页5988

【宋神宗熙宁六年（1073）八月】诏知保定军贾世京罚铜十斤。初，提举常平等事李宜之请废保定军为县，遣官相视，而众入军衙，乞留军额甚哗。宜之以为官吏故纵其如此。王安石白上曰："陛下欲什伍河北民为用，若如此不治，后不可用。又咫尺北界，何以观示外夷？此事若非官吏启之，即百姓不敢如此。"又引魏军人焚领军张彝第，以人众不敢治，大赦以安之，高欢遂散财合众图起事。上曰："须体量见实乃可行遣。"安石曰："固当如此。"乃以命转运副使蔡天申，于是世京坐不能禁约，故责及之。保定军卒不废。5，页5988—5989

【宋神宗熙宁六年（1073）八月】乙亥，编修令敕所言，修成《支赐式》十二卷，已经看详，可以通行，从之。6，页5989

【宋神宗熙宁六年（1073）八月】详定编修令敕所言："裁省绫锦院织匠，以四百人为额。"从之。10，页5990

【宋神宗熙宁六年（1073）八月】戊寅，诏："自今河州签判，中书选差。"又诏："应品官有犯，案察之官不遵诏敕，擅行追禁或勒令解务，阁其请给，自今并劾罪以闻。"13，页5991

【宋神宗熙宁六年（1073）八月】己卯，诏："自今察访诸路回，条具所至知州、通判治状。其转运、提点刑狱、提举司，每知州、通判得替前一月，亦具治状上中书，委检正官注籍。待制以上不用此令。"八年正月乙卯，申明此令。15，页5991

【宋神宗熙宁六年（1073）八月】诏永兴军等路提点刑狱司劾鄜州违法截拦商农车乘骆驼，般运米麦官吏以闻。后会赦，释之。七月二十八日，鄜延买驼事当考。19，页5991—5992

【宋神宗熙宁六年（1073）八月】甲申，翰林学士、判司农寺曾布兼详定编修《三司令式敕》、《诸司库务条例》。20，页5992

【宋神宗熙宁六年（1073）八月】辅臣进呈《保甲条贯》，吴充言："先臣墓在郭店镇，有一户但两丁，一丁又病目，乃令四十里外教阅，甚苦之。此法当改。"王安石曰："郭店事果违法，自当推究。臣每有所闻，辄谕司农，令推究施行，此事亦不可但已也。"上即令安石谕司农推究。24，页5992

【宋神宗熙宁六年（1073）八月】丙戌，知海州、太常少卿胡揆赎铜十斤；知真州、比部郎中江宽，知宿州、比部郎中陈称，知舒州、屯田郎中石牧之，知寿州、太常丞、集贤校理鞠真卿各展磨勘一年。皆坐违法折纳绸绢本色，大估价钱，亏损百姓故也。25，页5992

【宋神宗熙宁六年（1073）八月】登州申："沙门岛见管罪人六百五十人。"上批："已经赦者，据赦次数及情犯轻重，量移内地；其未经赦者，改配广南，仍令登州节次发遣。"30，页5994

【宋神宗熙宁六年（1073）八月】详定行户利害条贯所言："据米麦等行状，岁供秫禾、荞麦等荐新，皆有陪费。缘祠祭重事，自今欲乞荐新并令后苑及田园苑供应。"从之。32，页5995

【宋神宗熙宁六年（1073）八月】《养马法》：凡五路义保愿养马者，户一匹，有物力养马二匹者听，以监牧见马给之，或官与其直使自市，毋或强与。府界毋过三千匹，五路毋过五千匹。马除袭逐盗贼外，不得乘越三百里。在府界者，岁免体量草二百五十束，先给以钱；在五路者，岁免折变缘纳钱。三等已上，十户为一保；四等、五等，十户为一社，以待死病补偿者。保甲马毙，即马主独偿之；社户马毙，半使社人偿之。岁一阅其瘠肥，禁苛留者。凡十有四条，先自府界颁行焉。在五路者，委监司、经略司、州县更度之。此据本志，因八月二十七日曾布上《养马条》三卷附见，其日更须考详。48，页5999—6001

续资治通鉴长编卷二百四十七　宋神宗熙宁六年（癸丑，1073）

　　【宋神宗熙宁六年（1073）九月】提举详定编敕宰臣王安石等言："新修编敕，虽已经审刑、刑部、大理寺、殿前马步军司等看详，尚虑事理未尽，欲更送中书、枢密院再看详签贴，及付在京刑法司、律学官吏等各具所见，申中书，送提举详定官看详。如当改正，即改正刊印颁行。"从之。3，页6006

　　【宋神宗熙宁六年（1073）九月】壬寅，知熙州王韶言河州平，有随军百姓三十余人杀降人，略财物，已斩之。诏韶密推究杀降兵级及降人被略杀伤数，并详度部押使臣人员合与不合勘劾；仍命内臣梁从政密体量以闻。朱本削去，新本同朱本，今复存之。5，页6008

　　【宋神宗熙宁六年（1073）九月】丁未，翰林学士、右正言曾布为起居舍人，工部郎中、龙图阁待制邓绾为兵部郎中，权知审刑院崔台符、权发遣大理寺少卿朱温其等九人升任、迁官、循资有差，并以修编敕成故也。赐提举王安石银绢各五百，降诏奖谕。《会要》：熙宁六年八月七日，提举编敕宰臣王安石上删定《编敕》《赦书》《德音》，《附令敕》《申明》《敕目录》共二十七卷。诏编敕所镂版，自七年正月一日颁行。先是，诏以嘉祐四年已后续降宣敕删定，命大理寺法直官刘赓、左班殿直张寀充检详官，刑房堂后官刘笃充点对官，秘书丞胡瑗、太子中舍陈偲、大理寺丞张巨、光禄寺丞虞太宁充删定官，权大理少卿朱温其充编排官，翰林学士曾布、龙图阁待制邓绾、权知审刑院崔台符充详定官，安石提举。至是，上之。15，页6011

　　【宋神宗熙宁六年（1073）九月】戊戌，手诏："闻河北近置狱甚多，捕系亦众，无辜吏民颇苦追扰。可令监司、提举司速具见置狱所勘罪状及禁系官吏以闻，仍先催促结绝，无令枝蔓。"36，页6016

　　【宋神宗熙宁六年（1073）冬十月】又诏知熙州王韶籍杀伤河州降人者以名闻，如委难究推，即勘会王君万等捕斩人元管使臣及同作过人，条具来上。初，围河州，蕃部开门请降。诸军既入，夜杀降者二千余人，军前匿之不奏。上闻之曰："祸莫大于杀已降。"故命考实。其后，韶究杀伤已降蕃部等数，诏景思立不赏，赵简等十三人候韶到阙取旨。4，页6018

【宋神宗熙宁六年（1073）冬十月】诏中书：自今命官过犯及编配人所犯情理，分轻、重、次轻、次重四等刑名，著为定例。74，页6032

续资治通鉴长编卷二百四十八　宋神宗熙宁六年（癸丑，1073）

【宋神宗熙宁六年（1073）十一月】殿直张荣垂拱殿起居唐突自陈，先因罪勒停，有女卖入禁中，诏贷其罪，令内东门还其女。2，页6037

【宋神宗熙宁六年（1073）十一月】壬子，司农寺请襄邑、酸枣、尉氏、长垣、封邱、太康、阳武、开封、祥符九县保甲教习阵法，依咸平等县例入见，从之。权罢今年畿内保甲聚教。20，页6044

【宋神宗熙宁六年（1073）十一月】癸丑，冬至，奉安中太一神象。德音："降天下系囚，杂犯死罪从流，流以下释之。应诸路灾伤民户，本名税物失诉违省限，不该检放者，监司体量检放。其缺食之民，安抚、提举司优加赈救，无致流移。除河北路负官物已指挥外，余路负官物，被灾伤放税及五分以上，并权停。"先是，上以久旱，欲因冬至发德音，顺承太一之祝，手诏令辅臣相度。王安石等请如诏旨，拟合施行目进呈，上于禁中增入检放一节，盖上察于政事恤民如此。21，页6045

【宋神宗熙宁六年（1073）十一月】司农寺言："开封府界保甲，以五家相近者为一保，五保为一大保，十大保为一都保，但及二百户以上并为一都保，其正长人数且令依旧，即户不及二百者，各随近便并隶别保，诸路依此。"从之。八月二十七日戊戌，可考。24，页6045

【宋神宗熙宁六年（1073）十二月】壬午，提举印造编敕所言，新敕刊本将毕，虑中书、枢密院更有合入条约及续降条约，乞候至来年颁降，从之。26，页6059

【宋神宗熙宁六年（1073）十二月】是岁，宗室子赐名授官者五十九人，断大辟二千九百五十一人。58，页6064

续资治通鉴长编卷二百四十九　宋神宗熙宁七年（甲寅，1074）

【宋神宗熙宁七年（1074）春正月】诏诸州自来不造酒处，许以公使钱造，每百贯造十石，额外造者以违制论。见《会要》七年正月一日。2，页6066

【宋神宗熙宁七年（1074）春正月】诏自今诸州具属县旬申雨雪尺寸上提点刑狱司，本司类聚上司农寺类聚月奏，有稽违者纠之。先是，雨雪状诸州径奏，朝廷以为繁，故改法令司农寺编排缴进，而司农亦以为疲于省览，又从其请而降是诏。17，页6070

【宋神宗熙宁七年（1074）春正月】福建路转运司言，漳州漳浦县濒海，接潮州，山有群象为民患，乞依捕虎赏格，许人捕杀，卖牙入官，从之。24，页6071

【宋神宗熙宁七年（1074）春正月】丁卯，诏："诸汉蕃义军、义儿私易卖官印马，徒一年；老病者即呈验，印'退'字许卖，即不申官，各减私易罪五等。"44，页6078

续资治通鉴长编卷二百五十　宋神宗熙宁七年（甲寅，1074）

【宋神宗熙宁七年（1074）二月】丙子，熙河路承受公事李元凯言，赵家山采木并防拓使臣殿侍、军将孙贵等及厢兵、弓箭手二百九十三人，马五十四匹，为贼所掳。诏贵等依阵亡例推恩，令经略司录其孤以闻，余赐赙有差。27，页6087

【宋神宗熙宁七年（1074）二月】知冀州王庆民言，捕得骁捷第三指挥作过兵士八人。诏："为首者陵迟处斩，余皆斩之，妻子分配别州军诸指挥为奴婢。指挥使王信，与御前忠佐马军副都军头。"

先是，冀州移骁捷上指挥营入下指挥，人情不伏，营妇群诉于州将，谕之不去，杖二人于营门，乃肯从。而军士滋不悦，期以夜烧北使驿，已投束缊，而雨大作，火不及发。又诱激旁营，迫王信为变，信痛谕以祸福，迟明乃定。是夕微信，军且乱，州幸无事，不穷治也。然凶徒无所忌，日扬扬于市，无敢忤者逾年矣。枢密院廉知其事，奏遣庆民子大理寺丞镇密受方略以往，至是悉诛之。既而信不愿赴阙，诏以为冀州骁捷左厢军都指挥使，赐庆民敕书奖谕焉。六年六月十九日，李端悫展年除防御使，政坐此事。33，页6091

【宋神宗熙宁七年（1074）二月】甲申诏："户绝有分人在外不知存亡者，官为录其财产，其不可留者鬻之，俟其归给付。"55，页6097

【宋神宗熙宁七年（1074）二月】乙酉，诏："五品以上官之婢有子者，坐罪依律。五品以上妾听赎，犯主情重者依常法。"可削。58，页6098—6099

【宋神宗熙宁七年（1074）二月】诏："五路缘边州军及大城寨居人，依乡村法团社立保甲，更不教阅，专令觉察奸细，告获一人，赏钱三百千，事理重者取旨酬奖。令监司点校、司农寺详定条约以闻。"63，页6099

【宋神宗熙宁七年（1074）二月】辛卯，诏："客省、引进、四方馆各置使二员，东西上阁门使共六员，客省、引进、阁门副使共八员，阁门通事舍人十员，内阁门副使以上并依诸司使副条例磨勘；阁门使以上遇有缺改官及五周年者，枢密院检举施行。如历阁门职事后，犯赃私罪状以上事理重者，当迁日除他官。阁门、四方馆使及七年无私罪未有缺迁者，加遥郡。特旨与正任者，引进使及四年转团练使，客省使四年转防御使。"70，页6100

【宋神宗熙宁七年（1074）二月】乙未，知大名府韩绛奏，百姓罗秀状捕杀劫贼逯小二等，及指引捕获徒伴高栾、薛直二人。先是，安抚司尝令出榜诸色人告捉，如获逯小二，支赏钱三百缗，并第二等酒场；如获以次徒党，除依条支赏外，仍益支五十缗。其罗秀合得榜内半赏，而本条徒中告首，乃无支酒场之文。上批："方今河北所在灾伤，百姓流亡，乏食日去。最可忧者，盗贼结集渐多，为公私之患。如罗秀功状，实宜优奖，以劝来者，可特与一下班殿侍，充大名府路安抚司指使，委之专切缉捉强恶贼盗，庶使干赏之徒有所景慕，奸凶小人难于合党。"77，页6105

续资治通鉴长编卷二百五十一　宋神宗熙宁七年（甲寅，1074）

【宋神宗熙宁七年（1074）三月】壬寅，录系囚，杂犯死罪第降一等，杖以下释之。赐自京至熙河急脚递铺特支钱有差。6，页6109

【宋神宗熙宁七年（1074）三月】王安石言，提举编修《三司敕式》成四百卷，乞缮写付三司等处。从之。15，页6112

【宋神宗熙宁七年（1074）三月】诏："役钱每千别纳头子五钱，其旧于役人圆融工费修官舍，作什器，夫力辇载之类，并用此钱，不足，即用情轻赎铜钱。辄圆融者，以违制论，不以去官赦原。"先是，凡公家之费有敷于民间者，谓之"圆融"，多寡之数，或出临时，污吏乘之以为奸，其习弊所从来久。至是，始悉禁焉。18，页6113

【宋神宗熙宁七年（1074）三月】丙午，太子中允、崇文院校书黎侁为馆阁校勘；权三司使曾布上《熙宁新编大宗正司敕》，诏付本司施行。20，页6113

【宋神宗熙宁七年（1074）三月】两浙察访沈括言："两浙上供帛年额九十八万，民间赔备甚多。后来发运司以移用财货为名，复增两浙预买绸绢十二万，乞罢之以宽民力。"从之。仍令两浙提点刑狱司根究配买因依，劾罪以闻。33，页6116

【宋神宗熙宁七年（1074）三月】判司农寺吕惠卿言："本寺主行常平、农田水利、差役、保甲之法，而官吏推行多违法意，及元法措置未尽，欲榜谕官吏、诸色人陈述。其官司违法事，并从本寺按察。"从之。七月二十七日惠卿又有申请，大抵类此。魏泰《东轩录》云：熙宁已来，凡近臣有觊望者，同列忌其进用，多求瑕累以沮之，百端挑动，以惑上听。曾子宣罢司农也，吕吉甫代之，遽乞令天下言司农未尽未便之事。张粹明罢司农，舒亶代之，则纳丞、簿言，不了事件甚众。又河北、陕西、河东为帅者，各务矜功徼进，往往暴摘边事，污蔑邻帅，得罪，则边功在己也。此风久矣，而熙宁、元丰最为甚也。三年五月十七日，惠卿判司农，今年二月一日，兼判司农。《记闻》：苏衮云曾布改助役为免役，吕惠卿大恨之。当考。《食货志》云：司农言："始议出钱助民执役，今悉募充，请改助役为免役。"制可。系之邓绾劾李瑜前，恐志误。已附三年九月八日，当徐考。44，页6120—6121

【宋神宗熙宁七年（1074）三月】乙卯，太子中允、崇文院校书、检正中书户房公事张锷直集贤院，仍升一任。缙云县尉、制置泾原秦凤路军马粮草司勾当公事郭逢原循一资，仍堂除差遣。供备库副使贾显、内殿承制张济各升一任。以编修《三司敕令》及《诸司库务岁计条例》成也。45，页6121

【宋神宗熙宁七年（1074）三月】太常博士、检正中书礼房公事向宗儒，太常丞、集贤校理、检正中书吏房公事蒲宗孟减磨勘二年，黄岩县主簿、崇文院校书曾肇循一资。宗儒以编修《大宗正司敕》、宗孟以《八路敕》、肇以将《作监敕》成也。46，页6121

【宋神宗熙宁七年（1074）三月】权三司使曾布、判司农寺吕惠卿言："臣等出使河北，看详边储，仰给便籴，自来措置无术，胥吏专斗，厚取贿赂，而又官缺见钱及时收籴。若朝廷借以一年籴本，明给吏禄，绳以重法，其籴官亦以所籴石斗次第给赏，于事为便。乞与本路当职官司详定条约以闻。"从之。48，页6121

【宋神宗熙宁七年（1074）三月】又诏开封府今日以前见欠罚铜钱，并除之。王安石因辨市易事言"自熙宁五年至今罚铜者，凡千数百人，开封府不能催纳了当，又不依条矜放，极为扰人"故也。54，页6123

【宋神宗熙宁七年（1074）三月】两浙路察访沈括言："泗州都盐务免纳船户，而以官盐等第敷配，并给历抑配居民、寺观，违法。"诏淮南东路转运提举盐事司根治以闻。后实有抑配状，而官已罢去，获免。56，页6124

【宋神宗熙宁七年（1074）三月】手诏："闻齐、郓等州比多盗贼，转运、提刑司并不具奏闻。可令速体量督责捕盗官严行追捕，其缺食人户

亦多方谋所以赈济之。"新本以事小削去，今从朱本。57，页6124

【宋神宗熙宁七年（1074）三月】先是，上欲赦以救旱灾，金谓一岁三赦非宜。是日，上复欲赦，王安石曰："汤旱以六事自责，首曰'政不节欤'，若一岁三赦，即是政不节，非所以弭灾也。"乃已。63，页6127

【宋神宗熙宁七年（1074）三月】又诏："河北、河东、京东西、荆湖、淮南、江南、福建、两浙、永兴、秦凤、梓州路灾伤州军，贼盗罪至死者减死决配发募；赃及二千以上刺配广南牢城，不满二千刺配千里外牢城；强劫不杀伤人，元谋及下手人各依法，余刺配广南牢城。非缺食饥民，自依常法。令诸路转运司体量辖下灾伤州军，因缺食而为盗者，依敕断遣，毋得下司，候丰熟日缴纳中书。"85，页6139

【宋神宗熙宁七年（1074）三月】斩内殿直行王进、康德于班门。本班长行长随告其给假逃背为盗，鞫之得实也。以随为右侍禁。86，页6139

【宋神宗熙宁七年（1074）三月】曾布既受诏同吕惠卿根究市易事，或为布言："中书每以不便事诘嘉问，嘉问未尝不巧为蔽欺，至于案牍往往藏匿改易，如不惩革此弊，虽根究无以见其实。"布又闻嘉问已呼胥吏持案牍还私家隐藏更改，遂奏乞出榜以厚赏募告者。明日，二十六日。上批："依奏付三司施行。"布即榜嘉问所居。又明日，二十七日。惠卿至三司，召魏继宗及行人问状，无一有异辞者。惠卿退，以继宗还官舍，诘布所以辟继宗为指使缘由，再三诱胁继宗，令诬布以增加所言。继宗不从，反具以告布。惠卿又遣弟温卿密造王安石言张榜事，且曰："行人辞如一，不可不急治继宗，若继宗对语小差，则事可必变。"而嘉问诉于安石尤切，安石欲夜收张榜，左右白以有御宝批，乃止。88，页6140

【宋神宗熙宁七年（1074）三月】是日，二十八日。惠卿以急速公事求独对，布亦具继宗所告曲折以闻，并言："惠卿所见不同，不可共事，乞别选官根究。"未报，而中书建白，三司承内降当申中书覆奏取旨，乃擅出榜欲按治。诏官吏特释罪，其元批依奏指挥更不施行，榜仍缴纳中书。布论三司奏请御批，例不覆奏，且三司尝申知中书，虑无罪可放。寻有诏如布请，惠卿等愈侧目矣。88，页6140

续资治通鉴长编卷二百五十二　宋神宗熙宁七年（甲寅，1074）

【宋神宗熙宁七年（1074）】夏四月己巳，中书言："在京免行钱，欲令元详定官于贫下行人名下特减万缗，仍免在京市例钱二十以下者。开封府界并诸路今年旱灾约及五分处，欠负官物元非侵盗，并权停催理。灾伤州县未决刑狱，委监司选官结绝，杖以下情轻听赎，贫乏者释之。劝诱积蓄之家赊贷钱谷，虽有利息，丰熟日官为受理。其流民所至，检计合兴工役，给与钱粮兴修，如老小疾病，即依乞丐人例。其在京诸门减定税额，内小民贩易竹木、芦荻、羊毛之类，税钱不满三十者权免。"从之。1，页6147

【宋神宗熙宁七年（1074）夏四月】中书言，开封府见欠赃赏钱内，有于法当蠲除，亦有孤贫可矜及追赃不及十钱者，亦有已纳而吏不为销簿者，欲差同纠察在京刑狱祝谘看详除放外，有合奏请及情理可矜，具事理闻奏。从之。6，页6150

【宋神宗熙宁七年（1074）夏四月】王韶言："韩存宝、李棨陷主将，当治军法。缘是日全军陷没，蕃贼进攻城，存宝等先归，登城固守，乃得无虞，乞免其罪。"诏存宝、棨并释罪，委韶密访存宝与思立出军有无议论不同以闻。11，页6150

【宋神宗熙宁七年（1074）夏四月】上批："应灾伤路分方田、保甲除已编排方量了毕，止是攒造文字处，许依条限了绝外，其见编排方量及造五等簿处，可速指挥，并权罢。"志有此，此月二日，又四日，又十月二日。17，页6151

【宋神宗熙宁七年（1074）夏四月】诏河北西路提点刑狱司劾定州路走马承受任端。端尝呼集诸军校有所戒谕而不以闻其帅，于是安抚使滕甫以端侵预军政奏之，下转运司体量得实，故劾之。其后狱具，法止坐罚金，又特命差替。上于近习有过，未始假藉如此。25，页6155

【宋神宗熙宁七年（1074）夏四月】诏诸马递铺兵缺额，如系重难铺

分，招人不足，许本城不系配军投换改刺，仍就小给请受，及关报住营处遣家属。从夔州路转运司请也。26，页6155

【宋神宗熙宁七年（1074）夏四月】又诏三司以上等粳米每石为钱一千，于乾明寺米场听民赊请，中等粳米每斗为钱八十五文，零粜与贫民，无与停贩之家，立许人告捕法。30，页6156

【宋神宗熙宁七年（1074）夏四月】又诏军士逃匿于熟户族帐捕获，依常法自首者，释罪。39，页6157

【宋神宗熙宁七年（1074）夏四月】又诏："闻岷州缺粮，少人入中，其东南盐钞与今西盐钞法，令三司具经久通行利害以闻。"47，页6159

【宋神宗熙宁七年（1074）夏四月】又令使者督责所在监司，监司督责州县，上下相驱，竞为苛刻，苟不奉行新法，立加停替。或未熟新法，误为违犯，皆不理赦降去官，与犯赃者罪同，而重于犯私罪者。州县之吏，惟奉行文书，赦免罪戾之不暇，民事不复留心矣。

又潜遣逻卒，听市道之人谤议者，执而刑之。又出榜立赏，募人告捕诽谤朝政者，臣不知自古圣帝明王之政，固如是耶？昔尧"稽于众，舍己从人"。舜戒群臣："予违，汝弼，汝无面从，退有后言。"此其所以为帝王称首者也。秦恶闻其过，杀直谏之士，禁偶语之人，及其祸败，行道之人皆知之，而已独不知，此所以为万世戒者也。53，页6162

【宋神宗熙宁七年（1074）夏四月】诏："监楚州市易务、著作佐郎王景彰追两官勒停，并劾违法干系官吏，命官具案闻奏。其违法所纳息钱给还，仍下杭州、广州市易务勘会违法事，许令自首改正。"以权发遣淮南东路转运副使、提举楚州市易司蒋之奇奏景彰违法籴买商人物货，及虚作中籴人务，立诡名籴之，白纳息钱，谓之"干息"；又勒商贩不得往他郡，多为留难以阻抑之。上初令劾，既而又谓辅臣曰："景彰违法害人，事状灼然，若不即行遣，更俟劾罪，必是迁延，无以明朝廷元立法之意，使百姓晓然开释，无所归咎，可速断遣，庶妄作小人有所忌惮。"遂责之。60，页6171

【宋神宗熙宁七年（1074）夏四月】诏中书自熙宁以来创立改更法

度，令具本末，编类进入。五月二十一日，枢密院亦就《中书编类》。八年五月二十一日，范镗、练亨甫修《熙宁政录》，当即编类此也。75，页6175

【宋神宗熙宁七年（1074）夏四月】诏："婕妤宋氏，遇同天节赐亲属霞帔三道，自今为例。"88，页6177

【宋神宗熙宁七年（1074）夏四月】诏三班差使、借差并殿侍犯罪断讫取补，授宣札批，所犯刑名，徒以上仍勒停；犯除名及永不收叙者，即追毁。92，页6178

【宋神宗熙宁七年（1074）夏四月】丙申，诏："闻淮南路推行新法，多有背戾，役钱则下户太重，常平惟务散多，更不出榜召人情愿，有用等第敷钱与民，极为不便。令本路监司速体量按治以闻。"

又诏："近楚州市易务监官违法，闻蒋之奇久已知之，亦尝有百姓陈诉，而之奇都不案治，宜亦体量以闻。"会之奇丁忧去。丙戌，之奇已奏王景彰，此云不按治，当考。朱史已削去。93，页6178

续资治通鉴长编卷二百五十三　宋神宗熙宁七年（甲寅，1074）

【宋神宗熙宁七年（1074）】五月戊戌朔，曲赦熙河路，杂犯死罪降从流，流以下释之。本路马步军并今年二月已后运粮草、材木修筑堡寨等厢军、义勇、弓箭手、蕃兵、寨户、强人，及自京至本路急脚、马递铺兵士，诸路差在熙河今年二月已后尝经战兵，并与特支钱；军士因战重伤不任征役者，且给全分衣粮。1，页6186

【宋神宗熙宁七年（1074）五月】先是，航应诏论时政五事：请削役钱之令，复募法为差法；罢斥程昉，勿以为水官；尽复废县，置令尉，禁保甲藏兵于家；追市易所遣官，勿使贩粟塞下；蠲除不以去官赦降原减之制，以通天下改过自新之路。复议请减法，以明贵贱之分。疏奏，不报。又言："人君不可轻失天下之心，宜乘时有所改为，则人心悦而天意得矣。"语尤至切，因力奏求罢职，故有是命。15，页6190

【宋神宗熙宁七年（1074）五月】法寺奏断深州百姓陈膺等听诸葛公权计，癸丑岁国家主有兵兴变，共谋为乱，公权亡不获。诏："陈膺、朱川皆斩，史亮、李信杖死，余党并杖脊分配编管。告事人王通释罪，授西头供奉官，勿与亲民差遣，任满就移，毋得赴阙。"32，页6193

【宋神宗熙宁七年（1074）五月】诏入内供奉官卫端之追两官，免勒停，弓弩院工匠俞宗等十人黥面，配京东西本城。端之被差看验弓弩不堪修者拆剥，乃以病色弓三十五万余张赴拆剥所，内角面十二万，司修计费钱七千余缗。犯在疏决前，上曰："是可以弗惩乎？"特黜之。端之先以造弓弩弦省工，减磨勘四年。至是，坐枉费得罪。《吕惠卿家传》：惠卿判军器监时，禁中亦置造作所。中官卫端之编排弓枪库，杂色弓七十余万张，其当毁者四十九万张，已毁十六矣。惠卿遣属官李稷等诣库覆视之，得其以良为恶，而未毁者十余万，请复存之。案端之得罪时，惠卿已执政矣。或是惠卿先发端之罪，及执政乃行罚也。《家传》又以端之得罪，系遣郝质诣军器监前。郝质诣监，已附正月十二日，更须详考之。34，页6193—6194

【宋神宗熙宁七年（1074）五月】龙图阁待制、枢密都承旨曾孝宽言："修赏功格点检条例，曾旼、王白近准朝旨罢，乞依前点检合用条例，仍许据合检文字，就史院抄录。"从之。42，页6195

【宋神宗熙宁七年（1074）五月】先是，中书言："闻两浙近年盐课增羡，惟刑狱繁多，今据虞太宁奏，以申举官司行盐法差误，卢秉挟恨捃拾。审如所奏，即多罪及无辜，刑禁之繁，恐由此起；兼闻多积压盐数。"故有是命。靓且使体量改正，仍具违法事，及相度宜如何使不致亏岁课，可省刑禁。又诏三司具卢秉已增课利，保明以闻。六月十五日辛巳、九月癸亥二十八日张靓体量奏至。虞太宁不知时任何官，当检附。50，页6197

【宋神宗熙宁七年（1074）五月】诏熙宁以来朝廷创改法度属枢密院者，令中书取索一就编类进呈。四月二十五日，中书先被诏。八年五月二十一日，范镗、练亨甫修《熙宁政录》，当即编类，此后乃名曰《政录》尔。53，页6197

【宋神宗熙宁七年（1074）五月】赐凤翔百姓赵怀懿钱三百千。怀懿有女嫁何氏，女归，言夫之弟巨源谋反。怀懿以其事告官，巨源论法当斩，怀懿乞行赏。有司以何氏告其夫弟之罪，法告有服亲不当赏。怀懿诉于登闻检院，下刑部，刑部言："五服许相容隐，虽谋逆许告，于法无

赏。"特赐之。64，页6200

续资治通鉴长编卷二百五十四　宋神宗熙宁七年（甲寅，1074）

【宋神宗熙宁七年（1074）六月】诏监安上门、光州司法参军郑侠勒停，编管汀州。始，侠上书献流民图，朝廷以为狂，笑而不问，第令开封府劾其擅发马递入奏之罪。而侠又上书言："天旱由王安石所致，若罢安石，天必雨。"安石既罢，吕惠卿执政，侠又言："安石作新法为民害，惠卿朋党奸邪，壅蔽聪明。独冯京立异，敢与安石校。请黜惠卿，用京为相。"且言京及元绛、孙永、王介四人者皆仁义人也。惠卿大怒，遂白之上，重责之。《侠言行录》云：吕惠卿参政，其日京师大风霾，黄土翳席逾寸。侠又上疏论之，不报。此事当考。侠荐京为相，此据京本传，新、旧史皆云，而《实录》、墨本但云侠称京及元绛、孙永、王介四人皆仁义人，不云荐京为相，盖不详也，朱本又削去四人姓名。按《熙宁编敕》，擅发马递罪止杖一百，今勒停、编管，盖别有所为，而墨本、朱本并云坐上书献图、擅发马递。此亦不详也，盖当时但借此以责侠耳，今并取新、旧传及司马光《记闻》删修。四月七日，侠初被劾；八年正月七日庚子，侠再窜英州。17，页6207—6208

【宋神宗熙宁七年（1074）六月】己卯，诏在京、一司、一路、一州、一县敕编修讫，并上中书。在京、一司敕送检正官，余送详定一司敕令所再详定。28，页6210

【宋神宗熙宁七年（1074）六月】宰臣韩绛言："前内殿崇班王用臣，敢死事之士，实有战功，今熙河路颇藉才武之人，欲望与近下班行。"诏补三班借职、熙河路经略司指使。初，用臣任镇戎军定川寨都监，坐自盗赃三十七匹，法应绞，免死，配下班殿侍，送本路效用，至是又命之。29，页6210

【宋神宗熙宁七年（1074）六月】甲申，诏诸班直并皇城司亲从官配隶诸州牢城、本城，年五十以下情理轻者，班直改配龙骑，亲从官配壮勇，令刑部立《诸班直叙法》。先是，卫士以小罪或连坐降配，其居南方者病瘴疠，多不还，自恃才武，窘于衣食，或亡为盗，故收恤之。40，页6211

【宋神宗熙宁七年（1074）六月】罢澧州、澧阳等三县官竹园岁鬻笋钱，委有司详定《盗笋竹法》，令州县护养，以助军器。从本路提点刑狱李平一请也。42，页6211

【宋神宗熙宁七年（1074）六月】乙未，命参知政事吕惠卿提举编修《司农条例》。63，页6217

【宋神宗熙宁七年（1074）六月】审刑院详议官贾士彦，乞差官以熙宁以来得旨改例为断，或自定夺，或因比附，办定结断公案，堪为典刑者编为例。又乞委官以诸州奏狱格式及敕律令文断狱之事，裁损编载，立为案式，颁之天下。诏刑部编定。64，页6217

【宋神宗熙宁七年（1074）七月】命工部员外郎、集贤殿修撰、判司农寺李承之，太子中允、直集贤院、同判司农寺张谔，秘书丞、馆阁校勘、权判刑部朱明之，太子中允、权监察御史里行丁执礼，并兼详定编修司农条例；执礼仍充馆阁校勘。知开封府兵曹参军、大理评事吴安持，忠正军节度推官、管勾国子监丞郭逢原，吴县尉、提举修撰经义所检讨曾旼，并兼充编修删定官。12，页6219—6220

【宋神宗熙宁七年（1074）七月】同纠察在京刑狱祝咨，请罢天下负犯百姓见欠开封府赃赏钱。22，页6221

【宋神宗熙宁七年（1074）七月】详定编修三司令敕沈括言："奉诏编修明堂、籍田、袷享、恭谢式。明堂、袷享，近岁多与南郊更用；恭谢、籍田，历年不讲礼文，盖已残缺。至于东封、西祀、朝陵等礼，亦皆难以搜究。窃虑空文迄于无用，欲止编明堂、袷享二礼。"从之。24，页6221

【宋神宗熙宁七年（1074）七月】知谏院邓润甫言，乞于每路监司择一人，与守令博访青苗法度。又乞每岁散青苗一料，取二分息。诏并送提举编修司农寺条例司。朱本删去，签贴云无施行。今复存之。35，页6222

【宋神宗熙宁七年（1074）七月】司农寺言："五等丁产簿，旧凭书手及耆、户长供通，隐漏不实，检用无据。今《熙宁编敕》但删去旧条，不立新制，即于造簿反无文可守，甚为未便。承前建议，惟使民自供手实，许人纠告之法，最为详密，贫富无所隐，诚造簿之良法。"诏送提举编修司农寺条例司。建议者前曲阳尉吕和卿，惠卿弟也。八年十月二十三日，罢手实。吕惠卿志吕和卿墓云：君之为曲阳尉，会朝廷初行免役法，他州县皆莫能推行，君首以曲阳户等之高下，役事之轻重，第为数等以应令。定帅李肃之深善之，未及行，以忧去。服除，复考太祖朝通检籍并令文。所谓手实者，参之以周官大比之法，成书以上，欲以均天下之役钱。会余以参知政事领司农寺，事始推行焉。宰相韩绛力请赏擢君，而君意深不欲，余为力辞于上，乃不果赏。其后异论参差，事虽寝而诸路州县用以造簿者十已八九，而役钱卒赖以均。太祖朝通检簿，当考。吕惠卿提举编条例，在六月乙未。《食货志》载和卿献议，今附七月末。45，页6224

【宋神宗熙宁七年（1074）七月】丙辰，诏诸房创立或删改海行一司敕，可并送法司及编敕所详定讫，方取旨颁行。46，页6224

【宋神宗熙宁七年（1074）七月】参知政事吕惠卿言："司农条例所该事目极多，欲下诸路，令提举司官各具本路推行新法有无疑虑，须合申明，及未尽、未便事合更改措置，或本路已修完改正可以推之别路，条具申本寺，遍牒辖下官，亦许直述所见。"三月十七日，惠卿判司农，已有此申请，当参考。

又言："诸路州县见行常平、苗役、丁产、保甲、农田、水利等事，全藉簿书钩考登耗虚实，则其制造不可以无法。欲令提举司，各据本路见有簿如何制造关防，具简径式样供申。"从之。已而惠卿献议曰："免役出钱或未均，出于簿法之不善。按《户令》手实者，令人户具其丁口、田宅之实也。《嘉祐敕》，'造簿，委令佐责户长、三大户，录人户、丁口、税产、物力为五等'，且田野居民，耆、户长岂能尽知其贫富之详？既不令自供手实，则无隐匿之责，安肯自陈？又无赏典，孰肯纠决？以此旧簿不可信，谓宜仿手实之意，使人户自占家业。如有隐落，即用隐寄产业赏告之法，庶得其实。手实法凡造五等簿，预以式示民，令民依式为状，纳县簿记，第其价高下为五等。乃定书所当输钱，示民两月。非用器、田谷而辄隐落者许告，有实，三分以一充赏。其法：田宅分有无蕃息各立等，居钱五当蕃息之钱一。通一县民物产钱数，以元额役钱均定。凡田产，皆先定中价示民，乃以民所占如价计钱。"于是始行手实法。《食货志》第二卷载参知政事吕惠卿献此议，中丞邓绾驳之。按行《手实法》，《实录》不记是何年月，但此年七月十九日书司农寺云云，亦不记建议者何人。今既于七月十九日载和卿建议，又于七月末因惠卿令诸路各供簿法，即取本志所载惠卿云云附此。《志》又云：中丞邓绾驳之，天子是

其议,则于罢《手实法》时载之。行《手实法》在七年十月十九日,罢《手实法》在八年十月二十三日。63,页6226—6227

续资治通鉴长编卷二百五十五　宋神宗熙宁七年（甲寅,1074）

【宋神宗熙宁七年（1074）八月】知开封府兵曹参军、兼删定司农寺条例吴安持言:"昨同吕嘉问详定《行户条贯》,续差孙永体问利害,供析事状,不无异同,乞罢知兵曹参军。"从之。14,页6232

【宋神宗熙宁七年（1074）八月】癸酉,诏前权京东路转运判官、太子中舍王子渊送审官东院,差通判洋州。坐擅于密州置市易务,借官钱市乳香也。苏辙《龙川略志》云:熙宁中,王子渊为京东转运判官、知密州,海舶多私贩乳香,即明召舶客入官中,以贱价买之,自以为奇,言于朝廷。中书户房检正官向宗儒得之,喜曰:"此法所禁,子渊为监司,知人犯法不能禁,而出钱买之,此罪人也。"子渊既得罪,香皆没官,一时以为奇策。元祐初,贩香者诉之朝廷,令户部支还七分钱,议者以为过犹不及也。26,页6233—6234

【宋神宗熙宁七年（1074）八月】诏编修敕令删定官、大理寺丞丁执礼升一任。以编修岁计成书也。37,页6236

【宋神宗熙宁七年（1074）八月】翰林学士、行起居舍人、权三司使曾布落职,以本官知饶州。都提举市易司、国子博士吕嘉问知常州。军器监狱具,布坐不觉察吏人教令行户添饰词,理不应奏而奏,公罪杖八十;嘉问亦坐不觉察杂买务多纳月息钱,公罪杖六十。而中书又言"布所陈治平财赋,有内藏库钱九十六万缗,当于收数内除豁,布乃于支数除之。令御史台推直官蹇周辅劾布所陈,意欲明朝廷支费多于前日,致财用缺乏,收入之数不足为出。当奏事诈不实,徒二年",而有是命。魏继宗仍追一官勒停。初,市易之建,布实同之,既而揣上意疑市易有弊,遂急治嘉问。会吕惠卿与布有隙,乘此挤布,而议者亦不直布云。周辅,双流人也。47,页6237

【宋神宗熙宁七年（1074）八月】癸未,翰林侍读学士杨绘、陈绎并为翰林学士。已而知制诰、兼知谏院邓润甫言："尝论陈绎过恶，今绎除翰林，臣适当制，乞令以次当制官撰辞。"诏罢绎命。先是，润甫尝言"邓州卒陈美、齐贵夜入州廨，与婢奸，杀绎子及其妇，绎自见闺门狼籍，一切宽贷庇覆。邓州所劾，与转运司奏不同，乞遣官覆案"故也。48，页6237—6238

【宋神宗熙宁七年（1074）八月】诏御史台推直官、职方员外郎田曾降一官，京西转运使吴几复、转运判官曾伉、提举常平等事胡宗师各罚铜一斤，提点刑狱陈世修赴阙。几复等案权知唐州、虞部郎中苏涓失点检兵马司存留修召渠卒及妄费公使钱事，涓不服。讼久不决，遣曾就州置狱。涓又诉监司捃摭诬罔不实，曾不并治，乃令审刑院、大理寺以涓等事状取旨。时既黜曾等，涓所坐杖六十，罪以赦原。60，页6239

【宋神宗熙宁七年（1074）八月】右谏议大夫、集贤学士宋敏求上编修《阁门仪制》十册。80，页6243

续资治通鉴长编卷二百五十六　宋神宗熙宁七年（甲寅，1074）

【宋神宗熙宁七年（1074）九月】荆湖北路转运司言："诸州军及川峡四路铁钱界罪人当配广南者，除情理凶恶州军，余并配沅州，候及五百人止。"诏沅州厢军五百人内，招本城三百人，以宣节为额；牢城二百人，许刺配诸处罪人，候足停配。11，页6248

【宋神宗熙宁七年（1074）九月】司农寺言："诸旌表门闾有敕书及前代帝王子孙于法有荫者，所出役钱依官户法；赐号处士非因技术授者，准此。"从之。55，页6255

【宋神宗熙宁七年（1074）九月】上以诸路旱灾，常平司未能赈济，谕辅臣曰："天下常平仓，若以一半散钱取息，一半减价给粜，使二者如权衡相依，不得偏重，如此民必受赐。今有司务行新法，惟欲散钱，至于常平旧规，无人督责者。大凡前世法度有可行者，宜谨守之，今不问利害如何，一一变更，岂近理耶？"58，页6256

【宋神宗熙宁七年（1074）九月】检正中书五房公事李承之言："三司帐案文字，焚烧几尽，外方人吏，因此折兑隐藏案检。乞下诸路，应熙宁五年后文帐案检，委州县画时监勒吏人检取，封印架阁，具道数申提举帐司。其吏人，各据所管主事文帐及案底簿书，开拆收拔名件，限三日。判使纽计分数，并具火势先后，申中书看详收救并烧失若干，量轻重赏罚；如敢隐藏，或故毁弃，即令点检申举，许人告，犯人以违制论，情理重者当刺配，告人给赏钱三百千。"从之。68，页6260

【宋神宗熙宁七年（1074）九月】诏："三司点检编排账目文字，具散失数及收救不足并申中书或枢密院，下诸司检录降下，中外奏闻。事关三司，未回报；并诸处承受三司指挥勘会事，未回申；虽已回申，未行下指挥，当结绝者：限五日申中书或枢密院，元申牒三司文字即一面申牒三司。以上并令本司置簿拘管，敢有隐落，以违制科罪。其应见行事，如未见条例，并审议施行。如事体稍大，申中书或枢密院。诸因三司火，文案不全，辄敢诈欺规图官私财物及增减功过，以违制论，计赃重者以枉法论。"68，页6260—6261

【宋神宗熙宁七年（1074）九月】诏权三司使、翰林学士兼侍读学士元绛落侍读学士，罢三司使；盐铁副使、户部郎中张问知虢州；判官、金部郎中李端卿，太常博士、秘阁校理韩忠彦，为军通判，并降一官；户部副使、太常少卿贾昌衡，度支副使、刑部郎中孙坦，其余判官、检法、提举帐、勾院等十二人，并罚铜三十斤；制置永兴秦凤路交子、司封郎中宋迪，监三司门、内侍殿头李世良，并夺两官勒停。初，迪来禀事于三司，而从者遗火于盐铁之废厅，遂燔三司，故迪坐免。绛等及责应救火官，令御史台劾罪以闻。68，页6261

【宋神宗熙宁七年（1074）九月】是时，关中钱法弊，永兴军路安抚使吴中复请以钱四十买缺薄恶钱一斤，则民间专行省模大钱，而大钱少，不足用，请以所买恶钱悉改铸大钱，而民间所行私大钱一以一小铜钱买而更铸之。永兴军等路转运使皮公弼请尽买恶钱，且毋行铸铁钱相易事。有司旧纳伪钱，请先于本路五铜钱监改铸，一年可竟，又请改铸所买恶钱。秦凤路都转运使熊本言："买恶钱及禁旧通行大钱、铜钱相易，皆非便。请降钱式下所属，而禁用恶钱，犯者论如法。勿废旧通行钱，选官库恶钱，同所买改铸之，小变其模，为'熙宁重宝'。今本路官钱受私钱已多，省模钱久废，公私百无一二。今虽以钱四十得伪钱一斤，及铜钱千易当二铁钱千，其实铁钱一斤才当斤铁耳，千钱为铁六斤，斤铁为钱二十，而以铜钱千易之，官失多矣。又钱多，一年改铸未得竟也。且民卖千钱得二百五十折二大钱，才易其半，又禁其通行大钱，则方灾伤民所有钱，四亡其三，何以救灾？"众议不同，于是，诏逐司相度利害以闻。此据《食货志》第六卷。比《实录》所书颇详，当用之。十二月十一日甲戌熊本云云，再下逐司相度。84，页6264—6265

【宋神宗熙宁七年（1074）九月】癸亥，诏永兴军路安抚、转运、提点刑狱、提举司具析奏流民、盗贼不实因依以闻。先是，安抚等司言："本路二麦薄收，民缺食，流移十已八九，贼盗惊劫浸多。"下熊本体问，本言无大惊劫，故有是旨。85，页6265

【宋神宗熙宁七年（1074）九月】权发遣两浙转运副使张靓言："体量官司行盐法差误十事，内三事卢秉举觉已根究外，越州有因监催盐赏钱，母杀子者；又濒海等县，隔州县追同保人，令本路转运司劾官吏。其盐事司违法每月比较课利，决责、枷锢专副。"诏淮南西路转运司劾卢秉以闻。其后奏至，秉坐公罪杖六十，用赦原之。差靓体量，在五月十九日丙辰。吕惠卿《日录》：熙宁八年八月二十八日，进呈张靓乞避卢秉状，上曰："是他乞移京东西一路，或解罢赴阙，莫只是要朝廷知。"金曰："是如此。"余曰："但陛下察之，便见说。卢秉尤怨臣等，至于人前泣诉。"王珪曰："韩绛等当时便要冲替却。"上曰："秉诚有过当事。"余曰："沈括初自浙中回，外面说底事，必然面奏陛下。断过刑名一簿及数千人，此是沈括录来。越州母杀子，是谢景温手里断，是括体访来，嗔他张靓体量不得也。虞太宁论卢秉事，只明州有七八件违法，虽是秉牒太宁驱磨，然太宁才具申县保甲，秉三日走到太宁县，搜寻他事，便罢了太宁公事，显是怒他如此申明。太宁言秉立式与州县，应断过盐案并依式供申本司，有逐季申、月申、旬申、逐时申，或本司有勾当公事检法官点检。至于入徒、流、配罪并不点检，已死及流、配并追赏钱于其家。只六年八月一日内，收坐官员已百余员，决人吏八百余人，如此尽有迹状，若送与秉分析，必了不得。然臣等为秉亦收许多课利，而去簿中外方欲共坏朝廷新法，则不可不且保全他。以此只于靓体量事中，只择一件月比较专副事勘他。然秉一路添许多刑名，极非佳事，又秉宽苛刻之罪，严纵舍之禁，则州县自然趋向如此。如张靓自言趁得课利多如秉，未知实与不实，若果是实，却无如此违法事，即为可嘉。"上曰："若如此即须加赏。"八年七月九日，卢秉自淮东提刑除发运副使，靓时任两浙运副，故乞回避。十月二十五日，缘张若济、郑膺事罢。今附注惠卿云云于此七年九月二十八日，更徐考之。虞太宁事，当并考。86，页6265—6266

续资治通鉴长编卷二百五十七　宋神宗熙宁七年（甲寅，1074）

【宋神宗熙宁七年（1074）冬十月】检详枢密院兵房文字、太子中允刘载监杭州龙山税。坐前知司农寺丞京东体量赈济灾伤擅立关子式，牒诸州军付饥人，于积蓄之家假贷违法也。六月辛未，载初以佐著作除中允、检讨。9，页6270

【宋神宗熙宁七年（1074）冬十月】辛未，中书言："准条，南郊前一季，许约法断案外，余不约法。勘会每约法，大理寺供状法申中书、枢密院，即检断，审刑院更不贴草节略贴黄。法状比贴黄繁多，刑房吏少，虑当此拥并，点检不精，乞更不约法；止两月前召审刑、大理官赴中书，令断、议官同议断，依旧贴黄；止作节状申中书、枢密院，受誓戒前半月依此催促。"朱史以为小事削去，新本从之。又奏："看详编修条例所言：大礼，臣僚加恩，旧无定例，推恩不一。有宗室皆为诸王、使相而充献官及免者，食邑并加千户，或不充献官加七百户，今并改作千户。有皆为知枢密院、枢密副使、宣徽使而带节度使者，食邑七百户，实封三百户；不带节度使者，食邑加五百户，实封二百户，今并改作七百户，实封三百户。"从之。14，页6271—6272

【宋神宗熙宁七年（1074）冬十月】知荆南潘夙罚铜八斤，转运使孙构、荆湖北路都监朱允中各七斤。坐妄奏权知懿州、左藏库使李浩斩军人及擅交割公事赴太原府新任不实故也。21，页6273

【宋神宗熙宁七年（1074）冬十月】知谏院邓润甫言，闻开封府司、军巡院所禁罪人多久系不决，有自春夏迄今，犹未予夺。诏开封府具析以闻。35，页6277

【宋神宗熙宁七年（1074）冬十月】权发遣三司使章惇言："三司焚毁，旧行公案全缺吏人，帐司吏多，乞选三十人分于逐案，却拨三司善算吏还账司。"诏差十五人。又奏："乞从臣委官及选检法官一员，同取索在省主行文籍，逐一看详。素有令式者归有司，未有令式者立条例。"又奏："乞三司僚属，从臣选举。外司之财，三司总领。如外司有不职、不奉法者，以时案举。"并从之。十一月戊戌，《实录》又书三司言：乞发运司市易财利，并归三司。从之。即此总领外司之财也。今存此去彼。36，页6277

【宋神宗熙宁七年（1074）冬十月】司农寺乞废户长、坊正，其州县坊郭税赋、苗役钱，以邻近主户三二十家排成甲次，轮置甲头催纳，一税一替，逐甲置牌籍姓名，于替日自相交割，县毋得勾呼；衙集役使，除许催科外，毋得别承文字，违者许人告，以违制论，不以去官赦降原减。从之。八年闰四月乙巳、甲寅可考。39，页6277—6278

【宋神宗熙宁七年（1074）冬十月】诏："自今大使臣任路分都监、知州军以上合降差遣者，除横行使副以上及降州钤辖之类审官无缺者，并令枢密院量情罪差注；余并量所坐轻重取旨，与本院差遣，或送审官西院。其小使臣特旨责降者，准此。"54，页6280

【宋神宗熙宁七年（1074）冬十月】壬辰，中书条例司乞五路弓箭手、寨户，除防拓、巡警及缓急边事许一面差拨外，若修城池或和雇夫、马、牛、驴，即申经略、安抚、钤辖司指挥。如敢别差情及科配、和雇不以正身家人，并科违制之罪，虽经赦降去官不原。委按察官觉察，及立赏许人告。从之。其夔州路义军、广南枪手、土丁、峒丁、湖南弩手、福建乡丁枪手，准此。58，页6280—6281

【宋神宗熙宁七年（1074）冬十月】诏义勇、保甲令三路提举官详定《教阅武艺陈队法》。59，页6281

续资治通鉴长编卷二百五十八　宋神宗熙宁七年（甲寅，1074）

【宋神宗熙宁七年（1074）十一月】岢岚军使、西京左藏库副使刘琯降一官，通判、大理寺丞蒋承之展二年磨勘。坐根括旷土，有讼女户冒佃户绝地千余顷，推劾不实，并不察吏受赇故也。4，页6287

【宋神宗熙宁七年（1074）十一月】诏房州房陵县令张存中放归田里。以京西南路转运司言存中寄私书谢前任押司、录事，及言知州綦愿托买田事。既黜存中，愿劾罪以闻。7，页6288

【宋神宗熙宁七年（1074）十一月】诏马军副都指挥使贾逵、旧城里左厢巡检孙吉、右厢巡检张忠各降一官,步军副都指挥使宋守约、新城里左厢巡检顾兴、右厢巡检石岩、开封府判官吴几复、勾当旧城里左厢公事魏中孚各罚铜四十斤。坐不能救三司火也。22,页6290

【宋神宗熙宁七年(1074)十一月】癸卯,诏同管勾外都水监丞程昉罚铜三十斤。昉被旨相度河事而不躬往,及劾罪,称误会朝旨,该德音特罚之。23,页6290

【宋神宗熙宁七年(1074)十一月】己未,冬至,合祭天地于圜丘,以太祖配,赦天下。37,页6292

【宋神宗熙宁七年(1074)十一月】庚申,枢密院言:"武臣犯罪不至追官而特旨追降官不勒停者,其叙限比追官勒停人各听减一期,即追降三任以上者仍以三期叙。"从之。39,页6292

【宋神宗熙宁七年(1074)十二月】知齐州李肃之言:"提举常平等事吴璟,体量臣前任青州违法不公,今璟收郓州官妓魏在家及负郓州官私债数千缗。"诏转运司案实以闻。后转运司言有实,诏璟冲替,仍劾之,竟坐贷所部钱及盗官钱,会恩特勒停,仍每叙理止与散官。勒停,在八年八月十四日,今并书。璟,珪子也,已见。13,页6295—6296

【宋神宗熙宁七年(1074)十二月】上批:"李宪见寄昭宣使,所有南郊支赐,缘宪勾当御药院三,昼夜执事,最为勤劳,难依散官例。"枢密院言:"南郊式,昭宣使以上当支赐银、绢各四十匹、两。"上曰:"此系散官无职事人例,仍赐银、绢各七十五匹两。"《御集》十六日事,今附此。19,页6297

【宋神宗熙宁七年(1074)十二月】中书言:"春、秋祭祀,虽法从官给,而近年诸县往往借贷猪羊,或量买市肉以祭,乞条约之。"诏河北西路转运司,令州县自今祷祠、祭祀,并依祀仪,以省钱买礼料。21,页6297

【宋神宗熙宁七年(1074)十二月】诏大宗正司,具赦前贬官宗室及有罪妇女或削封邑、冠帔、停俸者元犯以闻。28,页6298

【宋神宗熙宁七年（1074）十二月】知沅州谢麟言："本州岛屯田务无军士应募，乞依配罪人河州法配本州岛牢城。"从之。48，页6303

【宋神宗熙宁七年（1074）十二月】辛卯，诏诸将官及使臣等所授朝廷约束及兵数文字，凡干机密，不得传播，如违，并科违制，不以赦降去官原减，事理重者取裁。以上批"近差定河北诸将，命下之后，将佐、兵马之数，人人悉知。至于检中上书，草泽亦能道三十七将、二十万兵，闻多因将副中有军班出身者，与旧同辈谈说，致此张皇，可立法诫约"故也。62，页6305

【宋神宗熙宁七年（1074）十二月】是岁，宗室子赐名、授官者五十二人，断大辟三千五百九人。69，页6306

续资治通鉴长编卷二百五十九　宋神宗熙宁八年（乙卯，1075）

【宋神宗熙宁八年（1075）春正月】参知政事、右谏议大夫冯京守本官知亳州，权发遣户部副使王克臣追一官，司封郎中、集贤校理丁讽落职监无为军酒税，著作佐郎、秘阁校理王安国追毁出身以来文字、放归田里，内殿承制杨永芳追一官，汀州编管人郑侠改英州。御史台吏、前庆州录事参军杨忠信，检院吏孔仲卿，抚州进士吴无至，并决杖编管，忠信郴州，仲卿邵州，无至永州，忠信仍除名，永不叙用。侠既窜汀州，人多怜之，或资其行。吕惠卿憾侠不置，且恶冯京异议，欲藉侠以排去京并及王安国，乘间白上曰："侠书言青苗、免役、流民等事，此众所共知也；若言禁中有人被甲登殿诟骂，此禁中事，侠安从知此？盖侠前后所言，皆京使安国导之。"禁中有人被甲登殿事，据《侠言行录》，当是宿州狂人孙真也，事见九年五月三日戊午。据林希《野史》载，孙真事乃是九年四月一日，与郑所言绝不相关，当别有被甲登殿者，非孙真也。《野史》"真"作"珍"，其注在九年五月三日真决配沙门岛时。

上亦疑焉，他日，问京曰："卿识郑侠乎？"对曰："臣素不识侠。"侍御史知杂事张琥闻之，阴访求京与侠交通状。或语以京尝从侠借书，遗之钱米，琥即劾奏："京，大臣，与侠交通有迹，而敢面谩云不识。又侠所言朝廷机密事，非京告教，何得闻此？"上以章示京，京对"实不识，乞下所司辨"。琥又言："侠自言京为之主。按京身为辅弼，政事有所未便，自当廷议可否，岂宜怀贰，阴结小人？若京实无此，侠当坐诬大臣之罪。侠虽逐，而京之事状未明，乞追侠付狱穷治。"诏送御史台，京乃言："侠事因琥案劾，则御史官属不得无嫌，且朝廷不过欲见臣与侠有无往还问遗实迹耳。乞治于他司，或遣官就御史台根究。"诏知制诰邓润甫同推究。琥请遣奉礼郎舒亶乘驿追侠于陈州，索其囊中文字，悉封上之。狱官又掠治侠，令具疏所以交通者，皆捕送狱。僧晓容善相，多出入京家，亟收系考验，取京门历阅视宾客，无侠名。润甫等深探侠辞，多所连引，狱久不决，台官皆不得归家。《旧录》：七年十一月二十二日丙辰，上批："御史台推郑侠事，追逮命官甚众，而承制台官并不锁台守宿，间归私家，可令具状以闻。"朱本签贴云：本台奏每夜轮三院直官与差制官一员或二员，皆宿，各不接见宾客。进呈讫，合删。今附注此。6，页6310—6311

【宋神宗熙宁八年（1075）春正月】庚戌，冀州言："散直王达与侍禁李可观等督役治州城，雨坏二十六步。法寺当达公罪杖，会赦原，中书拟达罚铜重难差遣一次。"上批："河北诸城工役方兴，若容其怠慢，功成未几而摧塌，恐枉费人力，缓急误事。可观等罚铜，达决杖。"19，页6317

【宋神宗熙宁八年（1075）春正月】诏诸路转运司失计置钱物，及本路自可移用不缺而过为约度，妄有申请支拨，并妄诉免、指占上供钱物者，并委三司奏劾。32，页6320

【宋神宗熙宁八年（1075）春正月】辛酉，诏大理寺丞景思谊免勒停，赎铜四十斤，不为例。思谊坐知春州失入人死，当赎铜三十斤、勒停，上以思谊两兄皆战殁，母老无兼侍故也。49，页6325

续资治通鉴长编卷二百六十　宋神宗熙宁八年（乙卯，1075）

【宋神宗熙宁八年（1075）二月】诏枢密使陈升之提举修《马军司敕》，以权知审刑院崔台符等言"奉诏修《马军司敕》，缘军政事重，仁宗时命枢密使田况提举，乞依故事以枢臣总领"故也。十年二月壬申，敕成。10，页6331

【宋神宗熙宁八年（1075）二月】虞部员外郎吕嘉问、太子中允吴安持各升一任，余官各减一年磨勘，吏人转资、减年、出职有差，以详定行户免行法成也。33，页6338

【宋神宗熙宁八年（1075）二月】诏私有及私造神臂弓者，论如私造弩法。34，页6338

【宋神宗熙宁八年（1075）二月】手诏："外国刺事人，令都亭驿、开封府密遣人迹捕。告获一人，赏钱千缗，仍与班行；即居停知情人能告首，原罪外亦与酬赏。"时北人泛使将至，虑有奸人窃觇中国也。54，页6343

【宋神宗熙宁八年（1075）二月】中书言："堂后官王笃等编定命官四等过犯，乞付有司，更不置详定命官过犯及看详编配罪人所两局，遇赦令刑部比例定夺，上中书施行。"从之。56，页6343

【宋神宗熙宁八年（1075）二月】诏："比令以宽剩钱买田募役，须契勘准灾伤等支用，无得妨缺，其价高处罢买。"以两浙路转运使王庭老言，衢州西安县买山田价高，用钱十二万缗，乃足募一县之役，既放省税，又失免役、牙税官钱；司农寺言，恐不独两浙所费如此，欲改法。故有是诏。苏轼元祐元年四月六日奏议当考。王安石八年四月三日《日录》：安石论给田募役有十余害，上曰："苟如此，初何以有此议？议者必有所利。"翌日，检初议，乃李承之言募弓手宜如弓箭手为便，遂作此法，余无所利。安石曰："只以田募弓箭手，已不如弓手之便。弓箭手虽选强壮，然即敢足于一家，苟可以为强壮，则弗却也。弓手乃选强壮于无方，其所募皆得真强壮者。"上乃令废以田募役法。按：罢以田募役法，在四月十二日，此但诏勿买高价田耳。62，页6345

【宋神宗熙宁八年（1075）二月】河北察访使曾孝宽言："庆历八年，尝诏河北州军坊郭第三等、乡村第二等，每户养被甲马一匹，以备非时官买，乞检会施行。"户马法始于此。《墨史》记马法始于此。《朱史》签贴云：先帝仿三代寓兵于农意，立《保马法》。法未完，遭变。前史官以为户马法始于此，实为妄诞，删去。《朱史》但务诡谀，不知史法，新史已复存之，今从新史。《新纪》云：初行河北户马法。沈括论中国长技不在马事，附八月四日。66，页6346

【宋神宗熙宁八年（1075）二月】看详编修中书条例李承之等上《礼

房条例》十三卷并《目录》十九册,诏行之。76,页 6348

【宋神宗熙宁八年(1075)二月】审刑院详议官、殿中丞朱大简等言:"昨定审官西院差澶州都巡检康昺不如法,御史台勘大简迁延不决,会赦冲替。缘大简欲赴中书、枢密院巡白,以故稽期,非弛于职,而枢密院按置以法。"诏审刑院、大理寺,自今中书、枢密院送定公事,依条定夺,毋得巡白。81,页 6348

【宋神宗熙宁八年(1075)二月】鄜延路蕃部凌啰策木多、伊克沁威值岁饥走外界,会赦,法当斩。诏以情理可悯,杖脊配湖南牢城。85,页 6349

续资治通鉴长编卷二百六十一 宋神宗熙宁八年(乙卯,1075)

【宋神宗熙宁八年(1075)三月】戊戌,知成都府、龙图阁直学士蔡延庆言:"本路盗频发,虽编敕再犯许配本州岛,而川峡本城请受价优,投军者众,若犯盗配本州岛,则是因盗得利,盗必滋长。又川峡计赃,以铁钱二当铜钱一,加之案问,欲举率皆减等,赃重者犹不至配法,无所惩艾。欲令情理重者,申都钤辖司详酌配出川峡近东州军。"从之。9,页 6356—6357

【宋神宗熙宁八年(1075)三月】诏秘书监王端追一官,与宫观差遣,坐前知郑州伐园木为薪以自入,及报上不实,法寺当追官勒停,而诏免勒停故也。九年五月十九日,竟坐除名勒停。《端本传》云:端御下肃,猾吏病之。在郑日,园吏取枯柿供爨,御史劾其自盗,坐夺一官。15,页 6357

【宋神宗熙宁八年(1075)三月】军器监上所编《敌楼马面团敌法式》及《申明条约》并《修城女墙法式》,① 诏行之。29,页 6361

【宋神宗熙宁八年(1075)三月】史馆修撰宋敏求言:"奉诏续修国

---

① 法式、条约是宋朝法律的一种形式和名称,此处是三件不同的法律。

朝《会要》，乞差著作佐郎馆合校勘林希、光禄寺丞李德刍为编修官。"诏以希充检阅文字，德刍有赃罪，令刑部定是与不是入己赃以闻。其后，刑部言德刍所犯系入己赃，不复差。48，页6365

续资治通鉴长编卷二百六十二　宋神宗熙宁八年（乙卯，1075）

【宋神宗熙宁八年（1075）夏四月】诏罢给田募人充役，已就募人听如旧，其走死停替者勿补。先是，王安石为上言给田募役有十余害，上曰："苟如此，初何以有此议？议者必言所利。"翌日，检初议，乃李承之言募弓手宜如弓箭手为便，遂作此法，余无所利。安石曰："只以田募弓箭手，已不如募弓手之便。弓箭手虽选强壮，然即取足于一家，苟可以为强壮，则弗却也。弓手乃选强壮于无方，所募皆得真强壮者。"上乃令废以田募役法。据《实录》乃四月三日事，今因罢给田募役始著之。二月二十二日甲申，王庭老可考。王荆公安石当国，以徭役害农，而游手无所事，故率农人出钱募游手给役，则农役异业，两不相妨。行之数年。荆公出判金陵，荐吕惠卿参知政事。惠卿用其弟温卿之言，使役钱依旧，而拨诸路闲田募役。既而闲田少，役人多，不能均齐天下，方患其法之不可行，而中丞邓绾又言："惠卿意在甲毁乙，故坏新法。"于是，不行温卿之言，而依旧给钱募役。此据魏泰《东轩录》。泰诚不知事实者，姑附以证其误。七年五月二十四日初降指挥，苏轼奏议在元祐元年四月六日，王岩叟等驳奏在二年三月末，当并考。16，页6398—6399

【宋神宗熙宁八年（1075）夏四月】权御史中丞邓绾言："奉诏看详世居家书简，有与世居亲密者案后收理。本台搜检世居家书简看详，各是寻常往还，人数不少，未敢一例收理。"诏于法有罪人即收坐。绾又言："李逢、世居等起意皆因挟图谶袄妄书以相摇惑，伏详编敕，谶书之禁，虽坐流三千里，然非因事冒罣，无由发觉。所以法令徒设，人不知畏，士庶之家抑或收藏传说，不以为怪。乞下诸路，晓告收传图谶文书者立烧毁，或首纳入官，官为焚弃，过两月许人告，重赏之，犯人处死。"诏送编敕所立法以闻。其后立法："私有图谶及私传习者，听人告，赏钱百千"。从之。绾又言："世居纳匪人，论兵挟谶，访天文变异，伺国家休咎，出处架结，累年于兹，宗正不察，教官无状，其罪不可不治。又宗邸明有门禁，而逢等出入自恣，宫门无历案验，当正监门使臣之罪。"又言："世居文字内有攻守图术一部，得于内臣，张宗礼尝勾当三馆，盗印官本遗之，虽各会赦去官，并乞特令案后收坐。"从之。36，页6403

【宋神宗熙宁八年（1075）夏四月】诏所考京朝官班行选人，试经书、律令大义、断案。上等，大理评事梁子野赐同进士出身，二人循资，并堂除；中等四十七人堂除；下等六十三人并与差遣，并注官。子野，适孙也。38，页6404

【宋神宗熙宁八年（1075）夏四月】都提举市易司贾昌衡等言："金宝非衣食所资，但当禁其侈僭，若有糜坏，旧法致之以死，则论罪太重；募以厚赏，则为禁太密。今新敕止坐以销为饰者，则旧法已删改，其糜坏金银盖已无禁。然民尚循前法，未敢通用。已令本司造金银箔出卖。"上批："市易务箔金宜罢出卖，已成者听于后苑作折换。"上又批："市例钱，元条无税物，商人当纳与否？"旧舟筏入京城，典吏并缘为奸，丐取留难，而征算入官，十才三四。于是，有司请计所丐取数，减五六收之，以禄典史，而典史犯丐取百钱以上，皆坐配法，征算入官，十收其八，皆缘有税物始收。至是，上疑无税物者亦收市例钱，故以问中书也。57，页6409—6410

【宋神宗熙宁八年（1075）夏四月】己丑，上批："教阅法及赏罚格，已面谕曾孝宽修改大意，可付与，令取旨别行审定。差左藏库使夏元象同详定。"不知别审定何事，此或与二月十六日、五月九日阵图相关，更详之。63，页6411

【宋神宗熙宁八年（1075）夏四月】诏妃嫔每三岁许奏乞同宗或异姓有服亲合入差遣一次。先是，妃嫔陈乞无定法，故立此制。志同。66，页6411—6412

续资治通鉴长编卷二百六十三　宋神宗熙宁八年（乙卯，1075）

【宋神宗熙宁八年（1075）闰四月】癸巳，权三司使章惇言："昨增吏禄，行仓法，盖欲革绝私弊。今闻郤有以假借、典质之类为名，经隔月日方受财物者，宜为防禁。"诏行仓法人因职事以借便、质当为名受财者，告赏，刑名论如仓法。3，页6417

【宋神宗熙宁八年（1075）闰四月】知黔州、内殿崇班张克明言："领思、费、夷、播四州，又新籍蛮人部族不少，语言不通，习俗各异，若一概以敕律治之，恐必致惊扰，乞别为法。下详定一司敕所，请黔南獠与汉人相犯，论如常法；同类相犯，杀人者罚钱自五十千，伤人折二支已下罚自二十千至六十千；窃盗视所盗数罚两倍，强盗视所盗数罚两倍；其罚钱听以畜产器甲等物计价准当。从之。"47，页6437

【宋神宗熙宁八年（1075）闰四月】御史陈睦言："方盛夏时，愿严敕诸道监司分行郡邑，察冤狱，决系囚。吏不足使治狱与辄苛禁亡罪、侵害善良，即按劾之。"61，页6443

【宋神宗熙宁八年（1075）闰四月】赐右羽林军大将军、秀州团练使世居死，翰林祗候刘育凌迟处死，试将作监主簿张靖腰斩；司天监学生秦彪、百姓李士宁杖脊，并湖南编管；大理评事王巩追两官勒停，知瀛州、祠部员外郎、天章阁待制刘瑾落职，知明州，前翰林侍读学士、礼部侍郎滕甫落职，候服阕与知州。世居子孙贷死、除名、落属籍，隶开封府官舍监镇，给衣食；妻女、子妇、孙女，并度为禁寺尼；兄弟并追两官勒停，伯叔兄弟之子，追一官，停参。刘育妻子分配广南，为军员奴婢。张靖父母妻，决杖，广南编管。大宗正司宗旦等劾罪以闻。世居并子令少、令营名去"世"字、"令"字，孙五岁以上听所生母若乳母监镇处鞠养，及五岁以上取旨。差御史台推直官监世居至普安院，缢杀之，中使冯宗道视瘗埋世居。育、靖并坐与李逢等结谋不轨，彪以星辰行度图与世居，士宁收钑龙刀及与世居饮，甫瑾与世居书简往还，巩见徐革言涉不顺而不告，皆特断也。徐革，五月十七日乃断。71，页6446

【宋神宗熙宁八年（1075）闰四月】大理寺言，洪州断百姓周汝熊应坐徒而决杖，汝熊余罪会恩免，官吏失出徒罪，当劾。中书堂后官刘衮驳议，以谓律因罪人以致罪，罪人遇恩者，准罪人原法，议曰："因罪人致罪，谓保证不实之类，洪州官吏因推罪人以致失出之罪，自合从原。缘法寺断例，官司出入人罪，不用因罪人以致罪之法，乞自今官司失出，许用此法。"审刑院、大理寺以谓失入人罪，即是官司误致罪于人，难用因罪人致罪之法，其失出人罪，宜如衮议。从之。73，页6451—6452

【宋神宗熙宁八年（1075）闰四月】上批："罢耆户长、壮丁条例系何人修定？契勘进呈。"王安石以为此殆李承之瞽张谔，故有此问，然上意亦素疑其未便。及进呈，上曰："已令出钱免役，又却令保丁催税，失信于百姓。又保正只合令习兵，不可令贰事。"安石曰："保丁、户长，皆出于百姓为之，今罢差户长充保丁催税，无向时勾追牙集科校之苦，而数年或十年以来方一次催税，催税不过二十余家，于人无所苦。若谓保丁只可令教阅，即周官什伍其民，有军旅，有田役，至于五沟、五涂、封植，民皆有职焉。若止令习兵，不可贰事，即不知余事令谁勾当。"上曰："周公之法，因积至成王之时，非一代之力，今岂可遽如此。"安石曰："先王作法，为趋省便，为趋烦扰？若趋省便，则至周公时极为省便，然尚不能独令习兵而无贰事，则今日欲止习兵，无贰事，恐不可得。"乃诏司农寺、条例司具应言废罢耆户长、壮丁利害，编写成册，纳禁中。罢耆户长、壮丁在十四日，编写进入乃二十四日指挥，后不知如何行遣。此据《御集》。78，页6450—6451

【宋神宗熙宁八年（1075）闰四月】权检正中书户房公事吕嘉问言："近制检正官至员外郎许奏荐，缘检正官止是差遣，见行条例无不计资序奏荐者，乞于奏荐条删去检正官。"诏检正官转员外郎、通判以上资序者，许奏荐。五月十八日，韩绛乞罢相，与此合相参。86，页6452

续资治通鉴长编卷二百六十四 宋神宗熙宁八年（乙卯，1075）

【宋神宗熙宁八年（1075）】五月辛酉朔，疏决开封府系囚，杂犯死罪以下第降一等，杖以下释之。府界及诸路亦如之。1，页6457

【宋神宗熙宁八年（1075）五月】诏腰斩进士李侗。坐与世居、李逢等谋不轨也。6，页6458

【宋神宗熙宁八年（1075）五月】又诏三司判官杜欣展二年磨勘，检法官贾种民特冲替。坐断犯仓法人从杖罪，中书以为不当故也。12，页6458—6459

【宋神宗熙宁八年（1075）五月】诏前余姚县主簿李逢、河中府观察推官徐革凌迟处死；武举进士郝士宣腰斩；李逢妻为逢久弃出外，免没官，度为尼，男女没官为奴婢；逢叔司农少卿禹卿，侄分宜县主簿袭、汝州推官毅、前永济县主簿颜，并免真流；兄秘书丞逵免没官，并除名勒停，递送湖南编管；侄龚免决配，江东编管；徐革妻、男女、弟并没官为奴婢，叔配湖北编管；郝士宣父左侍禁贡除名勒停，潮州编管，母妻分配广南编管；本路转运、提点刑狱司并沂州干系官司理院勒鞫不当官吏及知彭城县陈惕、尉窦士隆，并劾罪以闻；内知情不告人，并编管。逢、革、士宣坐与赵世居结构，谋不轨，朱唐告发逢等谋，而惕等不受，及蹇周辅推治得失故也。45，页6470

【宋神宗熙宁八年（1075）五月】辛巳，太原府司法参军、崇文院校书范镗，睦州司法参军、崇文院校书练亨甫，并为中书习学公事，兼修条例、《熙宁政录》。镗刑房、亨甫户房。七年四月二十五日，诏中书自熙宁以来创立改更法度，令具本末，编类进入；五月二十一日，诏属枢密院者，令中书取索一就编类。此即《熙宁政录》也。55，页6476

续资治通鉴长编卷二百六十五　宋神宗熙宁八年（乙卯，1075）

【宋神宗熙宁八年（1075）六月】法寺言，三班借职南世景坐监主自盗，无官犯罪，有官事发，命以赎论。诏世景勒停，展三期叙，自今比类，枢密院取旨。9，页6485

【宋神宗熙宁八年（1075）六月】己亥，提举崇福宫、兵部员外郎、直昭文馆傅尧俞落职，追一官勒停。坐知徐州日不受朱唐告李逢谋逆状，法寺当绞，以失减及去官会赦，特黜之。12，页6486

【宋神宗熙宁八年（1075）六月】诏令式所修定《宗室禄令》，不成文理，未得颁行，送详定一司敕令所复位以闻。于是删定官魏沂罚铜十斤，送审官东院，详定官沈括特释罪。31，页6493

【宋神宗熙宁八年（1075）六月】诏诸州法司、当直司、司理院、推司、州院专差勘事司吏，委提举司相度，随宜立定人数。法司毋过三人，当直推勘司毋过四人，月给食料钱虽多，毋过十二千，法司习学毋过两人，食料钱毋过五千，以裁减役人废罢者户长、壮丁等钱充。度事务繁简，增损人数，依转运司吏行仓法。初止行于江宁府，至是，司农寺请行之诸州。又为立稽违差失许法司纠举赏罚法，自事务繁处为始。33，页6493

【宋神宗熙宁八年（1075）六月】诏边民典卖地与北界，论如私相交易律，皆配黄河南本城，许人告，亩赏钱十千；所典卖地勒犯人家或地邻赎归，犯人家财不足，官为借给，已有北人居者，官司婉顺发遣。其典买北人地者，钱不追，地不得耕，两地供输，与全属南人典卖地者立法有差。先是，边民以地与敌交易，久则疆畔不明，往往生事。庆历中，贾昌朝尝为约束，后屡申明，不能禁止，至是又著为法。34，页6493

【宋神宗熙宁八年（1075）六月】提点两浙路刑狱晁端彦言，常州违法给蒋辏官地。辏乃前两浙转运副使俞希旦婿之缌麻兄。诏转运司劾罪以闻。后得何罪，当考。或朱本削去，新本亦削去。50，页6516

续资治通鉴长编卷二百六十六　宋神宗熙宁八年（乙卯，1075）

【宋神宗熙宁八年（1075）秋七月】又诏："河东经略、监司、提举司官体量百姓因岁饥流入北界人数，许人首告，具实数以闻。所差官有尝经体量前申异同者，并释罪。如将来别体量今有不尽，当重行朝典。"38，页6527

【宋神宗熙宁八年（1075）秋七月】诏以新修经义付杭州、成都府路转运司镂板，所入钱封桩库半年一上中书。禁私印及鬻之者，杖一百，许人告，赏钱二百千。从中书礼房请也。初，进呈条贯，监司失觉察私印及鬻之者，当行朝典。上嫌其太重，命王安石改之，安石谢："诚如圣旨，乃臣卤莽，不细看所奏之罪也。"吕陶《记闻》云：嘉祐、治平间，鬻书者为监本，字大难售，巾箱又字小，有不便，遂别刻一本，不大不小，谓之中书五经，读者竞买。其后王荆公用事，新义盛行，盖中书五经谶于先也。51，页6529

【宋神宗熙宁八年（1075）秋七月】又诏进士及第自第一人以下注官，并先试律令、大义、断案。初，自三人以下始令试法，至是，中书习学公事练亨甫言："进士高科任签判、两使职官，通与一州之事，其于练习法令，岂所宜缓！前此习刑名者，世皆指以为俗吏。今朝廷推恩虽厚，而应者尚少，又独优高科，不令就试，则人不以试法为荣，滋失劝奖之意。"故有是诏。53，页6530

【宋神宗熙宁八年（1075）秋七月】诏权知开封府陈绎奏请，孕妇犯罪，许会赦恩诏，经疏决情理轻，释之。54，页6530

续资治通鉴长编卷二百六十七　宋神宗熙宁八年（乙卯，1075）

【宋神宗熙宁八年（1075）八月】甲午，罢礼宾使、权发遣河北缘边安抚使沈披，令监司案其不职事以闻。既得实，会赦免推治，特依冲替人例，降一等差遣。冲替乃十二月四日事，并书；披三月五日方授任。11，页6544

【宋神宗熙宁八年（1075）八月】司农寺句当公事杜常言，裁减熙州随军蕃部公使三库合支钱物。诏常如所减数著为例，册申司农寺详定。仍诏常取河、岷、通远军公使数裁减以闻。12，页6544

【宋神宗熙宁八年（1075）八月】乙未，徙太子中允、权发遣开封府推官王钦臣为群牧判官，仍罚铜八斤。坐知开封府陈绎出祷雨，而钦臣擅判辞状，绎劾奏故也。13，页6544

【宋神宗熙宁八年（1075）八月】诏参知政事吕惠卿罢提举编修司农寺条例。28，页6546

【宋神宗熙宁八年（1075）八月】诏："灾伤州军获强盗，该凌迟处斩。或杀人，或凶恶，或军人，或三犯行劫，并至死。或曾犯盗至徒，经断而又三人以上持杖行劫，至死。或在重法州县者，听用赏格。余降一等赏之，劫谷食者又降一等。"53，页6551

【宋神宗熙宁八年（1075）八月】司农寺言："保甲之法，主客户五家相近者为小保，五小保为大保，十大保为都保，诸路皆准此行之。惟开封府界五路，则除客户独选主户有二丁者入正保，以故小保有至数十家，大保有至百余家，都保有至数百家，人数过多，地分阔远，一保有犯，连坐者众。盖立法之初，有所未尽，欲令开封府界五路依诸路编排。"诏自今保甲三年一造簿编排，开封府界五路候造簿日，如所请施行。63，页6553

【宋神宗熙宁八年（1075）八月】中书言："审刑院详议官、大理寺详断官皆亲书节案，乞止令圈节，付吏写录，并减详议官一员、断官二员。"从之。70，页6555

【宋神宗熙宁八年（1075）八月】审刑院、大理寺言，有荫人杨仲甫、百姓贾沆等十一人传谤讪时政文字，罪当徒。会赦，诏仲甫、沆刺配荆湖南路本城，余编管淮南、京西路。71，页6555

续资治通鉴长编卷二百六十八　宋神宗熙宁八年（乙卯，1075）

【宋神宗熙宁八年（1075）九月】检正中书刑房公事王震、中书户房习学公事练亨甫、池州司法参军孙谔同修《贡举式》。八月二十三日，谔编《公使例册》。2，页6559

【宋神宗熙宁八年（1075）九月】诏阵伤五十日内死者，依阵亡例推恩。前此以三十日为限，又有请限百日者，至是依律著为诸路法。3，页6559

【宋神宗熙宁八年（1075）九月】辛酉，诏并令式及内诸司敕式入一司敕令所。4，页6559

【宋神宗熙宁八年（1075）九月】河北第十九将杨万自陈讨蛮有功不实，枢密院请劾其罪。上批特免。11，页6560

【宋神宗熙宁八年（1075）九月】中书、枢密院言，渝州獠贼菊曩二、木琴、木斗等二十余族犯边，请降敕榜付熊本。乃诏犯边夷人能自归，免其罪，元谋人自相捕杀准此，仍议推恩。23，页6562

【宋神宗熙宁八年（1075）九月】辛巳，命司农寺主簿王古鞫前秀州通判张若济赃罪以闻。御史中丞邓绾言："若济先知华亭县，参知政事吕惠卿及其诸弟与之密熟，托若济使县吏王利用借富民朱庠等六家钱四千余缗，于部内置田，利用管勾催收租课等事，乞施行。"故有是命。始，若济去华亭，大理寺丞上官汲为代。若济受民吴湘等银九百余两，后以两浙转运副使王庭老等荐，通判秀州。若济疑汲在华亭发其奸，收付狱。汲止坐违法差人冲替，汲妻高氏诣登闻以诉。会提点刑狱卢秉亦按若济赃。试将作监主簿郑膺者，惠卿舅也。若济赍膺钱五万入京请求，又阴使人窃旧案牍焚之，匿其枉法罪，止坐受所监临，追三官勒停，送衡州编管。汲讼不已，于是绾受其言，因劾惠卿与若济交结状。绾借若济事以攻惠卿，盖王雱意也。二十六日惠卿自辨。43，页6570—6571

【宋神宗熙宁八年（1075）九月】初，惠卿既进札子与安石辨改经义事，乞去位，因出前后与安石议论不合者。如两浙提举官王子京与其弟知苏州吴县事子韶，于秀州买板葬父亏价，转运使王庭老、张靓奏劾之。法寺断子韶杖六十私罪，刑房称庭老、靓奏劾违法。安石令子韶依断，而除落子京不觉察罪，将上乞取勘庭老、靓。惠卿以谓子韶依断太轻，子京以兄弟同谋葬父，岂得坐不觉察？转运司当奏劾，无可取勘之理。安石欲添盐钞而废交子，罢河北运米而行市易俵放之法，惠卿皆以为非便。罢交子在九年正月二十七日，罢运米则此八年六月十八日，可考。且曰："陛下置两府大臣，今吴充虽与之小异，特自固之计耳。王珪绝好人，王韶又如此，臣若不与较，则天下事谁当辨之？检正、堂后官作文字，皆不与臣议。臣尝召张安国来，谕之以人主以天下事付中书，中书以付五房，人主岂能尽看文字？罪无轻重，但凭中书而已。如王子京事，改换情节，岂得为便？若将上，上必罪检正官，不欲与相公失欢，故未敢尔。安石居常实不如此，惟自复来议论不合，又多不直臣，不以告，恐涉朋党，故略陈其愚，可以知臣不敢苟于陛下之职事，而臣于其官盖有不得其守者也。"上又曰："经义事必无他，卿不须去位。"惠卿曰："臣本无涉世之意，遭遇陛下圣明，欲立功业，诚欲自竭，俟法度齐整。而陛下一日赫然有四方之志，使安石居中，而臣在外，粗能有成，乃乞就闲，今此已矣，可小事，不可大事。愿陛下毋用兵。安石常言用兵须严名分，使虽有志者不敢出诸口，则事归一。安石之意不徒为军，为国亦欲如此。天下即是敌人，虽能禁近者言，其如天下何？至于谢景温景温发运在五月十八日戊寅，除将作在七月十一日辛未。不肯作发运使，而与在京差遣；卢秉负罪至多，而除发运使；秉除发运在七月九日。王子京有罪未断，而除淮南提举官。子京淮南提举在八月十一日庚子，不入长编。郑瘿言水利无状，臣力乞罢去，而今复召之；义仓不可置而欲置，常平法不可改而欲改；太学上舍生方通，方通，兴化人，大观元年闰十月十三日坐于轸责。安石固尝称其文字，而顾襄顾襄，开封人，十月十六日免解又出其门下，至上前乃始问臣与通何亲，而恩例至今不行；选人除常平官者，例皆改官为提举，惟曾旼独存管勾之名，又不改官，正以臣故尔。"上曰："闻升卿求安石进用，以谓有复相之功。"惠卿曰："升卿刚介自守，理必无之，可质诸神明。且陛下擢在经筵，尚可进用，纵使好利，岂至如此！"上曰："此乃他人言之，非安石也。"惠卿曰："安石每与陛下说开阖通塞，以为执狐疑之心者，来谗贼之口；持不断之虑者，开群枉之门。安石却会不得此事，致来人语言，自古只有人主堂陛隔绝，人情难通，即听谗纳谮。安石尚听谗纳谮，每日只被吕嘉问、练亨甫几个围合了。练亨甫东面一向守却王雱，吕嘉问才不去，便守却安石，其余人更下语言不得。昨安石初到，臣请去位，陛下以为安石莫疑否？臣犹以为不然。及臣再求去位，陛下云，'安石莫不忘卿否？'臣再三以为无此。今观安石如此，方知圣意无所不通，却是臣弟兄纯不思至此也。前后见陛下，十分须留一二分不尽，臣数以为言，必是陛下别有见得处，遂乞在告。"上曰："卿实有病否？"惠卿曰："实有病。"上令以状送中书。惠卿既在告，继下邓绾章，不旬日，惠卿罢政。惠卿在告，缘与王安石争改经义事乞去位，未许，因历陈安石之短，乞在告。上乃许之。《实录》并不载，今取家传附惠卿自辨析后。自"岂至如此"下，又取惠卿《日录》所载修入，凡二百七十六字，此可见小人离合情状，不可删也。又《日录》：八月二十四日进呈刑房具到两浙转运司体量王子京、子韶不当事，上曰："如此，即是转运司不合体量。"余曰："臣前日因节出案内事节，可见子京、子韶无可恕之情，运司无可怒之理。"王子韶，元初子京出头子差人买板，岂可只于子韶处取覆？一家买板葬父，无不知。又自熙宁六年正月初九日下县买板，板主不在，只于看守人处取来，直至七年八月板主回归来，说道"此板直三四十贯钱"，行人方经县论诉，乞定夺。本县差两番行人，并作三十贯，令本县行人甘认填还。至十一月，县中行人经州陈状，却是先行遣柳行人下县买板。知州理断，称此板只直十五贯文。余曰："直至推院方勘称本县行人为嫌。州中下县收买，所以大估价钱，即当时此事喧闹可知。元条既许体访，即访闻无不可知之理。前日见王安石，安石果言张靓等言安石与臣同在条例司，嫌子韶，所以如此。不知在条例时嫌子韶则甚？嫌子韶，自是批出来，外持守正之名，内怀朋奸之实。罢台官干他别人甚事！大凡心有可疑，即不得其正。臣因问安石，昨来子韶为不葬父，被张商英言，遂罢湖南运判，知高邮县，不知希阿谁指？如此，张靓亦是晓事底人，岂肯说与人，道我希执政？如此不足信。"上曰："恐无是事。"安石曰："子韶之言固不足信，前见吕惠卿要冲替王子京。"余曰："固不曾要冲替王子京，只是言不当勘转运司。"上曰："子韶诚可罪，子京不知，运司不合不取案看。"石又言："运司不合体量子韶昆山县事，乞冲替不当。"余曰："诚有过当之辞，但子韶为知县却差手下厅子充青苗库子，诚不得。"石曰："无条不得差厅子。"余曰："厅子自是三贯文雇，手力自是四贯文雇，自然不合差假。如差乡书手充青苗库子，岂须一一有条不得差方是违条。"上曰："库子是优饶差遣，到了不合差厅子。然买板事却是子京不知。"王珪曰："且令分析。"上曰："好。"余曰："本房称王子韶合取旨。"上曰："子韶此事诚是不得。"石曰："已该赦。"按：王子韶责上元知县在熙宁三年四月二十二日，其五年八月二十六日除湖南判，十月六日又责知高邮，后改宜兴，又改常熟，九年七月二十二日乃除永兴等路提举折纳。不知六年正月初九日下县买板是何州县？既委浙漕体量，当是常州或是苏州也。王安石却称昆山，不称常熟，不知何故？恐是传误，更须考详。又《日录》：九月十六日进呈前后与安石所争事目，余曰："只如王子京事，伊元初断子韶依断，王子京令大理寺更不收不觉察罪。臣说与堂后官，王子京弟兄商量买板葬父，自熙宁六年正月买板，次年十一月行人犹理会陪钱，却只收不觉察罪，已是情理轻，却令除落。又子韶托官员下县买物，令人陪钱，如此依断，莫轻否？莫将聚厅处商量，不知堂后官去他处说什么？"安石更不商量，遂大怒言："张靓、王庭老体量他不当，须要将上取勘，叫这汉一年闲住却添支，不知受底人苦，自总会他不得。"比至将上，安石乞取勘，臣以为不当取勘，陛下颇助臣说，遂得旨令本房做文字。本房做到状将上，臣读见与案内事节不同，问安石曾见案来否？安石言已见，臣道见来便得。见他怒，不敢与他议，将上。除臣道理不是处，即对陛下开陈其不实处，称买板头引是子韶一面指挥，据案却是子京出头引之类，即不欲尽说。陛下必须罪检正官。既罪检正官，是他须闭门闭户，便唤道臣趣逼他。然陛下以其理未当，故不许将下来。是他又令本房做白札子，依前与案内事节不同，如秀州前后行人等状，并只称王太丞买板，元不曾指说王子京。缘所称王著作、王提举便是王子京。虽无陪钱三十贯事状，缘累次估作三十贯，并不声说。又称无不得差厅子充青苗条贯。厅子、手力雇钱既不同，又是衹应人，即自不合充受纳库子。应不合差之人，岂须一一有条贯指挥？又同共商量买板葬父母，却称系各居，兄更无不觉察罪。又只有不合差弓手催免役钱并支青苗，不觉察书手乞觅人户青苗钱，该赦冲替体例，独无此体例，缘不合差弓手催免役钱，便可比差厅子充库子，不觉察厅子取受。其于不觉察乡书手，岂得事事一般，方得为例？臣略说指一两事与他，他又怒。王珪遂劝令且休，将上更商议。臣遂说与安石："莫相公未见案节（子）[仔]细？待节出案内要节，相公看过，如实有可怒情节，即取勘。"遂节其数段，以见子京、子韶无可矜之情，而张靓、王庭老无可怒之理。安石却送令检正官疏臣文字，又说的不是，只一向游辞。又别做一状，将上前后三状说得一般。若是元初见得有可勘情罪，岂至如此？是他却一向怒不解。待漏院说次，忽然耳语问臣："王庭老何故升一任？"臣高声问王珪："相公问王庭老何故升一任？"王珪言："当时不是官家道不要移宁，与转官，遂商量为转官。"是他又说外面煞有议论，道是安石与贤在制置司时嫌子韶故张，希望如此体量。臣前已曾面论，是他平常不曾见他如此，臣此事不争亦得。然陛下置许多大臣，吴充虽与他小异，只是自固之计，岂敢违他？王珪又绝好人，王韶又如此，臣更饶过放他使性气，更有甚？奈何！案：此则前称本县乃属秀州，子韶寄居外县，托知州买板，但不知复是何县耳？须究。见子韶寄居处，事乃详尽。差厅子充库子等，却是子韶前所知县，属苏州。安石称昆山，与本传称宜兴、常熟并不同，亦须考详。九月二十二日差王古，十月二日惠卿罢。九年五月十四日责温卿，别遣周辅，六月七日又差李竦，十三日罚吕嘉问等。十年正月二十七日秀狱乃决。而家传又云：于是御史中丞邓绾言惠卿昔居忧在两浙，尝托华亭知县张若济遣押司录事王利用于富民朱庠等家借钱四千余贯买田部内，及舅郑膺等因缘凭藉请托为奸事。有旨令王古根究，诣实闻奏。中书遣堂吏以章示惠卿，上犹降诏谕惠卿复位，而谓"方遣使考绾言信诞，明卿事枉直，于是非未辨之际，不宜示之不较，以实言者之诬。"惠卿以为义不可留，益请去，且条上绾所言之妄，乞从中遣使究治。诏遣徐禧及内侍冯宗道杂治之。既而御史蔡承禧言惠卿罢减司农寺勾当官等事，于是罢惠卿政事，以本官知陈州。上犹降诏封上承禧章，惠卿亦条析上之，凡承禧所言二十有一条，无一实者。宗道等既究治田事，无如绾、承禧言者，穷无自解，则又上言禧为朋党，公然庇护，乞并案之。而惠卿弟温卿以贾贩庸下，尚居一路按察之任，乞赐责降。初，绾之言惠卿借钱买田也，惠卿自辨无之，而弟温卿居忧时，于秀州买田质贷于富人家，亦既偿矣。惠卿方护丧归葬泉州，初不与知也。事既辨明，当路者必欲害惠卿，乃言虽已根究，而干连人未丽于法，当置勘。有旨，温卿先次冲替，而遣蹇周辅置勘于秀州。御批："除有罪官吏依法禁勘会，其余干涉百姓，如昨根究所推究到事状，已是明白，即不得更致滋彰追逮。"而上亦廷谕谓惠卿无一事。既而中书降敕，不用御批之语，犹以勘惠卿为名，而并坐绾、承禧再言之章于前，日导证佐，使得翻异无罪。惠卿前后十四上章辨，中书降敕之文，与御批先差周辅意指不同，乞罢遣周辅，更置大吏与左右信臣，取根究所奏牍详考，而蔽于上前。周辅虽卒遣，而朝廷不得已以为出敕差误，罚检正官等，而加遣李竦参治之。自始根究，至是岁余，逮系千人，而周辅酷吏，吹毛洗垢无所不至，卒不能一毫私蔑也。惠卿《日录》诋安石尤力，今特出练亨甫、吕嘉问逸构等语，余悉因家传，其臧否自可见也。54，页6573—6579

【宋神宗熙宁八年（1075）九月】初，以练亨甫、范镗、彭汝砺为别试所考试官，亨甫待士人不以礼，及引试第二场，故事，雨甚则罢试，是日大雨而不罢，众益怒，声言试院火，众皆惊起。有不逞者相率索亨甫，欲殴之。亨甫避匿复棚上得免，众大诟而退。既而试院方出榜，别日引试，榜语复有涉侵侮者，众取榜毁之，而殴守榜军士。试院以事闻。诏开封府捕为首者，汝猷等见执，辞服，相推为首从，然无证左人，皆疑其冤。狱成而勘官郭唆不肯签书，知府陈绎、判官吴几复独以具狱上。汝猷、方谷皆衣冠家子，特不用荫，杖之；唆会赦，犹差替。56，页6579

续资治通鉴长编卷二百六十九　宋神宗熙宁八年（乙卯，1075）

【宋神宗熙宁八年（1075）冬十月】朱温其为大理少卿，惠卿之妻弟方希益充详断，失入死罪，乃倚势妄称温其指挥，以脱己罪，又以惠卿之势逮引同官以为证。其断官李昭远与惠卿乡人，惠卿与温卿、升卿同坐与食以语，骂"昭远富贵爵禄尽由我家，你却不证方希益。"昭远称"无此，不敢虚引。"自后不复与见，日求其过。此惠卿欺国蔽亲黩权也。朱温其殊无纤过，又讽府司录朱炎令勘入朱温其之罪无得，遂更不分首从，各罚铜十斤，而乃阴除方希益冲替之罪。此惠卿悔文罔上，坏陛下宪法也。10，页6586

【宋神宗熙宁八年（1075）冬十月】御史蔡承禧言："九月乙亥夜，徐禧、李定、沈季长、周谌会坐，言及奉慈庙是庄惠后庙，禧忽对众言，'仁宗多有遗行。'乞下所司劾正其罪。"诏禧、定、季长、谌具析。谌以为如承禧言，定、季长言略不省记。诏开封府究实。禧言："臣为御史时，以事至章懿皇后神御殿。昨试进士，与承禧、李定、沈季长、周谌会坐，臣问定章懿所以庙祀之由。定因言仁宗每念章懿之不及见，至发于梦寐，遂以长主降其舅子玮。臣叹曰：'虽富有天下，有所不足者，乃如此，曷胜遗恨哉！'而承禧易'恨'为'行'，遂谓之谤。"后开封府言谌等分析异同，未经参对，难推究结绝。诏禧虚实证等无可根究，虽会赦，依律拟罪赎铜四十斤。乙亥，九月十六日。13，页6591

【宋神宗熙宁八年（1075）冬十月】又诏武学上舍生员曹安国依得解人例，赴秘阁再试。以武学言安国材略可用故也。43，页6601

【宋神宗熙宁八年（1075）冬十月】壬寅，大赦。44，页6601

【宋神宗熙宁八年（1075）冬十月】庚戌，诏中书有置局取索文字，烦扰官司，无补事实者，宜并罢之。于是编修中书条例司、编修司农寺条例司皆罢。61，页6603

【宋神宗熙宁八年（1075）冬十月】辛亥，诏河东路永利两监盐，自今官自计置，依商人和雇车乘，辇赴本路州县镇鬻之，禁人私贩，犯者并告捕，赏罚论如私盐法；并边粮草以见钱籴买，仍出见钱钞十万缗给其费，收卖盐钱偿之。先是，章惇权三司使，建议下河东转运司相度可否，至是以为可行也。63，页6604

【宋神宗熙宁八年（1075）冬十月】编修内诸司敕式向宗儒言，面奉德音，所修文字：干【为】赏格，刑名为敕，指挥约束为令，人物名数、

行遣期限之类为式①。今具草编成敕、式、令各一事。诏沈括兼编修《内诸司式》，仍罢详定一司敕。66，页 6604

【宋神宗熙宁八年（1075）冬十月】诏："今月壬寅赦前合叙用人，依该非次赦恩与叙京朝官、大小使臣。非因赃降监当者，后无赃私罪，到任及三年，牵复差遣。贬谪官未量移者，与量移。使臣未得与差遣者，听于所属投状。军员犯罪降配，委所属具元犯以闻；军员送军头司，未得与差遣者，后无过犯，却与差遣；应降配充殿侍及配衙前，并刺面；不刺面配本城牢城。编管羁管人等，在京委所属官司，诸路委转运使副使判官、提点刑狱以分定州军。近经南郊赦，未该停放人并减三年，理为简放年限。南郊赦后，至今月壬寅赦前编配人，量元犯轻重简放。命官、使臣，今刑部以经南郊人，各具已经赦数，并壬寅赦与理一赦，申中书、枢密院移放冲替。命官系事重者，减作稍重；稍重者减作轻；轻者与差遣。使臣比类施行。"78，页 6608

续资治通鉴长编卷二百七十　宋神宗熙宁八年（乙卯，1075）

【宋神宗熙宁八年（1075）十一月】同判司农寺张谔言："案察官巡历州县，决罚役人，乞令州县籍所犯及杖数，以备本寺点检，庶使官吏不敢以私忿用刑。"从之。7，页 6620

【宋神宗熙宁八年（1075）十一月】辛未，御史陈睦以病乞免台职，从之。睦前任两浙路提点刑狱，违法买女奴及朋附吕惠卿，不按赃吏张若济，见被劾也。19，页 6622

【宋神宗熙宁八年（1075）十一月】乙亥，诏一司、一务、一路、一州、一县敕有称"当行、亟断、决配"之类，并改为"徒二年"。以旧一司等敕参用《嘉祐海行敕》，如此之类，并以"违制论"，而《熙宁敕》乃删去其文，法官无刑名可守，至是，三司检法官王振为言，而降是诏。

---

① 此处似有缺字，应是："所修文字：于赏为格，刑名为敕，指挥约束为令，人物名数、行遣期限之类为式"。这是当时修法者向宗儒等人对格、敕、令、式的界定。

29，页 6623

续资治通鉴长编卷二百七十一　宋神宗熙宁八年（乙卯，1075）

【宋神宗熙宁八年（1075）十二月】提举河北措置牧地所言："侵冒牧地，法许人告，每亩给赏钱千至三百千止。后蔡确尝请立限两月，许冒佃人首，与免纳；已首前租种，依旧佃种。至今无肯首者。况河北牧地根究未见者，五千七百余顷。乞自今首，依侵冒诸军牧地法，仍先备租牧地钱，募人告。"从之。《兵志》同。9，6634

【宋神宗熙宁八年（1075）十二月】诏："诸路举人集京师，并令国子监觉察，有违进士检者，依学规行罚，或申中书量轻重殿举，及勒出科场，违法重者送开封府施行。"11，页 6635

【宋神宗熙宁八年（1075）十二月】权御史中丞邓绾言："窃见章惇有举官私邪、奏功妄冒，吕升卿有进对面欺、肆为奸慝，以致李定、徐禧、沈季长之徒，皆有连朋结党、兼相庇护、对制不实之罪。伏乞各废黜除削，仍乞按吕惠卿执政之日欺谩事迹议法而流窜之。"朱本削去，签贴云进呈讫，今复存也。17，页 6636

【宋神宗熙宁八年（1075）十二月】殿前都指挥使郝质言，广勇军士窦元、李秀率众擅离教场，不伏教阅。诏元、秀处斩，余九人杖脊配广南牢城，将校降一资，与开封府界近下禁军。18，页 6636

【宋神宗熙宁八年（1075）十二月】诏："三司昨冲替右侍禁陈吉，降远小处监当。三司官吏不申枢密院听旨，令开封府劾罪。"先是，吉押盐纲稽留，发运司申中书乞冲替吉，仍降远小处监当。状下三司不以闻，辄牒发运司依所申及牒三班院照会，吉还自辨，故劾之。19，页 6636

【宋神宗熙宁八年（1075）十二月】和州同巡检、西头供奉官李士宣坐不法并杀子，刺配沙门岛，永不收叙。32，页 6639

【宋神宗熙宁八年（1075）十二月】熙河路经略司言："知原州种古奏，熟户蕃部大半贫乏，所有地土数少，百姓以于法许典卖，多重迭放债，冀使充折，恐以故生边患。乞依旧条禁止。"诏依陕西一路旧敕详定。已而详定一司敕令所乞诸典买租赁合种蕃部地土者徒二年，内人材少壮者配本州岛蕃落，余配近里州军近上本城。从之。97，页6652

续资治通鉴长编卷二百七十二　宋神宗熙宁九年（丙辰，1076）

【宋神宗熙宁九年年（1076）春正月】诏市易司自今不得赊请钱货与宗室及官员公人。53，页6666

【宋神宗熙宁九年（1076）春正月】诏："在京官司非廨舍所在者，虽亲戚毋得入谒。三司、开封府、司农寺、审官东西院、流内铨、兵部、军器都水将作监、提举在京诸司库务、提点仓场司、市易司、商税院、开封祥符县左右勾当公事、编修敕令式条例官，非假日毋得出谒及接见宾客。开封府司军巡院，假日亦不许接见宾客，止许出谒，内中书、枢密院检正检详习学公事，刑部、大理寺、审刑院官，虽假日亦禁之。其后，应在京司局，非假日亦无得出谒，违者并接见之人各徒二年。"61，页6667—6668

续资治通鉴长编卷二百七十三　宋神宗熙宁九年（丙辰，1076）

【宋神宗熙宁九年（1076）二月】诏以交趾犯顺，其应配广南东、西路罪人，并权配三千里外。13，页6678

【宋神宗熙宁九年（1076）二月】辛卯，诏："自今应官员及子弟并举人，非见有熙河路本贯，辄至彼中纳籴请官物者，徒二年，官司知情与同罪，许人陈告，赏钱二百千。18，页6679

【宋神宗熙宁九年（1076）三月】内殿崇班、德顺军静边寨主田璟言：

"边事之作，未有不由熟户者，平时入西界盗孳畜人户等，及夏人来理索，却反称有西人入汉界为盗。边臣或未晓彼情，或希功赏，增饰事状，更致掩杀无辜。且蕃部盗孳畜人户，未有酋首、邻族不知者，但上下蒙蔽，积久以成边隙。欲乞指挥逐寨，如有入西界作贼，重立赏格，许人陈告，庶绝引惹。"于是，诏诸捕获入西界窃盗者，依常法倍赏之。46，页6696—6697

【宋神宗熙宁九年（1076）三月】壬午，诏均州团练副使、随州安置刘彝追毁出身以来告敕，送涪州编管。以御史中丞邓绾言，沈起、刘彝虽已降责，尚有未尽，乞治彝张皇之罪，重行诛戮故也。朱本改墨本云：尚有未尽，及沈起所言刘彝张皇之罪，乞重行诛戮。签贴云："以《中书时政记》添修，新本云此朱史私意，今依旧文。" 48，页6697

续资治通鉴长编卷二百七十四　宋神宗熙宁九年（丙辰，1076）

【宋神宗熙宁九年（1076）夏四月】夺刑部员外郎向宗儒一官，罢中书检正官，权同判将作监，依旧修内诸司式。宗儒坐私役将作监吏令主钱物，吏因而赊放减刻在监役人请受，故有是责。吏皆刺配五百里牢城。三月二十三日谢景温劾宗儒。29，页6705

【宋神宗熙宁九年（1076）夏四月】贾人郭永言："牛皮、筋、角，庆历中尝禁止，至皇祐弛禁，逮今三十余年无缺误，近军器监请禁通商，并立告赏，尽科违制。今官库自禁法行，比通商日所买皮角数已倍少。且农家以牛为耕种之本，今其毙死，更为条限趣其剥纳，道路往复，官司留滞，所费极多，稍稽违又有告赏法，不独害其农事。欲乞尽罢禁法，若军器所须，取办臣等，以开农人商贩之利。"上批："角禁之行，公私皆病，郭永所陈，颇为详尽，中书、枢密院可同详议，许令复旧。"其后遂诏府界、京东西并令通商。74，页6714

续资治通鉴长编卷二百七十五　宋神宗熙宁九年（丙辰，1076）

【宋神宗熙宁九年（1076）五月】勾当皇城司、内侍押班王中正罚铜三十斤。坐狂人孙真衣纸衣夜越皇城，登文德殿屋，诵佛经，为妖言故也。真，宿州民，以心疾，特杖脊配沙门岛。守卫兵级人轻重决杖，经历官吏兵级并令开封府劾罪。御史蔡承禧言："臣伏闻宿州百姓孙真夜逾宫墙，至登文德殿屋，是夕繇内而外，巡徼察视，寂无所闻，日上凡几，乃闻诵经之声，卫士仅始登捕。文德外朝，秘夜甚迩，而守卫纵弛，何以防闲？事下府狱久矣，未传刑典，外议或云皇城禁卫皆在谴累，欲缓月日，以冀疏决释放。臣伏乞催促，早令结绝，其一行干系人，并皇城主管、经由出入去处职掌守卫有官者，先止朝谒，悉属以法，不用疏决之原，以严外防，用肃宫省。今若圣慈宽纵，则宸居之严，周庐之谨，繇此浸慢，汉家莽何之猝，唐氏张韶之警，可以深戒。此宜长虑而又不以事微黩法者也。"承禧章附此，要考孙真事。八年正月郑侠书云云，或即孙真事，更详之。据林希《野史》载孙真事甚备，乃九年四月丙戌朔，与郑侠所言绝不相关。《野史》"真"作"珍"，今附注此。林希《野史》云：丙辰四月丙戌朔，闻喜宴就坐，酒方行一，忽宣陈绎云：早有人坐于文德殿脊，又绕檐行。诵经声闻，卫士始觉捕取之。身衣破，以纸补缀，问其所来，云：宿州虹县孙珍，佛遣二青衣送我来。卫士急以猪血灌之，送于开封，呼陈绎治之。又云：太后于内东门送长王上檐子，遥见之，乃自修城处入城，从左藏库煨屋而下，以一瓦加煨墙。验之果然。由左升龙门沿屋至文德，云修城人不见我，我亦自由心王使我来，经由地分亲事官，凡追二百人入府。8，页6722

【宋神宗熙宁九年（1076）五月】河东路经略司言："北界人称燕京曰阆火癋，令人于南界榷场私买岂黄焰硝，虑缘边禁不密，乞重立告赏格。"于是审刑院、大理寺申明旧条行之。13，页6723

【宋神宗熙宁九年（1076）五月】癸亥，知制诰熊本提举太医局，大理寺丞单骧管勾太医局。后诏："太医局不隶太常寺，专置提举一员、判局一员，其判局选知医事者为之。每科置教授一员，选翰林医官以下及上等学生为之，亦许本局察举在外医人素有名实者以闻。愿充学生者略试验收补，勿限员。常以春试，取合格者，以三百人为额。太学、律学、武学生、诸营将士疾病，轮差学生往治，各给印纸，令本学官及本营将校书其所诊疾状、病愈及死，经本局官押；或诊言不可治，即别差人往治，候愈或死，各书其状以为功过。岁终比较为三等，上中书取旨，等第收补，上等月给钱十五千，毋过二十人；中等十千，毋过三十人；下等五千，毋过五十人。其失多者，本局量轻重行罚，或勒出局。其受军营钱物，以监临强乞取论，其诸学病人愿与者听受，毋得邀求。"《中书时政记》："八日，知制诰熊本提举太医局，大理寺丞单骧管勾太医局，仍以旧司农寺充医学公宇。先是，市易务具到卖药名件，中书奏欲移入太医局，改为医学，置官主判知医事。至是，诏令止充太医局，更不隶太常寺，专置官提举，故以今名命本等兼领。"并按《实录》十四日所书又与此稍异，当考。《旧纪》云罢太医局生，立比较功过法，每厢选医生二人，以治商旅穷独被疾者。与《实录》所书略不同，疑有脱误，当考。《新纪》削去。本志云太医局有丞，有教授，九科医生额三百人，月给以禄，分治国子监三学生及诸营卒并商贾穷独被疾病者，会其全失而定赏罚。16，页6724

【宋神宗熙宁九年（1076）五月】又御史蔡承禧言："去岁中丞邓绾言吕惠卿等以势胁借华亭县民汤伦等钱物结张若济买田事，臣言方泽秽行，以惠卿荐得提举官，《实录》及《时政记》并承禧奏议皆云方泽以王完得惠卿荐举，按承禧前章附八年八月十六日，亦无王完姓名，今并不取。朝廷差官体量，所差官虽欲掩覆，而事皆有迹，然勘司皆不研究情实，致难论法。若朝廷必以为本人悉已谪去，余事不须勘鞫，此则惠卿兄弟等贪恶之迹，尘秽天下，而犹处衣冠，或尚居密近，使指实无以沮劝四方也。其惠卿妹婿殿中丞郭附为两浙转运司管勾公事，事皆干涉，乞先废罢，然后按劾，或止责情，各行屏废，以肃众多。"诏淮南东路转运副使蹇周辅往秀州置司推勘，罢赞善大夫吕温卿、河北东路转运判官郭附，送审官东院。蒋静作《吕惠卿家传》云：于是罢惠卿政事，以本官知陈州。又上犹降诏封示承禧章，惠卿亦条析上之，凡承禧所言二十有一条，无一实者。宗道等既究治田事，无如绾、承禧言者，穷无自解，则又上言禧为朋党，公然庇护，乞并案之。而惠卿弟温卿以贾贩庸下，尚居一路按察之任，乞早赐降责。初，绾之言惠卿借钱买田也，惠卿自辨无之，而弟温卿居忧时，尝于秀州买田，质贷于富人家，亦既偿矣，惠卿方护丧归葬泉州，初不与知也。事既辨明，当路者必欲害惠卿，乃言虽已根究，而干连人未丽于法，当置勘。有旨，温卿先次冲替，而遣蹇周辅置勘于秀州。御批："除五月二十一日有罪官吏依法禁勘外，其余干涉百姓，如昨根究所推究到事状已是明白，即不得更致滋彰追逮。"而上亦廷谕谓惠卿无一事。既而中书降敕，不用御批之语，犹以勘惠卿为名，而并坐绾、承禧再言之章，于前日导证左使得翻异无罪。惠卿前后十四上章，辨中书降敕之文与御批元差周辅意指不同，乞罢遣周辅，更置大吏与左右信臣，取根究所奏牍详考而蔽于上前，周辅虽卒遣，而朝廷不得已以为出敕差误，罚检正官等，而加遣李竦参治之。自始根究至是骞余，逮系千人，而周辅酷吏，吹毛洗垢，无所不至，卒不能以一毫私蔑也。按差李竦在六月七日，罚检正官在六月十三日。29，页6728—6729

【宋神宗熙宁九年（1076）五月】甲戌，御史台言："大理寺前断秘书监王端知郑州日，以倒死官柳木入己，估赃绢二匹三丈五尺，当除名勒停，而官法元断回避，诈匿不输，显有不当。"端见年七十，诏免除名勒停，降授太常少卿致仕，元断官崔台符等各展二年磨勘。八年三月七日，初断追一官与宫祠，《端本传》云：端御下肃，猾吏病之，在郑日同吏取枯柳供爨，御史劾其自盗，坐夺一官。45，页6733

【宋神宗熙宁九年（1076）五月】丙子，诏秀州推勘院："除有罪官吏许禁勘，其所连逮百姓，推究事状已明白，令即时出之，如与前所对辞

异同，并免罪。"新本删去，以为一时指挥，今复存之。十四日云云，可考。46，页6733

续资治通鉴长编卷二百七十六　宋神宗熙宁九年（丙辰，1076）

【宋神宗熙宁九年（1076）六月】己亥，疏决系囚，杂犯死罪以下第降一等，杖以下释之。凡降释罪人千七百二十六，大总二千五百余人。22，页6747

续资治通鉴长编卷二百七十七　宋神宗熙宁九年（丙辰，1076）

【宋神宗熙宁九年（1076）秋七月】成都府路体量边事王中正言："茂州所管静州州将杨文绪因蕃部谋烧劫市户，围逼州城，并率张仁贵结连背叛。今虽擒获文绪，然已病困，恐且死，无以徇众，遂辄斩之。其张仁贵并妻女等，乞裁断。"诏仁贵凌迟处死，并杨文绪妻子并依谋叛已上当法。仁贵，茂州牙校也。11，页6769

【宋神宗熙宁九年（1076）秋七月】丙子，诏："访闻陕西自罢滥钱后，军民交易，尚为兼并之家不肯以省样铁钱与铜钱一般行使，亏损官私，深属不便。可令两路转运司分明榜谕州县，如有所犯，即行严断，仍令众五日。"六月二十五日周尹云云。25，页6771

【宋神宗熙宁九年（1076）八月】侍御史周尹言："河北西路转运判官李稷苛刻佻薄，务为气势，摧辱官吏。至相州，专捃吏人小过，委官决责，务以凌蔑韩琦。从来州有两门，其东知州出入，其西以待宾客，稷怒阍者不启东门，追赴本司杖之。知琦适与客会食，故往谒琦，琦闻稷来，彻食退客，遽易冠带迎稷，稷复引去。行移公牒，言词侮慢。吏民皆以琦将相大臣，而为稷肆意轻辱，万口嗟愤。及体量司程之才等欲案劾其人，乞罢稷监司，以快众怒。据稷罪状，如修赵州城枉费财用，暴伐林木，当北使路削白文书充修城木，后安抚司恐北使见之，遂遣人涂抹。又移牒相州通判称，郡守以下不如一逃走贼人。意在骂琦。又牒诸州称，如课利增剩，即其他细事一切不问；如课利亏少，即一一案劾前后不法。又沮抑体量司般粮种等事，未睹朝廷施行。"诏提点刑狱司案实以闻。后提点刑狱司体量伐木、骂琦等事皆无有，其他如尹所言，诏札与稷令知，寻命稷与河北东路转运判官汪辅之两易其任。两易乃二十三日事，今并书之。伐木骂琦事皆无有，此举朱本。4，页6773—6774

【宋神宗熙宁九年（1076）八月】乙巳，天章阁待制、知秦州张诜知熙州。时鲜于师中及高遵裕皆坐违法结籴，方被劾，故以诜代之。32，页6778

【宋神宗熙宁九年（1076）九月】辛未，中书言，市易务收息钱、市利钱总百三十三万二千余缗，法应酬奖。诏提举官、金部员外郎吕嘉问，太子中允吴安持各迁一官，升一任，赐钱三百千，嘉问更减一年磨勘，余监官以下等第推恩，仍自今三年一比较。从之。19，页6783—6784

【宋神宗熙宁九年（1076）九月】伏见近制募役之法，令人户等第输钱。夫钱者人君之所操，不与民共之者也，人君以之权轻重而御人事，以平准万货，故为国者必亲操其柄，官自冶铸，民盗铸者抵罪，罪至死，示不得共其利也。夫钱者无益饥寒之实，而足以致衣食之资，是谓以无用而成有用，人君通变之神术也。本朝经国之制，县乡版籍，分户五等，以两税输谷帛，以丁口供力役，此所谓取于田者也。金、银、铜、铁、铅、锡、茶、盐、香、矾诸货物，则山海坑冶场监出焉，此所谓取于山泽者也。诸筦榷征算，斥卖百货之利，此所谓取于关市者也。惟钱一物，官自鼓铸。臣向者再总邦计，见诸炉岁课上下百万缗，天下岁入茶、盐、酒税、杂利仅五千万缗。公私流布，日用而不息，上自社稷百神之祀，省御供奉，官吏廪禄，军师乘马，征戍聘赐，凡百用度，斯焉取给，出纳大计备于此矣。景德以前，天下财利所入，茶、盐、酒税，岁课一千五百余万缗。太宗以是料兵阅马，平河东，讨拓跋，岁有事于契丹；真宗以是东封岱宗，西祀汾脽，南幸亳、宋，未尝闻加赋于民，而调度克集。至仁宗朝，重熙累盛，生齿繁庶，食货滋殖，庆历以后财利之入，至三倍于景德之时，而国计之费，更称不赡，则是本末之原，盈虚之数，其疏阔不侔久矣。39，页6787—6788

续资治通鉴长编卷二百七十九　宋神宗熙宁九年（丙辰，1076）

【宋神宗熙宁九年（1076）十一月】己卯，侍御史周尹言："成都路州县户口蕃息，所产盐食常不足，梓、夔等路产盐多，而人食有余，自来不禁贩易，官私两利。闻昨成都府路转运司以相度卖陵井盐场，遂止绝东川路盐不入本路，及闭本路卓筒井，因闭井而失业者众。盖欲盐价增长，令民愿买陵井盐场，又因言利之臣奏请募人运解盐入蜀卖之。自陕西至成都二千里，道险不能续运，致成都路盐踊贵，斤为钱二百五六十，米二斗才得盐一斤。而东川路盐斤止七十，境上小民持入西路，即为禁地，辄冒重刑。嗜利苟活之人，至以兵仗裹送贩易。驱人冒法，如设陷阱，嗷嗷众口，赴告无所，岂宜圣世有此怨嗟。臣欲乞放东川路盐依旧入成都府路，转运司不得止绝，勿闭卓筒井，但禁此后毋得创开，罢官运解盐，商贩入川听如旧。所贵远民饮食之间，亦知朝廷仁恤。"诏三司速相度以闻。其后，诏官般解盐依客人例出卖，不得抑配，商贩听如旧。42，页6826—6827

【宋神宗熙宁九年（1076）十二月】甲申，诏权三司使沈括、知制诰熊本详定重修编敕。重修编敕所言："勘会熙宁编敕昨来编修之时，系两制以上官详定，宰相提举。本所昨奉朝旨重行编修，今来虽有次第，窃虑不曾经近上官详定，将来颁行，于体未便。伏乞依例差官详定。"故有是诏。此据《中书时政记》，元丰七年三月六日书成。3，页6830

【宋神宗熙宁九年（1076）十二月】判司农寺熊本言："蒙朝旨令张谔并送详定盐法文字付臣。伏缘所修盐法，事干江淮八路，凡取会照应盐课增亏赏罚之类，系属三司。窃虑移文往复，致有稽滞，兼昨权三司使沈括曾往淮、浙体量安抚措置盐事，乞就令括与臣同共详定。"从之。此据《会要》十二月八日事增入。12，页6832

【宋神宗熙宁九年（1076）十二月】先是，开封府鞫司农寺吏刘道冲盗用官钱，寺吏杜亮常就道冲私贷官钱，亮当补官，惧罪，告谔促道冲案。谔以简与绎，绎呼狱吏谕意，遣见谔，具道狱事，不俟会问，即区断出其重罪，杜亮补授三班奉职。诏提举诸司库务司鞫之，绎累问不伏，仍停其俸及人从，就劾之。狱具，谔又报上不以实，故有是责。杜亮勒停，编管随州。知制诰熊本封还辞头，言绎不当犹处侍从职。诏绎落知制诰，为集贤院学士。后本入对，上曰："近臣尽规，当知无不言也。"八月戊申置狱，《时政记》《实录》具载熊本章，今止从《实录》。42，页6844—6845

续资治通鉴长编卷二百八十　宋神宗熙宁十年（丁巳[①]，1077）

【宋神宗熙宁十年（1077）春正月】侍御史周尹言："臣累曾奏李稷为事乖谬，不可处之监司，乞停稷职事，及治其父死不葬之罪，废弃终身，至今未蒙指挥施行。近访闻河北西路提刑司体量到稷，诣实事理，与臣所言并同，却奉圣旨札与李稷知。臣初得其说，固不以为信，盖朝廷往时尝有两禁臣僚，素抱才业，累历清近，时名朝望，人主所知，偶为言者举劾，暴其罪状，而传闻未审，暧昧不明，虚实为疑，情或可恕，即有圣旨札令本官知。而稷擢自冗僚，地轻资浅，非在两禁清近也；所至官守，曾无廉誉，非负时名朝望也；本道按刑，已究见实状，非传闻不审也；二十余年不葬父，恶逆最着，非暧昧不明也。今中外传报，已有上项指挥，稷何人斯，乃获幸免。夫监司之职，表帅一方，郡县观其政而轻重，朝廷信其言而赏罚官吏。其任之也，既殊他职；其责之也，宜异众人。若受委非才，罪愆已着，尚加函贷，实亏公论。臣职忝风宪，以澄清为先，如稷所为，尤宜弹治。朝廷或谓稷小官不足数，小事不足问。即异时臣僚间有所任，官资比稷为稍重，所犯罪恶校稷为可疑，则言事之臣，虑朝廷复不听察，孰敢冒怨仇而论之者乎？伏望检会臣前后札子并奏状，特赐指挥，将稷早行责降。使臣私心无愧，获安职分。"《中书时政记》正月十二日事。14，页6851

【宋神宗熙宁十年（1077）春正月】壬申，宰臣吴充以提举详定删修《军马司编敕》成，赐银、绢各三百，删修官改差遣，减磨勘年有差。八年二月三日初修。28，页6853

【宋神宗熙宁十年（1077）春正月】戊寅，诏："前光禄寺丞、知秀

[①] 此处原书是"丁酉"年，有误，应为"丁巳"年。今据改。

州华亭县张若济贷死，杖脊刺面，配沙门岛。权两浙转运副使、度支郎中王廷老，管勾文字、大理寺丞郭附追两官勒停。提点刑狱、司封员外郎晁端彦，职方员外郎潘良器追两官；发运司勾当公事、秘书丞胡志忠追一官，并免勒停，依前敕冲替。前知华亭县大理寺丞上官汲、太子中允邵奇、赞善大夫吕温卿并冲替。都官员外郎、分司南京施邈责授舒州团练副使。试将作监主簿郑膺柳州编管。"

先是，塞周辅、李竦同鞫若济狱，温卿等皆就劾。于是狱具，若济坐枉法赃，而汲奇所言有不实者；温卿以田契属若济质华亭库户钱五百千，贷旧任嘉兴弓手钱四百千，申转运司，不候年满，勒民赎田；邈倚转运使张靓势，托在任官买物违法，及沽酒入禁地；志忠尝预廷老等大教妓乐宴会；案问欲举，膺诡名射民田，为僧文捷、法英求住杭州上、下天竺院。廷老、靓以膺吕惠卿之舅，干请必从；又以附惠卿之妹夫，差权知昆山县三日，搀夺已差权官职田米四百余石。诏特断之，仍追附所得米入官。靓以他事别劾，狱未上也。要考靓后如何断。膺挟惠卿势横两浙，人皆呼"郑六舅"，或言周辅初按得吕氏奸利事，推治甚急，会邓绾败，吕氏家人馈药，名药曰"绾出汤"。因以告周辅，周辅得之，遂不肯为王氏尽力抹煞吕氏事，而上其狱云。《十朝纲要》云：正月戊寅，张若济狱具，若济坐受民吴湘银九百两等罪，杖脊流海岛。本路转运副使王廷老、提点刑狱晁端彦等坐累，降黜有差。狱初起，事连参知政事吕惠卿，御史中丞邓绾发其状，上一再遣使往秀州究实。至是，惠卿弟温卿亦坐罪。《惠卿家传》云云，已附注八年九月二十六日。《时政记》载此狱，并邓绾、蔡承禧、邓润甫等章，及惠卿诉状甚详。今但从《实录》。曾布元符元年《日录》八月二十七日癸酉，上谕布，安惇言吕升卿发上官汲事，有所挟已，令移京西推勘。布亦以为当然。上因周秀狱事，言及塞周辅为狱官观望不决。及邓绾贬，吕温卿在狱，家人以"绾出汤"与之，周辅等遂平反，惠卿获免，而温卿犹勒停。若非绾及安石出，惠卿必不免。上曰："目来刑狱只如此。"又问邓绾论事荐人事，悉以实对。36，页6854—6856

【宋神宗熙宁十年（1077）春正月】权御史中丞邓润甫言："应不以赦降去官原减，乞令重修编敕所、司农寺择可删除者先详定。"从之。37，页6856

【宋神宗熙宁十年（1077）春正月】宣抚司言，广源州初为州，须兵防拓，乞依熙、河、沅州例，配罪人为牢城。诏出自淮以南州军配罪人，并配广源州。39，页6856

【宋神宗熙宁十年（1077）春正月】辛巳，诏天章阁待制楚建中罚铜三十斤。坐前知庆州赈济饥民，给散钱粮不当，去官特断也。先是，范纯仁代建中知庆州，擅发常平封桩粟麦，收恤流亡，多所全活。会蓬生蔽野，结实如粟，公私取给焉。复为营求耕稼之具，岁以大穰。或言纯仁禀贷过多，遣使按视，民闻之，争先输官。比使者至，则已无负。邠、宁间有丛冢，使者发冢数骸，劾纯仁全活不实之罪。诏穷治，乃建中所封也。朝廷即欲移罪建中，纯仁连奏："建中循守法度，方申请措置，而民已多饿死，及臣因其措置，偶免流亡，非臣才术能然也。况建中顷坐无状罢去，朝廷既责之，今缘按臣罪而又及建中，是一罪再刑也。"建中竟不免罚铜。45，页6858

【宋神宗熙宁十年（1077）二月】千牛卫将军不欺免死及除名，夺一官勒停。不欺，十六岁，父士会为宗正司，追证士笾诟骂事，不欺例当勒住朝参。以父病乞就家取问，乃怀表阑入垂拱殿，唐突自陈。法当不欺死罪，上悯其情，薄责之。46，页6858—6859

【宋神宗熙宁十年（1077）二月】诏河北、京东路转运司，强盗罪至死该案问减等者，未得断，具析以闻，候盗贼稀少日取旨。以强盗多因案问减死，配他郡，逃还乡里，仇害告捕之人，人不敢告捕，而盗贼益多故也。20，页6861—6862

【宋神宗熙宁十年（1077）二月】权御史中丞邓润甫言："尝有兴利之臣，议前代帝王陵寝许民请射耕垦，而司农可之。缘此，唐之诸陵悉见芟刈，闻昭陵木已翦伐无遗。熙宁令前代帝王陵寝并禁樵采，遇郊祀则敕吏致祭，其德意可谓远矣。小人掊克，不顾大体，使其所得不赀，犹不可为，况其所获至浅鲜者哉！乞下所属，依旧禁止樵采、耕垦，并黜责创议之人。"诏唐诸陵除立定依条禁止顷亩外，其余民已请射地，许依旧耕佃为守陵户，余并禁止。二十八日，熊本、吕嘉问等并坐展磨勘年。35，页6864

【宋神宗熙宁十年（1077）二月】前原州临泾县令张维除名，送康州编管；翰林医学赵涣勒停；西上阁门使、知镇戎军张守约等九人并夺一官。以维受赵涣等赂，赊贷官钱帛与人，及守约等请求维赊借违法，已更赦，特有是命。九年四月，蔡确乘传勘狱。49，页6867

【宋神宗熙宁十年（1077）二月】详定编修诸司敕式所上《诸司敕令

格式》十二卷，诏颁行之。翰林医官院五，广圣宫一，庆宁宫一，大内钥匙库一，资善堂一，后苑东门药库一，提点军器等库一，入内内侍省使臣差遣一。此据《会要》增入，《艺文志》同。十年正月二十七日事。63，页6874

【宋神宗熙宁十年（1077）二月】己酉，德音："降广南东路、荆湖南路死罪囚，徒以下释之。应民户被差役科配应副军兴者，转运司具户所运物多少，地里远近，及户所科物数奏，当别优恤；管押运物赴广西有少欠损坏，见根究赔备者，如非侵盗，并除之。"《新纪》书赦广东、湖南如广西路，《旧纪》但于丙午书赦湖南，《旧纪》疏矣。64，页6874

续资治通鉴长编卷二百八十一　宋神宗熙宁十年（丁巳，1077）

【宋神宗熙宁十年（1077）三月】辛未，录系囚，杂犯死罪降从流，流以下第降一等，杖以下释之。其杂犯死罪情理重，并斗杀情理轻者，皆降决刺配千里外牢城。26，页6886

【宋神宗熙宁十年（1077）三月】御史蔡承禧言："翰林学士杨绘挟朝廷荐举之令，阴为奸利。供奉官王永年监金耀门纸库，盗官钱百五十万，交结绘等，绘为之奏举，豫许本人閤门祗候。臣昨录问叔兼等罪，已见其状。案：绘禁掖近臣，不以廉耻自检，未及进用，而豫许小人职名，所为如此，有辱清班。伏乞解绘提举、翰林二职，以俟推劾。"绘亦言："近王永年持执臣受珠事，臣虽曲尽辞理，狱官必不肯信，事无由明白者，不幸在永年死后也。臣举荐匪人，久与之往还，受其酒食等物，甘受诛殛。至于身为侍从，面受永年珠，接而怀之，臣亦不敢自明，惟乞免追赃，依所估钱计赃定罪，远贬重窜。"永年既死，而其家言永年以官钱市珠遗绘，引一从者为证，云于窗隙窥见之。狱官诘绘，绘耻与吏卒辨，即引伏。索其珠，则曰："焚之矣。"宰臣吴充言："绘为近臣，职在提举，而与永年非类往还，受其器玩，用此自可贬谪。若加疑似之罪，绘今虽不辨，安知他日无说？"遂置珠事不劾。或言永年盗卖官文书，得钱费于娼家，畏其妻知之，乃伪为籍曰"买物若干遗某、遗某"，其实无有也。缘绘及窦卞实尝过永年家，永年妻手掬酒以饮绘、卞，故两人不能自明，竟坐责黜。"或言"据《记闻》及《东轩录》。朱本签贴云："遍检吴充家供到章疏，无此语，

自有圣旨令不问珠事及免追摄，非用充言，并削去。"今复存之。35，页6887—6888

【宋神宗熙宁十年（1077）三月】权知开封府孙固言："本府火，朝廷当正典刑，以惩不恪，未敢即交职事。"诏释固罪，府推官吕希道责监陈州粮料院，以火起希道家也。40，页6888

【宋神宗熙宁十年（1077）四月】法寺奏："开封府司录司勘到宗室叔兼、叔吴，进士秦宏各为私有禁书不全，及别制下问报上不实，未奏减等，系杖罪，缘会疏决释放。"从之。诏秦宏送开封府鄢陵县羁管。11，页6890

【宋神宗熙宁十年（1077）四月】诏："今后客盐入京，并于市易务中卖，本务依市价收买。虽贱，每席不得减十贯，并画时支还见钱。其京城内外诸路贩卖盐人，并于本务给印历请买，愿立限赊请者听。如私自买卖，许人告首，等次给赏，盐没纳入官。"《会要》有此，《实录》无之。二月二十八日、四月二十四日当考，本志删修此段。又诏："商盐入京，悉卖之市易务，每席无得减十千。民盐皆买之市易，私与商人为市许告，没其盐。"17，页6891

【宋神宗熙宁十年（1077）四月】诏判登闻鼓院、秘阁校理陈睦冲替。坐前任两浙提点刑狱顾女奴及不按知华亭县张若济赃罪，虽原赦，特责之。34，页6893

【宋神宗熙宁十年（1077）四月】上批："李舜举面奏姚兕捕获贺富杀人祭鬼，证左甚明，潭州推治灭裂，全出其罪，宜下朱初平取案牍看详，别选官劾之。"既而初平再劾所获户乃阿邓之夫刘文，非贺富杀人也。乃止。42，页6894—6895

续资治通鉴长编卷二百八十二　宋神宗熙宁十年（丁巳，1077）

【宋神宗熙宁十年（1077）五月】法寺言："在京牀子弩雄武第二指挥王秀等十人，坐唱率军众毋往般卸小麦，副都头牛遂不禁止之。秀等比附徒三年，刺配五百里外牢城；遂当杖六十。"诏斩秀军门，余九人配流海岛及广

南；遂杖百，降曹州员寮剩员直。此或与四月丙戌般麦指挥相关。7，页6900—6901

【宋神宗熙宁十年（1077）五月】检正中书户房公事安焘言："准敕体量河北、京东等路贼盗，窃以朝廷平日立法以治盗贼者，其追捕之格、购赏之科，不为不备。然今日两路之民，不因灾馑而转为盗贼者相继，至于率众群行，杀害官吏。虽诲盗致寇之由未可遥度，然购捕之格恐难以常法治之。今献四事：一、强盗虽杀人，为首者能捕斩死罪两人、为从者捕斩一人以上，并原罪给赏；二、告获强盗，各依重法地酬赏外，第加一等；三、大名府，滨、棣、德州贼盗，如被告获，依重法处断，不用格改法；四、强盗如不自陈首，遇将来郊赦，未得原免，并具情理奏裁。"从之。17，页6902

【宋神宗熙宁十年（1077）五月】中书门下奏："近诏京东、河北路强盗罪至死，知人欲告及按问欲举而自首，合该减等，内系群党及情重者，未得断放，奏取指挥。内有所犯情理不一者，欲令比附施行。"从之。39，页6910

续资治通鉴长编卷二百八十三　宋神宗熙宁十年（丁巳，1077）

【宋神宗熙宁十年（1077）六月】降右谏议大夫吕公孺知蔡州，以前知真定府失入死罪也。本传以为郓州失入。《时政记》：三月二十六日，前知郓州吕公孺令于澶州听旨。公孺以御史中丞邓润甫言其不材，替罢。又诏刑部疏驳知真定府日失入死罪，见行取勘故也。十月三日知永兴。通判邕州、殿中丞苏子元令持服，广东转运司言其任性用刑故也。13，页6923

续资治通鉴长编卷二百八十四　宋神宗熙宁十年（丁巳，1077）

【宋神宗熙宁十年（1077）八月】上批："英州编管人郑侠元犯无上不道，情至悖逆，贷与之生，已为大惠。可永不量移。"以刑部用赦请量移，中书奏移侠鄂州故也。于是检正中书刑房公事刘奉世展三年磨勘，检正提点五房公事及刑房堂后官、点检房并等第上簿、罚铜、展年、降名。仍诏中书自今入奏敕札批状,并候印画出方得书押。判刑部、司封员外郎胡援,前权同判刑部、太常丞王子韶并降一官,援并法直官成珣冲替。坐侠叙理,援等定侠所犯为"稍重",当量移鄂州,中书不俟画可辄行,故皆责之。31,页6953

【宋神宗熙宁十年(1077)九月】诏:"诸官司承准传宣内降与奏请及面得旨事,无条式者申中书、枢密院覆奏。例不应申而辄申者,准直批圣旨敕科罪。诸房失检勘受而施行者亦如之。上殿进呈文书,并批送中书、枢密院,不得直批圣旨送诸处,违者承受官司缴连以闻。即非理干求恩泽及乞原减罪犯者,中书、枢密院奏劾之。"《旧纪》书:诏应传宣从中批降及面得旨事无法者,中书、枢密院覆奏,若有所干求、规免,仍劾奏之。《新纪》同。13,页6961

【宋神宗熙宁十年(1077)九月】汝砺又言:"近论列俞充罪恶,承诏俾加审察。窃闻充居亲丧,造州官拥妓沽醉,依威怙势,与在位相首尾,多售官庄,嫌于贪墨,复托他人姓氏,转以质易;又强假富民钱不归,乡人衔之,争相匿名投状,诉其罪于州;巧事中官,以盗名誉。乞详酌施行。"诏令俞充分析。充分析在十月九日,《中书时政记》具载,或可删取。七月二十四日壬申,俞充都检正;十月十四日,令两浙监司体究;十二月五日,充徙他官。24,页6963—6964

续资治通鉴长编卷二百八十五　宋神宗熙宁十年(丁巳,1077)

【宋神宗熙宁十年(1077)冬十月】诏福建转运司:"本路枪仗手强勇出众为人所推者,给口券差人押赴阙,当等第收录。即凶恶暴犯而未该编配者,再犯情重,皆配充邻路本城卒。"2,页6971

【宋神宗熙宁十年(1077)冬十月】彭孙以廖恩见,上谕曰:"尔罪法所不赦,特曲常宪,贷尔余生。"授右班殿直,其党补授有差。又谕彭孙曰:"廖恩久在福建作过,汝能开道朝廷恩意,使一方良民不被残扰,特迁两官,彭保迁一官。"后彭孙言:"廖恩于武仙场全火首身,而彭保令人教恩未须首，已奏朝廷乞锦袍、金带。乞下开封府根究。"先是，孙尝乞以袍带招恩，诏给锦袍、银带各十。后开封奏，据证逮言，保实未尝教恩。上知曲在孙，以在赦前，特释之。18，页6975

【宋神宗熙宁十年（1077）冬十月】丙申，诏草泽刘纯一决杖刺配沙门岛，坐狂妄上书，言："闽南之寇，皆出于安南将帅抑黜不用之人，聚成群党，叩心自苦，亦非得已。窃闻市肆偶语，第相默谕，皆谓有奸雄，无知之徒扇结良民，直欲杀大臣而伸己恨。"法寺言纯一罪当流三千里，有荫，于法当赎，特杖。34，页6981

【宋神宗熙宁十年（1077）十一月】己酉，诏右千牛卫将军世奖等五人免追官勒停，听罚金。坐私接宾客，罪至徒二年，上特宽之。2，页6987

【宋神宗熙宁十年（1077）十一月】庚戌，诏自今命官犯公罪不至追夺，而去官尚当论罪取旨者，录问讫勿禁留，仍知所在。3，页6987

【宋神宗熙宁十年（1077）十一月】甲戌，冬至，合祭天地于南郊，以太祖配，大赦天下。赦日合删取。34，页6991

续资治通鉴长编卷二百八十六　宋神宗熙宁十年（丁巳，1077）

【宋神宗熙宁十年（1077）十二月】详定一司敕所以刑部敕来上，其朝旨自中书颁降者皆曰"敕"，自枢密院者皆曰"宣"，凡九门，共六十三条。从之。《中书时政记》：十二月六日，详定一司敕所言："准朝旨送下编到《刑部敕》二卷，共七十一条，今将所修条并后来敕札一处看详。其间事别到司者，则悉归本司；若两司以上通行者，候将来修入《在京通用敕》；已有条式者，更不重载；文义未安者，就加损益；合与《海行敕》相照者，已申中书及牒重修编敕所。兼详《皇祐一司敕》系皇祐四年九月八日颁降，今于逐条后目为降敕日，其后来圣旨、札子、批状，中书颁降者悉名曰'敕'，枢密院颁降者悉名曰'宣'。共修成一卷，分九门，总六十三条，已送刑部、审刑院、大理寺、律学看详后，申中书门下看详讫。其更改条件，属枢密院内事体大者，亦已申禀。如得允当，乞降敕命，以《熙宁详定尚书刑部敕》为名，下本部雕印颁降，仍乞与律令格式编敕兼行。如与本部敕文意相仿者，许依本部敕；未降新敕日前已用旧敕与夺之事，并不得援引新敕追改；其熙宁十年六月终已前条贯已经编载者，更不行用；内本部见用旧法升补出官人吏，新敕无文者，并依旧条施行，候无合用旧法人吏，其条更不行用；旧条内合入别敕、不系冲改者，未颁降新条间，且依旧施行。所有熙宁十年七月一日以后条目为后敕。"诏刑部依此施行。时政太详，《实录》太略，《会要》当用。7，页6995

续资治通鉴长编卷二百八十七　宋神宗元丰元年（戊午，1078）

【宋神宗元丰元年（1078）春正月】丁卯，诏提举永兴等路刑狱公事王孝先置狱泾州，根治摩丹当博事。能自陈，即免罪；若告得实者，与班行酬奖。事具二年五月乙未。39，页7017

【宋神宗元丰元年（1078）春正月】庚午，诏屯田郎中、前知洺州万赜除落差替，令河北西路提点刑狱韩宗道具析体量赜违慢诏条不实因依以闻，初，宗道奏赜奉行条法有违，而赜自列辨正，朝廷知其无罪也。其后，宗道以体量不当，罚铜十斤。十年三月二十一日，河北宪司言赜不堪治洺，却不载差替指挥。51，页7020

【宋神宗元丰元年（1078）春正月】诏成都府路转运司，劾成都府官司越职受理茶场司事者，茶园户等如有罪，亦劾之；已决者具析以闻。以李稷言，知成都府刘庠受名山知县杨少逸越诉事，不可提举茶场司故也。初，少逸因民讼，以状白庠，愿闻于朝，督茶吏路玠盗传邮而藏之。庠具奏其事，且言榷茶害远方，请重黜玠。而稷方主玠，论庠越职，故有是诏。此据吕陶志庠墓。54，页7020—7021

【宋神宗元丰元年（1078）春正月】熙河路经略司张诜乞下监司收捕游边人传押归本贯，诏经略司发遣，许人告，赏钱百千，犯者不用荫，官员具案闻奏。56，页7021

【宋神宗元丰元年（1078）闰正月】上批："近降相州吏人于法寺，谓求失入死罪刑名事。缘开封府刑狱与法寺日有相干，深恐上下忌碍，不尽情推劾，致奸赃之吏得以幸免，宜移送御史台。"相州狱乃鞫法司潘开行赂，《实录》具有姓名，蔡确传独称冯言状。冯言即失入死罪者，见六月辛酉。

初，韩琦判相州，有三人为劫，为邻里所逐而散。既而为魁者谓其徒曰："自今劫人有救者，先杀之。"众诺。他日，又劫一家，执其老姥榜棰求货。邻人不忍其号呼，来语贼曰："此姥更无他货，可惜榜死。"其徒即刺杀之，州司皆处三人死。刑房堂后官周清本江宁府法司，后为三司大将，王安石引置中书，且立法云："若刑房能驳审刑、大理、刑部断狱违法得当者，一事迁一官。"故刑房吏日取旧案吹毛，以求其失。清以此自大将四年迁至供备库使，行堂后官事。相州狱已决数年，清驳之曰："新法，凡杀人虽已死，其为从者被执，虽经拷掠，若能先引服，皆从按问欲举律减一等。今盗魁既令其徒云'有救者先杀之'，则魁当为首。其徒用魁言杀救者，则为从，又至狱先引服，当减等，而相州杀之，刑部不驳，皆为失入死罪。"事下大理，大理以为魁言"有救者先杀之"，谓执兵仗来斗者也。今邻人以好言劝之，非救也。其徒自出己意，手杀人，不可为从，相州断是。详断官窦苹、周孝恭以此白检正刘奉世，奉世曰："君为法官，自图之，何必相示？"二人曰："然则不可为失入。"奉世曰："君自当依法，此岂必欲君为失入邪？"于是大理奏相州断是。清执前议再驳，复下刑部。新官定刑部以清驳为是，大理不服。方争论未决，会皇城司奏相州法司潘开赍货诣大理行财枉法。初，殿中丞陈安民签书相州判官日，断此狱，闻清驳之，惧得罪，诣京师，历抵亲识求救。文彦博之子大理评事及甫，安民之姊子，吴充之婿也。安民以书召开云："尔宜自来照管法司。"竭其家赀入京师，欲货大理胥吏问消息。相州人高在等在京师为司农吏，利其货，与中书吏数人共耗用其物，实未尝见大理吏也。为皇城司所奏，言赍三千余缗赂大理。事下开封按鞫，无行赂状，惟得安民与开书。谏官蔡确知安民与充有亲，乃密言事连大臣，非开封可了，遂移其狱御史台。盖从确请也。20，页7025—7027

【宋神宗元丰元年（1078）闰正月】诏开封府劾权户部判官、主客郎中张充宗，内殿承制、勾当右骐骥院高遵制接伴辽使缘路不法事，先冲替，听追摄。后充宗、遵制各追一官勒停，坐以违禁物偿辽使所亡器皿，于驿舍与杂户通故也。断旨在六月己巳，今并书。23，页7027

【宋神宗元丰元年（1078）闰正月】权发遣本路提点刑狱刘宗杰言，邕州修城，不依宣抚司指挥丈尺，乞下经略司相度修筑。诏："干系官并劾罪，其提举官刘宗杰自案举，特免劾。委经略司相度所筑城，如堪久远守御，即督功完就，若低怯难以御敌，别计工以闻。"28，页7028

【宋神宗元丰元年（1078）闰正月】又诏："常平钱谷当输钱而愿输谷若金帛者，官立中价示民。物不尽其钱者，足以钱；钱不尽其物者，还其余直。常平仓钱谷，其在民者有常钱，春散之，敛从夏秋税。有所谓缓急缺乏而贷者，皆定输息二分，谷则岁丰量增价以籴，岁饥减时价粜之以赈饥。又听民以金帛易谷，而有司少加金帛之直。凡钱谷当给若粜，皆用九年诏书通取，留一半之余。"此据《食货志》第一卷，系之元丰元年，检寻日月未见，今附此"立给散常平钱官赏罚"后。《实录》称"赏法"恐字误，当作"罚"也。七年九月二十六日并九年正月九日、又二十二日，并合参照。五月十七日，《实录》有："诏常平钱谷，愿以谷及金帛准市直中价，计二分息折纳者听。"即此件事也，或移此附彼。29，页7028

【宋神宗元丰元年（1078）闰正月】法寺奏新知福州曾巩迁延不之官等罪，诏特罚铜十斤。30，页7028

【宋神宗元丰元年（1078）闰正月】诏："编修明堂式所并归提点南郊事务所，比较熙河财利所并归经制熙河财利司，其详定编修令式及详定一司敕并并归修内诸司式所，一路一州一县敕并归重修编敕所，详定闲冗文字所令孔目房检正官结绝。以上除见存外，并罢局，余并依限了毕，限外官吏罢添给。"36，页7029

【宋神宗元丰元年（1078）闰正月】又诏刑部大理寺，自今奏举习学公事，并举曾试刑法得循两资以上人。37，页7029

【宋神宗元丰元年（1078）闰正月】诏大理寺丞王钦臣展磨勘四年，前降一官指挥更不施行，其转太常丞及降太子中允敕并追毁。坐定夺解子平地界不实，案未上，年例当迁，已改太常丞，及案奏，特旨夺一官，而法当自未迁官时责降故也。52，页7031

【宋神宗元丰元年（1078）闰正月】甲午，诏："提举官并差朝官，资任、服色、添给、锡赐、序官、人从并依转运判官例。其当举于开封府界提点、诸路转运使副判官、提点刑狱见举官数内均减之。"后立法：诸路提举所举官计二百有九人，内一百有一人均减增定。此墨本所书，朱本签贴云：取会到数各不同，亦不须载，削去。53，页7031

【宋神宗元丰元年（1078）闰正月】又诏诸命官因事以财行求，虽行

仓法处，非曲法者不坐，受财者论如法。57，页7032

【宋神宗元丰元年（1078）闰正月】知谏院蔡确同御史台鞠相州失入死罪，审刑院、大理寺定夺不当，干系官吏令开封府劾之。潘开事下御史狱旬余，所案与开封无异，乃诏确与御史同鞠。确以击搏进，吴充素恶其为人。会充谒告，王珪奏用确。上从珪所请也。此据司马光《记闻》。68，页7034

续资治通鉴长编卷二百八十八　宋神宗元丰元年（戊午，1078）

【宋神宗元丰元年（1078）二月】辛亥，提举成都府路茶场司请自今应支拨与诸司钱并支见钱、金帛，勿以茶折，所贵不致诸司增损茶价，有害茶法。从之。17，页7043

【宋神宗元丰元年（1078）二月】诏叙宗室前右监门率府率叔谆、不欺并为右内率府副率。不欺以在式假入殿唐突，叔谆殴杀白直卒被罪。至是，特叙之也。22，页7044

【宋神宗元丰元年（1078）二月】辛未，诏："权桂州司理参军徐伯偕、摄廉州石康县尉徐伯准并追毁出身以来告敕，除名勒停，永不收叙；百姓徐建安等并杖脊，送荆湖北路编管。"以不知觉徐伯祥赦前通书交趾特断也。伯祥初以布衣募众击交贼，授右侍禁，为沿海巡检。王师抵富良江，乾德遣人以伯祥熙宁六年书至，其书自称"巨宋游士臣伯祥"，教以扰边，且以朝廷为负其功，故积怨，欲舍坟墓、弃亲戚而归彼。于是诏捕伯祥，伯祥遂自缢死，而伯偕者其同母兄，伯准者其同堂弟，建安其子也。伯祥授官在熙宁九年三月二十二日。46，页7047—7048

【宋神宗元丰元年（1078）三月】辛巳，疏决系囚，杂犯死罪以下第降一等，杖以下释之。令诸路监司觉察逃案，结绝刑狱，毋令淹蔓。15，页7049

【宋神宗元丰元年（1078）三月】壬午，同知谏院黄履言："近遣官祷雨，今又降释罪囚。闻三司罪人七十余，火而免者四；开封百余，火而免者五。由二者推之，则淹延未决者盖多矣。乞令随其罪之轻重，立限结绝，庶乎被泽者众，而感天不旋日也。"诏遣检正中书吏房公事王陟臣、检正刑房公事范锷同三司、开封府官吏了绝见禁狱，疑者申中书、枢密院。18，页 7050

【宋神宗元丰元年（1078）三月】诏编修诸司式所重详定《宗室、外臣葬式》以闻。26，页 7052

【宋神宗元丰元年（1078）三月】上批："御史台鞫相州法吏事，多逮系品官，宜趣结绝，释其无罪者；其虽有罪，非受赃及徒以上者，勿系留。"32，页 7052

【宋神宗元丰元年（1078）三月】权发遣荆湖北路转运判官马瑊言，山瑶作过，已依捕张奉例立赏，募归明人等捕杀，及乞朝旨下邵州捕盗官照应。从之，仍具瑶贼见存徒党以闻。38，页 7053

【宋神宗元丰元年（1078）三月】判司农寺蔡确言："本寺典领新法，事务繁重，非诸寺、监之比。官属虽以才选，而并皆不别理资任。欲乞丞、主簿并二年理一任，别除差遣者，须候成任。遇有员缺，除朝廷特差外，丞选于主簿，比转运判官；都丞选于诸局丞，比提点刑狱。其资浅者，差权与权发遣。"从之，仍诏候理正运判以上资序，三年为一任。43，页 7053

【宋神宗元丰元年（1078）三月】详定诸司敕式所言："今修定学士院龙图天章宝文阁等处敕式，如得旨施行后，续降朝旨，乞从本所详定编入；及见修内诸司令式，事干有司奉行者，并分入逐司。"从之。46，页 7054

【宋神宗元丰元年（1078）三月】辛丑，荆湖北路转运判官马瑊言，邵州觇知作过瑶人有意归投，若不乘势招安，窃恐结集浸盛。中书拟令马瑊以："瑶贼头首依累降指挥施行，其余徒党并听来降，释其罪，仍立赏募人捕杀，及许徒中杀并或收捕赴官。内丁先锋支绢百匹、牛四头，愿就班行与借职；其余头首减半给之，愿就班行并与下班殿侍。榜于要路。"

上批："宜令马珹更勘会，如今指挥未到以前，其不许首身人已悔罪投降，即更不施行，仍勿漏泄，实封缴申。"四月庚戌可考。54，页7056

续资治通鉴长编卷二百八十九　宋神宗元丰元年（戊午，1078）

【宋神宗元丰元年（1078）夏四月】知谏院蔡确既被旨同御史台按潘开狱，遂收大理寺详断官窦苹、周孝恭等，枷缚暴于日中，凡五十七日，求其受赂事，皆无状。中丞邓润甫夜闻掠囚声，以为苹、孝恭等，其实他囚也。润甫心非确所为惨刻，而力不能制。确引陈安民置枷于前而问之，安民惧，即言："尝请求文及甫，及甫云已白丞相，甚垂意。"丞相，指吴充也。确得其辞喜，遽欲与润甫登对，具奏充受赇枉法。润甫止之。明日，润甫在经筵独奏："相州狱事甚冤，大理实未尝纳赂，而蔡确深探其狱，支蔓不已。窦苹等皆朝士，榜掠身无完肤，皆衔冤自诬。乞蚤结正。"权监察御史里行上官均亦以为言，上甚骇异。明日，确欲登对，至殿门，上使人止之不得前，手诏："闻御史台勘相州法司，颇失直，遣知谏院黄履、勾当御药院李舜举据见禁人款状引问，证验有无不同，结罪保明以闻。"《实录》以此语系之三月二十一日乙未。按：《御集》乃四月三日下此诏。又按：司马光《记闻》云："窦苹等枷缚暴日中，凡五十七日。"确自闰正月二十五日被旨赴台，至三月二十一日，才五十五日耳，恐《实录》误。又按：上官均所言黄履、李舜举初赴台验问见禁人，初无黄廉姓名，至四月三日，改正李舜举监勘，乃别出黄廉姓名。盖履及舜举先赴台验问，后又与廉同勘鞫，其实两事，手诏自当再下。增差黄廉，必须特降手诏，而《御集》偶失编纂，但得改正监勘手诏，遂误并两事为一事，故日月差互。若从《实录》系之三月二十一日，则又似太早，今但附见于此，而不书月日，庶不相抵牾。《记闻》亦误并两事为一事，盖不详考。履、舜举初止是验问，添差黄廉则云"勘鞫"，而润甫等始获罪。其先后次序可推而知，今掇取删修。

履、舜举至台，与润甫、确等坐帘下，引囚于前，读示款状，令实则书实，虚则陈冤。前此，确屡问囚，有变词者辄笞掠。及是，囚不知其为诏使也，畏狱吏之酷，不敢不承。独窦苹翻异，验拷掠之痕则无之。履、舜举还奏，上颇不直润甫等言。而均复言：

比奉朝旨鞫相州狱，其法司潘开等所赍钱物，别无行赇处外，有详断官窦苹等，初议法不一，后却依相州所断。及据苹虽称："判大理寺朱温其方议法次，尝称'乐咸是故人，虽有理却不解说'，又言'陈安民是李待制亲，谁敢妄定翻它文字？'"语似涉私，然推究苹等本意，正是疑惑刑名，反复议论，即非主张乐咸、陈安民始改断。前月十九日，邓润甫、蔡确欲先具情节奏御。前一日，润甫与臣恐苹等所通款状或有异同，即与勘官聚厅引问。据苹口说，与元状不同，并称绷缚五十余日，止有出入息，便有死罪，亦须通说。又据十七日元签书官陈安民称，尝托外甥大理评事文及甫说与宰相吴充告照管，充亦垂意。润甫与臣以事连执政，未追到及甫照证，及据苹所说，与元状不同，不敢卤莽进呈，已具奏闻。2，页 7059—7061

【宋神宗元丰元年（1078）夏四月】提举成都府等路茶场李稷奏请卖茶以买马，而所卖茶价高下不一，或能增不能减，或知减不知增。欲裁立中价，听随市色增损，仍定岁入课额及设酬赏格。又言蕃部无钱，止以米及银、绢、杂物卖钱买茶。乞许博易银、米等物，立限半年易钱。从之。《时政记》甚详，今止从《实录》。7，页 7065

【宋神宗元丰元年（1078）夏四月】先是，上别遣黄履、黄廉及李舜举赴御史台鞫相州法司狱，确知上意不直润甫等，即具奏："润甫不悦推见陈安民请求执政情节，责骂吏人，均亦在傍愤恚。见臣不与之同，润甫便行公文云'未敢上殿'。次日，却闻因进读留身。续又与均密自奏事，不令臣签书，必以臣见其朋奸之迹，恐臣论列，故造飞语，以中伤臣，及欲动摇狱情，阴结执政。蒙陛下遣黄履、李舜举诣台审问，润甫与均于聚厅引问罪人处，犹敢对使者交口纷纭，意欲开诱罪人翻异，而罪人了无异辞，履及舜举备见。案润甫等附下罔上，情状明白。缘臣前任知杂御史，有诏与润甫共举台官，臣素不识均，因润甫再三为言，遂同奏举。均既蒙朝廷擢任，而奸邪如此，乞早赐罢斥。"上始亦疑相州狱滥及无辜，遣使讯之，乃不尽如润甫等所言，确从而攻之，故皆坐贬，确迁中丞。凡朝士系狱者，确令狱卒与之同室而处，同席而寝，饮食、旋溷，共在一室，置大盆于前，凡馈食者羹饭饼饵悉投其中，以杓匀搅，分饲之如犬豕，置不问。故系者幸其得问，无罪不承。此据司马《记闻》，或移入断陈安民等下。《上官均传》云："相州富人子杀人，谳狱疑于审刑、大理，京师流言法官窦苹等受赇，知制诰蔡确引猾险吏、法官数十人穷讯惨酷，无敢明其冤。均上疏乞以狱事诏臣等参治，坐是谪知邵武军光泽县。苹等卒来无受赇之实，天下服其持平。"《旧纪》书："邓润甫劾诏狱诈罔不实，落翰林学士，罢御史中丞，知抚州。" 16，页 7067—7068

【宋神宗元丰元年（1078）夏四月】诏："诸榷场除九经疏外，若卖余书与北客，及诸人私卖与化外人书者，并徒三年，引致者减一等，皆配邻州本城，情重者配千里。许人告捕给赏。著为令。"21，页7068

【宋神宗元丰元年（1078）夏四月】又诏："闻安南行营军有实染瘴逐队不及，死于路者，多作逃亡注籍，深可矜悯。宜令所属考实具名以闻，并依瘴死例推恩。"36，页7070

【宋神宗元丰元年（1078）夏四月】诏成都府刘庠：配贼李玖不以常法特释之。37，页7070

【宋神宗元丰元年（1078）夏四月】御迩英阁，讲官沈季长进讲周礼"小宰掌建邦之宫刑，以治王宫之政令，凡宫之纠禁"，上曰："政令、纠禁，详略如何？"季长对毕，上曰："言'凡宫之纠禁'，则不止于王宫，盖又及于诸侯也。"41，页7070

【宋神宗元丰元年（1078）夏四月】诏："经任大小使臣无赃私罪，听召保官二人，量试验充武学外舍生，以三十人为额。累试合格，毋得补内舍。"48，页7071—7072

【宋神宗元丰元年（1078）五月】诏权利州路转运使、司封郎中张宗谔，转运判官、太子中舍张升卿，各降两官勒停。初，宗谔等乞废茶场司，止委转运司收茶税歇驮钱，而提举茶场李稷言其所陈皆疏谬不实，罪当无赦。上批："宗谔、升卿疏远小臣，敢为欺罔如此。犯虽该赦，可特追两官。"故有是命。宗谔等以去年九月庚午建请，朱本并入此，今仍两见。4，页7073

【宋神宗元丰元年（1078）五月】乙亥，诏："试中刑法官，第一等充法官，第二等循两资，第三等循一资，第四等堂除，第五等免试。京朝官比类推恩。"5，页7073

【宋神宗元丰元年（1078）五月】诏塞决河亡卒，听自陈免罪；仍具被差急夫合如何优恤，其部夫官分若干等第以闻。戊戌，分三等赏功。10，页7074

【宋神宗元丰元年（1078）五月】己丑，诏："应南茶辄入熙河、秦

凤、泾原路，如私贩腊茶法。其巡捕，如川峡茶入禁地法。"37，页7077

【宋神宗元丰元年（1078）五月】荆湖北路转运判官马瑊言："至辰州，闻知瑶贼首帅与其党总六十七人，丁先锋虽已乞降，犹于道路攘夺，乞处置。及辰、沅州见禁瑶人柳踏雪等三人，虽是贼党，缘与瑶人侦事及投火作过，乞送远州羁管。"诏踏雪等并杖脊刺配沂州等处，余令第等具倡率或同谋者以闻。后瑊以四等具其罪轻重，诏："上两等于辰州，第三等于叙浦县羁留，各支口食，差人监视，候经恩取裁。余发遣依旧。"40，页7077—7078

【宋神宗元丰元年（1078）五月】又诏知庆州、刑部郎中、直龙图阁范纯仁夺职，知信阳军；永兴军路钤辖、客省使种古追一官，知宁州；比部郎中史籍追两官，并勒停；知环州、内藏库使种诊免追官勒停，罚铜二十斤；环州签书判官党师经以下三人冲替，一人差替。纯仁坐不追捕作过熟户蕃部；古虚讼纯仁不公；诊为其兄发奏状入马递籍申制院，不实；师经等推勘签书劫盗公事失入故也。熙宁十年八月壬午朔，遣冯如晦鞫狱，已具注在彼，并秦观序合参照。纯仁《言行录》云："鄜延帅阴奏纯仁擅回宥州牒，有违慢情罪，坐是谪信阳。"帅鄜延者，吕惠卿也。当考，闰正月丁酉上批更详之。57，页7080

【宋神宗元丰元年（1078）五月】诏右武卫大将军、象州刺史克颂贷死，追毁出身以来告敕，锁外宅。坐病狂殴伤妻刘死故也。63，页7081

续资治通鉴长编卷二百九十　宋神宗元丰元年（戊午，1078）

【宋神宗元丰元年（1078）六月】诏殿中丞陈安民追一官勒停，展三期叙；太常博士吴安持追一官，免勒停，冲替；前检正中书刑房公事刘奉世落直史馆，免勒停，监陈州粮料院；详断官窦苹追一官勒停；详议官周孝恭、大理评事文及甫并冲替。安民尝官相州，坐与失入冯言死罪，属及甫言于宰相吴充，安持坐受及甫属以谕奉世，奉世坐谕法官令指定不须作失入，苹、孝恭坐定为非失入，其牵连得罪者又数十人、充释不问，周清迁一官。

初，蔡确勘是狱，欲锻炼以倾充，既为中丞，遂收系及甫。及甫惧，即如安民前款称尝白充，充诺之，且称尝属充子安持。确又收奉世，奉世先为枢密院检详，充自枢密使拜相，奏奉世检正中书，充雅信重之。确令大理官吏称受奉世风旨，欲出安民罪。奉世惧，亦称于起居日尝受安持属。确又欲收安持，诏第令即讯。安持恐被收，亦称实属奉世。时三司使李承之、户部副使韩忠彦皆上所厚。忠彦，琦子，而承之尝为都检正，确皆令囚引之。承之知之，数为上言确险陂之情，上意稍解，趣使结正。于是狱成，忠彦犹坐赎铜十斤，充上表乞罢相及阁门待罪者三四，上趣遣中使召出令视事。确屡率言事官登对，言罪安持太轻。上曰："子弟为亲识请托，不得已而应之，此亦常事，何足深罪。卿辈但欲共攻吴充去之，此何意也！"以确所弹奏札还之，言者乃已。《墨本》云：狱成，人以为冤。朱本削去。今详述其事，则冤状自见矣。32，页 7090—7091

【宋神宗元丰元年（1078）六月】甲子，同提举成都府等路茶场蒲宗闵言："本司元依客例买解盐入川变转茶本，不禁私贩。后刘佐榷卖，遂致人言，及因解盐司申陈，尽从废罢。伏详朝廷止绝本司卖盐之意，虑妨商贾而害钞。缘解盐法弊在出钞过多，乞除刘佐榷法不行外，许依旧施行。"诏李稷相度以闻。35，页 7091

【宋神宗元丰元年（1078）六月】乙丑，李稷乞定成都府、利州路茶场监官买茶无杂伪粗恶，替罢委提举官保明，满五千驮与第五等酬，一万驮与第四等酬，每一万驮第加一等。若买粗恶伪滥杂茶，估剥计所亏坐赃论。同监官赏罚听减一等，即徒罪不至追官者并冲替，其卖买食茶依收息给赏。从之。36，页 7091

【宋神宗元丰元年（1078）六月】诏京东东路民诉方田定验肥瘠未实处，并先择词讼最多一县，据名色等第酌中立税，候了日无赴愬，即案以次县施行。七月九日。41，页 7092

【宋神宗元丰元年（1078）六月】辛未，权发遣福建路转运使、屯田郎中、直史馆塞周辅并提举本路盐事。先是，周辅言："奉诏相度盐事，欲令上四州募人充铺户，官给印历，请盐分卖，减其价直。移南台仓于水口镇，增巡防兵，选捕察之官。私贩者、交易引致、停藏负载之人，不以赦。前后三犯杖，皆编管邻州；已编管而再犯者配本城，禁其般运杂和之弊，严保伍捕告之法。"从之。周辅奉诏相度在熙宁十年八月二十九日。《食货志》：熙宁十年，福建盗廖恩聚党掠州县。恩既平，御史中丞邓润甫言："闽、粤山林险阻，连亘数千里。无赖奸民比他路为多，大抵盗贩盐耳。恩平，遂不为备，安知无蹑恩之迹而起者！"乃诏福建路塞周辅度利害以闻。周辅言："建剑汀州、邵武军官卖盐价苦高，漳泉福州、兴化军煮盐价贱，故多盗贩卖于贵处。异时建州尝计民产赋钱买盐，而民惮求有司，徒出钱或不得盐。今请罢去，颇减建剑汀、邵武军盐价，募上户为铺户，官给券，定月所卖，从官场买之。如是，则民易得盐，盗贩不能规厚利。又稍兴复旧仓，选吏、增兵。立法，若盗贩、知情橐囊之者，不以赦，三犯杖，编管邻州；已编管复犯，杖、配犯处本城。"皆行之，岁增卖二十三万余斤，而盐官数外售者不与焉。元丰三年贾青云云具本年。47，页7093—7094

【宋神宗元丰元年（1078）六月】前国子博士陈士儒殴婢，婢逃，且告士儒及其妻李与群婢共害其母张。诏开封府鞫之。士儒，执中子也。据《吕公著家传》，士儒狱是月就开封府鞫，明年正月己卯，改送法寺。48，页7094

【宋神宗元丰元年（1078）秋七月】手诏："御史台有定夺刑名及承诏治狱，皆有司所不能决者，丞属须得人，乃以弼佐官长，副朝廷钦恤之政。其推直官虞肇、冯如晦年齿衰迟，资性疲软，不足称办职事，可并送审官东院，令本台举官以闻。"虞肇见四月二日相州狱。2，页7094

【宋神宗元丰元年（1078）秋七月】详定礼文所乞罢南郊坛天皇大帝设位。诏弗许。又言："古者帝牛必在涤三月，所以致其严洁，通诚于神明也。今既无涤宫系养之法，每于祭前三月市于民，而有司涤养不严，一切苟简。欲下将作度修涤宫，具系养之法，饬所属官司省视，委太常寺主簿一员阅察。"从之。《两纪》并书立南郊涤宫。

又言："古之祭祀必具五齐、三酒，今尊罍一以法酒实之，是名物徒存而亡其实也。谨案郑氏释五齐、三酒各有名色，寻呼酒工谕以大略，工人称可以约古酝造，乞送所属施行。"诏止令法酒库、内酒坊以见造诸酒实之。二年八月戊午改酒齐法。3，页7094—7095

【宋神宗元丰元年（1078）秋七月】诏永兴军等路提举司，据未经方田均税县分，并已经方田，因民被诉，曾差官定夺委实不均县分，如夏熟秋苗滋茂，可见丰稔次第，即一面依方量均税条差官体量讫，前期一月申中书取旨。六月二十四日。16，页7098

【宋神宗元丰元年（1078）秋七月】甲申，诏诸路转运司就廨舍所在州置斗秤务，委都监管辖，依省样造作，别差官较定，分送诸州商税务卖

之，如买出辄增减及私造行用者，各杖一百。23，页7099

【宋神宗元丰元年（1078）秋七月】初，有旨听发运司据逐路未运粮百万石折变见钱，而江西转运司诉以年额转漕已足，兼朝旨令于六路内均折变，而发运司乃独敷本路以六十万石，又别遣官起本路见钱，靡有孑遗，违编敕量留准备籴置三年刍粮之法，故有是诏。究竟何如？29，页7100

【宋神宗元丰元年（1078）秋七月】诏："昨西蕃董毡遣首领朝贡，忠款可嘉，宜差供奉官郭英赍诏慰谕，及赐对衣、金带、银器、衣着各三百匹两；令熙河路经略司依治平二年差使臣赐敕告例，经略司更送大细法锦五匹、大彩五十匹、细末茶、散茶各五十斤。"46，页7103

【宋神宗元丰元年（1078）秋七月】京西第六将言，将官李延遇选募兵五百，赴唐州桐柏等县捕贼。上批："将官捕盗，募兵自随，初无明条，乃是延遇惮贼怯懦，滋大事势，不惟不足弹治士卒，传闻四方，亦足起侮，宜特冲替。"47，页7103

【宋神宗元丰元年（1078）秋七月】诏京西遭劫贼杀死保甲人丁及弓手等，可检例与存恤，并勘会诸捕盗并救助之人轻重伤，依条支赐。48，页7104

续资治通鉴长编卷二百九十一　宋神宗元丰元年（戊午，1078）

【宋神宗元丰元年（1078）】八月壬寅朔，权荆湖北路转运判官马瑊言："诸州已裁定年额公使钱数，欲乞造酒所用米曲，许前一年申本司借钱造曲籴米，复于次年合破钱数内分四季尅除。"先是，知荆南吴中复言："臣尝为御史，弹奏今提举常平赵鼎父宗道，难与共事。乞提点玉隆观。"既得旨依所乞，而鼎寻奏劾中复公使钱库违法事，遂罢中复前命。及是，又诏："瑊总案一道，固宜以身徇法，倡励部官，江陵府违法豫借公使，既不即按治，又擅贷与转运司钱数千缗。今为赵鼎所发，谓当悔罪恐惧，以俟典刑，乃敢公无忌惮，饰非议法，情极阿私，理不可恕。宜先冲替，令于岳州听旨。及中复前任违法事，并令京西转运判官胡宗回劾

奏。"1，页7110

【宋神宗元丰元年（1078）八月】癸卯，诏："知岷州种谔集蕃官出讷儿温及禄尊，对众明谕所犯，凌迟处死；妻女田产并赐包诚，子年十五以上配广南牢城，十四以下听随行。以所命讷儿温官回授哥吴，补三班奉职，赐绢二百匹、锦袍银带各一；结金迁两资，赐绢百匹。"先是，熙宁中鬼章犯边境，讷儿温、禄尊首率部族叛附鬼章，及边事才息乃来降，既又阴与董毡、鬼章合谋。谔言恐为边患，因上董毡、鬼章所与书及禄尊亲书蕃字，故有是诏。5，页7111

【宋神宗元丰元年（1078）八月】大理寺言，知澶州、右谏议大夫韩璹，坐所举驾部郎中俞士龙犯入己赃，当追一官勒停。诏免璹勒停，以璹尝应副河事有劳故也。6，页7111—7112

【宋神宗元丰元年（1078）八月】乙巳，京西路转运司言："军贼黄青等正贼不多，余多驱虏。乞令所虏百姓妇女等，许经村堡或官司自首，虽尝驱率作过，并释罪。若捕盗人等见被驱虏之人，即令招呼，亦与免罪。如敢斗敌者，自令捕杀。"中书拟依，而上批："今贼已破散，猎取余党不难为力，近安抚等司累奏获首级，深虑冒赏小人害及无辜。可速指挥，如尚有未尽之人，听捕执赴官，毋得斩级。"7，页7112

【宋神宗元丰元年（1078）八月】诏自今官司及官员、伎术、举人等，于折博务占买盐钞及越次给钞者，并本务干系人并科徒二年罪，不以赦原。告者每名赏钱一百缗。22，页7114

【宋神宗元丰元年（1078）八月】先是，上以手札问卨交人逆顺之情，彼将入贡，于新疆降民必有邀求，应之缓急与之多寡宜如何？卨对曰："贼旅拒富良，渠酋悉縻集江渚，势穷力蹙，然后请命。今边衅仅平，宜寝兵息民。而溪峒首领钦廉蜑户，素倚寇以徼利，张皇声势以摇边情，轻信喜事之徒，同声附和，虑贻南顾之忧。臣观贼势，所未敢动者三：始交贼以刘纪辈为谋主，今悉补吏广源、思阆州。金银坑冶、租赋之饶，尽归封界。新附溪峒，自为首领，支分党别，诚难猝合。况被边枝梧，无从诱胁。我既得其外府，断其右臂，数年之闲，势当自毙。乾德暗稚，政出多门，人方携离，自保不暇，其未敢动一也。交州抵旧边寨十余程，贼来未尝赢粮，止仰纪辈掊取以赡，不支半月，复恣渔夺，彼民深仇之。纪辈旧与省地溪峒缔交，倚为乡导，乃敢入寇。今藩篱一空，彼何恃而窥边哉！犯顺以来，不耕者二年矣。省地之民，亦废农业，重以调发、疾疫，死亡不可胜数。就令妄意复争疆土，才过长江，即践省地，以何乡导？因何粮食？贼兵几何自卫？水陆分道，兵寡气夺，此未敢动二也。交贼重敛中下之家，岁输逾百缗，供官十之四，余皆入于酋领，至夺没生财、妻女以偿不足，边民怨怒。昨王师攻讨，惟务怀来。降附之众，皆依敕榜免五年租赋，群情翕然顺向。苟复来诱胁，孰肯从乱？必未敢动三也。以三不可动之势，新困伤夷，而虑再干天威，斯亦过矣。昔狄青破侬贼，即日班师，不荡其巢穴，而智高卒就禽馘。况今交贼旁无与国，举皆仇怨，孤危如篝，陨灭可待。"时，或议再举，上得奏，罢之，而赦乾德，岭表遂安。南服距国远，戍兵无纪律，一日有溃营归家者两军。卤移檄州将曰："士宿劳于外，予休澣告一月遣还。"比过府，卤犒之，呼旅长诘问，皆曰："久戍瘴地，思家耳。"卤曰："吾母八十，欲归宁，得乎？"立命斩之，余悉杖配他州。29，页7117—7118

【宋神宗元丰元年（1078）八月】知谏院黄履言，贡举新敕，以诸科口授旧条删为进士传义之法，购赏既重，证验难明，施之礼闱，恐生诬罔，乞再删定。从之。33，页7119

【宋神宗元丰元年（1078）八月】诏："诸官员管押并附搭纲运，所过州军无故不得住过五日，如违，三司勘罪以闻，仍理纳请过驿券；若押纲运擅离去者，杖一百。"54，页7123

【宋神宗元丰元年（1078）八月】壬戌，知鄂州王韶言，逃军田胜等累刺配，复走还作过，已遣人捕斩给赏。乞自今配军逃亡为盗，听捕斩，赏钱十千。诏坐条札与韶照会，如所犯情深重，罪不至死，奏裁。56，页7123

【宋神宗元丰元年（1078）八月】诏宗室缌麻以上亲委主婚者，择三代中有二代非诸司出职及进纳伎术、工商、杂类、恶逆之家子孙，方许嫁娶。熙宁十年九月五日壬子，因彭汝砺论列始著令，此又申明之。《实录》去年九月五日不载，今两存之。61，页7124

【宋神宗元丰元年（1078）八月】诏："大理寺习学公事听分半分文字，未满半年，勿令断品官赃案，候成考，委官审察，如任断官等，即保明依正断官例，候有缺与差。选人通理习学满二年以上，仍通计历任成四考，有举主二人，与依两任四考条转合入京朝官，并令别理资任；如未尝有历任考第，即候通理习学并详断等官，共四年，亦准此。已系京朝官充习学者，并依详断等官理任条行之。"63，页7124—7125

续资治通鉴长编卷二百九十二　宋神宗元丰元年（戊午，1078）

【宋神宗元丰元年（1078）九月】以知江宁府吕嘉问知润州。江南东路转运司言，嘉问违法不公，乞移一郡，所贵易以根究，故有是命。于是嘉问亦言，欲案治都大巡检杨中庸等罪，而转运司辄谕令自陈首，乞差不干碍官吏推治，诏并送转运。嘉问以熙宁十年十月二十一日知江宁。2，页7129

【宋神宗元丰元年（1078）九月】删定在京当直所修成敕式三卷，乞以《元丰新定在京人从敕式》为目颁降。从之。14，页7131

【宋神宗元丰元年（1078）九月】乙酉，端明殿学士兼翰林侍读学士、宝文阁学士、户部侍郎吕公著，枢密直学士、工部侍郎薛向，并同知枢密院事。公著既就职，与同列奏事毕，独留谢，因言："臣老于闲外，蒙陛下收之桑榆，惟知拳拳纳忠，以报恩遇。自熙宁以来，因朝廷论议不同，端人良士，例为小人排格，指为沮坏法度之人，不可复用，此非国家之利也，愿陛下加意省察。"上曰："然，当以次收用之。"上初即位，韩绛即建议复肉刑，至是，复诏执政议。公著以为后世礼教未备，而刑狱繁，肉刑不可复，将有踊贵屦贱之讥。吴充议复置圜土，众以为难行。王珪欲取开封死囚罪，试以剕刖。公著曰："刖而不死，则肉刑遂行矣。"议竟得寝。据《时政记》，公著以十七日戊子供职，向以二十二日癸巳供职。27，页7133

【宋神宗元丰元年（1078）九月】都进奏院言，准传宣取索自九月以后下江宁府文字，令具名件。诏："应官司不着事因发过文字，并下逐处供检，申纳中书。内曾有挟带书简，亦尽录同申。其臣僚所发私书，委开封府下逐家索副本；或无底，令追省钞录，申府缴奏。如敢隐匿不尽，许人告，犯人除名，告首赏钱千缗，内有官人不愿给钱者，每三百千转一资。"时吕嘉问、何琬互奏不法事，琬奏才至，而嘉问辩论继上，琬以为有从中报嘉问者，故诏索所发私书考实也。52，页7142

续资治通鉴长编卷二百九十三　宋神宗元丰元年（戊午，1078）

【宋神宗元丰元年（1078）冬十月】荆湖南路提点刑狱司言，贼詹遇已转入洪州。诏孙颀速依前降指挥，不以本路别路，并监督官兵袭逐；仍具立告捕赏格，关牒诸处，会合捕杀。7，页7147

【宋神宗元丰元年（1078）冬十月】甲辰，诏大理寺丞、知绵州彰明县宋大章差替。先是，提举茶场司行札子督本县茶场买茶，大章缴奏，以为中书、枢密院奉行圣旨乃有此式。中书批送茶场司具析，而茶场司言："本司置局在凤翔府，依本路转运、提举司，于诸军州行牒，诸县行帖，本辖场务行札子，皆用久例。兼在外官司，若经略总管安抚司、经制司、群牧司，皆行札子，非转运、提举司独敢僭越。今大章卖直钓奇，得本司札子，若得异货，即具闻奏，用此排击官长，于理未顺。况茶场兼监官本非奏事官司，其意盖谓本司茶法恼人不便，与敌者众，皆有致仕之意，因此指摘，必欲中伤以取媚奸党，望特赐弹压。"故有是命。8，页7147

【宋神宗元丰元年（1078）冬十月】司农寺请自今年八月降朝旨后，诸路因行役法，实用军人请受，比较所代役人雇食等钱，岁终具数申寺拨还。从之。9，页7147

【宋神宗元丰元年（1078）冬十月】乙巳，诏兵部以贡举敕式内武举敕条，再于诸处索文字，删类成《武举敕式》以闻。11，页7147

【宋神宗元丰元年（1078）冬十月】都提举市易司言，乞以见钱于河北出丝蚕州县，俟三司和、豫买绸绢足日，如民愿请价钱，委令佐续行支给，其收敛并依和买条施行。从之。15，页7148

【宋神宗元丰元年（1078）冬十月】诏："孙颀以逐处已获贼徒量轻

重，依今分定三等刑名，断讫奏闻。其持杖助贼同劫略，不以有无赃，并斩；初见逼胁，因而与贼为用，手伤事主及捕盗人等，或迎接贼势、掠取财物、借助兵仗、窝藏之类，并决脊杖，量情刺配，本罪重者自从重；或为贼驱迫，赍持人口、财物，受贼赃不以告官之类，并决，情重者送五百里编管。"23，页7150

【宋神宗元丰元年（1078）冬十月】命权同判刑部员外郎吕孝廉，司勋员外郎、权大理少卿韩晋卿，于同文馆置司，劾相国寺设粥院僧宗梵等事，令勾当御药院窦仕宣监之。以上批："宗梵缘其主僧行亲擅用官给常住粥钱，推其费钱之状，乃出前知祥符县孙纯借钱文字，案法，贳贷之人各合有罪，而主司以纯联近臣之亲，特为停抑其辞，仍累使人谕纯，止令私偿所负，可送无干碍官司根究。"先是，纯罢祥符县，得梓州路提举常平官，而行亲者，旧为纯主治田产，纯欲之新任，从行亲督钱，行亲自借常住钱百千给纯，而宗梵告行亲辄持百千出，疑有奸。权发遣开封府苏颂曰："宗梵告非干己事，不当治。钱隶常住，非官给，无贳贷法。"然纯闻事觉，即以钱偿行亲矣，宗梵坐决杖。或言纯乃颂女婿堂妹之子，颂故出纯罪，为皇城卒所告。上以为辇毂之下，近臣敢以情势挠法，审如此，则不可不治，故有是命。28，页7151

【宋神宗元丰元年（1078）冬十月】御史中丞、判司农寺蔡确言："常平旧敕多已冲改，免役等法素未编定，今除令删修为敕外，所定约束小者为令，其名数、式样之类为式，乞以《元丰司农敕令式》为目。"从之。31，页7152

【宋神宗元丰元年（1078）冬十月】大理寺言："散员都虞候、万州刺史全信，乞取卫旦等钱物，当追刺史，罚铜六十斤，降配。"诏依断，降充湖南本城都头。先是，上批："全信乞取本班长行卫旦钱物，已奏案可速进呈裁断，庶军中有以警励。"至是，枢密院奏断也。39，页7153

【宋神宗元丰元年（1078）冬十月】诏："潭州浏阳县永兴场采银铜矿所集坑丁，皆四方浮浪之民，若不联以什伍，重隐奸连坐之科，则恶少藏伏其间，不易几察，万一窃发，患及数路，如近者詹遇是也。可立法选官推行。"寻诏举京朝官一员监场，管勾本场烟火公事，许断杖以下罪。又诏："坑户限一月首纳所藏兵器，限满不首，依私有法。其保内有犯强盗杀人、放火、居停强盗，及逃军私藏兵器、甲弩，知而不告，各减犯人二等，并押出场界；情重者邻州编管；不知情，又减二等。有该说不尽事，令提点坑冶铸钱司立法。其本场地分排保虑未如法，令朱初平依条编排。"癸亥置监官，十一月甲戌禁私藏兵器、编排保甲，今并书。44，页7153—7159

【宋神宗元丰元年（1078）冬十月】提辖修完京城所上修城都辖部役使臣等三十一人管勾年月。诏："管勾及四月而合以年磨勘者，与减一年；内十年、十二年磨勘者，依条比折。其提辖官入内东头供奉官宋用臣迁礼宾使、遥郡刺史，依旧寄资，给寄资请受。"56，页7157

【宋神宗元丰元年（1078）冬十月】诏应詹遇惊劫及经历地分，捕盗官不画时捕杀，令逐路提点刑狱司速劾罪，不以赦降去官原免。62，页7158

续资治通鉴长编卷二百九十四　宋神宗元丰元年（戊午，1078）

【宋神宗元丰元年（1078）】十一月辛未朔，以翰林学士兼侍读、知审官西院兼提举在京诸司库务许将权发遣开封府，以苏颂干涉孙纯等狱事，且自请罢职故也。寻诏：如颂当参对，特免追摄。免追摄乃癸酉诏，今并书。1，页7161

【宋神宗元丰元年（1078）十一月】新知润州吕嘉问言："昨案发江宁府签书判官张偓佺违法事，窃知权签书判官潘令先夜入右司理院取去见勘偓佺案，及带偓佺旧厅公人，并见禁罪人亲戚赴右司理院并净牢狱。窃虞诱胁变乱情实，乞下别路差官。"诏潘令先具析。又言："何琬自准朝旨劾臣，追臣所使令殆遍，若臣有违法，理必难逃，观琬行遣多不循理法，必是令部内官吏协同锻炼。乞早赐移勘，及许臣检取照用文字，以备辨答。"诏送江南东路监司、提举司。又言："准敕令臣具何以知琬案发事，九月中，前江宁府通判杜行送人回府称，行密令白臣昨在东府客次见众人谈学士妄用公使钱修造，为监司所案发。及进士吴愿言，见提举官朱炎子浚明说，琬言臣为门僧教化，拆镇淮桥，修精义堂，及不造监司商量公事，而数至王安石之门，安石亦厌其来。又得在京市易务监华申甫书，所报如愿言。臣皆未敢为信，寻闻有朝旨下转运司案劾，臣谓提点刑狱王安上当知其详，遂询其兄安石，安石称闻琬所言亦相连及。"上批："虑有事干涉中书吏人，可实封送御史台根究公事所。"2，页7161—7162

【宋神宗元丰元年（1078）十一月】江宁府制院言："鞫吕嘉问等事恐推拒拖延，乞先断王觉赃滥并官吏逾违等罪，其嘉问事别为一案根治。"诏王安石、朱炎已不许回避，令同系书以闻。6，页7163

【宋神宗元丰元年（1078）十一月】卫尉寺丞、知三泉县庄黄裳言："本县当益、梓、利、夔四路之冲，昨议者请废北路，复褒斜故道，以减程驿，且宽汉中输纳之劳，今日较之，为害乃甚于前日。其川茶自行法以后，兴、利般运不行，几二万驮，望下陕西及利州路转运司并提举茶场司相度。"诏委刘忱、李稷同比较利害以闻。初，三泉县之金牛镇有东、北两路，北通陕西秦凤熙河、京西诸州，东通梁、洋。熙宁七年，提点刑狱范百禄建言废北路，复褒斜路。久之，凤州以为往来迂险，官私受弊，乞裁省河池、两当二里三驿，复河池旧路，而陕西路都转运司、秦凤路经略安抚司亦皆以为言，至是黄裳又疏其利害甚悉，乃委忱等比校。后忱等言："新路视旧路虽名减两程，其铺兵递马皆增于旧，又卒亡马死相寻，官吏驿券给请亦倍。旧路虽号十程，比新路才远八里，且多平易，新路虽减科发洋州税米四千余石，乃移拨兴元府、凤州税米二万余石。按：此处疑有脱文。今若行河池旧路，迁复马递铺，官舍亭驿，略加完整，即自如故，兼可减河池、两当二里三驿。"诏三驿不减，余并从之。诏知扬州鲜于侁、知滁州蔡延庆、权知戎州吕开、权广西转运副使苗时中、右赞善大夫蔡朦各罚铜二十斤，权知唐州范百禄、知宁州卢洪、洋州兴道县令安渐各罚铜十斤。并坐尝建此议故也。元丰三年八月二十五日，鲜于侁等乃罚铜，朱本并入此，今从之。24，页7167

【宋神宗元丰元年（1078）十一月】上批："重修编敕所修海行敕令未成书，又将委官删定一司敕，不惟次序失伦，二书交举，亦广占官吏，去取难于照类，或致遗落切要事，或与海行敕令相妨，则人功廪赐，亦所宜惜。可令且并力修海行敕令，俟成书，以一司敕相继照会编修。"二年六月二十四日，当考。34，页7169

【宋神宗元丰元年（1078）十一月】御史舒亶录问同文馆制狱，亶奏案情未圆，虑致出入人罪。诏知制诰蒲宗孟往制勘院同元勘官看详所驳情节，重推勘。35，页7170

【宋神宗元丰元年（1078）十一月】中书言："大宗正司言，宗谔状称孙女夫丁禧病狂，乞罢亲，取嫁资及授官宣命。本司看详，即无以夫病听离条例。"诏特听离，丁禧更不追官。39，页7170

续资治通鉴长编卷二百九十五　宋神宗元丰元年（戊午，1078）

【宋神宗元丰元年（1078）十二月】御史何正臣言："近奏检正中书刑房文字杜纮颇僻害政，闻刑房见行右谏议大夫吕公孺理雪失入死罪事，而阴与苞苴往来，虑别有请托。兼闻公孺遣兵夫车乘，多载酥、梨，送遗在京权要，永兴土产，为之罄竭，因缘骚扰，乞下有司穷治。"诏："公孺令陕西转运司究实，仍令杜纮具析以闻。"后纮具析公孺无理雪死罪事，近送梨四十颗、酥三斤，臣已遣人还之。兼臣生平不识公孺，未尝有一字往还，止因今送酥、梨，例得公状，见居家听旨。而转运司亦言公孺所置酥、梨及差兵卒，视熙宁十年为多。乃诏公孺罚铜十斤，纮依旧供职。5，页7178

【宋神宗元丰元年（1078）十二月】诏："诸军军使、都头以下，并充兵额内人数，正副指挥使以上，于额外补置，遇军行分押诸队。令编敕所及殿前、马步军司照会队法修入。"已而上批："将下诸军拥队，如缺将校，并以十将代之，其将校依在京诸军例额外补置。"令具人数进呈，后枢密院以数奏，诏并教阅厢界将校，亦于额外补置。7，页7178—7179

【宋神宗元丰元年（1078）十二月】甲辰，诏开封府界提点司、诸路监司分决系囚，内干照及事理轻者，先断遣。12，页7179

【宋神宗元丰元年（1078）十二月】定州路安抚司言："北界人于惟孝因传达边界事，为北人收捕甚急，今乞归明。望朝廷悯其累报北事，及尝告捕北界刺事人李景等，特推恩。"诏于惟孝与三班差使，充江南指使。河北缘边安抚司尝获边民王习所市北界马,即送顺义军,上曰:"闻北界卖马人法皆死,又徙其家属,自今如北界无移文,可遣人夜于界首毋问卖马者,免令屠戮蕃民。"此据墨本所记圣德,朱本签贴云移入《契丹传》,检《契丹传》乃无此,又不知是何年月,姑附元丰元年十二月五日于惟孝下,更须考详。18,页7180

【宋神宗元丰元年（1078）十二月】辛亥,疏决在京系囚,杂犯死罪以下第降一等,杖以下释之。畿县及三京诸县准此。35,页7184

【宋神宗元丰元年（1078）十二月】诏青州民王赟贷死,刺配邻州牢城。初,赟父九思为杨五儿殴迫自缢死,赟才七岁,常欲复仇,而以幼未能。至是十九岁,以枪刺五儿,断其头及手,祭父墓,乃自首。法当斩,上以赟杀仇祭父,又自归罪,可矜故也。42,页7185

【宋神宗元丰元年（1078）十二月】戊午,以权知审刑院、度支郎中崔台符为右谏议大夫、大理卿；屯田郎中、直史馆、权发遣江、淮等路发运副使塞周辅,太常博士、权判都水监杨汲为少卿；丞及检法官令举官以闻。先是,上以国初废大理狱非是,要见国初废大理狱事因。以问孙洙,洙对合旨。于是中书言:"奉诏开封府司、左右军巡院刑狱,皆本府公事,而三司、诸寺监等凡有禁系,并送三院,系囚猥多,难以隔讯。又盛暑疾气熏染,多致死亡,官司各执所见,吏属苦于咨禀,因缘留滞,动涉岁时,深为未便。参稽故事,宜属理官,今请复置大理狱,应三司及寺、监等公事,除本司公人杖笞罪非追究者随处裁决,余并送大理狱结断,其应奏者并天下奏案,并令刑部、审刑院详断。大理寺置卿一人,少卿二人,丞四人,专主推鞫,检法官二人,余悉罢。应合行事,委本寺详具以闻。"从之。台符等既受命作大理寺,凡十有七日而成。十七日而成,据李清臣记,墨本所书不同,朱本遂并削去。《新纪》书以开封囚猥多,复置大理狱,《旧纪》载诏语差详。45,页7185—7179

【宋神宗元丰元年（1078）十二月】诏大理寺官吏并现在公案等并归刑部,其当送大理狱结断事,自来年正月后依戊午诏施行。52,页7187

【宋神宗元丰元年（1078）十二月】断大辟一千一百四人。74,页7192

【宋神宗元丰元年（1078）十二月】诏畿内及京东西五路许卖晋、隰矾；陕西自潼关以西，黄河以南，达于京西均、房、襄、邓、金州，则售坊州矾；矾之出于西山、保霸州者，售于成都、梓州路；出无为军者，余路售之。禁私鬻者与越界者如私矾法，《食货志》系之元丰元年，今附年末。75，页7192

续资治通鉴长编卷二百九十六　宋神宗元丰二年（己未，1079）

【宋神宗元丰二年（1079）春正月】丙子，诏："旧明州括索自来入高丽商人财本及五千缗以上者，令明州籍其姓名，召保识，岁许出引发船二只，往交易非违禁物，仍次年即回；其发无引船者，依盗贩法。"先是，禁私贩高丽者，然不能绝。至是，复与中国通，故立是法。4，页7194—7195

【宋神宗元丰二年（1079）春正月】诏市易司："罢立保赊钱法。已出钱立输限，如半年内输本息足者，蠲其出限罚息钱。物力虽薄，而有营运者，量力支借，毋过旧数三之一。令元体量检估官分认催收，限三年结绝，岁具所收钱数比较赏罚，专委勾当公事官一员催驱。其自今用产业抵当者，并拘留契书，岁收息一分半。检估官吏如容增直冒请，以违制论，不以去官赦降原减。其赊请物且如旧法检估本家物力，所请不得过所有之半。"去年十一月十一日壬子，王居卿已尝建议。又十二月二日壬寅诏当考。

市易旧法，听人赊钱，以田宅或金银为抵当，无抵当者，三人相保则给之，皆出息十分之二，过期不输息，外每月更罚钱百分之二。贪人及无赖子弟，多取官货不能偿，积息罚愈滋，囚系督责，徒存虚数，实不可得。于是都提举市易王居卿建议：以田宅金帛抵当者，减其息；无抵当徒相保者，不复给。自元丰二年正月七日以前，本息之外所负罚钱悉蠲之，凡数十万缗；负本息者，延期半年。众议颇以为惬。此据司马光《记闻》，二月十九日当考。11，页7196

【宋神宗元丰二年（1079）春正月】诏旧隶三司、寺监承受断遣或送府司、军巡院禁勘公事，并提点仓场司、四排岸司徒以下罪及合追究公事，旧送三司者送大理寺。从本寺请也。12，页7196

【宋神宗元丰二年（1079）春正月】诏陈世儒母被害事送大理寺。以御史黄廉言开封府不劾正世儒知情移勘故也。初送开封，元年六月。是年八月壬子，又移御史台。13，页7196—7197

【宋神宗元丰二年（1079）春正月】御史何正臣言："赴太庙监察，摄太尉、豫章郡王宗谔遣吏传言有负屈事。按宗谔亲则近属，爵为郡王，安得更有抑屈事？就使有之，不诉于朝廷而诉于臣，且方斋祠，辄语及此，望付有司治其罪。"诏大宗正司劾罪，后大宗正司言宗谔三问不承，诏罚铜二十斤。19，页7197

【宋神宗元丰二年（1079）春正月】诏宗室大将军以下愿试者，本经及论语、孟子大义共六道，论一首，大义以五通，论以辞理通为合格。二纪并书立宗室试经义论法。26，页7198

【宋神宗元丰二年（1079）春正月】知大理卿崔台符言："乞自今大理勘事，内有情法不称者，许以三司条例断奏，事若重密，仍依审刑院、三司、开封府例上殿奏裁。"从之。27，页7198

【宋神宗元丰二年（1079）春正月】降右谏议大夫苏颂为秘书监、集贤院学士、知濠州。司门员外郎徐大方夺两官，虞部员外郎孙纯夺一官，并勒停。降国子博士许彦先监吉州酒税。初，同文馆鞫纯私贷官钱事，颂坐失出杖罪，御史舒亶驳奏，以谓纯与颂实为近亲，不可以失论，故虽会降当释，特责之。大理少卿韩晋卿、吕孝廉坐理断不当，各罚铜二十斤。晋卿等罚铜，乃三月二日庚午，今并书。《旧纪》书右谏议大夫苏颂蔽官属贷僧钱，罢知开封府，降为秘书监、知濠州。《新纪》不书。28，页7198—7199

【宋神宗元丰二年（1079）春正月】戊子，手诏大理寺："日者修举坠典，理正职业，俾治官府狱事。前代章程湮灭，岁久不可复知，今所图画，皆以义起，椎轮规摹，不少宽假，必难称办。苟官吏各怀顾忌，于驱遣之际，或致逡巡，则稽留弊害，无异前者。其本寺承事勘鞫，可且依推制院又御史台例，不供报纠察司。断讫徒以上，旬具犯由申中书、枢密院刑房，俟置司及一年别取旨。"其后及一年，乃复诏依开封府例供报纠察司。29，页7199

【宋神宗元丰二年（1079）春正月】三司请应增禄行仓法人但有职事在手，如敢诈欺财物及借使钱物典质之类，罪赏并依仓法；内被诈者不坐，如能自告，亦依重法赏之。诏详定重修编敕所立法。编敕所言："应行重法人借使钱物之类，当依取受科罪，若本职相干公事，虽有过之后而受者，亦合依重法施行；其因卖买以取剩利，并借使之类还讫而事发者，尚未有法，今定依取受条还讫事发减五等，家人减身犯二等坐之；其监司吏人委逐司互觉察。"从之。40，页7200

【宋神宗元丰二年（1079）春正月】诏："阁门祇候赵戡押赐夏国主中冬时服，辄收接蕃书，令开封府劾罪。"51，页7203

【宋神宗元丰二年（1079）二月】上批："审刑院、刑部乞因并差详议、详断官入试院，积未断公案凡五百余道，罪人幽系囹圄，日夜待命，岂宜淹滞留壅若此，其自今月三日后官吏并勒宿。"6，页7204

【宋神宗元丰二年（1079）二月】癸卯，诏："闻滨、棣、德、博州盗发相仍，令提点刑狱汪辅之督捕，无致结集，如捕盗官弛慢，劾罪以闻。"7，页7204

【宋神宗元丰二年（1079）二月】甲辰，诏威、茂、黎三州罢行义仓法。初，知兴州罗观乞置义仓于川峡四路，许之。既而成都府路提举司言威、茂、黎三州夷夏杂居，税赋不多，旧不推行新法，岁计、军储，皆转运司支移彭、蜀州税米就输及募人入中，恐不可置义仓。故有是命。9，页7205

【宋神宗元丰二年（1079）二月】丁未，诏知南剑州万公仪追一官，免勒停。通判黄子春、知邵武军周约、签判李上俁，各罚铜二十斤，差替。其余巡检、巡茶盐、县令、尉，追官、勒停、罚铜、冲替者凡二十九人。并坐贼廖恩经所部不觉察，及讨捕无功，虽会赦降去官，犹责及之。17，页7205—7206

【宋神宗元丰二年（1079）二月】诏："大理寺官属，可依御史台例，禁出谒及见宾客。"34，页7210

【宋神宗元丰二年（1079）二月】知大理卿崔台符言："流以下罪，长贰亲录问决遣，其大辟罪乞牒御史台选差曾任亲民常参官一员审问；即特旨推勘罪至大辟或命官，即临时取旨差官。"诏："大辟罪牒御史台差官赴纠察司审覆，余如所请。"后又诏："报御史台差官同纠察司就寺审覆。"《旧纪》书："诏大理决重辟，御史台同纠察司审覆。"《新纪》不书。41，页7211

【宋神宗元丰二年（1079）二月】戊午，诏应置市易务处赊请钱，并依在京市易务法，听以金银物帛抵当，收息毋过一分二厘。正月九日诏并王居卿云云，又三年九月五日皆当考。50，页7212

续资治通鉴长编卷二百九十七　宋神宗元丰二年（己未，1079）

【宋神宗元丰二年（1079）三月】诏钱藻且权开封府。以许将连太学狱事，而御史台鞫治多用开封府吏也。八月丙辰，许将责。3，页7216

【宋神宗元丰二年（1079）三月】环庆路经略司俞充言："蕃部昌宁为西界守领使诈归投来刺边事，续来理索，并熟户蕃部苏尼亦入汉界刺事，若依法处置昌宁，恐生其疑，乞牒还西界，苏尼乞刺配近里州军。"上批："苏尼有死罪二，一犯十恶，法当缘坐，今幸败获，所宜明正典刑，不知有何情理可矜，特为末减。昌宁虽本西人，自是入中国刺事，理亦不可牒还，纵令遣回，未知于夏人疑我之心如何可解，显亦全无意谓，可令依法施行。其捕获蕃官，速依条酬奖。节略苏尼等情款，牒鄜延路令转牒宥州取问首领擅遣人入中国刺事人罪，严加诫断。"遂斩苏尼，而昌宁处死。11，页7218

【宋神宗元丰二年（1079）三月】三司言："会计河北东路熙宁十年收支实缺钱帛等，比转运副使陈知俭、判官汪辅之元奏之数少七十三万余缗，知俭等诚不职，乞降黜以诫诸路。"诏提举司劾罪奏之。辅之坐杖七十，知俭杖六十，各该去官。诏各特罚铜二十斤。13，页7218—7219

【宋神宗元丰二年（1079）三月】辛巳，诏："今岁特奏名明法改应新科明法人，试大义三道。"19，页7220

【宋神宗元丰二年（1079）三月】又诏："京朝官、选人、班行所试经书、律令大义、断案，上等三人，循一资；中等三十四人，不依名次注官；下等七十人，注官。"20，页7220

【宋神宗元丰二年（1079）三月】刑部言："秘书省正字王巩，坐尝借赵居兵书，当杖八十，追两官勒停，已叙秘书省正字，今又及三期，当叙太常寺太祝。"上批："王巩所犯交结巨恶，情理极重，缘当日元勘不尽，故案法，得罪至轻，可更展三期与叙元官。"22，页7220

【宋神宗元丰二年（1079）三月】太子中允、集贤校理、知谏院徐禧为右正言、直龙图阁、权发遣渭州，赐绯章服，其计议措置边防事如故。计议措置如故，据《禧本传》。初，陕西缘边兵马蕃弓箭手与汉兵各自为军，每战多以蕃部为前锋，而汉兵守城，伺便利后出，不分战守，每一路以数将通领之。吕惠卿帅鄜延，以为调发不能速集，始变旧法，杂汉蕃兵团结，分战守，每五千人随屯置将，具条约以上。边人及议者多言其不便。上颇采惠卿议，欲推其法于诸路，故遣禧往计议。禧先具环庆法上之，遣官措置泾原，而泾原帅蔡延庆以为不可，朝廷亦是之，并难禧环庆法。禧历疏泾原法疏略参错，图其状，别为法以奏，且言环庆法不可改。上与惠卿诏曰："徐禧论措置析将事恻怛慷慨，谋国不顾，已令代延庆帅泾原，卿宜勉终之，异日为一代良臣矣。"元年六月丙寅，初遣禧计议。七月辛卯，有诏付禧及诸路。是年三月癸未，蔡延庆云云可考。33，页7222

【宋神宗元丰二年（1079）三月】上批："西驿交市，旧法除卖于官库外，余悉听与牙侩市人交易。提举市易司近奏并令市易上界管认一切，禁其私市，闻戎人甚不乐。昨正旦使所须物，本务又不能尽有，不免责买于市肆，今会其赢数亦不多，宜令仍旧。"42，页7226

【宋神宗元丰二年（1079）三月】御试编排官李承之等言："熙宁九年，御试新科明法，正奏名三十九号，止以粗通资次编排，今一百四十六号，比前数倍，欲以二通为合格，分两等。"从之。43，页7226

【宋神宗元丰二年（1079）三月】命枢密院编类文字、大理评事蔡硕等编类将官敕令，承旨司修定。以都承旨韩缜等言，自降将敕后，陈请不一，虑冲改不明，诸将或未谕，恐误施行故也。44，页7226

【宋神宗元丰二年（1079）三月】诏大理寺月具见禁及已决罪人数申中书。56，页7228

【宋神宗元丰二年（1079）三月】降东上阁门使、果州刺史、秦凤路副总管夏元几为都钤辖。坐前知镇戎军失入人死罪也。五月己巳又责。59，页7228—7229

【宋神宗元丰二年（1079）三月】岐王颢之夫人，冯侍中拯之曾孙也，失爱于王，屏居后阁者数年。是春，岐王宫遗火，寻扑灭，夫人闻有火，遣二婢往视之。王见之，诘其所以来。二婢曰："夫人令视大王耳。"王乳母素憎夫人，与二嬖人共潜之曰："火殆夫人所为也。"王怒，命内知客鞫其事，二婢不胜考掠，自诬云："夫人使之纵火。"王杖二婢，且泣诉于太后曰："新妇所为如是，臣不可与同处。"太后怒谓上必斩之，上素知其不睦，必为左右所陷，徐对曰："彼公卿家子，岂可遽尔！俟按验得实，然后议之。"乃召二婢，命中使与侍讲郑穆同鞫于皇城司，数日狱具，无实。又命翊善冯浩录问。上乃以具狱白太后，因召夫人入禁中。夫人大惧，欲自杀。上遣中使慰谕曰："汝无罪，勿恐。"且命径诣太皇太后宫，太皇太后慰存之。太后与上继至，诘以火事，夫人泣拜谢罪，乃曰："纵火则无之，然妾小家女福薄，诚不足以当岐王伉俪，幸赦其死，乞削发出外为尼。"太后曰："闻诅詈岐王，有诸？"对曰："妾乘忿或有之。"上乃罪乳母及二嬖人，命中使送夫人于瑶华宫，不披戴，旧俸月钱五十缗，更增倍之，厚加资给，曰："俟王意解，当复迎之。"此据《记闻》，附于月末。60，页7229

【宋神宗元丰二年（1079）夏四月】陕西都转运使、度支郎中皮公弼降一官，展磨勘二年。公弼尝举汝州俞士龙，坐自盗赃，法寺当公弼徒二年，勒停。诏以公弼经制盐事有劳，免勒停。2，页7230

【宋神宗元丰二年（1079）夏四月】权发遣盐铁判官、提举成都府等路茶场、国子博士李稷言："自熙宁十年冬推行茶法，至元丰元年秋，凡一年，通计课利及旧界息税并已支、见在钱七十六万七千六十六缗。"上批："蜀茶变法，又前后奉行使者失指，议论纷纭，恐动群听。稷能推原法意，日就事功，宜速迁擢，以劝在位。"遂落权发遣。5，页7230

【宋神宗元丰二年（1079）夏四月】诏编《茶场一司敕》。6，页7230

【宋神宗元丰二年（1079）夏四月】乙巳，提举成都府等路茶场李稷言："经制司擅榷买熙河岷州、通远军商人货。"诏经制司具析以闻。后李宪言："自置司以来，除蕃商水银及盐川寨、盐官镇两场依法禁私贩外，市易卖买，并取情愿交易，未尝拘拦。臣以浅疏，终恐难逃吏议，乞独坐臣罪。"乃诏宪赴阙，令转运使蒋之奇根治，劾有罪之人。又诏之奇宜以朝廷所降事目推治虚实，无令支蔓。诏之奇事在七月辛未。及狱成，宪与马甲、赵济、霍翔坐奏事不实，徒二年。诏宪等所坐缘公，宜依德音释之。狱成，据朱本在六月戊戌朔，今并入此。《御集》在十一月二十六日。是年九月十八日、十月十五日皆有德音。九月十八日止及颍州，当是十月十五日。朱本必误，当从《御集》。9，页7231

【宋神宗元丰二年（1079）夏四月】辛亥，以新科明法及第王壬为试衔知县、律学教授。19，页7232

【宋神宗元丰二年（1079）夏四月】甲子，知审刑院安焘言："天下奏案，视十年前增倍以上，审刑院刑部详议、详断官，视旧员数颇减，乞复置详议官一员。又详议官遍签刑部断案，职事不专，乞分议官六员，每案二员连签，若情状可疑，未丽于法，即议官通签。如此则疑难之狱得尽，众议明白，罪案不致留积。"诏增审刑院详议、详断官各一员，罢刑部检法官一员，余如焘请。41，页7235—7236

【宋神宗元丰二年（1079）夏四月】诏权判南京国子监、驾部郎中郑宗砺罚铜十斤，致仕。坐前知眉州失入人死罪，会赦，而宗砺年七十余故也。《新纪》于二十六日甲子日书导洛通汴，盖起役之日也，六月十七日甲寅毕工，三月二十一日庚寅可考。42，页7236

续资治通鉴长编卷二百九十八　宋神宗元丰二年（己未，1079）

【宋神宗元丰二年（1079）五月】己巳，前权发遣环庆路经略使、岷州团练使高遵裕追两官，知淮阳军。庆州通判、屯田郎中吴仲举冲替。

柔远寨主、供备库副使孙贵，兵马监押、左侍禁王顾并追一官，免勒停。都巡检、内殿承制辅佐罚铜二十斤，差替。西头供奉官、阁门祇候、柔远寨巡检胡永德追两官，免勒停。环庆路走马承受、入内东头供奉官王怀正罚铜七斤，降京西监当。前知大顺城、内殿承制康大同等四人差替。蕃官军使罗遇杖脊，刺配广南东路牢城。所焚西界棚屋，约价给还。

先是，遵裕数使蕃部乙讹及顾入西界，见蕃族梁讹啰侦事，且诱讹啰来降。后乙讹为西人所执，永德等擅发兵出塞追取，纵火焚新和市，遵裕隐庇不治，西人以为言，邻路奏之。手诏遵裕速根治为首者，痛绳以法，遵裕亦不奉行。手诏当是熙宁十年八月五日。上遣枢密院检详官范育就案，还具奏其状，因命育推鞫。狱成，永德、遇抵罪，遵裕坐不奉诏及所奏漏略，怀正亦以体量不实黜，余皆从坐也。元丰元年闰正月丁酉有纵火事。6，页7240—7241

【宋神宗元丰二年（1079）五月】提举成都府等路茶场司上《茶法敕式》，诏行之。仍岁增茶场司公使钱二百千。23，页7244

【宋神宗元丰二年（1079）五月】知审刑院安焘言："比年详议官以文案繁多，责重赏轻，除者多不愿就。乞以二年为一任，任满减磨勘二年。自刑部差者，已及成资，先依刑部任满法推恩；未成资者，补及成资，推恩后别理一任。"从之。八月二十二日丁巳可考。41，页7248

【宋神宗元丰二年（1079）五月】己丑，前权建康军节度推官王觉、前知澧州西京作坊使李山甫诉推勘官何琬、胡宗回酷虐，乞改差官鞫治。诏觉送润州制勘院，山甫令湖南转运司选官重鞫，如不移前鞫，觉、山甫各不用并计，著为法。及再劾，觉、山甫所坐如初。47，页7249

【宋神宗元丰二年（1079）五月】诏进士、诸科新及第人免试刑法。61，页7252

【宋神宗元丰二年（1079）五月】永兴军等路提点刑狱、主客郎中王孝先，熙河副都总管、客省使、达州刺史王君万，各降一官。君万改凤翔府钤辖。西上阁门使、荣州刺史、知淮阳军高遵裕展三期叙。遵裕先知熙州，与君万尝借请给籴边储钱，违法回易，转运判官孙迥案治之，君万乃教蕃官木丹讼迥尝加棰掠，遵裕以闻，欲以中迥，命孝先推劾，而孝先观望不尽力，再遣提举茶场李稷鞫得实，故皆抵罪。孝先初受命，乃元年正月丁卯。君万自凤翔铃辖除熙河监牧，给散马种，在七月二十一日丁亥。六年六月四日始除君万所负马。62，页7252

【宋神宗元丰二年（1079）五月】丙申，诏诸路有劫盗人数稍众，许于听候差使及得替待缺官内选武勇使臣捕逐，给驿券。从大名府文彦博请也。63，页7252

【宋神宗元丰二年（1079）六月】庚子，命权御史台推直官盛南仲、权检正中书刑房公事王修，同催促结绝在京系囚。3，页7253

【宋神宗元丰二年（1079）六月】宰臣吴充以从子安国赃污抵法，奉表待罪，诏趣视事。吴安国赃罪当考。4，页7253

【宋神宗元丰二年（1079）六月】诏："谋杀人案举自首，虽减等坐之，其情理凶恶不可留本处者，依编敕配隶他所。"时法官断谋杀人自首狱，从减等论，而不用配法。堂后官周清以谓昨朝廷议谋杀人得首所因之法，编敕明言指定谋杀人伤与不伤，罪不至死，奏裁决配。又云今所因之谋得用旧律而原免，已伤之情复以后敕而奏决，以此二说证之，则用配法无疑，乞申明行下故也。27，页7256

【宋神宗元丰二年（1079）六月】戊午，诏诸司承受朝廷批状，有合付案不行者，于月奏状具所碍条贯及如何难议施行。37，页7258

【宋神宗元丰二年（1079）六月】左谏议大夫安焘等上《诸司敕式》，上谕焘等曰："设于此而逆彼之至曰格，设于此而使彼效之曰式，禁其未然之谓令，治其已然之谓敕，修书者要当知此。有典有则，贻厥子孙，今之格式令敕，即典则也。若其书完具，政府总之，有司守之，斯无事矣。"又阅《讲筵式》，至"开讲申中书"，上曰："此非政事，何预中书，可刊之。"七年三月六日敕式成，本志云云，或增入此。43，页7259

【宋神宗元丰二年（1079）六月】中书言："刑房奏断公案，分在京、京东西、陕西、河北五房，逐房用例，轻重不一，乞以在京刑房文字分入诸房，选差录事以下四人专检详断例。"从之。51，页7260—7261

【宋神宗元丰二年（1079）六月】大理寺言："大理评事元大成，坐前知江陵府长林县受赇，当追两官。"诏除名。荆湖北路提点刑狱、金部郎中苏涓，转运判官、太子中舍马瑊，尝荐大成，各夺一官。52，页7261

续资治通鉴长编卷二百九十九　宋神宗元丰二年（己未，1079）

【宋神宗元丰二年（1079）七月】己卯，诏中书，四方诏狱及根治事，皆逾年淹系，未能结正，宜令诸房具出据轻重缓急，随宜立限，约以稽违刑名，逐房置簿勾考，违者具姓名取旨。25，页7271

【宋神宗元丰二年（1079）七月】经制熙河路边防财用李宪言："卢甘、丁吴、于阗、西蕃，旧以麝香、水银、朱砂、牛黄、真珠、生金、犀玉、珊瑚、茸褐、驼褐、三雅褐、花蕊布、兜罗绵、硇砂、阿魏、木香、安息香、黄连、牦牛尾、狨毛、羚羊角、竹牛角、红绿皮交市，而博买牙人与蕃部私交易，由小路入秦州，避免商税打扑。乞诏秦熙河岷州、通远军五市易务，募博买牙人，引致蕃货赴市易务中卖，如敢私市，许人告，每估钱一千，官给赏钱二千，如此则招来远人，可以牢笼遗利，资助边计。"从之。朱本削去，新本从朱本。32，页7272

【宋神宗元丰二年（1079）七月】诏在京狱案有系囚者，法官先断奏。从大理卿崔台符请也。34，页7272

【宋神宗元丰二年（1079）七月】诏应新科明法举人试断案，许以律令敕自随。38，页7273

【宋神宗元丰二年（1079）八月】权提点梓州路刑狱穆珣言："资州、广安军，有子为人所杀，而父母受财私和者，皆决以亲属被杀私和期亲徒二年半律。案《刑统》称子孙之于祖父母，皆有祖父子孙之名，其有相犯，多不据服而断，贼盗律有所规求而故杀期以下卑幼者，绞，斗讼律子孙违犯教令而祖父母殴杀者，徒一年半，故杀者加一等。今子孙被杀，父母乃坐私和徒二年半，则是私和之罪重于自杀，举重明轻难从旁期之法，止当用不应得为轻重法，乞下有司申谕天下。"从之。4，页7277

【宋神宗元丰二年（1079）八月】上批："见修敕令格式，诸所析正，自朝廷立法付有司者，委枢密承旨司详定闻奏，付诸房遵行。" 12，页 7278

【宋神宗元丰二年（1079）八月】壬寅，诏诸修敕式局看详合厘正朝廷与有司相照立式事，委检正中书户房毕仲衍编修。15，页 7279

【宋神宗元丰二年（1079）八月】丁未，右谏议大夫、知河南吕公孺知河阳。洛口役兵千余人惮役，不禀令，排行庆关不得入，西趋河桥。其徒有来告者，诸将请出兵击之，公孺曰："此曹亡命，穷之则生变。"乃令曰："敢杀一人者斩。"于是乘马东出，令牙兵数人前谕曰："尔辈久役固当还，然有不禀令之罪，若复度桥，则罪加重矣！太守在此，愿自首者止道左。"众皆请罪，索其为首并助谋者，黥配之，余置不问，复送役所，语洛口官曰："如尚敢偃蹇者，即斩之。"众帖然不敢动。乃自劾不俟命，诏释之。此据本传，或自有时，今附公孺初除时。27，页 7281

【宋神宗元丰二年（1079）八月】遣司农寺都丞吴雍同两浙路提举官讲议役法，催促结绝。28，页 7281

【宋神宗元丰二年（1079）八月】中书言："应朝旨置狱究治事，欲委审刑院、刑部置簿管勾，非特旨立限者，及一季末，奏下所属催促，无故稽留若行移迟缓并所属不催举，并劾奏，责刑房季终点检。"从之。29，页 7281

【宋神宗元丰二年（1079）八月】详定编修诸司敕式所上《入内内侍省敕式》。诏行之。66，页 7288

【宋神宗元丰二年（1079）八月】甲子，诏看详太学条制所，以《国学条贯》与见修学制，定为《国子监一司敕式》。72，页 7290

续资治通鉴长编卷三百　宋神宗元丰二年（己未，1079）

【宋神宗元丰二年（1079）九月】修完京城所请赁官地创屋，与民为面市，收其租。下开封府相度，乞如其请。从之。仍诏自今空地募人租赁，行讫以闻。其后御史丁执礼以为言，诏取行遣看详，而修完京城所有言，令磨户及熟食人于城东西房廊作面市，收众磨户钱入官，即无行遣公案，执礼奏遂寝。后开封府又请牙人磨户私以面贸易者杖一百，许人告捕，五斤以上赏钱三千，十斤以上十千。亦从。《朱史》削去，以为事小，今复存之。执礼为御史在此后六日。18，页7301

【宋神宗元丰二年（1079）九月】诏前国子博士陈世儒并妻李、婢高、张等十九人，并处斩，婢高凌迟，妻李特杖死，婢单等七人贷死，杖脊，分送湖南、广南、京西路编管。世儒，宰相执中子，执中嬖妾张氏淫悍不制，生世儒未久而执中死，诏张氏为尼。世儒既长，迎归，与妻李事之不谨。李，龙图阁直学士中师女，母吕氏，夷简孙也。世儒知舒州太湖县，庸骏不乐为外官，与李讽诸婢谋杀张，欲以忧去，诸婢以药毒之不死，夜持钉陷其脑骨，以丧还京师，为诸婢告发，而李辞屡变，凡三易狱，始得实。于是元勘官皆得罪，知大理卿事崔台符、权发遣大理少卿蹇周辅、杨汲，各罚铜十斤，权大理寺丞贾种民二十斤。三年正月庚寅，叶武送审官，二月己未，种民冲替。22，页7301—7302

【宋神宗元丰二年（1079）九月】壬午，诏："翰林学士李清臣所撰大理寺记，凡朝廷修废官事之本末，小大无不该载。惟崔台符等首被选抡，考举坠典，而能剗遣滞讼，狱无淹囚，独不得挂名其间，尚为缺漏，宜送清臣增入。"26，页7302

【宋神宗元丰二年（1079）九月】癸未，德音："降颍州死罪囚，徒以下释之。元丰元年终以前见欠夏税及今年夏残税并缘纳租课，并与蠲免。"八月二十四日升节度，两《纪》并书降囚罪。28，页7302

【宋神宗元丰二年（1079）九月】诏顺州武陵峒麻仲福、黄敷各杖脊编管，仲福郓州，敷青州，勒家属随行，追夺元补官职宣命。仲福等同侬智春寇顺州故也。37，页7303—7304

【宋神宗元丰二年（1079）九月】诏诸路州县告捕获盗，速依条限给赏，委提点刑狱等司半年一次，取索州县所获盗数及给若干钱数上中书。以州县给赏稽留，无以激劝告捕者故也。38，页7304

【宋神宗元丰二年（1079）九月】癸巳，枢密都承旨韩缜、副都承旨张诚一、检详兵房文字范育上《诸路清野备敌法》，诏颁行之。今传清野备敌十五条，乃云元丰二年十月十三日，月日与此不同，不知何故。41，页7304

【宋神宗元丰二年（1079）九月】司农寺上《元丰司农敕令式》十五卷。诏行之。44，页7305

【宋神宗元丰二年（1079）九月】河东都转运使陈安石乞本路犯西北两界青白盐者，并依《皇祐敕》断罪，仍不分首从边配。从之。《皇祐敕》刑名比今为重，又法非兴贩三分得一分之罪。时安石方行盐法于河东，以希功利，故欲峻其禁也。朱本削去"《皇祐敕》比今为重"以下数语，今复存之。46，页7305

【宋神宗元丰二年（1079）冬十月】诏立水居船户五户至十户为一甲相纠察救助法。从福建提点刑狱司请也。19，页7309

【宋神宗元丰二年（1079）冬十月】权发遣福建路转运使兼提举盐事贾清言，卖盐钱拨还转运司外，乞别封桩，以听移用。又言，州县税务监官内有增羡数多及捕盗官获私盐最多者，望于常法外论赏之。21，页7309

【宋神宗元丰二年（1079）冬十月】诏太常丞、集贤校理、兼天章阁侍讲、同修起居注、直舍人院、管勾国子监沈季长落职勒停，右正言、知制诰、兼侍讲、知谏院、同修国史、详定郊庙奉祀礼文、宗正寺修玉牒官、提举官告院、判国子监黄履免追官，勒停，听赎铜，除侍讲外，差遣并罢，枢密直学士陈襄罚铜十斤。季长坐受太学生竹簟、陶器，升补内舍生不公及听请求，履坐不察属官取不合格卷子，及对制不实，襄坐请求，皆因虞蕃上书，御史台鞫得其罪也。28，页7311

【宋神宗元丰二年（1079）冬十月】庚戌，以太皇太后服药，德音降死罪囚，流以下释之。32，页7312

【宋神宗元丰二年（1079）冬十月】礼院言，昭宪、明德皇太后故事，内有年岁深远，礼制不全，欲乞参详比类山陵案例，申请施行。从之。48，页7316

续资治通鉴长编卷三百一 宋神宗元丰二年（己未，1079）

【宋神宗元丰二年（1079）十一月】庚午，诏国子监直讲、颍川团练推官王沇之除名，永不收叙。太常丞余中追一官，勒停。监东作坊门，河南左军巡判官王洢之、秘书丞范峒冲替。沇之坐受太学生章公弼赂，补上舍不以实，罪当徒二年。中坐受太学生陈度赂，罪当杖。峒坐为封弥官漏字号。洢之、沇之弟，亦坐纳赂，嘱请于中、沇之等。皆因虞蕃上书，下御史台案劾，又用御史何正臣之请。狱辞所及，虽蕃所不言，皆得究治。沇之等虽会赦降，犹特责之。沇之始议送湖南安置，既而止除名。然太学一狱，逾年方决，追逮遍四方，盖舒亶、何正臣为之。7，页7320

【宋神宗元丰二年（1079）十一月】丙子，知审官东院陈襄乞委本院官重定本院敕令式。从之。11，页7321

【宋神宗元丰二年（1079）十二月】成都府、利州路钤辖司言："往时川峡绢匹为钱二千六百，以此编敕估赃，两铁钱当铜钱之一。近岁绢匹不过千三百，估赃二匹乃得一匹之罪，多不至重法，盗贼浸多。法寺乞以一钱半当铜钱之一。"从之。2，页7325—7326

【宋神宗元丰二年（1079）十二月】泾原路经略司言，西人张灵州奴伪为汉人，来侦边事，会德音当释。诏刺配郴州牢城。4，页7326

【宋神宗元丰二年（1079）十二月】诏外界青白盐入河东路，犯人罪至流者，巡检或寨主、监押、津堡官先次差替。从河东转运使陈安石请也。5，页7326

【宋神宗元丰二年（1079）十二月】诏御史台重修一司敕。8，页7326

【宋神宗元丰二年（1079）十二月】乙巳，御史中丞李定等言："窃以取士兼察行艺，则是古者乡里之选。盖艺可以一日而校，行则非历岁月不可考。今酌周官书考宾兴之意，为太学三舍选察升补之法，上《国子监敕式令》并《学令》，凡百四十三条。"诏行之。

初，太学生檀宗益上书言太学教养之策有七：一尊讲官，二重正禄，三正三舍，四择长、谕，五增小学，六严责罚，七崇司业。上览其言，以为可行，命定与毕仲衍、蔡京、范镗、张琥同立法，至是上之。太学置斋舍八十斋，斋容三十人。外舍生二千，内舍生三百，上舍生百，总二千四百。生员入学本贯，若所在州给文据，试而后入月一私试，岁一公试，补内舍生；间岁又一试，补上舍生，封弥、誊录如贡举法；而上舍则学官不与考校。诸斋月书学生行艺，以帅教不戾规矩为行，治经程文合格为艺。斋长、谕、学录、学正、直讲、主判官以次考察籍记。公试，外舍生入第一、第二等，参以所书行艺，预籍者升内舍。内舍生试入优、平二等，参以行艺升上舍。上舍分三等：俱优为上，一优一平为中，俱平若一优一不为下。上等命以官，中等免礼部试，下等免解。以升补人行艺进退，计人数多寡为学官之赏罚。缘升舍为奸者，论如违制律，不用去官赦原。学正增为五人，学录增为十人，学录参以学生为之。《旧纪》书学颁《国子监敕式令》《学令》，《新纪》但书《学令》。17，页7327—7328

【宋神宗元丰二年（1079）十二月】诏取编敕所海行在京官司见行条贯，并一时指挥，并录送御史台。如官司有奉行违慢，即具弹奏。除中书、枢密外，仍许暂索文字看详。后御史中丞李定言："乞依故事，复置吏、兵、户、刑、礼、工六案，点检在京官司文字，每案置吏二人，罢推直官二员。"从之，仍增置台官一员。《职官志》以舒亶言系之熙宁九年，误也。仍增置台官一员，当考。三年五月二日，增主簿一员。《旧纪》书御史台随尚书六曹置六察，纠在京官司。《新纪》但书置御史六察。18，页7329

【宋神宗元丰二年（1079）十二月】初，御史台既以轼具狱上法寺，当徒二年，会赦当原。于是中丞李定言："轼起于草野垢贱之余，朝廷待以郎官馆职，不为不厚，所宜忠信正直，思所以报上之施，而乃怨未显用，肆意纵言，讥讽时政。自熙宁以来，陛下所造法度，悉以为非。古之议令者，犹有死而无赦，况轼所著文字，讪上惑众，岂徒议令之比？轼之奸慝，今已具服。不屏之远方则乱俗，再使之从政则坏法。伏乞特行废绝，以释天下之惑。"46，页7333—7334

【宋神宗元丰二年（1079）十二月】诏大理寺丞王观除名，永州编管，坐如江都县受贿枉法罪至流也。49，页7338

【宋神宗元丰二年（1079）十二月】壬戌，诏恩赐归明人田宅毋得质卖。以编敕所言，赐田宅本欲化外之人有业可归，不当许其质卖也。50，页7338

【宋神宗元丰二年（1079）十二月】诏："军士若系在公之人招捕及因亡匿首获在大礼降御札后者，赏赐减半给。招捕及首获去肆赦一月内者，勿给。"从知保州张利一请也。51，页7338

【宋神宗元丰二年（1079）十二月】是岁，宗室赐名、授官者四十七人。断大辟八百六人。58，页7339

续资治通鉴长编卷三百二　宋神宗元丰三年（庚申，1080）

【宋神宗元丰三年（1080）春正月】辛未，诏大理寺鞫罪人，依开封府例报稽查司。后大理寺乞旬具徒以上事报纠察司，许之，开封府准此。仍诏纠察司如察访得虽非徒以上而出入不当，许索文案点检。5，页7343

【宋神宗元丰三年（1080）春正月】癸酉，池州司法参军、监中书制敕库孙谔坐失察吏人，漏落进呈条贯，与外任合入差遣。自今制敕库监官依旧堂后官兼，勿差外官。熙宁八年八月二十三日，谔监制敕库。杨时志谔墓云：谔自监制敕库除吏房习学、同编修中书条例。习学一考，当即真，未阅岁，丁父忧去职。服除，会罢习学官，再监制敕库，仍多摄五房职事，因议司农法，驳其不当者。大臣力主之，谔犹反复论不已，忤其意。又常叱堂吏，语有所侵。大臣闻而疾之，造为讪上语以闻。赖神宗仁圣，察其无根，得不坐。会库吏编进条目，漏常程札子三道。谔已自陈再进矣，大臣交诋之，出为睦州司理参军。此墓志所云罢习学官及驳司农法、叱堂吏，皆当考。9，页7343—7344

【宋神宗元丰三年（1080）春正月】诏秦州鞫市易事，除牵连得罪情轻外，余并不用去官赦原。15，页7344

【宋神宗元丰三年（1080）春正月】丙子，德音降颍昌府死罪囚，徒以下释之。新、旧《纪》并书。18，页7345

【宋神宗元丰三年（1080）春正月】中书堂后官周清言："准《律》，谋杀夫者皆斩。又条，妻殴夫死者斩。又十恶条，四曰恶逆，谓杀夫。《议》曰：自伯叔以下即据杀讫，若谋而未杀，自当不睦之条。八曰不睦，谓谋杀缌麻以下亲。准敕，其十恶中，恶逆以上四等罪请准律用刑；其余应合处绞、斩刑，并决重杖，一顿处死。审刑院、刑部自来奏断妻为从谋杀夫，已杀，案问自首变从故杀法者，引举轻明重法，断入恶逆斩刑。详律议，妻谋杀夫，已杀，合入恶逆，以案问自首变从故杀法，合用妻殴夫死法定罪。缘妻殴夫死者斩，不言皆斩，乃系相因为首从，合依首从法减死，止科流刑。盖为发心谋杀夫便得皆斩，所以举谋杀未伤是轻，明故斗已杀是重，理同谋而未杀之法。伏缘十恶条，谋与故斗杀夫，方入恶逆者，若谋而未杀，止当不睦。既用举轻明重，合从谋而未杀法，止入不睦条，非是恶逆以上四等罪，依敕当决重杖处死，恐不可复得杀夫全罪却入恶逆斩刑。乞加详议申明。"下审刑院、刑部参详，请如清议。从之。21，页7345

【宋神宗元丰三年（1080）春正月】龙图阁直学士韩缜言："伏以为治之法，图籍为本。臣窃睹陛下临御以来，内则讲求典礼，总一制度，流斡财币，审核庶狱；外则团结兵将，讨伐违傲，开拓疆境，经制边用。凡所措置，悉该圣虑，一有奏禀，皆出宸断。及缘边州军与外界移文，往往执为争端，而官司奉行之外，初无编录之法，官吏一易，不知本末。臣愚欲乞应朝廷置局及专使被受朝廷措画行遣事节，可遵守检用者，并缘边州军与外界移文，各令元差或见任官，分门编类，责以期限，投进中书、枢密院。检举严立漏落之法，置籍拘管收贮。"诏严立中书、枢密院诸房遗失官文书法。缜又言："乞以分定地界、壕堠、铺舍照用文字，降付河东路经略司。"从之。27，页7346

【宋神宗元丰三年（1080）春正月】诏提点淮南东路刑狱范百禄罚铜二十斤。坐知扬州江都县王观枉法受财，转运司遣官鞠劾，而百禄擅止之也。34，页7347

【宋神宗元丰三年（1080）春正月】丁亥，两浙转运司言温州民首纳海中收得高丽贡布等。上批："海洋飘溺之物，理或渍湿破损，岂能致匹帛短小？盖滨海小民侵盗。宜下贾青、苏澥于沿海州县榜谕。如获高丽贡物，辄敢隐藏，指挥后十日不尽首，许人告，十分给三分赏，犯人计赃加

凡盗二等。邻保知而不纠，减犯人二等。43，页7348

【宋神宗元丰三年（1080）春正月】戊子，诏审刑院、刑部断议官，自今岁终具尝失入徒、流罪五人以上，或失入死罪者，取旨连签者二人当一人，京朝官展磨勘年，幕职、州县官展考，或不与任满指射差遣，或罢，本年断绝支赐，去官不免。先是，熙宁十年，尝诏岁终比校取旨，而法未备故也。45，页7349

【宋神宗元丰三年（1080）春正月】诏世经等五人先以赵居逆节缘坐，勒任朝参，今累经赦宥，宜听以见降官赴起居。49，页7349

【宋神宗元丰三年（1080）二月】诏知濠州、秘书监、集贤院学士苏颂归班，群牧判官、都官郎中庞元英送审官东院，大理评事吕希亚、赞善大夫晏靖并冲替。颂坐前知开封府鞫陈世儒事，而元英诣颂伺问，颂尝酬对，但言其情状极丑恶，刑名未可知。法寺当颂，元英以不应为从重。希亚、靖亦尝伺问，后坐报上不实。始颂鞫世儒狱具，辄为法官所驳，或谓颂欲宽世儒夫妇。上以诘颂，且曰："无纵有罪"，颂对："事在有司，臣固不敢谕之使重。"诏移狱于大理。大理因言颂尝受吕公著请求。遣官即讯于濠州，而世儒狱又移付御史台。颂自濠赴台置对。御史曰："君素长者，必以亲旧之情不能违，速自言，毋重困辱。"颂曰："诬人以死不可为，若自诬以得罪，虽甚重，不敢避。"遂手书数百言付狱吏。上览奏牍，疑之，诏御史求实状。御史反复究治无得，乃诘大理狱吏所得公著请求之说，吏穷，吐实曰："此大理丞贾种民增减其辞为之也。今其藁尚在。"取而视之，信然。于是种民抵罪，而颂得辨明，犹坐酬对元英等为泄狱情，故罢濠州。此据元符诏旨内《苏颂附传》及曾肇墓铭删修。四月四日当参考。41，页7360—7361

【宋神宗元丰三年（1080）二月】诏权发遣提点京西北路刑狱胡宗回罚铜十斤，免冲替，坐越职治提举司事也。42，页7361

续资治通鉴长编卷三百三　宋神宗元丰三年（庚申，1080）

【宋神宗元丰三年（1080）三月】戊子，德音降两京畿内、河阳管

内死罪囚,杖以下释之。缘山陵应奉民户,蠲阁租税有差。两《纪》并书。32,页7370

【宋神宗元丰三年(1080)夏四月】审刑院奏:"知德顺军姚麟、知河州刘昌祚、秦州甘谷城监押尚德等,以公用银枪并马借人,各得公罪杖。"中书拟进麟、昌祚依断,尚德冲替,私罪事理重。上批:"尚德已改充本路副将,何不照会?宜速改正。"翌日,改正。4,页7375

【宋神宗元丰三年(1080)夏四月】丁未,诏:"开封府界、京东西、河北、河东、陕西等路久苦旱灾,近虽沾润,未至优渥。深虑刑狱或有冤留,上干和气。可诸路分委监司,在京遣中书刑房检正官,督遣系囚。"又诏转运、提点司体量灾伤,七分以上,蠲其夏税;不及七分,检覆如常法。提点刑狱、提举司察不如法者以闻。36,页7381

【宋神宗元丰三年(1080)夏四月】审刑院、刑部言:"宣州民叶元有,为同居兄乱其妻,缢杀之,又杀兄子,而强其父与嫂为约契不讼于官。邻里发其事,州为上请。"上批:"同居兄乱其妻,或强或和,既无证左,又罪人今皆已死,则二者同出于叶元有一口,不足用以定罪。又下民虽为无知,抵冒法禁,固宜哀矜。然以妻子之爱,既罔其父,又杀其兄,继戕其侄,背逆天理,伤败人伦,宜以殴兄至死律论。"45,页7383—7384

【宋神宗元丰三年(1080)夏四月】壬子,御史满中行言:"都水监丞及巡河使臣按行河上,纵吏受贿。而逐埽军司、壕寨人员、兵级等第出钱,号为常例。稍不如数,则推擿过失,追扰决罚。苦于诛求,至借官钱应办。乞体量根究施行。"诏转运判官孙迥体量以闻,后应犯在赦后者,皆根勘论如法。54,页7386

【宋神宗元丰三年(1080)夏四月】诏监司、提举司有所措置及申请而辄及他司者,论如非所职辄管勾法。70,页7388

【宋神宗元丰三年(1080)夏四月】陕西路转运使李稷言:"秦州造公使酒给省仓米,庆历中,诏岁毋过千五百石。嘉祐四年后,岁给四千至六千余石。熙宁二年,遂至九千石。自后岁不下八七千石。前后违法官吏

亡存相半，未敢推劾。"诏释官吏罪，自今岁毋过四千石。71，页7388

【宋神宗元丰三年（1080）夏四月】御史何正臣言："诸路监司、郡守体量官吏，不待考实，多先乞替罢。刺举之际，岂能无失？其间好恶不公，喜怒以意者往往而有。乞自今体量官吏，有赃状已明，不可留本任者，取旨先替罢，余委别司考察，或俟结正施行。"诏送详定重修编敕所。《朱本》云：元行不书。79，页7390

【宋神宗元丰三年（1080）夏四月】诏："非导洛司船辄载商人税物入汴者，虽经场务投税，并许人告，罪赏依私载法。即服食器用日费非贩易者，勿禁；官船附载废箔、柴草、竹木，亦听。仍责巡河催纲巡检都监司觉察。"从宋用臣请也。三月二十四日。80，页7390

续资治通鉴长编卷三百四　宋神宗元丰三年（庚申，1080）

【宋神宗元丰三年（1080）五月】又手诏："御史台复六察案，创法之始，职事甚剧，无容久缺正官，以稽功绪。其见缺御史二人，令李定限十日以名闻。月增添支钱，中丞二十千，察案御史十千。"寻以司农寺丞王祖道、知封邱县丰稷并为监察御史里行。祖道，福州人也。祖道初为里行，乃六月一日，今并书之。3，页7392

【宋神宗元丰三年（1080）五月】详定重修编敕所言："见修敕、令与格、式兼行，其《唐式》二十卷，条目至繁。又古今事殊，欲取事可通行及一路、一州、一县在外一司条件照会编修，余送详定诸司敕式所。"从之。① 十五日、八月九日、二年六月二十四日，可考。34，页7407

【宋神宗元丰三年（1080）五月】丁丑，详定重修编敕所言："奉诏月具功课以闻，缘参取众议，研究义理，及照会抵牾、重复、遗略，正是难立课程之时，乞免奏功课。"不许，仍诏中书立式。35，页7407

---

① 这里的《唐式》应是《开元式》。说明宋朝长期适用《开元式》，直到此时才开始制定宋朝新式典。

【宋神宗元丰三年（1080）五月】己卯，蜀国长公主薨。主下嫁王诜，诜母卢寡，主居之第侧，膳羞必先择珍异者致之。卢有疾，主日至榻下，自和汤剂以进。诜家姻党皆周恤之，中外称贤。主疾甚，皇太后、皇后临问，主初弗省，皇太后恸哭久之。主稍能言，诉必不起，因相持而泣。上继至，见主羸瘠，伏席而泣，堕泪沾湿。上自诊主脉，集众医，诘所以治疾状，亲持粥食之，主为上强食。翼日，以不起闻。上未朝食，即驾往，望第门而哭。赐主家钱五百万，辍朝五日，命入内副都知苏利涉治丧事，礼视秦国大长公主，毋拘令式。追封越国，谥贤惠。主性不妒，诜侍主疾，与婢奸主旁，婢数抵戾主，有后言，诜复与应和。及薨，乳母诉之，上命有司穷治，婢八人皆决杖，配窑务、车营兵。主既葬，诜奏俟罪。上批："诜内则朋淫纵欲失行，外则狎邪罔上不忠。长公主愤愧感疾弗兴，皇太后哀念累月，罕御玉食。职诜之辜，义不得赦，可落驸马都尉，责授昭化军节度行军司马，均州安置"。《旧纪》书五月己卯蜀国长公主薨，诏贬驸马都尉王诜昭化军节度行军司马。《新纪》不书。41，页7408—7409

【宋神宗元丰三年（1080）五月】庚辰，医官陈易简罚铜六十斤，沈士安三十斤，杜壬追两官；国子四门助教杨文蔚追一官，并勒停。治疾无验也。42，页7409

【宋神宗元丰三年（1080）五月】梓夔路钤辖司上泸州路分都监王宣等所部亲兵不救护主将，分三等。诏并免死决配，第一等十八人，广南远恶州军牢城，遇赦不还；第二等四十七人，荆湖牢城；第三等十五人，千里外牢城。内重伤人免杖。52，页7410

【宋神宗元丰三年（1080）五月】御史台言，点检三司自熙宁八年尽去年，官物文簿不结绝百九十事。诏大理寺劾官吏失销簿罪。54，页7411

【宋神宗元丰三年（1080）五月】诏详定重修编敕所详律意，先详定案问欲举条以闻。其后详定所奏犯罪因疑被执，赃证未明，经问具状者，听准自首减等法，至今行之。此据《朱本》，至今，谓绍圣间也。57，页7411—7412

【宋神宗元丰三年（1080）五月】又诏中书户房、三司并提举帐司官，先取京西路帐措置立法以闻。58，页7412

续资治通鉴长编卷三百五　宋神宗元丰三年（庚申，1080）

【宋神宗元丰三年（1080）六月】丙申，诏司农寺移边远县、镇、城、寨常平钱输本州者，听民除步乘钱，著为法。三司言，提举卖解盐司自熙宁八年至元丰元年，收息钱十六万五千七百缗。提举官、殿中丞张景温，勾当官、右班殿直吕逵各迁一官，余减磨勘年，吏赐帛有差。本志同。11，页7416

【宋神宗元丰三年（1080）六月】己亥，权御史中丞李定等言军器监文簿稽滞及失举催千三十一事。诏丞罚铜八斤，主簿十斤，吏杖罚有差，主判官释之。16，页7417

【宋神宗元丰三年（1080）六月】诏定州路安抚司给封桩绸绢三万修保州城。三司言："河北籴便粮草钞价，本以见钱法一等给还，后别立草料钱，以银绸绢及茶本钱折，商人无利，遂增草料虚钱。虽以银绸绢估直，又令算清香茶，权罢给银，亦入纳，未至通行，致于人粮交引品搭分数，抑勒入纳。昨薛向乞用见钱法籴买，当时三司以钱不给，又即如旧。今勘会绸绢本非河北、京东商人所须，交引铺以贱价收之，坐获厚利，若不申明，恐牵制人粮，例增虚钱，浸害边计。乞并依人粮例入纳，出钞更不虚抬价钱，市易务下界亦依人粮钞法给还。若缺见钱，三司应副，其已前钞自依旧法。"从之。31，页7422

【宋神宗元丰三年（1080）六月】武学上新修敕、令、格、式，诏行之。54，页7427

【宋神宗元丰三年（1080）六月】权发遣京东路转运副使李察言："保甲之法，盖防检奸盗，缓急得以呼集追捕。本路排定累年，既不教习，复无点阅之法，进丁开户，簿籍不明，浸成空文。乞每岁农隙，委提点刑狱司选官分县就乡村对籍阅丁数，其不同者正之。"诏送司农寺。66，页7429

【宋神宗元丰三年（1080）六月】提举成都府等路茶场司言："本司

比岁积钱巨万，累诏已给赐别司外，欲以所有金帛为钱三十万缗，输内藏库。"诏就近经略使所在州封桩，委茶场司管勾，如封桩钱物法。自今有羡钱准此，岁终具数以闻。67，页 7429

【宋神宗元丰三年（1080）六月】丙辰，诏："开封府诸县强盗屡发，当职官疑有疲懦不任事者，令提点司躬行被盗县督捕，仍体量不职巡检、县尉以闻。"68，页 7429

【宋神宗元丰三年（1080）六月】御史满中行言："昨曹村河决，止坐都水监当任官。窃以河防完固非朝夕可至，量罪定罚，宜以供职久近为差。"诏中书立到官日限法。69，页 7429—7430

续资治通鉴长编卷三百六　宋神宗元丰三年（庚申，1080）

【宋神宗元丰三年（1080）秋七月】入内东头供奉官、泸州勾当公事韩永式言："闻利路雨水，溪江泛涨，漂流民田，物价增长，民未安居。乞下本路转运并提举司赈济。"诏提举司依条施行。韩永式不当以札子奏事，特释罪。21，页 7439

【宋神宗元丰三年（1080）秋七月】诏前永兴军等路察访使李承之，前知司农寺丞庄公岳，前提举常平仓沈披、蔡朦，转运判官章楶、杨蟠，各展磨勘三年。提点刑狱李南公，转运使赵瞻展二年。前转运使张诜、楚建中各赎铜二十斤。坐保明修永兴洪口不当也。24，页 7440

【宋神宗元丰三年（1080）秋七月】大理寺言："自今取勘官吏，止缘公事稽失，杖以下，吏人乞断罪如法，命官案后收理。即官司不以时谳，虽遇赦勿原。"并从之。37，页 7442—7443

【宋神宗元丰三年（1080）秋七月】甲申，御史王祖道言："前知湖州陈侗昨慈圣光献太后遗诰后，侗赴任至苏州，即令女伎佐酒，于本路自首。侗之学术纰缪，行检鄙恶，众所共闻。使之出守方州，已不足率厉民俗，况遗诰所至未久，闾巷小民莫不痛心，而侗安于为之。臣窃谓侗于法虽许首免，而臣子之义何以处此！望特案治。"诏提点两浙路刑狱孙昌龄体量。昌龄言，佝实令女伎佐酒。以遗诰释服无作乐之禁，故不加罪。45，页7443—7444

【宋神宗元丰三年（1080）秋七月】诏梓州路转运司应供军之物，并从官给，或和买，毋辄配率支移、折变，违者以新被制书论。上以本路奏科夫事，乖方扰民，刘忱虽已罢去，程之才犹在职，故条约之。委提点刑狱司觉察，仍促苗时中朝辞，令上殿讫，当日出门。《旧纪》书诏梓州路供军之物并官给，毋赋民。50，页7445

续资治通鉴长编卷三百七　宋神宗元丰三年（庚申，1080）

【宋神宗元丰三年（1080）八月】刑部言，知泾州、虞部员外郎苏涓相度检计石渠桥工不当，请罚铜二斤。诏特展磨勘二年。19，页7454

【宋神宗元丰三年（1080）八月】又诏驾部员外郎、前提举熙州市易汲逢赎铜十斤，改勒停为冲替。权发遣提举秦凤路常平等事李孝博特冲替。孝博尝奏逢不法事，故先勒停逢使劾之。案既上，逢坐以前界市易息袞入后界，闻奏，法止杖一百，故逢免停废，而孝博奏逢事状过实，责之。21，页7455

【宋神宗元丰三年（1080）八月】上批："今日御史何正臣上殿札子，言方泽前后议论反覆，操守颇邪，朝廷乡已照见奸回，罢其职事，不宜延对，以惑士听，可依所奏。"时正臣言泽顷任江西提举官，沮难役法，司农寺奏劾抵罪，今忽召对，中外疑惑，故罢之。23，页7455

【宋神宗元丰三年（1080）八月】中书奏：详定重修编敕所修立告捕获仓法给赏条，欲依所定。上批："不行，可并依旧给全赏，虽系案问亦全给。"时议者欲渐弛仓法，故修敕官先宽其告赏，自一百贯分等至三百贯，而按问者减半给之。中书以熟状进，而有是命。此据《朱本》以御笔添修云，上察见其情，寝之。新本自"时议者"至"寝之"，并削去。今但削"上察其情寝之"等七字，五月十三日、十五日。31，页7456

【宋神宗元丰三年（1080）八月】诏知成都府张诜觉察奸盗，存抚人户，务令安静。应犯罪情涉凶恶，法不至编配者，听编配出州，俟泸州事平日如故。41，页7461

【宋神宗元丰三年（1080）八月】又诏夔、利、成都路转运司，其应副泸州军前系军马所由道路，即办具应副，非所由者不得辄有计置，即应急速者并从官给，勿取于民，毋致骚扰，提刑司其觉察以闻。失觉举者与同罪。42，页7461—7462

【宋神宗元丰三年（1080）八月】丁巳，诏中书："以所编刑房并法寺断例，再送详定编敕所，令更取未经编修断例与条贯同看详。其有法已该载而有司引用差互者，止申明旧条。条未备者，重修正；或条所不该载，而可以为法者，创立新条；法不能该者，著为例。其不可用者，去之。"64，页7471

续资治通鉴长编卷三百八　宋神宗元丰三年（庚申，1080）

【宋神宗元丰三年（1080）九月】丁卯，诏，建州百姓张胜等案，刑部至今一年有余未决，其判刑部杜纮、详断官李世南，各特罚铜十斤。18，页7480

【宋神宗元丰三年（1080）九月】诏权三司使李承之、前副使韩忠彦、判官黄好谦，各展磨勘二年；百姓阎庆杖脊，刺配广南牢城。先是，庆诈为中使程昭吉状，称内中降钱买三司铜铸钟，三司不详真伪，已听买，乃覆奏，故承之等有是责。先是，忠彦权发遣户部副使，尝有诏任满与落发遣字，令再任。及大理寺根究阎庆事未决，中书进呈，上批且候。已而忠彦除宝文阁待制、知瀛州，竟坐庆事展年。忠彦待制瀛州在七月二十一日，今附见。19，页7480

【宋神宗元丰三年（1080）九月】诏审刑院详议官刘贺展磨勘二年；温希道、应适、张伸各一年，伸仍别与差遣；曹平半年；王僖罢支赐。并以中书比较元丰二年内有失入人死罪等特责也。21，页7480

【宋神宗元丰三年（1080）九月】初，亶为县尉，坐手杀人停废累年，商英为御史，言其才可用，乃得改官。至是反陷商英，士论恶之。22，页7481

【宋神宗元丰三年（1080）九月】中书言："近朝旨，馆阁、台谏、两省、两制官不拘常制，各举教授，不以在任不在任，令给驿券，并乘驿赴阙，差官于秘阁试经义三道。今上项朝旨，见系诸路学制所修立。欲乞不候学制颁行，先以朝廷见取索及臣僚举到并得替学官类聚，候及十员以上，令国子监主判考试，其所宿等，并依贡举条施行。"从之。29，页7484

【宋神宗元丰三年（1080）九月】辛巳，大飨于明堂，《纲要》以英宗配。御紫宸殿，群臣称贺，御宣德门。大赦，民欠元年以前二税、免役、常平息钱及在京免行月纳百钱以下者，皆除之。37，页7486

续资治通鉴长编卷三百九　宋神宗元丰三年（庚申，1080）

【宋神宗元丰三年（1080）闰九月】上批："中书拟差检正礼房公事王震兼编修《熙宁政录》。据先进拟稿，既无伦类，又纪事灭裂，纵使书成，亦不可传后。宜更不差官，其已修卷帙，可降史院。"13，页7495

【宋神宗元丰三年（1080）闰九月】诏："闻近日府界盗贼甚多，韦城县密迩都城，至敢杀伤巡检，即是保伍之法，全不整严，故恶少有所容匿。可速令提点官遍行诸县，其有弛慢不举职者以名闻。"28，页7498

【宋神宗元丰三年（1080）闰九月】点检驱磨三陵官物所言："兆城南有地一十顷有畸，本充公用。监官相承以为职田，无文记可以勾考。"上批："陵寝重事，今守吏不法如此，不可不痛加惩治。昨差阎安止是点检驱磨，初无指挥根究，可选一强毅官，就置司根究取勘以闻。"29，页7498

【宋神宗元丰三年（1080）冬十月】上批："入内内侍省后苑散内品王仲千，其祖继恩在先朝平蜀贼有功，见于国史。今家绪衰落，惟仲千一

人仕宦，非缘罪降，止以继恩之子先亡，怀珪养充次男，因补得上件名目。可特与一入内内侍省内侍黄门。"26，页7509

【宋神宗元丰三年（1080）冬十月】河北转运司言："自今应酒税缺官，本州及邻州实无可差，即许于本路待缺官内差权。其亏欠责罚，依正监官条。"从之。29，页7509

续资治通鉴长编卷三百十　宋神宗元丰三年（庚申，1080）

【宋神宗元丰三年（1080）十一月】诏右正言、直龙图阁、前知熙州赵济落直龙图阁，追三官勒停；太常博士、前管勾机宜文字许醇，镇宁军节度推官、经制熙河路边防财用司勾当公事赵辉，各追一官，并勒停；崇仪使、泾原都监第六将张恩，西染院使、熙河都监第二将许利见，各追一官；指使、西头供奉官张祚，三班借职吕忱，各赎铜十斤，并冲替。济坐遣祚、忱以私役禁军至京买婢；醇、辉各以般家人假济逾数，又差禁军；利见知而故纵，并特责之。已而济又坐奏熙州钱数马料不实事，复诏俟合叙官更展两期。10，页7513—7514

【宋神宗元丰三年（1080）十一月】辛亥，管勾国子监舒亶言："近萧之美言，太学考官不详考校，及巡铺官不指约补试生员。考官等虽各会赦，然在臣正以督责官属为职，实无幸免之理。"诏中书上簿。亶以罚轻，又请罪，诏罚铜十斤。19，页7515

【宋神宗元丰三年（1080）十一月】编类将官敕所言："应将副兼知州军者，乞免逐营巡教，庶免官属就营过厅。"诏应兼知州将官，若于巡教悉免，则与独任将副一同，其诸军武艺进退皆不与责，尔后更无以考验职事修废以为赏罚。可改令五日一赴，即当巡日在营，其州军职事，非急速不得行遣及接见官属。新本削去。22，页7519

【宋神宗元丰三年（1080）十二月】己巳，新成都府路转运判官周之道言："京东路明堂赦后，强盗八十余乞发下两路安抚、提点刑狱司措置。"诏提点刑狱司具不督捕盗贼因依，未获实数以闻。之道，长兴人

也。10，页7524

【宋神宗元丰三年（1080）十二月】丙戌，上批："勘会走马承受公事，系朝廷所遣小行人，设有贪赃不法，监司自当具罪状闻奏，听旨送狱推劾。今秦凤路走马承受公事苏贲，未见有巨蠹罪恶，权发遣秦州蒋之奇轻率恣横，于十二月十二日夜，差人辄便捉送下狱取勘。缘自来守臣，未常有如此狂悖无礼者，宜速下提点刑狱司取勘。其苏贲仍限指挥到立便疎出。"此据《御集》二十八日丙戌事，今附见，当考究竟。二年三月二十八日，之奇除陕漕。30，页7529

【宋神宗元丰三年（1080）十二月】是岁，宗室子赐名授官者五十一人。天下上户部主户一千一百二十四万四千六百一，丁一千六百二十三万六千四百三十；客户五百四十八万五千九百三，丁七百五十九万四千三百五十一。断大辟一千二百一十二人。《纲要》云：是岁，始置元丰库；河东、河北、陕西三路始行保甲法。33，页7529

续资治通鉴长编卷三百十一　宋神宗元丰四年（辛酉，1081）

【宋神宗元丰四年（1081）春正月】丁酉，命侍御史知杂事何正臣泸州体量公事，入内东头供奉官、勾当御药院梁从政同体量，劾韩存宝等也。诏曰："韩存宝总领重兵，往讨小蛮乞弟，自至泸州两月余，进兵不过二百里，但常令偏裨与蛮贼接战，不能擒戮首恶，虚致暴露士卒，使忠勇之士无所效命。又擅遣谕乞弟，令赍投降文字至军中，不候朝旨，辄自退军，逗挠怯避，其状甚明。韩永式同商量军事，辄敢符同。今遣何正臣、梁从政同往体量，俟林广至，即于军前告谕存宝、永式罪状，当正典刑。仍晓告各将校士卒并由存宝节制，不任退军之罪。其斩获首级合推功赏，令逐将保明以闻。"11，页7535

【宋神宗元丰四年（1081）春正月】措置帐法所言："被旨措置京西一路帐法，今已修立法式奏闻。参详诸路可以依仿推行，欲乞颁下。内京西一路可自来年先行，其余路自元丰五年依新法。"从之。仍令提举三司帐司官候及一年取旨，诸路委转运司官一员，专推行帐法，候将来修定条

式止，付逐司遵守。16，页7537

【宋神宗元丰四年（1081）春正月】乙卯，枢密院拟定彭孙讨泸州蛮贼随行军兵约束，上批："彭孙所部既多强人，难绳以常法，须特简严为一约束付孙，令据所犯随宜处断，勿令拘制送州县。"遂诏应所部兵，令彭孙知其甘苦，无令失所，如有罪犯，量轻重行罚。仍令经历路分转运司指挥随处州县密觉察，如有骚扰，即具以闻。40，页7542—7543

【宋神宗元丰四年（1081）二月】乙丑，中书言："诸房自来熟事不用条例文字事目欲令依旧外，如更有似此熟事文字，并诸处奏请事件引用条例分明，别无问难取索便合拟进者，准此。"从之。5，页7544

【宋神宗元丰四年（1081）二月】诏审官东院所请重详定令敕，并归官制所。9，页7545

【宋神宗元丰四年（1081）二月】燕达言诸军都教头欲并行仓法，从之。15，页7546

【宋神宗元丰四年（1081）三月】癸巳，中书户房言："诸因战阵及捕盗陷殁，其亲属录用充承奉郎以上及使臣、三班差遣、借差、殿侍，虽年小未该出官，其俸钱衣粮乞与支给，仍著为令。"从之。9，页7550

【宋神宗元丰四年（1081）三月】甲寅，御史朱服言："宣德郎、权检详枢密兵房文字黄实以舅陈朴之丧，率敛士大夫钱以为赙。实，枢府要官，非朴亲旧者，亦不敢不从，兼内有武臣隶枢密院，尤于事体有嫌，望付有司推治。"诏送大理寺鞫实，实坐冲替。31，页7555

续资治通鉴长编卷三百十二　宋神宗元丰四年（辛酉，1081）

【宋神宗元丰四年（1081）夏四月】壬申，御崇政殿疏决系囚。《旧纪》云："录京畿及三京囚，降罪一等，杖以下释之。"20，页7565

【宋神宗元丰四年（1081）夏四月】诏："茶场司条，令中书别立抵当法。"先是，特旨市易司罢赊请官钱，令民用金帛抵当，公私以为便，故欲推广之。31，页7570

【宋神宗元丰四年（1081）夏四月】壬午，御史知杂事舒亶言："执政大臣接见宾客，已有约束，而子弟往还看谒、交接宾友，未之禁止，实于事体未安。"诏中书立法。其后立法，执政官在京本宗有服亲非职相干及亲属，不得往还看谒，违者并往还之人各杖一百。39，页7571

【宋神宗元丰四年（1081）夏四月】御史丰稷言："权判刑部陈睦令议官代书法状，欺慢之罪，会降原减。案：睦酣酒自逸，临事屡昏，官属辨明，轻肆忿怒，刑法之任，尤非所长。乞改授睦一闲慢差遣。"不报。40，页7571—7572

【宋神宗元丰四年（1081）五月】陕西转运使、都大提举茶场李稷言："臣典领茶法三年，选辟官属，同心一力，奉宣条诏。今所差诸州官罢满及期，乞本司自今奏辟雅、汉州知州，卬、彭、利州通判，名山、永康、绵谷、顺政知县。所贵维持法度，久益不懈。"诏："如辖下官弛慢，止令茶场司奏易劾罪以闻"。12，页7575—7576

【宋神宗元丰四年（1081）五月】己亥，大名府路安抚使王拱辰言："管下州县被水之民，散居高阜，贼盗颇多，难一一申请，须法外断遣。"诏犯盗虽暑月，特令察其情重法轻者奏裁。13，页7576

续资治通鉴长编卷三百十三　宋神宗元丰四年（辛酉，1081）

【宋神宗元丰四年（1081）六月】判司农寺舒亶言："司农寺前后积滞文字，不惟本寺失催举，兼诸路提举司多是因循。其提举官已有条，岁终分三等考校。乞自今以提举司承受本寺文字，岁终以十分为率，会计结绝件数。"从之。亶又言："役法未均，责在提举官。"上曰："提举官未可责也。近臣僚有自陕右来者，欲尽蠲免中下之民，朕谓不然。夫众轻易举，天下中下之民多而上户少，若中下尽免而取足上户，则不均甚矣。古谓'均无贫'，朝廷立法，但欲均耳，卿可更讲求以闻。"此据诏旨内宣传，《徽宗实录》因之。诏旨大率据宣墓志为传，其词未必可信。不然神宗所称"众轻易举"，何以不见于《元丰实录》？兼与三年二月辛酉李定所言相矛盾。当考。28，页7588—7589

【宋神宗元丰四年（1081）六月】诏："监宾州盐税、承事郎王巩累犯情重，本路监司陈倩、朱初平妄举牵复及升擢，各罚铜十斤。自今朝廷特责降人，如妄举者，令御史台弹劾。"33，页7590

【宋神宗元丰四年（1081）六月】壬申，诏诸路提举官散敛常平钱谷，比较增亏，令中书立法以闻。已而户房立法，乞岁终令司农寺比较。从之。34，页7591

【宋神宗元丰四年（1081）六月】权判湖南路转运副使朱初平言："徽、诚州归明团峒，应未建城寨以前有相仇杀及他讼，并令以溪峒旧法理断讫，乞自今有侵犯，并须经官陈诉，如敢擅相仇杀，并依汉法处断。其有逃避，即官司会合擒捕，及本处收捉施行。"从之。45，页7593

续资治通鉴长编卷三百十四　宋神宗元丰四年（辛酉，1081）

【宋神宗元丰四年（1081）秋七月】前河北转运判官吕大忠言："天下二税，有司检放灾伤，执守谬例，每岁侥幸而免者无虑三二百万，其余水旱蠲阁，类多失实。民投诉灾伤状，多不依公式，诸县不点检。所差官不依编敕起离月日程限，托故辞避。乞详定立法。"中书户房言："《熙宁编敕》约束详尽，欲申明行下。"从之。19，页7603

【宋神宗元丰四年（1081）秋七月】御史朱服言："判刑部陈睦举程伯孙为详议官，伯孙非试中刑法，于朝旨不应荐。闻程氏家富，与睦以货交，又为婚姻之家，阴相请托。昨章俞奏案，睦不躬亲约法，止令议官莫君陈书名，及章惇案上，又令断官李世南代书。且惇之父子有罪丽法，有司自应案文决正，而睦委曲回避如此，乞付有司根治。"诏除章惇案令断官代书已施行外，余送大理寺。23，页7604

【宋神宗元丰四年（1081）秋七月】河东路都转运使陈安石言："元丰元年闰正月奉诏干集本路盐事，臣自到任，推行新法，官场课办，私盐禁止，及召商人入中钱算请永利两监积盐，已通行，岁有羡余。及增收忻州咸地铛户、马城池盐课，绛州曲沃金坑、泽州陵川锡窟，各已措置讫。今保明官吏以闻。"诏减磨勘年、循资有差：晏明减磨勘二年，孙宰、蔡砺各循一资，与堂除差遣，燕复减磨勘一年。26，页7605

【宋神宗元丰四年（1081）秋七月】诏斩四方馆使、忠州团练使韩存宝于泸州，入内东头供奉官韩永式除名，配沙门岛，朝散郎、管勾机宜文字魏璋除名，编配贺州，梓州路转运副使董钺除名。先是，存宝经制泸州蛮贼无功，而永式照管军马，实同其事。朝廷遣侍御史知杂事何正臣鞫存宝等，与乞弟战，以累败怯避，乃止令裨将御敌，致贼酋走逸，反招谕乞弟投降，冀以回军；而晏州蛮人叛，以急欲回军故不讨；及疑底蓬褱、上下底行等村蛮为寇，因其勾点不齐，乃起兵讨荡，欲籍此以盖前过；并不依朝旨立城寨。余罪上言不实，魏璋为从。案既具，于是刑部奏存宝逗遛不克，请如庚辰诏书行军法。知谏院蔡卞亦言乞正存宝军法，并置永式典刑。而正臣又言："董钺随军，亲见存宝等举事乖谬，罔上不忠，又教以防他人窥伺。检获钺《贺纳元恶表》，本称存宝功效，诬罔尤甚。存宝、永式宜即重诛，而钺朋比诞谩，望特行窜斥。"朝廷惩安南无功，时方大举伐夏，故诛存宝，以令诸将。随军主簿鲜于溱、第二将吕真求合存宝意，虚作申报，诏提点刑狱司劾之。朱本签贴云朝廷惩安南无功等语无出处，又云鲜于溱、吕真事小，削去。今复存之。存宝伏诛，在八月十二日丙寅。《旧纪》书存宝讨乞弟失律伏诛，《新纪》书存宝坐逗留伏诛，皆系七月十九日甲辰。盖七月十九日下诏，八月十二日乃伏法也，今从之。32，页7606—7607

【宋神宗元丰四年（1081）秋七月】国子监言："学生入学，乞令同县五人以上为保，如犯第一等罚，不觉举者与同罪。许人告，赏钱三百千。未入学以前违碍，亦准贡举法。"从之。57，页7612

续资治通鉴长编卷三百十五　宋神宗元丰四年（辛酉，1081）

【宋神宗元丰四年（1081）八月】诏学士院降敕榜，付都大经制泸

556　《续资治通鉴长编》所见法律史料辑录

州蛮贼林广，晓谕乞弟：今朝廷再命将帅，总领大兵至界进讨，旁近生蛮部族元非入寇之人，横遭诛戮，许乞弟出降，当免罪。如乞弟迷执如故，即行诛杀。八月七日、九月十三日可考。4，页7615

【宋神宗元丰四年（1081）八月】诏自南北通和以来国信文字，差集贤院学士苏颂编类。颂因进对，上曰："朝廷与契丹通好岁久，故事仪式，遗散者多，每使人生事，无以折正。朕欲集国朝以来至昨代州定地界文案，以类编次为书，使后来得以稽据，非卿不可成。然此书浩繁，卿自度几岁可毕？"颂曰："臣愿尽二年。"因令置局于枢密后厅，仍辟官检阅文字。7，页7616

【宋神宗元丰四年（1081）八月】诏枢密直学士、权三司使李承之落枢密直学士，为宝文阁待制、知汝州。坐奏请濮州坟所遗直院与陈留县开福寺对易，既得旨，其侄孝伯诈增制书立榜，欲取开福常住入坟院，为僧所讼。承之虚称元乞易寺，乃臣从兄给事中致仕徽之所奏。下大理根治，而徽之亦言："承之与子孝伯陈乞院额，以致人言，承之从臣，敢欺圣听，乞直贬黜，如臣言有不当，亦甘坐罪。开福院额乞下陈留县依旧，濮州更不创院。"时承之兄龙图阁直学士肃之知郓州，亦言："大理寺鞫承之奏请寺额，濮州旧遗直院殿宇尚在，兼父祖坟营在彼，遂乞以陈留所废开福院额于濮州复旧院，或虑未尽情理，望别差官根治。"诏遣开封府，其后改送御史台，承之坐报上不实及遣吏诃狱事，故有是责。事始在二月二十一日戊申，《旧纪》书："枢密直学士、三司使李承之奏易坟寺不实，降为宝文阁待制、知汝州。"56，页7629

【宋神宗元丰四年（1081）八月】辛巳，修国史院编修官赵彦若言，与司马光同修《百官公卿年表》，成十卷，并臣修成《宗室世表》三卷。诏进入。后并送编修院，赐银绢有差，光仍降诏奖谕。72，页7634

续资治通鉴长编卷三百十六　宋神宗元丰四年（辛酉，1081）

【宋神宗元丰四年（1081）九月】乙酉，上批："陕西、河东用兵，虽已有漏泄禁约，近多已传达委曲至河北缘边州军，显是方今预事文武官以私书漏露其事。其令河东、陕西诸路转运、经略等司，遍约束辖下文武官，不得与河北及四方亲识通书说边事，若有彰露，当械送下狱，终身废弃。"3，页7637

【宋神宗元丰四年（1081）九月】降知江宁府、龙图阁直学士、朝奉大夫刘庠一官，知滁州。坐所举人犯赃也。8，页7638

【宋神宗元丰四年（1081）九月】己亥，宰臣王珪上《国朝会要》三百卷。仁宗时修《会要》，自建隆至庆历四年一百五十卷，熙宁初，珪请续之，凡十二年乃成，止熙宁十年，通旧增损成三百卷。于是编修官、宣德郎李得刍迁一官，知甘泉县陈知彦循两资，管勾内臣刘惟简、李友询、冯仲礼各赐银绢。两《纪》并书王珪上《国朝会要》。31，页7642

【宋神宗元丰四年（1081）九月】上批："朝廷见委官专经制泸南蛮贼，其措置军马、经略敌情，委之经制司；其计办军食、金银、谷、什物，委之转运司。两司所任各有专责，转运、提点刑狱司累有腾奏，侵越分守，未欲劾罪。自今非本职事不得辄受官司申报。"35，页7643

【宋神宗元丰四年（1081）九月】诏奉议郎、馆阁校勘、同知礼院王仲修罚铜十斤，冲替。仲修，宰相珪之子，先谒告往淮南，谏官蔡卞言其在扬州燕饮，所为不检，签书判官邵光与之陪涉，光替罢，即差权都水监主簿，众皆喧传非笑。诏淮南转运司体量，转运使言仲修因燕会与女妓戏，有逾违之实故也。49，页7647

【宋神宗元丰四年（1081）九月】诏："都大提举修护澶濮州堤岸、东头供奉官张惠追毁出身以来文字，除名勒停，编管黄州；前知南外都水丞、承议郎苏液，前权发遣北外都水丞、宣德郎陈祐甫皆追两官；前通判澶州、承议郎戚守道追一官；河北转运通判官吕大忠罚铜三十斤。"坐小吴埽河决也。62，页7651

续资治通鉴长编卷三百十七　宋神宗元丰四年（辛酉，1081）

【宋神宗元丰四年（1081）冬十月】诏："承事郎、大理寺丞王援，朝奉郎、集贤校理、大理少卿朱明之，承务郎王防各追一官勒停，明之落职；前权漳州军事判官练亨甫除名勒停，编管均州；知谏院舒亶、大理卿崔台符、少卿杨汲各罚铜二十斤；通直郎、集贤校理蔡京落职。

先是，大理寺鞫王珫与石士端妻王氏奸罪，辞及王珪之子仲端，亶上言珫父子事连仲端甚明，有司以故观望，不敢尽理根治。仲端亦自诉。上命内侍冯宗道监勘，而事果不实。宗道面奏，乃元告人许贵避罪虚妄，见已结案。上批："狱丞王瑗承勘作奸，不可不治。"乃命监察御史里行朱服、检正中书刑房公事路昌衡移勘于同文馆，仍以宗道监勘。明之妻翰林学士王安礼之侄也，与集贤校理、知谏院蔡卞连亲，知安礼等与珪有隙。明之尝荐引瑗，遂谕旨于瑗，令勘仲端有奸状，及以证左两词互说闻上，退又伪为上语以语其妻。于是安礼之子防以语亨甫，亨甫以语亶，亶信之以闻。瑗尝为安礼所举，欲合明之意，故入仲端罪。防传明之所造上语于亨甫，意欲传达言事者以闻，根治仲端则事连珪。亨甫以防所传仲端事语亶，意欲求亶引荐，亶褒称亨甫，许以言达于上，又漏露所奏及宣谕语。京尝在朝堂与明之语仲端事，云丞相疑吾辈狱事，切须（子）［仔］细。及赴台再问，报上不实。台符、汲坐知瑗等为奸，俱不按发故也。上谕辅臣曰："如明之辈不肯以忠实事上，人材可谓难得。使内外小大之臣皆有至诚恻怛之心以为朝廷，则政事修举，夷狄知畏。今士大夫出公门入私门者，凡以为利而已，刘向所谓行污而寄治，心私而托公。昔李斯相秦，并一天下，可谓有功矣，及赵高说以扶苏立则蒙恬用，蒙恬用不复提通侯之印，斯既有利心，高说得入，不独丧其身，并亡秦之天下。夫能上不为名，下不为利，中守义而已，可谓君子人也。左右近司亦当以此风厉在位。"宰臣王珪等曰："屡闻圣训，臣等交相儆厉，考察人才，比数年闲沙汰成就，必有材能以副圣意。"七月四日再鞫王仲端，二十五日勘王瑗，移大理狱于同文馆，今并入此，不复见于彼。32，页7665—7667

续资治通鉴长编卷三百十八　宋神宗元丰四年（辛酉，1081）

【宋神宗元丰四年（1081）冬十月】庚辰，诏："自今除授职事官，并以寄禄官品高下为法。凡高一品以上者为行，下一品者为守，下二品以下者为试，品同者不用行、守、试。"70，页7695

续资治通鉴长编卷三百十九　宋神宗元丰四年（辛酉，1081）

【宋神宗元丰四年（1081）十一月】永兴军路安抚司言："自发义勇、保甲人夫赴边，盗贼颇多，乞自军兴后应强盗三人已上并窝藏之家，捕获并用重法。"从之。陕西路准此，命河东转运司详度以闻。2，页7699

【宋神宗元丰四年（1081）十一月】诏罢刑部公案半年一次法官赴中书断绝。五年七月三日壬午合参照。33，页7711

【宋神宗元丰四年（1081）十一月】手诏："官制所分拨事类已见次第，已得旨减省官吏。缘使臣、吏人中其有昨编修内诸司敕式所取到之人，其本局已令厘正，编修敕式已经取会，未能了当事务不少，宜令元编修官张诚一等比前占之数，量行裁减，精选可用者，依旧置局结绝。"44，页7714

续资治通鉴长编卷三百二十　宋神宗元丰四年（辛酉，1081）

【宋神宗元丰四年（1081）十一月】丁未，宝文阁待制何正臣言："伏见朝廷比以远官迎送之劳，特于八路立法差注，计之八路，蜀为最远，仕于其乡者比他路为最众。今自郡守而下皆得就差，而一郡之中，土人居其大半，僚属既同乡里，吏民又其所亲，难于徇公，易以合党。乞收守令员阙归于朝廷，而他官可以兼用土人者，亦宜量限分数，庶几经久，不为弊法。兼闻本路差注，往往未至尽公，盖缘地远，朝廷不能遍察，而审官、吏部所见，不过具文而已。仍乞八路凡有员缺及遇指射，皆使提点刑狱司通知，如有情弊，亦许取索点检闻奏。"诏："八路差官自今委提点刑狱司逐季取索点检，如有违法，具以闻。仍申中书本房立法。"中书言："八路差官已许他司觉察，不须别更立法，今欲申明行下。"从之。84，页7729

【宋神宗元丰四年（1081）十一月】鄜延走马承受杨元孙言："近转

运司部夫往安定、黑水堡摺运军粮未至，所运亦不多，虽颇得蕃部窖粟，又数不至广，致士卒有饥饿逃亡。大兵至西界白盐池，去怀州止百余里，种谔准诏已欲领兵回，恐近边屯聚人马，转运司供军粮依前有缺。"上批："鄜延路转运使李稷应副军粮缺乏乖方，及累奏诞妄，致令行营士卒乏食逃溃，若不差人代领其职，付吏部正治其罪，则有误国事不细，可令中书、枢密院同议其事。"诏："李稷降两官为转运判官，令悉心职事，如更缺误，当依九月戊申诏施行。宣德郎张亚之本稷奏举，今干办无效，可罢转运判官，令赴旧任。"亚之部夫尤酷，令军士杀夫，军士不忍杀，亚之诱蕃兵杀之。以奉议郎王钦臣为鄜延路转运副使。朱本签贴云："诱蕃兵杀先无照据，兼《李稷本传》已书讫，删去。"今复存之。赵起作《种太尉传》云："谔以十一月十三日至白池，准诏班师。"当考。85，页7729—7730

续资治通鉴长编卷三百二十一　宋神宗元丰四年（辛酉，1081）

【宋神宗元丰四年（1081）十二月】丙辰，刑部言："福建路转运使贾青、判官王子京、提点刑狱闾邱孝直举劾沙县令施闻等枉法自盗，委泉州签判范伯玉同鞫，青等奏伯玉翻变施闻情节，从轻放罪人出外，结托情弊，意欲出逐人罪，已先冲替。今南剑州再劾伯玉皆无前罪。"诏令贾青等分析以闻。其后青等以赦免，伯玉亦改为差替。上曰："监司朝廷耳目，案劾官吏，尤在详审。每一制狱，连逮者众，穷冬盛夏，宁无冤滥？苟有不当，亦不可轻舍，庶有所惩也。"8，页7737

【宋神宗元丰四年（1081）十二月】癸亥，诏三省诸案宜并称房。25，页7741

【宋神宗元丰四年（1081）十二月】先是，知枢密院孙固乞罢西师，既而师出无功，上谕固曰："若用卿言，必不至此。"于是固又言："兵法，期而后至者斩。始议五路入讨，会于灵州，李宪独不赴，乃自开兰会，欲以弭责，要不可赦，乞诛之。"不从。30，页7743

【宋神宗元丰四年（1081）十二月】庚辰，诏诸班直、上四军毋得简尝有罪改配人。74，页7753

续资治通鉴长编卷三百二十二　宋神宗元丰五年（壬戌，1082）

【宋神宗元丰五年（1082）春正月】鄜延路经略司乞以新收复米脂、吴堡、义合、细浮图、塞门五寨地土，招置汉蕃弓箭手及春耕种，其约束、补职，并用旧条。从之。诏下吴堡、义合等寨，具去年十二月六日戊午。4，页7758—7759

【宋神宗元丰五年（1082）春正月】诏陕西诸路士卒军前所犯，并与放罪，官司毋得诘问。5，页7759

【宋神宗元丰五年（1082）春正月】己亥，大宗正司言："宗室以高年抱疾，恩许私家乘垂帘肩舆出入，闻拥从猥多，骄不可长。欲乞许乘肩舆者，量出踏引，笼烛照夜毋得过两对，如有违犯，从本司察举。"从之。20，页7760

【宋神宗元丰五年（1082）春正月】诏开封府界提点司，闻知管城县陆宣职事不修，体量事实以闻。提点司初不按举，承诏即言宣暗慢迂疏，事多逋滞，纠摘稽违数条以应诏。上批："陆宣先冲替，仍劾罪。"朱本云：初，帝下提点司令案陆宣，而提点司案，故冲替，仍劾其罪。前史官妄以为不案，但应诏而已，皆涉诋诬，删去。今从新本。23，页7761

【宋神宗元丰五年（1082）春正月】诏："强盗保甲教阅军器者处死，情轻奏裁。窃盗箭二十只，徒一年；弓，徒二年；弩，流三千里。徒罪配五百里，流罪配千里。获窃盗保甲教阅军器一人比二人推赏。"28，页7761

【宋神宗元丰五年（1082）春正月】丙午，奉议郎黄降为监察御史里行领察案，代王祖道为言事官。先是，御史台兵察案察吕惠卿前知延州，违法遣禁军赍毛段遗徐禧，诏送大理寺。惠卿时居母丧，即具奏御史按劾不当，又事在赦前，御史意欲中伤，大理亦有妨碍，仍自列治边劳效。诏送本察及大理看详。于是御史、大理各条上惠卿违法情状，诏惠卿特免勘，余令大理寺依前降指挥施行。御史宇文昌龄言惠卿欺罔，乞以所奏付有司考验其罪，明正典刑。不报。《实录》但云：御史台、大理寺条上前知延州吕惠卿违法遣禁军赍毛段送徐禧，诏惠卿免劾。今据宇文昌龄集增修。49，页7767

【宋神宗元丰五年（1082）春正月】都提举市易司贾青言："市易既革去结保赊请之弊，专以平准物价及金银之类抵当，诚为良法。乞推抵当法，行之畿县。"从之。62，页7771

续资治通鉴长编卷三百二十三　宋神宗元丰五年（壬戌，1082）

【宋神宗元丰五年（1082）二月】癸丑，朔，诏："中书省面奉宣旨事，别以黄纸书，中书令、侍郎、舍人宣奉行讫，录送门下省为画黄；受批降若覆请得旨，及入熟状得画事，别以黄纸亦书，宣奉行讫，录送门下省为录黄。枢密院准此，惟以白纸录送，面得旨者为录白，批奏得画者为画旨。门下省被受录黄、画黄、录白、画旨，皆留为底，详校无舛，缴奏得画，以黄纸书，侍中、侍郎、给事中省审读讫，录送尚书省施行。三省被受敕旨，及内降实封文书，并注籍。门下、中书省执政官兼领尚书省者，先赴本省视事，退赴尚书省。申明及立条法，并送尚书省议定，上中书省，半年一进，颁下应速者先行。应功赏并送所属，无定法者送司勋。枢密院军功不在此限。文武官，三省、枢密院各置具员。中书省非本省事，舍人不书。吏部拟注官，过门下省，并侍中、侍郎引验讫奏，候降送尚书省；若老疾不任事，及于法有违者，退送改注，仍于奏钞内贴事因进入。六曹诸司官，非议事不诣都省及过别曹。应立法事，本曹议定，关刑部覆定，干酬赏者送司勋，如无异议，还送本曹，赴都省议，体大者集议，议定上中书省，枢密院事上本院。吏部差注官团甲，由都省上门下省，有违法者退吏部，以事因帖奏。诸称奏者：有法式，上门下省；无法式，上中书省；有别条者，依本法。边防、禁军事，并上枢密院。应分六曹寺、监者为格，候正官名日施行。"《旧纪》书：厘正三省、枢密院、六曹、寺监职事。《新纪》书：颁《三省、枢密院、六曹条例》。1，页7775—7776

【宋神宗元丰五年（1082）二月】御史台言："刑察案于开封府取索公案，本府称已准朝旨，奏决公案不许御史台取索。看详公事未结案，虽有人论诉，不许取索；已结案系奏断，本府又奏乞不许取索公案，则是事在官司，而所行稽违，许人赴台理诉，乃为空文。若访闻官司锻炼人罪，出入刑名，既无案卷，则无从考察，深恐六察之法文具实隳。"诏令开封府送公案与御史台。48，页7786

【宋神宗元丰五年（1082）二月】详定编修诸司敕式所言："国家大礼，曰南郊，曰明堂，曰祫飨，曰恭谢，曰籍田，曰上庙号。今若止以明堂、祫飨、南郊三事共为大礼式，则恐包举未尽，兼明堂、祫飨、南郊，虽以并合一名，须用旧文离修为式。恭谢、籍田，历年不讲，诸司案检散亡，今若比类大礼斟酌修定，又缘典礼至重，品式或有未具，则奉行之际，恐致废缺抵牾，以此未敢修拟。"诏恭谢、籍田，据文字可推考者修定。51，页7787

【宋神宗元丰五年（1082）二月】详定编修诸司敕式所言："本朝每遇大礼，皆循故事，分使典领。宰臣为大礼使，两制、两省分领四使。今朝廷正官皆备，乞更不差五使。"从之。《旧纪》书：己巳，厘大礼事于有司，各共其职，罢五使。52，页7787

【宋神宗元丰五年（1082）二月】提举汴河堤岸司言："下水空船私载，大理寺引律不坐，有害本司课利。乞自今下水船私载者，并依私载法。"从之。朱本削去，云事小不书。59，页7788

【宋神宗元丰五年（1082）二月】癸酉，曲赦梓州路诸州军。应缘泸州军事厢、禁军，并与特支钱；缘军事工役人夫，并放今年夏秋税及一料役钱，死事之家量与给赐。本路及邻路缘军事被差及科配将佐士卒有功者，及文武随军应副军期有劳，并保明以闻。其因伤不任征役者，衣粮并全给；若因战亡没及病死之家，正兵及召募人有借请受并欠负，主典少欠损坏随军官物，非侵盗并除放。十月丙寅可考。《旧纪》书赦梓州路，缘军事被役者，蠲其税赋。《新纪》同。60，页7788—7789

【宋神宗元丰五年（1082）二月】诏："闻京西路多有河东、陕西亡卒，州县官司皆不谁何。可委本路监司专提举所在搜捕，依在京已断法配本路。开封府界差王得臣，京西差马玠，仍降在京断配指挥。"66，页7789—7790

【宋神宗元丰五年（1082）二月】诏："前知澶州韩璹，都水监丞张次山、苏液，北外都水丞陈祐甫，判都水监张唐民，主簿李士良，都水监勾当公事钱曜、张元卿罚铜有差；大、小吴埽使臣各追一官勒停；澶州通判、幕职官，临河、濮阳县令佐并冲替；本路监司劾罪。"以去岁河决，不能救护提举也。75，页7791

【宋神宗元丰五年（1082）二月】颖昌府言："准朝旨，应军前逃亡人，限一月自首免罪。勘会至陕西路以东逃者皆私越潼关或黄河，法不许首。"诏能限内首者，免越度关津罪。77，页7791

续资治通鉴长编卷三百二十四　宋神宗元丰五年（壬戌，1082）

【宋神宗元丰五年（1082）三月】谊又上书云：

由唐至于五代，暴政所兴，二广则户计一丁出钱数百，输米一石；江东、西许之酿酒，则纳曲钱；与之食盐，则输盐米；供军须即有鞋钱，入仓库则有发钱；正税之外又有租钱。宋有天下，承平百年，二广之丁米不除，江南榷酒而收曲钱，民不得盐而入米，比五代为加赋矣。嘉祐中，许商通茶，乃立租钱，茶租以税为本，比国初又加赋矣。

虽然，民生不见兵革，安于田亩，而以财力奉公家，未告病也。而论者以为无政事故财用不足，陛下有忧之，起王安石参大政，未久而相之，又以王安石所推引而任吕惠卿、曾布、李承之，内则议令，外则察访，举天下之法而新之。陛下日旰宵中，以听万务，自古好治之君，至诚笃信，排天下之议论而任安石，未有如陛下者。为安石者，以身当天下之怨，以报陛下，固亦鲜比。当此时朝廷、郡县颇革因循之弊，上下日以赴功，而一切禁言新令之不便，是以法度未备而已敝。夫法已有弊，智足以知之，然则当更而不更者，何哉？是大臣造法之过，而群臣不言之罪也。

伏思陛下所立新法，本以为民。为民有倍称之息，故与之贷钱；为民有破产之患，故与之免役；为民无联属之任，故教保伍；为民有积货之不售，故设市易：皆良法也。行之数年，天下讼之，法弊而民病，色色有之，其于役法尤甚，臣请试言其甚者。朝廷立一法使民出钱，而害法者十，臣请逐言之。

唐坏租庸调法而为两税，其后每税钱千而增二百，是庸之外一取矣；五代之曲、盐、鞋、发，本朝皆入两税，是庸之外两取矣；又出茶租，是庸之外三取矣；又出役钱，是庸之外四取矣；四取之外，又出宽剩，是庸之外五取矣。是谓不原赋税本末轻重而出钱，害法一也。

陛下以乡户衙前破民家产，故占籍而税者，皆使出钱以助役，此良法也。然差役以版籍为宗，版籍以税钱为宗，避差科者或隐寄税钱，诡名以就下等。又税之重轻不当田之肥瘠，议法之臣未尝讲此，案天下不正之籍，一切随税而出钱，是谓不正天下之籍而出钱，害法二也。

五等之有差役，一乡不过十人，其次七八人，在公者少而安居者多矣。议法之臣始曰："助者取于官户、单丁、女户、寺观，未尝为役者出钱以助重役尔。"既而变法，不计贫富，以税钱为率而取之，谓之免役。凡军人代役，则取其钱以还三司，及贫民未尝为役，则又取之，何哉？臣尝为广西常平矣，广西凡为税钱一文者，出钱七八或五六。夫一年之间，出钱五六，若未病民也；然以五六钱所出，方夏秋农趋功时，两至官府公使，糜费又且数倍。古之养民，昼尔于茅，宵尔索绹"；今之贫民，以五六钱夺其时，甚可怜也！故宜、融之民逃入蛮峒，廉州之民燔屋而逋，亦可见矣。是谓下户出钱，害法三也。

朝廷以吏为贪墨，考古庶人在官之制而与之重禄，用河仓法决其贿狱，可谓美意矣。立法之初，盖当考事局之繁简，吏案之轻重，州县之大小，以差制禄可也。不论大小轻重之别，多者至七八千，州县常平两案或至六千，多者至八千；本朝簿、尉，下县或七八千，今之吏乃数倍于此，岂非庸钱太厚乎？其它容有徒费者矣，如前者既罢之帐司是也。是谓庸钱太厚，又有徒费，害法四也。

夫庸钱既厚，则取民不得不多。两浙之民，富溢其等者为无比户，多者七八百千，其次五百千。臣窃以旧法言之，役之重者为乡户衙前，其次盐秤子，其次酒务。使为上户者十年而一役，费钱百万，则是年百千矣。今上户富者出八百千，则是七倍昔日；以一户计之，十年之出已八百万矣。如此，则民家之钱安得不穷？天下财产安得不蹙？而法为利民，是谓出钱太重，害法五也。

法以役人有定数，而年岁有丰凶，故立宽剩以备岁，与夫捕虎缓急之用，此良法也。然司农意规宽剩，不立正法，行之数年，州县宽剩刻纳减放不及之钱，贯已朽矣，役钱中又出杂支宽剩，此为何名而取也？是谓宽剩太多，害法六也。

夫男耕女桑，不给于买钱以输公家，其势不得无困穷矣。今不恤，卒不幸有方二三千里之水旱，则将何以恤之乎？陛下尝试以近事观之，前日明堂赦书，元丰元年以前赋税苗役逋负一切放免，江西虽小，所蠲除数百万。一路如此,其它可知。臣以谓赋税者,朝廷正利,尺布、斗粟,何可不偿?今天下之民连年逋负,惟幸蠲放,一有饥馑,仰给于县官,其故何邪?盖役钱杂色,输官已多,虽乐岁无赢余,正税所以不入也。昔之人君盖尝变法矣,然其君臣未尝不相为终始也。昔者,陛下以天下之法弊,故革而新之,则是变法者陛下也,承意而立法者王安石也,润色讨论之者吕惠卿、曾布之徒也,故重司农之权以颁法,又诏仓官以行法,可谓有序矣。然而造法之臣,不原陛下惠民本意,一切以利为本,于是患失之徒,争言新法之便,司农不问是否,随事立法,法未成全,而安石、惠卿有隙,曾布相继罢去,而新法一听于司农。主司农者,大抵妄意朝廷志在财用,希合而已。大臣袭故事,不敢复议利害,画而守之,行之数年,天下受其弊。是谓法未成而立法之臣去朝廷,害法七也。

然而上下相目而不言,是群臣持禄养交,负陛下也。而今日定法之臣,又无一言救其弊,徒颁条式,以减淮、浙役人桩留为说,责诸路依式成书,移东就西,减五增十,固无毫发有补朝廷。所谓提举仓官,又不肯论列利害,意者欲继前轨,趣成书,总天下方数,见之空文,叨天下之功,以幸富贵。是谓司农不察法,仓官不救弊,害法八也。

夫二浙之法,始于李承之,其次沈括,其次吴雍,凡三遣使矣,屡变法矣;然民不知法之为利而日益贫者,徒知更出钱之法,而未尝减钱以利民也。是谓减役人而桩留其钱,害法九也。

自改法来,变圆融为和市,有司不为陛下惜,乃轻为价。上督责则下疾驱,为县令者,乃一科买于民。昔臣过淮南,淮南之民科黄河夫,夫钱十五千,上户有及六十夫者。湖南买弩桩,官估二十,百姓实费二千,户有及二十条者。近江西买军须衲袄,官估八百,实费三千。其它翎毛、竹箭无不数倍。夫县官缓急资于民,民出其余助公上,理固然也。然民已出役钱,又不免于科配,是谓百色配买,贱价伤民,害法十也。3,页7796—7800

【宋神宗元丰五年(1082)三月】权知开封府王安礼言:"应刑名疑虑及情理可悯公事,乞从本府录奏断遣;如得旨断死者,乃送纠察司审问。"从之。6,页7801

【宋神宗元丰五年(1082)三月】己亥,德音:降天下死罪囚,流以下释之。为日将食故也。《旧纪》书:诏以日将食正阳之月,为异尤大。自己亥避正殿,减常膳,赦天下囚罪一等,流以下释之。《新纪》书:以日将食,避殿,减膳,赦天下。28,

页 7804

【宋神宗元丰五年（1082）三月】侍御史知杂事满中行言："昨以权知开封府王安礼任性破法，犯分干誉，欺罔圣德，乞正典刑；又牒取当察簿书，巧匿不遣，规紊纪纲，临事奏请，挟持主恩，御人以口。辇毂之下，当用正人，伏望察情议罪，断以至公。"上批："令安礼具析元奏请改法利害，及取索簿书前后不同以闻。"29，页 7804

【宋神宗元丰五年（1082）三月】知开封府王安礼言："司录司狱空外，有左右军巡院狱案皆已断绝，止有见禁罪人丁怀等公案已奏及在纠察司。望责近限审录及约法断遣，所贵三院皆狱空。"从之。35，页 7805

【宋神宗元丰五年（1082）三月】知桂州张颉言："昌化军劾符破结九人犯持杖强盗杀人，罪皆死。缘系捕盗官招诱令解下弓刀，支与酒食，然后擒缚。若从捕获法，虑致生黎疑惧，将来无以示信。"诏释之。40，页 7806

【宋神宗元丰五年（1082）三月】御史王祖道言："枢密院补试本院贴房充令史问目，以将校于元丰三年九月逃亡，至十月捕获，编敕依在官亡法，准律计日坐罪。既称三年九月，即合通闰为坐，今以闰计罪者为否，不以闰计罪者为通，而谓之假，法不当数闰。道路喧传，以考中宗礼等皆承旨张诚一挟私徇情，乞付有司根治，以惩奸罔之吏。"诏送枢密院、大理寺根治情弊，并所言来历处以闻。45，页 7807

【宋神宗元丰五年（1082）三月】祖道又言："御史弹奏前知延州吕惠卿遣禁军馈徐禧公使物，已诏劾罪，而惠卿论奏，辄引编敕两府犯公坐案后取旨，及徐禧无罪不当劾。编敕明有三百里馈酒之禁，而惠卿乃谓变易他物，则酒不出三百里，非所禁也。舞文玩法，罪状甚明。一昨陛下讲武西陲，规摹一出圣训，边臣奉行而已。惠卿乃谓今日乘几之举，有类拙速。窃观惠卿越在衰苴，不畏名节，规免小累，饕功自贤，意自延安赴阙，妄觊陛下有复用之意，惟恐释服之后，旧物不可复得。近降朝旨免劾，此虽出于陛下终始大臣之恩，然窃谓士大夫廉耻不立，而朝廷行法宜自贵者始。惠卿违法馈送，虽已免问，而论奏虚妄，不可不惩。"诏札与惠卿。其后根治祖道所论张诚一事，为台吏李景仁所误，劾惠卿事不当，

皆以赦原。"其后"至"赦原"，《朱本》增入，当考。46，页7807—7808

【宋神宗元丰五年（1082）三月】甲辰，王安礼言："准朝旨，臣僚上言取索盗贼簿欺罔事，令臣具析不同因依。勘会本府得台牒取索籍纪盗贼姓名簿，臣为见台牒取簿数多，逐次计取一道。却准台牒：所封送诸厢贼限都簿，不应本台所取，令封送编敕诸盗再犯杖州籍取姓名簿。本府遂回报：准一同敕京城、府界犯盗并刺环子，有此照据，所以更不置簿。兼臣亦曾面奏，并不知前后有何异同。"诏满中行分析。安礼又言："臣智识卑下，行能无取，误蒙圣知，待罪天邑，凡所见明，有害无补。如言者指臣任情破法，犯分干誉，侵权自恣，横厉无忌，尤为窃当。凡臣奏讲已曾论列利害，止于如此，今别无可分析。如朝廷已知言者不诬，乞早赐罢黜，更用旧法，以厌群论。"并十八日。47，页7808

续资治通鉴长编卷三百二十五　宋神宗元丰五年（壬戌，1082）

【宋神宗元丰五年（1082）夏四月】上曰："常平赈济之法，州县或不能尽行。夫以政杀人，与刃无异。今出入一死罪，有司未尝不力争；至于凶年饥岁，老稚转死沟壑，而在位者殊不恤。此出于政事不修，而士大夫不知类也。天地郊庙之祭，当用太牢，议礼者固以为不可；民间杀牛，法所当治，而州县多不禁止，论议之偏，概如此也。"20，页7819

【宋神宗元丰五年（1082）夏四月】诏："蕃弓箭手阵亡，依汉弓箭手给赙。汉弓箭手出战，义勇、保甲在贼界因伤及病羸不能自还者，并许依诸军例赐其家。"29，页7821

【宋神宗元丰五年（1082）夏四月】河东经略司言，乞选麟州飞骑、府州威远子弟二十五以下短两指，二十以下短三指，并刺充。从之。43，页7823

【宋神宗元丰五年（1082）夏四月】诏："百官见执政，三省给事中、舍人、侍郎以上，寺、监长官及待制、横行以上，诣府；余官并诣三省、枢密院聚听处。即有所请召，并属官及亲戚不以服纪，不用此法。"46，

页 7824

【宋神宗元丰五年（1082）夏四月】戊寅，降告七十五道、敕三十道、宣四百八十七道、札子八十六道付沈括，赏曲珍出塞时立功将官；有轻重未当者，以闻。66，页 7830

【宋神宗元丰五年（1082）夏四月】己卯，诏："内外市易务钱、在京酒户欠糟米钱各展三年，均作月限纳，限内罚息并除之。"72，页 7831

续资治通鉴长编卷三百二十六　宋神宗元丰五年（壬戌，1082）

【宋神宗元丰五年（1082）五月】壬午，诏："先王以道在天下，列而为事，陈而为法，人各有分然后安，官各有守然后治。三代以降，累世相仍，浸迷大原，遂乱名实，余弊斯积，其流及今。朕闵古弗还，因时改造，是正百职，建复六联，先后重轻，粗获条次，小大贵贱，迭相维持，差择群材，分委成宪，伫观来效，共致丕平，敢有弗钦，将底厥罪。新除省、台、寺、谏、监官，详定官制所已着所掌职事，如被选之人不徇循守法，敢有僭紊，其申谕中外：违是令者，执政官委御史台弹奏，尚书以下听长官纠劾以闻。"庞元英《文昌杂录》云：此诏自内出，非学士之辞也。当考。两《纪》并载此诏，但各有删润，今具载之。政和二年十月十七日，揭榜六曹、寺、监长官厅。8，页 7838—7839

【宋神宗元丰五年（1082）五月】甲申，诏："诉讼不得理，应赴省诉者，先诣本曹，在京者，先所属寺、监，次尚书省本曹，次御史台，次尚书都省，次登闻鼓院。六曹诸司、寺、监行遣不当，并诣尚书省。"15，页 7840

【宋神宗元丰五年（1082）五月】河东经略司言："丰州屯驻神锐指挥千余人，薛义所部照应修葭芦寨王安等百余人鼓动军众，擅还丰州，及恐喝指挥使张臻言不逊。内捕获十六人，张世矩已凌迟处斩，其余人见捕逐。"诏："续捕获人，但尝逼吓指挥使出不逊语，证左明者，并处斩，更不得推究为首人家属。应缘坐者，押赴丰州处斩，其同居骨肉，依编配法。"其后经略司言安等已斩，莫知为首者，而安有母年六十二，上特贷之。诏沈括："可移报曲珍，如本路兵马自足防捍，勿与薛义一将相近，恐因而党扇，有坏纪律。"40，页7849

【宋神宗元丰五年（1082）五月】给事中舒亶言："吏房前后发李规、王务民奏钞，令臣书'读'，侍郎王珪已书'省审'，坐违式举行，门下省但勘罚。今缘奏钞皆王珪书名，自合省问，岂容但称不知，归罪令史？自非执政大臣怙权擅事，轻蔑朝廷，即是吏史凭附大臣，沮坏法令。陛下新正官名，而上下横厉如此，不治其微，实恐陛下复古建事之意或成虚名，为天下后世所议。"诏承行吏人送门下省别加重罚。64，页7853—7854

续资治通鉴长编卷三百二十七　宋神宗元丰五年（壬戌，1082）

【宋神宗元丰五年（1082）六月】初，上欲仿《唐六典》修改官制，王珪、蔡确力赞之。官制：以中书造命，行无法式事；门下审覆，行有法式事；尚书省奉行。三省分班奏事，各行其职令，而政柄尽归中书。确先说珪曰："公久在相位，必拜中书令。"故珪不疑。一日，确因奏事罢留身，密言："三省长官位高，恐不须设，只以左仆射兼门下侍郎，右仆射兼中书侍郎，各主两省事可也。"上以为然。已而确果独专政柄，凡除吏，珪皆不与闻。后累月，珪乃言："臣备位宰相，不与闻进退百官，请尚书省官及诸道帅臣许臣同议。"上许之。此据蔡兴宗官制旧典，当考。《神宗职官志》：门下省受天下之成事，凡中书省、枢密院所被旨，尚书省所上法式事，皆奏覆审驳之；中书省，凡事干兴革增损，而非法式所载者，论定而上之。20，页7871—7872

【宋神宗元丰五年（1082）六月】江南东路提点刑狱范峋言："体量江南西路州县违法抑配卖盐事，曾伉具析铺户卖盐事，但有当增减处，州县不时改正。"诏曾伉点检举不如法者，有未便，即具奏请。江西民病蹇周辅盐法，而范峋、曾伉但以州县违法为言也。朱本云："此段入三月乙酉体量处书讫。"今仍附本日。27，页7873—7874

【宋神宗元丰五年（1082）六月】诏："成都府路应副泸州边事，依梓州路曲赦免二税、役钱，别路准此。"《旧纪》书："诏供泸州军须者蠲其税役。"

《新纪》书:"蠲成都府路供泸州军须者税,他路亦如之。"30,页7874

【宋神宗元丰五年(1082)六月】提举河东路保甲司言:"准朝旨,保甲以家联保,以丁联兵,小保长以上缘兵置,令三路施行,如有未便事理,条画以闻。本司今相度以家联保:差免敕内,保甲以二丁、义勇以三丁入保,单丁、客户并为附保。今欲乞除官户、女户、归明人子孙、刺事人、河北沿边弓手户合依旧附保外,其客户、单丁户及免丁之人自合排入家保,责以互相觉察。以丁联兵;详差免敕,本县与都保别置簿,遇有事故,如外来及进丁,限五日申举开收、分并。今欲乞限五日申举开收,限一年分并;其未分之间,多者就近权附,少者姑缺。若地里相远,余丁不可联者,从旧法。小保长以上缘兵置:家保之法无所与于兵政,至其觉察欺诈,袭逐奸盗,亦其所当有事,于保伍之间非有总率,无缘齐一。今欲应家保之内,有大小保长,亦既干预本保内事,并令就辖家保,所贵上下有分,缓急易使。"从之,其分并限三年。三月戊戌云云。31,页7875

【宋神宗元丰五年(1082)六月】诏:"广南路保甲,依戎、泸例,令自置裹头无刃枪、竹标排、木弓刀、蒿箭等,在保下阅习。若遇捕盗,器甲并从官给。"37,页7876

续资治通鉴长编卷三百二十八 宋神宗元丰五年(壬戌,1082)

【宋神宗元丰五年(1082)秋七月】诏罢大理寺官赴中书省谳案,自今每岁一次,本寺以见在案尽数断绝,上中书取旨。

上因论刑曰:"先王之肉刑,盖不可废。夫人受形于天,以法坏之,故谓之肉刑。扬子曰:'肉刑之刑,刑也。'周穆王训刑:大则五刑,次则五宥,又次则赎,凡十五等,轻重有伦。至汉文帝罢之。若革秦之敝,欲休养生民,则可矣;如格以先王之法,则不得为无失。三代之时,民有疆井,分别圻域,彰善瘅恶,人重迁徙,故以流为重。后世之民,迁徙不常,而流不足治也,故用加役流;又未足惩也,故有刺配;犹未足以待,故又有远近之别。盖先王教化,明习俗成,则肉刑不为过也。"四年十一月八日庚寅,合参照。7,页7891

【宋神宗元丰五年（1082）秋七月】太府寺言："提举市易司状：赊贷人户所欠至多，已得旨展限三年催纳。其先降指挥，以催到分厘计数追夺酬奖，请候至所展三年满日施行。"上曰："朝廷设市易法，本要平准百货，盖周官泉府之政。官失其职，一切赊贷，公私颇不便之。虽云有收息之数，名存实亡。今已改用金银、钞帛抵货，最为善法。其元催致欠官吏，重行追夺，亦其宜也。"遂从之。13，页7892

【宋神宗元丰五年（1082）秋七月】诏："刑部贴例拟公案并用奏钞，其大理寺进呈公案，更不上殿，并断讫送刑部。贴例不可比用，及罪不应法，轻重当取裁者，上中书省。"35，页7897

【宋神宗元丰五年（1082）秋七月】诏："诸改官于官名应避者，拟以次官，资品恩数并依合改官法。"40，页7898

【宋神宗元丰五年（1082）秋七月】丙申，诚州言："先奉朝旨，令淮南等路刺配罪人三百前来。自后止配军士四人，望许令诸路厢军投换。"从之。47，页7900

【宋神宗元丰五年（1082）秋七月】大理寺断绝公案官吏共赐四百千，次第均给之。57，页7904

【宋神宗元丰五年（1082）秋七月】泾原路经略司言，三川寨巡检王贵轻易领兵过壕，与西贼斗敌，致伤折多。诏获级伤折人依格推赏。61，页7905

【宋神宗元丰五年（1082）秋七月】辛丑，洪州奏："自更定盐法，新添盐钱并合起发赴京，深虑迟滞。乞先次出卖新盐，然后趁办旧课，庶可及期装发。"上批："本路新额盐课，并系朝廷指挥，准为边粮籴本之用。岁岁常须登办，仍须及期经制到京，趁时籴入。"遂从之。63，页7905

【宋神宗元丰五年（1082）秋七月】戊申，诏应缘支给军赏物帛，乞取者论如河仓法，与者并坐。85，页7908

续资治通鉴长编卷三百二十九　宋神宗元丰五年（壬戌，1082）

【宋神宗元丰五年（1082）八月】开封县言："养马户未审止以屋业为物力，或通计营运财物。"祥符县言："自颁养马令，民买马后，质卖家产，或于市易务拘管抵当，未审合与不合养马。"诏："以屋契钱数并屋租为物力，隐匿契者，以盐税为定。如有质卖，马亦随之。若已抵当，或因事在官拘管，本户不得课利者，验实与免。"二月五日，霍翔云云，并九月十四日，又七年二月八日，又二十八日，又三月二十三日，当考。《王安礼行状》云："京师坊郭户率以家赀二千缗畜马一匹，谓之户马。有诉于堂者，安礼言之，上许用食盐钱为法，计三千缗始畜一马，赖免者甚众。"此事与此相关，须更考详。七年二月二十八日，诏府界户马并以家产、盐税为定，恐《安礼行状》云云合附彼时。33，页7918

【宋神宗元丰五年（1082）八月】尚书右丞王安礼先在开封时，大姓负市易息钱者累诉于庭。安礼既为执政，言于上曰："市易之法，行之已久，取息滋多，而输官不时者又有罚息。方天下无事，而行法之弊，民至困穷，窃为朝廷惜之。臣愿陛下涣然下诏，蠲其罚息，则天下幸甚。"上曰："卿言有理，群臣未有为朕言者。其诏使大姓以限输纳，除其罚息。"安礼退，批诏语加"内外"字，蔡确曰："方上有旨时，无'外'字，公欲增诏耶？"安礼曰："亦不指言'内'字。"卒加之。此据行状，当考。34，页7918—7919

【宋神宗元丰五年（1082）八月】诏："鄜延路计招纳归顺蕃部壮人十人、老少妇女四十人并迁一资，十岁以下不计，累迁不得过三资；即不及，与减磨勘年；不及减年及迁资，止每一壮人支绢四匹，老少妇女一匹。杀降人者，许人告，每人赏钱三十千，至百千止；告杀五人以上者，仍迁一资；杀降人者斩。"40，页7920

【宋神宗元丰五年（1082）八月】编修军器什物法制所言："准朝旨，应将敕所载军器什物，择其精致者修为法式。本所据军器监弓弩作尹抃见造插稍弓工料，阎守勤所定模则法度，最为详密，乞更旧造弓法。"从之。62，页7924

【宋神宗元丰五年（1082）九月】己丑，德音："降在京及畿县死罪囚，徒以下释之。"上服药康复故也。两《纪》并书此。7，页7927

【宋神宗元丰五年（1082）九月】又诏："应修明法式，并尚书省议定上中书省，速者先次施行，余半年一颁。其枢密院并不隶六曹者，下刑部；缘功赏者，下司勋修立，还送尚书省议。"十二月十五日、六年九月一日、七年三月六日重修编敕。27，页7931

【宋神宗元丰五年（1082）九月】诏："客省、引进、四方馆各置使二员，东、西上阁门共置使六员，客省、引进、阁门共置副使八员，阁门置通事舍人十员。内阁门副使以上，并依诸司使、副条例磨勘，阁门使以上，遇有缺，改官及五期者，枢密院检举。如历阁门职事，后犯赃及私罪杖以上事理重者，遇迁日并除他司。阁门、四方馆使及七年无私罪，未有缺迁者，与加遥郡。其特旨与正任者，引进使四年迁团练使，客省使四年迁防御使。"44，页7937—7938

【宋神宗元丰五年（1082）九月】辛丑，诏："详定官制所罢局，六曹等条贯送编敕所，其未了事，限十日结绝，先罢官吏请给。"52，页7939

【宋神宗元丰五年（1082）九月】入内供奉官冯宗道上《景灵宫供奉敕令格式》六十卷。53，页7939

【宋神宗元丰五年（1082）九月】修定景灵宫仪注所言："《仪制令》：'诸庙社门、宫门各二十四戟'。唐太清宫九门亦设画戟。窃惟景灵宫天兴门及宫外门本以钦奉天神，不应立戟。神御诸殿，既缘生礼以事祖宗，谓宜依《仪制令》宫门之制，每门立戟二十四。"从之。又言："旧制：国忌无神御殿者，赴佛寺行香。今诸神御殿皆在景灵宫，忌日并赴本殿，僖祖、翼祖请设位于天兴殿，文懿、简穆皇后请设位于保宁阁，忌日并张次于天兴殿前之左，宫官先迁神位于次，事毕而复。"从之。62，页7940

续资治通鉴长编卷三百三十　宋神宗元丰五年（壬戌，1082）

【宋神宗元丰五年（1082）冬十月】诏："大理寺狱空，吏量与支

赐。自今大理卿免假日直，止令治狱少卿、推丞更直。"14，页7948

【宋神宗元丰五年（1082）冬十月】丙辰，修定景灵宫仪注所上《景灵宫四孟朝献仪》二卷、《看详》十三卷，《大礼前天兴殿仪》一卷、《看详》一十八卷。从之。19，页7949

【宋神宗元丰五年（1082）冬十月】详定重修编敕所言："准朝旨，六曹等处条贯送至编敕所修定，乞自朝廷于官制见在属官内选差六员为删定官。"从之。十二月十五日，三年五月十三日，又十五日，又八月九日，六年九月一日，七年三月六日，重修编敕书成。31，页7950

【宋神宗元丰五年（1082）冬十月】诏："自今鄜延路边事并不得传报。如违，徒二年，情重者决配，各不以赦降原减。告者赏钱三百千。"50，页7954

【宋神宗元丰五年（1082）冬十月】知兰州李浩乞诸路杂犯罪人刺配一二千里者，免决，充兰州本城厢军，从之。66，页7958

【宋神宗元丰五年（1082）冬十月】左藏库、内藏库外，又有元丰库，杂储诸司羡余钱。自熙宁以前，诸道榷酤场率以酬衙前之陪备官费者，至熙宁行役法，乃收酒场，听民增直以售，取其价以给衙前，时则有坊场钱。至元丰初，法行既久，储积赢羡，司农请岁发坊场百万缗输中都。三年，遂于寺南作元丰库贮之，几百楹。凡钱帛之隶诸司，非度支所主，输之，数益广，又以待非常之用焉。此据《食货志》第四卷附入。四年正月十八日《会要》可考。70，页7959

续资治通鉴长编卷三百三十一　宋神宗元丰五年（壬戌，1082）

【宋神宗元丰五年（1082）十一月】大宗正司言："兴州防御使仲骎先坐以火灼人面，罚俸一季，展磨勘一年，后又灼女奴面。一年之中，三犯非礼残暴，乞重责降。"诏展磨勘五年。二月十五日，仲骎罚俸。9，页7968

【宋神宗元丰五年（1082）十一月】广南东路转运判官徐九思言："东海有岛曰香山，侨田户主、客共五千八百三十八，分隶东莞、南海、新会三县。凡有斗讼，各归所属县办理，遇风涛则逾月不通。乞建一县，因香山为名。"本路监司相度，欲止置香山镇，差监官一员兼烟火、贼盗，从之。21，页7970

【宋神宗元丰五年（1082）十一月】乙酉，以景灵宫奉安神御礼成，大赦天下，文武旧臣预神御殿绘象之子若孙，并与初品官，亲王之后与见袭爵者，迁一官。_{当删取赦书条件增入。}22，页7970

【宋神宗元丰五年（1082）十一月】户部言："行官制以来，惟是吏禄条目最多，一等吏人职次既同，责任又均，而独于禄廪颇有厚薄，诚若未安。乞三省六曹诸司、省、台、寺、监见充正额人数，不问旧请多寡，并依新格支给，其系拨到逐等守缺或带'权'字人，并给正额请受十分之七。应前后许带旧请指挥更不施行。"诏除三省外依奏。53，页7976

【宋神宗元丰五年（1082）十二月】大理寺勘断市长谢元卿等罪不直不尽，诏御史台劾罪以闻。4，页7981

【宋神宗元丰五年（1082）十二月】右骐骥副使、知泸州张克明言："泸州地方千里，夷夏杂居。近者，白崖囤、落婆远等生夷并为王民，既供租赋，或相侵犯，未有条约，一以敕律绳之，或恐生事。臣欲乞应泸州生夷如与华人相犯，并用敕律，同类相犯，即比附黔州蛮五等罚法。"从之。_{四月二十七日庚午，已除王光祖知泸州。今十二月十一日丁巳，克明以知泸州论事。其月十九日庚申，又书光祖知泸州，不知何故。今削去庚申所书。}18，页7984

【宋神宗元丰五年（1082）十二月】丙子，诏："诸承务郎以上及幕职州县官并未入官人，历任无私罪徒及入官赃、失入死罪，并勒停，冲替后已经一任者，许试刑法。无人奏举，听于吏部及所在官司投状乞试。见在外任官及授黄河地分见缺者，不许就试。诸举官试刑法者，尚书刑部官、大理长贰岁各十人，侍从、三省、六曹、御史、开封府推判官及监司各七人。"66，页7991—7992

【宋神宗元丰五年（1082）十二月】是冬，绛州群盗王达等阻山横行劫略，达张红伞以入县镇。诏提点刑狱黄廉督捕尽。十二月，悉捕斩之。
《廉行状》有此，要考。王达事因掇取附见。67，页7992

【宋神宗元丰五年（1082）十二月】宗室子赐名授官者三十五人，断大辟二千八十五人。69，页7992

续资治通鉴长编卷三百三十二　宋神宗元丰六年（癸亥，1083）

【宋神宗元丰六年（1083）春正月】诏鄜延路经略副使种谔、管勾机宜文字汲光各罚铜三十斤，蕃官刘永隆降一官。朱忭等以赦原初，谔及经略使沈括轻信汲光奏将刘绍能遇敌不力战，与西人交通，皆不实。汲光妄信蕃官屈埋造作蜚语，教令蕃部诬绍能事，以状告经略司，及增秉常以所乘马遗绍能侄永德以幸赏，永隆坐赇支，皆会赦。勘官御史宇文昌龄言："案发绍能自汲光始：轻捐金帛，巧设觇刺，旬月之内，告状杂逮，盖皆自外不根之言，未析端倪，而光之用意阴有所幸，故遂操而为实，润色张皇。沈括轻听易摇，曾不以理推较，遽凭其状，质于朝廷。去年秋师招纳之后，继为光说所间，官吏牵于希合证佐，不索其情，然其间所具款词，尚有不夺其实，而括之刻奏，去是存非，欲置之无疑，以邀朝廷必信。朱忭偷安曲从。今有司推核，首尾皆诬。括为帅臣，乞重行遣黜。"括先坐别罪安置，故特责谔。命已行，门下省覆奏，以为罚轻，乃诏谔罚铜四十斤，光仍冲替。四年二月乙酉，绍能升钤辖；五年四月甲寅，遣昌龄鞫狱。14，页7998—7999

【宋神宗元丰六年（1083）春正月】尚书省言："御史台编一司敕，于官制后违法请公使钱。御史中丞舒亶直学士院日，于官制后违法请厨钱。台察官朋蔽不言，乞并付有司推治。"诏大理寺鞫之。25，页8000

【宋神宗元丰六年（1083）春正月】大理寺言："内侍黄门宋访下直日，阑入需云殿里幞被，当阑入殿门私罪徒，该赦原。"诏勒归本院班。35，页8004

【宋神宗元丰六年（1083）春正月】诏官司如辖下有申请，并须明具

合用条例行下，不可泛言依条施行。从提举京西常平等事黄定请也。53，页 8007

【宋神宗元丰六年（1083）春正月】门下省驳奏："福州威果十将郑青以功转副都头，妻詈母，殴妻死。中书拟杖脊刺面，配五百里，情轻法重，不当舍功而端论其罪。"诏于副都头上降两资，仍杖之。55，页 8007

【宋神宗元丰六年（1083）春正月】荆湖南路提点刑狱司言："被诏买修京城楠、桑、檀木等，欲依河防例，于民间等第科配。"上批："只令于出产处采买，及置场募人结揽和买，不得配扰。"60，页 8008

【宋神宗元丰六年（1083）春正月】诏户部尚书安焘同本部郎官立省、曹、寺、监新旧吏禄法。62，页 8009

【宋神宗元丰六年（1083）春正月】提举河北保甲司言："乞义子孙、舍居婿、随母子孙、接脚夫等，见为保甲者，候分居日，比有分亲属给半。"诏著为令。66，页 8009

续资治通鉴长编卷三百三十三　宋神宗元丰六年（癸亥，1083）

【宋神宗元丰六年（1083）】二月丁未朔，大理寺上两地供输人周辛祖、顺祖、六儿私过北界与崔学郎等觇事案，犯在赦前。诏周辛祖、顺祖、六儿各处斩。1，页 8013

【宋神宗元丰六年（1083）二月】诏："闻鄜延诸州昨走散兵卒，带官器械，私易于民间。委转运司立限首纳，量支价钱，即限满藏匿，依私有禁兵器告赏法。"4，页 8013

【宋神宗元丰六年（1083）二月】大理寺言："泰州大保长卫和煎贩私盐，为首围掩县尉，责不敢捕私盐状。"诏斩之。14，页 8016

【宋神宗元丰六年（1083）二月】又诏："私铸钱罪至死者，比已贷

之，然其妻属尚有编管法，其除之，自今勿缘坐。"31，页8020

【宋神宗元丰六年（1083）二月】吏部言："前庆州安化县尉郝宗臣与盐贼李平斗，捕获青盐二十斤，当赏格第一，尝犯赃勒停。"诏宗臣改次等合入官。33，页8020

【宋神宗元丰六年（1083）二月】大理寺言："泸州文思副使秦世章、内殿承制焦胜、侍禁孟文宥各坐买乞弟首级与子冒赏。检会别按秦世章为乞弟打誓事，追一官勒停，押出川界；其焦胜当徒一年，孟文宥当徒二年。秦世章私罪杖，并犯在赦前。"诏焦胜、孟文宥各追一官，免勒停；秦世章展一期叙。35，页8020

【宋神宗元丰六年（1083）二月】御史杨畏言："大理寺近断邵武军妇人阿陈等，案上刑部郎中杜纮议以为不当，奉诏下御史台详审定度。案刑部自侍郎崔台符以下凡四员，而纮独献议，余官无所可否，但据状申都省。台符本法吏，陛下擢置近列，不思报效，循默苟简，无任责之心。"诏台符罚铜十斤，韩晋卿、莫君陈各八斤。六月壬申，纮罚铜。39，页8021

【宋神宗元丰六年（1083）二月】种谔奏："西贼于安定堡地分打掠人户，已差官体量。今欲指挥沿边诸将，（子）[仔]细侦探敌情：如果是待来说话，乞通和，即依元丰六年正月九日指挥；若贼情别有奸谋，名言待来说话，款我边备，乘我不意，奔冲城塞，即依元丰五年十月二十一日朝旨。以上二事，乞速赐指挥。"诏："种谔所奏二事并不相妨，今来因何妄奏朝廷，取候指挥？令种谔详前后所降指挥施行，并札与本路走马承受，遣官一员，亲诣被贼去处，体量贼马数目闻奏。"40，页8021

【宋神宗元丰六年（1083）二月】诏："陕西转运司钱监阙铜兴铸，累申金部，尚未支降。今军事未已，经费所入，岂宜亏耗？户部失于应辨，其稽滞所由，御史台根究以闻。"后户部尚书安焘罚铜八斤，侍郎陈安石、郎官晁端彦十斤，并典级决杖、罚俸、赎铜有差。朱本云郎官晁端彦、陈安石，误也。安石五年四月为侍郎矣。54，页8023

【宋神宗元丰六年（1083）二月】提点开封府界诸县镇公事杨景略献造供御酒曲用竹圈杖案法。诏用之。58，页8024

【宋神宗元丰六年（1083）二月】辛未，种谔言："自今捕获侵犯边界西人，依朝旨施行外，若诸处探子捕获非作过西界人，并乞刺配荆湖或京西本城。"从之。63，页8024

续资治通鉴长编卷三百三十四　宋神宗元丰六年（癸亥，1083）

【宋神宗元丰六年（1083）三月】己卯，诏御史台察官察诸司稽违，皆按法举察；诸司所施行失当，虽无法亦听弹劾以闻。7，页8031

【宋神宗元丰六年（1083）三月】诏秘书省长贰毋得与著作修纂日历事，进书奏状即系书。其关防漏泄，并依旧编修院法。11，页8031

【宋神宗元丰六年（1083）三月】知安肃军潘孝绰言："朝廷昨用开封府判官杜常议，诸路妄通卒即所在州军刺填厢军。窃谓禁军逃亡，首获妄通，可以幸免流配；厢军负罪逃亡，妄通，终不发觉，避重役则走赴轻处，避远恶则自通近地，借支钱粮因此失陷，壮城作匠渐致缺人。乞下有司以杜常言与臣议详定立法。"诏下工部。13，页8032

【宋神宗元丰六年（1083）三月】刑部言："旧刑官详断官分公案，断讫，主管论议、改正、注日，方过详议官复议，有差失问难，并于检尾批书，送断官具记改正，上主判官审定，然后判成录奏。自二司并归大理，断官为评事、司直，议官为丞，所断案草不由长贰。日者，断案类多差忒，欲乞分评事、司直与正为断司，丞与长贰为议司。凡断公案，先上正看详当否，论难、改正、签印、注日，然后过议司复议。如有批难，具记改正，长贰更加审定，然后判成录奏。"从之。16，页8032

【宋神宗元丰六年（1083）三月】御史王桓言："闻户部尚书安焘近缘住滞纲运事，避匿己罪，报上不以实，法应隔朝参，而陛下优恩，特令免隔。比闻狱具，有司依条报焘不应厘务，焘于此时自当杜门屏息，以俟谪命，而乃不忌典刑，传呼入省，焘可谓犯义而不知耻矣。陛下屈法以宠近臣可也，其如天下相率为焘何？"诏札与焘。17，页8032—8033

【宋神宗元丰六年（1083）三月】辛卯，诏："自今擘画创立课利，岁收每万缗迁一资，许官吏均受。著为令。"25，页8035

【宋神宗元丰六年（1083）三月】诏解盐司钱引，非朝旨擅支借者，以擅用封桩钱法论。从制置司请也。35，页8036

【宋神宗元丰六年（1083）三月】诏："《六曹条贯》，改差门下、中书后省官详定。"36，页8037

【宋神宗元丰六年（1083）三月】诏"开封府界、五路保甲辄投军者，杖八十，还充本色。立告赏法。余丁投军而应充保甲者准此。其五路保甲余丁愿充弓箭手者，不在破丁之限。"熙宁旧条杖止六十，于是增为八十，并立告赏法。提举保甲言投军者多，乞申明约束故也。55，页8041

【宋神宗元丰六年（1083）三月】诏罢银台司取索举奏令。故事，银台司凡奏状诸处已施行者，有著令，得取索行遣看详，若有不当，听举劾。时官制行，封驳悉归门下省，故罢之。56，页8041

【宋神宗元丰六年（1083）三月】辛丑，上批："早来拟奏配军画一法，内称'刺充某指挥配军'，恐于上军称呼有嫌，可谕修法官改云'某指挥杂役'。"时犯罪法应配流者，其罪轻得免配行，尽以隶禁军营为杂役，然禁卒素惮配法，尝耻言之故也。上于人情至微，无不曲尽。配军画一，盖张诚一等所更定也。凡犯盗流以下皆配本州为杂役军，以省禁兵护送。其人与所隶将校相犯，论如奴主相犯律；与营卒相犯，加减凡人二等。此据《神宗史》《刑法志》增入。本志但称"其后"，略无年月，今掇取附此。诚一时为枢密都承旨、客省使、秀州防御使。熙宁三年八月二十一日，初议改旧配法；元丰八年九月四日，依旧配行。曾布《日录》：绍圣二年三月九日再对，呈元丰编敕所欲以役代配，及承旨司立季送之法，以宽配隶及省护送之劳。先帝并以为难行，遂定以配三千里以上罪人充诸营杂役军，有犯依上禁军法；余自千里而上，皆配本处牢城、本城。元祐初，以为不便，一切复旧。近诸路多言禁军防送劳敝，因而逃亡作过者多，乞立法。上一览，未及开陈，即云："以役代配，岁满释放，及以凶恶人充杂役军，皆未安。"布云："诚如此，然先帝欲宽配隶之法，乃仁政美意，非独可省护送之劳，兼配隶之人不去乡间，逃亡者必少，亦免道路困苦死亡之患，此法为利者多。"上云："且与三省议定进呈。"当考竟如何。57，页8041—8042

【宋神宗元丰六年（1083）夏四月】入内高品曾处厚言："准朝旨往

韶、惠等州根磨内藏库上供钱，窃见广州勘番禺县尉石大受有自盗赃，买物不偿价钱，拷决死无罪人，转运副使孙迥党庇不治；及权知广州，捕获舶船不经抽解犀，听纲首王遵赎铜；又死商铜船价二千余缗，听纲首素拱以二百千买之；及市三佛齐溺水臭腐乳香。乞差官案实。"诏："审如处厚言，则远方使者舞法不忌，情已可诛；况耗散官钱，上欺朝廷，下罔民利，尤不可赦。宜差大理寺丞郭概乘驿就案，若有罪，即劾罪以闻。"<small>王临时知广州。闻六月戊戌，诏诘迥。七年四月十七日，孙迥降官。3，页8043</small>

【宋神宗元丰六年（1083）夏四月】同提举成都府等路茶场陆师闵言："李稷殁于王事。按：稷领治茶事，于五年间，除百费外，收获净利四百二十八万余贯。伏望以稷成就茶法之功，赐之土田。"又言："文州与阶州接界，而两路茶法不同。阶州系禁地，见有博马及卖茶场；文州系通商地分，兼龙州界亦系相连。乞以文、龙二州并为禁地，依秦凤等路条法施行，仍下转运司，除博马外，不得将所买茶于文、龙州别有支用。"又言："秦州支用钱物有侵过本钱，收付尚未齐足。乞下秦州本司，令差官一员攒造支钱文帐。"又言："永兴等路，惟是金州所出，及影带透漏山南私茶或南方杂伪末茶，其价高贵，陕西之民良以为苦。乞计置川路余羡茶货遍入陕西路诸州军出卖，并依秦凤等路禁茶地分条贯施行。"又言："成都府据川陆之会，茶商为多，常患物货留滞，不免贱入居停之家。乞于成都府置博卖茶都场，许随宜增价出卖及博易诸般物货，却行变转，其所增利息，并依川路卖食茶及陕西博易条施行。"又言："本司昨奏依客例买盐入川变转，每年不得过一万席。准朝旨，不得令州县出卖及有抑配。窃缘官物浩瀚，若不令州县干与，则其间情弊何所不至？乞许本司就委逐处税务监专管勾，依市价增减出卖，并不妨客旅兴贩。"诏并依师闵所奏，李稷赐颍川官田十顷。初，蜀茶额岁三十万，至稷加为五十万，及师闵代稷，为百万云。《食货志》："自熙宁七年至元丰八年增广茶法，蜀道茶场四十一，京西路金州为场六，陕西卖茶为场三百三十二。熙宁七年，税息钱四十万缗；元丰五年，五十万；七年，增羡至一百六十万缗。诏定以百万缗为岁额，除充他官经费外，并储陕西，以待诏用。"

师闵又言："自买马司兼领茶场，而茶法不能自立。伏望如买马司用茶，并以钱帛对交，不许别司取拨。"诏蒲宗闵与师闵同具利害以闻。<small>六月辛亥可考。10，页8044—8045</small>

【宋神宗元丰六年（1083）夏四月】御史翟思言："法有漏泄察事者

杖一百。台分言、察，正欲使察官案法而治其稽违，而法所不及，理容可议，则责有在于言官。盖言、察理势相须，宜不与别司同体，况朝夕同见丞杂议事，岂有所不闻？则事势之实，果亦不能自异。臣欲乞除见推司事虽言事官不许与闻外，其余言事官通知，不为漏泄。"从之。12，页8045

【宋神宗元丰六年（1083）夏四月】提举陕西保甲司言："河中府姚用和赍庆历八年黄敕，言姚栖云十世同居，孝行可法，赐旌表门闾，二税外免差徭，欲乞与免保甲。"从之。23，页8048

【宋神宗元丰六年（1083）夏四月】给事中韩忠彦等言："奉敕详定六曹条贯，乞以详定六曹条贯所为名。"诏宜称中书、门下外省。三月壬辰。36，页8050

【宋神宗元丰六年（1083）夏四月】戊辰，大理寺上宜州下班殿侍、指使吴道，土丁指挥使程洪，都头韦聪等遇贼不力战，致杀都监费万，该赦应原。诏各杖脊二十，程洪刺配三千里，韦聪等二千里。46，页8051

【宋神宗元丰六年（1083）夏四月】己巳，左右司言："御史台察开封府不置承受条贯聚听供呈历，据刑部、编敕所定夺，各言所察允当。然看详敕意，止为州县立法，故令案察官点检，于开封府既无案察官司，于上条似无所碍。其因台察后辄旋置历，乃是御史所当察。"诏："依刑部、编敕所定，开封府官吏令大理寺劾罪以闻。尚书省左右司所申，显有观望，右司郎中刘挚冲替，系事理重。"居数日，诏改为"事理轻"。50，页8052

【宋神宗元丰六年（1083）夏四月】大理寺言："商税院送客人尹奇于隰州博绿矾，引外有剩数，乞移河东路勘结。理正杜纯乞以所剩矾六百斤没官，仍释尹奇罪。"诏大理寺勘结施行，其杜纯越职论事，付御史台劾之。已而上批："大理正杜纯近以不守业职，妄论私矾事，已付有司案治。日者，大理长、贰上殿，面问杨汲等纯在寺其它治状，乃知供职以来，造奸不一，数与长、贰纷纭。据汲等奏陈三四，皆纯理不直，意在取说声俗，沮坏法令，探其用心，罪在不赦。可先冲替，仍下本寺具纯前后异议事状，送御史台一同根勘。"五月十九日。53，页8053—8054

【宋神宗元丰六年（1083）夏四月】先是，命中书、门下外省官同详定《尚书六曹条贯》。是日，给事中韩忠彦等以职事对，上顾谓曰："法出于道，人能体道，则立法足以尽事。立法而不足以尽事，非事不可以立法也，盖立法者未善耳。"又曰："著法者欲简于立文，详于该事。"56，页8055

【宋神宗元丰六年（1083）夏四月】甲戌，大理寺断宗室三班奉职子询与妹奸，法皆处死。诏并除名，永不叙用，子询仍于本宫锁闭，妹于禁寺度为尼。62，页8056

续资治通鉴长编卷三百三十五　宋神宗元丰六年（癸亥，1083）

【宋神宗元丰六年（1083）五月】诏："渐逼炎暑，开封府、大理寺系囚，令连夜并力结竟。奏案上者，都省限三日约法断下。"《旧纪》书："甲申，诏：大暑，开封、大理狱其趣决之。"《新纪》改云："以渐暑，趣开封、大理决狱。"24，页8065

【宋神宗元丰六年（1083）五月】御史黄降等言："往时御史皆得言事，仍同定夺公事，惟被诏推狱则轮差。向由复置察按，而御史六员分领六案，故因推勘太学公事，有旨令中丞同本察御史根治，今后准此。后既分三员言事，三员领察，而本台失于申明，尚守前日指挥，亦止本察御史根治，故言事御史自此不预鞫狱。案《唐六典》，侍御史纠举百僚，推鞫狱讼；监察御史分察尚书六司，纠其过失。今之言事官大率如唐侍御史之职，察官乃唐监察御史之职。国朝旧制，有'四推'之名，总谓之'后推'，而三院御史皆预领焉。今推鞫狱事，独付察官，而近准朝旨，又以六曹定夺公事，亦送本察，即于检察职事有所妨废。况有失察诸司违慢，朝廷常加督责，兼言事御史既不预定夺，又不劾狱，则于签书行遣公事，全然稀少。欲乞别定条制，以正分守。"诏立法以闻。已而尚书省札子："令定夺文字送本曹，如合再定，即送御史台本察。"

降又言："事之最难者莫如疑狱。夫以州郡不能决而付之大理，大理不能决而付刑部，刑部不能决而后付之御史台，则非甚疑狱必不至付台再定。若御史联事之众非如大理、刑部，必不能胜其责也。近有旨：'定夺文字送本曹，如合再定，即送本察．'臣愚以谓与夺刑名，事重体大，宜仍旧众官参定，余事则随曹付察。如此，则大小繁简皆得其称，是正疑谳罕有不当。"其后刑部请："鞫狱、言事御史轮治；其定夺刑名，则众官参定；余事随曹付察。"从之。26，页 8065—8066

【宋神宗元丰六年（1083）五月】丁亥，诏宗女毋得与尝娶人结婚，再适者不用此法。28，页 8066

【宋神宗元丰六年（1083）五月】诏："降配禁军营杂役卒，在京可轮月刺配，先殿前，次马军，次步军司，周而复始。"29，页 8066

【宋神宗元丰六年（1083）五月】前知湖州唐淑问言："州郡有当冲要者，例修宾客往复，间有不来，谤怒随之。常情未免顾私，其间或以废事。吏抱案牍，走道路以取决，则有漏泄稽滞之失；小民持诉牒趋官府，则又未必知长吏所之，而讼不时决。况中外官守均有事任，臣欲乞州郡禁谒并依在京百司例。"诏详定重修编敕所立法。后编敕所乞知州、通判、县令非假日不得出谒，即谒亲属，及职事相干，并泛遣使命，或知州、通判、提举官、钤辖以上者听。36，页 8067—8068

【宋神宗元丰六年（1083）五月】诏应合移配广南、荆湖、福建、江南路罪人，并配登州杂役。38，页 8068

【宋神宗元丰六年（1083）五月】庚寅，以畿内旱，御崇政殿疏决系囚。《旧纪》书此事于辛卯，《新纪》依《实录》在庚寅。39，页 8068

【宋神宗元丰六年（1083）五月】甲午，大理寺上大理正杜纯妄议客矾事案，当不应言上官减公罪笞，该疏决。诏杜纯特追一官，勒停，将来叙复，永不令典刑狱。四月二十五日。50，页 8070

【宋神宗元丰六年（1083）五月】御史黄降言："准《六察敕》：'诸弹奏文字，本察官与丞、知杂通签，即旧所领任内事，丞、知杂免签书，诸案互察'。看详诸案互察，止谓察官有旧领任内事合弹劾，于义有嫌，理当互送。今诸案元未尝承受互察妨碍事，既不相关，无从察举。若一案有失，泛责诸案，乃是一官兼有六察之责，恐法意本不如此。其大理寺见

取索互察官吏姓名，未敢供报。"诏自今诸案申台移察，应申不申，从私坐，其互察仍除之。51，页 8070

【宋神宗元丰六年（1083）五月】壬寅，右正言王桓言："闻大理寺狱官多不亲讯囚，惟囚初到，当官收付，终至结案，或不复见。榜掠诘讯，一委吏胥，非理陵虐，无所告诉。闻顷者有丞拷囚致死，而长、贰以不与获免，自是以来，官属不复亲事。陛下建长立贰，设正陈丞，岂欲使之偷脱自便，避责不居？伏望惩革。"诏大理寺自今并依条格施行。69，页 8073

【宋神宗元丰六年（1083）六月】诏京东路转运副使吴居厚具所知通判以上及别路盐司提举官，可充本路转运司官协力推行盐法者；及本路行盐法当选委知州、通判以闻。五月一日。3，页 8074

【宋神宗元丰六年（1083）六月】诏大理寺："刑名疑虑及情法不称奏裁公案，送定断官看详；如非疑虑、情法不称，并免收坐。"从本寺请也。

元丰间，诏大理兼鞫狱，所承内降公事，上下皆曰"是诏狱也"，意必傅重。少卿韩晋卿独持平核实，无所观望，人以不冤。上知其才，凡狱难明及事系权贵者，悉以委晋卿。尚书省建，擢刑部郎中。天下大辟请谳，执政或以为烦，将劾不应谳者。晋卿适白事省中，因曰："听断求生，朝廷之心也。今谳而获戾，谳不至矣。"议者或引唐覆奏，欲令天下庶狱悉从奏决。晋卿曰："法在天下，而可疑可矜者上请，此祖宗制也。今四海万里，一欲械系待朝命，恐罪人之死于狱，多于伏辜者。"朝廷皆从之。此据《韩晋卿传》，盖因刘挚墓志也。34，页 8082

【宋神宗元丰六年（1083）六月】己未，诏："京东路新行盐法，上下交便，不妨获利公家，以佐用度，推之河北路，无可疑者。可令蹇周辅、李南公于界首约吴居厚面授京东成法行之。"此年十月一日可并此。元祐元年正月二十八日，依旧通商。38，页 8083

【宋神宗元丰六年（1083）六月】壬申，诏刑部郎中杜纮罚铜八斤，展磨勘二年。初，邵武军奏谳，妇陈与人奸，谋杀其夫已定，其夫醉归，陈不键门，奸者因入杀之。法寺当陈谋杀，从而不加功；而纮议陈加功，罪应死不疑。又兴元府奏谳，梁怀吉闻出妻晁病往视，因寄粟种，晁子辄取食之，怀吉殴其子死。法寺当晁子盗粟，怀吉当杂犯死罪，引赦原；而纮议晁子食怀吉粟，乃用受寄辄费用，不入捕法。议既不同，下御史台定夺。御史台言刑部驳议皆不当，故罚及之。二月辛酉可考。60，页8087

续资治通鉴长编卷三百三十六　宋神宗元丰六年（癸亥，1083）

【宋神宗元丰六年（1083）闰六月】诏知宜州钱师孟追一官，通判曹觐追两官，并勒停；推官崔尧章、司理邹长卿各罚铜二十斤，冲替；推官谢宸，司户卢叔度、张翼并冲替：坐裁减蛮人管设生事，虽去官会赦，皆特责也。26，页8097

【宋神宗元丰六年（1083）闰六月】都大经制熙河兰会路边防财用司言，捕获撰匿名书人李方。上批："书辞诋欺万状，慢上侮下，无所不至。若止科以徒坐，不足惩其奸凶。令提点刑狱、经制司审实是真，犯人即处斩。"30，页8097—8098

【宋神宗元丰六年（1083）闰六月】广西经略司言："宜州溪峒言，莫世忍子公效乞归明，而南丹州又言公效作过，乞以一行人送藤州给田安置。"诏广西经略司，令宜州取问莫世忍："今公效罪恶，法所不容，如欲正典刑，令押就境上处斩；若以父子恩，且欲存留，即遣回本处，令一面送远恶处羁管。"后世忍乞斩公效于宜州，诏止刺面配江西牢城，仍免决。31，页8098

【宋神宗元丰六年（1083）闰六月】枢密院言："知熙州赵济言，捕获逃军元德，诈称使臣郭诩，传李宪令开熙州城门，已付所司。案熙州极边，而济止凭元德诈称李宪所遣，即开门听出，何以伺察奸细？"诏济自今凡事审实，毋得轻易，仍遍下所辖州、军、城、寨官吏，亦依此指挥。其元德令制置使劾罪，斩讫以闻。济寻具案奏。诏："元德虑有隐伏交通外界奸细迹状，可更切劾治。如无他情，即处斩。"又诏："济不能辨察，又不能审问，实为谬昏。可免重黜，止罚铜四十斤。"50，页8102—8103

【宋神宗元丰六年（1083）闰六月】诏刑部应移乡人情理轻者十年，稍重者二十年，遇赦检举，放令逐便。令刑部著为令。55，页8112

【宋神宗元丰六年（1083）闰六月】详定编修诸司敕式所言："将来大礼，乞且仍旧差官专提点事务一次。"上批："式令析正之初，诚虑及期有司奉行疑惑，于事舛错有害，不悦造令之人，得以藉口归咎成法。且谙详始末，惟本司官吏最为可委检察应接。宜依所奏，止就差本司官提点应式令所该一行事务。"59，页8113

续资治通鉴长编卷三百三十七　宋神宗元丰六年（癸亥，1083）

【宋神宗元丰六年（1083）秋七月】戊申，门下、中书外省言："自官制行，已及期月，其间利害，官吏固已习知。今编修敕条，理当博采众智，欲乞许见任官局参议，及许其余人具所见利害，赴本省投状，如有可采，量事推恩。"从之。5，页8115—8116

【宋神宗元丰六年（1083）秋七月】户部言："江、淮等路发运使蒋之奇奏，知州、通判与监事官未有赏罚，请以租额递年增亏，从制置司比较。本部欲乞江、淮、湖、浙路诸州，其收盐课，岁终申发运司类聚比较，一路内取最多、最少者各两处，以知州、通判、职官、令、佐姓名上户部。其提举监事官一路增亏准此。"诏详定重修编敕所依此著为令。之奇又言："诸路欠本司钱约二百万缗，若朝省不主张，则其钱皆不肯偿。乞本司申理诸路欠负，并同负朝省钱物法；及乞淮南转运司自今年额粮斛不得于滁州及天长县桩拨，所有本司盐本、水脚钱、口食米、造船场物料等及所须之物，转运司除计置应副外，不得侵越。"诏系朝省立限，违者徒一年，余从之。12，页8117

【宋神宗元丰六年（1083）秋七月】丙辰，以四后祔庙，德音降减京畿内死罪囚，流以下释之。两《纪》并书此。16，页8118

【宋神宗元丰六年（1083）秋七月】熙河兰会经略安抚制置使李宪奏：

臣昨奏熙、兰、岷、通远四州军蕃兵，地里相远，当逐处各为一军，庶就近易于团结，仍得蕃情安便。兼兰州及定西管下新归顺蕃部数内，强壮人马甚众，亦当团结，与四州军蕃兵通作五军，庶缓急之际，各有汉蕃两军相参为用。乞且于熙河兰会一路条画以闻，先次推行，已蒙依奏。臣今具条画，以谓蕃兵置将，事贵简而易行，法贵详而难犯。臣今斟酌蕃情，拟定条画事法凡三门。41，页8126

【宋神宗元丰六年（1083）秋七月】诏："保甲依条放免后，若武艺及等，愿投军者，四十以下减一指，三十以下减二指。除例物外，增钱二千。"51，页8132

续资治通鉴长编卷三百三十八　宋神宗元丰六年（癸亥，1083）

【宋神宗元丰六年（1083）八月】诏："御史勘公事，权罢本职，不得与在外官吏往还。"从中丞黄履奏也。履言："本台推鞫公事，至有逾年而后毕者，迁为行遣，以致淹久。欲自今本台独勘或外官同勘，并令宿直，仍罢本职，不与在外官吏交往；而吏人食直，随狱大小，立以三等，为之给式：大者三十日，中者二十日，小者一十日。过此，虽狱毕亦不给，而官员食缗亦少裁损。"诏尚书省立法，送中书省取旨。食直，当考行否。10，页8139

【宋神宗元丰六年1083）八月】两浙转运司言："犯盗徒五百里外州军，无放还法，乞比移乡人例放从便。"从之。19，页8140

【宋神宗元丰六年（1083）八月】真定府定州路都总管司走马承受陆中言，祁、定州差禁军防送罪人，有违配法。手诏："朝廷新造法度，颁行之初，既已明悉，若有司尚敢不遵禀，理须痛与征治，以肃慢令之人。宜下提点刑狱李宁劾违法官吏，纵逢非次赦恩不原。"十月二十一日，吕公著降官。44，页8146

【宋神宗元丰六年（1083）八月】御史翟思言："大理寺勘断窃盗，案问减等，不给赏。谓宜法令，告捕窃盗，虽案问减等，并随减至所断

罪，各给赏。"从之。50，页8149

【宋神宗元丰六年（1083）八月】刑部乞："应吏部补授大理寺左断刑官，先与刑部、大理寺长、贰杂议可否，然后注拟，仍取经试得循资以上人充，正缺以丞补，丞缺以评事补。"诏刑部、吏部同立法，著为令。其后著令：司直、评事缺，选尚书及侍郎左选人；丞缺，止选尚书左选人，仍经任司直或评事系亲民资任者。以上二件，其初改官应入知县人亦选。正缺，选丞或司直、评事见系通判以上资任者。以上所选，仍不限见任、授讫未赴。即曾失入徒已上罪已决或死罪、若私罪情重者、赃罪，或停替后未成任，各毋得入选。81，页8155—8156

【宋神宗元丰六年（1083）八月】诏："自今强盗应捕者，诸路下提点刑狱司，开封府界下提举贼盗巡检公事司，更不下他司。"83，页8156

续资治通鉴长编卷三百三十九　宋神宗元丰六年（癸亥，1083）

【宋神宗元丰六年（1083）九月】诏："内外官司见行敕、律、令、格、式文，有未便于事理应改者，并申尚书省议奏。辄画旨冲革者，徒一年。即面得旨，若一时处分应著为法，及应冲改者，随所属申中书省、枢密院奏审。传宣内降若需索，并随处覆奏，得旨施行。即本司官亲承处分须索，仍画所得旨录奏，请实奉行。"于是上宣谕执政曰："传宣内降及面得旨覆奏法，屡付有司讨论，终未允当。今通内外为一法，可更看详。"乃行之。元年十一月十八，又三年五月十三，又五年十月二十二、又十一月十五日。2，页8159

【宋神宗元丰六年（1083）九月】是日，尚书右丞王安礼面奏："比者，舒亶坐自盗赃罪至除名，杨畏论列，以为失误，有司观望执政，致以赃罪。蒲宗孟翻究西府事，杨畏论奏臣擅行省事，以快所欲，徇私坏法，无复纲纪。及令杨畏根治，乃与所言不同。前后论事枉直轻重不当如此，乞付有司劾治，或即加重贬。"上批："今日安礼面论御史杨畏论事挟情不直，理当付狱，否则重加贬逐。朕未深究悉畏付吏可黜之状，三省官论有与安礼同者，宜条列以闻，当付近臣博议，详处其当。"已而三省进

呈，乃诏畏分析。3，页8159—8160

【宋神宗元丰六年（1083）九月】甲辰，东上阁门使曹偃言："阁门使、副旧以有兼局，故轮差一员直日，余官前殿退即各归私第。今新制行，既罢兼局，自当随三省、枢密院，仍乞著为令。"从之。4，页8160

【宋神宗元丰六年（1083）九月】延州制勘公事所上阁门使、丹州团练使、鄜延路第二将李浦案，诏："李浦贷死，免真决，不刺面，配沙门岛，遇赦不得放还；权环庆总管曲珍罚铜二十斤。"浦坐永乐城下未战弃寨出走，而副将高士才死战，浦不能救援，又对制使不以实；珍坐听浦请报制使军前事不尽实也。权发遣经略安抚司刘昌祚言："浦谙晓军政，乞且留在本路，准备缓急使唤。"诏从之。昌祚奏留浦，据《御集》五月二十五日，当并考。27，页8165—8166

【宋神宗元丰六年（1083）九月】手诏："门下、中书外省见修尚书省六曹条贯，至今多日，未有涯绪。盖议论官多，人出一意，若不分曹编修，徒占日月，必无成书之期。宜以六曹繁简相参，每两曹差详定、检详官各一员，庶人各任责，朝廷有望成就。以详定官韩忠彦、陆佃领吏、兵部，蔡京、蔡卞领户、礼部，赵彦若、王震领刑、工部。其删定官每两曹置三员，令门下、中书外省分定具名以闻。"56，页8170

续资治通鉴长编卷三百四十　宋神宗元丰六年（癸亥，1083）

【宋神宗元丰六年（1083）冬十月】丙子，御史中丞黄履言："准敕，鞫诸狱言事御史轮治。缘御史共置九员，六员分领六察，其言事官止三员，员数至少。欲乞遇鞫狱，并言事、案察御史轮治。"从之。13，页8179

【宋神宗元丰六年（1083）冬十月】御史翟思言："户部侍郎塞周辅身为从官，不厉名节，曲回朝旨，与吏为奸，而又纵不肖子犯法冒利。朝廷付之有司案治，二子禁锢，身被劾问。即当求解职任，恐惧待罪，而乃了无羞愧，尚贪宠荣。虽狱成定论，自有常刑，然出入廷中，颇玷班列。

伏望先令罢职，随正其罪。"诏趣具案以闻。八月七日庚辰，塞逢辰下吏；十月癸巳，责。16，页8179

【宋神宗元丰六年（1083）冬十月】中书省言："三省六曹诸司，如系圣旨指挥应速行及差除，并批时辰付受。无故违滞，随事科罚，一日杖八十，二日加一等，罪止徒一年。"诏改作十日徒一年。31，页8183

【宋神宗元丰六年（1083）冬十月】户部言："广南西路转运司约今年、来年收支缺钱，下广东、湖南应副。又言：'本路岁计无阙乏，乞不支赐。'本部详前奏副使马默在假，今奏判官许彦先出巡盐。彦先、默不协，致所奏异同，乞下本路提点刑狱司案罪。"从之。其后奏案乃彦先于会计数内失收见在卖盐赃罚杂赏钱共一十万缗，所以奏为缺乏。诏彦先冲替。已而法寺当上书诈不实，以该赦释之。41，页8185—8186

【宋神宗元丰六年（1083）冬十月】诏："自今臣僚上殿札子，其事干条法者，尚书省依条法议奏；如事理难行，送中书省取旨。"43，页8186

【宋神宗元丰六年（1083）冬十月】前权宁远寨主、东头供奉官翟士良免真决，刺面除名配沙门岛，坐挟恨加杖决弓箭手员僚李怀恭致死故也。54，页8187

【宋神宗元丰六年（1083）冬十月】诏："宜州监押、右侍禁陆厚贷命免真决，刺面除名配沙门岛；普义寨监押、三班借职何希古，权融州都巡检、内殿崇班李贯，除名，送千里外编管；通判、通直郎曹觐前坐它罪，候当叙日展三期；推官孙立节、司户张峒各冲替；土丁指挥使莫令顽、石聘，副指挥使陆计，宜州澄海十将谢进并特放罪。"初，安化州蛮贼千余人钞劫，厚等坐与蛮斗先退，觐征讨稽期，立节等失出令顽流罪；而令顽等以尝累白厚，欲出救应，故特贳之。五年九月庚寅。57，页8188

【宋神宗元丰六年（1083）冬十月】朝奉大夫、试户部侍郎塞周辅降一官，长林县主簿塞承辰除名，市易务下界监官宋乔年梁铸、内殿崇班符守规、借职史安世各冲替，三班借职宋仲约刺面配车营务，少府监修制官宋世隆刺面配沙门岛。周辅坐不觉察子贷官钱，然以措置江西、福建盐事有劳，特免废黜；承辰贷度僧牒钱，乔年、铸不觉察吏乞取世隆钱，余并以贷官钱连坐，会赦特断也。八月庚辰，周辅子逢辰赊与汤七度牒，又称承辰贷世隆钱。逢辰系承务郎，承辰无官。今承辰乃以主簿见，又独被责，当考。64，页8189

【宋神宗元丰六年（1083）冬十月】又诏定、祁州官吏，资政殿学士、光禄大夫吕公著以下八人各降一官，坐违法差禁军防送罪人也。初，上患禁兵有防送之劳，乃定令凡罪人当配流者，皆就隶当州；其一条编管迁乡人，以递铺卒转送。至是，祁州得河埽重役人尚进等五人赃状，既断当迁之役所，祁以武卫卒护至定，定复以饶武卒送之。陆中素不快于公著，亟奏其事。李宁案鞫，即观望以为河埽重役人应即用编管人法，以递铺卒转送。既上于朝，大理亦附会以蔽罪，然理官自知其大谩，并引不应为律，公著与属官递减，当赎金三斤至一斤。执政请夺职，上以为太重，故有是命。八月十三日，命李宁劾。65，页8190

续资治通鉴长编卷三百四十一　宋神宗元丰六年（癸亥，1083）

【宋神宗元丰六年（1083）冬十一月】通直郎、都大提举成都府等路茶场陆师闵言："比者，贾种民重立茶场法，并用年终额外增剩，依江、湖、淮、浙六路卖盐条支赏，其立额并其余增亏比较赏罚，并依课利场务法，茶场司专条更不用。管勾官赏罚减监官之半，而不给赏之法。切详本司与天下课利场务不同，如盐、酒之类皆以本息通立额，而本司但以净利为额。今用种民之法，须当用本息别立祖额。如用本多，收息薄，通比祖额增则受赏；用本少，收息多，以息填本，通比不及祖额，则受罚。深害茶法，不可施行。"诏："茶场司并用旧条。其户部议法不当，尚书李承之、侍郎蹇周辅各罚铜六斤，金部郎中晁端彦、员外郎井亮采各罚铜八斤，户部及都省吏各罚铜有差。"师闵云贾种民立法，而种民独免罚，当考。39，页8202

【宋神宗元丰六年（1083）冬十一月】三班奉职皇甫旦言："初为三班借职，累立战功。至如京副使、秦州第四将。驻阶州时，将下兵级孙化等谋叛，臣才将司劾实斩之，亦自劾专杀之罪。有司论臣虽为监临主司，于法不应决狱，以斗杀论当杖死。蒙恩贷配沙门岛，复蒙恩许臣效用立功，然累从偏师，不得一当阵敌。今李宪遣臣将命董毡、阿里骨，呼致达

鞑等赴阙，乞赐叙理。"诏特以远使干办，迁一官。42，页8203

【宋神宗元丰六年（1083）十二月】诏："配沙门岛人前入内东头供奉官、勾当内东门韩永式配隶日久，近经大宥，可送唐州牢城，免刺面。"6，页8205

【宋神宗元丰六年（1083）十二月】诏："开封府界保甲余丁，投军更不会问、即断罪放停已及一年者，听充军。父母愿放停者，勿限年。三路准此。"18，页8207

【宋神宗元丰六年（1083）十二月】户部侍郎蹇周辅乞选官相视韶、连、郴、道等州水陆径路通卖盐，稍均淮盐于本路阙盐州军，两路盐法并准江西、广东见行法。诏荆湖南路提举常平等事张士澄、转运判官陈偲措置以闻。七年九月十二日，士澄、偲上其法；元祐元年闰二月四日，士澄等责。吕陶闰二月末奏议可考。35，页8211

【宋神宗元丰六年（1083）十二月】丙戌，诏："自今臣僚所授旌节碑印亡没，并赐葬不即随葬者，徒二年；因而行用者，论如盗用官文书印律。"40，页8212

【宋神宗元丰六年（1083）十二月】枢密院言："夏国尚未以时入贡，虑缘边不能禁止边人私与西界交易。"诏陕西、河东经略司申饬法令，毋得私纵。52，页8214

续资治通鉴长编卷三百四十二　宋神宗元丰七年（甲子，1084）

【宋神宗元丰七年（1084）春正月】提举河北保甲司言："保甲逃亡免教，乞给捕赏外，更立藏隐之家追赏法，所藏之家虽误相容隐，亦不免追赏钱。"诏："三路知情佣雇、藏隐逃亡保甲之家，减保甲罪三等。许人告，均出赏钱，两犯捕获应配者，追其半，余以保甲司封桩钱支。开封府界准此。"17，页8223

【宋神宗元丰七年（1084）春正月】诏户部侍郎蹇周辅罚铜六斤，员外郎陈向八斤。坐违法割移门下侍郎章惇俸钱于相州缴回故也。22，页8224

【宋神宗元丰七年（1084）春正月】吏部言："准诏定夺绘像臣僚之家食禄人法。看详致仕停俸年七十以上、受官事故勒停无叙法、残疾不堪入仕、不理选限之官，欲并不为食禄人。"从之。23，页8224

【宋神宗元丰七年（1084）春正月】吕公著自定州徙扬州，请觐，许之。是日入对，言边境无虞，不宜生事，又以前岁上尝属疾，劝上以宗社自谨重。已而言："定州官吏，坐小法皆夺官冲替。如臣忝窃已厚，固无甚害，自余小官，皆失所宜。定州以禁卒护重役人，而议狱者以为犯编管人用递铺法，岂非舞文耶？若于法明审，则理官不当复引不应为律矣。"上意悟，谕公著曰："朝廷姑欲法行耳，然此法诚未明，当更增修之。"公著既辞，未行，即除资政殿大学士，且谓执政曰："仁皇侍从，所余无几。"咨嗟久之。寻又复光禄大夫。其后，定州官吏被谴者，自列于朝，诏即御史台详定。既而明其非辜，悉除之。除职、复官、释定州官吏，当各附本月日。25，页8225

【宋神宗元丰七年（1084）春正月】诏保甲犯罪，情涉凶恶，速具奏听裁。此事必有故，当考。34，页8227

【宋神宗元丰七年（1084）春正月】丁卯，诏："葭芦寨居山，形势峻绝，非出兵便地。纵贼大至，不过城守。兼本寨城围止千余步，步立一人，止千余人，加计倍之，二千人足矣。今经略司都不恤边费，视朝廷财用轻若泥沙，无故辄屯重兵，情不可赦。其王居卿虽已离任，令提点刑狱司追上案罪以闻。"56，页8232

续资治通鉴长编卷三百四十三　宋神宗元丰七年（甲子，1084）

【宋神宗元丰七年（1084）二月】又诏："鄜延、环庆路如有合兴工城寨，许和雇人，日支钱百、米二升，禁军愿就雇者听。"枢密院检会今年正月二十三日范纯粹奏：旧条，保甲遇旬上，每人日支口食米三升、盐菜钱一十文。契勘正兵每遇差出以至戍边，每人只日支口食二升至二升五合，今来保甲既有盐菜外，其口食又增多正兵所请之数。伏乞将应系保甲请给钱米旧条并行删修，除盐菜钱依旧支给外，其口食每人并支二升。诏依旧日支钱一十文外，支与口食二升半，河东依此。《密记》二月二日。7，页8235—8236

【宋神宗元丰七年（1084）二月】壬申，诏："官吏迁入新寺、监，如辄敢穿穴墙屋、移毁门窗者，计所损坐赃论罪，轻杖一百；写画屋壁，从不应为重法。"8，页8236

【宋神宗元丰七年（1084）二月】都提举汴河堤岸司奏："乞不许在京卖茶人户等擅磨末茶出卖，许诸色人告首，依私腊茶科罪支赏。"从之。此据《盐法册》元丰七年二月六日敕增入，要考见初置水磨月日。六年二月二十七日，初置水磨，又八月十二日，又是年六月一日。20，页8237

【宋神宗元丰七年（1084）二月】又诏："州县除依条不许干预教阅外，其保甲有违犯及当抚谕弹压巡教官、指使违犯，自当觉察施行。若失觉察，保甲司按劾。"从同提举河北路保甲李宁请也。李宁同提举永兴等路保甲，改河北路，乃二月二日。42，页8243

【宋神宗元丰七年（1084）二月】乙酉，刑部言，沈括准赦量移。诏更候一赦取旨。46，页8246

【宋神宗元丰七年（1084）二月】上批："据刘定言，澶、魏保甲初无凶恶迹状，乃是素怀不忠，异议之人，张大扇摇，破坏保甲成法，以至上达，朝廷为之动心，差官穷治其事，骇闻四方。可下刘定密切具析元初张皇官司以闻，无得避忌不尽。仍下李宜之、王子渊见鞫保甲事，限十日结绝。杖以下勿禁。"下刘定，据《御集》在二月八日；又十七日，令王子渊、李宜之归本任，只委刘定结绝。所有限十日令李宜之、王子渊结绝，《御集》乃无之。四月十二日。48，页8246

【宋神宗元丰七年（1084）二月】戊戌，诏门下、中书外省立三省、枢密院吏不通转额法。69，页8251

续资治通鉴长编卷三百四十四　宋神宗元丰七年（甲子，1084）

【宋神宗元丰七年（1084）三月】乙巳，诏详定重修编敕所删定官、刑部侍郎崔台符，中书舍人王震各迁一官；前删定官知制诰熊本，宝文阁待制李承之、李定，赐银、绢百，以书成也。要见初重修时。熙宁九年十二月二日，元丰元年十一月十八日，又三年五月十三日，又十五日，又八月九日，又五年十月十二日，又十二月十五日，又六年九月一日，当考。《艺文志》：《元丰编敕令格式》《敕书德音》《申明》共八十一卷，元丰七年，崔台符等修。《刑法志》云：初议修敕必先置局，诏中外言法之不便与约束之未尽者议集，然后更定，所言可采而行者，赏录其人。书成，诏中书、枢密院及刑法司律官俾参订可否以闻。始，《咸平敕》成，别为《仪制令》一卷。天圣中，取《咸平仪制令》约束之在敕者五百余条，悉附令后，号曰《附令》。庆历、嘉祐皆因之。《熙宁敕》虽更定为多，然其体制莫辨。至元丰，修敕详定官请对，上问敕、令、格、式体制如何，对曰："以重轻分之。"上曰："非也。禁于已然之谓敕，禁于未然之谓令，设于此以待彼之至之谓格，设于此使彼效之之谓式。修书者要当知此，有典有则，贻厥子孙。今之敕、令、格、式，则典则也。若其书备具，政府总之，有司守之，斯无事矣。"于是凡入杖、笞、徒、流、死，自名例以下至断狱凡十有二门，丽刑名轻重者皆为敕；自品官以下至断狱凡三十五门，约束禁止者皆为令；命官之赏等十有七，吏、庶人之赏等七十有七，又有倍、全、分、厘之级凡五卷，有等级高下者皆为格；奏表、帐籍、关牒、符檄之类凡五卷，有体制模楷者皆为式；始分敕、令、格、式为四。《熙宁敕》十有七卷，《附令》三卷；《元丰敕》十有三卷，《令》五十卷。《熙宁敕》《令》视《嘉祐条》则有减，《元丰敕》《令》视《熙宁条》则有增，而格、式不与焉。二敕有《申明》各一卷①。天下土俗不同，事各有异，故敕、令、格、式外，有一路、一州、一县、一司、一务敕式，又别立省、曹、寺、监、库、务等敕凡若干条。每进拟，有抵牾重复，上皆签改，使刊正，然后行之，防范于是曲尽矣。上谕安焘敕、令、格、式，已见二年六月一十四日。6，页8253—8254

【宋神宗元丰七年（1084）三月】自嘉祐六年，始命开封府诸县盗贼囊橐之家立重法，后稍及曹、濮、澶、滑等州。熙宁中，诸郡或请行者，朝廷从之，因著为令。至元丰，更定其法，于是河北、京东、淮南、福建等路用重法，郡县浸益广矣。凡劫盗罪当死者，籍其家赀以赏告人，妻子编置千里。遇赦若灾伤减等者，配远恶处。罪当徒、流者，配岭表；流罪会降者，配三千里，籍其家赀之半为赏，妻子递降等有差。应编配者，虽

---

① 从此看，宋朝修《申明》类法典始于熙宁和元丰两次修法时，最迟在熙宁修法时已有独立法典出现。

会赦，不移不释。囊橐之家，劫盗死罪，情重者斩，余皆配远恶处，籍其家赀之半为赏。盗罪当徒、流者，配五百里，籍其家赀三之一为赏。窃盗三犯，杖配五百里或邻州。虽非重法之地，而囊橐重法之人，并以重法论。其知县、捕盗官皆用举者，或以武臣为县尉。盗发十人以上者，限内捕不获半，劾罪取旨。若复杀官吏，及累杀三人，焚舍屋百间，或群行于州县之内，劫掠于江海船筏之中，虽非重法之地，亦以重法论。《刑法志》有此，不得其时，因编敕成附见，须细考之。7，页8255

【宋神宗元丰七年（1084）三月】大理寺丞郭概言，就江宁府劾陈绎，三供罪状不尽，乞追摄。诏陈绎所未承罪，止以众证结案。8，页8255

【宋神宗元丰七年（1084）三月】丁未，赐京西都转运司度僧牒百，修转般仓。后再给五十。9，页8255

【宋神宗元丰七年（1084）三月】诏："京东转运使吴居厚修举职事，致财用登饶，又未尝创有更革，止用朝廷旧令，必是推行自有检察勾考法度。宜令户部左曹下本官具事曲折，从本曹删修，下诸路遵行，庶课入继有登办者。"居厚言："窃谓聚人理财之义，既已见之于易，朝廷诏令所及，又复委曲详备，若推行灭裂，即耗散伪弊悉随而起。臣将命东州，承袭困窘，深恐速得罪戾，每依缘条法，试为检防，愚者之虑，无足收采。今奉朝命具析，敢不条上。臣谨将已行案卷及应干令、敕，照会增损，略叙施行次第为上下两策，或可以革一时之弊与夫久远施行，伏在详酌，谨随状上进。"居厚进检察勾考事件两册，据崇宁二年八月三日诏旨增入。10，页8255—8256

【宋神宗元丰七年（1084）三月】诏诸军转员文字并送门下省，仍依枢密院例宿直。以门下省言，"诸军转员及换前班除授差遣，或系临时恩例，若不送门下，因此为例，渐废本省职事"故也。16，页8257

【宋神宗元丰七年（1084）三月】辛酉，诏永安县："河南府六陵勾当官，香火内品等，自来承例，远离陵寝将迎使客。自今一切禁止，非准朝命辄离陵所者，论如擅去官守法。"42，页8265

【宋神宗元丰七年（1084）三月】京东路转运司言："盐场收杂钱不

系本息数，乞岁支三百千，为本司公使。若别费用及数外取索，并以违制论，不以去官赦降原减。"从之。43，页8265

【宋神宗元丰七年（1084）三月】甲子，鄜延路第二将、西头供奉官张禧追一官勒停。初，经略司命禧以将下兵至开光寺护输税人乘，而禧擅以所部入米脂谷采木，贼马略输税户，杀人十四，禧失于应接。经略司劾罪上之，仍收禁禧。大理寺当禧罚铜五斤，请劾官吏不应禁禧罪。刘昌祚言："禧故不禀本司处分，杀无罪十四人，有司议法不当，情恐将佐观望，以误边计。"故有是命。50，页8266—8267

续资治通鉴长编卷三百四十五　宋神宗元丰七年（甲子，1084）

【宋神宗元丰七年（1084）夏四月】澶州观城县保甲三百余人，持梃入旧县镇夺攘民财，命吕公雅赴澶州监劾。诏为首人郭万领赴元作过处特处斩，吕皓依法决讫，特刺配本州禁军指挥杂役。二月一日、十四日、十六日，并四月二日、十二日，可参考别修。5，页8271

【宋神宗元丰七年（1084）夏四月】福建转运使贾青言："昨提点江西刑狱，编排虔州诸县枪杖手立额，依保甲为法，岁一案阅，民以为便。江西一路可以推行。"诏下本路，依虔抚州、建昌军等处见行法。10，页8272

【宋神宗元丰七年（1084）夏四月】丙子，户部言："本曹每岁收支常平、免役、场务、义仓金帛米数，及田产已佃未佃、已卖未卖，水利或增或废，前此未有以勾考。乞从本部立法。"从之。11，页8272

【宋神宗元丰七年（1084）夏四月】石得一奏，接伴辽使下亲从官随行亏法，欲乞令过位觉察。诏许之，其入位与北人私相交易，及转达事情者察之，余勿举。朱本。15，页8273

【宋神宗元丰七年（1084）夏四月】诏："河北保甲司以保甲买卖、质借、投托为名，状实强盗，应在各所粉壁晓示。犯者情涉凶恶，罪不至

死，奏裁。"25，页8275

【宋神宗元丰七年（1084）夏四月】广南东路转运副使孙迴、提举常平等事朱伯虎各降一官，知广州王临落宝文阁待制知濠州，通判毕居卿、管勾文字连希元并冲替。临坐鞫孙迴受求嘱，居卿随从；临、迴不检举辖下兵替换优重差遣，及失出入邓满等罪；伯虎奏事不实；伯雄鞫何卿私盐事不尽；谔鞫石大受事不尽；大受以官板造匦、拷平人，希元随顺。虽会赦降，特责也。六年四月二日，郭槩勘迴。元丰八年十一月，王临自陈私家荣遇，其略云：臣在广州二年，因发摘一作过赃吏，曾具事状奏闻。后来朝廷因臣僚言本路运使孙迴是郭槩举主，党庇孙迴出脱了赃吏罪状，却来勘臣作上书不实。是时，臣为在远方，不敢申诉，蒙恩落职差知濠州。方欲具因依奏闻，值先皇帝服药以至上仙，不曾开陈。此事附见当考。《旧纪》书：知广州王临鞫事受请嘱，落宝文阁待制，知濠州。《新纪》不书。孙迴绍圣元年八月丙戌为户中。36，页8276—8277

【宋神宗元丰七年（1084）夏四月】戊子，三省言："工部郎中、权左司范子奇言'尚书左、右司独创增吏额，分为别司，非是'。欲乞依门下、中书省例，每有判送文字，更不离房，事重者郎官亲呈，事轻则拟定，令本房请判笔。"从之，令左右司著为令，其吏人遣归逐处。44，页8278

【宋神宗元丰七年（1084）夏四月】中书省言汀州军贼蓝载等行劫，走梅州界，又杀惠州归善县巡检。诏："权宜州沿边溪峒都巡检、左班殿直、閤门祗候程建乘驿与提点刑狱司选募兵民、土丁、乡丁、枪杖手百人，给口券随行捕杀。其去贼百里内，不拘路分捕盗官，并听程建处分。获贼首人授班行，赏钱五百千，次头首三百千，其余徒党，除依条酬赏外，更支钱百千。许徒伴自相杀并告首，亦推恩。"45，页8278

【宋神宗元丰七年（1084）夏四月】大理卿王孝先言本寺狱空。降敕奖谕，仍诏自今有司上狱空，令御史台刑察案实。上以开封府、大理寺比岁务为狱空，恐为文具以希赏故也。《旧纪》书：戊子，大理寺狱空。《新纪》不书。46，页8278

【宋神宗元丰七年（1084）夏四月】密州民苗茂投匿名书，诬告板桥镇监官张献臣谋反。有司言茂已经赦，诏特杖脊二十，刺配沙门岛。62，

页 8281

【宋神宗元丰七年（1084）五月】壬子，疏决在京狱囚强盗斗杀轻者减一等，杂犯抵死降流，流以下第降，杖以下第降，以下释之。开封府界诸县准此。两《纪》并书此。35，页 8287

【宋神宗元丰七年（1084）五月】庚申，通直郎、宝文阁待制、知潭州何正臣，奉议郎、提点湖南刑狱刘载，各降一官；通判潭州李纲罚铜十斤。正臣知庐州，载、纲并冲替。纲坐私忿提点刑狱司吏，教人举首而案其罪，正臣、载坐互论奏以不实也。五年五月二十七日，正臣知潭州。46，页 8288

【宋神宗元丰七年（1084）五月】丁卯，提举京西路保马司言："体问上等户私马有三两匹者，愿尽印为保马，乞许养至三匹。除役钱、保内巡宿、催税甲头等依元法减免外，以所养马每匹各听次丁一人，准法公私罪杖非侵损于人者用赎。"从之，京东路准此。五年二月五日丁巳，霍翔陈请已移入七年二月八日。68，页 8294

【宋神宗元丰七年（1084）五月】御史蹇序辰言："闻知杭州张诜于部下雇乳婢，留三月限满，其夫取之，诜乃言元约三年，其夫诉于转运副使许懋，取契照验，实三年也。始悟引致人见罔，挟刃往刺，既不相遇，旁中四人，卒与俱死，杭人冤之。望下本路体量，如实，乞行显罚。"诏提点刑狱司考实以闻。后提点刑狱司言无之，其奏遂寝。70，页 8294

续资治通鉴长编卷三百四十六　宋神宗元丰七年（甲子，1084）

【宋神宗元丰七年（1084）六月】户部言："准批状，提举汴河司言：畿内诸县民间茶铺，亦乞请买水磨官茶。其法施于京师，众以为便。府界宜与辇毂下不殊。"从之，候二年立法。《实录》载此事不详。"乞请买官茶"，今用《绍圣编录策》增入"水磨"二字，庶易晓。水磨茶法何年始，要见实月日。六年二月二十七日、八月十二日可考，似初置水磨时，更详之。绍圣元年九月二十八日敕："中书省送到户部状：'准敕勘会元丰中尝置水磨茶出卖与在京铺户，故京师求食茶无夹杂之弊，而茶商无留滞之患，官岁收息计二十余万贯。元祐中悉皆罢废。臣等欲乞参酌旧制，重行兴复。'三省同奉圣旨：'水磨茶应兴复合行事件，令户部疾速先具措置，申尚书省。'九月二十八日，三省同奉圣旨：'并依户部所申，差孙迥提举。'检会旧行水磨日前后条制，参酌今来合行及改到分项内，一、检准元丰七年六月一日敕：中书省、尚书省送到左部状，准都省批下，都提举汴河堤岸司奏：勘会本司近准朝旨，在京卖茶人户不许擅磨末茶，并令赴本司水磨请买斤茶，归铺货卖。本司已依朝旨施行。近日据府界诸县茶铺等人户赴司陈状，为见在京茶铺之家请买水磨末茶货卖，别无头畜之费，坐获厚利。其府界茶铺系与在京铺户事体一般，乞依在京师茶铺人户例，赴水磨请输，归逐县货卖，及依在京茶法，禁止私磨茶货。本司今勘会自兴置水磨后，其内外茶铺人户各家，免雇召人工养饲头口诸般浮费，及不入末豆、荷叶杂物之类和茶，委有利息。其民间皆得真茶食用，若比自来所买铺户私磨绞和伪茶，其价亦贱。兼贩茶客人亦免民间赊欠钱物，赴本司入中茶货，便请见钱，再行兴贩，甚有利润。沿路往来所收商税不少。今来已准朝旨，并依本司奏请立法。自推行以来，其铺户例各比元供请买茶数外，甚添斤重请输，盖为获利极多。故府界诸县茶铺等人户有伏乞依在京例，请买水磨茶货，禁绝私磨。本司看详：若依逐县人户所陈，即委是止绝外县添和茶法，及免经久却生弊幸，并侵在官茶法，诚为利便。如赐施行，即乞依下项约束，令取进止。后批五月八日送户部勘当，并小贴子称：勘会客人贩到茶货，指往府界诸县贩卖，今来既已立限陈首，给引入京赴水磨场中卖，其到京合纳税钱，亦乞依自来条例勾收，送纳入户部，勘会下项事，仍连元状。六月一日，奉圣旨，并依。请一依敕命指挥施行，仍关名属去处牒件如前，请详前项尚书户部牒内圣旨指挥施行，仍关牒应干合属去处者。一、客人兴贩茶货，系于诸路外，应系往府界及在京者，委产茶山场州军出引，并皆赴京官场中卖，即不得沿路及府界地分贸易。如违，告首罪赏并依私腊茶法。一、诸路末茶不得入府界地货卖，如违，即依本司印出在京茶法施行。依上本部勘当欲依本司奏乞事理施行。"3，页8303—8304

【宋神宗元丰七年（1084）六月】御史蹇序辰言："去年五月，举行大理寺长贰亲讯狱及十日虑囚格，闻长贰并不亲虑，望更案实。"诏大理寺分析。朱本削去。8，页8305

【宋神宗元丰七年（1084）六月】又言："欧阳修等编《太常因革礼》，始自建隆，讫于嘉祐，为百卷。嘉祐之后，缺而不录。熙宁以来，礼文制作足以垂法万世，乞下太常博士接续编纂，以备讨阅。"从之。朱本又于九月二十三日己未书续因革礼，今止就此出之。19，页8307

【宋神宋元丰七年（1084）六月】御史刘拯奏："乞大理寺、开封府左右厢军巡院皆置门簿，凡追送人，具人数、事目、知在、断放，并朱书结绝。"从之，令刑部立法。21，页8308

【宋神宋元丰七年（1084）六月】己卯，乾宁军言："军居河流之间，堤防之内，欲应有违犯，若自大城越至本军，或自本军越过河东之类，并依已至越所未渡法，并两河自依私渡法。"从之。26，页8309

【宋神宗元丰七年（1084）六月】庚辰，知河南府韩绛言："臣伏睹颁行《保甲养马敕》，京东限十年、京西限十五年数足。今提举保马官吕公雅须令作七年收买，又令每都保先选二十匹，是将十五年合买之马作二年半买足，恐非朝廷经始之意。京西北不产马，民又贫乏，乞许于元限减五年。"诏提举京西路保马司遵守元降敕限。五月二十三日、七月二十三日可考。本志同此。28，页8309

续资治通鉴长编卷三百四十七　宋神宗元丰七年（甲子，1084）

【宋神宗元丰七年（1084）秋七月】开封府言："故宣徽南院使李处耘孙谌、故参知政事郭贽孙爱各乞祖绘像恩。谌犯奸会赦，爱晋本属知县决杖并编管，未敢推恩。"诏并推恩，爱与右职。12，页8322

【宋神宗元丰七年（1084）秋七月】庚戌，诏官员因公罪上簿者，再上簿展磨勘一季；会恩免者，以二当一。30，页8326

【宋神宗元丰七年（1084）秋七月】诏："西河下水私船载谷，应输力胜钱，而回避诈匿不输者，计不输物数论。如非提举汴河提岸司船栿，辄载西河盐、枣、谷、陶器、皂荚过西京及入汴者，虽经场务出引投税，许人告捕，罪赏依私载法。"都大提举汴河堤岸宋用臣请下户部著为令。朱本云事小不当书，今依新本复存，可见宋用臣等言利析秋毫也。32，页8326

【宋神宗元丰七年（1084）秋七月】初，侍御史张汝贤言："吏部以王珪陈乞子仲端勾当京西排岸司碍选格，而本部留缺，妄作行遣。又王安礼乞子枋勾当九龙庙，见任官二人有溢员，吏部言当使缺。去年，孙固陈乞子野勾当裁造院，碍法，吏部具特旨例申禀，而都省批令具钞。及安礼陈乞侄游监泗州粮料院，则援野为例；韩缜之侄宗迪指射尚衣库，又以游为例。此乃引用都省批状，例外起例，陛下之法遂格不用。此弊相袭，实害大政，乞赐施行。"上以珪子仲端已退所乞差遣，而安礼子枋、侄游差遣有条许用例奏钞，汝贤章格不下。安礼闻之，面奏乞治汝贤之罪。上宣谕可且令分析，又云："汝贤尝言卿平日以恶言恐胁言事官。"因道汝贤所陈安礼之语。安礼乃言："昨日论奏张汝贤弹奏臣乞差遣事，蒙宣谕汝贤奏，以臣尝有恶言诋毁，'欲头壁俱破'。切缘汝贤官侍御史，以言为职，弹奏辅臣乱法，当出于至公，不可苟用怨憎，妄摭非罪。使臣实尝诋毁，闻者岂宜传达？汝贤虽知在法亲闻乃坐，况臣初无诋毁之事，是必奸险之人以无为有，欲激怒汝贤，使中伤所恶之大臣。而汝贤率情快忿，亦昔所未有，此而不治，于纲纪风俗其害不细。乞付有司尽理施行。"上遂令汝贤分析。汝贤奏：

臣追省当日所闻，大槩正是安礼因臣论奏王珪等诬上行私，辄有及臣之言，谓或议己则当致害，又有御史"青虫可憎"之语。臣以其意凡陋，固未尝尽列于朝。旋观安礼外虽狂率，中实奸险嫉忌，一言及之，必为中伤之计。属者，台、谏相继罢黜，安礼盖有得色，尝以此夸炫同列之间。臣自顾疏远，蒙陛下擢任不次，报宜如何，岂敢爱惜，以避安礼之暴横？属闻此语，是亦安礼平日之常谈，臣因上殿口奏者，独冀清衷照察安礼所存，实非愚臣苟用爱惜，捃摭非罪。昨因察按论列宰臣、执政官陈乞差遣，而安礼两次并是违法，都省特旨旧例直行指挥，具钞拟差，臣职在言责，岂敢有隐？乃实出于至公，未尝率情快忿。安礼恶其及己，必欲置臣于罪，莠言自口，轻躁无耻，昔所未闻。

况安礼素行贪秽，所至狼籍。名在儒馆，则日出游于淫舍。湖州、润州，身任太守，娼女共政，淫秽不忌。陛下始以其兄安石之故，略其旧恶，擢置政府。然安礼恶不可掩，罪不可解。知润州日，部内致仕官刁约，馆阁故老，安礼以丈人行事之，而安礼数饮约家，辄私其侍婢。约死，乃以主丧为名，诱略其婢王氏、谢氏二人以归。今二婢在家，王氏仍已有子。闺门之内，数致忿争，至或挟持私事，欲以告官，而安礼多方以扞之。盖取之不正，则势必至此。安礼修身治家如此，其能为陛下正百官、理万民乎？安礼与其兄安国素不相能，及闻其丧，无甚哀戚，丧假仅满，呼妓女燕饮，嬉笑自若。安礼于所厚者薄，其能为陛下励风俗，劝忠义乎？安礼喜结四方豪富，如杭州俞缙，东南大姓，贾贩小人，未尝为安礼门客，特以贿交，去岁大礼，遂奏缙为假承务郎。安礼黩货如此，其能为陛下守法令、杜请托乎？执慈寺僧诃海乃异时安礼淫污之渊薮，出入安礼家，人不可问，道故时淫邪之游以为笑乐，无所不至。

兼安礼自秉政以来，何补国事，惟自顾行实如此，则无以厌服人言，故扬虚声，取悦流俗，牢笼士大夫，以卖恩招权，敛誉在己，归谤朝廷。然安礼辨事乱实，阴计害物，故士大夫莫不畏其凶焰，而安礼平居犹恟恟不自安者，独以臣辈尚在言路，轧其奸萌。窃惟御史耳目之官，本许风闻言事，惟禁中语不可泄漏，至于大臣之言，虽涉诋毁，既非亲闻，自不合坐，则传言之人又何罪焉？臣前所闻，既未尝论列，而陛下亦不以此为安礼之罪。而安礼遽乞付有司根究者，意谓就使是实，于己无罪，但欲有司承望风旨，曲求差互，使罪之所归，不在于臣，则在于传闻之人。如此，则安礼别有罪恶，谁敢谈说？况御史位卑而无权，不足以动事，惟执政大臣喜怒，能为天下祸福。身居至近，势轧人主，则防检之道不得不严，故责在御史，绳奸纠慝，以坐制其非心。今安礼乃恃大臣之威，欲以钤制御史，杜绝言路，则安礼之志，殆将何为！上以其章付三省，谓安礼曰："汝贤弹奏卿子侄差遣用例奏钞，在法所许，汝贤固有罪；其言卿奸巧事，卿果如此，何以复临群官？"安礼犹辨诉，因奏往以安石疾病，尝乞知江宁府，愿申前请。汝贤又言：

臣论奏王珪、王安礼陈乞子侄差遣法许用例奏钞，诏臣分析。臣愚见：按法之文而折中于理，谓有司之事。无条有例，或虽有条而文意未明，应用例以补之，皆在所司。可以常行，于法未碍，则为不应奏请可否之事，若陈乞差遣，自有定法。异时执政大臣本因碍法，遂有干请，画旨施行，所以称"特旨"，岂有司所专以为不应奏请之事？又官制申明逐处例册，候册定条目不用，即知有司所用之例，自可修条。未知特旨碍法之事，能如此否？又尚书省奏事依条目分，有法式者上门下，无法式者上中书，并取旨、特旨事，乃中书之职。臣窃谓法式者有常之称，特者反常之义。今用特旨碍法事为有法式事上门下，臣虽甚愚，未知其可。

且特旨一也，参以近者，察案所上，有待申请而具钞者，王安礼陈乞是也；有不待申请而具钞者，时忱磨勘是也；有申请都省而关中书取旨者，文彦博陈乞是也；有申请而进呈不行者，程庆酬奖是也。都省若为有例事，不限特旨，皆不应奏请可否，便得具钞，则宜无彼此之别，不可于执政大臣与本省吏人私事而遂有异。若谓例册有之，始可以用印，杨天祐等岂非例册所载，何为而不引？其冯诉借阙事，乃非例册所载，何为而辄用？若为侯永昌等酬奖碍条法，有特旨不可引用，则王枋等差遣正碍陈乞之法；若谓特旨非有司所专，而都省可以指挥，则时忱磨勘又不得申请而施行。推求其说，终不可得。

异时执政大臣特乞子侄差遣，多缘私计所便，自沥诚恳，以干朝廷。今则其家子侄自赴吏部指射，皆得施行，不惟相承无有纪极，而于朝廷事体实未允协。大抵有司差遣，皆有常法而不可乱。自法度之外，或戚里之家干乞，则有内降；或大臣之陈请，则有特旨，其事一也。今戚里之家，或告陛下乞一优便差遣，既蒙俞允付外与差，三省尚须覆奏而后行；今大臣之家，自诣吏部违法指射，而所司遽自与之。上下之体，臣所未谕。

606 《续资治通鉴长编》所见法律史料辑录

盖闻事变万殊，至当无二。天下之人孰不有口有心？使言之而不当，则有心者能察其非，有口者能议其否，如是而日黜百人，诚何损于事体？使言之而在疑似，是非相半，以此得罪不能自明，则言者之气十已丧其六七。使言之而当，则有心者莫不知其是，有口者莫不称其可，如是而犹不免，则敢言之士气索矣，况中人以下者乎？如是，则大臣之过，其敢复有论说者乎？

臣近又论安礼素行贪秽，所至狼籍，以至私人之婢，而因丧以取之；利人之财，而鬻爵以偿之。家有不正之配，身有不悌之恶，非臣私言，著在士论。然安礼平居语人，则曰固尝首露于陛下之前，陛下知而赦之。天下有识之士，方以此语为惑，言事之臣亦莫测其信否，姑置而未论。然臣窃谓若陛下幸赦安礼之罪，而安礼叨在政府，亦宜少有悛心，以无负眷遇。而怙终放肆，了不自新。臣今日之论，乃在辨正朝廷法度，而安礼以奸险之性，当躁忿之时，语言轻率，必不循理，是亦无逃于圣鉴。而臣自顾以兀立之孤迹，独当众人之论，尚虑蔡确、李清臣辈与王珪、安礼为朋比，论议之际，或有侥幸同利之心，使臣忠愤不获申于公朝。伏望断自宸衷，使臣言得行，凶邪去位，臣虽万死无恨。

上既罢汝贤，安礼亦求去，故有是命。《旧纪》亦不书安礼所以罢。41，页8327—8333

【宋神宗元丰七年（1084）秋七月】诏判大名府王拱辰罚铜十斤，馆陶尉姜子厚、寇氏尉桑嘉之、知县郑仅各罚铜八斤。坐擅役保甲，会赦特责之。仅，彭城人也。仅初为大名府司户，部使者檄往他郡，留守文彦博曰："如郑参军岂可令数出？"奏易司法，徙寇氏令。河决府西，檄夜下调急夫，仅方阅保甲，尽籍以行，先他邑至，决河遂塞。使者怒劾之，彦博言于朝曰："微寇氏令，城中其鱼矣！"诏释不治。此据郑仅传，《传》云"释不治"，《实录》云"罚铜八斤"，未知孰是。按：文彦博以熙宁七年四月留守大名，元丰三年九月徙河南，六年十一月请老。当七年河溢时，留守大名者乃王拱辰，传误也。或言于朝乞免劾仅，实王拱辰。又拱辰与县令、佐并罚铜，谓"诏释不治"亦非也。今不取，姑附注此。44，页8333

【宋神宗元丰七年（1084）秋七月】前广南西路提点刑狱刘宗杰言："昨任京西路转运判官，累奏知邓州刘忱、转运使陈安石、推勘官郭概等情弊，见送御史台定夺。昨臣出巡在外，闻刘忱纵吏受赃，断私酒事不法，与陈安石相为表里，故入杨千、徐宗等徒罪。臣谓忱、安石等岂独轻臣，乃是违慢诏令，遂差襄州通判王子明推鞫忱等情弊。适会臣移广西，安石等乃变其狱，陷子明于罪罚。臣因论奏刑狱冤滥。郭概虽能辨正杨千、徐宗不应坐徒及王子明非私罪，即不劾刘忱、陈安石，遂具驳奏下有司，岁余终未结竟。望特省览，则十年冤滞之狱，无所逃于天鉴。"上批："京西狱事久经辨诉，是非之情终未明决。可并蹇序辰札子，遣御史刘拯即邓州鞫之。"后竟如何。孙升论宗杰为比部郎中，因执政与中丞协比，追摄下狱，责知邓州，当考年月。56，页8335

【宋神宗元丰七年（1084）秋七月】壬戌，御史黄降言："朝廷修立敕令，多因旧文损益，其去取意义，则具载看详卷，藏之有司，以备照使。比者，官司议法，于敕令文意有疑者，或不检会看详卷，而私出己见，裁决可否。乞申饬官司，自今申明敕令及定夺疑议，并须检会看详卷，考其意义所归。所贵法定于一，无敢轻重，本台亦得以据文考察。"诏下刑部。刑部言："《元丰敕令格式看详》卷共二百二十册，难以颁降。乞自今官司定夺疑议，及申明敕令须看详卷照用者，听就所掌处抄录。"从之。59，页8336

续资治通鉴长编卷三百四十八　宋神宗元丰七年（甲子，1084）

【宋神宗元丰七年（1084）】八月戊辰朔，门下省言："刑部奏钞，宣德郎乐京据例当作情理稍轻，不碍选注。京本坐言役法，本部不敢用例。"诏乐京情重，刑部引例不当。朱本删去，新本复存之。乐京事已见熙宁四年十二月。1，页8341

【宋神宗元丰七年（1084）八月】给事中韩忠彦言："吏部奏钞，拟注江宁府司录参军、前刑部法直官郝京试大理司直，不坐条而引例。既有著令，自当奉行，岂可废条用例？"诏吏部郎官罚铜十斤，都省郎官六斤。16，页8344—8345

【宋神宗元丰七年（1084）八月】刑部言："南蕃进奉人石以定过汝州襄城，其下人殴击市人及自毁敕黄。以定等外蕃当自朝廷指挥外，其敕书已关主客押伴使臣，乞候回日下大理劾罪。"诏："敕书不别给，止令汝州具喧竞毁敕书因依，连所毁敕送广西经略司，誊牒送界首官司付本蕃。押伴使臣，依刑部所申。"46，页8350

【宋神宗元丰七年（1084）八月】诏江南西提举铸钱、朝议大夫钱昌武致仕，江东提举铸钱、朝议大夫李莱冲替。昌武坐妄奏莱处置乖方，当徒二年；莱坐不实，当徒一年；各会赦，而昌武年七十二故也。53，页8351

【宋神宗元丰七年（1084）八月】诏："自今强盗须州、县委不能制，或凶恶巨蠹十人以上，方得选募将兵捕杀。若本州有本属将下兵，即先选募，或不足，方得选募将兵捕获。如违，开封府界、京东京西路委提举将兵官，余路安抚总管钤辖司举劾。"59，页8352

【宋神宗元丰七年（1084）八月】乙未，都大提举榷茶陆师闵言："川茶之法，肇于熙宁甲寅，行之陕西，既有明效。以河北、河东生聚之众，惟茶不可一日而缺。若视陕右成法，而归利于公上，度两路岁费之数，置官场于荆、楚间和市，岁计运至两路，率用陕右禁地之法，本路俱积，以助边费。"诏师闵条具以闻。寻下两路，具到合用茶数。及进呈，诏寝之。朱本删去，云不行合删。按：此乃神宗盛德，安可没也？仍具存之。63，页8352—8353

【宋神宗元丰七年（1084）八月】都提举汴河堤岸司乞："岁买建州腊茶十七万斤，依官纲例免税至京，抽十分之一送都茶库。都茶库所卖茶，本司乞岁买三万斤，随新陈作价。"并从之，其市易务茶，令商议定价。如不售，即申所属，出开封府界变易。68，页8353

【宋神宗元丰七年（1084）】九月戊戌朔，枢密都承旨张诚一言："枢密都承旨月有职钱三十千，准《禄令》，'武臣正任节度使以下不给添支'。"诏特给。又诏给李元辅经制绢五千，付秦凤路经略司以赏功。1，页8354

【宋神宗元丰七年（1084）九月】诏知秦州吴雍依近降法，分四场教汉、蕃弓箭手。11，页8355

【宋神宗元丰七年（1084）九月】荆湖南路转运司言："契勘荆、广等路铸钱司牒，'准内藏库牒，检会熙宁详定三司例卷数内一项，诸路坑冶课利金银并纳本库'。除已牒潭州永兴场具兴发后来收到银数，以凭回报内藏库,照会本司坑冶收银,并系应副支用,久来不系起发赴内藏库之数。或合行并赴内藏库纳,即乞截自某年为头,宽立年限,逐旋带纳。"上批:"宜令依荆、广等路铸钱司牒内该指熙宁详定三司例卷内本条,并赴内藏库送纳,仍以元丰元年为始,及依所奏,均作五年带纳。"此据《御集》元丰七年九月八日事。22,页8356—8357

【宋神宗元丰七年(1084)九月】提举荆湖南路常平等事张士澄、转运判官陈偲等上本路八州盐旧卖及今来相度合增卖盐数,修为湖南、广东西盐法条约总目。户部言,欲依此推行,候就绪,令本路转运、提举官同立法。从之。初,塞周辅言,韶、连、郴、道州可以通广盐数百万,代淮盐食湖南。故奉议郎郑宣亦乞运广东盐往湖南路郴、全、道三州。诏送士澄、偲相度。至是奏上,乃下监司行之。《旧录》元丰六年十二月戊子,户部言:奉议郎郑宣乞通行广东有余盐往广西、荆湖、江西、福建等路,内江西一路差三司副使塞周辅相度施行,果利便。宣昨乞运广东盐往湖南路郴、道、全三州,乞选官相视。诏送湖南提举常平官。朱本乃从此移入,此又稍删润之。据元祐元年闰二月末吕陶奏议,则湖南卖盐实郑宣发其端,周辅奉行之。据《旧录》,则湖、广、江西、福建皆宣创谋,不独湖南也。初委张士澄陈偲,在六年十二月甲申。29,页8358

【宋神宗元丰七年(1084)九月】诏:"中书省具御史台察案去年所弹治六曹诸司违法稽慢事,若干所弹允当,其违法官司若干尝书断该罚,若干用恩赦放免以闻。"45,页8360

【宋神宗元丰七年(1084)九月】诏:"应置巡检下土兵路分,并转运、提点刑狱、提举司每岁依春秋大阅法,分定案试。"56,页8362

续资治通鉴长编卷三百四十九　宋神宗元丰七年(甲子,1084)

【宋神宗元丰七年(1084)冬十月】御史塞序辰乞令诸路提点刑狱司每季具以论决详覆大辟事状以闻,付刑部注籍,点检案治失误。诏提点刑狱司季申刑部。3,页8365

【宋神宗元丰七年(1084)冬十月】诏:"诸路封桩缺额禁军钱谷,并依

《元丰令》①，随市直变易。其不得减过元籴纳价法除之。"27，页8369

【宋神宗元丰七年（1084）冬十月】光禄卿吕嘉问言："近者，牛羊司典史李璋犯乞取赃，已论决。窃惟朝廷捐数十万缗，行一重法于天下，欲得吏清政平，待之固已至矣。而无忌惮之吏，已渐弛于法行之初，盖由本法与钱之人才减取钱之人二等。乞定河仓法，断遣刑名，自陈告首之赏，与引领过度一切如旧外，其行用者止以不应得为坐之。"下刑部参详：其与若许者依律得罪，或依在京请求非法公事条得在罪重；并官员在京行用非请求曲法不坐，并输税人行用非览纳及行求枉法者不坐之类，并依本条外，乞如嘉问所定。从之。28，页8369—8370

【宋神宗元丰七年（1084）冬十月】诏："诸路兵官、缘边都监武臣、知城县堡寨主，如尚书在左司禁谒法。"45，页8375

【宋神宗元丰七年（1084）冬十月】乙未，御史中丞黄履言："御史黄降弹察编敕所受朝旨两项不依条录报，其编敕所称一时所受事不为条贯，开封府定夺乃以为当。臣伏详若以一时指挥为暂行事，诚有未安。"诏门下外省定夺。54，页8377

【宋神宗元丰七年（1084）冬十月】成都府、利州路经制买马司奏请："雅州碉门、灵关，嘉州中镇等寨，各选委官置场，买四尺二寸以上堪配军马。其茶马禁法，并依元奏施行。所有逐州蕃蛮因来卖马将到物货，并乞依黎州所得朝旨博马。"从之。此据《嘉州编录册》增入，乃七年十月二十九日敕也。九月二十八日，王存云云。元祐元年七月二十一日罢。提举陕西等路买马监牧公事陆师闵奏："勘会成都府、利州路经制买马司昨准朝旨，于雅州灵关、嘉州中镇等寨置场买马数内，雅州灵关寨并无蕃蛮人马，元未曾置场外，其嘉州中镇寨虽曾置场，亦无买到马数，今来未敢废罢。奉旨令成都府、利州路钤辖司相度闻奏。本司今相度雅州灵关、嘉州中镇等寨置场买马并废罢。"从之。乃元祐元年七月二十一日圣旨。此据《嘉州编录册》，今依本月日增入。初置场在元丰七年十月二十九日。57，页8378—5379

续资治通鉴长编卷三百五十　宋神宗元丰七年（甲子，1084）

【宋神宗元丰七年（1084）十一月】辛丑，诏："承务郎及使臣以上

---

① 此处的"元丰令"是指《元丰令》典而非"元丰诏令"。

致仕，尝以战功迁官者，俸钱、衣并全给；余历任无公私罪事理重及赃罪，给半；因过犯若老病体量致仕者不给；非战功而功状显著者奏裁。"
《旧纪》书：诏致仕官俸，有战功全给，无赃罪、公私罪重者给半，绩效尤异，虽非战功奏裁。《新纪》不书。9，页8383

【宋神宗元丰七年（1084）十一月】尚书省言："大理寺断潞州民王德与弟亮妇程奸，造意与程谋杀亮死。程案问从故杀处死，德减死流二千里刺配。按王德不应用程为首减等。"诏大理寺断官罚铜十斤，余干系官各八斤，刑部干系官吏各六斤。10，页8383

【宋神宗元丰七年（1084）十二月】三班奉职李概贷死，免除名，追二官勒停，坐殴盗袴递卒死。大理寺当概公罪绞，特贷之。诏应台察事已奏，虽经恩不原。2，页8389

【宋神宗元丰七年（1084）十二月】丁卯，环庆路经略司言，蕃官朗布以功迁四官，乞换本族巡检。诏朗布为本族巡检，当一资，余依格推赏。3，页8390

【宋神宗元丰七年（1084）十二月】通直郎李孝谨贷死除名，配南雄州牢城，免决刺。坐前知齐州禹城县受金钱，大理寺当孝谨罪绞，特贷之。16，页8394

【宋神宗元丰七年（1084）十二月】是岁，宗室子赐名授官者四十九人，断大辟二千三百六十五人，天下免役计缗钱一千八百七十二万九千三百，场务钱五百五万九十，谷帛石匹九十七万六千六百五十七。凡天下禁军之籍，熙宁五十六万八千六百八十八人，元丰六十一万二千二百四十三人，此据《兵志》首篇。《志》又云：总治平之兵一百十六万二千，而禁军步骑六十六万三千。已附治平四年八月二十二日，须更考详。盖元丰视熙宁则增四万三千五百五十五人，视治平则减五万七百五十七人。而厢军视祖宗时数益众云。此据《兵志》删修。熙宁四年十二月十六日附载天下厢军马步指挥凡八百四十人，其为兵凡二十二万七千六百二十七，而府界诸司或因事招募之类不与焉。此熙宁四年数也，未见元丰实数。按：治平兵数总一厢十六万二千，除禁兵六十六万三千外，厢凡四十九万九千，而熙宁四年总厢兵数乃止二十二万七千六百二十七，视治平几减二十七万，虽熙宁四年府界诸司所招募不在其数，又恐所招募数亦不至一倍有余，疑熙宁四年十二月所载二十二万七千六百二十七，或有差错，不然，治平四年八月所载一百十六万二千亦未审也。然两朝兵志所载兵数亦与此同，当别考详。又据两朝兵志：景祐中，本城兵四十三万八千，逮治平三年乃五十万矣。此合参考。或熙宁四年十二月所载二十二万七千六百二十七，止是改立新额，人数又在外也。须通前后细考之。又按：本志厢军八百四十指挥，每指挥不过五百人。今且以五百人为率，亦合计四十二万人，不应只有二十二万七千六百二十七人。然以本志诸路分数计之，即与总数不差，未审何故？又恐旧额兵数有不废者，其数亦不应与新额相倍，虽府界诸司招募数或可并入此数，即此两朝志所称五十万数，犹不及焉。不应即称视祖宗时数益众也。旧额不废今具此。河北路四指挥：桥道、壮城、牢城、马监。河东路五指挥：本城、牢城、壮城、杂攒、作院工匠。陕西路九指挥：开山、关河、司牧、省作院、牢城、壮城、马监、色役、咸阳桥道。京东路四指挥：壮城、马监、装卸、牢城。京西路一十一指挥：桥道、开道、步驿、会通桥道、采造、牢城、壮城、马监、三水磨、东西八作、窑务。淮南路一十二指挥：桥道、水运、梢工都、装发、防戍、水军桥道、车军、盐车、新招梢工、拔头水军、牢城、剩员直。两浙路一十指挥：水军、船坊、船务、车军、采造、楼店务、江桥院、碇手、堰军、新务。江南路一十四指挥：水军、里运、贡运、水运、梢工都、造船军匠、步驿、牢城、壮城、下卸钱监、铁木匠营、酒务营、竹匠营、酒务杂役。荆湖路六指挥：步驿、水运、船坊、渡船都、清须务、船坊铁作。广南路六指挥：步驿、造船场、驾网水军、城面、递角场、运锡。四川路四指挥：桥道、桥阁、防河罗城、牢城。以上一十一路，计八十四指挥，系旧军额不废者。并改新额：河北曰崇胜，为一百一十二指挥，河东雄猛五十二，陕西保宁一百一十一，京东奉化五十四，京西劲武四十五，淮南宁淮一百二，两浙崇节五十一，江南效勇五十三，荆湖宣节四十四，福建保节三十三，广南清化八十二，四川路克宁一百一十一。总天下指挥，凡八百五十。其为兵凡二十二万七千六百二十七人，而府界及诸司，或因事募兵之类，不与焉。42，页8397—8398

续资治通鉴长编卷三百五十一　宋神宗元丰八年（乙丑，1085）

【宋神宗元丰八年（1085）春正月】甲辰，大赦天下，其赦法用第二等。两《纪》并书赦天下。8，页8404

【宋神宗元丰八年（1085）二月】丁丑，诏开封府界三路保甲所养官马生驹，不赴官等量私自市若藏买，并引领牙保及所辖人，各减盗及贸易官马法一等，许人告，赏钱二十千。6，页8407

续资治通鉴长编卷三百五十三　宋神宗元丰八年（乙丑，1085）

【宋神宗元丰八年（1085）三月】乙未，大赦天下，其赦法用第二等。1，页8455

【宋神宗元丰八年（1085）三月】己亥，大赦天下。如故事，缘边官吏禁戢军民，毋令侵扰外界，务要尽守疆场。8，页8460

【宋神宗元丰八年（1085）三月】壬子，诏应该登极赦官员犯自盗赃已上及强盗凶恶，除犯巨蠹者，并令具案以闻。23，页8462

【宋神宗元丰八年（1085）三月】中书省奏："应今年正月九日赦前冲替人，并以事理轻重递减。其差替者，并与差遣。赦前冲替而赦后定轻重者准此。其三月二日、六日两次赦前犯者，并依此递减。"从之。33，页8463

【宋神宗元丰八年（1085）三月】壬戌，刑部言，差使、借差、殿侍停降，并军员降配，虽非命官，缘各有叙法，系赦书该说不尽，欲乞并与三次赦恩例期而收叙。从之。39，页8465

续资治通鉴长编卷三百五十四　宋神宗元丰八年（乙丑，1085）

【宋神宗元丰八年（1085）夏四月】枢密院言，近制大小使臣因见谢辞辄唐突者，徒二年私罪，欲乞诸班直、诸军忠佐亲从、亲事官诸色人，因入殿辄唐突者，徒二年，情重者取旨，本辖人科不觉察罪。诏可。7，页8470

【宋神宗元丰八年（1085）夏四月】又诏宗室官已至磨勘止法者，该今年三月六日覃恩，并特与转官，依例加恩。12，页8471

【宋神宗元丰八年（1085）夏四月】又诏："诸官司见行条制，文有未便，于事理应改者，并具其状随事申尚书省、枢密院。即面得旨。若一时处分，应著为法，及应冲改条制者，申中书省、枢密院审奏。传宣或内降，若须索及官司奏请，虽得旨而元无条贯者，并随事申中书省、枢密院覆奏取旨。"新本削去此段，当考。20，页8472—8473

【宋神宗元丰八年（1085）夏四月】尚书省言："三省及在京官司官

吏，凡岁终比较功过并上簿过犯，自来虽遇常赦，并通计行罚。今该三月六日登极大赦，常赦所不原者咸赦除之。其今年三月五日已前过犯，除以功比折外，应理过者，并合除免。"从之。26，页8474

【宋神宗元丰八年（1085）夏四月】刑部言："叙用人连遇三赦，合叙三官，惟遇第一赦人，多赦前已历岁月，及赦文内称特理三期，而文武臣僚叙法乃有一期二期一叙者，欲应赦前合叙，期限已满之人，偶未投状，该前项第一赦者，先具期限，次具赦恩，各与叙用。若该第一次赦恩所叙期限未满，即以赦恩叙讫，仍留实历过年月后叙收使，并文武臣僚合一期二期一叙者，赦文虽称与理三期，止合每赦与叙一官，即不在收留赦文内剩期之限。"从之。57，页8480—8481

续资治通鉴长编卷三百五十五　宋神宗元丰八年（乙丑，1085）

【宋神宗元丰八年（1085）四月】诏："诸民户欠元丰七年已前常平、免役息钱，各特减放五分。买扑场务、佃赁田宅空地出限当罚钱，调春夫河防、急夫开修京城壕及兴水利夫罚钱，役人误给工食钱，亦并除放。"3，页8488

【宋神宗元丰八年（1085）四月】又诏："遣鄜延路第一副将李浦，专捕陕西、京西路军贼王冲。仍令选募胆勇兵员三五百人，每五十人，许不拘常制，抽差武勇使臣一名部押，不以远近袭逐。每三日一具捉杀次第，急传以闻。其捕盗官及已差任青等，并听浦指挥，如有怯懦、逗留、畏避，仰浦选使臣代之，仍牒所属劾奏，当议重行处断。李浦给中等支赐，并所差使臣，并给驿券递马。兵员给口券外，兵级人给钱一千，人员人给钱二千；日支食钱五十，人员以次增给之。其器甲，于所在选借。"六月十七日获冲。4，页8488

【宋神宗元丰八年（1085）四月】戊子，尚书省言："诸处获盗，有已经杀人、强奸及元犯强盗贷命断配之人，再犯捕获，有司以事发涉疑，例用知人欲告或按问自首减免法。且律文知人欲告及按问欲举自首之类，减等断遣者，为其情非巨蠹，有改过自新之心，故行宽贷。今以上情理与余犯不同，难以一例减等。欲乞请：强盗已杀人，并强奸或元犯强盗贷命，若持杖三人以上，知人欲告、按问欲举而自首，及因人首告应减者，并不在减等之例。"从之。《旧录》云：先是，熙宁初，王安石引知人欲告减等律无"巨蠹不减"之文，与司马光争议久之，其后卒从安石议，全贷者众。至是，奸臣欺罔改焉。《新录辩》曰：臣下各以所见为朝廷议法耳，非欺罔也。"先是熙宁"至"欺罔改焉"五十字并删去。明年二月末范纯仁奏，当考。7，页8488—8489

【宋神宗元丰八年（1085）四月】庚寅，尚书省奏："刑部言，'今年正月九日赦书，叙法未复旧官者，满三期听一叙。即已得正官者，每叙转官。如选人到铨日及年限，即更与叙用。按选人常叙，如未复旧资，须一任，回到吏部日及年限，方许再叙。今非次赦恩，特理三期，欲不以到部为限，并与并叙，内见任人，据所叙官资与寄理，仍支所叙官俸'。"从之。10，页8489

续资治通鉴长编卷三百五十六　宋神宗元丰八年（乙丑，1085）

【宋神宗元丰八年（1085）五月】户部状："检会条敕，'诸路各量闲要州、县，兴置市易抵当，僻小县分不可兴置处，不置。'看详上件指挥，止云僻小县分不置，即虑其间亦有僻小州郡，及虽不系僻小，却别无出产物货，不系商贾买卖去处，须当一例兴置，不惟所收息课不多，虚有支破人吏请给，兼恐监司专以趋办息课，别致拘拦，阻抑民旅在市买卖及诸般违碍，诚为未便。欲乞下诸路提举常平司，委自本司官躬亲逐一体量，及将自置市易抵当已来，所收息数，会较支费。如内有闲僻或不产货物，不系商贾买卖，委实不销兴置去处，并具诣实保明，申部看详废罢。"从之。五月八日指挥，《法册》有此，合增入。八月八日可考。22，页8515

【宋神宗元丰八年（1085）五月】枢密院言："中书省已得旨，应今年正月九日赦前冲替人，系事理重者减为稍重，稍重者减为稍轻，及差替者，便与差遣。本院欲应武臣任六等差遣见降者未牵复本等人，如该正月九日并三月一日赦，每赦与复一等，仍令刑部检举。"从之。41，页8519

【宋神宗元丰八年（1085）五月】癸丑，尚书省奏："刑部言合叙用

人年七十以上者，各乞除叙法所得名目致仕。内赃罪人仍不再叙，未复旧官人愿未叙者，听。"从之。43，页8519

【宋神宗元丰八年（1085）五月】正议大夫、户部侍郎李定，承议郎、给事中、兼侍讲蔡卞，奉议郎、起居舍人朱服，各降一官。坐知贡举日，开宝贡院遗火。权知开封府蔡京、判官胡及、推官李士良，各罚铜八斤。坐救火延烧寺，延及人口，虽会赦，特责之也。49，页8520

续资治通鉴长编卷三百五十七　宋神宗元丰八年（乙丑，1085）

【宋神宗元丰八年（1085）六月】庚午，诏："兴龙节，诸处合试童行拨放，并依旧例。坤成节，以大行皇帝梓宫在殡，惟开封府度僧道，比兴龙节减三之二。仍禁屠、决大辟罪。余依《元丰令》。"10，页8530

【宋神宗元丰八年（1085）六月】礼部言："太皇太后生辰，欲令详定编修诸司敕式所定所奉物，各于旧令式外增一倍，其花朵各增十二。皇太妃生日并节序物色，亦合如皇后例。"从之。13，页8530

续资治通鉴长编卷三百五十八　宋神宗元丰八年（乙丑，1085）

【宋神宗元丰八年（1085）秋七月】诏诸镇寨市易、抵当并罢，仍依条立法。《旧录》云："先帝诏有司买贱卖贵，以平物估，奸人未敢悉废，故先镇寨。"《新录》辨曰："买贱卖贵，是何等语？而谓先帝有诏，可乎？今删去。"王岩叟有章论市易，或可先见乎此。据岩叟朝论，则十月十六日乃言事，此诏不因岩叟也。《政目》乃无此。7，页8560

【宋神宗元丰八年（1085）秋七月】门下省言，自今应天下州、军勘到强盗，情无可悯，刑名无疑虑，辄敢奏闻者，并令刑部举驳，重行朝典，不得用例破条。从之。司马光《札子》、《范百禄传》，八月癸酉，明年闰二月壬辰、丙午，当并考。《旧录》云："祖宗以来，大辟可悯与疑虑得奏裁，多从宽宥。司马光屡奏，以为废法，故降是诏。由是例外不敢奏谳，刑部侍郎范百禄与其属刘赓数辨论之，不从，死者甚

《续资治通鉴长编》所见法律史料辑录　617

众：熙宁岁二三千或千有奇，元丰岁一二千有奇，或不及千，元祐岁四五千或二千有奇。"《新录辩》曰："按《旧文》云'祖宗以来，大辟可悯与疑虑得奏裁'，则情理无可悯，刑名无疑虑者，有司妄谳以希宽纵，非辟以止辟之意。今使刑部举驳，不得用例破条，正合祖宗立法之意。治奸恶，安善良，则断狱虽多，乃致刑清之渐也。自'祖宗以来'至'二千有奇'九十四字，并删去。"先是，曹州民赵倩等三人同劫南华县顿荣家财物，以枪刺伤顿荣。既捉获，估赃计六千九十九钱。曹州勘顿荣被刺伤时，不曾经官检验，遂具案奏闻。大理寺定断赵倩等，会赦，准律合决重杖处死，刑部用例，拟特贷命，杖脊二十，刺面配广南远恶州军。司马光以为："近年诸州勘到劫贼，但不曾杀人放火者，并作情理可悯，或刑名疑虑申奏，朝廷率从宽贷。窃详逐人既为劫贼，情理有何可悯？赦后赃满伤人，刑名有何疑虑？此皆逐州官吏避见失入罪名，专务便文营己，无去害疾恶之心。况曹州素多盗贼，系重法地分，如赵倩等所犯如此，皆得免死，则是强盗不放火杀人者，尽皆免死。窃恐盗贼转加恣横，良民无以自存，殆非惩恶劝善之道。"故有是请。《范百禄新传》云："迁刑部侍郎，有以强盗及故杀、斗杀情可矜者谳于朝，法官援例贷免。司马光曰：'杀人不死，则法废矣。'百禄曰：'谓之杀人则可，制刑而以为不疑，原情而以为无可悯则不可。今必处死，则二杀之科，自是无可疑与可悯者矣。'卒不用。前此，尝诏天下奏狱不当谳者按其罪。有司重请谳，至有枉情以合法者。百禄曰：'熙宁之令，非疑虑与可悯而辄奏者免驳勘。至元丰删去之。去年诏书不得用例，贷配不当，即奏劾，自是官吏畏罪，不惮论杀。'因具元丰六年至元祐二年死者、贷者之数以闻。明年，奏狱，门下省多驳正，当贷者皆欲杀。百禄屡以告执政，执政言于上，有诏：'例在有司者，悉收还中书。置检例官二人，使议去取，阅刑部，大理所奏疑疑虑若可悯，情法轻重之状有异同，各以上。'百禄请去，且上疏论之，悉如所请。自是例复归刑部矣。"《百禄旧传》同此，当附二年三月，或元年九月，仍辨其误。《王震旧传》云："迁给事中，时司马光争变乱法度，震度不能争，屡欲引去。会光以州郡谳狱，情理可悯，刑名疑虑得贷者，众虽有生，比不可用。震见光省中曰：'天下奏案一厘，前此例贷死，今皆杀之！'光曰：'刑轻于古，民易犯，矧刑名疑虑，引例求贷，皆古所无。'震曰：'汉约法三章："伤人及盗抵罪。"今盗固有至死者，罪疑惟轻，与其杀不辜，宁失不经，皆圣人在上悯元元之意也。且汉有决事，此何谓无？'明日，以光所断当生而杀者，具其名数，诵言于朝。因求补外，遂以龙图阁待制知蔡州。"《王震新传》云："迁给事中，时司马光为相，震心不自安，欲引去。会光改刑名疑虑法，震见光省中云云，因求补外，遂以龙图阁待制知蔡州。"元年闰二月四日，震乃出知蔡州。震与光辨，当附出知蔡州时。《旧录·杜纮传》云："纮为人外若宽旷而中实深险，初为文彦博、吴充等知荐之。元祐初，司马光议'天下奏情理可悯，刑名疑虑，多不实，辄贷死。请勿贷'，自纮发之，时死者甚众。纮长于法律，其刻深类此。元祐中，附会以进。"《新录》辨曰："史氏有言曰：'仁者制乱而弱者纵之。'盖刚强非不仁，而柔弱者，仁之贼也。本朝累圣一德，主于好生，然亦未尝纵舍有罪。末流之弊，吏以便文自营为俗，虽于用法无疑虑，皆以上谳，辄见亏除。是故奸宄以为幸，而民多冤。司马光所以捄有司之过，以辅成王者制乱之仁，此天下正议也。尝闻之诸老长者，元祐初，丞相光当国，天下死刑减往时少半，非盛德者孰能之？而史官妄谓时死者甚众。自'纮为人'以下删去。"31，页8570—8572

【宋神宗元丰八年（1085）秋七月】兵部言："河东经略使吕惠卿奏，宁化、岢岚火山军见管弓箭手五千余人，隶第十一将统辖。已指挥将副，依仿保甲法，于弓箭手内选人充教头，禁军内选都教头，支钱米，就教场习事艺。并拣退老弱，换强丁马。有疾老者，亦令别印换。并系边防动众及更改旧法，理当奏取朝旨。"诏："河东第十一将下弓箭手，新定团教等条格及创添上番人数，并不问情愿买马等事，更不施行。令本将并依旧条管辖教阅。"新本削惠卿所奏，今复增入。32，页8572

【宋神宗元丰八年（1085）秋七月】诏开封府，盗合配者，依旧条。余令立法。此据《政目》二十五日事，九月四日乙未可考。33，页8572

续资治通鉴长编卷三百五十九　宋神宗元丰八年（乙丑，1085）

【宋神宗元丰八年（1085）八月】丙寅，刑部言："敕令格式有更造，春秋都省付下者，并先下条，并准式雕印，限四月、十月颁毕。其已颁者，岁以二月、八月录目行下。"从之。3，页8579

【宋神宗元丰八年（1085）八月】户部状："勘会诸路，自去年推行市易、抵当，至今一年有余，逐旋申明条画颁行。访闻诸处商贾，少愿市卖物货入官，本处官吏或不晓法意，即不免拘拦障固，本部虽屡行约束，尚恐未能止绝。岁课未集，已有侵扰之患。兼勘会镇寨市易、抵当，已准敕旨更不与置，今相度，除诸路州军抵当收息至薄，以济民间缓急，可存留外，其州县市易及余处抵当，一切可皆省罢。"从之。仍诏抵当如敢抑勒，依给纳常平钱物法。五月八日可考。此据《法册》。《旧录》：户部言："诸路州军抵当，可以省罢。"从之。抑勒仍依给纳常平钱物法。《新录》：诏："诸路州军抵当，取息至薄，民间缓急赖之，可以存留。其中市易并罢。如抑勒，依给纳常平钱物法。"从户部请也。二录并脱误，不可晓。今以《法册》全文增入。《政目》云"诏罢州县市易、县镇抵当。"《玉牒》云"诏罢诸路州军市易、抵当。"《玉牒》又误也。抵当元不罢，但罢市易耳。8，页8580

【宋神宗元丰八年（1085）八月】门下侍郎司马光言：
窃惟王者所以治天下，惟在法令，凡杀人者死，自有刑法以来，百世莫之改。若杀人者不死，伤人者不刑，虽尧、舜不能以致治也。

近见刑部奏钞，泰宁军勘到保正家人姜齐，见本部代名大保长张存捽着百姓孙遇，其孙遇捽着袁贵髻子，张存道："此人称是'东岳急脚子'，胡乱打人，不伏收领。"齐捽孙遇，褫衣打三二十拳，解擘放却袁贵。齐与存捽倒孙遇，齐行拳踢打孙遇身死。齐发心共张存捉缚袁贵，虚做打杀元相争人，申解赴县，替行偿命。其袁贵到县，不肯虚招。齐蒙枷项隔勘，方具实招通。又怀州勘到百姓魏简与郭兴争赌钱，拽倒郭兴。其父郭升拽着简，使头撞简。简为本人年老，便道："你共我不是抵对，休拽着我。"待推搊，郭升图放却，简用力去郭升咽喉上搯一搯，其人当下倒地身死。又耀州勘到百姓张志松，为再从弟张小六冤执咒骂责兄弟男女，值志松乘酒，嗔恨张小六，因此行拳打张小六当时身死。

上件三人，于条皆合处死。本州并作"情理可悯"奏裁。耀州仍称张志松本无杀意，刑部一切检例，拟特贷命，决脊杖二十，刺配断本所牢城。窃详孙遇，不合诈称"东岳急脚子"，胡乱打人。虽是罪人，然罪不至死。其姜齐等，既解擘放袁贵，即合申送赴官，依法施行。其孙遇别更不曾拒捍及走，兼已就拘执，岂可更捽倒殴击，直至于死？又更诬执被苦人袁贵作杀人贼，欲令替已偿命，如此情理，有何可悯？其魏简，为郭升年老，不欲相打，却用力去本人咽喉上一搯至死，岂不更甚于殴打？又张志松只为张小六冤执咒骂，事理至轻，遂殴本人致死，并是斗杀，于情理皆无可悯。凡人怨忿相争，迭相殴击，其意岂皆在于杀？但一人于辜限内死，则彼一人须当偿命。况此三人皆实时殴杀，当死无疑。止是逐州避见失入罪名，妄作"情理可悯"，或"刑名疑虑"奏裁。刑部即引旧例，一切贷命。若因循不改，为弊甚大。所以然者，从来律令敕式，有该说不尽之事，有司无以处决，引例行之。今斗杀当死，自有正条，而刑部不问可贷与否，承例尽免死决配，作奏钞施行。是杀人者不死，其斗杀律条更无所用也。于杀人者虽荷宽恩，其被杀者何所告诉？非所以禁制凶暴，保安良善也。

欲乞今后，应诸州所奏大辟罪人，并委大理寺依法定断。如情理无可悯，其刑名无疑虑，即仰刑部退回本州，令依法施行。如委实有可悯及疑虑，即仰刑部于奏钞后别用贴黄声说情理如何可悯，刑名如何疑虑，今拟如何施行，令门下省省审，如所拟委得允当，则用缴状进入施行。如有不当及用例破条，即仰门下省驳奏，乞行取勘。庶使画一之法，不致隳坏；凶暴之人，有所畏惮矣。其姜齐等，缘系未立法以前，今欲先次进入。

诏从光请。《实录》书此事云：门下省言："应诸州奏大辟'情理可悯'及疑虑，委刑部于奏钞后声说，门下省省审，否即大理寺退回令依法定断。有不当及用例破条者，门下省驳奏。"以刑部奏泰宁军姜齐等钞，不应奏裁故也。今取司马光疏备载，庶详见本末。七月甲寅，并明年闰二月壬辰、丙午，可考。20，页 8582—8584

【宋神宗元丰八年（1085）九月】乙未，三省、枢密院言："该配，合从开封府及军马司断遣者，并依法配行。无军名者，五百里以上，并配牢城邻州，本州并配本城。强盗，或三犯窃盗，因盗配军后再犯罪，若谋杀并以刃故伤人，放火、强奸，或人力奸主已成，造蓄蛊毒及教令人，并传习妖教，故沈有人居止舟船，拒捕，已上于法合配者，并诸军犯阶级及逃亡应配千里以上，并依法配行。内无军额，五百里以上，配牢城邻州，或本州配本城。已系本城，配牢城；已系牢城，配重役。"从之。此即十月八日己巳所书诏改新配法也。《旧录》既于九月四日乙未详书之，又于十月八日己巳特书，并着黄履有言。《新录》因之，盖考之不详耳！今并入此，仍取王岩叟所言，附元丰六年三月二十六日，可考。

初，神宗以流人离去乡邑，或疾死于道，而护送禁卒失教习，有往来劳费，故放免犯罪应流者，加决刺，随所在配诸军重役。于是中丞黄履有言："故令应配者，悉配行如旧法。仍委长吏，无下所降敕。"履言当考寻全章编入。《新录》削去"仍委长吏，无下所降敕。"《政目》："七月二十二日，诏开封盗合配者，依旧条。余令立法。"此合参考。1，页 8591—8591

【宋神宗元丰八年（1085）九月】资政殿学士韩维奏：钱币阑出边关，则足以资敌国，旧法为禁甚严，今每贯税钱五十文，恣听其出中国，臣请复禁如旧法。诏："依《嘉祐编敕》施行。其《熙宁申明敕》，更不施行。仍令河北沿边安抚司契勘，自删定《嘉祐编敕》后来，沿边如何施行，今来却行禁绝，有无合随宜措置事件，仰具事理闻奏。"密疏有此，须求韩维元奏增入。《政目》："十四日罢放钱出中国。"即此事也。12，页 8596—8597

续资治通鉴长编卷三百六十　宋神宗元丰八年（乙丑，1085）

【宋神宗元丰八年（1085）冬十月】诏改新配法。《旧录》云：诏改新配法。初，神宗以流人离去乡邑，或疾死于道，而护送禁卒失教习，有往来劳费，故仿古犯罪应流者加决刺，随所在配诸军重役。至是，中丞黄履有言，故令应配者悉配行如旧法。《新录》因之。按九月四日乙未所书，即此诏也。已入九月乙未，此可削。5，页 8605—8606

【宋神宗元丰八年（1085）冬十月】诏罢方田。按《旧录》云：税役不均久矣，富者轻，贫者重，故下户日困。先帝悯焉，立法以方之。其法详悉，繇役无偏重之患。遽罢之。《新录辩》曰：神宗悯税役之不均，故立方田之法以均之。然官吏不得人，以致骚扰。至是乃罢，非遽也。自"税役"至"遽罢之"四十字并删去。熙宁五年八月始颁《方田条式》。34，页8618

【宋神宗元丰八年（1085）冬十月】知吉州安福县上官公颖奏：

伏睹诏书，许中外臣僚实封，直言朝政缺失、民间疾苦。臣先于六月初四日献书，言政令法度施之未得其宜，行之未至于备者，其弊有六，内一件为免役取民之制未完。臣以为使力田之民脱身于公，游手之民仰公而食，此朝廷立法之本意，故因其产业之多寡输钱于公，公为募游手之民以用之。又使其钱所入不与常赋相杂，内之户部则有左、右曹之殊，外之监司则有转运、常平官之别，此朝廷示大公于天下，明其所以取民者，特以雇役而不以充国家之常用。然臣且怪耆、壮、户长法之始行也，皆出于雇，及其既久也，耆、壮之役则归于保甲之正长，户长之役则归于催税甲头。往日所募之钱，除承帖人及刑法司人役许用外，其余一旦封桩，若以为耆、壮、户长诚可以废罢，即所用之钱自当于百姓均减元额，今则钱不为之减，又使保正长为耆、壮之事，催税甲头任户长之责，是何异使民出钱免役而又使之执役也。臣闻朝廷去岁下四方修完役书，今犹未降，臣愿陛下因其未降也，诏有司以耆、壮、户长封桩钱，一切与民间均减元额。又使宽剩之数其少者仍旧，其多者不得过二分，以备编户之逃移，水旱之升降。然则朝廷取民，皆有艺极，利泽之施，莫此为厚。伏望特赐详酌施行，苏息元元，使免困乏。诏："府界诸路耆长、户长、壮丁之役，并募充，耆长许第三等、户长第四等以上户应募。等第给雇钱。其旧以保正代耆长，催税甲头代户长，承帖人代壮丁，并罢。如元充保正、户长、保丁，愿不妨本保应募者听。府界诸路合支雇钱，权于役钱宽剩内支给。其逐路所桩耆、户长、壮丁钱数，拨入役钱内一处支用，通宽剩并不得过二分，有剩即行均减。"《旧录》诏耆长、户长、壮丁之役皆募充，其保正、甲头、承帖人并罢。《新录》因之。《旧录》又云：熙宁初，联比其民，十家为一保，选主户有心力者一人为保长；五十家为大保，选主户最有心力及物力高者一人为大保长；十大保为一都保，选主户有行止、心力材勇为众所伏及物力最高者二人为都副保正，相保相任，古什伍法也。至是罢。《新录辩》曰："熙宁保伍之法，《神宗实录》记之详矣，不必更载于此。既诏耆长、壮丁之役皆募充，则保正、副之罢自明。自'熙宁'至'是罢'九十四字删去。"按此时保甲固在，保正长亦未尝废，新、旧《录》皆误也。此据湖州新编元丰至元祐续令修入。六月四日献书言六事，姓名当考，据元祐密疏，乃上官公颖也。37，页8620—8621

【宋神宗元丰八年（1085）冬十月】吕大防奏：川峡军人犯法，百姓犯盗，并申钤辖司酌情断配。从之。又奏：川峡官，乞并从吏部差授。诏吏部相度以闻。二事据大防《政目》增入。"酌情断配"，据密疏则从；差官事，令吏部相度。元年四月十八日，又六月二十二日可考。39，页8621

【宋神宗元丰八年（1085）冬十月】枢密院言："定州新乐县民贾澄进状诉民间疾苦事内，保甲，每县差监教官三人、巡检一员、三班二人提点，及行杖人于一场保丁五十人处，科罚至四十九人，仍各臀杖十三，只决一边，更留一边，后次巡试科决。又弓弩过硬，致保丁频负杖责。拟定欲府界、三路巡教保甲官并指使，如保甲有犯，并牒本县，无县即申州、军行遣。所有元降朝旨，许科决指挥，更不施行。"从之。42，页8622

【宋神宗元丰八年（1085）冬十月】先是，有僧惠信者经开封府诉："僧录司吏受赃违法，差僧及无戒牒沙弥等赴福宁殿道场，冒受恩泽。"知府蔡京凭僧录司回申，惠信坐妄诉，杖臀二十。已而惠信复诉于祠部，祠部符大理寺依法施行，大理寺累牒开封府取案，开封府不报，具申都省称："六察举劾本府不当公事，皆须奏禀朝旨上簿，或送司推勘，今祠部不问本府如何行遣，径送大理寺，非法也。乞根究。"有诏："祠部分析。"祠部言："惠信诉僧录司重禄公人及小师取乞金钱，依条受理，送大理寺。即非举劾开封府事。本府乃以六察举劾为言，殊不类。"是月，诏惠信经祠部所陈文状，更不施行。据刘挚奏议，更不施行惠信状，乃十月十六日圣旨，今附十月末。

侍御史刘挚言："看详重禄吏人因事受赇，于法许告。法之所当告，则告之所当受也。惠信之讼、祠部之行皆是，不违于理矣。大理以惠信曾有诉于开封，故取前案将有所质，而开封前此谓惠信为不干己，以杖一百坐之矣。惠信状内若杂有干己不干己事，则不干己者当坐，而干己者当行。若状词皆不干己，则惠信虽坐，而僧司受赃，于开封为所部犯法，犹当举劾行之。故开封自疑不当，恐因冒罣，所以不肯出前案，及引六察举劾须禀朝旨，谓祠部不当直送大理。为此奏者，盖所以护其失也。及朝廷取到祠部分析状目，以依法受状送所司，未尝及开封府前断之当否，则祠部、开封互状所论明白，而事在大理者殊无相妨，自当推结。今乃因开封妄奏，遂罢祠部、大理所当治之狱，则臣所未喻也。若犹以祠部、开封曲直未明，故两罢之，在祠部、开封则可也，而惠信无辜被刑，何其不幸！吏受赃得免，独何幸耶！吏受赃已告，僧告之或诬，而皆不治，废法也。

许之告，许之受，而不行，废法也。有司出入人罪而不问，废法也。法者，天下公共，守在有司，虽人主不得而私之。今指挥若谓出之于圣意，缘天下之公法，陛下岂肯自废之？故臣知其必不然。窃虑左右奏事画旨日，失于详述是非、开陈灭裂，致有此处分。伏望圣慈更赐详酌指挥，令大理寺将惠信所告事推究虚实，依法施行。若祠部、开封亦有罪状，伏乞一就勘结，以正典宪。"

贴黄称："准'国朝诏敕节文或诏令不允，并仰举奏'。今上件公事虽系已有圣旨，缘理有未尽，须至申请。内殿道场所用僧数不少，皆出入宫禁，而僧司并不选择，又吏人因而受赃，辇毂之下敢冒法禁，理无可恕者。"挚言从违，《实录》不载。按明年闰二月孙升劾蔡京奏称："惠信缘臣僚论列，送大理推治，僧录司赃状已明。"然则朝廷果从挚言，令法官究竟出狱也。但不知如何行遣耳！明年正月二十九日挚章可考。50，页8630—8632

续资治通鉴长编卷三百六十一　宋神宗元丰八年（乙丑，1085）

【宋神宗元丰八年（1085）十一月】癸巳，诏强盗按问欲举自首者，不用减等。《旧录》云：初，熙宁中应强盗贼证未明，因拟被执而能自言，皆从末减。时司马光以为非是，刑部观望，有请，从之。《新录》辨曰：按问欲举条制，第四卷论之已详。自"初熙宁中"至"从之"四十字并删去。明年二月末范纯仁奏当考。第四卷事，在是年四月二十五日。1，页8636

【宋神宗元丰八年（1085）十一月】辛丑，德音降两京畿内、河阳管内死罪一等，囚杖已下释之；民缘山陵役者蠲其赋。5，页8637

【宋神宗元丰八年（1085）十一月】诏诸路察治私置囹狱。17，页8639

【宋神宗元丰八年（1085）十一月】诏武举人犯学规或贡举法被罪，听依进士量罪等级叙理，从蹇序辰请也。27，页8647

【宋神宗元丰八年（1085）十一月】侍御史刘挚言："伏见刑部侍郎蹇周辅及其子司封员外郎序辰，昨者以盐事奉使江西、湖南，而相继创增卖额，州县畏惧承望，皆出配抑，使人陷罪破产，数路愁怨。朝廷已遣使按正其事，如闻周辅无所忌惮，复自论列，以饰非文过，而父子方雍容侍从，出入朝省，此岂待罪者之所宜！众人莫不指议。臣诚恐周辅等怀患失之意，或致别为经营，以图幸免，有失公议。伏请罢周辅、序辰见任职事，各令补外，候察治到事状，别听朝旨。"《政目》于十一月十八日载挚乞黜周辅、序辰，即此章也。今检挚集，增入十二月三日。又二十二日，挚复有两章。元年二月二十二日，周辅、序辰乃责。29，页8647—8648

续资治通鉴长编卷三百六十二　宋神宗元丰八年（乙丑，1085）

【宋神宗元丰八年（1085）十二月】罢太学保任同罪法。《旧录》云：初，三舍法成，士或滥冒，于是立法，使五人以上更相保任，犯而情重及应送所属者，免夏楚听赎。至是因言者。从之。8，页8656

【宋神宗元丰八年（1085）十二月】又罢栽桑物法，蠲民所欠罚钱。《旧录》云：熙宁六年立法，劝民栽桑，若不趋令，则仿屋粟、里布为之罚。至是，以楚邱民胡昌等有言，故罢。劝课种桑榆立法，在熙宁五年七月。赵子几言霍舜封等扰民，在六年五月十九日。9，页8656

【宋神宗元丰八年（1085）十二月】刑部言，令提刑司检法官覆州县官小使臣等公罪杖以下案，申吏刑部、大理寺注籍，则法官可以专于谳狱。从之。13，页8658

【宋神宗元丰八年（1085）十二月】诏招刺禁军违法，听转运司点检。先是，诸路将兵专责提点刑狱或提举官，言者谓将兵散在郡县，转运使因按部阅视，可以岁遍，故定此令。《旧录》有此，《新录》削去。22，页8662

【宋神宗元丰八年（1085）十二月】癸酉，诏犯盗，刺环于耳后，徒、流以方，杖以圆；三犯杖，移于面，径不得过五分。25，页8667

续资治通鉴长编卷三百六十三　宋神宗元丰八年（乙丑，1085）

【宋神宗元丰八年（1085）十二月】刘挚又言："近具状乞罢蹇周辅

及其子序辰见任，各令外补，候体量到事状别听指挥，至今多日。伏缘周辅等首于江湖增创盐额，配卖害民，数千里之人破产被刑，咨嗟怨讟，实不聊生，与吴居厚、王子京辈掊刻希进，情理无异。居厚等才行体量，先次移罢，独周辅父子出入朝省如故。臣以朝廷政事命令不一，罪同而行遣异，不足以服人心，故有论列，终不蒙施行，臣所未喻。今公论不安，皆有疑议，以谓周辅昨知开封府，根勘军器少监蔡硕借贷官钱公事，周辅以硕乃宰相确之弟也，故附合观望，灭裂不尽公理，反以重罪坐举发之人，实有恩于蔡氏。所以今日宰臣确力主周辅父子不令罢去，欺谩圣听，捐公法以报私恩。臣以谓若果如众论，所损不细，惟望圣慈裁酌，何惜罢周辅等且令外任，听候朝命，庶几政令无二三偏党之疑，以报天下，以解大臣之谤。伏望速赐施行。"十一月十八日第一章，十二月三日第二章，二十三日第三章，明年二月二十二日乃镌责。14，页8682

【宋神宗元丰八年（1085）十二月】是岁，宗室子赐名授官者八人，断大辟二千六十六人。27，页8694

续资治通鉴长编卷三百六十四　宋哲宗元祐元年（丙寅，1086）

【宋哲宗元祐元年（1086）春正月】壬辰，诏曰："久愆时雪，虑囚系淹留，在京委刑部郎中、御史，开封府界令提点司，诸路州军令监司催促结绝。"

先是，上封者言："窃惟时雪未应，阴阳不和，意者刑狱未至钦恤，法令未至宽平，官吏未至恪职，文符多所满责，上下偷安以苟目前。《洪范》曰：'肃时雨若。'此其上下不肃之所致欤！朝廷任事之臣，不同心忧国，人怀私意，有所诋欺欤！下者六曹尚书、侍郎不以其身许国，而郎中、员外虽不材不胜其任，与不悉心职事者，不为朝廷别白才否而去留之；郎中、员外、胥吏不任事，稽违懈弛，不加绳治，一切宽假，浸以成风。自尚书省左右仆射、左右丞领之，其弊且尔，况有司乎？臣愚以谓宜下诏恤天下刑狱，命从官分治在京狱事，蠲除法令与祖宗朝异意者，伤尚书省在京百司，务恪其职使皆以身任责。有不如旨，御史、谏官以次条陈其失，朝廷按而行之不赦。如此则阴阳和，天地应，雪以时降，气序和平矣。"此据《章奏录》第一册，乃八年十二月二十三日。不知言者是谁，《杂录》系之刘挚，然

挚有章论无雪，已载八年十二月末矣，恐非此也，当考之。3，页 8697—8698

【宋哲宗元祐元年（1086）春正月】乙未，诏前入内东头供奉官、配汝州牢城韩永式特放从便。永式尝为经制泸州夷贼司照管军马公事，及韩存宝逗挠不进，杀平人首级被诛，永式以罪连坐，特配沙门岛，三徙汝州牢城。至是，其母复引赦乞原放，特从之。4，页 8698

【宋哲宗元祐元年（1086）春正月】戊戌，宗正寺言玉牒官黄履奏："自神宗皇帝登位以来，玉牒属籍类谱，并未修。欲乞将合编年分，自熙宁十年至元丰八年三月初五日终，准式编修。"从之。7，页 8699

【宋哲宗元祐元年（1086）春正月】侍御史刘挚言：

臣窃以圣人之治虽一道，道无敝，而道之寓于刑名法数者，必有偏而不起，眊而不行者，圣人因时而变。变则通，通则久，以尽天下之利，此五帝之所以异制，而三王之所以不同礼也。国家承唐末五代熟烂之后，祖宗创制造法，趋时之宜，顺事之变虽圣圣相继，而其法令日增岁损，或举或废，未尝同也。至于宁民适治，所谓道之亡敝者，则未尝异也。神宗以仁圣之虑，达因革之数，凡政令制度，急弦慢軫，大解而更张之，故天下蒙其利。然至于今，殆二十年，所谓偏而不起，眊而不行者，盖复有之矣。其事则非一，而其大者则役法是也。于役法之敝，相为首尾而牵连当更者，则坊场、吏禄是也。始者以繇役不得其平，农民劳费，故命有司议所以均弛之。而有司不深惟其故，乃一划祖宗差役旧敕，为官自雇人之法，率户赋钱以充雇直，曰助役，又曰免役。自上户至于下五等，从来无预差役之家，一概敛之，盖于赋税科调百索、买纳求取之外，又生此重敛。岁岁输纳，无有穷期。古人有言，平地无铜矿，农家无钱炉，今所输必用钱，而地土所出，惟是帛丝谷粟。幸岁丰收成，而州县逼迫，不免贱价售之，无以养其私；若岁凶，则破易资产，或以倍称之息，举债于兼并以应期限。更无减放之法，州县上户常少，中、下户常多，自法行以来，簿籍不改，务欲敷配钱数，故所在临时肆意升补，下户入中，中户入上。今天下往往中、上户多而下等户少，富县大乡，上户所纳役钱，岁有至数百缗者，又有至千缗者，每岁输纳无已，至贫竭而后有裁减之期。旧来乡县差役，循环相代，上等大役，至速者十余年而一及之，若下役则动须三、二年乃复一差，虽有劳费，比今日岁被重敛之害，孰为多少也。今天下钱日益重，货日益轻，民日益困矣，若之何坐视而不恤也哉！然则前日有司立法，非有意于宽役利民，正在聚敛刻剥，损下益上，为国取谤，大失朝廷惠绥生灵本意。臣窃见繇役，昔者有至破产而民惮为之者，惟衙前一役尔。今天下坊场，官司收入自行出卖，岁得缗钱无虑数百万，以为衙前雇募支酬之直。计一岁之入，为一岁之出，盖优有余裕，则衙前一重役，无所事于农民矣。农民既除此一重役，外惟有散从、承符、弓手、手力、耆户长、壮丁之类。此役无大劳费，宜并用祖宗差法，自第一等而下通任之，比于旧制，繇役轻矣。治于人者事人，古今之通义，则安用给钱为哉？

坊场之法，旧扑户相承，皆有定额，不许增抬价数，辄有划夺。祖宗非不知增价之为公家利也，所以不许者，知其悦目前之利，必有后日之害故也。新法乃使实封投状，许价高者射取之，于是小人徼一时之幸，争越旧额，至有三两倍者，旧百缗，今有至千缗者，交相囊橐，虚造抵本。课额既大，理难敷办，于是百弊随起，决至亏欠，州县劳于督责，患及保任，监锢系累，终无偿纳。官司护惜课额，不为减价，则谁人复肯承买？今天下坊场，如此者十五六矣。故实封增价之所得，于败阙之所失，殆不相补也。盖财利可以通之而已，不可尽也，少捐分数，与民共之，则公私相济，其利长久。臣欲乞罢实封投状之法，应天下坊场，委逐路转运、提举司，将见今买名净利额数，与新法以前旧额相对比量，及地望紧慢，取酌中之数，立为永额。一用旧法召人，庶乎承扑者无破败之患，而官入之利，有常而无失也。

吏禄之法，天下吏人，旧制诸路及州县法各不同，有乡户差充者，有投名杂用者，入仕之后，既以案司之优重，迭相出入为酬折，又积累岁月，有出职之望，行之久远，人自以为便。比时有司见礼经有庶人在官之禄，遂假其说，资以掊民。殊不知三代已远，其事不可行于今日者多矣。夫庶人在官之禄，虽有其文，而其法与数不可见其详，乃凿空造端，概敛民钱，给为吏禄，不重之则不足以募，不轻之则不足以给。今内外之吏，除重法人外，其他每月所给无几，于利固未足以有济，而官给所积，天下盖已不资，无故竭民财而为此，是诚何为哉！至于所谓重禄以行仓法，尤非义理。夫一钱以上以徒坐之，谓之严刑可也，遂以谓吏惧而不受财，则臣不敢知也。今主议者曰："禁既严则吏必畏，故令下以来犯者少。"臣以谓非犯者少也，败者少也；非败者少也，正其罪者少也。网之密，则与者、取者藏声匿迹，亦将避之工也，故曰败者少也。一钱坐徒，谁则忍之？谁敢易之？故苟有败者，若稍涉疑晦，及自非有告人当赏，则官司往往迁就平反，释重入轻；若外路则虽使者亦或谕意州县，使之如此，亦人之情也，故曰正其罪者少也。借使犯者皆败，败者皆正其罪，固亦先王制刑之所无，而圣人所当矜恤也。吏受贿，于律自有刑名，而曲法者一匹以上至徒，则刑亦为不轻矣。今变先王之刑而重之，又多赋吏禄以买法之行，无谓也。臣愚欲乞除熙宁以前旧法有禄公人并依旧外，应新法所创及增给吏禄，并行减罢。臣愚诚不知忌讳，今衙前之役，则待之以坊场价钱；弓手等役，则均之以祖宗差法，吏禄非旧法所给，则皆罢去，应役人糜费私役之类，则禁之以熙宁新法。苟如是也，则所谓免役钱者，于是可以一切蠲除矣。或谓免役钱籍于常平，固非独以待募役也，县官他费，多有赖乎此，则未可以利害论也。臣以谓役钱领于司农，非有特敕，未尝以给常费，今罢去无损于国用。况祖宗以来，至于役法未改、役钱未敛此百余年间，不知何以为国也，亦曰用之有节，取之有道矣。

今天下百姓，疲筋骨、忍饥寒、冒鞭笞，终岁急急为公家纳钱尔。不幸连年有灾荒之变，实恐穷苦之人，流亡转徙为沟中瘠；而强梁者赊死忍命，不得为陛下之良民矣。然则役钱乃生民性命，天下安危之所系，奈何以为不刊之令哉！古者藏富于民，诚令百姓赋税之外，有以自养，则其赢余乃国之外府，缓急取之而已。无事之时，坐困竭之，非计也。臣故以谓役钱宜一切罢之。役钱罢，则提举常平官司亦可罢去，以见存职事，付之转运司足矣。天下既减罢监司数十人，则州县稍得从容，上下省事，非小补也。虽然，此大法也，顾臣之言盖其略耳，至于法之纤悉，或参差抵牾，宜有画一之论。欲乞于两制臣僚，选差明于治体、达于民事者三两员，置局讲议，裁立条格，而三省执政官典领之，以待圣断施行。《新录》载挚此疏于二月六日司马光所陈十害之后，盖因降出施行方载也。按章奏录，其实以正月九日上，今附本日。8，页8699—8703

【宋哲宗元祐元年（1086）春正月】殿中侍御史刘次庄言："伏见熙宁以来变新役法，其意欲以均惠利民，盖富厚之家安享休佚，而贫民日入于困乏。欲乞指挥下诸路转运、提举官，合郡县之议，究心斟酌，裁画上闻。"8，页8703

【宋哲宗元祐元年（1086）春正月】诏保马别立法以闻。保马别议立法，已见元丰八年七月十二日司马光疏后，不知《旧录》何故于元祐元年正月十四日始书，《新录》又因之，当考。26，页8710

【宋哲宗元祐元年（1086）春正月】诏应今日已前奏案所由官司，并

减元限一半了当。以旱决留狱，而大理等奏案未下者尚多故也。27，页8710

【宋哲宗元祐元年（1086）春正月】户部言："准敕，府界诸路耆长、壮丁之役，并募充，等第给雇钱；其旧以保正代耆长、催税甲头代户长、承帖人代壮丁并罢，看详所募耆、户长若用钱数雇募，即虑所支数少，应募不行。兼壮丁旧既第四等已下，旧不出役钱只轮充，更不支雇钱，亦虑难雇募。兼虑诸路提举司、州县，为见今降朝旨并创行雇募，却于人户上更敷役钱。欲乞应府界诸路自来有轮差及轮募役人去处，并乞依元役法；如有合增损事件，亦依役法增损条施行。"从之。29，页8711

【宋哲宗元祐元年（1086）春正月】丙午，上御延和殿，疏决在京系囚，除常赦所不原外，杂犯死罪以下降一等，杖以下释之。36，页8713

【宋哲宗元祐元年（1086）春正月】御史中丞黄履言，乞修正不用去官赦降原减条。诏刑部大理寺看详合去留以闻。苏轼自辨章，可参照。38，页8713—8714

【宋哲宗元祐元年（1086）春正月】御史安惇言开封府推官胡及纵狱子胡义拷无罪人死，又推治公事漏泄狱情。诏送吏部与合入差遣。元丰八年六月丙戌，及依旧供职。40，页8714

【宋哲宗元祐元年（1086）春正月】御史刘次庄言："门下、中书外省置局设官，编修《六曹寺监条例》，岁月浸久，殊未就绪。欲乞罢局，送六曹随事修立，委三省属官详看。"诏见修条贯限一季毕，如出限官吏添给勿给。《旧录》云：始，先帝董正治官三省六曹之职，而未有法守，乃诏外省设属分修；未及上而有是诏。《新录》辨曰：既未有法守及分修未上，自不须备载，自"始先帝董正"至"有是诏"三十五字，并删去。41，页8714

【宋哲宗元祐元年（1086）春正月】刑部言："准元丰八年十一月二十四日敕：'开封府、诸路州军应奏大辟案，称刑名实有疑虑及情理可悯者，仰大理寺并依法定断，并作疑虑可悯条送刑部看详。如刑名实有疑虑，情理实有可悯，并具因依奏取旨；若无疑虑及可悯者，即具钞奏下本处依法施行，不得一概将旧例贷配，破却律敕正条。仍委门下、中书、尚书省点检。如有不当及用例破条，奏乞取勘施行。'本部看详，除已遵守外，所有依法奏覆公案，上省取旨。"从之。新、旧《录》皆如此。45，页8715

【宋哲宗元祐元年（1086）春正月】户部言相度河北盐法所言，乞废罢见行新法，复行旧法通商，从之。八年十月十八日己卯，初命范锷同河北漕司相度盐法。王岩叟有奏议，今遂罢新法，悉用旧法也。68，页8732

【宋哲宗元祐元年（1086）春正月】侍御史刘挚言："臣近具状，论奏僧惠信指论僧司重法吏人受赃公事，已蒙付下大理寺施行。然伏见圣旨指挥，令据惠信经祠部状内所指人根究，不得支蔓。臣看详惠信元状，前于开封已曾断遣，后经祠部，已送推司，会开封申陈，言祠部不当，遂朝旨更不施行。今既复以付之所司，则所司自有推勘之法，若止究状内人数，即或有分赃寄赃之类，及凡干证左而不见于状者，皆不许其追照，狱无所质，何缘得情？兼祠部、开封各系经历，若有不当，自合一案推结，况两处昨者互有所陈，何可置而不问？盖状内之事，则于法有禁，若状内之人，于事相干，安得不治？自来朝廷送所司公事，止令依法，或约束不使支蔓，未闻限定根究人数。臣又虑进呈取旨之时，不曾（子）[仔]细开陈，致有如此处分。窃虑勘司承望风旨，不尽公理，纵失有罪，违废典法。欲乞再降指挥，本司并依自来推勘条贯，乞仍责立近限，不得淹延。若前来承行官司明有违法，并令依条一处圆结奏裁。"挚初疏附元丰八年十一月末，此第二奏也，据遗稿乃正月二十九日上，今附月末。73，页8738—8739

续资治通鉴长编卷三百六十五　宋哲宗元祐元年（丙寅，1086）

【宋哲宗元祐元年（1086）二月】吏部郎中张汝贤言："奉敕差福建路按察，并臣僚上言本路转运副使王子京买腊茶事，令相度。乞并依熙宁五年二月六日朝旨，除依旧禁榷州、军外，并放通商。"从之。熙宁五年二月六日朝旨未见，今以《元祐盐法册》增入。元丰七年七月十七日王子京始建请榷腊茶，八年二月七日并榷通商地分。9，页8745

【宋哲宗元祐元年（1086）二月】提点淮南东路刑狱专切提举盐事间邱孝直知蕲州，以言者论其失觉所部售盐违令也。17，页8754

【宋哲宗元祐元年（1086）二月】枢密院言，按阅遍开封等县团教保甲提举官、客省副使刘瑄等，今既减罢，难议依法全赏。诏减半酬奖，内有已行赏者依此改正，及府界、三路去年所按该补名目保正欲依元条递降一等，元补殿侍者支钱四十贯。从之。正月末司马光书，可考。20，页8755

【宋哲宗元祐元年（1086）二月】庚午，诏陕西、河东经略司："应今后与夏国人私相交易，若取与者一钱以上，皆配江、淮州军牢城，妻子诣配所；情重及至罪止者皆斩，妻子送江、淮州军编管；许人告捕赏有差。其透漏官司及地分巡察人，知情者与同罪。"用司马光次策也。正月二十二日朱光庭言，可考。41，页8769

续资治通鉴长编卷三百六十六　宋哲宗元祐元年（丙寅，1086）

【宋哲宗元祐元年（1086）二月】诏户部郎中黄廉按察川路茶法，具利害以闻。兼体量蒲江盐井利害，行状有此，合增入。4，页8778

【宋哲宗元祐元年（1086）二月】庚辰，诏："诸将兵在镇寨将官驻扎者，监镇主依知县法同管勾公事，著为法。"27，页8798

续资治通鉴长编卷三百六十七　宋哲宗元祐元年（丙寅，1086）

【宋哲宗元祐元年（1086）二月】先是，知枢密院章惇言：

近奉旨与三省同进呈司马光乞罢免役行差役事札子，已于初六日同进呈画旨讫。臣以此事不属枢密院，又自去秋以来，直至今春，司马光止与三省商议，枢密本不预闻，兼札子止降付三省，御封亦止付三省，未委三省初四日进呈因何乞与枢密院同进呈 据《吕公著家传》，密院与议役法乃蔡确奏请。况役事利害，所系至大，臣素不与议论，何由考究。札子中所言利害本末，臣初五日与三省聚厅处曾言，若同进呈，须且留此文字，（子）〔仔〕细看详三五日。时韩缜云："司马光文字岂敢住滞，来日便须进呈。"既不曾素与议论，又不曾细看文字，其间利害，断未敢措词。其于进呈，止同共开展，至于可否，但决之三省，臣实不知。当时同三省进呈，虽已奉旨依奏，臣于帘前已曾具此因依陈述。后来户部缴连到敕文，臣晓夕反复看详，方见其间甚多疏略，谨具条陈下项：

一、今月初三日札子内称："旧日差役之时，上户虽差充役次有所陪备，然年满之后，却得休息数年，营治家产，以备后役。今年年出钱无有休息，或所出钱多于往日充役陪备之费，其害一也。"又十七日札子内却称："彼免役钱虽于下户困苦而上户优便，行之已近二十年，人情习熟，一旦变更，不能不怀异同。"臣看详司马光初三日札子内，竭言上户以差役为便，以出免役钱为害；至十七日札子内，却言彼免役钱虽于下户困苦而上户优便。旬日之间，两入札子，而所言上户利害正相反，未审因何违戾乃尔。臣观司马光忠直至诚，岂至如此反复，必是讲求未得审实，率尔而言。以此推之，措置变法之方，必恐未能尽善。

一、称："旧日差役之时，所差皆土著良民，各有宗族田产，使之作公人及管勾诸事，各自爱惜，少敢大段作过；使之主守官物，少敢侵盗。所以然者，事发逃亡，有宗族田产以累其心故也。今召募四方浮浪之人，使之充役，无宗族田产之累，作公人则恣为奸伪，曲法受赇；主守官物，则侵欺盗用。一旦事发，则挈家亡去，变姓名往别州、县投名，官司无从追捕，官物亦无处理索。"臣看详司马光前项所言，亦有所因，盖比来降出臣庶所上封章内，往往泛为此说，但是言者设疑之一端，未必事实。且召募役人之法，自有家业保识，若是主持官物者，便是长名衙前，比旧惟不买扑坊场，至于支酬重难，与月给工食钱，亦自不当薄，岂有无宗族田产、浮浪之人得投充此役。臣自当行免役新法以来，三经典郡，每每询问募役次第，但闻县下所召承帖人，多是浮浪，每遇追呼勾当，多行骚扰。若朝廷欲知事实，但令逐路监司指定一州差役时，即自熙宁元年已前，免役法行后，即自元丰元年已后，各具三年内主持官物衙前，有若干人犯侵盗，各是何姓名，得何刑罪，便可立见有无。至如州县、曹司，旧法差役之人，时亦召人户投名应役，直是无人可召，方行定差。其所差人，往往不会行遣，惟是雇人代写文书，所差之人但占名著字，事有失措，身当决罚而已，民间中下人户，甚以为苦。自免役法行，或勒向来受雇行遣人充手分，支与雇钱。设若此等人曲法受赇，即与旧日何异？

一、称："提举常平仓司惟务多敛役钱，广积宽剩以为功，希求进用。今朝廷虽有指挥，令役钱宽剩不得过二分，窃虑聚敛之臣，依傍役钱，别作名目，隐藏宽剩，使幽远之人不被圣泽。"臣看详所言，亦未中事理。大抵常人之情，谋己私利者多，而向公爱民者少，若朝廷以积钱多

《续资治通鉴长编》所见法律史料辑录　633

为赏劝，则必聚敛邀功。今朝廷既不许多收宽剩，又掊克者必行黜罚，则提举官若非病狂，岂肯力求黜罚。况役钱若有宽剩，未委作何名目，可以隐藏，以此验知，言已疏阔。

一、称："臣民封事言民间疾苦，所降出者约数十章，无有不言免役之害，足知其为天下之公患无疑。"臣看详臣民封事降出者，言免役不便者固多，然其间言免役之法为便者，亦自不少。但司马光以其所言异己，不为签出，盖非人人皆言免役为害，事理分明。然臣愚所见，凡言便者，多上等人户；言不便者，多下等人户。大抵封事所言利害，各是偏辞，未可全凭以定虚实当否，惟须详究事实，方可兴利除害。况此免役之法，利害相杂。臣今所言，非谓不可更改，要之，改法须是曲尽人情，使纤悉备具，则推行之后，各有条理，更无骚扰。缘今来司马光变法之意虽善，而变法之术全疏，苟在速行，无所措置。免役之害虽去，差役之害复生，不免向去生民受弊，而国家之德泽终不下流，甚为可惜。若及此时尽心讲求利害之当，使法成之后经久可行，国家政事修完，生民永永蒙利，岂不尽美！

一、称："莫若直降敕命，应天下免役悉罢。其诸色役人，并依熙宁元年以前旧法人数，委本县令、佐，亲自揭五等丁产簿定差。仍令刑部检按熙宁元年见行差役条贯，雕印颁下诸州。"臣看详此一节，尤为疏略，全然不可施行。且如熙宁元年役人数目甚多，后来屡经裁减，三分去一，今来岂可悉依旧数定差？又令刑部检熙宁元年见行差役条贯，雕印颁下诸州。且旧日每修编敕，比至雕印颁行之时，其间冲改已将及半，盖以事目岁月更改，理须续降后敕令。今日天下政事，比熙宁元年以前改更不可胜数，事既与旧不同，岂可悉检用熙宁元年见行条贯？窃详司马光之意，必谓止是差役一事。今既差役依旧，则当时条贯便可施行。不知虽是差役一事，而官司上下关连事目极多，条贯动相干涉，岂可单用差役一门？显见施行未得。

一、称："向日差役之时，有因重难破家产者，朝廷为此，始议作助役法。然自后条贯优假衙前，应公使库设厨酒库、茶酒司，并差将校勾当。又上京纲运，召得替官员，或以殿侍军大将管押，其粗色及畸零之物，差将校或节级管押，衙前苦无差遣。"臣看详此一节，自行免役法后来，凡所差将校勾当厨库等处，各有月给食钱。其召募官员使臣差弁、使臣将校、节级，管押纲运官物，并各有路费等钱，皆是支破役钱。今既差役，则无钱可支，何由更差将校管勾及召募官员等管押？

一、称："若以衙前，乡户力难以独任，即乞依旧于官户、僧寺、道观、单丁、女户有屋业，每月掠钱及十五贯，庄田中年所收斛斗及百石以上者，并令随贫富等第出助役钱，不及此数者放免，其余产业并约此为准。"臣看详自免役法行，官户、寺观、单丁、女户，各已有等第出纳役钱之法，今若既出助役钱，自可依旧，何须一切并行改变，显见不易。又更令凡庄田中年所收百斛以上，亦纳助役钱，即尤为刻剥。凡内地，中年百石斛斗，粗细两色相兼，共不直二十千钱，若是不通水路州、军，不过直十四五千而已；虽是河北缘边，不过可直三十来千；陕西、河东缘边州郡，四五十千。免役法中皆是不出役钱之人。似此等第官户、寺观送纳，固已非宜，况单丁、女户，尤是孤弱，若令出纳，岂不便为深害！此尤不可施行。

一、称："虑天下役人利害，逐处各有不同，欲乞今来敕内更行指挥，下开封府界及诸路转运司，誊下诸州、县，委逐县官看详，若依今来指挥别无妨碍，可以施行，即便施行。若有妨碍，致施行未得，即限敕书到五日内，具利害擘画，申本州；类聚诸县所申，择其可取者，限敕书到一月内，具利害擘画，申转运司；类聚诸州所申，择其可取者，限敕书到一季内，具利害擘画以闻。"又十七日札子内称："伏望朝廷执之，坚如金石，虽有小小利害未备，候诸路转运司奏到，徐为改更，亦未为晚。"臣看详今日更张政事，所系生民利害，免役、差役之法最大，极须详审，不可轻易。况役法利害所基，先自县首，理须宽以期限，令诸县详议利害，曲尽逐处所宜，则法可久行，民间受赐。今来止限五日，诸县何由擘画利害？详光之意，务欲速行以便民，不知如此更张草草，反更为害。诸路州军见此指挥，必妄意朝廷惟在速了，不欲令人更有议论，故立此限，逼促施行。望风希合，以速为能，岂更有擘画？上项两节，乃是空文。且诸县既迫以五日之限，苟且施行，犹恐不暇，何由更具利害申陈？诸州凭何擘画？诸州既无擘画，转运司欲具利害，将何以凭？又况人怀观望，谁肯措置？如此则生民受弊，未有已时。光虽有忧国爱民之志，而不讲变法之术，措置无方，施行无绪，可惜朝廷良法美意，又将偏废于此时。有识之人，无不喟叹。伏乞更加审议。

臣所看详，且据司马光札子内抵牾事节而已，至于见行役法，今日自合更改修完，但缘差役、免役，各有利害，要在讲求措置之方，使之尽善。臣再详司马光所言下户出免役钱，驱迫贫民，剥肤椎髓，弱者转死沟壑，强者聚为盗贼，及言民间求钱纳官，至于拆屋、伐桑以卖薪，杀牛以卖肉，其言太过。凡近下人户诚是不愿纳，然自行法以来十五余年，未闻民间因纳免役钱有如此事。访闻中间西事军兴，科率及科买军器、物料、牛皮、筋角，极为骚扰。民间往往杀牛取皮、筋角纳官，并田产、牛具，伐桑、柘，毁屋以应副军期，即非役法所致。大抵光所论事，亦多过当。惟是称："下户元不充役，今来一例纳钱，又钱非民间所铸，皆出于官，上农之家所多有者，不过庄田、谷帛、牛具、桑柘而已。谷贱已自伤农，官中更以免役及诸色钱督之，则谷愈贱。"此二事最为论免役纳钱利害要切之言。然初朝廷自议行免役之时，本为差役民受困敝，大则破家，小则毁身，所以议改新法。但为当时所遣使者，不能体先帝爱民之志，成就法意之良，惟欲因事以为己功，或务苟且速就，或务多取役钱，妄意百端，徼幸求进。法行之后，差役之旧害虽已尽去，而免役之新害随而复生。民间徒见输纳之劳，而不知朝廷爱民利物之意。今日正是更张修完之时，理当详审。况逐路、逐州、逐县之间，利害不同，并须随宜擘画。如臣愚见，谓不若先具此意，申敕转运、提举司官、诸州、诸县，各令尽心讲求，豫具利害擘画次第，以俟朝廷遣使就逐处措置。此命既已先行，人人莫不用心，然后朝廷选公正强明、晓练政事官四员充使，逐官各更选辟晓练政事官两员，随行管勾。且令分使京东、京西两路，每路两员使者，四员随行管勾官，与转运或提举官亲诣逐州、县，体问民间利害，是何等人户愿出役钱，是何等人户不愿出役钱，是何等人户色役可差，是何等色役可雇，是何等人户虽不愿出役钱而可以使之出役钱，是何重难优轻，可增可减。缘人户贫富、役次多寡与重难优轻窠名，州州县县不同，理须随宜措置，既见得利害（子）[仔]细，然后条具措置事节，逐旋闻奏，降敕施行。如此不过半年之间，可以了此两路。然后更遣此已经措置官员，分往四路，逐员各更令辟一员未经措置晓达政事官同行，不过半年之间，又可措置四路。然后依前分遣，遍往诸路。如此，则远不过一二年之间，天下役法措置，悉已周遍。法既曲尽其宜，生民永蒙惠泽，上则成先帝之美志，下则兴无穷之大利。与今日草草变革一切、苟欲速行之弊，其为利害，相远万万。伏望圣慈特赐宸虑，详加省览。《旧录》载惇奏于闰二月二日，《新录》因之。案《旧录》命韩维等详定役法，乃二月二十九日。所以命韩维等详定役法，实缘惇驳光议，故吕公著乞置局详定也。维等既受命，始以惇奏付详定所，其驳光议，则在二十九日前矣。《新录》既失载"置局详定"于二十九日，至闰二月二日因吕公著札子方附见之，似太疏略也。11，页8821—8829

【宋哲宗元祐元年（1086）二月】挚又言："敕内指挥：'委逐县官，若依今来指挥别无妨碍，即便依此施行。若施行未得，限五日内具利害申州；州类聚，限一月申转运司；本司限敕到一季内奏闻。'臣窃惟天下法令，欲考利害之实，莫若身行之者；行之亲者，又莫若州、县；州、县之政，又岂有大于役法者乎？今既有所改更，虽州、县嘉祐旧敕具在，施行不难，然事经变革，其首尾牵连相抵牾者，不能无也，而限以五日，恐仓猝以应期会，却致苟简，不免后日申请纷纷，臣欲乞诸县与展限一月。役法未行以前，州、县诸色役人甚有□宂占过多之数，及熙宁后来既行募人之法，给以役钱，故行裁减，至于今日，并已是合用人数。臣欲乞除弓手一役，合依熙宁以前旧法人额外，其余役人，令州、县定差，只依熙宁役法后来裁定之数。若或委有不足，即具因依，合如何增添申请。"挚画一《申明役法》，本集及奏议但存两项，自衙前一役以下并缺，当求别本增入。12，页8831

【宋哲宗元祐元年（1086）二月】又贴黄称："诸路及臣僚必然申明利害，文字渐多，臣恐须置局详定，作画一条贯。然今来止是变复旧法，略有修正，其置局不须多设官员，仍乞责立近限了当。"12，页8831—8832

续资治通鉴长编卷三百六十八　宋哲宗元祐元年（丙寅，1086）

【宋哲宗元祐元年（1086）闰二月】又诏："已差官详定役法，令诸路且依二月初六日指挥定差。仍令州、县及转运司、提举司，各递与限两月体访役法民间的确利害。县具可施行事申州，州为看详保明申转运、提举司，转运、提举司看详保明闻奏。仍令逐州县出榜，许旧来系纳免役钱、今来合差役人户，各具利害实封自陈。"二月二十八日差官。9，页8856

【宋哲宗元祐元年（1086）闰二月】又诏府界、五路提举保甲司，指挥州县，如有见送纳军器，若不是非理损坏不堪，或事件不全，止据见在受纳，不得须令修整、赔直。仍晓示，若有隐藏、换易元给官弓弩者，限一月首纳，特与原罪。限满不首，即依私有禁兵器法告赏。17，页8861—8862

【宋哲宗元祐元年（1086）闰二月】三省言："元丰八年三月六日赦恩以前，命官诸色人被罪，今来进状诉理，据案已依常法，虑其间有情可矜恕，或事涉冤抑，合从宽减者，欲委官看详、闻奏。"诏御史中丞刘挚、右谏议大夫孙觉看详以闻。十八日孙升言，可考。31，页8864—8865

【宋哲宗元祐元年（1086）闰二月】先是，司马光言：

臣闻《书》称"明王立政，不惟其官，惟其人。"臣少时，见天圣中，诸路止各有转运使一员，亦无提点刑狱。惟河北、陕西以地重事多，置转运使两员，然朝廷必择朝士累任知州有声迹、晓钱谷者，乃得为之，未尝轻以授人。凡一路之事，无所不总，使按察官吏、荐贤发奸、爱养百姓、兴利除害，或朝廷有本路事务，未能细知利害者，则委之相度措置。当是之时，官少民安，事无不举，公私饶乐，海内晏清。景祐初，始复置提点刑狱，其后或时置转运判官，以其冗长害事，寻复废罢。

自王安石执政以来，欲力成新法，诸路始置提举常平、广惠、农田水利官。其后每事各置提举官，皆得按察官吏，事权一如监司。又增转运副使、判官等员数，皆选年少资浅轻俊之士为之，或通判、知县、监官资序。又选人以权及权发遣处之，有未尝历亲民即为监司者，能顺己意，则不次迁擢，小有乖违，则送审官院与合入差遣，更加责降。彼年少则历事未多，资浅则众所不服，轻俊则举措率易。历事未多，故措置百事，往往乖方；众所不服，故倚势立威以行号令；举措率易，故虑事不熟，坏法害民。又利禄诱于前，罪戾俟于后。由是往往上不顾国家事体，下不恤百姓怨咨，止务希合，以图进取，致今日天下籍籍如此，皆由此来也。

陛下幸念民为邦本、本固邦宁，知元元困穷，于国家非便，欲救而安之，诏青苗钱不得抑配，免役钱宽剩不得过二分。窃闻诸路提举官，州县犹有于春首抑配青苗钱，勒百姓供情愿状，别作名目，占免役宽剩钱，但取文具而已。如此，则朝廷号令废格，不得行于臣下，恩泽壅塞，不被于黎民，徒存空文，何以为政！臣闻去草者绝其本，救水者塞其源，提举官者，乃病民之本原也。陛下必欲苏息疲瘵，乞尽罢诸路提举官。其转运使，除河北、陕西、河东外，余路只置使一员、判官一员。提点刑狱分两路者，合为一路，共差文臣两员。凡本路钱谷财用事，悉委转运使，刑狱、常平、兵甲、贼盗事，悉委提点刑狱管勾。仍选知州以上资序、累历亲民差遣、所至有政绩、聪明公正之人，方得为监司。聪明则知官吏贤不肖，公正则黜陟无私，部下官吏皆得人，事务安有不干集，百姓安有不富庶，此乃国家镇抚四方之本也。若以提举官累年积蓄钱谷财物不少，恐转运司一旦得之，妄有耗散，即乞尽桩作常平仓钱物，委提点刑狱一面交割主管，依旧常平仓法，谨伺谷价，贱籴、贵粜，及准备灾伤赈贷，其余不得支用。若转运司委的窘乏，须至兑那常平钱物者，必须具数，先奏朝廷得旨，乃得移牒支破。若以监司数少，路分阔远处巡历及管勾不办，即乞只依旧法，每岁遍巡诸州，更不遍巡诸县。自非要切大事，朝廷不令监司亲往勾当，只令选差本部官。除司理、司法、县尉、独员监当之类，旧条不许差出外，其旧条不得隔州差选人勾当，差及被差之人皆有罪，新条诸州管勾官及主簿当给散月分，不得令差出之类指挥，更不施行。所贵监司有官可差，干得事务。若遇有贼盗，乞朝廷只委提点刑狱差官，或行移文字，监督捕盗官捉杀，不令亲入山监逐。如此，则监司巡历管勾，职事简要，易为办集。诏："诸路转运使，除河北、陕西、河东外，余路只置使一员，副使或判官一员，其诸路提举官并罢。提点刑狱，分两路者合为一路。共差文臣两员，本路钱谷财用事，悉委转运司，刑狱、常平、兵甲、贼盗事，悉委提点刑狱司管勾。其转运使、副、提刑，今后选一任知州以上，转运判官，选通判一任，实曾历亲民差遣，并所至有政迹人。至提举官累年积蓄钱谷财物，尽桩作常平仓钱物，委提点刑狱交割主管，依旧常平仓法。监司今后每岁遍巡诸州外，更不遍巡诸县。如差本部官勾当，除司理、司法、县尉、独员监当之类，旧条不许差出外，其旧条不得隔州差选人勾当，新条诸州管勾官及主簿当给散月分，不得令差出之类指挥，更不施行。贼盗，委提点刑狱差官或行移文字，监督捕盗官捉杀，察其不称职及有可以代之者，先令权摄，仍奏乞替换。许一面相度贼盗强弱，立赏钱数目，捕盗官若有功，许随功大小，保明闻奏，朝廷临时详酌比类恩泽，直降赐指挥。"五月二十九日上官均疏、七月二十一日刘挚疏，皆云"闻二月八日圣旨罢散青苗"，当考详增修。《旧录》但书：司马光言，"诸路转运使，除河北、陕西、河东外，余路置使一员，副使或判官一员。其诸路提举官并罢。提点刑狱，分两路者合为一路，共差文臣两员。"从之。提举官专行苗役之政，法、官随罢焉。《新录》惟削去"提举"以下十五字，余并用《旧录》。今以光奏疏及当时条贯增入。52，页8875—8878

【宋哲宗元祐元年（1086）闰二月】枢密院言：每诸军呈试内枪刀手与弩手格斗，欲乞止令军中依旧教习，更不呈试、推赏。从之。57，页8879

【宋哲宗元祐元年（1086）闰二月】又言："走马承受近年凡遇军行，多以亲戚请托，侥幸功赏，欺罔百出。盖自来未有条禁，今欲随军出入，不以将帅功效大小，并不得陈乞推恩，违者以违制论。如能觉察军中将帅贪冒功劳、赏罚不当、申奏功状虚妄，并密具奏闻，朝廷根究得实，当优与推恩。又走马承受亲戚门客亲随等，并不得随军效用，虽着功劳，亦不在酬赏之限。如故隐匿，虚称不是亲戚等，冒求随军效用，因而酬赏者，犯人决配，走马承受并知情官司并除名。许人告，以犯人所受恩泽充

赏。"从之。58，页8879

【宋哲宗元祐元年（1086）闰二月】戊戌，诏：已差吏部尚书吕大防等专切详定役法，内有合经由三省文字，与免勘当，及不依常制日限催促施行。又诏："今差役议论未见成法，若许诸色人申陈，恐徒惟烦扰。候有成法，录下诸路立限，许实封申陈，逐旋看详更改。其闰二月二日朝旨，勿行。"从刘挚、王岩叟、朱光庭、王觌之言也。荣州元祐元年改差役法文字内有此指挥，乃闰二月十日敕，今删取增入。挚、岩叟奏在闰二月二日，光庭、觌奏在闰二月八日，《旧录》不载，固当，《新录》亦遂脱略，殊可怪也。66，页8885

续资治通鉴长编卷三百六十九　宋哲宗元祐元年（丙寅，1086）

【宋哲宗元祐元年（1086）闰二月】癸卯，详定役法所言："准司马光奏请，天下免役钱并罢，其诸色役人，并依熙宁元年以前旧法人数，令、佐揭簿定差。续准朝旨，诸路且依二月六日指挥定差。今看详熙宁元年以前役人，衙前最为重役，有乡户、押录、投名三色人充役。除押录系年满拨充，投名人系招募外，惟乡户一色，方系定差人数。亦有酒场支酬长名衙前人数已定去处，不曾更差乡户衙前。其州县典吏、书手之类，自来亦多有投募去处，虑今来承受上项朝旨，却一例定差。又缘额管人数，自募役法行，诸处减数不少，祗应已得办集。若依今降指挥，依熙宁以前人数定差，虑民间虚有烦扰。欲乞先次行下诸路，除衙前一役先用坊场河渡钱，依见今合用人雇募，不足，方许揭簿定差。其余役人，除召募外，并依二月六日指挥定差。若有妨碍，即递限两月，体访役法的确利害申州，州申转运司保明闻奏，仍令逐州、军一面先申本所，其差衙前有妨碍，或别有利害，亦仰依闰二月四日指挥施行。其见役人如未有人替，仍许且支雇钱，候有人替，方得住支。"从之。寻又乞改"雇募"字作"召募"字，恐诸路疑惑复行雇法也。闰二月二十六日敕，申明改此"雇募"衙前字作"召募"字，此据荣州旧案。3，页8894—8895

【宋哲宗元祐元年（1086）闰二月】监察御史孙升言："祖宗以来，有刑部、大理，又设审刑纠察，按覆内外刑章。先朝于大理置狱，兼听推谳，而刑部独总天下之刑，其于明慎钦恤之志，固亦同矣。然而大理刑狱之长,如崔台符、蹇周辅、杨汲、王孝先、刘笃、张奕辈,是岂足以知先王忠厚之意哉!乞罢去台符辈,选公明经术之士为之。仍乞取索元丰以来大理因探报公事附会奏请法外断配人数,特乞放免,庶可以成先帝钦恤之志,广陛下好生之德。"诏御史中丞刘挚、给事中孙觉,取索元丰以来大理寺、开封府断遣过因内降探报公事元断犯及断遣刑名看详,内有不合受理并事涉冤抑者,具事理以闻。四月看详、诉理,当并考。二十四日张奕出守。孙升章当求全本,今有《奏议》十卷,独无此章。《旧录》云:由是,先帝惩奸罪恶,悉称冤抑,无复忌惮。《新录》已删去。13,页8904—8905

【宋哲宗元祐元年（1086）闰二月】殿中侍御史吕陶言:

都城之广,万众所聚,奸伪百出,刑讼实繁,推劾听断,尤宜详审。朝廷钦恤之意,防禁最密,每开封府大辟狱具,本处既已录问,则申刑部请覆其实,刑部乃关吏部差官同虑,谓之审问。因无翻异,则论决如律;事有可疑,则移治他司。盖所以察冤滥,而重人命也,安可徇一己之私见,而欲他人之必死乎?

臣伏见开封府勘小阿贾杀人公事,吏部差刘斐审问,斐看详案卷,称是情节可疑,遂疏述不圆七事,申刑部乞行会问。续据本府回报,三事并是误供,又据刘斐续条陈案节不圆一十二项,刑部既见刘斐所申如此,亦虑小阿贾之情或涉冤枉,遂付大理再推,庶得其实。即于格法,未见违戾。而知府蔡京辄有论奏,谓阿贾大情已正,便当处死,刘斐不合疏驳,刑部不当移推,皆宜论罪。其徇情好胜,逞威犯分,不顾义理,一至于此。且人命最重,死不复生,小节既是未圆,大情容有不实,若便将阿贾处死,则是大辟罪人,不须再行审问,三木之下,枉杀必多。况朝廷立法,极从仁爱,天下死罪稍涉疑虑可悯,并须奏听敕裁,多蒙宽贷,岂有不容问难,便欲行刑?

又缘录问条制,令移司勘逐者,指定不圆事节,回牒本处。今刘斐既疏述一十九事,皆是不圆,刑部须至重勘。若阿贾不行凶,则京显有残忍锻炼失入之罪。或阿贾委是正贼,则京犹有卤莽判押不职之愆。生杀之端,斐皆无过。若万一朝廷听其妄奏,加罪于斐,则向去审问之官,率皆畏避,不敢伸陈,被刑之人,多负抑屈,无所赴愬。况尚书刑部主天下狱讼,兼纠察在京刑狱之职,可以统辖开封,按劾其罪。今既举职,反为开封所劾,则上下之分颠倒错乱,非所以尊朝廷、风四方之意。31,页8913—8914

【宋哲宗元祐元年（1086）闰二月】刑部言："乞应该元丰八年三月六日登极赦以前杂犯配军，除元系军人配到及宣敕指挥永不放还者，更不移放外，其元犯杀人、放火、强盗、伪造符印、谋杀人、持杖窃盗罪至徒、犯杂死罪贷命，并余罪徒以上情理凶恶者，在京令所属及开封府步军司，诸路令转运使副判官、提刑司，取索元犯看详量移。"从之。39，页8916

续资治通鉴长编卷三百七十　宋哲宗元祐元年（丙寅，1086）

【宋哲宗元祐元年（1086）闰二月】左司谏王岩叟言："窃闻江西提举曾孝廉挟私不法，驱迫知抚州石禹勤下狱，差有嫌隙人李秠为勘官，非理凌虐。一月之间，致禹勤于垂命，至家一夕而卒。乞选朝臣就往根治，重行窜黜。"诏差钱垂范往抚州根治闻奏。李秠、钱垂范未详何官，十月二十八日，孝廉追停编管。10，页8940

【宋哲宗元祐元年（1086）闰二月】先是，给事中范纯仁言："臣窃见熙宁后来用'案问欲举'条，虽曾隐讳，终因罪人说出，并得减等。所以容奸太多，至强贼凶徒易为幸免，不肯改过，却致良民受害。遂至元丰八年四月二十六日别立条制，诸强盗已杀人、强奸，或犯强盗贷命者，若持杖三人以上，知人欲告、案问欲举而自首，及因人首告应减者，并不在减等之例。又至当年十一月四日，续降敕文，添入'余犯强盗，虽案问欲举而首不减'十三字。以臣看详，除已杀人、强奸，于法自不合首，不应更用案问减等外，其贷命及持杖强盗，一例不得减等，深为太重。窃缘赃满强盗，能告别火死罪，即得奏贷。今因案问，通出本火徒伴数目更多，亦须坐死。举重明轻，于理未当。至于一名独行强盗，若非实时捕获，则更无他人照证。因疑被执，赃物虽明，贼若隐拒，则官司无由用刑。今于赃证未明之间，其人便自招说，岂得不行减等？臣谨按《嘉祐编敕》：'应犯罪之人，或因疑被执，赃证未明，或徒党从就擒，未被指说，但因盘问，便具招承，如此之类，皆从律案问欲举首减之科。若曾经盘问，隐拒本罪，更不在首减之例。'此敕于理最当。所以仁宗朝用之，天下号为刑平。臣今乞应天下案问欲举，除于法不首不得原减外，其犯罪，并取《嘉祐编敕》内上条定断。其后来敕条，更不施行。如此，则不破敕律，用法当情，上以广陛下好生之德，下则无一夫不获之冤。"

又言："近因王震在假，权管勾刑房公事。窃见四方奏到大辟刑名疑虑及情理可悯公案，并用去年十一月二十三日敕，只委大理寺并依法定夺，更委刑部看详，如实有疑虑可悯，方奏取旨，余皆依法处死。臣体问未降此条以前，自前年十一月二十三日至去年十一月二十三日，一年之内，四方奏到大辟案共计一百四十六人，内只有二十五人处死，其余并蒙贷配，所活将及九分。自去年十一月二十三日降敕，后来至今年二月终，不及百日，奏案共一百五十四人，却有五十七人处死，计所活才及六分已上。臣固知去年十一月未降敕已前，全活数多，其间必有曲贷，然犹不失'罪疑惟轻'之仁。自降敕之后，所活数少，其间或有滥刑，则深亏'宁失不经'之义。臣乞今后四方奏到大辟疑虑可悯公案，并仰刑部、大理寺再行审覆，节略罪人所犯及本处原奏因依，令执政将上，乞自圣意裁断。如所奏或有不当，并与免罪。如此，则刑不滥施，死无冤人矣。"是日诏大辟刑名疑虑情理可悯公案，令刑部看详，不得致有枉滥。从纯仁之请也。二月末，纯仁奏请，附此。12，页8940—8942

【宋哲宗元祐元年（1086）闰二月】诏："保安军顺宁寨主许明，特罚铜十斤。鄜延路经略司、保安军，各特放罪。初，西人所将驼马驮乘过数，合给回，而明辄以车马般载赴阙故也。31，页8956

续资治通鉴长编卷三百七十一　宋哲宗元祐元年（丙寅，1086）

【宋哲宗元祐元年（1086）三月】己巳，枢密院言，修定《诸将巡教例物条》。从之。17，页8990

【宋哲宗元祐元年（1086）三月】管勾看详诉理所言："看详进状诉理人若不立定期限，窃虑无以结绝。欲乞应熙宁元年正月已后，至元丰八年三月六日赦前，命官诸色人被罪，合行诉理，并自降今来指挥日与限半年进状。先从有司依法定夺，如内有不该雪除及事理有所未尽者，送本所看详。"从之。始命看详诉理在闰月四日。《旧录》云：先帝信赏必罚，十有九年。陵土未干，刘挚建言许被罪者理诉，置司设属，以故人人以冤自列。既扬先帝之失刑，欲示宽大，又收被罪不忠之臣，悉为己用，仍以先帝上宾之日为断限。忠义之士，益以叹愤。《新录》辨曰：以谓先帝信赏必罚之所加，永不可息。又谓被罪者悉不忠之臣，永不可用，此非先帝之意也。其言元丰八年三月六日赦前者，盖用哲宗践阼大赦之日，许其诉理，而乃因其疑似，辄指为先帝上宾之日，非诏旨也。删去自"先帝信赏"至"叹愤"七十八字。八月六日又展限。34，页8995

续资治通鉴长编卷三百七十二　宋哲宗元祐元年（丙寅，1086）

【宋哲宗元祐元年（1086）三月】给事中王震等言："准诏看详六曹寺监文字，稽违法令，请在京官司吏人稽缓制书及文书稽程，并合依律断罪。及六曹寺监各置杖直、医人、狱子一名。本司并本辖事非追究者，杖已下并本处勘断。"从之。王震此时安在？9，页9011—9012

【宋哲宗元祐元年（1086）三月】户部言：自新法已前，旧法役人主典官物，致有失负、水火、忘失，虚降帐籍之数，欲令逐司并特与除放。从之。10，页9012

【宋哲宗元祐元年（1086）三月】详定役法所言："坊场、河渡钱，元用支酬衙前重难、添酒钱等，准备场务陪费。如此之类，名件不一。除依条合支外，欲并拘留，以备招募衙前，支酬重难及应缘役事之用。"从之。16，页9013

【宋哲宗元祐元年（1086）三月】详定役法所言，诸路见行出卖坊场、河渡等，并应合支酬招募衙前使用钱物，未有所隶。诏令提点刑狱司主之。19，页9015

【宋哲宗元祐元年（1086）三月】尚书省言："请自今申奏强劫十人凶恶或军贼五人以上，合降朝旨收捉者，更不送刑部，直送中书省取旨。"从之。20，页9015

续资治通鉴长编卷三百七十三　宋哲宗元祐元年（丙寅，1086）

【宋哲宗元祐元年（1086）三月】刑部言："大理寺勘到捧日军使唐

宣藏刀入崇政殿门，偷割捧日军使张用银带，殿前都指挥使燕达乞以唐宣赴本营前，集众法外重行处置。"诏"唐宣特刺配沙门岛，永不放还。"7，页9025

【宋哲宗元祐元年（1086）三月】诏御使中丞刘挚、右正言王觌、刑部郎中杜纮，将《元丰敕令格式》重行刊修。

先是，挚言："法者，天下之大命也，先王制法其意使人易避而难犯，故至简至直，而足以尽天下之理；后世制法，惟恐有罪者之或失也，故多张纲目，而民于是无所措其手足矣。世轻世重，惟圣人为能变通之。祖宗之初，法令至约，而行之可久，其后大较不过十年一变法。岂天下之大，民物之众，事日益滋，则法不可以不密欤？臣窃以谓非事多而后法密也，殆法繁而后奸生也。神宗皇帝达因革之妙，尤重宪禁。元丰中，命有司编修敕令，凡旧载于敕者多移之于令。盖违敕之法重，违令之罪轻，此足以见神宗仁厚之德，哀矜万方，欲宽斯人所犯，恩施甚大也。而所司不能究宣主德，推广其间，乃增多条目，离析旧制，用一言之偏而立一法，因一事之变而生一条，其意烦苛，其文隐晦，不足以该万物之理，达天下之情，行之几时，盖以屡变。今所谓续降者，每半年一颁，每次不减数帙矣。夫法者，天下之至公也。造之而不能通，故行之而不能久，其理然也。又续降多不显言其所冲改，故官司州县承用从事，参差抵牾，本末不应，非所谓讲若画一，通天下之志者也。臣愚以谓宜有所加损润泽之，去其繁密，合其离散，要在简易明白，使民有所避，而知所谓迁善远罪之意。伏望圣慈酌时之宜，明法之用，选择一二儒臣有经术，明于治体，练达民政者，将庆历、嘉祐以来旧敕，与新敕参照去取，略行删正，以成一代之典，施之无穷。"

又言："常平差役法及罪人就配法，今已更改，于敕内关涉不少，以此须至删修。正任刺史以上致仕，于《嘉祐禄令》，料钱衣赐依分司官例，分司官依现任官例支给。至熙宁四年五月圣旨指挥，致仕正任给金吾卫大将军俸，则是已冲改《嘉祐令》。今来《元丰敕》却依《嘉祐禄令》立文，即不知熙宁七年及元丰六年编敕日，因何漏落熙宁四年续降指挥？访闻在京支正任致仕俸料，并依熙宁四年指挥，其外路多依《嘉祐令》支给。内外法令如此不同，虑其间更有此类，不可不行增修。"

右谏议大夫孙觉亦言："臣窃闻中外之议，以为今日之患，切于人情者，莫甚于《元丰编敕》细碎烦多，难以检用。而因事立法，不可通行者，其间不一。虽有老于为吏，习于用法者，亦或莫能通晓。至有一条分为四五，缓急不相照会，其细碎如此，岂所谓王者之法如江河，使人易避而难犯也？臣愚窃以谓，今者朝廷务为简易，使就宽平，法当使人人通晓，不难了知，累朝编敕是也。至于引用断罪，先据律文，后乃铺编敕、格、令。今敕条如律，即是律可废也。伏乞圣慈特置一修敕局，格、令、式附之，择取臣僚中晓经术义理，法律详明，不至深刻者五七人，依故事大臣典领，应省、寺修敕令格式者并付之，事有损益即可施行者，先次行之。如此，则朝廷仁厚爱育之意可以宣布四方，而刻薄之风浸以衰息矣。"于是有刊定修立之命。"重行刊定修立"，此《旧录》本语，今用之。《旧录》云：先帝命官修敕令格式，亲为体制，施行未几，吏习民安。时欲大变革，故修改焉。《新录》已削去。8，页9025—9027

【宋哲宗元祐元年（1086）三月】判大名府韩绛言："公使供馈条禁太密，乞删去监司卖酒及三路馈遗。"从之，令刑部先次立法。18，页9034

【宋哲宗元祐元年（1086）三月】壬午，刑部修立到《重禄条》，从之。21，页9036

【宋哲宗元祐元年（1086）三月】诏内臣甘承立更不结案，特除名勒停，免真决，不刺面，配韶州牢城，以言者谓承立市木荆湖，凌虐工匠致死故也。《旧录》云：承立被先帝旨，市木于荆湖。言者谓承立不立案，凌虐工匠致死，坐配流。《新录辩》曰：甘承立以凌虐工匠致死，坐配，此有司常法，不当引先帝为言。自"承立"至"坐配流"二十八字并删去。去年六月二十四日送湖北取勘。22，页9036—9037

【宋哲宗元祐元年（1086）三月】尚书省上所修《吏部四选敕令格式》，乞先次颁降。从之。25，页9037

【宋哲宗元祐元年（1086）三月】诏府界诸路人户买扑坊场见欠课利，并抽纳贯税钱及过限倍税钱，令户部许以息罚钱充折官本，已纳及官本即放免。并坊场净利钱，见今孤贫不济，即权住催理积欠，免役钱与减放一半带纳。其败阙坊场、委实停闭，官司不为受理词诉。令依旧认纳课利、净利者，疾速根究诣实，所欠课利，特与除放，讫，以闻。33，页9041—9042

【宋哲宗元祐元年（1086）三月】户部言："臣僚上言乞罢榷酤之禁。本部看详：《元丰令》即无榷禁之文，欲乞约束申明行下。"从之。《新录》但云"从之"，不书"本部看详"，今从《新录》。35，页9042

【宋哲宗元祐元年（1086）三月】户部修定《郑、滑州捕盗赏钱法》。从之。37，页9042

【宋哲宗元祐元年（1086）三月】丙戌，看详诉理所言："见行看详大理寺、开封府自元丰八年三月六日以前断遣过因内降探报公事案款文字外，有御史台上件年月日勘断过者，请取索看详。"从之。新削。39，页9042—9043

续资治通鉴长编卷三百七十四　宋哲宗元祐元年（丙寅，1086）

【宋哲宗元祐元年（1086）夏四月】京西提刑司言："省部条贯，除直下外，有诸州条贯，付转运司押牒入递，分送诸州，率多迟滞。欲乞应颁降新法，以所下转运司印本移送进奏院，令本院坐省符连牒，发送诸州、诸路。"从之。12，页9058

【宋哲宗元祐元年（1086）夏四月】诏："元丰七年七月二十日修立《应典卖田宅私写契书并不系籍定牙人衷私引领交易法》，更不施行。"28，页9065

【宋哲宗元祐元年（1086）夏四月】壬辰，以时雨稍愆，疏决在京系囚，杂犯死罪以下递降一等，至杖释之。42，页9069

【宋哲宗元祐元年（1086）夏四月】中书舍人苏轼详定《役法》。
先是轼言：
臣窃见先帝初行役法，取宽剩钱不得过二分，以备灾伤，而有司奉行过当，通行天下乃十四五。然行之几十六七年，尝积而不用，至三千余万贯石。先帝圣意固自有在，而愚民无知，因谓朝廷以免役为名，实欲重敛。斯言流闻，不可以示天下后世。臣谓此钱本出民力，理当还为民用。

不幸先帝升遐，圣意所欲行者，民不知也，徒见其积，未见其散。此乃今日太皇太后陛下、皇帝陛下所当追探其意，还于役法中散之，以塞愚民无知之词，以兴长世无穷之利。

臣伏见熙宁中尝行《给田募役法》，初行《给田募役法》，在熙宁七年五月二十四日辛酉，罢在八年四月十三日癸酉。其法，以系官田如退滩、户绝、没纳之类，及用宽剩钱买民田以募役人，大略如边郡弓箭手。臣知密州，亲行其法，先募弓手，民甚便之。曾未半年，此法复罢。臣闻之道路，本出先帝圣意，而左右大臣意在速成，且利宽剩钱以为他用，故更相驳难，遂不果行。

臣谓此法，行之盖有五利。朝廷若依旧行免役法，则每募一名，省得一名雇钱，因积所省，益买益募。要之，数年雇钱无几，则役钱可以大减。若行差役法，则每募一名，省得一名役钱，色役既减，农民自宽，其利一也。应募之民，正与弓箭手无异，举家衣食出于官田，平时重犯法，缓急不逃亡，其利二也。今者谷贱伤农，农民卖田，常苦不售，若官与买，则田谷皆重，农可少纾，其利三也。钱积于官，常苦币重，若散以买田，则货币稍均，其利四也。此法既行，民享其利，追悟先帝所以取宽剩钱者，凡以为我用耳！疑谤稍释，恩德显白，其利五也。

独有二弊：贪吏、狡胥与民为奸，以瘠薄田中官，雇一浮浪人暂出应役，一年半岁，即弃而走，此一弊也。愚民寡虑，见利忘患，闻官中买田募役，即争以田中官，以身充役。业不离主，既初无所失，而骤得官钱，必争为之。充役之后，永无休歇，患及子孙，此二弊也。但当设法以防二弊，而先帝之法决不可废。

今日既欲尽罢宽剩钱，将来无继。而系官田地数目不多。见在宽剩钱虽有三千万贯石，而兵兴以来，借支几半。臣今擘画，欲于内藏库钱帛中，支还兵兴以来所借钱斛，复全三千万贯石，于河北、河东、陕西被边三路行给田募役法，使五七年间役减大半，农民富厚，以备缓急，此无穷之利也。今弓箭手有甲马者，给田二顷半，此以躯命偿官，且犹可募，则其余色役，召募不难。臣谓良田二顷，可募一弓手，一顷可募一散从官，则三千万贯石可以足用。谨具合行事件，画一如左：一、给田募役，更不出租，依旧纳两税，免支移折变。一、今来虽有一顷二顷为率，若所在田不甚良，即临时相度，添展亩数，务令召募得行。但役人所获稍优，则其法坚久不坏。一、今若立法，便令三路官吏推行，若无赏罚，则官吏不任其责，谬悠灭裂，有名无实；若有赏罚，则官吏有所趋避，或抑勒买田，或召募浮浪，或多买瘠薄，或取办一时，不顾后患。臣今擘画，欲选才干朴厚知州三人，令自辟属县令，每路一州，先次推行，令一年中略成伦理。一州既成伦理，一路便可推行。仍委转运、提刑常切提举，若不切实推行，或推行乖方，朝廷觉察，重赐行遣。一、应募役人夫，大抵多是州、县百姓，所买官田，去州、县太远，即久远难以召募。欲乞所买田，并限去州若干里，去县若干里。一、出榜告示，百姓卖田如系所限去州县里数内，仍及所定顷亩，或两户及三户相近，共及所定顷亩数目亦可。即须先申官，令、佐亲自相验，委是良田，方得收买。如官价低小，即听卖与其余人户，不得抑勒。如买瘠薄田，致久远召募不行，即官吏并科违制，分故失定断，仍不以去官赦降原减。一、预先具给田顷亩数，出榜召人投名应役，第二等以上人户许充弓手，仍依旧条拣选人材。第三等以上许充散从官。以下色役，更不用保。如等第及，即召第一等一户，或第二等两户委保。如充役七年内逃亡，勒元委保人承佃充役。一、每买到田，未得支钱，先召投名人承佃充役，方得支钱，仍不得抑勒。一、卖田入官，须得交业与应募人，不许本户内人丁承佃充役。一、募役人老、病、走、死、犯徒以上罪，即须先勒本户人丁充役。如无丁，方别召募。一、应募人交业承佃后，给假半年，令葺理田业。一、退滩、户绝、没纳等系官田地，今后不许出卖，更不限去州县里数，仍以肥瘠高下品定顷亩，务令召募得行。一、系官田若是人户见佃者，先问见佃人，如无丁可以应募，或自不愿充役者，方得别行召募。

右所陈五利二弊及合行事件一十二条，伏乞朝廷详议施行。然议者必有二说，一谓召募不行，二谓欲留宽剩钱斛以备他用。臣谓有以应之。富民之家，以二三十亩田，中分其利，役属佃户，有同仆隶；今官以两顷、一顷良田，有税无租，而人不应，岂有此理？又弓箭手已有成法，无可疑者。宽剩役钱本非经赋常入，亦非国用所待而后足者，今付有司，逐旋支费，终不能卓然立一大事，建无穷之利，如火铄薪，日灭日亡；若用买田募役，譬如私家变金银为田产，乃是长久万全之策。深愿朝廷及此钱未散，立此一事。数年之后，钱尽而事不立，深可痛惜。臣闻孝子者，善继人之志，善述人之事。武王、周公所以见称于万世者，徒以能行文王之志也。昔苏绰为魏立征税之法，号为烦重，已而叹曰："此犹张弓也，后之君子，谁能解之？"其子威侍侧，闻之，慨然以为己任。及威事隋文帝为民部尚书，奏减赋役，如绰之言，天下便之。威为人臣，尚能成父之志，今给田募役，真先帝本意，陛下当优为武王、周公之事，而况苏威区区人臣之孝，何足道哉！臣荷先帝之遇、保全之恩，又蒙陛下非次拔擢，思慕感涕，不知所报。冒昧进计，伏惟哀怜，幸甚！

诏送役法所。轼议送役法所，据《上官均家传》。按详定役法，在元祐元年二月二十八日。又按轼元祐二年二月一日缴进此议，云元丰八年十二月草此，元未果上。然王岩叟驳轼议，则云："复行差役方数日，轼有此议。"按复行差役，乃元年二月六日，若轼元不上此议，岩叟何从而驳之。盖轼八年十二月草此议，未即上，至元年二月六日后固已出之。其送役法所，当是二月二十八日后，今因轼详定役法，附元年四月六日。二年三月末王岩叟等驳议可考。45，页9071—9075

【宋哲宗元祐元年（1086）夏四月】刑部言，立《聚集生徒教授辞讼文书编配法及告获格》①。从之。51，页9076

【宋哲宗元祐元年（1086）夏四月】江南西、荆湖南路按察司言："兴国军管勾盐事通判路适状内，有盐铺户王皋称'本县抑令投充。'本司牒使改正，乃称王皋等妄陈状词，显是愚暗。"诏路适特差替。61，页9078

【宋哲宗元祐元年（1086）夏四月】诏："保正、长受乞财物依差夫团头法编配条更不施行。有犯，依常法。其缘上条已编配过人，并特与放还。"从宣义郎刘谊之请也。新无。62，页9078

【宋哲宗元祐元年（1086）夏四月】礼部言："太皇太后坤成节，已有朝旨，诸般恩礼并增一倍外，其岁时合供奉物色，亦合增一倍供纳。乃乞下详定敕式所编修施行，更不增奉。""更不增奉"，必有脱误。新、旧《录》并如此，当考。63，页9079

【宋哲宗元祐元年（1086）夏四月】又言："国子监太学生条，每月私试，丞、簿一员封弥，律学官巡铺外舍，自来关内侍省差内臣一员，及申朝廷封弥官二员、巡铺文臣一员。看详铺外舍系附私试大义日，止是别为号，其差官合依私试法。"从之。64，页9079

【宋哲宗元祐元年（1086）夏四月】门下、中书外省言："取到户部左右曹、度支、仓部官制条例，并诸处关到及旧三司续降并奉行官制后案卷、宣敕，共一万五千六百余件。除海行敕令所该载者已行删去，他司置

---

① 此法仍是宋朝公开禁止民间私自教授法律与诉讼技巧的法律。

局见编修者各牒送外，其事理未便顺，并系属别曹合归有司者，皆厘析改正，删除重复，补缀阙遗。修到敕令格式一千六百一十二件，并删去一时指挥，共六百六十二册，并申明画一一册，乞先次颁行，以《元丰尚书户部度支金部仓部敕令格式》为名。所有元丰七年六月终以前条贯，已经删修者，更不行用。其七月以后条贯，自为后敕。"

又言："上供钱物，旧三司虽置吏拘催，然无总领。止据逐案关到上簿，如有不至，遂相因习；岁月之久，官吏迁易，无以拘考。今户部虽有分职，度支主岁计，金部以度支关到之数拘催，然漫无格法。本省昨取索，欲类以成书，而诸案文簿无可考校。已询诸库务，求访旧籍，互相照验，修立为格。其间不备事节，虽据所见送本部看详，缘事干诸路，尚虑有未尽不同事。乞令本部取索点勘，如有未尽、不同事件，即补正添入。"并从之。66，页9079—9080

续资治通鉴长编卷三百七十五　宋哲宗元祐元年（丙寅，1086）

【宋哲宗元祐元年（1086）四月】诏："在京并开封府界诸县见禁罪人，内有根究未见本末，或会问结绝未得者，在京差左司谏王岩叟，开封府界诸县差监察御史孙升，亲往逐处分视狱囚，与当职官同看详，除已杀人及重伤守辜外，余并酌情约法，一面区断。内府界诸县徒罪已下不该刺配者，亦许一面断遣讫奏。应照证未圆、会问未到者，并召保知在，听候断遣。"《新录》但云亲往分视狱囚，约法断遣。"与当职官"以下并削去。13，页9088

【宋哲宗元祐元年（1086）四月庚子】看详诉理所言："刑部等处送到官员诸色人犯罪进状理雪公案，其间有一案干连数人，内有情犯一般者，并合一体施行。缘系不经进状之人，故未敢便行一处看详闻奏。"诏令一处看详闻奏。24，页9092

【宋哲宗元祐元年（1086）四月】国子监言："太学生员犯屏出学，情轻满三年，及告假逾限除籍者，自来并合依条补试入学。今来该登极大赦，其犯学规未得入学人，情理可矜者，取朝廷指挥，依旧入学。本条即无补试之法，反轻于告假逾限除籍之人，未得均一。又缘所犯内有与同保连坐之人，元非自犯，情理至轻，兼同坐之法今已除去，若更令补试入

学，于理未安。欲乞为两等，其身自犯者，仍依学令补试入学；其系与保人连坐者，更不补试。"从之。45，页9098—9099

【宋哲宗元祐元年（1086）四月】详定役法所言："准敕，官员授差遣，在二月七日敕赴任前九十日限内者，并给雇钱。若以限后更不支雇钱，则诸路役人复苦迎送之劳，深为未便。欲乞应官员旧差公人，合请接送等雇钱者，并依元丰令施行。其钱以免役剩钱支给，候役法成书，即别行详定，于出卖坊场等钱内应副。其八路选人员缺，已降指挥，除水土恶弱及有专条并差摄官等处依旧，并归吏部差注。"诏八路选人接送雇钱，依详定役法所奏。54，页9100—9101

【宋哲宗元祐元年（1086）四月】诏："铜、锡、鍮石，依旧禁榷，有犯并私造作及与人造作器用，罪、赏依嘉祐编敕法。除诸军官员器用、鞍辔及寺观士庶之家古器、佛道功德像、钟、磬、铙、钹、铃杵、相轮、照子等许存留外，余铜器限一百日赴官送纳，每勒支钱二百文。限满不纳，杖一百，物没官。从左正言朱光庭之请也。《新录》云，乙巳，禁以铜、鍮讯石为器，七月末，刘挚云云。五年正月二十四日又立禁。59，页9103

【宋哲宗元祐元年（1086）四月】光庭又言："欲乞选官置局，取索户部天下一岁之所出入，与三年郊赏，四夷岁赐，凡百经费，并行会计。内可省者，则从而省之，量入为出，著为令式。"诏："朝廷累行戒饬，中外财利之臣，不得擅敛侵民。其邦赋之入，盖有常制，若不裁减浮费，量入为出，深虑有误国用大计。宜令户部尚书、侍郎同相度裁减，条析以闻。"《新录》云："诏户部裁冗费，著为令。"三年闰十二月八日。60，页9104

【宋哲宗元祐元年（1086）四月】门下、中书后省言："六曹条，可以限内编修了当。其寺、监条，取自朝廷指挥，所以三省、秘书、殿中省、理检院、尚衣库条贯，乞一处照会。其六曹，限一季编修，所有拟进格断例，系置局在后，乞量给宽限。"诏："寺、监、秘书省条及拟进格断例，令门下、中书后省限半年编修，余更不修定。"61，页9104

【宋哲宗元祐元年（1086）四月】看详诉理所言："本所胥吏虽行仓法，尚虑别有传达漏泄，乞并依漏泄察案事条施行。"从之。69，页9109

续资治通鉴长编卷三百七十六　宋哲宗元祐元年（丙寅，1086）

【宋哲宗元祐元年（1086）四月】诏："每遇科举诏下，令文官升朝以上、无赃罪及无私罪者，于应进士举人，不拘路分，不系有服亲，各奏举经明行修一名。候将来解发及南省奏名内，每人名下注'经明行修'字，至殿试唱名日，各升一甲姓名。如历官后犯正入己赃及违犯名教，断讫收坐，举主并依举选人转京官减一等。"20，页9117

【宋哲宗元祐元年（1086）四月】三省、枢密院言：犯罪因疑被执，如因诘问，能自首服，并依案问欲举自首法；即经问不承，不在减例。从之。23，页9118

【宋哲宗元祐元年（1086）四月】殿中侍御史林旦言："《元丰令》：'诸录囚以始末案状照对，事无可疑，乃读示所承审取伏状。即罪人翻异若家属称冤，申所属为速换推'。又'决大辟于市，遣他官与掌狱官同监，量差人防护，仍先给酒食，听亲戚辞诀，示以犯状，不得掩塞其口，及令人众奔噪。并以未、申二时行决，经宿乃许收瘗'。又'诸州大辟囚，或官员已结正而翻异，或其家属称冤者，并马递申提点刑狱司审察'。朝廷矜悼愚民自陷刑辟，必不得已而后决，求所以生之之意，亦可谓尽矣。故其情斯得，虽死无憾，天下州郡无敢不奉行者。窃闻在京大理寺、开封府司、左右军巡司，凡有推问囚徒，多是勘官畏避嫌疑，或利于苟简，不肯亲临讯问，鞭棰枷锢，一切委于胥吏。又窃见决囚于市，若已困于缧绁棰楚者，则篮舁以行。纵可步履，必窒塞口耳，又以纸钱厚蒙其首，军巡、狱子百十其群，前后遮拥，间以铁锤击枷，传呼鼓噪，声不暂止。罪人虽欲称冤，无复有可言之理，亲戚辈亦何缘与囚辞诀，以此其间不能无滥。陛下遣谏官、御史分决诸城畿甸之狱，仰惟圣心哀矜恻隐，可谓至矣。然臣之此行，不过办决一时囚系而已，若讯囚徒、决大辟，如前所言，则民之蒙害，固未艾也。伏愿申明推鞫虑问及决囚条制，戒敕狱官，务在遵守。若尚敢违敕，令统辖官司觉察按劾，并许被苦之家申诉，立为受理。不奉法者，并以违制论，知而不按者，准此。所贵积年之弊，自此顿革，辇毂之下，无有冤人。"诏刑部立法以闻。26，页9118—9119

【宋哲宗元祐元年（1086）四月】监察御史韩川乞除官局依旧不许接宾客，外内禁谒，并行废罢。监察御史上官均乞除开封、大理官局依旧禁谒外，其余一切简罢。如罢禁后，大小之臣，或敢挟私背公，慢职玩令，执法言事之吏，得以纠举上闻，黜之谪之，谁敢不服。其于治体，实非小补。尚书省看详："禁谒之法，盖防嘱请，或于职事妨废，其安抚司管勾机宜文字、勾当公事官，难为均立条禁，今欲删去。及台谏、开封府、大理寺官、在京管军臣僚，各依旧条外，其内外法禁太重，理合裁损。及在京通用等条件至繁，及有拘碍未尽，宜随事改修。所有申明朝旨内门客、僧道、伎术许往还一节，已于下条修立。管勾庄产、媒保之类，并得朝假，不限禁谒，亦自依旧。兼不系改修条内所立刑名，宜依今来所定。其旧系徒二年，悉从杖一百。本应轻者，职从本条。"并从之。《新录》于"小补"下删修云："尚书省看详，参用旧条，申饬禁谒之制，其旧系徒二年者"云云。27，页9119—9120

【宋哲宗元祐元年（1086）四月】给事中胡宗愈言："河北转运使范子奇奏乞三路转运判官依转运使支见钱，准朝旨，依。臣恐远近相师，贪冒成俗，破法申请，无有已时，禄廪增加，何有艺极。其范子奇欲乞三路转运判官支见钱，伏乞只依旧法折支。"从之。28，页9120

【宋哲宗元祐元年（1086）四月】尚书省言："群盗作过，事出仓猝，稍失处置，恐别致生事。自来未有指挥，许本路安抚、总管或钤辖司酌情处断，今将元条添修，事干边防及机速军人犯罪及群盗十人以上，难依常法者，申安抚、总管及钤辖司详酌处断讫奏。"从之。

又言："官员犯罪曾经赦宥者，依赦合依无过人例，自来刑部皆具钞拟画闻。缘既依赦法合行除免，自亦不消具钞，只可都省处分施行。"从之。新无。

又言："自来应干条贯，并随事付六曹施行，诸房又须关制敕库房，其六曹复又申本房照会，显属重复。今欲令诸房更不关报，只令承受官司依旧誊申，付本房照会。"从之。新无。29，页9120—9121

【宋哲宗元祐元年（1086）四月】又言："旧例，误断罪致降特旨，后来理雪改正者，并理元断月日。今诉理所看详到情实可矜、理当亏除之人，合依今来特旨施行，欲更不理元断月日。"从之。39，页9124

【宋哲宗元祐元年（1086）四月】尚书省言："远方奏谳待报者甚众，动经岁月，淹禁罪人，极为不便。欲川、广、福建、荆湖南路罪人系情轻法重合奏断者，申安抚或钤辖司酌情决断讫奏。"从之。47，页9125

续资治通鉴长编卷三百七十七 宋哲宗元祐元年（丙寅，1086）

【宋哲宗元祐元年（1086）五月】尚书省言："旧制以赃抵罪，重轻有等。今又立重法，则是罪均刑异，未称朝廷矜恤之意，请罢诸路重禄法，犯者自依常法，及复熙宁已前吏禄。"从之。《旧录》云：嘉祐已前更不给禄，货赂请托公行，以货之多寡轻重为事之枉直，先帝闵焉。庶人之在官者，受赃一钱抵罪。以故刑不滥，民受赐，至此改之。《新录》辨曰：既复熙宁已前吏禄，则改熙宁已后吏禄法自可见，不必更载，今删去。5，页9148

【宋哲宗元祐元年（1086）五月】己未，门下省言："开封府大理寺奏勘到案牍，并降付本省次第书判，方送大理寺定断，遂成迂滞。请自今令有司于奏案内贴，'乞降付大理寺及开封府大理寺案牍。'直候断出刑名到省，方行封驳。"从之。15，页9150—9151

【宋哲宗元祐元年（1086）五月】京东路提点刑狱司言："提举司别有帐，今敕并依嘉祐常平仓法，按《嘉祐编敕·仓敕》，经本处钩磨，申司农寺缴牒，三司送钩。今义仓、免役虽罢，缘有官物出入，系帐司拘管，其文帐须吏人钩考，乞令提刑司候及二年别具裁损。"从之。新削去。32，页9161

【宋哲宗元祐元年（1086）五月】详定元丰敕令所刘挚等言："伏闻刑部郎中杜纮已降敕命同黄廉相度茶法，臣等窃见自来编修官差移不定，难得成书。盖前官虽已尽心，后官岂敢凭信！却须尽究本末，若便创行编修，兼所见异同，须有移易，不惟岁月淹久，亦致议论难合。今来重修元丰敕令格式方始置局，杜纮职在详定，朝廷许令权罢刑部签书，盖是欲其专一，忽差远使秦蜀，臣等深所未喻。况纮晓习法令，同辈少比，如或改差，必难得如纮称职。臣等欲乞朝廷别差官相度茶法，令纮得尽详定之效，庶几编敕早见成书。"从之。纮竟无代者，二十六日可考。39，页9162

【宋哲宗元祐元年（1086）五月】殿中侍御史林旦言："熙宁初改议助役法，知许州长葛县事乐京，知唐州湖阳县事刘蒙，各因入州会议役法，遂自劾待罪，作擅去官公罪徒二年，各追一官勒停，情实可矜，愿令有司改正。"又看详诉理所言："乐京言役法不便，自劾待罪，断徒二年公罪，即与擅去官事理不同，合从宽减。"诏京特与除落，仍落致仕，授承议郎，召赴阙。蒙物故，赐帛五十匹付其家。京、蒙去官在熙宁四年十二月。40，页9163

【宋哲宗元祐元年（1086）五月】刑部言："旧刑部覆大辟系置详覆司，自官制行，详覆案归逐路提刑司，刑部不复详覆，亦不置吏。今当复置详覆案，置行案二人，不行案二人，其职级止用本部旧人，毋用专置。"从之。43，页9163

【宋哲宗元祐元年（1086）五月】殿中侍御史林旦奏："乞特诏有司，以臣所言，参用前议，铨择在京仓库场务及刑狱官司应用仓法者，许仍旧外，他司官吏各随罪犯以敕律科断，其缘而制禄者，视此裁损，所有向来迁补出职合得恩例，却依旧法施行。"从违当考。49，页9166

【宋哲宗元祐元年（1086）五月】丁卯，诏大理评事以上毋得更试刑法。50，页9166

续资治通鉴长编卷三百七十八　宋哲宗元祐元年（丙寅，1086）

【宋哲宗元祐元年（1086）五月】诏大理寺公案日限，大事减十日，中事、小事各减五日。3，页9173

【宋哲宗元祐元年（1086）五月】中书省请自今蕃部有犯，除依法合裁减外，并令本处依条断遣，毋得一例申奏。从之。5，页9173

【宋哲宗元祐元年（1086）五月】壬申，文彦博言："复旧差役法，议臣之中少有熟亲民政者，故议论不同。刺史、县令最为亲民之官，且专委守令差定役人编成籍，条列自来体例条贯上转运司，如各得允当，即具

申奏，仍稍宽期限，使尽利害，其详定役法所止据逐路申陈看详定夺。"诏付详定役法所。15，页9176

【宋哲宗元祐元年（1086）五月】详定役法所言："《元丰令》：'场务钱每年于诸路移那一百万贯赴内藏库寄帐封桩'，请自今留以招募衙前，支酬重难，及应缘役事等费。"从之。23，页9177

【宋哲宗元祐元年（1086）五月】贴黄称："准《律》：诸父母丧匿不举哀者，流二千里。今定所犯，非独匿而不举，又因人言遂不认其所生，若举轻明重，即定所坐，难议于流二千里已下定断。"王岩叟等劾李定与张诚一，同见四月二十六日。《旧录》载定事殊略，且为之辞曰："定不知所生，父没，始解官持心丧，刘挚言其不持服也。"《新录》因旧文稍删改云："定父没，始解官持所生母心丧，刘挚言其不持服。"按《旧录》盖定之党所为，故不敢正言其罪。《新录》亦复承用悖语，诚不可晓。今取苏轼等缴奏具载，要须附以刘挚本章，如轼等所论，父年八十九岁乃乞侍养，必挚本章所指也。挚奏集及遗稿今皆无此，又不知轼等缴词头后如何行遣。六月二十八日再奏，仍坐岩叟章。25，页9178

【宋哲宗元祐元年（1086）五月】详定役法所言："新敕罢天下免役钱。缘《元丰令》修造营房给免役剩钱，又和雇递马及雇夫，并每年终与转运司分认三十贯以下修造及旧系役人陪备脚剩之类，更有诸州造帐人请受，并巡检司马递铺曹司系代役人应用纸笔，并系支免役钱。今请支现在免役剩钱，候役书成，别行详定。"从之。其免役积剩钱、应副不足处，依嘉祐已前敕条，条不载者奏。王岩叟言福建免役剩钱或附此，已附二月六日。又十二月二十四日诏诸路坊场免役剩钱，三路外许留一半，可参考。40，页9186

【宋哲宗元祐元年（1086）五月】右司谏苏辙言："臣闻世无不弊之法，虽三代圣人之政，不免有害。故神而明之，存乎其人。臣窃见朝廷近罢免役，复行差役。小民初免出钱，鼓舞相庆，士大夫因民之喜，以为差役一行，可坐而无事矣。臣之愚意，以为免役之害虽去，而差役之弊亦不可不知也。敢推言其故，惟陛下察之。国朝因隋唐之旧，州县百役，并差乡户，人致其力，以供上使。岁月番休，劳佚相代。吏若循理，不以非法加民，则被差之人本无大苦。然役人既是税户，家有田产，诛求必得，吏少廉谨，凡有所须，不免侵取。故祖宗之世，天下役人，除正役劳费之外，上自衙前，有公使厨宅库之苦；中至散从官、手力，有打草供柴之劳；下至耆长、壮丁，有岁时馈运之费。习以成俗，恬不为怪。民被差役，如遭寇虐。神宗皇帝照知此害，始议立免役之法。前弊虽解，而所取役钱多收宽剩，民间难得见钱，日益贫瘁。今朝廷既已复行差役，除见议衙前差募未有成法外，其余耆壮、户长、弓手、散从官役一切定差。贪官暴吏私窃以此相贺。何者？市井之人，应募充役，家力既非富厚，生长习见官司，官吏虽欲侵渔，无所措手。今耕稼之民，性如麋鹿，一入州县，已自慑怖。而况家有田业，求无不应，自非廉吏，谁不动心？妄意朝廷既行差役，凡百侵扰，当复如旧。访闻见今诸路此弊已行，臣恐稍经岁月，旧俗滋长，役人困苦，必有反思免役之便者，其于圣政为损不细。顷者朝廷初革众弊，士怀异议，多被迁逐，睥睨新政，幸其不成者非一人也。若此弊不除，使民有怨言，彼立异之人，他日必指以为据。臣欲乞明降诏书，丁宁戒敕监司长吏，使知朝廷爱惜乡差役人，与神宗朝爱惜雇募役人无异。应系日前约束官吏侵扰役人条贯，使刑部录出具委无漏落，雕印颁下，令一切如旧，出榜州县，使民知之，仍常加督察。有犯不能觉察，致因事发露者，重其坐。庶几民被差役之利，而无差役之害，然后天下蒙赐深矣。"44，页9189—9190

续资治通鉴长编卷三百七十九　宋哲宗元祐元年（丙寅，1086）

【宋哲宗元祐元年（1086）六月】诏吏部重修《简要选法》以闻。37，页9215

【宋哲宗元祐元年（1086）六月】又诏："杂役配军，诸路州、军并配本州牢城。在京者，元配广南，分配东西窑务。三千里者，配车营务。二千里者，分配广固。指挥自今犯杖以上罪，并依元犯配行。"38，页9215

【宋哲宗元祐元年（1086）六月】右司谏苏辙言："青苗之害民，朝廷之所患也。罢而不尽，废而复讲，使天下之人疑朝廷眷眷于求利，此臣之所深惜也。向者朝廷申明青苗之法，使请者必以情愿而官无定额，议者以为善矣。然以臣观之，无知之民，急于得钱而忘后患，则虽情愿之法有不能止也。侵渔之吏，利在给纳而恶无事，则虽无定额，不能禁也。故自今年春，诸县所散青苗处处不同：凡县令晓事，吏民畏服者，例不复散，其暗于事情，为吏民所制者，所散如旧。盖立法不善，故使猾吏得依法为奸，监司虽知其不便，欲禁而不可得，天下既已病之矣。今朝廷复修夏料纳钱减半出息之法，此虽虚号减息，而使天下晓然知今日朝廷意仍在求利，虽有良县令，臣恐其不能复如前日自必于不散矣。且自熙宁以来，吏行青苗，皆请重禄而行重法，受赇百钱，法至刺配，然每至给纳之际，犹通行问遗，不能尽禁。今吏禄已除，重法亦罢，而青苗给纳不止。臣恐民间所请钱物得至其家者无几矣。伏乞追寝近降青苗指挥，别下诏旨，天下青苗，自今后不复支散，不胜幸甚。"43，页9218

续资治通鉴长编卷三百八十　宋哲宗元祐元年（丙寅，1086）

【宋哲宗元祐元年（1086）六月】癸卯，右司谏苏辙言："臣五月二十六日上殿札子，乞明降诏书，戒敕监司、长吏，使知朝廷爱惜乡差役人，与神宗朝爱惜雇募役人无异。应系日前约束官吏侵扰役人条贯，使刑部录出具委无漏落，雕印颁下，令一切如旧，出榜州、县，使民知之。仍常加督察，有犯不赦。应监司所部有犯不能觉察，致因事发露者，重其坐。至今多日未蒙施行。伏念臣前作此奏，为闻近日诸县曹吏，有因差役致富。小民被差充役，初参，上下费钱有至一二十千者；州、县官吏亦有以旧雇役人惯熟，多方凌虐所差之人，必令出钱，作情愿雇募；又有以新差役人拙野，退换别差，必得惯熟如意而后止者；天下官吏不能皆良，如此等事，所在不一。虽非目见，可以意料，民被其害，如遭汤火。窃意此奏朝上，圣心恻怛，不待终日而行，不意迁延至今，不以为急。臣愚窃恐朝廷始复差役，议者妄谓差法一行，更无患害，闻臣此奏，未免不信。臣谓改雇为差，实得当今救弊之要，然使闻害不除，见善不徙，则差役害人，未必减于免役。伏乞圣慈检臣前奏，早降诏书，具言所闻差役官吏情弊，仍备录前后禁约，晓谕中外，使知朝廷深意，则天下幸甚。"

贴黄称："臣访闻近日颇有上书言差役不便，蒙付看详役法所，臣推原其意，皆由州、县施行差法，别有骚扰，以致人言者。若不早为禁约，深为不便。伏乞指挥，于役法所检取民间前后言差役不便文字，略赐省览，即见诣实。"11，页9224—9225

续资治通鉴长编卷三百八十一　宋哲宗元祐元年（丙寅，1086）

【宋哲宗元祐元年（1086）六月】看详编修国子监太学条制所状："准朝旨，同共看详修立《国子监太学条制》，及续准指挥，国子、律学、武学条贯，令一就修立外，检准《官制格》：'国子监掌国子、太学、武学、律学、算学五学之政令'。今取到国子监合干人状称：'本监自官制奉行后来，检坐上件格子，申乞修置算学。准朝旨，踏逐到武学东大街北，其北地堪修算学，乞令工部下所属检计修造。奉圣旨：'依。''今看详上件算学虽已准朝旨盖造，即未曾兴工，其试选学官，未有人应格。窃虑将来建学之后，养士设科，徒有烦费，实于国事无补，今欲乞特赐详酌寝罢'。"诏罢修建。元丰七年十二月七日立算学。19，页9298

续资治通鉴长编卷三百八十二　宋哲宗元祐元年（丙寅，1086）

【宋哲宗元祐元年（1086）秋七月】殿前马步军司言："内外诸军马步射，自有教阅格法，已教习成就。其元丰七年续降射弓病色，若尽行减去，于教法无害。"从之。5，页9300

【宋哲宗元祐元年（1086）秋七月】假承务郎高英言："请以强盗比吏之枉法，监守之自盗，不用赦原，仍除投换之法，庶几群盗有所畏惮。令兵部相度配军元犯强盗者，自今不许投换别军。"从之。6，页9300

【宋哲宗元祐元年（1086）秋七月】辛酉，宰臣司马光言："臣窃惟为政之要，莫如得人，百官称职，则万务咸治。然人之才性，各有所能，或优于德而啬于才，或长于此而短于彼，虽皋、夔、稷、契止能各守一官，况于中人，安可求备？是故孔门以四科论士，汉室以数路得人。若指瑕掩善，则朝无可用之人；苟随器授任，则世无可弃之士。臣误蒙甄擢，备位宰相，遴选百官，乃其职业，而智识浅短，见闻褊狭。知人之难，圣贤所重，寰宇至广，俊彦如林，或以恬退滞淹，或以孤寒遗逸，被褐怀玉，岂能周知？若专引知识，则嫌于挟私，难服众心；若止循资序，则官非其人，何以致治？莫若使在位达官，人举所知，然后克协至公，野无遗贤矣。臣不胜狂愚，欲乞朝廷设十科举士：一曰行义纯固可为师表科，有官无官人皆可举。二曰节操方正可备献纳科，举有官人。三曰智勇过人可备将帅科，举文武有官人，此科亦许钤辖已上武臣举。四曰公正聪明可备监司科，举知州以上资序人。五曰经术精通可备讲读科，有官无官人皆可举。六曰学问该博可备顾问科，有官无官人皆可举。七曰文章典丽可备著述科，有官无官人皆可举。八曰善听狱讼尽公得实科，举有官人。九曰善治财赋公私俱便科，举有官人。十曰练习法令能断请谳科。举有官人。应职事官自尚书至给、舍、谏议，寄禄官自开府仪同三司至太中大夫，职自观文殿大学士至待制，每岁须得于十科内举三人。非谓每科各举三人，谓各随所知某人堪充某科，共计三人。其状云：'臣窃见某人有何行能，并须指陈事实，不得涂饰虚辞，位在上者得举在下之人，位在下者不得举在上之人。臣今保举堪充某科，如蒙朝廷擢用，后不如所举，谓如举行义纯固而违犯名教；节操方正而佞邪憸险；智勇人而愚懦致败；公正聪明而私曲昏闇；经术精通而不能讲读；学问该博而空疏墙面；文章典丽而鄙拙纰缪；善听狱讼而冤滞失实；善治财赋而病民耗国；练习法令而屡致出入。及犯正入己赃，臣甘伏朝典不辞。'候奏状到日，付中书省择勤谨吏人，专切收掌。仍每科各置簿，尽行钞录年月日，某官姓名，举某官姓名。别置合举官臣僚簿，岁终不举及人数不足，按劾施行。或遇在京，或外方有事，须合差官体量相度、点检磨勘、划刷催促、推勘定夺，则委执政亲检逐簿，各随所举之科选差，令试管勾上件事务。若能办集，则别置簿，记其劳绩。遇本科职任有缺，谓若经筵或学官有缺，即用行义纯固、经术精通、学问该博等科人，台谏有缺，即用节操方正科人之类。则委执政亲检逐簿，选名实相称，或举主多，或有劳绩之人补充。仍于本人除官敕告前，尽开坐举主姓名，于后或不如所举，其举主从贡举非其人律科罪，犯正入己赃，举主减三等科罪。若因受贿徇私而举之，罪名重者，自从重法，期在必行，不可宽宥。虽见为执政官，朝廷所不可辍者，亦须降官示罚。即朝廷临时因事特诏举官，谓若举知河渠、马牧等之类。不在十科之内者，有不如所举，亦同此法。所贵人人重审所举，官皆得人。"从之。《旧录》云："光得誉流俗，及为相，废法报怨，一无所施设。独请以十科取士，终为空文，无应选者。人始笑之"。《新录》辨曰：以司马光为"得誉流俗"，"废法报怨，一无所施设"，此言不可以传示后世。自"光"至"笑之"三十六字并删去。二年十二月十二日诸路立额数，当考。7，页9300—9302

续资治通鉴长编卷三百八十三　宋哲宗元祐元年（丙寅，1086）

【宋哲宗元祐元年（1086）】七月丙子，御史中丞刘挚言："臣伏睹今年二月敕书，常平钱物依旧状施行，诏令既下，中外晓然。至四月复有指挥，申明前令，而青苗之法行之如初。近日责降吕惠卿诏命，复有首建青苗之词，反复二三，人情疑惑。臣近曾具状论列，未蒙处分。臣窃以号令天下以信为主，始谓青苗无益百姓，罢从旧法，曾未累月，俄复施行，今又以责首议之臣，而其法尚存，初无厘改，臣愚不知朝廷大意安在。以谓此法当存，则从旧法之敕，责议臣之词，布满中外矣；以谓议者有罪，则敛散取息，至今行之。二者之间，无有一可，外无以示信百姓，下无以塞被责者之心，其于国体所损非一。又况青苗之事，自熙宁以来，议者纷纷，利害固已较然明白，臣不复具道，伏望速赐检臣前奏，特降指挥，用今年二月诏令，应常平事，并依旧法施行。"

贴黄称："前降指挥，依常平旧法施行，于理自是熙宁以前提刑司旧法，而异议之人，犹谓旧法是熙宁后来之法，故欲缘此复行聚散之事。今须明降指挥，依嘉祐旧法施行。"此奏以七月二十一日上，今附此。前奏以六月二十六日上，已移见本月日。1，页9323—9324

【宋哲宗元祐元年（1086）七月】尚书省言："监司厅宇所在及所部州县刑狱，除依条点检外，不得令承勘官吏取禀推鞫，著为令。"从之。新本削去。6，页9325

【宋哲宗元祐元年（1086）七月】诏具以前约束官吏侵扰役人条法颁下诸路，从苏辙所奏也。辙五月二十六日、又六月十七日两奏。10，页9326

【宋哲宗元祐元年（1086）七月】刑部言："权知徐州马默奏：'昨都转运司指挥，凡军人偷盗本司物，并申本司牒安抚司行刺配，望看详所犯情轻者，并给公据放还。'今请如所奏，委提刑司看详，仍具放还人数、犯因由以闻。"从之。新本削去。11，页9326

【宋哲宗元祐元年（1086）七月】监察御史上官均奏："臣窃见前日敕令，太中大夫、谏议、待制以上，每岁以十科荐士，兹见陛下博收群才、因能任官之意。自三代以来，设官分职，虽多寡不同，然取人大要，不过或以德进，或以事举，或以言扬，而仲尼之门，论其于长，亦曰德行、言语、政事、文学而已。今以十科取人，其于德行、言语、政事、文学之选，固已兼取；然论取士，止于治财赋、听狱讼、断请谳三事而已，窃恐取士之目有所未尽。何则？能治财赋者，未必长于听狱，能听狱者，未必长于断谳，能此三者，未必宽信敏惠，足以长人。今之所谓长人之官者，守令是也。今之守令，虽有累岁月用荐举关升之法，然至于剧邦大邑，若止循资序，不加选择，恐未必得人，有美锦学制之弊。不独如是，自比年以来，郡县考课之法，文具而不行，未闻擢一良守，进一贤令，以劝天下。故郡县之吏亦务为碌碌细故，谨守绳墨，治簿书、督租税而已，未闻谆谆慈良，以治人为意。盖自非豪杰自信之士，未有不待赏而后劝也。若褒赏不加，荐举不及，天下守令长于理剧者，岂复有亹亹乐进之心哉？臣欲乞于十科外，更益以材堪治人、能拨烦者，别为一科，剧郡大邑有缺，因以除授。如此，则人无遗才，而天下之守令莫不劝矣。守令劝，则郡县之政理，天下之民被朝廷之德泽，而太平之功立矣。"不报。均又再奏，久之，乃立知县、县令治剧保举考较法。均奏以七月二十二日，再奏无月日。其再奏与前奏不异，但论说加详耳。十一月二十二日，乃立知县、县令治剧保举能治剧条、考校法，盖采用均言也。《旧录》先于五月六日书保举能治剧条，又于十一月二十二日重书保举条，并立考较条，《新录》因之，皆误也。七月一日乃行十科，二十二日均乞益理剧，若五月六日已有能治剧指挥，即均不应于七月二十二日方更申言，兼行十科，则能治剧者固未有专令保举指挥，其误明甚，合削五月六日所书，独存十一月二十二日所书。仍以均奏疏附七月二十二日。13，页9326—9327

【宋哲宗元祐元年（1086）七月】门下省言："刑部删修到不以去官赦降条件，看详当职官以职事堕旷，虽去官不免，犹可言；至于赦降大恩，与物更始，虽劫盗杀人亦蒙宽宥，岂可以一事差失，负罪终身？窃谓不以去官赦降原减条内，所留尚多，所删尚少，今欲更删改存留。"从之。苏轼自辨疏可附。23，页9333

【宋哲宗元祐元年（1086）七月】刑部言："刑狱案可以两断者，更不取会，单状，著为令。"从之。39，页9340

【宋哲宗元祐元年（1086）七月甲申】诏："武学上舍生补中及一年、公试弓马策义两次皆入优等、不曾犯五等罚，令保明闻奏，量材录用。仍每年不得过一名，令看详国子监太府条制所立法。"40，页9340

【宋哲宗元祐元年（1086）七月】是月，御史中丞刘挚言：
臣闻之，衔策不调，虽造父不能善御；法令不一，虽有才不能善治。故曰："谨乃出令。"言谨始也。又曰："令出惟行，弗惟反言。"谨终也。圣人制法令于堂奥之上，熟复战兢若不得已者，故其出也天下信之。以令则行，以禁则止，所谓信如四时，坚如金石。若始之不谨，既出而反之，则何以示信？出而勿反，则将有受其敝者矣。由此言之，始既不谨，虽欲谨终，不可得矣。恭惟陛下即位逾年，加惠海宇，修备政事，大要专以便人，天下幸甚。然累月以来，法令寡信，议者窃有疑焉。夫法非不善，而施行之际，使议者致疑，此亦不可不察。臣谨条列一二，以概见其余。

乃者朝廷患免役之弊，下诏改复差法，天下知之久矣；置局设官以议施行之叙，天下望之又久矣；造法不谨其始，施之仓卒，故改而立雇募之议，又为招募之法，而法至今不能成也。朝廷患常平之弊，并用旧制施行，曾未累月，复变为青苗之法，其后又下诏切责首议之臣，而敛散之事，至今行之如初。此二事，大事也。四方倾耳拭目，以观盛德之举，而反复二三，虽近侍讲议之臣，曾不敢必知法将安出，尚何以使天下信之！陕铜之禁，行之未几，复限以五斤勿禁，一开其端，则轻重多寡，谁复可辨？官司固未易家至而数之，禁而不能止，与不禁同。大河职事，河北转运司言之，则属转运司，都水言之，则属都水矣，夫二者必有一得，则亦必有一失矣。此其小事，然推此以类言之，则议者之论，安可不察？且改之易之诚是耶？君子犹以为反令，况易而未必是，徒以暴过举于天下，则曷若谨之于始乎？今朝廷建一事、命一官，令已行矣，议者必曰："此未也，且将改之。"曾未淹久而议者之言果信。臣愚未谕朝廷知其不可而姑为之以待改耶？不知而偶为之耶？始议既粗，行之必有抵牾，拾遗补过之臣，以言为职，知而不言为废职，言而易之则为反令。故臣愿陛下深诏执政大臣，远虑熟计，详重出令。其始既谨，度可以必行而后行之，则至其终也，不可反矣。惟陛下加意留神，思之毋忽，上以严政令，下以示信四方，又以杜塞异议，使无所幸其失。今日之治，宜莫先此。挚奏不得其时，按青苗首议之臣即吕惠卿，以六月二十五日安置，此奏必在惠卿安置后。又挚称铜禁、河事，铜禁在先四月十八日，后未见。河事归漕司乃在五月八日，复归都水则未见。挚奏称即位逾年，或当是四月、五月间，然恐太早，姑附此于七月末，更俟考详。44，页9341—9343

【宋哲宗元祐元年（1086）七月】殿中侍御史吕陶言：陶言改役法，及今半年，自二月至七月，通闰凡半年也。附见七月末。

臣伏见朝廷改更役法以来，及今半年，民间已安其事，被差并无纠决，只应多是正身，验之人情，良以为便。惟是官司自相疑贰，盖有幸差法之不成而欲伸其志者，有观望俯仰，伺势之所在而不复究利害者，有偏蔽不通而好异立奇者，州县不敢决，而禀议于详定，详定俟监司之请而后裁正。奏报屡上，多非纲要，辞教数下，殊少适从。臣窃原朝廷差役之法，责其力不敛其钱，欲其均不使其幸，条目万变，大概不过此两端而已。虽朝廷宽给期限，使天下详尽利害，而当职之吏所见不一，或欲单丁、女户、官户、寺观出钱以助役人之费，或欲放户长，只差甲头催税，或欲存留散从官，仍旧雇募，上下纷纭，何时可已？陕西一路，尤未就绪，盖吕大忠等有此相度行下州县，属官因而议论不同。且女户、官户等不许出钱，并放甲头、差户长，自有著令。除招衔前及久来投名人外，其余自合于差法到日，并罢支雇钱。虽监司旋有申请，未见允从，而州县既有诏条，自当遵守。岂可既差户长，仍置甲头，更留散从官，尚支雇直？悠悠之徒，违戾如此。臣恐日月淹久，大法未定，民间疑惑，即于治体深有所损。伏望圣慈特降指挥，截自某月某日，应役人除衔前许招，并使院职级、弓手节级许存留曹司、库子、栏头之类充投名人外，其余役人如敢尚支雇钱者，并以故违条制论罪，示天下以必行之意，庶几役法早得成就，无使小人幸其不成。45，页9343—9344

续资治通鉴长编卷三百八十四　宋哲宗元祐元年（丙寅，1086）

【宋哲宗元祐元年（1086）八月】司马光札子：

勘会常平仓法，以丰岁谷贱伤农，故官中比在市添价收籴，使蓄积之家无由抑塞农夫须令贱粜。凶岁谷贵伤民，故官中比在市减价出粜，使蓄积之家无由邀勒贫民须令贵籴。物价常平，公私两利，此三代之良法也。向者有因州县缺常平籴本钱，虽遇丰岁，无钱收籴。又有官吏怠慢，厌籴粜之烦，虽遇丰岁，不肯收籴。又有官吏不察知在市斛斗实价，只信凭行人与蓄积之家通同作弊。当收成之初，农夫要钱急粜之时，故意小估价例，令官中收籴不得，尽入蓄积之家。直至过时，蓄积之家仓廪盈满，方始顿添价例，中籴入官。是以农夫粜谷止得贱价，官中籴谷常用贵价，厚利皆归蓄积之家。又有官吏虽欲趁时收籴，而县申州，州申提点刑狱，提点刑狱申司农寺取候指挥，比至回报，动涉累月，已是失时，谷价倍贵。是致州县常平仓斛斗有经隔多年，在市价例终不及元籴之价，出粜不行，堆积腐烂者，此乃法因人坏，非法之不善也。熙宁之初，执政以旧常平法为不善，更将籴本作青苗钱散与人户，令出息二分，置提举官以督之。丰岁则农夫粜谷十不得四五之价，凶年则屠牛卖肉，伐桑卖薪，以输钱于官。钱货愈重，谷直愈轻。朝廷深知其弊，故罢提举官，令将累年蓄积钱谷财物尽桩作常平仓钱物，委提点刑狱交割主管，依旧常平仓法施行。今岁诸路除有水灾州军外，其余丰熟处多，今欲特降指挥下诸路提点刑狱司，乘有此籴本之时，委丰熟州县官员体察在市斛斗实价，多添钱数，广行收籴。如缺少仓廒之处，以常平仓钱添盖，仍令少籴麦豆，多籴谷米。其南方及川界卑湿之地，有斛斗难以久贮者，即委提点刑狱相度逐州县合销数目，抛降收籴，才候将来在市物货价比元籴价稍增，即行出粜，不得令积压损坏。仍令州县各勒行人将十年以来，在市斛斗价例比较，立定贵贱酌中价例，然后将逐色价分为三等。自几钱至几钱为中等价钱，几钱以上为上等价钱，几钱以下为下等价钱，令逐处临时斟酌加减，务在合宜。既约定三等价，仰自今后州县每遇丰岁斛斗价贱至下等之时，即比市价相度添钱，开场收籴。凶年斛斗价贵至上等之时，即比市价相度减钱，开场出粜。若在市见价只在中等之内，即不籴粜。更不申取本州及上司指挥，免有稽滞失时之患，仍委提点刑狱常切提举觉察。若州县斛斗价及下等而不收籴，价及上等而不出粜，及收贮不如法，变转不以时，致有损坏，并监官不逐日入场，致壅滞粜籴人户，并取勘施行。若州县长吏及监官能用心及时籴粜，至得替时，酌中价钱与斛斗通行比折，与初到任时增剩及十分中一分以上，许批书上历子，候到吏部日与升半年名次。及二分以上，许指射家便差遣一次。所贵官吏各各用心，州县皆有储蓄，虽遇荐饥，民无菜色。又得官中所积之钱，稍稍散在民间，可使物货流通。其河北州县有籴便司斛斗，见多沿边州县，转运司见籴军粮处更不籴常平仓斛斗。若今来指挥内有未尽未便事件，委提点刑狱司逐旋擘画，申奏施行。从之。4，页 9350—9352

【宋哲宗元祐元年（1086）八月】御史中丞刘挚言："旧例举官皆有定员，惟京朝官、大小使臣升陟，每岁不限其数。请应在京臣僚，依外路比类限定员数。"诏吏部立法以闻。6，页 9353—9354

【宋哲宗元祐元年（1086）八月】刑部言："大理卿王孝先奏，吏部考功，因京朝官、选人、大小使臣磨勘，并关升或注授差遣，会问本寺有无过犯公案在寺，如系笞杖已该恩去官，及举觉自首原免者，欲乞并不作公案在寺回报，令吏部且与依例差注、磨勘，后有特旨即从改正。"从之。7，页 9354

【宋哲宗元祐元年（1086）八月】又诏："大礼在近，诸处奏到公案，经历去处，虑有住滞，并令进奏院自今至降赦，如递到公案，实时投下本处，当日进呈讫，连送大理寺。有住滞经历处，当议勘责，经赦不原。"15，页9358

【宋哲宗元祐元年（1086）八月】司马光札子乞约束州县抑配青苗钱曰："检会先朝初散青苗，本为利民。故当时指挥并取人户情愿，不得抑配。自后因提举官速要见功，务求多散，讽胁州县，废格诏书，名为情愿，其实抑配。或举县勾集，或排门钞札。亦有无赖子弟谩昧尊亲，钱不入家。亦有他人冒名诈请，莫知为谁，及至追催，皆归本户。朝廷深知其弊，故悉罢提举官，不复立额考校，访闻人情安便。昨于四月二十六日有敕令给常平钱谷，限二月或正月，只为人户欲借请者及时得用。又令半留仓库，半出给者，只为所给不得辄过此数。至于取人户情愿，亦不得抑配，一遵先朝本意。虑恐州县不晓朝廷本意，将谓朝廷复欲多散青苗钱谷，广收利息，勾集抑配，督责严急，一如向日置提举官时。今欲续降指挥，令诸路提点刑狱司告示州县，并须候人户自执状结保赴县，乞请常平钱谷之时，方得勘会，依条支给，不得依前勾集钞札，强行抑配。仍仰提点刑狱常切觉察，如有官吏似此违法骚扰者，实时取勘施行，若提点刑狱不切觉察，委转运安抚司觉察闻奏。"诏从之。

录黄过中书省，舍人苏轼奏曰：

臣伏见熙宁以来，行青苗、免役二法，至今二十余年，法日益弊，民日益贫，刑日益烦，盗日益炽，田日益贱，谷帛日益轻细，数其害有不可胜言者。今廊庙大臣皆异时痛心疾首、流涕太息，欲已其法而不可得者。况二圣恭己，惟善是从，免役之法，已尽革去，而青苗一事，乃独因旧稍加损益，欲行绁臂徐徐、月攘一鸡之道。如人服药，病日益增，体日益羸，饮食日益减，而终不言此药不可服。但损其分剂，变其汤使而服之，可乎？

熙宁之法本不许抑配，而其害至此。今虽复禁其抑配，其害故在也。农民之家，量入为出，缩衣节口，虽贫亦足。若令分外得钱，则费用自广，何所不至？况子弟欺谩父兄，人户冒名诈请，如诏书所云，似此之类，本非抑勒所致。昔者州县并行仓法，而给纳之际，十费二三。今既罢仓法，不免乞取，则十费五六，必然之势也。又官吏无状，于给散之际，必令酒务设鼓乐倡优，或缺扑卖酒牌，农民至有徒手而归者。但每散青苗，即酒课暴增，此臣所亲见而为流涕者也。二十年间，因欠青苗至卖田宅、雇妻女、投水自缢者，不可胜数，朝廷忍复行之欤？臣谓四月二十六日指挥以散及一半为额，与熙宁之法初无小异。而今月二日指挥犹许人户情愿请领，未免于设法罔民，便快一时非理之用，而不虑后日催纳之患，二者皆非良法，相去无几也。

今者已行常平籴粜之法，惠民之外，官亦稍利，如此足矣，何用二分之息，以贾无穷之怨？或云议者以为帑廪不足，欲假此法以赡边用。臣不知此言虚实，若果有之，乃是小人之邪说，不可不察。昔汉宣帝世，西羌反，议者欲民入谷边郡以免罪。萧望之以为古者藏于民，不足则取，有余则与。西边之役，虽户赋口敛以赡其乏，古之通义，民不以为非，岂可遂开利路以伤既成之化？仁宗之世，西师不解，盖十余年，不行青苗有何妨阙？况二圣恭俭，清心省事，不求边功，数年之后，帑廪自溢。有何危急，而以万乘君父之尊，负放债取利之谤？锥刀之末，所得几何？臣虽至愚，深为朝廷惜之。欲乞特降指挥，青苗钱谷今后更不给散，所有已请过钱斛，候丰熟日分作五年十料随二税送纳。伏乞圣慈念其累岁出息已多，自第四等以下人户，并与放免，庶使农民自此息肩，亦免后世有所讥议。兼近日谪降吕惠卿告词云："首建青苗，力行助役。"若不尽去其法，必致奸臣有词，流传四方，所损不细。所有上件录黄，臣未敢书名行下。17，页9358—9361

【宋哲宗元祐元年（1086）八月】贴黄称："检会《元丰公式令》：诸赦书许官员诉雪过犯，自降赦日二年外投状者，不得受接。即是常赦许官员诉雪，刑部犹限二年，若该元丰八年三月六日赦恩者，刑部自须至来年三月六日方不接状，所有今来诉理所日限，欲乞依前项令更展至元祐二年三月五日终。如此则凡经刑部定夺不该雪除者，诉理所该看详施行也。"诏展诉理所日限至元祐二年三月五日终。《旧录》云：先是，诏至元丰八年三月先帝上宾之日，议者切齿，奸臣欲弥缝其失，故又改焉。《新录》辨曰：前此诉理所事，截自哲宗登极大赦之前，既而赦后复有诉理者，故更展二年，此事甚明。以为先帝上宾之日，非也。自"先是"至"改焉"三十一字并删去。按展诉理限自是从王觌奏请，《新录》似未详考，今明著之。23，页9368—9369

续资治通鉴长编卷三百八十五　宋哲宗元祐元年（丙寅，1086）

【宋哲宗元祐元年（1086）八月】司马光札子："勘会近岁法令尤为

繁多，凡法贵简要，令贵必行，则官吏易为检详，咸知畏避。近据中书、门下后省修成《尚书六曹条贯》，共计三千六百九十四册，寺监在外；又据编修诸司敕式所，申修到敕令格式一千余卷册。虽有官吏强力勤敏者，恐不能遍观而详览，况于备记而必行之？其间条目苛密，抵牾难行者不可胜数。昨者条贯初下，吏部侍郎左选差注不行者数日，不免再有奏陈，复依旧法。必料诸曹条贯皆有似此拘碍难行者。今将特降指挥下尚书六曹，委长贰郎官同共看详本曹新旧条贯，内有海行已久及全无义理，于事无益，防禁太繁，难为遵守者，尽令删去。惟取纪纲大体切近事情，朝夕不可无者，方始存留作本司条贯，限两月申奏施行。"从之。《旧录》云：三省言："中书、门下后省修成《六曹条贯》及《看详》共三千六百九十四册，寺监在外；又据编修诸司敕式所修到敕令格式一千余卷。其间条目苛密，抵牾难行者，不可胜数。欲下尚书六曹，委长贰郎官同共看详。删去本曹旧法已有及防禁太繁，难为遵守者。惟取纪纲大体切近事情者，存留作本司法。限两月以闻。"从之。先帝分厘六官，下逮寺监诸司，咸有职责，法守未备，人无遵承，故分两局，立敕令格式。内已有得先帝旨颁行者，官吏由是不相侵紊，亦不能高下其手，今以为太繁改之。《新录》依此，但削去"先帝分厘"以下等语，今专取司马光札子具载。左选差注不行事，当考。19，页9380

【宋哲宗元祐元年（1086）八月】诏颁门下、中书后省修到《度支、大礼、赏赐等敕令格式》，并删去共一百二十四册。21，页9381

【宋哲宗元祐元年（1086）八月】庚子，江、淮、荆、浙等路发运副使蒋之奇言："江、淮、荆、浙六路捕到私盐，除官给盐犒赏钱外，更于犯人名下别理赏钱，并依条先以官钱代支。其逐州县代支过转运司者甚多，无由纳足。窃计失陷不赀，以至未获犯人先支三分充赏，比以旧法，亦复太多。况旧法募赏已备，足以禁止，岂须枉费官钱以申无益之禁？今相度欲一遵嘉祐敕告，捕私盐未获徒伴，即据获到盐数，十分中官给一分充赏。"从之。新本无此。30，页9387

【宋哲宗元祐元年（1086）八月】监察御史孙升言："近降朝旨，纠察在京刑狱司隶御史台刑察，开封府奏断公案，乞许取索。"诏："开封府徒罪已上公案，依奏许取索。"33，页9388

【宋哲宗元祐元年（1086）八月】甲辰，刑部言："重法地分劫盗，因按问首告减等，依常法妻子不缘坐，虑有已行编管者，请令逐便。"从之。44，页9391

续资治通鉴长编卷三百八十六　宋哲宗元祐元年（丙寅，1086）

【宋哲宗元祐元年（1086）八月】右司谏苏辙言："臣今年二月曾上言，朝廷初行差役之法，其间衙前一役最为重难，民间所苦，宜以卖坊场钱及坊郭、官户、寺观、单丁、女户所出役钱，量行裁减雇募衙前，以免民间重役之害。后来蒙朝廷差臣兄轼详定役法，轼议论与臣无异，致与本局商量不合，陈乞罢免，寻蒙朝廷依轼所乞，臣以兄弟之嫌，未敢再有论列。今窃闻监察御史陈次升奏，以役法大要未定，人情荧惑，乞敕详定役法所疾速议定合差、合雇色额及官户、寺观、单丁、女户等合出役钱则例，先次施行。其州县事体不同，难以直行处分者，候诸处申到，相度裁定。蒙圣旨批送详定役法所。臣看详次升所言役人合差、合雇色额及官户、寺观、单丁、女户合出役钱则例，实系役法要节，当今所宜先定。其详定役法所并不公心定夺，奏称准元祐元年二月七日敕，应天下免役钱一切并放，其诸色役人并依熙宁元年以前旧法定差，及七月三日朝旨司马相公申明指挥，招差役人大要已定。终不明言何役合差，何役合雇。至于官户、寺观、单丁、女户合出役钱，只言七月三日朝旨未得施行，亦不明言合如何立为则例。据此奏陈，但务求合取容。虽言事官所陈，更不讲论曲直。况司马光虽为宰相，而君前臣名，礼有定分。今详定役法所乃于奏状中谓光为司马相公，苟申私敬，不顾上下之礼，曲意推奉，一至于此，而朝廷望其能别白是非，立为成法，亦已难矣。臣恐此风一扇，臣主之分自此陵夷，不惟朝廷之害，亦非所以安光之道也。谨按详定役法官皆侍从儒臣，不容不知朝廷仪式，伏乞取问，奏状中不名宰相，出何典法？及勒令早定役人合差、合雇色额及坊郭、官户、寺观、单丁、女户合出役钱则例，申奏行下，令民户早知定法，不至惶惑。七月三日指挥不见，恐即是司马光六月二十八日所奏，至七月三日乃行出也，九月十八日始立坊郭等助役法。3，页9395—9396

【宋哲宗元祐元年（1086）八月】诏吏部今后选走马承受依旧条选无过犯人。仍令门下、中书后省别立法以闻。8，页9397

【宋哲宗元祐元年（1086）八月】诏："强盗州县力不能制，或凶恶巨蠹十人以上，先选募本州不系将兵收捕。不足或无，即牒将官选募军马,非将副驻札处知州选募,仍捕盗官统之。若军马二百人以上,牒将副一员亲行,并闻奏,违者委安抚总管钤辖司奏劾,著为法。"20,页9398

【宋哲宗元祐元年(1086)八月】[右司谏苏辙]又言:"臣窃闻监察御史上官均上言,极论官冗之弊,已蒙朝廷降付给、舍、左右司看详施行。臣伏见祖宗旧法,凡荫补子弟,皆限二十五岁然后出官,及进士诸科释褐合守选人并州县选人,除司理、司法、县尉外,得替日皆合守选,逢恩放选,乃得注官。所从来久远,仕者习以为常,虽涉岁月,不以为怪。及见先朝患天下官吏不习法令,欲诱之读法,乃令荫补子弟不复限二十五岁出官,应系选人皆不复守选,并许令试法,通者注官。自是天下官吏皆争诵律令,于事不为无益。然人既习法,则试无不中,故荫补者例减五年,而选人无复选限,遂令吏部员多缺少,差注不行。访闻见今已使元祐四年夏秋季缺。官冗之患,亦云极矣。臣愚以为方人未习法,诱以免选,于理亦宜。及其既习,虽无免选,不患不习。且为吏而责之读法,本事之当然,不为过也。谓宜追复祖宗守选之旧,而选满之日,兼行先朝试法之科,此亦今日之便也。欲乞以臣所言,付给、舍、左右司一处看详立法。"24,页9400—9401

【宋哲宗元祐元年(1086)八月】是日,苏辙又言:"臣访闻诸路所定役法限日已满,近日夔州等路文字相继申到,旋已逐一进呈施行。臣窃惟诸路役法,所系民间利害至深至广,虽逐路事体各别,条目各有不同,而朝廷变法,从便措置大意,所谓海行条贯者,不得不同也。臣窃恐详定役法所急于行法,每遇逐路申到文字,不候类聚参酌,见得诸路体面,即便逐旋施行。因此致诸路役法大体参差不齐,使天下之民不得均被圣泽,欲乞指挥本所候诸路所申文字稍稍齐集,见得诸处役法不至大段相远,然后行下。"25,页9407

【宋哲宗元祐元年(1086)八月】御史中丞刘挚又言:"臣先准朝旨看详诉理熙宁以来罪犯,并元丰后来探报断遣公事,应事涉冤抑,情可矜悯,并许上闻。数内一件制勘太学公事龚原等,二十二日已具看详事理,奏听指挥去讫。伏缘事有未尽,须至论列。臣谨按太学公事,本因学生虞蕃就试不中,狂妄躁忿,上书告论学官阴事,自此起狱。又因勘官何正臣迎合附会,将赦前状外于法不该推治之事,奏乞皆行推治,亲画特旨依奏。自此狱遂大炽,上自朝廷侍从,下及州县举子,远至闽、吴,皆被追逮，根株证佐，无虑数百千人。无罪之人，例遭棰掠，号呼之声，外皆股栗。臣闻论者谓近年惨酷冤滥，无如此狱。其所坐赃，大率师弟子贽见之礼，茶药纸笔日用之物，皆从来学校常事，虽经有司立法，而人情踵故，未能遽革，尽以监临枉法当之，终身放废，可谓已甚。其间虽有实负罪犯之人，终以下讦其上，事发不正，狱官希合，拷虐太过，故虽得其罪，论者犹不以为直。又况学士大夫不堪囚辱，类多引虚自诬，并坐重责，深可嗟悯。臣所看详，缘止是据案考事，而狱吏等从来锻炼文案，惟恐平反，故首尾牢密，曲直莫辨。况此狱出于正臣希功，用意尤极巧诋。今虽已具案内事状奏闻，然在于实情天下之所知者，有所未尽。若不旷然加惠，一切昭洗，止用有司看详之文，诚恐冤抑不申，不足上副圣仁矜恤之意。臣愚不胜拳拳欲望陛下特出睿断，将太学制勘命官举人等，优赐恩旨，等第除落罪名。"

又言："见今看详诉理所，若于公案内见得冤抑或可矜事状，即本所自可陈奏。其虽有冤抑可恤之情，众所共知，而案内文致完密，非看详所能见，如此狱者，若有司不能以事实上闻，则冤者无由可伸。臣待罪言路，义不可以避嫌自默，惟陛下酌情制事，毋拘常法，特与优加除雪，以示宽大，仍乞作特旨施行。"挚前章乞立监司考绩之制，后章特宽太学狱，奏议相属，在乞召张方平陪祠前。刘仿等所次行实亦联书之。《新录·挚传》盖因行实称"用是罪多减贷"，乃行实云尔，不知监司考绩之法竟立与否？传及行实俱不言也，今并取二章，附八月末，徐更考也。30，页9412—9413

续资治通鉴长编卷三百八十七　宋哲宗元祐元年（丙寅，1086）

【宋哲宗元祐元年（1086）九月】辛酉，大飨明堂。上诣大庆殿行礼毕，改常服，御紫宸殿，宰相百官起居，御宣德门肆赦：斗杀罪至死，虽犯在约束内，情理稍轻者减一等，刺配千里外，轻者五百里，并牢城，断讫录案闻奏。应诸司人每岁该试而经十试者，将来未得黜落，别作一项闻奏。应官员犯杖罪以下，依条不以赦降、去官原减者，许于刑部投状，本部具元犯因依闻奏；其未断者，仰大理寺案后声说以上，情轻者取旨。应见贬谪官未量移者，与量移。勘会自复差役法，其民间积欠免役钱已与减放一半，余分限三年，随夏税带纳；访闻上件积欠，既当差役，输纳不易，其未放钱数合带纳者，并特与免放。开封府界、诸路人户，见欠及未纳常平息钱，并特与除放；其本钱与限三年随税带纳。应内外欠市易钱人户，见欠钱二百贯以下，并特与除放。开封府界、诸路场务，先为实封投状争添价钱买扑，致后来敷纳不前，除已收纳抵当产业外，见于欠人及干系人处催纳者，权住催理，委逐路监司同共开拆，保明闻奏，当议等第特行蠲放。其出限罚钱，及人户调发春夫，因河防急夫、开修京城壕及兴修水利免夫、罚夫钱，并与除放。应在京、诸路房园课利，今日以前逾限倍罚钱，并特与除放。应民间典卖田宅，有出限未纳税钱、印契者、自赦至限百日许自陈首，与免纳倍税；其罪发在赦限百日内者准此。应产茶路分茶园户所输茶租钱，积欠见行监理者，特与除放。应天下欠负官物，元非侵盗，不以有无抵当，虽系侵盗，本家委无抵当财产，并见勒干系保人摊纳者；及失催若误支，见令干系人均赔者；因水火损败及纲船遭风水抛失，或被盗验实，各无欺弊者；梢工、兵士因纲运欠所般物，元无欺弊，见尅请受者；宝货场冶以坑窟不发，及不显侵欺系欠课利见催理者；冒佃官田及户绝田土屋业，并诸般隐陷租税，见理纳积年税租课利等，委已贫乏无可偿纳者：仰本属于赦到一月内看详除放讫，保明申转运司、提点刑狱司类聚闻奏。以上或有专条遇赦及指定许放分数，并依今来赦书指挥施行。开封府界诸向推行重禄法，其缘受乞引领过度编配之人，如经今赦未合放逐者，并具元犯保明闻奏。元祐元年明堂赦书与前赦不同者，附见。《吕公著家传》云："文靖公之当国也，每搜访四方利害有可以施舍便民者，手笔记录，因大赦而行之，多至数十事。其后文靖罢，便民事浸益少。至是，始尽贷青苗、市易息钱及其它逋负贫不能偿者，凡蠲赦数百万。官吏坐违法，用一切之制不得遣去官及以赦原者，并听收叙。总校前赦凡增一十七事，四方欢呼，以为新天子赦令首以忧民为意，无不称庆。"不知所增十七事即是此掇出与前赦不同者否，当考。然王岩叟论奏止乞看详嘉祐以来赦文，则嘉祐以前便民事固不如嘉祐。家传乃称"文靖罢后便民事寖益少"，殆失之诬矣，今不取。岩叟论奏见三月十六日。5，页 9418—9419

续资治通鉴长编卷三百八十八　宋哲宗元祐元年（丙寅，1086）

【宋哲宗元祐元年（1086）九月】权知开封府谢景温言："明堂大赦，乞差推、判官一员将带人吏及法司一名，与府界提刑分诣诸县，催促决遣该赦不合原免公事。如内有久被禁系，根究未见本末，证佐在远，所犯该徒已上罪，令申解赴府断遣，杖已下即一面结绝；及迄今后每遇非次疏决，并冬夏仲、季月盛暑严寒，在京差官催促结绝之时，本府亦依此施

行。所贵德泽下流，狱事无滞。"从之。9，页9436

续资治通鉴长编卷三百八十九　宋哲宗元祐元年（丙寅，1086）

【宋哲宗元祐元年（1086）十月】吏部侍郎傅尧俞罢详定役法，从所请也。九月二十日，尧俞辞。19，页9455

【宋哲宗元祐元年（1086）十月】三省奏："臣僚上言，朝廷立差役之法，许私自雇人，州县行之已有次序。近朝旨弓手一役却令正身祗应，恐公私未便。"诏："应弓手正身不愿充役者，许雇曾募充弓手得力之人，仍不得过元募法雇钱之数。令府界提点司、逐路转运司相度施行。"22，页9455—9456

【宋哲宗元祐元年（1086）十月】朝廷立法，不可以事初一二小害概坏大体。所谓弓手正身之小害者，惟是南方上等人户，其子弟多修学为举人，故为未便，造起浮言，以惑议者之听。殊不知每岁出缗钱雇代，其久远之害不细也。兼祖宗以来，行正身充役之法，通于天下，已百有余年，曾不闻其不便。今朝旨虽欲周顺人情，下许雇之法，然止可作权时指挥，宜立限一年或二年，候人情习熟，欲罢代法。伏乞详臣今来所请事理，特赐施行外，其许雇路分，仍乞相度人户二丁以下，方听依近制雇人代役。

侍御史王岩叟言：

臣窃详弓手一役，令正身祗应，极为允当，不当更有此指挥。按差役旧法，诸色公人固有许私自雇人替名者，惟弓手并须正身充役，盖有深意。正身弓手人人自爱惜，督之捕盗，有畏惧罪责之心；又其婚姻、亲戚布在村落，人人皆与为耳目，有易于缉捕之势。一境之内赖之以安者，乡户正身弓手也。祖宗以来，行之有已然之效。熙宁变法，既用雇募，又复减人，寇攘为之纵横，郡县无以为计。近自陛下复行差法，弓手并用正身，又添人数，四方来者更言其便，盗贼衰息，善良安堵，又皆已试之验。况天下弓手，自行雇役以来，减削殆尽，三路县分有止存八人之处；其间亦多是元系户等，今来已往往就差充役，此外合放罢者所在无几，其有色役可容替名，何忧失业？岂可苟因不切事情之偏辞，遂更已见功效之成法，使天下复以为疑？伏望圣慈特赐详察，更不施行许弓手雇替指挥，

以信号令，以严纪纲。22，页 9457—9458

【宋哲宗元祐元年（1086）十月】臣窃以东南言之，役之最重者莫如衙前，其次弓手。今来东南长名衙前招募既足，所差不及上户，上户之民必差弓手，则是以上户就中户之役，实为优幸。何以言之？熙宁以前，上户系差衙前，每一次差役，多者费至千缗，其后出助役钱，每岁多者亦至数百缗。今来既充弓手，每岁所出不过四十千，每一役五年，共费止二百千，比之前日，实为优轻。上户之产厚，下户之产薄，而例皆五年一替，实为不均。

大率差役之行，上户产厚而役轻，下户产薄而无役，所当宽恤，正在中户。今欲裕中户之民，则在增上户之役。设如第二等户差弓手役，以五年一替，第一等户产业既厚，每差弓手，宜增年数。盖上户产业，本等中又分五等，其最厚者宜役十年而罢，其次九年以至六年。弓手一役，今来既许雇人，则虽十年一替，所费止四百千，于上等人户别无妨废。如所雇人役及五年愿替者，许别雇人承替。盖自来衙前亦随产业税钱多少销折重难分数，今来上等人户，亦宜就本等厚薄递增差役年数。上等人户入役既加年数，则中等人户自然宽裕，此损有余以补不足之术也。

臣窃见十月六日指挥，应弓手正身不愿充役者，许雇曾募充弓手得力之人。臣窃思此法公私最便，而议者或以为皇祐以前弓手率用正身，产业既厚，则自爱惜而重犯法，又有乡党、亲戚以为耳目，其于捕盗最为得力，今既用游手浮浪之民，实为非便。臣以为不然。自古用兵之法，使愚、使勇、使贪。盖勇则轻死，不惮强敌。彼愿冗畏法者，使之承符帖追逮邑民则可矣，俾之冒白刃，不顾死与贼角胜，岂其所长哉？自古为将，闻募士以战者有矣，未闻驱畏法自爱之民以求胜也。又自熙宁以前，弓手之役例差第二等以下人户。今来既差及上户，而上户之民平居自养，乘坚策肥，薄材绵力，强以捕盗，岂其所长哉？又有两丁为儒，或皆孱弱不足任使，驱以就役，是禁其为学而强其不能，于公则不适用，于私则非所便，岂法之善哉？臣窃见两浙诸邑差正身充弓手，至有涕泣以辞免者，此利害可见矣。盖弓手之役，异于他役，须强悍敢斗，轻死慕赏者为可任使。彼富足而孱弱者，既怯于斗，又无慕赏之心，岂若就雇之人为可用哉？又况就雇之民，亦生长于闾里，人情谙熟，盗贼所发，岂无故旧、亲戚为之耳目哉？自熙宁以来，行募役之法，是时不闻盗贼所至充斥，岂雇募弓手之累哉？又今来立法，许雇曾充弓手得力之人。彼当役人户，既自选雇，以身保任，必加详择得力有行止之人，比往时泛加招募，宜有间矣。

议者又以为五路之民勇悍慕赏，乐以正身充应弓手，今既召雇，恐不足以捕盗。臣以为不然。今来立法，应弓手正身不愿充役者，许雇得力之人，听其便尔，非谓不许以正身在官也。彼五路之民既勇悍慕赏，乐以正身充应，乌有不可哉？大抵为国制法，可因否革，与时变通，要以便民为本。皇祐役法，于今损益固非一二，岂必胶于新旧哉？愿陛下参酌古今之宜，断以不惑，庶几法无屡变，吏有常守，民获安便。22，页9459—9461

【宋哲宗元祐元年（1086）十月】看详诉理所言："准朝旨取索元丰以来大理寺、开封府、御史台断遣过因内降探报公事，元犯断遣刑名，看详内有不合受理，情可矜恕者，具事理以闻。其殿前马步军司自元丰元年后应准内降公事案，未审合与不合取索看详。"诏："如因人陈诉，许取索看详。"新无。30，页9464

【宋哲宗元祐元年（1086）十月】癸巳，陕西西路转运司言："乞依泾原路安抚司已得朝旨，将在城与厢军候工役稍隙，辍那并工采刈白草，以减收买秆草之费。"诏敕令所立法。新无，此与刘昌祚相关。35，页9467

续资治通鉴长编卷三百九十　宋哲宗元祐元年（丙寅，1086）

【宋哲宗元祐元年（1086）十月】尚书省言："承议郎、宗正寺丞王巩奏，《宗正寺条例》：'皇帝玉牒十年一进，修玉牒官并以学士典领'。玉牒自熙宁中翰林学士范镇等一进之后，神宗玉牒至今未修。仙源类谱自翰林学士张方平庆历年进书之后，已五十年，并无成书。自奉行官制，别隶宗正寺官，又复累年未果成。其神宗朝以上文字，臣近已进呈奉安毕，今合修皇帝玉牒、类谱等。臣以十年进书之期尚远，恐寺官因循，异时复成旷坠，请别立法：宗正寺修纂成书，其玉牒官每二年一具草缴进，如会问未足，不得过进期两季；类谱等亦二年一具草，候及十年，类聚修纂成书，进呈奉安如故事。庶几国朝大典，永无废坠。"从之。74，页9491

【宋哲宗元祐元年（1086）十月】刑部言："'抚州制勘院勘到江西路提举常平等事曾孝廉挟私侵越，点检抚州，驱迫知州石禹勤狱死，以书谕勘官李杞令重勘禹勤及奏事不实等罪,'诏以孝廉特不以赦原,追两官勒停,送房州安置,候叙日,未得叙入正官。"旧勘在闰二月二十四日,王岩叟先有论列,乞不用赦原。二十八日,王觌论市易冒赏,附十一月四日。83,页9493

【宋哲宗元祐元年（1086）十月】 御史中丞刘挚言:"臣昨者建言太学条制烦密,失养士之意,乞下有司别行修立。后蒙朝廷选官置局,及今已久,未见成法,缘所差官各有本职,不得专一集议。兼臣窃以谓庠序之制,教育以成其材,奖劝以尽其志,群居众聚,略无约束。自古以来,法之施于学校者,其本不过如斯而已。然则为今之议,无大措置,独可按据旧条,考其乖戾太甚者删去之,而存其可行可久,便于今日,则所谓学制,可以一言而定矣。若乃高阔以慕古,新奇以变常,非徒无补,而又有害。夫职亲于诸生而习知其情伪者,宜莫如学官也。使其因人情利害而为之法者,亦莫如学官也。然则安用以他官置局为哉?故臣前日奏请止乞令本学立法上礼部,再加参详上三省,以待圣断。诚如臣言,学制成久矣。今既置局半年,聚议既稀阔,而议官各持所见,纷然异同,无所折衷,学者疑惑,趣向不安。欲望圣慈指挥,罢修定学制所,检会臣今年二月十五日所奏,止以其事责在学官正、录以上,将见行条制去留修定,严立近限,次第条上,取旨施行。所贵因革不失其当,法令速成,以便学者,以述先帝兴学之旨,以副陛下造士之意。"又言:"古者,以议礼之家名为聚讼,今议学制者实已似之,遂致孙觉有状辞免。伏望详察指挥,罢修定局,止令本学删修条制。"五月十二日,诏孙觉、顾临、程颐同看详修立《国子监、太学条制》,此章称置局半年,自五月至十月凡半年也,今附十月末。挚初以二月十五日建议,至五月十二日乃施行,前章但附五月十二日,更不于本日出之。挚言"高阔以慕古,新奇以变常",盖指程颐也。颐所立条制,辄为礼部疏驳,颐亦自辨理,然朝廷讫不行。颐集有三学看详文字凡十五六板,或略删取,然亦无用也。87,页9493—9494

续资治通鉴长编卷三百九十一　宋哲宗元祐元年（丙寅，1086）

【宋哲宗元祐元年（1086）十一月】 刑部言:"大理寺状,见勘百姓王秉告梢工赵僧等私载物货。按纲船载私物明破二分,盖虑不容私载,则必于官物为弊,若稍有过数便许人陈告给赏,纲运人兵实受其弊。欲请罢告赏条,仍将见勘公事依自首法。本部看详,《嘉祐敕》无告赏之文,

《熙宁敕》惟立新钱纲告赏之法，欲并依所请。"从之。苏轼奏议有可考。5，页9505

【宋哲宗元祐元年（1086）十一月】中书省言："《刑房断例》，嘉祐中宰臣富弼、韩琦编修，今二十余年。内有该载不尽者，欲委官将续断例及旧例策一处看详情理轻重，去取编修成策，取旨施行。"从之。绍圣元年十一月己亥可考。10，页9509

【宋哲宗元祐元年（1086）十一月】诏吏部、殿前司选差大使臣二人，充广南西路经略司准备差使，小使臣三人、殿侍三人，充准备指使。仍各选一倍，赴枢密院呈检定差。以经略司言本路官缺故也。新无。11，页9509

【宋哲宗元祐元年（1086）十一月】刑部言开封府首获畿内逃军，杖罪详部，送往营县施行。从之。以前此开封府言应获畿县逃军即送往营县，而刑部以谓徒以上罪不免解府故也。新无。16，页9510

【宋哲宗元祐元年（1086）十一月】丙寅，刑部尚书苏颂兼详定重修敕令，御史中丞傅尧俞兼看详诉理。24，页9512

【宋哲宗元祐元年（1086）十一月】诏开封府奏断公案，如因论诉，许御史台取索。《日录》云："先是，元丰中已有成法，其后以御史孙升言，虽不因论诉亦许取索疏驳。至是，开封府复言之也。"自"先是"至"复言之"，《新录》并因《旧录》，要合削去。25，页9512

【宋哲宗元祐元年（1086）十一月】刑部言在京刑狱所差狱子取受，依《重禄法》。从之。26，页9512

【宋哲宗元祐元年（1086）十一月】门下侍郎韩维言："天下奏案必断于大理，详议于刑部，然后上之中书，决于人主。近岁有司或昧于知法，或便于营己，但因州郡所请，依违其言，即上中书，贴黄例取旨，故四方奏谳日多于前，欲望刑清事省难矣。今具修立到条：大理寺每受天下奏到刑名，疑虑情理可悯、情重法轻、法重情轻公案，须分明铺坐疑虑可悯、情法重轻等条。若无上项情状，即具合用敕律何条断遣，刑部看详，次第申省取旨。"诏刑部立法以闻。维又请自今每近大礼，令刑部、大理寺、开封府公事并依常时行遣，更不减促日限；罪人情款重在害理难宽释者，别为一等，从上奏断。从之。此与范伯禄相关。50，页9520

续资治通鉴长编卷三百九十二　宋哲宗元祐元年（丙寅，1086）

【宋哲宗元祐元年（1086）十一月】开封府言："自来京内藏匿窃盗及指引资给，除一犯杖依旧令众外，如再犯杖或一犯徒，并令众十日；三犯杖，邻州编管。"从之。新无。60，页9532

【宋哲宗元祐元年（1086）十一月】己卯，承议郎、荆湖南路转运司管勾文字张组言："天下重法已蒙寝罢，惟卖盐场务推行常平仓法尚存，乞罢盐法约束内依常平给纳法并所增支酬。"从之。65，页9533

【宋哲宗元祐元年（1086）十一月】壬午，诏中书省编修《刑房断例》，候编定付本省舍人看详讫，三省执政官详定，取旨颁行。77，页9542

【宋哲宗元祐元年（1086）十一月】尚书省言："门下、中书后省并详定重修敕令所删定官、检阅点检文字使臣，并依在京职事官禁谒法。"从之。78，页9542

【宋哲宗元祐元年（1086）十一月】权发遣淮南路转运副使赵偁言："楚、海、泗、宿、亳五州水灾最甚，乞下发运司于常、润州收籴稻种十万石，以备五州来春布种，或粜或贷。"从之。绍圣二年八月，户部员外郎陈蔡作《赵偁行状》云：公为淮南转运副使，于时流殍载路，老羸转沟壑，壮者起为盗，楚、海、泗、宿、亳五州为甚。公奏以"荒政务丛，动系人命，每从申请，缓不及事。愿一切许臣权宜措置，事讫乃奏，有不合理，请从重坐"。复请"移别路常平米二十万斛，兼充赈贷，饬州县谕流民归业，计口给食，以散群聚熏蒸疾疫之病。且令渐还本土，就治生业。添置武臣守镇冲要，以防间隙。露尸散骨，埋瘗有法；弃孤遗幼，鞠养有令。客户旧无贷法，盖防迁徙，若令主户随等为保，则虽贷无害。又重法地分，因灾伤盗取五谷罪人，特从减等，而妻子不免编管，殆非法意。请罪人减者，妻子亦免坐"。诏皆从之，仍著为法。81，页9545—9546

续资治通鉴长编卷三百九十三　宋哲宗元祐元年（丙寅，1086）

【宋哲宗元祐元年（1086）十二月】丙戌，诏开封府界并诸路提刑司："元丰已前免役、坊场钱物，令户部别封桩，逐季具数申本曹点检，缴申尚书省注籍。其擅支借，并依常平钱法。" 2，页 9551

【宋哲宗元祐元年（1086）十二月】刑部言："元降官制《六曹通用格》，本曹四司所行职事，应敕式条例该载未尽或有疑虑，及诸处创陈乞申取指挥，并应议可否改更措置、按劾官吏等事，并尚书与夺判定可否；所有条例常程熟事，则侍郎判决；其余行遣文书，并从四司员外郎书呈尚书；其应供检案牍之事，专责吏人。所以分事体大小，别官吏高下。今看详编修断例房要例册，草踏乃是专责吏人供检之事，本房却申请更令官吏同共保明，显失朝廷分任省曹之体。欲乞三省诸房应案牍之事只令当行人吏供检，委郎官催促应报，不须长、贰保明供纳，庶不失官制格法之意。"从之。4，页 9551—9552

【宋哲宗元祐元年（1086）十二月】辛丑，尚书省言："左司状，失入死罪未决，并流徒罪已决，虽经去官及赦降原减，旧中书例各有特旨。昨于熙宁中始将失入死罪一项修入海行敕，其失入流徒罪例为比死罪稍轻，以此不曾入敕，只系朝廷行使。近准朝旨，于敕内删去死罪例一项，其徒流罪例在刑房者，依旧不废。即是重者不降特旨，反异于轻者，于理未便。本房再详，徒罪已决例既不可废，即死罪未决例仍合存留。乞依旧存留《元丰编敕》全条。"从之。28，页 9563

【宋哲宗元祐元年（1086）十二月】诏："开封府、大理寺禁囚公案，冬夏仲、季月到寺日限，五日定断，百纸已上七日，每百纸加二日，详议案减半，其半日就全日。刑部准此。旧案断在仲、季月者，亦依仲、季月到寺日限。如元限未满日比仲、季月限数少者，止依元限。已上应经历官司，各不得过一日。有故判展，情节未圆须行取会，不在计日之限。"新无。29，页 9563

【宋哲宗元祐元年（1086）十二月】侍御史王岩叟言："近奏请如旧

法不限灾伤分数，并容借贷，不拘民户等第，均令免息等事，蒙送有司立法。伏睹今年十一月二十九日敕，户部看详《元丰令》，限定灾伤放税分数支借种子条合依旧存留外，修立到下条：'诸州县灾伤人户缺乏粮食，虽有欠缺，不以月分，约度合支数，预行奏请，候得旨，许结保借贷常平谷。如缺，纽直给钱，丰熟日催纳。若无本色，听依仓例折纳，或纳元价。经赦不在除放之限。常平不足，许借拨转运司钱谷。其灾伤至轻或上等人户不致缺乏，不得一例奏请借贷。'臣看详所修借贷粮食条意已得允当外，缘臣元奏本以赈济旧法灾伤无分数之限，人户无等第之差，皆得借贷，均令免息。新条必待灾伤放税七分以上而第四等以下，方许借贷免息，殊非朝廷本意。故乞均令借贷，以济其难。今户部复将支借种子依旧存留，窃以灾伤人户既缺粮食，则种子亦缺，岂可种子独立限格？臣欲乞通为一法，于所修'粮食'字下添入'并种子'三字，庶使被灾之民广沾惠泽。"从之。十一月二十八日岩叟初言，朱光庭奏议亦有此。光庭尽散河北积仓，其张本或在此，更详之。33，页9573—9574

【宋哲宗元祐元年（1086）十二月】乙巳，刑部言："敕书节文：'应赦书该载不尽事件，所属看详，比类条析闻奏。'看详开封府界、诸路向来违犯常平法编配之人，比违犯《重禄法》事理尤轻。其经今赦未合放逐便者，欲乞比类推行《重禄法》，编配之人并具元犯保明闻奏。"从之。34，页9574

【宋哲宗元祐元年（1086）十二月】吏部言："欲将初该磨勘使臣，经一处住程差遣，但及二年，不以犯冲差替，并许磨勘内合展降者从本条。"从之。新无。35，页9574

【宋哲宗元祐元年（1086）十二月】刑部言："知澶州王令图状，乞有干黄河处逃军经过，不坐越渡罪，诸色人并许从便过往。今欲将越干黄河条删去，及堪造军器物不得入三路条重行修立。"从之。42，页9575

【宋哲宗元祐元年（1086）十二月】丁未，侍御史王岩叟奏："听政之始，首发德音，以伸天下之枉，为之选近臣、置专局，使考覆至情以上闻。仁恩深厚，感动幽显，此诚千载一时盛德之举也。然而名甚美而实未充，意已至而惠未浃，有识之论，咸以为惜。臣窃见看详诉理奏雪命官罪犯，虽蒙朝旨特有所宽，然大要不过递减赃罪为徒罪，改杖罪或私罪为公罪，冲替作稍重，稍重作轻差替而已，其得尽除落者无几耳。访闻吏部以无指挥许理元断月日，止从目下所改年月收使，以理揆之，极为未允。其幸而经断在近者，则凡合展年破考之类，皆获通理，其不幸而得罪既久者，则已展之资考、已隔之磨勘无由复得，此所以未免不均之叹也。又如公罪冲替，不以事理重轻，昨经元丰八年三赦，自合便差遣，更无事理重轻。今因诉雪，方改作稍重，或改作轻，乃是已赦而复罪，岂特不蒙宽赦而已也？臣恐非陛下所以诏有司之初意。欲乞特赐详酌，将今来雪除宽减命官罪名，除料钱请给等更不支外，其事涉冤抑者，与理元断年月，除落罪名，尽还所得恩数；情犯可矜者，亦得与通理资考，叙还磨勘岁月；其该除落者，自合依无过人例。并乞不拘刑部常格，特依臣今来所请，明降指挥，下吏部施行，庶几随事重轻，人沾实惠，以称朝廷宽大之明诏，以副陛下恻怛之诚心。天下幸甚！"45，页 9576—9577

【宋哲宗元祐元年（1086）十二月】诏旧出免役钱三百缗以上人户，并依单丁等户例输纳，与免色役。从详定役法所言也。十月末，吕陶疏更考详。明年正月末，孙升、王岩叟云云。54，页 9580

【宋哲宗元祐元年（1086）十二月】侍御史王岩叟言：

臣伏睹新降役法内一项，诸出等高强户旧纳免役钱三百贯以上者，依单丁等户法输助役钱。臣博采众议，皆以谓不见其利而见其害，非可久之法。其言曰：祖宗差役之法，设大纲而已。上户为大役，中户为中役，下户为下役，未尝锱铢而较也，而百余年间，天下无不平之叹。今必欲抑其甚高而齐之，则亦终无可齐之理，不知适所以为不平尔。借令出二百八九十贯之家，相去几何？而一应差役，三年五年而后休息；一纳助钱，毕世穷年而无已时，非至于其家破荡终不得免，此不便一也。

天下之民方共欢呼鼓舞，以得复差法为贺，而此一等之民，独何辜而不得预仁泽。均为王民，而幸不幸相远如此，非所以一人心而息怨訾，此不便二也。

又所谓高强之家，昔者估定役钱之时，多出于官司逼令增数。二十年间，以不胜其重而弊败荡覆者，盖已多矣。今所余无几，尚忍因仍故额尽穷之耶？此不便三也。

前日五等概输役钱，则比户之或升或降皆无所逃。今而专敛于最高之户，最高之户势必巧为自免之计，有弟兄则析居，不析居则卖业，但能少缺三百千之数，则遂可免矣。此法既行，不出二三年，天下当坐失高强之户，此不便四也。

既不能禁人析居卖业以幸免，继必有建议请自二百贯立法者矣，又必有请自百贯而上取之者矣。一开其端，而后日之患至于如此，则差法之坏斯已过半，此不便五也。

元纳役钱今虽减半，其少者犹须纳一百五十缗有余。以北方言之，秋成之时，籴谷五六百石乃可以充，而百色浮费尚不在焉。役钱之法，三等以上，水旱不免。使常无天灾，且不易堪，一有旱干水溢，相承为患，则将奈何？此不便六也。

单丁、女户之类，则所在皆有，可以资之为补助。如元输役钱三百贯以上之家，有数州之广无一户者，有一路不过三数家者，总天下言之，共能有几？较其所得，亦何益大计？而徒被近利之名于天下，深可为朝廷惜，此不便七也。

朝廷取天下役钱之害极矣，一日下诏复差法，窜首议之人于海上。今诏墨未干，而复蹈其迹，非独罪人将有辞也，而天下之议、后世之说，谓朝廷举动为何如哉？此不便八也。

且以臣愚之所闻所知者论之，其害已如此，若深求于四方，广咨于多士，其害有不可胜言者。伏望圣慈特令删去此条，以一天下之法，以宁天下之心，不使有疑于国家，幸甚！

贴黄称："高强之户，使天下州州县县均有数家，特为之立法，犹可也。今数州数县未有一户，而欲指以为补助，臣见徒立虚文，枉疵良法，为可惜耳。臣愿朝廷深思而熟讲之，不以为咎。"

又言："臣伏睹续降补助敕，既立输钱之法，又有宽剩之文，又有委提刑司类聚之旨，天下闻之，安得不疑朝廷复为聚敛之事也？伏望不弃愚臣之言，曲加省虑，出令之际，重惜此名。窃见第一等户已有展年之法，至五年而止，今豪强之户亦令应役，则自当充役七年矣，比祖宗旧法已为甚重。兼七年虽满，未必得人闲，势须复为以次人户，所自决无可免之理，乃与永役无异，不必嫌其幸免，而别立输钱之法也。"岩叟言盖因此十二月二十五日指挥，今即附此日。孙升云云附明年正月末。54，页 9580—9582

【宋哲宗元祐元年（1086）十二月】辛亥，枢密言："府界诸路每岁春秋大教军兵，有累年连并该赏之人，及以人数隔碍，却有以次事艺精强者多是不沾恩赏，甚非广行劝赏之意。今将见行条格重加减定，增立该赏人数。"从之。新削。56，页 9582

【宋哲宗元祐元年（1086）十二月】户部言："蚕盐欲依在京食盐并南京等处依条额外印给盐钞，下陕西制置解盐司书填，召人以家业契书抵当，立限依例于解池算请，津般赴绛州垣曲盐仓送纳；及据府界、京东合请茶盐度数，权于市易买下未交割盐内支借应副，候计置般到，却行依数拨还。"从之。《新录》削此。57，页9583

【宋哲宗元祐元年（1086）十二月】是岁，宗室子赐名授官者三十八人。天下上户部主户一千一百九十万三千六百六十八，丁二千七百七十四万一千六百；客户六百五万三千四百二十四，丁一千二百三十三万一千六。断大辟五千七百八十七人。陈师道《谈丛》云："元祐初，司马温公辅政，是岁，天下断死罪凡千人。其后二吕继之，岁常数倍，此岂智力所能胜耶？"按师道所云与《实录》绝异，附注待考。60，页9583

续资治通鉴长编卷三百九十四　宋哲宗元祐二年（丁卯，1087）

【宋哲宗元祐二年（1087）春正月庚午】臣又与光言："熙宁中，常行给田募役法，其法以系官田及以宽剩役钱买民田，以募役人，大略如边郡弓箭手。臣时知密州，推行其法，先募弓手，民甚便之。此本先帝圣意所建，推行未几，为左右异议而罢。今略计天下宽剩钱、斛约三千万贯、石，兵兴支用，仅耗其半。此本民力，当复为民用。今内帑山积，公若力言于上，索还此钱，复完三千万贯、石，而推行先帝买田募役法于河东、河北、陕西三路，数年之后，三路役人可减大半，优裕民力，以待边鄙缓急之用，此万世之利，社稷之福也。"光犹以为不可。

此二事，臣自别有画一利害文字甚详，今此不敢备言。及去年二月六日敕下，始行光言，复差役法。时臣弟辙为谏官，上疏具论，乞将见在宽剩役钱雇募役人，以一年为期，令中外详议，然后立法。又言衙前一役可即用旧人，仍一依旧数支月给；重难钱以坊场、河渡钱，总计诸路，通融支给。皆不蒙施行。及蒙差臣详定役法，臣因得伸弟辙前议，先与本局官吏孙永、傅尧俞之流论难反复，次于西府及政事堂中与执政商议，皆不见从，遂上疏极言衙前可雇不可差，先帝此法可守不可变之意，因乞罢详定役法。当此之时，台谏相视，皆无一言决其是非。今者差役利害未易一二遽言，而弓手不许雇人，天下之所同患也。朝廷知之，已变法许雇，天下皆以为便，而台谏犹累疏力争。由此观之，是其意专欲变熙宁之法，不复校量利害，参用所长也。

臣为中书舍人，刑部、大理寺列上熙宁以来不该赦降去官法，凡数十条，尽欲删去，臣与执事屡争之，以谓先帝于此盖有深意，不可尽改，因此得存留者甚多。臣每行监司守令告词，皆以奉守先帝约束，毋敢弛废为戒，文案具在，皆可复按。由此观之，臣岂谤议先朝者哉？所以一一缕陈者，非独以自明，诚见士大夫好同恶异，泯然成俗，深恐陛下平居法宫之中，不得尽闻天下利害之实也。愿因臣此言，警策在位，救其所偏，损所有余，补所不足，天下幸甚。若以其狂妄，不识忌讳，虽赐诛戮，死且不朽。15，页9597—9598

【宋哲宗元祐二年（1087）春正月】诏看详诉理所："应元祐元年明堂赦恩以前内外官司所断公事，情可矜恕者，并听于元限内进状诉理，依前诏看详。"《政目》云，诏诉理所展至元祐明堂赦已前。22，页9604

【宋哲宗元祐二年（1087）春正月】壬申，诏："明堂赦书条目甚多，皆所以宽恤下民。深虑吏奉诏不虔，其诸路转运司、开封府界提点刑狱司分按所部，纠不如令者。即监司违慢，令互察以闻。"24，页9604

续资治通鉴长编卷三百九十五　宋哲宗元祐二年（丁卯，1087）

【宋哲宗元祐二年（1087）二月】殿中侍御史吕陶言："臣去年三月中曾弹奏郭茂恂曾任陕西监牧日，枷禁无罪妇人阿党等，令陪钱雇女使，及在秦州永兴军，皆有不检之迹，丑声流播，道路宣闻，不可为省郎并相度监牧。蒙朝廷采纳臣言，罢茂恂库部郎中，更不遣经画牧地，仍除军器少监。当时士大夫谓朝廷既知茂恂猥恶如此，而尚不许补外者，盖执政以亲旧之爱曲为庇护，姑且处之京局，俟人言稍息，必复进用。今日果如此料，乃以茂恂任工部郎中。诏命既传，颇骇群听。且进善退恶者，天下之公议；信赏必罚者，人主之大权。贪廉既禀于天资，安有昔污而今洁？升黜动关于国体，岂可前是而后非？傥有辅弼之主张，必误朝廷之任使。伏愿陛下深明本末，洞察公私，特罢恩除，庶清郎选。况茂恂领军器监以来，仍更违法冒请制造神御帐兴工、下手、节料、了毕等钱，贪猥之行久

而不革。臣已尝弹奏，伏请论罪如律，岂可不治其过，又复迁官也！"17，页9631—9631

【宋哲宗元祐二年（1087）二月】己亥，刑部、大理寺言："奉议郎、前军器监计置材料刘仲昕，前军器少监蔡硕，并贷使官钱，论法抵死，并特贷命免真决，各追毁出身以来告敕文字，除名勒停，仲昕送昭州，硕韶州编管。"去年十月十六日，摄硕、仲昕等。《政目》：刘次庄除名。《实录》不书。26，页9636—9637

【宋哲宗元祐二年（1087）二月】三省言："知州考课，请令吏部上其事于尚书省，关中书省取旨赏罚。其劣等应罚而已冲降者，仍从冲降法。县令已下，即本部赏罚。"从之。27，页9637

【宋哲宗元祐二年（1087）二月】诏："京东西路安抚司强盗，权听本司酌情处决，俟寇贼衰息奏裁。即罪不至死者，亦听从宜处置讫，具事状以闻。余路如之。"先是，京东岁荒，民艰食多盗，帅臣上闻，故有是诏。《新录》无四月十七日权宜指挥，当考。28，页9637

【宋哲宗元祐二年（1087）二月】诏吏部选人改官，每岁以百人为额，从侍郎孙觉请也。《旧录》云："治平以前，选人用保任，资考应格当引见而滞于有司者，率二三年，或缘事阻隔，则终身有不调者。熙宁初，神宗恻然悯之，始更定铨法，繇此无复淹滞之叹，而觉乃复旧法，故有限员之请。"《新录》辨曰："选人限员，乃祖宗法，昔废今复，澄冗滥也。"删去"治平以前"至"限员之请"数句。觉在吏部几二年，初领右选，右选万五千员，而缺不满六千，有三年不得调者。觉请自军功、保甲进者补指使，祖免亲从员外置，一日得缺数千。改领左选，于是复限磨勘员。此据觉传。元年七月，觉自给事为吏侍，三年四月，改中丞，在吏部凡一年九个月也。左选磨勘限百人，二年二月十六日已见，右选得缺数千，当考。旧、新传皆同，恨不详耳，当采觉奏议稍增入。绍圣元年闰四月，诏："见磨勘改官人，权依《元丰令》，五日引一甲，每甲引三人，每年不得过一百四十人。"29，页9637—9638

续资治通鉴长编卷三百九十六 宋哲宗元祐二年（丁卯，1087）

【宋哲宗元祐二年（1087）三月】戊午，诏："宗室世曼第三男令瑜

赐仲铣为嗣，毋拘年甲，著为令。"4，页9648

【宋哲宗元祐二年（1087）三月】吏部言："请诸路科利场务，三万贯以上举官如故，其不及处，从本部差注。罢京西、京东、河北、陕西路转运使奏差法。"从之，仍诏如有不职，听转运司别举官以闻。新本无此。5，页9648

【宋哲宗元祐二年（1087）三月】先是，文彦博奏："臣窃以数十年风俗僭侈，车服器玩多逾制度，以致士民之家率多贫乏，不修廉节。夫为国家之要，在乎民富，富民之要，在乎节俭。民既富矣，君孰与不足？臣欲乞选官检唐室至于本朝令式，参定制度，随时制宜，务令简当，可久遵行，庶几上下有分，不敢僭侈，风俗当自淳俭，太平可以立致。臣尝观唐史，太和中，仆射王涯奉敕详定制度，颇为精当，终为权贵沮格不行，朝论惜之。然涯之所定亦甚烦密，臣今所乞固须简当，可久遵行。其王涯所定，今亦录本进呈。臣伏详旧制，三品、四品官方得衣紫、衣朱。窃见近时及朝班之内衣紫、朱者极多，着绿者甚少，盖是时推恩赐者颇众。臣谓服以章有德，自古所重。臣乞今后非品秩当服朱、紫，及旧着令例合得外，乞罢赐服。"诏礼部、刑部、太常寺同共详议闻奏。礼部、刑部、太常寺寻具到前后禁止奢僭令文可以增损遵行者。诏元丰敕令条约已备，令御史台觉察。彦博言此，盖在前矣，有司及今乃举行也。《旧录》云：礼部、刑部、太常寺云："文彦博奏请近来风俗僭侈，车服器玩多逾制度，以致士民之家率多贫乏，欲乞选差官检详唐室至本朝令式，参定制度，随时制宜，务令简当，可久遵行，庶几上下有分，不敢僭侈。诏令详议以闻。今具到前后禁止奢侈令文可以增损遵行者。"诏："元丰敕令条约已备，令御史台觉察。"《新录》因之。今全载彦博初奏并梁焘驳议，故别加删修，仍存《旧录》。17，页9653—9654

【宋哲宗元祐二年（1087）三月】三省言："古者道揆在上，法守在下。今既责有司以守法，又委之以引例，则为职不专，而奉法有二。如此，则乱上下之分，长出入之弊。欲例之在有司者，收还中书。缘修例于法外别作轻重，尤难于创法，非深识义理善揣情法者，不能精也。今修例专委吏人，恐未能充此任。欲择烛理明审者二人，充中书刑房检例官，使议去取类例，因令阅大理、刑部所上奏案，签贴差失，以告于执政。古者，狱疑则司寇以告于王，王命三公参听之。今大理、刑部所上奏案，必先经尚书省，次上中书，中书贴例取裁，乃过门下。门下职在省审，见其差误，理须驳正。不惟事涉迂滞，稽留狂狱，亦有逐省退下有司，其间轻重相反，有司缘此益增眩惑。欲刑部、大理奏案，两司所议皆同，即令具指疑虑可悯、情法轻重之状；若两司所见异同，则各为一状，并上中书三省参听；若州郡元作疑虑可悯及情法轻重奏上，而有司以为罪不当谳，却行改断，依例具钞奏上，内尚书、门下省点检，尚有可疑，亦委三省同议。"从之。《政目》云：诏疑狱三省同议。《旧录》云后以刑部论奏，罢前令。《新录》削去。二十八日范百禄云云，即《旧录》所称刑部论奏也。27，页9659

【宋哲宗元祐二年（1087）三月】都大提举成都府、永兴军等路榷茶司言："准《敕》：熙河、秦凤、泾原三路合用茶，依旧官为计置；永兴、鄜延、环庆三路，许商旅通贩。今欲乞仍以永兴、鄜延、环庆为所部，及以都大提举成都府、利州、陕西等路茶事司为名，并措置画一。"并从之。《编类册》三月二十六日圣旨。38，页9665

【宋哲宗元祐二年（1087）三月】庚辰，刑部侍郎范百禄言："近敕，例在有司者，收还中书，择烛理明审者二人，充刑房检例官，使议去取；因令阅大理、刑部所上奏案，并令大理、刑部奏案具指疑虑可悯、情法轻重之状，若两司所见异同，则各为一状，并上中书省者。窃详造令之意，当谓秋官之贰不得其人，致烦朝廷收还此例，别建宰属，不付有司，恐当为官择材，不可因事变法。今新录节目逐件事理颇窒碍，本部施行未得，已具奏听旨外，若以为臣不职，宜早斥罢，望除臣外任一差遣。"诏不允。新本削去此段，今复存之。苏轼撰答诏曰："成王命君陈：'商民在辟，予曰辟，尔惟勿辟。予曰宥，尔惟勿宥。惟厥中。'古之有司与天子相可否盖如此，而况公卿之间，议有异同，而不尽其说哉？例在中书与在有司，固宜审处归于至当，而卿遽欲以此去位，非古之道也。其益修厥官，以称朕意。"《百禄传》：明年，诏试，迁中书舍人。司马光议复差役法，百禄曰："熙宁初，尝为咸平县，免役法行，一日罢开封衙前数百人，民甚悦。今第减出钱之数，以宽民力可也。"光不从。使辽还，迁刑部侍郎。有以强盗及故杀、斗杀情可矜者，谳于朝，法官援例贷免，司马光曰："杀人不死，则法废矣。"百禄曰："谓之杀人则可，制刑而以为不疑，原情而以为无可悯则不可。今不处死，则二杀之科自是无可疑与可悯者矣。天下之狱，岁以万计，如是而杀之，则死者不亦多乎？"光不能夺，然卒行之。前此尝诏天下奏谳不当狱者，按其罪，有司重请谳断，刑罚峻密，至有枉情以合法者。百禄曰："熙宁之令，非疑虑与悯而辄奏者免驳勘，至元丰删去之。去年诏书，不得用例贷配，有不当即奏劾，自是官吏畏罪，不惮论杀。"因具元丰六年至元祐二年死者、贷者之数以闻。明年奏狱，门下省多驳正，当贷者皆欲杀，百禄屡以告执政，执政怒得于上，有诏：例在有司者悉收还中书，置检例官二人，使议去取，阅刑部、大理所奏疑虑若可悯、情法轻重之状，有异同各以上。百禄请去，且上疏极论之。疏奏，悉如所请，既宥诸囚，而例复归刑部。自是中外奏谳无所避。《百禄旧传》载咸平免役事，新传削去，余悉因旧传。按：司马光以九月一日卒，百禄以九月十二日除刑部侍郎，旧传称百禄与光争法，岂未为刑部侍郎时，或为中书舍人主判刑房，则可。恐旧传未可信，须考。《范百禄传》盖因范祖禹墓志，但云使辽还，权刑部侍郎，不云迁也。或以中书舍人兼权刑部侍郎，则犹及与光论辨，若真为刑部侍郎，则光死矣。墓铭又云："朝廷以百禄议狱持平，真为刑部侍郎。"盖不详也。墓铭虽出祖禹，尚须考之。《御录·刘赓传》云：元祐初，大臣议收刑部例还中书，设刑房检讨官，乃上疏言官制尽出先帝圣画，以例藏刑部，可比则拟钞，不可则取旨。六曹惟刑部用例，且唐制中书舍人六员押案，今以案为房，尚袭故事。置检讨官，则刑房舍人虚设矣。时议改熙宁案问自首法，赓固执不可。高丽人使李子威问律中五事，赓折衷疑义，听之耸服云。41，页9666—9667

【宋哲宗元祐二年（1087）三月】诏："右武卫大将军、和州刺史叔罴追毁出身以来告敕文字，除名勒停。"坐殴兄叔牙故也。42，页9668

【宋哲宗元祐二年（1087）三月】又诏："内侍省供奉官以下至黄门，以一百人为定额，遇圣节，许进子二人与收系。额内有缺，于已收系人内从上拨二人食禄。愿依旧进借差殿侍者听奏三人，余依著令，仍自今年生辰为始。"43，页9668

续资治通鉴长编卷三百九十七　宋哲宗元祐二年（丁卯，1087）

【宋哲宗元祐二年（1087）三月】恭惟陛下即政之初，正在遵守祖宗成法之时，不当轻有改易，以动人心，伏望圣慈详察，早降指挥下详定役法所，速止绝三路相度行遣，以慰安四方人心，则天下幸甚！

监察御史上官均言：

臣窃见翰林学士苏轼近论买田募役事，朝廷送役法所相度。议出之日，中外士大夫莫不骇异，以为于理决不可行。臣辄因轼之所具利害条目，得以缕陈之。

轼以为募役人大抵多是州县百姓，若所买田去州县太远，即久难以召募，欲乞所买田并限去州若干里，去县若干里。臣以为弓手给田二顷，散从官一顷，计每县役人少者须近百人，给田近二百顷。顷亩既多，又须接近城郭，势必难足。盖强民出卖则贾怨，诱民出卖则伤民，听其自便则田不可得足，此不可行一也。

轼以为今三路官吏推行，恐或抑勒卖田，或召募浮浪，或多买瘠薄，取办一时，不顾后患，欲选材质朴厚知州三人，令自辟属县，令每路一州先次推行，令一年中略成伦理，一路便可推行，委转运、提刑常切提举，若不推行，或推行乖方，朝廷觉察，重赐行遣。臣以为民之卖田未必膏腴，所卖膏腴未必近州县。今既不许抑勒，则卖田应格者宜少，虽使材质朴厚太守自辟属令，若不抑勒卖田，召募浮浪，取办一时，安能一年中成伦理耶？夫士农工商，技有所长，用有所适。盖辨硗肥、相种艺农圃之事，非士之所学也。世之士大夫自买田业，非不悉心，往往价高而田薄，地广而收鲜。何则？以其非所习也。今若以县令误以高价买瘠田为推行乖方，便加谴责，而不考其余事，则循良之吏将有不幸而罢去者矣。又既令监司督察，则往往承望朝廷风旨，要以速办。监司督州，州督县属，上下相承，苟务应法，势必至于抑勒卖田，多买瘠薄以逃责矣。自熙宁以来，监司奉法者类多如此。盖奉法严则绳吏峻，绳吏峻则苟免之心生，文具而无实，民受其弊，理之必然，此不可行二也。

轼以为百姓卖田须先申官，令佐亲自相验，委是良田，方得收买。如官价低小，即听卖与其余人户，不得抑勒。又买到田未得支钱，先召投名人情愿承佃充役，方得支钱，不得抑勒。臣以为百姓不愿与官中贸易者，盖上下势隔，情意不通，又胥吏辈辗转求索，百方邀赂，虽严明令长不能绝也。正使官中买田与私价等，百姓宁自相贸易。今令卖田之人必先申官，官价低小，方得卖与其余人户，名为不抑勒，实与抑勒无异。又乡间之民，自非窘乏朝夕待用者，必不肯出卖良田，今令卖者申官，令佐检视，然后收买，役人情愿承佃，方得支钱，近须半年，远须一年以上。既不能纾目前之急，又重有往来赂遗之费，虽官中不至失利，而卖田之民重困弊矣，此不可行三也。

轼以为令佐如买瘠薄田，致久远召募不行，即官吏并科违制，分故失定断，仍不以去官赦降原减。臣以令佐之能，在于公心爱民，宽明不扰，巨细毕举，则为善政。不当以事之一二论其殿最。今有长令世以为循吏，偶于买田之际不能辨识，有数十顷瘠薄，召募不行，便加以违制之罪，是以一而废百，得无失刑欤？熙宁之初，柄臣过计，官吏有违常平新法，不以去官赦降原减。当是之时，官吏以此获罪者，不可胜数，中外窃议，以为非宜。今既已罢烦扰矣，又欲袭前日之过计，未见其善也。大抵议者立法，意欲必行，则必严为法禁，法禁太严，则更以便文苟免，不复计民之利害，此不可行四也。

轼以为系官田若是人户见佃者，先问见佃人，如无丁可以应募，或自不愿充役者，方得别行召募。臣以为人户所请官田，近或五七年，远或数十年，其间有垦荒、粪瘠费用财力。耕治既熟，一旦夺之，有伤人情，此不可行五也。

轼又以为应募之民，正与弓箭手无异。臣以为并边之地既难得田，又弓箭手平居无役，止于每岁一阅，故边境之民乐于受田于官。今则受田一二顷，而役之终身，累其子孙，岂民之所愿欲哉？虽曰受田二顷，服事奔走，当费其半，岂若役属富民为佃户，中分其利，作息自如，刑责不及之为便耶？愿民既不就募，而浮浪者又不许充役，将见有名而无实，安能减色役而宽农民耶？

轼又以为谷贱伤农，而农民卖田常多不售，若官为买，则田、谷皆重，农可小纾。臣以为顷岁以来，民多卖田者，以助役纳钱，常平出息，聚敛之臣肆行掊克，中民困于不足，故多鬻田。钱归公帑，岁不流布，卖田者多，积镪者少，故田苦不售。今则罢常平、助役之法，一切财利皆归于民，行之岁余，民力已纾，自今已往，卖田者必少。卖田既少，则不患其不售。如官中出钱买田，厚于私价，则是诱民破产，公私非便；与私价等，则民不愿鬻，无一可者。臣未见其可以重田谷，纾农民也。

轼又以为纳钱于官，常苦币重，若散以买田，则货币稍均。臣以为诸路之钱，今已散为平籴，又随州郡所出，变转物货，则曩时之积既流布于民矣，不待买田而后货币可均也。

轼又以为此法既行，民享其利，追悟先帝所以取宽剩钱者，凡以为我用尔，疑谤消释，恩德显白。臣以为先帝神圣文武，兴立法度，所以垂无穷者，如日丽天，孰不瞻睹者。至于役钱宽剩，盖因谋利之臣私忧过计，此天下之所共知也，安在其散钱买田而后释疑谤耶？

轼又以为宽剩役钱，令付有司逐旋支费，终不能卓然立一大事，建无穷之利，若用买田，如私家变金银为田产，乃是长久万全之策。臣以为买田募役，臣已缕陈其有五不可行，至于散常平之积以为平籴，以为水旱荒凶之备，此所谓出民力而为民用，亦所以结民心而裕民财也。继志之孝，无穷之利，孰大于此！又何必如私家变金银为田产，然后为长久之策耶？又况变钱为田，常平遂无本钱，将何以因时籴粜便农民耶？若夫患有司之妄费，为之节制，适当可矣，日减月亡，又何足恤哉？50，页9690—9694

续资治通鉴长编卷三百九十八　宋哲宗元祐二年（丁卯，1087）

【宋哲宗元祐二年（1087）夏四月】戊子，御延和殿疏决在京系囚：

杂犯死罪以下递降一等，至杖释之；斗杀杂犯死罪各以差减；开封府诸县见禁罪人，应降从徒已上罪送府，杖罪委令佐决之。12，页9701—9702

【宋哲宗元祐二年（1087）夏四月】又尚书诸曹受天下四方牒诉、奏请文字，多因条禁不便，赏罚难明，民情有冤，废置未决，方具利害事理，恳切申陈。盖欲求朝省分明指挥，以判公私曲直，而郎官鲜及省览，吏人苟逃日限，或为非理阻难，或坐条例退回，或只判收不行，或假勘当住滞。其外处监司、州县及诉讼抱冤之人，深畏获怒有司，不敢再三论理，致下情壅于上达，阴阳不能交泰。比来愆沴，或此之由。乞降圣旨，取尚书诸曹自去年正月至年终全年承领文字簿书，并委御史台、谏官、给事、左右司郎官分定点检，抽索事祖行遣，（子）[仔]细看详定夺。其间执文害事，不近人情者，可并元条删改；其勘当住滞者，促令结绝；其指挥不当及非理问难，卤莽判收者，亦许牒本部再与详究施行；其元行吏人情轻者且与原罪，情重者特行惩责。庶几圣政无亏，上合天心，灾异可消，和气可召。21，页9707

【宋哲宗元祐二年（1087）夏四月】丁酉，诏："旱暵为灾，减膳责躬，修勤缺政，以祈消复。尚虑尚书六曹有四方牒诉、奏请文字，或赏罚难明，或民情有冤，废置未决，郎官怠于省览，吏人苟逃日限，非理沮难不行，使抱冤之人无所赴愬。宜差御史中丞傅尧俞、右司郎中杜纮、殿中侍御史孙升赴吏部，侍御史王岩叟、右司员外郎孙觉、监察御史韩川赴户部，给事中张问、监察御史上官均赴礼部，左司郎中韩宗道、监察御史张舜民赴兵部，右谏议大夫梁焘、左司郎中范纯礼、殿中侍御史吕陶赴刑部，右司谏王觌、监察御史张舜民赴工部，点检自去年正月至年终承受到文字，抽索事祖行遣次第，（子）[仔]细看详。其间有执文害事，不近人情者，并元条删改；其勘当住滞者，促令结绝；其指挥不当及非理问难，卤莽判收者，亦许牒本部再与详究施行；其元行吏人情轻者且与原罪，情重者特行惩责，令结绝。三省、枢密院审度行下。"用范纯仁之言也。尧俞以前任吏部侍郎，乞换别曹，诏与梁焘对换，寻诏尧俞勿差。张舜民既赴兵曹，又赴工曹，当考。25，页9709

【宋哲宗元祐二年（1087）夏四月】戊戌，特降下项权宜指挥，付河北、河东、陕西、京东、京西、淮南路提点刑狱司，应辖下州军贼盗，并令依此施行。自前有犯，即依旧法，候向去贼盗衰息日，即依旧。

一、群盗惊劫之处，受贼所散财物，或虽不受财而为贼应和、叫呼、负赃、控马之类，但曾资助贼势，罪不至编配者，委长吏相度情理，申牒安抚、钤辖司，量度轻重远近等第编配，不得将老少懦弱胁从之人一例施行。如有情理大段重害，即具犯状闻奏。

一、知强盗死罪受赃，依持仗窃盗法。如为典卖、藏买者，各减二等。罪至徒者，皆配五百里。

一、强盗该凌迟处斩。如能设方略生获者，于合得赏钱上增支三分。

一、重法地分强盗见结集作过，如照验见得罪至死，即先检估家产入官，以备充赏。

一、重法地分强盗，事虽已发，如却自首或自死，与免没纳家产及出赏、缘坐。非重法地分，免出赏，准此。

一、犯盗断讫，于本家门钉牌，书犯状刑名。徒已上能告获窃盗徒流二人或强盗一名，杖罪能告获窃盗徒流一名，并免钉牌，再犯者复钉。如迁移，即申官随住处钉牌。不申官，杖八十。

一、逃亡军人，限指挥到日两月内于所在自首，身与放罪，依旧收管。限内捉获，依首身法。

一、强盗已杀人及强奸，或元犯强盗贷命，或持杖三人已上，该按问欲举自首应减者，并不在减等之例。

一、州县容纵小民赌博，既输折财本，遂致转为盗贼，令按察官按当职官吏。如有干小民之誉，专务宽纵，不行禁戢者，即仰奏劾施行。

一、贼盗稍多处，巡检下见无马军者，许申本路安抚、钤辖司委自本司相度，特许权添差军马巡铺，不得过十人。

一、巡检下兵士，除土军外，但系诸营差到者，委自逐州长吏拣选少壮之人，不得用优轻，一例依名次轮差。其不得力人，亦许巡检申所属逐名替换。

一、县、镇、寨贼盗稍多处，如守把兵士至少，许申本路安抚、钤辖司委自本司相度，特许权差，不得过二十人，仍支破五分器甲。此据《编录册》增入。五月一日"钱粮"云云，《旧录》二月十六日诏可考。27，页9710—9711

续资治通鉴长编卷三百九十九　宋哲宗元祐二年（丁卯，1087）

【宋哲宗元祐二年（1087）四月】壬寅，诏："在京职事官，岁合举官升陟者：文臣，六曹尚书以上各六人，待制以上各四人，左右司郎官以上各三人，军器少监以上各二人；武臣，观察使以上各二人。著为令。"33，页9721

【宋哲宗元祐二年（1087）四月】枢密院言："旧例，诸班直长行补诸军员寮，并取入班及转班二十年，年四十已上人。至元丰四年，为缺额数多，乃特诏减五年，系一时指挥。今诸军员寮溢额数多，乃特各权置下名。傥不定制，即异时迁补不行；若便依限年旧法，又虑未有合该出职之人。请于三次渐次增及旧例年限，今来先取入班及转班及十七年人；将来再经取拣，即取及十九年人；至第三次，即依旧例取及二十年人。余依前条令。"从之。又言："诸军转员内副兵马使、副都头缺，并转员后取拣诸军军头、十将补填。元丰七年，转员后所缺之数，已依元丰四年例，于逐指挥取一名。请依元丰七年例。"从之。新无。42，页9730

【宋哲宗元祐二年（1087）四月】权发遣都大提举成都府等路茶事黄廉言："茶法初立，地分阔远，推行措置，犹须详悉，以臣独任，实恐不逮。欲望详酌，差提举官一员协力经画，不致阙误。"诏："黄廉特落'发遣'字，阁令差权发遣同管勾成都府、利州、陕西等路茶事。"据茶马司题名，阁令以朝请同管勾，不知前为何官。46，页9731

【宋哲宗元祐二年（1087）四月】三省言："外庭臣寮至节度使，即无磨勘改转之法；宗室至节度使，自立磨勘法，后来亦未有改转体例。"诏宗室官至节度使，更不磨勘，候实及十周年，具名取旨。47，页9731

续资治通鉴长编卷四百一　宋哲宗元祐二年（丁卯，1087）

【宋哲宗元祐二年（1087）五月】戊寅，刑部言："大理寺右治狱，应命官犯罪并将校犯徒以上或赃罚，余人罪至死，请依旧案以闻，并下左断刑详断，非品官者，仍断定刑名。应流以下罪人，刑名疑虑或情法不相当，亦拟定先上刑部裁度。如所拟平允，即具钞或检拟取旨。应刑名疑虑，仍听赴左断刑评议，并比附取裁。"从之。36，页9773

【宋哲宗元祐二年（1087）五月】泸南沿边安抚使司言："请应泸州界土人因边事补授班行，自出备土丁、子弟在本家地分把拓之人，并循久例把拓边界，更不与请给，亦不理为资任磨勘改转。若别有劳绩战功，并被差入远界，合该推赏，自系临时奏请恩旨。其敢邀功生事，根究得实，并不用荫赎，特行决配广南远恶州牢城。"从之。41，页9774

续资治通鉴长编卷四百二 宋哲宗元祐二年（丁卯，1087）

【宋哲宗元祐二年（1087）六月】权知开封府钱勰言："请于《元丰令》部送罪人条注文称编管移乡人差递铺下，添入开封府情重人依配军法，庶免纵失之弊。"从之，诸路准此。新无。19，页9782—9783

【宋哲宗元祐二年（1087）六月】辛卯，勰又言："近制：疏决，朝廷差台官催促诸县禁囚。虑诸县惧见点检，以不圆公事便行申解，遂差推、判官一员将带人吏及法司一名，与府界提刑分诣诸县催促决遣。本府每遇非次疏决，并盛暑严寒，在京差官催促结绝。畿内诸县禁系人数不多，兼近者朝廷添置提刑与提点司系监司，两员逐时巡按，不容留滞。今本府事多，推、判官每季差出，委有妨阙。欲请凡遇疏决，如不差御史，即本府转差下县如故。"从之。20，页9783

【宋哲宗元祐二年（1087）六月】熙河兰会路经略司言西贼寇定西城，权监押吴猛等战死。诏猛及死事兵校等第推恩加赐，其轻、重中伤人，令经略司依条格施行。22，页9783

【宋哲宗元祐二年（1087）六月】丁酉，开封府言："续降朝旨：'河北、河东、陕西、京东、京西、淮南路、开封府界，窃盗赃满五百文以上并强盗不该刺配，内杖罪免决，徒减从杖，并给招军例物，刺填本处或邻州厢军。'看详在京犯盗，一贯至徒即无编管，六贯已合刺配。行此重法，尚无畏惧。欲请本府界有犯更不行减免，并准法断罪，给例物刺充厢军。"诏开封府界窃盗赃满一贯以上并强盗不该刺配，从所请。32，页9784—9785

【宋哲宗元祐二年（1087）六月】刑部言："在京寺、监等官司，元祐元年合该比折功过，有一百九十余处未到。缘自来未有条限体式，以此不得齐足。今都官修立到比折人吏功过体式一本，望详酌施行，仍限次年三月终已前关申本部，如有违限，其合干人等并关所属施行。"从之。新无。33，页9785

【宋哲宗元祐二年（1087）六月】诏："三京及带一路安抚总管、钤辖、知州缺，转运、提点刑狱官兼权，余州以次官或转运司选官权摄；武臣知州缺，安抚、钤辖司选官权。内河北、陕西安抚本路缺官，许牒转运司权差。"前此，武臣有缺，帅臣与监司互差。定州安抚司以为言，著为令。47，页9789

【宋哲宗元祐二年（1087）六月】丁未，诏依汝州所请，强盗三人以上，许权依重法地分，仍令刑部候盗贼衰息奏取旨。53，页9790

续资治通鉴长编卷四百三　宋哲宗元祐二年（丁卯，1087）

【宋哲宗元祐二年（1087）秋七月】复课利场务亏额科罚不以去官赦降原减法。《旧录》云："元丰间，惩慢令之吏觊幸寝罢或恩有免罪，故立前法，而元祐初，从议者裁定。至是，户部言其弊，复其法。"《新录》辨曰："法令因革，于前后《实录》中始末皆可见，不必解释，今删去。"苏轼自辨疏可参考。9，页9801

续资治通鉴长编卷四百四　宋哲宗元祐二年（丁卯，1087）

【宋哲宗元祐二年（1087）八月】诏："创立改法并先次施行，应修条者，类聚半岁一进呈，以正条入册颁行。若非海行法，即书所入门目，裁去繁文，行下所属，仍类奏。六曹季轮郎官点检删节，具事目申尚书省、枢密院，令左右司、承旨司看详当否，甚者取旨赏罚。"从枢密院言也。5，页9832

【宋哲宗元祐二年（1087）八月】诏复进纳人四任十考改官旧法，仍增举者二人。8，页9832

【宋哲宗元祐二年（1087）八月】江、淮等路发运副使路昌衡言："粮纲到京欠折，缘元丰六年指挥不分轻重发遣，向下结断，显为宽纵，致近年侵盗愈多。请今后少欠并依元条，在京及卸纳处折会结断，杖已下即发赴泗州及装发处。"从之。新无。17，页9834—9835

【宋哲宗元祐二年（1087）八月】提点利州路刑狱公事岑象求言，扑买场务违欠课利，已科罪者，蠲罚钱之半。从之。新无。19，页9835

【宋哲宗元祐二年（1087）八月】戊子，诏北人及两输人应送他州者，除妇人、小口外，并依配军法，差兵级部送。新无。20，页9835

【宋哲宗元祐二年（1087）八月】禁私卖易铜、鍮石器，犯者依私有法。27，页9836

【宋哲宗元祐二年（1087）八月】壬辰，诏："唐、邓强盗及藏匿家，权依重法地分法。"新无。31，页9837

【宋哲宗元祐二年（1087）八月】诏修立《回赐于阗国信、分物法》。36，页9839

【宋哲宗元祐二年（1087）八月】诏《门下、中书后省修立司封考功格式》，先次施行。50，页9845

续资治通鉴长编卷四百五　宋哲宗元祐二年（丁卯，1087）

【宋哲宗元祐二年（1087）】九月庚戌朔，刑部大理寺言："应限奏狱二百纸已上为大事，十二日；十纸已上为中事，九日；不满十纸为小事，四日。在京、八路：大事十日，中事五日，小事三日。台、察并刑部等处举劾诸处约法状，并十三日；三省、枢密院再送各减半，有故量展不得过五日。又公案二百纸已上为大事，限三十五日：断二十四日，议十一日；十纸已上为中事，限二十五日：断十七日，议八日；不满十纸为小事，限十日：断七日，议三日。在京、八路大事限三十日：断二十日，议十日；中事限十五日：断十日，议五日；小事限十日：断七日，议三日。台察并刑部等处举劾诸处约法并限三十日：断二十日，议十日。"从之。新本删修，今止从旧。1，页9861

【宋哲宗元祐二年（1087）九月】癸丑，诏内藏库物听以多寡相除，后勿为例。置库百余年，至是，始编阅之。《御集》尤详。《九朝纪事本末》："甲寅，诏问《神宗皇帝实录》何日成书，修撰官言，若并力修撰，约来年冬可毕。"5，页9862

【宋哲宗元祐二年（1087）九月】左正言丁骘奏："韩资乞除雪父存宝罪，未赐施行。窃以存宝被刑之初，只因何正臣希意求合，略不推原本情，曲加锻炼，置之重法。正臣勇于谋身，轻绝人命，致先朝有误杀人之名。今二圣在上，命近臣推原详究，一切枉陷，虽杖笞之罪皆得申理，况如存宝？乞检会诉理所奏状，蠲除存宝罪名，还其在身官爵，贬放正臣等附会惨刻之恶。"贴黄言："存宝枉遭诛戮，出于何正臣附会朝廷，遂得待制。今存宝正申雪，则正臣当正典法。"此据《编类章疏》二年九月十二日奏。12，页9867—9868

【宋哲宗元祐二年（1087）九月】禁私造金箔。26，页9871

续资治通鉴长编卷四百六　宋哲宗元祐二年（丁卯，1087）

【宋哲宗元祐二年（1087）冬十月】丁亥，臣僚上言："窃见朝廷自开边以来，罚罪不明，赏功太滥，不求其实，只信其言，故上下得以相蒙，远近习为欺诳。每出师略有微功，则多增掳获之数，至有杀戮老稚无辜以充首级，身未入行阵，而买首论功，官军或有败伤，百不言其一二。此风浸长，十有余年，大将明知，略无诘难，以致朝廷金帛妄施于选懦之士，官爵猥加于无知之人。夫保明军中功罪，朝廷取信以行赏罚者，大将也。大将诈伪，不以实闻，朝廷默受其欺诳，如此旷日持久，欲望赏罚皆当，以服三军之心，使之赴功集事，威制夷狄，岂不殆哉！今诸路奏功，臣恐将吏狃习故态，妄冒欺诳，以虚为实，以少为多，以罪为功，致朝廷推恩太滥，并及无功，却致有功将吏无所激劝，有罪之人无所畏惧。欲望朝廷严降指挥，下诸路安抚司（子）[仔]细根究，据实结罪保明，不容卤莽；仍令本路监司觉察虚实，责御史台常切采访弹奏，稍有不实，重行降黜。庶军中赏罚无有不当，诸将不敢欺诳，军士有所劝沮，朝廷无枉滥之费。"诏："札与陕西、河东逐路经略司，依详上件臣僚所奏，应将士言功，并先责元统领官根究诣实，结罪保明。供申候到帅司，仰更切加考验，如委无妄滥，即本司再具结罪保明闻奏。并札与逐路转运司、提刑司常切觉察，如有妄冒，仰具实封奏闻，考验是实，其元保明官司当议重行降黜。并札与御史台，令采访弹奏。"此《元祐邸报》十月九日事，当考言者姓名增入。14，页9882—9883

【宋哲宗元祐二年（1087）冬十月】辛卯，德音：降西京管内死罪囚，杖以下释之；耆老年八十以上者，人给酒食、茶绢，常加存恤。为奉安神宗御容礼毕故也。17，页9884

续资治通鉴长编卷四百七　宋哲宗元祐二年（丁卯，1087）

【宋哲宗元祐二年（1087）十一月】枢密院言："淮南转运副使赵偁奏：'伏睹《将官敕》，自先朝已有冲改条件，自后亦有冲改，未曾删正，其闲多有不可施行事件，难以照用。窃虑诸将武人，坐守本敕，欲有所违则畏罪，欲有所施行则难用，缓急有误兵律大事，望诏有司再加详择删正，以付诸将。'按：《元丰将官敕》，府界、京东西路二百五十六条，河北路二百五十五条，河东路二百五十八条，河南路二百五十一条。其逐路将兵敕内，已冲改者共二百四十余条，续降二百五十余条，兼陕西五路将敕约六十四条，与诸路将敕参用，后亦未经删润，施行之闲，多有疑惑。欲令承旨司取新旧条重行删定。"从之。偁行状乃不载此。6，页9897—9898

【宋哲宗元祐二年（1087）十一月】庚申，以鬼章入献于崇政殿，诘犯边之状，及谕以罪当诛死，听招其子及部属归附以自赎。鬼章服从，释缚。9，页9898

【宋哲宗元祐二年（1087）十一月】壬戌，户部尚书李常转对，陈七事，曰崇廉耻，存乡举，别守宰，废贪赃，审疑狱，择儒师，修役法。其"存乡举"，欲乞诏天下州郡，当贡士之岁，许于解额内弗试而贡一人。闾里之士，择其孝悌、忠信、通博者以告守令，守令同察而告之监司，监司覆实可否而上之礼部，礼部萃而察之，等差而上之朝廷，朝廷随其等差，参诸贡士而官之。其"别守宰"，欲乞分守宰、掾丞佐贰为二涂，使才不可为守宰者，终身为掾丞佐贰；才可以长民化下者，虽久为守宰可也。其"废贪赃"，欲乞诏有司，凡以正赃抵罪者，一切废置弗复用；其才能卓异，不幸讹误，许卿大夫二人以名上之，付有司议其状。或可收也，降等而官之；终弗变也，卿大夫同其罪。其"审疑狱"，凡狱讼不得无可疑、可悯之情，官吏畏罪，或取疑、悯者迁情就法而杀之。望降诏开示，引列郡疑、悯之狱皆以实情上，请付有司议之。或失于误妄，亦如昔者，贴放其罪。其"修役法"曰："比下役法于四方，而付其书于户部。以臣之愚，静而思之，未见其必可久也。"诏："废赃贪"、"审疑狱"令刑部立法。常转对七事，据常本传及奏议。《旧录》但载"废赃贪""审疑狱"二事，且云诏刑部立法，而《新录》并削去，但于新传载其目耳。今依《旧录》见本日，仍采"存乡举"、"别守宰"二事出之。"修役法"则常自有别奏，今附见。

常又言："臣伏见熙宁以来，变差役之法，俾税户悉输赀募闲民而役之，输赀既久，民力浸敝，故复议差法，庶稍近古。今以成书降付户部，使之推行矣。窃缘四海之广，万姓之伙，风俗好恶既已不同，而上户富安，下户空匮，富安则以差为病，空匮则出力为宜，诚不可以一法治也。今治以一法，不免人情犹有未安之处。伏惟太皇太后陛下、皇帝陛下以至诚恻怛临制亿兆，诏令所加，惟恐一物失所。今为法之大，溥及远迩，苟小有未尽，何以副至仁溥爱之心哉？臣待罪户部，默视而不言，罪不容赦。夙夜伏思，窃以为法无新陈，便民者良法也；论无彼此，可久者确论也。辄采差、助二法，随上下所宜，条具梗概。若便民而可久也，伏望圣慈付之有司，更加博议，庶或上裨圣政之万一，不胜幸甚！"役法成书付户部，《实录》不著，因常奏乃见之，当在二年冬也。常条叙役法札子，自言不令人吏书写，文多不载。又常别有札子云"因转对言法无新陈，论无彼此"，今转对七事，"修役法"乃无此言，独此札有之，则此札子并条叙役法札子并因转对时列上也。13，页 9900—9902

【宋哲宗元祐二年（1087）十一月】罢内殿承制至差使试换文资法。《旧录》云："元丰中，岁听武臣以艺业词赋请试，取其中格者，因所长而用之。至是，罢去。"《新录》辨曰："法未尝不善，人自挠之耳。武臣得以艺业别置文阶，待之至厚，久则请托之风行，侥幸之弊生焉，故不得不革，非有他也。史官之言合删去。"元符元年十月二十一日、三年四月二十六日当考。《编录册》：都省送下元祐二年十一月二十九日敕，中书省、尚书省送到白札子："检会《元丰令》，内殿承制至差使愿换文资者，听召保投进乞试。又条，有官人并许应举。勘会内殿承制至差使，自来依参选人例，止试断案、《刑统》大义，时或议比换文资。看详武臣自有锁应条贯，欲今后不许每年试换文资。"十一月二十七日，三省同奉圣旨：依。27，页9904

【宋哲宗元祐二年（1087）十一月】丙子，诏以雪寒，促决见囚。28，页9904

【宋哲宗元祐二年（1087）十二月】臣僚上言："伏见熙宁、元丰之闲，并废州县甚多，其大要欲以省官吏、宽力役也。近岁议者颇谓并废州县虽可以省官吏、宽力役，而不能无害者：封疆既缺，则输税租者或咨怨于道途；官吏既去，则为盗贼者或公行于市邑；以至讼诉追呼，皆非其便，此朝廷不得不虑也。故元祐元年二月九日敕：'废并州县，令诸路转运、提刑、提举司同共相度合与不合并废，具利害闻奏。'缘此诸路已废之州县，并多兴复。今年十一月内，兴复者四处：河南府之洛阳县颍阳县、横州之永定县、涟水军是也。臣愚窍谓兴复州县，若别无大利害，则惟坊郭近上人户便之，乡村上户乃受其弊也。何以知其然也？州县既复，则井邑盛而商贾通，利皆归于坊郭，此坊郭上户所以为便也；复一小邑，添役人数百，役皆出于乡村，此乡村上户所以受其弊也。自元祐元年二月九日降敕相度，几二年矣，其利害明白而不可以不复者，令下之初，皆已复矣；其可以复可以不复者，仍迁延至今。彼坊郭上户倡率同利之人，诱乡村之下户，共为陈请，转运司不从则诉于提刑司，提刑司不从则诉于转运司，前官不听则诉于后官，必至于复而后已。故迁延至于今日而复者，皆非利害明白，不可以不复者也。况自朝廷行差役法，中外莫不以为宜，而论者独以地薄民贫之邑，乡村应役之户不多者难得番休为患也。此虽州县所在利害不同，要之役人不可以更有增添，乃天下之所同也。今诸路方且攀缘前岁一时指挥，而复县不已，增乡村之力役，以利坊郭，臣窃以为非便也。臣欲望圣慈特降指挥，其元祐元年二月九日敕更不施行。"从之。《旧录》云："诏罢复已废州县敕。熙宁闲，裁并州郡县以省官吏、宽力役，至元祐初，任事之臣务以变前为是，多所兴废，一邑增民役数百，困农人以利市贸，议者率以为非，遂蠲此令。"《新录》辨曰："罢复已废州县敕已载其实矣，史官之言合删去。"15，页9908—9909

【宋哲宗元祐二年（1087）十二月】庚子，诏："郡县役多，民户不及三番处，以单丁女户等助役钱募州役；尚不及两番，则申户部。"《旧录》

云："自复差役法，狭乡下邑有不能番休者，遂降是诏。"《新录》辨曰："差役法有不便，诏已革之，无可疑者。史官之言合删去。" 18，页 9909

【宋哲宗元祐二年（1087）十二月】诏颁《元祐详定编敕令式》。先是，苏颂等奉诏详定，既成书，表上之曰：

臣等今以《元丰敕》令格式并元祐二年十二月终以前海行续降条贯，共六千八百七十六道，取嘉祐、熙宁《编敕》、《附令敕》等，讲求本末，详究源流，合二纪之所行，约三书之大要，弥年捃摭，极虑研穷，稍就编誊，粗成纲领。随门标目，用旧制也，以义名篇，仿《唐律》也。其闲一事之禁，或有数条，一条之中，或该数事，悉皆类聚，各附本门。义欲着明，理宜增损，文有重复者削除之，意有缺略者润色之，使简而易从，则久而无弊。

又按熙宁以前编敕，各分门目，以类相从，约束赏刑，本条具载，以是官司便于检阅。《元丰敕》则各随其罪，厘入诸篇，以约束为令，刑名为敕，酬赏为格，更不分门，故检用之际，多致漏落。今则并依熙宁以前体例删修，更不别立赏格。

又以古之议刑，必询于众，汉以春秋断疑狱，发自仲舒；唐以居作代肉刑，成于弘献；复有因人奏请，随事立条，谳报实繁，去取尤谨。曩时修《熙宁敕》，止据嘉祐旧文，《元丰敕》亦只用熙宁前例增损删定，更不修考日前创法改作之意。今则断自嘉祐，至今凡二十余年，海行宣敕及四方士庶陈述利害，参酌可否，互有从违。

又以人情多辟，法意未周，须藉增裨，乃为详密。考东都之议，应邵有"臣所创造"之言；按庆历之书，群官有参详新立之例。今来敕令式内，事有未备，与删定官等共同讨论具为条目者，即依庆历故事，注曰"臣等参详新立"。

又以法令所载，事非一端，郡、县、省、台，纪纲繁委，前纪所述，皆有别书。《魏律》则尚书、州、郡，著令自殊；《唐格》则留司散颁，立名亦异。皆所以便于典掌，不使混淆。其《元丰敕》以《熙宁敕令》中合尚书六曹、在京通用，并一路、一州、一县事并厘归逐处，若尽收还，虑致丛脞。今合以该五路以上者，依旧敕修入敕令，其余有事节相须，条制相类，可以随事生文，不须别立条法者，虽止该一路、一司，并附本条编载。

又有专为一事特立新书，若《景德农田》《庆历贡举》，皆别为条敕，付在逐司。今《元祐差役敕》先已成书，并近岁专为贡举、出使立条者，既不常行，遇事即用，并已厘出，不使相参。其有一时约束，三省奉行，废置、改更、蠲除、省约，既关治体，须俟佥同，大则奏禀于清衷，次则咨议于执政，既有定论，咸用着篇。又按《刑统》录出"律内余条准此"附名例后，旁举诸条，各以类见，今亦以敕令中如此例者六十四件，别为一篇。

凡删修成《敕》二千四百四十条，共一十二卷，内有名件多者，分为上下，计一十七卷，《目录》三卷；《令》一千二十条，共二十五卷；《式》一百二十七条，共六卷；《令式目录》二卷，《申明》一卷，《余条准此例》一卷，元丰七年以后《敕书德音》一卷。一总五十六卷，合为一部。于是雕印行下。《元祐敕令》，崇宁元年七月十日诏并行毁弃，今诸州法司亦往往无之，恐因循失坠，乃掇取苏颂表词具载于此。新、旧《录》并称壬寅日颁行，今从之。明年二月十八日，苏颂等推恩。24，页9912—9914

【宋哲宗元祐二年（1087）十二月】是岁，宗室子赐名、授官者八人，断大辟五千五百七十三人。31，页9917

续资治通鉴长编卷四百八　宋哲宗元祐三年（戊辰，1088）

【宋哲宗元祐三年（1088）春正月】甲戌，疏决在京及府界系囚，杂犯死罪以下递降一等，至杖释之，以久阴不解也。31，页9924

【宋哲宗元祐三年（1088）二月】乙酉，德音："降死罪囚，徒以下释之。应诸路今春缘修河及工役所起夫并特免，如已发在路，所至告示放归。其河上及应用急切工役，并用军士及和雇愿役贫民充，余并权住一年。应罪人令众者，自今年三月以后依条。灾伤郡县公私欠负展一季，去年秋税展一限。流民所至及饥贫人，并多方存恤，其给钱米拘碍条制，安抚或钤辖司量度应副讫奏。"16，页9929

【宋哲宗元祐三年（1088）二月】诏："应刺面、不刺面配本州牢城编管、羁管，经明堂赦恩不该放人，通今年德音已前年月已及格令，其缘坐编管、羁管人，亦通及十年已上者，听依赦敕。"27，页9934

【宋哲宗元祐三年（1088）二月】乙巳，诏戮内殿崇班、阁门祗候、广南东路兵马都监兼权东南第十一将童政，封、康、贺、新州都巡检使郭昭昇贷死，杖脊配沙门岛。以捕贼岑探而擅杀无罪者六十有三人也。经略安抚使蒋之奇措置有功，充宝文阁待制；兵马钤辖杨从先能根究发明，迁一官。《政目》二十八日诏："广东都监童政处斩，坐擅杀六十余人。"与《实录》同。苏轼云云，附九月戊申，当考。46，页9941

续资治通鉴长编卷四百九　宋哲宗元祐三年（戊辰，1088）

【宋哲宗元祐三年（1088）三月】又诏编敕及春秋颁降条其勿印卖。《旧录》云："自熙宁以来，吏知习法，而无新书以从学，遂时听印卖。至是，因言者罢之。"《新录》删去。今从《新录》。2，页9951—9952

【宋哲宗元祐三年（1088）三月】己酉，三省言："奉旨，集英殿御试举人，欲依天圣年故事，皇帝御崇政殿试举人。二十二日，太皇太后、皇帝御延和殿垂帘，宰臣以下进呈文卷；皇帝御崇政殿，唱名、发榜；赐公服、靴笏讫，次班于延和殿谢太皇太后。"诏："旧例，崇政殿试举人，景福殿考覆。自熙宁后，移于集英殿。可依已降指挥，就集英殿试。其殿试进呈文卷、唱名、发榜，并皇帝御殿；俟赐公服、靴笏谢恩讫，移班赴内东门谢太皇太后。"4，页9951—9952

【宋哲宗元祐三年（1088）三月】癸丑，诏经明行修人如省试不应格，听依特奏名进士例，就殿试。8，页9952

【宋哲宗元祐三年（1088）三月】诏："宗室嫁娶，缌麻以上须两世，袒免须一世有官，非诸司出职及进纳、伎术、工商杂类、恶逆之家子孙。若违碍及妄冒者，犯人并媒、保各以违制论，主婚宗室知情与同罪，并不以赦降及自首原减。其非袒免亲，乃依庶姓法。"四月十四日，赵屼云云；二十七日，诏云云。22，页9955—9956

【宋哲宗元祐三年（1088）夏四月】诏："奏举改官职官、县令等人，过犯轻重或刑名特旨不同，令吏部斟酌事理看详，比附取旨。"26，页9956

【宋哲宗元祐三年（1088）夏四月】诏诸路郡县各具差役法利害，条析以闻。李常奏议云："昨来虽有朝旨，令逐路监司与州县看详未尽、未便，限两月闻奏，后来苦无申陈。"当即是四月二日诏也。4，页9963

【宋哲宗元祐三年（1088）夏四月】监察御史赵屼言："《元丰敕》：'重法地分凡劫盗者，妻子编管'，《元祐新敕》一切削去。则前此编管者宜不少，请令从便。"从之。其窝藏人缘坐妻子准此。《旧录》云："初，京东诸路有人习为盗处，虽上等税户，在于丰岁，寇攘剽劫，无所畏惮，而侪类相与为之囊橐，故刑名视他路加重，以惩其心。及除缘坐法，故屼有是请。《新录》削去，今从《新录》。"33，页9973

【宋哲宗元祐三年（1088）三月】龙图阁直学士、提举万寿鸿庆宫卢秉落龙图阁直学士，为宝文阁待制。秉前以父丧去渭州，丧满，得知荆南，秉辞疾奉祠。于是言者论秉熙宁间推行二浙盐法，所配流无虑万余人，故责之。右正言刘安世言："臣伏闻累有臣僚论列卢秉昨在两浙推行榷盐之法，务为惨刻，残虐一路，比蒙朝廷下本道根究，皆有实状。而害民之甚者，自行法以来，其所配流一万二千余人。如闻宽恩，止落学士，犹以待制提举宫观，中外之议皆谓未安。伏惟圣朝爱养元元，不欲一物失所，而秉出将使指，总按一道，未闻宣布惠泽，兴利除害，而专为身谋，不顾义理，罔上以虚课，虐下以苛法，愁苦之声溢于道路。议者皆谓诛剥掊克，与吴居厚略同，而峻刑害物，则又过之。虽降一官，尚玷侍从，恐无以戒戢奸暴，慰塞民情。伏望圣慈特详此理，比附吴居厚例，重行黜责，以答公议。"《旧录》云："言者论秉熙宁间推行两浙盐法，犯禁抵罪者多。后以期赦，率听从便，而论者尚及之，坐此被责。"《新录》但删去"后以期赦，率听从便"并"尚"字，于秉罪状殊不详。今用秉本传及刘安世章别修，不知初论秉者谁也，当考五月六日赵君锡云云。43，页9978—9979

【宋哲宗元祐三年（1088）夏四月】癸卯，诏宗室嫁娶，依旧制大宗正司勘验。三月十七日诏云云。45，页9979

续资治通鉴长编卷四百十　宋哲宗元祐三年（戊辰，1088）

【宋哲宗元祐三年（1088）五月】三省言："大理寺右治狱并罢，请依三司旧例，于户部置推勘、检法官，治在京应干钱谷公事。"从之。《旧录》云："元丰中，董正治官，省曹治文书，行天下；寺、监治事，止京师。户部非治狱之官，故厘为大理寺，复古制也。至是罢。"《新录》辨曰："户部治钱谷公事，自是祖宗旧例，在当时最便，与元丰复古制设省、寺、监不相干涉。自'元丰中'至'是罢'四十二字删去。"3，页9986

【宋哲宗元祐三年（1088）五月】监察御史赵挺之言："御史所言，多系省曹之失，却降本部，自属妨碍。请以台官所言事付三省看详，若合立法及冲改旧法，即乞下本部取会，如可行，从朝廷指挥。"从之。9，页9989

【宋哲宗元祐三年（1088）五月】三省、枢密院以军国事目当关吕公著者定为令。凡与三省同施行者：一曰应差除并责降叙复，二曰应三省并三省、枢密院同取旨，三曰边防体大公案并体量取勘事，四曰支移钱粮数多，五曰诸军班特支，六曰差官按察，七曰馆伴入国接伴、送伴，八曰朝会，九曰国书，十曰近上蕃夷若李乾德、阿里骨等受官袭封，十一曰废置州县，十二曰特立捕盗赏格。其与逐省同施行者：一曰省曹寺监所上事，二曰体量赈济，三曰应缘大礼事，四曰应科场事，五曰非泛祠祷，六曰应干陵庙事，七曰诸蕃国进奉差押伴官并进奉回赐，八曰修书，九曰创立改更法令，十曰应缘河防事，十一曰铸造钱宝，十二曰典礼仪制，十三曰捉杀十人以上贼。其与枢密院同施行者：一曰除授差移管军三路副都总管至副总管、三路沿边知州带安抚使、管勾安抚司、同麟府路管勾军马、两省都知押班、枢密院都副承旨、内臣昭宣使已上，二曰诸路添减军马，三曰更改大法令，四曰议论未决疑难事务，五曰诸班直指挥使已上转员，六曰差文臣措置边事，七曰文臣换大使臣，八曰处置边防，九曰辨理疆界，十曰战阵赏罚，十一曰诸路紧切事宜，十二曰国信，十三曰民兵，十四曰马政。初，以太师文彦博平章军国重事，其所预事目，曰除前执政、尚书、节度使、翰林学士、御史中丞，曰除边帅、开封成都知府，曰大典礼，曰赦宥，曰要切边事，曰军马、河防措置事。及公著平章，乃去"重"字，前所未有也。此据《公著家传》修入。按：吕大防奏稿元作军国重事，却抹去"重"字，不知何故。其后亦缘此致人言，当考。诏军国事及非常程事，许临时合与三省同议取旨，并关预签书。12，页9989—9990

【宋哲宗元祐三年（1088）五月】壬子，诏自今凶恶群贼他处入界，

或经由已出界，虽不曾在部内作过，亦依贼发条限以闻。16，页9992

【宋哲宗元祐三年（1088）五月】乙卯，诏详定重条一司一路一州一县敕令，委诸路转运司、府界提举司各选官一员，同本司属官删修，令刑部看详以闻。22，页9994

续资治通鉴长编卷四百十一　宋哲宗元祐三年（戊辰，1088）

【宋哲宗元祐三年（1088）五月】诏："提举教习马军所昨因教习在京马军置局，许臣僚等子弟赴所习学武艺，每年呈试推恩。后来罢教习在京马军，止有臣僚等子弟在所，人数不多，兼习学武艺之人，自依编敕春秋解发，其马军所子弟亦可依敕呈试。罢提举教习马军所，已应法子弟关殿前司，候将来冬季时，依旧条拣试。"30，页10001

【宋哲宗元祐三年（1088）五月】中散大夫许遵卒。可削。《旧录》遵传云："登州有妇人何云，谋杀夫违律而自承者，遵按法因犯条伤而自首者得免所因之罪，仍科故杀伤法，而敕有因疑被执、招承减等之制，即以按状闻于朝。其意以谋为杀之因，所因得首，合从原减，今若塞其首原之路，则有司一切按而杀之，非是。王安石是其说，而难者以审谋伺便致人于死，则相仇者不禁，故谋杀而伤，其罪必绞。遵以法寺四方取则之地，故廷尉为天下平，今谋杀伤而首，一切从死，甚非好生之义，因引律质正，凡十条，莫之能难，时论与之。寻判大理寺，面赐三品服。遵陛对恳辞，诏中使押下，非常制也。大理断刑，有情不丽于法者，虽小必争，其言参以经律，即例有缪者，数奏改之。"《新录》辨曰："许遵事实，已见《神宗实录》。熙宁六年，神宗尝患沙门岛罪人多，因宣谕王安石按问，欲举宽法，故致多如此。今以司马光奏议更加删修。"许遵以此月二十四日卒，嫌与王觌事相乱，今去其日，附觌责后。此段当移入何云自首之时。45，页10009

【宋哲宗元祐三年（1088）五月】癸酉，诏罢元丰八年十一月二十三日奏谳大辟不当及用例破条法。《旧录》云："先是，司马光执政，始立法：应诸路州军奏到大辟罪人，称刑名疑虑及情理可悯者，令大理寺并依法定断，并坐疑虑可悯条送刑部看详。如刑名有疑，情实可悯，并具疑虑可悯因依，申奏取旨。若看详得刑名无疑虑及可悯者，即具抄奏，下本处依法施行，不得将旧例贷命破条。委三省点检，如有不当及用例破条，奏乞取勘施行。自是州郡不复敢以疑狱为谳，岁断大辟加多，天下以为非也，故有是诏。"《新录》辨曰："司马光立奏谳之法，所以正朝廷之纲纪，若患岁断大辟之多，遂欲以奏谳出之使减少，则天下犯大辟者，岂有悉是疑狱之理？今删去芜辞。"49，页10010

【宋哲宗元祐三年（1088）五月】枢密院言："诸路钤辖、都监应管辖本路不系将兵屯驻泊就粮禁军，应驻札处岁首拣选及排连、转补公事，并与知州等共议，兼提举本处所管诸军教阅。若与钤辖司同在一州者，应行遣军马公事，并签书同行；不同行者，亦系衔书在某处。路分兵官兼将者依此。如因巡教、拣选兵将，所至有管辖不系将兵，亦令巡按、教阅、点检、差遣。及每年春秋，许安抚、钤辖司相度，有不系将兵两指挥以上、无兼将兵官巡教州军，轮定三两处，牒差不兼将路分兵官一员，至本处巡按、教阅及检点差遣，仍与随处长吏同共商量措置，务劳逸均平。给递马二匹、递铺兵士五人。本路遇有盗贼警刼，已差将官捉杀，若贼党稍盛，力不能制，许安抚、钤辖司相度贼势，更差不兼本路路分兵官带领兵甲，与在彼将兵官、都同巡检使臣会合捉杀，即水火危急亦依此。其路分兵官，旧有专条管勾甲兵贼盗公事之类，并依旧法。"从之。新本削去 50，页 10010—10011

续资治通鉴长编卷四百十二　宋哲宗元祐三年（戊辰，1088）

【宋哲宗元祐三年（1088）】六月丙子朔，诏："乡户衙前役满未有人替者，依募法支顾钱。如愿投募者听，仍免本户身役；不愿投募者，速召人替。"1，页 10017

【宋哲宗元祐三年（1088）六月】吏部言："《熙宁敕》：'知州、通判，川、广以二年为满'；《元丰敕》：'川、广以三十月'；《元祐敕》：'知州、通判并以三十月为任'。即不分川、广，请川、广知州、通判，除有专法指定及酬奖外，不论见任、新差官，并二年为任。其使阙满替，悉依本法。"从之。2，页 10017

【宋哲宗元祐三年（1088）六月】庚辰，诏："将来一次科场，如有未习诗赋举人，许依旧法取。应解发合格人，不得过解额三分之一。应解二人者，均取。即有零分及解额一人者，并通取文理优长之人。"此据《诸州编录条贯册》元祐三年六月五日圣旨，今移附本年月日。《旧录》并入二年十一月十二日，《新录》因之，且云："令礼部立《诗赋格式》以闻。"按：当时所颁降文字，并非立《诗赋格式》，盖令礼部议差官等法，本部以为不须别立，但立此一法，奉圣旨依奏。不知《旧录》何故却云令礼部立《诗赋格式》。按：三年十一月十一日，彭汝砺奏："礼部牒，奉圣旨令两制、两省同共看详，修立到《考校诗赋格式》闻奏。"又不知此圣旨是何月日降，或即《旧录》所云，自别有月日，而《旧录》并入二年十一月十二日乎。斟酌其时，令两省、两制看详格式，必当在此六月初五日后也。四年十二月二十四日，《实录》载礼部申明此条，亦无令礼部立诗赋格式指挥。二年十二月已立四场法。8，页10018

【宋哲宗元祐三年（1088）六月】诏："保甲补借差以上者，初该磨勘，有本辖官二员同罪奏举升陟，听如常法磨勘。即无举主，或不足，或犯赃若私罪徒，即展二年。应别格合展者，并累展。其元丰元年以后补授人，虽经磨勘改转，内历一任先无举主或不足者，将来磨勘亦如之。" 13，页10019

【宋哲宗元祐三年（1088）六月】诏刑部应天下奏到大辟案，除疑虑可悯及依法奏裁，自合依旧取旨外，但情理稍有可议者，亦具因依取旨。15，页10020

【宋哲宗元祐三年（1088）六月】壬辰，诏："命官犯罪有亏名教，虽无特旨者，并申尚书省奏裁。" 23，页10020

【宋哲宗元祐三年（1088）秋七月】庚午，诏："诸路提点刑狱司已覆大辟案，每路摘取三分已上审覆，季具已覆情节刑名申尚书省。其流配罪摘覆不计分数，不当者并奏裁。" 30，页10031

续资治通鉴长编卷四百十三　宋哲宗元祐三年（戊辰，1088）

【宋哲宗元祐三年（1088）八月】中书省勘会新敕已禁出卖。诏内外吏人、衙前及试断案并罢，其许试断案条更不施行。《旧录》云："诏罢系官之人试断刑法，罢吏人试刑法。熙宁中，以吏不知法，乃设校试之令，使之阅习，至是罢之。"《新录》辨曰："罢试吏法，此元祐政事中至细者耳，史臣之记，必曰'熙宁所立法至是罢之'，盖当时假绍述之名，以胁持上下，事无巨细，皆以为说耳。今删去。"王岩叟集论试案人不当入等，可参考。13，页10038

【宋哲宗元祐三年（1088）八月】御批："左右厢新复马监，以四远聚到保马不服水土，又牧地久在民闲耕佃，草未肥美，又值去冬大寒，倒死数多，及生驹不及分厘，例该决配。以诸监言之，该决配者不下千余人，可作为经去年大雪苦寒，致有损失数多名目，明降一指挥，应倒死数多及生驹不及分厘该决配之人并官吏，并特与放罪。仍自今来指挥到日，别立三年条限，候年终依河南、北监牧司编敕比较分厘施行。所有近降自元祐三年正月一日至年终比较指挥更不施行，三省、枢密院速与施行。"《御集》三年八月十八日手札，倒死马官放罪。18，页10039

【宋哲宗元祐三年（1088）八月】除在京通用法不以赦降原减条。《旧录》云："熙宁以前，在官乐于因循，多不事事，至或幸其去职，徼觊恩宥，而徇私挠法，纵吏残民，乃立法以革其弊。至是，因言者有请，蠲裁之。"《新录》辨曰："士懈于位，严法令以肃之；久而知戒，则虽有小过，听从赦宥，此相救之意。《旧录》所载今删去。"27，页10042

【宋哲宗元祐三年（1088）八月】先是，知开封府钱勰奏狱空，中书劾其诈，诏勰分析，并下法寺。约法既进入，久不下，中书以为言，上批："勘会开封府厢禁罪人，从来有例。昨钱勰等奏狱空，盖因三院实无禁系，假此可以风化天下；况又宣付史馆，今若便作妄冒断遣，恐有伤事体。卿等更宜详酌施行，所有已进入约法等文字，更不降出。"此段用《御集》八月二十四、二十七日两手札修入。九月七日，钱勰降黜。30，页10043—10044

【宋哲宗元祐三年（1088）八月】辛丑，录系囚，杂犯死罪已下递降一等，杖以下释之，开封府界及三京准此。31，页10044

续资治通鉴长编卷四百十四　宋哲宗元祐三年（戊辰，1088）

【宋哲宗元祐三年（1088）九月】尚书省言："命官犯罪，有情状乖恶，肆为不法，至于编配者，其举主自来只依常法断放，亦有该恩全原者，是于保任之法全无惩诫。"诏今后举官得罪，如被举人犯赃私罪，特旨编配者，举主虽该恩，并取旨。34，页10064

【宋哲宗元祐三年（1088）九月】三省言："故宰相、执政官子孙乞分财产者，所属官司体量乞分人贫乏，方听分割，其居宅、墓地仍不在分限。今详上条，即未及以次近臣之家，兼未有许占田以供祭祀指挥。欲参立太中大夫、观察使以上，每员许占永业田十五顷，官给公据，改注税籍，不许子孙分割典卖，止供祭祀，有余分赡本族，如辄典卖，依卑幼私辄典卖法。仍不得无故毁拆及斫伐墓地内林木。"从之。《政目》云，诏太中大夫、观察使以上，永业田十五顷。37，页10064

续资治通鉴长编卷四百十五　宋哲宗元祐三年（戊辰，1088）

【宋哲宗元祐三年（1088）冬十月】癸酉，朔，尚书省言："刑部令诸奏狱格虽该载，而情罪有轻重者，附格增损。按兵民当从本部增损外，其郡吏有罪，恐非有司所敢专，合令取裁。"从之。1，页10069

【宋哲宗元祐三年（1088）冬十月】刑部言："按未行元祐新敕前，依元丰旧敕缘坐编管人放从便，其王冲贼徒妻子父母及同居期以上亲，朝廷令依重法地分劫盗特旨编管，当具奏裁。"诏王冲贼徒党家属仍旧编管，其未行新敕前，重法地分劫盗元犯为凶恶者编管妻子，先具情犯申尚书省。3，页10069

续资治通鉴长编卷四百十七　宋哲宗元祐三年（戊辰，1088）

【宋哲宗元祐三年（1088）十一月】戊申，刑部言："河北东路提点刑狱司奏请，遇有凶恶及群党贼盗，委通判提举捉杀，许差禁军十二人，给器械随行。"诏差三十人，归任日罢。10，页10122

续资治通鉴长编卷四百十八　宋哲宗元祐三年（戊辰，1088）

【宋哲宗元祐三年（1088）十二月】庚辰，枢密院言："归明人给田旧条，如堪耕种田不足，给户绝田。《元祐田令》，堪耕种田不足，给常平田。缘常平田止是人户抵当场务折纳等田土，数目不多。"诏添入常平田不足，给户绝田。5，页10137

续资治通鉴长编卷四百十九　宋哲宗元祐三年（戊辰，1088）

【宋哲宗元祐三年（1088）】闰十二月癸卯朔，尚书省言："未行官制以前，凡定功赏之类，皆自朝廷详酌，自行官制，先从六曹用例拟定。其一事数例，轻重不同，合具例取裁，事与例等，不当辄加增损。若不务审察事理，较量重轻，惟从减损，或功状微小，辄引优例，亦当分别事理轻重及已未施行，等第立法。今以旧条例增修，凡事与例同而辄增损漏落者杖八十，内事理重，已施行者徒二年，如数例重轻不同或无例而比类他例者，并具例勘当拟定奏裁。"从之，仍增三省、枢密院相干事，并同取旨。诏颁《元祐敕令格式》。1，页10143

【宋哲宗元祐三年（1088）闰十二月】诏荆湖北路都钤辖、转运、提点刑狱司，诫敕沅州城寨官吏，各加抚辑，仍觉察希功生事之吏，对移讫，奏行降黜。其诸色人如有架造事端，扇摇人户，情涉凶狡，亦禁勘奏裁。新无。15，页10147

续资治通鉴长编卷四百二十　宋哲宗元祐三年（戊辰，1088）

【宋哲宗元祐三年（1088）闰十二月】贴黄："据朱迎等状称，已曾经苏州及转运、提刑司陈诉，并不蒙依公施行。今来若止下本州及监司体量，必恐护短遂非，曲为蔽匿，淹延刑禁，虚烦行遣，欲乞朝廷详酌，选择官吏置司推劾，所贵易见情状，不失有罪。"52，页10176

【宋哲宗元祐三年（1088）闰十二月】断大辟二千九百一十五人。56，页10181

续资治通鉴长编卷四百二十二　宋哲宗元祐四年（己巳，1089）

【宋哲宗元祐四年（1089）二月】甲寅，尚书省言："官员在任，以急难乞假离任，旧无此法，近年创行修立，致乞假者稍多，妨废职事，其间因缘不无诈妄。请除父母疾病危笃，许验实给假离任外，余并删去。兼自来以私故离任者，并不差役人从，其依在任取送家属条差人一节，亦请删去。并缘边主兵及向着河埽，若亏欠场务官、押纲使臣，并勿给。"从之。《编录册》二月二十七日圣旨。16，页10219

【宋哲宗元祐四年（1089）二月】戊辰，刑部状："看详内外吏人、衙前及系公之人，并罢试断案，其许试条更不施行。今来诸路监司吏人所试定夺疑难公事，亦合依此施行。"从之。《新录册》二月二十七日圣旨。24，页10222

【宋哲宗元祐四年（1089）二月】是月，立《市易欠户法》：甲字项，万贯以上五户，千贯以上十一户，以抵入官掠利还官及五分给半，余俟足；乙字项，三千贯以上二十二户，以抵五分入官，余作十分，岁还一分；丙字项，二千贯以上四十二户，不收抵，并作十年，岁纳一分；丁字项，百贯以上百一十户，余有营运克纳外，限三年。《政目》二十八日事，可见当时市易利害，故具载云。31，页10229

续资治通鉴长编卷四百二十三　宋哲宗元祐四年（己巳，1089）

【宋哲宗元祐四年（1089）三月】甲申，尚书省言京西北路蔡、颍州界近来惊劫贼盗稍多，人民不得安居。诏蔡、颍州今后强盗三人已上及窝藏人，并权依重法地分施行，候盗贼衰息取旨。14，页10239

续资治通鉴长编卷四百二十四　宋哲宗元祐四年（己巳，1089）

【宋哲宗元祐四年（1089）三月】癸巳，疏决在京系囚，杂犯死罪以下递降一等，至杖释之，以时雨稍愆也。29，页10254

【宋哲宗元祐四年（1089）三月】戊戌，诏诸路监司，除近便州军躬亲外，余各于辖下选官分诣诸州军，将见禁公事与当职官逐一躬亲引问，除死罪于法合听旨及重伤守辜外，余并疾速放讫以闻。37，页10255

续资治通鉴长编卷四百二十五　宋哲宗元祐四年（己巳，1089）

【宋哲宗元祐四年（1089）夏四月】诏应台察事已弹察后，及一月以上遇赦降者，其稽迟本罪不得原减。从侍御史盛陶言也。19，页10280

【宋哲宗元祐四年（1089）夏四月】先是，中书舍人曾肇言："臣伏睹内降指挥：'皇太妃亲属、滑州韦城县百姓侯俩昨因断扑酒务，少欠官中课利并本息钱等，认纳前界少欠钱可与均作七年送纳，所有已拘收抵当契书、子利等，并特先次给与本人，余人不得援例，仍与免差人监催。'臣窃伏思皇帝陛下、太皇太后陛下以百姓侯俩是皇太妃亲属之故，特为宽展纳年分限，给还契书、子利等。在于县官，事至微末，然此令既行，窃恐因缘戚属，转相援扳，日月积累，浸紊朝政，长干请之风，开侥幸之路，故先王立事必虑其弊，忠臣事君常谏其渐，盖以此也。况皇太妃位号隆重，海内承仰，必不肯以私亲小故，浸黩纪纲，尘黩德美，盖是迫于人情，有不得已者。然臣窃谓皇太妃侥哀彼困穷，予之金帛可也，恐不足以上烦诏令，启此幸门，使天下闻之，有以窥测，此臣尤为皇太妃爱惜事体也。伏望圣慈详思臣言，如万有一得，宜及指挥未出，犹可追还，庶使道路之人，无所窃议，增广宫闱盛德，所补不细。《传》曰：'君子之爱人也以德，细人之爱人也以姑息。'臣心无他，窃抱惓惓爱君之忠，不敢为姑息而已。惟圣明照察，幸甚！"贴黄称："诏旨既下，臣恐州县以皇太妃亲属之故，岂敢有所诘问，况又有免监催指挥，则虽有七年之限，亦恐未必及时送纳。伏望圣明更加详酌。"乃诏："侯俩所少欠课利，特许将子利充数；已拘收抵当契书，依旧在官，许纳钱抽取；所欠少钱，与均作七年，仍免差人监催，余人不得援例。"

于是户部侍郎苏辙言："臣窃以民间欠负合放，皆有条法，上下共守。凡有宽贷，皆先经户部勘会，于法无碍，然后施行。未有如侯俩之比，直自朝廷批下圣旨，更不问条法可否，一面行下，仍令众人不得援例者。本部官吏皆窃疑怪，不敢奉行，深恐此令一行，应干欠负之家，皆怀不平之意，已具状申尚书省，乞朝廷裁酌施行去讫。臣今窃闻侯俩皇太妃亲戚，二圣笃于恩爱，特为降此指挥。疏贱之臣，不当更有论奏。然臣职在右曹，专掌坊场法度，祖宗条约，当与天下共之，不宜以宫禁之私，辄有挠败。臣恐此门一启，宫中递相扳援，其渐可畏，臣若失职不举，其罪大矣。窃惟皇太妃供养二宫，动循礼法，外庭虽疏远，未闻有过差之事。今侯俦所欠，不过万数千缗耳，若以私亲之故，出捐金帛，以济其急，下足以存骨肉之恩，上足以全祖宗之法，天下传诵，无复间言。公法既全，国势增重，其于太妃盛德，亦非小补也。臣不胜区区守法爱君之心，欲乞追还前命，使天下明知朝廷不以私爱害公议。干冒铁钺，俯伏待罪。"贴黄称："契勘人户承买场务，如有拖欠官钱，已拘收抵当在官，其所收子利，自合纳官；兼拘收抵当，亦合依条出卖。今所降指挥，有此违碍。"其从违当考。五年二月四日，侯俦借补借职，皇太妃舅也。25，页10286—10288

【宋哲宗元祐四年（1089）夏四月】开封府言："本府流以下公事，内有刑名疑虑，情法不称，并依旧例及一司敕令奏断。近修到户部开封府敕，并断定罪名报刑部。寻申明乞依旧法令，准敕御史台看详，内有所犯委是情重，乞特行刺配之人，不得直乞降付本府断遣，依大理寺右治狱条，降付尚书省施行。若便改已行之法，虑囚禁壅滞，请将新条止入户部一司敕，其本府奏断公事，悉依旧法。"从之。35，页10289—10290

【宋哲宗元祐四年（1089）夏四月】丁卯，诏："开封府申奏公案，除刑名疑虑及未约定刑名者，并降付大理寺外，其已约定刑名案，只刑部拟例定断，仍令本府状内贴说乞降付去处。户部公案准此。"以尚书省言，自官制行，并由大理寺奏请，类皆迂枉故也。35，页10290

续资治通鉴长编卷四百二十六　宋哲宗元祐四年（己巳，1089）

【宋哲宗元祐四年（1089）五月】戊寅，尚书省言："六曹、寺、监吏额并缺防约束事件，吏籍案所掌无选限吏人及内外役人废置、增减、勘会当出职等事，止随处行遣；应出职而合入流，若补授军大将者，并直达吏部。都官，其吏籍案仍罢；配隶案所掌配籍，并归刑部举叙案，其配隶案仍罢。"从之。16，页10300—10301

【宋哲宗元祐四年（1089）五月】左谏议大夫梁焘、右司谏吴安诗、右正言刘安世又言："臣等近以蔡确怨望作诗，无人臣敬顺之礼，累曾奏论，乞正典刑。朝廷指挥下确开具因依，仍令安州知州取索确诗元本，皆已奏到。确之开具本无所用，徒为迁延行遣，令确知其事因，从容造说，交通求救，词皆虚妄，必不可信。今安州根究得实，确诗元书在粉板，后来削去墨迹，其板见在。书之其状已着，削去其罪转明，更使确巧诈辨给，此亦不能文也。诗板是明白已验之迹，便可为据；开具乃委曲苟免之词，不足为凭。罪在不赦，合置诛窜。恭以太皇太后陛下以先帝遗诏，用故事请权同听政，当日确备位次相，亲见本末，岂不知此事不是太皇太后本意？盖为皇帝年在冲幼，以保护圣躬为切，事不得已，乃从权宜。窃以前日遭值先帝大变之际，设不依本朝典礼，上尊两宫，则宗社大计如何哉？观确之意，以为不然，盖窃幸皇帝富于春秋，欲以大臣专权，自作威福，奸心深不可测，此不可不诛也。大臣之议，当归美报上，以福禄寿考称颂其君。确不能庶几于此，乃引竭海变田之事，肆为谤讟，密怀大恶之志，发为不祥之语，此不可不诛也。刑赏者，人主之权也，祖宗所以行威福而公天下，服人心，传之子孙，为万世法也，两宫亦不得而私之。如确之罪，天下所共怒，天下所共弃。取天下共怒共弃而诛窜，在皇帝陛下与大臣也。陛下崇养圣德，未专明断，所与议者在大臣。如少宽确，则天下疑而不服，伤陛下之圣孝矣。大臣者，敢为开陈末减，则是朋奸养交，面谩不忠，视确之罪无所重轻，必不见容于天下矣。臣等愿尽行公议，无屈祖宗之法，以失威柄。威柄一失，则奸邪强鹜，无所忌惮，后时有不可制之悔，于此不得不防微杜渐也。伏望圣慈以其事下有司，议正其罪，为今日诫，为后世训。"<small>梁焘集此系第七章，安世集系第六章。</small>

又言："臣等早来延和殿进对，伏蒙圣谕，令具行遣比例条列密奏。臣等略具合用条法，及责降大臣故事如左：一、准《名例律》：'十恶六曰大不恭'，《注》：'谓指斥乘舆，情理切害者'。准《职制律》：'指斥乘舆，情理切害者斩'。准《名例律》：'议请减赎章，犯十恶者不用此律'①。一、宰相丁谓贬崖州司户参军。一、前枢密副使孙沔贬节度副使，宿州安置。一、前参知政事吕惠卿贬节度副使，建州安置。臣等窃谓三人之间，丁谓之责最重，然其犯亦非蔡确之比。伏乞圣明更赐参酌。"<small>安世云与梁焘同奏，焘集乃无此。17，页10306—10307</small>

---

① 此处仍是引用律典中的相关条文，明确指出在那个部分。

续资治通鉴长编卷四百二十七　宋哲宗元祐四年（己巳，1089）

【宋哲宗元祐四年（1089）五月】吏部言："《元祐编敕》：'官员赴任，违限满一年，不许放上'。窃缘沿边使臣差遣，有见缺处，若候一年方别注人，有妨职事。欲以远近添立日限，无故违限者，论如之官不赴律。满一年、沿边主兵官满半年，不以有无事故，本处三十日报所属别差官；系奏举者，报元举奏处，并不得放上。未申报间到任者，听上。候到吏部，并降一等差遣；无等可降者，降一年名次，仍与远小处。"从之。38，页10334

【宋哲宗元祐四年（1089）五月】大宗正司言："宗室近来多以合经本司管勾事务，明知碍法，或无例难行，规避越诉约束，却令外官宗室，或母宗妇乳母，经执政或他司陈状，难以齐一。欲乞宗室表状直于御前唐突，及差人于诸处投下，或三省、枢密院出头者，并断罪勒住起居，克罚俸钱。"从之。新削。39，页10334

续资治通鉴长编卷四百二十八　宋哲宗元祐四年（己巳，1089）

【宋哲宗元祐四年（1089）五月】丙申，刑部言："诸路断流配罪已当，若本案内徒以下罪有出入，未审合与不合奏裁。"诏令奏裁。又言："其出入笞、杖及半年徒，乞从本部下所属改正施行，官吏更不驳勘。"从之。45，页10338

续资治通鉴长编卷四百二十九　宋哲宗元祐四年（己巳，1089）

【宋哲宗元祐四年（1089）六月】中书省言："尚书、侍郎、学士、待制及两省、御史台监察御史以上，左右司郎官、国子司业，各限一月举内外学官二员。今后有缺日亦合依此。其召试之法，自当冲革。并《元祐令》：'诸奏举内外学官，须进士出身，年三十以上，无私罪停替，历任及二年者；其行业纯备，淹满尧泽，或登科岁久，恬于仕宦，虽未历任，亦许奏举'。而近日内外臣寮所举学官甚众，不应前法，请候有阙，遇降朝旨，方许奏举。"从之。9，页10366

【宋哲宗元祐四年（1089）六月】尚书省言："诸处奏案禁囚，有待报未决，淹系日久者，请立日限，举催督察，以绝淹延之弊。"从之。27，页10373

续资治通鉴长编卷四百三十　宋哲宗元祐四年（己巳，1089）

【宋哲宗元祐四年（1089）秋七月】朝请郎、比部郎中刘宗杰知郓州，放谢辞，令御史台差人押出门。宗杰旧以狱事坐废，任郎官后，累状闻奏。大赦前，制院事已除落元断私罪，辄于别司案内录元文字，再将大赦前事论奏，故有是责。孙升云云，在明年三月二十九日。14，页10384

【宋哲宗元祐四年（1089）秋七月】诏："户部指挥诸路提刑司下丰熟州县，依条量添钱，广行收籴，仍觉察违慢。"又诏："永兴军、秦凤、河北、河东、京东、京西、淮南、两浙提刑司，据见管封桩钱，除已系计置籴粮草，并合起发上京，及朝旨指定窠名指使钱数外，将的实见在钱支拨一半，于本路趁此秋成，及今后遇丰熟去处，广谋计置米、麦、谷、豆，内淮南、两浙路只于沿流，其余路于沿流及要便，并屯聚军马去处，别项封桩，以封桩斛斗为名。若内有收籴得处缺少本钱，许逐司于本路有钱去处挪移。于转运司要用，许依元籴价先桩钱讫，据数兑拨提刑司，候到，具见在合籴买钱数，计置次第申尚书省。其头子等钱亦于帐内别收，如有仓厫损处，即以头子钱修，仍令户部立法。"《政目》云："三路，京东西、淮、浙七路封桩钱，以一半籴谷，为封桩斛斗，为永法。"46，页10401

【宋哲宗元祐四年（1089）秋七月】殿中侍御史孙升言："臣闻法待人而后行，此古今不易之理也。先帝患百司职事不举，故建三省、六曹，以治庶政。然人乐因循，众习苟且，弊随事生，苟无按核钩考之术，则必至于颓坏，又置六察，考察六曹行遣稽违，及轮委御史，点检三省簿书差失,可谓详且尽矣。盖六曹、寺、监二百四十余案,胥吏一千七百余人,其他官司二百七十余处,内外之事填垒纷委,而旧以察官六员、书吏十有四人钩考按核,虽使人人心力强明,智术精敏,安能周见其故?而六曹百司之事不至于颓弊者,赖有六察以为之警察尔。兹所以见先帝规模宏远,追迹三代也。朝廷近年察官既不补足,而比因浮费所建言,更不自本台立法,直行减罢书吏六人,止存八人,分治六察。吏员既少,则所择尤须精审,且以八人按察二百余案、千有余人胥吏、二百余处官司,而又更不精所择,若止欲名存实亡则可矣,必欲救六曹之弊,成先帝之志,则臣虽甚愚,知其无益也。近准七月十六日朝旨,改修到本台令,乃止因一察案贴司陈述,务欲自便,遂为改法。书吏旧法满六年,通入仕及十五年出借职,试贴司及四通者方收补。今来改法,贴司试及二通,便补察书吏;吏满十年,通入仕及二十五年,方得出职。出职既艰,则内外已有名目、晓法令、廉勤谨畏之人,不乐就此,别图进身。所试贴司既易,则见在钞写无能无过之人,例皆应选,适所以为六曹百司人吏废弛兼容之地,非所以为朝廷补救颓弊之术也。伏望圣慈详察,深惜六察乃先帝补救六曹颓弊之志,特降指挥下中书省重行立法,中外幸甚!所有新旧令文,谨录白连粘在后。"贴黄:"六察官吏,系点检三省、六曹文书稽迟差失,众所嫌怨,惟务废坏其法,伏望陛下详察,早赐施行。"升奏称七月十六日朝旨,因附月末,其从违当考。52,页10402—10403

续资治通鉴长编卷四百三十一　宋哲宗元祐四年(己巳,1089)

【宋哲宗元祐四年(1089)八月】癸卯,诏:"自今应修条,除法意小有不足当修补外,其更易增损,并须类聚申尚书省,候得指挥,方得编修。其尚书省所修条,先经左右司看详,执政官笔削,方许更改。"5,页10407—10408

【宋哲宗元祐四年(1089)八月】诏:"战阵立功人,犯罪应追降及准例入重者,品官并转三官,文臣与换武臣,选人与改官,未受品官人得奉职、知令录,将校并转三资,军人得正、副指挥使,为第一等;并转两官及循两资,白身人得判、司、簿、尉,借差以下得借职,殿侍、大将以下得差使,将校并转两资,军人转军使、都头,为第二等;转一官,循一资、殿侍、大将转借差，借差转差使，白身得未入官名目，文臣减三年、武臣减四年磨勘，将校转一资，军人转副都头、兵马使，为第三等；第一等人三次，第二等人两次，第三等人一次，有犯各取旨；其逐等人，即犯公罪徒以下、私罪杖笞情轻者，不以次数，并准此。" 6，页10408

【宋哲宗元祐四年（1089）八月】窃以六曹长官，古之六卿，事之小者，岂不可令专达？臣等商量，欲乞今后凡有诏令降付尚书省者，仆射、左右丞签讫，官告、黄牒之类已签讫者，更不签，分付六曹誊印，符下诸司及诸路、诸州施行。其臣民所上文字，降付尚书省，仆射、左右丞签讫，亦分付六曹，本曹尚书、侍郎及本厅郎官次第签讫，委本厅郎官讨寻公案，会问事节，相度理道，检详条贯，下笔判云"今欲如何施行次第"，通呈侍郎、尚书。若郎官所判已得允当，则侍郎签过，尚书判准，应奏上者直奏上，应行下者直行下，即未得允当者，委侍郎、尚书改判。事之可否皆决于本曹长官，其文字分付本厅郎官之时，委本曹长官随事大小凿限，若有稽违，即行纠劾，即委的有事故结绝未得者，申长官展。吏部尚书如旧日判东、西审官院，左选侍郎如旧日判流内铨，右选侍郎如旧日判三班院，户部长官如旧日判三司使，刑部如旧日判审刑院。旧日本司文字并直奏直下，今欲令六曹长官准此，更不经由仆射、左右丞。即改更条法，或奏乞特旨，谓如刑部刑名疑虑，或情理可悯，或情重法轻，乞特停替、编配之类；或事体稍大，或理有可疑，非六曹所能专决者，听诸仆射、左右丞咨白，或具状申都省，委仆射、左右丞商议，或上殿取旨，或头签札子奏闻，或入熟状，或直批判指挥。其诸色人辞状，并只令经本曹长官呈过尚书、侍郎，本厅郎官次第签押判决，一如朝廷降下臣民所上文字，次第施行。若六曹不为收接，及久不结绝，或判断不当者，即令经登闻鼓院进状，降下尚书省，委仆射、左右丞判付本省不干碍官看详定夺；若本曹显有不当，即行纠劾。所贵上下相承，各有职分，行遣简径，事务办集。元年七月二十四日，已有六曹长官专达札子与上官均札子同进呈，不知何故复出此奏，姑存之。或此奏当删去。诏以二奏付三省。乙巳进呈，且言今三省皆同奏事，与光时不同，及其所言多已施行。太皇太后宣谕曰："今已无事，不必改更也。"范祖禹志司马康墓云："康上光旧稿，降付三省，而朝廷未遑有行。"不知此所谓"多已施行"者何也？当考。建炎间，始合中书、门下为一，盖用光遗奏。新、旧《录》载光奏甚略，今具录之。祖禹亦尝有建白，并附。九月十八日，三省进呈司马康奏其父光遗稿二，其一言："请仍旧令中书、门下通同职业，以都堂为政事堂，每有政令差除及台谏官章奏，已有朝旨三省同进呈外，其余并令中书、门下商议签书施行。事大则进呈取旨降敕札，事小则直批状指挥，一如旧日中书门下故事。并两省十二房吏人为六房，同共点检钞状，行遣文书。若有溢员，除选留外，并特与减三年出职；不及三年应出职者，与减磨勘年限。若政事有差失，委给事中封驳，差除有不当，委中书舍人封还词头；及两省谏官皆得论列，则号令之出，不为不审。政事归一，吏员不冗，文书不繁，行遣径直，于先帝所建之官并无所变更，但于职业微有修改，于事务时宜差为简便。"其二言："自今凡有诏令降付尚书省者，仆射、左右丞签讫，官告、黄牒之类已签讫者，更不签，分付六曹誊印，符下诸司及诸路、诸州施行。其臣民所上文字降付尚书省者，仆射、左右丞签讫，亦分付六曹，本曹尚书、侍郎及本厅郎官次第签讫，委本厅郎官下笔判云'今欲如何施行次第'，通呈侍郎、尚书。若郎官所判允当，则侍郎签过，尚书判准，应奏上者直奏上，应行下者直行下，即未得允当者，委侍郎、尚书改判。事之可否，当决于本曹长官。"三省言："今三省皆同奏事，与光时不同，及其所言事多已施行。"太皇太后宣谕曰："今已无事，不必改更也。"旧本载司马光二奏止如此，新本因之，今别详载于前。8，页10411—10414

续资治通鉴长编卷四百三十二　宋哲宗元祐四年（己巳，1089）

【宋哲宗元祐四年（1089）八月】丙辰，刑部言："熙河、秦凤、鄜延、陕西、永兴军等路安抚司奏，管下州军近年无强盗贼徒，请罢权宜指挥，仍旧法施行。"从之。6，页10426

【宋哲宗元祐四年（1089）八月】左谏议大夫梁焘、左司谏刘安世言："臣等昨以劾奏章惇强用贱价夺民之产，朝廷体量得实，止断罚铜十斤，罚不当罪，寻具论列，今已逾月，未蒙施行。臣等按：惇用其子承事郎援之名，承买朱迎等田业，而下状之日，惇父尚在。检准《名例·律疏》，谓祖父母、父母在，子孙无自专之道，而有异财别籍，无至孝之心，名义与之俱沦，清节于兹并弃，稽之典礼，罪恶难容，二事既不相须，违者并当十恶。推原法意，正为惇设。为子事父，而用意如此，不孝孰大焉！至于惇慢帷幄之前，殊无人臣之礼，交结蔡确，造播奸言，贪天之功，侥幸异日。为臣事君，而处心如此，不忠莫甚焉！臣等按：惇之罪实人伦之所共弃，王法之所必诛，投之四荒，始能塞责，罚金轻典，众谓失刑。伏望圣慈深赐省察，依近日刑恕体例，不俟服阕，预降责命，所贵邪正明辨，奸慝知畏。"

又言："臣等近累具论奏章惇罪名未正，欲乞别议窜黜，至今未蒙施行。臣等伏见监司、郡守以不受朱迎诉状，并行责降；令、丞违法给受田产，亦已冲替，检准《编敕》节文，冲替比徒一年。臣等窃谓原情定罪，固有重轻；据事约法，亦分首从。今干系官吏皆因惇以致罪，而又处徒坐，惇系首恶之人，乃止罚铜十斤，事理颠错，亦已太甚。况下状之日，惇父尚在，而别籍异财，事状着明，考按律文，罪入十恶。愚民冒犯，犹有常刑，惇为大臣，天下所望，而亏损名教，绝灭义理，止从薄罚，何以示惩？臣等窃谓圣人制法，惟务至公，若行于匹夫而废于公卿，伸于庶民而屈于贵近，此乃姑息之弊政，非清朝之所宜行也。按：惇父在而别籍，合徒三年，既犯十恶，则议请减赎，一切不用。未知前日所断，援引是何律令。伏望陛下深赐省察，出臣等此章诘问执政。如律文别有冲改，臣等妄言，即乞明行罔上之谬；若大臣别无异说，即乞出臣等章疏，以正惇罪，及依近降圣旨，不用赦原。但能稍正典刑，庶几不屈清议，惟冀出于宸断，早赐指挥。"

又言："臣等向者数曾论奏章惇罪名未正，今已累月，未蒙施行。臣等按：惇于元祐三年二月十四日，用其子援之名，承买朱迎抵当田产，至五月十六日方丁忧。即是投状之日，惇父尚在，推考事实，别籍甚明，据律定刑，既入十恶，则议请减赎，一切不用，虽赦无得原者。庶人之愚，或有抵冒，朝廷行法，未始少私。惇位大臣，为民所望，而绝灭义理，贪利无亲，止令罚金，是乱典宪。臣等窃为君子犯义，小人犯刑，古之圣贤，为之深戒。若谓惇为君子耶？今则犯义矣；以惇为小人耶？今又犯刑矣。二者均不能逃圣人之诛，则朝廷何惮于惇而废祖宗之法？伏望陛下出臣等此章，送刑部定夺。若律文曾经冲改，引用不当，即乞正臣等妄言之责；如勘会惇投状月日，系丁忧之前，委是父在别籍异财，即乞依例断罪。"焘《别集》有五章，文辞与此差不同，今不别出。11，页10426—10428

【宋哲宗元祐四年（1089）八月】左谏议大夫兼权给事中梁焘言："准中书省录黄，为市易官茶，令客铺户带买等事，今勘会到见在茶五十九万七千七百余斤，计四千六百六十余蔀，尽是市易司磨茶买下夹杂陈茶。昨住磨茶后，出卖不行，户部申乞速行变转，恐至陈损，今来又经五年，显有大段坏恶。窃缘客人本以射利为生，官中虽指挥带买，仍许出外货卖，又许免纳税钱，若茶货不至陈损，可以品搭出卖得行，自然乐于承认，必是累有亏折，方敢经官陈诉。今虽宽得客人，又复移患铺户，乃是官司刻于裒取，公行抑配，与市易旧弊不异，甚未负陛下爱民贱利之本意也。况前后约束，不得抑配，诏条明具，若先自朝廷违之，何以示信天下？欲乞圣慈特赐指挥户部，再委官定验，见管茶陈损内，拣出尘恶不堪

722　《续资治通鉴长编》所见法律史料辑录

支遣外，分为等第，比寻常折支茶多减价钱，尽数拨赴近京州军，充明堂官员、厢军折支，庶得早见发去滞货，除害公私，且使远近闻朝廷实有止绝抑配之惠，商旅渐肯通行，以救今日之弊。所有录黄，谨具封还。"贴黄："臣尝闻诸州军所有合折支杂物，数目不多，或有全无去处，只支本色。今若以上件茶货分在近京去处，以充折支，颇得稳便。虽是减损见卖价钱，却省得户部合支赏给不少。"焘奏不得其时日。八月二十六日，《旧录》罢元祐三年令茶客带买官茶指挥，今附见其前，《新录》遂削去《旧录》，非也。所称元祐三年指挥，亦当考。诏罢元祐三年令茶客带买官茶指挥。《旧录》有此，《新录》削去，此当与梁焘所奏同考究之。17，页10432—10433

续资治通鉴长编卷四百三十三　宋哲宗元祐四年（己巳，1089）

【宋哲宗元祐四年（1089）九月】辛巳，大飨明堂，大赦天下。《政目》当删取增入。熊克《九朝通略》：本日诏衙前一役复用差法。6，页10442

【宋哲宗元祐四年（1089）九月】尚书省言："任子之法，理宜以长幼为序，即合奏人曾犯私罪徒，并有废疾，及不肖不可从仕者，许奏其次。著为令。"从之。9，页10442

【宋哲宗元祐四年（1089）九月】太师文彦博言："先朝赐臣僚《儒行中庸篇》及文武臣七条，欲乞举行此法，依例于朝辞日给赐，及宣谕诫励。"诏："文武七条，令检举行下，逐路监司遍牒遵守；其《儒行中庸篇》，候将来科场给赐。"18，页10448

【宋哲宗元祐四年（1089）九月】左司谏刘安世言："臣伏睹先王之治，在于官率其属，使上下得以相维，内外得以相制。故人各任职，而无苟简之患；吏不数易，而人见诛赏之实，此尧、舜、三代之所共由而不废者也。今亲民之任在郡县，朝廷既为之置守令矣；众守令而无以统率，则民或受弊，又为之设监司矣；监司之官坐制一道，多至三十余州，少者亦不减十余郡也。其所宣布风化，振举纲纪，舒惨百城，废置群吏，调发兵民，均节财赋，朝廷一听其所为，可谓任之重矣。既付之以如此之权，而无法以纠其谬，岂非责小官者为太密，而驭大吏者为太略乎？臣闻祖宗之朝，所以择监司之意甚谨，而考绩之意甚详。近世因循，浸以不讲，授任之际，未尝察其行实，遂容非才冒处其间，既将使指，鲜称其职。或出于私喜，而褒荐过其情；或发于暴怒，而诬捃非其罪；或优游苟且，计日待迁；或承望风旨，以非为是。急功利者，有至于妄作；务宽大者，有至于容奸。不惟无补于朝廷，抑亦有害于政事。臣尝考《唐六典》，监察御史之职掌，分察百僚，巡按郡县，每诣十道，则选判官二人为之佐。是御史非特纠尚书六司之过失，而亦按治诸路也。臣愚欲望圣慈先诏执政：如诸路监司缺官，并以两制等所举本科之人，更加精择，须协公议，亦可除用，若未满任，不许迁擢；求祖宗课责转运使、副之诏，著为定法，然后以天下诸路分隶六察，间遣巡行，按其功罪。若治行尤异，则元举之官，宜推进贤之赏，职业无状者，必行缪举之罚，庶几吏久其任，不敢偷惰，上下交儆，百职修举。"《新录》有此奏，系之四年九月，今附月末，更当考详。安世《尽言集》乃不注上时。22，页10453—10454

续资治通鉴长编卷四百三十四　宋哲宗元祐四年（己巳，1089）

【宋哲宗元祐四年（1089）冬十月】刑部言："开封府奏：'元降权宜指挥，欲乞将窃盗至徒刺填一节先次住罢外，其强盗不该刺配之人，乞依旧存留刺填厢军。'欲依所奏。"从之。31，页10470

【宋哲宗元祐四年（1089）冬十月】己未，刑部言："《元丰刑部格》，制勘案主鞫狱根究体量过犯，逐案所行首尾相干，有合行事节，却行往复，显见烦费。欲将制勘、体量案并为一案，所贵事体相知。"从之。33，页10470

【宋哲宗元祐四年（1089）冬十月】三省言："诸路转运司借朝廷封桩及常平等钱，籴买预买物斛，令提刑司拘管，候转运使收籴钱对行交拨。虑互相盖庇，致违条法，欲令户部觉察，如有违者，依擅支用朝廷封桩钱物法。"从之。36，页10470—10471

续资治通鉴长编卷四百三十五　宋哲宗元祐四年（己巳，1089）

【宋哲宗元祐四年（1089）十一月】龙图阁学士、知杭州苏轼言：

臣自熙宁以来，从事郡县，推行役事；及元祐改法，臣忝详定；今又出守，躬行其法。考问吏民，备见雇役、差役利害，不敢不言。

雇役之法，自第二等以上人户，岁出役钱至多。行之数年，钱愈重而谷帛愈轻，田宅愈贱，以至破散，化为下等。请以熙宁以前第一、第二等户逐路、逐州都数而较之元丰之末，则多少相绝，较然可知，此雇役之法害上户者，一也。第四等以下，旧本无役，不过差充壮丁，无所赔备。而雇役法例出役钱，虽所取不多，而贫下之人无故出三五百钱，未办之间，吏卒至门，非百钱不能解免。官钱未纳，此费已重，故皆化为游手，聚为盗贼。当时议者亦欲蠲免此等，而户数至广，积少成多，役钱待此而足，若皆蠲免，则所丧大半，雇法无由施行，此雇役之法害下户者，二也。今改行差役，则二害皆去，天下幸甚。独有第三等人户，方雇役时，每户岁出钱多者不过三四千，而今应一役，为费少者日不下百钱，二年一替，当费七十余千，而休闲远者不过六年，则是八年之中，昔者徐出三十余千，而今者并出七十余千，苦乐可知也。而况农民在官，贪吏狡胥，恣为蚕食，其费又不可以一二数；此则差役之法害于中等户者，一也。

今之议者，或欲转行差役，或欲复行雇法，皆偏词过论也。臣愚以谓朝廷既取六色钱，许用雇役以代中等人户，颇除一害，以全二利，此最良法可久行者。但元祐二年十二月二十四日敕令，役空闲人户不及三番处，许以六色钱雇州手分、散从官、承符人，此法未为允当。何者？百姓出钱，本为免役，今乃限以番次，不许尽用，留钱在官，其名不正。又所雇者少，未足以纾中等人户之劳，法不简径，使奸吏小人得以伸缩。臣到杭州，检点诸县雇役，皆不应法，钱塘、仁和、富阳县分则皆雇人，新城、昌化最为贫薄，反不得雇。盖转运司特于法外创立式样，令诸县不得将逐等人户都数通比。其贫下县分第一等、二等人户，例皆稀少，至第三等，则户数猥多，以此涨起人户皆及三番。然第三等户岂可承当第一等色役？则知通计三等，乃俗吏之巧簿，非朝廷立法之本意也。

臣方一面改正施行，旋准元祐四年八月十八日敕："诸州衙门投名不足处，见役年满乡差衙前并行替放，且依旧条差役，更不支钱。又诸州役，除吏人、衙前外，依条定差，如空闲未及三年，即以助役钱支募。"

此法既下，吏民相顾，皆所未晓，比于前来三番之法，尤为不通。前史称萧何为法，讲若画一，盖谓简径易晓，虽山邑小吏、穷乡野人，皆能别白遵守，然后为不刊之法也。臣身为侍从，又忝长民，不可不言。谨具前件条贯不便事状，及臣愚见所欲起请者，画一如左。

一、前件敕节文云："看详衙前自降招募指挥，仅及一年，诸路州军尚有招募投名不足去处。其应役年满衙前，虽依旧支与支酬，勒令在役，然非乡户情愿充应，若后更无人愿募，即乡户衙前卒无替期，乃是勒令长名祇应，显于人情未便。今欲将诸州衙前投名不足去处，见役年满乡差衙前并行替放，且依旧条差役，更不支钱，如愿投充长名，及向去招募到人，其雇食支酬钱即全行支给，却罢差充。仍除乡差年限未满人户，依条理当本户色役外，其投募长名之人，并与免本户役钱二十贯文。如所纳数少，不系出纳役钱之人，即许会六色合纳役钱之人依数免放。并仰逐处监司相度：见役衙前，如有虚占冗名，可以省并去处，裁减人额，却将减下钱数，添搭入重难支酬施行。"

臣今详看前件敕条，深为未便。凡长名衙前所以招募不足者，特以支钱亏少故也。自元丰前，不闻天下有缺额衙前者，岂常抑勒强充？直以重难月给可以足用故也。当时奉使之人，如李承之、沈括、吴雍之类，每一使至，辄以减刻为功，至元丰之末，衙前支酬可谓仅足而无余矣。而元祐改法之初，又行减削，多是不支月给，以致招募不行。今不反循其本，乃欲重困乡差，全不支钱，而应募之人尽数支给，又放免役钱二十贯，欲以诱胁尽令应募。然而岁免役钱二十千，许计会六色人户放免，则是应募日增，六色钱日减也。若天下投名衙前并免此二十千，即六色钱存者无几；若止是缺额招募到人，方得免放，则均是投名，厚薄顿殊，其理安在？朝廷既许岁免二十千，则是明知支酬亏少，以此补足，何如直添重难月给，令招募得行？所谓"计会六色人户"者，盖令衷私商量取钱，若遇顽猾人户抵赖不还，或将诸物高价准折，讼之于官，经涉岁月，乃肯备偿，则衙前所获无几，何如官支二十千，朝请暮获，岂不简径易晓？故臣愚以谓上件敕条，必难久行。议者多谓官若添钱招募，则奸民观望，未肯投名，以待多添钱数。今来计会六色人户放免役钱，正与添钱无异，虽巧作名目，其实一般。大抵支钱既足，万无招募不行之理。自熙宁以来，无一人缺额，岂有今日顿不应募？

臣今起请欲乞行下诸路监司、守令：应缺额长名衙前，须管限日招募足数，如不足，即具元丰以前因何招募得行，今来因何不足事由申奏。如合添钱雇募，即与本路监司商议，一面施行讫，具委无大破保明闻奏。若限满无故招募不足，即取勘干系官吏施行。如此，不过半年，天下必无缺额长名衙前，而所添钱数，未必人人岁添二十千，兼止用坊场河渡钱，非如今法计会放免侵用六色钱也。

一、前件敕节文云："看详乡差人户物力厚薄、等第高下、丁口进减，故不常定，恐难限以番次招募。不若约空闲之年，以定差法立役次轻重，雇募役人，显见均当，兼可以将宽剩役钱裁减无丁及女户所出钱数。欲诸州役，除吏人、衙前外，依条定差。如空闲未及三年，即据未及之户，以助役钱支募，候有户罢支。已募之人，各依本役年限，候满日差罢。今后遇有支募，准此。及以一路助役钱，除依条量留一分准备外，据余剩钱数，却于无丁及女户所出役钱内量行裁减，具数奏闻。所有先降雇募州役及分番指挥，更不施行。"

臣今看详诸役大率以二年为一番，向来指挥，如空闲人户不及三番，则合雇募，是圣恩本欲百姓空闲六年也。今来无故忽减作三年，吏民无不愕然，以谓中等人户方苦差役，正望朝廷别加恩叙，而六色钱幸有余剩，正可加添番数，而乃减作三年，农民皆纷然相告云："向来差役虽甚劳苦，然朝廷犹许我辈闲了六年；今来只许闲得三年，必是朝廷别要此钱使用。"方二圣躬行仁厚，天下归心，忽有此言，布闻远迩，深为可惜。虽云"量留一分准备外，据余剩数，却于无丁及女户所出役钱内量行裁减"，此乃空言无实，止是建议之人假为此名，以济其说，臣请为朝廷诘之：人户差役年月，人人不同；本县有户无户，日日不同；加以税产开收、丁口进退，虽有圣智，莫能前知，当雇、当差、临事乃定。如何于一年前预知来年合用钱数，见得宽剩，便行减放？臣知此法，必无由施行，但空言而已。若今来宽剩已行减放，来年不足，又须却增，增减纷然，簿书淆乱，百弊横生，有不可胜言者矣。方今中等人户正以应役为苦，而六色人户犹以出钱为乐。苦者更减三年，乐者又行减放，其理安在？大抵六色钱，本缘免役，理当尽用雇人，除量留准备外，一文不合桩留，然后事简而法意通，名正而人心服。惟有一事不得不加周虑，盖逐州逐县，六色钱多少不同，若尽用雇人，则苦乐不齐，钱多之处，役户太优，与六色人户相形，反为不易。

臣今起请，欲乞今后六色钱当桩留一年准备，如元祐四年只得用元祐二年钱，其三年钱桩留准备用。及约度诸般合用钱外，谓如官吏请雇人钱之类。其余委自提刑、转运与守令商议，将逐州逐县人户贫富，色役多少，预行品配，以一路六色钱通融分给，令州县尽用雇人，以本处色役轻重为先后。如此，则事简而易行，钱均而无弊，雇人稍广，中户渐苏，则差役良法可以久行而不变矣。贴黄："若行此法，今后空闲三年人户，官吏隐庇不差，却行雇募，无由点检。纵许人告，自非多事好讼之人谁肯告诉？若有本等已上闲及三年未委，专以空闲先后为断，为复参用物力高下定差，既无果决条贯，今后词讼必多。右谨件如前。朝廷改法数年，至今民心纷然未定，臣在外服，目所亲见，正为此数事耳。伏望圣慈与执政大臣早定此法，果断而止之。若还付有司，则出纳之吝，必无成议，日复一日，农民凋敝，所忧不小。臣干犯天威，谨俟斧钺之诛。"元祐二年十二月二十四日敕，又四月八月十八日敕，《实录》俱不载，不知苏轼所请后来从违如何，姑具载之，须考详删修。11，页10480—10486

【宋哲宗元祐四年（1089）十一月】壬午，诏："枢密院诸房条例，久未经编修；又自官制后，旧事隶属他司，所存者亦未删正，冗杂难以检用。命承旨司取索编修，以奉议郎蔡駰、宣德郎衡规充编修官。"12，页10486

【宋哲宗元祐四年（1089）十一月】刑部言："诸军率众对本辖官员不唱喏法，上军处斩，下军及厢军徒三年，配广南；对本辖将校、节级依犯阶级及立告赏法。"从之。30，页10490

【宋哲宗元祐四年（1089）十一月】尚书省言，改立发运、转运、提刑预妓乐宴会者徒二年法。从之。33，页10491

【宋哲宗元祐四年（1089）十一月】甲午，尚书省言："诸州军奏案过限未报，并令本处月申刑部及都省。累据诸州申状，催促刑、法寺未断奏案件数尤多，虑淹延刑案。缘本省旧专置房举催，后来并入催驱房，与六曹文字滚同催促，不得专一。今来御史刑房专一主行，委是繁简均当，更不须增添吏额请受。其举催条限约束，并依旧催按房条例施行，以'御史催按刑房'为名，催按簿书依御史刑房法。"从之。36，页10491—10492

续资治通鉴长编卷四百三十六　宋哲宗元祐四年（己巳，1089）

【宋哲宗元祐四年（1089）十二月】刑部言："大理寺官，旧条惟曾任外处官失入徒已上已决，或失入死罪，方不预选；新条又添入任大理寺官失断徒已上三人，或死罪一人，亦不在选限。窃以大理日断天下疑案，虽备悉心力，缘案牍既繁，不无错误。又况容有疑似轻重之间，若因问难改断，亦为差失，委是人数太窄，窃虑精强谙习之人，偶以碍格，不得预选，有此未便。欲乞于条内改三人作五人，改一人作二人。"从之。21，页10507

【宋哲宗元祐四年（1089）十二月】是岁，宗室子赐名、授官者五十一人，断大辟五千四百五人。30，页10523

续资治通鉴长编卷四百三十七　宋哲宗元祐五年（庚午，1090）

【宋哲宗元祐五年（1090）春正月】户部言："江、湖盐未有往外州县般监管押法，乞衡州茶陵、安仁县往潭州衡山县般运，并监令郡官管押交割出卖。"从之。新、旧《录》同。存此可见江、湖卖盐如故，当考。6，页10526

【宋哲宗元祐五年（1090）春正月】甲申，户部看详浮费裁省事，乞宗室缌麻亲再娶身分合得财费房卧钱三分支一，袒免亲不支；宗女系缌麻、袒免亲出适日，依治平故事。如臣庶之家，止行聘礼增赐，旧支房卧等钱，其例物进财并罢。从之。《旧录》云：改宗室嫁娶法，非先帝制也。《新录》削去。《政目》：裁省浮费所申："宗室娶妻财费，缌麻二千二百五十千，袒免二百五十千；再娶，缌麻七分，袒免全支，今后缌麻三支一，袒免不支。嫁女，罢赐婿家钱。"9，页10526—10527

【宋哲宗元祐五年（1090）春正月】己丑，户部言："诸路起发正纲及附搭官钱到京，例皆少欠。《元丰公式令》：'诸州解发金银钱帛，通判厅置簿，每半年具解发物数及管押附载人姓名，实封申省'。《元祐敕》误有删去，合重修立。"从之。17，页10531

续资治通鉴长编卷四百三十八　宋哲宗元祐五年（庚午，1090）

【宋哲宗元祐五年（1090）二月】丁酉，三省言，看详财利旧法所乞废罢坊州矾务，令河东转运司认还陕西坊矾课利。诏遣奉议郎舒之翰同逐路转运司相度利害，与户部参酌立法。看详财利旧法所何日建？2，页10553

【宋哲宗元祐五年（1090）二月】吏部言："皇太妃遇明堂大礼，合奏骨肉恩泽，欲与舅侯偁班行。缘皇太妃奏荐并依皇后例，而侯偁于服纪无入官法。"诏比皇后奏小功、缌麻女之子条补借职。四年四月二十二日，曾肇、苏轼论侯偁，但云是皇太妃亲属，不云是舅也。9，页10554

【宋哲宗元祐五年（1090）二月】户部言："灾伤处令佐能赈贷救济人户，不致流移，所推酬奖，于《熙宁敕》系第五等，于《元祐敕》系第四等，即不分等第分数，未尽立法之意。请灾伤五分以上，与第五等；七分以上，与第四等。"从之。16，页10559—10560

【宋哲宗元祐五年（1090）二月】甲辰，都水使者吴安持言："州县夫役，旧法以人丁户口科差，今《元祐令》自第一等至第五等皆以丁差，不问贫富，有偏重偏轻之弊。请除以次降杀，使轻重得所外，其或用丁口，或用等第，听州县从便。"从之。20，页10560

【宋哲宗元祐五年（庚午，1090）二月】丁未，疏决四京、府界诸县系囚，除常赦所不原外，杂犯死罪以下递降一等，杖以下释之。其后，又诏疏决应天下州、府、军、监、县等系囚，从给事中范祖禹之言也。祖禹言："臣伏见陛下以久旱疏决在京及三京系囚，圣心焦劳，钦恤庶狱。祖宗以来，赦过宥罪，多蒙嘉应，然今溥天不雨，旱灾甚广，恐刑狱冤滞，以伤和气者，非止于四京。臣愿陛下因推惠泽，以及四方，诏诸路转运、提刑司官，疾速分诣所属州县，引问见禁罪人，疏理决遣；仍先遍行指挥，疾速结绝，无令淹延；深戒官吏，务察冤枉，使朝廷德意及远，感动人心，庶可消弭灾异。乞留中，特出圣意指挥。又祖宗时，遣使决狱，或诏逐路监司疏决，其例不一，欲乞参酌施行。"从祖禹言，据《旧录》，仍增入祖禹全章，并附梁焘云云。22，页10560—10561

【宋哲宗元祐五年（庚午，1090）二月】户部员外郎穆衍言："六路茶法通商久矣，税钱无总数以较多寡之人，租钱亦不见有无欠负。请自今税钱委逐州通判月终比较申州，州岁终比较申转运司，转运司于次年具一路总数申户部；租钱委转运司岁终具理纳大数申户部，如违慢，许从发运

司、户部奏勘。"从之。28，页10565

续资治通鉴长编卷四百三十九　宋哲宗元祐五年（庚午，1090）

【宋哲宗元祐五年（1090）三月】户部言："起支官员、殿侍、军大将、选人、将校请受添给，不以则例限内申户部者，杖一百；并擅给历，及不候分移历到而收并者，各徒二年。"从之。起支请给旧无法禁，故多重叠伪冒，有已分移而他处全请，已身亡而分移处犹请者，故立是法。5，页10569

【宋哲宗元祐五年（1090）三月】诏："在京告获私乳香，虽系杖以下罪，其别理赏，并以官钱借支：不满一斤，五贯；一斤，十贯；每一斤，加十贯。罪至徒者，自依本条。"以户部言私香盛行，课额亏欠，及杖以下不以官钱支赏，无以劝缉捕之人故也。新无。9，页10571

【宋哲宗元祐五年（1090）三月】庚午，御批："高遵路妻曹氏乞女令群、妻高氏归俗。除宗女及王舜封女归俗体例外，更有无似此体例，亦无许陈乞归俗法。"刑部勘会比之王氏遇赦数多，欲依例放逐便。御批："高遵路女令群、妻高氏先为犯罪落发，隶妙法院。宗妇既无放归俗条贯，刑部因何定夺作遇赦数多，欲依例放逐便？兼勘会王舜封女因父舜封奉使高丽有劳，特恩放女归俗，系一时特旨，难以为例。其高遵路妻所请，宜更不施行。所有刑部定夺不当，取勘闻奏。"《御集》五年三月五日，八月八日罚金。10，页10572

【宋哲宗元祐五年（1090）三月】乙亥，诏："祖父母在，无子孙成丁，委亲投军者，杖一百，限一年许尊长自陈，取厢耆或邻人委保放停。即品官有服亲投军者，虽未有子孙成丁及非委亲，如愿放停，不以年限准此。"鄜延都总管司言："委亲投军，熙宁法限两月，许尊长自陈；而元祐易为尊长知后，限一年许自陈，颇容侥幸。"故立是法。19，页10577

续资治通鉴长编卷四百四十　宋哲宗元祐五年（庚午，1090）

【宋哲宗元祐五年（1090）三月】御史中丞梁焘言又言："臣伏以陛下临御之初，元祐元年十月所降敕条，以防三省人吏冒赏之弊，示至公于天下，为万世法。都司郎官一旦废而不用，徇奸吏时忱、任永寿辈私自陈请，违条拟赏，公议不容。时忱、任永寿辈，陛下知其积恶为奸，既皆屏斥，独都司郎中久未行遣，中外为之不平。论者谓大臣之意，于属官有所不忍。且都司忍废陛下万世之法，而重违奸吏之请，安有大臣不忍行遣一二属官，而轻废天下之公道乎？伏乞出自宸断，早降指挥，天下幸甚！"

又言："臣近累奏论尚书省都司郎官废陛下不刊之成法，徇奸吏无厌之私请，违条拟赏，乞赐罢黜，少慰公议，至今多日，未奉指挥。臣诚孤微，居纪纲之地，以法度为职，苟怀畏避，言之不终，是亦同为乱法欺君之恶也。且朝廷上下维持者，以法度纪纲而已。法度之行，必自近始，其废亦必自近始。都司者，所以按核六曹二十四司之稽违，都司废法，则六曹废法；六曹废法，则百司废法；百司废法，则四方郡县不守法。上下如此，何以为国乎！此惓惓愚忠，至于再三，为朝廷法度纪纲，不能自已也。伏望圣慈省察，检会臣前奏，早赐指挥，则天下幸甚！"贴黄："都司所废之法，乃陛下临御之初，元祐元年十月所降敕条，以防三省人吏冒赏之弊，示至公于天下，为万世法。今都司官吏一旦废而不用，此臣所以尤为陛下惜之也。"元年十月八日，胡宗愈上《减定三省人吏酬赏之法》。44，页10595

【宋哲宗元祐五年（1090）三月】臣近尝论奏尚书省都事时忱等违法冒赏，乞行斥逐，虽蒙朝廷节次罢免，时忱、任永寿先出，此云"节次罢免"，则时恽、苏安静亦相继逐去也，当考其时。而考之舆论，皆谓行之未尽，公议尚郁，臣不敢蔽，辄具条析，上取睿断。

臣伏见今年正月二十三日敕节文："检会吏部状，准都省送下任永寿等状，重别看详六曹、寺、监吏人禄额文字了当，今参酌，欲任永寿候出职日循一资，时恽候补充守当官日升四名，苏安静与减二年磨勘，时忱与减一年磨勘，用为酬奖。"尚书省白札子："都司拟到时忱减二年磨勘；苏安静拟特与先次转补都事；任永寿选满合注判、司、簿、尉，以封桩、户房合得循两资，乞换授，拟特换本等班行，依旧祗应；时恽拟升八名，缘有劳绩六次，该升两名，累计十名，拟免试先次特补守当官。"检准元祐元年十月十三日敕节文："今后应陈乞劳绩，各随事大小施行，不许并合就重陈乞。"臣看详，任永寿未合出官，故吏部拟定候出职日循一资，今来兼用封桩房转官酬奖，换本等班行，即是并合就重，其违法者一也。

又敕节文："人吏主行文书，职事当然，若事成于己，犹不可论功，况出他人，岂可冒受？其系专置局及东西府宿司行遣事毕，即许量劳支赐。"臣看详，苏安静等所行吏人禄额文字，虽系置局，盖置局因籍门下、中书后省已成之书，覆行参校，稍有损益，既无绝异之效，止合量加赐与，而减年、换官、升名、特补，惟其所欲，不顾条禁，其违法者二也。

又敕节文："诸色人酬赏，并由司勋勘覆，以防弊滥。惟三省人劳绩，重者转官，轻者支赐，自来不送司勋，一面画拟，遂致阴废正条，渐增优例。今后应三省人有劳绩合推恩，送吏部勘当，上尚书省次第施行。"臣看详，任永寿等所乞酬赏，元送吏部，本部即合遵守敕令，量其劳效，等第支赐，而乃以减年、循资、升名之类，上尚书省；至于都司，则又弃而不用，更拟特旨，倍加优厚，其违法者三也。

臣伏观陛下即位之初，深患三省姑息之弊，又因台谏论列，遂诏给事中、中书舍人、左右司郎官同裁定闻奏。是时取会到治平已前及熙宁后来条例，参酌到合行裁损事件十有七条。臣前所引元祐元年十月十三日敕是也。虽未能尽除蠹弊，而近岁侥幸之风亦稍革矣。臣窃谓朝廷所以治天下者，莫大于典刑。陛下既命大臣造出法度，以授有司，如已善已具，则上下官吏所宜遵守奉行；犹有未也，则当条陈其事，建乞改正。今前件诏敕并无冲改，不识有司安敢废格？其尤不可恕者，都司于吏部所定之外，别拟特旨，假人主非常之断，奉胥吏无厌之求，此而不惩，公道将废。伏望圣慈审察事理，应都司违法官吏并行罢黜，吏部拟赏不当，亦行责罚。仍乞面谕大臣，协心奉法，无纵舞文之吏，以干至公之政，天下幸甚！

又言：《安世集》，此系第四章。"臣近尝论奏都司官吏违法拟赏，乞赐黜责，今已累日，未闻指挥。臣窃惟尚书省乃政本之地，而左右司所以副贰丞辖，纠正省闼，自行官制以来，尤为高选，非聪明谙练、守正不回之士，孰宜居之。乃者猾吏舞文，妄干赏典，都司明知三省人劳绩不许并合就重陈乞，而公违诏敕，以任永寿、时恽自列微劳，遂于吏额房酬赏之外，更用别房恩泽，换官特补，以厌群小之欲。考之舆论，皆谓永寿辈虽凭恃城社，侥幸苟得，而可否之决，法度存焉。为都司者，诚能徇公灭私，则与夺之际，必合物议。惟阴怀顾望，奉法不谨，是以典宪明具，未尝冲改，而辄敢废格，别拟特旨。以此论之，奸吏之妄诉则法在，都司之

失职则法亡，不有显黜，恐无以为天下旷官之戒。伏望圣慈检会臣前奏事理，早赐指挥施行。"44，页10597—10600

【宋哲宗元祐五年（1090）三月】安世又同右谏议大夫朱光庭言：《安世集》，此系第五章。"臣等今早延和殿进对，尝论都司官吏违法拟赏，罪不可贷，伏蒙面谕，令臣等亲至都堂理会者。窃惟故事，台谏官登对毕，自持札子中书呈纳，故可与宰臣已下相见。自垂帘听政后来，上殿臣僚止是封进札子，别无名目可至都堂，是以未敢奉诏。臣等谓朝廷所以为天下之本者，以有法度也；陛下设官分职，内外错综，所以行法也；又置台谏之臣，付之言责，所以司察中外之乱法者也。今都司泪舞文之吏，蔑弃典刑，则是旷官；臣等见乱法之臣而不能正，则是辜陛下任寄。方二圣临御，仰成大臣之日，正是谨守法度，维持纪纲之时，而尚书省都司附上罔下，废格诏令。

若肃纪纲，保守法度，今后稍有畏惮，易为弹压。"据《安世集》第七章云，前月十九日所进札子，即指此，但不知前月是何月耳。以事先后推寻，当是二月十九日，盖三月二十六日，任永寿送吏部，必因言者不休，故有此行遣。自永寿送吏部后，言者亦止。明年五月间，永寿决杖，又自缘他罪。然则言章并各附三月末为允。

其别幅画一云：《安世集》，此画一即与第六章同上。"臣闻群奸被劾，颇有遂非之论，窃恐邪说交乱公议，须至条列，以破其妄。伏冀万机之暇，特赐详览，或粗有义理者，即早乞圣断施行。一、检准元祐元年十月十三日敕节文：'公府张置吏属，主行文书、检勘差谬，乃其本职，自非灼见隐伏，事涉有害，岂可一一论功？编修看详条例，陈献利害，既如状施行，即不当无赏，如此之类，理当推恩。勘会治平已前，诸房亦有许点检酬奖条例，缘自熙宁后来，始用升名之法，但岁终比较，以为赏罚。其后增累夸大，各自陈述，未尝比勘对理，以至轻重不等，至有顿升五六名之例，诚为过当。契勘左右司见准朝旨修完人吏功过条例，并已有元祐元年三月三十日条贯，第三等以上劳绩者许比较，今申明三省人吏点检外司劳绩等，并许依旧施行。其先修例册，如有轻重过当，仍逐事参酌增损，立为定例，遵守施行。'臣窃惟上条虽编修看详条例有'理当推恩'之语，缘下文有'增累夸大，顿升五六名'之弊，又云'左右司见修人吏功过条例，如有轻重过当，仍逐事参酌增损声说，立为定例。'即是未有正法。今来司勋拘泥'理当推恩'之文，便将任永寿等定从优例，臣以不见得左右司修到例册，惟据元条，以熙宁从来升名之法，指为过当，今已裁损，而司勋尚以时恽升四名，苏安静等各减年磨勘，即是推恩已优，与元初申请之意有所不合，然而未至太甚，臣是以止乞薄责。一、检准元祐元年十月十三日敕节文：'检会熙宁十年十月九日中书札子，应功过系两事已上，不得并入高等，各随事高下，分为功过。'看详上条所以约束不得并用者，为逐事之中有不该收使等第，假令不按治，恐无以表率四方，惟圣慈深察事理，早行罢斥，以伸公议"。44，页10600—10601

【宋哲宗元祐五年（1090）三月】【安世又言】：一、检准元祐元年十月十三日敕节文："人吏主行文书，职事当然，若事成于己，犹不可论功，况出他人，岂当冒受？如开修运河、大理狱空，首末行遣，皆出他司。又自六曹勘当，本房止是经手行遣，却等第支赐，事属无名。欲今后似此之类，并不与推恩；其系专置局及东西府宿司行遣事毕，即许量劳支赐。"臣窃惟六曹、寺、监人吏禄额文字，本系门下、中书后省删修成书，尚书省止是覆行参较，稍有损益，止合引用上条，量行支赐。而遂非者以谓此条止为本房人吏立法，如工房行修河、礼房行大礼，事毕之日，方合支赐。臣以为不然，何者？六房人吏若行本房公事，自是职分当然，岂得更别置局？如边事、大礼、河防、转补之类，文字拥并，期会促迫，又自有东西府宿司行遣之法。今来尚书省既创立吏额房之名，抽差别房手分主行文字，显是专置之局，既已了毕，止合支赐，而减年、换官、升名、特补，惟其所欲，臣是以论司勋所定为太优，而都司所拟尤为乱法也。

一、检准元祐元年十月十三日敕节文："尚书司勋掌赐勋、定赏、录用、世劳，定无法，覆有法，看详官吏诸色人酬赏，并由司勋勘覆，以防弊滥。惟三省人重则转官，轻则支赐，自来不送司勋勘覆，却一面拟画推恩，遂致阴废正条，渐增优例。欲乞应三省人，除岁终比较属本省外，其有劳绩合推恩，依旧送吏部勘当，上尚书省次第施行。"臣窃惟上条三省人吏应有酬赏，所以必由有司者，盖欲稍抑侥幸之弊，以存公道也。今来任永寿等所乞赏典，既送吏部，虽司勋未有正条，所拟差厚，而参酌比附，犹为有说，尚书省自合依法次第施行。而都司不惮无名，更拟特旨，所得恩赏，例皆增倍，假人主非常之断，以足奸吏之欲，轻侮朝纲，陵蔑公议，此臣所以愿陛下必行之也。此别幅与第六章同上。第七章所指前月十九日札子，即指此言也。44，页10603—10604

续资治通鉴长编卷四百四十一　宋哲宗元祐五年（庚午，1090）

【宋哲宗元祐五年（1090）夏四月】诏："大理寺合行火限，官员出局，实时洒熄。夜宿行遣文书，聚于宿官一处，专切提举。如不洒熄及至遗漏，并依尚书省诸房法。"初，元丰七年，尚书诸房不以时熄火及遗漏者，罪当徒。至是，以元丰库接大理廨垣，而本寺未有火禁，故降是诏。新本削去。4，页10610

【宋哲宗元祐五年（1090）夏四月】枢密院言："军人差发往川峡路屯驻者，内有曾犯徒经断并逃亡捕获，或无家属，若配军并降到人，并隔下权移本州或邻近以次州禁军指挥、管辖、差使，候军回却归旧指挥收管。"从之。新本削去。9，页10611

续资治通鉴长编卷四百四十二　宋哲宗元祐五年（庚午，1090）

【宋哲宗元祐五年（1090）五月】辛未，都大提举成都府、利州、陕西等路茶事司言："应雅州管下卢山、荣经县碉门、灵关寨，威、茂、龙州，绵州石泉县界并为禁茶地分，如敢侵犯，并依秦、熙等路法施行。"从之。9，页10631—10632

【宋哲宗元祐五年（1090）五月】壬申，诏疏决天下罪人，内强盗至死情轻者，申安抚、钤辖司详断。10，页10632

续资治通鉴长编卷四百四十三　宋哲宗元祐五年（庚午，1090）

【宋哲宗元祐五年（1090）】六月乙未，诏："诸路提点刑狱司，每半年奏诸州贼盗已获未获人数，并按籍审覆，即比折外未获数稍多者劾奏。"从刑部奏请也。1，页10652

【宋哲宗元祐五年（1090）六月】诏疏决在京并开封府界系囚，杂犯死罪以下递降一等，杖以下释之。5，页10653

【宋哲宗元祐五年（1090）六月】辛亥，户部言："合住支请给所在官司取索券历，限五日批抹，缴申转运使；即在京所给并请他路物者，申户部；有分移者仍报见请，准此缴申。以上违者杖一百。并给公据。若差出历不随身者，速报合属官司。"从之。18，页10666

【宋哲宗元祐五年（1090）六月】癸丑，大理寺言，诸军因差发过缺，如有理诉者，不得过十日。从之。新无。19，页10666

【宋哲宗元祐五年（1090）六月】先是，给事中范祖禹言："臣近准中书省录黄节文：'尚书省检准《元祐敕》，狱暑月五日一次汤刷枷杻，其罪人以时沐浴。奉圣旨令刑部遍下诸路、开封府界，今后每岁暑月，依上条施行者。'臣检会祖宗旧制，每岁冬夏，降诏恤刑。自太宗皇帝雍熙三年以来，累圣遵行，未之有改。至熙宁三年，编修中书条例所奏委逐路提点刑狱司，每岁于四月、十月检举，牒逐州长吏讫奏。臣窃惟祖宗钦恤庶狱，特从朝廷降诏，盖当盛暑、大冬之月，使溥天之下至于海隅，狴牢囹圄之中，皆知圣主深居九重，而悯念及之，此所以为仁恩也。今令刑部遍下诸路，虽重于提刑司检举，然州县奉承宣布，及书之史册，犹未若恤刑之诏，臣窃惜之。欲乞依祖宗旧制，令学士院每岁冬夏降诏，仍自今年十月为始，以副陛下仁恤刑狱之意。"于是诏中书省每岁四月上旬检举降诏。祖禹以六月四日上言，二十六日从其请。26，页10675—10676

续资治通鉴长编卷四百四十四　宋哲宗元祐五年（庚午，1090）

【宋哲宗元祐五年（1090）六月】辙又言：

臣顷于门下、中书后省详定吏额文字，已具进呈，后来都省吏额房别加改定施行。其闲二事最为不便，人情不悦，是致六曹、寺、监吏人，前后经御史台论诉者不一，本台亦曾为申请，终未见果决行下。臣既措手综其事，今又目睹所诉，理难默已，谨具条例如后：

一、自官制以来，六曹、寺、监吏额，累经增添，人溢于事，实为深弊。臣既详定，既依先降指挥，取逐司已行两月生事，分定七等，因其分厘，以立人数。然是时逐司之吏仅三千人，皆惧见沙汰，不肯供具。臣遂禀白三省执政，言事干众人，既怀疑惧，文字必难取索，虽或以朝廷威势，逼令尽供，及吏至裁损，必致纷竞，于体不便，不若且据事实，立成定额，俟将来吏人年满转出，或死亡事故，更不补填，及额而止。如此施行，不过十年，自当消尽。虽稍似稽缓，然见在吏人知非身患，必自安心，极为稳便。当时执政率皆许诺，遂于元祐二年十一月内，具状申尚书省，其略曰："今来参定吏额，本欲称事立额，量力制禄，惟务人人效实，事务相称，即非苟要裁损人额及减廪禄。纵人额实有可损，亦俟他日见缺不补，即非便于法行之日径有减罢。若非朝廷特降指挥，晓谕本意，终恐人情不以为信，致供报不实，虚陷罪名。"寻准当月九日尚书省札子："奉圣旨依所申。"臣等遂备出榜晓示逐司，自此数月之间，文字齐足，方得裁损成书，却被吏额房违废上件圣旨指挥，将所减人数便行裁拨，失此信令，人情汹汹。又缘此任永寿等得骋其私意，近下人吏恶为上名所压者，即为拨上名于他司；侍郎左司为下名。乐毅在吏额房，故为拨上名孔仲卿等于考功之类是也。闲慢司分欲迁入要局者，即自寺、监拨入省曹。于大理寺拨任永寿亲情任中立等十人入考功之类是也。任永寿坐受任中立赃决配，六年五月十八日可考。任情纷乱，弊幸百出，由此旧人多被排斥，以至失所。凡所诉说，前状已具开陈。下则众口怨谤，感伤和气，上则朝廷失此大信，今后虽有号令，谁复听从？臣今欲乞只依前件圣旨，将所损人额，直候他日见缺不补，见在人数，且依旧安存。况尚书左选拨到兵部手分，近已准都省指挥，发遣归原来去处。伏乞检会此例，一体施行。

一、六曹、寺、监吏人多系官制以前诸司名额，其请受多少，及迁转出职迟速高下各不同。及官制后来，分隶逐司，一司之中，兼有旧日诸司之吏。臣详定之日，与众官商量，以谓若将旧日诸司之吏约入今日逐司名额，则其请受、选转、出职，参差不齐，理难均一。盖将逐司数种体例，并为一法，其势非薄即厚，非下即高，若不亏官，必至亏私。亏官则默而不言，亏私则不免争诉，俱为不便。况今旧司吏人并权依新额请受，许从多给，迁补、出职，皆依旧司，并有见行条贯，若且依此法，可以不劳而定。及吏额房创意改更，务欲一例从新，以显劳效，遂除见理旧司迁转已补最上一等名目，见理年选更无迁转职名之人，即听依旧条出职，若就迁试补填缺者，令候降到新法施行，所有旧司迁补出职指挥，更不行用。窃缘旧诸司吏人根源各别，立法不同，不可概以一法。新法虽工，止于一法而已，以待新法吏人则可，以待旧法吏人则不幸者必众，求其无讼，不可

得矣。见今刑部田受贤等经台理诉，势必难抑，欲乞止依后省所用旧条，庶几便可止绝。38，页10697—10699

续资治通鉴长编卷四百四十五　宋哲宗元祐五年（庚午，1090）

【宋哲宗元祐五年（1090）秋七月】草土王师约奏："亲叔左班殿直克述遣河清兵士殴录事参军死，念臣祖尚秦国大长公主，而臣复膺选尚，如臣叔父合该极典，愿纳一官，乞从宽贷。御批："王克述殴人致死，合从典宪；师约乞将一官赎罪，难以施行。"《御集》五年七月二日事。5，页10711

【宋哲宗元祐五年（1090）秋七月】丁卯，给事中朱光庭言："新除王巩权判登闻鼓院。按：巩资禀俭邪，行迹污下，顷为扬州通判，以私用刑得罪而去，合送吏部。新除未协公议。"诏巩别与差遣。又八月十四日。6，页10711

【宋哲宗元祐五年（1090）秋七月】枢密院言："诸路主兵官及使臣等犯法，下所属鞫治，及案到大理寺论法，乃上尚书省取旨。虑有元犯情重，或事干边防，合原情定罪者，既元自枢密院行下，当申枢密院取旨。"从之。7，页10711

【宋哲宗元祐五年（1090）秋七月】庚午，户部言："曾犯私假香人，法当勒出行，其有易姓名借本合卖雇人，及改牌额再买贩者，乞立赏许人告，并坐不应为重罪再犯，邻州编管。"从之。新删。11，页10711—10712

【宋哲宗元祐五年（1090）秋七月】刑部言："佃客犯主，加凡人一等。主犯之，杖以下勿论，徒以上减凡人一等。谋杀盗诈，及有所规求避免而犯者，不减。因殴致死者不刺面，配邻州本城，情重者奏裁。"从之。25，页10716—10717

【宋哲宗元祐五年（1090）秋七月】诏："吏部诸司副使理三十年奏荐之人，除系换授并内侍官依元降条外，余并自补借职后，依条理年限奏荐。"新无。26，页10717

【宋哲宗元祐五年（1090）秋七月】刑部言："应抵当所并州县寄纳人户物色在官库者，若有毁失，乞并依弃毁亡失及误毁官私器物律备偿。"从之。27，页10717

【宋哲宗元祐五年（1090）秋七月】礼部言："凡议时政得失、边事军机文字，不得写录传布；本朝《会要》、《国史》、《实录》，不得雕印。违者徒二年，许人告，赏钱一百贯。内《国史》、《实录》仍不得传写，即其他书籍欲雕印者，纳所属申转运使、开封府，牒国子监选官详定，有益于学者方许镂板。候印讫，以所印书一本，具详定官姓名，申送秘书省。如详定不当，取勘施行。诸戏亵之文，不得雕印，违者杖一百。凡不当雕印者，委州县、监司、国子监觉察。"从之。以翰林学士苏辙言，奉使北界，见本朝民间印行文字多已流传在彼，请立法故也。37，页10722

【宋哲宗元祐五年（1090）秋七月】己丑，刑部言："中书刑房条，旧有刑部官岁终具失入徒流罪五人，或失入死罪，或违限三分并取旨之法。自官制行，改贴刑部官序为大理寺官，其大理寺官岁终比较，系刑部上都省取旨。其'中书刑房'字当改作'刑部'。"诏从之。38，页10722

续资治通鉴长编卷四百四十六　宋哲宗元祐五年（庚午，1090）

【宋哲宗元祐五年（1090）八月】刑部言："军大将充使臣差遣，自来有法，合该酬奖者，并依使臣法减半。如有法合该指射差遣、升名次及免短使之类，亦乞依使臣条例。"从之。6，页10729

【宋哲宗元祐五年（1090）八月】户部言："买扑场务败阙，无人承买，听自陈，差官体量减定钱数承纳，仍其减数出榜召人，或添价承买。无人投状，再差官减定，若减及五分以上，无人投状，即申提刑司差官与本州县再减，出榜如上法。减及八分，无人承买，申提刑司审察权停闭讫奏。"从之。新无。12，页10731

【宋哲宗元祐五年（1090）八月】户部言："广济河粮纲有欠应折会者，依汴河条，岁注于籍。"从之。新无。29，页10743

【宋哲宗元祐五年（1090）八月】又言："请受添给起支讫，具例申户部；未有例，奏闻。其已申奏后，应有增改者，亦申部。"从之。新无。30，页10743

【宋哲宗元祐五年（1090）八月】丁未，奉议郎石谔言："参选人依试进士法，三人以上为一保。承务郎以上及选人愿试律赋者听，其考校试格等第，并依旧法。武臣试《刑统》义者，亦减为一场五道，其考校粗通等第并依《元丰法》。若巡捕官，以临时就试人多寡增损员数。就试《刑统》义，每一百人差点检官一员。"并从之。31，页10743

续资治通鉴长编卷四百四十七　宋哲宗元祐五年（庚午，1090）

【宋哲宗元祐五年（1090）八月】阁门言："景德、祥符、宝元、熙宁中，朝廷委近臣梁颢、李宗谔、陈彭年、张知白、李淑、宋敏求同阁门官修定仪制，行之已久，颇为详备。至元丰四年，诸司敕令式所厘为仪、式、令、敕，比之旧仪，不无阙略。请委官与阁门官以旧仪制、图策并见行仪、式、令、敕，同看详修定，不分仪、式、令、敕，仍旧为阁门仪制。"诏枢密院都承旨王岩叟、秘书少监王钦臣同阁门官修定。《旧录》云："先帝分修法体制曰：'禁于已然之谓敕，禁于未然之谓令，设于此而待彼之至之谓格，设于此而使彼效之之谓式。'敕、令、格、式，由是始明。元祐百度更张，阁门亦附会废革。"《新录》辨曰："敕、令、格、式，已备载《神宗实录》；阁门附会，何足为一时轻重？皆不必书，今删去。"34，页10753

【宋哲宗元祐五年（1090）八月】吏部言："官员犯私罪，若老疾差替者，依近敕便令罢任外，其公罪差替愿罢者听。"从之。37，页10754

【宋哲宗元祐五年（1090）八月】刑部言："提刑司上下半年申奏诸州盗贼帐状内，开说获未获比折等事，乞著于式。"从之。新无。42，页10754—10755

【宋哲宗元祐五年（1090）八月】丁巳，刑部言："犯罪会恩，及去官应原，而特旨犹推者，虽又会恩及去官，推奏如旨。"从之。又言："捕盗官比折条内，强盗及杀人，如系朝廷专立赏收捉者，除徒党外，其为首及以次凶恶之人，并许理赏，仍不愿比折者听。"从之。44，页10756

续资治通鉴长编卷四百四十八　宋哲宗元祐五年（庚午，1090）

【宋哲宗元祐五年（1090）】九月癸亥，侍御史孙升言："近除两浙提点刑狱王瑜为刑部员外郎，瑜在两浙日，湖州武康县民陈德尧诉知县韩宗尧不法，瑜反送本县施行，转运判官张璹已坐此得罪。乞罢瑜除命。"诏瑜别与差遣，仍令江、淮、荆、浙等路发运司鞫治以闻。王瑜除刑外，在八月四日，并见于此。王寿事在七月二十四日。1，页10764

【宋哲宗元祐五年（1090）九月】刑部言："湖北转运司申请和买绸绢，并乞依封送二税簿条施行。"从之。2，页10764

【宋哲宗元祐五年（1090）九月】户部言："请令大宗正司具合请生日支赐宗室及宗室女职位名称，并系所生月日及合给支赐条例，关太府寺。"从之。3，页10764

【宋哲宗元祐五年（1090）九月】丙寅，户部言："自今后欠负官物，磨勘毕，立限监催，须候纳及二分，方关理欠司。如未纳及二分及未关理欠司，遇赦并不除放。"从之。新无。5，页10765

【宋哲宗元祐五年（1090）九月】庚辰，刑部言："请给历品官、宗室及宗女，若系公之人，满四年，余人满二年，令一易以旧历纳户部检勘，关送比部看详磨勘讫，送度支检勘架阁。"从之。又言："人吏疲懦，若累有犯，不可存留者，具实状体量申尚书省。六曹、门下、中书后省体量人吏疲懦，若累有犯，不可存留者，送中书省。若都省审察六曹、门下、中书后省者，降等出职，年限未及者，又降一等，降至守阙军将者免降。未有合出职名者，放罢。"从之。19，页10769—10770

【宋哲宗元祐五年（1090）九月】户部言："冶户煽生铁，如有隐落，不尽数上历，虽未出冶，并许人告，得实，依漏税法给赏。"从之。新无。

24，页10771

【宋哲宗元祐五年（1090）九月】诏刑部，今后官员犯公罪杖已下，依赦文及有正例别无违碍者，关吏部施行。26，页10772

【宋哲宗元祐五年（1090）九月】刑部请依《元丰敕》，军人赦前逃走，经恩不首者，虽再经恩，不得原减。从之。新无。32，页10773

【宋哲宗元祐五年（1090）九月】户部言："勘会请给粮料院专管勾，只得拖历批勘，余并听太府寺指挥。仍令本寺指定依某年月日条式，合支名目则例、月分、姓名、贯百石斛钱数，行下所属粮审院勘验批放。如系无法式，或虽有法式而事理疑惑不能决者，即申度支取决，不得泛言依条施行，逐处亦不得承受。已上违者徒二年，仍不以降赦原减。"从之。33，页10773

【宋哲宗元祐五年（1090）九月】陕西制置解盐司言："应告捕获私盐，除准价支赏外，将别理赏钱，如不及十斤倍之，每十斤加二贯，至百贯止。内本路仍乞据今来所添钱只用本司钱支充。"从之。34，页10773

续资治通鉴长编卷四百四十九　宋哲宗元祐五年（庚午，1090）

【宋哲宗元祐五年（1090）冬十月】侍御史孙升言："臣检准元祐四年八月二十八日敕，据两浙转运副使叶温叟言，申请有荫之人犯酒，至三犯，特许真决。无荫之人依法断罪外，随所犯轻重，勒令迁徙别州县居住，满一年不再犯，申所属施行。臣访闻两浙西路州县，见今缘此指挥，逢迎叶温叟意，应犯私酒，不分轻重，尽令移乡。至有仇嫌之人，多端架构，以斗升之酒，诬陷良民，迁徙失业，道路嗟怨。臣伏见朝廷向惩卢秉所立监法移乡之弊，已行废罢，今复从温叟之请，使一路之人迁徙失业，恐伤二圣忠厚之政。况犯私酒，于前后敕自分轻重徒杖配流之法，法外滋张，徒生奸弊。伏望圣慈特降指挥，所有元祐四年八月二十八日两浙路所犯私酒移乡指挥，更不施行，庶使一路生民，各获安堵。"元祐五年十月十六日奏，从违当考。33，页10794

【宋哲宗元祐五年（1090）冬十月】自官制后，刑名并上尚书省取旨者，送中书，不上察院；事有系边机及军政，或本自察院画旨，下所在取当降特旨有所惩戒者，密院皆不见。同知院韩忠彦具其事，与三省集议："凡断狱系前项依旧上密院，断已三次，众议无异言，乃同入文字。"十月十四日画可施行。既逾旬，中书侍郎傅尧俞忽独具奏："官制行之已久，不可遽改。昨不曾商量，吏人呈押，臣以为寻常文字，遂签书，然臣实昏乱，不能守官，乞从显黜，所有十四日指挥，乞不施行。"内降尧俞札子付都省，尧俞即于都堂变色出语侵忠彦，众皆愕然。尧俞素非好辨者，众疑其为中书刑房吏人所误也。后数日，尧俞又入札子云："都堂聚议，臣实不知，略加究诘，必见诣实。"然殊不言及曾签书文字。吕大防谓刘挚曰："钦之事当与略修润已降指挥，然钦之此举极误，不惟使外之邪党窥伺，幸吾曹有闲，亦令帝中有所疑，谓吾党欺钦之。"钦之，尧俞字也。遂改十月十四日指挥云："公案系边防者，文臣上都省，武臣上密院同取旨。"是日二十六日丁巳。进呈，大防言："此事久来聚议，恐是尧俞不听得，今改云云。"尧俞进曰："如此则允当。"初，尧俞欲留身白此事，大防等谕以不须留，但对众陈之可也。刘挚谓尧俞既签书文字，却有所诉，谓己不知，直以为众人欺谩取其签书，故札子自云昏乱，其欲留身，盖将就帝前嫁其欺慢之罪于众人，赖大防等晓其说而止之。徐闻激尧俞使为此者，实给事中范纯礼也。尧俞、纯礼于韩氏皆连亲，事多密咨纯礼。大防既信尧俞，尧俞又多谋于纯礼一二辈，所以差除闲多用洛人及韩氏姻旧云。此据刘挚《日记》增入，十一月二日苏辙云云可考。44，页10799—10800

续资治通鉴长编卷四百五十　宋哲宗元祐五年（庚午，1090）

【宋哲宗元祐五年（1090）】十一月壬戌，开封府推官王诏与知真州孙贲两易其任。孙贲，即文彦博私记所云与韩忠彦交结言路者，易任不知何故，当考。据苏辙论冬温无冰，诏实坐失入徒罪，故罢府推。1，页10807

【宋哲宗元祐五年（1090）十一月】乙丑，门下后省言："重禄人因职事取受财物，及系公人于重禄人因本处事取受人财物、故放债收息及欺诈，不满一百文徒一年，一百文加一等，一贯文流二千里，一贯加一等。共受并赃论，徒罪皆配邻州，流罪五百里，十贯配广南。家人有犯，减正身罪二等坐之，正身知情依本法。其引领过度者，减受赃人罪二等，徒罪皆不刺面，配邻州本城者依别条，罪轻者杖八十。若许而未得，减本罪一等，徒罪邻州编管，十贯配千里。即便借及买卖有剩利并赊欠，各依取受法；还讫事发，减五等，罪止杖一百。并许人告，即不枉法，应配广南者配千里，应配千里者配邻州，应配五百里及邻州者并依地里编管，应编管者免。告《重禄法》虽不枉法应减编配，并准格给赏，能自首，给赏亦如之。并候事状明白日报所属，限三日先借官钱代支，后以取与引领过度人家财充，不足者除放。告重禄法赏钱，徒罪五十贯，流罪一百贯，配广南二百贯。"从之。_{新书并同，或可删。}9，页10810—10811

【宋哲宗元祐五年（1090）十一月】御史中丞苏辙又言：辙札子称五日，今附本日。"臣近面奏枢密副使韩忠彦改易祖宗旧法，取官员犯公案事干边军政者，枢密院取旨。诸执政各已签书，被旨行下。而中书侍郎傅尧俞徐自言初不预议，为众所欺，求付有司究治，与忠彦更相论列。臣窃谓大臣倾夺忿争，无复礼义，非朝廷之福，乞明辨曲直，使知所畏。寻蒙陛下以臣言付三省，而尧俞、忠彦皆晏然不以为畏，臣窃惑焉。谨按旧法，官吏犯罪，断在中书，刑政大柄，非密院所得专。祖宗分职治事，各有分限。惟元丰七年十月十四日圣旨，应缘保甲事元系枢密院降指挥取勘，及保甲司乞特断公案，令刑部申院。今年七月七日圣旨，应枢密院降指挥下所属体量根究取勘者，亦令刑部申院取旨。据此二条，令枢密院得专断官吏，已系侵紊官制，然犹止言元系本院所行及指保甲一事。今忠彦缘此遂变旧法，志求侵官，既已不直，而尧俞同签书，自知失职，谓众见欺，求赐推治。使众人诚欺尧俞，则众诚有罪，使众诚非欺，而尧俞不自解，岂得无过？臣备位执法，既劾其事，陛下试下臣章，若皆无过，则臣为妄言，安敢逃责？若果有罪，二人岂可默然而已哉？方今二圣听政帡幪之中，谦恭退托，委政于下。当此之时，大臣侧躬畏法，避远权势，犹恐不及，今乃以贵故，轻易臣言。臣忝御史长官，朝廷风宪所在，轻易臣，实有轻易朝廷之意，臣恐纲纪自此废坏。伏乞再下臣章，使各以实对，臣非敢自重，所以重朝廷也。"_{十二月末辙又论断罪条。}10，页10811—10812

【宋哲宗元祐五年（1090）十一月】殿中侍御史上官均言："请六曹寺监编集体例，各分门类。令吏部删修右选条格，左选置选人名籍。"诏吏部详度以闻。_{《均集》有全章，今但从旧录存其略。}17，页10816

【宋哲宗元祐五年（1090）十一月】三省言："元祐五年秋季入流一百二十八人，四年秋季入流一百三人，五年比四年多二十五人。今以前次科场、大礼奏荐、转员换授人数，以三年分为十二季酌算，内一季约一百五十四人有奇，并元祐五年秋季入流一百二十八人，合为二百八十二人。复以身亡、致仕、刺配、放归田里、勒停、丁忧、寻医、侍养、假满落籍分司及叙用、服阕、寻医等参部人比折外，其事故多二十一人。"19，页10816

【宋哲宗元祐五年（1090）十一月】诏开封府司录检校库人户抵当满二年不抽，依条估卖，依四抵当所例。20，页10816

【宋哲宗元祐五年（1090）十一月】诏监临主守以官私物自货而会恩者，元犯罪至死，配本州；不至死，计赃五十匹者，邻州编管。30，页10819

【宋哲宗元祐五年（1090）十一月】丁亥，刑部言："犯外界青白及颗盐，一两杖八十，一斤加一等；过徒一年，十斤加一等；一百斤皆配五百里本城，一百二十斤绞。再犯杖，邻州编管；再犯徒，一犯流，皆配本城。结集徒党，持杖兴贩，依兴贩物法，一百二十斤皆绞。即非兴贩者，二分以一分定罪，罪止流三千里；罪至流配本城，二百四十斤配五百里本城。亲入外界博买者，不以首从及兴贩非兴贩，一斤徒三年，三斤加一等，四斤配千里，七斤配二千里，并本城，十斤配广南，二十斤绞。以上并许人捕，罪至死者奏裁。"从之。新、旧并同，或可削。33，页10820

【宋哲宗元祐五年（1090）十一月】戊子，二十八日。辅臣晚集议陈安民事。是日早，中书出一奏状，欲差安民诣河北东西、府界沿河，与州县同括民间冒佃河滩地土，使出租。众已签圆，刘挚留状白众曰："此一事大扰，须三二年未可竟，徒为州县、乡耆、河埽因缘之利，数十州百姓有惊骚出钱之患。"吕大防曰："此项年亦曾为之，漕司今以两河岁计不足，须当取此以助其费。"挚曰："括田取租，固未敢言不可，但恐遣使不便。不若下转运司令州县先出榜，令河旁之民凡冒佃河田者，使具数自首，释其罪，据顷亩自令起租，严立限罚。若限满即差官同河埽司检按，重立骚民受贿条法，如此亦须年岁，可见次第。今朝廷专遣使临之，其弊不可胜言。"大防曰："甚好，待别议行遣。"此据刘挚《日记》增入，陈安民当考

746　《续资治通鉴长编》所见法律史料辑录

是何官资,又不知别议后竟如何,当并考。六年四月六日,安民以军器监丞为利州路转运判官,此时或在军器监为丞。35,页10821

续资治通鉴长编卷四百五十一　宋哲宗元祐五年（庚午，1090）

【宋哲宗元祐五年（1090）】十一月己丑,刑部言:"商贾许由海道往外蕃兴贩,并具入船物货名数、所诣去处,申所在州,仍召本土有物力户三人委保不夹带兵器,按苏轼集引《元祐编敕》作:"仍召本土有物力户三人,委保物货内不夹带兵器。"若违禁以堪充造军器物,并不越过所禁地分。州为验实,牒送愿发舶州置簿钞上,仍给公据听行,回日许于合发舶州住舶,公据纳市舶司。即不请公据而擅乘船自海道入界河及往高丽、新罗、登莱州界者,徒二年,五百里编管,往北界者,加二等,配一千里。并许人告捕,给船物半价充赏,原本作"充实",今据苏轼《奏议》改正。其余在船人虽非船物主,并杖八十。即不请公据而未行者,徒一年,邻州编管,赏减擅行之半。保人并减犯人三等。"从之。新、旧并同,或可削。36,页10823

续资治通鉴长编卷四百五十二　宋哲宗元祐五年（庚午，1090）

【宋哲宗元祐五年（1090）十二月】癸巳,三省言:"专切提举措置东南诸路船买盐事所请依元丰条,于卖盐息条内豫桩州三百缗、县二百缗,充捕获私盐赏。"从之。新无。9,页10850

续资治通鉴长编卷四百五十三　宋哲宗元祐五年（庚午，1090）

【宋哲宗元祐五年（1090）十二月】户部言:"抵当财产限十日差官躬亲检视,内产业须验契估定,不得过契钱,并亲见本家尊长、义居者,见应有分人各令供状。若义居愿同共抵当者,仍供非尊长抑勒,如不愿者,令供不侵已分财产。限二十日毕,并置簿拘管。若有折欠,出卖不敷,如本主并保人填纳不足者,勒元检估吏人、牙人均补。如有情弊而检官知情者,准此供抵当。若同财之人不愿,及年二十以下者,听准分法除出己分财产。其因抵当人及蒙昧尊长,或将同分不愿人财产,及妄指他人财产充抵当者,徒二年;未得者,杖一百;官司知情与同罪。若擅将非己分财产充抵当及借请官钱,如检估官吏不令有分人知委,并官司不候检估便行支借,若有少欠,于犯人处追理;不足者,勒检估支借吏人均补。其检估支借官及干系人有情弊者,准此。"从之。新本削去。21,页10865—10866

【宋哲宗元祐五年(1090)十二月】御史中丞苏辙复言:"谢景温、杜纯、杜纮皆韩氏姻家,尧俞、纯礼窃相拟议,欲相继进此三人。臣忝执法,陛下耳目所寄,只可先事献言,若候其事已成,徐加议论,则无及矣。臣今谨开陈三人所为,具在贴黄。伏乞陛下记录臣言,徐察尧俞等所用,若果如臣言,欲乞只作圣意却之,实为稳便。臣受恩深厚,不敢自外,冒死以闻。"贴黄称:"谢景温在熙宁初,谄事王安石,任御史知杂,为安石排击正人,为清议所鄙。及元祐初,韩维执政,擢知开封府。维旧知开封,分两厢治事,景温意欲谄维,复乞分四厢,无益有害,近已为朝廷所废。景温先知瀛州,信事一女巫,及为京尹,与之往来,事之益谨。至以其子弟为府中小史,出入用事,一府侧目。党庇私匿,政事殆废,为言者所劾,即时被黜。及范纯仁用事,又百计欲引景温为刑部尚书,亦为言者所劾而止。"又贴黄称:"杜纯、杜纮二人皆无出身,粗俗之人耳。方韩维用事,欲改先朝断案旧例,并从深坐,刑部、大理法官及一时议者皆以为不可,惟纯与纮素谄事维,尽力赞之。维善其附己,故纯以荫补得为侍御史,朝廷察其奸妄,寻即罢去。旧法,曾任侍御史非责降者,每遇大礼许荫补,内中散大夫以上依见任人,朝议大夫依本官。及纮详定元祐敕,为纯曾任侍御史而官止朝奉郎,即改旧法,于朝议大夫下添'以下'二字,意欲使纯由此得奏荐子弟。去年明堂,纯即坐新条乞奏其子,是时臣权吏部尚书,亲见其奸,即申尚书省改正旧法。按纯、纮皆法官进用,不为不知条贯,至于添改敕文,以济其私,其为欺罔,未见其比。"24,页10868—10869

【宋哲宗元祐五年(1090)十二月】枢密院言:"知泸州张克明奏请,应泸州新投降、招附生界夷人,今后如与汉人相犯,并乞依汉法施行。若是同类相犯,乞比附黔州见行蛮人条制,以五刑立定钱数,量减数目断罚入官。应笞罪三贯，杖罪五贯，徒罪十贯，流罪二十贯，死罪三十贯。如无见钱送纳，即乞以器甲或畜产，并土产物竹木之类估价折纳入官。"从之。29，页10872

【宋哲宗元祐五年（1090）十二月】丁巳，户部言："诸军管当请受曹司军人剩员，诈欺或妄作名目减刻官物，及请给入己者，依主首自盗法。杖罪配邻州，徒、流罪配五百里，追赃不免，罪至死者奏裁。若捕人能获犯人者，依驱磨点检告发隐落失陷官钱法给赏，系私物者减半。诈欺未得，减二等，皆降配。本辖人故纵与同，罪至死者减一等。经历吏人点检败获者，得与未得，各依告捕人赏，三分给一，累给满二百缗者，仍转一资"。从之。新本削去。32，页10873

【宋哲宗元祐五年（1090）十二月】诏刑部点检大理寺差失，每件以三省点检得一件比较施行。《王岩叟墓志》云："有旨，刑部点检大理寺差失。王岩叟言：'刑部之于大理，非若户部之于将作也，大理乃刑部之助尔。今若行点检之法，刑部利赏，大理畏罚，利则不免过求，畏则必多挠曲。以此议法，未见停平，宜且从旧制'。"34，页10873

【宋哲宗元祐五年（1090）十二月】御史中丞苏辙言：

臣窃见大理寺、审刑院旧制，文臣、吏民断罪公案并归中书，武臣、员弁人并归密院，而中书、密院又各分房，逐房断例，轻重各不相知，所断既下，中外但知奉行，无敢拟议。及元丰五年，先帝改定官制，知此情弊，遂指挥凡断狱公案并自大理寺、刑部申尚书省，上中书取旨。自是，断狱轻重比例始得归一，天下称明。自元丰七年十月四日奉圣旨，应缘保甲事，元系枢密院指挥取勘，及保甲司乞特断公案，令大理寺定断，刑部勘当申院。元祐四年六月十八日又奉圣旨，禁军公案内流罪以下，情法不相当而无例拟断，合降特旨者，令刑部申枢密院取旨。今年七月七日又奉圣旨，应系枢密院取旨，下所属体量根究取勘者，候奏案到，令枢密院取旨。十月四日又奉圣旨，应官员犯罪公案，事干边防军政，令刑部定断，申密院取旨。二十九日又奉圣旨，应官员犯罪公案，事干边防军政，文臣令刑部定断，申尚书省，武臣申枢密院。

臣窃详前件五项条贯，不惟断狱不归一处，其间必有罪同断异，令四方疑惑，失先帝元丰五年改法本意，兼事干边防军政，文臣归尚书省，则虽枢密院本职必有所不知；武臣归枢密院，则自节度使充经略、安抚有所废黜，虽三省亦有不得知者。事之不便，莫大于此。臣今欲乞依先帝改法之旧，应断罪公案并归三省，其事干边防军政者，令枢密院同进呈取旨而已。如此则断狱轻重事体归一，而兵政大臣各得其职，方得稳便。辙此奏当是十一月或十二月，今附十二月末。六年二月十日己亥乃从辙奏。十四日，上官均罢御史，论傅尧俞与韩忠彦争辨，辙奏或此也，不知其时，今附十二月末，其从违并当考。十一月五日辙已论此。35，页 10873—10874

【宋哲宗元祐五年（1090）十二月】辙又言：

臣窃见有司近以在京酒户亏失元额，改定宗室外戚之家卖酒禁约，大率从重。谨按嘉祐旧法，亲事官等卖酒四瓶以上，并从违制断遣，刺配五百里外牢城，其余以次定罪，皇亲临时取旨。许人告捉，两瓶以上赏钱，十贯止。及《熙宁法》，每卖一瓶杖八十，一斗加一等，罪止杖一百，许人告捕，一斗赏钱十贯，至百贯止。及元祐四年，所定刑赏与熙宁同，而有告无捕，及今年十一月六日、十二月十八日敕，刑从嘉祐而赏从熙宁，既兼用两重，及并行告捕，仍许入沽贩之家，而取旨之法兼及本位尊长。是以此法一行，人情惊扰。

臣窃惟有司所以立此法者，止为酒户亏额而已。酒户亏额，但户部财利一事耳，今既取前后重法，施于沽贩小人足矣，臣访闻宗室之间，颇有疏远外住之人以窘乏之故，或卖酒自给。今既许人入其家捕捉，小人无知，以捕酒为名，恣行凌辱，无所不至。兼逐位尊长爵齿并崇，多连宗字，而卑幼犯酒不免取旨，若取旨不行，虽取何益？若遂有行遣，窃恐圣意未必欲如此。故臣愚见以为当去尊长取旨之法，仍不许捕捉之人入皇亲宅院。如此施行，颇为酌中。伏乞特降指挥，速行改定。

贴黄："臣所言事干宗室，欲乞圣意裁定，如可施行，更不出臣此章，只作圣旨批降三省。"从违当考，或可削去。36，页 10874—10875

【宋哲宗元祐五年（1090）十二月】是岁，宗室子赐名授官四十四人，断大辟四千二百六十一人。37，页 10876

续资治通鉴长编卷四百五十四　宋哲宗元祐六年（辛未，1091）

【宋哲宗元祐六年（1091）春正月】是日，御史中丞苏辙言：刘挚

《日记》：降此章乃正月七日丁卯。

伏见前年冬温不雪，圣心焦劳，请祷备至。天意不顺，宿麦不蕃。去冬此灾复甚，而加以无冰。二年之间，天气如一，若非政事过差，上干阴阳，理不至此。谨按常燠之罚，载于周书，而无冰之灾，书于春秋。圣人之言，必不徒设。臣谨推原经意而验以时事，惟陛下择之。盖洪范庶征，哲则时燠，豫则常燠，谋则时寒，急则常寒。哲之为言明也，豫之为言舒也，故汉儒释之曰："上德不明，暗昧蔽惑，不能知善恶，无功者受赏，有罪者不杀，百官废礼，失在舒缓。盛夏日长，暑以养物，政既弛缓，故其罚常燠。"周失之舒，秦失之急，故周亡无寒岁，而秦灭无燠年。今连年冬温无冰，可谓常燠矣；刑政弛废，善恶不分，可谓舒缓矣。臣非敢妄诋时政，以惑圣听，请为陛下具数其实。然事在岁月之前者，臣不能尽言，请言其近者。凡有罪不诛者七，无功受赏者四：

陆佃为礼部侍郎，所部有讼，而其兄子宇乃与讼者酒食交通，狱既具而有司当宇无罪。此有罪而不诛者一也。石麟之为开封府推官，与诉讼者私相往来，传达言语，狱上而罢，更为郎官。此有罪而不诛者二也。李伟建言乞回夺大河，朝廷信之，为起大役，费用不赀。今黄河北流如旧，涨水既退，东流淤填，遂成道路。臣屡乞正伟欺罔误国之罪，不蒙采纳，任伟如故。此有罪而不诛者三也。开封府推官王诏故入徒罪，虽蒙德音，法当冲替，而诏仍得守郡，至今经营差遣，迁延不去。此有罪而不诛者四也。知祥符张亚之为官户理索积年租课，至勘决不当偿债之人，估卖欠人田产，及欠人见被枷锢，而田主殴击至死，身死之后，监督其家不为少止。本台按发其罪，而朝廷除亚之真州，欲令以去官免罪。此有罪而不诛者五也。孙述知长垣县，决杀诉灾无罪之人，台官有言，然后罢任。虽行推勘，而纵其抵欺，指望恩赦。此有罪而不诛者六也。秀州倚郭嘉兴县人诉灾，州县昏虐，不时受理，临以鞭朴，使民相惊，自相蹈藉，死者四十余人。虽加按治，而知州章衡反得美职，擢守大郡。此有罪而不诛者七也。

近日差除户部尚书以下十余人，其间人材粗允公议者不过二三人，其他多老病之余及执政所厚善耳。臣与僚佐共议，以为不可胜言，是以置而不论，独取其尤不可者杜常、王子韶二人论之，然皆不蒙施行。夫杜常在熙宁间谄事吕惠卿兄弟，注解惠卿所撰手实文字，分配五常，比之经典，及其所至谬妄，取笑四方。其在都司，希合时忱、任永寿等旨意，施之政事，前后屡为台官所劾。兼其人物凡猥，学术荒谬，而置之太常礼乐之地，命下之日，士人无不掩口窃笑。此无功而受赏者一也。王子韶昔在三司条例司，诂事王安石，创立青苗、助役之法，臣时与之共事，实所亲见。及吕公著为御史中丞，举为台官，公著以言新政罢去，而子韶隐忍不言。先帝觉其奸佞，亲批圣语，指其罪状。自是以来，士人不复比数，但以善事权要子弟，故前后多得美官。今又擢之秘书，指日循例当得侍从，公论所惜，实在于此。此无功而受赏者二也。张淳资才凡下，从第二任知县擢为开封司录，曾未数月，厌其繁剧，求为寺监丞，即得将作，又不数月，令权开封推官，意欲因权即真，迤逦迁上。此无功而受赏者三也。丁恂罢少府簿，经年不得差遣，一为韩维女婿，即时擢为将作监丞。此无功而受赏者四也。其因缘亲旧，驰骛请谒，特从常调，与之堂除，以至除目猥多，待缺久远，孤寒失望，中外嗟怨者，尚不可胜数。

凡上件事，皆刑政不修，纪纲败坏之实也。大率近岁所为，类多如此，譬如天时有春夏而无秋冬，万物虽得生育而不坚成。天之应人，颇以类至。宜指挥大臣，今已行者即加改正，未行者无踵前失，勉强修饰，以答天变。臣伏见去年岁在庚午，世俗所传本非善岁，徒以二圣至仁无私，德及上下，故此凶岁化为有年。然事有过差，犹不免常燠无冰之异。由此观之，天地虽远，得失之应，无一可欺，若更能恐惧修省，戒饬在位相勉为善，则太平之功庶几可致也。臣备位执法，实欲使陛下比隆尧、舜，无缺可指，无灾可救，是以区区献言，不觉烦多，死罪死罪。陆宇无罪、石麟之除郎官，《政目》六月二十一日；麟之衮州、张亚之除真州，《政目》去年十八日；亚之知泗州，今年六月十九日自真州改府推；孙述罢长垣；嘉兴诉灾死者四十余人；张淳权府推，六年十月一日，将作监丞张淳分府推；丁恂除监丞：七事当考。杜常正月二十二日壬午自少常改太仆，此云不蒙施行，然则辙奏此必在二十二日壬午前也，合依刘挚《日记》附正月七日。案："十八日"上原本误脱月分。3，页10878—10881

【宋哲宗元祐六年（1091）春正月】诏五路进士及诸科明法人就试终场，零分不满十人许解一人，仍取文理优长者。以尚书省言通利军等处将终场，十人以下零数添解一人，不应元祐贡举敕，故有是诏。5，页10882

【宋哲宗元祐六年（1091）春正月】殿中侍御史岑象求言："长垣令孙述决无罪被水灾百姓柳闻限内死，有司按治得实，述避罪翻异。请再鞫，无差，即遇赦不原。"从之。9，页10883

【宋哲宗元祐六年（1091）春正月】大理司直窦苹等言："按《元祐大理寺令》，断案若定夺事正、少卿应避者，断议两司自来互送，卿应避

者止免签书,均是有避而立法不一。乞并免签书,更不互送。"从之。25,页10886

【宋哲宗元祐六年(1091)春正月】侍御史孙升言:"臣伏见都水使者吴安持,自肆己意,创立条法,直申都省。从来中书退送工部,见行下诸路勘会有无违碍,未准朝廷颁行,而安持既以己意创立,未听指挥,而乃擅将创立条内一项文移场埽,于县镇用牒往还。不候指挥,于去年三月内行下外监丞司,指挥诸场埽,于所属县只用公牒往还,致是河埽使臣,缘此恣横,无所忌惮。内阳武埽于去年八月二十八日套垫,直至九月八日夜子时方申危急。本埽使过稍草二十六万,并不关申本县,及壕寨杨赟等偷盗官桩橛一百数十条,本场占护贼人,不肯发遣。臣窃以河埽使臣、壕寨自来欺弊作过,偷谩官司物料习以成风,若更不令州县统辖点检,则今后蠹害愈深,何由觉察?臣谨按:吴安持行市易之日,与吕嘉问挟王安石势力创造条法,内则三司不敢正视,外则州县、监司不得点检。内外欺弊积久,遂至大坏,失陷官钱以百万计,害及公私,毒流天下至今未已者,良由吕嘉问、吴安持占蔽,不及内外官司点检所致也。今日朝廷公明,不容小人为奸,而吴安持乃敢辄肆欺罔,创立条法,乱上下统辖之制,使奸猾得自恣纵,而又不候朝旨,公然行下,干纪乱常,罪在不赦。此而不诛,安用执法?伏望圣慈指挥,付有司推治吴安持不候朝旨擅行条法之罪,重行典宪,以惩乱法之吏。"

贴黄称:"祖宗以来,内则台省按察百司,外则州县、监司各相统辖,上下相维,万世不易之法。吴安持既已申请场埽、县镇用牒,紊乱纪纲;而不候朝旨,专辄行下外监丞司施行,则是吴安持自造法令,不由朝廷专擅施行。紊乱国法,罪合诛戮。"又称:"安持、李伟协比为奸,自元祐四年建议回河,经今三年,欺罔蔽惑,枉费财用民力,不可胜计,困弊一方,无毫发之效。朝廷一切不问,依旧存留在任,今又兴二渠之役,名分减涨水,其实犹幸回河。盖马头、锯牙,见今有官收积物料,而梁村口地即目尘生。道路之人皆知欺罔,独朝廷听信不疑。方二圣在上,忠贤一心,大河咫尺灼然,吴安持乃敢欺罔如此。愚臣前后奏论,而狂瞽之言不足以悟圣主,忠愤填臆,死有余责。伏望二圣留神省察,罢黜吴安持,则河事不作,生灵苏息,天下幸甚。"又称:"吴安持建议欺罔,不顾朝廷利害,不恤国家费用,不爱生灵性命,但欲凭借事权,以为奸私。今河上所差官,非权势亲旧,则是本家勾当之人。今略举四人:内苗松年系户部侍郎苗时中之侄,见差收支物料,却以驱磨为名,在京端闲请受;刘守信、尹涣、张资三人，皆是吴安持勾当之人。内张资见欠市易官钱物二千余贯，于法勒任差遣之人，安持违法抽差，本人又欠熟药所官钱八百贯，有朝旨押付，本府本监并不发遣；又与张资正行管勾，安持自出付身，不曾申取朝廷指挥，任情违法不公。乞一就根究施行。"又贴黄："安持既违法徇私，抽差本家勾当人张资，后来又出给付身，令正行管勾，避见点检，违法关报吏部，称是不消申取朝廷指挥。安持肆意不法，乃敢如此。"《元祐章疏》有此，此乃六年正月二十四日所奏也。今依附本月日。升二十二日已除起居郎，此章或当附二十二日前。26，页10886—10888

续资治通鉴长编卷四百五十五　宋哲宗元祐六年（辛未，1091）

【宋哲宗元祐六年（1091）二月】专切提举出卖解盐官孙迥言："请西京、河阳、郑州并管下逐县并非本司所差官卖盐地分，其巡检、县尉等自来所获犯人并送所属州县断赏。窃恐不依条法，请令西京、河阳、郑州并管下逐县断赏有不如法，并依本司见管卖盐州县条例按劾。"从之。17，页10906

【宋哲宗元祐六年（1091）二月】己亥，诏文武官有犯同案，事干边防军政者，令刑部定断，申尚书省，仍三省、枢密院同取旨。从苏辙为御史中丞时所请也。去年十一月五日，又十二月末。18，页10906

【宋哲宗元祐六年（1091）二月】夔州路转运司言："本路军监所产盐，有诏立定分数，应副支还熙河路入中钞凭。缘逐处自来别无见盐依入中先后支还，其商贾常候三五年间方得请盐。伏见熙河入中射请大宁监盐系立限十年，请将三路、熙河路等处入纳钱银粮草，射请本路开达忠万涪州、云安军六处盐钞，并依大宁监年限施行。"从之。25，页10907

【宋哲宗元祐六年（1091）二月】壬寅，江、淮、荆、浙等路发转运司言："请博易籴买纲运斛斗并粜卖人，并许人告捕断罪外，每获不及一石，赏钱三贯，一石五贯，每石加五贯，至五十贯止。"从之。29，页10907

【宋哲宗元祐六年（1091）二月】丙辰，大理寺言："因举官缘坐已经恩者，如罪人不该原减，听减一等；若再会恩，从原减法。罪人该特旨及于法不以赦降原减者，举主自依赦降。"从之。38，页10912

续资治通鉴长编卷四百五十六　宋哲宗元祐六年（辛未，1091）

【宋哲宗元祐六年（1091）三月】丁丑，殿中侍御史岑象求言："王安礼向在青州，纵恣不法。节度推官倪直侯者，助其为恶，掌公使出纳不明，及发露，遂匿其籍，阳为寻访，终不获。秽滥不悛，吏民具知。请下本路体量，果有实状，乞致之法。"诏本路转运司体量以闻。23，页10924

续资治通鉴长编卷四百五十七　宋哲宗元祐六年（辛未，1091）

【宋哲宗元祐六年（1091）夏四月】刑部大理寺言："赦降入马递，日行五百里。事干外界或军机，及非常盗贼文书入急脚递，日行四百里。如无急脚递，其要速并贼盗文书入马递，日行三百里。违不满时者笞五十，一时杖八十，一日杖一百，二日加一等，罪止徒三年。致有废缺事理重者，奏裁。常程文书入步递，日行二百里。违时日者，减马递五等。应雇情及对换传送者，各杖八十。因而盗匿、弃毁、私拆、稽留者，各减正犯人法一等。"从之。18，页10939

【宋哲宗元祐六年（1091）夏四月】刑部言："宰相合得大程官恩例，陈乞换授给使使臣者减二年磨勘，大将即减四年，入流近者减残零年月。"从之。24，页10942

【宋哲宗元祐六年（1091）夏四月】刑部言："诸狱司每旬具禁状申所属点检，提刑司季具已点检流配罪情节刑名申尚书省，刑部仍每季印日历，书所受公事，并见禁断追门留知在随司押出人姓名，季终纳本州监司巡历。所至取索及委本州点检有不应系留及结绝断放违滞，并钞不实及漏

落者，官吏并取勘。"从之。先是，监察御史虞策有请，故著为令。新无。46，页10949

【宋哲宗元祐六年（1091）夏四月】甲寅，吏部言："宗室克宇并冀王下世字女，虽许依例陈乞女县君邑号，无得陈乞儿男恩泽。其已得封者，并准此。其女若父任遥刺以上，例得县君邑号；若身亡引例儿男合得恩泽者，本房无人食禄，只许乞己所生子；如已有人食禄，只许陈乞占射差遣一次。"从之。47，页10949

【宋哲宗元祐六年（1091）夏四月】枢密院言："禁军将校犯罪合降资者，各依名次对降。无缺者，降次名。"从之。49，页10950

续资治通鉴长编卷四百五十八　宋哲宗元祐六年（辛未，1091）

【宋哲宗元祐六年（1091）五月】丙寅，给事中朱光庭言："衡州上王五等强盗案，有情理似可矜悯之言。乞令刑部、大理寺今后断案，若情理可悯，只依元条可悯奏上，不得却入疑似之言。"从之。15，10958

【宋哲宗元祐六年（1091）五月】尚书省言："监临主司受乞投人财物者，许人告，枉法、杖罪赏钱十贯，徒罪二十贯，流罪三十贯。不枉法者减半。杖罪主典勒停，永不收叙。徒罪仍邻州编管。"从之。27，页10960

【宋哲宗元祐六年（1091）五月】大理寺言："断案若定夺事，卿、少卿正应避者，免签书。若俱应避者，牒开封府。"从之。28，页10960—10961

【宋哲宗元祐六年（1091）五月】刑部言："一路等条有不以去官赦降原减条，合行删去。熙宁八年九月，应密院奏请，凤翔府拣中保宁兵士不许投换及改刺别军，如违法，依擅行差遣例，不以去官赦降原减。元丰四年，中书省言，请熙河兰岷路蕃部司公使钱，依额定每年转运司分作两科支拨，除干边事应副支费外，辄支用者并徒二年，不以去官赦降原减。元丰六年五月，诏坐仓收籴请军粮斛不取军人情愿，以违制论，不以赦降去官原减。并合删去。"从之。29，页10961

【宋哲宗元祐六年（1091）五月】是日，断任永寿狱。刘挚叙其事云："永寿此狱淹延一年。永寿晓文法，于事精明，向在吏额房得罪出省，继有讼其私事者，制狱并开封两处勘劾，经恩降外，有冒请食计钱绢八匹，以案问得杖一百。刑部检刺配例，既上都省，刑房问难，谓不问从案问，本寺遂改不作按问，从徒一年。中书疑其前后不同，送刑部，刑部如前断复上中书。三省聚议，以永寿固无足恤者，但前日吏额事，朝廷选委使主裁之，今缘众怨群挤欲杀之意，如前日伪书之事，而朝廷遂重其罪，正快群仇之私耳，有害政体，为面陈其详。永寿从法寺元断，又恐无以平众情，则加以千里编管，余皆末减，经恩者更不降特旨，众议颇以为酌中。永寿尝招权作威福，所裁者皆百司吏史，故取怨如此。闻给事中留之一夕，明日遂行。后六日，丙子，十八日。内降御史安鼎言刑赏，乞改正赵思复回授恩泽与其子，及任永寿徒罪。批云：'宜依所奏。'外封仍印'急速'等字势。寻具奏二事内有合面禀节目，今去垂帘日远，俟二十二日进呈，谨先奏知。右丞苏辙初不欲奏，便要别议，缘永寿十三日已决讫，押行难改，正须索面奏其详。以简白辙，乃签书入。及垂帘日进呈，永寿改作徒刑，依律救折杖法，小杖决余罪十下。"安鼎论赵思复恩泽，今见二十二日庚辰，独不载论任永寿刑名。十八日丙子，有赵君锡论永寿章，乃无施行，今附注此。30，页10961—10962

【宋哲宗元祐六年（1091）五月】吏部言："按《条》：'官员不因罪犯体量离任'，注：谓'举辟不就及对移、就移、避亲、丁忧、罢任之类，别授差遣，各愿补满前任月日者听；所补不及二年，愿再满一任者亦听'。缘自来使臣对移差遣，并合通理前任年月，满替即不取愿与不愿，补满亦不许再满一任。近有使臣在外对移，陈乞依上条补满前任月日外，乞再满一任。而看详条元无对移之文，亦无添入意义，所有对移二字殆为虚文，今欲注文除去。"从之。36，页10963—10964

【宋哲宗元祐六年（1091）五月】御史中丞赵君锡等言："臣伏见近降敕命，任永寿特依大理寺前断，决臀杖二十，千里编管。臣等取会刑部、大理寺元断公案详究，乃是先勘到永寿受任中立赃，系犯仓法流罪编管，该赦外，其报上不实，未奏，减一等断杖一百。都省以开封府见任永寿冒请食料钱等未结案，退送刑部，候案到从一重断罪。相次刑部、大理寺将后案再断，徒一年，并具例数件，皆是编配，上尚书省；兼言永寿情重，合取旨，遂奉特旨施行。臣看详永寿前后赃至七百匹，情可谓重，则特旨谓宜法外施行。今乃舍其重罪，断其轻罪，与有司元请殊不相应，是以中外汹汹，莫晓朝廷之意。盖法者，天下之取平；特旨者，人君之利柄。以法令与罪人之情或不相当，则法轻情重者，特旨重之；法重情轻者，特旨轻之。此乃所以为利柄也。今永寿原其情甚重，而特旨乃轻之，此中外所以不服也。伏乞圣旨不惮收还已行之命，改从合用之法，仍用刑部所上重例刺配，以警戒贪狡之人，亦使四方晓然知朝廷无姑息奸吏之意。"五月十八日奏。此月十日贾易云云，可考。任中立见五年六月末苏辙论吏额疏。永寿用安鼎奏改作徒刑，已附见十日庚午。37，页10964—10965

【宋哲宗元祐六年（1091）五月】丁丑，枢密院言："按《元祐敕》：'急脚马递铺巡辖使臣并本县令佐，每遇到铺点检，月终本州委通判磨勘'。其逐州界首铺历每季互相取索磨勘外，其县界巡辖使臣界首铺历未有互相取索磨勘之文。"诏令于上条添入。新本削去。38，页10965

【宋哲宗元祐六年（1091）五月】三省言："宗室婿授官，合随宗室服纪立止法。"诏："今后因娶宗室女授官人，系祖宗缌麻亲，文臣至朝请大夫，武臣皇城使止。"41，页10968

【宋哲宗元祐六年（1091）五月】丁亥，尚书省言："门下、中书后省详定诸司库务条贯，删成敕令格式，共二百六册，各冠以'元祐'为名。"从之。57，页10972

续资治通鉴长编卷四百五十九　宋哲宗元祐六年（辛未，1091）

【宋哲宗元祐六年（1091）】六月壬辰，疏决在京及开封府界诸县系囚，自杂犯死罪递降一等，至杖释之。先是，四月末，王岩叟移简刘挚，请早疏决。挚答云："即商量。"盖自元祐以来，多四月以前，今岁差迟，诸司系囚殆千人，故岩叟以为言。既逾月，乃有是命。1，页10974

【宋哲宗元祐六年（1091）六月】三省言："颍昌府推勘阳翟县令赵仁恕赃状非一，盛夏株连，系逮甚众，乞免重勘。"诏追两官，罚铜十斤，除名勒停。4，页10976

758 《续资治通鉴长编》所见法律史料辑录

【宋哲宗元祐六年（1091）六月】左谏议大夫郑雍言："臣窃闻颍昌府所勘赵仁恕公事，有旨更不再勘，止约法断放。朝廷虽以盛暑为念，然仁恕之罪不一，若其罪尽轻于自盗官钱、般家雇人，尚恐不可以为后法，况更有自盗赃罚钱、官酒钱等事。疏驳所称未见盗赃多少，容有至于重罪，岂可不令勘见罪名？若以夏月淹系为言，则如在京及外处见禁罪人不可胜数，岂独仁恕一狱可约法断放之乎？此例一开，所害不细。伏望圣鉴特赐省察，只依韩维奏请，朝廷选差官就颍昌府责立近限勘奏，明正国典。"贴黄："前来颍昌府所勘未曾结正，后来推勘院虽已勘结，又经疏驳。今若更止约法断遣，则仁恕之罪终是不正。它日仁恕重罪固已泯灭，只今来所坐，安知不为辩诉之因？伏乞更赐详酌。"又贴黄："暑月淹系，诚宜疏涤，所有推勘可决者决之，恐不可将未明罪状独约法断放施行。"又贴黄："所有推勘院官，如将来再勘到赵仁恕显有故出情状，乞赐重行黜责，以警观望欺谩之吏。"十六日，彦若乞祠。二十四日，仁恕编管。二十八日，彦若罢。5，页10976—10977

【宋哲宗元祐六年（1091）六月】右正言姚勔奏："臣伏见今月初四日降圣旨指挥，依大理寺约情断赵仁恕事，此盖圣恩以盛夏之月念及干连禁系之人，早令断放，诚见陛下矜怜庶狱之意。然臣窃闻颍昌府元勘赵仁恕赃污不法共十余事，并不曾招伏。今来大理寺止取一事约情，便行勘罪，未协至公。若朝廷开此事以为弊端，则将来势家犯法得以希例，甚伤公议。如此，则昨来录问官疏驳无所是非，而勘官亦不加罪，臣恐朝廷典刑轻重平法驭民之意，无以示天下。近闻韩维奏称，赵仁恕妻见患，乞早赐差无观望之人就本处推勘，兼安鼎亦奏乞从朝廷差官就勘。臣伏望圣慈依韩维、安鼎所奏，差官就颍昌府推勘施行，所贵用刑当罪，以徇公议。所有初四日约情指挥，乞赐寝罢。"贴黄："赵仁恕是翰林学士彦若之子，亲连大臣，今约情定罪，不更根勘，臣恐远近观听，人心不服。乞赐详酌，令依公推勘施行。"又贴黄："今来虽是盛夏之月，里外罪人似此未结正者不少，岂可诸罪不究，而止以一事约情断罪放？兼本人既无录问，未圆，如将来别有翻论，则朝廷又须诏狱，于国家公道何所取信？伏乞早赐指挥。"

又言："臣伏见颍昌府所勘赵仁恕公事，已见情理，欲结正之次，只因仁恕父彦若奏论，称本路监司挟情捃拾，意谓其子无赃污等事，以为枉陷非辜。朝廷从此下别路差官推勘，其勘官孟易因而观望风旨，将前勘大情出入，以致录问官疏驳。自始降朝旨差官，以致再勘，凡经十余月不能了绝，但只淹延时日，一行干证人久在囚系，皆缘彦若奏陈所致。今来勘案内赵仁恕委有赃盗不法等事，显是彦若专欲以私意苟免其子，无忠正之心，为国家动摇吏议，罔冒上聪，使监司沮发摘之劲，勘官起观望之意，稽留狱禁，冀逭典刑。臣备位言司，不敢缄默。谨按翰林学士赵彦若身为从官，亲侍经幄，可谓天子近臣矣。其子敢为不法，干犯国典，盖彦若素乖义训，以负陛下厚恩，自合引咎杜门，惶怖待罪，而乃公然论奏，移过监司。且犯罪丽刑，邦有常宪，假使勘院屈抑，迨其结正，自许翻论，岂得规免狱成，侥求别鞫？若下民皆许如此，则讼岂不烦？如使贵者独然，则何以示天下？今以彦若一言之诉，遂至十余月勘不圆，太平公朝而彦若侵乱邦法，合行黜责。臣窃尝闻仁宗朝翰林学士张瑰与范镇同判流内铨，瑰有子因锁厅补考，当用审状移县令，而镇令用例以随身历子为证。是时，瑰虽不与，然知而弗止。辅臣皆曰：'瑰应罚金，勿劾。'仁宗曰：'不可。'瑰私其子，不顾铨法，特夺一官，降知亳州。且镇失取会状，瑰诚不与，尚且夺官，责小郡，盖罪其怀情弗举，以幸其子也。今彦若挟私罔上，其罪当黜，非瑰之比。伏乞圣断，重行责降，以厌舆论。"

又言："臣近曾上言，乞责降赵彦若，未蒙施行。臣窃以法者，天下之公共，非一人法也。法尊则朝廷尊，朝廷尊则群下服，故人臣不可以不敬法，人臣而不敬法者必诛，此百王不易之典也。今监司按吏，是职也。吏恶而监司不举，罪重而勘官不究，则于朝廷之法何谓哉？监司、勘官者，皆有朝廷之法在焉，于彦若之子何有哉？而彦若敢夺其成，而请移之，敢以声势动摇其狱，而使出没之。如彦若者，其不敬朝廷之法可谓甚矣！彦若一移其狱，纷纷至于半年不了，天下狱事盖当如此者乎？推勘官出没其情，则无所加罪，录问官疏驳其失，则无所是非。由彦若故屈天下法，彦若之罪岂小也哉！今诬人以不实者返本罪，告上以不实者从徒坐。而彦若诬监司挟情捃拾，欺罔圣聪，谓枉陷非辜，彦若犹可以齿于人哉？彦若者，不敬朝廷之法，不顾人臣之义，但知爱子，而不知爱君。今不重惩，臣恐它日将有仿此者，浸不可止，陛下何以持至公之法，而驭天下？伏乞圣断，重行责降，以戒后来。"姚勔四奏：其一，六月五日；其二，无月日；其三，六月十二日；其四，十六日。6，页10977—10979

【宋哲宗元祐六年（1091）六月】监察御史安鼎言："臣伏睹敕命节文，赵仁恕特不重勘，除名勒停者。窃以仁恕创造狱具木蒸饼、木驴、木挟、木架子、石匣、铁裹长枷，及暗添杖数决人，杀伤人命不少，又自盗官钱等罪，虽投窜遐荒，未足塞其责。伏蒙圣慈以人众时暑，哀矜平民因系之苦，特令约法断遣。此二圣至仁盛德，臣不胜庆幸。虽然刑名未尽其罪，臣更不敢论列。所有仁恕父现任翰林学士彦若，当仁恕就狱之初，曾奏朝廷：'恐钟浚挟情捃拾臣男为王安礼报怨，臣男即今第三任，有举主，无过犯，乞下别路差官勘鞫。'朝廷因此令淮南路差官推治，得仁恕赃污酷虐之状是实，已论报讫。其赵彦若有诬告钟浚及奏书不实之罪，未见朝廷依法施行。谨按彦若身为从官，朝廷倚以表民厉俗者也，厥子犯法，不自克责，而迁怒尤人，欺惑君上，略无耻辱之意。昔者石奋治家，子孙有失，辄对案不食，其子因谢请改过，乃许之。孟仁监鱼池，以鲊馈母，其母还之，曰：'汝不避嫌邪？'为人父母，戒饬子孙固当如是。彦若不务出此，而覆恶饰非，助为不善，以至共抵宪网，皆自取之也。宜付吏议，以肃朝纲。"六月八日。

又言："臣近上章，乞依法施行赵彦若诬告钟浚及书奏不实事。窃闻已降朝旨放罪，士论沸腾，未以为允。臣职在言路，理难循嘿。伏以昔尧、舜之用刑，曰'宥过无大，刑故无小。'言迷误过失，则虽大必宥；故犯无忌，则虽小必刑也。孔子亦曰'赦小过'。今彦若自蔽其子贪暴之恶，而诬奏监司，云'挟情捃拾，为人报怨'，遂致朝廷特起一狱，增延三百余日，捕逮囚系，宁无冤烦？是皆彦若一言之所致也。原其情则非误，论其过则非小，当刑也而复宥之，不应径律。借如因移推得仁恕事状，果如彦若所言，其举发监司与前勘官吏，朝廷能置而不问耶？臣知其必不能矣。于彼不能容，而此独释之，似非公朝之所为也。故臣以谓苟贷彦若则有四失，请极言之：一者，启近臣诈妄之论也；二者，沮监司嫉恶之失也；三者，世家骄横子弟无所累其心也；四者，示朝廷用法不平，急疏贱而缓贵近也。彦若一徼幸，而四失从之，其利害孰多焉！伏望陛下暂割优礼之情，特为天下行法，纠虔不肃，警戒未然，所谓惩一劝百，刑期于无刑者也。臣不胜愚直之至。"六月十四日。安鼎四奏：其一，六月八日；其二，六月十四日；其三，六月十七日；其四，六月二十三日。7，页10979—10981

【宋哲宗元祐六年（1091）六月】 监察御史虞策言："臣伏见京西提刑钟浚昨按发许州阳翟县令赵仁恕酷虐贪赃，犯状甚明。仁恕父彦若身居侍从，其子凭借，恣横犯法，而彦若乃更缘饰奸言，公肆欺罔，邪指论钟浚为王安礼报怨，欲以惑听乱法。今朝廷以干连人众，适当大暑，更不重勘，约法断遣，而仁恕犹得除名。赦下之日，公议甚喧，莫不喜朝廷愍恻干连人大暑系狱，特行断遣；莫不忿彦若前言欺罔朝廷，归罪监司，欲示人以形势，动摇狱情，罪不可赦。其翰林学士赵彦若，伏望睿断，特赐黜又言:"臣伏谓朝廷方患诸路监司宽弛,不能奉法,以肃所部。今来京西监司按发仁恕在任酷虐赃污等事,乃其本职,当为朝廷行法,为百姓除害。而彦若辄忿怒上书,肆其巧言,欺罔朝廷,欲中伤监司,称是'挟情捃拾,为人报怨'。使彦若之言是,则监司之罪将安所逃?今仁恕已除名,彦若之言岂可独释而不问也?其赵彦若显有上书不实等罪,伏望圣断,特行黜责,乃协天下公议。臣以言为职事,有当言,不敢循嘿。"虞策四奏:其一,六月八日;其二,六月十四日;其三,六月十七日;其四,六月二十五日。8,页10981—10982

【宋哲宗元祐六年(1091)六月】癸巳,诏:"因亲属殁于王事补授名目人,并须存恤亡殁人孤遗,毋令失所。若情义有亏,听所在陈诉,官司验实,闻奏取旨。"9,页10982

【宋哲宗元祐六年(1091)六月】甲午,尚书省言:"开封府推官杨景谟状,准府牒诣诸县决遣不合该赦原者。按开封府推官张商英先因奏请被旨,徒以下罪状分明,不该编配及奏谳者,虽小节不圆,并许专决。自今疏决,并乞依此。"从之。11,页10982

【宋哲宗元祐六年(1091)六月】庚子,枢密院言:"元丰七年中书省条,堂除知州军三年为任,武臣依此。元祐元年指挥,以成资为任,武臣未曾立法。"诏:"武臣任六等,差遣川、广成资,余并三十个月为任。"初,韩忠彦等建请,太皇太后曰:"只为员多缺少。"忠彦曰:"使臣有待缺三四年者。"王岩叟曰:"如此,不惟与文臣均一,兼争得半年差注稍疾,且轮转得行。"故有是诏。20,页10987

【宋哲宗元祐六年(1091)六月】诏:"方盛暑,虑刑狱系囚,除在京府界诸县已降疏决,其诸路令监司除所住州府及邻近州躬行分诣外,其余州军即选官催促结绝,事理轻者先次断放。"22,页10987

【宋哲宗元祐六年(1091)六月】诏:"诸路州县自今非法令所听,即不得以官物赊贷及抑配,亦不得以财产抵当请出。令监司钤束,如违,并监司不切觉察,并取旨重断。"23,页10987—10988

【宋哲宗元祐六年（1091）六月】壬寅，给事中范祖禹言："左谏议大夫郑雍奏：'贡举条，程文经义每道不得过五百字，策不得过七百字，如过二分，虽合格并降一等。今辞理优长者往往过数，欲用旧制，自发解至御试文，并不以过数为限，广收闳博之儒，以副设科之意，令礼部详定闻奏。'窃谓对策字数不当立限，众所共知，理无可疑，不必更令礼部详定，乞并用旧制。"诏今后对策过二分，更不降等，已上并依《旧录》惟经义犹依前降指挥。祖禹又封还，以为不可。此据《祖禹家传》，不从给事中朱光庭再封还，亦不从《政目》。七月四日，给事中朱光庭缴科场不限字数文字，今附此。七年四月二日，乃从臣僚不限字数。24，页10988

【宋哲宗元祐六年（1091）六月】乙巳，右正言姚勔言："臣近三次上言，乞责降赵彦若，未蒙施行。臣窃惟陛下圣意，以彦若侍从经筵之臣，不欲遽加黜责。虽然，朝廷典刑不可不振，祖宗法制不可不行。臣昨曾以仁宗朝责降张瑰事闻于陛下，当时为翰林学士，止坐子违铨法，知而不举，尚夺官责知小郡。仁宗天性至仁，盖不肯以瑰废天下公议，此事载在《宝训》，垂式万世。伏望陛下上稽先烈，下察臣言，无以区区一彦若而屈朝廷公论。今赵仁恕虐毒赃污，无罪杀人，众恶发闻，狱已情得，只因彦若诬罔奏论，而牢禁一移，奸弊百出，直至半年有余，而仁恕之罪十脱其九。勘官如此，亦无是非，皆由彦若诬罔奏陈所致，安可不责？虽陛下欲赦之，如天下何？彦若心昵恶子，依倚形势，以紊朝廷公法，罪当重黜。伏乞圣断，早赐施行。"32，页10989—10990

【宋哲宗元祐六年（1091）六月】侍御史贾易言："臣闻赏善罚恶，帝王之操柄，天下所赖以治也。惟大公无私，故能服人心，信天下，有如高下重轻，一失其平，则人主威令有所不得行，积而不已，至于失天下之心，是以明君敬畏而不敢忽也。伏见阳翟县令赵仁恕贪赃暴虐，近世未有，既倚其父为侍从要官，又托执政大臣贪缘姻娅，肆行不法，贼杀无辜，自盗官物，赃满数百贯，强娶部民女使，并夺财货。语其贪则甚于寇贼，论其虐则酷如猛虎，使一邑良民嗷然受毒，几不聊生。本路监司依公按发，有司勘鞫罪状明白。其父彦若身为近臣，素无教子之义，知其所犯在于极典，乃为苟免之计，巧饰市井无耻之言，欺惑朝廷，指提刑钟浚为与王安礼报仇。传之中外，人皆嗤鄙愤疾，怪其敢为诞谩，不顾义理，如此之甚也。既而上下徇情，行其诬奏，不待本州结绝，更令隔路差官别推，世俗之情动怀观望，故出脱仁恕自盗死罪、杀人重辟。录问官驳其案节，台谏论其罪恶，未闻有所施行，遽罢移勘指挥，直使凭空约法，止于勒停而已。变乱法令，欺诬上下，有加于此者乎？案仁恕惨毒污浊，禀受特异，凭借势要，轻侮朝廷，法外峻刑，公行黩货，实与犬狼同其质性。彦若备数从官，获侍帷幄，有子如此，不思戒敕，至使播弃官刑，灭绝人理，而彦若偃然略无惭惧之心，恣为谖诈之恶，谓天为可欺，上为可慢。且欺天，不道也；慢上，不臣也。议罪定刑，在所不赦。若仁恕不抵严科，彦若不行远窜，臣恐人主威柄移于下，天下之人亦无所取信，其为祸患，岂可一一而数哉！故曰刑罚象天之震曜，言非臣不得而干也。今以一近臣之子，而乱天下之法，何以厌息奸臣之横议，宣扬二圣大公无私之盛德耶？"贴黄："仁恕非法造作铁枷、石匣、木蒸饼之类，皆今昔未有。怙威肆虐，如古跋扈之臣；赃污夺攘，剧于劫盗。前后统属监司畏其气势，莫敢指议，养成其恶，涂炭生灵。今来提刑钟浚果遭彦若诬奏，未克自明。臣恐此风浸长，奸究不法之人无复顾忌，实乱天下之道也。"又贴黄："仁恕非法行杖数，决杀平人郭德，今勘却仁恕不知；自盗官钱就筵会支散乐人弟子，今勘却作卖酒支破；在任买卖剩利赃，今勘却作仁恕不知，令本妻一面承认。兼风闻推勘院放令入禁干照人往阳翟县以根检文字为名，传送狱情，令诸色符同供答，有至三五次往来本县者。遂将仁恕入己赃钱，作先在人吏私家收掌，逐家亦便承认。以此观之，小人望风附会，公然出入重罪，不畏朝廷典刑，专务希合权贵。臣欲乞直付御史台根治，或自朝廷选差强明官一员，前去许州置司勘鞫，庶尽情实，以示天下至公无私之政。"又贴黄："彦若以学问备从官之列，实论思启沃之地，侍帷幄之严，乃讲读师儒之任，而内无教子之方，外失事君之义。观其所发，凡鄙暗狠，市井所不为，岂可更容尘厕清班，终何补于圣治邪？伏望睿慈深鉴驭臣之柄，察其有不可赦之恶，出于独断，黜之散地，以风动四方，天下幸甚！"

又言："祖宗以来，命官犯赃罪不以轻重，皆有特旨。如仁恕所犯，自当极典。乃更从轻，是必出于曲相隐庇之情，何其弃公议，而贵私恩如此其至也！伏乞圣慈深赐辨察。"贾易二奏：其一，六月十七日；其二，六月二十六日。35，页10991—10993

续资治通鉴长编卷四百六十　宋哲宗元祐六年（辛未，1091）

【宋哲宗元祐六年（1091）六月】尚书省言："诸司提点刑狱每半年

具贼盗火数，欲上半年于秋季内，下半年于次年春季内奏闻。违限不奏者，杖一百。"从之。新无。37，页10995

【宋哲宗元祐六年（1091）六月】三省言："沿边州军得替官员，将俸余职田钱愿就本处入纳，赴京请领者，不得入过所请之半，委本州契勘的实，一半合剩钱数入纳，附朝廷封桩帐外附讫，方得书填合用公据，给付牒在京榷货务以末盐钱支还。仍限当日申提刑司，季终榷货务、提刑司各依条具帐，逐一开坐申。其非俸余职田钱，及受请嘱而诈冒入纳，若请嘱之人，并杖一百。许人告，以所诈入钱充赏钱。"从之。新本削去。45，页11002

【宋哲宗元祐六年（1091）六月】辛亥，户部言："今后新城诸门透漏私锡入门，货卖百斤以上，依出产地分巡捕官司不觉察私置炉烹炼法，百斤，展一年磨勘，选人殿半年参选；二百斤，展二年磨勘，选人殿一年参选。"从之。新无。47，页11002—11003

【宋哲宗元祐六年（1091）六月】诏除名人赵仁恕特送陈州编管，以言者论其刑名未当罪也。初四日约法，十六日彦若乞祠，二十八日罢侍读。49，页11003

【宋哲宗元祐六年（1091）六月】乙卯，吏部言："犯私罪徒或奸赃，及失入死罪，磨勘改官后事发，并申改正。余犯准幕职州县官所展考任法，展年磨勘，情重者奏裁；犯罪改官后来事发，而于法合改正，已经转官者免改正。其私罪徒及奸赃，更不在磨勘之限。失入死罪展年磨勘，情重者奏裁。"从之。56，页11004

【宋哲宗元祐六年（1091）六月】殿中侍御史杨畏言："臣访闻近者知颍昌府阳翟县赵仁恕犯法，本路提点刑狱钟浚发其事，仁恕之父翰林学士彦若论浚不公，以谓浚为前政政王安礼报怨，乞移邻路取勘。及差宿州符离知县孟易勘到仁恕情罪，录问孟正民疏驳易作勘情节，与元勘不同。朝廷重于移狱，更不重勘，止依大理寺约定刑名，仁恕追两官，除名勒停，彦若放罪者。臣近到台访问，谏官御史累具论列，窃谓朝廷必有施行，今涉日稍久，未闻睿断。勘会仁恕宰执之亲，近臣之子，受赃杀人，敢行不忌，铁枷、石匣、木驴、蒸饼、擦皮取血之类，近世酷吏所不敢为，前后强雇部民女使不少，又有因缘自缢之人，及不觉察妻阿庞买物亏价，一切违法罪犯品目不可胜数。大理寺止约赦前供己雇人搬家属钱五贯八百五十五文足重罪外，其大约职田筵会供己生日支散之类，正入己赃约计三十贯有零，未尝并计。朝廷止依大理寺约法，追仁恕两官，除名勒停。议者虽识朝廷仁义，以大暑重于移狱，而窃谓所以治仁恕者犹未当罪。盖以圣朝平时爱民之意，有一情理贪暴如仁恕之罪，必须特旨施行。今仁恕罪大恶极如此，而朝廷止令取重罪约法，有司乃观望灭裂，遂止取此一项，余皆以为罪轻，或情节未圆，一切略而不问，朝廷从而行之，臣实未知所谓也。且朝廷务出宽恩，而囚辞未服，时移事久，证左不备，仁恕出而自陈，则是适足为仁恕启异时欺诞之路。臣初传闻彦若自诉之语，谓其父子天性之爱，亦足可悯。又考仁恕残虐贪暴，付吏按治又皆有实，而彦若不能引义自克，肆情罔上，然后以为治仁恕之罪不可以不尽，而所以罪彦若亦不可以已也。窃虑朝廷重于冒暑移狱，害及平人，勘敕已下，赵仁恕恐已归在京师。欲乞勾赴御史台，据案引问仁恕。若服，则据罪论刑；如或不服，审有可疑，即乞朝廷别差朝臣一名诣颍昌府推治。要之必使仁恕服罪，不使他日可以幸免而后已。其彦若素寡识虑，自干典刑，犹居从官，出入劝讲，甚非所以塞公议。伏乞先赐罢黜，以戒有位。"贴黄："勘会二罪以上俱发，以重者论，惟犯赃法当并计。今仁恕自盗搬家属钱外，自有正入己赃不少，一皆不治，则残忍赃吏何幸？而朝廷恕之何深？伏望圣慈特赐睿照。"六月二十五日，畏奏此。63，页11007—11008

【宋哲宗元祐六年（1091）六月】侍御史贾易言："臣闻公义胜则天下治，公义废则天下乱。非独人事，实天道也。窃惟仁圣之君垂拱于上，忠良之臣丞弼于下，至诚求治，恻怛爱民之意，虽格于天地，交于鬼神可也。奈何蔽于小不忍之言，而乱天下之法？正使罚不惩恶，而人皆轻犯，夫岂治天下之道乎？以赵仁恕之贪虐残贼，彦若之诞谩欺罔，台谏论列，罪恶着明，终缘私恩，尚抑公议，人神共愤，物论沸腾。臣请究陈其事，觊回天听，特正典刑。按仁恕闟冗下流，而敢慢侮国威，肆为不法，蔑绝人理，贼杀无辜，则以平人巩辛勘作贼徒，令座木蒸饼，仍加吊絣，惨毒备至，死而复生，终致脊骨曲跌，脚纽筋急，永为残疾；又暗加杖数，决杀王宗、郭德；每遇决遣罪人，更用瓦片擦其疮，出血数升而后已。残酷之状，不可胜计，闻者为之痛心疾首。其攘窃赃污，则侵盗赃赐、赏罚铜诸色官钱，凡数百贯，事发之后，令其妻、男烧毁草历。又强取民家女使数十人；贱买红罗数十匹，却将贵价出卖；强勒等第人户出钱二百余贯，买书箱收在后厅；用赃罚银打大酒升行用，致大量过官酒，计亏官钱二千余贯。自余公取自盗之赃，莫知其数。监司略按，发本州结证，所招情罪十未二三。其父彦若明知所犯罪在极典，不自引咎，乃复侥幸苟免，顿忘君父之尊，有不欺之大义，而巧饰诈辞，诬奏提刑钟浚，以为非理捃拾。仁恕盖其不肖之心有所凭借，故无忌惮如此。亦既差官别勘，使干连数百人，横道追扰，禁系经年，愁叹嗟呼，颇伤和气，实彦若为之。臣尝论其不可赦之恶，乞行推鞫，究其实犯，然后议罪定刑，以示天下大公无私之政。如闻仁恕止令陈州编管，乃更便于仁恕，曾何损哉？彦若依前放罪，事出无名，中外喧传，益叹不平之甚也。且如仁恕所犯，非死不足以谢无辜被害之人，设以圣朝宽恩贷其残喘，犹当配流岭表，以戒不法小人。彦若则黜于散地，使自省循，庶乎上下肃然，莫敢不情以事君父。是谓罚当罪，则奸邪止，亦所以信于天下也，臣独不知陛下何疑而不行？意者必有挟奸言为彦若之地者，独以为一眚，谓不足掩其所长。如臣考于士论，则谓彦若腐儒，素无他长，徒以区区记诵之学冒切清显，用过其实，曾何小补？顾有违经贼义，罔上不忠之大恶，尚可忍哉？是乃底里皆露，洞见肺肝，复何忠信仁义之有？又况刑赏之设，在乎劝沮善恶，帝王所以治天下之法，故虽长孙无忌勋戚兼重，而不使阿容挠法。矧如彦若，硁硁鄙夫，顾可屈挠治朝之正典，而累陛下无私之德乎？伏望圣慈深鉴古今治乱之原，谨守祖宗太平之法，赫然独断，以畅公议。"贴黄："彦若阘谬乖剌如此，亏损圣朝宠任之明已甚，加有欺天犯义之大恶，虽覆载并容，未行显戮，庸可久污论思清切之地乎？使彦若血气心知不异于人，顾何施面目入侍帷幄，出入禁涂？又况口谈先王仁义之言，而躬行市井谖诈之行，诚恐鬼神亦得而诛之也。今若黜于散地，聊示薄责，是乃睿慈保全之也。"又贴黄："仁恕所犯极典，今既灭裂不加考究，必开异日辨诉，以为冤抑。又推勘官孟易观望事势，出入人罪，公然市狱为奸，亦宜显罚。然则再行推鞫之请，未可废也。如或以为干连人众，追呼骚扰，则明降指挥所差官，除阳翟县人吏与仁恕同情作过，及后来传道狱情、改变事节之人外，其余百姓等更不得勾追。如合取问照证，只令就州县供状，封送勘院施行。"六年六月二十六日。64，页11008—11010

【宋哲宗元祐六年（1091）六月】是日，诏翰林学士兼侍读赵彦若罢兼侍读，用台谏官之言也。十六日，乞辞不允。十月四日、十二日，降黜。《实录》云："诏翰林学士赵彦若罢兼侍读，以言者论彦若蔽子之恶，诬人罔上，故有是命。"今悉取言者，依月附见于前。刘挚《日记》载彦若罢侍读事尤详，今附注此。挚云："彦若有长子仁恕为许之阳翟令，贪虐不法有状，提刑钟浚按发之，势甚暴。彦若上书言：'臣往为谏官，尝劾王安礼，浚实安礼党，恐挟此报怨，狱有不平，愿移狱改推。'内批：'依奏。'遂于邻路淮南差官，止于许州制勘。狱成，录问官驳以为失重罪法，当再勘。自去年十月始制狱，于是已半年余矣。知许州韩维奏曰：'此狱连逮三百数十人，今前勘可断者已决四十二人，余人尚多。方此盛暑，若依朝旨移于亳州置狱，即地远冒暑，淹系可矜。仁恕之妻已病危笃，士人家尚尔，细民可知。愿止就本州别推。'吕大防与二三公议曰：'仁恕案内自盗赃，无所驳，止可约此重断足矣。'召法寺、刑部约法于都省，时六月三日也。明日，将上仁恕赃，至追两官，除名勒停，更不再勘。敕下，言者交章。或谓仁恕断轻，失其大罪；或谓前勘未经伏辨，异时可诉，须当再推；或谓如不欲再兴狱，而押仁恕赴台，取一审状。其意大抵以挚与彦若婚姻家，事在嫌疑，故力论不已。又皆通诋彦若为前不合妄乞移狱，是上书不实，又云谓浚报仇是诬告，乞重行责。挚闻诸公于上前说彦若以从官诚不宜辄上言，子有罪，听官司治之可也。然彦若父子之情迫切，而言止乞移推尔，谓为不实、诬告，非也。言者既不止，遂增仁恕以陈州编管。彦若三不允，而请宫观不已，至是乃有此命。言者惟贾易、杨畏、安鼎，皆言仁恕恃亲党作过，意谓挚也。此事挚首曾面奏，以亲嫌恐招言者指，且文字不敢与闻，故终始不知其议，每奏及此，先下殿。"七月四日并十二日，挚又云，各附注本月日。65，页11010—11011

续资治通鉴长编卷四百六十一　宋哲宗元祐六年（辛未，1091）

【宋哲宗元祐六年（1091）秋七月】壬戌，工部言："监司及当职官员、吏人，并州县在任官员或吏人、公人，各不得承买官估卖之物及请佃承买官田宅，违者徒二年。即本州县吏人、公人，非当职及管而请佃承买官田宅者，各杖一百。吏人、公人仍许人告，估田宅物价三分中给一分充赏。其请佃及买而未得者，各减三等。"从之。新无。6，页11019

【宋哲宗元祐六年（1091）秋七月】甲子，户部奏："立役人差出五百里外借食钱法，违戾者令提刑司检察。"从之。《旧录》特详，今从《新录》。10，页11021

【宋哲宗元祐六年（1091）秋七月】尚书省言："将铜钱出中国界者，三路及余路，立徒流、编配、首从等法，及许人捕捉告赏钱，及知情停藏与官司不觉察之罪。即蕃人有犯，除河北路外，并奏裁。"从之。《旧录》特详，今从《新录》。17，页11024

【宋哲宗元祐六年（1091）秋七月】乙丑，复制置解盐使。三省言：

"陕西制置解盐司旧专设官总领，后来方令转运使一员兼管，致职务不专，有害钞法。乞依旧差官充制置解盐使，更不令转运使副兼领。"从之。18，页11024

【宋哲宗元祐六年（1091）秋七月】给事中范祖禹封还录黄曰："伏见仁宗庆历中，范宗杰为制置解盐使，行禁榷法，公私大受其弊，于是范祥请变法。至八年，乃以祥为陕西提点刑狱兼制置解盐事，尽革宗杰之弊，课入亦增。祥初建议，当时论者争以为非，而韩琦、包拯等皆以祥法为便，请久任祥，以专其事。乃擢祥为陕西转运使。及李参代祥，官课遂损。嘉祐中，张方平、包拯请复用祥。祥之盐法，至今称之。及祥卒，薛向继其后。祥与向皆号为能言利丰财之人，然皆以提转兼领。由此观之，盐事修举在于得人，不在置使也。设官置吏，别为一司，权轻则不足以动州县，权重则是又增一监司，州县承禀无不烦扰。又提转之外，别置使者，以主财利，无不好相侵夺，各求自便，此人情之常也。若每事专设官，则转运使遂无用，尚何以主钱谷为职哉？古者利不百，不变常。朝廷方欲省官惜费，苟无大利害，则不若且如其旧。臣窃谓作事谋始，所宜谨重，故未敢行。"祖禹缴奏，《政目》在七月二十二日，今附此。八月二十二日乃复置。不从。18，页11024—11025

【宋哲宗元祐六年（1091）秋七月】戊辰，刑部请广南恩、端、潮等州县濒海船户每二十户为甲，选有家业、行止众所推服者二人充大小甲头，县置籍，录姓名、年甲并船橹棹数。其不入籍并橹棹过数，及将堪以害人之物，并载外人在船，同甲人及甲头知而不纠，与同罪。如犯强盗，视犯人所犯轻重断罪有差，及立告赏没官法。从之。20，页11025

【宋哲宗元祐六年（1091）秋七月】三省言："诸州衙前旧行募法日，除依优重支酬外，未有差使者，并月给食钱。昨降指挥，以旧日所支雇食钱量添入重难分数，即今来招募到衙前空闲月分，既无旧日所支钱数，窃恐遂致缺乏。"诏令户部下逐路转运、提刑司，随州县土俗于所用支酬额钱内，参酌立定优重分数及月给钱。其钱不得过旧募法所支数。22，页11026

【宋哲宗元祐六年（1091）秋七月】措置湖北边事司言："沅州最处极边，戍兵不习水土，例多死亡，乞以辰州雄略第十五、二十五两指挥兵员更戍，免戍他路。仍于本州添置有马雄略第八指挥，以四百人为额，候

招配人及五分，奏乞支马。仍今后马军犯罪该配者，并免特刺，充沅州雄略马军，不许差出。"从之。26，页11027

续资治通鉴长编卷四百六十二　宋哲宗元祐六年（辛未，1091）

【宋哲宗元祐六年（1091）】七月庚午，三省、枢密院言："通判沅州贺玮奏请，本州蛮汉杂居，相犯则汉人独被真刑，而归明人止从罚赎，实于人情未便。乞将沅州、诚州蛮汉人相犯，立定年限，从法律断罪。下本路转运、提刑、钤辖司，相度到沅州归明人，除附近城寨处及与汉人杂居处，若有相犯，或自相侵，合依律令敕外，有渠阳寨归明人并去城寨至远蛮人，依沅州一州敕，除强盗杀人、放火、诱略人以上罪，并其余罪犯情理凶恶者，送本州按治，余并令本县寨斟酌罚赎，仍改凶恶作深重字。其去城寨至远并渠阳寨归明蛮人，更候二三年取旨。"从之。29，页11031

【宋哲宗元祐六年（1091）七月】监察御史安鼎言："乞宗室小功以下亲，并不回避，遇有公事，依申牒同职官条施行。"诏吏部立法以闻。34，页11037

【宋哲宗元祐六年（1091）七月】御史中丞赵君锡言：
伏睹《元祐编敕》文，诸常平钱斛，州县遇价贱量添钱籴，价贵量减钱粜，仍申知提刑司。又条诸州县长吏及监籴官任内，如能用心，及时收籴，据用过钱本等第酬奖。臣窃惟元祐初年，惩散敛常平钱斛之弊，专用籴粜为常平法。然自更制之后，州县官吏风靡宽缓，政事苟且，虽有上条，止同虚文，民间每遇丰稔，不免为豪宗大姓乘时射利，贱价收蓄，一有水旱，则物价腾踊，流亡饿殍，不可胜计。而官司谨守，多熟视诏条，恬不奉行。故自二圣临御，虽恤民深切，蠲除赋敛尤多，以理论之，当渐苏息。然比岁以来，物力凋敝，甚于熙宁、元丰之间。至人心复思青苗之法行而不可得，岂非诸路钱货在官者，大抵数千万贯，率常壅滞不发？旧法虽未尽善，逐年犹有钱货千百万贯流布民间，籴粜之法虽善而不行，则民间钱货无从而得，所以艰难困匮反甚于前，不足怪也。

况谷贱则贵籴，谷贵则贱粜，丰年不至伤农，凶年不忧艰食，公可以实仓廪，私可以抑兼并，安国裕民，无以过此。矧当今日钱重物轻之际，行之尤切时宜。兼今夏雨泽需足，秋稼茂盛，丰登气象，所被者远，是宜振举成法，预作措置。契勘元条虽有赏格，而恩泽轻微，不足示劝，亦无责罚指挥，故当官之人得以因循怠惰。今若丁宁督责，及将元条修备，庶几可究其弊。欲望圣慈指挥尚书户部下诸路提刑司，令州县先次计置仓廒；今后每遇物斛收成日，广行收籴，逐年终，具籴本，并支出籴到色额数目，价例高下画一，申尚书户部点检类聚闻奏。仍关牒御史台照会，内有丰熟州县当职官不能用心收籴，致谷贱伤农，并缺食之际，无以备出粜，济助人户者，并从本台纠奏，严施黜责施行。仍乞下有司改修元条赏格，务令优厚，及添入纠奏黜责一节。所贵劝沮两立，上下尽心。如此则泉货流通，民力舒缓，仓廪充实，公私皆获利济，可以代圣政敦本厚生，富而后教之意。

贴黄："《元祐敕》：诸州县长及监籴常平斛斗官任内，如能用心及时收籴，据所管钱十万贯以上，用过籴本四分，七万贯以上五分，五万贯以上六分，三万贯以上七分，与升一季名次。以上加一分，各与第五等酬奖。又各加一分者，与第四等酬奖。第五等酬奖系升半年名次，第四等酬奖系免试。如此则所管钱三万贯以下，并用过籴本八分，未有法，及州县不当与籴官一例酬奖，须用减等之法，可得允当。伏乞指挥，一就重行修定，幸甚。"八月八日可考。38，页11039—11041

续资治通鉴长编卷四百六十三　宋哲宗元祐六年（辛未，1091）

【宋哲宗元祐六年（1091）八月】户部言："乞下陕西路转运司，将香药钞止得算给客人外，其在任官员等及公使库，并其余官司，并不得假作名目算钞。如违，并依官司以回易公使等钱收买贩卖盐引法。"从之。新无。6，页11052

【宋哲宗元祐六年（1091）八月】户部又言："河东路都转运司奏请，一路条敕有不以去官赦降原减条，如本路州军和籴粮草等，诸县典押书手作弊，移减石束之类，其犯人并依二税条断遣，虽该赦降，更不原免。宁和桥槖坐兵士衷私差占役使，并科违制私罪，赦降去官不免。如此太重，并乞删去该赦降去官不原免之文。"从之。新无。7，页11052—11053

【宋哲宗元祐六年（1091）八月】诏令御史台，候至元祐十年，有臣僚父母亡殁，无故十年不葬之人，即依条弹奏。及令吏部候今来限满，点检得尚有违条不葬父母，品官即未得与关升磨勘。如失点检，亦许御史台奏。22，页11070

【宋哲宗元祐六年（1091）八月】诏京城内诸官司，向来因推行重禄法受乞行用引领过度，及违犯常平给纳法编配之人，并依元祐二年三月二十五日指挥移放。38，页11078

【宋哲宗元祐六年（1091）八月】庚子，荆湖南路提刑司言："钱监工役朝暮鼓铸，最为劳苦。其招后投换犯罪刺配及划刷厢军之人，既非素习，若令习学鼓铸，例收全工，免稽滞工限。欲乞相度自到作日，给与请给；且令习学鼓铸，收工三分；及三十日，与收半工；再经一年，即收全工。"从之。新削。40，页11079

【宋哲宗元祐六年（1091）八月】户部言："未获罪人，于法虽不许告捕，理合召人告捕者，听量立赏钱，不得过五十贯，杖以下不得过三十贯。已会恩而事干财谷要切照证者，听长官审量裁减。"从之。新无。46，页11080—11081

【宋哲宗元祐六年（1091）八月】又言："欠物限三十日，磨勘均摊无欺弊者，监催须纳二分以上；未足，及三十日者，余以数限五日关理欠司，依季限催纳。遇赦除放者，将赦前合给数催理外，止据赦后日合纳数住催，本州保明申监司，本司勘验诣实，依此奏闻。若五季限满未足者，先估纳财产，次到请受。不足，勒保人限三十日填纳。元抵当财产又不足者，虽乃赦前欠数，亦权住催理，依上文保明申奏除放，即磨勘均摊及关理欠司。无故违限者，一日杖一百，五日加一等，罪止徒二年。所欠官物，仍据元合监催并关理欠司月日，依条限理、放官。其欠官物元无欺弊，未曾监催而遇赦合除放者，保明申尚书省。"从之。新本删要云："户部言：'请立欠官物者输还日限，及会赦蠲除条约。故违者，以日定罪，罪止徒二年。'从之。"47，页11081

【宋哲宗元祐六年（1091）八月】壬寅，户部言："请依元例，于尚书厅置都知杂司，主行旧所主事务，合用人吏止依条于额内选差均那。其逐曹知杂司人吏名额，除均那外，人数即依旧，管承受本部官员须索，及掌卯历宿直、比较功过、杂务之类，及受发文字。仍令差那手分三人，四年一替，其转资等依三司旧例。"从之。新无。49，页11081

【宋哲宗元祐六年（1091）八月】尚书省言："州役令乡差者，若本等及次一等户空闲不及四年者，以助役钱雇募有行止不曾犯徒刑人充。其助役人钱约度雇本州色役不足，即先于户狭须烦处雇募，各依本役年限，候满日，本州揭簿勘会，有空闲年及人户，即行差罢。其人户空闲自及四年以上处，不在此限。若不因造簿编定及人户纠决辄有升降等第，以就年限差雇者，委监司巡检举劾。诸州每年据所纳助役钱，除留一分准备外，应募支用有缺剩，委提刑司通一路那移应副。"从之。《新录》稍删《旧录》，甚亡谓，今纯用《旧录》。《政目》云："十五日行差役法。"50，页11081—11082

【宋哲宗元祐六年（1091）八月】甲辰，河北路转运司言："一路等条有不以去官赦降原减太重者，如黄河诸埽修护堤道不得侵掘民田等罪，虽该德音降虑，并不原减。黄河堤岸不至危急，妄有勾集人夫，并科违制罪，不以赦降去官原减、原免。其虽该德音降虑并不原减、不以赦降去官原免之文，乞删去。"从之。55，页11084

【宋哲宗元祐六年（1091）八月】户部言："应副输助役钱人户典卖田土限五十顷止，限外田土所输役钱依免役旧法全输。未降赦前已过限者，非降赦后典卖田土者，即通旧过限田土，亦依免役旧法全输。荒田并坟地若恩赐者，不在此限。"从之。《政目》云："立限田法。"60，页11085

【宋哲宗元祐六年（1091）八月】兵部言："官员在任或在路亡殁，其送还人擅自回归及逃亡，罪轻者杖一百；系都辖职员、将校节级，并为首率众者，各徒一年，并不省免。若犯在御札约束内，亦不以赦降原；不切部辖者，杖八十。每差送还亡殁之家，于券牒具此条制。"从之。新无。65，页11085—11086

【宋哲宗元祐六年（1091）八月】沧州言："按《元祐敕》：钱监及重役军人合配者，除沙门岛及远恶处依本条外，余并勒充本指挥下名。其不可存留者，即配别监及他处重役州司。看详上条系以广南为轻，重役为重，遂不配行。今来重法地分，重役军人多是累曾作贼，却令徒伴聚在一处，易为结集，复行强盗。其告捕人为见依旧只在本营或别重役处，地里相去不远，往往惧其仇害，不敢告捕。欲令于上条'沙门岛'字下，特行添入'广南'二字。"从之。72，页11087

【宋哲宗元祐六年（1091）八月】户部言："按《元祐差役敕》，单丁或女户如人丁添进，合输色役者，若经输钱二年以上，与免差役一次。缘其间却有户窄差使频并去处，今欲于本条下差人注文'户窄空闲不及二年处，即免一年'"并从之。75，页11087

【宋哲宗元祐六年（1091）八月辛亥】【三省】言："责授英州别驾、新州安置蔡确母明氏状，乞元祐四年明堂赦文及吕惠卿移宣州安置二年例，与量移确一内地。按《条》：'前任执政官罢执政官后，因事责降散官者，令刑部检举'；又《刑部令》：'应检兵人理期数'，准《法》：'散官及安置之类，以三期诏开封府告示'。"77，页11088

【宋哲宗元祐六年（1091）八月】户部言："应江、湖、浙、淮六路沿流州县巡检催纲，据本司官如一任内捕到博易粜粮纲斛斗公事，将透漏不觉察折除外，获徒罪三次以上，或杖罪六次以上，即发运司保明申奏，与减一年磨勘。若有透漏不觉察，将捕到件数比折外，通计赦前如有火数，展一年磨勘。"从之。新无。78，页11089—11090

【宋哲宗元祐六年（1091）八月】刑部言："见任官廨宇非在乡村，及公使库不得下乡村，唯许买供已薪炭饮食之物，及在任官员抑勒行人出本县界收买。或旋令织造匹帛各已供应者准此。其非本行因卖物旋令认定行者杖一百。"并从之。84，页11092

【宋哲宗元祐六年（1091）八月】监察御史虞策言："两浙灾伤州县收米多为贩夫、公吏相结冒籴，次及强壮之人。其饥羸者转受困饿，或被蹂躏死伤。乞下本路监司觉察。"诏转运、提刑司提举分布诸处赈粜，务要实惠饥民。内兴贩及强壮者，不得一例粜散。如官吏措置乖方，及公人用情，并令依法。此事当考。90，页11095

【宋哲宗元祐六年（1091）八月】三省言："诸路户口财用，虽月部每年考会总数，即未有比较进呈之法，复不知民力登耗，财用足否。今立定式令，诸州每年供具以次年正月申转运司，本司以正月上户部，本部候到，于半月内上尚书省类聚进呈。违者杖一百。"从之。91，页11095

续资治通鉴长编卷四百六十五　宋哲宗元祐六年（辛未，1091）

【宋哲宗元祐六年（1091）闰八月】辛酉，刑部言："强盗发，而所临官司不觉察，致事发他处，或监司举劾者，候得替，以任内曾觉察，功过相除外，每火降名次一月至三季止。捕盗官降名次外，五火杖六十，十火或凶恶五火者，仍奏裁。其非吏部差注官，依所降月数展磨勘，并不依赦原。"从之。2，页11097

【宋哲宗元祐六年（1091）闰八月】夔州路转运、提刑，夔州路兵马钤辖司言："今后施州清江、建始两县防托人户，每遇轮差在诸寨防托外，其本寨官员将校等如敢辄役，并科违制论罪，赦降去官不原，许被役人呈告。如合要修城寨，申取转运司指挥。"从之。12，页11102—11103

【宋哲宗元祐六年（1091）闰八月】是日，刑部尚书范纯礼、彭汝砺过都堂论列刑名，刘挚谓："近日断敕下刑部，连缴三案求贷。凡狱既取旨，则轻重出于朝廷。有司议法则可驳，特旨则非。从来未有稽留制命，曲求宽贷之事者，纯礼、汝砺实始为之。此事坏法惠奸，别无议理。"此据刘挚闰月八日所记修入，惜乎不载所缴三案是何事也。二十六日壬午，汝砺云云可考之。16，页11108

【宋哲宗元祐六年（1091）闰八月】大理寺言："军人逃亡后强盗放火谋杀人，若持仗窃盗满二贯捕获者，配千里。即因强盗谋杀人配充军而犯者，不以赦前，徒罪皆配广南，流罪配沙门岛。重法地分人窝藏重法地分劫盗罪至死者，配远恶处，再犯者配沙门岛。盗者情重，窝藏人当行处斩。盗罪至徒流者配五百里，再犯者配二千里，并许人捕，给窝藏人赏钱之半。知欲为强盗及持仗窃盗之情，而合食令得为盗，及已犯而令得隐匿者，盗罪至配本州，盗应配者配本城。即强盗系死罪重者配远恶处，再犯者不以赦前后，配沙门岛。"从之。20，页11109

【宋哲宗元祐六年（1091）闰八月】刑部言："墓田及田内林木土石不许典卖及非理毁伐者，杖一百，不以荫论，仍改正。"从之。21，页11109

【宋哲宗元祐六年（1091）闰八月】辛未，大理评事梁子奇言："官员犯罪，应坐举主者，乞今后会问合断人依旧取勘定断。又犯罪者与大理寺曾荐举之人，乞本寺丞、司直、评事依《元祐编敕》被差检法，有嫌，听回避法，许自陈，差别官定断。"从之28，页11111

【宋哲宗元祐六年（1091）闰八月】大理寺言："配军并不许特行投换。在京已投换者，但犯杖以上罪，并依元罪重数配出。若自首并已投换，充作坊工匠，而犯杖以上罪，非犯盗及余犯情重者，听免。"从之。35，页11113

【宋哲宗元祐六年（1091）闰八月】戊寅，户部言："六曹、寺、监亲事官，若承送人及杖直狱子，因违犯逃亡，或已经勒停，不许于本司再投。即元犯非情重者，满一年，听于别官司投名，以理断日为始；经非次赦在原免，而元不曾结断者，以遇非次赦日为始。并状中通具前犯因依、年月，召保二人，取会旧司诣实，当职官审量收系。若隐落过犯，或改易名姓，于本司及别官司投名者，杖六十。保人知情，与同罪；不知情，减二等。许人告，每名支赏钱一十贯。"从之。新无。38，页11113

【宋哲宗元祐六年（1091）闰八月】己卯，刑部言："决大辟，以刑名类聚，每半年于春秋季以闻。仍籍数至岁终，比前一年所断多少，准式造册，限次年春季投进。"从之。39，页11114—11114

【宋哲宗元祐六年（1091）闰八月】初，刑部有劫杀人狱，侍郎彭汝砺引例，乞加贷配。执政不以汝砺所言为是，降特旨皆杀之。汝砺执不可，其一状云："臣看详刑部自祖宗以来法与例兼行。强盗杀人不分首从，在法皆死。强盗一次及盗杀人，其非为首及元不曾商量杀人，后来徒中杀人，或杀人不曾见、不曾闻、不曾知，或曾有悔戒之言，在例皆贷，前后甚多。再详刘俭旧不曾为强盗，后来受杨宗结架，劫刘宝家财物到本人家，等人出来。刘俭为行得脚困，于本处地上睡着。财主刘谭开门出来，其杨宗刺伤刘谭，随入堂前行抢，刺伤刘清、刘宝。其杨宗把刘清等控缚，时刘俭方睡觉入堂前，刘俭叫道：'不要伤他人。'皆应前项一次强盗不为首,及不曾商量杀人,后来徒中杀人,及杀时不见不闻不知,及曾有悔戒之言,合行贷放等例。刑部一次具因依,取指挥,奉圣旨依断。后来又详具因依,申都省,乞更详酌指挥及刑部官至都堂巡白。臣亦与同部范纯礼至宰相处巡白,皆不听。臣辞已尽,臣力已竭,无所可以关说。缘今来刑部虽已付开封府施行,缘须御史台审察,欲望圣慈深加哀恤,特赐指挥,下御史台取索前后公案及体例,仔细看详,取旨施行,庶几尽古人钦恤之慈,全二圣好生之德,上存祖宗之故事,下安有司之分守。或朝廷以臣所论不当,虽坐流窜不辞。"

其二状云:"臣检会近闻开封府奏,军人张全为杀死阿苏,合处死者。臣伏念祖宗恩德博厚,法令宽简,其风化入人也深。故有司详阅案牍,上下皆以矜恤为事。每有一事可疑,议论反复,至于三,至于四,其言未尝不从厚。至于大辟,必其无可奈何,然后敢行。其明谨用刑,前代盖未有也。今朝廷一日万机,不及细务,其原察情实必不能如有司之深尽,其间阅视案牍必不能如有司之详,其检用条例必不能如有司之熟。今有司皆以为不可杀,朝廷必以为可杀,是朝廷敢于杀人,不敢于生之也。朝廷好恶,有司以为表;其所行,有司以为例。上有好者,下必有甚焉。今朝廷议刑欲重,则有司皆将以深入为事,其弊可立待。夫朝廷所行,则有司便据以为例。昔者强盗不与谋者贷,今杀之;强盗杀人而不与闻知者贷,今杀之。自此杀人不可胜数矣,于二圣好生之德其为累不浅,此不可不谨。臣恭惟太皇太后、陛下大仁普施,兼并天地,虽一草木、蝼蚁,犹欲爱全保惜,况于人民哉!伏望陛下苟有可生,亦何所吝!执政怒,降旨责罚刑部官吏,而释汝砺不问。汝砺言愚陋,不习刑名之学,贪恩冒昧,动即颠谬。臣窃详元祐公式令诸奉制书,及事已经奏而理有不便者,速具利害奏闻。臣以许万等刑名系于生死,虽已得旨,犹不敢决,是致再具状申尚书省,乞更赐详酌指挥。其议论多自臣始,今来郎官人吏皆被责罚,臣独蒙免,实所未安,欲乞明正典刑,以惩不恪。臣见兼权吏部侍郎,更不敢供职,见居家听候指挥。"

又言:"臣比蒙恩差充皇帝贺北朝生辰使,既已受命,今臣以议刑不当,已奏乞明正典刑,以惩不恪,乞照会改差官前去。"

又言:"中书省奏上件申请,未有体例。臣检会式令在前,窃以谓天下之事虽圣人不能无失也,失而能救之,虽失而非失也。故命令之出,尚书省勘会,中书省取旨,门下省封驳。若有不便,有司得论,盖非妄也。刑莫重于杀人,今杀人有疑而不得议,其为失大矣。夫在下者肯与在上者辨,甚难;在上者能致在下者之言,亦难。今朝廷操是非,擅祸福,以临有司，盖甚可畏，使其有所辨也。至或威之以责罚，其谁敢有言哉？今日有司守法，至于特旨，即非有司所当与决可否。今杀人固大矣，使事有大于杀人者，而有失焉，有司其可以不请乎？今杀强盗一名而已，使杀人多而有误焉，有司其可以不请乎？"

又言："刑部近准户部左曹关，准敕断罚官吏。臣已具状奏，乞加贬逐，除东南一差遣去讫。缘逐项申禀各有情理因依，及前后条例须致逐项开析。除许万已得朝旨贷配，更不须开析外，其张全、刘俭虽有逐项罪犯，然各有可悯情理，今略具始末，即知有司所申禀者，非妄也。张全母阿开，自小为父所弃，阿开不得侍养。父死后，方得母同居不分。阿苏将母阿开亲去马仆射家作衣饭，被人非说，以为羞辱。及阿苏斗唛母要分离，全存住不得，自投河及自缢不死，后因此杀死阿苏。比之故杀人，其情不同。又后来事未败露，能自言杀人情由及自叫收捉，与兴化军施满谋杀贷配例略同。刘俭受杨宗结架，初不曾计谋杀人，逐贼到门外，人少不敢行威力，只在中门外等被伤主出来。其刘俭为病脚，因去彼睡着不至。被伤主开门，是刘谭、杨宗入中门杀伤人。刘俭睡觉走入中门，口称道'不要伤他人'，其被伤主亦闻此语。自来强盗不见被伤主人，各有例贷配。"汝砺前后凡五六奏，不听，仍诏汝砺疾速赴部供职。44，页11118—11121

【宋哲宗元祐六年（1091）闰八月】癸未，闰八月二十七日。汝砺又言："臣累奏乞特加贬逐，不敢赴部供职，诏令疾速赴部供职。臣不肖，既自失厥职，更以愚诚上渎至三至四，栗然震惧，寝食并废。臣伏念人臣之视其君，其尊则天地也，其亲则父母也。万物无所逃于覆载，人子不可一日去其亲。若夫愚懦不得其官，鄙固或病厥事，则下不敢自安，上亦无所用矣。再念臣罪戾余生，加以病疾，冒恩就职，必不克济。惟皇帝、太皇太后天地父母，哀而怜之，投诸冗散，使得自省，改畀贤才，典司邦宪，庶能奉法守，以称二圣好生之德。臣虽屏废，盖犹有补。臣终不敢赴部供职，见居家听候指挥。伏乞检会累奏施行。"贴黄称："臣顷以罪戾出知徐州，后蒙恩赐还，戴天履地，未报万一。复此失职，理当自劾，使臣稍可以处，何敢至于三四，不恭为罪。臣且自知将致人言，复污邦宪，惟祈矜恤，即赐允从。"后六日，诏汝砺改礼部侍郎。九月四日改礼侍，今并书。曾肇志汝砺墓云："自礼部徙刑部，会有具狱，执政以为可杀，汝砺以为当贷，而执政以特旨杀之。汝砺执不下，执政怒，舍汝砺而罚其属。汝砺言，奉制书而有不便，许论奏，法也，且非属罪，自劾请去，章四上。御史亦助之言，遂并属免罚。汝砺犹未出，再徙礼部，赐告其家。"御史助

言，并其属免罚，当考详增入。刘挚谓汝砺、纯礼坏法惠奸，盖犹指此事。八月甲子可考。44，页11121—11122

【宋哲宗元祐六年（1091）闰八月】京东、西路提刑司言："诸路州军公库器皿什物等，若不系年额钱物置到，除遇造曲时月，或物价乘贱缺钱支用，委非假托侵使，听典质应副，知州限任内抽收了当外，其余即不得于民间及抵当库质当钱物。如有违犯，其干系官吏，依编敕以官文书质当钱物法科罪。"从之。新削。47，页11122

续资治通鉴长编卷四百六十六　宋哲宗元祐六年（辛未，1091）

【宋哲宗元祐六年（1091）九月】乙未，河东路都转运司言："本司先乞应系本司已差应副军期官员，逐司如敢占留及别差官替换，并乞科违制之罪，不以去官赦降原减。今看详显是太重，乞行删去。"从之。13，页11132

【宋哲宗元祐六年（1091）九月】己亥，御史中丞郑雍言："元祐复差役法，于兹六七年，户部未尝一日无申请更改。乞朝廷先自一路详择监司、知州各一二人，召诣三省，令亲受朝旨，先从一二州召诸县令长各采民间役法利害，与监司长吏参议，各为一州一县之法。"《旧录》云："时行差役，然雇役犹方圆不同，乃遂非迁就为法，五年卒不能一。"《新录》辨云："上文是中丞郑雍云元祐复差役法，于兹六七年，户部未尝一日无申请，乞详择监司知州议立一州一县之法。史臣指为遂非迁就，乃讥骂之过也。合删去上项二十六字。"17，页11133

【宋哲宗元祐六年（1091）九月】刑部言："蕃官授使臣，若部辖蕃族宁静不致引惹，及无科率扰扰，候及七年；三班差使、借差殿侍，及十二年无过犯，与磨勘。如犯上条，合计赃私公罪，比展年法加一倍展年，事理重者奏裁。"从之。23，页11134

【宋哲宗元祐六年（1091）九月】壬子，德音，降天下死罪囚徒流，释徒罪以下。上清储祥宫成故也。先是，诏问建祥源会灵观、中太乙宫成有无德音赦降。王岩叟谓吕大防等曰："此事如何？"大防曰："数赦固非美事，然圣意已发，人亦尽知。"岩叟曰："天禧年祥源成，治平中醴泉成，皆无赦，何不用此例？"大防欲少损之，止及三京或京师。岩叟曰："却恐四方疑惑，妄意他事，军中又生觊望。"傅尧俞赞之。刘挚曰："赦文明言为储祥，何疑惑之有？"岩叟曰："虽明言，远方不知，妄意。"岩叟以为玉清昭应宫、会灵观、景灵宫，皆成于祥符，并有德音赦降，是时丁谓当国，方以邪道媚上，不可为法，不敢察察言，故但举天禧、治平。及对，大防曰："数赦非国家美事，兼恐四方疑惑，并军中觊望特支。"岩叟曰："古人至有垂死谏君以愿无赦而已者，此可见赦无益于圣治。"太皇太后曰："储祥不得比会灵、太一，其中有三清。"大防请止及三京。太皇太后曰："必及天下。"至于再三，每曰"有三清。"挚曰："当如圣谕。"大防遂曰："请今夕锁学士院降制。"从之。33，页11139

【宋哲宗元祐六年（1091）九月】癸丑，御史中丞郑雍言："执政官行谒禁法，非便。"诏官员有利害陈述，勿禁。34，页11139

【宋哲宗元祐六年（1091）九月】兵部请："应蕃官去失付身告敕文书之类，不碍迁转照使者，借职以上展四年磨勘，差使以下展七年磨勘。碍磨勘者，借职以上七年，差使以下十二年。其货卖典当并受买典当，各以违制论。许诸色人告，赏钱二百贯，以犯人家财充。应蕃兵诸事故、子孙弟侄等承袭，并令本城寨一季内取索保明申举，若限内不为申举，许合承袭人陈告，干系官吏杖一百。而别致欺弊诈冒承袭者，其诈冒人以违制论，干系官吏减二等，知情与同罪。许人告，赏钱二百贯，以犯人家财充。其合承袭人若过七年内陈乞，更不受理。蕃官蕃兵承袭，并将合缴录白，委官对读真命，具无差漏状连申。"从之。新本削去。39，页11140

续资治通鉴长编卷四百六十七 宋哲宗元祐六年（辛未，1091）

【宋哲宗元祐六年（1091）】冬十月丙辰朔，户部请："应承买场务，元系官监及败阙者，课利钱并不得支移、折变；若届满一年无人承买，已经差官体量减定净利钱，即自减定后月分，课利亦与依减放净利分数与免支移、折变。"从之。1，页11145

【宋哲宗元祐六年（1091）冬十月】又言："泾原路探报梁乙逋近犯麟、府界，为人杀死梁阿革，乙逋为夏国所诛。"诏："逐路经略司，如探报得乙逋尚用事，即宜乘隙用间，以谋诛灭。仍谨选可用之人，厚遗金帛，优许职名，密切经画，施行讫，具状以闻。"《旧录》云："时乙逋率众犯麟、府、河外三州，杀戮甚众，莫之敢御，而奸臣谓已诛死，欺罔为甚。"《新录》削去，今从《新录》。二年八月十四日，诏募人杀乙逋，盖至今乙逋犹无恙，十九日可并此。10，页11146

【宋哲宗元祐六年（1091）冬十月】辛酉，三省言："右朝奉郎、管勾鸿庆宫王巩供析到淮南提刑钟浚所体量事，并是诣实。"诏王巩特冲替。闻八月二十八日下淮南漕司根治马守珍事，今云提刑体量，盖五月二十二日指挥也。九月十六日《政目》云：朱光庭缴王巩文字。当并考。12，页11147

【宋哲宗元祐六年（1091）冬十月】左正言姚勔入奏，并言挚朋党不公。《编类章疏》但有此。右正言虞策四奏，言挚亲戚赵仁恕、王巩犯法，施行不当。又言挚操心不公，居官挠法，阴结党与，潜图其私。肯附己者则越等与官，不肯朋附者则抑而不进。十二月十二日。又言挚自己亲戚犯法，并不尽公施行，至有一件事首尾三年，罪人终不曾分明承服者。十月二十三日。又言挚备位宰相，徇私坏法，收恩立党。十月二十四日。26，页11152

【宋哲宗元祐六年（1091）冬十月】甲戌，刘挚、苏辙以王巩坐罪，挚与巩为姻家，辙荐巩，皆自劾，乞正典刑，诏答不允。辙言："臣昨以郑雍、杨畏言臣荐王巩不当，奏乞速正典刑，以弭群议。寻复见谏官虞策与台官安鼎亦论此事，内虞策所言，与郑雍、杨畏不甚相远，惟有安鼎谓臣欺罔诈谬，机械深巧，不速遣责，恐臣挟朋诞谩，日滋月横。信如鼎言，则臣死有余责，有何面目尚在朝廷。今臣既以举官不当，乞行朝典，不敢复与鼎辨别曲直。然鼎顷与赵君锡、贾易等同造飞语，诬罔臣兄轼以恶逆之罪，尝与君锡等同上殿奏对，上赖圣鉴昭察，知其挟情虚妄，君锡与易实时降黜。鼎今在言路，是以尽力攻臣，无所不至。朝廷若不逐臣，鼎必不肯已，伏乞圣慈悯臣孤立无援，早赐责降，使鼎私意得伸，不复烦渎圣听，则臣死生甚幸。"贴黄称："臣本欲候二十二日奏事，面陈家居待罪之意，但以鼎攻臣甚急，若不早自引避，恐再以恶言见及，伏乞圣慈体察。"挚乞罢相表，其子跂《辩谤录》有之，表皆礼辞不烦编入，有三札子，今具在后。27，页11152—11153

【宋哲宗元祐六年（1091）冬十月】丙子，枢密院言："招军并委提刑司催捉按举，遇出巡，据新招到人逐名点检及保明酬赏。内禁军不及元等样者，改刺充以次军分；不堪披带者，充厢军；有手艺者试验，改刺充工匠，更不支例物。即不堪征役者，厢、禁军并给公凭，放令逐便。每岁终，逐司类聚辖下招到人数，各申所隶官司。就粮禁军缺额，委都总管、安抚、钤辖司选官，与当职官员于厢军兵级拣选年四十以下者，依等样添填，仍须年终拣遍。其曾犯徒经决，或曾刺逃走字，或见系十将以上若工匠，或元系官员、将校，蕃部、溪峒化外两地供输，及元犯事干机密妖术讹言，或因不入贼并强盗配到者，并不在拣限。即官司隐庇、占留合拣选人者，徒二年。"新削此段。30，页11154

【宋哲宗元祐六年（1091）冬十月】庚辰，尚书省言："私役使耆户长、壮丁、保长、保丁者，杖一百；经日，徒二年。差借耆长、壮丁、保正、保长、丁防护或搬担行李之类，及借之者，各徒二年。"从之。新削。35，页11155

【宋哲宗元祐六年（1091）冬十月】翰林学士范百禄等言："请申敕大宗正及诸宫院教授等官，各修职业，勤于教导。令宫院诸位子孙，自十岁以上，并须每日听读学习，定其课程。及大宗正司按熙宁敕，小学于逐院尊长厅侧建修，自八岁以上至十四岁，每岁首检举入学，日诵二十字。"诏礼部从之。《新纪》云：庚辰，令诸宫院建小学。按《实录》所书，则小学固已建矣。当考。38，页11155

续资治通鉴长编卷四百六十八　宋哲宗元祐六年（辛未，1091）

【宋哲宗元祐六年（1091）十一月】工部言："营造应纳退材，当官量长阔径厚，监修或主管人就役兵限五日送受纳场务，纳讫，限次日给钞，仍具收附物数申监，掌簿人吏限一日勾销。如违，各论如官文书稽程律，至罪上者，监修人降罚重难差遣，主管人降一名，监当或监修官届终不觉察，三次理为遗阙。"从之。新削。2，页11167

【宋哲宗元祐六年（1091）十一月】户部言："请广南东、西路应用

大椲船兴贩私盐告捕获，虽杖以下罪，不以借赁运致，其船并没官，仍别估价给卖。"3，页11167

【宋哲宗元祐六年（1091）十一月】癸卯，刑部言："配沙门岛人，强盗亲下手或已杀人放火，计赃及五十贯，因而强奸、亲殴人折伤、两犯至死，或累赃满三百贯、赃二百贯以上，谋杀人造意或加功而致死，十恶本罪至死，造蓄虫毒药已杀人，不移配。强盗徒伴杀人，元不同谋，赃满二百贯，遇赦移配广南，溢额者，即配远恶处牢城。余犯遇赦，移配荆湖南北、福建路州军，溢额者，即配广南牢城。沙门岛人遇赦不该移配、并遇赦不还而年六十以上、在岛五年，移配广南牢城；在岛十年，依余犯格移配。笃疾或年及七十、在岛三年以上，移配近乡州军牢城；犯状应移而老疾者同。其永不放还者，各加二年移配。"从之。新本亦有，却可无。21，页11173

【宋哲宗元祐六年（1091）十一月】刑部言："外州军人逃亡于京畿首获者，流以下罪，具录所招罪款，检坐条格，枷锢送住营或见差出处，委本处收管依法施行；若无别犯，字号分明，或逃亡罪无凭照，并牒送元逃处勘断；畿县住营外军，杖以下各准此。即应牒送人入京城门内，其捕获者，有作贼镮子，并元是配军，及余犯流以下，并先从不应为轻重决讫，牒送畿县；减二等本罪，徒以下，仍不并计。已上未至本所逃走，于京城内及畿县捕获者，于元断罪递加二等；内畿县罪止杖一百，仍具条牒报。"从之。新削。25，页11174

【宋哲宗元祐六年（1091）十二月】户、工部言："应官员赴任，川、广、福建于半年前，荆湖南路于一季前，荆湖北路、江南西路于两月前，江东、淮南、两浙路于一月前，其不及千里州军于入半月，并为见阙，全差合破船数。应差船乘载官员入京，辄将所附官物妄作名目，于府界诸县寄纳，或并与别船，并虽无官物，已至汴河下锁，不由在京东排岸司差拨，而承受别官司差占回归者，各杖一百。"从之。新本削去。9，页11182—11183

【宋哲宗元祐六年（1091）十二月】刑部言："应自陈是别宅所生子，未尝同居，其父已死，无案籍及证验者，不得受理。"从之。新削。10，页11183

【宋哲宗元祐六年（1091）十二月】御史中丞郑雍言："雨雪愆少，农事不举，伏望申饬内外，督促刑狱，以导和气。"诏："在京委刑部郎中及御史一员，开封府界令提点刑狱，诸路州军令监司催结见禁罪人，内干照及事理轻者，先次断讫以闻。内府界徒以下罪人罪状明白不该编配，及申奏公事或虽小节不圆，不碍大情，并许决讫以闻。"19，页11184

【宋哲宗元祐六年（1091）十二月】河北东路提刑司言："请今后应河埽军人犯强窃盗、杀人、放火、劫囚，及窝藏、贼过致资给、作脚指引、借助器杖，或听漏落缉捕机谋之类，合该刺配者，并依配远近刺配诸州军牢城，如违犯应配，即依重役法勒充本指挥名下。"从之。新无。《政目》十八日根究开封府遗火，今附见。当考。25，页11186

【宋哲宗元祐六年（1091）十二月】工部言："盗拆黄河埽绋木岸，以持仗窃盗论，其退背处减一等，即徒以上罪于法不该配者，亦配邻州。每获一人，杖罪赏钱十贯，徒罪十五贯，流罪二十贯。巡防军人不觉盗每次，使臣三次，合杖六十。"从之。31，页11187

【宋哲宗元祐六年（1091）十二月】是岁，宗室赐名换官者五十四人。天下上户部，主户千二百四十二万七千一百一十一，丁二千八百七十五万四百五十五。客户六百二十二万七千九百八十二，丁一千二百七十四万一千八百五十六。断大辟四千八百一人。38，页11197

续资治通鉴长编卷四百六十九　宋哲宗元祐七年（壬申，1092）

【宋哲宗元祐七年（1092）春正月】丙申，诏："宗室袒免亲参选，常许不拘名次路分，陈乞指名差遣一次，并替任满缺。初任并与监当，须职事干集，操守修饬，有监司或长官同罪保明，与亲民。内选人与录事参军，即别有县令举主二员，内一员职司，仍通注县令。其无保明者，并依外官条例。"从尚书省所请也。7，页11201—11202

【宋哲宗元祐七年（1092）春正月】丙申，诏："通、泰州捍海兵士，诸处不得勾抽，虽有朝旨差出，亦令本州执奏，特许存留，违者并科违制

之罪，不以遇赦、去官原减。"从发运使范纯礼请也。19，页11206

【宋哲宗元祐七年（1092）春正月】戊申，荆湖南路钤辖谢麟言："乞依旧制，邵州邵阳、武冈、新化等县中等以下户选差充土丁、弩手，与免科役，七年一替，排补将级，不拘替放年，分作两番边寨防托，不得雇人。每遇上番，依禁军例教阅武艺及专习木弩。如妄有役使，并依私役禁军敕。"从之。21，页11206

【宋哲宗元祐七年（1092）春正月】尚书省勘会："诸路近参行差役、雇募之法，其间未便事件，随宜增损，务宽民力。前后诏旨，非不丁宁。访闻州县不切奉行，以致差徭轻重失当，或令役人陪备，或占役钱不尽雇募。假如一州年收役钱一万贯，累留不得过五分，即是合留五千贯止，更不桩留。如有见在及三万贯，只合存留五千贯外，其余二万五千贯，并年内所收钱数，并合依条支充雇钱。若见在未及五千贯，据所少数贴留，但及五千贯即止。按察使官亦无纠劾，窃虑浸坏大法。正月二十九日奉圣旨，诏令诸路运使、提刑司遍行指挥诸州县当职官，悉心依法推行，务在详究法意，均当无扰，候施行讫，具次第申尚书省，仍仰监司官常切检察，如有违慢，并具因依奏劾。如州县奉行均当无扰，即岁具保明申尚书省，其诸县亦仰本州依此检察，仍先次施行。"《编录册》七年正月二十九日圣旨，六年十月二十二日、二十五日可考。29，页11207—11208

续资治通鉴长编卷四百七十　宋哲宗元祐七年（壬申，1092）

【宋哲宗元祐七年（1092）二月】刑部言："两犯赃罪杖，各经勒停，若与一犯人同期叙用，轻重未称。欲令两犯正入己赃罪杖，并经勒停，于初叙用期限上展二期叙用，武臣准此。犯在今来展期已前者，听依旧法。"从之。9，页11218—11219

【宋哲宗元祐七年（1092）二月】乙丑，诏编修枢密院条例官就编《经武要略》。初，熙宁中，枢密使文彦博等言，请置局编修经武要略，自国初至熙宁四年，功未毕而罢。至是，复命官编修，俾终其事。16，页11224

续资治通鉴长编卷四百七十一　宋哲宗元祐七年（壬申，1092）

【宋哲宗元祐七年（1092）三月】己亥，疏决在京并府界系囚，杂犯死罪已下递降一等，至杖释之。王岩叟云圣意必在十六日施恩，以月食之变也，然不明谕。《政目》于十四日书之。24，页11249

【宋哲宗元祐七年（1092）三月】诏将作监编修到《营造法式》共二百五十一册，内净条一百一十六册，许令颁降。30，页11253

【宋哲宗元祐七年（1092）三月】戊申，臣僚上言："任子旧制，《天圣令》以荫出身应授职任者，选满或遇恩放选，或因奏乞，皆年二十五岁乃许注官。熙宁间，峻立试格，凡试中，许年二十注官，由是暗增冗员。臣愿并复天圣故事。诏令吏部立法申尚书省。本部今修立下条：'诸有出身人年二十以上，无出身人年二十五岁以上听赴选。非应免省者候试中注官，年虽未及而愿先试者听。诸无出身人投家状试卷乞试者关侍郎左选，遇科场关试院。诸初受使臣，依下项年甲听赴选及出官。其该说不尽，比附施行：宗室、宗室女夫，后妃、美人、才人等亲属，大长公主、长公主、公主、郡县主亲属，亲王夫人亲属、前代帝主之后、品官亲属、勋臣之后、特旨与官、酬奖与官、文臣换授，若本有出身年二十以上。三省、枢密院书令史以上，流外，右年二十五以上；武举呈试武艺、诸军班直、散直、战功换官、殁于王事亲、屡告捕盗贼、归明落番得还蕃官、溪峒瑶人招出，右年二十以上。诸初次出官该试者，具所习艺业投家状试卷乞试，关殿前司及侍郎左选，遇科场关试院，候试中注差选'。"并从之。后都省批："四月二日送吏部，并依所申。以上听赴选，非应免试者候试中出官，年虽未及而愿先试者听。"《实录》但存第一项条贯四十字，余并削去，今详著之。37，页11255

续资治通鉴长编卷四百七十二　宋哲宗元祐七年（壬申，1092）

【宋哲宗元祐七年（1092）夏四月】丁卯，诏宗室、外戚、臣僚之

家，违犯酒禁如累及三次，并勾收槽杖。新无。21，页11269

【宋哲宗元祐七年（1092）夏四月】户部状："准都省批送下白札子，臣僚上言：'伏谓救荒犹救病也。正灾伤时，犹病正作，救死而已。灾伤之后，犹病新除，未可忽也，正须扶养以就安耳。饥疫之年，乡村人户迫于朝夕，往往逃移。但缘逃移既多，或邻人亦自逃移，遂无当时耆邻申报，或官司亦未暇一一检覆了当，及至归业，官司便以不经申报检覆，不肯依归业放税施行。缘此等人户实是逃移归业，朝廷有放税优恤之法，而泽不下究。伏望圣慈矜悯，特出厚恩，许依归业放税条贯施行。'本部今契勘缘已有归业条贯，勘当欲乞下诸路依条施行。尚书省勘会上件逃移人户，盖为诸县官避免批罚，及转运司存惜税额，致不依条检覆。"诏依所乞。《旧录》云，尚书省言："灾伤人户逃移，但缘逃移后或邻人亦自逃移，遂无当时耆邻申报，或官司亦未暇一一检覆，及至归业，官司便以不经申报检覆，不肯依归业放税条施行，遂使放税优恤之法，泽不下流。望许依归业放税条。"从之。或只用《旧录》亦足也。23，页11270

续资治通鉴长编卷四百七十三　宋哲宗元祐七年（壬申，1092）

【宋哲宗元祐七年（1092）五月】己丑，诏："宗室初关升亲民资序人注监当，其请给并视诸路监押例。"6，页11284

续资治通鉴长编卷四百七十四　宋哲宗元祐七年（壬申，1092）

【宋哲宗元祐七年（1092）六月】乙卯，诏："诸路茶税并专委提刑司管其税务，毋得以茶税钱更易作杂税收附。其令本州通判及发运、转运、提刑司觉察，仍许人告首。监官、专拦坐违制分故失定罪。若事由监官而专拦自能告首者免罪，外支赏钱三百贯文，以卖酒场钱充。"3，页11300

【宋哲宗元祐七年（1092）六月】置广文馆解额。礼部状："近准都省批状，勘会开封府，遇科场岁，多有四方举人冒贯畿县户名取应，及太学生员依条须在学及一年，方预就试，其间有未及一年之人，亦不免有寄贯取应之弊。检会旧制，国子监取应举人，先于广文馆补试给牒取应。今欲复置广文馆生员，送礼部看详立法，申尚书省。礼部检会元祐贡举敕，进士解额，开封府一百人，国子生四十人，其诸科依旧条，开封府二百四十人。本部昨已曾乞将诸科量留四十人解额外，其余二百人，并开封府进士及国子生共为三百四十人发解广文馆生员。今再行看详，开封府进士解额一百人即乞依旧外，将本府诸科二百人并国子生四十人，共为二百四十人解额，并拨属广文馆，以补中生员，每十人发解一人。今拟修下诸条：开封府举人投下取应文字，限试补广文馆生员锁院前纳毕，违者更不在收接之限。如有事故服制节目拘碍，若至八月一日合该投下文字者，许令家人亲属投状，召命官二员保实，亦听收接。诸补广文馆生员，以二千四百人为额；诸进士解额，开封府一百人。如投下文字不及千人以上，即每十人听取一名，广文馆二百四十人以补中生员，每十人发解一名。诸试补广文馆生员，于科场岁六月五日锁院，委主司定日引试；诸广文馆生员，于开科场七月终以前，赍元授公据，赴国子监照验，并投纳保状、试卷请解。其公据至，并行毁抹；如请解不中，即仍去听别试补。又勘会四方举人，已置广文馆许令就补别立解额。窃虑尚有诈冒开封府户籍取应，及本府举人亦有更易名字，于广文馆投下文字两处就试之弊，若不别立严禁，终是未能杜绝。今欲修立下条：'诸举人诈冒开封府户籍取应者，杖一百；许人告，赏钱五十贯。虽已及第，并行驳放。保官及本属官吏、耆邻、书铺，知情并与户籍令诈冒者，并与同罪。同保人并殿二举，诸开封府举人，已于本府投下文字更不得就补广文馆生员，违者依贡举两处应举法'。"并从之。11，页 11303—11304

续资治通鉴长编卷四百七十五　宋哲宗元祐七年（壬申，1092）

【宋哲宗元祐七年（1092）秋七月】丁亥，诏："诸狱案内，有驳勘及合取单状，或议禀刑名而定断未得者，并大理所断刑名未当合退送者，其同案不相干碍之人，并先次定断。"3，页 11319

【宋哲宗元祐七年（1092）秋七月】壬辰，殿中侍御史杨畏言："在京刑狱奸弊，近开封县申李宝病痈身死，而本台牒府差官覆验，乃系拷掠至死，不可不察。其纠察在京刑狱一司，今系台察专领，欲乞今后若禁囚死亡，专委御史台定差，自来合检验官员依条检验。"从之。8，页11320

【宋哲宗元祐七年（1092）秋七月】甲午，诏在任官员并系公人，不得买诸军军马粮草、旁历，违者徒二年，许人告，物没官。以尚书省言："《元祐敕》，罪当杖太轻，致有冒犯，无以惩戒。"故立是法。新无。13，页11321

【宋哲宗元祐七年（1092）秋七月】诏："陕西、河东路就粮禁军人员节级，降充本城，已令陕西、河东路经略司选年五十以下、事艺不退、堪任战斗之人，与旧军额外收管给厢军请受，遇有事宜责令效命。其就粮禁军杂犯，情轻见配降充本城牢城长行者，亦准此。仍并不候随军便给旧军请受人员，递降旧职一资。十将依虞候例，将虞候至长行旧五百料钱者，给下军三百料钱请受；旧三百料钱者，听全给。"新无。25，页11323

【宋哲宗元祐七年（1092）秋七月】戊申，诏应赦前鞫公事诸处申乞不原赦恩，或官司故作拖延，若被勘之人逃亡，并令刑部候案到取旨。新无。27，页11323

【宋哲宗元祐七年（1092）秋七月】庚戌，大宗正司言："宗室分异，自来未有著令。今相度欲乞除缌麻以上不许分析居外，袒免以下亲父母财产，除永业田及供祭祀之物不许分割外，余听均分。"从之。31，页11324

【宋哲宗元祐七年（1092）秋七月】是月，龙图阁学士、知扬州苏轼言：轼以七月二十七日上奏，今附月末。二十三日已有诏除兵部尚书，然未入朝也。

臣窃谓仓法者，一时权宜指挥，天下之所骇，古今之所无，圣代之猛政也。自陛下即位，首宽此法，但其间有要剧之司，胥吏仰重禄为生者，朝廷不欲遽夺其请受，故且因循至今。盖不得已而存留，非谓此猛政可恃以为治也。自有刑罚以来，皆称罪立法，譬之权衡，轻重相报，未有百姓造铢两之罪，而人主报以钧石之刑也。今仓法，不满百钱入徒，满十贯刺配沙门岛。岂非以钧石报铢两乎？天道报应，不可欺罔，当非社稷之利。凡为臣子，皆为陛下重惜此事，岂可以小小利害而轻为之哉。臣窃见仓法已罢者，如转运、提刑司人吏之类，近日稍稍复行。若监司得人，胥吏谁敢作过？若不得人，虽行军令，作过愈甚。今执政不留意于选择监司，而独行仓法，是谓此法可恃以为治也耶？今者，又令真扬楚泗转般仓斗子行仓法，纲运败坏，执政终不肯选择一强明发运使，以办集其事，但信仓部小吏，妄有陈请，便行仓法，臣所未喻也。

臣今来所奏，只是申明《元祐编敕》，不过岁捐转运司违法所收粮纲税钱一万贯，而能令六百万石上供斛斗不大失陷，又能全活六路纲梢数千、牵驾兵士数万人免陷深刑，而押纲人员、使臣数百人保全身计，以至商贾通行，京师富庶。事理明甚，无可疑者，但恐执政不乐。臣以疏外，辄议已行之政，必须却送户部，或却令本路监司相度，多方沮难，决无行理。臣材术短浅，老病日侵，常恐大恩不报，衔恨入地，故及未死之间，特进瞽言，但可以上益圣德，下济苍生者，臣虽以此得罪，万死无悔。若陛下以臣言为是，即乞将此札子留中省览，特发德音，主张施行。若以臣言为妄，即乞并此札子降出，议臣之罪。32，页11324

【宋哲宗元祐七年（1092）秋七月】臣细观近日仓部所立条约，皆是枝叶小节，非利害之大本，何者？自熙宁以前，中外并无仓法，亦无今来仓部所立条约，而岁运六百万石，欠折不过六七万石。盖是朝廷损商税之小利，以养活纲梢，而缘路官司，遵守编敕法度，不敢违条点检收税，以致纲梢饱暖，爱惜身命，保全官物，事理灼然。臣已取责得本州税务状称，随船点检，不过检得一船，其余二十九船不免住岸伺候，显有违碍。臣寻已备坐《元祐编敕》，晓示今后更不得以随船为名，违条勒住岸点检去讫。其税务官吏为准本州及仓部发运、转运司指挥，非是自擅为条，未敢便行取勘。其诸州军税务，非臣所管，无由一例行下。欲乞朝廷申明《元祐编敕》，不得勒令住岸条贯，严赐约束行下。并乞废罢近日仓部起请仓法，仍取问金部官吏，不取圣旨，擅立随船一法，刻剥兵梢，败坏纲运，以误国计，及发运、转运司官吏依随情罪施行，庶使今后刻薄之吏，不敢擅行胸臆，取小而害大，得一而丧百。

臣闻东南馈运，所系国计至大，故祖宗以来，特置发运司专任其责，选用既重，威令自行，如昔时许元辈皆能约束诸路，主张纲运。其监司、州郡及诸场务，岂敢非理刻薄邀难，但发运使得人，稍假事权，东南大计，自然办集，岂假朝廷更行仓法。此事最为简要，独在朝廷留意而已。谨具《元祐编敕》及金部擅行随船点检指挥如左。

一、准《元祐编敕》，诸纲运船枚到岸检纳税，如有违限，如限内无故稽留及非理搜检，并约喝无名税钱者，各徒二年。诸新钱纲及粮纲，缘路不得勒令住岸点检，虽有透漏违禁之物，其经历处更不问罪，至京下锁通津门准此。

一、准元祐五年十一月十九日尚书金部符，省部看详，盐粮纲运虽不得勒留住岸，若是随船点检得委有税物名件，自合依例饶润收纳税钱，即无不许纳税钱事理，若或别无税物，自不得违例约喝税钱，事理甚明。

右谨件如前。若朝廷尽行臣言，必有五利：纲梢饱暖，惜身畏法，运馈不大陷失，一利也。省徒配之刑，消流亡盗贼之患，二利也。梢工衣食既足，人人自重，以船为家，既免拆卖，又常修葺，省逐处船场之费，三利也。押纲纲梢，既与客旅附载物货，官不点检，专拦无乞取，然梢工自须赴务量纳税钱，以防告讦。积少成多，所获未必减于今日，四利也。自元丰之末，罢市易务导洛司堆垛场，议者以为商贾必渐通行，而今八年，略无罚毫之效。京师酒税，课利皆亏，房廊邸店皆空，何也？盖祖宗以来，通许纲运揽载物货，既免征税，而脚钱又轻，故物货通流。缘路虽失商税，而京师坐获丰庶。自导洛司废，而淮南转运司阴收其利，数年以来，官用窘逼，转运司督迫诸处税务，日急一日，故商贾全然不行，京师坐至枯涸。今若行臣此策，东南商贾久闭乍通，其来必倍，则京师公私数年后，必复旧观，此五利也。臣窃见近日官私，例皆轻玩国法，习以成风。若朝廷以臣言为非，臣不敢避妄言之罪，乞赐重行责罚。若以臣言为是，即乞尽理施行，少有违戾，必罚无赦，则所谓五利可以朝行而夕见也。

贴黄称：本州已具转般仓斗子二十人，不足于用，必致缺误事理，申乞依旧存留四十人去讫。其斗子所行仓法，臣又体访得深知纲运次第人，皆云行仓法后，折欠愈多，若斗子果不取钱，则装发更无斛面，兵梢未免偷盗，则欠折必甚于今。若斗子不免取钱，则旧日行用一贯，今须取三两贯，方肯收受。然不敢当面乞取，势须宛转托人，减刻隔落，为害滋深。伏乞朝廷详酌，早赐废罢，且依旧法。

又贴黄称：臣今看详，仓部今来起请条约，所行仓法，支用钱米不少，又添差监门小使臣，支与驲券，又许诸色人告捉会合乞取之人，先支官钱五十贯为赏。又支系省上供钱二万贯，召募纲梢。如此之类，费用浩大，然皆不得利害之要，行之数年，必无所补。臣今所乞，不过减却淮南转运司违条收税钱一万贯，纲梢饱暖，官物自全，其利甚大。

又言：臣近者论奏江、淮粮运欠折利害。窃谓欠折之本，出于纲梢贫困，贫困之由，起于违法收税。若痛行此一事，则期年之间，公私所害，十去七八，此利害之根源，而其他皆枝叶小节也。若朝廷每闻一事，辄立一法，法出奸生，有损无益，则仓部前日所立斗子仓法，及其余条约是矣。臣愚欲望尽赐寝罢，只乞明诏发运使，责以亏赢而为之赏罚，假以事权而助其耳目。则馈运大计可得而办也。何谓责以亏赢而为之赏罚？盖发运使岁课，当以到京之数为额，不当以起发之数为额也。今者折欠尽以折会偿填，而发运使不复抱认其数，但得起发数足，则在路虽有万数疏虞，发运使不任其责矣。今诸路转运司岁运斛斗，皆以到发运使实数为额，而发运司独不以到京及府界实数为额，此何义也。臣欲乞立法，今后发运司岁运额斛，计到京欠折分厘，以定殿罚，则发运使自然竭力点检矣。

凡纲运弊害，其略有五：一曰发运司人吏作弊，取受交怨不公。二曰诸仓专斗作弊，出入斗器。三曰诸场务、排岸司作弊，点检附搭住滞。四曰诸押纲使臣人员作弊，减刻雇夫钱米。五曰在京及府界诸仓作弊，多量剩取，非理曝扬。如此之类，皆可得而去也。纵未尽去，亦贤于立空法而人不行者远矣。何谓假以事权而助其耳目？盖运路千余里，而发运使二人，止在真、泗二州，其间诸色人作弊，侵扰纲梢于千里之外，则此等必不能去离纲运而远赴诉也，况千里乎？臣欲乞朝廷选差，或令发运使举辟京朝官两员，为勾当纲运。自真州至京，往来点检，逐州住不得过五日，至京及本司住不得过十日，以船为廨宇，常在道路，专切点检。诸色人作弊，杖以下罪许决，徒以上送所属施行。使纲梢使臣人员等常有所赴诉，而诸色人常有所畏忌，不敢公然作弊。以岁运到京数足，及欠折分厘为赏罚。行此二者，则所谓人存政举，必大有益。伏望朝廷留念馈运事大，特赐检会前奏，一处详酌施行。臣忝备侍从，怀有所见，不敢不尽。屡渎天威，无任战惧待罪之至。

贴黄：臣前奏乞举行《元祐编敕》，钱粮不得点检指挥。窃虑议者必谓钱粮纲既不点检，今后东南物货尽入纲船揽载，则商税所失多矣。臣以谓不然，自祖宗以来，编敕皆不许点检，当时不闻商税有亏，只因导洛司既废，而转运司阴收其利。又自元祐三年十月后来，始于法外擅便立随船点检一条，自此商贾不行，公私为害，今若依编敕施行，不维纲梢自须投务纳税，如前状所论，而商贾垄集于京师，回路物货无由，复入空纲揽载，所获商税必倍，此必然之理也。"从之。《徽宗实录·苏轼传》云：轼知扬州发运司，主东南漕。先是，漕挽听其私载，往往视官舟为家，以时修葺，故所载无虞。近岁严私载之禁，舟坏人贫，公私皆病。轼奏乞复，故从之。墓志云：发运司旧主东南漕，法听操舟者私载物货，征商不得留难，故操舟富厚，以官舟为家，补其敝漏，而周舟夫之乏困，故其所载，率无虞而速达。近岁不忍征商之小失，一切不许，故舟敝人困，多盗所载，以济饥寒，公私皆困。公奏乞复，故朝廷从之。传盖因墓志也。轼先以七月二十七日，论仓法并纲梢折欠，又以八月五日，论岁运额斛到京殿最。今并三奏于七月末。八月一日，又乞罢转般仓斗子仓法。前奏已具，更不别出。李焘《师友谈记》亦载此事，今附见。焘云：国朝发纲船，不许住滞，一时所过，税场不得检税，兵梢口食，许于所运米中，计口分升斗借之，至下卸日折算，于逐人俸粮除之。盖以船不住，则漕运甚速，不检则许私附商贩，虽无明条许人，而有意于兼容，为小人之啖利，有以役之也。借支口粮，虽明许之，然漕运既速，所食几何？皆立法之深意也。自导洛司置舟，官载客货，沿路税物既为所并，而纲兵搭附遂止。迩来导洛司既废，然所过税场，有随船检税之滞，小人无所啖利，日食官米甚多，于是盗粜之弊兴焉。既食之，又盗之，而转般纳入者动经旬月，不为交量，往往凿窦自沉，以灭其迹。有司治罪，鞭配日众，大农岁计不充，令犯人逐月克粮填纳，岂可敷足。张文定为三司使日，云岁亏六万斛，今比年不啻五十余万斛矣，而其弊乃在于纲兵也。东坡为扬州，尝陈前弊于朝，请罢缘路随船检税，江、淮之弊，往往除焉。然五十万之缺，未能遽复，数年之后，可见其效也。淮南、楚、扬、泗数州，日刑纲吏，不啻百人，能救其弊，此刑自省。仁人之言，其利溥哉！32，页11328—11334

续资治通鉴长编卷四百七十六　宋哲宗元祐七年（壬申，1092）

【宋哲宗元祐七年（1092）八月】管勾成都府等路茶事阎令言："熙州获人户赵世亨造假名山茶二千余斤，从不应为重断罪，不足惩艾。欲乞应于禁茶地分造伪滥茶，许人告捕，除依治平陆行路通商茶法断罪理赏外，其犯人送禁茶地分邻州编管。"从之。新无。7，页11337

【宋哲宗元祐七年（1092）八月】丙辰，诏："宗室犯私酒，尊长应取旨者，止坐本位同祖尊长。尊长自犯，即坐本宫同祖尊长。"苏辙为中丞时，尝有论列。12，页11338

【宋哲宗元祐七年（1092）八月】臣僚言："伏见法寺断大辟，失入一人有罚，失出百人无罪。断流、徒罪，失入五人则责及之，失出虽百人不书过。常人之情能自择利害，谁出公心为朝廷正法者。今乞于条内添入失出死罪五人，比失入一人；失出徒、流罪三人，比失入一人。"从之。记得此有驳论者，当检附。13，页11338

【宋哲宗元祐七年（1092）八月】苏轼言："准元祐三年八月二十四日敕，陕西转运司奏：准敕节文，卖盐并酒税务增剩监专等赏钱，更不支给。本司相度，欲且依旧条支给，所贵各肯用心，趁办课利。户部状，欲依本司所乞，并从元丰赏格依旧施行。检会元丰七年六月二十四日敕，卖盐及税务监官,年终课利增额,计所增数给一厘;盐务专副、称子、税务专拦,年终课利增额,计所增数给半厘;及检会元丰赏格,酒务监官年终课利增额,计所增数给二厘;酒务专匠,年终课利增额,计所增数给一厘。具如右。臣闻之管仲,礼义廉耻,国之四维,四维不张,国乃灭亡。今盐酒税务监官,虽为卑贱,然搢绅士人、公卿胄子,未尝不由此进。若使此等不顾廉耻,决坏四维,掊敛刻剥,与专拦、称匠一处分钱,民何观焉。所得毫末之利,而所败者天下风俗,朝廷纲维,此有识之所共惜。臣至淮南,体访得诸处税务,自数年来,刻虐日甚,商旅为之不行,其间课利虽已不亏,或已有增剩,而官吏刻虐不为少衰。详究厥由,不独以财用窘急,转运司督迫所致,盖缘有上件给钱充赏条贯,故人人务为刻虐,以希岁终之赏。显是借关市之法,以蓄聚私家囊橐。若朝廷悯救风俗,全养士节,即乞尽罢上件岁终支赏条贯。仍乞详察上件条贯,于税务施行尤为切害,先赐废罢。况祖宗以来,元无此格,所立场务增亏赏罚,各已明备,不待此条,方为劝奖。臣窃见今年四月二十七日敕,废罢诸路人户买扑土产税场,命下之日,天下歌舞,以至深山穷谷之民,皆免虐害。臣既亲被诏旨,仰缘德音,推广圣意,具论利害,以候敕裁。"从之。元丰七年六月辛卯,初从京西漕司请,诏税务年终课利增额依盐酒务赏格。轼此奏盖得请。绍圣又改之。据轼奏状,八月五日上,时犹称知扬州。轼七月二十二日已除兵书,但未受命,故但以知扬州论事也。今削去"知扬州"三字。14,页11338—11340

【宋哲宗元祐七年(1092)八月】癸亥,兵部状:"检准《元祐贡举敕》:'寺、监长贰,各许奏举武举一人'。今来御史台等处牒到秘书少监二员,即系秘书省官。本部看详,称省者在寺、监之上,兼逐官亦系少监。今相度秘书省长贰,欲并关报,各许保奏武举一人。"从之。《法册》八月十二日敕。24,页11343—11344

续资治通鉴长编卷四百七十七 宋哲宗元祐七年(壬申,1092)

【宋哲宗元祐七年(1092)九月】诏自今亏欠糯米、油、麻纲运,如收籴不足,即据本纲所欠多少数目,将干系人请受依粮纲少欠条,先次借半年,内半分请给粜卖拘收。见今令排岸司差人监籴,送纳不足,并依粮纲少欠条,仍至三厘止。三厘外计赃,以盗论。新无。3,页11354

【宋哲宗元祐七年（1092）九月】诏："应以朝廷机密事及实封要重文书传报者，以违制论；撰造事端誊报惑众者，亦如之。事理重者奏裁，即虽传报，而于事无害者，杖八十。应官司擅置狱者，徒一年；公私诸色人因公事追捕人未解所属，私以杻锁之类关留者，杖一百。"新无。4，页11354

【宋哲宗元祐七年（1092）九月】户部言："本部假日，诸处申解公事，并送厢寄禁，至假开日方押赴部勘断。其间甚有情法至轻而偶假，故连挠禁至五七日，颇为未便。今欲乞假日轮本部官一员午前入省，轮推司、杖直各二人直日，杖以下罪事非追究者听决。遇本省官当宿日，只令宿官以时入省断遣。其省曹官吏，畏避诸处问难，点检多务因循，不即结绝，亦不恤小罪，非理淹留。如许施行，其显有推避，不即结绝，亦乞约束。"从之。8，页11354—11355

【宋哲宗元祐七年（1092）九月】三省言："朝廷以募役之法，常使无役下户一概出钱助免，上户差役行之岁久，颇困细民，故议改法，将不可执役及力重役轻人户，令等级出钱，却充空闲不及四年处雇募州役，仍令本路将多补少，移那支使。每年准备存留不得过一分，积留不得过五分之处，余钱并用雇人。今点检得诸路助役钱大数每年支用止及一半以来，却致狭乡县分差役频并。盖是当职官吏，不体朝廷法意，务为占吝，不切雇募以宽民力。及检会坊场、河渡等自来止用支酬衙前，自募法后，方行出卖收钱助役，今来上件钱专充衙前等支用外，尚有宽剩，数目不少，亦合补助其余役人。今欲令诸路监司、州县，依下项画一指挥施行。如受此指挥后，依前因循，不务（子）[仔]细推行，致有违误，朝廷必定遣官按察，别有施行。一，合差役人户，第三等以上户空闲四年，第四等以下户空闲六年，如空闲不及逐等年限，即据所缺役人雇募。如本路役钱支不及二分，其空闲年限，各递展一年。一，狭乡县役人，除已雇衙前、州手力，并壮丁不雇外，许并雇州县人役，上三等户并贴雇，令空闲及四年；下二等户并贴雇，令空闲及六年。本县纽计逐等合役人户，除空闲年外，各合差若干户充役。如不足，合雇若干人，立定二额。差র役满，却差人承替；雇者有缺，却募人填缺。后来户口别有升降，差雇不齐，且依旧额，候三年重造簿日，别定差雇之额。仍限今来指挥到日，令佐据合雇人额，便行召募。仍自州及县，先从重役替放，先入役之人，如无合雇州役，即便雇县役。其州县役若本等不足，并依近降条约差次一等比本等，内下户物力及七分以上人，如次等委无及七分户，只以本等理空闲年。一，宽乡县役人，除已雇衙前、州手力外，并轮差。如已依旧条雇到州役，即未得开落，别作一项声说。一，官雇弓手，先雇曾充弓手人，不足，以有武勇行止人充役。人愿雇者，准此。一，壮丁，于本村合差人户，依版簿名次实轮充役，半年一替。除本等应副他役外，如一村有四十户合差壮丁之人，本村壮丁二人处，每一年轮四户，祗应十年轮遍，周而复始。一，一州一路有狭乡役频县分，募钱不足，申提刑司依条以一路移那助役宽剩钱支用。不足，申本司乞支坊场、河渡宽剩钱。谓支衙前雇食、支酬纲运接送人等钱外宽剩数目。仍据每年合用支酬衙前等费用钱，以十分为率，每年更留二分，准备衙前等支用，桩留至五年止。谓如衙前等每年合支用钱一千贯，将宽剩钱存留二百贯，五年留一千贯，更不桩留。又不足，申户部，依此移那别路逐色宽剩钱。一，助役钱，依旧条每年存留一分，如见今已有宽剩及自来积留钱数，即便作五分桩留，遇有支动即补填。一，应差军人接送除代，有雇钱役人者，并以用过事军人身分请受，岁终计数，令提刑司拨还转运司，余依旧条。一，应重役人合行替放，愿应募，依旧在役请雇钱者听。一，应今后募到役人，须有税产，不得募荫赎并曾犯徒刑及诸工艺人，并召有家产二人委保，仍不得过旧募雇钱数。一，衙前，如人户愿依陕西镇戎、德顺、熙州衙前法，以官田充募者听。其官田合出租课，即以坊场、河渡钱拨还所属。一，诸县依今来立定新式供状，一申本州类聚，缴申监司；监司聚议连书缴诸州，状申户部，监司仍别具本路移用及宽剩县分钱数申部。所供状，县限半月，州限一月，监司限两月，州、县、监司如有未尽未便事理，各具利害，许实封入递，申尚书省。状式：某县，今奉指挥供具本县合系宽狭乡及差募役事件。一，本县某色为重役，某色为次役，某色为轻役；一，本县系宽乡或系狭乡。一，衙前若干，雇募未足，轮差乡户若干，支钱若干；若全支雇食钱，计支钱若干。一，州役若干，合差若干，合募若干，若干已募，岁支钱若干，若非全年雇者，只据实支钱数开说。若干未募，合支钱若干，其钱在某处。一，县役若干。已上五项，内有本县不该开说事件，即除下。一，五等户若干，逐等户若干，逐等差役户若干，本等差人若干，次等及七八分物力差人若干，空闲若干，上等四年以上若干，下等六年以上若干。一，助役钱，除桩留及雇人外，剩钱若干。一，坊场、河渡钱若干，即不得将非坊场、河渡钱，滚同支用。一界三年计钱若干，一年计钱若干，若干已收，若干未纳。年支若干，衙前雇食钱若干，应募人费用钱若干，诸般支费若干。已上一项，如内有非本州事件，即具州状开说。"诏："并依，仍先次施行。"吕大防《政目》七年九月六日，书白札诸路役法，即此也。

《实录》删修太略,今以《法册》所编录者,详著之。元祐于役法留意如此,不久复为绍圣所坏,甚可惜也。《旧录》云云,仍附见。三省言诸路差役,第三等以上户空闲四年,第四等以下空闲六年,不及逐等年限即雇募。狭乡县役人,并许雇州县役;宽乡县役人,并轮差。重役人合替放,愿应募者听。募役人须有税产,不得募有荫听赎人。衙前,如有人户愿以官田充募者听。及请依今来立定新式供本县轻重役法次等。并从之。10,页11355—11358

【宋哲宗元祐七年(1092)九月】丁亥,诏军人不许习学乞试阴阳文书。如违犯,并从私习条。13,页11359

【宋哲宗元祐七年(1092)九月】诏:"入国接伴使、副,今后不得将带亲属并有官人充职员小底,违者罪之。其入国使、副实有宿疾,听带亲属一名充小底,不以有官无官,具奏听旨。"先是,惟汛使出疆,以老疾自陈,有例得带亲属。自熙宁后为通法,奉使者稍以亲属自随,因缘干扰,故条约之。18,页11371

【宋哲宗元祐七年(1092)九月】宗正寺言:"本寺令:宗室无服亲,连名非上下同者,如'立之'与'宗立'之类,及音同字异,皆听讳。祖宗袒免以上亲,见依上件令文讳赐名外,今来非祖免亲,既许本家讳名,切虑员数日增,取名渐多,若皆令依上条一一照对回避,必至拘碍训讳不行。今欲乞令太祖、太宗、秦王下子孙无服亲,各于本祖下即依令文讳名。若系别祖下无服亲,除所连名自合别取字外,余虽犯别祖下本字,并许用。所贵久远训讳得行。"从之。

又言:"宗室讳名,自来并用两字,内取一字相连,所以别源派,异昭穆也。昨自熙宁中立法,非祖宗袒免亲,更不赐名、授官。后来逐时准大宗正司关到本家所讳名,多是重迭,至有数人共一名者。又或与别房尊长名讳相犯,或兄弟不相连名,或只取一字为名,而偏傍不相连者,名称混淆,难以分明昭穆之序。窃恐年祀浸久,流派愈远,谱籍渐无统纪。除重迭共一名者,昨来寺司申请已得朝旨,见令改讳外,所有犯别房尊长名讳,兄弟不相连名,并以一字为名,恐亦合改讳。欲乞宗正司告示逐宫院,将见今名犯尊长讳并字不相连及单名者,并令改讳。仍从本寺定取一相连字取名稍宽者,关宗正司告示,令依仿讳名,所贵稍得齐一。"从之。23,页11371—11372

【宋哲宗元祐七年(1092)九月】刑部言:"欲常法地分窝藏强盗,

不该配远恶沙门岛者，许人告，依重法地分窝藏人，给赏钱及财产之半。其依上条许捕者，亦准此支给。"从之。新无。33，页11375

续资治通鉴长编卷四百七十八　宋哲宗元祐七年（壬申，1092）

【宋哲宗元祐七年（1092）冬十月】丙寅，诏刑部、大理寺，已发断上公案，如遇特恩者，其已断该赦降勿论，及全原并减外，无罪者更不必退送，若于法不该原减者，据未断降下名件押贴子，下大理寺，批逐件合引赦降，各人事状，连法状行下，其余并退送。15，页11387

【宋哲宗元祐七年（1092）冬十月】三省言："堂除诸路职司，有带权及权发遣者，未行官制已前，系中书检举除落，今却系吏部检举具钞，更不经中书，显是不相照应。"诏吏部依条检举，具状申尚书省，送中书省取旨施行。17，页11388

【宋哲宗元祐七年（1092）冬十月】翰林侍讲学士范祖禹言："臣于去年十二月转对奏事，乞除贼盗重法，未蒙施行。臣闻王者之德，如天无不覆，地无不载，四海之内，皆赤子也。无有远迩，当视之如一。今重法之地，独为匪民，一人犯罪，连及妻孥，没其家产，便同反逆。先王制刑，必使民得以自新，不闻别异州城，偏行峻令，恐非圣世所宜为也。陛下将郊见天地，御楼肆赦，若于赦文悉除此法，一切荡涤，与之更始，足以感格人心，召致和气，则帝舜好生之德，大禹泣罪之仁，成汤解网之恩，复见于今矣。恭惟祖宗，无不哀矜庶狱，刑罚从宽，远过前代，实有阴德，上当天心，是以承平百年，福祚无穷。惟自嘉祐七年，初立窝藏重法，熙宁中，中书检正官奏请，遂为著令。皆因有司建议，非仁宗、神宗本意，此乃权时之制，不可久行，臣前奏论之已详。今因初郊，宜以为仁政之始，圣人顺动，云行雨施，刑清民服，此其时也。伏望圣慈断而不疑，特降睿旨，于将来赦书行下，使百姓晓然，知二圣天地涵养无私之德，不独视此诸郡如蛮貊之人。臣将见民之戴恩，沦于骨髓，则胜残去杀，庶可望矣。"

贴黄："议者必谓一除此法，贼盗必炽，臣窃以为不然。自嘉祐以来，行重法至今，不闻地分盗贼衰少；近《元祐编敕》比旧法稍轻，亦

不闻盗贼滋多。以此知盗贼多少，不系重法，决可除去无疑，并乞检会臣前奏施行。26，页11390—11391

【宋哲宗元祐七年（1092）十一月】诏："诸大中大夫、观察使以上，每员许占永业田十五顷，余官及民庶愿以田宅充祖宗缋祀之费者亦听，官给公据，改正税籍，不许子孙分割典卖，止供祭祀，有余均赡本族。已上辄典卖，依卑幼私辄典卖法。不限年，许理认田宅，仍先改正。诸太中大夫、观察使以上居住，虽有分人，不得无故毁拆，辄典卖者，依私辄典卖永业田法。"8，页11393

【宋哲宗元祐七年（1092）十一月】乙酉，诏应重法地分，劫盗五人以上或凶恶者，行重法，余依常法，窝藏人准此。9，页11393

续资治通鉴长编卷四百七十九　宋哲宗元祐七年（壬申，1092）

【宋哲宗元祐七年（1092）十二月】诏：应狱死罪人，岁终，委提刑司，在京委御史台取索，具姓名、罪犯报刑部，数多者申尚书省。八年二月五日可考。10，页11402

【宋哲宗元祐七年（1092）十二月】癸酉，三省访闻缘边欲兑封桩钱物，多虚称止于别路桩定，及至过兑，却未有的实钱物拨还。不惟指望去官，赦降免罪，兼日渐侵使封桩钱物数多，深为不便。今立法："擅支借朝廷及户部封桩钱物、并常平等钱物及他司借常平钱籴买物料，应副对行交拨，未桩拨价钱而辄支用者，徒二年。内封桩钱物若系应副军兴，小可那调者，并所须急缺，委实不可待报者，方许支借。仍具数并急缺因依，申所属点检给限拨还。若兑缘边要切支用，而已于别州桩定钱物，或召人入便，省得运送之费而无妨缺者，申禀尚书省及本部。以上如违，并不以觉举、去官、赦降原减，未断而还足者，奏裁。"从之。21，页11409

【宋哲宗元祐七年（1092）十二月】户部状："检会今年九月六日役法朝旨节文下项一：'壮丁于本村合差人户，依版簿名次实轮充役，半年一替。除本等应副他役外，如一村有四十户合差壮丁之人，本村壮丁二人处，每一年轮四户祇应，十年轮遍，周而复始。'访闻外路官司，有将壮丁一役使空闲年限及有作十年轮遍者，勘会上条立定空闲年限，皆谓合雇之役。壮丁既系在家应役，自不合用空闲年限。其注文云'十年轮遍'，只是假令之法，除本等应副他役外，据合差壮丁人户实轮充役，周而复始，不必须限十年轮遍，亦不用空闲之法。兼勘会壮丁一役，虽近改作半年一替，虑差罢频数，人情苟简，于公别有妨废。并府界诸路见今壮丁额数，多是过于熙宁四年行募法日所定人额，今来合行裁损。"诏：府界诸路壮丁并依熙宁四年行募法日立定额数差置，内见今人数少者，只以见今数为额。其合减放人，即将先入役者放罢。如有村分合差壮丁户少役频者，即将邻村合差壮丁户遍轮充役勾当。仍并一年一替，先次施行。所有上件朝旨内壮丁半年一替指挥，更不施行。《法册》：二月二十五日圣旨。22，页11409—11410

【宋哲宗元祐七年（1092）十二月】是岁，宗室子赐名授官者四十七人，断大辟四千一百九十一人。27，页11413

续资治通鉴长编卷四百八十　宋哲宗元祐八年（癸酉，1093）

【宋哲宗元祐八年（1093）正月】刑部言："王中正元任昭宣使、金州观察使，坐入界无功及臣僚上言降四官，提举太极观。本部检举，已叙文州刺史，仍旧昭宣使。至今又满二期，当再检举。"诏王中正更候二期取旨。11，页11418

【宋哲宗元祐八年（1093）正月】刑部言："私自披剃及度人为僧道者徒三年，伪冒同。本师知情减二等，主首又减三等，并还俗。即以度牒乞卖与人、及受买、及盗诈取而欲冒之者，虽未度，各徒三年，并许人告，赏钱五十贯。未度者并减半。敕书到后三十日不改，复罪如初。"从之。新无。19，页11421

【宋哲宗元祐八年（1093）正月】户部言："元祐元年二月五日敕：'官员差出所带人吏，如合支驲券，从本部契勘职名，依令内则例，不许陈乞别等则例，如违许劾奏。'自降朝旨，差官出外所带人吏，多乞优厚券俸，申请特旨。虽依上条劾奏，而朝廷特依已降指挥，不惟紊烦朝廷，而近降朝旨遂成空文。欲今后人吏、公人差出，虽有特旨不依常制，或特依已降指挥，别支破驿券之人，并从本部只依本职名则例支给。"从之。新删。27，页11423

【宋哲宗元祐八年（1093）正月】刑部言："官员举借钱物，于任所交还。州官于诸县镇寨，或诸县镇寨官于本州者，皆为任所。计本过五十贯者，徒二年。重迭及于数人处举借，并通计。钱物主并保引人，如过数借者，各杖一百，数外钱物没官。若偿外钱物不及五十贯之数事发者，减本罪二等；不及三十贯者，又减二等；全偿讫者，又减三等。以上偿钱应减罪者，数外钱物数，仍免没官。其所偿钱物内有系任所受乞借贷之类者，各不减。"从之。新本无。28，页11424

【宋哲宗元祐八年（1093）正月】吏部言："品官家状，欲令尚书、侍郎右选依左选式：父母亡，具已未迁葬；如未迁葬，即具所亡年月。"从之。29，页11424

【宋哲宗元祐八年（1093）正月】丁酉，礼部言："工部员外郎游师雄论列敕节文，每遇南郊、北郊祠祀，差执政官充初献，已受誓戒而有故不赴，即令本祭内官高者通摄行事。有东郊、西郊祠祀，未审合与不合通摄，下太常寺看详。师雄所请，止称东、西郊，缘其余大祠，事体一等。欲乞应大祠，差礼部尚书、侍郎、太常卿为初献，已受誓戒而有故不赴，若礼部郎中为亚献官，自可摄初献外，余官即令本祭内官高者通摄。"从之。30，页11424

【宋哲宗元祐八年（1093）正月】刑部言：外州军人逃亡，于畿京首获条，轻重有差。从之。34，页11425

【宋哲宗元祐八年（1093）正月】诏："近降役法，今后收到官田并见佃人逃亡，更不别召人户租佃，及见佃官田人户，如违欠课利，于法合召人户划佃者，并拘收入官，留充雇募衙前。收到官田未有人投募，且召人租佃，有人充役，即行给付。若已布种，候收成交割。仍取问见佃官田人户，如愿投合募衙前者，听。"苏轼给田募役议，可考。去年九月六日，以官田募衙前。35，页11425

【宋哲宗元祐八年（1093）正月】尚书省言："去年九月六日役法，应今后役人，须有税产，不得募荫、赎并曾犯徒及工艺人，并召保，仍不得过旧雇钱数。"从之。36，页11425

【宋哲宗元祐八年（1093）正月】刑部言："配军逃亡捕获者，元犯情重，依上禁军法；情理不至凶恶者，依下禁军法。"从之。新无。46，页11427

续资治通鉴长编卷四百八十一　宋哲宗元祐八年（癸酉，1093）

【宋哲宗元祐八年（1093）二月】京东东路提点刑狱张元方言："诸州比较贼盗等事，按提刑司已是上下半年比较，及捕盗官亦有立限责罚外，欲乞诸知州及一年以上罢任者，除侍从官外，将任内已未获强盗、杀人贼人数比折，如通获不及五分，即具奏。若获及五分，申尚书省。"从之。4，页11436

【宋哲宗元祐八年（1093）二月】户部言："辄诱母或祖母改嫁而规欲分异、减免等第者，依子孙别籍异财法加二等，为首者配本州，许人告，给赏。"从之。《旧录》自八年二月二日并缺，《新录》缘此所书事比前益疏，史院至今未得《旧录》缺卷，当考。王铚补录亦复草草云。5，页11436

【宋哲宗元祐八年（1093）二月】庚戌，户部言："勘会无为军昆山白矾元条，禁止官自出卖，昨权许通商，每百斤收税五十文。准元祐敕，晋矾给引，指住卖处纳税，沿路税务止得验引批到发月日，更不收税。其无为军昆山矾欲依晋矾通商条例。"诏依户部所申。6，页11436

【宋哲宗元祐八年（1093）二月】礼部尚书苏轼言：
高丽人使乞买书籍，其《册府元龟》、历代史、《太学敕式》，本部未敢支卖。准尚书省批状送礼部许卖，其当行人吏上簿者。臣伏见高丽人使每一次入贡，朝廷及淮、浙两路赐予、馈送、燕劳之费约十余万贯，而修饰亭馆、骚动行市、调发人船之费不在焉。除官吏得少馈遗外，并无罚发之利，而有五害，不可不陈也。所得贡献皆是玩好无用之物，而所费皆是帑廪之实,民之膏血,此一害也。所至差借人马什物,修饰亭馆,暗损民力,此二害也。高丽所得赐予,若不分遗契丹,则契丹安肯听其来贡,显是借寇兵而资盗粮,此三害也。高丽名为慕义来朝,其实为利,度其本心为契丹用,何也？契丹足以制其死命,而我不能故也。今使者所至描画山川形势,窥测虚实,岂复有善意哉？此四害也。庆历中,契丹欲渝盟,先以增置塘泊为中国之曲,今乃招来其属国,使每岁入贡,其曲甚于塘泊。幸今契丹恭顺,不敢别有生事,万一异日桀黠之敌以此借口,不知朝廷何以答之。此五害也。臣熙宁中通判杭州日,因其馈送书中不禀朝廷正朔,却退其物,待其改书称用年号,然后受之。仍催促起发,不令住滞。及去岁出知杭州,却其所进金塔,不为奏闻。皆是臣素意欲稍裁节其事,庶几渐次不来,为朝廷消久远之患。今既备员礼曹,乃是职事。近者因见陈轩馆伴申乞,尽数差相国寺行铺人入馆铺设,以待人使卖买,不唯徙市动众,以奉小国之陪臣,有损国体；兼亦抑勒在京行铺,资吏人广行乞取,弊害不少。所以具状申都省,伏乞施行。其多方作弊官吏,并不蒙都省略行取问,今来只依陈轩等,不待申请,直牒国子监收买诸般文字。臣闻河北榷场禁出之书,其法甚严,徒以契丹故也。今高丽与契丹何异？乃废榷场之法？兼窃闻昔年高丽使乞赐《太平御览》,先帝诏令馆伴用东平王故事为词却之。近日复乞,诏又以先帝遗旨不与。今历代史、《册府元龟》与《御览》何异？故申都省,止是乞赐详酌指挥,未为过当,便蒙行遣,吏人上簿书罪。臣窃谓无罪可书。虽上簿至为末事,于臣又无丝毫之损,臣非为此奏论,所惜者,无厌之求,事必曲从,官吏苟徇其意,虽动众害物不以为罪,稍有裁节之意,便行诘责,今后无人敢逆其请。使意得志满,其来愈数,其患愈深,所以须至极论。

又近者馆伴所申,乞为高丽使买金箔,欲于杭州装佛,臣未敢许,已申禀都省,窃虑都省复以为罪。窃缘金箔本是禁物,人使欲以装佛为名,久住杭州,骚扰公私。窃闻近岁西蕃阿里骨乞买金箔,朝廷重难其事,量与应副。今来高丽使朝辞日数已逼,乞指挥馆伴以打造不及为辞,更不令收买。又近据馆伴所申,乞与高丽使钞写曲谱,臣谓郑、卫之声,流行海外,非所以观德。若朝廷特旨为钞写,尤为不便。其状,臣已收住不行。臣忝备侍从,事关利害,不敢不奏。诏所买书籍曾经收买者,许依例,金箔特许收买,余依奏,吏人免上簿。

轼又言：臣所以区区论奏者,本为高丽、契丹之与国,不可假以书籍,非止为吏人上簿也。今来吏人独免上簿,而书籍仍许收买,臣窃惑之。检会《元祐编敕》：诸以熟铁及文字禁物与外国使人交易,罪轻者徒二年。看详此条，但系文字，不问有无妨害，便徒二年，则法意亦可见矣。以谓文字流入诸国有害无利，故立此重法，以防意外之患。前来许买《册府元龟》及《北史》，已是失错。古人有言："一之为甚，其可再乎？"今乃废见行编敕之法，而用一时失错之例，后日复来，例愈成熟，虽买千百部，有司不敢复执。则中国书籍山积于高丽，而云布于契丹矣。臣不知此事于中国得为稳便乎？昔齐景公田，招虞人以旌，不至。曰："招虞人以皮冠。"孔子韪之曰："守道不如守官。"夫旌与皮冠于事未有害，然且守之；今买书利害如此，编敕条贯如彼，比之皮冠与旌，亦有间矣。臣当谨守前议，不避再三论奏，伏望圣慈早赐指挥。

贴黄称："臣点检得馆伴所公案内有行下承受所收买文字数，内有一项，所买《册府元龟》虽不曾卖与，然高丽之意亦可见矣。"

又称："臣已令本部备录编敕条贯，符下高丽人使所过州郡，约束施行去讫，亦合奏知。"12，页11441—11442

【宋哲宗元祐八年（1093）二月】诏高丽买书自有体例，编敕乃禁民间，令依前降指挥。

轼又言："臣前所论奏高丽入贡为朝廷五害，事理灼然，非复细故。近又检坐见行编敕，再具论奏，并不蒙朝廷详酌利害及编敕法意施行，但检坐国朝《会要》已曾赐予，便为收买。窃缘臣所论奏，所计利害不轻，本非为有例无例而发也。事诚无害，虽无例亦可；若其事有害，虽百例不可用也。而况《会要》之书，朝廷以备检阅，非如编敕，一一皆当施行也。臣只乞朝廷详论此事，当遵行编敕耶，为当检行《会要》而已？臣所忧者，文书积于高丽而流于契丹，使敌人周知山川险要、边防利害，为患至大。虽曾赐予，乃是前日之失，自今止之，犹贤于接续许买，荡然无禁也。又高丽人入朝，动获所欲，频岁数来，驯至五害，如此之类，皆不蒙朝廷省察。深虑高丽人复来，遂成定例，所以须至再三论奏。兼今来高丽人已发，无可施行。"

贴黄："今来朝旨止为高丽已曾赐予此书，复许接续收买，譬编敕禁以熟铁与人使交易，岂是外国都未有熟铁耶？谓其已有，反不复禁，此大不可也。""诏高丽买书自有体例，编敕乃禁民间，令依前降指挥。"《新录》系之三月六日，今并附此。元符元年四月十二日《宋球传》，《旧录》云："副陈轩馆伴，高丽使求《册府元龟》、乐谱、金箔，苏轼为礼部尚书，以先朝柔远非是，乘此沮之，且诬馆伴规其私遗，陈请勿与。球曰：'先朝盖尝赐之矣，此非中国所秘，不与何以示广大？'朝廷是其议，卒与之。"《新录》辨曰："按苏轼奏状论高丽使买书籍、金箔利害甚详，未尝诋先朝柔远为非是，亦未尝谓馆伴规其私遗也。不知史官何据而书，诬诞明矣。馆伴人使者，陈轩也。球为之副尔，买书等事，主议亦不在球。今削去七十二字。"12，页11438—11441

【宋哲宗元祐八年（1093）二月】壬子，中书省检会元祐五年五月二十五日指挥："诸路、开封府界提刑司每岁终具诸狱瘐死人数，仍开析因依，申刑部。内数多者申尚书。在京禁系，委御史台取索，报刑部看详。"上件朝旨，即无许分别禁系人数目。至元祐七年，诸路具到狱死人数，刑部遂分每禁二十八人以上死一人者，更不开具。即是今后应系囚处，岁禁二百人，许破十人狱死。深虑州县狱官公然懈弛，甚非钦恤之意。诏刑部今后更不得分禁系人数，依元降朝旨，将瘐死人数多者，申尚书省。元祐五年五月二十五日指挥附见，不别出。七年十二月壬子，当考详。13，页11442

续资治通鉴长编卷四百八十二　宋哲宗元祐八年（癸酉，1093）

【宋哲宗元祐八年（1093）三月】三省言：除名勒停人前左班殿直王宗正讼谢景温。初，宗正为真定路安抚司指使，犯自盗赃，法当死，特贷命除名，送贺州编管。挟怨忿过京师，讼景温故入极刑，指景温尝与属官语吴处厚讦蔡确事而处厚死，若有异意，语涉讥诋。吕大防曰："宗正凶人，自抵于法，今以语言讼景温，未明虚实。"太皇太后曰："怨人言语不可行。"又曰："蔡确已死，此人奸邪，朋党为害，得它如此，是国家福。"大防曰："此是天诛。"前一日新州以确死闻，故有此宣谕。确死在正月初六日。6，页11464

【宋哲宗元祐八年（1093）三月】庚寅，礼部言："检准《元丰礼部令》：'诸开科场，每三年于季春月朔日取裁。'本部勘会昨元祐五年发解，至今已及三年。"诏所有今岁科场，依例施行。16，页11468

续资治通鉴长编卷四百八十三　宋哲宗元祐八年（癸酉，1093）

【宋哲宗元祐八年（1093）夏四月】戊午，御史中丞李之纯言："臣僚上言，乞严立制度，以绝奢僭之源；杜绝邪侈，以成风俗之厚。至于闾巷庶人，服锦绮，佩珠玑，屋室宏丽，器用僭越，皆可禁止。诏令礼部将见行条贯行下。按《嘉祐敕》，犹有品官民庶装饰真珠之法，至熙宁、元祐编敕即行删去。窃以承平日久，风俗恬嬉，以华丽相高，而法禁纵弛，至于闾阎下贱，莫不僭逾，以逞私欲。商贾贩易，获利日厚，则彼方采取，其数日增，最为残物害人、浮侈逾僭之甚者。独无其法，何以示民？愿降明诏，禁广南东、西路人户采珠，止绝官私不得收买外，海南诸蕃贩真珠至诸路市舶司者，抽解一二分入官外，其余卖与民间。欲乞如国初之制，复行禁榷珠，其抽解之外，尽数中卖入官，以备乘舆宫掖之用。申行法禁，命妇、品官、大姓、良家许依旧制装饰者，令欲官买，杂户不得服用。以广好生之德，而使民知贵贱之别，莫敢逾僭。及民间服用诸般金饰之物，浮侈尤甚，而条贯止禁销金。其镂金、贴金之类，皆是糜坏至宝，僭拟宫掖，往年条禁甚多，亦乞修立如销金之法。"诏镂金、贴金之类，令礼部检举旧条；珠子，令户部相度以闻。9，页11482—11483

【宋哲宗元祐八年（1093）夏四月】戊辰，礼部言："大名府新科明法侯弼等状：'窃以先朝立法，废罢明经及诸科举人，许曾于熙宁五年以前应明经及诸科举人，依法官例试法，为新科明法科。自不许新人取应，欲销尽明经及诸科旧人。当日务从朝廷之意，而改应新科者十有七八。昨于元祐三年，又准朝旨，置籍拘定人数，更不许新人取应。今来五路却将新科举人与进士一例须要就试终场十人已上，方许解发一名，显是立法不均。欲乞依诸科例，十分中亦留一分解额，解发新科举人。'本部勘会：存留一分解额，有碍条制。如朝廷早要销尽各人许留一分解额，乞自朝廷指挥。"诏五路新科明法举人，今后取应人，系就试终场者，每实及七人，许解发一名；如取应终场，止有六人已下，亦许解一人。15，页11486—11487

【宋哲宗元祐八年（1093）夏四月】己巳，臣僚上言："伏见自祖宗以来条制，凡官员亲戚于职事有统摄或相干者，并回避。近时朝廷侍从近臣职事，或有亲戚相妨，多用特旨，更不回避。今乃类使叔侄兄弟更相临统，则是按察之法，名存而实废矣。望应今后内外官职事有亲戚相妨，并令依法回避，更不降特不回避指挥。"诏依奏，内有服纪远、职事疏，临时取旨。16，页11487

【宋哲宗元祐八年（1093）夏四月】乙亥，点检催放欠负司状："据雍邱县申'准南郊赦：应人户欠阁税租并沿纳及因灾伤借贷钱谷，在元祐四年明堂以前者，并特与除放。遂具元祐四年秋税租申乞除放。准省部指挥：赦书上言，人户欠阁税租在元祐四年明堂以前者，并特与除放。本县契勘：其元祐四年秋料税租，系在当年九月一日起催，当月十四日赦书，即是赦前见催欠数。'本司检准元祐八年正月十日赦节文，应内外诸般欠负，并令所属依赦除放讫，关本司点检当否。今来雍邱县所申事理，致依所申尚书省勘会，诸路人户秋税，虽有起催在九月一日，缘纳毕并在次年正月以后，即不系赦前实欠。除人户元祐四年秋料欠阁税租外，余并依已降赦敕除放。"七年十一月二十四日，顾临等看详放欠。20，页11488—11489

续资治通鉴长编卷四百八十四　宋哲宗元祐八年（癸酉，1093）

【宋哲宗元祐八年（1093）五月】诏南郊合祭，依元祐七年例。《政目》八日事。合取四月丁巳诏详考之，今姑两存。9，页11494

【宋哲宗元祐八年（1093）五月】己丑，录京畿囚。《政目》十一日事。14，页11495

【宋哲宗元祐八年（1093）六月】壬戌，门下中书后省言："准朝旨，编修《在京通用条贯》，取到在京诸司条件，修为一书。除系海行一路、一州、一县及省、曹、寺、监、库、务法皆析出关送所属，内一时指挥，不可为永法者，且合存留依旧外，共修成敕令格式若干册。所有元祐三年十月终以前条贯，已经删修收藏者，更不施行。其十一月一日以后续降，自为后敕，及虽在上件月日以前，若不经本省去取，并已行关送者，并合依旧施行。仍乞随敕令格式名，冠以'元祐'为名。"从之。11，页11513

【宋哲宗元祐八年（1093）六月】端明殿学士兼翰林侍读学士、礼部尚书苏轼言："臣伏见元祐五年秋颁条贯，诸民庶之家，祖父母、父母老疾无人供侍，子孙居丧者，听尊长自陈，验实婚娶。伏以人子居父母丧不得嫁娶，人伦之正，王道之本也。孟子论礼色之轻重，不以所重徇所轻。丧三年，二十五月，使嫁娶有二十五月之迟，此色之轻者也。释丧而婚会，邻于禽犊，此礼之重者也。先王之政亦有适时从宜者矣，然不立居丧嫁娶之法者，所害大也。近世始立'女居父母及夫丧，而贫乏不能自存，并听百日外嫁娶'之法，既已害礼伤教矣，然犹或可以从权而冒行者，以女弱不能自立，恐有流落不虞之患也。今又使男子为之，此何义也哉？男年至于可娶，虽无兼侍，亦足以养父母矣，今使之释丧而婚会，是直使民以色废礼耳，岂不过矣哉？春秋记经礼之变，必曰自某人始。使秉直笔者书曰：'男子居父母丧得娶妻，自元祐始。'岂不为当世之病乎？臣谨按，此法本因邛州官吏妄有起请，当时法官有失考论，便为立法。臣备位秩宗，前日又因迩英进读，论及此事，不敢不奏。伏望圣慈特降指挥，削去上条，稍正礼俗。"癸亥，诏从轼请。12，页11513—11514

【宋哲宗元祐八年（1093）六月】丙寅，刑部言："修立到司门条，内陈请废置移复城门、关津、桥道，并申刑部，及部送官物出入画时，具部送人姓名，申所属寺监及尚书本部"。从之。15，页11514

【宋哲宗元祐八年（1093）六月】戊辰，诏诸元无县学处辄创，及旧学舍损坏许令人户出备钱物修整者，各杖一百。以尚书省言外路多违法科率造学故也。16，页11515

【宋哲宗元祐八年（1093）六月】尚书省言："访闻诸路兵夫，多被奸恶之人以货卖熟食为名，阴加屠害。其部辖官司地分干系人，又以弊源深远，刑名至重，不切擒捕，只以逃走为名，致无由究治。缘未有特立告捕赏罚专条，其本县令佐，及部辖兵夫官司，并地分人、同队兵夫等，亦各未有觉察赏罚连坐之法，合付刑部立法。"从之。21，页11516

续资治通鉴长编卷四百八十五　宋哲宗绍圣四年（丁丑，1097）

【宋哲宗绍圣四年（1097）】夏四月乙酉，详定敕令所言：诸路应有改更役法、衙规事件，并令户部看详，申尚书省，候推行成绪，即依元丰旧法一事令户部指挥，季终闻奏。从之。新本削去。1，页11518

【宋哲宗绍圣四年（1097）夏四月】丙戌，三省言：元丰差官职位高

下称事，立为画一，革去临时，旋有申请轻重不伦之弊，元祐中遂行罢去。诏今后并依元丰条施行。3，页11519—11520

【宋哲宗绍圣四年（1097）夏四月】刑部、大理寺言："诸狱皆置气楼、凉窗，设浆饮，荐席，罪人以时沐浴，食物常令温暖。遇寒量支柴炭，贫者假以衣物。其枷杻，暑月五日一濯。有狱州、县当职官，半年一次躬行检视修葺，务令坚固。"从之。8，页11520—11521

【宋哲宗绍圣四年（1097）夏四月】诏恤刑条制依《元丰令》，提点刑狱司岁于四月、十月上旬检举，下诸州长官行讫奏闻。12，页11522

【宋哲宗绍圣四年（1097）夏四月】刑部言前知宿州、朝请大夫盛南仲并妻三泉县君王氏在任赃污事。诏盛南仲除名，免其决流，送永州编管；王氏追封邑，罚金。22，页11529

【宋哲宗绍圣四年（1097）夏四月】丁酉，枢密副都承旨宋球等言：近诏自元丰八年五月以后至元祐九年四月十一日终，臣僚章疏及申请事件逐名编类，修写成册，申纳枢密院，今共编类到一百四十三册。诏令录本进入。三月二十八日，元符三年四月二十五日罢。28，页11534

【宋哲宗绍圣四年（1097）夏四月】刑部言：前临江军判官李适在任失入三人死罪，合追两官勒停，两遇大礼，合该原免。诏李适依断特勒停，与远小处差遣。30，页11534

【宋哲宗绍圣四年（1097）夏四月】庚子，详定敕令所言：编修常平、免役条令至今年二月终，后来陆续有冲改者，欲乞编入。从之。32，页11535

续资治通鉴长编卷四百八十七　宋哲宗绍圣四年（丁丑，1097）

【宋哲宗绍圣四年（1097）五月】朝奉郎、详定重修敕令删定官孙杰、大理寺丞吴景渊并权发遣开封推官。12，页11568

【宋哲宗绍圣四年（1097）五月】辛酉，诏皇太妃近尝服药，及雨泽稍愆，农田在望，宜颁恩宥，以导嘉祥。疏决应在京府界并三京及诸县罪人。14，页11568

【宋哲宗绍圣四年（1097）五月】诏陈衍男愷特送南恩州编管。衍并梁惟简屋宅、产业、园地、钱物并根括籍没入官，在京者拨与后苑房廊所，京城外者拨与提举常平司，在外州县者拨与转运司，如有隐漏减落，许人陈告，罪赏依户绝法。《旧录》云："诏陈衍男愷特送南恩州编管。衍并梁惟简屋宅、产业、园地、钱物并根括籍没入官，在京者拨与后苑房廊所，京城外者拨与提举常平司，在外州县者拨与转运司，如有隐漏减落，许人陈告，罪赏依户绝法。"以惟简引用陈衍，交通执政，变乱朝廷也。《新录》曰："交通执政、变乱朝廷之语，意皆诬罔宣仁圣烈，今删去十六字。改删去'诏陈衍男愷特送南恩州编管，衍并梁惟简并籍没产'。"22，页11569—11570

【宋哲宗绍圣四年（1097）五月】庚午，诏："诸路沿边州军，除帅臣所在外，若公使于例册外馈送，并依缘边城堡镇寨条施行。朝廷遣使及监司例外受供馈者，仍取旨。委经略、安抚、钤辖、转运、提刑、提举司，常切觉察劾奏。"以三省言兰州违法馈送也。沿边城堡镇寨条，见二年正月十八日。35，页11575

续资治通鉴长编卷四百八十八　宋哲宗绍圣四年（丁丑，1097）

【宋哲宗绍圣四年（1097）五月】诏起居郎兼权中书舍人沈铢不当以无根缴奏吴居厚，特罚铜二十斤。铢再论"居厚顷使京东，坐聚敛罢，不可以长地官。"即改命蹇序辰，仍令铢分析。序辰既草制，铢因被罚。壬戌除居厚，铢缴词头，甲子再缴，戊辰改付序辰，辛未罚金。《旧录》云：吴居厚除户部尚书，铢以居厚领使京东，坐聚敛罢，不可以长地官。诏铢具实状，不能对，罚金。新传因之。居厚实状有何难对，政坐以元祐为讳耳。史臣婾婀莫辨，可叹也。3，页11579

【宋哲宗绍圣四年（1097）五月】监察御史权殿中侍御史蔡蹈言："臣伏睹近降敕旨施行宣德郎窦纳奏乞河北路官卖盐者。臣窃以河北诸州盐法，自五代以及本朝，尝禁榷矣，不旋踵仍旧通行。熙宁中，先帝尝问王安石曰：'著作佐郎张端言榷河北盐事如何？'安石对：'恐亦可为，但未详见本末尔。'先帝曰：'理财节用，自足致富，如此等事，虽不为可也。'先帝隆眷安石，言听计从，而于此独断以不疑，非灼见利害，不至于是。其后虽有计议之臣，请稍更法，随即寝罢。由此观之，河北盐法，若官可自卖，何俟今日？然则先帝之深恩长虑，至仁广惠，固可见矣。伏愿陛下留神省览，推原先帝圣语所谓'如此等事，虽不为可也'，其意安在？臣伏睹元降朝旨，令本路提刑、提举、转运、安抚司，同共相度，今来止有都转运司保明，深恐众议必有未协，况民情乎？欲望圣慈速赐睿旨，且令河北盐法依旧施行，庶不生事。一方安堵，天下幸甚！"盐禁后何如，当考。25，页11593—11594

续资治通鉴长编卷四百八十九　宋哲宗绍圣四年（丁丑，1097）

【宋哲宗绍圣四年（1097）六月】诏："详定重修敕令所删修官、朝请郎徐发，朝奉郎钟正甫各与升一任，堂除差遣；编排官、宣德郎董嗣之与升一任，堂除差遣；朝请大夫许介卿与减二年磨勘。仍依元丰年例，选留删定官四员、检阅官一员，令本所具功力轻重分等第，关司勋拟赏，申尚书省。" 5，页11599

【宋哲宗绍圣四年（1097）六月】户部状："检准治平二年三月四日中书札子节文：'三司奏，欲应今日已前及今后客人批钞茶税钱，五分依元指定住卖去处，内荆湖南路贩茶限一年八个月，荆湖北路限一年六个月，江南东路、两浙、淮南限一年四个月送纳了足；余五分，并与展限半年。如更有客人陈乞展限，从省司勾追勘断。'奉圣旨：'依。'本部看详治平元立法意，已宽商旅，又立定不详展限刑名，故拘收课入有准，不误国计。元祐中，王岩叟奏请，只凭商旅以罢水磨茶剩数为说，更要展限，奏请不用祖宗已来条约。既送户部，亦不检引元条申明，遂降指挥展限一季，显见日限大宽，走失课入。兼自元祐二年沿此后来内外茶税钱，本部置簿，每年春季违限，倍罚税钱。今点检簿内白脚未勾销者一千七百四十三件；并已有销了，却使元送纳处文字到省、部月日销到者一千三百四十八件，既无元送纳月日，则无以勾考违限。窃缘每年茶税钱约七十余万贯，经今十年，失于检察，更元祐中非理展限，恐官司上下别有情弊。今欲乞外处委提刑司、府界委提举司选官一员，在京于本部选郎官一员，各一年取索照证文字驱磨施行。"尚书省勘会：元祐二年六月权展朝旨，系一时指挥，今来自不合行用外诏依户部所申。11，页11600—11601

【宋哲宗绍圣四年（1097）六月】详定重修敕令所言："遇圣驾行冲入禁卫，从外第一重者徒一年，每一重加二等，第五重当行处斩。即应在禁卫而越入者，一重杖一百，每一重加一等，入第五重徒二年，事理重者奏裁。以上误者各减二等，其行立不依仪式，非越入者杖八十。"20，页11602

【宋哲宗绍圣四年（1097）六月】壬寅，枢密院言："龙猛、龙骑，系杂犯军额，其缺并不招人，止是三年一次，于归远壮勇人兵内依等样拣到。前后累缺兵额数多，今欲禁军犯徒，经决不该配兵级，经断及一年，令所属官司因岁拣取问愿依等样拣填龙骑指挥者，听等验发遣赴军头司；内川、广不用此制。"诏可。27，页11603—11604

【宋哲宗绍圣四年（1097）六月】同管勾陕西路银铜坑冶铸钱许天启，乞将铜锡条内，铜一百斤，权减作七十斤，比金一两理赏。金部言，元祐七年四月六日已有此指挥，欲依天启所乞。从之。《法册》绍圣四年六月二十七日圣旨，今追附本月日。40，页11606

【宋哲宗绍圣四年（1097）秋七月】诏："大程官承发内降并入进及已得旨关录三省文书，转私封发及以示人者，徒一年、五百里编管；赃重者以不枉法论许人告捕，赏钱三十贯。"先是，枢密院奏事，上曰："中书录黄文字，大程官辄以示人，有关防否？"曾布及林希对曰："此辈多以转官及除授、差遣报人求货赂尔。二府文字往还，亦多实封，但恐不免私启封以示人，当更勘会，如未有刑名约束，当立法。"上曰："当严为约束。"布、希退，以谕三省，遂立此法。25，页11614

续资治通鉴长编卷四百九十　宋哲宗绍圣四年（丁丑，1097）

【宋哲宗绍圣四年（1097）八月】御批："大理寺官吏勘断内中作贼修内司雄武兵士邱安，本寺并不奏裁，止以京城内窃盗条断决讫。缘本人所犯事理重轻自与常法不同，不惟断遣失当，亦无以惩诫。除别作施行外，其本寺官李孝博特罚铜二十斤，朱牧、蒋之美、杜宗旦、滕友各罚铜三十斤，推法司等当行人吏，送开封府各决臀杖二十放。"13，页11624

续资治通鉴长编卷四百九十一　宋哲宗绍圣四年（丁丑，1097）

【宋哲宗绍圣四年（1097）九月】兵部言："以车营致远务、驰坊运送官物官车畜，驮载私物或虽系官物而本不应差破官脚乘，私自驮载者，论如乘官马牛车驮载律。畜过，杖八十，车过，徒一年，各二十斤加一等，并罪止徒二年，物没官。其畜产因负重致死者，杖八十，仍勒犯人及知情干系人均备。许人告捕，笞罪，赏钱三贯；杖罪，五贯；徒罪十贯。"从之。新本削去。8，页11648

【宋哲宗绍圣四年（1097）九月】癸丑，裁定六曹寺监文字所言："诸州起纳夏秋税赋，每月令具元额、已纳、见欠税物名数申省部点验，如限满有欠，即令转运司依编敕施行。若转运司不为行遣，即省部点检、举察。"从之。9，页11648

【宋哲宗绍圣四年（1097）九月】大理寺言："乞都辖使臣三年为一任，右治狱都辖使臣任满，不曾出入徒以上罪两次并犯赃私罪，减二年磨勘。"从之。10，页11648

【宋哲宗绍圣四年（1097）九月】乙卯，大赦天下。15，页11649

【宋哲宗绍圣四年（1097）九月】丙辰，熙河兰岷路经略司奏西界归附带牌天使穆纳僧格，法当补内殿崇班。诏穆纳僧格为系降敕榜后率先归顺首领，特与礼宾副使，充兰州部落子巡检，仍赐金带银器。18，页11650

【宋哲宗绍圣四年（1097）九月】诏："今月五日赦前犯事经断人，应合叙用者，依该非次赦恩与叙。应承务郎已上大小使臣，不因赃罪降充监当者，如后来别无赃私过犯，候到任及二周年，与依条牵复差遣。应见贬谪命官使臣，除元祐余党及别有特旨之人外，未量移，未得与差遣使臣，并仰于所属投状，依例施行。命官使臣，令刑部将昨经明堂人各具已经赦数，并今月五日赦，与理一赦，申尚书省、枢密院移放。已上并依拣放条约施行。应冲替命官，系事理重与减作轻，系轻者便与差遣，使臣比类施行。"曾布尔《日录》庚申，关枢密院，除元祐余党及已有特旨人外，并依非次叙，与理三期移叙。然议者尤莫晓余党之说，意恐其纷纷未已也。既而曰："余党止为安焘、郑雍辈尔。"今附此，当考。20，页11650—11651

【宋哲宗绍圣四年（1097）九月】诏国信使副自今依熙宁条，许带亲属一名充小底，其元祐法勿行。从国信使范镗请也。23，页11651

【宋哲宗绍圣四年（1097）九月】御史台言："应非察案人无故入察案门者，乞依入六曹法。"从之。新削。24，页11651

【宋哲宗绍圣四年（1097）九月】工部言："防城楼橹战具，现责知县令管勾交割修葺，其赏罚得替，并依都监、寨主等法。"从之。27，页11651

【宋哲宗绍圣四年（1097）九月】新知扬州程嗣恭言："乞今后吏部差遣县令，遇有以资考入而无主簿处，不许流外人充尉。"诏都司立法。法见元符元年正月辛未。33，页11653

【宋哲宗绍圣四年（1097）九月】癸亥，诏："当职官吏辄费用架阁库文书及专管官吏散失架阁文书者，并依元丰法断罪。其元祐敕勿行。"从尚书省请也。35，页11654

【宋哲宗绍圣四年（1097）九月】诏："自今强盗并持杖厢军、禁军逃亡捕获之人，亦依地里配行。"新削。40，页11657

【宋哲宗绍圣四年（1097）九月】戊辰，监察御史邓裴言："大理寺勘到大学士苏天民受财代高茂补说，窃以代笔传义，货赂公行，败坏士风，世所憎恶，朝廷严刑重赏，必期禁绝。而天民等乃敢干宪典，无所畏惮。若缘恩霈原免，恐后来无以惩戒，乞重加编管，会赦不免，则庶几此风可以变革。"诏大理寺体察结勘，具案闻奏。42，页11657—11658

【宋哲宗绍圣四年（1097）九月】庚午，大理寺言："京城内外，诈称官遣追捕人而殴缚取财物，以不持杖强盗论至死者减一等，流罪皆配千里，徒罪皆配五百里。即所辖地分若合干人受计会而知情者与同罪。"从之。46，页11658

【宋哲宗绍圣四年（1097）九月】刑部言："原州勘到，皇城使、诚州防御使折可适，泾原路进筑，充同统制官，听王文振节制，可适擅遣文思副使曲充作先锋，继领人马追贼，失一百三十三人，获一百六十级。勘官通判、朝请郎李之仪根勘卤莽。都总领通远军蕃兵辛叔献照应折可适等，轻易出寨，致亡失士马。熙河路同统制官苗履增差人骑，致伤折数多。"诏以两经赦宥，可适、叔献特追诸司副使已上官，勒停，候合叙日叙见存官外，更不用叙法。曲充特降两官。李之仪特差替。苗履，依赦合叙四方馆使、吉州防御使，以功补过，通叙，转四方馆使、遥郡团练使，升本路钤辖经略使。章棨为失点检，结勘折可适不当，特罚金二十斤。可适兵败事，在四月十一日甲午。56，页11662—11663

【宋哲宗绍圣四年（1097）九月】枢密院言："禁军将校、军头、十将应转补者，委当职官体量，依监禁军法。如无病及弓弩及等、枪牌习熟者，并特与转补。有病或精神销懦若年及，或转补后曾犯罪赃情重者，并隔下。禁军长行犯杖罪若徒配，或升军分而无过者，并听排连。"从之。旧本特详，今从新本。60，页11666—11667

续资治通鉴长编卷四百九十二　宋哲宗绍圣四年（丁丑，1097）

【宋哲宗绍圣四年（1097）冬十月】戊子，枢密院请申严封桩禁军缺额请受法，从之。旧特详，今从新。14，页11683

【宋哲宗绍圣四年（1097）冬十月】甲午，诏枢密院，于刑部及军马司取索见用断例，及熙宁、元丰年以来断过体例，选差官两员逐一看详分明，编类成书，以备检断。令都副承旨兼领。其应干本院见编修文字，仍委今来所差官看详删定。以宣德郎陈瓘、承事郎张庭坚充枢密院编修文字。已亥布、希云云，又见月末。从曾布、林希请也。布因白上："臣等称引人才，皆天下公议所与，不敢上欺圣听。"上然之。布初欲用庭坚及王涣之，希以谓涣之乃元祐黄本，恐为人所媒孽，遂易以瓘。已而蔡卞言瓘及庭坚皆异论者，瓘常教孙谔言事，三省所恶，西府必收之。正如熙宁中王安石有所为，则吴充等未尝不立异也。蔡卞言，据布录在十一月甲寅。时瓘通判沧州，有奏，乞满任，辞编修不赴。布与希不敢可否，上不许辞。布因言："瓘学识趣操，为众所称，但不为执政所悦。"上曰："章惇亦言其当作馆职。"布曰："如瓘何止馆职，台谏、侍从，皆其所宜。只如馆职，众所愿得，世之士人奔走执政之门，求之而不可得，瓘辞之而去。及为西府所召，又亦力辞，此其操守可见。如此等人，乃力加排抑，臣所未喻也。先朝欲更修政事，创立法度，在廷之臣多以为不可，故当时指为异论之人。今陛下修复熙宁法度，窜斥元祐有罪之人，士大夫孰敢以为不可？但与章惇、蔡卞议论不同之人，便指为异论，尤为无谓。若使立朝者，人人不敢与惇、卞不同，此岂得稳便？陛下欲闻外事，何可得邪？"上谛听，色甚悦。22，页11685—11686

【宋哲宗绍圣四年（1097）冬十月】尚书省奏："皇城司岁用冰数，近年有失收采，遂至缺用。欲令金明池监官，自立冬后，日具冰面次第，遇合采斫时，皇城司、光禄、司农寺轮官监辖采斫，仍令礼、工部轮郎官检察。"御批："勘会金明池斫采藏冰，自是皇城司事。已经结冻后，每日差人采取冰样厚薄尺寸，候可以容得人力，即时并差亲从官等前去采斫。今来指挥更不须行下，止可今后如有收采天时，即许工部检察闻奏，并依皇城司见行条令施行。"《御集》四年十月十四日事。23，页11686—11687

续资治通鉴长编卷四百九十三　宋哲宗绍圣四年（丁丑，1097）

【宋哲宗绍圣四年（1097）十一月】诏雄州勘造匿名文书不当经赦当原知州李谅、通判吴点各特罚金二十斤；权推官张棠、归信容城两县主簿王范各特罚金十斤。4，页11695

【宋哲宗绍圣四年（1097）十一月】甲寅，大理寺言："窃盗于皇城门，谓宣德左、右掖，东、西华，拱宸门；宫门内，谓左、右升龙，承天门，左、右长庆门，谏门，临华门，通极门，学士院北角门，殿前，关东序以北,加京城内窃盗法一等。徒罪配邻州,流罪皆配千里,十贯皆配二千里。殿门,谓大庆、文德、紫宸、集英、崇政、垂拱内东门;上阁门内,谓垂拱殿后门,需云殿后门,龙图、天章、宝文阁后门,皇仪殿门,延春阁门,延和殿后门,会通门,又加一等,徒罪皆配千里,流罪皆三千里,十贯皆配广南。仍并奏裁。"从之。十二月二十四日云云。5,页11695

【宋哲宗绍圣四年(1097)十一月】户部言:"诸路常平斛斗,并令所属官司常依条乘时籴兑。失时致陈旧不堪,辄行兑军粮者,以违制论。"从之。7,页11696

【宋哲宗绍圣四年(1097)十一月】大理寺请立京城及外州县舍匿逃归配军法;应蛊毒咒诅,奏案略说事情,元案上尚书省。"并从之。旧特详,今从新。15,页11696—11697

【宋哲宗绍圣四年(1097)十一月】诏:"自今及准备军前出战使唤之人,虽立到功劳应赏者勿推。如在军显见有才武,可以部辖人马及准备出战使唤之人,即申经略司,从本司审察指挥,如立到功劳,即依格推赏。"19,页11697

【宋哲宗绍圣四年(1097)十一月】诏:"户部严戒诸路监司,应承诏旨抛买物色,并令体访出产多寡,所在约度数目,令逐州军置场,用见钱和买,召人取情愿赴场中卖。其逐州军如不系出产或出产数少,及虽系出产而当年偶缺,即具因依回申本司,别行下出产数多处贴数和买。如本路诸州军实买不足,令监司具诣实事状申陈,即州县辄有科买及监司不为申陈者,并以违制论。仍令提举常平司觉察,如有违犯,具事因及官员名衔申尚书省,仍许被科扰人户直经提举常平司陈诉。如本司不为行遣者,一等科罪。每遇和买,备此诏旨全文揭榜晓示。"20,页11697

【宋哲宗绍圣四年(1097)十一月】户部言:"辄增损衡量若私造卖者,各杖一百,徇于市三日。许人告,每人赏钱有差。令转运司所在置局制造,送所在商税务鬻卖。"旧特详,今从新。22,页11698

【宋哲宗绍圣四年(1097)十一月】壬申,三省录事、都事已下功过,除尚书省已有条外,门下、中书省即未有法,理当一体,合行编修。

诏给事中、中书舍人同编修。29，页11701

【宋哲宗绍圣四年（1097）十一月】诏京东西路提刑李昭玘、检法官赵纮，各罚金二十斤。以申请刑名不当也。39，页11705

【宋哲宗绍圣四年（1097）十一月】大理寺言："本寺官，岁终比较，失出死罪或徒流罪各三人，比失入一人。"从之。元符三年正月戊辰改此。40，页11705

【宋哲宗绍圣四年（1097）十一月】枢密院请立军人战殁听子孙与兄弟之子代充军及优恤禀假法。从之。旧特详，今从新。41，页11705

【宋哲宗绍圣四年（1097）十一月】戊寅，又言："官司承告强盗，其行移公文，不得开具告人姓名，仍州县每季检举晓示。"从之。44，页11705

【宋哲宗绍圣四年（1097）十二月】壬午，户部尚书吴居厚言："榷货务、左藏库南北库等官，若有事故，请从本部依店宅务曲院法，选官权管勾。"从之。又言："欲令在京排岸司，如有催理纲运欠负，并从所隶寺监，各置簿拘管销注。"从之。新无，可削。2，页11707

【宋哲宗绍圣四年（1097）十二月】枢密院言："因战阵斗敌被伤、杀、虏人口，管押官敢减落人数，或妄申逃亡者，并以违制论。许人告，每名赏钱五十贯文。仍委监司觉察。"从之。4，页11709

【宋哲宗绍圣四年（1097）十二月】尚书省言："《元丰度支令》，'上件科买物，应改罢若减者，听以额所责，属计价费封桩'后，增注文称：'无额者，以三年中数，因灾伤或特旨免改者非。'今乞删去注文。又'令诸国用物所科供，非元科供处者，听以封桩价费还之'后，增入'其千贯以下，不在还例。'今乞删去。"从之。5，页11709

【宋哲宗绍圣四年（1097）十二月】鼎州团练使新州安置刘挚卒。十二月三日癸未。新州属广东，至京师凡七十程。先是，蔡京、安惇共治文及甫并尚洙等所告事，八月十五日，但有李洵姓名，尚洙事，具元符元年二月三日壬午。将大有所诛戮，会星变，九月五日。上怒稍息，然京、惇极力锻炼，不少置。已而焘先卒于化州，十一月二十七日。后七日，挚亦卒于新州，众皆疑两人不得其死。明年二月，朝廷乃闻挚死，不许归葬，家属，令于英州居住。此据刘跂《辨谤录》增入，乃明年二月十九日圣旨也。其五月，狱乃罢。五月四日，人疑梁、刘之死，据邵伯温辨诬，伯温云："上批出勿治挚等，则未必然。"今但云"上怒稍息"，具注在明年三月九日。6，页11709

【宋哲宗绍圣四年（1097）十二月】 泾原路经略使章楶奏："勘会诸路就粮驻泊禁旅万数不少，破坏军制，无甚于投换之弊。夫使在营无过之人投换，则非人之常情，使逃亡作过之人投换，则非边防之利。今日开边，逐路各有新建城寨，创置军营，招填兵士，各务早及数目，多将逃亡作过之人投换，刺填，有利无利，深不可取。夫人之常情，岂不有父母妻子之爱？自非累作过犯，不容于本营，或负罪避刑，或剽窃官私财物，岂肯离去父母妻子，窜身山林野草之间？兼逃亡之后，不为盗贼，何以为生？往往杀人取财，幸不败露，一有新建城寨，官中急于招填，则乃辐凑云集，争往投刺。官司不问来历，不究行止，一切收接，他人莫敢谁何。洎至填刺之后，常令役使优轻，即且贪恋衣粮，不作过犯。若稍较重难，或钱物入手，必便逃亡、盗用，无所不至。其弊更有大于此者，昨来进筑平夏城时，曾捉到细作一名，系投换在兰州定远城逃亡军人郭亨，投换之弊如此，岂得不革？欲乞朝廷特降指挥，今后诸路新建城寨，不许投换逃亡作过之人，如违，所由官司，并重立刑名。若新建城寨缺人戍守，须合创置军营，猝急未有人投刺者，委逐路经略都总管司，于诸军指挥，取自情愿投换。若或不足，即于诸军拣选改刺拨填，各优支转军例物。则极边城寨，各得审谨行止，堪任使唤之人，为边防经久之利。"

贴黄云："本司五月间，曾差使臣管押马三十九匹，往第八将交割，有渭州蕃落第二十指挥十将李孚，用钱物将脚下瘦弱马换却第八将马。事发逃亡，见行收捉未获，所有干证人送在所司根勘，虽经赦恩，结绝未得。其李孚却在兰州金城关投换蕃落第九十六指挥，日近兰州来渭州勘会本人请受则例，虑是于投换处，便补旧名管十将名目。契勘李孚换易官马刑名事发逃亡，却往他处投换，便得旧日军职名目。兼见今渭州司理院，缘李孚换马事，禁系干证人在狱，守待本人首获结绝，本州见差人勾追。向若不因会问，本司何曾得知？刑狱何由得结绝？投换之事，长弊容奸如此，伏乞深赐详察。又契勘本路新建灵平寨，创置蕃落保捷兵士，元许本路诸州军兵士投换，共不满二百人，自四月后来至今，已逃走过四十九人。投换之人，使在新边，不可倚仗如此。伏望朝廷详察，今状所陈事理，特赐止绝。"诏陕西、河东路新建城寨，今后不许逃亡军人投换，如违，并以违制论。此以章楶奏议增入，须删取其要。7，页11710—11711

【宋哲宗绍圣四年（1097）十二月】诏："元祐赦文'户绝之家，官为立继'指挥，勿行。"三年十二月五日已罢此指挥，今又别出，当考。11，页11712

【宋哲宗绍圣四年（1097）十二月】乙亥，大理寺言："外州军人逃亡于京畿，首告者，除犯死罪及强盗或杀人罪不至死，并元系凶恶及死罪贷命充军，不以今犯轻重，并从本府断遣外，余据所招罪先犯次断决讫，具录情款、合用条格，并所断刑名，牒送元逃处勘鞫，依法施行。如勘鞫得不实，其已决之罪，并不在通计之限。已上未至本所，逃走于京城内及畿县捕获者，并杖一百。"从之。新削。24，页11714—11715

【宋哲宗绍圣四年（1097）十二月】诏皇太后、皇太妃生辰，本殿祗应人推恩，并依元丰格。其元祐四年九月裁损指挥，勿行。《旧录》又云："以元祐中立法裁损，非所以示优崇也。"新削去。29，页11716

【宋哲宗绍圣四年（1097）十二月】详定一司敕令所言："京城内汴河两岸，各留一丈五尺为堤面，官私不得侵占。承告侵占京城内堤岸者，检定送开封府，其赏钱乞先以杂收钱代支，却于犯人理还。京城内汴河堤岸人户，辄有侵占者，许人经都提举汴河堤岸司告。"从之。新无。七月十日御札，当考。30，页11716

【宋哲宗绍圣四年（1097）十二月】淮南转运副使林邵言："按敕令，官员能察纲运妄称水火、贼盗者，与第五等酬奖。恐赏轻不足以劝，改为第四等。"从之。新无。37，页11720

【宋哲宗绍圣四年（1097）十二月】甲辰，三省言："熙宁年，兴市易务，本以通有无，利商贾，抑兼并。元祐任事之臣，不深原先朝立法之意，一切罢去，民实病之。"诏："户部、太府寺同详立法惠意，复置市易务。许用见钱交易，收息不过二分，不许赊请。监官惟立任满赏法，即不得计息理赏。其余应杂物，并不许辄有措置，限十日条画以闻。"39，页11720

【宋哲宗绍圣四年（1097）十二月】荆湖北路转运司言："衙前般运官物，元丰条制已备，元祐中增入：'如难为津般，许官司相度，量添钱数，各不得过三分之一。'今欲删去。"诏并依《元丰令》。42，页11721

【宋哲宗绍圣四年（1097）十二月】大理寺言："近敕皇城门以内窃盗者，并依京城窃盗常法加等，及递增远配，仍立奏裁法。缘犯在禁庭，合奏禀，欲乞应有似此犯盗罪人，并依本寺自来请实例，约定刑名，封入奏断。内情法不称，或事体稍重者，仍从本寺别行声说取旨。"从之。十一月四日敕。43，页11721

【宋哲宗绍圣四年（1097）十二月】诏陕西、河东路经略司："告谕汉、蕃兵，如遇军行，尚敢携老幼妇女首级送纳，或将佐知情盖庇，尽以违制论。诸色人刺配近南州军，将佐情重者取旨。并许人告，每级赏钱五十贯，其将佐等虽不知情，及受纳、经历官司不检点、省察，致已推赏者，各减二等，并不以赦降、去官原减；其妄冒之人，仍不用荫。走马承受常切点检觉察，及经略保明功状内，具委无夹带老幼妇女首级，结罪保明以闻。如朝廷察访得知，或因事彰露，其帅臣并走马承受，当议重行黜责。"46，页11721—11722

【宋哲宗绍圣四年（1097）十二月】戊申，大理寺言："乞立人吏互相保任法。"从之。旧特详，今从新。49，页11722

【宋哲宗绍圣四年（1097）十二月】吏部言："盗应备赏，而犯人无财产，或不足者，徒伴并知情干系应罪人均备。"从之。新无。50，页11722

【宋哲宗绍圣四年（1097）十二月】是岁，宗室子赐名授官者三十九人。天下户部主户一千三百六万八千七百四十一，丁三千三十四万四千二百七十四；客户六百三十六万六千八百二十九，丁三百六万七千三百三十二。断大辟三千一百九十二人。53，页11723

续资治通鉴长编卷四百九十四　宋哲宗元符元年（戊寅，1098）

【宋哲宗元符元年（1098）春正月】三省言："知枢密院事曾布近以

恩例陈乞李邈监润州酒。吏部用元祐条不行，若用熙宁、元丰条例即无违碍。"诏令依熙宁、元丰条例。《旧录》云复先帝乞法也。10，页11728

【宋哲宗元符元年（1098）春正月】刑部言："应押纲小使臣差使、借差殿侍大将军将犯笞杖罪，批上行程，至卸纳处排岸司点检。在京送尚书本部，在外就近转运，或发遣辇运拨发司施行。犯徒以下罪者，事发州推勘。"从之。25，页11733

【宋哲宗元符元年（1098）春正月】刑部言：告捕强盗应给赏转资，而官司无故留难者，杖一百；同强盗例给赏转资者，准此；余赏减二等。从之。新无。绍圣四年七月二十一日，陈敦夫申请，已得旨依，今再出。33，页11737

【宋哲宗元符元年（1098）春正月】戊寅，刑部言："检举刘赓等元犯定夺施行买夷人例物、增改则例事，与范纯礼等各降一官。该九月赦，合叙元官。"诏刘赓叙朝议大夫，范纯礼叙左朝议大夫，祝庶叙朝奉郎，许大希叙朝请郎，崔直躬叙通直郎。41，页11739

【宋哲宗元符元年（1098）春正月】朝散郎、知润州王悆言："吕城闸常切车水入澳，灌注闸身，应副官、私舟船行运。遇舟船拥并，人力不给，许于到闸船牵驾兵士内，量差二分，并力车水。即未应水则而辄开者，许人告，监官杖一百，不以失减。令佐失觉察，杖六十。若监官任内通及三次，展一任监。当满，运水委无走泄，升一年名次，令佐升半年，委知通监司常切觉察。"从之。新无，合削。43，页11740

【宋哲宗元符元年（1098）二月】刑部言："纲运纲梢兵级雇到火儿，同于本纲仓库兵级，于本仓库谓无监官处，清酒务虽有监官亦同。犯笞罪，许押纲人及专副以小杖行决，不得过十五。过数者，依前人不合棰律。以故致死，或因公事殴致折伤以上者，奏裁。又纲运内雇夫违犯押纲官员，杖一百；詈者，徒一年。余押纲人，杖八十；詈者，杖一百。殴者，各徒二年。即殴官员至折伤者，徒三年，配五百里。"从之。16，页11745

【宋哲宗元符元年（1098）二月】户部言："保平军状，准条应官员请俸粮草，除食用外，有余数亦依诸军价例坐仓。乞特不许知州、通判入中及坐仓坐场，其槖俸余，即不得过坐仓钱数。如允所乞，其本路诸州、

军，并河北、河东路亦望依此施行。"又言："左右厢店宅务监官赏罚，乞著为令。"并从之。24，页11746

【宋哲宗元符元年（1098）二月】丙戌，户部言："今后官司应缘收买及造换修完出染之类物色，若不预行计料，申乞支拨收买；及将官库现在之物，妄有退嫌，及有别色可以充代而辄称充代不行，经历官司逗遛行遣；并杂买务不依在市实直估价，及不依条出榜召人减价中直，官吏并科杖一百，不以失减。其所估价钱，并关申度审覆行下。如估不实，致大请官钱，并许诸色人告首，得实支赏钱二十贯文，以犯人家财充，或无及不足，以官钱代支，其受赃人依重禄公人。"从之。新无。25，页11746—11747

【宋哲宗元符元年（1098）二月】刑部言："急脚马递铺兵级并五人为一保，如犯盗，及杀人、强奸、略人、放火、发冢，或弃水中，若博赌财物、藏匿犯盗之人，或盗匿、弃毁、私拆递角，同保人及本辖节级知而不告者，各减犯人罪一等，不知情者减三等。又沿汴无主死尸，地分官司避申报而弃尸河中者，许人告，赏钱五贯文。又沿汴装卸河清及马递铺兵级，应闭营铺门后，擅离营铺者，各杖一百。本辖节级及同保人知而不问，与同罪；不知情者，减三等。许人告，赏钱五贯文。又遭丧本家不葬埋而弃尸于汴河中者，杖八十。系尊长者，加三等。"从之。新削。27，页11747

【宋哲宗元符元年（1098）二月】开封府言，今后外处逃军，于京畿首获，如依条合行牒送，有疮病未可行者，并依本府敕犯徒应配之人，量轻重分送赤县寄禁，候病损可行日，牒送前去。新削。28，页11747

【宋哲宗元符元年（1098）二月】金部员外郎吴君丞言，乞造伪钞者，许同犯人告首，仍支赏。从之。29，页11748

【宋哲宗元符元年（1098）二月】戊子，户部言，准令大礼谓南郊、明堂、祫飨，欲于令文增入北郊。从之。30，页11748

【宋哲宗元符元年（1098）二月】工部言："文思院上下界金银、珠玉、象牙、玳瑁、铜铁、丹漆、皮麻等诸作工料，最为浩瀚。上下界见行条格及该说不尽功限，例各宽剩，至于逐旋勘验裁减，并无的据。欲乞委官一员，将文思院上下界应干作分，据年例依令合造之物，检照前后造过工作料状，逐一制扑的确料例功限，编为定式。其泛抛工作，即各随物色，比类计料。仍并委覆料司覆算，免致枉费工料。如蒙俞允，即乞差少府监丞薛绍彭不妨本职，修立定式。"从之。新无，可削。33，页11748

【宋哲宗元符元年（1098）二月】户、刑部言，应外人无故辄入寺监者，并依入六曹法施行，有专条者依本法。从之。新无，合删。绍圣四年九月七日，可考。39，页11750

【宋哲宗元符元年（戊寅，1098）二月】尚书省言："强盗罪至死，会恩后再犯，而罪不至死者，奏裁。其已被徒伴通说，事发而逃亡，后遇赦者，准此。因强盗杀人者，不要犯时不知律内伤人，或杀伤人之卑幼者，奏裁。"从之。新削。43，页11751

【宋哲宗元符元年（1098）二月】刑部言，逃亡军人捕获断罪条，乞著于法。从之。45，页11752

【宋哲宗元符元年（1098）二月】吏部言："林希乞八路员缺用熙宁、元丰条并绍圣新制一处参酌，修完成书。诏令吏部四选同共编修。今乞将川、峡、福建、湖南路季缺并去，替一年使缺。"从之。希奏请在绍圣三年七月十二日，己亥。50，页11752—11753

【宋哲宗元符元年（1098）二月】刑部言："右治狱勘到得解进士苏天民受高茂钱，与本人代补太学外舍生并进士，高茂却别冒高昂名入试。手分郝定，朝请郎、国子司业詹文各为斋仆牟顺认得是苏天民，因问告发了却，作逐人自首，牒送所属。案苏天民、高茂所犯各系徒罪，郝定、詹文各系公罪徒，各合该赦恩原免。"诏并依断。苏天民、高茂特各分送邻州编管，郝定特勒停，詹文特冲替。51，页11753

【宋哲宗元符元年（1098）二月】陕西制置解盐司言，乞应官司并不得于折博务买卖兴贩解盐，如违，其买卖官司并科违制之罪。从之。新无。55，页11754

【宋哲宗元符元年（1098）二月】丙申，户部言，潭州知、通任内应副铜场买铜赏罚条，请著为法。从之。57，页11754

【宋哲宗元符元年（1098）二月】庚子，户部言，应不产锡地分，官、私自出卖，许通商贩，及听铸造器用买卖，乃并免税等法。诏从之。新无。62，页11755

【宋哲宗元符元年（1098）二月】辛丑，右司员外郎、河北路察访孙祀，户部员外郎、淮南路察访孙深言："元丰八年六月八日，敕修立郎官、御史按察诸路监司职事条，已详备，今来并乞依元条并《元丰令》施行。内有声讫未备，乞量行增改。旧按察条行遣文书以某路按察司为名，今改'按察'字作'察访'字。"从之。65，页11756

【宋哲宗元符元年（1098）二月】壬寅，刑部言："监司按发公事合推鞫者，不得送廨宇所。在州、军，合送本州及置司者罪。"从之。66，页11756

【宋哲宗元符元年（1098）二月】兵部言："呈试武艺人，依敕限十二月以前到部。有疾趁限不及期者，虽蒙朝廷按用举人条例，许令次年就试，今后准此。缘其间不无违限冒称偶病之人，无以验实，若便与收试，即刑部条限却成空文。其举人事故，趁限不及不曾就试者，并召保官经所属自陈，审按出给公据保明，申兵部验实，次举就试。今来呈试武艺人，乞亦依举人条施行。"从之。74，页11759

【宋哲宗元符元年（1098）二月】己酉，刑部言，欲于编敕巡检、县尉应承告强盗而故不申条"徒二年"字下，添入"重法地分，系结集十人以上者，仍不以赦降去官原减。"从之。75，页11759

续资治通鉴长编卷四百九十五　宋哲宗元符元年（戊寅，1098）

【宋哲宗元符元年（1098）三月】壬子，刑部言："请三司、枢密院吏三年一次许试刑法，依条系与法官同试，通优等人数，欲乞于法官参混

考较。"从之。3，页11766

【宋哲宗元符元年（1098）三月】户部言请："押纲人押荆湖南路盐粮纲，已受省部赴身除，程限三十日到转运司公参。如无故违限，论如之官限满不赴律，违限月日，仍不理磨勘。"从之。4，页11766

【宋哲宗元符元年（1098）三月】癸丑，户部言："川路旧法，坊场钱物并许置金银并军装绸绢等，赴凤翔府送纳，元限成都府、利州路二年，梓州路三年，并起发了当。乞成都、利州路并依比梓州路立限三年。"从之。5，页11766

【宋哲宗元符元年（1098）三月】江、淮、荆、浙等路制置发运司言："诸路州军合起上供有额钱物，如本州官司不依限计办人船等足备，并科杖一百。"从之。新无，可削。12，页11770

【宋哲宗元符元年（1098）三月】江、淮、荆、浙等路发运司言，乞应盗买纲运官物，除元约数外，盗取者计赃以窃盗论加三等，强取者依强盗法。从之。19，页11771

【宋哲宗元符元年（1098）三月】是日，诛虎翼卒赵立。立有讪上语，断手足口舌，腰斩。告人与都虞候。曾布因言："近日谤讪者多，度日前亦非无此等语，但告讦者少尔。比因赏告者，而开封及三帅司此狱相属不绝。若稍宽犯人及勿赏告者，且严责本辖人员觉察，则庶几稍止。"上曰："既告有实，何可不赏？"布曰："小人无知，轻易谤讪，非不痛惩而不可遏。但恐告者浸多，诛杀亦广，于观听为不足尔。"马步军都虞候曹诵以立故乞罢军政，诏释其罪。布录丁巳，虎翼卒诛，曹诵乞罢军政，诏释罪。22，页11771—11772

【宋哲宗元符元年（1098）三月】辛酉，工部言："乞文思院等处工作合雇人入役者，具人数单于监门官，点名放入。委监官检察功程及造到名件，仍各置历，即日钞上结押，每旬申少府监点检。违者各杖一百。"从之。新无，可削。38，页11785

【宋哲宗元符元年（1098）三月】刑部言将铜钱出雄霸州、安肃广信

军北梢门，并过鲍河入两地供输地分等法。从之。新有，亦可削。39，页 11785

续资治通鉴长编卷四百九十六　宋哲宗元符元年（戊寅，1098）

【宋哲宗元符元年（1098）】三月癸亥，枢密院言："司勋员外郎韩粹彦等言：使人在路州、军诸顿酒食料例已经编定，陈设器皿等亦各新备，惟府界诸顿祗应人等自京差到，及酒食之类未曾丰厚，府界宿顿中路管设处，共差内臣两人管勾，显见难以照管。乞今后比附沿路州军条例，每顿各量添差官，专一管勾，及取沿路诸顿酒食料例一体供应。陈设等亦乞下合属修换增置。"诏："更不自京差内官并祗应人等，只委本处令佐管勾排办，令府界提点司官提举点检。其合差祗应人等，许于本处并邻近县系将不系将下禁军内选差。合用器皿陈设什物之类，令府界提点司别行置造，本处置库收掌。应约束排办等，并依河北、京西路州军条例。"新本删，要当换此。1，页 11791

【宋哲宗元符元年（1098）三月】尚书省户部奏请应州、县当行人吏揽纳常平、免役等钱物受赃，乞依重禄公人因职事受乞财物法断罪，其乡书手若揽纳有赃犯，即乞依近降绍圣常平免役因纳受乞钱物法施行。从之。新削。8，页 11800—11801

【宋哲宗元符元年（1098）三月】户部言："诸路酒务，乞将大务所收钱数，至岁终先比较祖额。如有亏少，即将比较务收到钱数补填大务亏少。外有剩数，仍依大务见趁祖额，以十分为率，除出二分外，余数依条纽计合支赏钱，只支与比较监专等，其大务即与免作亏欠。若大务所收课利至岁终比额增剩，比较务至岁终亦须收趁及二分外，其余增剩钱数与大务所收增剩钱通衮，比较务赏钱仍比附依朝旨减正监官之半。如比较务岁终趁不及二分数目，其赏钱更不支给。若大务依条合该改正新额，即随新额，依此施行。"从之。新本削去。10，页 11801

【宋哲宗元符元年（1098）三月】诏："近闻省、寺官多是私谒后族之家，或以邂逅为名，诸处宴聚，当与薄责，庶几少诫。"吏部郎中方泽、户部侍郎刘宗杰、户部员外郎郑仅各罚金三十斤，卫尉卿陈纮、水部员外郎赵竦各罚金二十斤。方泽知虔州，郑仅知建州，赵竦知饶州，陈纮提举崇福宫，刘宗杰管勾太平观，并任便居住。12，页11801—11802

【宋哲宗元符元年（1098）三月】大理寺言："乞应大理寺、开封府承受内降公事，并依旨勘断，各不得奏请移送。"从之。16，页11806

【宋哲宗元符元年（1098）三月】刑部言，犯罪未叙及已叙未复旧官而再犯罪者，自后犯日别理期叙。从之。38，页11812

【宋哲宗元符元年（1098）三月】诏今后在京禅僧寺院，士庶之家妇女除同本家男夫作斋会听人入外，余辄入者，并杖一百；夫子知而听行及主首不举，各一等科罪。先是，开封府奏请乞严行禁止，故有是诏。新削。43，页11813

【宋哲宗元符元年（1098）三月】戊寅，枢密院言："溪洞缘边寨铺，寨主、都监两员处，每半月一次，轮那一员逐日量带兵甲在外，夤夜于地分巡逻把截，仍本州给印历，付所管地分官。寨铺候逐官巡历到彼，即时批上官位姓名月日，季终缴申本州点检，申都钤辖司。如巡历不到，虚上文历，以违制论，不以去官赦降原减。"从之。45，页11813

续资治通鉴长编卷四百九十七　宋哲宗元符元年（戊寅，1098）

【宋哲宗元符元年（1098）夏四月】礼部尚书蹇序辰言："昨准朝旨，编类贬责司马光等事状，候编类毕，欲缮写一本进入，以备省览。"从之。此据元符三年四月二十七日徐铎奏请进书。序辰初乞编类，在绍圣四年三月二十五日。6，页11816

【宋哲宗元符元年（1098）夏四月】京西排岸司言："西河石炭纲有欠，请依西河柴炭纲欠法。"从之。新削。7，页11817

【宋哲宗元符元年（1098）夏四月】枢密院言请军营创立庙宇者徒一

年，称灵异动众者加二等，庙宇未立，各减二等，止坐为首之人。本辖将校、节级不止绝，与同罪。从之。8，页11817

【宋哲宗元符元年（1098）夏四月】诏重修熙宁日历官周穜，所进熙宁夏季日历差错重复，罚金八斤。22，页11819

【宋哲宗元符元年（1098）夏四月】枢密院言："故自毁伤而诈称伤中，或无功而诈称杂功，如'率先入贼'、'冲阵破贼'、'苦战力敌'之类，冒求恩赏者，罪有差，保验官司从坐，不以荫论，命官比类取旨。告者有赏"。从之。23，页11819

【宋哲宗元符元年（1098）夏四月】详定一司敕令所言，擅借转运司钱物及借之者干系官吏，各徒二年。从之。24，页11819

【宋哲宗元符元年（1098）夏四月】己丑，诏："京西路官自卖盐及应缘申请指挥勿行。其借过盐钞及见任钱物，并令本路提刑司拘收封桩。内已般到盐数，令提刑司变易见钱封桩"。25，页11819—11820

【宋哲宗元符元年（1098）夏四月】大理寺言，应奏断公事，乞依开封府专条，不许诸处取索。从之。33，页11831

【宋哲宗元符元年（1098）夏四月】尚书省言："大理寺拟立到，有凶恶及群党贼盗，提刑司专委本处通判抽差近下禁军三十人，量支器甲，提举捉杀。如别有勾当及归任日，所差人并放下，不得妄作名目占留。"从之。35，页11831

【宋哲宗元符元年（1098）夏四月】尚书省言："宗室宫院遗火，宗正司取勘闻奏。宗室及同居尊长，展磨勘年，罚俸给有差；祗应当直人若女奴失火，同保人不觉察，或同祗应人不即救应，勾当使臣不切钤束，等第坐罪。"从之。39，页11831—11832

【宋哲宗元符元年（1098）夏四月】诏：海行敕并绍圣免役令抵当出卖条，合删去"未售而赎者听"一节。先是，太府寺奏请，抵当估价未售而听赎，即恐开冒名收赎之弊，故有是诏。新无。49，页11833

【宋哲宗元符元年（1098）夏四月】刑部立到《武臣降除格》：第二等赃盗奸私罪，借、奉职，初叙守阙军将，再叙军将；殿直，初叙军将；第三等赃罪，借、奉职，初叙军将。从之。旧特详，今从新。52，页11833

【宋哲宗元符元年（1098）夏四月】户部言："发运司奏额解帐状，乞限次年九月终；拨发辇运司，限六月终。如违，依稽程官文书律，罪止杖一百。本司官减一等。"从之。57，页11834

【宋哲宗元符元年（1098）夏四月】辛丑，三省言："六曹人吏俸，元丰条令并支见钱，元祐例皆裁损。"诏除吏部告身一案依见行则例，其余曹部，并依元丰条。60，页11835

【宋哲宗元符元年（1098）夏四月】户部言："楼店务每年所收课利钱，十分内桩留五厘，充修造省房支用；其桩留钱及材植砖瓦等，辄他用者，以违制论。"从之。旧特详，今从新。65，页11835

【宋哲宗元符元年（1098）夏四月】丁未，详定删修军马司敕例成书，赐诏奖谕知枢密院事曾布、知定州韩忠彦，仍赐银绢有差。枢密院言，重修到禁军春秋大教法，事艺高强人转资、赐帛、免晚教、接送、防送有差。旧特详，今从新。75，页11837

续资治通鉴长编卷四百九十八　宋哲宗元符元年（戊寅，1098）

【宋哲宗元符元年（1098）五月】己酉，德音降天下死罪囚，徒以下释之。诏受宝毕，就今月十一日，宴于紫宸殿。2，页11841

【宋哲宗元符元年（1098）五月】大理寺欲将台察公事一月以上者，并引用五月二日德音原免，庶在京官司均被恩宥。从之。新无。13，页11848

【宋哲宗元符元年（1098）五月】丁巳，诏大礼令，虑有续降并删改，合行改正文意，可专委左右司郎中等看详，修为一本，及元降旧本进

入。15，页11849

【宋哲宗元符元年（1098）五月】枢密院言："诸县冬教，委提举保甲司于本州通判职官内选差，分定县分，躬亲提举监教及同共拍试拣选，不得过两县。如拍试拣选日数相妨，听计会逐县展缩，不过两日。如县分数多，听于以次官内选差。其倚郭县，上委知州同当职官，依此提举拍试拣选。仍逐次具所选差官职位姓名及分定县分，申枢密院。即所选非其人，致教阅拍试拣选有不如法，并元选差官司取勘施行。"从之。元丰保甲，但于诸县团教，不曾上州。昨以义勇法修定，三年一赴州教，而议者多以为不便，故罢。此据布录。"昨以义勇法修定"，当考。又言："博军子遇军行，委所属晓示，只得于军马后随行，如敢偷路先自过界，并从军法。许人告捕，每名赏钱十贯。"从之。21，页11849

【宋哲宗元符元年（1098）五月】壬戌，尚书省言："进奏官许传报常程申奏，及经尚书省已出文字，其实封文字或事干机密者，不得传报。如违，并以违制论。即选造事端誊报若交结谤讪惑众者，亦如之。并许人告，赏钱三百贯。事理重者奏裁。"从之。27，页11851

【宋哲宗元符元年（1098）五月】又言："户部奏请，应提举出卖解盐司管下官卖及通商去处，欲乞并委官专切提举巡捉私硝盐事。如巡捕官不切用心，致本处课利亏失及州县断放违戾，许按劾，并取索公案，依条施行。"从之。28，页11851

【宋哲宗元符元年（1098）五月】两浙提刑司言："人户陈诉，为犯私酒，迁徙往别州县，乞依赦许放。按去年九月赦编配人，已特减三年拣放，乞比类施行。"诏已迁徙人，放令逐便。32，页11852

【宋哲宗元符元年（1098）五月】详定一司敕令所言："州县仓㕍纳斛斗级行重法者，每三人为一保，保内因本职犯赃罪，许经官举发。知而不举者，减犯人罪三等。即事发逃亡，量所犯轻重，均备赏钱，或监锢收捉。其众人不保者，相度去留。如诸色人告获，除酬赏外，愿充斗子者，听承替。"从之。《新录》削，此月丁亥可考。绍圣四年十二月戊申，初立《互保法》。41，页11855

【宋哲宗元符元年（1098）五月】吏部郎中、编修都官条例方泽言：

"军大将已经改转而再应磨勘者，并自初补后，通复点磨。即误以改转改正讫，点磨人与理第一等功一次。诸军大将磨勘而误改转，已给付身者，主行吏人杖一百，不以赦降首失原减；即未给付身者，量轻重理过名上簿，事理重者，申尚书省。"从之。新无。42，页11855

【宋哲宗元符元年（1098）五月】己巳，刑部言："请应缘边并其余不拘元来路分，解拨都知兵马使，补充军大将到部，遇汴河纲有缺，如不愿押者，边人听归本贯路分经略安抚钤辖司，听候差使。候三年满替归部，依条对入第四等重格差遣。余并听归本路押纲一次。如本路无纲，却许归都官，依条押汴河粮纲一次。若不愿就押，即许令降一等指射次第五等见缺纲运一次。候回日，依条各对入本等重格差遣。"从之。新削。52，页11857

续资治通鉴长编卷四百九十九　宋哲宗元符元年（戊寅，1098）

【宋哲宗元符元年（1098）六月】权吏部尚书叶祖洽言："近照验在部官脚色状，伏见原方泽，熙宁十年为提举官，奏请乞放罢见雇役人，将三等人户仍旧差役，坐不知职守，诏送审官东院与合入差遣。而泽于元祐二年诉理，遂得除落元丰指挥，继除知州差遣。绍圣以来，亦相继擢用，外议未安。近虽以私谒后族得罪，然其大恶未正典刑，伏乞取索泽前件事因，看详施行。"诏徙泽知万州。三月十九日，泽知虔州，又五月二十六日，上云：泽顷诚可罪。2，页11871

【宋哲宗元符元年（1098）六月】泾原奏，已进筑没烟前、后峡。河东沿边安抚司奏，定到顺义军牒，本军以北客旧自东偏头税场入久良津和市，今移于贾胡疃，已指挥本津不得与自新路来者交易，又移牒请其改路也。布录戊寅。已而河东经略司言，沿边安抚司不由经略司，擅定牒本奏及差官体量久良津改路事，违法。诏沿边安抚司放罪，令今后遵依条约束施行。布录庚辰，今并此。3，页11871—11872

【宋哲宗元符元年（1098）六月】辛巳，诏："非祖免亲应举推恩，有司建明，浸失先帝初令之意，及见今多有贫乏之人。自今祖免亲锁厅应

举，并依熙宁二年十一月指挥，应给钱米者，并计口支破。其应干条贯，令有司修定以闻。"8，页11872

【宋哲宗元符元年（1098）六月】给事中徐铎言："进奏院除拣中副知书写人等，存留九十人外，其进奏官有文字稍多，听保雇一二人相兼。其奏报等文字，经监官签书定本，方许传报。或官员差除，未经封驳，私先传报，及虽于法许报事，与元定本不同者，并科杖一百罪。许诸色人告。"从之。新无。13，页11873

【宋哲宗元符元年（1098）六月】刑部言，请依《元丰敕》："重法地分，劫盗不以人数，并行重法；窃盗三犯，杖配本州"。从之。新无。18，页11874

【宋哲宗元符元年（1098）六月】诏："诸路走马承受任满酬奖，令枢密院审按，任内如别无违犯或侵越事，依条推恩。其本处保明闻奏指挥，勿行。"20，页11874

【宋哲宗元符元年（1098）六月】诏："应轻重伤人，并令诸路走马承受，依条点检、觉察施行。应以首级诈作首领、铃辖之类，妄求恩赏，据所冒合转资数，并依以老幼妇人首级妄冒施行。"21，页11874—11875

【宋哲宗元符元年（1098）六月】大理寺言："防送已决编配、流移、羁管人而有纵失者，准其亡罪，论如纵失囚法。不以日久，坐亡罪轻有纵失者，准其亡罪，论如纵失囚法。不以日者刺配，准起徒二年，余准杖一百。故纵元犯、强盗、配军，军人配邻州，公人配本城，仍不以赦降原减。配军逃亡捕获者，元配沙门岛及元犯持杖强盗、谋杀人，并罪至死。贷命并会降及因亲属或得相隐者，首告减等，并依上禁军法。如逃亡后不曾别作罪犯，或虽有罪犯而情理不致凶恶罪至死者，并奏裁。不持杖强盗罪至死、贷命并会降或因亲属得相隐者，首告减等，并余元配广南及远恶处者，并依下禁军法。元配三千里以下，及指定州军或路分配者，依厢军法。即逃亡后仍归本州县系捕获者，元配本州，即配邻州，邻州配五百里，五百里配千里，千里配二千里，二千里配三千里，三千里及广南，并配远恶处。其指定州军或路分配军，无元配地里者，并配重役处。以上应行而未至配所逃亡者，准此。即比犯罪不该配而特行刺配，或比元犯特增

减地里刺配者，并以特配地里为法。"从之。新削。24，页11875

【宋哲宗元符元年（1098）六月】丁亥，大理寺言："人吏每三人为一保，保内因本职犯赃罪，许经官举发。知而不举者，减犯人罪三等。即事发逃亡，量所犯轻重，均备赏钱或监铜收捉。其众人不得保者，相度去留，申尚书省。"从之。新削。录此，五月己丑可考。26，页11876

【宋哲宗元符元年（1098）六月】戊子，左仆射兼门下侍郎章惇，提举常平免役敕令成书颁行，赐诏奖之，仍赐银绢三百匹两。27，页11876

【宋哲宗元符元年（1098）六月】诏："陕西、河东逐路帅臣及见任宰相执政亲戚，谓于编敕合回避者，除见充帅臣、监司、知州军并城寨及兵将官应出入者，余虽有职事，不许赴军前。如帅臣亲临，许带书写机宜，随行军指使前去，其门客亲戚亦不得随军出入。违者并以违制论，不以赦降去官原减。"政和元年七月十八日检会，此指挥乃系之元符元年六月十三日。据《实录》，乃六月十一日也。29，页11876

【宋哲宗元符元年（1098）六月】兵、刑部言："军须衲袄，并随器甲给纳，若应纳而隐占服用，或令人服用过三日者，并以违制论。即非缘战守而辄借用，若借人及借与人者，准此。已上并不以赦降原减。"从之。新无。34，页11880

【宋哲宗元符元年（1098）六月】刑部言，瀛州勘到知霸州李昭玘等，昨为北人盗拆霸州桥，入榷场杀伤人兵，并无处置，亦不豫为防备。该赦。诏昭玘降一官；权通判寇毅并依冲替人例；推官梁涣差替；界河同巡检王溥、勾当榷场徐昌明各追两官；刘家涡莫金口巡检贾岩、刁鱼巡检杨极各追一官，并勒停；河北沿边安抚使、东上阁门使、资州刺史李谅落遥郡，别与外任差遣；副使刘方降一官；机宜张棠差替。始，路昌衡归自高阳，极言谅强愎自任，恐生事。曾布因言沿边安抚司亦累有探报，并无措置，自当降黜。上欲便行遣，布请俟勘到霸州守倅，一处行遣，上许之，及是乃责。李昭玘、寇毅等先差替，在绍圣四年八月癸未，今又依冲替人例。40，页11881

【宋哲宗元符元年（1098）六月】甲午，诏编修常平免役敕令格式成书，详定官、翰林学士承旨、朝散大夫蔡京，迁朝请大夫，其余官吏减年

支赐有差。45，页11882

【宋哲宗元符元年（1098）六月】乙未，户、刑部言："籴买粮草监门官以新缣帛、香药钞入纳到斛斗，通理为籴数赏罚。自客人陈状，限三日内纳毕，给与交钞。乃具元陈状，并纳讫及给钞月日，申尚书户部点检。若本场监官等无故留难，或须令改充和籴者，并杖一百，委提刑司点检觉察。"从之。新削。47，页11883

【宋哲宗元符元年（1098）六月】己亥，诏："开封府界东、西路都巡检缺，系枢密院选差，应诸路州钤辖，非节镇大藩者，在第六等知军州诸路都监之下。除宗室听依旧添差外，其曾任将、副、诸司副使以上，及阁门通事舍人，特旨许差者，并差自来曾差人处，或替双员处都监缺。已上内合带权发遣者，其请给，并依州都监令。"新削"应诸路"以下。52，页11885

【宋哲宗元符元年（1098）六月】大理寺言："知强盗及持杖窃盗之情而藏匿，若过致资给及漏露消息，令得行盗及隐避者，并罪至死。及应配者，并配本州。强盗死罪情重者，依重法地分窝藏法，仍奏裁。窝藏重法地分，劫盗罪至死，配远恶，妻子五百里编管。再犯配沙门岛。以上盗者情重，窝藏人当行处斩，家产给半充赏。即盗罪至徒流者，配五百里，妻子邻州编管，再犯配二千里。并许人捕，家产给三分充赏。"从之。新削。64，页11889

【宋哲宗元符元年（1098）六月】诏高丽朝贡，并依元丰条施行，《元祐令》勿用。旧云：复先帝待遇高丽法也。新削去。66，页11890

【宋哲宗元符元年（1098）六月】乙巳，六月二十八日乙巳，诏王旒罢榷货务，户部官各罚铜三十斤。开封举张元礼亦然。元礼，乃林希婿也。68，页11892

续资治通鉴长编卷五百　宋哲宗元符元年（戊寅，1908）

【宋哲宗元符元年（1098）秋七月】辛亥，御史台言："《元丰官制》

朝参班序，有日参、六参、望参、朔参，已著为令。元祐五年改朔参官兼赴六参，有失先朝分别等差之意，请止依《元丰仪令》。"从之。13，页11901

【宋哲宗元符元年（1098）秋七月】大理寺言："博易籴买纲运官物者，计已分依贸易官物法，强者计利并赃，以不持仗强盗论，罪至死者减一等，皆配二千里。二十贯，为首绞，杀伤人者，依本杀伤法。或徒党者，仍以财产给赏，依重法地分劫盗法。如知情、停藏、附载者，减罪人罪一等。以上罪至徒者，运载船车畜产并没官。其被盗之人速随近官司，即因被盗而受赃者，以凡盗论。博买官船钉板及随船所须之物，许人告，每获钉板等，估价不满一贯文，加五贯，至三十贯止。"从之。新削。17，页11905

【宋哲宗元符元年（1098）秋七月】详定一司敕令所言，乞删去因强盗杀人者不用犯时不知律敕条。从之。新削。18，页11905

【宋哲宗元符元年（1098）秋七月】又言：长举、顺政县津渡验察过往兵级，若透漏逃亡及下水船户附载，虽不知情者，各杖一百，并许人告，每名赏钱十贯；地分勾当人失觉察，减二等。从之。新削。19，页11906

【宋哲宗元符元年（1098）秋七月】诏修将校补官隔下法。曾布言元祐改旧法不当故也。布录己未合考。35，页11909

【宋哲宗元符元年（1098）秋七月】庚申，刑部言："犯罪会赦合原而止，有离正停降还俗者。其同犯及干连人，非赦后有罪，不许首告，官司亦不得受理，仍于大理前一月检举晓谕。"从之。37，页11909

【宋哲宗元符元年（1098）秋七月】枢密院言："将校、军头、十将令转补者，委本将体量，不掩眼试五次，二十步见，若一次不同，减五步，掩一眼再试。但两眼共见二十步，或一眼全不见二十步，仍试上下马。如无病切，弓射五斗，弩踏一石五斗，枪刀、标牌手各不至生疏，并与转补。即有病切，精神尪悴，或将校年六十九，或经转补后犯奸盗，枉法率敛、减刻恐喝、强乞取赃，或再犯余赃放债与本辖人及贷本辖人财物，或逾滥情重以上，虽该降，并隔下奏听旨。如差出者，勾赴本将体量，在别州者，报所在州体量。排连长行充承局押官者，先取年五十以下、有两次以上战功人填缺，六人以上，填缺不足，即取一次战功人一名，每缺六人，更取一名；余取年四十以下，武艺高强无病切人，试两眼各五次，二十步见者选补。内步军以缺六分为率，先取弓手一分，次取弩手三分，次取枪牌刀手二分，更有零分者，依六分为率，资次取拣，周而复始。长行犯徒经决及二年，或军人因犯移配杖罪经三年，徒罪经四年，或已升拣军分又经一年，各无过犯，并听排连。不应充军人，已投状后，审会取放逐便，虽未给公凭，其请给差使并罢，有违犯，加凡人二等。不应充军人，于法许逐便者，并追纳元请投军例物讫，报合属去处，给公凭放逐便。如非品官之家，无例物回纳，愿依旧充军者听。"从之。新削。40，页11910—11911

【宋哲宗元符元年（1098）秋七月】大理寺言："京城内监临主守自盗，及盗所监临财物，依一司敕计赃，更不加等；盗蕃国进奉人钱物者准此。以上轻者，依海行敕律加法。"从之。57，页11916

【宋哲宗元符元年（1098）秋七月】乙亥，大理寺言："重法地分劫盗死罪会降，乃灾伤减刑，皆配远恶处；流罪皆配广南；徒罪及流罪会减降应减等者，皆配三千里；应原者，配五百里。除依条给赏外，仍以其人产充赏，死罪全给，流罪给半，徒罪给三分。其妻子并编管，死罪千里；流罪及死罪会降，若灾伤减等者，五百里；徒罪及流罪降至徒罪，邻州。以上劫盗及其妻子应编配者，会恩不移放，即妻子已编管而再遇赦者，依常法。"从之。新削。71，页11925—11926

续资治通鉴长编卷五百一　宋哲宗元符元年（戊寅，1098）

【宋哲宗元符元年（1098）八月】户部言，诸路吏人书手有因犯赃罪，或累犯情重依条停罢者，并不得募本宗大功已上亲承填元缺。从之。新削。8，页11930

【宋哲宗元符元年（1098）八月】刑部言，今后在京官司被受朝旨，

乞并依元丰四年以前指挥关报御史台。从之。邹浩云云附。14，页11931

【宋哲宗元符元年（1098）八月】工部侍郎郭知章言，都水使者与内外监丞轮举使臣如有罪犯，乞除轮举官依旧法外，其同奏官于元举下更减一等科罪。从之。新削。18，页11931

【宋哲宗元符元年（1098）八月】尚书省言："元丰六年条制，在京官司应行遣文字有稽迟差失，遇恩合原者，其止该上簿之人，并两件当一件，即是随其轻重事理为件数。元祐罢去，今欲复行。"从之。《旧录》丙戌。31，页11934

【宋哲宗元符元年（1098）八月】户部言："户绝财产尽均给在室及归宗女。千贯已上者，内以一分给出嫁诸女。止有归宗诸女者，三分中给二分外，余一分中以一半给出嫁诸女，不满二百贯给一百贯，不满一百贯全给。止有出嫁诸女者，不满三百贯给一百贯，不满一百贯亦全给，三百贯已上三分中给一分。已上给出嫁诸女并至二千贯止，若及二万贯以上，临时具数奏裁增给。"从之。新削。35，页11935

【宋哲宗元符元年（1098）八月】大理寺言："诸州公使什物器用陈设，并州县安设所须之物，并不得于人户处借贷，及管认装束妓乐之类。违者，徒二年；长吏知而听行，与同罪；不觉察，杖一百。并不以去官赦降原减。其公使库什物器用陈设如有损缺，许以不系省头子钱修置，若擅用转运司钱者，徒二年。"从之。42，页11937

【宋哲宗元符元年（1098）八月】【大理寺】又言："诉讼不可施行者，并晓示于都门，限五日勾收。经晓示后人又陈状，依前词理送所属告示，仍取知委连申，经取知委后来依前更陈述者，即送所司取勘施行。"从之。新削。43，页11937

【宋哲宗元符元年（1098）八月】癸巳，诏删修《皇城司敕》。52，页11938

【宋哲宗元符元年（1098）八月】诏今后太仆寺合支外路马军，并依元丰条令军人就骐骥院调马。其元祐八年五月二十四日令从京差人牵送指

838　《续资治通鉴长编》所见法律史料辑录

挥勿行。新削。66，页11945

【宋哲宗元符元年（1098）八月】三省言："国子监丞毕仲愈言：乞诏近臣申讲六官之议，达之天下。州置六曹参军，而省去职同无补之员。"右司郎中吕温卿言请诸路监司及诸州县依省部六曹所主事务格目，分作六案。诏送详定一司敕令所。70，页11946

【宋哲宗元符元年（1098）八月】乙巳，户部言："印钞差误或损污墨色不均者，当官毁抹上历，拘管勒偿纸价。即私印换者，论如盗用余印律；盗白钞者，论如盗官文书律；已经书印圆备者，论如盗重害文书律。并许人告捕。内盗白钞并已书印圆备钞者，依在京通用格赏，主守不觉察，杖八十，知情者与同罪。"从之。新削。71，页11946

续资治通鉴长编卷五百二　宋哲宗元符元年（戊寅，1098）

【宋哲宗元符元年（1098）九月】诏罪人应配五百里以上，皆配陕西、河东充厢军。曾布白上曰："此汉徙人以实边之遗法也。"上然之。诸路经略司各二千人止。12，页11951

【宋哲宗元符元年（1098）九月】丁巳，尚书省言军人及诸色人犯罪该配而不任征役者，配充合配指挥，小分并老疾凭恃收赎而情不可恕者，并邻州编管。新无。26，页11958

【宋哲宗元符元年（1098）九月】是日，蹇序辰、安惇以诉理事上殿。曾布言："诉理事干众人。昨朝廷指挥，令言有不顺者具名奏，中外皆以为平允，但恐议论者更有所加，愿圣意裁察。臣尝以谓诉理之人，本无可罪。今刑部左右两曹，一主断狱，一主叙雪。盖自祖宗以来，以至今日，凡得罪经断，鲜有不更诉雪者，但一切付之刑部，自有条格。既前此或行或否，皆自有司条上，其闲得雪除者比比而有。元祐中用事之人当有形迹先帝之意，故别置一司以张大其事，若当时使如常日付之刑部，则今日亦无复有此纷纷。以此言之，但用意造作之人为可罪，诉雪者似不足深责。兼人数众多，动众失人心，孰大于此者？真宗践阼，有建议欲放天下欠负者，真宗云：'先帝何以不放？'大臣云：'先帝留此以遗陛下，以固结天下人心。'真宗欣然从之。盖人心何可失也。"布又言："诉理之人若于先朝言有不顺，此天下之所共怒，自当行法。臣今日所陈无他，但愿朝廷守已降诏旨，勿令议论者更有所增加尔。"上深然之。已而闻序辰及惇所陈已纷纷矣。27，页11958

【宋哲宗元符元年（1098）九月】看详诉理所言："相州官吏失入冯言死罪，计会请嘱法寺。元祐看详作情可矜恕，除雪罪犯，事皆失实，有害先帝治狱用刑之意。及前任相州安阳县尉李棠《新录》削去李棠姓名。进状内有'销除天下之冤以召和气'之语。"诏："元祐除落指挥更不施行，并令改正，内李棠特勒停。"又言："光州司法参军、监安上门郑侠上言谤讪朝政，并王安国非毁兄安石等罪名，元祐元年除雪不当。及王旃、王旒进状，内言父安国冤抑未除，又云先臣不幸不得出于此时。"诏："元祐指挥更不施行，并令改正。郑侠追毁出身已来文字，除名勒停，依旧送英州编管，永不量移。王旒罢京东路转运判官，添差监衡州盐酒税。王旃监江宁府粮料院。"旒责在十月二日丙子，今增入。42，页11961—11962

【宋哲宗元符元年（1098）九月】诏："陕西、河东路经略司告谕将士，自今出兵，汉蕃将士临阵用命，有杂功自当保奏推赏，不须虚上首级。即有杂功而官司抑塞不为保奏，听于经略司或转运提刑司诉委官究实。其不为保奏及不受诉官司，皆以违制坐之，委走马觉察。知情与同罪，不觉察亦重行黜责。"此用布录删修，《实录》殊不了了。44，页11963

【宋哲宗元符元年（1098）九月】都大提举成都等路茶事司言："请应买茶及以物货博易，而官司拘拦或抑勒者，并徒二年。茶价如合增减，而官司不切体访市价，行遣失时，并科杖一百。客旅以物货赴场博茶，如不及担数，并许随斤重博易。若物价多，茶价少，许贴给物价；物价少，茶价多，许贴给茶价。内贴给钱不得过一分。"从之。新削。50，页11964

【宋哲宗元符元年（1098）九月】诏诸军犯罪，事干大理寺、开封府，先从重罪处受理。布录。52，页11964

【宋哲宗元符元年（1098）九月】户部尚书吴居厚言："公人被差勾当及随官员不得借请兑钱物，若官员容纵及勘给官司，各杖一百，内发运司公人仍勒停。所借数多计赃重者坐赃论，即官为判状或指挥违法借兑者，以违制论。已上并不以赦降去官原减。内勾当急速公事者仍不得乘船。"从之。57，页11965

【宋哲宗元符元年（1098）九月】癸酉，看详诉理所言："开封府府司官胡宗师等承勘周师立整会章喻卖田公事不当，周之道传达增饬并撰造语言，及取勘虚妄，又祁定州官顿起等违条差禁军防送，元祐元年并作情理可矜恕。任公裕进状内有刑部一概以特旨，遂称难议施行，以此排天下之幽冤，使不得伸理。国子司业朱服、监丞叶祖洽、主簿王元承，准朝旨，主簿专典簿书，各于监视钱库开闭，收支互相违戾，各特降一官。叶祖洽仍罚金二十斤。元祐并特除落，今看详诉理不当。"诏："朝散大夫、权刑部侍郎周之道，朝请大夫、权发运副使任公裕各特降一官。任公裕改充发运判官。元祐年指挥更不施行，并令改正。"太学直讲王沇之等受赃，请嘱升补生员，除雪不当。诏："元祐年指挥更不施行，并令改正。"邹浩论任公裕云云。64，页11966

续资治通鉴长编卷五百三　宋哲宗元符元年（戊寅，1098）

【宋哲宗元符元年（1098）冬十月】户部侍郎虞策等言："诸路役法衙规已推行成绪，若更逐一申请降旨施行，显见紊烦。欲并依元丰旧法，提举司申役人名额及雇食纸笔等钱，并衙前优重合增损及改更事件，户部相度指挥讫，每季奏知；如事体稍大，即具奏裁。"从之。新无。19，页11975

【宋哲宗元符元年（1098）冬十月】详定一司敕令所言："鳏寡孤独贫乏不得自存者，知州、通判、县令、佐验实，官为居养之；疾病者仍给医药。监司所至检察阅视，应居养者，以户绝屋居，无户绝以官屋居之；及以户绝财产给其费，不限月分，依乞丐法给米豆，缺若不足者以常平息钱充。已居养而能自存者罢。"从之。25，页11976

【宋哲宗元符元年（1098）冬十月】看详诉理所言："元祐臣僚上言乞展诉理所限日，所贵衔冤之人，皆得洗雪，可以推广圣恩，感召和气。

按所言于先朝不顺。"诏王觌特责授鼎州团练副使、澧州安置。39，页11979

【宋哲宗元符元年（1098）冬十月】户部言："应获到私末茶并伴和，如不获元犯人，请并依私腊茶获犯人法，估价给偿。内伴和茶合毁弃者，每斤如有获到抛弃随行之物，准折充赏，剩数即纳官；无或不足，即候获犯人日，追理还官。"从之。40，页11979

【宋哲宗元符元年（1098）冬十月】工部言："金水若河道盖暗处擅开掘，或安置重物者，各杖八十。即偷引河水私用者，许人告，及地分军巡人看管人捕获，每名支赏钱三贯，并以犯事人家财充。"从之。41，页11979

【宋哲宗元符元年（1098）冬十月】诏："通行京东、河北盐入解盐地分指挥方下，小民未知请引。其大理寺见根勘犯盐公事并特放，自今并须依近降指挥，经官出引贩卖。"48，页11980

【宋哲宗元符元年（1098）冬十月】三省言："看详诉理所奏：公案内陈述于先朝不顺者，具职位、姓名闻奏。本所除已节次贴说外，今来照得有进状内语言止系称美元祐置诉理事，未审合与不合闻奏。"诏语言过当者贴说。又奏"夔州路提举阎令被制推勘王光祖，擅便不行追摄取勘，特追两官勒停。元祐除落，显属不当。"诏朝奉大夫、权陕西路转运使阎令降为朝请郎，其元祐指挥勿行。邹浩云云。63，页11982

【宋哲宗元符元年（1098）冬十月】专切措置铁冶铸钱监事吕潜言，应缘铁冶事，乞并行仓法。从之。75，页11986

【宋哲宗元符元年（1098）冬十月】三省言："臣僚奏：纠察在京刑狱，凡见勘案情，并经奏断案，皆许取索。昨开封府避见御史台点检断案情，乃引刑察上案敕条：凡见勘案情，并经奏断案，非缘词讼不得取索，奏请施行。在京刑狱，隶刑察下狱甚众，其教令自为一司，今独开封府不用此令。"诏御史台刑察上下案取索文字，并依旧条。79，页11987

【宋哲宗元符元年（1098）冬十月】御史台言："按《元丰法》：'诸

赴宴、庆贺、宣制、拜表、奉慰、行香、集议，若临时有急速公事，或上殿守宿，趁赴不及，并本处有条免赴者，并报御史台'。《元祐法》应免者不报，乞依《元丰法》。"从之。90，页11990

【宋哲宗元符元年（1098）冬十月】又言："详定一司敕令所奏：按元符元年九月敕，府界诸路场务抵当折纳田宅，更不出卖，并召人赁佃。窃详承买场务所供抵当，自熙宁、元丰以来，立法各是出卖，以补填不足之数。然犹有出卖不及元祐数者，以至检估官吏备偿之法，其检估官吏，尚或缪增估置。今若不行出卖，尽令佃赁，委有未便，伏乞改正。"从之。新无。91，页11990

续资治通鉴长编卷五百四　宋哲宗元符元年（戊寅，1098）

【宋哲宗元符元年（1098）十一月】户部言："《禄令》致仕官若本身遇特恩转官者，并依所转官给料钱"字下，请增入注文内"该请衣赐者准此"。从之。新无。7，页11999

【宋哲宗元符元年（1098）十一月】戊申，工部上铸钱监监官任满得替殿最法，户部上捕蝗法，并从之。旧本特详，今从新本。8，页11999

【宋哲宗元符元年（1098）十一月】己酉，御史中丞安惇言，近奏翰林学士蒋之奇，于元祐初奏雪知亳州李莘前任江西提刑日，冲替罪犯为太重事，望详前奏，早赐处分。诏之奇赎金十斤。邹浩云云。9，页11999

【宋哲宗元符元年（1098）十一月】监察御史蔡蹈言齐、郓、滨、沧等州大被水患，为害甚远，良由北外都水丞司自去年七月以至今年，一岁之闲，略无措置，以备捍御，驯致今日之患。诏权北外都水丞窦讷罚金三十斤。仍令梁铸根究河水泛溢去处，系是何官司管认及应有罪之人，具状以闻。10，页11999

【宋哲宗元符元年（1098）十一月】壬子，枢密院编修文字所言："诸将下步军教习事艺，并依海行法；除上名人外，以十分为率，置弓弩

六分，枪牌手二分。遇结队即依队法；其队内所缺枪牌手人数，却以互习人充代。"从之。20，页12000

【宋哲宗元符元年（1098）十一月】三省言元丰末、元祐中，王巩累上书议论朝政，表里奸臣，欲尽变更先朝法度；张保源累上书议论朝政，附会奸臣。诏朝散郎王巩特追毁出身以来告敕文字，除名勒停，送全州编管；通直郎张保源特勒停，仍展三期叙，于峡州居住。《元符末邸报》：全州编管人、前朝奉郎、荣州金判王巩，元丰末及元祐中累上书议论朝政，表里奸臣，奉圣旨，特追毁出身以来告敕，除名勒停，全州编管，奉圣旨放逐便。因此可考陈次升言章惇事，附见元符二年五月二十六日。22，页12001

【宋哲宗元符元年（1098）十一月】吏部员外郎王博闻言："按《律》：'宗室下人从，辄以鞭棒之类争夺马路者，杖八十'。请令百官同为一法。"从之，仍请重加二等。新无。23，页12001

【宋哲宗元符元年（1098）十一月】详定重修大礼敕令所言元丰四年十一月诏，亲祠宗庙，歌者在堂，更不兼设钟磬；宫架在庭，更不兼设琴瑟；堂下匏竹，更不置之于阶。诏登歌钟磬，并依元丰四年诏旨。《旧录》云复先帝礼制也，《新录》削去。27，页12002

【宋哲宗元符元年（1098）十一月】司封言："《元丰法》：'中散大夫、将军、团练使、杂学士以上母妻并封赠郡君，其余升朝官母妻并封县君。银青光禄大夫、太子少保、节度使以上郡夫人，开府仪同三司以上国夫人，并系用子官封叙。'元祐更制，遂紊前法。"诏封赠并依元丰法。旧云复先帝《封赠法》也，新削去。28，页12002

【宋哲宗元符元年（1098）十一月】庚申，刑部言："投换军将人如无家业者，许将见钱五十贯已上愿纳赴官收管充抵当，许行投换。在京于府司检校库，在外于所属州府军资库寄纳。"从之。新无。29，页12002

【宋哲宗元符元年（1098）十一月】壬戌，荐飨景灵宫，诏读册官至御名勿兴，凡读册皆如之，著为令。遂斋于太庙。31，页12002

【宋哲宗元符元年（1098）十一月】甲子，冬至，祭昊天上帝于圜

844 《续资治通鉴长编》所见法律史料辑录

丘,以太祖配。礼毕,群臣贺于端诚殿。还,御宣德门,大赦天下。应见贬谪官员,除元祐余党及别有特旨之人外,未量移者与量移。十月末邹浩云云可考。33,页12002—12003

【宋哲宗元符元年(1098)十二月】己丑,户部言见行盐法,如馆户愿赴沿边州、军、堡、寨入纳粮草,计价给引,赴永利监算请官盐,委是经久可行。从之。新削。17,页12015

【宋哲宗元符元年(1098)十二月】三省言,应看详诉理文字所奏除雪不当得旨改正事,欲令吏、刑部具已经赦恩及期数,开具至今合如何改正,申尚书省。从之。20,页12015

【宋哲宗元符元年(1098)十二月】看详诉理文字所言,看详到责授成州团练副使吴居厚称:"罪止缘公,今遭遇朝廷推广恩惠,凡有罪戾,尽蒙贷湔洗,人情莫不悦豫。"诏居厚特罚金三十斤。23,页12016

【宋哲宗元符元年(1098)十二月】又检会元祐年自元丰八年三月六日已后至元祐元年九月明堂赦恩已前官司断遣公事,亦行看详奏雪,即非先朝断遣过人数,恐不合一例看详。诏更看详。24,页12016

【宋哲宗元符元年(1098)十二月】乙未,礼部言,将来正旦御大庆殿朝会,奉迎"天授传国受命宝",从之,仍著为令。30,页12019

【宋哲宗元符元年(1098)十二月】御史中丞安惇言:"伏睹先帝在御之日,六察逐旬具弹过事件奏闻。元祐大臣务为苟简,改为季奏,望并依《元丰法》。"从之。31,页12019

【宋哲宗元符元年(1098)十二月】看详诉理文字所言:"朝散大夫谢景初,昨任成都府路提刑,与倡女逾违,特追两官勒停。元祐初,孙永、李常、韩忠彦、王存奏'景初只因提举司论议不合,加诬坐罪';又云'朝廷专置官局,办理枉横,景初不幸身殁,不能自直。'窃惟永等遭遇先朝,致身禁从,宠眷隆厚,方裕陵之土未干,奸臣诬诋典刑,以有为无,语言不逊,无所忌惮。元祐诉理所称'事出暧昧,显涉冤抑,特与奏雪'。遂除落景初前断过名,委属不当。又景初男愭元祐二年状称'非今日朝廷清明，何以雪幽冤于泉下'？"诏谢悰特勒停，韩忠彦、王存各赎金三十斤。《新录》删去"窃惟永等"以下凡四十一字。永等言有司议罪不当，而云诬诋典刑，语言不逊，非是。按当时行遣除此则为是乎？今复存之。明年正月十七日忠彦、存各降官，邹浩云云。32，页12019

【宋哲宗元符元年（1098）十二月】丁酉，看详诉理所言："元祐诉理除雪故屯田员外郎陈舜俞不奉行常平法降监当等不当，及陈禹功称'臣父所言，即非狂妄'，又云'今睹圣朝开设诉理司以来，天下冤抑，例得伸雪。臣父灵识足以伸决于幽冥，而万世抑压沈郁之恨，一悟圣聪若冰释'等语言。"诏陈禹功特送邻州编管。36，页12020

【宋哲宗元符元年（1098）十二月】工部言诸路、州、军、城、寨、县、镇遇有修造，只得于城外浅壕内近处取土使用，如违，其所主修造官司杖八十；当职都监、监押有失检察，减二等。从之。新无。38，页12020—12021

【宋哲宗元符元年（1098）十二月】庚子，诏应犯罪合配本州、邻州之人，身手强壮而愿免决配，填逐路军者听；辄抑勒者，依故入人罪法。40，页12021

【宋哲宗元符元年（1098）十二月】是岁，宗室子赐名、授官者四十人，断大辟二千四十三人。41，页12021

续资治通鉴长编卷五百五　宋哲宗元符二年（己卯，1099）

【宋哲宗元符二年（1099）春正月】诏差慕容将美勘熙河香爱公事。人有告香爱谋叛者，经略司以为诬告，已断配讫，而香爱复叛走，故劾之。布录庚戌。4，页12027

【宋哲宗元符二年（1099）春正月】三省言："元祐中陈州别驾汤鹹上书，乞除扬王为左仆射。临江军草泽祝望上书，乞用扬王为师，荆王为保。"诏汤鹹除名，送新州编管，永不放还；祝望杖脊，配朱崖军。29，

页 12036

【宋哲宗元符二年（1099）春正月】丁卯，看详诉理文字所言："元祐诉理所公案，前知徐州赵鼎，在任于官船附带私物，及以买绢为名，差破人船附载骨肉，各坐私罪徒，特冲替勒停。元祐二年赦，前断私罪徒，该赦，负犯特与除落。本所看详，诉理所附会权臣，将违法附带私物并称情实可矜，不论轻重，尽与诉雪，显属观望，乞详酌施行。及吏部供元祐四年吕大防等札子，陛下临御之初，察鼎非辜，移知晋州，未到任身亡，其家无人食禄，深可矜悯，子景先推恩补郊社斋郎。"诏元祐二年指挥更不施行，仍夺赵景先元授恩泽。51，页 12043

【宋哲宗元符二年（1099）春正月】朝散郎、知吉州周邠送吏部与合入差遣，以诉理不当故也。邹浩云云。52，页 12043

【宋哲宗元符二年（1099）春正月】诏贾青罢知河中府，以御史邓棐论列青罪状故也。元年十二月十八日，邓棐云云。65，页 12045

续资治通鉴长编卷五百六　宋哲宗元符二年（己卯，1099）

【宋哲宗元符二年（1099）二月】户部言，河北东路提举常平司奏，乞将本路诸州管下外镇，并依元丰旧法置抵当。从之。9，页 12051

【宋哲宗元符二年（1099）二月】壬午，熙河兰会路经略司言："押伴瞎征般次使臣郭诩等，具析到般次入内夹带回纥刘三等上京。乞今后解发诸蕃般次，不许数外夹带及裹私抵换人口上京，如违，其抄点并押伴使臣并以违制论。"从之。23，页 12053—12054

【宋哲宗元符二年（1099）二月】先是，三省欲以泾州与枢密院易思州，与堂吏时恪，从之。曾布因言近邢州韩治满一年，三省再除人，今思州李谅未半年，三省亦再除人，乞立法。上以为当然，遂得旨："今后互差缺未及一年，不许再差人。"布再对言："州郡互差缺已立法，臣又尝与三省言，帅臣差除，二府同取旨，至辞恩命，乞差遣、或罢帅别有除授，密院多不预闻。如孙览屡乞差遣，直至欲除林希，方率密院同取旨，亦当立约束。"上然之。既而章惇不可，故止以此条进呈。51，页12065

【宋哲宗元符二年（1099）二月】辛丑，诏皇城司任满，依熙宁五年指挥酬奖。元祐尝减恩例，却增再任酬奖，而熙宁旧条，再任未尝推恩。蔡卞以谓责重，不知何故不赏。曾布曰，再任者皆都知押班，每任满即须再任，攸旧条不赏。上令再任满无遗缺，取旨。60，页12068

【宋哲宗元符二年（1099）二月】壬寅，朝议大夫、集贤殿修撰、新差知江宁府刘定知庐州。朝奉郎、直秘阁、新差知越州吕升卿知江宁府。右正言邹浩奏："伏闻新知庐州刘定前知陈州日，恣为贪污不法等事，近因臣僚奏论，已降指挥差官根治去讫。其刘定虽未即正典刑，委是有罪戾难赦之人，岂宜更令冒赴新任，以辱兵民重寄。伏望圣慈详依贾青罢知河府近例，先次放罢，听候朝旨施行。"从违当考。贾青罢在正月二十七日。61，页12069

续资治通鉴长编卷五百七　宋哲宗元符二年（己卯，1099）

【宋哲宗元符二年（1099）三月】癸丑，诏："诸带供御对御牌子祗应人以牌子借人，及令人代名，若本辖官以带牌子借人及借代者，各徒。被借使人减一等。"新无。6，页12074

【宋哲宗元符二年（1099）三月】己未，御史中丞安惇言："元祐初，奸臣置诉理所将熙宁、元丰以来断过刑名辄行奏雪，曲陈事理，讪谤先朝，归怨君父。陛下委官考阅案牍凡千余人，其元断重轻一一当罪，已具闻奏，节次得旨，改正施行。所有原看详官刘挚、孙觉、胡宗愈、傅尧俞，管勾文字叶伸、苏嘉、朱光裔、吴俦、陈郛等罪迹显著，义不可容，望诏有司具逐人到所月日，审察情犯，特赐施行。"诏朝奉大夫致仕叶伸特降三官，陈郛、吴俦、苏嘉、朱光裔并特勒停。惇建议看详在元年六月二十五日。23，页12079

【宋哲宗元符二年（1099）三月】辛酉，以管勾剩员所萧世京为吏部员外郎。宣德郎、权提举秦凤等路常平张行为户部员外郎。世京在元祐中尝上书，言先朝青苗、免役法便民，可以久行。又言中书收吏部善缺，以应门生故吏世族之求，执政之门炙手可热，公道厄塞，私恩大盛。疏奏留中不报，自是上出其疏，乃擢之。行亦元祐中疏奏，乞复行免役凡四十余章，前已擢使一路，至是又迁焉。30，页12080—12081

【宋哲宗元符二年（1099）三月】诏熙河兰会路经略判官、降授宣德郎钟传责授连州别驾，韶州安置。试户部侍郎陆师闵落职知蕲州，寻改怀州。七月二日邹浩云云，可考。前权知熙州、直龙图阁张询特责授歙州别驾，池州安置。前秦凤路提点刑狱故陈敦夫追元与一子官及所赐钱。熙河兰会路经略司勾当公事、宣德郎陈中夫特除名勒停，歙州编管。《布录》云：将佐或除名，或勒停，或降十八官至五七官。机宜陈中夫代为王舜臣状，虚奏首级等，其他造作欺罔事状不一，除名送歙州编管。司户参军钱升特除名勒停。秦凤路经略司管勾机宜、承议郎任鲲特勒停。熙河兰会路经略司勾当公事、宣义郎董采，承议郎李夷行，熙河路经略司管勾机宜文字、承务郎李毅，通远军通判、奉议郎李深，签书判官、承事郎胡泳各特降一官。内李毅无官可降，展四年磨勘；董采仍冲替。陕西转运司勾当公事、承议郎李宗愿，熙河路经略司勾当公事、礼宾副使王厚各特降一官。通判熙州、奉议郎潘适特降两官。侍禁王士元、沧州司理参军章绽特勒停。侍禁康厚降一官。走马承受、入内供奉官周珪特追一官勒停。前东头供奉官满志行特除名勒停，岳州编管。熙河兰会路钤辖、崇仪使、成州刺史王舜臣追十官，除名勒停，留充泾原路效用，准备使唤。熙河兰会路都监、知河州、皇城使、荣州防御使王赡追十一官，免勒停，权管勾河州及安抚司公事。熙河第五将、知通远军降庄宅副使康谓追七官，免勒停，权管勾通远军。权知岷州、皇城使、昌州刺史李澄追十四官，免勒停，权管勾岷州。熙河路都监、右骐骥副使李泽追十五官，特除名勒停，送均州编管。熙河第二副将、文思副使秦世追十八官，特除名勒停，送江州编管。熙河第一将、左骐骥使姚师闵追十二官，勒停。河州都总管领蕃兵将、皇城使刘戒追十七官，勒停，熙州编管。第三副将、庄宅使张论追十五官，勒停。熙河第五将、前崇仪使辛叔献追三官，勒停；副将、西作坊使董隐追四官。兰州都总管领蕃兵将、礼宾使李中追一官。各以秦州制勘所言白草原讨荡，妄增首级，冒受功赏，兼虚上首级与使臣亲戚。余部队将、使臣、人吏、敢勇、效用等，各等第追降、勒停、编管、决配有差。内曾有战功，并听陕西、河东路经略司留充效用，准备随军使唤。初，得旨，钟传、张询皆除名编管，传韶州，询

《续资治通鉴长编》所见法律史料辑录 849

池州。上问辅臣："池州是江南？"蔡卞曰："更有江西，如筠、袁州等，又远于池。"章惇曰："臣妹年逾六十，若张询更重行遣，不敢辞，只乞池州，稍近。"上从之。已而曾布言："直龙图阁、集贤殿修撰作边帅，未有因职事编管例，编管人每旬赴长吏厅呈身。刑不上大夫，恐不当尔，于朝廷名体未正。"上曰："错可便与改正。"乃合与散参军安置，又皆改别驾。先是，布尝与二府言及传、询不当编管事，章惇曰："公之言是。先文字见在门下省未出。"又令门下吏告布，欲令取回札子。布曰："不须尔。"既奏得旨，布又语惇曰："张询虽是公亲戚，布以素无此例，兼名体未正，且事出密院，恐天下后世以为非，故不敢避公亲嫌，开陈改正，非曲奉丞相也。"惇曰："公莫无嫌。"布曰："假令人有此言，布亦不恤。"《元符邸报》，密院奏刑部申奏制勘所奏。勘所奏勘到钟传、王舜臣等妄冒功赏数内秦凤经略使陆师闵、钟传奏讨荡画谋事。勘会钟传统领两路大军出界，元奏斩获三千五百二十级，今勘得共实获二百九十级，外有三千三百三十级系虚冒。其陆师闵六月十四日承受朝旨："妄冒入限一月许自陈，与免罪。"至十八日榜，秦州等所勘详，陆师闵直至十八日方行出榜，及奏状内称"寻行出榜"情罪，合取自朝廷指挥。法寺称："许首朝旨出榜稽违，官减外，杖六十，公罪。钟传画谋功赏情如是情属虚奏，系保明不实，徒二年，未赏，减二等，官减外，杖一百，私罪，合罚铜十斤，如不知情，合罚铜三斤。"勘会陆师闵见系降授朝散郎，试户部侍郎。三月九日奉圣旨："陆师闵特落职，差知蕲州。其已差下张德温，令吏部依元到名次别与合入差遣。"奉敕："惟赏当功，罚当罪，则臣下劝，朕持此以为励世之具，虽侍从之臣，亦不得而私焉。具官顷以才称，实膺阃寄，方洮河进讨，计谋将下，交私妄冒功赏，诏许陈首，而汝奉行不时，职当保明，而汝奏报非实。不加黜责，曷儆诞谩！聊褫职名，犹绾郡寄，往其循省，无重悔尤，可特罢侍郎，依前降授朝散郎、知蕲州。"中书省、密院关密院奏："刑部申，秦州制勘到钟传、王舜臣等妄冒功赏案数内下项人，三省、密院同奉圣旨：依逐项指挥。今据吏部申逐人见今职名，合降官资：下项秦凤路随钟传出界五将，妄冒获级、重伤、杂功人；下项曾经保奏崇班曹宗道、秦贵虚供获粮前去，逢贼斗敌，重伤留在安西城，降一资。"奉敕："曹宗道等，夫王政不忘人之功，若侥幸而妄其实，则罚亦随之。比者偏师出塞，而汝等秋毫之力无有焉，或妄列重伤，或虚冒首级，以觊赏典，各黜两秩，尚为宽典。可敕。"中书省、密院关密院奏："刑部申，秦州制勘到钟传等妄冒功赏案，三省同奉圣旨：依逐项指挥。今据吏部申，契勘高永年见任崇仪使，依所降指挥，合降六官，降至文思副使。关送中书省指挥。"熙河部落子于元奏斩获八十级，捉到生口一名，天使钱铃辖伤中五十七人，杂功十五人。今勘会定实获二十四级，生口一名并旧丁，余并是虚妄。内权都总领，崇仪使高永年出界回，有部落子各将人头于高崇仪，向邢玠道收着中军人厮煎要人头一级，与经勾陈先得，勾当人一级与张铃辖，三殿直三级与抚谕王拱，备一级与效用辛士虎。高崇仪指挥邢玠道，王防御得钟龙图人头要及三分，问当得力姓名人呈，高崇仪于姓名下虚凿写了人头，令邢玠道等监勒，依上件虚冒功数状申讫。六月二十三日准朝旨，限一月陈首。至七月二十八日，马皇城处唤邢玠道与我凭写首状来，为钟龙图指挥，不敢违拒，元保明人头中伤等都是诈冒。申经略司，于检上落作二十三日，其使臣等陈首，亦落作二十三日。元部六百七十四人，虚冒获级一分已上。看详马用诚、邢安道虚作效用，系不应言，官减外，笞五十。将首状落作二十三日，系诈为官文书，及虚均摊首级与亲戚，及许为首级妄求功赏，为从，按问官减外，合杖九十，合罚铜九斤。除李澄已降指挥外，马用诚降两官，冒部获一分以上，更降一官，及依随李澄虚上人头与亲戚等，更特降三官。奉敕："依。下项皇城使马用诚可特降文思副使，崇仪使高永年可特降内殿崇班。"敕马用诚等："战危事也，惟赏当功，罚当罪，则人忘死以犯难矣。尔提兵御边，蔑公徇私，诞冒贼级，加于无功，贬秩六等，尚为宽恩。往自循省，毋重获悔。"钟传先以秦凤兵出塞，获级约四千，事在绍圣四年十二月二十二日。元符元年正月十七日加集撰，三月十一日坐前后奏报异同失实，落集撰官。十六日又罢熙帅，降官监永州税。二年三月二十三日又坐白草原冒赏，散官安置韶州。不知三月十一日所谓奏报不实，即是白草原冒赏与否。考《实录》所书，则初责止缘进筑，非出界获级也。白草原事，《实录》初不见其首尾，恐即是绍圣四年十二月二十一日，《实录》所书出界获级约四千余。其冒赏发觉，又不知何时付狱，缘何人按举，并须检讨，作书证验，别修。陆师闵六月十四日承受朝旨可考。王正臣出塞获三千级事，在元年二月二十九日，恐即是随钟传至白草原时，《实录》不总会编修，但随奏到日书之，故如此不齐，要须细检别修。37，页12085—12089

【宋哲宗元符二年（1099）三月】丙寅，诏六曹寺监，应元祐年所更旧法，除已修定外，其见今施行尚有不便者，所属具以闻。39，页12089—12090

【宋哲宗元符二年（1099）三月】权刑部侍郎周之道等奏："臣检会元丰旧制，诸路提刑每半年奏诸州盗贼已未获火数，委刑部案籍审覆，其未获数多，并具劾闻奏，盖责及于监司，则捕监官不待绳而自励。元祐增修上条，止以见任官赦后限满，未获盗贼火数仍用别获到人许比折外计数，则劾奏之法几为空文。窃谓提刑司按治一路，稽察盗贼为先，宜禁止于未然，或督捕于窃发，若觊幸比折以免责罚，恐非朝廷命使恤民之意。乞依元丰旧制，更不用元祐比折之法，但未获数及五分，并许本部劾奏。"从之。40，页12090

【宋哲宗元符二年（1099）三月】己巳，诏稍愆时雨，窃虑刑狱淹延枝蔓，在京委刑部郎中及御史一员，开封府界令提点诸路案此处原本注缺文。两州军令监司分头点检催促结绝见禁罪人。43，页12090

【宋哲宗元符二年（1099）三月】朝散大夫、新知洪州蒋之翰言，伏睹诸路总管钤辖司许招置马军一指挥，昨知荆南日，少人投换，乞下诸路总管钤辖司，遇有移配到他州马军禁军，仰（子）[仔]细试验等状，年少壮及格，不犯徒刑，并许选补刺充本处马军。从之。45，页12090

续资治通鉴长编卷五百八　宋哲宗元符二年（己卯，1099）

【宋哲宗元符二年（1099）夏四月】朝奉郎檀宗旦言熙宁八年差官条，见在官去替一年内，许在任指射差遣。乞依熙宁旧条施行。吏部看详，除广南东西路、夔州路已令在任指射外，勘当五路合使员缺去替半年，依旧制许在任指射。从之。3，页12100

【宋哲宗元符二年（1099）夏四月】戊寅，看详诉理所言："元祐诉理不当，合行改正：宋乔年、梁铸系冲替，元祐改作差替；符守规冲替事理重，改作事理轻；王安上追两官勒停，改作追一官；王棫、张舜民、曹辅、刘符元系追两官，改作追一官；李夷行、陈述之元系追三官冲替，张宗谔、张升卿元系追两官勒停，并与除落；王觉赃罪，改作私罪；王防私罪徒，改作私罪杖；周常差替与除落等事，乞重行改正。"诏元祐年指挥更不施行。10，页12101—12102

【宋哲宗元符二年（1099）夏四月】辛巳，左司员外郎兼提举编修刑房断例曾旼等奏："准尚书省札子编修刑房断例，取索到元丰四年至八年。绍圣元年二年断草，并刑部举驳诸路所断差错刑名文字共一万余件，并旧编成刑部大理寺断例。将所犯情款看详，除情法分明，不须立例外，其情法可疑，法所不能该者，共编到四百九件。许依元丰指挥，将诸色人断例内可以令内外通知，非临时移情就法之事，及诸处引用差互，曾被刑部等处举驳者，编为刑名断例，共一百四十一件，颁之天下，刑部雕印颁行。其命官将校依条须合奏案，不须颁降天下，并诸色人断例内不可颁降者，并编为刑名断例共二百六十八件，颁降刑部大理寺检用施行。勘会申明，颁降断例系以款案编修刑名行下检断，其罪人情重法轻，情轻法重，有荫人情不可赎之类，大辟情理可悯并疑虑，及依法应奏裁者自合引用奏裁，虑恐诸处疑惑，欲乞候颁降日令刑部具此因依申明，遍牒施行。"从之。此《元符断例序》篇合系四月八日辛巳，九月二十五日甲子曾旼等推恩，或移此入彼。18，页12106

【宋哲宗元符二年（1099）夏四月】丁亥，以时雨稍愆，疏决在京及河南、应天、大名府系囚，杂犯死罪已下，第降一等，至杖释之。24，

页 12107

【宋哲宗元符二年（1099）夏四月】庚寅，权刑部侍郎周之道等言，应御札到后，杀人合死会赦原者，如所犯委是情重，即许引用情重法轻奏裁，其余并依旧制引赦。从之。33，页 12110

续资治通鉴长编卷五百九　宋哲宗元符二年（己卯，1099）

【宋哲宗元符二年（1099）夏四月】诏应勘鞫徒以上罪，乞不结案及审录覆奏断遣，已申奏者，以违制论。先是，臣僚言："右军巡院鞫前衮州莱芜县：尉张天锡讹言，诏特处死，更不结案审录，仍不覆奏。不惟中有疑惑，兼恐异时挟情鞫狱，以逃省寺讥察，非钦恤用刑之意。请今后狱具，并须依条差官审录。"故有是诏。张天锡事及臣僚姓名为谁，当考诏旨。元符三年九月，陈瓘谕章惇杀张天悦之徒以钳众口。张天悦，见绍圣四年闰二月丙戌朔，或即是张天锡事，或别事，当考。2，页 12120

【宋哲宗元符二年（1099）夏四月】己亥，奉议郎崔俞言："乞将校节级侵冒合招弓箭手地土者，论如盗耕官田法；将官、城寨官干系人知情，与同罪，不切觉察，减犯人三等。许人告，每亩赏钱三贯，至五十贯止。犯人财产不足，勒干系人均备。"从之。25，页 12127

续资治通鉴长编卷五百十　宋哲宗元符二年（己卯，1099）

【宋哲宗元符二年（1099）五月】殿前副都指挥使姚麟断魏吉不当，开封府得旨放罪，牒阁门责限谢恩。曾布言开封府不应如是，上然之。诏开封府官吏放罪，殿前司吏送大理寺取勘，仍令三省立法。章惇以为不可止放罪。诏府官各罚铜二十斤，吏送大理寺勘。并诏自今命官合勘断及放罪，并依条奏审，违者以违制论。既而吕嘉问乞免放勘，府吏各罚铜八斤；殿前司吏经赦特决杖勒停，降资冲替。布录甲辰，又己酉，又甲子。6，页 12132

《续资治通鉴长编》所见法律史料辑录　853

【宋哲宗元符二年（1099）五月】丁未，刑部言："驱磨告发出失陷钱物，合推赏者，令上户部参验。如有请属冒赏，各杖一百；赏钱五十贯文。"又乞立伪造文钞及知情者流配、告赏等条。并从之。旧本特详，今从新本。10，页12133

【宋哲宗元符二年（1099）五月】权提举永兴军等路常平吴黯言，诸路奉差管勾官，乞特依熙宁、元丰互注法施行。吏部勘当：诸州管勾官，除各依绍圣五年朝旨占阙外，复元丰管勾互注法，请许就占阙中，用元丰七年朝旨占换选择奏差。从之。21，页12136

【宋哲宗元符二年（1099）五月】甲寅，户部言，蕃舶为风飘着沿海州界，损败及舶主不在，官为拯救，录物货，许其亲属召人保任认还，及立防守盗纵诈冒断罪法。从之。28，页12139

【宋哲宗元符二年（1099）五月】戊午，兵刑部乞立仪鸾司系公人盗本司官物若知情藏买及为隐寄典卖者编配告赏法；应官司差借仪鸾司人物者，权同监临，事毕，令人赍还。从之。旧特详，今从新。38，页12140

【宋哲宗元符二年（1099）五月】己未，太学生杨昊等言，本学式令一遵元丰法度，独解名元额未蒙举行。诏依元丰七年例分数取人。39，页12140

【宋哲宗元符二年（1099）五月】宰臣章惇以泾原路建西安州及天都等寨，诸路筑据要害边面，各径直相通毕工，率百官贺于紫宸殿。知枢密院事曾布奉制宣答曰："夏羌弗庭，命将进讨，复我境土，据贼要冲，道阻悉通，边防永固，与卿等内外同庆。"德音降陕西、河东路死罪囚，流以下释之。《实录》此下书"以南牟会新城为西安州。"按西安州赐名，在四月十七日已书，不应于五月再书，今削去。差官奏告永裕陵。《旧录》云：上开拓疆土，列置城寨，一二年尽有横山之地，西夏由是衰弱，惶怖请命，神宗之功昭美矣。《旧录》削去，今从《新录》。45，页12141—12142

【宋哲宗元符二年（1099）五月】诏皇城宿铺人，辄敢擅离地分，及不报所部人单独往来，故意招呼抛掷物色与城下人者，徒三年；垂下绳索者加一等；部辖人不知情者，减犯人二等，知者与犯人同；情实误者奏

裁。52，页12145

续资治通鉴长编卷五百十一　宋哲宗元符二年（己卯，1099）

【宋哲宗元符二年（1099）六月】广西察访司言："体访得桂、宜、融等州土丁，差往管下缘边县寨防托，其间有系单丁，亦一例轮差。欲乞应系与蛮界相接防托处，并差两丁以上之家。若遇教阅及边防缓急，即依自来条例施行。"从之。3，页12154

【宋哲宗元符二年（1099）六月】甲戌，鄜延路经略使吕惠卿言："西界投来首领叶石悖七，系西界叶令吴个，官在旺绢钱各三百。检准敕榜，伪大使之类，与崇班，仍赐银、绢各五百。缘叶石悖七在西界，委是叶令吴个，官与伪大使一般。遂依伪大使之类，先次支给银绢钱各五百讫，给公据。已奏乞补内殿崇班，今来若降等推恩，虑无以取信。"从之。今后如有不依得敕榜所载名目之人，并具此类推恩人例，奏听朝旨，即未得先给公据及一面支赐。诸路准此。4，页12154—12155

【宋哲宗元符二年（1099）六月】己卯，权知开封府吕嘉问言，诸厢使臣，乞并依熙宁法，从本府奏举。从之。11，页12156

【宋哲宗元符二年（1099）六月】先是制勘所上殿言："时彦、范镗、林邵在番，皆曾拜受香药酒，得旨令并取勘。"次升疑狱官有所偏，故有是请。上颇讶其喋喋也。已而，内降序辰奏，制勘所取勘客省帐茶酒有王晓例，拜受香药酒依林邵等例，移宴就馆，例外送马，是书送回答之物，不可不受，乞圣鉴省察。枢密院勘会："富弼奉使，亦以契丹主疮病，伴酒三行，差官就馆伴酒食；刁约奉使，以契丹母老病久坐不得，伴酒三行，差官就馆赐御筵。除塞序辰所引王晓例，事体不同外，即无例就客省帐茶酒，及移宴就馆，不曾例外送马。并序辰称系书送回答之物，各不委自来有无似此体例。兼不独序辰不于语录内声说拜受酒一节，时彦以下亦不曾声说，并合取勘。令制勘所详此及序辰状内事件，逐一（子）[仔]细根勘，取见诣实，圆结公案闻奏。应合取勘之人，如已经三问，今来供答，更有未承伏情状，并具奏听旨，与三省同入文字。"御宝批："依。"

遂行下。蔡卞曰："客省帐茶酒有王晓例，恐难云无例。"布为之增改，云"事体不同"，遂已。此段在四月十二日甲申。布又言："勘会到富弼、刁约例甚分明，王晓例即不同。"上曰："甚好。"布曰："兼富弼等亦不曾例外受马，臣处此事极平，所以云不独序辰不于语录内声说拜受酒一节。"上曰："此指挥尤好。"布曰："制勘所先已申陈，云入夏禁系多，罪人多病，不可淹延，乞追摄范镗等，故令已经三问，更不招承，即具奏听旨。"上曰："固合如此。"布曰："此事若臣所拟定，稍有未安，三省必不肯签书。"上曰："是。同入文字甚好。"布曰："犹恐臣僚有所开陈，望陛下审察。"上深然之。此段在四月十四日丙戌。及制勘所乞差录问官，次日差叶祖洽，卞以为不可。上令差安惇，卞曰："如此庶几。"布再对，言："卞如此择录问官，不知何意。臣尝开陈，以为序辰党众，恐左右营救者多。陛下以为谁敢为营救者？臣言亦似不妄矣。"此段在五月癸卯朔。序辰寻挝鼓乞差官看详制勘案，云勘官令增减款词，及抑令认奏事不实徒罪，凡所勘，皆以为不当。又言："缴驳及诉理事，取怨非一。及先臣周辅熙宁，元丰中曾勘鞫公事，多有嫌隙，乞出自睿断，选官看详，或乞别推。"布曰："寒周辅熙宁中曾勘臣，不知元丰中所勘者谁？"黄履曰："臣元丰中曾论周辅。"布又曰："诉理事在三省，臣所不知，然闻章惇、许将、黄履皆干涉诉理事。如此，则是宰执于序辰皆有妨嫌，须尽易见执政官，乃可断序辰事。"上曰："岂有此理！"蔡卞曰："莫只是说制勘官。"布曰："熙宁中曾勘臣，又诉理事干宰执，岂是言制勘官？"卞又曰："臣不敢以序辰为无罪，然令他招上书不实罪，似过当。"布曰："蔡卞不知（子）[仔]细，序辰供进语录，在王诏事未发前，故隐不言拜；供仪式在王诏事发后，便言曾拜。序辰云可以互见。制勘所却曾申密院取王诏事发及序辰供仪式月日。王诏事发，系二月二十六日；序辰供仪式，系二十九日，以此可见前供语录不实。兼序辰两有分晰，奏状至二三十纸，其间莫须有不实之语。"上默然。惇曰："序辰既于客省茶酒，却便上殿札子，乞编为例，此尤不好。"又曰："序辰在史院曾语及，臣谕之云：'但依实对答，只是错。然终不肯如此。"布又指受例外马事云："序辰言，有条，辞不获免听收；制勘所但云无例，令招不合收。岂有不用条而用例？臣以为辞不获免听收，须如黄履押宴，北人送例外马，便具札子进纳，乃是依例。"上云："须如此乃是。"布曰："序辰得例外马既不辞却，便与常例合得土物五十八匹，一处奏请支绢，莫不可。制勘所令招不合不别具状申明，序辰又以为不当，又云拜是承例。如此则序辰一切无罪。"又曰："陛下忧勤闵雨之际，心不体国，淹延刑禁，却乞别推，岂是体国?"上曰:"范镗等皆有徒罪。"布曰:"镗虽有对制不实之罪,然却有奏状。"云:"于奉使绝域,不应拜而拜,有辱君命,取轻北人,恭俟重行窜谪。如此似稍知体,与序辰颛赖,殊不类矣。"众亦以为然。上曰:"何以处之?"许将曰:"候案上取旨。"众亦云当尔,遂令依此行下。此段在五月六日戊申。明日,范镗亦具状翻变,此段在五月初八日己酉。安惇请差官重勘。上欲遂差安惇,布曰:"昨差周鼎时,陛下已欲差惇,惇虽曾录问,何所妨。然恐须差两人。昨章惇云欲差一谏官,陈次升有言不可。用邹浩可否?"惇曰:"浩乃吕嘉问所荐,恐不便。"布曰:"浩或不尔。"蔡卞云:"赵挺之可。"上令差挺之,仍云:"挺之必不观望。"布曰:"士人如稍识廉耻,何敢尔!"初,上数对执政言:"狱官要不观望者,岂易得?"布亦尝云:"除蔡京、邓棐之类,乃序辰党与中人,不可差;其他在圣意裁择,何所不可?"又白上:"乞戒饬狱官,以惇、卞各有所主,及序辰自陈于臣等有嫌隙,令不得观望,高下其手。"上曰:"安惇辈必不敢如此。"布曰:"虽然,得德音一警饬之尤善。"上曰:"好。"此段在五月七日己酉。是日,制勘官安惇、赵挺之上殿,寻申乞重断时彦、林邵、王诏等一行公事。布问上:"曾差中使监勘否?"上曰:"不曾差,不消得。"初蔡卞乞差中人监勘,上许之,既而不闻差人,果已罢。久之,安惇及赵挺之上殿,乞重断时彦、林诏、王诏等,此段在五月二十三日乙丑。于是林邵拜受香药酒,于语录内隐避不奏,约法合罚铜三十斤放罪;张宗离合追一官勒停。上以林邵为首,宗离为从,轻重未允。宗离特免追官,并邵各罚金三十斤勒停。时彦供语录在前,奏不实在后,合从事发更为,又以首增一拜,特追一官勒停。12,页12156—12160

【宋哲宗元符二年(1099)六月】都提举汴河堤岸贾种民言,乞依元丰年及川茶条例,将监于郑、澶、滑等州界地方,依开封府界条例出卖官茶。从之。21,页12161

【宋哲宗元符二年(1099)六月】右正言邹浩奏:"伏见元丰年修置水磨,变磨茶末出卖,止是在京及开封府界诸县,未尝行于外路。今既追复旧法,自合尽依元丰事体,而都提举汴河堤岸司,乃于京西路郑滑州、颍昌府,河北路澶州一例施行。近日又更差官前去京东路济州山口措置水磨等事。除郑州旧系府界县分可以依旧施行外,其颍昌府、澶、滑州山口,皆元丰旧法所无,而今辄行之,果何谓也?若谓颍昌既有水磨,可以就便出卖,济州山口置磨以后,亦可出卖矣;若谓澶、滑系与畿县相邻,可以出卖，即凡与畿县相邻去处，亦可出卖矣；若谓山口当清河之冲，可以因水置磨，即凡通水去处，亦可置磨矣。既行之郑、滑，又行之澶州，又将行之济州，皆以为可，即一路一州，自此通彼，辗转相因，何所不至？虽朝廷遵奉前例，不敢辄有增损，而本司乃以机变之巧，阴肆滋蔓。臣恐岁月之后，遂遍天下，而茶商衣食之源，尽为本司所权，不得措其手足，其弊可胜言哉！伏望圣慈，深赐照察，特降指挥，只令一依元丰旧法施行。所有济州山口措置水磨并其余非元丰所行事件，并一切寝罢，庶几不失先朝立法为民之意，上副陛下继志述事之孝。"浩奏不得其时，附见颍昌、滑澶卖茶后。济州置水磨，其从违当考。22，页 12161—12162

【宋哲宗元符二年（1099）六月】权户部尚书吴居厚言，乞差侍从官同户部置详定除放欠负所。诏令户部开排赦条，合放而不放及不合放而放者，并仰本部劾奏以闻。今后遇赦，准此。五月十日可考。24，页 12162

【宋哲宗元符二年（1099）六月】枢密院言："府界诸路将兵内马军已依元丰旧法，并改充弓箭手，兼习为枪。其步军除守营人系全用弓弩手外，今来诸将有见依海行法，有依队法者，欲乞诸将下步军教习事艺，并依海行法。除上名人外，各以十分为率，置弓二分、弩五分、枪牌手三分，遇结队即依队法。其队内所缺枪牌手人数，却以互习人充代。"从之。新本删修云：枢密院言："府界诸路将下步军教习事艺，乞并依海行法。以十分为率，置弓二分、弩五分、枪牌手三分，遇结队即依队法。"从之。25，页 12162—12163

【宋哲宗元符二年（1099）六月】接伴辽国泛使、朝散大夫、试秘书监曾旼等言："新修国信敕令仪制等，其中条例不无增损，而事干北人者，恐难改革。又泛使往来，虽系不常，而新令条目，元不该及。乞下元修官审照旧例刊除，略加添修。详定编敕国信条例所取索合用书状体式，更切参详，编修成册，送国信所收管，准备照使。"35，页 12164

【宋哲宗元符二年（1099）六月】诏应监官典押公文人员作匠之类，若在京应管辖两务去处人吏，并不得承赁官宅舍屋地段，违者各杖一百，以上亲戚许除赁住外，亦不得转赁，违者杖八十。从户部侍郎吴居厚请也。新削。37，页 12164—12165

【宋哲宗元符二年（1099）六月】太常博士吴细言："昨监释奠于文

宣王殿，窃见正配三位，设庙门外阶上，至行事时，旋令诸生捧执而入。体问得系是元祐中有司申请，欲以观诸生容止，遂更此仪。乞依元丰条例罢之。其武成王庙，亦宜准此。"从之。新削。40，页12165

【宋哲宗元符二年（1099）六月】乙未，大理少卿、同详定司敕令刘赓言，乞将官制敕令格式，送三馆秘阁收藏。从之。48，页12168

续资治通鉴长编卷五百十二 宋哲宗元符二年（己卯，1099）

【宋哲宗元符二年（1099）秋七月】尚书省札子，勘会陕西路每岁所铸铁钱贯数不少，近岁以来，铜钱太重，铁钱太轻，熙宁间铜钱一百贯，换铁钱一百五贯。自来别无定法，止是民间逐渐增添。窃虑岁久，转更钱轻物重，须议指挥，今诸路经略安抚司，限半月密切具利害，合如何措置，可以称提铁钱稍重、物价稍轻；仍具熙宁以来至今铜铁钱相换钱数申尚书，此文字亲自收掌，不得下有司。闰九月五日甲戌遂禁使铜钱，专行铁钱，有章楶、吕惠卿二状，今附此。3，页12178—12179

【宋哲宗元符二年（1099）秋七月】至和已后，官司鼓铸不精之弊，起于率分钱。所谓率分者，每工所限日铸之数外有增益者，酌给众工。财利之司所贪者钱多，监临之官又以额外铸钱增数为课，则折二大钱，不复精巧如法矣，盗铸遂复擅利于下。当时官司不治其本，乃欲救其末，滥钱浸皆输于官矣。而豪宗富室，争蓄大小铜钱与旧铸大铁钱，故在市买卖，细分六等：以小铜钱为一等，旧铸至和铁钱为一等，新铸折二铁钱为一等，私铸楞郭全备钱为一等，私铸轻缺怯薄钱为一等。凡仓库所出者，皆大小铜钱、新旧官铸大铁钱，所纳处既不复多得铜钱，所输于官者，皆新铸折二铁钱及私铸钱耳，然其弊亦未甚为害。治平四年，因臣僚建议，朝廷有指挥，不能全记其文，大概以为除缺薄漏贯、字样不明、不成楞郭外，余并令官司受纳，库务辄有退换，仍立刑名，自此滥钱荡然无禁。熙宁间得朝旨，将官库钱，拣选不堪行用者改铸，其后复遣官再选官司已拣之钱，复使行用。官私之钱，既无所分，势难止绝，则铁钱之轻，自然之理也。3，页12179—12180

【宋哲宗元符二年（1099）秋七月】乙巳，中书舍人赵挺之详定编修国信条例，代蹇序辰也。9，页12186

【宋哲宗元符二年（1099）秋七月】诏："当此盛暑，刑狱虑有淹延，在京令刑部郎中、开封府界令提点提举司、诸路令监司催促结绝；见禁罪人，内干照及事理轻者，先次决遣。仍先具起发月日申尚书省。"10，页12186

【宋哲宗元符二年（1099）秋七月】己酉，详定重修大礼敕令所言，编修《北郊令式》，请以详定编修大礼敕令所为名。从之。21，页12188

续资治通鉴长编卷五百十三　宋哲宗元符二年（己卯，1099）

【宋哲宗元符二年（1099）秋七月】先是，权礼部尚书蹇序辰言："请将六曹诸司元丰八年四月以来，应更改法度，言涉附会讥讪文书，尽数检阅，随事编类，并著所任官姓名，具册申纳三省。"宣德郎李积中言："请选官应先帝法度政事遭元祐变毁者，取会某事因何人申请而废，因何人勘当而罢，各开当职官姓名及谤讪之语。若情不可恕，即重加贬责。"诏："六曹诸司编类，并著所任官姓名，具册申纳三省。如有盗匿弃毁、增减隐落及漏泄者，罪、赏并依编类章疏已得朝旨。"序辰及积中先有是言，三省不行，逾半年矣。序辰既贬，乃复检举降诏。曾布谓三省意欲有所罗织故也。此据布录附见降诏日。元符三年五月二十八日，罢此指挥。《新本》删修去。"诏六曹诸司，将元丰八年四月以后，应废毁先帝法度申请，并著所任官姓名，编类成册，纳三省。如有毁匿、增减及漏泄者，罪、赏并依编类章疏已得朝旨。"用权礼部尚书蹇序辰、宣德郎李积中之言也。4，页12195—12196

【宋哲宗元符二年（1099）秋七月】右正言邹浩奏："臣伏睹近降指挥，令六曹诸司依臣僚上言，各将元丰八年四月以来，应本司及所属申请勘当更改法度、言涉附会讥讪文书，尽检阅随事编类，并著所任官姓名，具册申纳三省。臣窃契勘自元丰八年四月以来，曾任六曹诸司及所属职事人数极多。除言涉附会讥讪文书，已行编类外，其不为时势所屈，而尊君奉法，挺然如初，见于申请勘当之际者，亦必有人。欲乞依前降指挥亦行检阅别作一项，编类成册，具姓名申纳以闻。所有盗匿弃毁、增减隐落及漏泄等事，亦乞依编类章疏已得朝旨施行。庶几特立自重之人，终为圣明所察。"浩奏附此，从违当考。

浩又尝奏：臣伏见看详诉理文字所节次看详过文字进呈，已蒙朝廷施行了毕。臣契勘元降看详指挥，系分两等，一谓语及先帝，一谓语言过当。除语及先帝之人外，其余所诉虽情犯不齐，大率皆以官司锻炼致罪，抱负冤抑，得遇朝廷清明，辨雪矜贷为词，只是语言过当一等而已。而今所施行，则有勒停者，有降官者，有降官及差遣者，有远小处监当者，有罢知州与宫观者，有送吏部与合入差遣者，有罚铜三十斤者，有罚铜十斤者，一时公议，竟莫知其所以异也。又况诉理之语，初亦难辨，有可以为轻，亦可以为重；有可以为重，亦可以为轻。若可以为重，则语言过当者，直谓之语及先帝可也；若可以为轻，则虽语及先帝者，但谓之语言过当亦可也。然而典刑之所加，则不可同日而语矣。夫因其近似难辨之迹，而典刑轻重随以上下，是乃陛下威福之操柄，《书》所谓"惟辟作福，惟辟作威"者，正在此也，可不谨哉！臣今据臣所知已行遣过事件，等第节录如后。

一、勒停：谢愔诉雪父景初罪犯状内称"非今日朝廷清明，何以雪幽冤于泉下"等语言，自邓州职官勒停。元符元年十二月二十一日。

一、降官：韩忠彦、王存等奏雪谢景初罪犯札子内称"朝廷专置官局，辨理枉横，景初不幸身殁，不能自直"等语言，其韩忠彦自太中大夫降授中大夫，王存自右正议大夫降授通议大夫。元符二年正月十七日。

一、周之道诉雪本身罪犯状内称"天下之冤，无如臣比，若不仰告公朝，臣无路伸理"等语言，自朝散大夫降授朝奉大夫。元符二年五月一日。

一、阎令诉雪本身罪犯状内称"有罪之人，于格不应除雪者，苟情涉可矜，类蒙宽减，圣恩旷大，千载一时，况臣无辜，义当自直"等语言，自朝奉大夫降授朝请郎。元符元年五月二十六日。

一、马诚诉雪本身罪犯状内称"朝廷专差制使置狱劾问，虽明知傅致锻炼，不敢以冤滥恳陈，恐重得罪"等语言，自奉议郎降授通直郎。元符元年十月十四日。

一、降官及降差遣：任公裕诉雪本身罪犯状内称"刑部一概以特旨遂称难议施行，以此排天下之幽冤，使不得伸理"，及称"制勘院附会锻炼、抑勒虚招，致臣久负冤抑。今睹圣时，伸理天下冤滞，伏望察臣非辜"等语言，自朝请大夫、权发遣江淮等路发运副使，降授朝散大夫充发运判官。元符元年九月二十六日。

一、远小处监当：宋乔年诉雪本身罪犯状内称"朝廷明恤冤抑，乔年之滥罚，亦冀获伸，庶获情法相应，冤抑得雪"等语言，令吏部与远小处监当差遣。未见月日。

一、罢知州与宫观：叶涛诉雪本身罪犯状内称"蔡确、舒亶、何正臣、李定以兴造刑狱为事，故罗织及臣，抱赃污之至冤，废处江海。今者伏值皇帝陛下、太皇太后陛下，废黜奸恶，登用正士，矜恤民隐，薄敛时使，前日之吏，多以微过被罪，今方命有司覆理而出之。苟臣不以片言自列，则自满堂取乐，而己犹向隅；众皆望天，而戴盆不已"等语言，自知明州差主管江宁府崇禧观。元符元年十二月一日。

一、送吏部与合入差遣：周邠诉雪本身罪犯状内称"前日非辜冤抑，幸得申诉于今日大公之朝，傥蒙昭雪，则臣之元降一官，庶有望于还复"等语言，罢知吉州，送吏部与合入差遣。元符二年正月二十四日。

一、罚铜：吴居厚诉雪本身罪犯状内称"今遇朝廷推广恩惠，凡有罪戾之人，尽蒙宽贷湔洗，人情莫不悦豫"等语言，罚铜三十斤。元符元年十二月十七日。

一、蒋之奇奏雪李萃罪犯状内称"今来冲替，显是太重"等语言，罚铜十斤。元年十二月五日。

伏望圣慈，深赐省察，以为来事之鉴，不胜幸甚。详录此，可见当日刑罚之不均也。4，页12196—12199

【宋哲宗元符二年（1099）秋七月】鄜延奏缴宥州牒，已遣告哀谢罪人使十二人赴延州，七月十日过界。布录癸丑。5，页12199

【宋哲宗元符二年（1099）秋七月】庚申，刑部言，承受制书官文书及为人掌寄制书官文书，在赦前亡失，不曾经官司自陈而赦后事发者，不以赦原。从之。新无。19，页12201

续资治通鉴长编卷五百十四　宋哲宗元符二年（己卯，1099）

【宋哲宗元符二年（1099）八月】诏陕西、河东保甲，虽不经调发，并免冬教。先降德音，须经调发乃免，而近岁以边事，例皆免放故也。布录壬申。4，页12208

862 《续资治通鉴长编》所见法律史料辑录

【宋哲宗元符二年（1099）八月】癸酉，宰臣章惇、翰林学士承旨蔡京、大理少卿刘赓进呈新修海行敕令格式。惇于上前读所进表毕，取敕令格式一帙进读。其间有元丰所无而用元祐敕令修立者，上问惇等："元祐亦有可取乎？"惇等对："取其是者修立。"上又问："所取元祐条几何？"惇等对："有数。"遂进呈新书所取元丰、元祐，并参详新立件数。上曰："可于册内逐条贴出。"上又问："元祐敕令何人修？"惇等对："苏颂提举。"惇等又读太学生听赎，上问："新条耶，旧条耶？"京对："臣等参详新立。盖州县医生尚得听赎，太学生亦当许赎。"又读《祀令·致斋》条。上问："新文旧文？"惇等对："皆旧文。"次进呈格式件数。上曰："元丰止有赏格，元祐都无。"惇等对曰："然。"惇又言："所进看详册稍多，乞止进净条入内，余付有司。"上令皆进入。绍圣元年九月二十七日，章惇、安焘提举。5，页 12209

【宋哲宗元符二年（1099）八月】朝请大夫贾青奏："望立法，将合举官臣僚每岁所举官，分为上下半年奏举。"从之。10，页 12210

【宋哲宗元符二年（1099）八月】丙子，章惇等言："请将《申明刑统》、律令，事已收载冲改者，更不用外敕令。事未经去取冲改者，合依旧施行。乃请自二月后至颁降前，续降相照添入。或尚有未尽，及令删修事件，类聚以闻。至来年正月一日施行。"从之。16，页 12211

【宋哲宗元符二年（1099）八月】庚辰，诏今后应国戚命妇入内，如辄敢将带曾纳内中放出，及作过经断宫人入内者，并以违制论，许诸色人告。27，页 12215

【宋哲宗元符二年（1099）八月】辛巳，以皇子生，权侍郎已下称贺。德音，降天下死囚，流以下释之。29，页 12215

【宋哲宗元符二年（1099）八月】环庆奏张诚以下冒赏。诏："将佐及蕃官与免降资。借职以下，依熙、秦冒赏人例，以殿侍、军将、效用等名目降资。"布录丙申。76，页 12231

【宋哲宗元符二年（1099）八月】丁酉，诏宗女夫亡服阕归宫，改嫁者听。77，页 12231

续资治通鉴长编卷五百十五　宋哲宗元符二年（己卯，1099）

【宋哲宗元符二年（1099）九月】诏："禁军犯罪，除班直外，枢密院批降指挥，移降特配，更不取旨。"布录辛丑。5，页12237

【宋哲宗元符二年（1099）九月】癸卯，御史中丞安惇言："《元丰法》，每半年轮台官就三省点检，各有日限。又恐文簿未明，须呼吏指说，难于限内详究，诏许展日。元祐大臣不务悉心政事，遂改元条，听于限内了毕。被差御史观望，阅三四日便称行无稽滞差失，窃恐因此浸失先朝遣官检察之意。"诏并依元丰法。此据《职官志》增入。《实录》但云惇请今后轮御史点检三省、枢密院日限，并依元丰旧例，从之。并此。8，页12237

【宋哲宗元符二年（1099）九月】枢密院言："因战陈斗敌被伤、杀、掳人，如元管押官并部押引战拥队及本辖将校节级敢减落人数，或妄作逃走申报者，以违制论。十人已上取旨，并不以赦降原减，许人告，每名赏钱五十贯，仍委监司常切觉察。"从之。12，页12238

【宋哲宗元符二年（1099）九月】庚申，诏太学上舍推恩并依元丰法，所有用元祐法考察试中上舍人与免文解。42，页12248

【宋哲宗元符二年（1099）九月】甲子，诏编修《刑名断例》成书，曾旼、安惇各减二年磨勘，谢文瓘、时彦各减一年磨勘。进书在四月八日辛巳。48，页12249

【宋哲宗元符二年（1099）九月】乙丑，枢密院言，镇戎军由西界二千余骑出浮图岔与官兵斗敌，供奉官、陈告使臣李戬等死之，显是侵犯汉界，有违誓表。诏鄜延路经略司，令保安军移牒宥州，闻知本国主，令遵依已降诏书施行。56，页12260

续资治通鉴长编卷五百十六　宋哲宗元符二年（己卯，1099）

【宋哲宗元符二年（1099）闰九月】诏熙河兰会路经略司：候拢拶

到熙州，馆舍供帐，优加礼待。所有心牟钦氇、青归论征结、结呃龊、边厮波结等，并其余大小首领，各令随溪巴温、拢拶及瞎征作两番赴阙朝见。其瞎征一番，差入内供奉官黄经臣；拢拶一番，差入内供奉官李毂：并前去熙州照管进发，务从优渥。及定引见辖征等仪注，上欲依冬至例，与诸军班特支。曾布言："冬至例支十七万贯，端午八万贯。此但祗应一日，恐只须用端午例，比冬至大约减三分之一，亦有减半者，似颇酌中。兼侥幸之例，诚不可启。"上然之。布录此段在十一月十二日庚辰，今附此。20，页 12267—12268

【宋哲宗元符二年（1099）闰九月】枢密院言："陕西河东路弓箭手合轮城寨上番防护，如妄称疾避免上番者，杖一百。将校节级降一资，长行降一名。若当职官并合干人不切看验，或知情容纵，托病给假，并委经略司觉察，情理重者奏裁。"从之。22，页 12268

【宋哲宗元符二年（1099）闰九月】三省言："陕西州郡铁钱，自来即无轻重之别。近日官司多置换铜钱，以致民间疑惑，钱轻物重。今差都转运使陆思闵、转运副使王博闻、转运判官孙轸提举措置，仍令陕西路并禁使铜钱，违者徒二年，配千里。许人告，赏钱二百贯。又陕西民间见在铜钱，并许于随处州县送纳，依数支还盐钞或东南钞，愿以铁钱对换者，并支封桩钱，仍限三年纳换了当。仍具一年约用钞数申乞支降。诸色人欲入铜钱地分，许于陕府近便处官中兑换。换到铜钱并官库铜钱，除量留换钱支用外，并津置三门，般运赴元丰库纳。陕西铸钱司计置到铜，般运就京西近便处置监铸造，充朝廷封桩，人匠并于陕西铸钱监那移。本路官铁钱有缺损轻薄不堪支使者，送监别铸。民间有私铁钱，限半年陈首，免罪，支铁价，违限不纳，依私钱法晓示。"从之。十二月二十二日，并元符三年十月末，可考。邵伯温题《贾炎家传》后云：治平之末，长安钱多物贱，米麦斗不过百钱，粟豆半之。猪羊肉三四十钱一斤。鱼稻如江乡。四方百物皆有，上田亩不过二千。官员所携路费，皆一色铜钱。熙宁四年，转运使皮公弼初变范祥盐钞法，增钞面钱，以广缘边买。殊不知钞价增则钞法弊，商贾不通，物价贵矣。至元丰四年，边费益侈，遂增铸钱。自此钱法弊，铁钱日多，铜钱日少，物价日贵矣。钞法既变，尚用十二千买盐钞一席。商贾等及仕宦罢官入京者，将行至京师，请铜钱六千，比旧买钞增半，卖钞犹用范祥法。漕司差属官一员在京师，以朝廷岁赐户部钱收钞，长安以至诸路州县商贾通，物价尚平。川绢二千一匹，河北、山东绢差贵三二百，他物准此。商贾尚多，南商南货尤多。至元符初，以铁钱四千换铜钱一千，于是铜铁始分，不复同用矣。时有部使者，与时相乡人，素相善，不揣其本，直欲以法齐其末，乃献平铜铁钱、平物价、平钞价之说。朝廷行下陕西诸路，急若星火，迅若雷霆。民间大骇，以至罢市。道路不通，行旅断绝，民不聊生。时伯温守官华州，有漕司属官数辈，自长安来，至华州，已两日不得食。从者病不能行。乃为具饭，于郡官请券米作糜粥，方能行。未几，朝廷知之，听其从便，民间复安。公私皆有损折，而公家损折尤多。至有京师请钱千万缗，随手破用，买宅舍居第，出贩百货，入陕西得善价，以铁钱准铜钱纳官；沿边籴买，以钞用铁钱六千，准铜钱六千，请出盐钞，私下卖十二千，赢其半入己，乃以铁钱六千之数与民间。以见行平铜铁钱数，贱买民间行户物，却将往他处贵卖；以见行铜铁钱买官中物，却将往他处贵卖。如此者不可胜数。于是钞价日贵，商贾益不通，物价日贵矣。《两朝食货志》熙宁四年始铸折二钱，当考其日月。伯温云：陕西民三被钱法变改之害。政和元年三月二十三日丙辰，十月二十三日壬子，宣和二年三月十一日辛巳，并当考。26，页12268—12270

【宋哲宗元符二年（1099）闰九月】监察御史左肤言，窃闻起居郎孙杰昨奉使淮浙，有违法不公事，乞施行。诏令郭茂恂取索公案，看详体量，诣实以闻。新无。36，页12272

【宋哲宗元符二年（1099）闰九月】诏入内供奉官、见寄皇城使、遥郡刺史刘瑗，授昭宣使，仍寄资；奉议郎、前知江都县吕振，追出身已来文字，除名勒停，抚州编管，坐自盗官木造禅牀等罪故也。47，页12274

【宋哲宗元符二年（1099）闰九月】供奉官、夔州路走马承受程允武言："知南平军高权、通判张及不和，又转运司差前勾押官王祐之根括南平军地土租税等事稽滞。"诏允武罢走马承受，转运司官不应差王祐之，各罚铜二十斤。漕司官罚金，以布录增入。51，页12274

【宋哲宗元符二年（1099）闰九月】诏起发元丰库朝廷封桩钱物者，诸门限一日报元丰库；违限及辄令别库支纳者，杖一百。新无。52，页12274

【宋哲宗元符二年（1099）闰九月】御史中丞安惇言，乞立法，应在京诸官司承受一时圣旨，并专置簿抄上，严切检举。从之。新无。60，页12277

【宋哲宗元符二年（1099）闰九月】诏："诸供官之物，转运司豫先相度计量钱，令本州选官于出产要便处置场作料，次请比市价量添钱和买。并许先一年召保请钱，认数中卖。如辄抛降下县收买，及制造物色者，并以违制论，不以去官赦降原减。"61，页12277

【宋哲宗元符二年（1099）闰九月】乙酉，吏部侍郎徐铎言，乞今后知盗所在属实，而贼虽起离本处，能袭踪于五日内获者，并依条推告赏。从之。69，页12283

续资治通鉴长编卷五百十七　宋哲宗元符二年（己卯，1099）

【宋哲宗元符二年（1099）冬十月】辛亥，吏部侍郎徐铎言："文武升朝官，母妻邑号'万年''万载'县名，皆非人臣母妻所宜称。乞立法禁止，所有已封者，许改正。"从之。21，页12300

【宋哲宗元符二年（1099）冬十月】新永兴军路安抚使陆师闵言："陕西见行措置钱币之法，既已拣毁私钱，禁铜罢冶，则物价当减，合自官司为始，乞下陕西诸司，州、县应有买卖，并须准度铜钱之直，以平其价。"从之。22，页12300

【宋哲宗元符二年（1099）冬十月】诏鄯、湟般运人夫、脚乘头口等为贼杀掳者，人支绢十匹，脚乘头口给还价钱。布录。23，页12300

【宋哲宗元符二年（1099）冬十月】朝请郎、权刑部侍郎周之道降一官，差遣如故。降授朝奉大夫许介卿罢刑部郎中。降授宣义郎钱益罢刑部员外郎。先是，起居舍人周常自劾送别右丞黄履，乞御史台依法施行。本台乞行下刑部看详，如违碍，即付有司根治。刑部二状看详，不该引用自首全原，与前状相反，故有是诏。32，页12302

续资治通鉴长编卷五百十八　宋哲宗元符二年（己卯，1099）

【宋哲宗元符二年（1099）十一月】又诏熙河、秦凤，限百日许逃亡军人自首，与依旧收管，弓箭手仍免降配。20，页12327

【宋哲宗元符二年（1099）十一月】己丑，礼部言："按熙宁年中，不许新旧诸科人投下文字，于诸科额内添解进士。今进士到省人数增多，请将来省试增点检试卷官六员，共作二十员。"诏添四员，仍著为令。43，页12336

【宋哲宗元符二年（1099）十一月】永兴军路安抚使陆师闵言，盐钞公私买卖，请依钞面钱价，辄增者徒二年。从之。新削。47，页12336

【宋哲宗元符二年（1099）十一月】癸巳，户部言："《元丰官制》：寺监不决者上尚书本部，又不能决者奏裁。若直被朝旨应覆奏者，依本条仍各申知。又《六曹通用令》称取裁者，并随事申都省。"枢密院言：昨元祐变更，应上朝廷者许直达，显有紊乱官制，今请并依元丰旧制。从之。新本削"昨元祐"至"官制"等十九字。55，页12338

【宋哲宗元符二年（1099）十一月】蔡卞劝上复行畿内保甲教阅法，上屡以督曾布。是日，布进呈，畿内保丁总二十六万，熙宁中教事艺者凡七万。因言："此事固当讲求，然废罢已十五年，一旦复行，与事初无异，当以渐推行，则人不至惊扰。"上曰："固当以渐行之。"布曰："圣谕如此尽之矣。若便以元丰成法一切举行，当时保丁，存者无几，今保丁皆未教习之人，若便令上番及集教，则人情汹汹，未易安也。熙宁中施行亦有渐，臣是时方判司农，首尾本末，无非出臣措置，容臣检寻文字，讲求施行。"退以语卞，卞殊以为不快也，乃云："熙宁初，人未知保甲之法如何，今耳目已习熟，自不同矣。"布不答。九月八日丁未布云云，当参考。59，页12339

续资治通鉴长编卷五百十九　宋哲宗元符二年（己卯，1099）

【宋哲宗元符二年（1099）十二月】三省言："陕西钱轻物重，遂降旨不许行使铜钱，其后陆师闵奏请，公私买卖并依钞面，以平其价。访闻陕西旧来蓄钞豪户等，多扇摇，欲要仍旧。"诏："见行钱法等，务要均平，经久可行，无致亏损。官私如有合随宜处置事件，令陆师闵详具利害，急递以闻。仍令马诚协力管勾，若转运司为减钞价，其年额钞钱比旧亏少，即具合添数目以闻，当议相度给降。"闻九月五日。30，页12351

【宋哲宗元符二年（1099）十二月】是岁，宗室子赐名授官四十一人。天下上户千三百二十七万六千四百四十一，丁三千一百六万一千四十五；客户六百四十三万九千一百一十四，丁千三百三十万三千九百四；断大辟一千三百九十五人。36，页12352—12353

续资治通鉴长编卷五百二十　宋哲宗元符三年（庚辰，1100）

【宋哲宗元符三年（1100）春正月】戊寅，三省、枢密院诣内东门入问圣体，上坐榻上，神采光泽如常。曰："服丹砂数粒，脉犹未生，不冠勿怪。"惇等拟例肆赦，上可之。遂大赦天下，应合牵复、叙用、量移、移放人，并依赦格，疾速检举施行。曾布尔《日录》：十二日早聚，因言昨日已肆赦，及添入叙用、牵复、量移等，当须奉行。因又言，布尝于上前云："编敕刺配法中，亦分广南及远恶处为两等。今在远恶处者纵未可徙内地，且移广南一善郡，亦稍慰人心。公等不可不以此奉行。"众皆许肯。章惇云："子开、致远等皆当复职。"十一日宣赦毕，赴内东门。布云："赦文中不曾及责降、编管、安置人等如何？"惇及许将皆云："自有赦格。"布云："外人安知赦格？上贴麻药，如此欲以召欢声和气，何须更尔闭藏？"惇云："非闭藏，要添入即添。"遂贴麻添入应合牵复、叙用、量移、移放人等，并疾速检举施行。11，页12355—12356

【宋哲宗元符三年（1100）春正月】庚辰，大赦天下。《实录》前例，赦书条目并合具载，今录但载赦书首尾，余并削去，非例也。当考详增入。19，页12368

【宋哲宗元符三年（1100）春正月】户部乞依元丰八年优赏诸军则例，其价直依太府所估。从之。33，页12373

【宋哲宗元符三年（1100）春正月】户部、工部奏："应奉山陵工料，京西转运司及西京河阳等处，各有元丰八年例，自当遵用。如案籍不存，许用治平、嘉祐故事，辄敢隐匿增减不实，并以违制论，不以去官赦降原减。"从之。47，页12376

后　　记

　　本书选辑整理工作始于 2013 年，当时笔者通读 2004 年中华书局点校本时发现此书有大量的法律史料，而且这些法律史料与其他宋朝史料中记载的法律史料相比，具有原始性、系统性，所以有对此书中相关法律史料进行选辑整理的想法。后来在撰写《宋朝立法通考》和《宋元断例考辑》时，对此书更进一步阅读，于是加快此书相关法律史料辑录工作。期间由黄山杉、向娇娇对此书相关法律史料进行过不同程度的校对，对此书的法律史料进行了较好的选辑和整理。后来由于没有出版经费支持，对此书整理的法律史料无法进行进一步整理。2019 年初在得到学校支持后，法学院的刘婷婷老师又对此成果进行了全面的、深入的校对。通过半年的整理校对，7 月我在她的基础上，对整个书稿每条史料重新通读，对其中一些与法律内容相关联较差的史料进行删除，让字数保留在 70 万字。最后，对其中一些史料资料进行了适当的校点，同时对涉及的一些法律术语和用语进行了适当解释，让辑录成果达到设定的目标，以方便对本书法律史料的阅读和使用。

　　《长编》虽然最初版本较好，同时 2004 年的点校版也十分成熟。但是，从现有点校本看，虽然在文本上已经十分成熟，但在涉及法律问题的标点上仍然存在不少问题。这可能与宋朝法律术语、法律体系、法律形式、立法成果等较有特点有关。为了让整理出版成果更好适应法律研究者的阅读，笔者对此成果中涉及的一些特别法律术语、用语进行了重新标点，同时也做了适当的解释。所以说，本辑录整理成果不再是简单的辑录成果，而是一个新的整理点校成果。

　　此书得以出版，首先，感谢云南大学林文勋教授的支持和帮助，他独具慧眼的认可，让此书最终出版成为可能；其次，感谢云南大学社科处的支持，因为本书属于史料整理研究中的"大部头"，需要大量经费支持，若没有云南大学一流大学建设"国家高端智库建设"项目经费支持是无法出版的;再次,感谢在此书整理校对过程中参与的老师和同学的辛勤工作;最后,感谢中国社会科学出版社任明老师的长期支持和帮助。

胡兴东

2019年8月23日于云南大学东陆园